《纳西学研究新视野》编委会

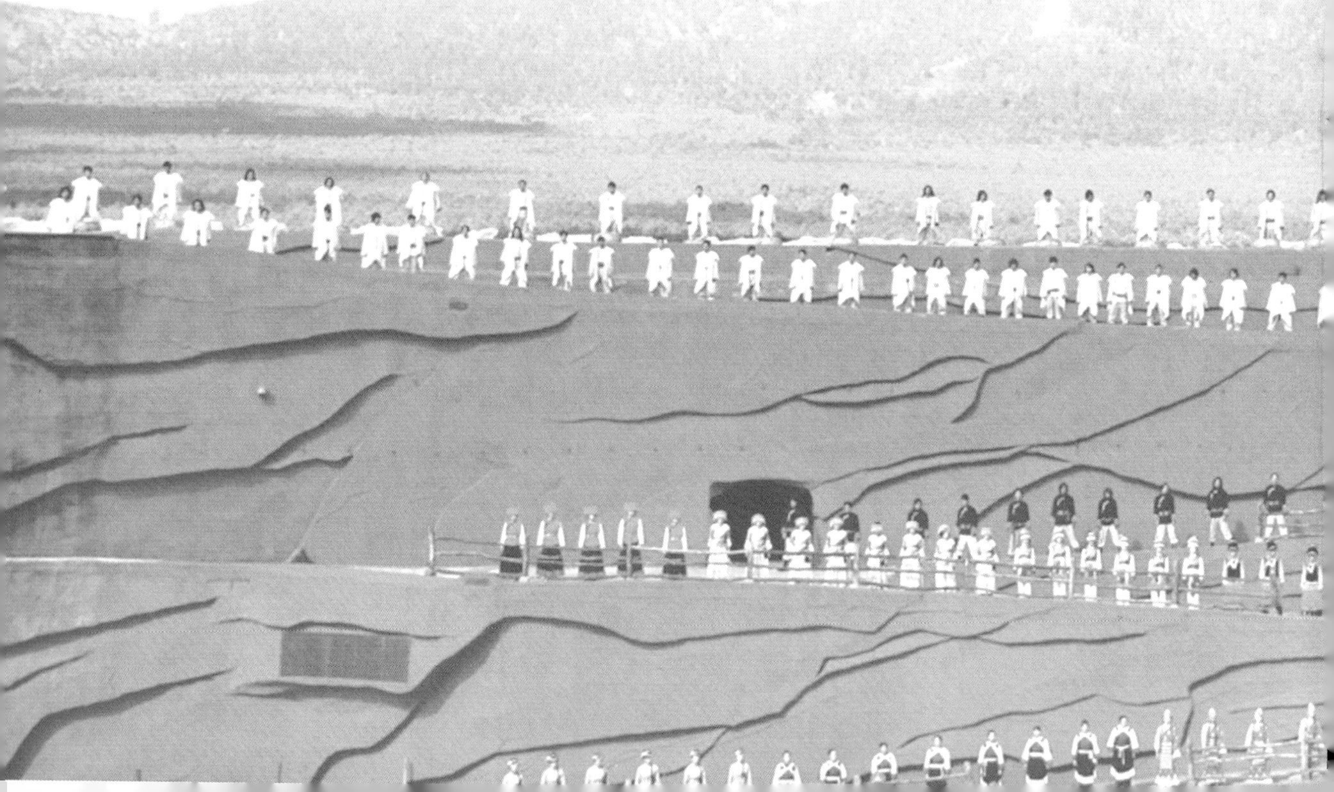

世界文化遗产丽江古城文库
A Collection of Publications about World Cultural Heritage Lijiang Old Town

纳西学研究新视野

NEW HORIZON IN NAXI STUDIES

——2009年国际人类学与民族学联合会
第16届大会“纳西学研究新视野”论坛论文集

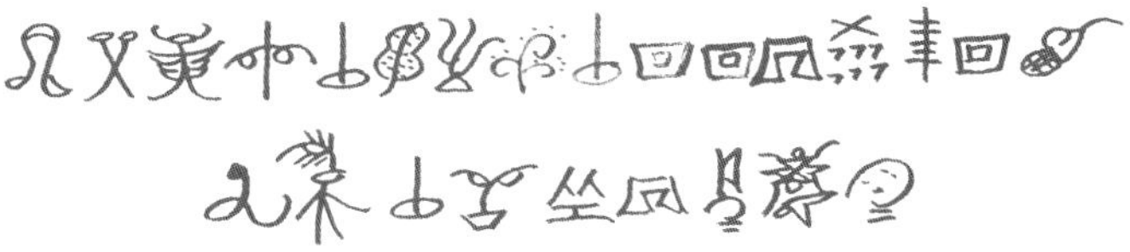

◎ 木仕华／主编

中央民族大学出版社
China Minzu University Press

图书在版编目（CIP）数据

纳西学研究新视野/木仕华主编. —北京：中央民族大学出版社，2014.12

ISBN 978-7-5660-0704-9

Ⅰ.①纳… Ⅱ.①木… Ⅲ.①纳西族—民族文化—中国—文集 Ⅳ.①K285.7-53

中国版本图书馆 CIP 数据核字（2014）第 071381 号

纳西学研究新视野

主　　编　木仕华
责任编辑　吴　云
封面设计　布拉格
出 版 者　中央民族大学出版社
　　　　　北京市海淀区中关村南大街 27 号　邮编：100081
　　　　　电话：68472815（发行部）传真：68932751（发行部）
　　　　　　　　68932218（总编室）　　　68932447（办公室）
发 行 者　全国各地新华书店
印 刷 厂　北京宏伟双华印刷有限公司
开　　本　787×1092（毫米）　1/16　印张：60.25　彩插：8 页
字　　数　1250 千字
版　　次　2014 年 12 月第 1 版　2014 年 12 月第 1 次印刷
书　　号　ISBN 978-7-5660-0704-9
定　　价　188.00 元

纳西学研究的新视野——纳西文化与多彩丽江大型展览在云南省博物馆隆重举行

纳西学研究新视野论坛与会代表合影

滇川藏交角区域纳系族群文化研究学术恳谈会合影

纳西学研究的新视野——纳西文化与多彩丽江大型展览开幕式

东巴仪式与舞蹈展演

参加开幕式的旅昆丽江纳西族同胞

省政协原副主席和占钧等丽江同乡重逢

展览会展出云南省博物馆藏清代丽江纳西族珍贵文物靴顶老爷像原件

上下图：展览会参观现场

展览会展出丽江市博物馆藏明代丽江纳西族土司木增的汉字书法作品

旅昆纳西族同胞合唱团为开幕式举行表演

文化部副部长赵少华参观展览并与工作人员合影

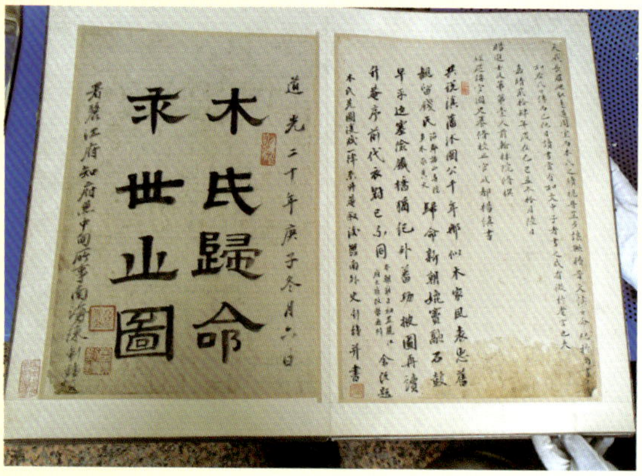

展览会展出云南省博物馆藏丽江《木氏宦谱》原件

丽江风光旅游资源展览

纳西文化主题旅游纪念品展示

云南省政协副主席顾伯平（右二）、云南省文化厅厅长黄俊（前左三））参观展览

纳西学者和钟华（右二）、杨尚孔（左二）等在展会上合影

印度、澳大利亚学者及媒体参观展览

纳西学研究新视野

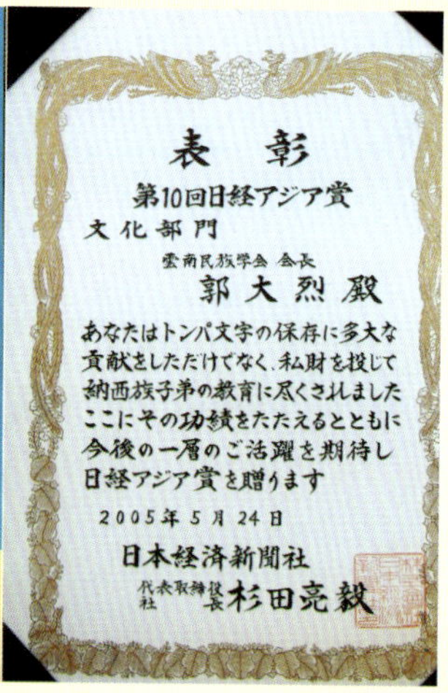

表 彰

第10回日経アジア賞

文化部門

雲南民族学会 会長

郭大烈殿

あなたはトンパ文字の保存に多大な貢献をしただけでなく、私財を投じて納西族子弟の教育に尽くされました ここにその功績をたたえるとともに今後の一層のご活躍を期待し日経アジア賞を贈ります

2005年5月24日

日本経済新聞社

代表取締役社長 杉田亮毅

纳西族学者郭大烈荣获日本经济新闻社亚洲文化大奖之奖状及奖杯

右图：纳西文化研究会、丽江文化研究会会长杨国清先生（右二）参观展览

下图：展览会筹备组成员合影

目 录

历史与民族关系篇

民族学与人类学篇

语言文字文献篇

文化旅游与文化传承篇

艺术与民俗篇

丽江古城篇

The New Trend of Naxiology
（纳西学研究的新动向）（序）

By Guo Dalie （郭大烈）

The Naxi mainly live on the border of Yunnan, Sichuan and Tibet where the three Rivers(the Yangtze, Mekong and Salween) flow in a parallel direction. Though its population is 300,000, its unique culture has aroused the concern of scholars from home and abroad.

J. Bacot was the first person who did research on Naxi in 1907, and later he published his book entitled "*Les Mosso*" in 1913. Around 1000 scholars have published more than 3000 articles or books related to the Naxi culture in the past 100 years.

Reference In his book entitled "An Overview on Naxi Dongba Culture Study", (Yunan University, 2006), Song Guanshu mentioned that up to 2003, there are 2191 articles, 481 monographs, 116 foreign language document. All together are 2787 pieces. Among which 427 articles, 59 kinds of monographs were published from 2000 to 2003, accounting 107 pieces/per year. Thus, it is estimated that 300 articles (kinds) had been published from 2004 to 2007. The total number should be more than 3000.

From the time of publishing, 90% of articles or books were published after 1980s, and among which half of the publication were made after 1990s. Within the 47 authors who published more than 9 articles or books, 37 are the authors who started their publishing in 1980, accounting for 70%; Within 34 authors who published from 5 to 8 articles or books, 16 authors started their publishing around 1980s, accounting for 47%, 14 authors started after 1990, accounting for 16%. All these state that the study of Naxiology becomes more prosperous. The number of scholars shows that there is enough academic research people involve in the study of Naxiology.

Since 1990s, there are more international cultural exchanges, and more young scholars from domestic and abroad countries have involved themselves in the study of Naxiology, that brings a new trend for Naxiology:

1. a study that insists on the ideology of"man-oriented", promotes sustainable development, properly manages the relation between culture preservation and tourism development and promotes"Lijiang model"heritage site preservation;

Since the Old Town of Lijiang has been inscribed on the list of World Cultural Heritage Site in 1997, tourism becomes an important industry in Lijiang. There were 5. 6 million tourists visited Lijiang in 2007. According to some scholars①, tourism brings some positive impact on the tourism site and its social culture: Firstly it increases the modernization process of social culture of the tourism location; secondly it strengthens the exchange and co-operation with the outside, promotes the open affair of the tourism location; thirdly, it stimulates the restoration of the local traditional culture, many customs or traditional culture in danger of disappearing have been revitalized, and some part of them have been reconstructed in some specific scene which help the local residents aware the uniqueness of their traditional culture. Hence the pre-existing de-confidence in front of the main stream culture has been replaced by a kind of self-confidence and pride. As a result, people' s self-awareness on the protection of traditional culture has been strengthened. However, some foreign journalists also alarm that"the big number of tourists destroys the cultural eco-balance of Lijiang because more and more Naxi have been excluded from their cultural center"②. It is true that according to a statistics, there are 1527 families, around 5001 people, accounting for 32. 73% of local residents, moved out of the Old Town from 1987 to 1999. The replacement of local population reflects the replacement of local culture which arouses the concern of scholars home and abroad.

In her book entitled"Tourism Development and Culture Change", Dr. Zong Xiaolian has given a theoretical analysis on the relation between Lijiang tourism industry and Naxi culture based on her fieldwork. A research team whose director is Prof. Yang Fuquan and whose research title is"Protection and Action Plan of Southwest China"have done a lot research on"the shift of cultural subject". Lijiang Government on varied levels has done a lot of fruitful job on this subject—In"the Fifth Annual Conference of UNESCO' s Pacific Area Cultural Heritage Site Management", "Lijiang model"described in"Lijiang Announcement" has been appraised for its strengthening of culture protection and its proper use. "Lijiang Old Town Protection Regulation of Yunnan Province" implemented on 2, Dec. 2005 by Yunnan People' s Representative Committee provides people a legal system for the protec-

---

① Zhang Bo, "the Impact of Tourism on the Social Culture of Reception Area"in"*A Collection of Thesis in the Second International Dongba Academic Conference*"p. 505, Yunnan Minzu Publishing House, 2005.

② John, "Lijiang Falling Into the Trap of Tourism"in, "Asian Walls Daily"Nov. 23-25, 2001, republished by"*Reference News*"on 4 Dec. 2001.

tion of Old Town. Lijiang Municipal Government' s policy on protection of Shuhe old town area and keeping beneficial balance between companies and local residents while developing Shuhe ancient town becomes a model which was introduced to the public by CCTV' s "China Experience"in the Spring Festival of 2005.

The book entitled"Lijiang Plan"①edited by Yang Fuquan made an overview on the interactive relation between Lijiang tourism industry and culture in recent years. In addition, some scholars also noticed the phenomena of culture dissimilation. Wen Neiqun mentioned that under the background of tourism development, Dongba religious culture is taken as a kind of cultural resource and has been transformed into tourism commodities. As a result, those Dongba religious culture used as tourism products will doubtlessly be dissimilated during the process of commercialization and become the subject of fetishism. ②

2. a study that constructs harmonious culture, supports public culture affairs, supports succession of ethnic culture, simultaneously encourages culture invention and promotes ethnic culture industries;

Lijiang have held International Dongba Culture Academic Conferences both in 1999 and 2003. On 30, August, 2003, Dongba Ancient Manuscripts were inscribed on the list of "World Memory Heritage"by the UNESCO. In Recent years, Lijiang Government has made a strategy on"developing the Municipality with the culture". Some practical action has been conducted in guiding"self-awareness on culture"to"culture transformation"era.

Varied levels of Lijiang government have paid great attention on the development of public welfare. Facing the reality that 70% of Naxi students in primary school could not speak their native language, the Standing Committee of the Lijiang People' s Congress approved a regulation related to Naxi Language Transmission and Education in Primary Schools in the former Lijiang County; On 5, Dec. 2005, the Yunnan People' s Committee of approved"Yunnan' s Naxi Dongba Culture Protection Regulation". Moreover, 14 Dongba culture transmission organizations were organized by the people in 1990s. In his article"A Discussion on Dongba Culture Transmission", ③ He Limin overviewed social problems existing in the culture transmission during the last 10 years. He mentioned that the Naxi culture in the"culture transfer"period should be a development and innovation based on the traditional culture.

Guo Dalie and He Limin co-edited several textbooks such as"Naxi Native language

---

① Minzu Publishing House, 2005.

② Weng Naiqun, "Culture Reproduction Under the Global Background", in"*A Living Town on the Ancient Tea-Horse Road*", Minzu Publishing House, 2006.

③ "*Yunnan Social Science*"No. 1, 2004.

and Dongba Culture Transmission Reading Material", "Popular Dongba Pictographs" that provide teaching materials for Dongba culture' s transmission in the schools.

The development speed of Naxi culture industry is very fast, Naxi ancient music, "Dongba Palace", "Beautiful Water and Golden Sands", "Lijiang Impression—Snow Mountain" have produced great economic benefit.

3. **Translated 100 volumes of Dongba ancient manuscripts in order to rescue this endangered culture, simultaneously strengthen the study of Dongba pictograms and Dongba culture;**

Through 20-years' effort of scholars and Dongbas from Lijiang Dongba Culture Research Academy, 861 kinds, including 100 volumes of Dongba manuscripts have been translated and published gradually from 1999 to 2000 with the title of "An Annotation of Naxi Dongba Ancient Manuscripts". In 2003, the second Lijiang Dongba Culture International Academic Conference was held and a collection of thesis① presented in this conference has been published. Moreover, we need to notice that:

a. re-identification of Mosuo' s Daba priest: Song Zhaolin announced that he found 4 divination manuscripts in 2000. He suggested that if we include one manuscript discovered by

Yang Xuezheng in 1980s into consideration, there are more than 30 characters. He believed that: 1) these character have standard writing form; 2) they could be used to record complicated divination book; 3) these characters are popular in Yongning, Qiansuo and Wujiao etc. Hence he made a conclusion that Mosuo have their own writing characters which are mainly focus on painting or pictographs; there are also some symbolic characters, but no phonetic-form compound or associate compound, hence they are relatively primitive characters and not as advanced as Dongba characters. ②

b. new theoretical study on philology: ③ Yu Sunsheng and his students have done a lot of research on this field. Yu suggested that instead of Fang Guoyu' s "Ten Kinds" of Dongba pictographs, it is more proper to catalogue these characters into "6 kinds": associate compound, symbolic characters, phonetic-form compound, phonetic loan characters, and form loan characters. Dongba characters are mainly single-form which indicates the form of things, therefore they are mainly nouns.

Through an analysis on 1840 characters in "Naxi Pictographs Dictionary", Zhen

① Yunnan Minzu Publishing House, 2005.

② "*Mosuo' s Daba Religion and Dongba Pictograph*", "Ethnology Paper".

③ "A Study on Naxi Dongba Pictographs", "*Naxi and Na Culture Study in Sichuan*", China Culture Committee Asociation Publishing House, 2006.

Feizhou mentioned that character elements are basic unit for character formation through the combination of form, phonetic and meaning. Through her analysis, it shows that there are 806 character elements, among which 441 are basic ones, 69 are transformed ones, 252-elements are affix ones and 44 standard ones. ①

c. the cosmology of Dongba religion: Baojiang believes that it is a cultural system with multi-structure, clear levels and strict logic. The cosmology is divided into upper world (deity and ancestor world), down world(demon world), the middle world(the world supervised by the god of nature shu). There are no re-incarnation among these three worlds. Man spirit may go back to the ancestor' s place, or go down to the down world of wandering spirit and hungry ghosts such as"Sa"(the internal energy of things), "Eheng"(spirit). Up-down, internal-external are the two basic way for understanding the world. ②

4. **a study on the social history by taking the Mu Clan of Naxi and Tea Horse Road as its main theme, simultaneously some related seminars have been held;**

The Mu Clan of Naxi, , had lasted through three dynasties, such as Yuan, Ming and Qing periods, that is 22 generations and 470 years They did a lot of meaningful things, thus their time was a very important period in the Naxi' s history. The Mu Clan' s value to the present time becomes more obvious--for instances: the unity of the whole ethnic group; protection of the land for the people, correctly manage the relation with the central government and other surrounding ethnic groups; chained varied villages and form a central town-Lijiang Old Town; pursue similarities and accept differences accept varied religions; explore mining, and having a good economic situation; educated their descendents the conception of"loyalty to the central government and love the people"; respect talents and absorbed advanced techniques. The Lijiang County Government re-constructed the Mu Mansion in 1999, and it attracted many tourists for its splendid construction. Jiang Zeming, the former president visited the Mansion on May 2 in 1999 and appraised the Mu Clan' s political wisdom. A conference entitled"Lijiang Mu Clan and culture on the border of Yunnan, Sichuan and Tibet"was held in the Mu Mansion in Nov. 2007. More than 60 scholars from Beijing, Ganshu, Sichuan and Yunnan attended this conference. They re-estimated the Mu Clan' s modern value from the lens of border area of Yunnan, Sichuan and Tibet and the perspective of multi-disciplines.

The Tea-Horse road was called Dian-zang(Yunnan-Tibet) road in history book. Qing dynasty was the most prosperous time for tea-horse trade. During the Sina-Japanese war,

---

① Zhen Feizhou, "*a Study on Character Elements of Naxi Dongba Pictographs*", Minzu Publishing House, 2005, p. 61.

② Bao jiang, "*Symbol and Symbolic Meaning: a Study on Naxi Rituals in Yeqing(Eya)*".

the road became the vital route for Yunnan' s connecting to the outside of world, and made a good contribution on China' s against Japan war, together with another important route named"hump air-route". As an important town on the tea-horse road, "tea-horse road tourism route"has been explored in Lijiang on May 1 and"tea-horse road and Lijiang Old Town history and culture seminar" was held in Beijng on Aug. 22, 2002. Many famous scholars, such as Fei Xiaotong and Ren Jiyu attended that seminar and stated that"Lijiang Old Town is a living town on the tea-horse road". Later a TV series program named "Ancient Tea-Horse Road"was broadcasted by the CCTV.

Moreover, scholars have done a lot of research on the Naxi' migration route. Zhao Xinyu generalizes 4 migration routes mentioned by varied scholars. The first is minjiang river---Daduhe migration route(Fang Guoyu), Yalongjiang river migration route(Li shaoming), Jinshajian river migration route(Zhang Zhenqi). He mentions that although all these rivers are very far from each other from the east to the west, they all locate within the Zang-Yi Corridor, and there are many routes from the south to the north within the Zang-yi corridor. However, Duan zhichen believes that the ancestors of Naxi is not Maoniuyi, but Shupi people from Qianghai-Tibet plateau. Their migration route is from Helanshan mountain, through Qinghaihu lake, to the north plateau of Tibet, then one group migrated to the south along Jinshajiang river and the other migrated form Ganzi, Daochen, Muli, Yanyuan to Ninglan and Lijiang. ①

5. a study on the relation between varied ethnic groups on the border of Yunnan, Sichuan and Tibet by taking Naxi and Tibetan relation as its main theme;

The Naxi and Tibetan have a very close relation through the history. Scholars, such as Guo Dalie and He Shaoying have done some research in the past years. Recently, Xu Guoqiong, Wang Xiaosong who have been doing research on"the Epic of King Gesaer"②published a Chinese version of"War between Jiang and Lin"which has a very important meaning on the study of the relation between the Naxi and Tibetan. Some scholars believe that "Jiang"is the Naxi. In his book entitled"the Root of Tibetan and Civilization of the Eastern Tibet", ③Shi Shuo states that among the four biggest ancient clans of the Tibetan, the"Mu Clan"is the ancestors' of today' s Naxi.

---

① Mu Shihua(ed), "*Lijiang Dayan Old Town: A Living Town on the Ancient Tea-Horse Road*", Minzu Publishing House, 2006

② Zhao Xinyu, "See the Basic Features of Zang-Yi Corridor from the Perspective of the Four Migration Routes of the Naxi", in"*A Collection of Thesis in the Second International Dongba Culture Academic Conference*"Yunnan Minzu Publishing House, 2005.

③ Duan Zhicheng, "A Brief Discussion on the Naxi and its Migration Routes", "*Naxi and Na Culture Study in Sichuan*"China Culture Association Publishing House, 2006.

Later, Zhao Xinyu published"Relation History between the Naxi and Tibetan"; ① Yang Fuquan published"A Study on Relation between the Naxi and Tibetan". ②These publications have given a more comprehensive study.

6. a new assessment to Naxi social and historical culture from political and juristic culture perspective;

Political culture is a series of political attitude, belief and feeling of a nationality during a specific historical period. A nationality' s political culture is an important factor for the ethnic group' s development, hence it is a new perspective for the study of a nationality' s development. In his article entitled"a Study on the Naxi' s Traditional Political Culture", ③Zhou Junhua states that Naxi' s traditional political culture of patriotism, clear political awareness, and political value have played a very important function on the transformation of political power and social form that played a very important role in the history, shortened development process of the Naxi society, opened a wider space for Naxi' s existence and development, and assured the Naxi' s sustainable development.

Regarding to the Law culture, Yang Yunpeng published an essay related to Naxi ancestor' s law awareness and loan conception; Guo Dalie edited"Naxi' s Law History"which provided a comprehensive idea on law culture, including chieftain, citizenship identification, relative, succession, death and funeral, loan and custom laws; moreover, it does a research on the law construction after the liberation.

7. a international study on ethnic groups related to"Na"and their marriage system on the border of Yunnan and Sichuan;

There are around 60,000 ethnic people called themselves as"Na". Though their ethnic belonging is different, they share same historical cultural root. There are around 18,000 Na-ri people, also called Mosuo, in Yongning. Their special family and marriage system has aroused scholars' attention in 1980s and a lot of fieldwork reports and monographs have been published. At the end of 1990s, they aroused scholars' attention again and many representative works, such as"a Society Without Father and Husband"④by Cai Hua, "Pursue for Harmony: Mosuo Humanity Unity and Family Organization"⑤by Shi Chuangan, "Mother' s House: Symbolic Meaning and Practice of the Gender Among the Na-ri Society in Southwest China"by Weng Naiqun(not published), "A Kingdom Without Father and Moth-

---

① Sichuan Publishing Company, Sichuan People' s Publishing House, 2004.

② Minzu Publishing House, 2005.

③ Writing in 2007, Not Published Yet.

④ In French, Publishing House of French University, 1997.

⑤ In English, Publishing House of Stanford University, 2003.

er"① by Zhou Huashan, "Matrilineal Society of Mosuo in Yunnan, China"② by 远藤织枝, and"The Selection of Survival and Culture: Mosuo' s Matrilineal System and its Modern Change"③ by He Zhonghua and some other academic essay and popular works. Those works mentioned above did a comprehensive research on Mosuo people' s walking marriage and matrilineal family from historical and anthropological perspectives. However, just as what Shi Chuangang says"the common(outside) marriage and walking marriage systems are co-existing among the Mosuo people which becomes a question that the history and culture could not give a clear answer. "

It is worth of stating here that more scholars are interested in the study of ethnic groups related to"Na"in recent years. Scholars, such as Weng Naiqun, Mu Shihua from Social Science Academy of China have been to the border of Yunnan and Sichuan and did their research for many times; a seminar was held by Naxi Culture Committee, Chengdu, Sichuan in 2004 and a collection of essay entitled"a Study on the Naxi and Na Culture in Sichuan"was published in 2006; Mosuo Culture Research Committee has been organized in 2006 and Mosuo people starts to have their self-awareness on their culture since then. ; Yunnan East Mosuo Culture Research Center has been organized in Kunming in January 2008; Hence we believe that we will have more academic results on the"Na"group, especially on the Mosuo culture in the future.

8. a systematic study on the literature and arts by taking Dongba myth and Naxi music as its main theme;

Naxi' s literature and arts study was a focus of study during 1950s—1960s. Many important works have been published in recent years:

In his book entitled"A Study on Dongba Myth", ④Bai Gengsheng has given a systematic catalogue on the myths existing in the Dongba manuscripts and described a deity system within Dongba myths.

Helen Rees' s"the Echo of History: Naxi Ancient Music in Modern China", ⑤and He Yunfeng' s"The History of Naxi' s Music"have done a comprehensive research on the Naxi' s music. "The former described the specific features of Naxi music by putting it in the background of Chinese music and Yunnan ethnic people' s music, and analyzed the its change during the process of spreading as well as its specific relation with the ethnic peo-

---

① Guang ming Daily Publishing House, 2001.

② Published in Japanese.

③ Yunnan education Publishing House, 2003.

④ Social Sciences literature publishing house, 1998.

⑤ In English, the Publishing House of Oxford University, 2001. Helen Ree has been to Yunnan for her research in 1991 and 1993.

ple' s survival history, folk custom and religions. Moreover, Rees also published an article named"The Danger and Future of Yunnan Dongjing Committee"; the later(He Yunfeng' s) is the first music history book related to the Naxi and it could be regarded as a basic work. In their articles named"Frozen Music: the structure of iconology and aesthetic interpretation of Naxi Musis", ①Li Lifang and Yang Haitao try to research, understand and interpret Naxi' s image signs from the perspective of music iconology, and interpret their meaning that doubtlessly provides a new perspective.

9. **a study on research groups, discipline construction and science history;**

Since the formation of the Naxiology, there are many micro-research results but rare macro-study. Gan Xuechun' s book entitled"Walking to the World: A Discussion on the Study of Naxi Culture in 20 Century"②"made a contribution on the opening of a new field in the Naxiology; it made a conclusion on the history, achievements, characteristics of Naxi study in 20 century for the first time, and it promoted the study of Naxi culture on a new level and symbolizes an important mark for Naxi study in 20 century. "③

10. **a study on varied international co-operations and their related achievements**

In the past, there were foreign scholars such as J. Bacot, J. F. Rock from the U. S. A, Peter Goullart from Russian, A. Jackson from Britain; domestic scholars such as Tao Yunkui, Li Linchan, Zhan Chenxu, Wang Chengquan, Liu Longchu, Yan Ruxian and Song Zhaolin ect. and indigenous scholars such as Fang Guoyu, He Zhiwu, Zhou Rucheng, Zhao Jingxiu, He Jiren and He Fayuan etc.

In recent ten years, there are many new foreign and domestic scholars, such as C. F. McKhan, Emily Chao, S. D. White, and Thomas M. Pinson from the U. S. A, Helen Rees from the Britain; Christine Lumb from Australian, Sanno Kenji from Japan; Yu Shunsheng, Li Guowen, Gan Xuechun, Wang Yuanlu from China.

There are more and more academic exchange activities. Dongba culture academic conferences(two times) and many other forums related to world heritage were held in Lijiang.

From December 1997 to May 1998, the Ethnology Museum of Zurich University in Switzerland had held a Naxi Dongba Culture exhibition and invited Naxi scholars to give lectures there and published a collection of Thesis related to the Naxi.

AIT of Thailand published a book entitled"Naxi Religion, Gender Culture"in 1999 and it included 5 articles of Naxi scholars.

---

① The Publishing of the Central Conservatory of Music, 2004.

② The Publishing House of Yunnan University, 2006.

③ Lin Chaomin, "Naxi Culture: Stepping into the World", p. 3.

Whitman University opened a"Naxi Culture Academic Year", held an exhibition related to"Naxi Dongba Arts and its New Creation", and invited Naxi scholars to give lectures in 2003.

Scholars such as Sanno Kenji from Japan had done many times of fieldwork related to Naxi' s folk custom from 1993 to 1996 and published their results. Recently, Shun suke from Japan brings his students to Lijiang for their fieldwork almost every year; Wang Chaoyin, an oversea Chinese scholar, published a book related to Dongba pictographs and it is very popular in Japan; moreover, there are a group of young Japanese scholars are involving themselves in the research of Naxi culture.

论21世纪初叶的国际纳西学研究（代前言）

木仕华

时序已经流转到了21世纪的初叶，伴随着国家经济实力的崛起和现代化步伐的加快，纳西族地区亦伴随着国家改革开放以来时来运转的发展大潮，迎来了全新的发展阶段。伴随着新一轮经济全球化大潮，纳西族地区自然融入经济文化一体化的伟大时代，这与中古时代以来纳西族先民尽享纳西家园位居汉藏之间的族际关系和天时地利格局，依托畜力与人力、文化和地缘优势，聚焦于藏区特需的茶叶和盐业，奔走于茶马古道，于吐蕃时期即参与全球性的白银资本流动的博弈进程有着质的差异。

17世纪至20世纪40年代，纳西族先民在中印缅区域的长距离国际贸易中抢占商机，获取利润，催生了丽江纳西族地区资本主义萌芽及一些现代性元素。纳西族商界精英在现代世界体系中历练了生存的本领，通过跨血缘、跨族群、跨文化、跨国界的流动，打破了以往的族际和国界隔阂。在国际商贸活动中，纳西族的天下观及国家认同、民族精神均得到全方位的提升，打开了全新的视野。

纳西族地区的全新发展与当代社会的发展密不可分。伴随着大西南区域的开放崛起，身处滇川藏交角区域的纳西族，迎来全新的发展机遇和挑战。自20世纪50年代始，纳西族从默默无闻的沉寂，到20世纪80年代，纳西族家园被列为世界文化遗产之地，再到如今“纳西大名垂天下”，国际化的纳西学研究也因此掀起新高潮。

20世纪60年代，骆克和雅奈特率先把有关纳西文化的研究冠名为“Nakhilogy”①，以纳西学和纳西学家（Nakhilogist）指称纳西文化研究者。1999年年底，笔者应白庚胜先生之邀编辑《国际纳西学会通讯》第一期，为了迎接新的历史时期的来临，我斗胆参照国内其他学科的译法将“纳西学”一词直接用汉语拼音“纳西”一词与英语语境中的学科的词缀“-ology”结合的方式，较为折中地改写为“Naxiology”。此后时过境迁，因缘聚散，不再关涉此类问题。新近拜读日本学者

---

① Rock, Joseph. F and Klaus Ludwig Janert, *Na-khi manuscripts*. Part I. -Part II. Verzeichnis der Orientalischen Handschriften in Deutschland, Bd. VII, 1-2. 1965, pp. XI-XIV.

黑泽直道先生的专著时，黑泽先生提到这一变化[①]，故而在此重提历史旧事，也算是一个交代，至于我之前是否有其他高明者亦采用此法，改写雅奈特的“Nakhilogy”一词，我未加考信厘清，也就不得而知，如果雷同，那也算是所见略同罢了。这一举措都是尝试，对或错留待时贤和来者评述和规范。

关于中国国内东巴文化学向纳西学转型的历程，欧美学者的纳西学与中国学者的东巴文化学的关系认知差异问题，与20世纪80年代以来中国境内的“美学热”、“文化热”、“国学热”、“西学热”的此起彼伏、更迭嬗变进程密不可分，正所谓一个时代有一个时代的学术，任何的学科和门类都无法与之切割。时代变迁引发研究主题的更新、学术重心的转移，是这一时期学术思潮的反映。

以和万宝为代表的纳西族精英群体们在这一历史时期巧妙地发明了“东巴文化”一词，切合举国上下的文化热潮，使纳西族文化研究和东巴经典的抢救性整理翻译得以渐次实现，为纳西族东巴经典的研究译注，抓住了极好的历史机遇。现在看来，和万宝等人的识见的确超迈时贤，“东巴文化”无疑是合宜的提法，备受中外学者瞩目[②]，更何况丽江是一个多民族杂居的地区，过分强调其中的任何一个民族，都会招来多民族间政治经济利益平衡因素的制约和束缚。因为政治就是稀缺资源的权威分配，何况不患贫而患不均历来是国人的难解的心结。和万宝等人强调纳西东巴文和东巴经典的文化意义的特色和唯一特性，此举足以说服其他民族精英，巧妙地展示纳西族文化中独有的、具有普世意义的文化现象，力排非学术因素的介入，终于能够集聚人力、物力，创办专门机构，及时进行译注研究，实现以文化的面目让世人接受和支持。

这一时期任继愈、傅懋勣、于锦绣、姜竹仪、彭耀等人对纳西文化的关注和持续性的支持[③]，为后来的研究和发展赢得了千金不换的时机。这些学者持有前瞻性和敏锐性的科学眼光，辅以身体力行、率先垂范的举措无疑令后学钦敬，与徐振康在20世纪60年代抢救东巴经典的做法同为令人感佩之举，因此，纳西族各界至今铭记他们的嘉言懿行和伟大贡献。

1954年以前，纳西学的研究已经初具规模和国际影响力，尤其在骆克在世时期，依仗其著作，纳西文化在欧美的藏学界、喜马拉雅区域研究者间已广为人知。[④] 而在国内，20世纪初至1949年的近半个世纪间，也就是清末民初时期，国

---

① 黑泽直道：《ナシ〈納西〉族宗教経典音声言語の研究——口頭伝承としての「トンパ（東巴）経典」》，雄山阁，2007年，第31页。

② 赵省华对此评论：纳西族利用政府主导型旅游复活了在“文化大革命”间受到压制的东巴文化。通过政治和经济上的扶持，作为旅游产品包装的东巴文化促进了纳西传统文化的再现。参见 Chao，Emily. “Hegemony，Agency，and Re－presenting the Past：The Invention of Dongba Culture Among the Naxi of Southwest China.” In *Negotiating Ethnicities in China and Taiwan*，ed.，Melissa J. Brown，1996，pp. 208－239.

③ 按：东巴文化研究室初创阶段中国社会科学院在经费上的支持至为关键。

④ 木仕华：《十九世纪末至二十世纪初西方关于纳西文化研究的述评》，载《云南民族学院学报》（哲学社会科学版），1999年第1期。

内所标举的是“汉满蒙回藏五族共和”[①]，或如顾颉刚先生所谓的“中华民族是一个”[②]。因此，包括纳西族在内的南方尤其是西南一隅的番、夷、蛮、濮、越诸族裔集团，很少被中央政府层面专门提及，当然无以纳入政治话语体系中，只间或在地方文献或方志及学术论著中提及。未见以学科之名专指纳西族文化的研究领域。

1996 年“2 · 3 大地震”灾难之后丽江声名鹊起，自丽江古城被列为世界文化遗产以来，遗产地的主体居民——纳西族及其文化，更为世界所瞩目，“纳西文化热”与“纳西文化旅游热”的互动效应也风生水起，云蒸霞蔚，极一时之盛。国内外学术交流日益频繁，年轻的中外学者加入纳西学的研究，进一步开拓了研究新视野。尤其是千禧年以来，纳西族及其文化的调查研究，以及学科意义的进步也是举世公认的，虽然仍有泥沙俱下、鱼目混珠的遗憾和学术规范贯彻不彻底、学术品位有待提升等发展中的问题，但在进入 21 世纪的这一时段，纳西学的研究水准的上行趋势和研究领域的拓展均处于历史上少有的平稳发展期。这一时期纳西文化研究者不再满足于“东巴文化学”这一范畴，由于学者们关注研究的范围逐渐扩大，内涵日益丰富，无法再用“东巴文化学”来涵盖这些研究内容，因此，纳西学置换东巴文化学成为必然。我们谨对这一时期的若干典型事件和学术成就略作评述，以期对了解 21 世纪初叶纳西学研究概貌有所裨益。

一、纳西语言文字文献研究

新中国成立后，各级政府十分重视东巴古籍的搜集整理和研究。1981 年，成立了云南省社会科学院东巴文化研究所（今东巴文化研究院），用 20 年时间，对国内收藏的经典进行分类、翻译。经过 20 年的艰苦努力，千册百卷本《纳西东巴古籍译注全集》翻译工作完成，于 2000 年交付印刷出版。2002 年完成了《纳西东巴古籍译注全集》100 卷的翻译整理出版工作。

云南省社会科学院东巴文化研究所从 1982 年到 2000 年，总共出版了《纳西东巴古籍译注全集》百卷千册、《纳西东巴古籍译注》3 集 14 种、单行本纳西东巴古籍译注 25 种。随着四对照汉译《东巴经》，特别是译注全集的面世，东巴经典被国内外学术界所看重。国内外研究者纷至沓来，深入纳西族地区进行田野调查并学习纳西语文，研究东巴经典，一时成为热门的学问。

关于《纳西东巴古籍译注全集》抢救性翻译整理的意义和贡献，和万宝在

① 1912 年 1 月 1 日，孙中山发表《中华民国临时大总统宣言书》，第一次提出了“五族共和”论：“国家之本，在于人民。合汉、满、蒙、回、藏诸地方为一国，即合汉、满、蒙、回、藏诸族为一人。是曰民族之统一。”对武昌起义后十数行省先后宣布独立也作了说明：“所谓独立，对于清廷为脱离，对于各省为联合，蒙古、西藏，意亦如此，行动既一，决无歧趋，枢机成於中央，斯经纬周於四至，是曰领土之统一。”

② 顾颉刚：《中华民族是一个》，载《益世报 · 边疆周刊》第 9 期，1939 年 2 月 13 日。

《纳西东巴古籍译注全集》总序中说："见此全集，理应铭记具有远见卓识与大无畏精神的先驱者们，与学者共事的东巴先生们，他们率先叩响东巴文化大门，传扬出去，开山创业，卓有成就，功垂青史，永不湮灭！"①

目前的研究可以发现《纳西东巴古籍译注全集》有一些明显的遗憾和不足，但这毕竟是抢救工作中难免的现象，我们决不可以现今的学术研究条件去苛求。学术乃天下之公器，有错漏必作更正，这是自然的，但是如果批评者是以一种抢夺话语权的方式，或以内部殖民者的心态来酷评、贬低和指责、嘲讽，则注定是不受欢迎的。我们还是要看此书的主体、主流、好的、对的方面，而不要纠缠于错漏的角落。众所周知，好坏对错，自有公论，不必过分放大和刁难，人非圣贤，孰能无过，重要的是承认其历史性的奉献。纳西族作为偏居大中国西南一隅的人口稀少的小民族在当时的条件下能有此创举，在当时及至当下的全国乃至世界范围而言也是罕见的。《纳西东巴古籍译注全集》荣获全国图书奖的最高奖，东巴经典被列入世界记忆遗产名录，难道这不是最大的认可和最高的褒扬吗？

在纳西语言文字文献研究的其他方面，如杨焕典集数十年功力推出《纳西语研究》（当代中国出版社，2004）；瑞典学者费安娜对瑞典藏东巴经典的译注研究；意大利学者羞龙对东巴文电子词典及数据库的尝试；波兰学者梅西亚对纳西东巴文从符号学视角的再现以波兰文出版了其博士论文《纳西人图画——象形文字世界的时间模型》一书；2003 年，德拉甘·亚内科维奇与纳西学者习煜华合作出版了《纳西象形文——塞尔维亚文辞典》，并运用纳西东巴文对其民族历史和传说的再创造性表述，十分新颖别致；日本学者黑泽直道对纳西语言及文献的研究，潜心学习纳西语言，推出东巴经语言研究方面的著作《纳西族宗教经典语音语言的研究：口头传承的东巴经典》②；旅日中国学者王超鹰著《东巴文字传说：画一样的神秘文字》和《殉情故事：被东巴文字隐藏的爱情的故事》③，为东巴文字在日本的传播提供了十分重要的依托，其书出版问世后广受欢迎，产生了良好的社会效应，如日本成立了"东巴文爱好者会"的社会组织；韩国学者丁一对纳西日科东巴文的探索，以及与甲骨文的比较研究；美国学者托马斯·品森经对纳西语言的十数年研究学习，编撰辞典刊行问世，方便国内外学者的做法，令人耳目一新；其他如法国的阿力克西·迷失奥对纳西语的实验语音学研究，华南师范大学张积家教授的师生

① 和万宝：《〈纳西东巴古籍译注全集〉总序》，《纳西东巴古籍译注全集》（第一卷），云南人民出版社，1999 年，第 1 页。

② 黑泽直道：《ナシ（纳西）族宗教経典音声言語の研究：口頭伝承としての「トンバ（東巴）経典」》，雄山阁，2007 年。此书前后黑泽直道还出版了《ツォゼルグの物語：トンバが語る雲南ナシ族の洪水神話》（雄山阁，2006 年）和《ナシ族の古典文学：『ルバルザ』・情死のトンバ経典》（雄山阁，2011 年）。

③ 王超鹰：《トンパ文字伝説：絵のような謎の文字》，マール社，2004 年。《殉情物語：トンパ文字に秘められた愛の物語》，技术评论社，2005 年。

团队运用心理学尤其是认知心理学方法介入纳西语言文字、亲属称谓、色彩术语研究，别开生面，由以往的定性研究，转向实验研究、定量分析，堪称全新的进步。

人才培养方面，云南民族大学与丽江政府合作创办了纳西东巴文化方向的本科班，以订单培养模式，备受关注，成为全新的模式，受到省内外各民族的追捧和效仿。此外，华东师范大学、西南大学等处也培养了不少从事此学的后学。有为数不少的纳西族学生得益于国家教育部实施少数民族骨干人才培养计划的支持，在降分录取、定向分配等若干优惠的条件下，获得深造和进修的机会，这都是国家民族政策惠及普通民众的真实案例。

计算机技术的介入，有关纳西语言文字文献的网站、数据库、理论模型、统计分析等层出不穷，有杨晓辉的啄木鸟输入法、车文刚输入法等相继问世，估计在不远的时限内，还会有其他格式输入法问世，更好地解决输入和排版、储存、传输中的诸多问题，未来的发展只会日趋便捷，纳西语言文字文献研究中数据库的运用也日趋普遍。

以纳西东巴文为重要符号和标志的广告、书法等多种应用类型也相继出现，日本学者浅叶克己、越水春汀等运用东巴文在广告、书法领域异军突起，据不完全统计，日本消费东巴文化产品的人口不低于 30 万人。丽江纳西族地区的东巴文工艺美术作品也不断实现创新发展，基于多种多样的介质，成为文字文化与旅游文化产业结合的全新产品，备受中外人士的欢迎。与此同时，纳西东巴文字在现实中的应用亦存在诸多问题和矛盾，有的产品存在一些问题而受诟病，需要改进和合理化，也成为文字应用中的新问题。

此外，国家社会科学基金的持续性支持，北京科技大学、西南大学均从中受益，获得了充足的经费支撑，这自然得益于国家对少数民族文化保护和传承研究承续事业的大力支持，任何个人和小团体单位，均无力担当此种盛举，只有仰赖国家的发展进步、经济实力的增强，才可能投入大量的人、财、物，推进此种学问的进步。

在抢救性翻译出版东巴古籍 100 卷基础上，推进各国收藏的东巴经典的译注工作也在进展中，中国社会科学院为整理哈佛藏、纳西东巴经典，投入的巨额资金和专用外汇已经超过了国家社会科学基金重点项目经费的上限额度，创历史新高；同时深入进行东巴象形字和东巴文化研究、文字本体意义的考证、音形义关系的研究、普通文字学、文字类型学、比较文字学意义的探讨。对纳西东巴经典和东巴文的专题性探讨和专题论文集也不断问世①，但真正达到公认的高水准的研究著作依

① 如李静生著《纳西东巴文字概论》、王世英著《纳西东巴占卜典籍研究》、周斌著《东巴文异体字研究》、郑飞洲著《纳西东巴文字字素研究》、黄思贤著《纳西东巴文献用字研究——以〈崇搬图〉和〈古事记〉为例》、喻遂生著《纳西东巴文研究丛稿》（1—2）、邓章应著《纳西东巴经跋语及跋语用字研究》、《纳西东巴文分域与断代研究》、刘悦著《纳西东巴文异体字关系论》、曾小鹏著《俄亚托地村纳西语言文字研究》、越水春汀著《麗江納西トンバ文字 2000 字》等。

旧十分稀少，模仿和生套汉字学字本位方法论的研究范式依旧风行，合乎普通文字学意义而又切合东巴文实际的方法论依旧无以问世。此外，有关纳西族及“纳系族群”历史上和现实中使用的文字系统和宗教性符号之间的关系的研究被推上日程，“藏彝走廊”区域本教系统的宗教符号和文字系统间的关联性的比较研究也不断展开。

二、纳西族及“纳系族群”① 的民族学人类学研究

滇川藏交界区域“纳系族群”及其婚姻家庭形态国际性研究，自20世纪20年代以来一直是国际人类学界瞩目的研究论题。此间类型多样的婚姻家庭形态，无论是作为特例还是反例的证据，都备受关注。新中国的民族学家自20世纪50年代始也做了全新的调研和探讨，恪守社会进化学说及摩尔根《古代社会》、恩格斯的《家庭、私有制以及国家的起源》中阐述的经典理论作为指导理论，把纳人实行的“走访制”和“原居型”家庭形态视为“原始社会母系氏族社会的缩影”，自然地将纳西族社会归类为“母系社会”。纳人的社会理所当然成为人类历史上社会制度进化五阶段论中的最低级的一个阶段即“原始母系社会”的“活化石”的经典案例。追寻进化的理论源头，自然而然地将母系制与母权制等同起来，将纳人社会直接称为“母权制”社会。此种提前预设研究结论和理论框架的纳人婚姻家庭形态研究范式有严重的缺陷，自然得不出合乎纳人历史文化及社会制度的结论，也很难有新知识的再生产和理论创新。

20世纪80年代以来，人类学者开始重新审视泸沽湖畔纳人的走访制与原居制，由于理论与方法的更新转型，“活化石”经典案例地位开始动摇。以施传刚、蔡华、翁乃群等为代表的原先在国内受过历史学、外语训练的学者，以其便利的身份再度深入当时尚为半开放区域的纳人社区调查，使纳人婚姻家庭形态研究再次成为研究焦点。有的学者调侃地指出，热闹时，泸沽湖畔每一个村寨的纳人家屋的火塘边都会有一个从事纳人研究的人类学者出现。家户调查如春耕犁田一般，一茬接着一茬，深耕易薅，不断重复进行，一时间，永宁盆地中，人类学者填途塞路，研究纳人的论著和影像作品纷纷问世，高下良莠难辨。

20世纪90年代末，纳人的母系家庭和“走婚”习俗再次引起学术界的兴趣。1997年法国大学出版社出版了蔡华的专著《无父无夫的社会：中国的纳人》（Une

① “纳系族群”（The Na homologous Ethnic group）是笔者于2007年纳西文化研究会、丽江文化研究会成立大会上提出的一个用以指称分布于滇川藏交角区域共同认同标记为“纳”，而在现实56民族体系中分别被识别归属于纳西族、蒙古族、藏族的11个族群集团。参见木仕华：《论藏彝走廊的“纳系族群”》，袁晓文主编：《藏彝走廊：文化多样、性族际互动与发展》，民族出版社，2010年，第318—339页；《谁是MOSO（摩沙）？论古摩沙的分化与“纳系族群”的认同与识别问题》，载《思想战线》，2010年第3期。

société sans pére ni mari：Les Na de Chine）。2001年5月，纽约Zone Books出版社出版了该书的英译本（*A Society without Fathers or Husbands*：*the Na of China*），系由Asti Hustvedt根据该书法文版译成。该书基于蔡华就读巴黎第十大学期间完成的博士论文《一个无父无夫的社会——中国的纳人》，通过田野调查案例，描述了永宁纳人的母系家族体系和婚姻家庭习俗，其作者证伪了在国际人类学界占主导地位的两种关于社会结构的基本理论。蔡华的纳人研究人类学中经常讨论的婚姻和家庭问题，从性关系和性行为入手，讨论了纳人的婚姻和家庭组成特点。古典的题目也有现代性问题，所以蔡华检验了几个现代婚姻法对纳人的冲击以及我国政府的民族政策对纳人的影响，进而认定纳人社会是一个既没有婚姻制度也没有家庭组织的社会，以这个反例给人类学对传统社会结构的研究提出了全新的问题与挑战。蔡华将纳人社会界定为"无父无夫的社会"，引起学术界新的好评兼有争议，也激起部分纳西人的反感。

蔡华的著作由英国牛津大学教授R. 尼达姆（Rodney Needham）与法兰西科学院院士C. 列维－斯特劳斯在该书英文版封二上做了评荐；同时引起人类学家、普林斯顿高级研究院克里弗德·格尔茨教授的关注，发表了《走访（Visit）——评蔡华著〈无父无夫的社会：中国的纳人〉》，对蔡华教授的著作进行了详细的评论。① 2002年蔡华的《无父无夫的社会：中国的纳人》获法兰西科学院授予的"法语国家大奖"金牌。2003年2月Asian Ethnicity杂志发表挪威奥斯陆大学比利时学者Koen Wellens（杨魁明）的书评，2003年Asian Anthropology杂志发表了香港学者Chou Wah－Shan（周华山）的书评。Koen Wellens的书评称："我发现在他（指蔡华）所给出的用来说明偷偷走婚的35个案例中至少有21个都与以前的中文出版物中出现的案例基本相同。例如，蔡华在这一章的第187—188页、第197页、第209—211页、第216页、第222页、第223页上使用的案例能够相应地在周（裕栋）与詹（承绪）书［周裕栋，詹承绪，'宁蒗县永宁区开坪乡纳西族封建领主制、阿注婚姻和母系家庭调查'，《宁蒗彝族自治县永宁纳西族社会及其母系制调查》（云南人民出版社，1988），第191—341页］中的第237页、第240页、第243—244页、第244页、第252页、第252页上找到。而蔡华在同一章的第200页、第201页、第202页、第203—204页、第208页、第213—214页、第221页、第223页上的案例能够在王（承权）与詹（承绪）同一本书（王承权、詹承绪'宁蒗县永宁区忠实乡纳西族封建领主制、阿注婚姻和母系家庭调查'，《宁蒗彝族自治县永宁纳西族社会及其母系制调查》，第1—190页）的另一章里的描述中找到，分别是在第74页、第76页、第67—68页、第68页、第77—78页、第68

---

① ［美］克利福德·格尔茨著，吴乔译：《走访——评蔡华著〈无父无夫的社会：中国的纳人〉》，载《民族研究》，2002年第1期。英文版参见Geertz，Clifford. "The Visit"，*The New York Review of Books* 48，No. 16（Oct，2001）.

页、第87页上。我还对照着已有的中文出版物，零星地核对了蔡书中其他章节里的案例研究，其结果更加证实了这一倾向。由于书中没有对那些使用的原始案例做任何注释，这样蔡华就使得读者无法区分出哪些是他自己田野调查得到的案例，哪些则是前人调查并记录下来的。在这些案例的描述中，有几个的篇幅超出了一整页并构成该书的重要组成部分。"①

周华山的书评则曰："当我第一次读蔡华这本书时，我被他导言里的一句话惊呆了：'在纳西族的语言中，我还没有找到任何一个可以用来表示父亲这个概念的词汇。'（第20页）这是一个鲁莽的断言。我曾在摩梭人地区生活并调查了三年，我敢肯定的是，任何一个研究者在摩梭人那里只要住上一个月，都会知道在Naru（摩梭人）的语言中的ada和abo这两个词汇表示的只能是父亲的意思。而在蔡华的整本书里都没有阐释这两个在摩梭人的日常生活中经常使用的关键词。"②

蔡华的著作有他的贡献和独到之处，值得继续深入研讨或商榷③，但这一事件也警示学界、学人，无论做什么门类的学术研究，应自觉遵守学术规范和纪律，恪守学术道德底线，唯有如此，才能真正推进学术。学者必须严格讲求学术诚信（Academic Integrity），尊重前贤，不加分辨地崇信前人成果与崇拜洋人理论都是不可取的做法，理当在尊重前人的成果的基础上，食古化古，食洋化洋，切合实际，接近本真。提出全新的理论阐释纳人社会文化，尤其需要基于长时段田野调查，掌握纳人语言，深度阐释社会制度文化和婚姻家庭形态，浓缩升华出科学的理论，方为通途。目下纳人研究者虽群集，却至今无人能操一口流利的纳人语言，误解误释，在所难免，研究纳人文化需要他观与自观的结合互动，中外学者间视角的互补参照理当成为常态。

---

① 汉译文参见Koen Wellens（杨魁明）著，郭平译：《再访中国西南部的纳西族》，载《西北民族研究》，2006年第3期。英文版参见Koen Wellens（杨魁明），"Revisiting the Na of Southwest China". *Asian Ethnicity*, Volume 4, Number 1, February 2003.

② Chou Wah - Shan（周华山）著，郭平译：《评〈一个没有父亲和丈夫的社会——中国纳西族〉》，载《西北民族研究》，2006年第3期。英文版原刊于*Asian Anthropology*杂志2003年第2卷，第197—200页。其他有关的评论有：杨万圣的《一名北大教授的无耻剽窃与自吹欺世》（新语丝网）；刘小幸的《北京大学社会学系教授蔡华的学术作风及其对中国学术风气的影响》（载《民俗研究》，2007年第2期）；蔡华的《事实与臆想》（载《民俗研究》，2008年第2期）；北京大学学术道德委员会：《北京大学学术道德委员关于蔡华问题的审议决定》。该校学术研究委员会负责人与学校道德委员会就此事进行了书面沟通。2008年9月1日，学术道德委员会第三次会议认真审核了蔡华进一步申诉和巴黎第十大学的函件，认为上述材料均不足以改变"剽窃"的认定，决定继续维持第二次会议的认定。2009年3月25日学术道德委员会第四次全体会议就蔡华问题做出如下处理决定：1. 责令蔡华在社会学系内就其学术不端行为进行公开检讨；2. 建议学校相关行政部门根据蔡华问题的性质、对问题认识的程度和院系意见做出相应行政处理。［北京大学学术道德委员会，2009年3月25日，校内发送：蔡华、社会学系、社会科学部、人事部 北京大学学术道德委员会办公室2009年5月12日印发（共印5份），审议〔2000〕91号］等。

③ 蔡华接续的研究参见：《纳人亲属制度的结构与婚姻家庭悖论的终结》，哈佛燕京学社、三联书店主编：《公共理性与现代学术》，北京：生活·读书·新知三联书店，2000年，第259—291页；蔡华：《婚姻制度是人类生存的绝对必要条件吗》，载《广西民族学院学报》（哲学社会科学版），2003年第4期。

施传刚从1987年开始到纳人地区从事人类学研究，实施了广泛且深入的田野调查，时间持续到2006年，至今成果不断。施传刚关于纳人文化的代表性论著《永宁摩梭》（云南大学出版社，2008）是英文原著作者的博士论文的简本中文版①，主要介绍了有关家庭结构、纳人的制度化性联盟模式、母系制度、家户生活、宗教体系和社会性别观等方面的内容。也兼论及文化性别、民族认同、民族史、民族关系、文化对人口形态的影响以及在多民族文化生态中作为少数民族生存的汉族等。

施传刚新著《追寻和谐：摩梭传统的性联盟与家庭生活》② 是其博士论文的复本，该书堪称"用英语写作的第一本纳人的民族志"。该书论及纳人的族称与族属、纳西—摩梭史及纳人母系制争议概述、永宁土司的民族认同、历史、政治结构；传统纳西社会的文化环境及条件、大多数成年纳人所践行的是Tisese（走访制）而非将婚姻视为制度化性联盟的第一模式，兼及制度化性联盟的界定、纳人的走访制度的称呼。走访作为正常的性关系和人自身再生产的制度，而婚姻被视为制度化性联盟的第二模式，涉及母系继嗣与母系观念、纳人社会婚姻制度的历史回顾、婚姻的空间分布；作为一种适应性选择的婚姻、声望象征的婚姻"摩梭走访制"，摩梭人制度化性联盟的主体模式、走访制在践行过程中，秉持建立和解除走访关系，必须恪守非契约性及非义务强制性、非独占性（非排他性）的关系，性伴侣之间生活和劳作均在各自的家屋领域进行。走访制的前提是男女伴侣彼此之间保持性关系是互相约定而成的。

该书还探讨了纳人走访制的无社会等级原则、择偶限制、标准，讨论了母系制度的若干核心概念，母系亲属制研究的传统方法与摩梭独特制度的起源、家户和睦与母系思想，试图解决有关"尔"、衣杜（家户群体与社会组织的基本单位）、斯日（继嗣群体和祭祖集团）等核心概念，以及亲属组织与乱伦禁忌等问题。纳西族的家户生活，重点论述了建筑结构与居住安排的统一模式、家户的组成、过继和家户的周期、家户生活的管理，家户生活中的仪式包括成年仪式、丧葬仪式、祖先崇拜。关于宗教体系和社会性别观的研究集中于纳人宗教体系及仪式、达巴教、摩梭女性中心思想及其在多元文化影响下的变迁、藏传佛教。该书从跨文化的视角，重点探讨了异居走访制、核心家庭与婚姻的定义，如比较了世界上的异居走访制：印度西南部中央喀拉拉邦纳亚尔人的走访制。总之，该书探讨了纳人实行的这一独有的走访及性联盟制度，并提供了十分全面的文献和精细的分析。施传刚新近发表

---

① 施传刚著，刘永青译：《永宁摩梭》，云南大学出版社，2008年。

② Chuan - kang Shih, *Quest for Harmony: The Moso Traditions of Sexual Union and Family Life*, Stanford University Press, 2010.

的同主题系列论文也颇有见地，堪为一家之言。①

台湾“清华大学人类学所”的博士研究生何撒娜在李亦圆、陈祥水的指导下，自1997年夏季开始到云南永宁纳人地区做田野调查，1999年冬至2000年春又到永宁做长时段的深入研究。并几次三番到永宁做进一步的研究，于1998年写成《聚散之间：纳人丧葬仪式与家屋象征》。何撒娜在研究纳人的亲属称谓结构后指出，纳人存在母系亲属称谓和父系亲属称谓。母系亲属称谓“呈现出简单、平等的对称性结构，主要区分年龄、性别与世代”；父系亲属称谓“因为加入了婚姻因素的考量而产生变化，在称谓分类上大致符合达罗比图式亲属制度类型”。“这套加入婚姻的亲属称谓，在永宁这个中心区主要实行与土司与总管家庭”，“除了土司和总管家以外，其他阶级的富有家庭，往往为了显示出自己的社会地位而‘结婚’……很显然，婚姻是一种作为阶级认同与社会声望产生的工具”。何撒娜还发现：“父系亲属称谓在中心区最严格实行的比例非常低，在边缘区反而实行的比例高之甚多。也就是说，在强调父亲统治力量最强的永宁盆地，一般摩梭人的亲属逻辑反而倾向于排除婚姻。”何撒娜证实此前的学者用“家社会”（house society）诠释纳（摩梭）亲属实践与内在亲属意识形态的合理性，进而得出“在永宁盆地最占优势的亲属称谓系统可以说完全反映了以‘家屋’作为亲属范畴的亲属逻辑，不但以家屋亲属为范畴，还彻底排除了婚姻所扮演的角色。对纳人亲属制度的研究推论也有新见。何撒娜还从丧葬仪式于相关仪礼中的象征与人际关系的实践行为及认知方面，说明“纳人是以‘家屋’为主体，以‘记忆’为方法进行其亲属关系的认定与实践”。

何撒娜还从丧葬仪式中发现家屋的象征，认为：“在整个丧葬过程中，强调的是房屋的生殖力，而否定个人的生殖力。”纳西族亲缘的建立，主要以家庭为重点。纳人的亲属实践以母屋中的两颗心为主要象征，家屋的重要性高于祖先继嗣与现居者；对纳人而言，死亡是生命的转换，对亡者是，对生者亦然，“家屋是所有生者与死者间最关键的延续点”，“只有家屋是亘古存在的”。何撒娜以“一根根骨”与“死路一条”象征纳人生死之间的亲缘关系和宇宙观，切合纳系族群各成员的传统社会制度和回归祖先故地的指路观念，她提出的指路经、“一根根骨”与“死路一条”的亲缘、记忆空间作为纳人族群认同的根基的理据，使可见的神圣空间即藏文化在摩梭地景中再现，颇有见地。何撒娜对纳人家屋社会的研究细致、独到，深刻揭示了纳人家屋空间的重要象征及对亲缘形成的关键作用。

由于以往的学者对纳西社会的“误读”，将永宁纳人社会说成是“母系社会”、

---

① Chuan－kang Shih，“Genesis of Marriage among the Moso and Empire－Building in Late Imperial China” *Journal of Asian Studies* Volume 2，2001，pp. 381－412.“Tisese and Its Anthropological Significance：Issues around the Visiting Sexual System among the Moso”，*L' Homme*，2000，Volume 154－155，pp. 697－712.《关于摩梭研究的成长与争议的批判性评论》，林超民主编：《民族学评论》第二辑，云南大学出版社，2005年。

“女儿国”。何撒娜指出，纳人社会是“母系”与“父系”二元对立的亲属制度分法之外的第三种类型——“家屋社会”，而不是“母系社会”，更不是“女儿国”。在“家社会”中，性别的区分是非常明显的。纳人最重要的性别象征原则在于“女/生”或“男/死”。纳人的性别象征结构与家屋是息息相关的。“‘家’是最重要的价值所在，而两性必须在其间担负一样重要的责任，缺一不可”，“所有的事情，都必须在家里成员共同的决议商讨之下，才能出决定”。

何撒娜研究纳文化数年之后，对纳人社会深有感悟，吐露心语称：“我感受到了人们的自信，人们可以大大方方、和和气气地彼此相处往来，小孩子很有自信地赖在大人身上撒娇，不管是不是自己家的长辈们，每一个人都是被接纳与尊重的。人与人的连接、家与家的联系紧密，整个摩梭社会被连接成一个紧密而相依的社群，提供了生活在其中的人们强大而令人安心的社会支援体系。我想，这就是摩梭人吸引我，吸引很多研究者之处，也是摩梭人最值得我们社会学习的地方。”[①] 这恐怕也是人类学家学术研究境界的浓缩表述。

继硕士论文之后，何撒娜完成了博士论文《恶灵泉、喇嘛寺院与土司：藏彝走廊中摩梭人的文化会遇与空间政治》，该论文可谓2000年以来十分富有新见的纳人民族志，研究动机与问题意识不再纠缠于婚姻家庭形态，而是以汉藏之间的宏观视角，从“藏彝走廊”、文化交汇、空间政治、藏传佛教、土司制度等结构点审视纳人身处其间的认知、应对的策略。该文是以空间政治与文化会遇为核心主题的民族志，述说了纳人的文化政治。重点探讨当汉藏两大文化与政治力量在纳人这样一个小族群中交汇的时候，这三种文化是以什么样的方式来进行对话与互动的。何撒娜的研究表明，纳人以三套空间象征系统，分别指涉并象征三种文化，纳人在地景象征中，以他们独特的方式再现了汉藏这两大文化与政治力量作为外来文化与政治力量的影响，如纳西族与“藏彝走廊”、“茶马古道”的关系，以及纳人文化空间的人类学研究，对纳人认同、历史的建构与文化的再现。何撒娜的分析除了涉及国家以外，还聚焦纳人历史中摩梭达巴教、藏传佛教与土司制度间的深层关联，论述了这些地景象征是如何界定人群与地域群体的界限，以及如何影响纳人每天的食衣住行等日常生活。

何撒娜以民族志的方式呈现了纳人地景空间中所寓含的权力关系与冲突，以及这些权力冲突如何影响纳人的身体，造成他们的疾病以及肉体与行动上的限制；而除了肉体与物质上的影响与限制之外，这种对于外来他者的戒慎恐惧，又是如何在纳人内心深处形成不可言说的压抑与创伤。在面对这一切的时候，纳人以“献药”的方式，不但要“医治”自己身上的这些疾病，也尝试去“医治”、安抚受伤、贫

① 何撒娜：《聚散之间：纳人丧葬仪式与家屋象征》，台湾“清华大学人类学研究所”硕士论文，2007年，第250页，指导教授：李亦圆、陈祥水。何撒娜：《“一根根骨”抑或是“死路一条”——从丧葬仪式与家屋象征看纳人的亲属关系》，林超民主编：《民族学评论》第二辑，云南大学出版社，2005年。

乏而内心愤懑不满的他者。这些医治的行为，不仅是医疗论述，也同样是政治论述，在这样的神话式的论述（narrative）形式中，所呈现出来的，是纳人对于历史的一种诠释与再现[①]，成就了一个建立在扎实民族志研究基础上富有创意的研究。

王梦惠（Eileen Rose Walsh）的博士论文通过对泸沽湖畔一个纳人村庄的研究，探析旅游活动对纳人文化生活、两性关系的影响，揭示在此过程中女性生活和经济地位的变化。[②] 严汝娴、刘小幸著《摩梭母系制研究》（云南人民出版社，2012），远藤织枝的《中国云南摩梭人的母系社会》（日本勉诚出版社，2002），以及纳西族女学者和钟华的《生存和文化的选择——摩梭母系制及其现代变迁》（云南教育出版社，2000），金龙哲的《走婚不结婚的国度：中国西南的摩梭人的母系社会》（大学教育出版，2011）和《东方女儿国的教育：摩梭人的母系社会传统文化的走向》（大学教育出版，2011），都是这一时期出版的国内外有关纳人母系制研究的新著。

纳人文化主题会议在西昌、成都、昆明等地不断举办，推动了纳人文化研究和宣介。和绍全于2011年10月在昆明创办玛达咪摩梭会馆，作为云南东方摩梭文化研究中心的工作场所，是全国中心城市第一个由纳西人创办的摩梭会馆。2012年8月29日，四川省民委、四川省社会科学院、凉山彝族自治州政府共同举办“摩梭家园暨摩梭文化建设与保护国际学术论坛”，意在为“建设摩梭家园、保护摩梭文化、建设世界级民族文化保护胜地”的战略构想献策献智，川、滇两省的摩梭文化研究保护活动开始合流。成都纳西文化协会2013年3月23日“泸沽湖区域纳文化论坛”在成都举行。2014年6月，丽江市泸沽湖摩梭文化研究会会长曹建平、副会长尔青、秘书长多吉应邀到印度尼西亚西苏门答腊省参加“全球化时代母系社会的妇女角色”国际研讨会，为与同样保留了母系习俗的印尼米南佳保族的交流与合作奠定了基础。上述各种主题活动中纳西族学者和精英群体充当了主要角色，开始由他者代言向自我表述、他观与自观互动结合的全新阶段迈进。有关“纳系族群”的研究新成果还有：李志农、丁柏峰著《我们是谁？云南维西玛丽玛萨人的身份重构》（知识产权出版社，2013），杨尚孔、白郎主编《四川纳西族与纳文化研究》（中国文联出版社，2006），他们对纳西族及“纳系族群”的共时文化认同与变迁作了新的探究。余海波在其博士论文基础上出版了《纳西族学生的民族认同和学校教育》，对纳西族学生的民族认同和国家认同进行系统分析，论述了国家、学校、社会以及家庭对纳西族学生的民族认同的影响，并提出：纳西族学生对本民族的认同和对国家认同的构建是一个和谐的过程，而学校对纳西族学生的

---

① 何撒娜：《恶灵泉、喇嘛寺院与土司：藏彝走廊中摩梭人的文化会遇与空间政治》，台湾“清华大学人类学研究所”博士论文，2007年，第250页，指导教授：李亦园、陈中民。

② Eileen Rose Walsh, *The Mosuo: beyond the myths of matriarchy: gender transformation and economic development*, Thesis (Ph. D.), Temple University, 2001.

民族认同和国家认同的构建起了推动作用。①

赵省华（Emily Chao）自20世纪80—90年代以来持续在丽江做纳西族社会性别专题的人类学调查研究，与东巴文化研究所和纳西族诸多学者有很好的学术交流，此后一直致力于丽江纳西族的妇女专题、社会性别、殉情、旅游业与经济发展、文化复兴、社会分层、文化变迁等现象的调研，与赵银棠、和万宝等老一辈专家学者之间都有很好的交流探讨，对丽江纳西族社会的人类学研究有一系列较高水准的学术论文问世。② 她描述了丽江纳西族的社会历史变迁过程中纳西族精英积极展示本民族形象的努力，而精英群自身则更趋向于主流的汉文化和现代化。纳西族利用政府主导型旅游复活了在“文化大革命”期间受到压制的东巴文化。通过政治和经济上的扶持，作为旅游产品包装的东巴文化促进了纳西传统文化的再现。在旅游业的大背景下，纳西族传统的东巴文化作为文化认同的符号与可以赚钱的商品的多重属性的探讨也十分独到。③

2012年，赵省华的《丽江故事：萨满、出租车司机、私奔的新娘和企业家在中国的改革时代》④，围绕少数民族旅游业与经济发展、民俗变迁，再现了自20世纪90年代成为旅游热点的边城——丽江，从底层社会民众中的纳西族出租车司机、逃婚的新娘入手，分析萨满教（东巴教）等观念层面的符号关系，探讨丽江纳西族地区社会文化变迁的点与面的关系。该书重点探讨了在全球化背景下发生在当代中国西部民族地区基层社会的文化变迁，以“茶马古道”、“纳西古乐”等十分典型生动的个案揭示性别政治、族群性、政治关系、历史再现（文化复兴）等问题，

---

① Yu Haibo, *Identity and schooling among the Naxi: becoming Chinese with Naxi characteristics.* Degree: PhD, Education, 2008, University of Hong Kong. *Identity and Schooling among the Naxi*, Lexington Books 2009.

② 完成了 Depictions of Difference: History, Gender, Ritual and State Discourse among The Naxi Of Southwest China. (Thesis and Dissertation) The University Of Michigan, 1995. 还刊发了数篇人类学界颇有影响的论文如：Hegemony, Agency, and Re - presenting the Past: the Invention of Dongba Culture among the Naxi of SouthWest China in *Negotiating Ethnicities in China and Taiwan.* Melissa Brown, ed. 1996, pp 208 - 239. Cautionary Tales: Marriage Strategies, State Discourse, and Women's Agency in a Naxi Village of Southwestern China. *Cross - Border Marriages Gender and Mobility in Transnational Asia*, Nicole Constable, Ed. 2004.

"The Maoist Shaman and the Madman: Ritual Bricolage, Failed Ritual, and Failed Ritual Theory," *Cultural Anthropology*, vol. 14, no. 4 (1999). "Layered Alterities: Discourses of the Other in Lijiang, China," Concentric: Literary and Cultural Studies, vol. 34, no. 2 (September 2008). "*Dangerous Work: Women in Traffic*," *Modern China*, vol. 29, no. 1 (January 2003).

③ 丽江纳西族的同样主题的研究，白西妮则以丽江纳西族的族群认同为例指出，纳西族精英对本民族文化传统的改造和重新解释实际上是在官方话语的引导下进行的，但改造的成果被用来对纳西族“族群性”加以本土表述，使其更符合现代社会的要求，最终达到维护和强化纳西族在当地的族群社会中所占有的文化、政治、经济优势地位的目的。参见 White, S. D. State Discourses, Minority Policies, and the Politics of identity in the Lijiang Naxi People's Autonomous Country, In Safran, W. eds. *Nationalism and ethno - regional identities in China.* London: Frank Cass publisher, 1998. 9 - 27.

④ Emily Chao, *Lijiang Stories: Shamans, Taxi drivers, Runaway Brides, and Entrepreneurs in Reform Era China.* Seattle, WA: University of Washington Press, 2012.

批评市场和新自由主义逻辑的新的道德经济。有助于我们更深刻地理解当代中国纳西族传统文化改造、展示其中隐含的话语转型与博弈的过程。

澳大利亚学者兰诗田（Mathieu，Christine）曾长期在丽江和泸沽湖区域做田野调查，进行纳西族及纳西专题研究，与纳西族学者拉木·嘎土萨等有良好的合作关系。2003 年出版了《汉藏边疆纳西和摩梭古王国的历史和人类学研究》。[①] 该书对纳西族及"纳系族群"、云南及喜马拉雅区域的人类学、历史学和民族学、宗教学研究均有参照价值。兰诗田将纳西族作为中国西南汉藏边界的特殊族群，对其社会制度史、政治史作了多维度的人类学研究。尤其对纳人的母系家庭和婚姻制度做了深入的田野调查，并对纳人社会中的父系和母系家庭都作了分析比较研究，进而对纳人母系家庭和婚姻制度及其历史从人类学视角提出了全新的解释，对于喜马拉雅区域和部落社会中的宗教与政治的关系的研究很有助益。兰诗田对纳西东巴象形文字起源与地域文化崇拜、军事扩张的关系也提出了新见。基于田野调查，记述了在国外鲜为人知却处正在迅速消失中的纳人达巴教。此外，兰诗田还对有关纳和纳人历史文化的汉文史料作了全新的考订、解读。

2004 年，兰诗田（Mathieu，Christine）与纳人歌手杨二车娜姆合著了《离开母亲湖：在世界边缘的少女时代》[②] 一书，叙述杨二车娜姆的成长历程。2011 年，兰诗田与华裔学者何重嘉（Cindy Ho）、鲁宾博物馆的 Martin Brauen 联合举办了"昆廷·罗斯福纳西文化收藏的展览"，集中展示了昆廷·罗斯福分藏于美国国会图书馆、哈佛—燕京图书馆、哈佛皮博迪博物馆、波士顿艺术博物馆及其位于 Oyster Bay 的家中的收藏品中精选的 147 件展品，涉及纳西东巴经典、东巴教纸牌画、神轴画及一幅长 40 英尺的神路图等。为了配合展览，2011 年兰诗田与何重嘉合编了《纳西祖先的领地——昆廷·罗斯福的中国》[③] 一书，系该展览的成果之一，由美国鲁宾艺术博物馆印行，文章涉及昆廷·罗斯福的传奇经历、约瑟夫·骆克生平、纳西族历史、东巴教、达巴教、东巴绘画艺术、纳西族妇女文化等与展览相关的内容。

1997 年后，丽江纳西族社会中"约賨"文化夹杂麻将一并泛滥的社会文化现象影响广泛深刻，引发了诸多社会和文化问题，原本是旧时代纳西族已婚妇女中流行的民间储金互助组织，演化为现如今遍布城乡的"文化新现象"，遍及所有年龄段和各行业、各族群群落。这一文化变迁现象引起了学者们对纳西族"约賨"现

---

① Christine Mathieu, *A History and Anthropological Study of the Ancient Kingdoms of the Sino – Tibetan Borderland – Naxi and Mosuo*, Lewiston, N. Y.: Edwin Mellen Press, 2003.

② Yang Erche Namu, Christine Mathieu, *Leaving Mother Lake*: *A Girlhood at the Edge of the World*, Back Bay Books, 2003.

③ Christine Mathieu, Cindy Ho, *Quentin Roosevelt' s China*: *Ancestral Realms of the Naxi*, Arnoldsche Verlagsanstalt, 2011.

象的调查研究，纳西族女学者群体的成果堪为代表。[①] 但这些研究大都局限于纳西族内部，未能从历史的视角，跨区域、跨族群作比较研究，其实民间储金会和互助会组织自中古以来在白族、满族及各地汉族中都有存在，名称与纳西族一致，表明此种现象为一种社会现象，也是一种文化传播的结果，只是在各民族中发生了变异或创新而已。有关“约賨”文化的变迁历程和族群性的特征、族际的文化涵化现象有待深入探讨。

纳西族专题影视人类学专题研究和影视人类学作品的创作与展映，在很大程度上促进了丽江及纳西族文化的国际知名度，已经成为纳西学研究、纳西文化创新传播的新手段。国际知名纪录片导演，英国独立制片人菲尔·阿格栏（Phil Agland）在中国政府的许可支持下，历时 5 年，在中国西南美丽的丽江古城及周边地区拍摄而成的影视人类学片子《云之南》（*China*：*Beyond the Clouds*），1994 年在欧洲纪录片的主播频道“英国 4 频道”播出。制片人深入生活，通过讲述生活在这样一个以纳西文化为主体、多元文化并存的小城中的四个家庭的故事，为世界展现了人性、丽江古城的魅力。有关纳西族及“纳系族群”的影视人类学片子数不胜数，但目前能够达到较高水准的片子至今稀少，《云之南》在摄影作品中堪称典范性之作。

日本学者群对纳西学的研究较为深入，如 2004 年日本学者别府谦次对纳西族牙齿的研究。他在日本九州牙科大学研究院完成牙科学博士论文《中国纳西族的齿冠形态特征：兼与东亚民族集团的比较》[②]，通过对 16—19 岁的 80 个纳西族男中学生和 80 个纳西族女中学生牙齿齿冠特征的精细分析，兼与亚洲 24 个民族作比较研究，运用美国亚利桑那大学牙科人类学的方法和分类数据，分析纳西族与其他亚洲 24 个民族集团和中国国内各民族之间的族际亲疏关系，研究证明纳西族的齿冠特征的亲缘性与东北亚族群有关联，而非东南亚族群。

田松的《神灵世界的余韵——纳西族：一个古老民族的变迁》（上海交通大学出版社，2008），从科学人类学视角入手研究纳西族传统文化的变迁，阐述了纳西族传统宇宙观和自然观、传统技术及生存方式，分析传统文明在与现代文明相遇的过程中，在形而上的解释世界的层面和形而下的联系世界的层面被现代科学和技术取代的过程，探讨了传统文明在现代化过程中的得失、现代化冲击下的文化变迁、传统文明融入现代社会的可能性、传统文明的未来发展模式等问题。杨福泉的《玉龙情殇：纳西族的殉情研究》（云南人民出版社，2008）结合纳西族多元文化

---

① 习煜华：《流行于纳西社会里的“賨”》，载《云南民族学院学报》（哲学社会科学版），1994 年第 4 期；和虹：《纳西族“賨”的演变及其社会影响》，杨福泉主编：《纳西学研究论集》（第一辑），云南人民出版社，2009 年；赵秀云：《西南边陲纳西社会中“賨”的发展与变迁》，载《民族学刊》，2013 年第 5 期；和颖：《丽江纳西族化賨的文化解释》，载《西南民族大学》（人文社科），2008 年第 4 期。

② 别府谦次：《中国ナシ（納西）族の歯冠形態の特：東アジア民族集団との比較》，九州齿科大学院齿学研究科博士论文，2004 年。

的深层结构和文化变迁，对丽江纳西族的殉情民俗作了新的解释。周俊华著《纳西族政治文化史论》（人民出版社，2008），论述了纳西族传统政治文化从萌芽、形成、发展到近代发生嬗变的历史过程、动因和特征，重点对纳西族政治文化发展的特征、功能等作了全新的研究。

2000年，英国学者李海伦（Helen Rees）的专著《历史的回声：当代中国的纳西音乐》[①] 由牛津大学出版社出版，被称为海外学者研究“纳西古乐”的第一本专著。该书基于著作者在中国广泛的实地调查和文献研究，侧重于研究汉地传入的洞经音乐传承的历史情境、18世纪以来洞经音乐为儒学在纳西族中的传播以及对世俗的娱乐所发挥的关键作用。20世纪50年代之前“洞经音乐”在纳西人眼中是典型的汉族道教仪式音乐，“洞经会”在佛、道、儒三教的特定仪式中进行展演；20世纪50年代后发生了大变迁；20世纪80年代以来，纳西人将洞经音乐作为本民族文化的象征纳入纳西传统音乐体系中，以“纳西古乐”命名后的洞经音乐失去了原有的仪式功能而作为旅游资源呈现在各种表演舞台上。通过探讨仪式音乐的世俗化和舞台化的过程，回应族群外部世界的变化，并由此建构和重构族群的边界与认同。围绕纳西族是如何记忆音乐历史的问题，来讨论个人记忆在音乐传承与历史研究中的作用；以纳西族“洞经音乐”在20世纪的发展变迁，来讨论丽江纳西族为何冠之以“纳西古乐”；通过对“洞经音乐”的族群性的实践，来建构其族群身份和内部联系，坚守族群的认同与边界，以应对快速变迁的主流社会文化大背景，即历史的、国家的、族群的、政治的乃至全球的动态背景，进而论证“音乐对社会的互动和驱动力量”等观念与方法。该书为中国少数民族音乐文化与旅游经济及其与民族政策的关系研究提供了一个生动的例子，出版后获广泛好评。

因纳西族音乐文化研究而引发社会舆论广泛关注的是吴学源在北京的《艺术评论》创刊号（2003年10月）上“文化打假”栏目内发表的《“纳西古乐”是什么东西?》，对“纳西古乐”提出质疑，因作者在文中使用了尖刻的非学术性话语，对纳西族音乐文化的形成、发展的论述没有说服力，引发了学术界的争论及滇、川、藏三省区纳西族知识界和普通民众的强烈反感，宣科和吴学源之间的民事诉讼也最终以宣科胜诉告终。可见，在新的历史时期，在“文化遗产热”的大背景下，学界对少数民族文化的探讨研究需要严肃恪守学术的边界，遵守学术公义之底线，尊重研究对象的基本立场，而不能采取过激且有偏见的言辞表达学术观点的异同，违反党和国家的民族政策和法律。学术研究中各家学术观点有争议实属正常，应该采取和而不同的立场，以事实和学理为依据互相辩难、求同存异，谋求认知共识，论述用语客观允当、准确谨慎，论证合乎逻辑，表明各自的观点和立场。严肃认真的论析说理，同样可以达到纠偏订误、阐明学理、宣传真知的目的。

对纳西族古典音乐的研究，包括丽江洞经音乐、东巴教音乐（诵经唱腔、吟

---

① Helen Rees, *Echoes of History: Naxi Music in Modern China*, Oxford University Press, 2000.

诵时的伴奏性器乐、法仪舞蹈场合专用的伴奏乐等）、白沙细乐专题、民间音乐、纳西族民族民间舞蹈、说唱艺术、乐器及道具等专题研究。“纳西古乐”的研究与其过分纠结于族属和原产地，倒不如以中华民族的音乐文化财、非物质文化遗产予以珍视。四川学者祁和辉建议以“纳西族版中华古乐”来指称“纳西古乐”，实为一可行的好建议。现实中不乏其例，如乾隆年间徽班进京使“徽剧”变称“京剧”就是典型的案例，许多专题有待做深入地探讨。

纳西族音乐文化研究的论著还有和云峰的《纳西族音乐史》（中央音乐学院出版社，2004），较全面地勾勒了纳西族音乐史的发展轨迹，为世人了解纳西音乐的丰厚内涵及其悠远的传承发展史提供了可信的资料。周文林主编《宣科与纳西古乐》（云南美术出版社，2001）叙述了纳西古乐走向世界的坎坷历程，汇集了当代各方的评论，有助于了解纳西古乐的传承、变迁和发展。蔡晓玲的《公民宣科》（云南大学出版社，2011），是对“丽江鬼才”民族音乐学家宣科的个人经历的记录和撰写。宣科以个人的角度对自己的成长过程、家庭情况、生平经历、价值观、成就、感悟等做了多方面的口述诠释，表述风格幽默，耐人寻味，从典型个体的视角再现了纳西族音乐在现代中国的传承发展中许多风云变幻的史实细节及走向世界的历程。

这些论著的出版在一定程度上回应了世人对纳西古乐的种种误解，表明了纳西族的一种态度，进而彰显了历经质疑和磨难的“纳西古乐”的丰富文化内涵。目下，对纳西族庙堂雅乐与民间俗乐的田野调查，以及对纳西族音乐文化史的历史发展轨迹的求证与现实研究，以及对其的保护、传承，均次第展开，其国际化的发展趋势日益突出。

关于泸沽湖纳人音乐和民歌的研究新作迭出，较典型的如远藤耕太郎著《摩梭人母系社会歌世界的调查记录》（大修馆书店，2003），对纳人民歌的系统调查记录进行分析研究，富有典型意义。Carol Bliss 的博士论文《民歌揭示摩梭文化复杂性的能力》，以民族志和定性研究，探讨纳人教育、本土知识传统的价值、文化认同和社会变迁，一改以往人类学学者的研究都集于性别问题和婚姻家庭形态的变化，而以旅游业背景下的民歌为中心，透析旅游业背景下罕见的审美现象——纳人民歌的变化，以及在纳人民歌语言的形象化的描述中所揭示复杂的社会变迁。同时将纳人专门为游客演唱的民歌与纳人学者拉木·嘎土萨收集的摩梭传统民歌比较，旨在揭示纳人生活方式的变化与变迁，强调学习并尊重纳人文化中敬畏自然、与邻为善的观念，欣赏和尊重性别差异的传统，有助于探讨其文化的真实性、保护文化与避免文化认同的丧失、市场力量及其对本土文化的现代化改造之间的多重复杂关系。① 关注现实与传统之间的关系问题，揭示纳人传统价值的现代功用。

---

① Carol Bliss, *The capacity of folk song to reveal complexities in Mosuo culture*, (Ph. D. Dissertation), Claremont Graduate University, Claremont, Calif., 2004.

韩国学者申明淑本身为一舞者，在中国留学修习民族学，其著作《中国纳西族东巴舞谱研究：兼论巫与舞、舞蹈与舞谱》（学苑出版社，2007）有超乎一般学者的专业视角及观点，她对“中国纳西族的东巴舞谱”的研究，涉及与此有关的巫与舞、舞蹈与舞谱，并以东巴舞谱的内容与分类、东巴舞的象形文字注释、东巴舞谱的记述和分析、东巴舞谱的特点与比较、用文化比较观点看东巴舞的起源等主题对东巴舞谱展开研究，对东巴舞的起源做了新探索，为近年来东巴舞谱研究的新成果。

三、纳西族历史与宗教研究

纳西族社会历史方面的研究，尤其是对文化史的研究，许多学者倾注了不少的心力，典型成果有：和少英的《纳西族文化史》（云南民族出版社，2001）、《丽江纳西族自治县志》（云南人民出版社，2001 年）、和仕勇主编的《世界文化遗产丽江古城志》（云南民族出版社，2011）、杨福泉著《纳西族文化史论》（云南大学出版社，2006）、和宝林著《远古流来的圣泉：东巴文化与纳西族》（云南民族出版社，2004）、李勍著《丽江纳西族文化的发展变迁》（中央民族大学，2007）、郑卫东著《文明交往视角下纳西族文化的发展》（云南民族出版社，2011）等。

2007 年前后，木氏土司研究得到学界的重视。木氏土司经历元、明、清三朝，传世 22 代，共 470 年，如果从唐武德年为起点计则更悠远。国史层面多有褒词，典型的如《明史·土司传》称：“云南诸土司，知诗书，好礼守义者，以丽江木氏为首。”对木氏土司推动纳西族地区社会经济发展和诗书传家的风范作了肯定。近年来，围绕“一座土司府，半部民族史”的评语来界定木氏在纳西族及滇、川、藏交角区域历史上的地位问题，也颇有新意。余海波、余嘉华著《木氏土司与丽江》（云南民族出版社，2002），充分肯定木氏土司在历史上整合纳西族的作用，对木氏土司作了较为全面的论述。2007 年中国社会科学院民族学与人类学研究所在丽江与古城博物院联合举办“丽江木氏土司与滇川藏交角区域历史文化研讨会”，研讨木氏土司与滇、川、藏交角区域的族际关系、政教关系、经济文化交流史及影响，并有会议论文集问世。①

日本学者山田敕之的专著《云南纳西族政权的历史：中华和西藏的狭缝中》②，基于其博士论文修订稿，以朝贡、赋税、兵役、助饷为中心，探讨了木氏土司与明廷中央的政治关系及其在藏区的势力扩张中展现的政治依赖性与自主性的平衡术。对《木氏宦谱》、《皇明恩纶录》做了比勘，确定其信史价值。分析了木氏土司与噶玛噶举派之间的政教结盟关系，木氏土司对四川盐井卫和永宁的经略历史。山田

---

① 木仕华主编：《丽江木氏土司与滇川藏交角区域历史文化研讨会》，中国藏学出版社，2008 年。

② 山田勅之：《雲南ナシ族政権の歴史：中華とチベットの狭間で》，庆友社，2011 年。

敕之充分运用了藏文献中涉及纳西族历史的史料，十分难能可贵，有别于依托汉字史料重构纳西、藏关系史的做法，值得肯定。

滇藏、川藏“茶马古道”是学界的研究热点和申遗项目之一，相关专著迭出，原丽江大研镇政府组建了“茶马古道”课题组，并于 2002 年 8 月 22 日与中国社会科学院民族学与人类学研究所、北京大学文化遗产研究中心联合在北京召开了“茶马古道与丽江古城文化研讨会”。费孝通、任继愈、谢凝高等 20 多位国内著名的专家学者和 60 多家新闻媒体应邀参加了研讨会，专家们充分肯定了丽江古城在“茶马古道”中的重要地位。滇藏“茶马古道”作为贯通滇藏间的重要通道，对于促进滇藏间的政教关系、汉藏关系、纳西与藏关系、西藏与内地的经济文化交流而言，均有重要的历史性贡献，是重要的历史文化遗产。会后，其成果被整理编撰为文集出版。①

美国鲁宾博物馆杜凯鹤对留存在丽江的藏传佛教绘画作品和相关历史的考证和研究，也极大地推动了纳西族和藏族的历史文化关系研究。他重点对却英多杰在丽江创作完成的唐卡画及其具有克什米尔风格的铜塑、丽江玉峰寺壁画、丽江大宝积宫壁画、丽江市博物馆藏十世噶玛巴的唐卡画遗稿的画风及题记作了综合研究，在此基础上杜凯鹤推出《诡异的黑帽：第十世噶玛巴的艺术视野》②，以第十噶玛巴却英多杰（1604—1674）在丽江弘法和政治避难期间的主要事迹为主线。期间，却英多杰承担藏传佛教噶玛噶举派的领袖和藏传佛教艺术的伟大创新者双重身份的责任，在政教活动之余，开创了全新的艺术风格，其作品富有独创性和诡异的特点。他的雕塑、绘画等艺术造型融汇了汉藏诸多绘画流派的风格和具象特征，洋溢着潇洒、机智、诙谐等特色。因此，有的学者如黄春和认为其画风中有汉式的禅意。尤其是却英多杰 1660 年在丽江创作、现存丽江市博物馆的唐卡画，画风兼容汉地青绿山水笔法与水墨画的构图及藏族传统唐卡绘画画风，为唐卡绘画开创了全新的风格，在西藏绘画史上意义非凡。

此外，杜凯鹤还研究了噶玛噶举派三大活佛系统之一的司徒班钦·却吉迥乃（1700—1774）活佛，在详细参阅了数种汉藏文史料，尤其是却吉迥乃的藏文日记后，重新考察了司徒与丽江的关系及其法缘的脉络。典型的代表性成果有《云之南的菩萨：司徒班钦在云南丽江的活动及其艺术影响》、《司徒班钦在丽江的艺术传奇》、《喇嘛护法神与艺术家：伟大的司徒班钦》、《藏族对汉地视觉模式的兴趣：却英多吉的绘画创新》、《司徒班钦：18 世纪西藏的文化接触与文化创造》等③，

---

① 木仕华主编：《活着的茶马古道重镇丽江大研古城：茶马古道与丽江古城历史文化研讨会论文集》，民族出版社，2006 年。

② *The Black Hat Eccentric*：*Artistic Visions of the Tenth Karmapa.* NY：Rubin Museum of Art，2012.

③ Debreczeny，Karl. “Bodhisattvas South of the Clouds：Situ Pa? chen’ s Activities and Artistic Influence in Lijiang，Yunnan. ” in：David Jackson. *Patron & Painter*：*Situ Pa? chen and the Revival of the Encampment Style.* NY：Rubin Museum of Art，2009，pp. 222 –251. 其余论文正在刊行中。

这一系列论文对司徒班钦在丽江的活动情况作了较为系统的研究，重点探讨了历代司徒世系及八邦寺在康藏地区的地位。司徒班钦在丽江弘法期间对汉式绘画传统人物形象及构图元素等绘画风格全面吸收，汉藏元素交融，促成噶玛噶孜画派艺术的全新突破，堪为近年来纳西、藏历史文化关系研究的新成果。

王尧、冯智、赵心愚、岩尾一史、高田时雄、巴桑旺堆等对20世纪90年代发现于丽江的重要文物——丽江格子吐蕃藏文碑文作了新的考释，虽各家意见有相左之处，但已经取得新进展。涉及纳西、藏文化的另一大事为明代雕版刊印于丽江的藏文大藏经《甘珠尔》的复制。2012年6月，丽江市和拉萨市人民政府签订了《关于复制拉萨大昭寺藏丽江版〈甘珠尔〉大藏经合作协议》，经过双方的共同努力，历时一年，大昭寺藏丽江版《甘珠尔》大藏经复制工作圆满完成。2013年7月18日，“恭迎明代丽江版《甘珠尔》大藏经复制版回归故里仪式在市博物院举行”，大昭寺藏明代丽江版《甘珠尔》大藏经复制版顺利运回丽江，成为纳西、藏两族人民友谊的重要见证，此举无论从政治、宗教、民族关系、文化交流史诸角度而言，均有重要意义。

赵心愚的《纳西族与藏族关系史》对纳西族与藏族的族源关系、7—20世纪初两族间的关系、相互间出现的融合、这一关系形成发展原因与性质特点等进行了研究，对国内外纳西族、藏族关系研究的状况进行了评述，从5个方面探讨了纳西族与藏族的族源关系：根据汉、藏、纳西的文章资料及其民族志资料、考古资料和田野资料，对两族族源关系进行了多侧面的深入研究，指出两族的族源由于古羌人这一联结点而存在关系。对7—20世纪初一千多年间纳西族与藏族的关系及其发展变化进行了探讨，分别论述了两个民族在各个历史时期的政治、经济、宗教文化等方面的关系，对两族间出现的融合情况进行了深入剖析，指出了两族关系诸方面在不同时期的特点，论述了西藏纳入中国版图和中央王朝统治的不断深入对两族关系产生的巨大影响，着重对纳西族与藏族关系形成、发展、变化的原因和两族关系的性质、特点及产生的影响进行了归纳和总结。

杨福泉的《纳西族与藏族历史关系研究》运用历史民族学的研究方法，即将历史文献和田野实地调查所得的民族志资料结合起来分析问题，在大量引证汉文史料、纳藏两族的文字资料，以及西方学者撰写的民族志资料、田野调查材料基础上，探讨藏族和纳西族历史上的关系，论证了纳西、藏两族源于古羌人的历史源流、宗教关系、纳藏贸易、文化交流，讨论了纳西、藏两族在战争与和平间求同存异、缔结深厚友谊的民族关系典型案例。

在两族历史关系的研究上，需要做更加深入的专题研究。纳西族的形成与发展与周边各民族的关系密不可分，族际关系的有关专题研讨，如普米族与纳西族、藏族与纳西族的历史关系研究方兴未艾。结合现实族际关系格局，有必要进一步梳理纳西族与周边各民族间和谐共处的历史文化关系，尤其注重研究其与“藏彝走廊”诸民族及族群集团的关系，如藏族、普米族、彝族、白族、傈僳族、怒族、独龙族、满族、蒙古族、汉族、傣族、回族、苗族、壮族等民族间的历史文化关系。

关于东巴教的研究，藏族学者拉巴次仁在《藏族苯教与纳西族东巴教之比较研究》中，通过运用人类学、文化比较学和历史学的方法对藏族本教与纳西族东巴教的特征进行了比较研究，提出古代纳西族民间曾有独特的原始巫术、后期的东巴教是藏族本教纳西化的产物的新观点。鲍江对四川俄亚的纳西东巴教仪式作了解读，出版了《象征的来历：叶青村纳西族东巴教仪式研究》（民族出版社，2008）。杨福泉著《东巴教通论》（中华书局，2012）对东巴教进行了全面系统的论述，分析了东巴教的多元宗教因素，将其与纳西族的历史、社会和民俗结合起来进行论析，剖析了东巴教对纳西族社会、民俗等的影响以及相互间的互动关系。云南省社会科学院东巴文化研究所的《纳西族东巴教仪式资料汇编》（云南民族出版社，2004），比较系统地梳理了纳西东巴教的主要仪式仪轨的内涵和基本架构。

四、丽江及纳西族地区文化遗产、文化产业与旅游业研究

文化旅游与商贸结合的丽江文化旅游业的崛起，从另一个角度证明了纳西族固有文化传统中恒久的创新生命力和普世意义的文化精神。纳西古乐、东巴文化、纳西学研究、“茶马古道”文化作为古城无形的精神内核，与身处其间的纳西族及其生活方式、审美理念和情趣贯通，互为表里，互相依存，迸发出历久弥新的活力，秉承着纳西族文化精神中与时偕行、进取力行、知行合一的理念。纳西族地区的世界文化遗产、自然遗产、世界记忆遗产及其在人类文化史上的地位和意义，以及保护与开发专题研究，自20世纪90年代以来一直是国际纳西学界的调查研究热点。

丽江古城是以世居少数民族纳西族的城市而列入世界文化遗产。丽江古城充分利用自然地貌和天然地理格局，许多村落依傍河道而建，依山而居，以古城街巷为地表的通道，以古城内密布的水网为人居必备的脉络，展现纳西族宇宙观中天人合一、和合化成天下的人文精神，在现今城市化进程中富有典型的参照价值和示范意义。由对丽江古城的保护与开发而形成的“丽江模式”，对于各地古城保护与开发提供了“丽江经验”和“纳西范式”。

宗晓莲的《旅游开发与文化变迁：以丽江县纳西族文化为例》（中国旅游出版社，2006年），以布迪厄的文化再生产理论为分析框架，对丽江市纳西文化近年来的变迁情况进行研究。既分析了纳西文化的变迁，也研究了丽江古城、东巴文化、纳西古乐等作为主要旅游项目被推向市场后带来的机遇和困惑，从促进旅游地社会文化可持续发展的视角，反省了在旅游市场上进退两难的纳西族传统民间歌舞和手工技艺的现状和问题。

对丽江古城的研究持续升温，伴随着丽江古城被列入世界文化遗产，中外学术界对这座古城的调查、研究、保护与开发等做了大量卓有成效的工作，已经促成了

“丽江古城学”的问世。此外，丽江古城作为世界文化遗产，对其文化遗产的接续与传承、合理保护和适度开发，都具有普世意义和重要价值。“丽江古城学”的发轫和崛起不仅仅是纳西族自身的需要，也是人类面对诸多城市弊病迫切开出良方的需求，因此“丽江古城学”研究的国际化特色是其主要特征之一，也唯有如此，才能与其作为世界文化遗产的基本特征相匹配。

丽江古城以水名世，随着旅游业的勃兴，大量人流引入，使雪山冰川融化，雪线急速上升，积雪消解。旅游业洗浴用水的猛增，宾馆酒店大量私采滥挖深水井，使丽江地下水分布格局被人为破坏，导致涵水层被人为破损、地表水急速流失、水脉中断，加上旧有经济发展模式的贻害，森林、山体岩石过度砍采、破坏，草甸湿地萎缩，致使缺水之患和水体的污染成为丽江纳西族地区十分突出的问题，尤其是丽江黑龙潭泉水断流干涸数年，直接影响了丽江古城的景观用水和生活用水，水文化与水问题成为当地社会关注的大问题。

日本学者山榧根勇、宫泽哲男等学者对丽江古城的水体水文化的持续研究，对于丽江各界而言无疑是有助益的启示。他们对丽江水文化的研究以日本地下水学会的名水拜访系列[①]为典型的举措，如榧根勇等著的拜访名水系列《拜访名水（81）：中国云南省大理、丽江等名水》，日本地下水学会的《世界文化遗产丽江古城》（特集：中国眼下发生了什么?），榧根勇、宫泽哲男、朱安新合著的《丽江古城的水与社会》[②]，将丽江等地的地下水、水利科学、景观用水、水文化做了综合的持续研究，颇具有前瞻性意义。

2003—2005 年，日本文部省科学研究费辅助金项目“丽江文化遗产的旅游与保护研究”由中日学者共同担纲实施。随着项目的开展，一系列关于丽江古城的研究论文不断刊布，涉及丽江古城的方方面面。较典型的如：藤木庸介、北山めぐみ、山村高淑合著的《少数民族的民房看建筑物的面貌的地理改观：中国云南省大理周边、丽江古城及古城周边事例》[③]，山村高淑的《旅游、艺术创造和文化遗产的继承：丽江纳西族中的东巴画的事例》、《中国民族音乐的传承及其在旅游中的运用：云南省丽江市玉龙纳西族自治县黄山镇白华行政村的纳西古乐旅游演奏会

---

① 榧根勇等：《名水を訪ねて（81）：中国雲南省の大理・麗江などの名水》，*Journal of groundwater hydrology*，50（2），第97—115 页，2008－05－30。《世界文化遺産麗江古城（特集・中国——いまなにがおきているか)》，《地理》52（4），58－67，2007－04。

② 榧根勇、宫泽哲男、朱安新：《麗江古城の水と社会》，*Water science*，50（4），41－72，2006 年。

③ 藤木庸介、北山めぐみ、山村高淑：《少数民族の民家に見る建築的様相の地理的変容——中国雲南省・麗江旧市街地周辺から大理旧市街地周辺を事例に》，《京都嵯峨芸術大学紀要》（33），1－7，2008 年。

的发展过程及未来挑战研究》。[①]

涉及世界文化遗产地丽江古城与纳西族文化传统、旅游业资源的开发与定位、古城历史街区空间的保护、古城内店铺经营及其商业化研究的专题论文有：山村高淑的《文化旅游开发作为发展中国家的区域发展问题：对文化遗产保护与旅游开发的关系问题研究的最新趋势》、《中国云南省旅游开发政策与民族文化资源定义的调查研究：以丽江地区旅游开发政策及其实施进程为例》、山村高淑的《中国丽江古城旧街区的保护与空间控制研究：关于“2·3”地震后制定的重建计划实施和问题》、山村高淑的《中国的历史性市井街区居住形态和旅游商业化状况的相关调查与分析：以丽江古城为例》。山村高淑、城所哲夫、大西隆合著的《在世界遗产的观光资源的旅游产业的现状和相关研究：基于对中国丽江古城老街区与旅游业相关的店铺店主和丽江的纪念品商店运营实际情况分析》[②] 等。

其中，对居民和历史建筑的使用状况进行了调查，调查结果发现：在旅游开发的过程中，丽江古城当地纳西族民居住宅的性质已经发生了急剧的变化，现在超过50%的历史建筑的主要用途是用于旅游业。调查当年身居古城历史建筑中的居民，36%为外来移民，在这些变化的背景下，丽江古城的许多传统文化和非物质文化遗产发生了全新的变异，较典型的如服饰、民族传统设计图案、建筑结构及其外观、传统社区的空间功能。

关注旅游业发展大背景下丽江古城纳西族妇女服饰变迁的专题论文有《民族服装的新潮流：与近、现代中国云南省丽江纳西族女性的民族服装设计及变迁相关

---

① 山村高淑：《ツーリスト？アートの創出と文化遺産の継承－－麗江ナシ族における東巴画の事例》，《京都嵯峨芸術大学紀要》（28），1－14，2003年。《中国における民族音楽の伝承と観光活用：雲南省麗江市玉龍納西族自治県黄山鎮白華行政村におけるナシ古楽ツーリストコンサートの成立経緯と課題に関する研究》，《観光創造研究》1，1－22，2007年。《国立民族学博物館調査報告》，*ethnological reports*, SER51，13－51，2004年。

② 山村高淑：《開発途上国における地域開発問題としての文化観光開発：文化遺産と観光開発をめぐる議論の流れと近年の動向》，《国立民族学博物館調査報告》61，11－54，2006年。山村高淑：《中国雲南省の観光開発における地方民族文化資源の位置づけと開発方針に関する研究：麗江地区における観光開発の経緯とその戦略について》，*Summaries of technical papers of Annual Meeting Architectural Institute of Japan.* F－1，Urban planning，building economics and housing problems 1999，893－894，1999年。山村高淑：《麗江古城における歴史的空間の保存と整備に関する研究：“2·3”地震後の空間整備計画の実施とその課題について》，*Summaries of technical papers of Annual Meeting Architectural Institute of Japan.* F－1，Urban planning，building economics and housing problems 2000，1055－1056，2000年。山村高淑：《中国の歴史的市街地における居住形態と観光商業化の実態に関する調査・分析：麗江旧市街地の事例》，*Journal of architecture and building science*（13），191－194，2001年。山村高淑、张天新、藤木庸介：《麗江旧市街地の保全に関する社会文化的課題の考察——観光地化が世界遺産都市の空間および社会に与える影響の多角的分析（その1）》，《京都嵯峨芸術大学紀要》（31），1－8，2006年。山村高淑、成所哲夫、大西隆：《世界遺産を観光資源とした観光産業の実態とその課題に関する研究：中国・麗江旧市街地における観光関連店舗の経営実態分析》，*Papers on city planning* 36，247－252，2001年。

的基础资料收集》。①

探讨文化遗产地的空间场域保护问题的专题论文有张天新、山村高淑的《从场域论看丽江的城市空间结构和空间的含义：中国的世界文化遗产城市保护研究之一》、《丽江古城中部民居的保护现状及存在的问题：旅游业的发展对世界遗产丽江古城的空间和社会影响的研究》、《丽江古城旧街区传统建筑物的和保护现状考察：旅游业业对世界遗产城市空间及社会的影响多角度分析》②，山口喜大、山村高淑、藤木庸介、柏原誉合著的《丽江古城管理与古城景观：旅游业的发展对世界遗产城丽江古城的空间和社会性影响研究》，藤木庸介、柏原誉、山村高淑合著的《成为旅游点后旅游对传统民居的使用的影响：世界文化遗产中国云南省丽江古城的的个案》、《对世界文化遗产的景观改造及社会背景关系的研究：旅游业的发展对世界遗产丽江古城的空间和社会影响研究》、《茶马古道沿线民居调查研究：中国丽江古城和大理古城之间区域为例》③、《对丽江古城中心区建筑的使用和分配的实际情况：旅游开发对丽江古城的空间和社会影响的研究》④、《世界遗产都市传

---

① 北川惠美、山村高淑：《民族衣装の新潮流：近・現代における中国雲南省麗江ナシ族女性の民族衣装デザインの変遷に関する基礎資料の収集》，《京都嵯峨芸術大学紀要》（31），70－77，2006年。

② 张天新、山高村淑：《場所論から見た麗江の都市空間構造と空間の意味について：中国の世界文化遺産都市の保全に関する研究その1（都市計画）》。张天新、山村高淑等合著《麗江旧市街地中心部における保護民居の実態とその保全上の課題について：観光地化が世界遺産都市・麗江に与える空間的・社会的インパクトに関する研究その2（海外の観光地化事例，都市計画）》，*Summaries of technical papers of Annual Meeting Architectural Institute of Japan*. F－1，Urban planning，building economics and housing problems 2005. 藤木庸介、山村高淑、平田隆行、张天新：《麗江旧市街地における伝統的建築物の現状と保全に関する考察——観光産業が世界遺産都市の空間および社会に与える影響の多角的分析（その2）》，《京都嵯峨芸術大学紀要》（31），9－20，2006年。

③ 藤木庸介、山村高淑、北山めぐみ、张天新、山口喜大、柏原誉：《麗江旧市街地における歴史的まちなみの変容と行政施策の関連に関する考察：観光地化が世界遺産都市・麗江に与える空間的・社会的インパクトに関する研究その15》，*Summaries of technical papers of Annual Meeting Architectural Institute of Japan. F－1，Urban planning，building economics and housing problems* 2007，855－856，2007年。北山めぐみ、藤木庸介、山村高淑：《世界遺産都市における町並みの変容に関する研究：観光地化が世界遺産都市・麗江に与える空間的・社会的インパクトに関する研究その16（世界遺産都市・アジア，都市計画）》。《観光地化が伝統的民家の使用に及ぼす影響について：世界遺産都市・中国雲南省麗江旧市街地を事例として》，《日本建築学会計画系論文集》73（629），1499－1506，2008年。藤木庸介、北山めぐみ、山村高淑：《世界遺産都市における町並みの変容に関する社会的要因の考察：観光地化が世界遺産都市・麗江に与える空間的・社会的インパクトに関する研究その17（世界遺産都市・アジア，都市計画）》。藤木庸介、北山めぐみ、山村高淑：《茶馬古道沿いの民家に見る外観の意匠性に関する報告：中国雲南省・麗江旧市街地から大理旧市街地周辺を事例に（農村計画）》，*Journal of architecture and building science* 14（27），265－269，2008；有伊藤庸一的评论文载 *Journal of architecture and building science* 14（27），373，2008－06－20。

④ 山口喜大、山村高淑、北山めぐみ、柏原誉、藤木庸介、张天新：《旧市街地中心部における建築用途とその分布実態に関する研究：観光地化が世界遺産都市・麗江に与える空間的・社会的インパクトに関する研究その13（歴史都市における観光，都市計画）》，*Summaries of technical papers of Annual Meeting Architectural Institute of Japan*. F－1，Urban planning，building economics and housing problems 2007，851－852，2007－07－31。

统建筑物的实情：中国云南省丽江古城传统建筑物实地测量调查报告》。[①] 上述成果对旅游业与世界遗产丽江古城旧街区、民居、空间格局的影响及对策提出了全新的见解。

研究旅游业背景下纳西族等的传统设计图案和全新工艺技术应用于丽江文化旅游纪念品及特产开发的专题论文有北川惠美、山村高淑的《利用传统图案的纪念品和工艺品技术考察：丽江古城收集的染织品 · 皮革工艺品》[②]；丽江古城保护方面的法律法规研究专题论文有山村高淑、藤木庸介、张天新《云南省丽江古城保护条例的制定经过及其内容：对世界遗产城市的保护制度的调查》[③]；建筑物外观与古城社会、空间关系的研究论文有藤木庸介等的《传统民居和丽江古城的景观之间的关系调查：旅游业的发展对丽江古城的空间和社会影响研究》、《丽江古城主街道沿街建筑物的房屋外观构成调查：旅游业的发展对世界遗产丽江古城的空间和社会影响研究》[④]，《传统民居的改造和丽江古城生活方式的变化调查之三：旅游业的发展对世界遗产丽江古城的空间和社会影响研究》。[⑤]

在上述各专题个案研究基础上，山村高淑、张天新、藤木庸介合著了《世界遗产与地域振兴：中国云南省丽江的生活》[⑥] 一书，该书对世界文化遗产地丽江古城和旅游开发、交易和街道、纳西传统民居和生活、纳西族服装的新潮流、民族音乐的去向、旅游产业的创造和文化遗产的继承等主题作了全新的分析。讨论人口分

---

① 藤木庸介、山村高淑、柏原誉：《世界遺産都市における伝統的建築物の実態：中国雲南省麗江市古城区における伝統的建築物の実測調査報告》，《京都嵯峨芸術大学紀要》（32），40－46，2007年。

② 北川惠美、山村高淑：《伝統的なデザインモチーフや工芸技術を応用した土産物開発に関する一考察：麗江旧市街地における染織？皮革工芸品の収集》，《京都嵯峨芸術大学紀要》（32），33－39，2007年。

③ 山村高淑、藤木庸介、张天新：《雲南省麗江古城保護条例の整備経緯とその内容：世界遺産都市の保護制度に関する調査その12（海外の観光，都市計画）》，《京都嵯峨芸術大学紀要》（32），26－32，2007年。

④ 藤木庸介、北山めぐみ、柏原誉、山口喜大、山村高淑、张天新：《麗江旧市街地の歴史的街並みを特徴付けている建築的様相の考察：観光地化が世界遺産都市・麗江に与える空間的・社会的インパクトに関する研究その12》，*Summaries of technical papers of Annual Meeting Architectural Institute of Japan*. F－1，Urban planning，building economics and housing problems 2006，pp. 899－900，2006年。北山めぐみ、藤木庸介、柏原誉、山口喜大、山村高淑、张天新：《麗江旧市街地の主要街路沿いにおける建築物の外壁構成に関する考察：観光地化が世界遺産都市・麗江に与える空間的・社会的インパクトに関する研究その11（海外の観光，都市計画）》，*Summaries of technical papers of Annual Meeting Architectural Institute of Japan*. F－1，Urban planning，building economics and housing problems 2006，897－898，2006年。

⑤ 山口喜大、柏原誉、北山めぐみ、藤木庸介、山村高淑、张天新：《麗江旧市街地における伝統的建築物の様相や住まい方の変容その3：観光地化が世界遺産都市・麗江に与える空間的・社会的インパクトに関する研究その10（海外の観光，都市計画）》，*Summaries of technical papers of Annual Meeting Architectural Institute of Japan*. F－1，Urban planning，building economics and housing problems 2006，895－896，2006年。

⑥ 山村高淑、张天新、藤木庸介编，絹巻豊写真/摄影・监修：《世界遺産と地域振興：中国雲南省・麗江にくらす》，京都：世界思想社，2007年。

布于旅游业的关系的论文有《丽江古城旅游商业人口和空间分布的关系研究》①；讨论旅游业的利弊问题的有《世界遗产登录给地域带来了什么：云南省丽江的经验》②。

日本学者其他有关论著有：清水真一的《世界遗产丽江古城的保存和开发方法及相关研究：中国纳西族的生活和文化及白沙村落的保存和开发利用问题》③，佐藤维重新翻译顾彼得（Peter Gullart）著《被遗忘的王国：1930—1940 年代的香格里拉·丽江》（Forgotten kingdom）④，管洋志著《云南的水都·丽江：管洋志·摄影集》⑤，都在一定程度上对丽江的宣介和研究起了推动作用。

国外学者对丽江古城的珍爱和深入研究表明，纳西族后人理应重视和重新发现纳西族先民在创造和保护丽江古城过程中积累的成功经验，尊重历代延续下来的良好风尚、珍视古城的每一条街巷和院落、每一股水流和井眼、每一处文化遗址和文物，并以理性的眼光看待纳西族传统文化中每一项有形或无形的文化财产，使之成为纳西古城的真正核心。正视古城过度的商业化、纳西原住居民的远去、东巴文的飘飞与纳西语消失的无奈的悖论、古城纳西族及其人口被置换的危险等问题。

在传统文化的传扬和普及方面，纳西族社会各界都做了全新的尝试，也得到国内外的赞许。2005 年纳西族学者郭大烈获日本经济新闻社亚洲文化奖，旨在表彰他在传承本民族传统文化方面做出的可贵的努力。推广学习纳西族母语和东巴文化工作任重道远。

五、纳西学历史人物研究与纪念活动

纳西族历史上人才辈出，现纳西族人口受教育程度较高。众多纳西英才，在不同领域报效国家，成就了非凡的业绩，为后学树立了前进的榜样，成为纳西族民族精神的最好演绎。纳西族及“纳系族群”历史文化名人研究（包括高僧大德、作家、艺术家）；人文学者群研究；自然科学学者群研究，以及国内外对纳西文化研究有贡献的专家学者研究是纳西学研究的一个重要领域。为了继续并发扬丽江崇文重教、敬文尊贤的文化传统，丽江市政府投入巨资，修缮并开放了方国瑜故居。

---

① 黄珏、张天新、山村高淑：《丽江古城旅游商业人口和空间分布的关系研究》，载《中国园林》，2009 年第 5 期。

② 张天新、山村高淑：《世界遗产登录给地域带来了什么：云南省丽江的经验》，北海道大学观光学高等研究中心：《观光创造研讨会报告要旨集》，北海道，2008：53－56。

③ 清水真一：《世界遺産麗江古城の保存と開発手法に関する研究：中国・納西族の生活と文化を生かした白沙集落の保存と開発について》，东京艺术大学大学院文化财保存学专攻建造物研究所，2006 年。

④ ピーター・グラード著，佐藤维訳：《忘れられた王国：一九三〇？四〇年代の香格里拉（シャングリラ）・麗江》，社会评论社，2011 年。

⑤ 管洋志：《雲南の水都・麗江：管洋志・写真集》，东方出版，2000 年。

纳西族学者方国瑜是当代著名社会科学家、教育家，在中国民族历史、中国西南边疆史地、云南史料目录、纳西学研究等方面都做出了杰出贡献，得到学术界和乡邦民众的推崇和景仰。2007 年 5 月在丽江举行方国瑜先生故居开馆庆典暨方国瑜先生与民族文化学术研讨会。与会代表有来自全国各地的方国瑜先生的校友、生前好友、家人代表，方先生的学生，丽江文化单位代表等 70 余位，围绕方国瑜先生的生平事迹、学术成就、教育思想及其理论贡献进行深入研究，共同探讨方先生的伟大人生和历史贡献，深切缅怀他的崇高品质和大师风范。

1936 年 9 月到 1983 年 12 月方国瑜在云南大学工作 47 年，经历岁月的沧桑，见证了云南大学半个世纪的发展。他对云南大学的贡献是巨大的：（1）奠定了云南大学民族学、历史学两个专业的发展基础。1937 年，熊庆来到云南大学任校长，引进清华大学发展模式，至 1946 年云南大学被列入中国 15 所著名大学之一。方先生曾先后担任文史系主任、文法院院长、历史系主任等，是云南最早招收历史学硕士、博士的教授。在云南大学他留下了“理有熊庆来，文有方国瑜”的美名。（2）治学严谨，态度端正，重视田野调查和文献研究，强调“经世致用”。在中缅边界问题上立场坚定，从中华民族统一的高度维护国权。（3）培养了一大批人才，数以百计的历史学人才。①

方国瑜先生的弟子林超民教授发言称：“我是方国瑜的学生，是纳西族的学生。”木芹、余嘉华、傅于尧、和志武、郭大烈等都是我的老师。在编写《方国瑜文集》后，他的感触是：（1）他（方国瑜）是一代大师！方国瑜对中华文化的贡献集中表现在：在国学研究方面开创新篇章。在北京求学时，他的研究重点在古文字学上，学研广博，考证精辟。（2）他是东巴文化研究的先驱。用 45 年的时间修订《纳西象形文字谱》，做到了创新、完整、准确，被誉为“纳西语言、历史学之父”。（3）他开创了中国历史发展整体性学说。1963 年云南大学 40 周年校庆，方国瑜在大会上做了“中国历史发展的整体性”报告，是 30 余年来其深谋熟虑的研究成果，打破了王朝史代替中国史的传统观点。（4）他是中国民族史的泰斗。新中国成立后，云南大学率先在全国创办了中国民族史教研室，1959 年设置中国民族史本科专业，1961 年油印了《中国民族史》，1981 年获得博士学位授予点，方老又是中国西南与东南亚关系史研究的开山鼻祖。（5）他乐于育人。

2013 年 3 月 23 日，作为云南大学建校 90 周年校庆系列活动之一，纪念方国瑜先生诞辰 110 周年学术研讨会在云南大学举行，深切缅怀当代著名学者、教育家方国瑜。云南大学党委书记刘绍怀代表学校致辞：云南大学创建初期，方先生筚路蓝缕育英才，努力推动学校历史学和民族学发展，培养了大批优秀人才。在学术方面，方先生潜心研究著作经典，以权威的学术论著开创了云南大学中国民族史、西

① 云南大学副校长肖宪代表云南大学在“方国瑜先生故居开馆庆典暨方国瑜先生与民族文化学术研讨会”上的致辞。

南边疆史、云南地方史的研究。他提出中国历史发展的整体性理论，是云南大学建校90年来具有极高学术价值的原创理论，对维护祖国统一、促进民族团结、推动边疆发展有重大社会意义；在工作和生活中，方先生还体现出崇高的爱国情怀、良好的道德风尚和优秀的学术品质，可谓道德文章传千古。方国瑜先生是中国民族史的泰斗，云南地方史学和西南民族史学的拓荒者，是纳西象形文字研究的开创者，是云南地方史料收集整理的集大成者，他孜孜不倦、求真务实，在历史学、民族学、文献学等诸多领域取得了丰硕成果。纪念方先生就是要学习其崇高的爱国主义精神，勇于创新的时代精神，坚忍不拔的治学精神，甘为人梯的育人精神。

方国瑜先生的弟子何耀华阐释方国瑜先生的史学观和方法论认为：方先生的史学观就是“以民为本”的人民史观，历史的发展是人民推动生产力发展的结果。方先生的方法论则是“实事求是”，一切从实际出发，找出事物的客观规律，从而得到科学结论。方先生的史学观和方法论是他留给我们的宝贵历史学遗产。

2013年10月19日，丽江举办方国瑜诞辰110周年学术研讨会，与会学者就方国瑜先生对民族文化、西南文化、纳西族文化研究的贡献及影响进行了研讨。

此外，丽江市古城管理局修缮并开放了纳西族作家王丕震纪念馆纪念，2013年12月27日上午，王丕震先生纪念馆开馆仪式在世界遗产丽江古城新华街翠文段71号举行，丽江各界深切缅怀王老先生的人文历程，追思他的卓越贡献。[①] 丽江市政府和西部促进会编辑出版的《王丕震全集》是自2003年以来丽江实施“文化立市”战略的一项重大工程。经过6年的努力，终于完成了这项中国最大的历史小说出版文化工程。此举亦是纳西学发展史上的一件大事。

近年出版的与纳西族文化名人有关的专著有谢本书著《枫叶如丹——李群杰生平概述》（云南民族出版社，2002年）、《和万宝文集》（上、下，待刊）。

20世纪40年代纳西族“留美三子”之一的杨凤教授是国内外著名的农业教育家、畜牧学家，也是我国杰出的动物营养学家和动物营养与饲料科学的开拓者。20世纪50年代他响应周恩来总理号召，冲破重重阻力，回到祖国。回国后一直从事动物营养学科的人才培养和科学研究工作，曾任四川农业大学校长。在长期的教学和科研工作中主持参加了多项国家及省部级科研项目，培养了大批优秀的学生，发表了大量的学术论文。为了传承杨凤教授的事业及学术思想，四川农业大学编辑出版《杨凤教授学术论文集》和《杨凤教授学术及学术思想》，旨在集中反映杨凤教

---

① 据统计，截至王丕震2003年5月去世时，他的历史小说在大陆出版发行12部，台湾出版发行74部（其中有7部与大陆重复），还有64部尚未出版。1984—2002年的18年里，王丕震共创作中国历史小说141部，撰写政论文1篇，计3000多万字。王丕震的书中人物有27位帝王、52位将相、25位才子、17位佳人、5位现代名人，是古今中外以文学形式描写历史名人最多的作家，是以独特的眼光和手法描写中华民族五千年来上百个历史风云人物的第一人，是当今全球高龄段作家中以最传统的手工写作方式，创作速度最快、成果最多的作家。

授的学术思想，也是其学生敬献给杨凤教授九十大寿的生日礼物。[①]

2009年1月10日，“杨凤教授九十寿辰庆祝大会暨学术交流会”在四川农业大学隆重举行。数百从全球、全国各地赶来的专家学者、他的弟子和学生参加了大会。校方赞曰：杨凤教授首先是一位品格高尚、德高望重的宽厚长者，具有平等待人、虚怀若谷、廉洁奉公的高贵品质；他还是一位学识渊博、成果卓著的杰出科学家，在养猪业和饲料工业的一系列研究中，孜孜以求，潜心钻研，有丰硕的成果，创造了良好的社会效益和经济效益，成为“川农大精神”的缔造者、传承者、实践者；他也是一位杰出的教育家，创建了动物营养所，延揽了一大批高水平人才，呕心沥血，教书育人，如今桃李满天下，学子海内外；他更是杰出的管理专家，先后担任四川农学院院长，四川农业大学校长、名誉校长，为学校的发展立下了不朽功勋。[②]

“留美三子”中的另外两位——和惠桢博士与方宝贤博士，他们为家乡丽江捐资助学，热爱乡梓的言行传为佳话。[③] 由画家吕印、张愉策划编辑的《丽郡文脉——周霖先生作品集萃》（云南美术出版社，2013）倾心收存了纳西族画家周霖先生散存于民间的画作精品，举凡花鸟虫鱼、人物、场景，色彩纷呈，构图精益，诗、书、画浑然一体，为后人欣赏和学习探讨周霖国画作品提供方便。和钟华、和虹、木春燕合著的《纳西族社会性别的演变》（云南人民出版社，2013），从社会性别视角入手，对纳西族妇女及其杰出女性的人生阅历进行梳理，有利于促进纳西族妇女文化的研究。

纳西文化名人故居修缮保护措施的落实、纪念会议的次第召开、以人为本精神的弘扬，相信在纳西社会中达成共识，有如此的精英群体才能引领族群的历史命运。唯有一大批具有非凡理解力、同情心、洞察力和渊博知识的精英群体坚守立场，精深的民族文化延续才成为可能，后人从名人故居实物和相关的论著中得见其不屈不移、卓然特立的文人风骨，了解其个人际遇、生存时代、生活地域的人文观念和文化传统。

此外，纳西族历代高僧为沟通汉藏关系做出了许多历史性的贡献，历代均有佛学名作巨著问世。纳西族中也不断有分属藏传佛教多个教派的活佛转世。原西藏自治区佛协副主席，来自永宁的格西益希旺曲、丽江東河的上师喜饶朗达在佛学研究、藏文书法、汉藏翻译等诸多方面都做出了杰出的贡献，他们的道德文章声闻汉藏各地，藏文版《格西·益希旺曲文集》，喜饶朗达著《朗达书法选》，罗桑益世

① 参见四川农业大学动物营养研究所编：《杨凤教授学术论文集》，中国农业科学技术出版社，2009年。全书共分5个部分，内容包括：猪的营养与饲料，禽类营养与饲料，水生动物营养与饲料，饲料添加剂，硒营养研究专题。四川农业大学动物营养研究所编：《杨凤教授学术及学术思想》，中国农业科学技术出版社，2009年，文集由杨凤的弟子们编写，他们以自己的亲身经历和感受，展现杨凤先生的学术思想和奋斗精神。

② 四川农业大学校长郑有良于2009年1月10日在“杨凤教授九十寿辰庆祝大会暨学术交流会”上代表学校和全体师生员工的致辞。

③ 和惠桢博士为家乡设立了和惠桢奖学金，为白沙完小捐建了惠桢教学楼。

活佛口述、马继典著《罗桑益世活佛》（云南民族出版社，2006）等著述备受藏文化圈推崇，他们是20世纪纳西、藏文化交流史上的杰出代表，对他们生平业绩和著述的研究正在有条不紊的开展中。

傅懋勣先生是新中国少数民族语言文字研究领域的代表性领军人物，尤其是他对纳西语言文字文献严谨、细腻的分析研究，建立了纳西语言文字文献研究中践行现代语言学意义的方法论范式，意义深远。2011年12月16—18日，由中国社会科学院民族学与人类学研究所、中央民族大学中国少数民族语言文学学院联合举行的“纪念傅懋勣先生百年诞辰学术研讨会”在中国社会科学院民族学与人类学研究所召开。来自北京、四川、宁夏、云南等省区傅懋勣先生的生前好友、后学，以及美国、法国等国的亲友共80多人参加了会议。会议共收到纪念性文章和学术论文78篇。

李霖灿对纳西族文化保存与中国艺术史多有贡献，在日抗战时期，为了调查纳西族东巴经典，他来到云南丽江实地学习研究4年；后与张琨、和才合力将研究所得编辑成字典，又致力于将纳西东巴经典译成汉文，人称“麽些先生”。[①] 为了表彰李霖灿致力纳西文化研究、国际文化交流与从事艺术教育培育人才的贡献，台北“历史博物馆”于2004年12月27日隆重举办“李霖灿教授学术纪念展”，展期至2005年1月23日。展览期间举办了学术座谈会与儿童纳西文字学习冬令营，彰显了李霖灿的学术成果及其事迹与研究精神。[②] 配合展览出版了李明珠主编的《李霖灿教授学术纪念展》（“历史博物馆”刊行，2004年）。

巴克、罗佛、西田龙雄、骆克等已过世的海外纳西学学者的历史性贡献也必将再次得到确认，这些学者学问博大，眼界恢宏，具有全球性的视野，他们的成果富于挑战性并能拓展后学对于所有纳西研究领域的全新思维。一代有一代之学术，一代有一代之学人。后学需要从这些学者个人际遇、学术交游的心路历程、师友传承谱系等方面入手，了解学术作品从酝酿到成品的过程，并深入学人心灵深处，体味他们献身学术研究的执着与艰辛，进而对学术发展内在动力进行探讨，品赏、感受学者、学术辉煌灿烂的另一面。

徐霞客及《徐霞客游记》研究一直是中国传统国学研究的一项主要内容。没有纳西族的盛情厚意，《徐霞客游记》无以存世流播，学界对这一关系的认知已经达成共识。近十年来，仰赖于中国徐霞客研究会、江苏徐学会、无锡学学会、江阴徐学会、云南徐学会、丽江学会等全国各地徐学会的积极推动，交流持续进行，尤其是江苏方面多次组织团队来丽江访问，重走霞客路，双方秉持霞客公“春随香

---

① 1941年，李霖灿受聘“中央博物院”为助理员，开始了文博生涯；1949年来台后任职“故宫博物院”，历任研究员、书画处处长、副院长。李霖灿毕生潜心以科学方法研究中国古代绘画与画史，1999年病逝于加拿大多伦多，享年87岁。

② “李霖灿教授学术纪念展”以编年方式回顾李氏一生，分为玉龙观雪（纳西文字研究，1938—1983年）、故宫品画（博物馆员生涯，1941—1984年）、艺术教育（1956—1992年）、国际文化交流（1956—1984）和生平回顾（1913—1999年）五个部分。

草千年艳，人与梅花一样清”的高洁品行，重叙木增和徐霞客的友谊、刘半农和方国瑜的师生情，不断往还，结下了友好情谊。

丽江多次派学者专家参加徐学国际会议等活动，积极支持徐学研究活动，有关成果不断问世。江阴方面多次来丽江，草签了玉龙纳西族自治县和江阴市友好城市协议。江阴方面的江阴全顺汽贸公司捐资50万元，为玉龙纳西族自治县龙蟠完小捐建师生宿舍楼——徐霞客楼；江阴“全新迈腾——重走霞客路”车队为学生送上了崭新的书包和文具，并为学校图书馆捐赠了800余册图书，以此纪念徐霞客与木增的友谊，象征江阴人民与纳西族人民的友谊世代传承。丽江和江阴及江苏其他地区徐学学者之间的热络联系一直不断，徐学研究的内容也得以深化和拓展，这是纳西学研究中有关汉族和纳西族历史文化关系研究中的主要议题之一。

六、结　语

纳西族在中国西南各民族中，依据其悠久的汉藏文化交融历史和独具个性的文化传统，自中古以来一直能够自我表述，而不需要由其代言人来代言，自信地保持着其文化的主体性，实现对文化精神的自我梳理、自我觉醒和对本位文化传统的尊崇，坚定地维系着族群认同的根基和文化传统的本位。这些文化自觉和自省的行为和观念的传播，决非时髦的建构论或文化再生产说所能涵盖，此种精神恰恰是纳西人看待世界和他者的一种族群性的独到眼光及其与时俱进精神的外化，表现了纳西人对客观世界有一种独绝的视角和关切，这些基于纳西人长期处在多元文化交汇的生存空间中，已经育成合情、合理、合法地应对多元文化与族群的能力。多元文化并处，一方面促进了多元族群之间的和谐相处；另一方面引发了文化层面的接触与交融，让每一个族群从他族群的文化理念和文化传统中感悟多元的魅力，互相启发，激发创造力，同时教诲各族群的精英们要学会欣赏他者的优点，使文化形态的选择多一些灵活的原则和变化的参项，激发出全新的生存方式和美好的理念。

纳西族精英群体在与自身文化传统的对话和想象中，与他者共享文化反省后的确然判断，实现了认知水平的上升。纳西人的文化自省与是非判断的过程，也是与周缘各民族交流和沟通的过程；人和族群都不能单独地观察自己，像人要照镜子一样，要确立族群自己的位置和形象，就要借助其他民族族群的东西，可以看到世界上原来还有多种多样的文化和传统、不同的民族和地域。在推崇“物质至上、人心无所依凭”的时代，纳西族的人文情怀为各民族思考族群处境和选择立场提供了富有启迪的切入点和抓手。

纳西族历代精英的自信的文化风骨一直绵延不绝，使纳西族作为中华56个民族中的一员，从容应对每一轮全球化大潮的冲击与荡涤。在每一个历史发展的关键环节，纳西族学者群和精英们的文化自觉精神都会应时应运而出，主动充任主要角色，因势利导，顺应和引领时代潮流，保证民族文化传统的延续和弘扬。

纳西学是国际性的学问，自其诞生之日起就具有国际化的特征，而且是因纳西文化的神奇魅力和学术价值而倍受关注，这与政治和宗教因素影响下问世的其他民族研究门类有别。既往的纳西学研究强调外部因素对纳西学勃兴的促进作用，其实也应该侧重对于学术发展内在动力的考量，诸如学术资源的刊布和利用，治学方法的传承与更新，与主流学术的关系等。研究学术发展过程中学人的经历与时代背景及其学说、作品和学派之兴衰。学归天下，而非一己之私，因此，我们当从全球视野、全人类文化遗产或文化财的视角，以有容乃大的胸怀，对纳西学研究的普世价值和意义予以体认和实践。综合纳西学研究的发展现状、特点及趋势，在重新评述既有的学术研究成果的同时，开拓新的研究领域、培育新的增长点实属必然。随着田野调查的深入、学术资料的累积、研究观念的变迁、方法论的更新，纳西学研究视野不断拓展，虽然不同学者对纳西文化专题的研究不同，有的重宏观叙述，有的强调精微的考证，学问各有专长，各有偏好，很难独尊一术。

21 世纪初叶的纳西学研究有别于以往之处是中外学者间的联系、合作、学术对话、交流活动空前频繁和活跃，除中国本土学者外，计有美国、日本、瑞士、瑞典、德国、意大利、法国、英国、挪威、韩国、泰国、印度、加拿大、波兰、塞尔维亚、比利时、澳大利亚、俄罗斯、西班牙、芬兰、丹麦、荷兰 22 个国家的学者，从多学科的视角探讨纳西学的各种论题，有关专著和论文层出不穷，纳西文化产业的作品与产品逐步走向世界。

英国、美国、韩国、德国、日本、澳大利亚、意大利、新加坡等国都曾举行各种主题的纳西学研讨会、学术报告会、纳西文化展览、当代东巴绘画展览和文化产业及产品展示活动，产生了良好的后续影响。① 许多中外名牌大学，均希望在丽江合作办学，

---

① 较典型的学术和展览交流活动有：2009 年 3 月 16 日—6 月 23 日，纳西族画家张云岭的个人作品展“纳西族画家描绘的生活世界”在东京作为日本国立民族学博物馆 2009 年度专题展出。配合该展览，国立民族学博物馆刊行了展览说明书《纳西族画家描绘的生活世界：云南省西北部哺育的绘画才能》。2011 年 5 月 13 日—9 月 19 日，纽约市鲁宾艺术博物馆（Rubin Museum of Art）举办了主题为“纳西祖先的领地——昆亭·罗斯福眼中的中国”（Quentin Roosevelt's China：Ancestral Realms of the Naxi）的纳西东巴文化艺术展，并同时举办了为期 2 天的纳西学国际学术会议。2012 年 11 月 9—11 日，美国鲁宾艺术博物馆举办以“十世噶玛巴与十七世纪西藏的动荡”（The Tenth Karmapa and Tibet's Turbulent 17th century）为主题的唐卡艺术展览和国际会议，因第十世噶玛巴与丽江纳西族的深厚法缘关系之故，纳西族与藏族的历史文化关系研究成为会议焦点之一。2012 年 4 月 18 日，纳西族画家张春和的题为“东巴文化之魂”的纳西东巴画展在意大利罗马举行。2013 年 3 月 13—18 日，意大利马切拉塔大学孔子学院、意大利马切拉塔大学联合主办了题为“传统与现代的关系——从哲学、文学、艺术学和政治学角度进行的探讨”的纳西学专题讲演，倍受中外学者关注。2013 年 8 月 7—10 日，澳大利亚悉尼大学中国学研究所召开的“当代中国话语与社会变迁”国际研讨会中，纳西学专题的讲演备受中外学者关注。2014 年 1 月 25 日—2 月 25 日，“东巴象形文古国印象：和向东现代油画艺术作品展”在德国巴登州国际美术馆举办，此次画展由德国欧亚文化经贸中心、德国文化经济促进会主办，面向欧洲观众展示世界记忆遗产纳西东巴文化的风采。2014 年 4 月 30 日—5 月 30 日，英国北安普顿大学举办“纳西东巴文化摄影展”，邀请纳西族学者和雕刻家、画家参展，并举办学术讲座，该展作为丽江纳西族东巴文化赴英国交流活动的组成部分，是继“溯源·东巴文化”北京、丽江两地举办后的延续。展览在丽江、北京和英国三地分别举行，促进了纳西东巴文化的国际化传播，也为中英双方在今后的合作办学、艺术交流、商业开发等领域的深入合作奠定了坚实基础。

如英国北安普敦大学的研发团队不断多次访问丽江，醉心于纳西文化的神奇魅力，他们似乎察觉了纳西文化与全新视觉艺术结合的创新增长点，犹如玉龙大雪山顶的千年古雪，历久弥新，圣洁傲世，于浮云变古今的金江玉岳间，找寻灵光闪烁的创新意念和资本增值的机缘。他们恳挚邀请丽江纳西族的学者、艺术家、文化产业领军人士多次远赴英伦，举办纳西文化展览、学术讲座，展示纳西文化产品，将纳西族古老的东巴文化与现代传媒和设计理念绝妙结合，欲培育出全新的兼容东西方文化精髓和创新理念的新艺术形态和文化创意产品。不远的将来，北安普敦大学的分校会在丽江立足，实现产、学、研一体化的全新型大学也会在此间崛起。

学界大都认同在过去的十余年间，在社会科学领域正在悄然出现方法论革命，不少学者认为学科间的界限正在模糊化。在理论与研究中对诠释性定性方法的共同关注使社会科学与人文学科之间日益趋近。尽管在中西学术文化的会通中蕴含了新趋势，但是社会科学及相关专业领域所发生的“定性革命”影响范围广泛，纳西学的发展也注定受此影响，具有其独特的方面。过去的十余年间，大量民间和官方档案资料的刊布和使用，对不同社会阶层的访谈、民意调查及驻地的考察，使纳西学研究领域迅速壮大，从其发展进程中可以看到纳西族本身或丽江本身的发展变迁的轨迹。

自从法国学者巴克（J·Bacot）于1907年首次考察纳西族并出版《麽些研究》（Les Mo so）以来，在整整100年间，据宋光淑等学者的不完全统计，约有1000个作者发表了近3000篇（种）研究著作。① 在纳西学研究中，学者群体和研究团队的形成，学科建设的发展，学术史研究的建设，国内外合作交流的扩大，研究成果的出版，等等，都需要继续对纳西族及“纳系族群”的历史、语言、文字、文献、宗教、哲学、文学、艺术、思想、政治、军事、法律（习惯法）进行深入的专题研究。

以《木府风云录》的成功推出为例，触类旁通，需要今人从川、滇、藏交角区域的宏大视角，尤其是中古以来唐王朝、南诏国、吐蕃国间的交融历史相结合，系统全面地梳理与考订纳西族及“纳系族群”的诸土司及其辖区历史文化的专题研究，注重对川、滇、藏交角区域“纳系族群”的“五所四司三马头”土司制度、历史源流、族群认同与识别问题的研究，以及纳西族地区行政区划历史沿革专题研究。结合藏传佛教的流播史、本教与藏传佛教在“藏彝走廊”区域的此消彼长的历史，在“藏彝走廊”多民族多元文化的大视野中探讨纳西东巴文化、纳西达巴文化及纳西族地区宗教文化的专题调查、文献收集、宗教关系及比较宗教学等的研究。

现实问题研究是纳西学研究的一个重要方面，需要继续关注纳西族及“纳系族群”婚姻家庭形态研究，纳西族地区社会、经济、文化、生态、环境可持续发

① 宋光淑主编：《纳西东巴文化研究总览》，云南大学出版社，2006年，第1—6页。

展专题研究，现代化与全球化进程中纳西族传统文化的传承与创新问题研究，纳西族社会团体和结社传统社群专题研究，纳西族人口问题研究，纳西族地区经济发展问题、教育问题、医疗卫生研究，民族区域自治制度及立法研究，纳西族及周边各民族的关系研究，纳西族民族民间文化传承、保护、开发中的新问题、新现象研究，旅游业与纳西族文化变迁专题研究，纳西族地区生态环境、生态移民、水电开发移民、扶贫移民专题研究，生物多样性与文化多样性关系研究，纳西族及“纳系族群”妇女文化及社会性别研究，纳西族教育史、印刷史、新闻出版史、留学生史、海外贸易、探险考察史专题研究。

就纳西学研究史专题研究而言，包括历史进程、代表人物及其思想、方法论、经典传世之作等研究。应注重加强纳西族先民经略滇康高原史、纳西族与“茶马古道”专题研究，有利于拓展研究视野，转换研究视角，深入理解多元文化及多民族历史文化交流对纳西族社会的影响；也应加强纳西族在统一多民族国家形成史中的地位与贡献专题研究、纳西族及其文化在中华民族多元一体格局中的地位和发展趋势研究、国内外纳西学研究动态与进展专题研究、当代纳西族与国内外各民族文化交流专题研究等。

总之，无论是现阶段作为纳西学本体研究内容的纳西语言文字文献研究、纳西族的人类学民族学研究、纳西族地区经济社会发展现状、纳西族历史和宗教研究、纳西文化旅游业与纳西学间的互动关系研究、纳西族地区世界文化遗产及非物质文化遗产研究，还是其他新兴的交叉学科的研究，结合纳西族地区经济社会发展现状和纳西族面临的诸多危机，如母语危机、文化断层、宗教仪式的现代化和表演化、宗教信仰的空洞化和异化现象、丽江纳西族人口比例下降、外来文化与本土文化间的冲撞与调适等，都是需要直面的问题和难点，破解这些难点和问题，是当代学人必须担当的学术道义。

过去的十余年间，纳西学研究领域迅速拓展，研究队伍逐渐壮大，这种发展的态势和进程本身也是纳西族本身和丽江本身的发展变迁的真实历程的镜像化反映。纳西学的精进和发展需要基于深入理解纳西学兴起的缘由，丰富治学理路，推进学术进步，启迪思考、聚集资源，致力于纳西学的钻研。唯有在认识、理解和阐释上环环相扣，从宏观上把握纳西学完整的面貌，方有可能彰显学问的根底与学术成就。纳西学的发展要求学者摆脱业余化和粗泛式的述论，提倡严谨细腻的考证研究与宏大叙事结合的新范式，求真求实，回归以“独立之精神，自由之思想”为原则的学术正道，这样才能理解纳西学的根本和体系化的学问架构，辨明学术文化的原始本末，此为精进学术应有之义。

纳西东巴文化走向新时代之路

林向萧

从“旧中国灭亡了，新中国诞生了”的1949年①，到2009年，是以“产生于纳西族先民原始社会阶段并流传至今”的东巴教②为载体的，以纳西族自创的、当今世界唯一“活着”的图画——象形文字东巴文记录下来的《东巴经》为精髓的，以世世代代口传身授相传的东巴为传承者的纳西族东巴文化，从被预言“正在渐渐绝灭”③ 的时代走向新时代的六十年。

纳西族是“一个小民族”④。据1953年全国第一次人口普查，全国纳西族有143398人，还不到全国总人口的千分之三。“纳西族渊源于远古时期，居住在我国西北河、湟地带的古羌人，向南迁徙到岷江上游，又西南至雅砻江流域，又西迁至金沙江上游东西地带”⑤。根据拙作《东巴文创始时代的再探讨》，纳西族创始东巴文的时代在“东晋之后、梁陈之前的公元4至6世纪，正是纳西族先民沿着迁徙路线，由无文字地区的永宁，迁徙来到有文字地区的无量河注入金沙江的若喀地域之时，也正是铁器时代的晚期”⑥。按照恩格斯的说法：人类“从铁矿的冶炼开始，并由于文字的发明及其应用于文献记录而过渡到文明时代”⑦。由此看来，在公元4—6世纪，纳西族先民就已经进入东巴文明时代，东巴教和东巴文化也已经发展到有文字东巴经的时代了。

纳西族的东巴文化从云南丽江走向世界，开始于1867年。这一年，法国天主教传教士德斯古丹（Pere Desgodins）将一本名为《高勒趣赎魂》的东巴经，从丽

---

① 《旧中国灭亡了，新中国诞生了!》，载《人民日报》，1949年9月22日社论。

② 任继愈：东巴文化申报《世界记忆名录》推荐书，载《国际纳西学学会通讯》，2002年第3期。

③ 洛克：《论纳西人的“那伽”崇拜仪式》，《国际东巴文化研究集萃》，云南人民出版社，1993年，第73页。

④ 和万宝：《纳西东巴古籍译注全集总序》，《纳西东巴古籍译注全集》第一卷，云南人民出版社，1999年，第1页。

⑤ 方国瑜、和志武：《纳西象形文字谱》，昆明：云南人民出版社，1981年，第3—4页、弁言3页、第591—592页。

⑥ 林向萧：《东巴文创始时代的再探讨》，《丽江第二届国际东巴艺术节学术研讨会论文集》，云南民族出版社，2005年，第101页。

⑦ 恩格斯：《家庭、私有制和国家的起源》，《马克思恩格斯选集》第四卷，人民出版社，1972年，第21页。

江寄回法国巴黎。19 世纪，“天主教和基督教相继传入纳西族地区，在丽江、维西等地建立了教堂。但是，由于遭到纳西族人民的抵制和反对，直到新中国成立前夕，教徒仍寥寥无几”①。这种抵制和反对，归根到底是由于东巴教和东巴文化的根基在纳西族地区确实太深了，天主教和基督教不但没有动摇得了，反而是东巴文明吸引了西方传教士，结果就把东巴经传播到西方去了。从此以后，就不断有西方的探险家、旅行家、传教士从丽江带回《东巴经》——被视为人类启蒙时期的原始图画文字的珍本，在欧洲高价出售。② 进入 20 世纪以后，西方收购、收藏东巴经之风越演越烈：1924 年，英国曼彻斯特约翰·赖兰图书馆，从英国爱丁堡植物学家福雷斯特（G. Forrest）那里买到 135 本《东巴经》。1929 年，英国外交部和印度事务部委托英国驻中国腾越（今云南腾冲县）理事购买了 55 本《东巴经》，并通过留居丽江的美国传教士安德鲁斯（Andrews）得到一个东巴的帮助，把它们译成汉语，其中一部分还译成英语。1944 年，美国老罗斯福总统的长孙昆亭·罗斯福（Q. Rooseveldt）在丽江收集到 1861 册《东巴经》，其中 1073 册卖给美国国会图书馆，88 册卖给哈佛燕京学院。③

与此同时，从国外到国内，先后出了好几位东巴文化研究的先驱者、奠基者。法国藏学家巴克（J. Bacot）在 1913 年出版的《麽些研究》一书，全面论述了纳西族东巴教的内容及相关仪式、东巴教与西藏本教、藏传佛教、佛教之间的诸多关系，并专门分析纳西语的语音、词汇及东巴文，是国际上对纳西族语言文字作现代科学意义系统研究的开篇之作，还采用列表对照的方式，将法文解释、东巴文、哥巴文、国际音标记录的文字音值逐个划栏列出，是西方第一本全面研究纳西族东巴文化的集大成者。④ 被西方称之为“纳西学之父”的美国学者洛克（J. F. Rock），原是 1922 年受美国农业部派遣到丽江采集植物标本的植物学家，因为看到邻居家的一次驱逐恶鬼的东巴教仪式，写了一篇文章，在 1924 年美国《国家地理学会杂志》上发表以后，竟然从 1929 年开始，把自己的主要精力用于研究纳西族东巴仪式、经文以及历史、语言、文化，即使在 1949 年 8 月离开丽江乃至回到美国以后，仍热衷于研究纳西东巴文化，直到 1962 年去世。他在丽江的 20 多年里，先后搜集了 8000 多本《东巴经》，卖给美国国会图书馆、哈佛燕京研究所、德国马尔堡国立图书馆以及私人收藏家；30 多年间先后发表、出版 17 种东巴文化研究论著，其中最受人重视的是经过 14 年潜心研究编成的《纳西语——英语百科辞典》。⑤

20 世纪 30 年代初，时任北京大学研究所所长的刘半农，把巴克的《麽些研

---

① 纳西族简史编写组：《纳西族简史》，云南人民出版社，1984 年，第 127 页。

② 白庚胜、杨福泉：《国际东巴文化研究集粹》，云南人民出版社，1993 年，第 1—2、第 2—4 页。

③ 白庚胜、杨福泉：《国际东巴文化研究集粹》，云南人民出版社，1993 年，第 1—2、第 2—4 页。

④ 木仕华：《19 世纪末 20 世纪初西方关于纳西文化研究的述评》，载《云南民族学院学报》，1999 年（1）。

⑤ 和匠宇、和锈宇：《孤独之旅》，云南教育出版社，2000 年。

究》一书拿给即将卒业的纳西族学子方国瑜，并指出此书中所收的纳西象形文字“是世界上通用的文字中所罕见”，“可以用来研究人类原始文字，很有价值”，鼓励他回家乡去学习这种文字。方国瑜的东巴文字研究亦由此开始。[①] 到 1935 年 7 月，方即完成了《麽些形象文字谱》初稿。此时刘先生已去世，此书虽因各种原因未能及时出版，但却有幸得到国学大师章太炎 1935 年 7 月所作的《麽些文字序》以及甲骨学大家董作宾 1940 年所写的《读方编麽些文字典甲种》。此书最后出版于 1981 年，被评价为“东巴文的《说文解字》”[②]。除方书以外，纳西本民族学者杨仲鸿也在 1931 年编有《麽些多巴字及哥巴字汉译字典》，董作宾的《麽些象形文字字典序》也有比较详细的介绍。纳西族女作家赵银棠，也曾先后汉译四种《东巴经》，收入 1949 年出版的《玉龙旧话》。在纳西族学者外，还有两位东巴文化研究先驱者、奠基者。一位是后来担任台湾“故宫博物院”副院长的李霖灿，他原本是杭州西湖艺专学子，抗战期间随校西迁到昆明，毕业后一心要为山水画开一雪山宗派而去了玉龙大雪山，后来却因为“鸟兽虫鱼的象形文字”的“边民经典”而专治麽些语文，遂受聘于“中央博物院”，先后收集 1200 多册《东巴经》，并编撰出版了国内外最早的《麽些象形文字字典》、《麽些标音文字字典》。再一位是后来担任中国社会科学院民族研究所副所长的傅懋勣，他出版于 1948 年 7 月的《丽江麽些象形文“古事记”研究》，不仅被“公认为最科学、最详尽的东巴经译注范本”[③]，而且也是四对照汉译《东巴经》的开山之作。所有这些，都为 1949 年 9 月以后的纳西东巴文化走向新时代奠定了坚实基础。

新中国成立不久，便有人预言东巴文化必定走向“消亡”，其主要论据有二：其一，“在目前的政治制度下，纳西宗教正在渐渐绝灭，宗教行为将会（或者已经）被禁止”；其二，“随着纳西宗教的消亡，他们的宗教文献也将逐渐消亡，即使是现在，也已没有很多尚能识读大多数经书的老东巴。我已经在有关文章中指出过，纳西人的文字体系是帮助记忆式的，不是严格意义上的书写文字，《东巴经》不是可以依靠字典就可以识读的文献，因为经书中的一段话只写着几个字符，在咏诵时，其他未写出的部分必须由把内容语句熟记在心的东巴来补充……在不远的时期以内，纳西《东巴经》将成为无法译解的文献”[④]。

预言毕竟不是事实。在 1949 年 9 月 29 日，中国人民政治协商会议所通过的

---

① 方国瑜、和志武：《纳西象形文字谱》，云南人民出版社，1981 年，第 3—4 页、弁言 3 页、第 591—592 页。

② 和志武：《中国原始宗教纳西族卷》，《中国原始宗教资料丛编·纳西族卷》，上海人民出版社 1991 年，第 17 页。

③ 和志武：《中国原始宗教纳西族卷》，《中国原始宗教资料丛编·纳西族卷》，上海人民出版社，第 414 页。

④ 洛克：《论纳西人的“那伽”崇拜仪式》，《国际东巴文化研究集萃》，云南人民出版社，1993 年，第 73 页。

《共同纲领》(新中国的临时宪法),就庄严地向全世界宣告:“中华人民共和国人民有……宗教信仰……的自由权”(第5条);“中华人民共和国境内各民族一律平等,实行团结互助”(第50条);“各少数民族均有发展其语言文字、保持或改革其风俗习惯及宗教信仰的自由。人民政府应帮助各少数民族的人民大众发展其政治、经济、文化、教育的建设事业”(第53条)①。到1950年10月,丽江县大研镇东巴、东巴会会长和凤书作为纳西族东巴教的代表,参加了丽江专区各族各界代表会议,并在欢迎中央民族访问团的数万人大会上参加了主席团;数十名来自各地的东巴也在大会上表演了东巴舞蹈。② 1951年10月,新中国成立两周年国庆期间,纳西族著名学者方国瑜,作为云南省少数民族代表团成员,应邀参加了毛主席在怀仁堂举行的国宴,他就在此时向毛主席敬献了一幅用东巴文和汉文两种文字写成的“我们永远跟着您走”的锦旗,毛主席接受后随即被悬挂于怀仁堂大厅。③ 这些都是纳西族的东巴教和东巴文化从来没有得到过的尊重和荣耀。东巴教和东巴文化也由此开始走向新时代。

即使是在1958年到1978年的20年间,也就是“中国领导人所说的犯了20年的‘左’倾错误时期”④,纳西东巴文化仍然是曲曲折折地走向新时代的。1958年9月,在中共云南省委宣传部的领导下,中国作家协会昆明分会和云南大学,共同组织了以云南大学中文系师生为主的云南省民族民间文学丽江调查队,在云南丽江地委宣传部直接领导下,结合劳动锻炼,先后在丽江县各区、乡和公社,宁蒗县永宁公社,维西县第一区以及中甸县金沙江一带,进行调查收集,并专门组织了《东巴经》翻译小组,对《东巴经》进行清理、翻译,最后出版了《纳西族文学史(初稿)》。⑤ 由于“左”的影响,此书歪曲了东巴教与纳西族文学的关系,却并没有否定东巴教保存和传播纳西族文学的作用,使我们第一次得以看到了东巴文学的全貌。1962年,时任中共丽江县委书记徐振康,在当时丽江财政十分困难的情况下,指令拨出专款聘请大东巴,组织纳西族学者在县文化馆翻译《东巴经》,共译出几百本经书,石印⑥了有代表性的22本,并督促县文化馆从民间收集了5000多本东巴经书,为80年代恢复东巴经书翻译工作打下坚实基础。⑦

1978年12月,中共中央十一届三中全会确定拨乱反正的方针以后,在1979年,丽江地、县文化教育局经过协商决定,从地区师范学校抽调曾经从事《东巴

---

① 《中国人民政治协商会议共同纲领》,王培英编:《中国宪法文献通编(修订版)》,中国民主法制出版社,2007年,第266、第272、第273页。

② 和志武:《中国原始宗教纳西族卷》,《中国原始宗教资料丛编·纳西族卷》,上海人民出版社,第414页。

③ 方国瑜、和志武:《纳西象形文字谱》,云南人民出版社,1981年,第591—592页。

④ 胡乔木:《中国为什么犯20年的“左”倾错误》,载《新华文摘》,1992年第9期。

⑤ 云南省民族民间文学丽江调查队:《纳西族文学史(初稿)》,云南人民出版社,1959年。

⑥ 印刷方法的一种,用石版印刷。[编者注]。

⑦ 郭大烈:《任六年书记,抢救三种文化》,《郭大烈纳西学论集》,民族出版社,2008年。

经》调查工作的和发源老师到县文化馆充实《东巴经》工作小组，重新开始《东巴经》的翻译整理。1980 年 6 月，丽江地区行署成立了“东巴经翻译整理委员会”。1981 年 5 月，中共云南省委采纳了方国瑜与和万宝的建议并做出决定，在云南省社会科学院成立东巴文化研究室，从此东巴文化加快了走向新时代的速度。

从 1949 年到 2009 年，正好 60 度春秋。在这 60 年里，作为东巴文化载体的东巴教，在经历了“1957 年后，中国共产党有过‘左’的失误”，“‘文化革命’实际成了‘革文化命’，其中包括‘消灭宗教’的运动”[①] 的曲折之后，终于迎来了宗教信仰自由和宗教与社会主义相适应、相和谐发展的春天。其实，坚持民（种）族平等和宗教信仰自由，原本就是中国共产党根据马克思主义民族观、宗教观，结合中国的国情和实际所确定的基本方针。在 1949 年的《共同纲领》规定“中华人民共和国人民有……宗教信仰……的自由权”和“各民族一律平等”之前，早在 1931 年的《中华苏维埃共和国宪法大纲》中就明确规定：苏维埃共和国的公民，“不分男女种族宗教，在苏维埃法律面前一律平等”，“中国苏维埃政权以保障工农劳苦民众有真正的信教自由的实际为目的”[②]。在 1978 年 12 月中共中央十一届三中全会坚定不移地进行了拨乱反正之后，党中央在 1982 年即印发了《关于我国社会主义时期宗教问题的基本观点和基本政策》，其主旨是要求全面恢复和贯彻落实宗教信仰自由的政策。[③] 到 1991 年，中共中央、国务院又下发《关于进一步做好宗教工作若干问题的通知》：要求“全党、各级政府和社会各方面，进一步重视、关心和做好宗教工作，使宗教和社会主义相适应”[④]。2007 年 10 月，中国共产党第十七次全国代表大会，把宗教工作基本方针正式写入了党章总纲。这个基本方针就是：全面贯彻党的宗教信仰自由政策，依法管理宗教事务，坚持独立、自主、自办的原则，积极引导宗教与社会主义社会相适应。[⑤] 2007 年 12 月，中共中央总书记胡锦涛在中央政治局集体学习时又一次强调，要“积极主动做好宗教工作，促进宗教关系的和谐”[⑥]。纳西族的东巴教就是这样从 1949 年到 2009 年经过曲折、转折，更加坚定地走向与社会主义相适应、相和谐之路。

在 1949 年到 2009 年这 60 年里，作为东巴文化精髓的《东巴经》，也从原本被预言“在不远的时期以内，将成为无法译解的文献”而成为全人类可以共享的世界文化遗产了。在 1949 年以前，除了傅懋勣 1948 年 7 月出版的四对照汉译《丽江麽些象形文〈古事记〉研究》外，所有的《东巴经》，只要没有东巴释读，就没有

---

① 叶小文：《宗教问题怎么看怎么办》，宗教文化出版社，2007 年，第 17 页。

② 王兆国：《积极引导宗教与社会主义社会相适应》，载《求是》，2002 年第 9 期。

③ 叶小文：《宗教工作基本方针进入党章》，载《中国宗教》，2008 年第 1 期。

④ 叶小文：《宗教工作基本方针进入党章》，载《中国宗教》，2008 年第 1 期。

⑤ 叶小文：《宗教工作基本方针进入党章》，载《中国宗教》，2008 年第 1 期。

⑥ 胡锦涛：《在中共中央政治局第二次集体学习时讲话》，载《人民日报》，2007 年 12 月 20 日，第一版。

人能读懂读通。在这60年里，丽江县文化馆从1962年到1964年四对照汉译了22种《东巴经》；李霖灿于1967年在台湾出版了《麽些经典译注九种》；傅懋勣又于1981年、1984年在日本先后出版了《纳西族图画文字〈白蝙蝠取经记〉研究》上、下册；云南省社会科学院东巴文化研究所从1982年到2000年，共出版了《纳西东巴古籍译注全集》百卷千册、《纳西东巴古籍译注》3集14种、单行本纳西东巴古籍译注25种。随着四对照汉译《东巴经》、特别是译注全集的面世，《东巴经》越来越被国内外学术界所看重。原本是除了东巴谁都读不懂的"天书"，如今只要能读懂汉文也就能读懂了。国人能读懂汉文的以亿计，在国外除汉学家外，仅孔子学院学汉文的即有四千万，潜在的读者非常可观。国内著名学者季羡林、任继愈、吕大吉、于锦绣分别从不同角度肯定："东巴文献是用图画象形文字记载了人类起源及人与大自然的关系这一重大主题的文献"①，"东巴古籍是以图画象形文字——东巴文记载的东巴古代宗教典籍，是纳西族古代社会的百科全书"，"不但是中华民族的宝贵遗产，而且是全人类共享的宝贵文化遗产"②，"一个少数民族保存了如此丰富的文献遗产，在中国以至世界各民族中都是非常宝贵、难得一见的"③，"它是举世罕见的别具特异形式和风格的原始宗教典型活化石"，"又是世界唯一尚在活着的古文字活化石"，"这种双料活化石简直是世界奇迹，有十分突出的世界性意义"④。他们分别为东巴文化申报《世界记忆名录》写了推荐信。联合国教科文组织世界记忆工程咨询委员会已在2003年将东巴古籍入选《世界记忆名录》，成为世界记忆遗产。⑤ 这是继丽江古城入选世界文化遗产、三江并流入选世界自然遗产之后，又一个世界遗产。

在1949年到2009年的60年里，作为东巴文化传承者的东巴，也从被预言"最后的东巴正处于消失的危险中"而发展到可以看到东巴文化传承的希望曙光。最后的东巴后继无人，曾经是严峻的现实。然而，在1999年中国丽江国际东巴文化艺术节期间，到会的100位东巴当中，原来的老东巴有48位，80年代末开始学习东巴的有18位，其余的则是在90年代乃至90年代末才开始学的，可见并非是真正后继无人。在1999年，杨福泉研究员与东巴文化研究所合作，在国外有关机构帮助下，从东巴文化传统深厚且现在还保留有东巴教活动的山村，挑选了7个学生，其中有3个老东巴的孙子，采用传统的东巴培养方法进行培养。成绩比较优秀

---

① 季羡林：《东巴文化申报世界记忆名录推荐书》，杨树高主编：《世界的记忆，人类的遗产》，香港文汇出版社，2004年，第120页。

② 任继愈：《东巴文化申报〈世界记忆名录〉推荐书》，杨树高主编：《世界的记忆，人类的遗产》，香港文汇出版社，2004年，第122页。

③ 吕大吉：《东巴文化申报世界记忆名录推荐书》，杨树高主编：《世界的记忆，人类的遗产》，香港文汇出版社，2004年，第130页。

④ 于锦绣：《东巴文化申报世界记忆名录推荐书》，香港文汇出版社，2004年。

⑤ 《纳西东巴古籍入选世界记忆名录》，载《人民日报》，2003年9月17日。

的和秀东，在2003年和2004年应邀赴美国、台湾和联合国有关组织，主持了人与自然和谐相处的“署古”（祭大自然之神）等仪式。[①] 与此同时，也有一些纳西族的东巴学者，比如被选为国际纳西学学会会长的白庚胜，就被CCTV《中华民族》栏目称为“当代东巴”；被选为国际纳西学学会副会长、云南省社会科学院副院长的杨福泉，被同事们称为“杨东巴”、“大东巴”；东巴文化大家和志武、郭大烈、杨世光、和力民……则被学术界称为“学者型东巴和东巴文化传人”。从20世纪90年代开始，东巴文化进一步走出了国门，先后在欧洲、亚洲、美洲举办东巴文化展、东巴艺术展、东巴学术讲座。在东巴文化故乡丽江，也积极建立东巴文化传授教育体系，并且编写出纳西族母语和东巴文化传承读本。早在“1981年，和万宝等智者倡导把东巴教转化为东巴文化，建立东巴文化研究室”，开始“从东巴教向东巴文化转型”[②]。在当时，我们仅仅认识到，东巴文化研究室的建立，似乎就是为了抢救东巴文化，把东巴典籍全部原原本本翻译出来。现在看来，东巴文化研究室的建立，说到底就是为了“品学兼优、富事业心的研究人员，与博闻强识、乐于奉献的老东巴一起，敢入一道冷门，甘坐数十年寒窗”[③]，从而走出一条薪火相传之路。进入21世纪之后，最后的东巴大师们先后去世，我们却看到了和力民研究员在没有老东巴陪同的情况下，独自一人应台湾“中央研究院”历史语言研究所之邀，为他们所收藏的东巴经书珍本进行编目、释读，并且还对傅斯年图书馆所珍藏的东巴经书进行了四对照汉译，其中《台湾傅斯年图书馆珍藏纳西东巴经书译注八种》已在付印中。最近，我们又看到了中国社会科学院民族学与人类学研究所与云南省社会科学院丽江分院，共同为美国哈佛大学燕京图书馆所收藏的东巴经书进行四对照汉译。总之，我们现在越来越看到东巴文化传承的希望曙光。

从1949年到2009年，也就是“以东巴文化为研究核心的”[④]，“以纳西族为研究对象的”，“既包括对纳西族本体性研究，也包括这种研究本身”的纳西学[⑤]历经曲折走向学科形成和国际性显学的60年。自从法国藏学家巴克于1913年出版《麽些研究》一书之后，在国外又有美国植物学家洛克于1947年出版了《中国西南的古纳西王国》。在国内则有纳西本民族学者杨仲鸿、方国瑜先后于1931年、1935年编成《麽些文多巴字及哥巴字汉译字典》、《麽些象形文字谱》，到1944年，方国瑜又发表了《麽些民族考》，国学大师章太炎则在1935年为《麽些象形文字谱》作了《麽些文字序》。“国立中央研究院”历史语言研究所《人类学集刊》，在此

---

① 杨福泉：《论少数民族本土文化传人的培养：以纳西族的东巴为个案》，载《云南民族大学学报》，2005年第3期。

② 郭大烈：《东巴文化特色及其保护与开发》，《郭大烈纳西学论集》，民族出版社，2008年。

③ 和万宝：《纳西东巴古籍译注全集总序》，《纳西东巴古籍译注全集》第一卷，云南人民出版社，1999年，第1页。

④ 白郎、木仕华：《国际纳西学学会成立宣言》，载《国际纳西学学会通讯》，2000年第1期。

⑤ 白庚胜：《纳西学发凡》，《玉振金声探东巴》，社会科学文献出版社，2002年。

期间先后刊登了陶云逵的《关于么些族之名称分布与迁移》和《麽些族之羊骨卜及蚆卜》。台湾"国立中央博物院"也在1944年、1945年，相继出版了李霖灿的《麽些象形文字字典》、《麽些标音文字字典》。民族学家傅懋勣更是在《中国文化研究集刊》刊出《维西麽些语研究》之后，又在1948年出版了《丽江麽些象形文"古事记"研究》，开创了四对照汉译、注释《东巴经》的先例，纳西学研究也就有了很好的开始和基础。1957年后的"左"的失误，纳西学研究受到了"以阶级斗争为纲"的影响，"文化大革命"期间东巴文化甚至被打成"鸦片"、"毒草"，更是陷入绝境。1978年12月开始拨乱反正以后，到1981年出现了历史性大转折，中共云南省委采纳了纳西族的学者方国瑜与时任中共丽江地委常委、行署副专员和万宝的建议，在云南省社会科学院建立了东巴文化研究室，由和万宝兼主任，方国瑜、和志武为顾问，东巴文化也由此开始走进社会科学的神圣殿堂。东巴文化研究室一成立，就把抢救东巴文化作为当务之急，即把东巴经全部原原本本地翻译出来，使之成为任何学者都可藉以研究的资料。经过1983年会同丽江地、县民委和丽江地、县文化教育局共同召开"东巴、达巴座谈会"，贯彻落实《云南民族工作汇报会纪要》精神，对东巴、达巴按照少数民族老知识分子落实政策，先后把十位仍能识读东巴典籍的老东巴请到研究室加强抢救工作，到1984年已有25种四对照汉译《东巴经》单行本面世；1986年到1989年由云南省少数民族古籍整理出版规划办公室公开出版了《纳西东巴古籍译注》（一）（二）（三）；1999年到2000年又向国内外公开发行百卷千册四对照汉译的《纳西东巴古籍译注全集》。与《东巴经》同源而又始终保持口诵经形态的摩梭达巴文化，经过"《摩梭达巴文化》抢救整理委员会"紧急抢救，也于1999年正式出版了汉译本《摩梭达巴文化》。正在走向"消亡"的《东巴经》和《达巴经》终于走向"复兴"。在东巴文化得到抢救的同时，以东巴文化为研究核心的纳西学学科的形成之路也同步开始了。纳西学的形成之路首先开始于东巴文化研究室成立以后，始终坚持敞开学术大门，对于来自国内外的学者、研究者或者博士、硕士研究生等，不仅提供东巴文化抢救成果，甚至还可以投师于老东巴学习东巴文及《东巴经》，在老东巴指导下进行研究，20多年来，一个又一个纳西学研究专家、大家、名家、领军人物，如郭大烈、杨福泉、白庚胜、杨世光、和钟华、李国文、戈阿干……都有过这样的经历；一个又一个学术研究成果，如《东巴文化论集》、《东巴文化论》、《中国原始宗教丛编纳西族卷》、《纳西族史》、《纳西族文学史》、《纳西族文化大观》、《东巴神话象征论》、《东巴神话研究》、《多元文化与纳西社会》、《东巴文化与纳西哲学》、《东巴教与纳西文化》、《祭天古歌》、《东巴神系与东巴舞谱》、《汉古文字与纳西东巴文字比较研究》、《纳西东巴文研究丛稿》……举不胜举。纳西学的形成之路还在于东巴文化研究室与其他相关单位充分发挥自身优势，一次又一次进行学术研讨、学术交流活动。即使是在1983年贯彻落实少数民族老知识分子政策的"东巴、达巴座谈会"，也同时以新发现的东巴舞谱《蹉模》为重点，邀请戴爱莲等有关专家进行深入探讨。1988 年，东巴文化研究室与纳西文化学会共同举办“纳西族东巴语言、文学专题学术讨论会”；1989 年，东巴文化研究室又专门举办“纳西族原始宗教及社会思想学术讨论会”。1999 年 10 月，经过国家文化部批准，在丽江举办国际东巴文化艺术节以及东巴文化学术研讨会，中共中央委员、中国社会科学院常务副院长王洛林亲自赴会，并在开幕式上作了“广泛交流，深入研讨，共商发展民族文化大计”的报告；著名汉学家、俄罗斯驻华大使伊盖尔·罗高寿在开幕式上致辞说：“中国的社会科学工作者在研究丽江地区独特的文字和民间艺术方面一直在进行着大规模的研究工作”，“不仅是中国学者，而且世界许多国家的学者同样对研究独一无二的东巴文化怀有巨大的兴趣”。与此同时，100 卷本《纳西东巴古籍译注全集》正式面世，并且经过与会中外学者协商，成立了“国际纳西学学会”；会后还出版了《玉振金声探东巴》的学术论文集。2003 年，又在丽江举办第二届国际东巴文化艺术节及东巴文化学术研讨会，会后出版了《丽江第二届国际东巴艺术节学术研讨会论文集》。所有这些，都是纳西学研究发展的一个又一个里程碑。现状是：除了中国海峡两岸，法国、美国、德国、英国、日本、瑞士、挪威、瑞典、俄国、波兰、印度、泰国、加拿大、秘鲁、意大利、澳大利亚、西班牙，或先或后，或多或少，都有专家学者从事纳西学研究，已较有成就。2009 年 7 月的国际人类学和民族学第十六届世界大会，之所以有“纳西学研究新视野论坛”的安排，正由于此。这个论坛的两位主席说得好：“举世关注的纳西学已开始形成，其标志有三：一是有大批国内外和本民族的学者；二是有一批学科代表作；三是已形成学科体系”①。“国际纳西学研究肇始于 19 世纪末叶，历经 20 世纪整整一百年的发展，如今已经成为国际性的显学”②。以东巴文化为研究核心的纳西学的新时代真正开始了。

---

① 郭大烈：《近百年来纳西学研究队伍概览》，《纳西学研究的新视野观展指南》，丽江市人民政府、云南省文化厅，2009 年。

② 木仕华：《国际纳西学研究概况》，《纳西学研究的新视野观展指南》，丽江市人民政府、云南省文化厅，2009 年。

纳西族及纳西学人物篇

纳西族留学法国第一人

——李汝哲研究

李德静

李汝哲，字舜田，生于1891年，纳西族，丽江古城光义街人，出生书香门第，自幼好学。1912年考入昆明英法文专修科。1913年以第一名成绩与熊庆来等被云南省政府公派往欧洲留学，李汝哲在巴黎经过一年的法文补习后，考入巴黎法科大学政治经济系学习，留学期间他广涉政治经济学、哲学、历史、数学等领域，抱知识救国理想，因用功过度得肺结核不治，1917年在巴黎病逝，年仅26岁。后同学熊庆来等为李汝哲立碑并撰墓志铭。李汝哲是纳西族留学法国第一人。

一、李汝哲的家世和时代背景

李汝哲出生在丽江古城光义街光碧巷一个书香世家，其父李玉园，名怀壁，是一名教师，先后在丽江府中学堂、丽江农业学堂、丽江高等学堂等授课，不仅有深厚的汉学功底（其诗《题白龙潭海棠》至今与有清代纳西族诗人杨竹庐、马子云、桑映斗、牛焘等人的诗作11首仍镶嵌于白马龙潭寺大殿及厢房内壁墙上），而且深受当时留学日本归来的周鉴心和其他留学归来的牛尚泉、姚重华、桑云樵等人的影响，向往新学，自学数学并学有所成，且能担任中学数学教师。其母木氏是丽江木土司之嫡系孙女，知诗礼，生有汝哲、汝典二子和女银海。李汝哲的先祖李灏是云南省临安府石屏县人，清康熙四十一年壬午科乡试中举人第六名［据《云南省通志（续志）》］，官学政为丽江府教授，自李灏居丽江，李汝哲为李灏第七代孙，至今李氏家族墓地里李灏的坟茔仍完好，李氏家族的墓地在丽江坝东北团山东边名为“拖多”的村子背后的半山坡上，是一片开阔而平展的土地，大约有七八亩，墓地旁边还有一眼泉水汩汩流淌，家族中一直流传此墓地是丽江木氏土司为了留住欲归故乡石屏的李灏而赠予的，附近村民一直称此地为“李家坟地”。李氏家族自李灏留居丽江以后，与当地纳西族通婚，逐渐融合于纳西族中，其风俗渐与当地人民同，只是家族中始终保留了读书人家好学求知的家风，有一对世传的对联颇能说明家族遗风：地接黄山家承古训，庭邻翠柏世守藏经。“黄山”指丽江古城西边的狮子山，狮子山上有诸多古柏树。李家居于狮子山下，两院家宅后面的山坡上还有李家开筑的三块小台地，种植有桃树、李树、桑树及南瓜、苦瓜、黄瓜、白菜、青菜等蔬菜。那个时候丽江古城建筑中间还有一些零星田地，大多用来种菜、盖猪圈，古城人家大都还有一些农村经济和风俗的影子。李汝哲的胞弟汝典在丽江府中学堂读书时成绩很好，特别有辩才，是学校演讲冠军，可惜17岁时不幸夭折。李汝哲的堂弟汝铨、汝良、汝融都毕业于丽江中学堂，且都考入云南陆军讲武堂读书，先后曾参加护国运动、北伐后援军、抗日战争。还有后来成为国民党少将的李汝炯，先在云南讲武堂读书，后被保送留学日本军校学习炮科，被称为“天下第一炮兵旅旅长”，也是中国最早学习炮科的留学生之一。李汝哲出生在这样的家庭里，从小耳濡目染，学习了许多诗书理学，又深受父亲开放纳新思想的影响，从小勤于思考向学，不喜欢嬉戏运动。

丽江虽处滇西北偏远山区，但自唐宋特别是明清以来，丽江土司木氏推崇汉学，渐渐形成积极学习外来文化的民族风尚。根据《明史·土司传》记载，早在永乐十六年（1418），丽江府及其所属的通安、兰州、巨津、宝山四个州都建立有学校。并有记载，在云南土官当中，知诗书、好礼守义的，要数丽江的木氏土司为首。土司大办“官学”或“家学”，在土署旁边建造“万卷楼”，收藏宋、元及明代的善本史籍和经书；聘请内地的文人名士、高僧、画家、建筑师和医师等来丽江授学，努力学习和吸收汉族的先进文化。因而，明中叶以后在木氏土司中，产生了木公、木增等在艺术上有相当的造诣的汉文作家群。

清朝康熙三十六年（1697），孔子后裔孔兴询任丽江府流官通判，积极建立文庙，凑资置地，创建丽江府学。10年后，由流官通判樊经主持，创办“玉河书院”，入学的子弟增多，逐渐改变了木氏土司垄断汉文化的现象。清雍正元年（1723），丽江改土归流。纳西族地区的汉文化教育更进一步发展，第一任流官知府杨馝，对边疆地区的汉文化教育非常重视，在教授万咸燕（石屏人）的协助下，建办“雪山书院”；乾隆年间，丽江知府管学宣和万咸燕重修书院，资助学校，购藏图书，还请内地名师到丽江教学。继雍正年间设立3所义学馆之后，又在各个乡里设18所义学馆，吸收平民子弟入学。由万咸燕主持，编撰纳西族地区的第一部地方志书《乾隆丽江府志略》。光绪年间，丽江已有3个书院、31所义学馆，遍及城乡各个角落；自雍正元年改土归流起至清末的180年里，纳西族有识之士，在当时的科试中取得了相当的成绩。据《光绪丽江府志》记载，这些年间登科及第的，有翰林院庶吉士2人，进士7人，举人60多人（其中有武举数人），副榜10多人，优贡3人，拔贡20多人，其他贡生多110人。光绪三十年（1904）到丽江上任的知府彭继志，主张变法、拥护新政，创办了丽江府中学堂，这是继昆华、大理之后的一个学堂，后称省立第三中学、师范学堂、实业学堂、丽江府高等小学堂等，教授新学。有的学校还开设藏文课程，吸收边地藏族子弟入学。聘请汉族、白族的名师任教，为新学的发展打下了良好的基础。彭继志设法从内地买来大型的铅印机，成立丽江府活字版制造所，印刷所需的各种教科书，并推销到附近的民族地区。创办《丽江府白话报》（月刊）。知府彭继志由于开发边疆文明的功绩，后人在丽江中学建祠加以纪念。

随着经济文化的发展和进步思想的影响，从清末开始，在纳西族知识界中，涌现出一些为摆脱内忧外患，而到国外寻求真理与科学的留学生：1905 年去日本学师范科的周冠南（字鉴心），是早期的同盟会员，曾参加推翻清王朝的革命活动，归国回乡后，先后担任丽江府中学堂和师范学堂的校长，也是《丽江府白话报》的主要撰稿人之一；民国初年因成绩特优、与熊庆来一起被选送出国，考取巴黎大学法科第一名的李汝哲；五四运动前毕业于日本帝国大学的李耀商等。毕业于日本士官学校炮科的李汝炯，是位炮兵专家，任教于中国人民解放军军事学院，对我军炮兵建设做出了贡献。20 世纪 20 年代以后，丽江纳西族学生陆续到北京大学、清华大学、北京师范大学、中山大学等校勤奋学习。在这些人中，有著名历史学家方国瑜教授和李群杰、范义田，以及青年作家李寒谷。与此同时，地方的教育事业也得到较快的发展。如 1929 年，丽江已有公立的高中、初中和小学 91 所，到 1937 年时，增加到 230 多所（私塾不在内），而当时的全县人口不过 13 万人，可见其教育普及的程度较高。

李汝哲青少年时期，正值满清王朝没落、中国深受外强侵扰、中国资产阶级力量刚刚兴起之时，也是中国知识分子努力向往学习新思想、新知识的时期，新兴知识阶层以留洋学生和新式学堂学生为主体。科举制度废除后，清政府兴办新学并鼓励留学，很多年轻士子或进入新式学堂，或留洋学习。在陶成章的倡导下，很多士子捐官学军，到日本学习军事，如徐锡麟等。

20 世纪初，中国出现了留日热潮，辛亥革命前留日学生已累计 1 万多人，在日本留学生周围，集结了一大批反清中坚力量。与民主思潮广泛传播的同时，国内外出现许多革命团体，如兴中会、华兴会、科学补习所和光复会等。1905 年 8 月 20 日，中国同盟会成立。孙中山提出以“驱除鞑虏，恢复中华，创立民国，平均地权”作为政治纲领。中国同盟会的成立，标志着中国资产阶级民主革命进入一个新阶段。地处偏远的云南，处于贫穷落后状态，当时云南和全国一样，民族矛盾和阶级矛盾都十分尖锐，以推翻清王朝为宗旨的民主革命运动正在酝酿之中。大批同盟会会员和从日本回国的思想激进的青年军官如李根源、李烈钧、张开儒、方声涛、赵康时、沈汪度、唐继尧、庾恩旸、顾品珍、刘祖武、李鸿祥、李伯庚、罗佩金等分布在云南陆军讲武堂和新军第 19 镇中。他们活动频繁，积极策划和组织反清革命斗争。1911 年 10 月 10 日、11 月 1 日，起义官兵在五华山组织了“云南军都督府”，公推年仅 29 岁的蔡锷为云南都督。蔡锷就职后，积极更新人事，革除弊政，整顿财政，裁减军队，兴办教育，开发实业，使云南呈现出一派生气勃勃的景象。1911 年 12 月 29 日，孙中山以 16 票的绝对多数当选为中华民国第一任临时大总统。1912 年元旦，孙中山宣誓就职，宣告中华民国成立。辛亥革命后，中国涌起了向西方学习科学和实业救国的思潮。

二、李汝哲求学始末

李汝哲 8 岁（1899 年）进丽江古城白马龙潭小学读书，白马龙潭小学离李汝哲家很近，只有 300 多米。这所小学附近的白马龙潭，依山傍水，风景秀美，是丽江有名的风景点。1904 年李汝哲入丽江府中学堂学习，由于父亲李玉园在丽江府中学堂教学，自然对李汝哲的学业特别关注，在父亲的指导下，再加上自童年时期就已经养成的良好学习习惯和个人品质，李汝哲在同学们中是公认的品学兼优者。1908 年从丽江至昆明还得靠徒步、骑马，经过近 20 天的长途跋涉，李汝哲来到昆明，考入了云南方言学堂（后改为云南高等学堂预科），1911 年考入英法文专修科，编入法语班，法语班有 16 名学生。英法文专修科的学制为两年，1912 年春季入学，1913 年秋季毕业。课程以英法文为主，兼学国文和数学，学校管理严格，注重军事训练。1913 年云南省政府决定选拔一批学生赴欧美留学，由云南省教育厅主持考试，投考学生有几百名，在选考欧洲的学生中，李汝哲获得第一名。此次考送留学生是云南历史上送往欧美留学的第二批学生。第一批是宣统年间选送赴比利时留学的张邦翰、柳灿坤、杨宝堃 3 人。1913 年秋天李汝哲和其他 6 位同学从昆明出发，乘滇越铁路小火车先到越南海防，由海防乘法国邮轮经印度洋、红海、苏伊士运河、地中海达到地中海沿岸著名的法国港口城市马赛，这一路他们走了 40 天，当时航船的缓慢和旅途的艰辛可以想见，更何况是从云南出来从未见过大海也从未坐过轮船的李汝哲等人。

达到法国以后，李汝哲和姜荣章、窦志鸿、秦教中、柳希权 5 人留在法国，熊庆来和杨维浚 2 人赴与法国北部接壤的比利时学习。李汝哲在法国巴黎补习了一年的法文，考入巴黎大学法科政治经济系学习。李汝哲生性坚韧，刻苦勤奋，又抱着强烈的科学救国思想，在巴黎看到资本主义先进的现代科学知识体系和不同于国内特别是云南的社会发展状态，更加有学习动力。所学政治经济学是当时中国非常急需和缺乏的西方学科，由于他思想开放又有坚实的文化基础，学起来得心应手，并“深有心得”。同时，他不放弃过去深爱的数学，遇到难题一连几天冥思苦想，直到解题为止，并潜心钻研如何用数学方法研究政治经济学。李汝哲还抓紧时间自学哲学、历史，力求塑造成为知识结构全面的人才，在同学中他深得大家敬佩。李汝哲留学法国之时，正是中国掀起勤工俭学之时，自 1912 年起，赴法勤工俭学运动渐渐形成了高潮。由吴敬恒、蔡元培、汪精卫等人组成的“留法俭学会”，利用当时法国因欧战而急需劳工的机会，组织中国青年赴法，以工求学。勤工俭学的计划得到青年们的热烈响应，赴法人数逐年增加。到 1920 年前后，在法的中国学生已达 2000 多人。李汝哲虽然是公派留学生，但对有利于国家的事物，他积极参与支持，参加了旨在帮助和推动中法留学事业的法华教育会。1916 年 3 月 29 日，蔡元培、李石曾、汪精卫、张竞生等与法国下议员穆岱法国大学教授欧乐等在巴黎自由教育会所举行法华教育会发起会，由法国中学教师斐纳和李石曾分别宣读到会者的法国方面和中国方面的人员名单。中国方面的人员名单是：方君瑛、吴玉章、吴稚晖、汪精卫、李石曾、李汝哲、李晓生、李圣章、李广安、李骏、余顺乾、范滝、姚蕙、徐海帆、陈冰如、陈子英、张溥泉、张静江、张惠民、张秀波、张竞生、陆悦琴、曾醒、彭济群、褚民谊、黄仲玉、齐致、谭仲逵、梁耀霭、蔡孑民。①

李汝哲来到法国以后，一直保持着勤奋好学的作风，不虚度光阴，由于用功过度、不注意休息，加上身体素质原来就不是很好，身边又无亲人照顾生活，抵抗力渐差，1916 年秋天染上了肺结核病，并且出现咯血现象。当时，即使是在世界上科学最为发达的法国也没有能够治疗肺结核的抗生素类药物，肺结核仍然是威胁人类健康的最可怕疾病。李汝哲重病期间，仍然不肯放松学习，一心致学，最后到了卧病在床咯血不止的地步。在李汝哲病重期间，从比利时转到巴黎读书的熊庆来对李汝哲时时给予照顾，他们俩在昆明读书时即是好朋友，熊庆来来到巴黎后也与李汝哲共同租住在摩蔼夫人家里，摩蔼夫人对居住在家里的李汝哲殷勤关心，给予许多帮助，其他同学也常常前往看望，而日常照料工作绝大多数都是由熊庆来承担的。李汝哲的病情无法得到有效控制，反而越来越严重，不幸于 1917 年 11 月去世，时年 26 岁，熊庆来主持丧后事宜，与同学们一道将李汝哲遗体葬于巴黎贝尔拉什墓地。同学们为失去这样一位好同乡而悲痛不已，为和他们共同抱着科学救国理想而壮志未酬的李汝哲而遗憾。

李汝哲逝世的噩耗传到丽江，其父母、妻子及家人悲痛万分，他们万万想不到这位令丽江人民骄傲的优秀青年竟英年早逝，身葬万里之外的法国。丽江县古城大研镇的中小学师生及李汝哲的亲朋好友数百人，为李汝哲举行隆重的追悼会，丽江知名人士唐尚贤做挽联：玉岳雪逊色，金沙水断流。丽江县教育界及乡绅在李汝哲所就读小学的白马龙潭边立一石碑，上面镌刻“留法巴黎大学士李君汝哲之故里碑”，以此怀念纳西人民心中的英雄，教育和启示后来者：好学善思、奋发求索是一个民族永远的追求。

三、李汝哲与熊庆来

李汝哲离开丽江来到昆明考入云南高等学堂之时，就和熊庆来成为同学，他们两人有极为相似的家庭背景，两人的父亲都是教师，都有开放求索的思想，两人都有强烈的求知精神，因此他们很快成为好朋友。1911 年他们一起考入英法文专修

① 《熊庆来纪念集》，云南教育出版社，1992 年。

科法文班。1913 年又共同考上赴欧留学生，一道前往欧洲，熊庆来去比利时一年多后又转到巴黎，与李汝哲同租一户人家的住房，可见他们之间的默契和惺惺相惜之情。有一篇熊庆来写于 1935 年左右的自述稿，是 1969 年熊庆来去世后发现的，第一页已缺失，熊庆来写道："云南光复，同学上书都督府请愿北伐，未准许，民国改元后裁高等学堂，设英法文专修科，学生五十余人，大半系前高等学生，余亦被取入，该校重军训，以一大队长为督学，管理极严。课程难不高深，但甚切实，余与李君汝哲相善，学识互有短长，磋磨之意大，民国二年云南省政府考送留学欧美学生 13 人，获选者殆皆英法文专修科学生，予与李君均在其外，余由政府指定赴比习矿学，其时民国建造伊始，当政府似莫不有励精图治之心，培育人才尤加注意，当余与同学出滇时，省长罗佩金氏训话殷恳至三四小时之久，与同学于民国二年秋出国，留学同人天资虽非优异，但皆刻苦用功，好学若渴……"熊庆来后来成为世界著名数学家，他对中国数学界和教育界的贡献为世人所敬仰，他打破常规培养人才，让只有初中文化程度的华罗庚进入清华大学，在他的培育下，华罗庚成为闻名世界的数学家。我国许多著名科学家，如数学家徐宝禄、段学复、庄圻泰，物理学家严济慈、赵忠尧、钱三强、赵九章，化学家柳大纲等均是他的学生。在 20 世纪 60 年代，他已 70 多岁，还抱病指导两个后来也成为著名数学家的年轻人，他们是杨乐和张广厚。他既是中国近代数学的先驱，同时也是识千里马的伯乐。

关于李汝哲和熊庆来，纳西族学者傅于尧先生写有《方国瑜谈熊庆来先生二三事纪实》一文，此文翔实记叙了李汝哲与熊庆来之间的关系。1982 年方先生受云南大学《思想战线》之约为云南大学校庆 60 周年写一纪念熊庆来的文章，当时方先生已经是 80 多岁的老人，视力不佳，傅于尧先生作为方先生的助手，时常在方先生左右，得听方先生回忆 20 世纪 20 年代方先生在北京师范大学读书时，与熊庆来先生相识、共同怀念李汝哲以及后来两人共同在《云南旅平学会会刊》刊载关于李汝哲文章的经过。

1926 年熊庆来自南京经北京赴国立西北大学任教，方国瑜等云南同乡欢迎熊庆来于天然博物院，得知方国瑜与李汝哲同为丽江人士，熊庆来详细询问李汝哲家中情况，亦详细告知方国瑜关于李汝哲在巴黎用功过度吐血病殁的情形。1931 年熊庆来赴法国作数学研究，出行之前熊庆来没有忘记好友李汝哲，他在北京撰《墓志铭》并刻于铜碑，带往法国嵌入李汝哲墓。熊庆来出发时，方国瑜等云南同乡到车站送行，熊庆来嘱咐方国瑜将《李君墓志铭》刊载于方国瑜当时参与编辑的《云南旅平学会会刊》（季刊），方国瑜感动于熊庆来的行动，也作了一篇短文附在熊庆来所撰《墓志铭》之后。

1982 年至 1983 年 7 月，傅于尧遵照方国瑜嘱托，数次到云南省图书馆查阅资料，终于查找到《云南旅平学会会刊》民国二十一年（1932）七月三十日出版的第七期特刊，抄录告知方国瑜，方国瑜甚喜，边吸烟边听傅于尧朗读，还不时插话解释其中疑难之处。熊庆来撰《云南丽江李汝哲墓志铭》为：

君姓李氏，名汝哲，字舜田，云南丽江人。其父玉园先生，为邑中宿儒，致力于桑梓教育，劳绩卓著。君秉性纯笃，慎行寡言，有科学头脑，又文章以理胜；嗜算学，遇难题，往往苦思竟日，以求解答。肄业于云南方言学堂、高等学堂，成绩优越，屡拔前茅，师长咸器重之。辛亥革命后，蔡公松坡，都督云南，励精图治，念人才缺乏，于民国二年考选学生数十人，资送欧美日本留学：选送欧洲者凡七人，君获列第一。至法一年后，入法科大学政治经济系；于是，愈发奋为学，校课皆深有心得，且有余力自修哲学、历史等科，尤究心于算学，谓将以算学方法治经济学云。君见识远大，对于文化，抱世界主义；欧战初起，德军攻法，势如破竹，巴黎危在旦夕。君目睹文化渊薮，将受摧残，忧之，且曰：吾巴黎、柏林，亦如中国之北京，均愿其永为世界上之鲁灵光殿；主张之正大如此。君在校，逐年升级，逮民国五年秋，入三年级，毕业可期待；顾君体质素质，用功过度，至是遂罹咯血，病卧不起。其时，余与君同寓，得随时扶持，君停主人摩蔼夫人，尤殷勤看护，诸学友亦时往照顾；惟多方医治，卒归罔效，竟于民国六年十一月卒于寓次，享年仅二十有六。弥留之际，环顾在侧知友，默然无语，似有不可言之遗恨焉。遗骸葬于巴黎贝尔拉什斯茔地。君娶妻，无子。其父得耗，伤恸不可言喻，尝函留法学友代修墓刻铭，诸友以资不济，未能进行，余与君交最厚，此愿未偿，引以为憾。今余服务国立清华大学，期满五年，休假赴欧，拟重约旧友，醵资为君墓；将离故都之时，爰追述君之生平，镌于铜碑，以备诸墓额，且为之铭曰：

十年淬砺兮，翼补时艰；
业亏一篑兮，天道何悭！
国事蜩螗兮，世乱靡已；
悠悠塞纳兮，君恨无既。

中华民国二十一年七月一日弥阳熊庆来谨撰

方国瑜的附文是：

民国六年春，舜田卒巴黎，噩耗传至乡中；时国瑜读小学，参加全县教育界追悼大会。后数年，入中学，玉园先生授国文课住校中；知国瑜尚能苦心向学，每招至室中，告读书方法，且以戚谊，过从亦较密；尝出舜田留法时家书数十通示国瑜：志宏学博，窃私心慕之。十三年，国瑜读书北平；次年秋，迪之先生自南京来，将转道西安，任西北大学教授，云南教育研究会，欢迎先生于天然博物院，国瑜得于先生初次见面；先生知国瑜与舜田为同里，询舜田家况甚殷，为国瑜道舜田留法时情形亦甚详。先生偕舜田渡法，同居办巴黎，晨夕未尝相离。舜田体弱多病，先生为之扶持，得以屡病屡愈，；五年冬，病复发，而考期在即，手不肯释卷，竟至呕血不止，卧床数月；先生殷勤看护，亦已形神交惫，而未稍懈；迨舜田病不可救，先生亦不支，医士劝先生异地休养，不肯往，翼舜田之病有转机也。不幸，舜田卒，先生亲自殓葬，始赴瑞士调养，月余得复原状。——得友如先生，舜田死亦可无憾也。先生之学问道德，为全国人士所景仰；数年间，任清华大学数学系教授，暨理学院院长，滇同乡留学北平，莫不以为表率。今秋，重游欧洲，因念舜田墓未立石，撰墓志铭，刻铜牌携往，备置诸墓额，以存不朽，先生之尽友，道若斯，舜田有知，当念感于九泉也。

舜田未冠，游学滇垣，国瑜时尚幼，未尝获面，惟闻亲友道舜田之刻苦向学，引以为楷模者也；而舜田之得有如此，则受家庭教育者甚厚。玉园先生，为吾乡宿学名儒，自持谨严，壮而有道学先生之号。清末，周心鉴先生留学日本，归而倡新学，玉园先生和之甚力，办丽江府中学堂、农业学堂、师范学堂、高等（小）学堂等校，而牛尚泉、桑云樵、姚重华诸先生，亦留学归，新学之风甚炽；玉园先生以老辈主持其间，后学莫不被其雨化焉。舜田弟书田，与国瑜在中学同班读书，有辩才，以演说为全校冠，十七年，遭卒。玉园先生晚景，最为寂寞，旋于十八年归道山，家中惟舜田之母，及夫人赵氏，弟媳杨氏。初，玉园先生痛舜田之死，且以墓葬数万里外，取舜田离家时剪留发辮，设棺葬之，并立墓碑，刻家传；迪之先生，于数月前，嘱国瑜函里征家传；惟国瑜谓：先生知舜田深，铭舜田非先生莫属，先生亦以为然，乃撰墓志铭刻往。昨午，迪之先生离北平，送行车站，嘱稿载《云南旅平学会会刊》，国瑜感先生之高谊，缀数语于末云。

二十一年七月十日方国瑜记

方国瑜感动于熊庆来对李汝哲的深厚情谊，方国瑜为李汝哲亦不遗余力，将所见所闻所感如实记录，熊庆来的墓志铭和方国瑜的附文为我们了解李汝哲留下了最为真实的第一手资料，从以上文字可以看到：

李汝哲与熊庆来是中学直至大学时期的挚友，他们性情志趣相投，努力求索救国真理，有刻苦忘我的精神，是20世纪中华民族面临存亡之时的自觉者。

方国瑜在丽江中学的同学李书田，名李汝典，是李汝哲的胞弟。李汝典于丽江中学堂毕业后在丽江县石鼓小学任教，也不幸于1928年左右病逝，李汝典的儿子李镜泓也在父亲去世后不幸夭折，使李汝哲的父母再次遭受了丧子、丧孙之痛。

四、李汝哲生前身后轶事

关于李汝哲，笔者小学时就听爷爷说过，但懵懵懂懂，记不太真切。爷爷是李汝哲的堂弟，他们同为李之孙，两人的父亲是同胞兄弟。爷爷名李汝融，字南田，有亲兄长李汝良，堂兄李汝哲、李汝典，爷爷排行老四，所以后来街坊邻居都叫他“四爷”。李汝哲在几个堂兄弟中排行第一，我们家族中叫他“大爷”。大爷是家族的骄傲，是大人教育晚辈时常常提及的名字，也会向我们晚班讲述一些大爷的轶事：

李汝哲在白马龙潭小学读书时，有一天，余老师带领大家前去黑龙潭游玩，回来后余老师发现办公桌上的花瓶中有一束鲜艳的花儿，余老师问是谁插的，一阵沉默过后，李汝炯承认是他从黑龙潭摘来的，怕被人发现还脱了衣服包上，李汝炯觉得余老师为同学们太辛苦，所有才有此行为。余老师问同学们，爱老师能否去摘花？同学们不知如何回答才好，这时李汝哲站起来回答：爱老师是对的，但黑龙潭是公共场所，如果我们摘了花，后来的人们就欣赏不到了，对老师的尊重应该表现为遵守道德、努力学习、孝敬父母，所以汝炯的行为是错误的。余老师赞扬李汝哲有思想，能分析问题。

李氏家族墓地中的李汝哲衣冠塚

旧时，丽江古城的孩子们都喜欢在夏季到附近农田中的水沟里游泳。李汝哲不喜欢下水嬉戏，他总是在岸边安静地看同学们游泳。有一次，他发现同学和已仁闷水很长时间也没有露出水面，反有一串水泡浮出水面，忙叫堂弟李汝炯去救，李汝炯生性勇猛，他扎入水中，将陷入淤泥的和已仁救出。李汝哲、李汝炯两兄弟救人的事迹一时在学校和村里流传，人们都赞扬他们的机智和勇敢，和已仁的父母还亲自到家里致谢：如果李汝哲没有发现情况，我们家的和已仁就没命了！

李汝哲在丽江府中学堂学习时，其弟汝良、汝典、汝融正读小学，其妹溪漾、银海尚小，在家接受启蒙。每天放学回家，李汝哲都督促弟妹上楼读书作业，并给予指点辅导。其弟汝良、汝典、汝融后来都毕业于丽江府中学堂，都考上了云南陆军讲武堂，先后曾参加护国运动、北伐后援军、抗日战争。还有从小和李汝哲一起读书的族中堂弟李汝炯，也上了讲武堂，又留学日本学习炮科，后来成为民国时期陆军中将，著名炮兵将领。一生刚正不阿，疾恶如仇，1949 年 12 月随陆军大学起义，1950 年在南京军事学院任教，转业后任南京文史馆馆员、江苏省人民政府参事。

丽江市一中四合院外廊李汝哲故里碑

李汝哲父母为其与本村赵氏女儿赵根良订婚，具体时间已不可考。赵根良出身殷实人家，但不曾读书，也未出过远门。李汝哲留学之际，赵氏人家恐汝哲日后有变，要求李家为二人完婚，李家碍于情面让李汝哲回乡完婚。李汝哲结婚之时，正是留学欧洲之前的紧急时刻，云南省政府很快来信，要李汝哲速回昆明出发往法国。按本地风俗李汝哲临行前还到家族墓地祭拜了祖先。结婚七天后，李汝哲就又踏上了去往昆明的山路。李汝哲去世后，赵根良与李汝哲父母一道生活，没有再婚，死后葬于李家墓地，与李汝哲衣冠冢合墓，赵根良满怀希望嫁与李汝哲，没有感受到多少丈夫的情爱和温暖，却一辈子为李汝哲守寡，一生承受了一个女人所最难以承受的痛苦。李汝哲衣冠冢 1946 年由其堂弟李汝融立了墓碑，在“文化大革命”中也受到破坏，墓碑被附近村落取走做建房基石。2001 年，由李汝融的三个儿子李镜仁、李镜义、李镜智重修祖坟，为李汝哲重立墓碑，由于经济原因，需修祖坟太多，故只能立一大理石碑，没有“文化大革命”以前气派。

留法巴黎大学士李君汝哲故里碑

李汝哲病逝巴黎后，丽江乡绅为纪念李汝哲所立的那块石碑，在“文化大革命”中也未能免受冲击，一度失踪，不知去向，“文化大革命”结束后的 80 年代末，设在白马龙潭寺的小学迁往他处，对“文化大革命”时修建的校舍进行拆除，才发现石碑被用来做了教室的石基。之后这块石碑收藏在白马龙潭寺，再后来移至丽江市一中，立于丽江市一中四合院外廊，一是彰显学校的历史和杰出人物，二是教育和勉励后学勤奋学习。

我仍然希望有一天能找到伯祖李汝哲的墓，我的父亲和大伯等家人也有同样的心愿。李汝哲是纳西族留学法国第一人，也可以说是留学欧洲的第一人，英年早逝，没有能够实现他救国为民的宏大理想，一个世纪以来让多少人为之扼腕痛惜，他刻苦奋发、勇于求索的精神却令人敬仰，激励和影响了许许多多纳西后学，如我国著名西南边疆史学家方国瑜、开创宁夏小麦育种先河的全国人大代表著名科学家赵仲修等都自认为在少年时代深受李汝哲的影响，把他作为心中追求的理想和偶像。李汝哲对于中国，是20世纪抱科学救国理想的热血青年留学生中的一员，是国家青年中的佼佼者和先行者；对于纳西族，是整个民族留学法国的第一人，亦即留学欧洲的第一人，他具有一个民族努力行走、力求与时代同步的民族精神的象征意义，因此李汝哲逝世90多年来，时时被一个民族所记忆、回忆……

参考文献：

[1]《熊庆来纪念集》，云南教育出版社，1992年。

[2]《留法勤工俭学运动》（一），上海人民出版社，1980年。

[3] 张维：《敢为天下先的云南人——纳西族留学法国第一人李汝哲》，载《云南日报》，1999年5月17日。

李耀商昆仲事略

李静生

丽江大研镇文华村李氏相传系南京应天府柳树湾人，明末年间充军发落到丽江。据传始祖名李哥，李哥应是到丽江落座的第一人。其后子孙繁衍，咸同年间族中李芬在康藏一带经商，由于经商有道，讲究信誉，李芬的生意做得很火，家道日隆，李芬对乡里多有扶危救急的善举。李芬育有三子，长子名中铨，次子名典铨，三子名品铨。

李中铨，光绪十七年（1891）辛卯科举人，《光绪丽江府志·卷六》载："李中铨，字自衡，中式第二十八名。"该科中举者，丽江只有2名，另一名是王树和，字敬辅，中式第五十一名。李中铨中举后，曾两度进京投考进士未获，曾任四川赵尔丰幕僚，统管军饷。辛亥革命以后，中铨见时局混乱，不屑于在官场中做事，便回家行医，治病救人。中铨精通脉理，当时邑中被称为儒医，很受尊重，他曾自撰门联云："人号青莲同李白，门存碧柳似陶潜"，足见其为人之清高。中铨育五子，依次为：耀庚、耀枢、耀商、耀奎、耀箕，其中耀庚、耀商、耀箕有成就，被乡里所称颂。

李耀庚，幼读大理优级师范，毕业后曾经商，后来到腾冲当小学教员谋生，自学英文，数十年坚持不懈，他的英语口语会话虽然有点讷讷，但文字功夫较深，西方人士都佩服其造诣之深。后被住腾冲英国领事馆聘任为翻译秘书。抗战暴发，腾冲沦陷，全家被毁，辗转逃到昆明，新中国成立后，英政府查明李耀庚还在世，即给予养老金，省里为统战，让他当政协委员。耀庚有一子，名荐华，20世纪50年代初毕业于云南大学化学系，成了一名新中国的科学家。

李耀商（　—1955）① 字东明。14岁高小毕业后，随他的叔叔李品铨到大理师范学校当旁听生，由于他年纪小而在校表现出众，次年被选送到日本留学。他虽然在国内有小学毕业的学历，又在师范学校读了一年，到了日本，由于日本学制严格，他在国内的"学历"都不能作数，学校让他从初小读起。初小、高小、初中、

① 此卒年见李世宗校注、政协丽江纳西族自治县委员会编《历代丽江文选》"李耀商一篇"。李耀心说其"1960年以后病逝于北京"，其卒年有误。

高中各用了3年时间，高中毕业后，考入日本东京帝国大学①法学系，大学又攻读3年，毕业时名列第二，日本同学都称誉他所取得的成绩。李耀商留日15年间，语言方面除日语外，还兼修了英语、法语和德语，加上汉语，当时被人们称为精通五国语言文字的留学高才生。归国后，任云南省政府秘书及初建成的东陆大学（即今云南大学之前身）教授。当时云南省唯一的前清状元袁嘉谷也在东陆大学执教，袁先生曾亲书一联赠李耀商，其联云："古来才大难为用，故国平居有所思。"那时李耀商已是而立之年，家人将童配的周姓女（木生）送往昆明完婚。婚后育有一子，不久，昆明北门街发生火药库爆炸事件，耀商一家所住寓所被炸塌，妻与子遭难死亡，李耀商则被一倒翻的楼梯遮护而获救。遭此一难，李耀商精神上受到很大刺激，随即离开了昆明到了上海，曾任大学教授，并任商务印书馆《大学丛书》编译。后又调任赴日教育考察团团长、中国驻日大使馆参赞、中国驻土耳其公使馆参赞、中国驻槟榔屿领事官等职。在任中国驻槟榔屿领事官时，南洋战事告急，而汉奸汪精卫一派四处张罗人物，陈公博、周福海等多次致函李耀商胁迫相从。李耀商不愿附逆，潜由小道绕经缅甸回国，他先到腾冲稍作逗留，即回到家乡丽江，不多日又返昆旋赴重庆，当时李耀商不附逆之举得到了国人的称誉。到重庆后，即任国民政府军事委员会审计处统计局局长之职，日本投降后，随国民政府到了南京。1949年没有随国民党去台湾，之后在北京大学东语系当教授，孑身不续娶，1955年逝世于北京大学，在李耀商追悼会生前友好的签名中我们较熟悉的有傅懋勣、马学良先生。李耀商生前曾著有《日本市政研究》一书，其余尚有译著多种。②

1949年以后，李耀商与丽江联系已绝，音信杳无，族里不知道他的情况。20世纪80年代中期，笔者曾专访1952年到北京民委部门工作的周汝诚（炼心）先生，那时在北京工作的丽江老乡很少，周先生常去拜望李耀商。当时周的印象：李耀商完全是一副落拓书生的形象，他衣着很不讲究，常拖着一双后跟踩压下去的皮鞋会客，见着老乡特别热情，常喜欢讲他在日本留学时的事。据周汝诚先生讲，新中国政府曾让李耀商到国家设在东北的一个什么"与日本联络处"之类的机构去任职，最初他还高兴，打算去就职，后来突然又决定不去了，周汝诚等问，什么原因又不去呢？李耀商说，没有什么原因。当时周汝诚还劝李耀商说："这是一个肥

---

① 近年所见李耀商留日读的大学有"东京帝国大学"和"京都帝国大学"两说。李耀心在《李氏略谱》手稿第9页上说："到日本后，从初小读起，经高小、初中、高中直至东京帝国大学法学系共留学15年。"而他发表于丽江县政协编《文史资料》第六辑《李耀商李耀箕事略》一文中又说："得考日本名牌京都帝国大学。"李世宗《历代丽江文选》"李耀商一篇"前言中说：李耀商"早年留学日本近十年，京都帝国大学法科毕业。"杨仲鸿遗稿《忆美国人洛克——骆约瑟博士在丽江的一些情况》中说：（李耀商）"知我带来《麽些象形文汉泽字典》，就领我到教育部找他在日本东京大学的同学，教育部高等教育司长雷震"（见喻遂生《纳西东巴文研究丛稿》第二辑第394页）。笔者儿时常听长辈们讲，李耀商毕业于东京帝国大学，不知哪里出了错？请知者教之。

② 以上这些事迹主要根据李耀心所写的《李氏略谱》和《李耀商李耀箕事略》二文写成。

缺呀，您应该去。”但李则执意不去。另据周汝诚先生讲，李耀商与剑川人苏明生友善，他俩在日本留学时是同学，又加一层小老乡的关系，因此两人关系不一般。李耀商在北京独自一人，他的日常生活常得到苏明生夫妇的关照。苏明生，剑川金华人，生于1896年，1919年入日本京都大学哲学系，专攻美学和美术史。1925年回北京，在孔德学校任西洋美术史、素描、国文教授。先后担任北平师范大学、北平女子师范学院、国立北平艺术学校、燕京大学、辅仁大学美学和美术史教授。新中国成立后，曾任北京师范学院美术系资料室主任，主讲《文心雕龙》，后调入中国美术研究所，1988年逝世。[①] 苏明生先生高寿，昔笔者1986年秋至1987年秋在北京大学进修学习期间，不知道苏明生先生还在世，因而失去了拜访老人家的机会。那时如能一晤，或许可以更多地知道一些李耀商晚年的情况。

李耀商与纳西语文，有两件事值得一提：

一、1935年夏，李耀商在南京曾帮助杨仲鸿，把杨仲鸿编《摩些文东巴字及哥巴字汉译字典》稿，请当时在教育部高等教育司任司长的雷震先生转交历史语言研究所审批出版。雷先生负责任地把稿子交给了历史语言研究所，因时局不济，书未能出版，但我国第一部纳西东巴文字字典的稿子得存于现今国家图书馆，未在战乱中丧失[②]，这是纳西文化史上很重要的一件事情。雷震系李耀商留学日本时的同学，1949年随国民党到了台湾。雷震于“1960年反对蒋介石违宪第三次连任‘总统’，并在其主持的半月刊《自由中国》发表《敬向蒋总统作一最后的忠告》、《我们为什么迫切需要一个强有力的反对党》等七篇文章，主张反对党参与选举，制衡执政党。9月雷震被捕，以‘包庇匪谍，煽动叛乱’罪名判刑10年，《自由中国》被取缔”[③]。

二、据和志武先生在《纳西族古文字概况》一文中说，马学良先生和李耀商先生合作，编过一部《丽江纳西语词典》。此事需进一步查实，因为至今尚缺乏证据。

关于新中国成立以后，李耀商又如何进了北京大学东语系一事，笔者及赵世红、赵丽明等于2001年4月18日下午到北京大学朗润园季羡林寓所拜访季先生。我们主要向季先生汇报《纳西东巴古籍译注全集》出版发行的情况（季先生任这部“全集”的顾问）。当时季先生谈得很开心，不仅谈了东巴“全集”出版发行的学术意义，还谈到民国时期丽江学者方国瑜等一些人物。因为季先生是北京大学东语系的主任，此时话题又谈及丽江人物，我便趁势问先生：“季先生还记得李耀商吗？”季先生脱口而出：“怎么不记得，李耀商先生是我请到北大东语系来的。”这

---

① 剑川县文化体育局编：《文献名邦—剑川历代书画选》，云南民族出版社，2000年，第83页。

② 参见喻遂生《杨著〈摩些文多巴字及哥巴字汉译字典〉述略》，该文收入喻先生《纳西东巴文研究丛稿》第二辑中。

③ 赵诚：《美丽岛事件始末》，载《炎黄春秋》，2010年第6期，第84页。

应该是李耀商在新中国成立后进北京大学东语系的真实情况，如果我不在这里记上一笔，日后恐怕就无人知晓了，因为季先生已于2009年7月11日去世。

耀商季弟耀箕，乡里传为“才子”，英年早逝，耀商于1939年捉笔写下一篇《季弟耀箕墓志铭》，足见耀箕生平概略，现全文抄录于此，同时结束这篇小文。

《季弟耀箕墓志铭》：

窃念季弟，甫五龄遽遭吾母弃养，尚幸体质健壮，颖悟异常。吾父庭训之余，为之开颜。年十四，毕高小业，步行十八日程至腾冲，就长兄肄业中学，聪俊勤学，冠其侪辈。阅两年，以三兄回滇，赴昆转学省中，旋以插班生考入云南大学政治经济系，越级升学，超乎常例，学识孟晋。与三兄、七兄晨昏聚谈，怡怡如也。乃以勤学过度，忽罹肺疾，疗半载始痊。迨民国十七年，毕大学业，授文学士。同学录中誉为“英语、法语操如流”，盖以英法文语之精熟也。嗣蒙省政府派赴各省考察，留南京，应交通部招考秘书之试，会考者国内外大学毕业生数百人，而季弟以第一中选，入部任职。部长王公，深倚重之，随调职上海邮政总局。未半载，旧疾复发，养疴沪滨者半年，幸又告痊。后奉部委，返滇任云南电政监理职。与孙女士佩珊结婚，滇中知友，咸誉为少年得志，极一时之盛矣。民国二十年夏四月，季弟奔父丧回丽，讵料变起仓卒，父丧甫竣，而肺疾大发，于五月二十三日忽焉去世，年仅二十有五。

呜呼！季弟以天生英俊，才学足以济世。于公余之暇，翻译国际法学书约五万言，尚未竣事。又拟创著包罗万有于一元之哲学，熔天文行星、化学原子于一炉。乃天不永年，学未用世，赍志而殁，痛哉！彼苍天者，曷其有极！惨悼之极，几于神昏志惘。即丽郡人士，咸叹地方遽失一少年英才，开会追悼。时交通部长王公伯群在京闻耗，尤深痛惜，手书“天歼英才”四字寄来，俾资勒石，以为纪念焉。余等于弟殁后八年始克营墓。媳孙氏，今抚遗腹女兆佛，以待长成。呜呼！言有穷而情不可终，惟有借白乐天词以铭之耳。铭云：天长地久时有尽，此恨绵绵无绝期！胞兄耀庚、耀枢、耀商、耀奎同识。

先考木琼的生平事迹

木　光

父亲名琼，字佩明。生于光绪三十四年（1908）他在幼年时期在私塾攻读儒学。自小诚实憨厚。民国十六年毕业于丽江师范学校，学习成绩名列全班前茅。为承传先祖严教、祖父对父亲的德行及儒学的培养教育倾注了心血，经常给父亲讲授历代先祖的品德风范和勤学成才的事例，鼓励父亲刻苦学习、为先祖争光。父亲自小接受严格的家教，成年以后讲究品德和才学修养，谦虚好学、处事严谨、待人宽厚，不爱好社会交往。他的书房里收集有历代先祖遗留下来的上千册文稿诗词，经常专心阅读和吟诵。他对木氏历代历史知识积累较为丰富。经常给我讲述历代先祖文治武功的辉煌业绩。

我的慈母李玉棋是书香门第的闺秀，毕业于丽江女子师范学校，未婚前担任过大研完小的教师，是一位品学兼优的贤母。她聪明好学，处事稳重，善于操持管理家务，是父亲得力的内助。她对三个子女的培养教育也耗费了大量的心血和操劳。

举行袭职庆典

双亲结婚后的第八天（1929年1月21日），年仅44岁的祖父病逝，家族联名呈述事由，父亲撰写了《亲供册》，请求省政府批复丽江土通判替袭事宜。

云南省政府主席龙云于民国十八年六月签批任命木氏三十三代嫡长木琼承袭丽江土通判职（其木氏代数按宦谱乙种本呈报），省政府委派特使到丽江参加土通判袭职庆典。

庆典仪式由省政府特派员主持宣读了龙主席签批的全文后颁发土通判印章。

庆祝活动连续了3天，第一天宴请官客，第二天宴请家族成员，第三天宴请亲戚朋友。家中搭棚挂红连续热闹了3天。

开庭审判民事案件

根据改土归流后土通判职权行施的惯例，凡属木氏庄园内发生的民事案件划归木氏土通判审理，在父亲任内还有上桥头、具甸、鲁甸三个庄园，300多户人口的繁多民事案件均由父亲开庭审判。

审判庭设于家院花厅正堂，审判条桌上摆放用黄绸包装的土通判印盒及签筒，筒内放有多支罚签，还放置有文房四宝等物。开庭时数名家丁站立两旁，师爷三呼“土通判审台”后父亲从屏风后走出坐于正堂靠椅上，先由师爷宣读原告颂状，而后由父亲审案。审案结束，师爷宣布退堂。

奉命履行滇西北宣慰委员的任务

民国二十年（1930）省政府发来公文委任父亲为滇西北地区土司宣慰委员，并寄来宣慰的奖章及奖品，父亲整装后带着几名随员动身前往永胜、华坪、宁蒗、中甸、德钦、维西、福贡、贡山等县逐县进行慰问活动，每到一地均受到当地土司、头人的热烈欢迎和盛情接待。宣慰活动历时两个多月，顺利完成了省政府委托的宣慰任务，为全省各民族的稳定团结做出了贡献。

赴省述职，拜会龙主席

父亲完成各地土司的安抚宣慰回来后不久，就接到省政府的公文，指令父亲赴省述职。

因外祖父全家住在昆明，一则述职，二则探亲，所以父亲带着母亲和我一齐赴省，由丽江到昆明行程 18 天。

在父亲去拜会龙主席的当天，父亲一早穿上衫子马挂，在主席秘书招呼下来到五华山省政府，龙主席在他的会客厅接见父亲，主席亲切地招呼父亲坐下谈话，父亲向主席问好后概略呈述了宣慰活动的完成情况。主席表示满意。主席提起：“丽江历代木氏土司对云南的历史贡献是突出的，至今木氏土司的形象在滇西北各民族中还有一定影响力，我考虑给你任个县长职务，你愿意吗?”因为父亲无意于仕途，婉言谢绝了主席的提议。最后主席建议我进入主席捐资创办的昆明南箐中学（南箐中学是一所全公费的贵族子弟学校，龙主席的子女和各地土司的子女都在该校读书）。我年仅 6 岁就进入南箐小学部一年级上学。父亲不便在昆明久留，就把我委托给外祖父后返回丽江去了。我在南箐学校读了两年，因祖母想念就把我接回丽江。

护法殿开光

护法殿开光，纳西语称“丹美空普”，其历史远溯至明末清初，先祖木懿当政时，他信奉藏传佛教，热心弘扬噶举教义，大力捐资建造“绛十三林”即丽江十三大寺。丽江成了噶举派存留的重要基地。

传说护法神掌管神界的刑律，对行善者的祈求很灵验，因此先祖木懿在白沙街附近的大宝积宫侧面修建了一座护法殿，殿内的职事和香火由福国寺的活佛委派三名喇嘛负责，置有木氏土司捐赠的田产，以资敬佛。每到二月初八法殿开光之日，纳西群众携带香火祭品成群结队前来法殿祈祷朝拜。

护法殿也是木氏土司的家庙，在二月初八前三天护法殿管事喇嘛按传统礼仪到木府敬送茶、糖、酒、果四色礼品，并送来大红请柬，邀请木土司去主持法殿开光仪式。这个传统一直延续到父亲这一代。

二月初八，父亲及家人带着香火祭品，骑马来到护法殿，殿内喇嘛吹着长长的喇叭在殿前迎接父亲，殿前条桌上已供满猪头三牲及香火，父亲三跪九叩，敬香敬酒后喇嘛拿给父亲一只公鸡，父亲将殿门推开，把鸡丢进殿内，而后敬香的纳西群众才能进殿朝拜。

仪式结束后，喇嘛招呼父亲到门楼厅堂品茶用餐。

父亲与洛克的亲密关系

美籍学者洛克于1922年到达中国的西南部，并以云南的丽江为总部，他受美国国家农业部、美国国家地理协会和美国哈佛大学植物研究所三个权威机构的派遣，来到边远山区采集稀有植物和飞禽标本。他是一位精干的“探险动植物学家”，他到丽江后通过广泛的接触和研究对纳西历史文化感到浓厚的兴趣。他开始撰写《中国西南古纳西王国》一书，他在这本名著的前言中写道：“当我住在过去纳西王国的首府丽江之时，我获得了所有重要的碑文拓片，拍摄了纳西首领的家谱和珍贵的手稿，我开始了探索这个迷人而神奇古国历史的艰巨工作。”

木府珍藏的《木氏宧谱》甲、乙种本和多件碑文资料是洛克撰写书中的重要内容，他费尽心思地想得到这些珍贵的资料，自1930年开始他就想方设法来接触父亲。他时而向父亲赠送美国带来的花卉子种，时而来赠送美国常用药品和洋货礼品，通过较长时间的接触交往，父亲感受到洛克很有学问，人品也很好，当洛克提出要借“宧谱”拍照和木府内的碑文拓片时，父亲为了在国内外弘扬历代先祖的辉煌事迹，毅然同意了洛克的要求。

“宧谱”是在木府花园内拍摄的，洛克摄影技艺高超，每幅宧谱都拍了两张，拍完宧谱后还请求父亲拍照。以花园假山为背景，父亲抱着刚满一岁的我，邀约叔伯弟兄合照了一张资料像。

洛克为了充实资料，请来一位画家按照宧谱画像复制了一本历代先祖的画谱，请求父亲签名盖章。洛克非常感激父亲，每逢节日都来木府看望父亲，相互之间的关系十分亲密。

“三多”及三多庙的历史渊源

据历代先祖口传，“三多”是阿琮阿良手下的一名战将，“三多”因武艺高强、作战勇猛立下了赫赫战功，在攻打大理的战斗中“三多”不幸中箭牺牲。阿良为了纪念“三多”的功绩在白沙建造了三多庙，木氏土司率兵出征前都要到三多庙祭奠“三多”，祈求“三多”保佑。木氏土司在率兵与敌人激战中曾多次突然遇到雷电交加的暴雨，主帅和纳西士兵产生了“三多”显灵助战的幻觉，提高了纳西士兵的战斗士气而击败了敌人，因此纳西族将“三多”尊为保护神。二月初八为传统的三多祭日。木氏土司传承千年的历史中，每代土司袭职后都要捐资重修三多庙。木公在《重修北岳庙记》中提到：“求而无所不灵，祷而无所不验，公感神而殊服，乃命工重修祠宇。”可见历代木氏土司对“三多”神灵的崇敬。父亲袭职后也曾捐资重修三多庙（传说“三多”是北岳景帝的化身，“三多庙”也称北岳庙）。

三多庙设有木氏土司指令的世袭打玉（祭司兼管事），三多庙置有木氏捐赠的庙产，三多庙是木氏土司家庙之一。

父亲年满36岁之年，为求福求寿，邀请洞经古乐会的亲友、家族的长辈同去朝拜。启行之日主客十余人，有的骑马、有的坐轿，祖母及父亲、母亲均坐轿而行，我同祖母同轿，多匹骡马驮着行李、伙食、祭品等到达三多庙门口，打玉及先行的仆役早已迎向父亲行礼。

在三多庙的庙侧丛林中建有一底一楼、三坊一照壁的一座宽大秀丽的庭院，这个庭院是木氏土司祭奠三多后休闲的庭院。

连续三天的祭奠准备和待客事宜都安排在庭院内。

祭典程序分生祭和熟祭，第一天早上在三多塑像前，条桌上摆满生祭的猪头三牲（未煮过的猪头三牲），祭礼开始，打玉点燃蜡烛香火，父亲坐在三多塑像旁的靠椅上（因为三多是木氏土司的家将，历代承传土司只能陪祭而不能跪拜），打玉高声诵经，家人及来客均来叩拜。第二天是熟祭，在打玉主持下祭典仪式照例进行。第三天是鸣炮挂匾，家里准备了一块黑底金字的横匾，提有“阿普三多”四字，落款为“木氏三十三代土通判木琮敬题”，举行了简单的鸣炮挂匾仪式。

祭典结束后，大家围拢在一起倾听洞经古乐演奏，也到寺庙周围丛林中散步，父亲高兴时会给大家讲述三多及三多庙历史渊源的故事。

为母祝寿赴鸡足山悉檀寺朝拜

鸡足山悉檀寺是先祖木增在明代天启年间为贤母求寿而建，并捐赠三千亩良田作为寺产，寺院规模为鸡足山诸寺之冠，是木氏土司的家庙之一。

悉檀寺与木府的联系历代以来都较为密切，到父亲任职的年代，每年春节和中秋节，悉檀寺的方丈按传统礼节派和尚送来悉檀寺自制的果脯、干笋、蜜饯等礼品，以表达对寺主的敬意。

父亲袭职后的第六年是祖母50寿辰之期，父亲为贤母求寿邀请了洞经古乐会的亲友及家族的近亲，一行十余人骑马坐轿，一路热热闹闹地来到鸡足山脚，已是黄昏时候，悉檀寺的慧海方丈带领20多名和尚，已在山下迎候父亲，大家在方丈及和尚们的引路下点燃火把，连夜登山，沿途边走边奏着优雅的古乐漫步进山，虽然大家都在吃力登山，但在优雅的古乐节奏中，也就不感觉劳累了。我们的起居生活寺院早已周到安排，第二天早上寺院的两百多名和尚在方丈主持下坐、立两边开始举行为祖母祝寿的诵经大典，大殿正中供着一尊两丈余高的无量寿佛铜像，殿宇宏伟整洁。父亲跪拜祈祷，祝愿祖母健康长寿，并向佛祖贡了一份文书。

悉檀寺正殿后院的侧室有一尊生白公的塑像，父亲也虔诚地祭奠了先祖木增。

求寿法事进行了3天后结束，方丈陪同父亲到周围寺庙参观访问，而后返程。

父亲生平淡泊名利，厌与官场交往，大部分时光是在他的书房阅读诗文和儒学经籍度过的。新中国成立后在阶级斗争浪潮的猛烈冲击下，他的身心遭受创伤。于1958年6月26日寿终。

挽狂澜于濒危的谋士和万宝

和发源

1978 年 8 月，当极“左”思潮的阴霾还在丽江上空悬浮，东巴文化面临着存亡继绝的关键时刻，和万宝同志以超常的文化意识、敏锐的学术眼光，以及敢作敢为的勇气和魄力，置个人得失于九霄云外，毅然决然地提出需要全面抢救濒临消亡的东巴文化的宏图大略。他当时提出这种宏愿的历史背景是什么？为什么他要执着地逆潮流而动？他又是怎样调动所内外老东巴和研究人员的积极性，如期地按时完成了艰巨的抢救任务的呢？下面简要地回顾一下有关这几个问题的一些情况。

一、提出需要及时全面抢救宏图的历史背景

在万宝同志还未提出需要及时全面抢救东巴文化以前，自 20 世纪初叶开始，国内外不少学者已着手搜集、翻译和研究东巴文化的载体——东巴古籍，而且已有卷秩浩繁的有关著作和文章问世。如法国人巴克，根据他两次来丽江搜集到的几百个图画象形文字和一些口语词汇，1913 年出版了《麽些研究》一书，开创了研究东巴文化之先河。美籍奥地利人洛克，根据他从 1922 年到 1949 年调查、研究所得，先后出版了《中国西南古纳西王国》、《纳西语—英语百科辞典》、《纳西人的“纳伽”崇拜和有关仪式》等十多种部著作和数十篇有关文章，被誉为“西方纳西学之父”。此外，他还搜集数以万计的东巴古籍运至海外，现收藏于美、英、德、法等欧美国家的图书馆或博物馆的东巴古籍，绝大多数购自洛克之手。

国内学者中以科学的角度研究东巴文化首先由方国瑜教授开头，从 1933 年起，方教授就深入民间向老东巴们学习图画象形文字及东巴古籍，并着手书写经过四易其稿才于 1981 年问世的、在东巴文化研究领域中里程碑式的名著《纳西象形文字谱》。继方国瑜之后，20 世纪 40 年代初，著名语言学家傅懋勣教授也开始了研究纳西族语言文化之旅，出版了纳西语的最早学术专著《维西麽些语研究》。1948 年，又出版了《丽江么西象形文〈古事记〉研究》。20 世纪 80 年代初，他又在日本出版了《纳西族图画文字〈白蝙蝠取经记〉研究》。几乎与傅教授同时，我国另一位学者李霖灿先生也来到丽江，开始从事绘画工作，后来醉心于用图画形文字书写的东巴古籍，20 世纪 40 年代中期，他编写了《麽些象形文字字典》和《麽些标

音文字字典》两书，1952 年和 1977 年又出版了《麽些经典译注六种》及《六种》增补本《麽经典译注九种》。此外，他还书写了数十篇有关东巴文化的文章。他与洛克、方国瑜、傅懋勣等教授一起，有力地推动了东巴文化在国内外的知名度和影响力。

在全国大兴调查研究之风鼓舞下，1958 年，省文化局派民族民间文学调查队来丽江调查，他们除搜集民间口头文学外，还请来一些有才华的老东巴，着手翻译东巴古籍中文学性较强的一些古籍，并于 1959 年 3 月油印了他们编写的《纳西族文学史（初稿）》。1962 年，在有远见卓识的县委书记徐振康的重视下，丽江县文化馆也请来几位有名气的老东巴，开始组织一批人进行翻译东巴古籍的工作。据悉，从 1962 年到 1965 年夏，他们一共翻译了 140 多本古籍，但由于未及时回收归档，因此只有《崇搬图》等 24 本四对照石印本留传后世。与此同时，1962 年夏，中央民族学院也组织人员来云南丽江、中甸、维西等县搜集东巴文物和翻译东巴古籍，他们一共翻译了各地老东巴诵念的 80 多本古籍，搜集了近两千本古籍和一批东巴文物。

从以上简况来看，1958 年开始，在东巴文化战线上，不像过去那样只有个别有识之士在孤军奋战，而是由国家单位有组织、有计划、有目的地集体攻关。遗憾的是后来出现的那场政治风波，扼杀了正在欣欣向荣地成长着的拯救东巴文化的壮丽事业，把东巴文化的传承者东巴们一个个被诬蔑为“牛鬼蛇神”而百般摧毁，把具有世界价值的东巴古籍诬之为封建迷信糟粕而一捆捆投入火中，东巴文化面临着泯灭消亡的危机。

二、挽狂澜于濒危的谋士和万宝

历史有时也会出现意想不到的巧合，正当东巴文化需要有才智有谋略的人士来挽救其濒临灭亡命运的关键时刻，党中央召开了十一届三中全会，吹响了拨乱反正的号角，有强烈的政治责任感和超常的文化意识，并深知东巴文化价值的和万宝同志从 20 年冤案中解放出来，重新回到了地区领导岗位。他恢复原职以后，看到纳西族的传统优秀文化——东巴文化面临失传泯没的危险，心如刀割，决计在春寒料峭，极“左”思潮余毒犹存，许多人对东巴文化心有余悸的情况下，肩负起挽救东巴文化命运的重任，提出需要及时、全面地抢救濒临绝亡的东巴文化的宏论，并成立机构，招聘研究人员，请来一批博闻强记、理解力强、能熟练地诵读东巴古籍的老东巴，正式展开了全面抢救东巴文化的壮举。那么，在很多人还视东巴文化为大毒草、避之犹恐不及的年代，为什么万宝同志能鹤立鸡群，超常地提出需要抢救的宏愿，并排除万难付诸实践呢？我想，这与他生活过的社会环境，经历过的人生旅程，以及文化素养、个性特点等有密切的关系。万宝同志小时候生活的丽江金山乡大来村一带，是民族传统文化积淀较深厚的地方，近现代以来，那里一直是纳西族民歌比较流行、歌手比较积聚与活跃的地方，无论老幼，都爱吟唱纳西族民歌，可以说是纳西族民歌的一片小海洋。此外，那一代的东巴文化基础也比较雄厚，在著名大东巴桑巴塔在世的年代，中甸（今香格里拉）县白地一位名师阿明什罗大东巴就曾来这一带诵经、做祭仪，传播东巴文化。在他的影响下，那一带的东巴文化活动一直很频繁。因此，万宝同志从小就受到了优秀东巴文化的熏陶。此外，由于他天资聪慧、勤奋好学，上学后学习成绩一直很优秀。1943 年考入由北大、清华、南开三校组成的著名大学西南联合大学后，师从国学大师、原北大教授罗庸先生门下，是罗最钟爱的得意门生。在名师济济的联大校园，他如饥似渴地攻读了大量文、史、哲知识，成了一个集民族优秀传统文化与科学文化知识于一身的知识分子。万宝的一生，是幸福美好的一生，同时又是磨难多艰的一生，正当他平步青云的时候，1958 年，在极“左”思潮迫害下，以莫须有的罪名，被削官下放基层去劳动改造，而且被迫害达20 年之久，磨灭了他整个有为的年华。即便如此，他始终以饱满的热情面对现实，“每天放两头牛一匹马，手不释卷，拼命读经典著作及文学名著”，以顽强的精神充实自己的头脑，忘我地在知识的海洋里探索科学的真理。孟子说：“天将降大任于斯人也，必先苦其心志，劳其筋骨，饿其体肤，空乏其身，行拂乱其所为，所以动心忍性，曾益其所不能。”也许这是上天要把挽救濒临消亡的东巴文化重任交给他，所以有意地让他的心志受折磨，劳累他的筋骨，让他困乏和潦倒，用这样的方法考验他的心性和毅力，提高他的判断能力和开拓创新精神。

由于万宝同志熟谙民族传统文化，又有较深的科学文化知识，了解传统文化与现代文化之间水乳交融的承传关系，所以也逐渐培养了文化意识、文化激情，拥有保护优秀民族传统文化的使命感和责任感。又由于他经历过曲折的人生历程，知道事物在发展过程中往往不是一帆风顺的，一件有意义的重大工程，往往会遇到这样或那样意想不到的曲折历程，但真金不怕火炼，真金终有一天会放射出它熠熠的光芒。由于万宝同志有坚定的信念，认定纳西族的东巴文化是能“光耀中华、光耀世界的一项珍贵的民族优秀文化遗产”，所以在东巴文化面临泯灭的关键时刻，他能顶风冒雨，成为一名挽救东巴文化的谋士和善于引导的领路人。

他对东巴文化认识之深刻，我们只要回头看一看他写的一些文章中的有关论点，就可以一目了然：“它以优美语言和奇特文字，记录了纳西族社会发展的实践过程，历史步伐，得得有声，其间处处流露着先民心智的思维脉络，智慧结晶闪闪发光……它以主体精神，吞纳百川，取人之长，充实自己，不断开拓进取，使一个小民族适应种种风月潮水，生存下来，有所发展。”① “在古代，宗教活动几乎可与大文化活动画等号。它引导着人们的思想、意识和实践，渗透于民俗乃至人们所有物质与精神的生产和生活。东巴宗教活动的综合性功能，曾对纳西族的社会历史产

① 《纳西东巴古籍译注全集》总序。

生过巨大的作用和影响”[①]。“东巴文化这一珍贵遗产，不仅属于纳西族，也属于中华民族，甚至可以说属于全人类”[②]。《东巴文化论集》序言，写于1984年3月23日，而联合国教科文组织世界记忆工程咨询委员会把东巴古籍文献正式列入《世界记忆遗产名录》的时间是2003年10月15日，也就是说，早在联合国教科文组织世界记忆工程委员会还没有把东巴古籍文献正式列入世界记忆遗产名录之前的19年半，万宝同志就以非凡的超前眼光，敏锐地看出了东巴古籍文献属于全人类的特殊价值，他的思想的超群识见，令人赞叹不已！

三、积极调动老东巴及研究人员的积极性

万宝同志在《纳西东巴古籍译注全集》总序中说：“见此全集，理应铭记具有远见卓识与大无畏精神的先驱者们，与学者共事的东巴先生们，他们率先扣响东巴文化大门，传扬出去，开山创业，卓有成就，功垂青史。”这是他一向高尚的为人风格。大家知道，在新中国成立初期，他是滇西北地区的风云人物，是解放丽江地区的有功之臣，在云南正式解放前半年，他领导滇西北群众与国民党反动派作了殊死斗争，并巧妙地争取到了丽江和平解放，他不愧是一个有政治头脑和政治魄力的智勇双全的领导者。丽江解放这一历史事件，在人民群众心目中，始终与他的功绩联系在一起，是他谱写的一篇热情洋溢、光彩华美的动人篇章，是他非常值得自豪的一件光辉业绩，但在他的著作和文章中，在与朋友与下属交谈的人际关系中，从不宣扬自己的这一历史功绩。丽江解放这一历史事件，在当时是大势所趋，历史的必然。但毕竟历史选择了他，是他不负众望出色地完成了这一历史使命，可他并不因此而自负，更没有拿它做炫耀自己的资本，这是何等高尚的品德与人格！

那么在这次抢救东巴文化命运的过程中，有关研究人员和东巴先生们又起了什么作用呢？我想起了承上启下的中流砥柱作用，因为没有最后一批熟谙东巴古籍和东巴宗教礼仪的老东巴们的呕心沥血，把古籍逐字逐句诵读给研究人员，然后由常年甘坐冷板凳的研究人员用国际音标记录下来，并进行对译和意译，使图画象形文字书写的让人见而却步、深不可涉的古籍，变为易读易懂的可读性书籍，也就无法使人探索其中的奥秘。在这一艰苦劳动过程中，老东巴们付出了毕生的精力和智慧，当东巴古籍文献正式列入《世界记忆遗产名录》时，先后参加抢救工作的11位老东巴，都已默默无闻地撒手人间。至于参加抢救的研究人员，为了祖先们留下的这笔宝贵遗产不在自己这一代手中湮灭，为了不让自己成为历史的罪人，虽然抢救工作很艰苦，但是面对多学科熔为一炉的古代社会百科全书，碰到自己陌生的学科知识，需要加班加点勤奋补课，补完一门还要面对其他新的学科知识。此外，因

---

① 《东巴文化艺术》序。

② 《东巴文化论集》序。

出版社编辑人员不懂图画象形文字和纳西语，校对工作要由译者自行负责，而译稿往往要校对五六次以上才能定稿。而纳西族的东巴祭司只传承读音，不传授词句的意义，有些词句东巴们也不知其意，翻译整理的研究人员只有通过反复推敲上下文来推断词句的含义。加上有些纳西语的词语在汉语中很难找到意义对等的词句，这些都无形中增添了翻译者的工作量。为了在老东巴们健在的时候及时完成抢救任务，研究人员往往要牺牲休息时间挑灯奋战，但不论工作如何艰苦，大家还是心甘情愿地奋战到完成任务才停笔稍憩。万宝同志在《纳西东巴古籍译注》序及《纳西东巴古籍译注全集》总序中，对老东巴与研究人员在抢救工作中的表现一再肯定："东巴老师们愿以春蚕蜡炬精神发挥余热，研究人员愿意争分夺秒，勤奋工作……""幸赖一批品学兼优、富事业心的研究人员，与博闻强识、乐于奉献的老东巴一起，敢入一道冷门，甘坐数十年寒窗，任劳任怨，含辛茹苦，认真细致，锲而不舍，全集遂完稿付印，基本完成了抢救东巴文化遗产的历史使命。他们的时间并没有浪费，心血并没有白花，手捧新书，必有丰收的喜悦，告一段落，将有更上几个新台阶的勇气。"万宝同志说的这些话，客观地反映了老东巴和研究人员在抢救过程中的态度和奉献精神，是与他高瞻远瞩的人格魅力，以及深入细致的领导作风联系在一起的，因为在进行抢救的过程中，出现了许多意想不到的阻力。一是编制迟迟不落实，经费不固定。二是工作条件差，要在阴暗潮湿的土木房里坐冷板凳。三是面临按文章评职称与抢救任务紧急的矛盾。在这复杂多艰、困难重重的条件下。万宝同志一方面积极争取人员编制与应用经费的落实工作；另一方面用革命先烈为了祖国和人民的利益，无私的英勇献身精神勉励大家，劝告大家要摒弃一切个人私心杂念，争取在最后一批有才学的老东巴的有生之年，集中精力把优秀的民族文化遗产抢救出来，即使暂时影响个人职称的评定，也要有公而忘私的奉献精神。由于他苦口婆心的谆谆教导，晓之以理，动之以情，开启了大家为民族优秀传统文化献身的精神，因而在最后一批有才学的老东巴还在世的年头，不负众望地按质按量完成了抢救任务。

万宝同志已经在10年前离开了人间，但他预期的东巴古籍文献为全人类瑰宝的宏论，在事过19年之后已经被证实。我想，他若泉下有知，可以怡然心慰了。

拉市乡余乐上村杨氏家族的半耕半读之路

杨尚孔

云南省丽江市玉龙纳西族自治县拉市（古写“剌是”）乡余乐上村杨氏家族，早期以游牧为生，遂以农耕兴起而行半农半牧。清初居文笔山麓木本村（今称文华村），随放牧而至拉市。

拉市坝土地广袤，山林茂密，水源充沛；适农牧、便渔猎，堪称一方风水宝地。又恰逢清雍正始行改土归流，清政府鼓励垦荒农耕，许以诸多惠农措施之际，先祖睿智前瞻，遂由文笔山麓木本村顿迁拉市里豕山之麓余乐上村定居。该村纳西名“余路古”或“鹅洛古”，意为牧羊之处或天鹅飞越之地，皆今余乐村之谐音。若以雍正二年（1723）算起，迄今已历13代、268年。

族源异说

近百年来，关于杨氏族源及祖籍问题存在两种不同说法：

（一）明代充军说

此说在滇、黔各族民众中流传甚广，丽江亦盛。杨氏在历代口耳相传中都自称来自南京应天府，是应明帝朱元璋之诏来云南戍边或因罪充军。其中有一则故事：相传，平民朱元璋问鼎南京后，册封其貌不扬的大脚马氏为皇后，南京民众于正月十五元宵佳节举办灯会以示庆贺，朱帝偕马皇后前往观灯，行至柳树湾时忽见其中一灯笼上俨然画有头顶大西瓜、脚蹬大木船之女性作表演状，朱帝先是一怔，然后认定是讥讽大脚马皇后之逆作，不禁龙颜大怒，当即斥令应天府柳树湾全体民众充军云南，余乐村杨姓就是那时从柳树湾发配出来，历经多年辗转跋涉终至云南丽江的。在成文于清末或民初的杨氏“祭祖文”中也有“……我杨族派演江宁，清初南徙，兴繁丽邑……”的记载。

史籍也明确记载：明朝朱元璋为巩固边疆地区统治，从洪武十四年（1381）起采取“遣汉制夷”、“移民屯田”等一系列重大措施，着力改变西南“夷多汉少”的局面，命颍川侯傅友德为征南将军、永昌侯兰玉为左副将军、西平侯沐英为右副将军，率兵征讨云南。翌年，兰玉、沐英攻克大理后进逼丽江，土司木得迎降归顺，征讨大军随即领命就地戍边军屯，并下令军属举家随迁。洪武二十年至三十年（1387—1397）间，再通过派遣、招募、流放等方式迁住云南民屯，人数接近300万。如今居住在云南各地的各族各姓氏中自称祖籍南京应天府者确有相当部分是他们的后裔。拉市余乐村杨氏家族一直因袭先辈传说，日久成“史”而载之于族谱。

（二）土著说

杨氏历代前辈中也有土著一说流传，其根据是现今的杨氏在迁居拉市前，即改土归流前，确信至少有四代并不姓杨，指代他们的是纳西先民独特的父子连名，这是纳西土著族群的重要标志之一，族谱记载有先祖阿寿考、子阿考如、孙阿如补、重孙阿补毛四代都无一例外地采用父子连名。阿补毛就是雍正初期率领家族从木本村迁居拉市的组织者、带头人，也是冲破连名制传统，在自己名前加汉姓杨的第一人，全名为杨毛。“杨”为汉字汉音，“毛”虽是汉字却读纳西音。他同时也是去世后安葬于现已成为余乐村杨氏祖茔地鹅蛋山的第一人，后人即因此把他立为开山一世祖。杨毛有4个儿子，分别取名立、仲、苴、目，此四弟兄又养育有10个儿子。这10个人的名字前面虽然也都冠以杨姓，但仍如阿寿考以下四代一样是汉字纳西语谐音。再从当时的信仰、语言、服饰、墓葬等来看，土著说比较真实可信。

除以上二说外，尚有融合说、先湮后显说，多限于主观推测，尚无实证可举。

对以上各说，比照杨氏族谱及历代传说，笔者以为移民之说，代远年湮，史实芜乱，在史、谱之间也存在捍格不通、枘凿不接之处，这或许是在强势移民文化冲击下，土著被边缘化，以至羞称自己是纳裔而选择一个虚幻身份，以避免被当时的主流社会当作另类的一种无奈或权宜之举。

对漫远祖籍的穷究，非笔者所能胜任，但就扩展民族文化研究新视野的题义而言，我愿意遵循信以传信、疑以存疑的态度，姑列各说在先，以便下文之管窥所见，就教于知之者。

时势与人的选择

雍正二年（1723），清政府开始在丽江实施“改土归流”，它打破了封建领主制和土司的种种特权，百姓获得了一定程度的解放和自由。这是一次影响深远的社会转型，也是一次前所未有的挑战。杨氏先祖顺应历史潮流，不失时机地从文笔山麓走出，怀着对未来的美好憧憬，义无反顾地迁至拉市余乐村这片自然造化的丰饶之地，从牧耕转入农耕。经一世祖杨毛、二世祖杨立、三世祖杨活三代人夜以继日地用勤劳的双手，披荆斩棘、伐木建屋、开荒造田，奠定了杨氏发展的基础。至四世祖杨自超等众兄弟辈时（乾嘉时期），整个丽江都处在先进生产方式和先进文化的推动之下，经济、文化都有了显著进步。即便是拉市这个开发不久的农耕之乡，也在物质生活方面有了较大变化，“仓廪实而知礼节，衣食足而知荣辱”，杨氏家族的生存发展方式也出现了开放、包容、重学习、求进步的良好气象。

一代人的引领

大约在康熙时期出生的一世祖杨毛，原名阿补毛，他是雍正时期移住拉市的第一代，是保持父子连名的最后一人，也是以汉字、纳西音冠名的第一人，他的儿子杨立、孙子杨活继续采用连名制方式，直至四世祖杨自超（出生于乾隆、成长于嘉庆）完全摒弃父子连名制而全盘汉化。他的同胞兄弟杨自光、杨自明、杨自俊、杨自华及其他堂兄弟都按汉俗取“自”字居中的名字。他们的儿子辈以“仁者乐水”立意，取水旁单名；其下取“嘉言懿行”之嘉、士族之士、崇尚之尚等吉祥、文雅的字义，完全按汉族姓氏文化传统建起了排行分辈的杨氏家族谱系，开启了尊儒习汉，汉、纳西的对接之门。

杨自超，清乾嘉年间人，在《光绪丽江府志》（卷七·人物志上·忠义篇）有如下记载：“杨自超幼倜傥自负，不随流俗，读书未成，改习弓马，得入武痒。其里人衣服俱从夷装。自超倡导改之。嘉庆壬戌，维西傈僳恒乍绷跳梁，时官军乏粮，自超效力军营，拮据搬运，且自捐粮数十石。琅制军嘉其勇于从公，赐以官职，自超辞不受。”其后，当局仍授“千总”虚衔，并赐单照壁一座以示褒扬。其墓碑上亦有“魁梧奇伟，天资英迈”等语。自超兄弟五人，一改前辈父子连名传统，皆肇始从汉姓、取汉名。自超排行老大，生一子名鳌，鳌比五叔自华年长几岁，叔侄同进文秀才，可算杨门第一代知识分子。杨鳌又生五子，派嘉字辈，五个兄弟中嘉绩是文生，嘉绶是武生，这些同时代不同辈分的人引领杨氏家族完成了文化意义上的初步转型，这在当时已属不易。其后则处咸同时期，回民杜文秀起义，在长达18年的时间里，兵燹连连，百姓生灵涂炭，东躲西藏，生存尚且艰难，更何谈读书识字？

从这里开始启蒙

建于乾隆年间的义学——剌是馆，位居余乐上村杨氏聚居区内，乾隆《丽江府志略》学校篇有载：剌是馆城西三十里。系乾隆四年（1739），知府管学宣增设。又据光绪《丽江府志稿·寺观篇》载：“奎林寺，在府城西三十里剌是里。乾隆年间建。毁于兵。光绪五年里民重建。”由此可知，学（馆）、寺（观）同为一处无疑，属先寺后学或先学后寺之汉式建筑，虽数度毁损重建（光绪五年、二十一年、1922年、1948年等都曾大修或翻修）仍保持寺学合一格局，迄今已有270年历史。除宗教、民间节庆活动外，主要开展儒学启蒙，成为传播、交流不同文化之重要场所。

奎林寺坐西朝东，居高临下，北峙玉龙，东望马鞍、文笔，南临南山坡峦，气势不凡。在东照壁外墙上方写有“诸山来朝，势若星拱”8个大字（句出唐·柳宗元《马退山茅亭记》），照壁左右侧各开一门，据说是取龙眼看四方之意。

清末至民国期间，先后有本族八世祖杨士萃（秀才）、杨士纲（四年制师范学校毕业）、和国贤（本村人、贡生）、张福田（大研镇人）等在这里任教，20世纪50年代前，大殿内供儒（文昌帝代表）、释（观世音）、道（玄天）三教神像。杨士萃撰立的“三教本同流，只限同中领取，一诚无异理，莫从异处采求”楹联和所献“文风丕振”匾额，悬挂于大殿两侧柱子和门楣上方。作为本村有威望的知识分子，他似乎是在宣扬以佛治心、以道修身、以儒治世的宗教观念，追求博大、兼容并蓄之文化心态。他在通往种有玉兰、桂花的侧院门上方墙体上写有“新得园林栽树发，喜闻子弟读书声”等诗文，抒发育树育人的愉悦心境。而在北面教室东墙上则有丽江著名书法家王协中（时任中甸县县长）写的“勤学好问”四个大字；北墙上还写有“刚日读经，柔日读史；十年树木，百年树人”、“夏鼎商盘见蝌蚪，深山大宅生蛟龙”等名联名句。整座院子花木扶疏，诗书字画琳琅满目，成为翰墨流芳、书香四溢的文化教育重地，余乐村杨、和、李、木各姓青少年，大多在这里接受过启蒙教育。

奎林寺现存雍正丙午年（1726）儒学教授万咸燕所制的石鼎一具，可清晰辨认字迹（失窃多年后回购所得）。万氏自雍正二年（1724）任丽江府儒学教授，直至乾隆五年（1740），在长达17年之任期内继衍圣公孔兴询修学宫、振书院、设义学，殚精竭虑，大兴汉学之风，为边陲丽邑开启民智、移风易俗，做了许多有益的工作。

儒风催化下的半耕半读

杨氏入住拉市以来，经雍正、乾隆两朝近70年之努力，生产、生活已有了显著的变化。私塾、学馆的建立，汉文化教育的大力推广，为杨氏青少年提供了学习的机会。至嘉庆时期，四世祖杨自超率先考中武秀才，其后又有自超五弟自华和自超之子杨鳌（比五叔还大5岁）叔侄同时考中文秀才，这在杨氏是一件前所未有的事，自然影响很大。受此激励，学习汉文化的风气日渐增进。但身居农村仍需以农为本，要读书识字就只能采取忙时务农、闲时读书的办法。后来半耕半读的方式成为多数人的选择。至道光前后，五世祖杨荣、杨诰，六世祖嘉绩、嘉绶、嘉谷、嘉德，七世祖杨珠、杨琳也相继考中秀才。到咸同时期的“乱世18年”（1856—1874），战祸使人们的生产生活极度艰难，许多当学青少年无法上学读书，不少人汉字也不识几个，连自己的名字都不会写。直到光绪时期，八世祖杨士勋、杨士萃又有机会参加“岁试”，并且得以进学，成为兄弟（祖父是亲兄弟）同科秀才，他们荣归之日，全族老幼于离村三里开外松坡相迎，族人皆引以为荣。

士勋、士萃与剑川赵藩有学友之谊，相处甚好，尤与士勋情同手足，士勋有意把独子杨楷（九世祖）过继给赵藩作为义子，赵欣然赐名赵根盘。士勋踌躇满志，一心想做大事。可惜未及乡试，便英年早逝，享年仅36岁。赵藩以“花正开时遭霜降，月当明处被云遮”痛挽亡友。赵藩曾任四川臬台、川南道按察使等职，编有《云南丛书》等几百种著述，还以诗、联、书法见长，杨氏家族中多有收藏，惜乎49年后湮灭，片纸无存。四川成都武侯祠内现存一联“能攻心则反侧自消，从古知兵非好战；不审势即宽严皆误，后人治蜀要深思”，是中国历代名联之精品。拉市指云寺墙上曾有咏丽江文治武功的“边功石鼓碣，文事雪楼诗”一联，他一生写了几百幅佳联，无复有重。1915年1月第十世祖杨尚志出生，他的父亲杨楷正住在剑川赵家，正好请他取个名字。赵藩写了个名帖：“甲寅年嘉平月初九之吉，丽江义子杨氏有添丁之庆，来乞命名，遂赐以名曰嘉荫。石禅老人赵藩并书于拙修庵。”赵藩，一代名儒；士勋，事业未竟身先去。然而，两家三代友好，成为世交。纳西、白两族老一辈学人之间的这份文化情缘，终成后辈津津乐道的一段佳话。

杨氏在拉市这片土地上日出而作、日入而息，过着逍遥于天地之间而心怡自得的农耕生活，同时也在继续坚持着“扛起锄头当农民，锄罢归来又读书”的办法，艰难而踏实地行走在耕读兼顾、半农半儒的道路上。实际上，半农的内涵是对纳西传统文化的不离不弃；半儒的真谛是对先进文化的开放、学习、吸纳。因为赖以生存的农事包含着太多的民族民俗文化传统，所以是本；半儒则是文明进步的活水源头，所以是道。本立而道生，两者相得益彰，不可或缺。杨氏学习汉文化又取法汉文化，努力营造学习汉文化的氛围，使之与个人的生产、生活乃至人生愿景产生关联，更有一些开明的族中人士自觉地在村子、院落、房舍里题写着“一非仙，二非佛，半是农家半是儒”、“祝天下清平无事，愿吾家耕读有人”、“谦恭处世严三畏，清白传家守四知”等自况、祈愿或明志的诗文、词语、箴言、警句、楹联，以表明心之向往，也亮出尊经守礼的儒者情怀，甚至攀上清正廉明的汉臣杨震而自期为其后裔。清末开始更有中原洞经音乐的流播，到民初时在八世祖杨士蓁等人的倡导下以10亩族田为启动资金建立古乐会，让纳西“白沙细乐”与洞经音乐在农舍、祭天祭祖、婚丧嫁娶等场所各美其美、美美与共，化出一种既时尚又传统的耕读、耕艺结合的文化。圣人所言“移风易俗莫善于乐”的道理在这里得以充分体现。村里到处弥漫着耕读的气象，展现着农民的纯朴、儒人的文雅，让人感受到农儒文化的和谐、并行不悖的乡村文化景象。他们的日子过得不算富裕，甚至还有些贫穷，但他们愿意为儿孙营造一个耕读传家的精神家园。这也是杨氏家族在祭天祭祖仪式上告慰天神和列祖列宗的祭文中所说的：“我族传家清白，确守四知之规，世读诗书，时礼三畏之训，迄今念于实业，雅不断于孔明，户增百数，均能免于冻履。老者寿而幼者灵；实其仓而满其购，皆由我祖我宗积德行仁，慈恩永裔于千秋。更当后世子孙尽孝尽悌，家道相延于万代，犹见宗师之志，瓜蒂绵绵。振文风于故乡，尽忠义于祖国，广大门第，慰祖灵于九泉，长脉族裔，尽孝道于万胤。”

（杨氏家族祭祖文）今之视斯文，或有自我溢美之嫌，然词义真切，不失为尊仰先祖，激励后人而发自肺腑之心语也。

耕读路、再回首、跨越自有后来人

民国时期，新学大兴，杨士纲、杨士寿、杨标、杨桥、杨凤、杨善初、杨尚志、杨朴、杨云汉、杨云集、杨一星、杨继唐、杨尚孟等人在乡村上完初小后进城读书，他们寄住于赵月桥、杨佩藩、杨佩璋等名师或亲戚家中求学问道。杨一星是拉市乡第一位由乡下进城求学的纳西女孩，这在当时是一件了不起的事情，曾引起轰动甚至争议。

1949 年以后，尤其自改革开放以来，杨氏子弟接受各类教育的机会有了明显改善，上大学、读研究生、出国留学的机会也越来越多，取得硕士、博士学位的人数也在增长。在文化教育、科学技术、政府机关、企事业单位等各条战线都有杨氏子孙的身影，真可谓“孕育寒霜百味苦，报以琼花一树香。”

多年来，杨氏先祖筚路蓝缕，坚守拉市农村，素以耕读传家、笃实敦厚闻名乡里，现已发展至 200 余户、人丁过千之大族。同村和、李、木三姓人口不多，世代以德为邻，同居一隅，相互沾亲带故，和谐相处。他们没有锦衣玉食、也不曾荣华富贵，无论世事如何变幻，始终不忘天恩祖德，保持从容淡定、乐观自信的品性，回味着“一非仙，二非佛，半是农家半是儒”的苦乐人生。这个极为普通的农耕家族在汇入中华文化的进程中明显地具有以“和而不同”的包容方式接受中华民族多元一体文化共同体的主要特征；当汉文化成为丽江文化发展的主流时仍然能够较好地保持原生态的纳西文化根系，既坚持祭天法祖以涵延传统，又能与时俱进地学习先进文化，体现了民族性与时代性的统一。当然也存在某些优良传统的流损和信仰的荒芜，但无论从历史还是现实的角度看，这个典型纳西村庄所沉淀的更多的是一种顺其自然的精神文化。它与汉文化的融合是成功的，在保持纳西族文化个性方面也是显而易见的，可以说是丽江农村“改土归流”以来，践行纳西与汉文化共生共荣、持续发展的一个缩影。

［附录］杨氏各时期代表人物简况

一世祖　杨毛迁徙至拉市创业并取汉姓的第一人。

四世祖　杨自超取汉姓汉名、改夷装。（详见上文）

杨自华——杨自超胞弟（老五），史上第一位文生。杨德胜，武生。（嘉庆、道光时期）

五世祖　杨鳌、杨荣、杨诰，文生。杨本雅，武生。（嘉庆、道光时期）

六世祖　杨嘉绩、杨嘉谷，文生。杨嘉绶、杨嘉德、杨发明，武生。（道光、咸丰时期）

七世祖　杨琳一，文生。杨珠、杨王夜、杨琮，武生。（光绪时期）

八世祖　杨士勋、杨士萃，文生。

杨士蓁，乡约、里长，古乐会发起人、会长。

杨士纲四年制师范学校毕业，县参议员。

九代孙：

杨凤，1941年考入西南联合大学化学系，1945年赴美国依俄华州立大学农工学院留学，本科毕业时因成绩优异，被接纳为美国荣誉农学会会员，并获金质奖章。后进研究生院攻读动物生产专业（养猪专业），获硕士学位。再后又攻读动物营养学博士学位，学完应学课程并达到规定学分。1951年在即将获得博士学位时，响应周恩来总理号召毅然回归祖国。先后在西南农学院、四川大学农学院、四川农业大学任教授、院长、校长，是我国著名动物营养学家。现为四川农业大学校长、名誉校长、终身教授。曾被选任全国人大第6、第7、第8届代表和主席团成员，还被评为四川省有突出贡献的学者、四川省及全国教育系统劳动模范。

杨朴，丽江中学毕业。参加革命工作后曾在中共丽江地委、丽江地区行署从事宣传、文教工作。后调任丽江新华造纸厂党支部书记，1984年离休。现为中国老年书画研究会会员、云南省老干部书画协会会员、丽江市老干部书画协会理事。其书法作品曾参加全国各省组织的大赛，并多次荣获优秀奖。楹联作品入选《回归颂》、《祖国颂》等，荣获“联坛百家”、“联坛百杰”称号。

杨善初，鹤庆师范学校毕业，曾任完全小学校长、中学教员。

杨云汉，丽江中学毕业，1949年参加革命工作，曾任云南省临沧地区行署发展计划委员会主任，现离休。

十世祖杨尚志，昆华师范学校毕业后考入黄埔军校第五分校第11期，毕业后留校任教官。1939年1月秘密加入中国共产党，1946年回到云南，1947年任省立丽江中学教员，1948年任中共丽江支部书记，1949年任边纵七支队副司令，1950年任中国人民解放军第14军42师副师长、丽江边防军区副司令，后被错处，1979年平反，任云南省政协第5届委员会委员，1981年任丽江地区行署顾问。1986年3月病逝。

十代孙：

杨继唐，1949年参军，曾任解放军某部教导员。自幼受祖父及父亲影响酷爱古乐，吹拉弹唱无所不能。离休后经常与兄弟子侄弹奏古乐，成为颇有名气的古乐世家。

杨继虞，曾任怒江日报总编辑、怒江傈僳族自治州检察院检察长。

杨继夏，中学校长。

杨继秦，丽江纳西族自治县法院院长。

杨继汉，曾任碧江商业局局长、福贡审计局局长、怒江傈僳族自治州审计局副局长。

杨尚孔，1956年于北京体育学院毕业，曾任四川运动技术学院体操系总教练，

1980—1983 年出任智利共和国体操教练。

杨尚宏，中学校长。

第十一代孙：

杨一星，拉市乡第一位女中学生。省立中学高中毕业后参加革命，中共党员，长期从事民族工作，先后在丽江地委、县委、区委、国家民委任工作员、区委副书记、科员、科长、处长、副司长等职。现离休。

杨一奔，北京师范大学毕业，1988—1989 年参加潘德明（中国）环球足迹考察团，驾车环绕地球一周，出版《地球一奔》、《在路上》两部著作。当过农民、知青、工人、律师、图书馆长、地方志办公室主任、文化局局长。现任丽江市副市长，全国政协第 10 和第 11 届政协委员。

杨一红，丽江市古城区教育局干部。长期从事母语教学与研究，与郭大烈先生合作主编纳西母语诵读本、纳西东巴古籍选读本与纳西母语和东巴文化传承读本等。

杨一卡，昆明海关丽江办事处副主任。

杨培云，云南大学物理学博士、副教授。

杨琼惠，广州中山医科大学毕业留校，后赴日本留学。现任中山医学院附院医生。

杨琼毅，南开大学水利系肄业、云南大学中文系毕业。现在广州广告公司任职。

杨文红，1989 年南开大学生物系毕业。1992 年赴英国曼彻斯特大学攻读 MBA，获硕士学位。目前在英国从事电子产品研发，英籍。

杨又泓，1992 年南开大学经济学院毕业，曾在深圳投资基金管理公司任总经理助理、《天骥》月刊编辑。1995 年，赴英国利物浦大学，1998 年在英国南开普敦大学留学，获经济管理学硕士学位。2008 年至今，在伦敦大学政治经济学院攻读国际金融研究生。2000—2007 年曾在加拿大皇家银行任职，加拿大籍。

第十二代孙：

杨向东，中国人民解放军某部大校军官。

杨东风，曾在美国留学，后在中央民族大学任职，现移居新西兰。

杨春雷，1987 年北京市高考状元，考入北京大学。后选送德国波恩大学留学，获经济学硕士学位。再进多特蒙德大学，获经济学博士学位。1994 年以来先后任德国多特蒙德大学经济学院、波士顿大学经济学院、马格德堡大学等学校助理、助理研究员、研究员，现为台湾“中央研究院”人文社会科学研究中心研究员，德籍。

（笔者长期在外工作、生活，难免存在疏漏或错误，敬希批评指正）

从丽江告肯杨氏家族看纳西人的民族和文化融合

杨福泉

一

在中国众多的历史文化名城中，位于滇西北玉龙大雪山下的丽江古城确实有点与众不同。不同在于，步入21世纪的人们还可以在这个以纳西族人口占绝大多数的边地小城里看到早已在历史风尘中烟消云散的不少中原汉文化的古韵遗音。古城中无数条穿街过巷的清溪低吟浅唱，与每天古城里那些须发皆白的老乐师所弹奏的唐宋词牌古乐相呼应；许多保留着“唐宋古法”的明代建筑，气象萧森地肃立在这个“纳西古王国”的首府；那些汉地佛教、藏传佛教、道教等的神灵们与出没于山野林莽、高山清流的纳西族东巴教神灵们仿若合唱着一曲曲祥和的歌。

在这个古老的边地雪城里，居住着数万居民。据1996年统计，丽江古城中的居民共6269户、25379人，其中，纳西族16999人，占总人口的66.7%。他们每天说着纳西话，上年纪的妇女大多穿着“披星戴月”的传统服装。你不会想到，这些如今相当地道的古城纳西人，其中大多数却有着汉族的血统，他们大多是在明、清两朝来到丽江的汉族移民，后来与当地的纳西人通婚，久而久之就被同化为纳西人。如今他们虽然还会谈论自己的先祖最初来自“南京应天府”、江西、福建、安徽等地，但他们在说到这些家庭的历史时似乎是在讲述着一个遥远的，连他们也十分模糊的故事，他们的先祖很早就已经认同于纳西族。

据历史学家的研究，云南在明代以前，其人口以少数民族占大多数，明朝实行军屯制度，大量的汉族士兵携带家属来到云南，于是，很多居住在平坝地区的少数民族逐渐被汉族同化，汉族人口慢慢超过了少数民族人口。①

在云南土著不断地被汉族同化的明、清两代，丽江的“纳西古王国”却相反地在以一种神秘的力量同化着无数来到这里的汉族移民。据调查，丽江古城及近郊

① 尤中：《云南民族史》，云南大学出版社，1994年，第352页。

在20世纪50年代之前有138个姓，50年代后新增的姓有89个。[①] 如张、王、李、赵、杨、孙、钱、江、蒋、桑、姚、吕、曹、曾、黄、易、赖、苏、姚、阙、邱、宣、吴、杜、傅等常见和不常见的姓氏，在丽江古城都可以找到，而这些外来户早无一例外地讲着纳西语，娶纳西妇或嫁纳西汉，穿纳西服，早已成为地地道道的纳西人。

古城居民中，除了汉族移民之外，还有一部分是在“茶马古道”滇藏贸易上落籍丽江古城的藏族和白族人，也有不少回族人。他们成为能操本族语和纳西语的古城居民，有的则完全被纳西人同化而填写为纳西族。

来自中原各地的汉族移民落籍丽江古城后，逐渐形成了各种大姓、杂姓，形成了诸如王家庄、李家巷、牛家巷、习家巷等基于宗亲关系的小社区。汉族宗法社会的家族制度也移植到了古城。过去，古城各大姓氏都有家族制度，族长对于处理族内的各种纷争有较大的权利。

丽江古城最终成为中国一个少有的将汉族传统文化和少数民族文化融为一体的古城，相当多的古城居民身上流着纳西、汉两族的血液。自明代以来，一批又一批定居古城的汉族移民陆续接受了纳西人的语言、服饰以及生活习俗而最终成为纳西人；同时，他们带来的种种汉文化也融进了纳西古国的灵魂和肌体中。在历史的进程中，有不少藏、白等民族的民众也定居于这雍容大度、不排外的古城，与纳西人通婚，最后成为纳西人。多民族多元文化的和谐共存、互补，使这座古城不断焕发出勃勃的生机与活力。纳西族文化中的一个突出特色，就是这种不同民族相互融为一体的多元性。这种文化上的广采博纳和民族融合大熔炉的功能，使纳西族显示出它开放、整合的文化个性，使这深藏在横断山脉雪域大江怀抱中的丽江古城，成为一个融汇着多民族灿烂文明的边城。

由于纳西族木氏土司的开明、智慧和豁达，纳西人的亲和、宽容，丽江古城成为一个颠沛流离的异乡客可以安然栖居的乐土，一代又一代，有无数疲惫而又怀抱着希望的旅人走向这片位于玉龙雪山下的大地，他们不仅在此寻找到了谋生的饭碗，而且寻找到了心灵的宁静。他们的到来，也使纳西族的文化逐渐形成了一个不寻常的结构，本土的传统文化和外来文化并行不悖，互补共荣，形成了“纳西古王国”灿烂夺目的多元文明形态，至今仍然在显示着它非凡的魅力和永恒的生命力。

二

我的家庭就是丽江古城6000多户纳西族家庭中的一个，是兼有纳西和汉两族

---

① 唐有为：《丽江姓氏考》，丽江县政协文史资料编辑委员会编：《丽江文史》第十九辑，第1页。

血统的一个家庭。我的祖先是在700多年前的明代初期最早定居丽江的汉人，后来繁衍出著名的告肯“杨氏家族”。这个杨氏家族自明代以来与纳西木氏土司有千丝万缕的联系，历史上在医学和汉学教育方面做出了卓越的贡献，被学者们称为“丽江文化的桥梁”①。从这个家族中，可以看到以多民族的共融、多元文化的共融为突出特色的纳西族文化的一面。

我的家在丽江古城距四方街不远的“告肯”（过去称“书院街”、“兴仁村”，即今五一街）地段，是丽江古城内最大的一个社区。

我从多年的田野调研中得知，丽江古城最初是在日聚夕散的乡村露天集市基础上逐渐发展而来的。纳西语称丽江为“衣古堆”，一般译为“江湾之地”；最初称丽江古城为“衣古芝”，意为“衣古地的集市”；有些金沙江沿岸的纳西人也称古城为“衣古”；而丽江坝区农村的居民则多称古城为“古奔”，意思是“用背来的货物做生意之地”，或认为是“粮仓之村”。从小时候到现在，乡下农人都喊我们“巩本若”，即“城里（男）人”之意；而在城里，我们“告肯”的男子则被称为“告肯若”，女的称为“告肯美”，过去古城人都以这种居家所在地段来指称人。家住大石桥附近密士巷的人就是“阿溢灿若”（男）或“阿溢灿美”（女）；大石桥南面百岁坊的人叫作“吉迪瀑若”或“吉迪瀑美”。

我的先祖杨辉在纳西族民间传说中是个神秘的人物，纳西族民间流传着关于他的不少故事。其中有个流传很广的故事，据说，他原籍湖南省常德府武陵县桃园村，曾为明宫廷太医多年，因宫廷政变，随故主建文帝逃亡，隐去太医身份，辗转到昆明，在昆明遇到当时在滇川藏接壤地区有较大势力的纳西木氏土司，被盛情邀请到丽江。当时丽江缺医少药，有病请巫师禳解，听天由命，而对针灸则视为异端，杨辉历尽艰辛，在民间多方说服患者依症施治，他用家传针灸之法和秘方治疗疑难病症，并在当地采集中草药辅助治疗，屡有奇效，被木土司强留在丽江，素号“国手”。民间广泛流传着“木土司三留杨神医”的故事，说杨辉在丽江时日一长，便有思乡之心，他向木土司提出要回去，木土司再三挽留而未果，便送他很多盘缠，放他走了，但暗中又派人装扮成强盗，在中途把杨辉洗劫一空，杨辉无奈地回来见木土司，土司再次送他盘缠，叫他回去，如法炮制，如是者三次，杨辉便消了回乡之念，在木氏土司主持下与一木氏纳西女结合，落籍于此。还允许他自己随意在丽江古城里挑一个地方建房，杨辉挑选的结果，认为大石桥一带地脉好，便在距大石桥很近的告肯建了住宅，此后安居乐业，行医治病，繁衍成丽江赫赫有名的“忠义老师”、“孝廉方正”杨氏大家族。据不完全统计，迄今已有130多户人家，分布在丽江古城的五一街、光义街忠义村、城郊的义和阿当珂、“长江第一湾”边的古镇石鼓、金沙江边的巨甸、大具、昆明、四川等地。

上述“木土司三留杨神医”的故事，也记载在《杨氏家谱》中的《续杨公十

① 赵银棠：《纳西人与杨氏家族》，《玉龙旧话新编》，云南人民出版社，1984年，第121—126页。

世谱》中，其曰："始祖讳为辉，字德升，湖南常德府武陵县人也。明时应丽江土知府木氏聘，素号国手，数年屡验奇方，辞回，世守（指木氏土司）不许，强之，佯诺，厚酬资斧欢送，伏劫之，再馈，再劫，如是者三，乃家焉。"①

关于杨辉落籍丽江之事，杨氏家族中还有另外一种说法。据杨氏家族中我的曾叔祖辈杨创勤对我祖母和钟华先生的讲述，杨辉是明朝的朝廷太医，皇后（或皇妃）难产，杨辉开了三副方剂，告诉太监依顺序煨，不料被另一太监换了顺序，结果使患者病情加重，因触怒了皇帝而被贬到云南。后来杨辉行医到丽江，在准备离开之时，又逢纳西木氏土司的夫人难产，请东巴祭司、桑尼巫师、喇嘛、和尚等作法事，都不见好转，有人便告诉木土司有这样一个游方医生，木土司赶紧派人把杨医师请来。杨辉利索地问诊之后，开了药方，并挖地 3 尺，用金碗舀出地下之水来熬药。药到病除，木夫人顺利产下婴儿。木土司见状，喜出望外，诚恳地请杨医师留下。② 族中长辈杨尔康也有此说。

据说，由于杨氏祖先在丽江城乡行医治疗好了无数的疑难病症，因此，在有的乡下流传着杨氏祖先变成了药神的故事，人们逢年过节便以祭神的礼仪来祭祀这个药神。

我的曾祖父也讲过这个先祖的故事。这个故事后来被很多学者作为纳西族木氏土司开明和广延内地人才的典型例子来多方宣传。20 世纪 80 年代初，有剧作家根据这个故事编了一个叫《四方街》的电视剧，在中央电视台播出。

据丽江古城熟悉地方掌故、有"古城通"之称的张墨君老人讲，我的祖先是在丽江古城居住最早的外来户。而张墨君老人的祖先则是在道光年间才从邻县的鹤庆搬迁到丽江居住的。

杨氏家族有一本有名的家谱，但在以往的社会动乱中，该家族各个家庭的家谱大多丧失殆尽。直到中国大陆改革开放，一份比较完整的《杨氏家谱》才在丽江古城近郊阿丹廓村的一户族人家中重见天日。那是族人杨树长在"文化大革命"中为避免家谱被查抄，将它藏在腌菜罐的盖子底下的一份珍本。据父亲说，族人杨壮勤曾告诉他，他从位于丽江文笔海附近的祖坟里抄写了现今载于《杨氏家谱》中的一些重要文献和谱系。1985 年我从德国游学归来，1986 年，我的弟弟结婚，杨氏家族已经数十年没有召开过家族会议，这次趁着这个机会，整个家族由辈分最老的长者主持，在我家进行了一次集会，同时将这份《杨氏家谱》公之于世，并复印送给各家一份，于是，我家就有了一份手抄本复印件。我这时才进一步知道了这个家族的来龙去脉。

在《杨氏家谱》上，有好几个当时的名人所撰写的序言，包括写乾隆《丽江府志略》的学正万咸燕的手笔。明代纳西木氏土司木增之孙木柼所写的《杨氏十

① 《杨氏家谱》（家藏手抄本）。
② 和钟华：《以砚池命名的城》，云南民族出版社，1999 年，第 95 页。

世起缘记》中说："杨氏始祖，讳'辉'，楚人也。由湘至滇，由滇至丽，七传，皆以医道为专务……救济一郡生灵，指到春生。"杨氏后裔多致力于丽江的医疗和文化教育事业，明末曾有任过"世医头目"之职者，"不独民间赖其疗治，而宰官亦往往钦羡之，所以赠以'边塞华佗'匾额"。

杨氏家族从明朝木氏盛期到清代，除致力于地方的医疗事业外，还开馆授业，在清代历举"孝廉方正"，被地方人民尊称为"忠义老师"，数百年来，对丽江的汉学教育的发展做出了很大的贡献，被誉为"丽江文化的桥梁"（主要指其在丽江大力促进汉学教育和推行中医治病）。当地士绅民众曾在古城大石桥边立碑纪念杨氏对丽江文化教育所做的贡献。

由于杨氏家族医道精深，因此又有"边塞华佗"的美誉。如在丽江最早的地方志乾隆《丽江府志略》中有一段记载："杨成初，郡人，遇异人传授，精于岐黄。丽俗信巫，不事医药，见成初指应如神，全活甚众，医道始行焉。远近闻其名，延请无虚日，屡著奇验。巡道李兴祖，称为边塞华佗。今丽之业医者，皆其传也。"① 杨氏家族的长辈杨尔鼎告诉我，这里所记的是杨氏家族十代孙杨成与杨初（当时他们皆还姓和），该志书上误记为一人。我对照《杨氏家谱》中的谱系记载，可以看出，"杨成初"实际上应该是"杨成"和"杨初"。

杨氏祖先在医学、汉学教育等方面对丽江的贡献有口皆碑。除了这些，这个家庭还有一些颇有意蕴的传统，如与杨氏家族有姻亲关系的纳西族著名女作家赵银棠在世时曾对我讲过，杨氏家族长期以来有"春月，饲饥鸟于庭"的习惯，她的嫁给杨氏的曾祖母一直保持着这个习俗。在《杨公十世起源记》中记载，八世祖杨公"慈爱及物，不可枚举。每至冬春之间，飞鸟饥啼，公常饲食于阶前，百鸟咸集，乡人异之"。

杨氏祖先在丽江定居后，很快便入乡随俗，娶了纳西女子为妻，数代与木氏土司家族联姻。同时，随从当时纳西木氏土司要求所有木氏之外的本土和外来人都要姓"和"的规定，改为和姓。直至1723年清朝实施"改土归流"政策后才恢复本姓。我的祖先中有为木氏土司的医官者，也有担任"文把事"（木氏土司府中有文武二把事，分别掌管文武之事）者，据族中的老人讲，《徐霞客游记》中所记的"文武二把事"，其中文把事即杨氏祖先。赵银棠在《纳西人与杨氏家族》一文中也提到此事。

这个家族在木氏土司府中任职和协助土司处理事物的情况，也见于一些历史记载，如在《杨公十世起源记》中记载：杨公（当时这些祖先都已用纳西名，因此在家谱中又称为"恩溥各"，纳西语的意思是"祖先各"，"公"即"各"的汉文译音）"为人秉性刚方，素履飘带，诸所谈论，坦真无隐。曾为掌印龙池长官，（与本府）同赴两京。钦奉诏赐本府三品忠义，共襄厥成，荣出望外，兼游四大名

① 乾隆：《丽江府志略》，丽江县县志办公室，1991年铅印本。

山，步履跋涉，一诚而往。家先祖生白（即木增）公旌奖酬劳，加恩格外，赐官大有仓，年支俸百石。凡遇汉朝事物，莫不随分尽职，竭忠以应之……公祥（杨公之子），壮年奉主出差南北两京，已历数回，又赍奉神宗御前，请佛大藏经六藏，来镇悉檀（指佛教圣地鸡足山上由纳西土司木增建盖的悉檀寺）、祝国二寺，功垂不朽……求文于元宰董仲伯（董其昌），承询巅末，公应对如流，深通义理，董公嘉悦。公之子讳成，自幼攻习诗书，兼行医业，救济一郡生灵，指到春生……"① 在杨氏家族族人和丽江纳西人中，广泛流传着杨祥协助在滇川藏接壤地区被藏民等称为"木天王"的土司木增建成著名的木府大门"石牌坊"以及"万卷楼"等建筑的故事。

明代，杨氏家族成为木氏土司所倚重的当地望族，不仅成为"世医头目"，而且还参政议政，成为木氏土司的左右手。

清朝于1723年在丽江实行"改土归流"，以朝廷派出的流官取代了木氏土司的统治，将木氏土司降为土通判。杨氏家族和其他许多汉族移民一样恢复了本姓。从家谱所记和一些地方史志记载中，可以看出这个家族在明代木氏土司禁止一般百姓学习汉文化的政策下，仍然保持了不丢弃汉文化的家教传统，因此才能有上述所引使大学者董其昌也盛赞不已的文辞相答之事。《杨氏家谱》中有一篇由"改土归流"后首任丽江学官、进士万咸燕写的序言，其中说："余来铎丽，童子之能为文者，相随请业。材可教而敝于俗，殊愦愦也。杨子恩，年差长，志笃学，朝夕励之。戊辰夏，学使巩案临，杨子补弟子员。既而来余，言曰：'恩本楚人也，游于滇，家于丽。十世以来，业岐黄，而事诗书，代有薄积。'"从这段记载中，可以看出杨氏家族一直未断家庭传授汉学的事实。

清代，大批纳西读书人（学汉学者）走上了科举之路，杨氏家族中相继出了不少著名的汉学文人。如杨本程（1799—1844），由府学拔贡为刑部七品官，中式甲午科顺天（北京）府举人，任刑部广东司主事。其妻和氏，是纳西族妇女在北京的第一人。其子杨炳亦是丽江的著名文人。杨炳之子杨元之（1850—1892），是丽江著名的诗人，有多种诗文传世。杨光远（1825—1874），清咸丰五年乙卯科举人，其父亦是举人。他因考进士，长期滞留北京，他的书法在当时的北京较有名气，曾靠卖字谋生，有《拓雪楼临古今名帖二十四册》。他的儿子杨卿之（1872—1917），童年即为秀才，又为贡生，亦是著名的书法家，剑川大书法家赵藩甚是敬服他的书法，曾"自谦弗如"。清末，杨氏家族的杨穆之（1871—1932），举贡进京，朝考第一，为优贡，曾任云南省都督府编修、丽江县学堂总董等职。②

杨氏家族中出的文人学士多，但使这个家族在丽江纳西人中名闻遐迩的是它的

① 《杨氏家谱》手抄本，见赵银棠：《纳西人与杨氏家族》，《玉龙旧话新编》，云南人民出版社，1984年，第121页。

② 赵银棠：《纳西人与杨氏家族》，《玉龙旧话新编》，云南人民出版社，1984年，第121—126页。

行医和“开馆授业”的家庭教学传统。

据族中老人回忆，杨氏家族过去常以“不为良相，便为良医”之家训教育后代，并尤其重视医德，走村串寨，亲到病人家中诊治，不论风霜雨雪，只要有人求医，便即前往。对贫穷人家，常常不收医疗费用。因此，在丽江民众中有很高的声誉，赢得“边塞华佗”之誉。[①] 杨氏家族中还有懂得家传针灸疗法的长者。我小时候，曾跌伤过手，家住大石桥下面的杨氏家族长者“阿八老”就曾用针灸为我治过伤。

“改土归流”以后，杨氏家族逐渐开始在家中开馆传授汉学。自清代至民国初，私塾是丽江县教育的一种重要方式，城乡都出现过不少有名望的塾师，有的是世代相传。他们为发展地方教育，培养人才起到了积极的作用。

杨氏家族在开馆授学中，还留下了不少至今被丽江人称道的佳话。如过去在丽江广泛流传着一个故事，谓“翰林儿子不入学，屠户儿子又中举”。在清代的科学考试制度中，对应考学子的门户职业等限制很严，如从事屠宰业、吹鼓手、衙门差役等类职业的子弟，一律没有参加考试的资格。古城中有个出身屠户的小童，自幼聪明好学，但苦于家庭出身而不能就学。他在山上放羊，常常独自揣摩识读墓碑上所刻的字，用树枝在地上比比画画。后被他的父亲无意中观察到，认定这个儿子是块读书的料，便求杨氏家族授学的老师收他为学生。杨家老师经过认真考察，确认这是个聪颖灵慧的孩子，但因屠户的出身被埋没，爱才的杨家老师便不顾世俗偏见，认这个孩子为义子，起名为杨育之。后来，杨育之果然不负杨家老师的教育，在光绪元年（1875）考上了举人。这件事在丽江长期传为美谈。

长期以来，杨氏家族致力于教育，门下出了不少读书人，且多有功名成就者。丽江地方士绅曾为对地方教育贡献卓著的杨氏家族第十三代孙杨绰立下石碑，“钦赐孝廉方正奉直大夫竹溪公杨老夫子绰德教碑”，我小的时候，此碑尚立在古城大石桥旁边，“文化大革命”中这块碑被毁，它的断残部分，成了河边人们洗衣时捶衣的石头。

三

700 多年前移民到丽江的这个杨氏家族，就这样与纳西人通婚，被纳西人同化，成为这“纳西古王国”一个有名的望族。这个家族以及其他不少先后融合于纳西族的外姓家族，将种种异文化（主要是汉文化）带进了这个古老的象形文字古国，同时他们自身的文化也被纳西文化所整合，形成新的一种文化现象，成为如今以多元文化并存而著称的纳西族文化中一个重要的组成部分。

---

① 杨尔康：《明初杨氏在丽江行医简略》，《丽江文史资料》第三辑，丽江县政协文史组编，第107—108 页；赵银棠：《纳西人与杨氏家族》，《玉龙旧话新编》，云南人民出版社，1984 年，第121—126 页。

不少人认为丽江古城是一个保留了很多传统的儒家礼俗的汉式古城，纳西族的本土文化（如东巴教）对古城没有什么影响，有的甚至提出“东巴文化从来没有进入古城”的观点，这种观点和看法是片面和不确切的。尽管丽江古城深受汉文化的影响，但纳西族的传统宗教习俗仍然对古城居民有很深的影响。纳西族的宗教信仰习俗对丽江古城的汉族移民也有相当突出的影响。比如“三多”神崇拜的习俗，“三多”是纳西族全民信仰的民族保护神，纳西人自称“三多之子”。汉族移民在纳西族地区定居后，也很快认同于这一意识，每年农历二月八日，到北岳庙和黑龙潭祭祀三多神。民国年间，到西藏拉萨以及康巴藏区设号经商的丽江古城纳西人（民间称为“藏客”），都保持着祭祀三多神的纳西传统习俗，纳西商人还在拉萨的云南会馆塑了三多神的神像来祭祀。

在20世纪50年代以前，古城中有不少居民信仰纳西族本土宗教东巴教和巫术，有病灾等麻烦事时，有的请祭司或巫师桑尼举行东巴教仪式和巫术驱鬼仪式。据调查，那时古城民众中请乡村的东巴来举行各种驱鬼镇邪仪式的不乏其人。

这里，我举一个我的祖父祖母的案例，来看杨氏家族这一丽江有名的“医儒世家”在长期融入纳西族的过程中如何受到纳西族传统文化的影响。

纳西族的传统婚俗中有一种叫作“抢婚”，纳西语称为“咪失”（mil sherq），直译意为“拉（或牵）女子”。这种习俗一般在以下情况下产生：双方订婚后，有的由于家境贫穷，男方交不出聘礼或女方无钱置办嫁妆，便由双方家长私下商定，以“抢婚”方式遮人耳目；或者得知女方父母想毁约，故意索取巨额彩礼，男方便采取“抢婚”方式将女子抢到家中，再行婚礼，使“木已成舟”；也有的是男方获悉女方想与人逃婚的消息后行“抢婚”之举的。

我的祖父的婚姻便是用“抢婚”方式完成的。我的祖父自小由杨氏家族的人做主，与我的祖母家定了亲。后来，我祖父到处漂泊，再加上因父母早逝，没有亲人及时地按照礼节去祖母家问候和议亲。于是，祖母的父母便很不高兴，放出话来说：“杨家的小子到处乱跑，这么长时间也不来家看一看，不像话！还想娶我的姑娘！”杨氏家族的人急忙帮我祖父去说亲。但按照习俗，女方家只要说了不满的话，就一时半会不会允诺亲事。我外曾祖母对杨家的人说：“你们杨家的人不懂礼，定了亲也不懂怎么做，还好我姑娘是本分、老实的人，不然早就跟着人家跑了！”

杨氏家族的长辈见女方家迟迟不答应，想到祖父是孤儿［当地人称孤儿为“西古都”（xi gv ddv），意思是“没有家里的头（来照料）的人”］，怕夜长梦多，便动用了传统的“抢婚”方式，让祖父约上几个朋友，悄悄观察好祖母的行踪，有一天便出其不意地将她“抢”到家中，然后再由杨家派人向祖母家赔礼道歉，告知他们家的女儿已经接到杨家了。按照习俗，事情到了这一步，女方家也将只好答应，为女儿置办婚事。

祖父当时父母早逝、孑然一身，又无固定的职业，可以说是穷得叮当响，自然无钱置备彩礼等。我想，祖父的抢婚之举一定与此有关。

祖父的抢婚是在杨氏家族的人的筹划之下进行的。从这个事例中，可以看出在当时的丽江古城，很多纳西族地道的传统习俗已经渗透到原来的许多名门望族中。这个丽江著名的“孝廉方正”医儒世家也用了与儒家礼教格格不入的“蛮夷”习俗，说明他们的很多思想观念和价值观也已经融入纳西族中。源于汉人习俗和纳西族习俗的不断整合，形成了多姿多彩的丽江古城文化习俗。

我家虽系“书香世家”（汉学）之后，但数百年扎根纳西古王国，血液里也已早就流着纳西人的血，而且自从明代洪武年间定居丽江的先祖杨辉开始，娶的都是纳西女，当然这里所说的纳西女子，有的是来自后来融入纳西人中的纳西、汉通婚的家庭。因此，我的家庭算是一个典型的纳西、汉合璧的家庭。纳西人的传统文化，也深深地渗透到我的家庭中。听我的父亲说，1944 年至 1945 年期间，祖父祖母和我的父亲都相继生了病，祖父、祖母就去束河村（今丽江县白沙乡龙泉村）请一个东巴祭司占卜。根据占卜的结果，应在家举行一个“祭风”仪式。祖父、祖母就从束河村请来一个老东巴举行这个仪式。东巴在院子里摆设好祭坛，布置好“祭风树”，上面插上很多五颜六色的纸旗。接着东巴叫全家人都跪下，东巴则烧香请神，吹黑色的牛角号呼唤鬼灵，又吹白色的海螺号请神降临。仪式过程中，东巴告诉我家人，作祟的是一个小媳妇模样的“风鬼”（纳西语称之为“her ceeq”），就在门外，要不要请她进来，祖母连声说请她进来。年幼的父亲当时还怯生生地向门外张望，当然他什么也没有看到。把鬼请进来并进行安抚后，东巴便开始以大动作赶鬼，他用口叼着一头小猪，在这头小猪的尖叫声中，飞快地挥舞着刀，从一个房间奔闯到另一个房间驱鬼。

我的祖母出身农家，身上烙着很深的纳西族传统文化的印迹。我记得小时候我多次生病，除了吃药，祖母都要喊来妈妈当助手，亲自进行占卜和驱鬼的巫仪。她首先把放着一层米的一个盘子放在桌上，然后解下她所戴的一个圆形绿玉耳环，这是纳西妇女最普遍的一种耳饰。她将耳环在盘中的米上不断地立住，口中絮絮叨叨地念念有词，念得是各种鬼的名字或已经去世的亲戚或邻人的名字，当念到某个名字时如果耳环稳稳地立住了，便证明是这个鬼在作祟。接下来的事便是祖母用一个煮过的鸡蛋不断地在我身体的各个部位（主要是在头部、面部）滚动，口中念叨着：

“鬼来作祟，鬼来作祟，你这鬼来作祟，你这不安分的鬼来捣乱。使我的孙子生了病。我现在祈求你快离开，不要缠着我的孙子！不要在我的家里逗留！我会给你好吃的冷水泡饭，请你快点走上回去的路……”

接着，祖母用她的裙子使劲地拍打着我，驱赶缠在我身上的鬼，厉声呵斥着那我看不见的鬼：“你快走开，快回到你住的地方。你走呵，走……”

接下来的事是，祖母叫祖父或母亲用一个碗，碗里用冷水泡一些饭食，连同那个煮鸡蛋一起，将这碗饭丢弃到附近的河里去。

做完这个仪式，祖母就安慰我：我的孙子，缠着你的鬼已经被奶奶赶走了，你就放心地睡觉吧，你会好起来的！

这种玉耳环卜是民间多种卜法的一种，只有妇女会这种占卜方式。女子善卜病因的习俗在纳西族社会中是源远流长的。在古老的纳西族《东巴经》的记载中，会占卜的多是女性，东巴教中就有一个赫赫有名的女神叫盘祖萨美，她掌管着360种不同的占卜经书。过去，纳西族的巫师“帕”（即桑尼与桑帕）最初是由女子担任。丽江现在尚健在的大东巴和士诚就对我讲过，帕（巫师）比本（祭司，即东巴）辈数大，帕过去多由女子担任。在纳西族民间，至今尚有不少上年纪的老太太会占卜。

丽江纳西族民间有一种比较普遍的迷信习俗，即认为某人某户是“毒习”、“搓铺习”，意思是“养毒鬼”与“养搓铺鬼”，与汉族的“养蛊”迷信相似。人们对被指称为“养毒鬼”和“养搓铺鬼”的家庭视若洪水猛兽，虽然纳西族中没有像傣族那样将所谓的“琵琶鬼”赶出村寨的习俗，不会当众公开攻击这样的“养鬼”人家，但明里暗里对这样的家庭及其成员却防范甚严。在丽江古城，这样的迷信在过去也十分普遍。城里有好几户人家就被认为是“养搓铺鬼”的，我祖母常常会提醒我，不要跟他（她）们接近，不要去这样的人家玩。

每天祖母吃早点的方式也给我留下深刻的印象。她首先在一个小小的陶罐里放进一小撮茶叶和开水，在火上慢慢地煨；继而又在火炭里将一块岩石样的盐巴烧得通红。待将浓浓的酽茶放进一个小杯子里后，她就用一把小铜筷将这块通红的盐巴夹起来，很快地浸进茶水里，约略数秒后拿开。每天，她就喝几杯这样放盐的酽茶，吃点自己做的粑粑。我后来在丽江的一些山区和永宁等地进行民族学田野调查时，看到不少老人的饮茶方式都是这样，便知道这是相沿甚久的一种传统喝茶方法。

我的祖母属羊，相传纳西族的民族保护神“三多”属羊，其栖息地玉龙雪山因此也相传是属羊的，云南最高的山、藏族神山——卡瓦格搏峰也属羊。纳西族源于古羌人，“羌”之本义与“羊”有关，有的史籍记载羌族信仰羊神。纳西人这种羊的崇拜之情可能起源于古羌人的羊崇拜。但按照纳西族民间的说法，男子属羊命好，女子属羊命不好。汉族也有这种说法，我尚不敢确定这种说法是不是受了汉文化的影响。我的祖母看来对认为女子属羊命不好的这一说法是相信的。我常常看到，每当她极度烦恼和碰到伤心事时，就会用非常沮丧和凄凉的声音大声地自语：（我）这属羊的女子啊！随即就长吁短叹不已。

从上述这个案例中，可以看出丽江古城市民的民间信仰也是很多元的，由于居民来历的多样化，所呈现出来的信仰也是多元化的。

中国云南的丽江古城是一个汉文化和纳西文化相互影响，最后有机地融合为一体的边地城市，是边疆少数民族与汉族和睦相处，最后融合为一个群体的典型例子。从这个例子中，可以看到云南少数民族中，民族及其文化的融合和整合是比较普遍的，云南很多少数民族地区的城区和坝区都普遍存在这种因外来移民和原住民通婚而逐渐同化于本地少数民族的例子。

笔者认为，纳西、汉两个民族之所以能在这个社区融为一个民族，两种文化能一体化，有以下几个关键的促成因素：

首先，丽江纳西族自唐代以来，就一直与汉、藏、白等族有相当密切的交往，这种居住区域的多民族交往的历史特点促成了纳西族不断吸收异民族文化的民风。

明代纳西族木氏土司在此基础上发展了相当开明的“对外开放”态度，克服了边地少数民族头人容易犯的“闭关自守”、“夜郎自大”之弊病。纳西土司乐于学习汉文化及藏族、白族等民族的多元文化，博采众家之长。这种广采博纳的精神不仅激发了本民族的活力，促进了纳西族社会经济的繁荣，而且也增进了纳西族与其他民族的友谊，促进了纳西族活动区域内各民族的团结。丽江古城之所以成为滇川藏地区商业和文化重要集镇，与这种对异文化的包容精神密切相关。

以儒家文化为主干的汉文化深深地渗透到丽江古城居民的文化意识中，因此，在丽江古城中至今仍可见到不少儒家文化之遗风，如敦厚的亲情人伦、社区内相互帮助的风气与和睦的街坊邻里之情，尊老、尊长、敬幼的社会风气等。古城人爱好琴棋书画、爱好种花养花等传统，都与儒家文化中崇尚人伦、长幼尊卑、礼乐风雅之风不无关系。

另外，必须指出的是，汉文化中的糟粕也对丽江古城有过很深的影响，突出地表现在1723年“改土归流”以后，清朝极端地推行蔑视少数民族文化的“以夏变夷”的文化沙文主义政策，“三纲五常”、“三从四德”等封建礼教被深深地灌输到丽江古城社会中，流官们制定了不少基于儒家封建礼教的地方条例，对古城居民形成极度违反人性的强权束缚和制约。这一点在民国初期新学教育展开之前的清代数百年间表现得最为突出。①

在汉文化深刻地影响丽江古城的同时，纳西族的本土文化也以它的强势力量影响着大量的汉族移民。这种影响深远而广泛，导致了大批汉族移民在语言、服饰和其他生活习俗方面逐渐纳西化。纳西文化中崇尚人与自然的和谐，崇尚人有“天赋人权”，即对人之天性的尊重等民风（如认为青年男女的自由恋爱乃天经地义的观念，与儒家“男女授受不亲”观念有较大差别），影响了丽江古城的文化格局。

汉族和纳西族的文化在丽江古城得以有机地融合，加上受藏族、白族影响的一些文化因素，形成了独特的丽江古城文化，它的形成，为研究中国历史上“主流文化”与“非主流文化”、“主体民族”和“边缘民族”的相互影响和整合提供了一个典型的例子。如果我们进一步深入研究形成这种文化整合的历史和政治及民族

① 杨福泉：《“改土归流”中的“以夏变夷”对纳西族社会的影响》，王筑生主编：《人类学与民族学》，云南大学出版社，1998年（亦见《杨福泉纳西学论集》，民族出版社，2009年）；杨福泉：《神奇的殉情》，香港生活·读书·新知三联书店，1993年，台湾珠海出版公司同年再版，第624—643页。

心理、自然和社会环境、制度等因素，将会在这一主题上得出更多的结论。

如果对丽江古城纳西人的家庭进行深入研究，我们会更清晰地看到上面所论述到的民族融合和文化融合所形成的丽江古城的社会和文化的独特个性。

丽江无二姓的牛氏家族

牛耕勤

丽江牛氏的来历

牛氏本不姓“牛”，是商（殷）朝末代君主纣王的兄弟取姓为“牛”。

能说会道的纣王继承王位后，微子做了卿士。微子见纣王残暴奢侈、荒淫无道，多次向他作了劝说，但纣王没有回心转意。

为了保存宗嗣，微子离开了王宫。离开时已过午时，便取过头的“午”字为自己的姓，这就是“牛”姓的来历。

微子的后裔牛父（宋武公时皇父的车右），在作战中同宋武公一起阵亡，成为保家卫国的英雄，成为牛氏的始祖。微子为牛氏的先祖。

三国时，魏有后军将军牛金，战功卓著。司马懿怕“牛继马后”，便想法药死牛金。牛金的儿子为了避难，因祖先叫宜僚，便改为“辽”姓。300年后，其后裔到南北朝末期，皇帝又赐姓“牛”，成为“牛”姓。

牛姓因宋国的强大而壮大，不断从宋国向外迁移。春秋时期，就有到诸侯国做官的；战国时期，有赵国的贤士、将军，秦国的大儒、豪族。

汉代，牛氏发展到甘肃陇西（甘肃临洮）一带，因名人辈出、人丁兴旺而成为陇西的名门望族，居于郡中八姓的第二位。

唐宋时期，牛氏因发展迅速而分布在今山东、山西、河南、河北、陕西、甘肃、江苏、浙江、安徽等地，出了不少名臣、诗人等。如唐后期宰相牛僧儒，五代梁大将军牛存节，词人牛峤、牛希济等。

元末明初，河南荥阳牛氏“一门济美”的十八兄弟，因遇“红军作乱”，将灶锅打成十八片，兄弟各持一片，投奔亲友分散离去，而称为“打锅牛”。

明朝安定后，十八兄弟于农历十月十九日在汜水县城西十里亭曾筑台举行隆重的对锅认亲会。

“打锅牛”后来迁移到五省十八县，如今已遍布五湖四海。

除“打锅牛”外，牛氏还有“天宫牛”、“八角牛”、“扁担牛”、“鞭杆牛”。“天宫牛”为隋代宰相（天宫）牛弘，后裔分布在河南洛原市西许、马寨等村庄。

因分离时折扁担和鞭杆各持一节作为以后相认之物而称“扁担牛”、“鞭杆牛”，分布在陕西关中地区和白水县。“八角牛”主要分布在山西洛安府（今长治市）。

丽江牛氏当是山西“八角牛”。因遇到嫁祸于人之事，破锅后三兄弟各持一份到云南，其中牛进忠到滇西北玉龙大雪山下，落脚大研里卖鸡巷，成为丽江牛氏的始祖。

从商到丽江

丽江的牛氏称“牛无二姓”，也就是丽江纳西族牛氏都是同一个始祖，即从山西阳城县小翼庄落籍在丽江的牛进忠后裔。

牛进忠原命（生于）康熙甲寅（1674）二月二十八日，大限（卒于）乾隆二年丁巳（1737）三月十五日，享年63岁，定居丽江的时间当在改土归流后的雍正初年。

牛进忠与落籍在丽江大研里卖鸡巷（今四方街北大街50米左右）的赵家为山西老乡，成为生意伙伴。因他为人忠厚，是一个靠得住的人，赵家便把女儿嫁给他，并将自家院旁的地基也给了他。牛进忠根据自己的经济条件盖起了三坊一照壁的房子，正房坐西朝东为楼房，其余两坊为平房，大门朝南，设在照壁的左角，门前有一条从玉泉西河引来的水沟，缓缓流入中河。

牛进忠娶了赵氏后，只生了一个儿子牛坤。

被纳西族同化的牛坤娶了李氏，但结婚多年没有生育。牛氏不能断了烟火，为了传宗接代、后继有人，便领养了个赵家的儿子，名叫牛应麟。没想到有了养子后，接二连三地生下三个儿子。

牛应麟为长子，次子为牛毓麟，三子为牛化麟，四子为牛即麟。

热心丽江文化教育事业

当时丽江的流官知府为开化聚居在滇西北“口袋底”的纳西族，十分重视汉文化教育，牛氏四兄弟都入学读书，考取功名，成了进入士林的人物。牛毓麟为贡生，牛化麟为优贡，牛即麟为贡生，因“一优两贡”，牛家在边陲丽江大研小镇一下子成了诗书之家。

牛应麟进过学堂，虽没考取功名，但也是有文化知识的人，他继承了先辈的事业，走“茶马古道”，做纳西、藏族间的贸易而积蓄了不少资金。

优贡牛化麟在湖北黄冈县代理县丞，也是比较富裕的，并在空余之时喜爱吟诗琢句，日积月累，便集成《西堂偶吟》。惜后来遭遇咸同年间的“乱世十八年”，而只有记载，没有作品传世。

牛氏四兄弟，因热心于边地民族开化，热心于文化教育事业，得到历任府官的尊重，对地处滇西北一隅的丽江纳西族文化教育事业做出了突出贡献，并载入地方志书中。

《光绪丽江府志·人物卓行志》记载老二牛毓麟如是说："字恒超，岁贡生。资性沉毅，嘉庆庚申（1800 年），和太守费颜［嘉庆五年（1800）丽江知府］，捐置乡会赆金（应试离时赠送的财物），毓麟慷慨捐资，筹划多方。既集事，毓麟定章程条约，太守善之，捧籍长揖曰：'卷金善后事，非易易也，惟牛先生之力是赖！'"

"太守卒，与弟即麟并力从事，恐负太守美意，故情殷奖籍后进。每于书院考课暇，结'玉泉文社'，仿春秋闱功令，三日盘飧，悉具自家厨。每闻捷音，先移私金踵门送之，曰：'为先太守馈贺仪也。'士林德之。"

可见，热心于丽江文化教育事业的牛毓麟，为奖励地方科举人才，不惜钱财，慷慨捐资，而且为使丽江多出人才、快出人才，亲自订立了奖励章程和条约，以期有更多的纳西人获取功名。还组织了"玉泉文社"，开展诗文创作交流活动，以繁荣地方文化。

在知府和费颜因积劳成疾卒于任上后，他与四弟牛即麟一起仍坚持不懈地以丽江文化教育为己任，只要有考中科举的，就及时拿着奖金亲自送到家中，放在中科举人的手上，还不扬其功，谦逊地说是已故的和太守让他这样做的。他还在自己家中做三天的饭菜，供给春、秋两季应试的考生。越是谦虚的人越受人尊重。他那种把名利让给他人的行为，在丽江古城被传为美谈。

嘉庆十七年（1812），他还重修了古城的关帝庙，也就是武庙。

老四牛即麟曾说："字玉书，附贡生，为人慷慨英豪，乡里有贫乏者，称贷不吝。嘉庆初，和太守费颜倡捐卷金，一时郡人杨溥相继而倾囊笥，即麟以公正与（牛）毓麟同为太守所器得，延请董其事，并出家赀百金，归商人权子母。30 余年，尽心勤恳任为己事。后存积至七千余金。丽人士赴春秋闱者，俱沾其惠，至今称道弗衰。"

牛氏兄弟把丽江学士春、秋两度的科举考试，当作自家的大事，出资出力，任劳任怨，使寒窗苦读的学子大受其惠，使丽江边徼的纳西族人文蔚起，科甲连绵。同时前面有人走，后面有人跟，带动了后学者。

老三牛化麟也说："优贡……性好善，乐施不倦。丽旧有卷金，权舆于张太守圣功，但赴春秋两闱，距京师及省垣道里辽远，不无菲薄之虞。适和太守费颜嘉惠士林……（牛化麟等四人）踊跃输金，以赞成其事。邑人至今为美谈。"

牛化麟为牛氏三世祖四兄弟中取得功名较高者，为嘉庆癸酉科（1813 年）优贡，曾在湖北黄冈县代理县丞，解甲归田后为丽江的文化教育捐资出力，博得人们的称赞。

改土归流后，丽江纳西人（尤其是大研古城人）非常重视文化教育，填补了土司时代丽江无科举人才的空白。出了翰林、进士、举人等数以百计的登科级第之人，以及众多走出玉龙大雪山到外地做官且有突出政绩的名宦。

如今，纳西族的大中专毕业生名列全国各民族首位。“冰冻三尺，非一日之寒”，边陲之地仅有20多万人的少数民族，有如此高的汉文化水平，抚今追昔，也有牛氏先祖的一份功劳。

特立独行的诗人

曾代理黄冈县丞的优贡牛化麟是清代丽江纳西族特立独行的诗人牛焘的父亲。《光绪丽江府志》人物志下卷“文学志”中说：“牛化麟，字履仁，著有《西堂偶吟》。”但经过清代咸同年间长达十八年的民族战乱及社会变革而荡然无存。这些精神遗产、精英文化，不仅属于个人，而且属于民族，属于丽江古城。

值得庆幸的是，牛焘生前自辑的四卷诗集《寄秋轩吟草》，经过十多年战乱和百多年风雨，“大难不死”，还是被抢救回来，于2007年5月由玉泉诗社、古城博物院出版问世。计有289首古近体诗，其中有近50首长诗。

诗集是由牛焘的玄孙编辑的，其中包含着李世宗老师的心血和辛劳，是根据他的手抄本打印的，并做了拾遗补阙，最后请李老师认真做了校订。

牛焘的诗作在清代纳西族诗人中独树一帜，充满个性，周钟岳看了牛焘的《寄秋轩吟草》感叹道：“先生诗任情舒卷，绝去依傍。诚哉，其为特立独行之士也!”

赵藩仿元遗山绝句评论牛焘诗（人）道：“可曾一语着粗毫，琢句矜严选韵牢。垂老空山抱琴死，招魂谁与续《离骚》。”还说牛焘“诗、文、书法皆工雅”。在《丽郡诗征》中，赵藩所作的牛焘简介中说：

“牛焘，字涵（含）万，拔贡生，历任镇沅、安宁、邓川、罗平校（学）官，有‘寄秋轩稿’。

“涵万家饶于赀，而标寄萧然，弹琴咏诗便可终日。司铎数校，晚而归田。蓄一雷氏琴自谱新曲，被之弦轸，听者移情。同时与马子云能吹铁笛。郡中有‘牛琴马笛’之目。

“回寇之乱，涵万避山洞中，抱琴而死。其女弟为吾中表王梅村孝廉之配，故抄得七十余篇（首）。”

牛焘51岁以后，因他是拔贡可以出外任职，家人催他去谋职并得州县学官以后的事略。在这之前的经历，可以从《寄秋轩吟草》中得知，在他博览群书、打下诗文功底的而立之年，沿着纳西、藏客所走的南路“茶马古道”，从丽江到石鼓、再到巨甸走了一趟后，写了《江行偶集》12首边塞诗。

31岁时他便赴京赶考，沿途吟下不少旅行好诗。他考取拔贡，可以谋个小官，至少是学官（即现在的教育局长），但因停委而没有任用，又因当时“家饶于赀”，而过着自由自在的潇洒生活。除吟诗作词外，他自谱新曲，自弹自唱，过着无忧无虑的日子。

48 岁时，又沿着久远的茶马古道，从维西到了德钦，著有《澜沧江西行诗》20 首。其中有一首长歌《走雪行》，一咏三叹，记下了他走过 4000 米以上的“茶马古道”的悲壮历程，是不可多得的文史资料，而且可透视到他的诗文的功底之深、观点之新颖。

51 岁，因家人催促，去省城谋得邓川学官之职。55 岁去镇沅，58 岁去罗平，62 岁御学官职回到丽江古城家中。

正如纳西族女诗人女作家所说，牛焘“诗才潇洒，写景如画，所到之处，不论山川、风物、人情，有感于心，即付吟咏；所写无不生动活泼，意味深远”。

加之有音乐天赋，他不仅给我们留下音乐感很强的诗，而且留下 10 多首有关音乐的诗，是纳西族音乐史上不可多得的资料。

牛焘生于乾隆五十九年（1794），卒于咸丰十八年（1861）的“乱世十八年”时，是时义军进攻丽江，火烧古城，他逃到文笔峰山洞中，望着一片火海的古城，愤怒地绝食死去。云南文化奇人赵藩对他的诗作和爱乡爱国精神作了高度的评价，是值得我们后人追思的。

乱世遭遇

在“乱世十八年”中，在义军和清军争夺丽江的拉锯战中，古城被义军烧为灰烬。未被烧毁和幸免于难的不到 10 处（家），其中有牛家的两个大院，一个是阿益灿（现新义街密士巷）牛家大院，那斗拱翘角的大门至今保护完整，里外的格局也无多大变异。现做客栈，对外开放。还有一个院落是因木氏土通判给牛家地基而被称为“当市洛”（汉意为新宅基地）的牛家大院，是丽江牛氏发祥地卖鸡巷牛家，也就是清代丽江大诗人牛焘的一个支系。战乱结束后，没了衙署的府县官曾借用这幸免于难的牛家大院作为办公地点。

长达 10 余年的战乱中，丽江牛氏家族的损失是极其惨重的，卖鸡巷房屋全部焚烧成废墟，阿溢灿除现存的牛家大院外，其余房屋院落都被烧尽。据说，牛焘的一个儿子因目睹义军残杀本土人的可怕场面而惊悸成病。

牛氏为收复丽江古城而有多人献出宝贵生命，被载入《光绪丽江府志·忠义志·殉难志》。记载的三位忠烈如是说：

“牛士正，由练勇保举五品衔，随杨（玉科）武愍公带领兵练守鹤庆城池，因回兵麇集，士正登陴坚守，日夜不懈，城陷，力战死之。”牛士正为三世祖牛化麟孙子，即牛焘胞弟牛耀的儿子。

“牛继荣，随杨武愍公克服鹤庆城后，回兵大至，城复陷。继荣力战不退，被贼擒杀。”牛继荣为四世祖牛即麟的曾孙，即大儿牛秋五子牛士亮的老大。

“牛士范，五品军功。从张（润）副将攻榆（大理）城，于城北五里桥阵亡。”牛士范也是牛即麟的孙子，即大儿牛秋的八子，牛秋共生了8个儿子，所以在牛氏家族中一时成了人鼎较旺的支系。

丽江牛氏家族谱因在战乱中遗失，便于战乱结束后的同治十二年（1873）重修了家族谱，原因是经过10多年的战乱，使家族的人难以相认，更不知道家族的历史上出过什么样的人物，为丽江做过什么样的贡献。为的是激励后人继承先辈无私的精神，不为名利所动。

牛氏四大支

据说，当时人丁兴旺并热心于丽江文化教育而在地方有极高声望的牛氏三世祖四兄弟，想搬迁象山南麓坡的始祖牛进忠的坟地，结果在选好动土的日子，正要在坟地动土的时候，从坟上扑棱棱飞出三只斑鸠，一只飞向拉市，一只飞向白沙，一只飞向文笔峰下的珊碧山。觉得这坟地还是好的，就没有动土，后成了老四牛即麟的坟地。按斑鸠先后飞去的方向，老大应麟在拉市选择了坟地，老二毓麟在白沙，老三化麟在文笔峰下，老四即麟坟地，因20世纪60年代建丽江地委党校的校舍和房屋搬迁到清溪山松林中，牛氏丽江始祖的坟墓就迁往那里，有7代孙牛鉴清（牛焘曾孙）撰写的对联：

王屋麻楼考是系，
雪岭霞峰卜人文。

这是由著有142部长篇巨制的纳西族大作家王丕震的父亲——纳西族书法家王有富书丹的。墓门两边镌有丽江牛氏简述和谱略。此祖坟于民国初年由当时有功名——任贵州都匀县知县的牛鉴清领头重修的。

过去修坟墓不仅讲究以功名的大小决定规格的大小，而且讲究有功名的人才能重修，因此有功名的牛石泉重修了祖坟，才有了追溯丽江始祖原籍、预示后裔人才辈出的佳联。

民国知县

牛氏三世祖优贡牛化麟曾代理湖北黄冈县丞，其三子拔贡牛焘曾任邓川等地的学官，牛焘的曾孙（云南优级师范毕业〈大专生〉）牛鉴清（字石泉）在民国十五年曾任贵州都匀县知县。据说牛石泉在任内大抓文化教育，深得县民的爱戴，辞职离开都匀时，县民依依不舍，挥泪送别。

牛石泉小时候读书非常用功。勤奋出天才，14 岁就成为岁贡。接着丽江紧跟形势，实行了新学制。他因学习成绩拔尖而被选送到云南优级师范（云南师范大学的前身），文理皆优的他毕业后任丽江劝学员长、县第三届参议会候补议员、省立丽江中学董事。他是纳西族第一个数理化中学教员，民间顺口溜说：牛鉴清，牛鉴清，数学算得清。

据说，著名纳西族画家周霖的父亲周冠南从日本购买来一批物理、化学的试验仪器，当时只有牛石泉一人会操作使用，其他教员都成了不“识”洋货的人。

和心友老师讲，有一次牛鉴清当众做化学试验，观者目不转睛地看着他，当他边讲边变戏法似的做出五颜六色的异彩之时，静无声息的人们抑制不住内心的激动之情，突然爆发出雷鸣般的掌声。

李世宗说，牛石泉是“丽江文化才子”。他是第一个在大研古城清唱京戏的纳西人，是在昆明读书时学来的。省立丽江中学的莲花池中的“是亭”第一联是他的代表作，是周冠南命题，他应作的嵌字联：

是处小偷闲，恰好时雨浣花，且拾荷钱买春去；
亭瞳真可爱，趁观池鱼吞墨，便凭柳汁作袍回。

以此激励学生趁着大好时光，刻苦钻研，努力学习，那样才会有美好的回报。对仗工整，用典绝妙，寓情于景，情景交融，不愧为 1937 年省立丽江中学校长的“滇西才子”范义田所赞不绝口的丽江名联。

牛石泉英年早逝，死得很惨，正是年轻有为的时候。在 1927 年云南胡龙争战中，成了牺牲品。这本来不关他的事，但同乡王季莲（曾任中将师长兼云南省宪兵司令）认为，他这么一个有学识的丽江名人，在贵州都匀县当县太爷，太不像样了，要跟着他去干一番大事业才是。

牛石泉便跟他去做文官，结果在罗平被围困了几天几夜后，在异常饥饿的情况下，饱食了一顿致死。

到上海经商

丽江牛氏始祖是为经商到丽江的。二世祖牛坤仍继承父业从事商业。三世祖的四个兄弟则有所不同，除了老大牛应麟到西藏从事纳西、藏族间的贸易外，其他三兄弟大力支持丽江教育事业，而留下美名。

民国初年，家住大研古城牛家巷（阿益灿）的牛即麟的后裔，牛氏的七代孙牛星海（1883—1968），在丽江商家都处于不景气的情况下，在一家商号当店员的他，沿“茶马古道”到维西及澜沧江一带，拿驮来的茶叶、粉丝、红糖等货物换回麝香、虫草、贝母等药材和皮张等山货，驮运到昆明等地转买，从中获得盈利。

随着流动资金的增多，往来业务的发展，有了一定的经济实力后，创立了自己的商号“春华盛”。在昆明、下关、维西等地设了分号。

后来，与同在澜沧江一带发迹的拉市木荣春的荣华盛合资成立了“春荣记”商号，把总号设在昆明，分号设在上海。总号的掌柜为牛星海。把来自“茶马古道”的药材等山货，以及丽江寿元丰生产的名药“虎潜丸”（以采自高海拔的玉龙雪山的药材为主，加工泡制而成，因而药效特别）等运到上海销售，赢得可观的利润。生意做得异常红火。

不过，上海是一个花花世界，一个大染缸。在上海分号的木某某经不住“糖衣炮弹”的攻击，掉进染缸里不能自拔以至糜烂。从昆明发出去的一批又一批的山货药材，有去无回——只有去的货，没有回的钱，在上海花钱如流水，吃光用光，使牛星海欠下一屁股的债，只有变卖了家产，才还清了欠债。合伙的商号倒闭了，亲家变成了冤家，只有各干个的了。

在抗日战争时期，由于丽江的特殊地理位置和建立已久的纳西、藏族的贸易关系，在日寇封锁了国内港口后，丽江成为昆明至印度的国际商品贸易的中转地，丽江的商业得到空前的繁荣。

就在此时，牛星海得到了一笔赞助，于是善于经商的他重整旗鼓，东山再起，创立了“炳记”商号，分号设在昆明、下关、维西，并设到了腾冲，又成为丽江古城不可小觑的商家。

后来牛星海还在丽江组织了“三合”盐号和民间慈善机构“施棺会”，用盐号的利润，作为施棺会的费用开支，为地方做善事。

办学为民的大商家

牛文伯（1902—1951）是丽江牛氏八代孙，是三世祖老大牛应麟的后裔。家在新华巷萃文段“补子阿劳过”，也就是汉称的“桃源巷”。牛文伯同丽江的大商家一样，最终还是走“茶马古道”，做纳西、藏族间的生意，进而做国际贸易，跻身于丽江有名的商家中。同其他大商家一样，有了钱就去做对地方和社会有益的善事。不过有所不同的是，为培养地方人才，他承办了一所小学校。

牛文伯是靠他的舅父和庚吉进士起家的。年轻的时候，经商无望的父亲让他去鹤庆有点名气的一家中医馆学医。想把医理学好的他，交了足够的学费，却只让他干那些没完没了的杂活。一点医药知识都没有教给他，更不用说医术。

和庚吉进士得知这一情况后，愤懑之余，让牛文伯请一个医术高明的医生，自己开办中医药铺，一切费用由和进士垫支。

牛文会请到一个医术不错、家境较差的杨氏医生，在古城四方街开了一间“文伯药铺”。由于杨医生诊病准确，加之药方灵验，“文伯药铺”在有不少老新中医药铺的大研古城渐有名气，不久便红火起来。

家里人见他是个有用之才，便让他继承每况愈下的牛家祖业“裕春和”商号。牛文伯购置马帮，沿“茶马古道”进藏做起了“藏客”生意，同时也做贩运大烟生意。那时丽江因气候适宜，乡下的农民普遍种植大烟，收入不菲，商贩更有盈利。牛文伯便去收购大烟进行转卖。丽江是云南大烟销往康定的过境线，县府成立了征收过境鸦片税“征稽处”，让牛文伯当处长，使他得利不少。

1938 年，经过数年的经营，身为处长的牛文伯有了足够的资金，他到“裕春和”昆明分号进行盘点清理，房主是云南大商家董成龙。董成龙在接触中觉得牛文伯是一名有才干的商人，便向云南省主席龙云给他要了个“公膏局”局长的虚衔，以承办从丽江至康定的大烟生意。

牛文伯在康定设了裕春和分号，以便于云南省主席龙云和西康省主席刘文辉做大烟生意。精明的牛文伯也获得不小的利益，并将分号设在四川成都、重庆等地。

1941 年政府再次严禁大烟，牛文伯便只有作罢。他购买了数以百计的骡马，组成若干马帮，除将裕春和分号设在昆明、下关外，还设到了德钦、拉萨，甚至印度加尔答。他开始一心一意地做国际商品贸易，将洋钞、毛呢、布匹、纸烟及百货商品从印度运至西萨，沿着“茶马古道”，千里迢迢，运至丽江，再驮运到昆明销售，价格翻了几十倍。用艰辛换来的丰厚利润，使他几年后成为丽江富商之一，使奄奄一息的牛家商号兴旺起来!

1945 年抗战结束，丽江的特殊商机画上了一个句号，商业随之跌入低谷，加之通货膨胀、货币贬值、物价暴涨，一般的商家纷纷倒闭。丽江的大商号也损失不少。

作为有才干的丽江大商家之一的牛文伯，对丽江的最大贡献且令人值得效法的是，1944 年，当省立丽江中学附小，得到省教育厅下文停办后，10 个教职员工面临失业、300 名纳西学生面临失学之时，牛文伯毅然接收了这个面临消亡的学校，在承担一切费用的同时，新建了两个教室和一个教员办公室，修缮了旧教室，填加了新课桌、教桌和教具等，使面貌一新的原省立附小，经县教育局改名为“私立文伯小学”后，成为有史以来丽江第一个私立小学。每年的经费开支共计半开银圆 2000 元左右。当时在大研镇建一个大院房屋也只不过用几百元。

云南省教育厅为表彰牛文伯对地方教育所做的杰出贡献，颁给他“嘉惠菁莪”的匾额。他欣然挂在自己家中。

随着丽江商业的一落千丈，裕春和商号也遭受很大损失，但“私立文伯小学”却一直办到丽江和平解放，这是难能可贵的。

人有旦夕祸福。1948 年，当他任丽江县银行经理时，因小票在丽江市场难以交换，经地方官商集体讨论通过后，盖有牛文伯印章的分、角小票在丽江市场通行，以便利于民。然而，在社会变革时期，他以“制造假币”之罪名被处决。

历史是公证的，在地方学校面临倒闭、师生面临失业失学的时候，作为古城一个纳西商号的老板，他慷慨解囊，承担了学校的一切费用开支，为培养民族人才做出了功不可没的贡献，被后人记载于丽江纳西族史志中。

出色的实业家

家住阿益灿的牛尚麒（1902—1958），因少年失怙，读了四年私塾，便出远门去亲戚“春荣记”商号设在上海的分号学经商。

丽江春荣记分号的掌柜木某某，经不住花花世界的侵袭，腐化堕落。牛尚麒到了上海后，却大开眼界，感触颇深，觉得应该学点实业技术，回去开办地方实业，那样才对落后的边陲丽江有好处。他用心去学习化工、纺织等技术。

学而有成的他于1931年从上海回到久别的故乡后，利用维西和丽江的植物油，在大研古城开办了丽江第一个肥皂厂，取名为“丽华洋枧厂”，用木模子土法制造洋枧（肥皂），日产100条。由于价格适中，质量较好，产品供不应求，远销维西、中甸、兰坪、永胜等地。

有着市场经济头脑的牛尚麒，见袜子在丽江市场好卖，就从昆明购买脚踏织袜机，以及织袜的棉纱，在古城建了织袜厂（可能是丽江织袜第一家），将产品投放市场，不出所料，畅销于市。

抗日战争爆发后，对于走“茶马古道”已久的丽江商家来说是千载难逢的机遇，而对于牛尚麒红火的肥皂和袜子产业却是一个厄运，由于制作肥皂的原料砂碱和织袜的棉纱没有来路，只有倒厂闭房，停止生产。

一心想干一番事业的他，得知驻王家庄的安牧师想要利用教堂旁古城东河的水力，虽然便从英国带回一套靠水力电动制作木料的机器，但因那儿的河水落差欠佳、不能发电而搁置下来。

牛尚麒向同一家族的丽江富商牛文伯借了20两黄金，购买了安牧师的洋机器，利用中河南门桥上段阿布布（今新纳大酒店）落差较大的河水，在著名的植物学家秦仁昌的帮助下，安装了发电机以及电动锯木、刨木、铣木的机器，办起了加工制作厂，生产家具用具、课桌教椅、栏杆扶手等，成为云南历史上前所未有的一件新事，也是丽江水力发电和电力加工制作木器的先声。直至20世纪50年代，古城中河的百岁坊段才有小型水力发电厂。尽管有人从中作梗，牛尚麒所做的这一新生事物在古城中只办了两三年，但他敢于创新的精神是值得我们学习的，尤其是在改革开放创新的年代。

牛氏在古城及其他分布

丽江牛氏是一个兴旺之族，原始祖牛进忠于雍正初年从山西阳城落籍到丽江后，成为纳西人的“存”字辈，已有9代（现已有十二代孙），据说有150余户。

主要在古城阿益灿至汝启当积善巷下段，在民国年间被称为“牛家巷”。是牛氏分为四大支后，三世祖老二牛毓麟、老四牛即麟的后裔。此两支的后裔有的在（五一街）兴仁村和文华村，有的在（光义街）忠义村等。

据了解，大佛寺（今兴仁小学）至汝启当的大片地基为牛家地基，40年代卖给了丽江富商李达三、李烈三等，建起了李家的几个大院。

也是在20世纪40年代，大佛寺西南面牛氏地基即将被别人占用，家族中的人便动员大研古城的所有牛家，每户出一点钱集资建了“牛公祠”大院。此后，每年春祭轮流做东在公祠中举行礼仪。历来重视文化教育的牛氏在这里还办了对外开放的牛氏宗族学校，以在金沙江边的笔墨田庄作为费用开支。

另外，分布在（新华街）萃文村和黄山村的牛氏，为抚立的赵姓长子（老大）牛应麟的后裔。此支后裔有的在古城以北的玉河村等地。

牛氏发祥地卖鸡巷为老三牛化麟的后裔，也就是作者的家，1954年因国家需要而重新分给房屋并迁居到百岁坊，另有老四牛即麟的一家后裔也是由于同样的原因而同时搬迁到百岁坊。牛化麟的支系主要在光义街新院巷村，有的在古城以西的金甲村。

金沙江边巨甸、金庄、红岩以及江对面中甸总共18户牛氏人家，大研古城牛氏落籍在那里，是因购买了不少田地，需要管理并收租而落籍在那里的，是三世祖老四牛即麟的后裔。

兴旺之族

牛氏成为丽江纳西人后，热心于丽江文化教育事业，而被后人称道。其中不乏科举人物，除三世祖牛化麟为优贡，其他三兄弟为两个贡生、一个文庠外，还有嘉庆十二年（1807）丁卯科举人牛焯，咸丰壬子科（1852）副榜牛锡庆，光绪丁酉科（1897）拔贡牛承汉，贡生牛薰、牛士清等。更有特立独行的诗人兼音乐家牛焘（拔贡），还有湖北黄冈县丞牛化麟、贵州都匀县知事牛石泉，都有诗作和对联传世。

民国初年有在上海经商的大商家牛星海，民国后期有办私立学校的富商牛文伯、出色的实业家牛尚麟……

牛氏一族因从商而到丽江，做生意有了钱就供后代读书，第三代便成为丽江的读书人家。值得称道的是，他们为地方文化教育事业做出了不可磨灭的贡献！

民国期间，从事教育的人就不少，有理化和国文、美术、音乐等大中小学教师。新中国成立后，尽管教师成为历次运动的对象，牛氏仍然有不少教书育人者。这是其家族的光荣传统，也是家族的骄傲！

而今牛氏不乏有成就、有贡献的专家，有从事高温合金、工业X射线分析、微束分析研究和应用工作，以及从事稀有金属和铀矿床研究工作的高级工程师，有致力于克山病防治研究的国家级专家，有扎根边疆的全国优秀教师，有潜心研究文学、艺术的专家学者，可谓人才济济，后继有人。

结 语

关于牛氏从山西迁到丽江还有一种说法，就是因做官而到丽江等。这跟牛氏发祥地卖鸡巷赵家和牛家至今相传的截然不同。我曾写过一篇《卖鸡巷与清代诗人牛焘》，赵家的人看后特别向我指出以后要写上赵家和牛家不同于一般的关系。

我在4岁时住过与赵家只隔一堵墙的、牛氏始祖建的老院。当然是“乱世十八年”被毁后重建的，诗人牛焘便出生于此。牛氏始祖与赵家为经商伙伴，落籍丽江，也就是后来的四方街卖鸡巷。

我认为从外地落籍丽江的原因是重要的，就如现在古城许多人家，都被说成是木土司请来的匠师，而多为木氏降为土通判后而到丽江。那时没有什么权利的木氏，是不可能请匠师等到丽江的。现在恢复重建了木氏建筑群后，木氏土司仿佛成了尽善尽美之人，从过去的一个极端跳到另一个极端。

牛氏到丽江后特别注重地方文化教育，得到人们的尊重和赞誉，同时也特别注重家族的文化教育且代不乏人。牛氏后裔在为之骄傲的同时，也应作为鞭策，这是我写此文的初衷。可喜的是，如今丽江牛氏后裔也是人才辈出的。在此文中不急于一一介绍，是因为自己是搞文史工作的，坚持传统的盖棺定论观点，而让后人去评说。我想牛氏的后裔们是不会介意的。

丽江牛氏有值得我们自豪的历史人物，也有值得我们荣耀的现代人物。长江后浪推前浪，只要我们像先祖一样重视文化教育，乘着大好春光，珍惜年华，无论在本乡本土、国内国外，无论在哪条战线上，牛氏的子孙都能开出灿烂之花，结出丰硕之果，为家乡争光，为国家争荣，为家族添彩！

幸免咸同兵燹的密士巷牛家大院正门

牛氏发祥地——四方街卖鸡巷

丽江习氏家族刍议

——习氏家族在丽江纳西族社会发展中的影响和贡献

习成功

一、丽江习氏家族溯源

“盖闻人之有祖先，犹水之有源，木之有本也，考原籍系江西省临江府新淦县登贤乡宣峰里习坊堡人氏，为晋代史家凿齿公之后。至清初，二世祖国信为邑名士，生三世祖儒轲，轲生四世祖祁，精医理，雍正三年（1725）行医到滇，北上丽江，以山水之秀丽，气候之良好，风土人情之可爱，远观玉龙山皓洁白雪，近听黄山翠柏风声，众鸟翔鸣山林，小桥流水人家，耕读咸宜，渔樵足乐，遂卜居而安之。”这段文字由《丽江习氏宗谱》所载，需说明的是：（1）丽江习氏原籍系江西省临江府新淦县登贤乡宣峰里习坊堡人。2003—2004 年，我们通过来丽江旅游的江西习氏族人，经过多方面调查了解，虽然古代地名与现代地名有所差异，如临江府现为樟树市，新淦县现为新干县，登贤乡现为大洋洲镇，习坊堡现改为上习村与下习村，但基本情况吻合，可算查清落实。（2）关于丽江习氏为晋代史家凿齿公之后代的问题，通过网络以及江西习氏族人，我们已基本弄清，习凿齿原籍湖北襄阳郡，后因避难到江西，死后其墓葬在江西新余市白梅枣木山上，当地习氏族人均认其为始祖，因而丽江习氏族人为其后代是有一定依据的。（3）丽江习氏始祖为习祁，精医理，于清雍正三年（1725）行医到滇，定居丽江，至今已 280 多年，其后代逐渐成为丽江纳西族人。

二、习氏家族在丽江纳西族社会发展中的影响和贡献

在民间及一些书籍中有“丽江四大家族——习、王、李、赖”之说，且不论

其提法正确与否，从另一侧面说明“习、王、李、赖”四个家族，对丽江纳西族社会的稳定和发展有一定的影响和作用。以习氏家族而论，1949 年以前曾出现过两个著名的人物习自强与习自诚，他们是叔伯兄弟，后来都官至将军，故时人有“一门双将”之说，现将他们的情况略作介绍。

习自强（1894—1952），字健夫，纳西族，丽江大研镇人，1909 年考入云南陆军讲武堂第一期丙班，是朱德同志的同班同学。1911 年随讲武堂师生参加云南“重九起义”以及后来的护国、靖国等战争，历任连长、营长、团长等职。1920 年赴日本学习海战技术，1921 年回滇升任旅少将参谋长。1923 年任贵州督办公署中将参谋长兼滇黔联军宪兵司令官，1925 年任云南陆军讲武学校将校队中将工兵科长，同年调任腾越镇守司令部中将参谋长，1926 年任腾越道尹，1936 年任滇黔绥靖公署中将参谋长，1937 年赴南京任国民政府立法委员，1945 年任云南省政府顾问、省参议员、中将高参等职。1946 年当选为国大代表，赴南京出席“国民代表大会”。1949 年 12 月随卢汉起义。1952 年 7 月 6 日被错处判死刑。1984 年 9 月按起义人员政策撤销原判。

习自诚（1896—1954），字朴庵，纳西族，丽江大研镇人，1909 年被选入云南陆军讲武堂学习，也是朱德同志的同学。1911 年参加云南“重九起义”，1912 年参加护国军任营长，1923 年任团长。1927 年任云南陆军军械局少将局长。1932 年回丽江主办地方团务。1934 年任丽江县参议长。1948 年任丽江县长。1949 年 5 月，他与中共丽江县委合作，成立联防大队，支持中共地下党组织驱逐国民党专员史华，当月被卢汉任命为专员兼县长，接着组建由他出枪、出粮饷，由中共地下县委选派人员并直接指挥的常备第三中队。1949 年 7 月 1 日习自诚发表《告各界同胞书》，宣布和平起义，还政于人民。他的这一义举，避免了一场冲突，一方百姓免遭涂炭，完整地保存了丽江古城。随后他把自己的梨园、纸厂、牦牛场及铺面等资产全部捐献给新政权。习自诚虽然是地方上的头号实力人物，但他从不横行乡里、欺压百姓。1948 年他就任县长时，地方上举办提灯晚会以示庆祝，他事先准备了许多毛笔和棉纸，当学生们手提灯笼经过县政府大门时，他送给每个学生一支毛笔和几张纸，以勉励他们好好读书。在他当县长的时候，他与永宁土司和中甸头人保持着良好的关系，维护了丽江社会的安定。1951 年他被错处关押，1954 年 3 月 12 日保外就医，次日（3 月 13 日）去世。1981 年落实政策后按起义人员恢复名誉。习自强、习自诚二人对丽江纳西族社会的影响是众所周知的，他们被错判错处，有其历史原因，后来落实政策而撤销原判，恢复了名誉。但笔者认为对一个民族或一个地区曾经有过重大影响的人物，单是落实政策、撤销原判还不够，应对他们的功过是非，实事求是地、历史地来看待和评论，即要看他们在历史关键时刻的表现。在中华民族面临帝制复辟与维护共和的关键时刻，他们都参加了护国起义和护国战争；在大势所趋、人心所向、云南人民渴望解放的关键时刻，他们选择了起义，投向了人民，这是大节。特别是习自诚，在云南还未起义的情况下，1949 年 7

月1日通过发表《告各界同胞书》，宣布丽江和平起义，还政于民，使历史文化名城丽江古城得以完整保存、丽江各族人民免遭战火涂炭，这是他对丽江古城和丽江各族人民的最大贡献。我们应当客观、公正地来报道和评价，还历史以本来的面目，这才是对历史负责、对我们的子孙后代负责。

除上述习自强、习自诚二人在军政界的影响和作用外，丽江习氏家族在其他一些领域也有一定的影响，做出了贡献。

在行医治病方面：丽江习氏始祖习祁从江西行医到丽江后，在大研里（大研镇）开设“长春堂”行医，给后人留下精湛的医理和存心济世的医德，其五代孙习谭医理精湛，编写有《本草改谬及验方录》一书留存后世。据说，其六代孙习於礼开设“森生堂”药铺，有贫苦人来看病找药时，不但不收分文，甚至在药袋里悄悄送上几个铜钱给病人带回。七代孙世贤、世英、世伟、世臣、世俊、世昌、世文、世卿等都行医，“长春堂”、“森生堂”、“志远堂”、“济生堂”等医馆、药铺分布于丽江大街小巷，丽江现文村习家院正房有两块群众送的匾额——“存心济世”、“可饮上池”可作佐证。新中国成立后也有不少习氏后代从事医疗卫生事业，如在昆明的习家骏、习惠仙等。丽江习氏算是丽江地区的“医药世家”。

在教书育人方面：“十年树木，百年树人，”教育乃社会进步之根本。丽江习氏家族中历代都有不少人从事丽江和其他地方的教育事业，如在科举时代曾为贡生的习详、习周书，拔贡习丹书，举人习世贤，曾任劝学所长的习世伟以及后来从民国时期到现在的习世勤、习道渊、习道生、习道彰、习玄（习先）、习成功、习宏彦、习家鹏、习争先、习家骙、习洁平……其中习周书（宪卿）为邑名士，曾在丽江开办私塾数十年，桃李满邑，全邑许多名士都曾受其教益，如著名学者周汝诚、桑即藩等均出其门下，剑川著名学者赵藩与他也有很深的交往。总之，在不同年代和历史时期，习氏师资对丽江及其他地方的教育事业做出了重要贡献。

在纳西古乐的传承方面：被称为“国之瑰宝”的丽江洞经音乐（纳西古乐）自明清之际传入丽江后，深受纳西族人民的喜爱。清咸丰同治年间，杜文秀起义军在丽江多处发生战乱，丽江城几乎毁半，死者难以计数，对这一历史时期县人称为“乱世十八年”。在此期间丽江原有的洞经音乐会被打散，丽江习氏五世祖习谭想方设法将散落掉的乐器一件件寻回，重新组建洞经音乐会，由他任音乐会坛长（相当于会长）。从此，洞经音乐又在大研里活跃起来，有了谈经班和皇经班的音乐活动。习氏七世祖习世伟，字卓卿，继任当时谈经班坛长。当时民间对丽江洞经音乐有“牛琴、马笛、习筝”之说（牛焘的弹琴、马子云的吹笛、习杏樵的弹筝），习筝说的就是习氏七世祖习世贤（字杏樵），他弹奏的古筝技艺高超，富有韵味。习氏八世祖习自高，字仰之，对洞经音乐造诣很深，他精通古老的工尺谱并能分别使用多种乐器熟练地演奏洞经音乐的各个曲调，他是20世纪三四十年代洞经音乐演奏团体谈经班的骨干，他培养了一批洞经音乐的传承人。他弹奏的三弦在民间称为“仰之三弦”，在音乐合奏中节奏感强，可弹出纳西古乐那种独有的韵味。由于习氏多代人爱好民间洞经音乐，后人长期受到家庭音乐的熏陶，言传心授，至今仍继承先人爱好者不乏其人。著名音乐家宣科先生的中国纳西古乐会里也有好几位习氏族人。现在习氏族人中能基本掌握纳西古乐演奏者不下10人，如习梅芳、习梅英、习家驹、习宏一、习家骠、习家鹄，等等。最近，习镜光先生发起组织“丽江依古笃古乐演奏会”，目的在于重新遵循古人，认真研究、发掘和领会已逝去的先辈纳西乐师们对纳西古乐的认识、理解和演奏方法、演奏风格及演奏韵味，通过努力学习，使纳西古乐之古风古韵得以重现，并在此基础上，通过传、帮、带，使纳西古乐及其古风古韵得以真正的传承。此举得到了丽江市民族文化研究会领导的认可和支持，纳西族著名学者郭大烈先生为该会提供了学习演奏场所。演奏会成员有12人，所奏乐曲比较得体，不失遗韵。总之，丽江习氏家族在传承和弘扬纳西古乐方面做出了一定的贡献。

在文学艺术方面：民国初年丽江出现了第一个正式的文学团体——“桂香诗社”，习彦卿、习杏樵二人为诗社主要成员，后来成立的“丽泽社”的成员中就有习世贤、习立伟等人，其中习世贤曾写有诗书《芝圃吟》上下两集十六卷。20世纪30年代末，丽江又成立了一个文艺团体——雪社，包括画、乐、诗、书四会，以习仰之及和毅庵为主要成员的乐会也是雪社的一部分。这里需要提及的是，习氏家族中也有不少擅长绘画之人，如习世勤（习树人）擅长山水画，在20世纪40年代初，曾由和万松、周霖发起举办“习树人个人画展”，其遗作被收入丽江地区名人书画集。他一生创作国画近千幅，刊印的《习树人山水画》只不过是100余幅，其余遗作尚待整理刊出。

在东巴文化的研究和翻译方面：谈到东巴文化，我们不能不提到两位前辈周汝诚（炼心）和杨云昭（逸天）先生，有不少东巴文化的研究者均曾受其教益，且这两位学者与习氏家族也有着密切的关系。周汝诚是习周书的外甥，从小受其舅父影响，后来对习周书的后代也有很大影响。杨云昭则是东巴文化学者习煜华的姨父，习煜华之所以对东巴文化有较深的研究，也与自幼受其姨父的培育有关。目前习煜华与习成功等人对东巴文化的研究与翻译已取得一定的成果，前者在身患重症的情况下，一直坚持东巴文化的研究和翻译整理，写出不少著作和论文，并且多次参加国内外的学术活动；后者则克服种种困难（包括疾病），出版了由他主编的《纳西象形文字书法及多国语对照》一书。

三、两点体会与一点说明

1. 习氏家族由江西行医到丽江，最后融入丽江纳西族社会并成为纳西族一员，说明民族与民族之间的交往、交流乃至融合是社会发展过程中的普遍现象，丽江地区其他姓氏家族的情况也是如此。这对民族之间相互了解、交流、学习和团结起到了积极的作用，同时对整个中华民族的团结、进步、文明、发展也起到了促进作用。当然这与纳西族本身不排外、善容纳这一特点分不开。

2. 丽江市今天能成为旅游热点城市，很重要的一点就是“和谐”，即人与自然的和谐，人与事物的和谐，人与人的和谐，其中包括在丽江生活的每个家庭、每个家族之间的和谐，因为家庭乃国家和社会的细胞，而和谐是社会和家庭的基石。丽江的今天及未来的稳定和发展靠的就是“和谐”这一块基石。

这里有一点需要说明，本文作者因长期在外地工作，对丽江习氏家族的情况所知有限，幸有丽江习氏族人支持笔者，他们给笔者提供了很多宝贵的材料。在此，我要感谢习宏一、习宏彦、习煜华、习家鹄、习跃林、习铎昌等族人，感谢丽江古城区政协文史委员会的牛耕勤先生给了我很多宝贵的文史资料，同时我也特别感谢郭大烈、木仕华、杨福泉等先生，让我有机会参加这一次国际人类学与民族学联合会第十六届世界大会来讲述自己的论文。我的论文很肤浅，望大家批评指正。

纳西族诗僧妙明及其诗歌

和华璋

在中国古代文化的百花园中，文人学士尤重诗、书、画三者，视之为华夏文化之冠冕。其中，诗更是冠冕上之宝珠。故中国数千年的文明长河中，产生了无数的诗歌和诗人。丽江虽地处云南边地，世代为纳西等少数民族所居，但纳西族与汉族交往的历史久远，自明代以后涌现出众多用汉文写作的诗人，为中华诗坛增添了一颗颗绮丽的宝珠。

尤为称奇的是，就如中原自传入佛教后，诗坛出现了众多的诗僧一样，起步较晚的纳西族汉文诗坛中，也出现了一位引人注目的一代诗僧——妙明。

一、妙明生平及简评

妙明（1793—1864），俗家姓和，名祖亮，字雪峰，释号松庵，丽江江边阿喜人，今丽江市玉龙县龙蟠乡兴文村委会上元。

雍正元年（1723），丽江实行改土归流，土地买卖和租佃关系普遍发展，农村中农民的贫富分化日益剧烈，失去土地的农民不断出现。纳西族民众中出家当和尚、喇嘛的人数不断增多。因家庭变故，妙明年幼时就被送往寺庙为僧，先到白沙云集庵，后至古城净莲寺。

关于妙明的出生，民间有这样一种传说，妙明前世为云集庵庆清和尚，虽虔修事佛，但苦于不识文字，终身凭“阿弥陀佛”一言顶礼。一日于佛前立誓：“此生若不读书，愿来世仍为僧，留心读书，研究世界经典，作一名僧。”妙明出世前，其母梦感此僧，俨如生前，持锡杖，挂袈裟于目前，遂以为是僧转世。据后来佛门有传，妙明能历数前世，并能说出前世誓祝之辞。这些传说给妙明的一生披上了一层神秘的色彩。

改土归流后，丽江各地先后创办义学，民间子弟渐有就学读书者。不知是前世的宏愿，还是当世父兄的敦促，妙明自小酷爱读书学习，曾同木淳（正源）业儒于家欣轩师，师每称其气质淳雅，资质聪颖。到净莲寺后，更为他的读书识字提供了方便，在当时，有许多纳西族诗人时常到寺里聚会，耳濡目染，这位释门弟子，对诗歌产生了浓厚的兴趣。以致后来，终于成为一位怡墨弄文的诗僧。

关于妙明的俗家生活及家境情况，史料留存不多，清末丽江进士和庚吉曾为妙明兄汉高之子和文繡作墓志铭，可做参考。

文繡先生暨继配何氏墓碑

蒙古哨之西南，峦起伏而下，长江环抱，沃壤十余里，沿山而居者数百家，誉乡先生之故里也。

先生体格魁梧，面长而丰下，少负不羁于呫哔。父讳□□，以矿工苦之，始知发愤向学。公，孝妇木氏之孙，诗僧妙明之侄也。妙明爱公颖异，置之兰若，扶持而教导之，净莲寺亦籐十数年而学成，乡居七次而四薦，卒以贡士，设帐于乡，受熏陶而论秀者，且千数，居乡重严厉，人皆敬服。今子弟类相习于浮靡，而公之乡独恂有古人之风，其流泽何如也。公之原配遗一女而先殁，继配孺人，秉性贤德，亲族无间。嗣君，布圣，以贡士，继家声，至近圣，以贤能为民国劝学长，孙辈文学俱能自振，援教育之报，正未有艾。

周炜其第，略勒诸石以示后人。

和庚吉题

该墓志铭记载了妙明俗家的一些情况。比如妙明父兄因家境困难，采金矿维持生活，妙明把兄子和文繡领到净莲寺中，让侄儿读书、学习等情况。

妙明扶持侄儿10多年，让和文繡成为贡士，和文繡则设帐于乡，开办江边教育，荫及乡里。归宗寻源，应追念妙明开明汉学之功。

及后，妙明把其母也迎养至寺中，时人称其：“托迹空门，而事母孝。”

而立之年后，妙明上师曾多次云游四方，自己募建了一座“嵌雪楼”，该楼在净莲寺北面。对于此事，民国滇云名宿赵藩曾亲临净莲寺怀古，撰联曰：“嵌雪换高楼，尚忆诗僧闲挂锡；参天留古柏，何时仙鹤夜归巢。”上师外出云游，游访了许多地方，曾至四川峨眉山，下九鼎三峡，远达湖北武当等佛教名胜之地。

19世纪50年代后期，因值战乱，妙明避难回居阿喜老家。1864年被邀回丽江古城主持甲子龙华会，于与会期间圆寂。

妙明一生贫居，虽做过几处寺庙住持，化缘四方之财，但一生与“贫”字结下不解之缘，只给世人留下《云游集》、《黄山吟草》等诗卷。民国十二年，赵藩编纂《云南丛书》时，将其部分诗作收入《丽郡诗征》中。当代纳西族女作家赵银棠先生在编注《纳西族诗选》时，也辑录了若干首于其书中。

通观妙明一生，不管他“托迹空门，而事母孝”，还是蘸墨以抒写山川名胜，唱酬诗人名士，就妙明而言，他首先是一位僧人，其次是深受儒家文化影响的名副其实的诗僧，他是纳西族文学史上第一个汉文诗僧。木正源在《黄山吟草》中作序说：“诗莫盛于有唐代，论者谓其时能诗之僧推皎然为杰出……丽之有诗僧自松庵上人始。”

从妙明僧迎养其母的行为看，妙明是纳西族历史上的一位“孝僧”。唐宋之后的中国佛门，广收儒家文化而大行孝道。宋代名僧契嵩写了一篇全面论述孝通旳著作，名《孝论》，其中有一句话：“律制佛子，必减其衣盂之资，以养父母。”明代名僧也著有《孝闻说》、《广孝序》等文，把孝道看成是出世佛教的根本宗旨。从而我们可以看到，唐宋以后，佛教已被伦理化、中国化了，但它毕竟还是佛教。故妙明迎养其母，扶持子侄及吟诗作歌，对他来说，妙明不但是一位诗僧，也像中国其他地方曾出现过的被称为“孝僧”的僧人一样，是一位纳西族的“孝僧”。虽然历代文人称妙明为“释门而儒行者”，笔者认为，为妙明身份作这样的定位更为准确，妙明是纳西族历史上的第一位诗僧，也是一位著名的孝僧。

二、妙明诗歌的内容简介

纵观古今诗坛，诗无非“情”、“景”二字为要。王国维也曾称情、景是文学的“二原质”(《文学小言》)。然而中国是个喜谈“理”的国度，故言“理”的诗也不少，由释家的介入，又多出个“禅”字。妙明是个诗僧，又是个孝僧，故他的诗作，“景”、“情”、“禅”三字就成了最基本的内容。但这三字不是独立存在的，而是相互交融的，借景抒情，情景交融，以景寓禅，情禅交通。以下我们从几个方面来具体分析。

（一）田园游访诗

在妙明的诗歌中，充满禅趣禅意的山水田园诗、参修游访诗占了绝大部分。以下我们通过对一些具体的诗作来进行评述。

峭壁长江锁，飞涛撼众山。
行人知听命，来过石门关。
——《石门关》

石门关，在丽江金沙江边，负山临江，往昔为丽江重要西部关口。妙明经过悬崖千丈、峭壁兀立、飞浪撼山的石门关时，有冒着生命危险之感，即成此诗。江关飞涛撼山，摄人心魄，这种强大的声势，造成一种深邃、雄浑的空间，诗作以表达大自然景色奇丽的同时，也表达了在强大江涛衬托下的空寂，有声之静，行人在这样的时空间变得非常渺小，只有听天由命，整个情景似实却空。短短几言，禅意之浓，深于文字，意境雄浑，超出辞间。

又如《登峨眉山顶》：

群山曾踏遍，独立最高峰。
人语半天上，松声万壑中。

高怀明月抱，赤足白云从。
舒啸千寻谷，来携一短笻。

这是妙明游访佛教胜地峨眉山之作。踏遍群山，独立峰顶，此时，禅师的禅悦情境随景闪现，于是妙明用空明幽远、悠闲飘逸、寂静虚无的意境表达出在禅悦状态下的心态。高怀明月，足从白云，深谷舒啸，携笻忘我。这个境界，可谓幽清之极。佛教是引人出世的，在这个境界中，我们可以感受到一种离尘绝世、超然物外的思想情绪。高峰月夜，万籁俱寂，但诗人并不感到孤独、寂寞，他舒啸携笻、怡然自得、闲淡自在，沉浸在寂静的快乐之中。

还有一些是妙明游访风物景观的诗。如《罗汉壁》：

五百滇池水，凭栏一览收。
远峰天际断，高阁日边留。
猿啸苍岩月，渔歌白鹭洲。
幽齐仙梦续，风雨忽成秋。

这是一首伤时诗。站在昆明西山岩壁上，夕阳下是一派宽阔、清新、苍凉、平和的情调，亦景亦情，亦梦亦实。

《归化寺》也是风物景观诗。诗云：

山记曾游处，重寻衣钵台。
微风幡影动，疏雨磬声寒。
红叶纷堆径，黄花亦倚阑。
故人零落尽，谁话慧灯残？

禅师以幽冷孤独的情调，描写归化寺的冷寂苦空，诗尾尤以故人零落、无以与人共同参禅来突出诗中所描写的环境，显得更加空寂、冷峻，是一首怀旧之作。

还有一部分描写田园景物、农事牧耕的诗，《过白马村即事》是这类诗中较为清朗而有代表性的。

二月春深万物齐，村藏烟树短长堤。
杏花雨湿黄鹂啭，麦浪风翻白马嘶。
柳汁染衣开碧眼，秧针刺水插青溪。
老农相见依依语，共话桑农日已西。

白马村在丽江城西郊，与妙明所在僧寺不远。开春二月，春收春种，人忙马晰，忙里偷闲，农人桑麻，这样的田园乐土式的自然闲适、清新恬静的诗，确有陶诗之味道。

又如《赠刈麦者》：

烈日炎刈蒸麦天，男丁女妇满原田。
谁知稼穑殷勤力，苦尽老农甚可怜。

上一首写农人之乐，而此首描写的是烈日蒸炎、稼穑艰辛，正是收种农忙的真实写照，诗尾慨叹老农之苦，表达其慈悲之情。两首诗作，同是收种之劳苦，有乐有苦，对待这种劳作之苦，妙明也深表同情。

以上我们分析了一些描写自然景物、田园农事的田园山水诗。这类诗中，妙明通过对江河、关隘、名山胜地、高巅深谷、田园村落、桑麻农事等自然景物、农人生产生活的描写，表现其禅意心态和悟彻心境。这类诗作内容较为广泛，并不仅仅是释家之禅言。

（二）参修劝勉诗

作为禅师，妙明抒写了大量有关自身修行、参禅的诗作。这类诗，描写了妙明在寺中和云游途中的一些行为体验，或托物言志，或借景抒怀。其中，有些是以僧人随身之物为题的。如《蒲团》：

万缘坐断一蒲团，不动如如宇宙宽。
长庆当年曾七破，鹤眠人定月光寒。

这首诗以蒲团为题，描写禅僧入定时心宁神静、胸容万物、澄明千里的境况，形象、生动地描写出禅僧入定的行为和心态。

又如《秋日山居》：

青山横枕上，明净自然妆。
雁叫沙汀月，人眠茅屋霜。
虫声吟古壁，竹影扫空堂。
贫居无一事，疏雨送晚凉。

这是一首独居抒怀之作。妙明住在山中，一切安静、自然，月夜雁叫虫鸣、空堂竹影，着意描写孤僧的清贫生活。

久住孤山，独处空堂，禅师不免要寻找奇石，赏种花竹以自娱，如《赏自种梅花》：

久与寒梅住一山，先春开放满禅关。
香凝白雪霞千片，影落空潭月半湾。
梦绕冰魂枝错落，笛吹余韵画烂斑。
巡詹索笑供清赏，竹外横叙伴我闲。

自种自赏，与梅为伍，孤独闲暇的山寺生活跃然纸上。相传，禅师住持慈云寺期间，种植花木果树极多。这首《赏自种梅花》，表达妙明的自我感受，映衬出禅师的孤独、闲静、冷清，也反映了禅师的自我修行、修身养性、内心澄明的禅德道行。

妙明在云游中，也写了一些反映参禅修身的诗，如《行次剑川遇大雪》：

四面寒山映剑湖，琉璃世界一尘无。
海虹桥上行人绝，驴背吟诗得自娱。

光透琉璃，孤独冷空，悠然自得，吟诗取娱，这样的景观，既是作者眼中的绝妙景色，也是禅师心中的禅境理想，诗中表现出禅师在云游途中，驴背修行的行为和心境。剑湖的空明，就是禅师心中空明平淡的禅悟心境。

高僧云游，不免风餐露宿，翻山越野，行僻径，栖古洞，以下我们再看一首反映禅师行经古洞，随行修炼的诗，《飞云洞》：

我亦如云万里游，行经古洞暂淹留。
林藏峭壁霞千嶂，竹倚晴空水一楼。
红叶斜阳景似画，黄花疏雨意皆秋。
天开秋壑如相待，兀坐岩龛石点头。

云游本是高僧修行的一种形式，妙明以自己漂泊四海的游访生活与飘忽无定的白云做比喻，给人一种漂渺虚无的感觉。诗中写景舒缓而迷离，具有神秘色彩。诗尾“天开秋壑如相待，兀坐岩龛石点头”，用道生法师深山修行的典故，点明自己持修苦行，无处不在参禅。

还有些以剑、砚等物为题，劝勉他人护惜的诗作。如：

青锋三尺贯长虹，秋水芙蓉百炼中。
紫气凌霄神鬼泣，寒铓映日斗牛冲。
将军梦冷沙场血，壮士心灰画阁功。
寄语主人须获惜，恐开玉匣化为龙。
——《古剑》

诗中句里辞间，满含作者心怀大志、气贯斗牛的豪情，如今遁入空门，只好劝勉得到古剑之人珍惜宝物，胸怀凌云志，图报功阁。

也有些诗以中草药名为题，规劝世人，慨叹世事。如：

举世愿长生，胡为徒独活。
良医检此方，天下心无恶。
——《独活》

谁御男儿志，腾腾在四方。
浮名终不实，乐道道心长。
——《远志》

学者心之日，多闻日益知。
灵机多服此，义理辩无疑。
——《益知》

以上这些诗，多以在山寺，在云游途中的坐、行、住，或松、竹、梅、菊，或花草花名，或行领什物，或剑砚诸物，信手拈来，即为诗，反映出作者无处不在参禅修行的行为心境，这也是禅师笃志事佛、追求自悟超脱的文字反映。

（三）人情世故诗

在妙明诗歌中还有一大内容是充满世故人情的作品。妙明与丽邑同时诗人及外来名士、各地禅友唱酬之作颇多，作为诗僧，每每喜与别人，或访谢，或赠别，而留下不少墨迹。其中有一些是访禅友之作。如《棲云庵访通周上座》：

林壑幽居处，卜居占一峦。
鸟啼花影碎，雨滴磬声寒。
春树云千顷，虚窗竹数竿。
老僧谐白鹤，松下倚栏干。

描写了在孤独、幽静、空远、闲适的生活环境中，老僧通周与白鹤为伍、脱离尘世的佛家生活，表达了一种禅境理想。但诗尾“松下倚栏干”一句，却隐含了一种脱不开的人世思情。

妙明与世俗人的访谢之作，虽也离不开佛理，但人情味未断。如《谢杨叔筠惠山松萝茶》：

新秋荷露煮龙芽，烹出清香散雪花。
楚水吴山君饮尽，赵州风味在谁家？

这首诗写了煮茶及饮茶后的几句戏言。后句中“赵州风味在谁家”，用的是赵州和尚的典故，相传赵州和尚善宣佛法，后以“赵州风气”，来指宣传佛教。诗中特用此典，语意双关，既谢赞杨君之茶道，又表达了承宣佛法的思想，有佛家作诗之习气，又不乏人情之味。

妙明也写了一些赠别诗。如《东林杂咏赠碧云禅友》：

欲作青山主，幽居不计年。
堂虚流暗水，竹密霭苍烟。
说法天花落，题诗贝叶传。
忘怀一无事，饥食困来眠。

诗写碧云僧幽居忘时的参修生涯，并赞其说法有道，贝叶（指佛经）得传。诗尾以饥食困眠的独脱无依、得道解脱的禅境真人理想互勉。

妙明的有些赠别诗和儒家文人离愁别恨的情调有异，具有佛家超脱无系的风范。如《赠别扬州月潭同参》：

同是天涯客，身如脱系舟。
晨钟惊旅梦，夜雨湿春愁。
沧海浮杯渡，名山策杖游。
何愁归路远，骑鹤到扬州。

这是妙明赠别扬州佛门同道月潭的诗。诗作飘逸自然，超脱自在，具有得道高僧放远万里、任道释然的风范。

妙明与丽邑同时诗人的唱和之作，以《和荠舟先生相访原韵》为例：

冰结双桥水不流，凭栏远眺倚高楼。
孤鸿唳处迷寒月，黄叶声中见白头。
古寺萧条磬疏冰，烟村零落夕阳浮。
多年苦忆名山约，坐断青山故国秋。

荠舟，是纳西族诗人和勋的号，当时曾和妙明禅师交往密切，后曾给妙明的诗集作过序。诗以孤鸿、寒月、黄叶、古寺、磬疏、烟村、夕阳描述孤独、清冷的山寺生活情调，表现出禅师心系名山、怀念朋友，而又执着修行的心境。

人事沧海，各人命运殊异，时散时聚，或各在天涯，或分隔异世，故妙明写下了许多怀念旧友，缅怀故人的诗作。

怀旧之作，如《游玉泉怀石庵故友》：

林泉知己去，独坐意如何？
屋角秋山老，庭前落叶多。
故人难忍别，胜地转愁过。
玉水犹前日，凭阑感逝波。

玉泉，即丽江象山麓玉水龙潭，俗称黑龙潭。故人离去，描写独坐、落叶、流水，以映衬自己内心孤独、思念故人的心态。孔子曾用“逝者如斯”来感叹时光易逝，但这里，妙明以玉水如故来表达故人离别之苦。

妙明同丽邑名士马子云等人来往甚密，对他们的怀旧诗也颇多。如《寄怀马子云先生》：

独客归何晚，飘流泛叶舟。
吟怀千嶂雪，白发一身秋。
故国友情切，滇池旅梦留。
黄山明月夜，吹笛望东楼。

马子云是清代丽江的一位传奇式回族诗人。道光末年，马子云漫游十三省未归，妙明当时年近六旬，而马子云已达古稀之年，以此诗怀念。诗中开头四句，描写了漂泊四海、心怀故乡的游子独客的形象。诗尾以吹笛表达怀念及盼望马子云归来的心情。马子云善吹笛子，在当时丽江有“牛琴马笛”之称。牛为牛焘，马即马子云。

妙明还有一些挽诗和挽怀友人的诗歌。如《挽王碧泉明府》：

树帜龙门步再三，无私铁面是奇男。
文章报国称燕北，政事宜民纪楚南。
福德山林曾痛饮，潇洒风月共清谈。
古来未有回头水，万里魂销意不甘。

王碧泉即王春藻，为纳西族“改土归流”后中进士的第一人，以才名著称于世。而妙明出外云游时，到过王碧泉做官的湖南永定县等地方。或闻其噩耗，以写诗哀悼。诗中嘉其才名之著，点明王碧泉由副榜再考中正榜，为官无私，政事宜民。诗尾叹其客死他乡，空余遗恨。诗中满怀惋惜、不平的情调，悲叹人生的苦悲与不平。

这类诗，妙明往往把人生、社会的不平和悲剧求问于佛家转世轮回的“因果夙因”论。这是作者对世间不平的婉叹。以下所举的两首较为明显。

其一：

挽李果亭太史

花马首储翰苑才，骞坡叠诰賚书来。
尧都德化淳风继，筰国科名甲第开。
千载文章标玉柱，几生因果问寒梅。
招魂万里关山月，翘望鲁东眼不回。

李果亭，即纳西族翰林李樾，死于山东定陶县任上。诗中花马、筰国皆丽江古称。诗集中表彰死者作为纳西族第一个翰林的光荣，推崇其政绩文章，感慨其命运多歧、委才就屈，试问几生因果，招其万里之魂。

挽马雪楼居士

白发难禁泣泪频，斯情斯世负斯人。
平生心血诗千首，到处飘蓬客一身。
了愿雪山埋玉骨，交游海内话纶巾。
从来名士多悲慨，应向莲台问夙因。

马雪楼，即马子云，因其家楼房正对玉龙雪山，故命名为“雪楼”，时人称马子云为马雪楼。嘉庆末，马雪楼在大理岁试中，草《去官邪锄鸩毒论》一文附试卷上，因写文议时事，被褫其衿，其聘妻为此事病死，马子云遂终身不娶，携笛橐笔出游，历十三省。此事载于赵联元《丽郡诗征》、赵藩《马子云先生传》中。1849 年马子云卒于丽江家中。妙明以此诗对马子云的身世作了真切的总结。诗尾以“从来名士多悲慨，应向莲台问夙因”之句，是将人生多苦悲归结于身世因果之说的最好例子，也是妙明看破红尘后发出的最终感慨。

妙明也有一些挽怀亲人的诗，以《先灵归山后见山中黄橘有感》为例：

数峰古雪晓苍苍，霜压茅檐橘正黄。
一夜寒风吹落叶，无由采折献高堂。

作为孝僧，妙明迎养其母，尽其孝道；作为诗僧，妙明以诗哭母，以诗挽怀。这首诗是妙明葬母之后，见山中黄橘而起的感怀而作（原注：三闾大夫曾以黄橘哭母之典），诗作感情细腻、真挚，充满了对逝母的思怀之苦。

妙明的赠访和唱、怀旧挽歌之诗，有一个总的特点，就是以情组文，感情真挚，体现出作者不仅是写禅的好手，也是一个写情的高手。

综上所述，妙明诗歌内容博杂、题材较多，从以上的几个分类评述中，我们可以窥其概貌。

三、妙明诗歌的艺术风格初探

妙明的诗到现在流传下来的，有《云游集》和《黄山吟草》两个集子。从其诗歌的艺术成就看，并不亚于当时云南诗坛中的任何一位诗人，在某些方面，还有独到之处。但历来人们只对丽江明代六公及马子龙、桑映斗赞叹有加，而对妙明的诗作评之甚少。究其原因，其一，是妙明政治地位低微，无法与明代六公等辈相比，即无影响的广泛性；其二，妙明是禅僧，诗作每有禅意，而少马、桑等辈反映下层人民疾苦之作，即无政治崇尚者所谓的人民性。故妙明诗歌沉入历史长河中，为时久也，不敢深涉其艺术领域，由来久也。对待历史上的诗人及其作品，以及对这些作品中的艺术成就，应该有公正的评价，有识之士也应挽救其濒于绝迹的艺术品。对于妙明诗歌的艺术风格，我们从以下几个方面来进行初步探讨：

（一）禅境艺术的巧妙运用

诗歌的艺术风格，与诗人的思想、个性、心态、审美爱好以及诗歌意境、意境的表达方式和表现手法等，有着密切的关系。作为僧人，妙明的一切行为心态无不深受佛教的影响，在对他的诗歌内容分析中，我们也可略见一斑。

对于妙明诗歌艺术风格中的禅意，历代文人都有评述。纳西族道光甲午科举人木正源在《黄山吟草序》中说：“余固知上人（指妙明）之诗之有本原，而吟咏皆天真烂漫也。抑上人于浮屠诸不贯通听其言，往往得古佛言外之意，善乎严沧浪。”又说：“将见信手拈来俱成妙谛，翠竹黄花无非禅也，即无非诗也；松风水月无非诗也，即无非禅也，向也。”道光十三年翰林李樾在《黄山吟草》中题注：“幽寂雅澹脱去俗尘自是诗僧本色，江水流云在动合自然幽邈于尺素，寸心足征慧业自是辩才。”从这些论断中，可以总结出，禅趣、禅意、自然幽雅是妙明诗歌艺术最主要的风格。

妙明笃志奉佛，这对于他的诗歌，自然也产生一定的影响。这种影响，大体可分为两个方面：一是间接影响，即佛学思想影响了妙明的人生态度、世界观，从而对其诗歌创作方法、表现手法产生了影响，但又并非表现禅理。二是直接影响，其表现为在诗中寄寓了禅理。时人周际昌在《三家村赠妙明和尚》中写道：“几行歌咏拈花意，满壁琳琅点石词。寄语后人加郑重，园光佛相在于兹。”也说明其诗歌深受佛教之影响，富有禅意。在妙明的诗歌中，我们主要分析妙明成功并创造性地运用禅境艺术的不少优秀表现手法及艺术风格。

1. 巧比妙喻，含蓄蕴藉

比喻，作为形象化的表达手法，是诗歌创作的重要手段。禅宗以诗明禅，以诗寓禅，取譬明理，自然会大量运用此法。妙明作为一个诗僧，继承了这种禅宗诗禅的高妙，以巧比妙喻作为其诗歌卓越艺术表现的首要特色。

在妙明的诗歌中，这种巧比妙喻比比皆是。如在《石门关》中“峭壁长江锁，飞涛撼众山”之句，用两岸峭壁锁住长江、江涛不住地撼动群山来比喻，使石门关之险峻、气势形象生动地被描写出来。此外，如“青山横枕上，明净自然妆”、“柳汁染衣开碧眼，秧针刺水插青溪”等诗句，都以巧妙的比喻，达到形象、生动并含蓄、深远的艺术效果。尤其是在表达诗歌的意境上，妙明在描写自然山水中，以妙比巧喻，描绘出一种空寂幽清与肃穆的意象，表现出一种超脱尘世、亲近自然的意趣，以表达禅宗的真如境界。即使是纯自然景物的描写中，这种比喻也把妙明的诗歌艺术推进了较高的境界。

2. 象征幽渺，冥漠恍惚

妙明在艺术表现手法上的另一个重要方法，就是象征手法的大量运用。这些象征手法主要采用以虚间实、虚景多于实景，曲折地表达其创作意图。运用象征，使诗歌的意境变得幽渺、冥漠、恍惚，产生了无确性，富有含蓄性，充满了具有神秘色彩的深邃美。在“高怀明月抱，赤足白云从”（《登峨眉顶》）、“林藏峭壁霞千嶂，竹倚晴空水一楼”（《飞云洞》）等诗句中，我们可领略其意趣。妙明大量运用的这些象征手法是以诗明禅诗歌的显著特点。

3. 腾越跳跨，凿空断迹

由于受佛家禅的顿悟思想的影响，妙明的诗中往往出现这样的现象，前句是说明句，后句是描写句，二者之间出现断层，具有较大的跳跃性，如“独客归何晚，飘泊泛叶舟”（《寄怀马子云先生》）、“音讯山迢递，落英满草堂”（《玉泉挹爽楼怀杨竹塘》）、“何时再聚首，水声听楼房”（同上）。这样的断层空白既然存在于两句之间，就会启人想象，引人活参，从而去猜测其间的联系，是禅宗启悟的手段在诗歌艺术手法中的应用。这样的空间断层艺术，腾越跳跨，凿空断迹，给人丰富的想象空间，具有意味无穷的魅力。这是妙明诗中的禅意所在和独特的艺术特征。

4. 取景独特、淡雅朴素

妙明的诗多取景于幽谷、雪峰、高山、寺观、雨雪、流水、白云、花草、木竹、白鹤、斜阳、淡月、钟磬等。这样的取景方法，符合历代禅诗取景的传统，是要表达一种空寂闲适、淡泊无为的意境。这种意境只有通过禅的体验才能得以表现，只有在人与自然的水乳交融中才能获得；反过来，也可以用来表现某种禅趣、禅意。但妙明诗歌中的禅意表达，并不是以晦涩的禅机玄言来堆砌，而是通过生动的景物描写来间接地表达出来，具有较高的禅道修养和艺术水平。而这些是和独特的取景方法分不开的。历代禅诗的取景往往幽冥、淡雅，而无雄阔、奇伟，但妙明诗歌中幽冥、淡雅、雄阔、奇伟皆而有之。这是妙明诗歌独特的艺术风格之一。

妙明诗歌还有一个突出的艺术风格，就是淡雅、朴质的艺术风范。这种清淡自然、优美朴质的艺术风格在妙明的山水田园诗中表现得最突出，我们不妨再看一首《赠牧牛者》：

绿蓑披雨趁斜晖，终日相呼在翠微。

草足牛眠解牧童，吹笛足踏白云归。

诗作情真景雅，冲和素淡，清新自然，极具代表性。

故此，黄琮在妙明诗序中称其朴实、无妄语。纳西族当代女作家赵银棠在《玉龙旧话新编》一书中评述妙明的诗时称“秀韵天成，一尘不染”，道光甲辰进士李枟在《题妙明〈云游吟草〉》中也有“诗思每如秋菊淡”之句。总而言之，清新自然、淡雅朴质，是妙明诗歌中最突出的艺术风格。

此外，妙明在诗歌的创作手法上，也有其独到之处。在妙明诗中，用字妥帖，对仗工雅，起到了很好的艺术效果。如《孤松庵》：

树梢明月照，枝底琴声缓。
借问山僧年，指松答语嫩。

一个“缓”字，一个“嫩”字，使情、意跃然纸上，把读者引入幽雅、舒缓的意境中，用字极为妥帖、准确。

对仗工雅，也使妙明的诗独具传神，别有风采。如“樵呼山月冷，叫霜天寒”（《冬日过仙笔村》）、“曲水穿云环岭外，双峰夹月随江心”（《茨科西方寨》）、“信折高枝寒素手，欣看瘦影落霞杯”（《寻梅》）等。

妙明在写景状物中写静，往往以动写静，以有写无，以有声写无声，也起到了很好的艺术效果。如在《石门关》中描写江关空寂等。

（二）浓郁芬芳的地方风味

在妙明的作品中，描写得较多的是丽江的山水田园，尤其是玉龙雪山。不管是虚写，还是实写，在他的各类作品中，雪山成了比较特殊的一种景观出现在诗人笔下，能绘景、能思物、能恋乡、能怀旧，致使描写雪山成了其作品的特征之一。妙明还有《雪山四时歌》等专门写雪山的诗。这说明，妙明不仅在其他诗作中有意无意借用雪山，而且还特别着意去抒写丽江特有之雪山美景，在他的诗中透露出浓郁的地方情调。

在妙明的一些诗歌中，也有受地方民歌影响的痕迹。如妙明曾写过一组《丽江竹枝词》，虽多写佛家生活和禅味，但有着浓厚的纳西民歌风韵，用词通俗，声情并茂。上述《雪山四时歌》受民歌影响也较明显。

妙明的诗作具有浓郁的地方风格。妙明长期生活在丽江，虽身处佛门，但其审美心态深受地方文化的熏陶和影响，使之融为一体，在其诗歌创作中，有意无意地流露出其特有的地方色彩。

综合上述，具有禅趣禅、意及禅境的艺术表现手法，清淡、幽远的诗风是妙明诗歌艺术的主要风格，妙明诗歌还有浓重的地方色彩。这是妙明诗作得以传世的原因。

妙明作为改土归流后纳西族汉文诗坛上的第一代诗人，以特殊的身份、独特的诗歌内容和艺术风格跻身于清代云南地方诗坛。他的诗作也是一份有异于明清之际其他诗人诗作的、对于后世的独特遗赠。

参考文献：

[1]《纳西族文学史》编写组：《纳西族文学史》，四川民族出版社，1992 年。

[2] 赵银棠辑注：《纳西族诗选》，云南民族出版社，1985 年。

摩梭格西

——藏传佛教“拉然巴”益西旺秋格西人生评述

拉他咪·达石

益西旺秋格西于1928年（藏历第十六绕迴土龙年）出生在泸沽湖地区永宁土司府忠实司沛[①]“哇”[②]阶层的摩梭人家庭，家中9个孩子中排行最小。现今，他的出生地行政区划属于云南省丽江市宁蒗县永宁乡忠实村民小组。

1934年（7岁），益西旺秋格西的家人把他从永宁土司府赎身，送到永宁扎美寺，师从嘉戎益西群培喇嘛学习经文。

1942年（15岁），益西旺秋格西被大哥纳忠打史[③]带到拉萨，进入色拉寺麦扎仓，拜益西格桑为师学习经文。入寺以后，他从波罗蜜多经入手，系统学习藏传佛教。刚到拉萨的时候，益西旺秋格西不会说拉萨藏话，不适应拉萨的生活习惯，但是他从未间断学习正法的课程，他用师傅授予的课文词汇来参加辩论，逐步提高使用拉萨话的能力。他在学习般若学的头两个学年里，属于水平较低的学生，到第三年级，成绩赶上了其他同学，到四五年级时，成了班内的学习尖子。在学习般若学和中观论时，他死记硬背主要经典的字词句、篇章结构，曾经获得背诵经文第一名的好成绩。

1946年（19岁）师父益西格桑闭关修行。益西旺秋格西学完中观论后，开始进入戒律的学习阶段，在分班之前，要进行分班考试。在进行分班考试的这一年，每天都要到辩经院学习、实习辩经技巧，一天都不能间断。扎仓的堪布和执事僧人每天都来专门监督辩论考试过程，到了藏历4月3日，考试名次公布，益西旺秋格西考取了第一名。

每年藏历11月，各大寺院的喇嘛都要到姜地[④]安居集会，在那里举行冬季因明学大辩论，益西旺秋格西连续7年参加了辩论会，受益颇多，基本上领会了大因

---

① 摩梭语母语，指土司府忠实区域拥有最大权利的人物。

② 属于土司阶层奴役，没有人身自由，要获得人身自由，必须要赎身。

③ 益西旺秋的大哥经常往返于拉萨，替忠实司沛在拉萨经商。

④ 拉萨著名的曲水冬季辩经。

明学的精神。

益西旺秋格西学习律学时，感到律学精神比较陌生，但是在师父的教诲和自身的努力下，用两年的时间，在色拉寺全体众僧辩经大会上取得优异成绩，获得格西学位，进入“拉然巴”格西班学习。在“拉然巴”格西班里，“拉然巴”格西们每年都要举行阿毗达摩、律学的辩论，益西旺秋格西为此竭尽全力学习阿毗达摩和律学，能够解答各种难题，同班的“拉然巴”格西们经常向益西旺秋格西请教问题。

1958 年，嘉瓦热波切的学业结束，来到三大寺接受考试，扎仓堪布让益西旺秋格西在色拉寺辩经大会上进行辩论，当时参加集会的有嘉瓦热波切及他的正副经师（林热波切和赤江热波切）、三大寺院的活佛、格西，噶厦政府官员和色拉寺全体僧人。期间，两个大扎仓一起举行辩论，很多大学者纷纷向益西旺秋格西提出难题，他都做出极其精彩的答辩，人们被他睿智的辩经所折服。

根据益西旺秋格西的自述，他曾经拜过 13 位上师，最具恩德的当属格西强巴群培；接受过 11 位上师的灌顶和传承，受益最大的是金刚上师赤江活佛；在多位大师座前共接受了 400 余部四部密续的灌顶和加持。接受了 200 余函大藏经《甘珠尔》部的传承，听受了《菩提道次第论》、《密宗道次第论》等诸多清净正法的罕见的教授。

1959 年，益西旺秋格西 31 岁，西藏发生了叛乱，他失去了进入辩经院学习、辩经的机会。三大寺的大多数僧人如同秋天的树叶悄然离开拉萨，回到了自己的故乡。这时，益西旺秋格西住在拉萨城内，他一边学佛一边参加政治学习并参加生产劳动。在学佛过程中，他不仅继续研习佛法教理，而且专修本尊法。

1961 年，政府宣布延期 5 年成立合作社，重新给予信教的机会。

1964 年，益西旺秋格西在建筑工地上参加了几个月的劳动。

1966 年，小昭寺成立白玛合作社，益西旺秋格西被安排放猪；夏天，“文化大革命”开始；冬天，益西旺秋格西参加波密大桥的修建。在那里劳动 2 个多月后，益西旺秋格西回到拉萨。

1968 年至 1969 年期间，益西旺秋格西经常被召去参加各种会议，有时要参加数个月的劳动，他还是按照自己原来制订的诵经计划诵读经文，一刻都没有间断、放松学习经文。

1969 年，成立革委会，开始清理阶级队伍，益西旺秋格西变成“搞不清”问题的人，被单独编组学习，以后又成了劳动改造的对象。

1975 年，益西旺秋格西回到故乡永宁，把大哥和侄子、侄女三人带到了拉萨。

1976 年，大哥去世，侄子、侄女被派去参加劳动。

1977 年，西藏宗教活动逐步恢复，开始修复文物古迹和整理历史文献，在罗布林卡宫成立了文物管理机构。在日布廷先生的提议下，益西旺秋格西参加主持拉萨市文物古迹的修缮工作。

1982 年，益西旺秋格西被正式吸收为国家干部，工资定为行政 18 级。

1983 年，益西旺秋格西领到了出国护照，准备访问印度和尼泊尔，但是为了到萨迦、日喀则、江孜、布达拉宫、罗布林卡等文物修缮点进行拍摄记录工作，他放弃了出国访问的机会。

后来，他赶到北京，编辑出版唐卡画册，前后花了 2 个月的时间。回到拉萨后，到印度的伽耶摩诃菩提，在那里举行的长寿祈祷法会上讲解《入菩萨行论》。他从瓦拉那斯坐火车经过 6 天 6 夜的奔波，抵达莫索尔，换乘汽车回到色拉寺。后又到红苏尔，在当地的下密院经堂里为僧众们传了 13 尊大威德本尊的灌顶，并为他们讲解了《大威德根本续七品》、《上乐根本续》和《隐义明了》等。

1984 年，益西旺秋格西为僧众讲解般若学和中观论。在讲解过程中，他首先把《现观庄严论》和《金珠注释》结合起来进行讲解，共用了 2 个月的时间。除了每天给各班轮流上课外，还对个别成绩优异者进行课外辅导。此后，益西旺秋格西去了莫科哲，朝拜了在那里的甘丹、哲蚌两个寺院。

1984 年藏历 9 月，益西旺秋格西开始讲解因明学，每天讲 2 次课。这一年，正逢三大寺的冬季姜地法会轮到色拉寺，所以因明学的辩经大会盛况空前。辩经会上主要辩论了《释量论》的前两章，益西旺秋格西也着重讲解这两章。

1984 年藏历 12 月 30 日，益西旺秋格西回到了罗布林卡院内自己的家中。

1985 年 7 月，班禅大师到拉萨，益西旺秋格西在佛教协会办公室拜见了大师，在座谈会上，班禅大师指示要恢复拉萨的祈愿大法会。

1985 年 8 月，班禅大师再次来拉萨时，在佛协座谈会上又一次决定要尽快恢复举行祈愿大法会。

1985 年藏历 12 月 27 日，在政协茶话会上，策墨林活佛动员益西旺秋格西参加祈愿大法会的考试①，此时，其他格西从 8 月份开始就作了准备。益西旺秋格西没有细想就同意参加考试。

1986 年藏历 1 月 10 日祈愿大法会考试正式开始，早上在辩经院考因明，中午考中观和般若，晚上考律学和阿毗达摩。考场上，学者们纷纷提出了自己的观点。按照惯例，晚上考试时班禅大师亲自前来监考，大师给益西旺秋格西赐了茶叶、护身结、哈达等物，他向大师敬献了哈达。

1986 年藏历 1 月 16 日晚，宣布格西学位的考试成绩，益西旺秋格西和哲蚌寺洛色林扎仓的梅雅衮却丹增格西同获“拉然巴”第一名；色拉寺的哈尔东图登巴格西获得第二名；哲蚌寺果芒扎仓的根登嘉措格西获得第三名；色拉寺罗巴强巴释迦获得第四名；甘丹寺强孜扎仓的洛桑丹增获得第五名。法会奖给了益西旺秋格西袈裟、僧裙、上衣、披衣、垫子、帽子、缎子、一包茶、五色氆氇和人民币 300 元，其他格西也获得了奖品。然后，按照名次顺序依次拜见班禅大师，大师给益西

① 这是 1959 年之后，西藏第一次恢复祈愿大法会，届时，班禅大师亲临法会，光彩照亮了远近四方。

旺秋格西和其他格西赐了茶叶、蕨麻、米饭等礼物。法会期间，益西旺秋格西个人向每个僧人布施了5元礼钱，向寺院赠送了一套《甘珠尔》。

1986年1月17日早晨，拉萨举行河坝建筑工程奠基仪式，班禅大师亲自参加，并主持了沐浴、开光仪式。

1986年藏历9月，西藏自治区召开佛协会议，益西旺秋格西当选为西藏自治区佛教协会副会长。

1986年藏历9月，西藏自治区佛协会议结束后，益西旺秋格西途经成都、昆明、鸡足山，访问故乡泸沽湖地区永宁扎美寺，届时为永宁扎美寺僧人及家乡信教群众讲经说法，为弟子剃度受戒。

1987年，益西旺秋格西在拉萨举行的藏学研究会筹备工作会议期间，去甘丹寺讲授了简院哲学、心类学、因明学、般若学、中观论、阿毗达摩、律学等课程。讲学结束后，他回到拉萨参加藏学研究会议。

1987年，三大寺发生了僧人抗议事件，为平息事态，班禅大师亲自来到拉萨，组织了几个工作组，分驻各寺，益西旺秋格西被派往色拉寺。

1987年藏历12月27日，西藏自治区佛教协会决定益西旺秋格西到北京参加班禅大师50寿典。在庆典仪式中，益西旺秋格西向大师敬献祈愿长久住世的曼荼罗。

1988年，益西旺秋格西向色拉寺和哲蚌寺全体僧众布施了斋茶、斋饭和礼钱。

1988年藏历6月，赴日本进行学术访问。

1989年1月18日，班禅大师在日喀则扎什伦布寺主持五世至九世班禅喇嘛灵塔的落成典礼，益西旺秋格西受邀参加庆典。之后，他朝拜萨迦寺并向每个僧人布施了1元礼钱。

1989年2月15日即藏历12月21日，班禅大师圆寂，听到这一消息，益西旺秋格西内心异常难过，与其他佛教界人士一道参加了大师的追悼会。

1989年冬天，益西旺秋格西应邀前往班禅大师生前创办的中国藏语高级佛学院任教，主讲《入菩萨行论》，传授了密宗本尊灌顶，传授了密教法的传承。

1990年，益西旺秋格西讲经出访了彩曲修行寺、孜当阿乔寺、甘丹曲科孜寺、阿里扎仓寺、沃卡曲龙寺、桑林寺、仁青岗寺、沃卡电厂、塔保嘎珠林寺、邦仁曲登寺、贡布日卡寺、江达拉日寺、扎西曲林寺和康区的木里寺、云南丽江市宁蒗县永宁乡的扎美寺、北京的佛学院以及天津、成都、广州等地。

1991年5月26日，西藏自治区人大常委会副主任、西藏佛教协会副会长生钦·洛桑坚赞，西藏佛教协会副会长热振·单增晋美、策墨林·丹增赤列、益西旺秋“拉然巴”格西，以及扎什伦布寺民主管理委员会主任恰扎·强巴赤列、哲蚌寺民管会主任丹增塔青、楚布寺民管会主任罗追在拉萨假日酒店藏式会议厅受到中央代表团团长李铁映邀请，畅谈作为宗教人士要爱国爱教。①

---

① 《人民日报》，1991年5月26日要闻版。

1992年，益西旺秋格西第二次赴印度，在色拉寺麦扎仓住了一年，主讲了《菩提道次第论》，并在甘丹寺嘎儿扎仓讲授了《入菩萨行论》，同时在两地进行灌顶和传承。途经尼泊尔期间，在压囊寺、培杰林寺、夏嘎尔宝塔、曲桑寺等处也应邀讲了经、灌顶和传承，还向每位僧人供养了10元礼钱。

1994年，应旅居意大利的岗坚热波切创办的医药中心邀请，经北京赴马来西亚、印度尼西亚、意大利、瑞士、德国、荷兰、法国、西班牙等国讲经传法。藏历新年时，途经尼泊尔回到拉萨。

1995年夏，益西旺秋格西在拉萨地区讲经，冬季赴成都治病。

1996年，应邀赴康区四川木里寺讲传《菩提道次第广论》，为木里地区众多弟子剃度并传授沙弥戒和比丘戒。届时，应寺院请求为僧众及广大信众传授大威德金刚十三尊、观音、药师佛等诸多本尊灌顶加持。

1997年2月从康区四川木里回到拉萨后，应色拉寺僧众请求，开始讲解《辩了义不了义论》，并传授了白胜乐、白文殊等本尊法。

1997年5月，应四川康区僧众请求，为他们传授比丘戒，并口传了《密宗道次第广论》及《大威德金刚十三尊生圆次第讲解》（部分）。

1997年6月，接受山南地区寺院的邀请，前去讲授密集金刚、无上部绿度母和六分相应广轨讲解等显密教法。

1997年7月11日，益西旺秋格西在拉萨圆寂。

益西旺秋格西一生的作品：

编著《因明学庄严》与四章概要及其辨析，共约100万字，成为印度三大寺僧众的教科书。

编著《简院哲学》，列为教科书名单。

编著《古印度佛教四流派源流》。

编著《色拉寺麦扎仓教法传承源流》。

编著《印藏佛教源流》。

编著《吐蕃王朝历史名词解释》、《师长、善士长久住世及速疾转世祈请文》、《供物、灌顶法器介绍》、《念诵集》、《中观要义》、《道歌集》、《吐蕃王朝史》、《诗歌举要》等。有大量备课记录和录音带，尚待进一步整理。

在《西藏佛教》等学术性刊物上发表《因明学、中观论、般若学、阿毗达摩方面的名字解释》等文章。

（本文根据藏族学者罗珠嘉措、益西旺秋格西弟子益西罗桑、明勇居士、格勒尼玛一起完成的《益西旺秋自述》藏文版汉译而整理。为厘清益西旺秋格西一生的重要经历，期间接收访问的有：益西旺秋格西弟子82岁的菩提道次第格西资赤塔青、弟子丹巴达杰、益西旺秋格西的侄子达都·洛桑先生。诚谢以上诸位藏汉学者对益西旺秋弟子及家人的帮助！）

纳西族藏学家喜饶朗达先生对藏学的三大贡献

普日科

杰出的纳西族藏学家、尊敬的民族出版社藏文室恩师喜饶朗达先生于2009年12月26日溘然长逝，然而他留给我们的亲切的音容笑貌和对藏学做出的杰出贡献将永远留在人间，激励我们继续前进。他老人家毕生致力于藏学，建树颇丰，概括起来有三大贡献，下面将逐一介绍：

一、对藏文翻译的贡献

喜饶朗达先生1954年到民族出版社工作，至1985年离休的30多年里，一直从事汉藏翻译工作，取得了丰硕的成果，在藏文翻译界获得很高评价。藏文室资深编辑高炳辰先生是这样评价朗达先生的："咱们藏文室有两个老师，一个是多结杰博先生，另一个是喜饶朗达先生，他们培养出了一批又一批人才，他们都是恩师，应当感激他们。"朗达先生不仅出色地翻译了很多作品，而且通过长年累月的改稿，培养出了一批翻译人才，为新时期的藏文翻译更上一层楼做出了卓越的贡献。有人说他是马尔巴大译师的化身，我觉得一点也不过分。笔者在老先生身边工作多年，曾任朗达先生和高炳辰先生编译的《汉藏谚语手册》的责任编辑，亲聆教诲，受益匪浅，下面分三部分重温喜饶朗达先生的译作并进行初步分析，以期同行专家批评指正。

（一）文学作品的翻译成就

喜饶朗达先生长期主持《民族画报》、《人民画报》的翻译审订工作，除此之外还利用业余时间翻译了《小燕子万里飞行记》（1957年2月出版）、《鹿走的路》（1957年4月）、《鹿和狼》（1957年3月）、《傣族小姑娘》（1957年5月）、《小熊过冬》（1957年5月）、《拇指姑娘》（1957年6月）、《白雪公主》（1958年8月，20世纪60年代开始不署名，80年代恢复署名）、《五彩路》（合译，1981年2月）、《天空奇观》（合译1984年12月）、《彭德怀元帅》（1985年11月）、《闪电与冰雹》（1985年10月）、《宇宙》（1986年10月）、《经济合同法问答》（合译1988年2月）、《幼儿动物歌》（1988年5月）、《幼儿食物歌》（1988年5月）、《我们身上有什么?》（1988年5月）、《学乖歌》（1988年5月）、《太阳公公脸红红》

(1988年5月)、《幼儿一日一课》(1—12)(1988年12月)、《内地佛教名山》(合译，1988年11月)、《睡眠与梦》(合译，1988年10月)、《继承法问答》(合译1989年6月)、《牧草饲料及作物青贮》(1990年12月)、《汉藏谚语手册》(合译，1999年6月)等20多种图书，同时还参加了《毛泽东选集》(1-4卷)、《少奇回忆录》、《伟大的历程》等大量重要稿件的合译校订和复审修订工作，将自己的一生献给了汉藏翻译事业。朗达先生译作的内容非常丰富，包括政治、经济、法律、文学、科技、少儿读物等，他在翻译方面是个多面手，样样都能胜任。他翻译的众多作品中最有历史价值和产生过重要影响的应该是汉藏文学翻译作品，朗达生是新中国成立初期开拓性翻译现代藏文文学作品的前辈翻译家之一，仅1957年一年，他连续翻译出版了《小燕子万里飞行记》、《鹿走的路》、《鹿和狼》、《傣族小姑娘》、《小熊过冬》、《拇指姑娘》、《小熊过冬》7个文学作品。其中《小燕子万里飞行记》、《鹿走的路》是新中国成立后最早的藏文故事小说译本，首次向藏族同胞介绍了我国边疆少数民族彝族、哈尼族、傣族等兄弟民族的生活状况和现代小说故事的创造技巧，有极高的文学欣赏和学术研究价值。单凭这两本书的翻译出版，就足以使朗达先生的名字写进现代藏族翻译史。

"文化大革命"期间他又参与了八大样板戏的翻译审稿工作，为新中国藏文戏剧的翻译立下了汗马功劳。改革开放后，不顾60多岁的高龄，他夜以继日地翻译著名少儿文学读物《五彩路》。《五彩路》是民族出版社出版的第一部藏文长篇儿童文学作品，也是我国出版的第一部藏文长篇儿童文学读物。《五彩路》凝聚着朗达先生对藏文文学翻译的热爱和孜孜以求、勇往直前的开拓精神。通过朗达等翻译前辈大胆开拓、共同努力，终于在现代与传统的结合处找到了继承和发展的衔接点，现代派的白话小说这个大众通俗文学形式于1981年被成功地移植到藏族文学园地，成了当代藏族文学的一束奇葩，为广大读者所喜爱。新中国成立前的藏族传统十明文化没有孕育出现代白话小说。新中国成立后在引进新文学的理念技巧等方面，纳西族翻译家朗达先生表现突出，成果斐然，他对藏族文学的贡献值得我们永远铭记。

(二) 诗歌的翻译成就

喜饶朗达先生擅长藏文诗歌翻译。除经常翻译两期《画报》中出现的诗歌、民歌以及其他业余作品中出现的诗歌外，他还先后参与了《毛主席诗词》(1968年)、法家诗词(1974—1976年《红旗》杂志)、《天安门诗抄》等重要文稿的合译校订工作，同时为了满足书法爱好者的要求，应邀翻译了不少古代汉语名诗。

他早年苦学藏文诗学经典《诗镜》，后博览群书，激发了文学灵感，经常运用《诗镜》手法写诗填词，练出了好手笔。他在翻译汉文古典词歌和部分民歌时，恰当地运用了《诗镜》提倡的体裁整齐划一、用词华丽动听、意境含蓄隐蔽的传统修辞手法，使译作增光添彩，韵味十足，不留译痕，有时让人分不清是译作还是原作，达到了较高的艺术境界，给人以美的享受。例如：

《黄鹤楼》

昔人已乘黄鹤去，此地空余黄鹤楼。黄鹤一去不复返，白云千载空悠悠。晴川历历汉阳树，芳草萋萋鹦鹉洲。日暮乡关何处是？烟波江上使人愁。

《枫桥夜泊》

月落乌啼霜满天，江风渔火对愁眠。姑苏城外寒山寺，夜半钟声到客船。

不仅《诗经》体的修辞方法运用自如，而且流行于藏区本土的《道歌》体诗歌的技法也运用得非常娴熟。《道歌》体诗歌的修辞手法具有鲜明的藏民族特色。这种本土修辞手法与外来的古印度诗学《诗镜》中论及的修辞手法相比较，具有通俗易懂、自由活泼、不受条条框框的约束、不求花里胡哨的外表等特色。在翻译民歌体裁的诗歌和现代口语诗歌以及古代叙述式诗歌时，这种修辞法运用较多。喜饶朗达先生早年入噶举派寺院习学佛法。噶举派祖师米立日巴的名诗《米立日巴道歌》是噶举派信徒每日必诵的日课。米立日巴是著名藏族本土民间诗歌流派的创始人，他的《道歌》脍炙人口，家喻户晓，对藏族诗歌产生过巨大的影响。作为噶举派信徒，《道歌》的修辞手法势必烂熟于心，这一点在朗达先生翻译的藏文诗歌中得到了引证。

例如，《鹿走的路》中哈尼族儿歌《毛主席像》：

小小扇子两面新，
姊妹二人上北京，
进京呐去看呐毛主席，
毛泽东领导才得翻身。
小小扇子两边红，
人人爱来哟人人敬，
一面看到了共产党，
一面看到了毛泽东。

为了保留少数民族民歌的原始风格，力求通俗易懂、朗朗上口、便于吟唱，他运用藏文本土民间修辞法处理了诗歌的整体韵味，保持了诗歌的民族风味，同时交错运用文白修饰语——藏族书面传统辞藻和本土民间口头常用名词，将书面用语与群众口语熔于一炉，大大增强了翻译的表达能力，达到了既传神韵又传情愫的目的。喜饶朗达先生是最早尝试将藏文书面用语与民间口语结合运用的翻译家之一。

他的这种大胆尝试，冲破了一贯认为文白不混用、雅俗难相融，把书面语和民间口语视为水火不容，书面辞藻与乡间俚语不能同时出现在同一首诗当中的观念。在他翻译的作品中将书面语和民间口头语有机并用、优势互补，扩大了用词范围，对日后的藏文翻译产生了一定的影响。

他翻译哈尼族儿歌《毛主席像》时，汉文原文中“姊妹二人上北京，进京呐去看呐毛主席”中的“进京看毛主席”一句，如果直译成藏文略嫌粗俗，故改译成“去见毛主席尊容”，白话句中插进了藏文书面辞藻“尊容”（面容）；在翻译“毛泽东领导才得翻身”时，认为汉文原文直译不太符合藏族人感情的习惯说法，因此处理成“他的大慈大悲之心我等得安乐”，白话句中插进了藏文书面辞藻“大慈大悲”、“安乐”等，用带有景仰色彩的书面辞藻，巧妙镶嵌，不折不扣地表达了新中国成立初期边疆少数民族敬仰毛主席的真实心情。

20世纪50年代初期，朗达先生的藏文诗歌翻译非常活跃，他甚至有时把大段的普通描写文句都翻译成工整的诗行句。那时藏文诗歌的翻译人才奇缺，民族出版社能胜任诗歌翻译的也恐怕只有他一人了。因为当时藏族翻译人员刚从边疆来到北京，接触汉语时间短，汉语水平偏低，理解原文非常吃力；其他民族藏文翻译人员学藏文时间不长，水平有限，表达略嫌稚嫩。恰在这个时候，从小系统学习藏文，掌握《诗鉴》等藏文常用传统修辞手法，又苦读汉语古文古诗的喜饶朗达先生被时代潮流推上翻译诗歌的浪尖，承担起这个重任并出色地完成了任务。

顺便说一句，现代派活泼的自由诗流行已久，然而封闭的传统藏族文学一直未能感受，新中国成立后才开始翻译介绍。1968年民族出版社翻译出版了《毛主席诗词》，藏族读者第一次见到了长短不齐的诗歌（长短句），并称其为“自由诗”或“瘸腿诗”。在当时的历史条件下，这些被称为“自由诗”或“瘸腿诗”的新事物被当作诗歌译文的典范编进全国藏区的各类中小学生的课本和大学的教材中，向学生讲授，并让他们模仿习作。之后，全国掀起了“天安门诗歌”热，民族出版社组织当时国内的翻译精英翻译出版了《天安门诗抄》（1983年）。该诗歌集出版后，藏族同胞才真正看见了自由诗歌的真貌并品尝到了其内在的无拘无束的自由美韵味。自由诗的地位被稳稳地确立了。许多新的文化理念也因自由诗站稳脚跟并找到了自己的落脚点，现在藏文诗坛每年发表的诗歌中，自由诗歌占90%以上。朗达先生作为翻译界前辈参与了《毛主席诗词》和《天安门诗抄》的翻译审稿工作，是时代的幸运儿，也是时代造就的翻译家。

（三）儿歌的翻译成就

喜饶朗达先生喜欢藏族儿童，也喜欢藏族儿童文学，20世纪50年代翻译出版了《小燕子万里飞行记》、《鹿走的路》、《鹿和狼》、《傣族小姑娘》、《小熊过冬》、《拇指姑娘》、《白雪公主》；80年代翻译出版了《五彩路》、《太阳公公》、《学乖歌》、《幼儿动物歌》、《幼儿食物歌》、《一日一课》（共12册）等儿童读物。在《儿歌》（4册）和《一日一课》（共12册）两种低幼儿童读物中，共译130余首儿歌。这些儿歌集中体现了他对藏文翻译事业的热爱和藏族儿童的关怀，也酣畅淋漓地发挥了他独具特色的翻译风格和翻译技巧，将他所追求的翻译事业推上了更高的境界，是他留给藏族同胞的最珍贵的精神财富。

A.《诗镜》意饰修饰法的运用

《诗镜》中共有35种意饰法，其中明暗喻修饰法，形象生动，适合儿童口味。喜饶朗达先生翻译儿歌时，多数儿歌采用明暗喻修饰法，达到了通俗易懂、生动形象的艺术境界，例如：

1.（白菜）叶子嫩绿茎白亮，小小白菜水分多，经常食用增消化，身体健康又敏捷。

2.（石榴）石榴果子如金铃，垂在常青大树枝，生啃熟吃好味道，哮喘胃病皆能治。

3.（山鸡）山鸡力大好威武，头戴红红喇嘛帽，身着五彩仙女装，引吭高歌报时间。

4.（鸭子）鸭子嘴扁脚掌大，走时尾巴摇晃晃，常在水田忙碌碌，庄稼害虫吃不烦。

5.（鹅）大鹅长颈黄喙子，见了生人“嗷嗷”叫，池中游泳显本能，潜水舰艇追上。

6.（小燕子）身着黑色欧洲衣，尾巴如同剪刀开，整天半空旋旋转，见了害虫直冲。

7.（喜鹊）花花喜鹊尾羽长，头顶后尾比炭黑，长喙尖利巧舌簧，落在枝头唱欢歌。

8.（啄木鸟）林中华陀啄木鸟，出诊忙在朽木间，伸出如锥锋利喙，掏出腹虫囫咽。

9.（孔雀）长长尾巴大孔雀，开屏如同扇扇子，翎眼闪闪赛眨眼，人见人爱喜洋洋。

10.（猫头鹰）头颅好比小猫咪，两眼圆圆如盘子，白天呼呼睡大觉，晚上吱吱捉耗子。

（以上儿歌是根据喜饶朗达先生的藏文译文中回译成汉文的。汉文原文为民族出版社脚本，现遗失。）

11. 太阳公公红红脸，清晨爬上尖尖山，大树小草穿金衣，公鸡昂头喔喔喊。太阳公公红红脸，中午挂在蓝蓝天，路上行人把扇摇，河里鱼儿更悠闲。太阳公公红红脸，傍晚躲下尖尖山，牧童唱起回家曲，山村户户飘炊烟。（藏文译文略）

儿歌采用明喻和暗喻的手法处理，如“石榴果实如金铃”、“头戴红红喇嘛帽，身着五彩仙女装"、"尾巴如同剪刀开"、"翎眼闪闪赛眨眼"，"头颅好比小猫咪，两眼圆圆如盘子"等，通过形象的比喻、幽默夸张和粗线条的描摹，寥寥数笔就把一个活灵活现的小动物形象奉献给小朋友们了。

B.《诗镜》声饰修饰手法的运用

所谓声饰，是指为了在朗读诗歌时产生铿锵有力、清脆委婉、咿呀缠绵的优美听觉效果，每句诗行有意安排同音词汇和叠韵词汇，环环相扣、迭次升华，产生整体组合读音效果的一种修饰手法，在藏文诗坛盛行。声饰修饰手法适合表现儿童牙牙学语、踉跄学步的可爱形象。喜饶朗达先生翻译的儿歌中，这种修辞手法运用恰当、贴切，妙趣横生。例如：

在《下蛋》一首诗中：

母鸡下蛋出窝后，呱呱嗒嗒大声叫，"下蛋要数我最大!"

花花鸭娘不示弱，"我家大蛋沉甸甸，比你母鸡大一倍!"嘎嘎嘎嘎大声喊!

宋宋听见争吵声，不偏不倚公道说："鸡蛋哪有鸭蛋大?"母鸡听后不高兴，

呱嗒呱嗒团团转! 机灵宋宋安慰说："将来我当科学家，定将鸡蛋超鸭蛋!"

母鸡听后喜洋洋，咕咕夸他有理想!

诗歌中分别运用了鸡、鸭的不同叫声，"呱呱嗒嗒"、"嘎嘎嘎嘎"、"呱嗒呱嗒"、"咕咕"等，形象、生动地表现了动物的喜怒哀乐。又如：

1.《大熊猫》：大胖熊猫圆滚滚，上穿白衣下穿黑，见了嫩竹笑眯眯，爱耍各种小把戏!

2.《白云》：随风飘荡白云苦，有时如猛饿虎扑，有时静如棉团堆，有时急如大鹏飞。

3.《雪花》：雪花满天纷纷飘，孩子开心哈哈玩，农民喜悦呵呵说："瑞雪厚厚兆丰年!"

（以上儿歌是喜饶朗达先生的藏文译文中回译成汉文的。原文汉文为我社脚本，现遗失。）

儿歌中运用"圆滚滚"、"笑眯眯"、"有时……有时……有时……"、"纷纷"、"哈哈"、"呵呵"、"厚厚"等同音重叠词，增强了儿歌韵律和听觉效果，读起来朗朗上口，便于儿童反复吟诵。

C.《诗镜》猜谜修辞手法，是指为了开启儿童智力，写出谜语式的诗歌，供

小朋友们回答问题的一种修辞方法。在翻译猜谜诗歌时如果处理不当，就会走样，使原诗面目全非，或失去谜面，无须回答；或露出谜底，谜面形同虚设；或谜面过厚，难捞谜底。在喜饶朗达先生的译作中，易难实虚的分寸掌握得非常到位，所转译过来的儿歌仍然能保持原文的风味，给儿童以趣味盎然的智力享受。例如：

1.《蚯蚓》：伸伸缩缩缓缓行，无目无足不迷路，松土软软是行家，农夫夸它是益虫！

2.《雪》：说它白糖无甜味，说它盐碱无咸味，冬天空中朦朦胧，夏季跑得无影踪。

3.《水》：用眼观看亮闪闪，用手触摸冰凉凉，走到上面溜溜滑，阳光照射湿润润。

（以上儿歌是喜饶朗达先生的藏文译文中回译成汉文的。原文汉文为我社脚本，现遗失。）

这四首猜谜儿歌提供的谜面形象生动，准确无误地表达了原诗的初衷，所以藏文读者小朋友只要肯动脑筋，就能猜到谜底。而这个高质量的智力游戏，就是72岁高龄的喜饶朗达几经推敲、反复修改再度创作出来的，凝聚了他多少辛勤的劳动啊！

二、对藏文书法的贡献

（一）“朗达正楷体”的诞生

20世纪50年代民族出版社藏文室汇聚了各民族藏文学者，他们在藏文书法方面各有所长，有的擅长藏文草书、有的擅长藏文正楷、有的擅长藏文行书。来自云南的纳西族藏文学者喜饶朗达先生自幼根据纳西民族的族训勤学苦练汉文毛笔书法，接着又练藏文硬笔书法，“软硬”兼施，功底扎实，擅长书写流行于康区的藏文“行书”和楷书。但是，新中国的民族文字出版印刷业是个崭新的前无古人的现代化的一种新兴产业，它面向全国，规模化、标准化、多样化的要求较高。传统藏文书法虽然有悠久的历史和精湛的技艺，但毕竟是在手抄本和木刻本的条件下产生的，难免有自身的局限性。手抄本有有头和无头两种字体；木刻本只有有头字。有头和无头两种字体都不分黑白肥瘦，字体贫乏、字号无序，版面不好安排，要让古老的藏文字体继续为现代出版印刷业服务，就必须让它接受新时代的洗礼，使其与时俱进，跟上时代的步伐，为崭新的藏文出版业服务。时代迫切要求对藏文书法进行适当的改革，尽快遴选培育出大家公认的、适应时代标准的正楷字体。喜饶朗达经过大量的《人民画报》和《民族画报》标题字和其他图书封面字的书写实践，在较短的时间内富有创意地推出了个性鲜明、相对稳定、便于书写、容易掌握的一种全新的藏文正楷体，即后来被人们称为“朗达正楷体”的藏文字体，这是纳西同胞对藏族文化的杰出贡献，也是藏文书法的创新发展。“朗达正楷体”，笔口反切（切笔口时，与普通写正楷的笔口恰好相反）、字体秀美、雄健洒脱、“中宫收紧、筋骨开张”，极似唐代大书法家柳公权的字体，故有人称其为藏文“柳体”。50年代民族出版社的藏文正楷标题字正处在跄踉学步阶段，人人拿笔写字，个个挥毫涂鸦，结果混乱不堪，直接影响了图书的质量。后来“朗达正楷体”的问世，致使藏文封面字的面貌焕然一新，发展到了一个全新的阶段，从此“朗达正楷体”成了民族出版社的标志性招牌字和正规封面字，在树立民族出版社的形象、提高藏文图书的知名度方面起到了至关重要的作用。从20世纪60年代初至90年代初的30余年里，民族出版社出版的绝大多数党和国家的重要文献如国家的法律法规、历届党代会文件，党和国家领导人的著作如《毛泽东选集》（1—4）、《毛主席语录》、《老三篇》、《毛主席著作选读》等的封面字，以及重要工具书、大型《画报》的标题字都是由朗达先生书写的。尤其是“文化大革命”期间，为了确保人手一册红宝书，民族出版社出版发行了数以百万计的藏文《毛泽东选集》、《毛主席语录》、《毛主席诗词》，“朗达藏文体”也随着《红宝书》走进了藏区千家万户，人们天天能接触朗达字体，雄健洒脱的字体给广大藏族同胞尤其是在藏族儿童心目中留下终生难忘的印象。在那个热血沸腾的年代里，在革命导师的伟大著作上有幸流下自己的墨迹是多么让人羡慕的事呀！

喜饶朗达先生不断学习、不断探索，经过多年的努力，从一般的笔法中总结出规律性的章法，又把相对零星的章法梳理成自成体系的大章法并上升到有规律的理性高度，使之系统化、理论化，朗达正楷趋于完善。1984年云南民族出版社出版了喜饶朗达先生的多年心血《藏文书法字帖》（16开，62页），收入4种藏文字体，依次为正楷、长脚体、短脚体、草体，成为藏族书法中的奇葩，得到了较高的评价，为藏族读者所喜爱。2002年3月，应广大读者的要求，民族出版社出版了喜饶朗达先生的书法作品《朗达书法选》一书（16开，初印2000册），该书在原书的基础上进行了补充，收入8种藏文字体：正楷、竹察体、长脚、短脚、闪电、美术、梵文、八思巴。每个字体由30个辅音和4个元音字母，以及上架字、下架等基础字母部分和实例联系部分组成，便于练习、易于掌握，出版后深受读者欢迎，2009年2月再版重印3000册。

（二）“闪电体”的诱惑

喜饶朗达先生在藏文书法方面取得了骄人的成就，但是他并未满足，因为出版工作中不仅需要体现政治、法律以及党和国家重要文献的庄重、严肃的字体，还需要体现文学艺术的轻松欢快、幽默风趣的字体。当时从西藏调来的原西藏地方政府廊子夏法院的秘书索朗多杰是个藏文草书“闪电体”（狂草）高手，有20多年的起草书写旧式藏文诉状文稿的经验，他的“闪电体”书法已达到了炉火纯青的境界。这种龙飞凤舞的字体，也称贵族字体，在旧时贵族学校里只给将来世袭官爵的贵族弟子传授。贵族弟子苦练多年才能掌握。20 世纪 50 年代末 60 年代初，朗达先生虽然已到不惑之年，但为了做好工作、写好每个封面字和标题字，他虚心向索朗多杰同志求教，刻苦研习，几年间甘青藏文学者难以掌握的“闪电体”被他攻克下来了。“文化大革命”中虽然索朗多杰先生被赶回老家，由于朗达先生掌握了“闪电体”，超凡脱俗的闪电体在藏文室扎下根。闪电体是先生最钟爱的字体，平时他的多数书法作品就是用闪电体书写的。

（三）“丑八怪”的整容

掌握了庄重的正楷和潇洒的草书的写法之后，喜饶朗达先生还觉得藏文字体不够丰富，不能适应日益兴旺壮大的藏文出版业，又开始走上了整理民间字体的探索之路。新中国成立前川滇康巴藏区流行的一种古老的短脚字体，人称康巴喇嘛字，是当地僧人通用的手写字体，字形古朴笨拙、短粗扁偏、半真半草且十分醒目，被认为是难登大雅之堂的“丑八怪”，一般书法爱好者很少正眼相看。后来朗达先生觉得这种土里土气的字体有其鲜明的地方特色和时代个性，在文艺作品的标题和封面能用上。经他改造整容后，焕发了青春，成了具有地方特色的字体并经常见诸版面，得到了读者的喜爱，同时也为后来各地民间藏文字体的研究整理和开发利用开了个好头，积累了宝贵的经验。

喜饶朗达先生在藏文书法方面是个全才，真草隶篆，样样精通，更擅长正楷，藏族学者亲切地称他为“持笔霸王”，给予了较高评价，赢得了较高的荣誉，他的书法作品在全国大赛中陆续获奖，并作为当代藏族书法的典型代表先后被《黄河碑林》、《中国翰园碑林》应邀题写碑文。他培养的书法人才也已成为栋梁。值得一提的是，朗达先生非常讲究书法作品的文义，即书写的文字内容。他题写的文字不是藏文名句就是自己翻译的汉文佳句，藏文传统书法只有字帖、没有作品，朗达先生借鉴汉语书法丰富了藏文书法的表现方法。

三、对藏传佛教的贡献

（一）历尽艰险，上下求索

20 世纪 30 年代，喜饶朗达先生随着佛学知识的日益增长，应佛门实修的更高要求，他决定到四川德格巴蚌寺拜师求学。因为德格巴蚌寺是仅次于西藏楚普寺的噶举派的名寺，那里有许多正宗的法门传承，他沿着茶马古道，跟随马帮前往求教。朗达先生回忆这段历尽艰险的往事时是这样讲的：“那个民不聊生的战乱年代，到处闹饥荒，盗贼四起，漫长险峻的茶马古道上布满了陷阱和恐怖。为了躲避强盗的掠袭，前往德格巴蚌寺的我们一行采用昼伏夜出的办法，白天躲避强盗藏在一处观看实虚，到了晚上凭借黑夜的掩护急速赶路，黑夜急行看不清山路，不知多少次从山坡上滚下来，还有好几次在过湍急的激流时险些被卷走，至于蛇咬虫叮更是常事。‘喝血鬼’蚂蟥叮在身上各个成了鼓鼓囊囊的血肠子，喝足后纷纷落地，我们口诵阿弥陀佛，算舍施了一次‘血肉供’。但这些都不是最可怕的，最可怕的就是遭遇土匪，他们不但劫掠过路人，而且会伤害人命……”拜师求学的路上，喜饶朗达先生先后两次遭到土匪袭击，第一次被乱枪击中大腿，第二次被长刀砍伤胳膊。每次受伤后皆无法继续前行，只好半途返回家乡。因为遭劫，身上一文不剩，没吃没穿，只好一路乞讨回家。还有一次，喜饶朗达先生翻越雪山时，得了雪盲症，他捂着双眼，忍着剧痛，拉着邮差的衣角，像盲人一样跌跌撞撞往前走，一直到眼病愈好为止。眼病愈好了，可干粮又吃完了，他就带领伙伴上山打柴，换点粮食，做成干粮后继续赶路。生活的艰苦，环境的险恶，丝毫不能动摇喜饶朗达先生的意志，第三次西进八蚌寺时他终于成功了。

当喜饶朗达先生一行历经千辛万苦，走到西康德格八蚌寺时，看门的僧人见他光着脚丫，穿着破烂的衣服，以为是要饭的流浪汉，向寺院管家报告说：门外来了几个黑乞丐，怎么办？管家说：真不吉利，不能接纳！喜饶朗达先生不灰心，他央求管家让他们留下来，每天坚持为寺里打柴担水。他的诚心感动了八蚌寺的僧侣们，4 个月后，正式收他们为徒。

（二）不入虎穴，焉得虎子

噶举派是个注重实修的教派，其历辈大德高祖，强调言传身教，要求上师亲自传授，方能实修。喜饶朗达先生也遵从祖训，不远千里，来到名寺，拜求正宗佛法。噶举派实修的主要教法有大手印和那若六法，实修即实修藏传瑜伽气功。笔者有一次向喜饶朗达先生请教有关藏传瑜伽功，他说：“学藏传瑜伽功，先要学《引导文·智慧上师》一书，我们那时候也是先学《引导文·智慧上师》的。”接着又说：“刚到八蚌寺，我们晚上在月光下光着身子练，开始吃不消，过了 3 个月后，逐渐适应了。”那时喜饶朗达先生练的就是那若六法中的“猛厉火”。在德格八蚌寺随第十一世大司徒仁波切实修多年，获得了藏传密宗所需一切秘密灌顶和善巧方便秘诀，成为名副其实的藏传佛教的“金刚灌顶上师”，成了川滇藏族和纳西族地区拥有众多信徒的摩顶赐福的灌顶上师。尽管后来沧海桑田，社会历史出现巨变，然而少壮时的辛勤耕耘必然结下丰硕的果实。1949 年以后，历经改革，直至“文化大革命”结束时，佛学界严师高徒先后作古，处在一个青黄不接的严峻关头，就在这个重要的历史关头，喜饶朗达先生担当起历史赋予强者的重任，在向纳西族同胞介绍藏族文化，向藏族同胞介绍纳西东巴文化方面发挥了无法替代的作用。班禅大师在一次佛教界人士聚会上，高度称赞喜饶朗达先生的无私奉献和卓尔不群，他说：昔日任丽江木天王的上师，教化众生、行善积德，云南各族兄弟姐妹友好和睦，崇尚文明，有目共睹；今朝又为弘扬佛法、招贤纳才、修缮庙宇而不知疲倦、奔波劳顿，堪称楷模。

值得称赞的是，在这青黄不接的历史关头，喜饶朗达先生顺应潮流，将当年在高僧大德那里学到的大手印、那若六法以及全套藏传瑜伽的灌顶仪轨、实修内容传承给了下一代，这是先生对藏族文化和纳西族文化的最大贡献。假如没有刻苦学习、没有勤奋刻苦的上下求索精神，平庸之辈到不了八蚌寺，得不到正宗的原汁原味的传承，即使得到了正宗传承而没有刻苦的实修也不会有超人的感悟。没有超人的感悟和丰富的经验，就不会有后来的再度入寺，开坛讲宴，传承密宗故事。

喜饶朗达先生还根据他多年珍藏下来的宝贵史料和自己的亲身经历，由东宝·仲巴活佛口授编写了《历代仲巴活佛简历》。该书凝聚着他的辛勤汗水和殷切希望，是老一辈给众弟子留下的珍贵礼物，书中如实地记录了文峰寺的坎坷经历，也记录了纳西族和藏族血肉相连、患难与共的历史画卷。

（三）审时度势，学以致用

从20世纪50年代至90年代，在民族出版社藏文室工作过的70多人中，喜饶朗达先生是唯一一个进过寺庙、入过修行洞的学佛人士，是藏传佛教研究的权威人士。汉藏翻译经常涉及有关佛学范畴的问题，比如翻译哲学书籍《矛盾论》、《实践论》、《共产党宣言》、《哥达纲领批判》、《国家与革命》等。翻译过程要以“挖、改、创”为顺序，首先在“挖掘”已有民族词汇方面要下功夫，经常需要请教佛学专家喜饶朗达先生，每次请教先生，他总是以诲人不倦的精神耐心解答每个问题。如物质和精神，藏传佛教中“物质”叫“额泊”，《矛盾论》所讲“物质”和藏经中所讲的“物质”（“额泊”）之间能否画等号，只有刨根问底弄清楚方能下结论。碰到这样的问题就需要我们的“喇嘛朗达”来解答难题。经大家的共同努力，从藏文古籍中挖掘了不少传统词汇术语，尤其是挖掘了不少佛学术语，如“物质”、“精神”、“矛盾”、“意识”、“对立”、“潜意识”、“否定”、“批判”“主义”“唯物”、“唯心”、“幽灵”、“宇宙”、“生命”、“意识流”、“方法（方便）”、“智慧”、“知识”、“善知识”（老师）“假象”、“取舍”、“情器”“贤劫”、“灵魂”、“众生”等，让这些佛学旧词汇焕发了青春，继续为藏学服务。“文化大革命”期间，藏族旧知识分子大都被赶回老家，旧社会读过书、念过经的就剩喜饶朗达先生一人，他的解答任务更重了。

翻译佛教方面的书，先生更是行家里手，是首选的翻译人员。民族出版社出版的《内地佛教圣地》就是先生编译的。

论纳西族人文学者群的成长环境

张 勇

20世纪，在云南西北部的丽江出现了一个知名度很高的人文学科学者群体。这个学者群体以稳重像玉龙山的著名史学家方国瑜和活泼如金沙江的著名学者范义田为代表，其他成员有周兰屏、周冠南、赵银棠、李寒谷、周霖、李群杰、李汝源、桑即藩、周杲、周善甫、余中尧等，都是20世纪知名度较高的人文学科学者或艺术家。拥有这样一个学者群，是丽江的自豪，是纳西族人民的骄傲，也是云南的骄傲。

为什么在20世纪上半叶，在并不算富庶还相对贫困落后的滇西北的丽江，会出现这样一个很优秀的人文学科学者群体？这是一个值得关注、探讨和研究的问题。2005年5月，笔者应邀赴丽江出席方国瑜先生故居修复落成典礼暨方国瑜学术研讨会，曾在会上提出这个问题，引起与会者的关注，许多纳西族学者建议并鼓励笔者从纳西族外人的角度进行研究。由于笔者对纳西族的历史文化缺乏了解，对这个学者群体及其成员知之甚少，故不敢轻易做出承诺。在木仕华先生一再邀请和余嘉华、和中孚等先生的积极鼓励和支持下，笔者对这个纳西族人文学者群体的成长环境进行了初步的探索了解，得出了一些粗浅的看法，试述如下：

一、独特的地理环境

丽江地处滇西北高原，位于金沙江畔并紧连藏区，是滇藏交通的要冲、茶马古道上的重镇；又是汉文化、白族文化和藏文化的交汇地；还是元、明、清以来滇西北地区的人流、物流、文化交流较为集中的地区。这里信息比较灵通，文化交流频繁，为当地文化教育的发展提供了良好的人文、地理环境。

二、悠久的地方文化传统

在元代以来一直执掌丽江管理大权的木氏土司的倡导和示范下，丽江纳西族形成了500多年来长盛不衰的崇尚汉文化、读书成才的社会风气和优良文化传统。木氏土司从明代起即十分重视学习汉文化，学习外来先进文化问题。他们不仅下功夫培养自己的后代、督促他们下苦功夫学习汉文化，还在木府里建起万卷藏书楼。丽江土知府木公、木增都是云南明代著名的文化人。木氏土司因努力学习汉文化而成为云南众多土司当中汉文化程度较高的土司世系。木氏的诗、文、书法在云南文化史上占有重要的地位。丽江木府著名的“天雨流芳”匾的纳西语的意思就是“读书成才去吧!”在历代木氏土司的倡导和刻苦读书成才成功的影响下，丽江纳西族家庭纷纷效仿，督促、支持子女学习汉文化，形成了崇尚汉文化、学习汉文化，知书、好礼、守义的良好文化传统。在丽江和石鼓，这种传统风气最盛行。浓厚的读书风气，必然对纳西青少年人生观和价值取向的形成产生重要影响，也对20世纪这群人文学者年轻时选择人生目标产生深刻的影响。

三、伟大的母爱

纳西族妇女素以勤劳贤惠著称于世，是人类伟大母爱的完美体现。为了给丈夫、儿子或兄弟提供必要的读书条件，她们几乎承担了生产、贸易和家务的大量劳动，披星戴月、年复一年地劳作、维持生计、相夫教子，给他们读书学习创造条件。由于受地方文化传统的熏陶，纳西族家庭一般都有重视汉文化教育的传统，父母都很重视孩子的学习问题，不论家庭经济状况好还是不好，都特别重视子女的学习，希望他们好好学习汉文，成为有用之才。在这群人文学者成长的家庭环境中，母亲起到的作用是巨大的。除方国瑜先生之外，还有好几位学者的青少年时代，都是在父亲去世的情况下，由母亲一手培养长大成人成才的。母亲们都会尽力克服一切困难，竭尽全力操持家务，供子女读书。伟大的母爱是他们刻苦学习、努力成才的不竭动力，严格的家庭教育和倾尽全力创造的学习条件是纳西学子成才的重要保障。

四、成功的中学教育

丽江中学创办于1905年，是云南创办较早的中学之一，曾命名为省立第三中学，是滇西北地区著名的中学。纳西族人文学者群几乎全都是该中学的毕业生。据李群杰等先生的回忆和丽江中学老校友的介绍，丽江出了那么多人才，与丽江中学成功的教育分不开；与丽江中学历任校长、教师分不开。除丽江地区社会各界注重通过学习汉文化成才的社会环境有利办学之外，丽江中学具有如下成功经验：一是通过修建是亭确立教学理念。是亭建于1913—1917年，由时任校长周冠南先生命名为“是亭”，语出《汉书·河间献王刘德传》“修学好古、实事求是”。建此亭之意在于“砥砺丽中学子敬德修业、须具务实求是精神”。是亭的建立，对丽江中学师生的影响是很深远的。二是选聘名师担任校长。20世纪上半叶担任过丽江中学校长的，有周冠南、和志坚、和志钧、解福荫、范义田等，都是知名度很高的学者、深谙教育的专家，有他们的治理，丽江中学才可能培育出出类拔萃的人才。三是特别注重培养踏实肯干、刻苦学习的学风。四是注重给师生提供接受新知识、了解社会的机会。据李群杰先生回忆，20 世纪 20 年代，时任校长解福荫就延揽在北平、昆明求学的和志钧、和志坚、周霖、方国瑜等先生到丽江中学任教。通过他们的授课，同学们了解了“五四”新文化运动的旗手们及其伟大贡献，引导学生们去阅读《新青年》等刊物，接受新文化知识，追求光明。抗日战争期间又聘请了一批外省及昆明等大学的教师到丽江中学任教，直接提高了教学水平。五是注重图书资料建设，为师生学习提供丰富的参考图书。丽江中学图书馆在当时即拥有比较丰富的藏书，报刊资料也比较齐全，为学生获取知识提供了良好的条件。

五、学习型社团

当时在丽江有不少自发组成的互助学习型社团，如读书会、画社、古乐会等民间学习团体。有志青年在其中互教互学、共同进步，形成了一种良好的读书学习探讨的风气，对青年学子的成长起到了积极的推动作用。李群杰、周霖等杰出人物当年都是这些团体的成员。这种自发形成的学习型社团，成为学校教育和家庭教育的必不可少的补充。它的组织方式灵活，以兴趣爱好为基础，加入随意、退出自由，形式活泼，互相支持，互相启发，共同提高，是学校教育的较好延伸。对扩大学生的知识面、培养自觉读书习惯、提高学习能力和社交能力都有较大的好处。学习型社团是丽江纳西族人文学者群成才的重要社会人文环境。

综上所述，独特的地理环境、悠久的地方文化传统、伟大的母爱、成功的中学教育、学习型的社团，是丽江纳西族人文学者群成长的独特环境。

以上认识如有不妥，请各位专家学者批评指正。

纳西族知识分子和民族认同的构建

余海波

纳西族是中国官方界定的56个民族之一，主要居住在以丽江为主的西南地区，共有人口308839人。[①] 纳西族以古老的东巴象形文字和经书而闻名。纳西文化在“文化大革命”中受到了较大的冲击。20世纪80年代以后，纳西文化得到复苏，民族认同感不断增加。本文认为在这个过程中纳西族知识分子起了重要的作用。

1966—1976年的“文化大革命”，给纳西族的宗教和生活方式造成了较大的破坏。当时政策上强调文化的同一性。民族认同被认为是地方民族主义，是对国家团结的阻碍。纳西族的东巴教被禁止；在学校中使用纳西话教学受到指责；纳西族的传统节日“三朵节”被废弃。纳西族的东巴文化在20世纪20年代到30年代已经在衰落，“文化大革命”给了纳西文化较大的打击。到了20世纪70年代末，纳西东巴文化已经处在消亡的边缘。

1978年以后，中国调整了民族政策，给民族认同感的表达提供了一定的空间。比如，2002年，云南省颁布了《云南民族文化大省建设纲要》，鼓励和发展民族文化。2005年，云南省制定了《纳西族东巴文化保护条例》。在这种环境下，一批纳西族人类学家、历史学家和经济学家等开始重新构建纳西文化，成为纳西族的代言人。在这里，纳西族知识分子界定为两部分：一是没有接受过高等教育的当地的文化精英，他们博学多才，对纳西族的传统文化非常了解；二是接受了高等教育的大学生、教授、技术人员、艺术家、出版商和官员等。纳西族知识分子对纳西文化的民族认同的贡献的形式是多样的，主要体现在三方面：对纳西族文化的研究，有关纳西族文化和展览的组织，以及对纳西文化的传承。

一、对纳西族的研究

通过对纳西族的文化的研究，纳西族的知识分子对纳西族的文化进行了再解释。从1978起，纳西族研究进入一个繁荣阶段。1981年，成立了东巴文化研究所。这个研究所主要负责《东巴经》的翻译和整理，并聘用了一些有名的东巴翻

① 国家统计局人口和社会科技统计司：《2000年人口普查中国民族人口资料》，民族出版社，2003年。

译《东巴经》。1999—2000年间，云南人民出版社出版了他们共同努力的结晶《纳西东巴古籍译注全集》100卷。1984年，成立了丽江东巴博物馆。

自20世纪80年代起，有关纳西族文化研究的机构相继增多：1986年，纳西文化研究会；1999年，国际纳西学学会；2003年，纳西青年研究会。这些机构对加强纳西族的民族认同起到一定作用。纳西文化学会成立于1986年，会员大多是纳西族知识分子和干部。1987年，纳西文化学会组织在昆明居住的丽江人庆祝"三朵节"，成为在昆明居住的丽江人最大的聚会。

1999年，国际纳西学学会成立。这个研究会"将致力于纳西文化的发掘、保护、发展，大力促进中外学者们的全力协作，是纳西学的研究态势由自然转为决然，并最终确立纳西学在国际中国国学、国际东方学门类中的永久性地位"。成立宣言显示纳西族知识分子对纳西族的关注。"我们强烈地感受到纳西原生文化的剧烈阵痛，以及面临着的重重危机。""风云激荡的历史态势，正在以某种高深莫测的锋芒，把纳西族推向一个比以往任何时期都要广阔、复杂的空间。因此，在现实通往未来的道路上，当我们坚定地瞄准时代的靶心，将纳西主体文化与之联为一片时，我们充满了挑战到来的振奋与忧思。正是在这种振奋与忧思的人文情怀的驱使下，国际纳西学学会成立了，它将坚定地肩负着历史所赋予的现实责任。"①

此阶段，纳西族本土的研究主体崛起，成为研究纳西族的生力军，如郭大烈、和志武、白庚胜、杨福泉、杨世光、李静生、李锡、木仕华等。出版了一批有影响的纳西族研究著作：《纳西族史》、《多元文化与纳西社会》、《策划丽江》、《纳西族文学史》、《东巴神话研究》、《纳西东巴古籍译著全集》等。了解这些出版物中有关纳西族的观点，有助于了解纳西族知识分子对纳西文化的再创造。由于纳西研究相当广泛，不可能在有限的篇幅内作全面的介绍。这里所介绍的，只是有关纳西族的流行观点。

（1）东巴文化是纳西文化的一个重要组成部分。在"文化大革命"时期《东巴经》被认为是封建迷信，东巴是巫师。而现在东巴是纳西族的传统文化专家。《东巴经》从以往的宗教经典成为包括宗教、生物、医学、美术、民族关系、文学和艺术以及历史等在内的纳西族的大百科全书。东巴文化成为纳西族的象征。当前，东巴文化保存的程度是有限的，一些宗教仪式只在一些偏僻的村子中有所保存。正是纳西族的知识分子和为数不多的东巴对东巴文化做出了解释。

（2）纳西族是一个善于学习其他民族文化的民族。尽管生活在云南西北部，纳西族采取的是一种对外开放的态度。学习其他民族的文化给纳西族的传统文化注入新的内容，增加纳西文化的活力。研究人员认为对社会主义精神文明有利的纳西传统文化应该受到保护，而和社会主义现代化不符合的内容应该被扬弃。比如纳西族的史诗《创世纪》中有关坚韧、创业等的精神，应该发扬光大。

---

① 和少英：《纳西族文化史》，云南民族出版社，2001年。

(3) 不仅应该开展有关纳西族的学术研究，而且纳西文化应该在市场中商业化。纳西文化的商业化是一个关注的焦点，尤其是旅游对纳西文化的影响得到了广泛的讨论。在旅游市场使得纳西族文化一定程度地得到恢复，但是受到商业利润的驱使，而在纳西年轻人中，纳西传统文化在逐渐丧失。过度的商业化会伤害纳西族的文化。因此，纳西族在保存传统文化和发展经济之间选择一个平衡点。

在国内的出版物中，通常少数民族被认为是“原始的”、“落后的”、“教育程度差的”，并且依靠外来的资助，而汉族是“最现代的民族”。而以上的观点描述了一个拥有灿烂文化、对外开放的民族，并且在努力适应当前的社会。这无疑有纳西族知识分子的贡献。学术研究加深了纳西族对自己文化、经济和生活方式的理解。这些研究对纳西文化的重新解释使得纳西族在“文化大革命”中的负面影响逐渐消失；这些研究是纳西族建设精神文明的基础，是纳西族的政策决定的基石，提高了纳西族在国内外的声誉：丽江古城世界人类遗产的申报以及丽江旅游业的繁荣都离不开纳西族的学术研究；这些研究同样是举办国际东巴艺术节，建立纳西族生态村，重建茶马古道重镇的基础。学术研究还帮助纳西族建立了平等、互动以及信任的关系，重建纳西族的自信。一个从事纳西族研究的人员说：“以前，我觉得自己非常谦卑，因为我是少数民族。但是现在，我深入了解了本民族的优秀文化，我感到了强大。”

二、活动和展览

从20世纪80年代以来，举办了一系列盛大的、空前的纳西文化展，树立了纳西族在中国和世界的形象。比如，1990年4月10—27日第十一届亚运会期间，在北京民族文化宫展出了东巴文化。1991年12月21日—2月21日，广州旅行社和东巴文化研究所在中华百绝博览会上展出了东巴文化文物展、民族民间歌舞表演、纳西古乐展演三个部分。1998年11月19—27日，“中国丽江纳西族文化展”在加拿大的BC省夏洛特皇后岛展出。这些展览使纳西族走出了丽江，走向了世界。这些活动帮助纳西族重新思考本民族文化。纳西族对本民族文化的认识是一个不断发展的过程。一位参加了北京第十一届亚运会上东巴文化展的工作人员回忆说：刚开始，一些政府和展览会的工作人员也对东巴文化的价值持一种怀疑态度，一些人甚至指责政府组织封建迷信活动。展览的成功举办，出乎一些人的意料。在向世界展示本土文化的过程中，纳西族增强了自信。

此外，一些有关纳西族的文化活动也由政府出面组织。在1999年和2003年举办了丽江国际东巴艺术节学术研讨会。在活动中，一些濒临灭绝的纳西族传统仪式被恢复，一些传统文化被赋予了新的内容。例如，在1999年国际东巴文化艺术节上，7000多人参加了大型文艺团体表演《东巴魂》。这个节目是由三部分组成：《生命的礼赞》、《神圣的创造》及《美丽的家园》。《生命的礼赞》是基于东巴神话《崇搬图》来表达天地物和人类的形成过程，期盼人与自然的完美和谐；在《神圣的创造》中，造山舞、色彩舞、劳作舞、洪水舞、仙鹤舞等演绎了纳西族先民开天辟地、创造日月的传说；《美丽的家园》则呼唤丽江人民共同创造美好的家园。这个研讨会还史无前例地邀请了90位东巴，并且近60位东巴被授予了“东巴文化传习专家”的聘书。此外，一些纳西族的传统仪式如祭风、祭署等在丽江黑龙潭举行。

三、纳西文化的传承

只有年轻一代学习本民族的文化，纳西族文化的传承才有希望保存。有关纳西族文化的传承活动是和纳西族知识分子分不开的。很多有关纳西文化的传承活动都是个人发起，学校组织的，后来逐渐得到教育局的支持。一系列的传授纳西文化的课程在小学到大学中设立。2002年，在云南省教委的支持和丽江古城的部分资助下，云南民族大学开设了东巴文化的本科课程。自1999年以后，丽江古城开始在一些中小学教授纳西族的语言。教授纳西族的文化已进入丽江当地政府工作日程。丽江还建立了一些专门传授纳西族文化的学校。比如丽江东巴文化研究所于1995年成立了东巴文化学校，提供东巴文化方面的短期培训。学生包括东巴后代、教师以及一些对东巴文化感兴趣、希望在旅游市场中谋取工作的年轻人。此外，在福特基金会和美国大自然保护协会的支持下，东巴文化研究所还尝试着进行了东巴的培训。通过对纳西族文化的学习，加强了纳西族对自己本民族的文化的了解，增加了民族认同感。

四、结　语

纳西族知识分子对纳西族历史和文化的再解释，树立了一个拥有灿烂文化的纳西形象。在“文化大革命”中，纳西族的东巴文化被认为是封建迷信；如今，东巴文化已经成为纳西文化的一个重要组成部分。过去，东巴是封建文化的代表；如今，是纳西族的知识分子。纳西族的民间文学以往处在主流文化的边缘地，现在是纳西族的主要成就。纳西族上层曾被认为是反革命，现在是纳西族精英。纳西族文化和历史被赋予了新的内容。纳西族的知识分子对纳西族非常自信，他们相信纳西族是“小民族，大文化”①。

纳西族知识分子还对纳西族的经济和文化发展提供了建议和制定了相关的政策，促进了纳西族的经济发展。纳西族对自己在中国和世界上的位置有了清晰的认

① 和少英：《纳西族文化史》，云南民族出版社，2001年。

识，这种认识让他们能够抓住机会、发展自己。由于他们的努力，1997 年，丽江古城被列为世界人类文化遗产。2003 年，“三江并流”地区被列为世界人类自然遗产，纳西族的东巴象形文字被列入了世界记忆名录。这些都极大提高了纳西族在世界上的知名度，对发展丽江的经济起到重要的推动作用。纳西族的古老文化是丽江旅游业蓬勃发展的基础。

守住民族文化根脉

——一个三坝东巴的自述

和树昆

一、我的家世

我家住云南省迪庆藏族自治州香格里拉县三坝乡纳西族乡白地吴树湾，吴树湾村以纳西族支系汝卡为主。我家在历史上就是东巴世家，我曾祖更级是个德高望重的大东巴，在村里除了主持各种东巴仪式外，也是个能工巧匠。他还是个村里有名的大厨师，在水甲村、波湾村、古都村、吴树湾一直是掌勺大厨师，至今仍有不少他的佳话流传。他识藏文，能诵藏经，又有胆略。据说1916年中甸县派他到四川阿坝藏族羌族自治州去做联络员，为中甸县与阿坝藏族羌族自治州的友好交流做出了贡献。回来后，中甸县县长就邀请他做了他家的伙头（厨师），并且世代沿袭下来。东巴一直是我家祖传的主要业务，一直到解放前，我大爷久高级，二爷阿三、三爷爷和义才都是白地很有名气的大东巴，三爷爷和义才是大东巴，又是歌手。现在我们这个家族已有13户80多人。我父亲名叫和德明，现年55岁，在家务农，由于多种原因，到我父亲这代东巴文化就断代了。我去俄亚搞东巴文化交流时，俄亚大村加高茸东巴（73岁），他告诉我，他3岁时，1936年他父亲那么高等5人到白地吴树湾村学习东巴文化，其中两个人跟我曾祖学东巴。

二、学习东巴文化的过程

1998年3月16日，和树荣老师在我村组织开办了汝卡东巴夜校。我没有上过初中，但因受家里东巴文化的熏陶，加上父母都很支持，我就积极报名参加了东巴文化学习班，当时22个东巴学员中年龄最小的是我。和老师请我村汝卡东巴大师和占元，每晚坚持上两个小时课，从《东巴经》《创世记》教起，然后系统学习了东巴文字的书写、仪式程序、制作仪器等相关知识。一开始时我虽说爱好东巴文化，可是因为东巴文是纳西文言文，几个星期下来，感觉很吃力。但在和占元大师的耐心教育下，经过几个月的努力，开始入门。

2000年春，和树荣老师自己掏钱买了两所木楞房，安装了照明设施，添置了教学用具，由当时的村长和志德提供校址，把夜校扩办成全日制学校，取名为白水台汝卡东巴学校。当时规定凡有时间的学员白天向东巴大师和占元老师学习，当时我用“钉子精神”学习，父母及亲戚朋友都支持我。2005年春，我向父亲提出，以前我家世代都是东巴，可惜在您这一代断了，现在我又开始学了，既然是祖宗流传下来的，就得好好学到底，才能对得住老祖宗。家里也同意了，并且给予了极大的支持。从此，我除了两个农忙季节外，其余时间就一心一意地学习东巴文化，和树荣老师与和占元老师也全力以赴地支持我，我的学业也有了很大的进展。2005年春，白地完小聘请我为东巴兴趣班教师，我每星期要上半天课，当时的东巴兴趣班只有102人，现在只有25人了。在和树荣老师的支持下，我常到东坝、洛吉去交流学习。在西南大学语言文献所所长喻遂生教授及其学生钟耀萍博士的支持下，2008年11月20日至12月20日到宁蒗县依吉乡交流学习，2009年4月15日至28日到俄亚乡进行交流学习。2007年到丽江参加了为期3个月的东巴文化强化培训班，与来自丽江、四川等地的东巴进行交流，同时，从东巴文化课、技能课、民族文化课等多方面极大地提高了我对纳西文化、东巴文化的理解，水平有了质的飞跃。通过交流学习，进步很大，增长了许多知识，也长了见识。自己从一个少年成长成青年，学习东巴文化也有11个春秋了，弹指一挥间，在这艰辛而又愉快的11年里，工夫不负有心人，自己掌握了76本东巴经书，学会了20种东巴舞，学会了祭天、祭属、祭风、祭祖、很水、祭牲畜神、压口吞、祭东巴闪郎、阿明闪郎、都布、考肯足、东巴闪郎布、送葬、素哭等20多个东巴祭祀仪式。掌握了造东巴纸技术，纳西东巴纸牌画、木牌画、油卷画、面泥偶等技能，同时也学会了白地纳西族各种歌舞。

三、存在的问题与困难

我因热爱东巴文化，通过11年的学习，取得了一些成绩，也得到了社会的一些认可，经常受到村民、政府的邀请主持东巴仪式，参加演出活动，并且也与丽江的东巴文化活动有了联系。我对东巴文化的未来也充满了自信。但道路毕竟是曲折的，目前我的东巴学习之路仍是困难重重：

一是家庭压力越来越大。父母衰老了，都是年过半百的老人，我是家里的独子，至今还没成家立业，家里的一切开支全靠父母卖鸡、卖猪来维持。为了支持我专心学习东巴文化，家里已经做出了巨大的牺牲。我也很想坚持学下去，但家里状况不允许我这样“自由”下去，毕竟这不是长远之计，最多也只能再坚持一两年。

以后将面临结婚生子、赡养老人的重任。而做一个东巴，根本没有任何经济收入，村里的东巴活动都是公益性的，没有经济收入。而要担起一个家庭的生活重担，离开经济就只能是一切空谈。这是我所面临的最大的困难和困惑。

二是这十年多来学习东巴文化，完全是依靠家人、村里有识之士，尤其是和树荣、和占元两位老师的大力支持，而东巴文化学校又是公益性质的民间学校，完全是自觉自愿的行为，包括学员也是如此。学校的传承培训也是由于受到办学经费的限制经常难以开展，能够坚持到现在已经是奇迹了。大家都付出了极大的努力，才使这个民族文化的根据地没有丢失，但以后要继续维持下去，也是困难重重。因为大多数学员也和我一样，都是到了结婚年龄，一旦结婚，家庭负担加重，学习也面临危机，毕竟从目前来看，学习东巴是没有回报的，单单从民族大义上，大家是义不容辞的，都是可以理解的，但现实毕竟残酷，只有先生存，才能谈得上发展。生存生计是大家面临的能否继续学习东巴文化的最大威胁。

第三，到目前为止，基本上靠和树荣老师四处奔走，大声呼吁，东要一点，西讨一点，大家凑一点，这样才使这所民办学校勉强维持了下来。但这不是个长久之计。我们也想过，要使东巴文化学校能坚持下去，必须产业化，以文养文，同时要争取各级政府、部门以及基金会、学术机构等社会各方力量的支持和关注。但由于自身缺乏宣传、联系的渠道，长此以往，学校会有自生自灭的危险。

第四，个人的成长离不开社会这个大环境，三坝的发展也是个人发展的大前提。三坝是东巴文化之乡，对这一个东巴文化资源大乡，文化品牌如何开发、利用、传承、保护，政府、学者、企业、东巴、村民等各方利益相关者都要科学规划，统筹兼顾，尤其要从有利于东巴文化的弘扬，有利于三坝的可持续发展，有利于广大人民群众脱贫致富的方向出发，整合自然人文资源、人才资源，团结一切可以团结的力量，心往一处想，劲往一处使，避免无谓的扯皮、内耗，使三坝白地的东巴文化品牌走上可持续发展的道路，以造福这块祖先留下的宝地，造福子孙后代。这既是我个人的一点粗浅看法，也是三坝老百姓的心愿。

雪嵩村白雪书

——一个纳西村庄与约瑟夫·洛克的田野札记

白　郎

作为与纳西人打交道最深的洋人之一，“洛克的世界为我们挽住了多少记忆，留下足迹犹如飘浮的彩云”（埃兹拉·庞德语）。在如承天接地的雪嵩村，我在时光的拱门中走近洛克，并被白雪的本色和民众的性情深深打动。

在洛克的根据地

约瑟夫·洛克最后离开丽江的时间是1949年8月3日黄昏，通过美国驻昆明领事馆的周旋，陈纳德将军派一架达科特运输机来雪山之麓的白沙机场接他。登机时，雪嵩村东巴和志辉的儿子流着热泪用英语问道：“你还会回来吗？我等着你。”因政治原因被迫走人的洛克伤感地回答说：“会的，一定会的。”夕阳无限好，大片白雪与大片野花拂动着忧郁的金色。10天后，洛克从昆明前往香港，同年底来到印度的咯里木蓬静观中国时局的变化，希望能够尽早返回丽江，然而强有力的现实撕碎了这一期望，两年后，他无奈地去了夏威夷。滞留印度时，他在给老朋友、哈佛大学植物学家伊尔默·默里尔的信中说：“……我会在来年视局势的发展，如果一切正常，将返回丽江去完成我的工作。与其躺在医院凄凉的病床上，我宁愿死在那玉龙雪山的鲜花丛中……”在此之前的1930年1月13日，即洛克46岁生日这天，他骑马西行离开丽江返回美国，于当天的日记中饱含深情地写道：“我一定还会回到丽江，再也不离开她，我的遗骨焚化后将随风飘荡在这里的山水间。”而有一年，和志辉收到远在美国办事的洛克用汉语写来的信，信中有一句：“我是白沙人！我要死，来丽江。”

上述挚爱之言显示了丽江是洛克的灵魂之巢、精神之乡。这位暴烈而激昂的浪漫派骑士一生都在漫长的大地上游走，1949年后，他未能再重返丽江。他之所以称自己为“白沙人”，是因为在玉龙大雪山南麓的白沙乡村生活过多年，这一带在纳西语里叫“伯什”，他住的村庄是雪嵩村——雪山南麓的第一个山村，皓白雪山像壮丽的圣殿终年在头顶上方耸立着。

2005年晚秋，10月22日，秋收后雪嵩村的天空浮着一朵巨大的云，阵阵秋风刮过旷野，雪山在黑与白的清凉中偶尔亮出美丽的雪影。我一进村，立即就感到这个洛克当年的“雪山根据地”与十多年前相比有了很大的变化，1991年7月我第一次到这里时尚看不到一个外地人，除了玉湖小学那栋飘着杆红旗的小砖楼，在村里很难感受到其他现代气息；高山戴雪，石屋栉比，那时的雪嵩村，处处弥漫着旧时代的古风，朴素、高古、寂静、清明、贫困，很容易让人想到刘长卿的唐诗：“日暮苍山远，天寒白屋贫。”如今，丽江每年涌入的400万游客中的一小部分，已游览这里，有的是来村旁“玉柱擎天”风景区游玩，有的是来参观洛克旧居陈列馆，有的是骑马进雪山观景。在村口，我碰到三三两两的游人，大都是进村来租马上雪山玩“生态游”的。

雪嵩村，也写作“雪崧村”（汉语中“嵩”与“崧”可通用），纳西语叫“舞鲁肯”，意为“银石之脚 ”。我已是第四次到这个山村了，这次主要是来采访曾与洛克关系密切的舞鲁肯人的后代。当我向村里的一个大爷打听洛克当年心腹李士臣的后人时，大爷说，李士臣是他亲叔父，他只有一个女儿，早就没在村里住了。大爷叫李近云，现年75岁，是李士臣大哥李士喻的儿子。李氏兄弟出身木匠世家，老大李士喻、老四李士臣、老七李士藻，都与洛克关系极深。我请温厚的李大爷在村里陪同采访，他愉快地答应了。在洛克旧居陈列馆，李大爷指着古旧的主楼说：“洛克在我家的祖宅住过一段，搬到李文彪家的这栋楼后，装潢全是由我父亲做的，我父亲的木匠手艺很好，是大木匠级别的，洛克的很多木制用具都是他做的，比如活动床等。”李大爷叫来了李士藻的女儿李近蕊，李近蕊告诉我，她父亲当过洛克的厨师，能做出令洛克赞叹的西餐。

1931年1月31日，埃德加·斯诺随洛克从昆明沿古老的马帮路前往大理。据斯诺记述，洛克习惯于野外生活，从不住中国人开的小旅馆，而是喜欢在树林中或寺庙里夜宿，爱耍派头的他有许多天才的发明，如折叠椅、折叠桌、折叠浴桶等，所到之处，乡民无不敬畏地将其当作是一位来自外国的王爷。“旅途中，随从人员一部分开路，另一部分断后。前面的一队由一位厨师、一位厨师助理和一位管理全队伙食的男仆带领，精心确定了相隔的距离。用餐时，地上铺着豹皮地毯，上面摆放一张桌子和几把椅子，桌面上铺有亚麻桌布，银质餐具和餐巾安放其上。我们到达时饭已快做好了。晚餐后，通常是用茶，然后饮烈性甜酒。洛克教会了他的厨师们烧地道的奥地利菜。如果我们在村子里过夜，全村的人都会跑出来，蹲在不远处好奇地望着我们。”斯诺提到的“天才的发明”中，不少用具有可能就是李士喻制作的，而厨师队伍中的一个，有可能就是李士藻。

天资纵横的洛克在摄影上很有一手，他留世的民国照片中有众多经典之作是在雪嵩村拍的，由于无数次地翻看过这些照片，所以我在村里走动时看到每个乡民都分外亲切。当我向他们提及一张广为流传的纳西汉子照——一个头戴毡帽、身着羊皮褂、左手怀抱孩子的纳西汉子时，几个村民不约而同地笑着说，那个人的名字叫阿耀生。而提及另一张著名的纳西武士照——一个英武的纳西青年手持铁剑、身着用猪皮革条制成的盔甲、头戴铁片做成的头盔时，叼着个丘吉尔式大烟斗的赵福渊大爷高兴地说，那是他父亲赵重典，那套武士装是洛克从宁蒗一带收购来的古纳西武士装，洛克让他父亲做“模特儿”照了这张复古的照片。

在反映雪嵩村一带纳西人生活的洛克所拍照片中，有一张记录了四个如梁山好汉似的黑脸伐木者，在松林里站在几架极为原始的木轮轱辘前。这种现已废弃的车轱辘纳西话叫“吉册”，用这一古老的运输工具运送木柴，曾长期是雪嵩村一带纳西人的支柱行当。由于雪嵩村的海拔比10多公里外的丽江城高数百米，所以赶车人可轻松地将木料、木柴、木炭运抵城郊，途中，以一根柴棒抵住路面来控制轱辘的速度，来到丽江城近郊的平地后，赶车人再用绳索把车轱辘拉到城内。一架车轱辘通常由两人来赶，来回一趟得花上一整天时间，返回时，这两个人会把笨拙而沉重的轱辘拆下来背回去。过去，城里人将“吉册”视作舞鲁肯人的标记，一见到拉“吉册”的人，就知道他们来自舞鲁肯一带。

日出而作，日落而息，舞鲁肯人世代以农耕、伐木、采药、狩猎为生。由于与雪山只有咫尺之遥，所以举首皆白雪，地脉被雪气濡染，一年中积雪不少。雪光高照，雪影徘徊，“白雪”，这一唯美主义的高洁之物，是雪嵩村最为司空见惯的物像。洛克万里迢迢来这人界和天界交汇处与白雪为伍，做了多年白雪客，肝胆早已被淘洗得高旷出尘。在清代纳西诗僧妙明的文章中，我注意到雪嵩村有卖雪为业者，估计是有的乡民把雪运到丽江城去卖，用风雅之物去换取风雅之人的银子。“白雪浮天半，能饮一杯无”，想来城里的风雅之人将雪买回家后，拿来煨茶喝了。遥对玉龙雪山啜饮玉龙雪，真是清雅之举呀！

“孤独的雄狮”和他的江湖

洛克于1922年5月11日首度抵达丽江，不久便把居处设在清净伟丽的雪嵩村，从此开创了一片令历史惊叹不已的人文江湖。也许有必要稍微清理一下这位世纪浪子的人生纵线，以使我们对他那“孤独的雄狮”般的心灵史有一个深切感受。

约瑟夫·洛克于1884年1月13日出生于维也纳，父亲弗兰兹·洛克是一位严厉的男仆，早年曾做过面包房里的底层学徒工，母亲弗朗西斯是匈牙利人。洛克6岁的时候母亲就去世了，这使他成为一名性格古怪的“问题少年”，他在学校里心不在焉，总是幻想着出远门去旅行。由于缺少家庭之爱，长期与父亲和世俗社会格格不入，18岁后洛克开始了浪迹天涯的漫游生活，并靠做卑下的工作来维持生计。21岁那年，洛克以船舱服务员的身份被一艘邮轮带到了纽约，在那里，他不得不去洗盘子以养活自己。两年后，深受结核病折磨的洛克身无分文地去了夏威夷。在碧海蓝天的夏威夷，洛克的病一天天好起来，并显示了自己一直坚持自学的惊人才华，他掌握了匈牙利语、法语、拉丁语、希腊语、汉语等9种语言。语言上的才能使他找到一份传授拉丁语和自然史的教师工作。洛克授课之余，为当地千奇百怪的植物所吸引，开始全身心地投入植物学研究领域，不久他来到夏威夷学院任教，成为植物学教授，在此期间他出版了五部专著和数十篇论文，其中至少有两部专著至今仍被认为是经典。1920年，自视甚高、性格暴躁的洛克因自己收藏的28000件植物标本的归属问题与校方闹翻脸，一怒之下拂袖离开夏威夷前往美国本土谋求发展。

同年秋天，受美国农业部委派，洛克满怀孩提时代的梦想来到远东地区，他此行的目的是寻找可以医治麻风病的大风子树种。两年后，永不安分的洛克为寻找抗枯萎病的栗子树种进入了云南，他把大本营设在丽江雪嵩村村民李文彪家中，不久即收集到60000件植物标本、1600件鸟类标本及60件哺乳动物标本。

1923年7月，雪嵩村的一个雷电之夜，在隔壁纳西人家中举行的、为一位牙病患者驱除邪灵的宗教仪式强烈吸引了洛克："一个用松木做的小棺材模型放置于祭坛前的地上。主祭东巴出示他紧抓着的一只小鸡。他和那个患病的男子都跪于祭坛前，那男子开始用米粒和豌豆向那小鸡发起'攻击'，一些米粒和豌豆被硬塞进小鸡的喉咙。他又把面粉撒在小鸡的翅膀上，然后再往小鸡嘴里塞进一些面粉，直至小鸡被闷死。人们把这只鸡洗干净，把鸡毛梳理好，然后轻轻地放在那个小松木棺材里，上面盖上米粒、红纸和有孔的黄纸，让小鸡把它们带到阴间……东巴们咏颂神秘的丧葬挽歌达十余分钟，雷声与他们的歌咏声交织在一起。人们在小棺材前祭上供酒，米饭、煮过的土豆则供在棺材上面。接着那个患病的男子跪在棺材前，吞咽着这些供品……"这个患了严重牙病的邻居几天前曾来找洛克要过药，由于没有合适的药，洛克很遗憾地把他打发走了。做完仪式的第二天清晨，洛克特意去探望这个病人，结果惊诧地发现他的牙病已治愈了。于是，仔细观察了仪式过程的洛克为美国《国家地理》杂志撰写了《中国腹地土著纳西人的驱病魔仪式》。从此，他从植物学研究转入历时近40年之久的纳西学研究，并成为这一领域的"西方纳西学之父"。

与寻章摘句、在书斋里作雕虫文章的学究不同，坚定而雄霸的洛克高度关注现实中的人文田野景况，他的研究是建立在大量翔实、细密的第一手考察基础上的，以云南西北部的壮丽山河为轴心，像一个高山白雪世界中的浪漫侠客，喜欢喝丽江窨酒、吃纳西火烤粑粑的洛克置身于文化现状的最前沿，在广袤而神秘的中国西部地区进行了一次次颇具传奇色彩的探险活动。

1923年起，他率领一队忠实的纳西卫士对金河江、怒江、渊沧江三江并流区域及泸沽湖、木里、稻城明雅贡嘎山、岷山山脉、甘肃卓尼、青海阿尼玛卿山等地进行了探险考察。在探险过程中，他深情地亲近了隐匿在大地上的古老传统，获得了大量美不胜收的考察成果，拍摄了大批令人啧啧惊叹的精美照片。激情似火的洛克终生未娶，对工作永不知疲倦，1934年，他开始着手撰写其代表作《中国西南古纳西王国》，历经种种坎坷，终在1946年完成，并于第2年在哈佛大学出版社出版。

20世纪60年代在激情和饥饿中到来了，荒凉的大地被黄昏低回的鸦群蒙上了阴影。1962年12月5日，在夏威夷一处私人住所，特立独行的“白沙人”约瑟夫·洛克就像一头孤独的巨鹰在书房的安乐椅上睡着了，突然发作的心脏病使他再也没有醒过来，他最后的陪伴之物，是一大堆散发着谜光的东巴象形文典籍，其中有几本是年代久远的孤本。碧绿的海水把混杂着咸鱼味和海草味的海风送了进来，带走了洛克毕生在白雪和海水之间冥想的灵觉。一腔乡愁覆盖着玉龙白雪，一帘乡梦开满了玉龙鲜花，在弥留之际，他一定一直怀想着魂牵梦萦的玉龙雪山及山下亲爱的雪嵩村。

在漫长传奇人生的最后时光，洛克为纳西文化不顾一切地燃烧着自己，他完成了历时30年之久的《纳西语——英语百科全书》的扫尾工作，撰写了绝笔之作《纳西族的文化与生活》，并请奥地利科学家安第德用新技术对一些被认为是最古老的《东巴经》进行准确的年代测试。去世前两月，他前往瑞士杰森医生处医治折磨自己大半辈子的牙病，病好后，把几本格外珍视的《东巴经》送给了这位多年来一直无偿为自己医治牙病的好心人。洛克去世后，一直把他当作亲人的莱丝特·马克斯将他安葬在了位于夏威夷港湾的马克斯家族墓地，坟墓的位置验证了张九龄的名句“海上生明月，天涯共此时”。在澄明的海水畔，明月的一头连着洛克肉身的安息地夏威夷，另一头连着他魂灵的安息地玉龙雪山。

亲爱的雪嵩村

洛克并非第一个到雪嵩村的洋人，此前已有众多“西方植物猎人”来玉龙雪山大肆采集植物标本，如法国人特拉佛、杜各洛、叔里欧、孟培伊，英国人弗瑞斯特、金顿、爱德华、安德烈，奥地利人韩马吉，美国人喜纳特等。这些人中的大多数都应该到过作为“雪山第一村”的雪嵩村，其中影响最大的弗瑞斯特和金顿，便在这里设立通向丽江植物王国的长期据点。这一背景使我们很容易明白为什么洛克一到雪嵩村就找到了一批制作动植物标本的好手，因为这些人在“植物猎人”的调教下早已训练有素。

到雪嵩村后，洛克先住在村民和耀坤家里，接着在李士喻的祖宅里住过一段，后来搬到李文彪家里长住（现洛克旧居陈列馆），离开雪嵩村前，还在和志辉家里住了些日子。20世纪20—30年代，在偏远得如同童话故事中描述的森林小城堡似的雪嵩村，尚未被现代飓风惊醒的舞鲁肯人常能听到贝多芬、施特劳斯、瓦格纳、舒伯特的名曲在白雪松风与清泉石屋间翻飞，这些美妙的洋音乐是从洛克装有电池的留声机里传出来的。自视甚高的洛克秉承了故乡维也纳的音乐雅道，如果每天没有音乐相伴的话，他那颗躁动不安的心脏会倍感孤独。

雄心勃勃的洛克阳气十足，刚烈得有些暴躁，不达目的决不罢休，幸好他的暴烈之心中隐伏着足够多的率真与慈悲，从而使尖利而激越的情绪获得一定程度上的均衡，同时这也是他与纳西人能长久相交的心灵因素——两种性情中人在真诚地撞击中以心换心。在发表于1924年的《中国腹地土著纳西人的驱病魔仪式》一文中，他写道："舞鲁肯——一个相当美丽、坐落在纯净的丽江大雪山山麓的小村子，雪山主峰扇子陡犹如保护神般护卫着它。美国国家地理学会云南探险队的总部就设在这儿。我在这个村子的两年中，给村民治疗一些小疾病，或是帮他们去掉基于想象的精神不安等，在与村民的交往中赢得了他们的信任。"在雪嵩村期间，派头十足的洛克让村民既敬畏又亲切，曾长期在社会底层奔走的维也纳浪子并不缺乏草根精神，他除了自己经常为草民免费提供治疗外，还让心腹助手李士臣钻研医疗技术，无偿为村民们服务。在洛克旧居陈列馆里，摆放着当年洛克带来的各种美式器具：9种牙科医疗用具，22种木工工具，有医用刀、钳子、划刀、药盘、理发剪、单管猎枪，等等。这些"历史遗物"从一个细部见证了洛克在雪嵩村的善举。在李近云大爷的家里，我见到他珍藏的一把洛克和李士臣从美国带回的老虎钳，漆黑的圆头上泛出褐黄的铁锈，陈旧的铁嘴静谧地衔着逝水年华。1928年，洛克前往泸沽湖考察，出发时全体雪嵩村人都跑来送行，这一隆重的送别仪式表明洛克已是一位"舞鲁肯人"。

在雪嵩村，生活于"高尚的野蛮人"和美景的双重温馨中，洛克有种返璞归真之感。1931年，他向美国《国家地理》杂志编辑格雷夫斯写信时描述了自己的"世外桃源"生活："我们不知道什么叫作压抑，这里的人们靠种田生活，庄稼长得很好，谋生很容易。这里不缺什么，没有乞丐，我从来没见过纳西乞丐，人们所需购买的东西甚少，很少有现金交易，无论银价高低，农产品和自织的麻布价格却不变。这里没有工厂，没有汽车，没有人像工业社会那样为生活而奔波劳碌；这里没有经济萧条，也没有中国东部沿海及上海的动荡和战乱，我们就像生活在月球上，吃自己种的菜，吃自己饲养出的禽肉，这里的人不知道中原地区的洪水。他们不看报纸，一是没有，二是不会读，即便能读也根本对混乱不堪的外部世界不感兴趣。"

从小失去母爱的洛克古怪而复杂。他一生排斥女性，但又一生热爱孩童。在雪嵩村时，他的口袋里常常揣着一把糖，这特别的礼物是为孩童们准备的，他把糖送给孩童，不时扮鬼脸把这些自然之子逗得哈哈大笑，接着自己也像孩童似地开怀大笑。雪嵩村的许多人至今还记得小时候洛克常捏他们的脸蛋，给他们吃一种有腥味的奶糖。20世纪40年代，有几年洛克住在丽江城玉河村和子安营长的家里。一天，在他手下做事的东巴和志辉把6岁的儿子和国藩带过来，这孩子见大人们在庭院里忙着剥核桃，便不去玩耍，帮着大人一起剥，剥了很久却没偷吃过一粒核桃仁。注视到这一情形的洛克很喜欢这个孩子，他让和志辉把儿子留下来，不再送回雪嵩村老家。也许是联想到自己那糟糕的童年，洛克非常疼爱和国藩，不久即送他到净莲寺小学去上学，晚上回来亲自教他学英语，并送给他英汉双语看图识字课本及一些少儿英语读物。孩子的日常衣服全是洛克上街去购买的，吃饭时，他让孩子与自己同桌进餐，还专门让木匠为他做了一把高脚凳，以方便进食。在洛克祖父般的精心调教下，聪颖的和国藩进步很快，一段时间后，便可以用英语同洛克对话了。

永不安分的洛克四海为家、云游大地，尽管他在丽江的时间跨度长达 27 年，但实际生活时间远没有这么长，而他断断续续地以雪嵩村为居留地是在 20 世纪 20 年代至 30 年代初。离开雪嵩村后，他与这个壮丽清寂的山村之间的心灵链接，不是减弱了而是加强了。洛克从未结婚，其东方之旅的核心伙伴是一帮纳西人，包括助手、保镖、厨师、东巴经师等，这些人的骨干李士臣、和志伟、赵重典、吕万育等都是雪嵩村人，若不是这些纳西人忠贞不渝的守护，洛克那孤独而善感的灵魂将会被岁月之箭射得千疮百孔。凭借与纳西人组成的“大家庭”，洛克拥有了一个坚实的人生支点，并从此在大动荡的东方纵横游走，开创了雍容壮阔的“洛克江湖”。有很多年，洛克一直把身边纳西人的数目固定在 12 人，加上他自己，刚好是“十三太保”。

1927 年 4 月，在结束对青藏交界处阿尼玛卿山地区长达两年的艰难探险后，洛克从重庆乘船前往上海，而他的纳西卫队则千里跋涉返回云南，在抵达昆明时，严重的疲劳使得其中的四人病倒了。令纳西人没有想到的是，洛克竟然回到昆明教会医院找到了他们，原来，他越想越放心不下纳西人的安危，于是经由香港、越南折回了昆明。

一直到几个纳西人的病好了，洛克才离开昆明，他带着李士臣、吕万育乘海轮远赴美国。这应该是纳西人有史以来第一次造访美国，两个雪嵩村人在旧金山、华盛顿、纽约灯红酒绿的花花世界中大饱眼福。在华盛顿期间，洛克请来一位著名的标本能手与善于制作标本的吕万育进行比赛，制作的是鸟类标本，结果那位能手以速度取胜，而吕万育则以质量取胜。

1933 年 8 月，洛克得知自己的知己泸沽湖总管阿云山去世了，在无尽的空苦和哀伤中，某种幻灭感像一根黑色的绳子紧紧缠住了他的颅骨，他突然觉得自己的一切努力都是徒劳的，于是决定离开中国。这年深秋，洛克临走前提及长期追随自己的纳西人时说：“他们善良、宁静、头脑简单，孩子似的天真无邪和可爱，我喜欢他们，但是我也需要智识与精神上的同伴。和他们在一起，我好像是被一群孩子簇拥着。”这段话流露了他对自己组建的纳西“大家庭”的真情和真实看法。

自然，喜怒无常、不时大发雷霆的洛克并不是一个易处之人，他那个出名的坏脾气决定了与纳西人的相处并不总是甜蜜的，温良的纳西人尽管忠直、朴实，但一旦发起脾气来却是“天不怕地不怕”。洛克与纳西人发生的矛盾中，最著名的一次是李士臣在昆明没有把采集来的花种记录清楚，洛克恼怒之下狠狠踢了他两脚，李士臣大怒，回敬了两脚，两人大打出手，鼻青脸肿的洛克气得拔出了枪，没想到却被力大无比的李士臣给缴了枪。李士臣气冲冲地把枪交到美国领事馆，在对美国领事讲述了事情的经过后说："洛克是人，我们纳西人也是人，我们不得以教育一下他。"第二天，在美国领事的调解下，自知理亏的洛克向李士臣真诚地道了歉，两人不打不相识，此后感情反而更深了一层。1936 年 2 月 3 日，离开丽江数年的洛克带着赵重典乘坐租来的飞机抵达雪嵩村南面的荒原时，李士臣第一个跑到飞机前去迎接他。而吕万育于 1927 年底随洛克回国后不久，有一天被洛克的粗暴举动激怒了，竟提起鸟枪把他追得抱头鼠窜，结果遭到了解雇。直到几年后，两人才尽释前嫌重新合作。

洛克同纳西人尤其是雪嵩村纳西人的友谊，是在坚韧的时光和出生入死的实践中积攒起来的，在经典巨著《中国西南古纳西王国》的前言中他感慨道："逝去的一切又一幕幕重现在我的眼前：那么多美丽绝伦的自然景观，那么多不可思议的奇妙森林和鲜花，那些友好的部落，那些风雨跋涉的岁月和那些伴随我走过漫漫旅途、结下深厚友谊的纳西朋友，都将永远铭记在我一生最幸福的回忆中……深深感谢那些真挚诚实的纳西人，他们始终是那样勇敢无畏，真诚可靠。他们是我探险考察得以成功的保障。"

雪与石令万形逸散

我在村里转了一圈又一圈，民众在劳作，牛羊在生息，一朵巨大的祥云在嵯峨雪峰上低垂，一栋栋块石累累的楼宇间坐着几个童子。许多洛克时代的古意仍然存在，厚实地敞开，使我看穿了这个胖乎乎的维也纳人雄心深处的单纯。

在洛克旧居陈列馆的百年老屋下采访过几位老人后，我在李近云大爷的带领下前往村北的"瓜丹阁"。"瓜丹阁"是纳西语，意为"官衙的馆阁之所"，它是明代纳西木氏土司的十二个"行宫"之一。秋草萋萋，黑石苍苍，秋收后荒凉的旷野上耸立着十余株高大的云杉，除了四株尚坚毅地撑出绿云似的虬枝外，其余的都已成了直挺挺的"干尸"，十数米外，几株碗口粗的柏树如丫鬟似地在田垄旁垂着"绿袖子"，偶尔有一两只野雀轻声啁啾着飞过苍天。李大爷指着云杉周围的大片荒地说："'瓜丹阁'就在这里，除了这几棵树，什么都没有了。北边的那些大石头，是冰川时代留下来的。南边的那块地原来叫'创喜丹'，是木土司的鹿苑，过去鹿群常常穿过南面的松林到玉湖去喝水。"

当年的繁华已沦为一抔黄土，真是"大荒连雪山、玉树悲歌残"。嘉庆年间纳西才子杨昌到这里的时候，雪麓下的"瓜丹阁"已是一片废墟，遗址足足绵延了近一里。遗址的空地上，新立着一块"具坚寺遗址"碑，据《丽江光绪府志》记载："松雪庵（即雪嵩庵），明时建。一名具坚寺，在雪山麓玉湖西，寺极清洁。光绪年间村民重建。"明代时这个小庙画满了精丽的壁画，如今，光绪年间重建的建筑早已从地表上消失。来"瓜丹阁"前，看护洛克旧居陈列馆的和正元老人告诉我，这个寺是三房一照壁，新中国成立后做过村公所，不久成了村小所在地，他在那儿读过小学，1964年寺内建筑被拆下来搬到村里建了卫生室。而洛克在《中国古纳西王国》中写到这个寺庙在民国时期的情形时说：“玉湖以西，有一个清洁的乡村寺庙（现在已经改为一个林业站），周围长满云杉树，这些云杉是原来覆盖在这个平坝的大片森林所残存的一部分，庙里有一个藏式佛像，庭院里有一块很大的大理石板，现已破裂，上面只刻着一些行为规则，其年代写着明万历三十六年（1608），可能建筑年代比这还更早些。纳西人称此庙为‘舞鲁瓜丹’，汉人称此庙为‘雪嵩庵’，它是纳西王的12个住处之一。”

这一带是明代木氏土司的“夏宫”，楼阁隐映于万松之间，在木公、杨慎、张含、杨昌等人的著述中当年这里有玉湖书院、玉湖精舍、雪松院等建筑。“舞鲁瓜丹”即“瓜丹阁”的另一称谓，乡民把在“夏宫”废墟上修建起来的小寺称作“舞鲁瓜丹”，体现了历史的一种延续。民国时，寺内的大殿外尚悬挂着土司木增写的红底金字联：“禅心寂静千峰雪，道性空明万里天”。1914年，云南曾有一场反宗教的骚乱，于是雪嵩村的村民把寺内的佛像抬到雪山的山洞里藏起来，风波过后才把佛像抬回寺内。

顺着“鹿苑”朝东南望去，可以看到几百米外绿沉瓜似的玉湖。“山光水色，上下空明，古所谓瑶池琼岛，想亦不过尔”的玉湖，是木氏土司在明代开挖的人工湖，相传最初时底漏不能蓄水，直到埋下一个玉壶后情况才完全改善。早先守护玉湖的人据说叫阿拔，此后他的世代子孙都是守湖人，他们家住在湖的南岸，玉湖南面的田地至今被乡民称作“阿拔吉布”，意思是“阿拔家的下方”。

当初玉湖里种着大片莲花，湖心岛上建有三松水亭，历代才情高卓的土司在这丰神绝代的“天上人间”，过着清凉逍遥的神仙生活。明代丽江第八代土司木公的《游玉湖》云：“玉湖影劲玉山浮，回顾寒光逐水流。酒后诗髦天上坐，轻舟短櫂镜中流。黄花满岸开秋色，远浪迎风拜晚鸥。细雨乍晴殊荡漾，残晖欲坠自夷犹。”第十二代土司木青的《泛玉湖》云：“小艇潆洄漾碧波，夕阳佳境近山多。轻云不障千秋雪，曲槛偏宜半亩荷。郢客高歌巡绿酒，佳人团扇剪湘罗。归来醉倚长松下，不觉三星上薜萝。”

1807年初夏，23岁的秀才杨昌在距雪嵩村不远处的玉峰寺修研诗文。一个松际露微月的良宵，他与二三好友来到雪嵩村的一户农家围着炉火煨茶夜谈，第二天清晨，几个人徘徊于风露之间，来到玉湖游赏，届时，“晨光微出，徐至湖畔，相与席地倚石而坐，冷冽之气，逼人肌发。俄而波定风平，湖光明洁若镜，峰峦林木，禽鸟飞回，如隔琉璃，屏展画图，眉宇为之一新。须臾，朝曦遥上，峰头积雪微抹绀红，天半朱霞，相与掩映，目不给赏。二子善吹笛，作穿云裂石之声，有令人心旷神怡，手舞足蹈不自知者……”

森林、明湖、白雪、红霞、青莲，琼楼玉宇，磅礴的峨峰，蓝色的天空，碧水间欢叫的鹿群……美在一个又一个的时代眷顾了纳西人的乡土。

1991年仲夏，我到雪嵩村的时候玉湖早已是一个荒湖，湖水清澄，高高的芦苇摇曳着柔艳的白花，当我从湖畔离开的时候，一只灰黑的大鹤突然从湖里窜出来，孤独地飞去。这只翩跹的大鹤，是玉湖留给我的最大印象。而这一次，我惊讶地发现这个“世外之湖”竟也进入了“白金时代”的包围圈，它已被开发为旅游景点，原本一派天然的湖岸出现一截水泥。秋水共长天一色，水泥与人心齐“飞”，望着摩登世纪的水泥玉湖，我突然想起特拉克尔的诗句来：“种族的没落令人震撼/在这个时辰观望者眼里蓄满了/星辰的金辉。”

在回村的路上，我注意到在一块大石头上放了许多小石头，李大爷告诉我，这些小石头是上山的纳西人放的，这个仪式是向“什日”（即山中神灵）祈求平安的。接着，他指着雪山之麓一个有松林的山坡说，洛克曾希望那个地方能成为他的墓地，没想到后来再也回不来了。

有一种力量叫怀旧

1922年洛克到雪嵩村的时候，这个白雪之村只有100户左右的人家，而现在已扩展到300多户了。正值秋耕时节，几个村民赶着牛在田野里耕作，粗犷的吆喝声高高地撒在晚秋的深处。明洁的阳光泛出朦胧的白色翳彩，映在大片由石头砌成的瓦屋上，反射出一种既深邃又古雅的亮色。

走在秋风满地的村里，我和李近云大爷再次聊到李士臣——这位乡村雪山高士、雪嵩村的一代豪杰。李大爷告诉我，李士臣5岁的时候被家人送到白沙琉璃殿做了和尚，他的师傅是纳西和尚海德，做了8年和尚后，有一天他突然逃了回来，说什么也不愿继续当和尚了，从此还俗在家里待着。李士臣为人豪爽任侠，极重义气，枪法好，善使双枪，是洛克卫队事实上的“带头大哥”。他的力气很大，有一次随洛克到北京，在天安门前见很多人在比试身手——抬一个大石像，但是无一人能够抬动，于是他一时性起上前使足力气将石像抬了起来，然后再轻轻放下，没想到腰部被扭伤，从此患下腰疾。李士臣对雪嵩村满怀赤子之心，多年来为众多的乡亲做过善事，1927年他随洛克在美国待了几个月，洛克让他专门学习牙科医术，回国时带了一套完备的牙医器具，从此他一直义务为村民医治牙病，从不收取分文。1933年秋天，洛克离开中国时很想把自己非常看中的李士臣带往欧洲，李士臣因感到洛克将一去不返，实在割舍不下纳西乡土和家人，遂坚决地拒绝了。20世纪50年代初，洛克被定性为“美国国际间谍”，与其过往密切的雪嵩村东巴和志伟被枪毙，而李士臣凭借在下层百姓中的威望逃过劫难。此后他负责喂养生产队的种马，将几匹种马喂得膘肥体壮。他家里种了一棵洛克从国外带来的苹果树，这是雪嵩村当年唯一的一棵苹果树，每年夏秋之季，孩子们常常跑到李士臣家里缠着他讨要苹果，而李士臣也会笑盈盈地给这些孩子摘果子吃。1967年，李士臣尚为现在看护洛克旧居的和正元大爷拔过牙，他于20世纪70年代初期去世。如今，李士臣的苹果树也老死了，只有那套从美国带回的牙医器具，静静地躺在洛克旧居陈列馆里。1940年春天，李霖灿第一次游玉龙大雪山时专程到雪嵩村来请被他称作“双枪李”的李士臣当向导，当时，李士臣正同几个乡友围坐着一丛盛开的牡丹饮酒纵歌，可见其人性情。

在村里转悠了一段时间后，李近云大爷邀请我到他家去坐坐。李大爷家在村子的南边，在走到赵福渊大爷家的老宅前时，李近云大爷望着一棵桉树说：“这棵桉树是舞鲁肯现在最大的树，它是尤加利桉树，是当年洛克从飞机上带来后赵福渊的父亲赵重典栽种的。”这棵需数人合抱的大树根深叶茂、躯干光滑，仔细打量时可发现它已是第二代了，其右侧连着一块枯黑的大树桩，这棵已死的树才是赵重典种的那一棵。

接着，我跟随李大爷来到他家祖宅前。他指着院内的百年老屋说，洛克到李文彪家长住之前在这里住过，接着又指着大门上工艺精湛的雕檐说，这些是我父亲李士喻的手艺活，他在20世纪50年代就去世了。这座李氏祖宅如今的主人是李大爷的一个儿子，他自己则跟着小儿子住在旁边的另一个院落里。然而当我看到那个院落大门上贴着的白色挽联时，才知道李大爷的小儿子不久前去世了，丢下两个正在上小学的女儿。在简陋的家里，温厚的李大爷显得愈加亲切，尽管日子有些艰难，但他的神采间晃动着一种宽厚的仁慈，从中透出来的心灵修为，令我暗自敬服。见我注意到他床上垫着的一张熊皮，他便津津有味地讲起了这张熊皮的来源。那是在李大爷3岁的时候，一天，白沙向阳村一个叫和全的牧牛人把牛给弄丢了，他到处去找，后来在一片林子里看到一个黑乎乎的家伙，以为是自己的牛，便从屁股后面跳上前去抓住就打，结果发现自己竟是骑在一头黑熊上。在黑熊的怒吼声中和全屁滚尿流地跑了出来，很快找来有双筒猎枪的李士喻。接着他俩带了一些人一起去找黑熊，在远远地看到这个黑家伙后，李士喻一枪便击中了黑熊的心脏，跟着又补上一枪取了它的性命。当天，李家大宴宾客，遵照纳西习俗，凡是跟着去猎熊的人都分得了一份熊肉。李大爷记忆犹新地说，那天家里太热闹了，一晃眼，这块熊皮已跟着我72年了。把熊皮拿出来瞧时，我发现毛发脱落得只剩下黑白参半的耳部了，整张皮早已被李大爷压成了光秃秃的古董。

过了一会儿，李大爷把我带到屋后的菜园里，告诉我溪水边的那三棵柏树是洛克当年从美国带来后亲自栽的，仔细对比就会看出它们同丽江本地的柏树有些差异。三棵“洛克柏”亭亭如盖，碧绿的枝头跳跃着浩渺的天光，一股淡淡的醇香从树上飘下来，向我抛出一切之上的虚空，这虚空的中心满含着深情，它让我感慨万物是如此易逝，时光飞逝是如此迅猛。

怀着感激，我向李大爷握手道别，深深祝福他老人家吉祥安康。接着，我重新走到赵福渊大爷家的老宅前，准备探访赵大爷。赵福渊大爷就住在离老宅很近的一个院落里，上午我们曾见过；看到我他很高兴，因为都过这么久了还有人惦记着他的父亲。赵大爷告诉我，他父亲赵重典身高1.85米，由于枪法极好，18岁起就跟着洛克干，他每次猎来的动物标本总是完全符合要求的，加之忠直坦荡、做事负责，所以深受洛克信赖。1955 年，赵重典被中国科学院云南动物研究所招去工作，不久，在西双版纳采集动物标本时，一头被他用麻药弹击中的野牛，因麻药过早失效突然醒来而将其撞伤。1962 年，赵重典离开动物研究所回到了雪嵩村，1967 年因心脏病去世，享年 59 岁。

赵大爷从家里翻箱倒柜地找出一个涂着清漆的木匣子，一道暗丽的光轮在漆色间漫开，这是一个民国时期的"相册"，里面夹了几张他父亲珍贵的照片：一张是与李士臣的合影，估计是在炎热的越南拍的；一张是 1937 年冬骑着洛克赠送的自行车，估计是在丽江的相馆拍的；还有一张是在上海乘坐飞机前拍的。照片上的赵重典西装革履、英姿勃发，一副豪门子弟的时尚妆扮，完全看不出他其实是一个边陲雪山的"纳西村夫"。

从赵福渊大爷家出来后，我离开了雪嵩村。远远地回头望去，高大的尤加利桉树闪着一片黛光，黑云中玉龙雪山露出了一线洁白，像一条历史的哈达，隐忍地搭在雪嵩村上。

怀念老师傅先生

姜竹仪

今年是傅懋勣先生100周年诞辰，我是傅先生的学生，毕业后在工作上经常与他接触。几十年来得到傅先生对我的教诲颇多，他是我最喜欢和崇敬的一位老师。他长期以来治学严谨、工作勤奋、作风朴素、待人诚恳、态度和蔼、平易近人。与老师接触中感觉十分亲切。现今回忆我与傅先生交往中的几件事情，以缅怀傅先生。

1979年5月我和老师一起在云南参加民族所与云南语言文字工作委员会及有关部门召开的语言科学讨论会。这是改革开放后第一次有关民族语文科学研究的会议。会议结束后，我正准备回北京，傅先生找到我，提出是不是可以陪伴他去一趟丽江，帮助他把早年（20世纪40年代）搜集到的一部著名东巴经《白蝙蝠取经记》进行重新整理和详细地译解，并作进一步深入研究。我考虑到自己熟悉纳西话，可以做纳西语和汉语翻译，同时也能够在当地联系一些事情，就义不容辞、愉快地接受了这项工作。

在丽江工作的过程中，看到傅先生研究非常勤奋，态度十分严谨，调查特别细致。对东巴讲解的经文，一字一音的片段都要逐字、逐句地反复询问，对于经文的每一段意思都要问清楚。

东巴文之所以难学，是因为甲地的东巴写出来的经书、绘出的图像与乙地的东巴在内容上可能相同，但书写的方法不同，有的经书图像没有统一的规范。各地东巴的书写方法不同，但大多是任意的，也比较自由。《白蝙蝠取经记》是傅先生早年记录的，那位东巴早已不在了。到20世纪70年代则由另一位东巴讲述，因讲述的方法不同，给傅先生带来很多困难。但是傅先生非常耐心，不厌其烦地反复询问，对于经文的每个图像、前后位置、上下方向都要搞清楚。在理解后，做仔细的对比研究。他每天都要伏案工作到深夜，可以说到了废寝忘食的地步。我每天都要多次催促他及时就餐和睡觉。傅先生在生活上非常朴素，当时地方上可以提供一些特殊的照顾，可以吃小灶、点菜等。但他总是提出不要特殊化，他住的是普通房间，吃在普通食堂，要求和当地的干部、群众一样。

丽江地区工作完成后，我随傅先生立刻到永宁地区，了解当地人称“摩梭”的纳西人的社会、历史及母系家庭“阿注”婚姻情况。重点是了解母系家庭亲属称谓。经过调查后傅先生关照我，调查语言的任何问题，都要结合该地区的历史、人们的生活情况，不能单纯地研究亲属关系，必须分析对方的家庭结构、亲属之间的称谓，如对称、互称、长辈、小辈、平辈以及亲昵关系。这个地区的“摩梭人”的亲属称谓中，有些词是没有的，如“父亲”一词是没有的。“舅舅”一词在家庭中占着重要的地位，姐妹之间的称谓也有一些特殊性。永宁地区比丽江地区更落后，吃住条件较差。傅先生在工作、研究中一直保持不懈的探索精神，乐此不疲，在愉快的情绪中完成了预定的调研工作。

傅先生利用很难得的机会，在当地深入群众中了解他们的生产情况。由于当地的生产条件落后，分配制度不能按劳动分配，而是平均分配，“阿注”大家庭的生活也是平均分配，每天吃饭都是由家庭的女主人分配就餐。遇到吃肉时每人分一块，不分年老妇幼。有时对老人、儿童有一些照顾。因此，群众对参加劳动生产没有积极性。当时云南省委领导下来视察，想废除“阿注”婚姻制度，提倡一夫一妻制，也有人想用罚款的办法来结束这种制度。省委领导与傅先生讨论生产和婚姻问题，傅先生通过调查，提出婚姻制度与生产落后问题不能用简单的罚款的办法解决；平均主义思想只有随着生产力的发展，思想认识提高了，才会慢慢地得到解决；婚姻制度问题上，可以提倡一夫一妻和“阿注”婚姻制度两种制度并行，罚款是不可取的。

傅先生每到一地，都要深入群众，脚踏实地做调查研究，得到正确、合理的结论。

傅先生热爱工作，热爱祖国，热爱人民，热爱共产党，更加热爱少数民族群众。他终身热爱和献身于少数民族语言研究事业。

1956 年下半年，我在云南语言文字工作委员会办公室工作，傅先生于 1957 年从北京来到昆明参加民族语文科学讨论会，会上讨论通过了几个少数民族新创文字，改进了几个原有的文字方案。这是一次具体地贯彻党的民族语文政策的会议。在会议前，傅先生非常谦虚地抱着科学的态度，对新创制文字的方案，在设计字母方面提出了许多原则性的、有价值的、建设性的建议。对于少数民族新老文字的关系问题，傅先生采取了实事求是的科学态度，既承认历史事实，又科学地结合现实的文化发展以及群众的需要，提出了合理的建议。在创制新文字和改进老文字的过程中，傅先生不是硬性地“贯彻民族语文政策”，而是深入细致地做调查研究，吸取各方面的意见，更重要的是依靠党的领导、尊重党的领导，并听取该民族宗教界上层人物和广大群众的意见，工作非常细致。例如，在傈僳族新文字创制时，存在着原有老傈僳文的使用问题。群众和各个阶层都有不同的理解和看法。傅先生知道，处理新、老文字问题十分重要，需要耐心细致地做好调查分析工作。他首先下决心摸清情况，对现在老文字的使用范围、影响、人群、代表阶层及境外使用情况、出版物、小报刊等都做了调查。结果显示，老傈僳文是宗教性质的文字，在群众中有一定影响，有一些出版读物和小报，在境外也有人使用。但从总体上说，它的使用具有局限性，不能很好地反映现实生活，当时傈僳族宗教界上层人士对新创的傈僳文是有一些抵触的。傅先生为了疏解矛盾，亲自与上层人物祝发清先生多次耐心地交换意见，终于得到上层人物的支持。后来，新创的傈僳文字方案得以通过，并在怒江地区试验推行。对傣族的新、老文字的处理也是如此解决的。

回忆傅先生最早完成的《维西麽些语研究》一书，对于我们研究纳西语的学生来说至关重要。这本开山之作、创始之作，不仅在中国藏缅语族语言研究史上占有重要的地位，而且对于纳西语的调查研究具有现实指导意义。回想1956年，纳西语调查组到云南丽江地区、四川省纳西族居住的地区，对纳西语进行普查，对傅先生的书有了深刻的体会，它像一盏明灯，照亮了方向、展示了蓝图、建立了框架、树立了模式、避免了曲折、绕过了弯路。我们比较快地对各地纳西语的语音、语法、词汇有了清晰的了解。因此纳西语组成员用半年多的时间，调查了40多个点的材料，在大量材料的基础上结合当地的社会、历史和人文情况，摸清了纳西语的方言、土语情况，把纳西语划分为东部和西部两个方言区，这也是前人从来没有做过的。最后提出了《纳西文字方案》（草案），1957年在云南语文科学讨论会上通过。该文字方案在丽江西部方言地区进行试验推行，效果很好。

傅先生的《维西麽些语研究》一书对我们普查工作提供了理论指导，对我们后来的纳西语调查研究工作起到了重要的作用，功不可没。

东巴经书是纳西族宝贵的文化遗产，经书的内容十分丰富，涉及纳西族社会、历史、人文和纳西族群众生活的方方面面。经书的一部分是象形连环图画的文字，另一部分是象形表意文字。过去众多的学者对于东巴经书的图画部分没有明确是图画文字，傅先生的象形文字脱胎于图画文字。我在1980年中国民族古文字研究会成立大会上提交了《纳西族的象形文字》一文，没有明确论述纳西象形文是图画文字发展的结果，在该文中认为纳西东巴文处于从图画向象形表意文字过渡的阶段。因此，象形文字最初是见树记树、见石记石、见物画其形。这种文字最早是从图画开始，被纳西东巴经师用来书写经书，由他们掌握，所以称为东巴文。纳西象形文字造字方法比较简单，结构主要有象形、会意、合体、形声、指事、转义、假借等。这种象形表意文字是一个字代表一个音节，但并不是每一个字的意义都能从字形结构上体现出来。因此，在东巴经文中有很多连环图画或象形的单独音节，有一些是多意的，而语词的意义却不能完全表达出来。在纳西东巴经文中，有很多章节中的图像是不好解释和理解的，如在每一册经书的开始只画一个虎头，表示七个音节，意思是“太古的时候”、“远古”、“从前”，或者解释为“当人们还不会说话的时候”等。如经书中的“创世纪”、“洪水的故事”、“卜卦”、“老虎的故事”。在东巴经文中有很多抽象概念是无法用一个字、一个音节来表示的，有的是用连环图画表示一个意思，有的是用一个图像表示多意。傅先生的观点解决了抽象概念的语意问题。例如，“梦想”、“思想”、“我要去北京”、“同一个世界，同一个梦想”，等等。而今后东巴文字的结构仍然是图画文字和象形表意文字两种结构并存，这样才能够使经文的语意翻译清楚。

傅先生在研究东巴经文时非常认真并深入研究它的结构，明确提出，纳西东巴象形文是脱胎于图画文字。这一观点是傅先生的创新观点，给研究纳西东巴文的学者以很大的启示。这一观点是对纳西东巴文研究的重大发展，可以帮助我们将东巴文中一部分连环图像不能明确表示经文的语词，推论出比较合理并确切地表示经文的全部语词。这一观点不仅用于研究纳西象形文字，可以同图画文字进行比较研究，而且对其他少数民族的古文字研究有所启示。

傅先生的研究精神值得我们永远学习和怀念！

拜谒李霖灿先生陵墓

和鸿昌

此次赴台旅游的丽江纳西乡亲旅游团共49人，除少数来自丽江市的朋友外，都是旅昆纳西合唱团的成员。我们于3月22日晚乘飞机离开昆明抵达台湾桃园机场，开始了赴台8日游的旅程。此次游台湾除了要观光渴望已久的美丽宝岛外，还有一个愿望就是到台湾拜谒李霖灿先生的陵墓，亲自到他的墓前瞻仰，表达纳西乡亲对他的崇敬之心和思念之情，感谢他为研究纳西民族及其文化所付出的青春年华和毕生精力。

李先生原籍河南辉县，汉族，是国际知名学者、画家、散文家，生前曾任台湾“故宫博物院”副院长，他与纳西人的不解之缘，是从1939年开始的。当时他就读的杭州艺术专科学校因抗战西迁昆明，刚毕业的他受校长器重派往丽江考察边疆艺术。当他正背着画板走进玉龙雪山之际，意外地发现了纳西东巴文化。从此，他对东巴文化情有独钟，全身心投入对纳西族及纳西东巴文化的调查研究。他在丽江一住就是4年，爬玉龙雪山、哈巴雪山到喷嘎岭，涉金沙江、澜沧江至无量河畔，从有纳西人居住的丽江、香格里拉、白地、维西，到永宁再到四川木里、俄亚、盐源等地，他都不顾安危、不惜千辛万苦，风餐露宿、脚踏实地地进行田野调查，掌握第一手资料。如今从丽江到泸沽湖只需几个小时车程，当年他却骑马整整走了6天，可以想见当时边地之闭塞，先生实地调查之艰险。不过，功夫不负有心人，先生广交东巴朋友，与纳西人民打成一片，掌握了大量的调查资料，仅收集的东巴经书就有1231册之多。诚如先生所言“为纳西族埋头工作，一口气作了20年，浑忘了这正是一个人的锦绣年华”①。这为先生日后潜心研究东巴文化打下了坚实的基础。1943年底先生回到了当时故宫博物院所在地——四川省南溪县李庄。1944年就编著出版了《麽些象形文字字典》，次年又出版了《麽些标音文字字典》，这两部字典当时在学术界产生了很大的影响。之后故宫博物院迁回南京，1949年后先生到了台湾，主要从事美术史的研究工作，但先生对纳西文化的研究一往情深，未有中断。1957年出版了编写于1946年的《麽些经典译注六种》，1978年《麽些译注九种》由台湾“中华丛书编审委员会”出版。先生的“字典”和“译注”正破

① 李霖灿：《麽些研究论文集·绪论》，台湾：“故宫博物院”，1984年。

解着纳西东巴文化的密码。1984 年《麽些研究论文集》由台湾“故宫博物院”出版，该论文集是先生 40 多年研究东巴文化的结晶。李霖灿先生还于 1956 年应美国国务院之邀赴美，为其国会图书馆所藏 30 多年无人知晓的 3038 册纳西东巴经书分类编目，1958 年撰有《美国国会图书馆所藏的麽些经典》。李霖灿先生“在研究纳西族东巴文化史上写下了重要的一页”①。

除了有关纳西东巴文化的论著之外，李先生还发表了许多散文、小说、歌谣等，将丽江的旖旎风光和纳西风土人情介绍给国内外朋友，一生为纳西族和纳西文化做出了卓越的贡献。

李先生并非丽江籍人士，更不是纳西族人，但他又是一个比纳西人还纳西化的“纳西先生”②，是一个对玉龙雪山下的这片沃土爱的刻骨铭心之人。犹如先生自述：“对于这里的玉龙大雪山倾心喜欢，也自认是纳西民族之一员”③，“二十年的青春年华我都和这个民族溶合在一起，和他们的精神往来呼吸相通”④。先生在海峡彼岸仍辗转致函方国瑜、周汝城等先生，探问早年在丽江共事的纳西朋友，还经常将他的著作寄赠给纳西乡亲和丽江东巴研究所。当他步入暮年 78 岁高龄之际又将他的一绺白发托人带回丽江置于玉龙雪山云杉坪。也许是用此表达先生多年前的心愿：“我爱这里的一切，不但时时思念，他日化去，我的精灵魂魄亦必定萦回栖息于斯。”⑤ 依据先生的执着和愿望，丽江赠予李霖灿先生丽江市“纳西荣誉公民”，也期盼先生回归故里。然而先生已驾鹤西去，我们只能以拜谒先生的陵墓，来寄托我们的哀思和无限怀念之情。

经请云南省纳西学会会长杨福泉先生与李先生的家人联系后，又拜托昆明国旅与台湾联系，在台湾天海旅行社的鼎力支持和协助下，我们终于如愿以偿了。

于 3 月 23 日抵台的第二天一早，我们身着民族节日盛装，在台湾天海旅行社导游黄兴宗的带领下，乘坐两辆大巴沿太平洋岸傍山公路颠簸几小时后到达阳明山国家公园的金宝山公墓。李先生陵墓位于邓丽君墓园不远处，我们手捧花束，在蒙蒙细雨中，肃穆走到李霖灿先生墓前，列队行三鞠躬礼，然后献上用东巴文和汉文合璧书写的“缅怀李霖灿先生，东巴文化先驱”的挽联牌匾。敬献牌匾后由一位代表用纳西语和汉语致辞，表达纳西民众对他的深深怀念与祝福。接着旅游团员们献花，此时此刻旅游团员们心情都非常激动，由于实现了多年的愿望而感到满足与幸福。

因李先生的亲人都已旅居国外，我们只好把带去的牌匾送到李先生生前工作过的台湾“故宫博物院”。于 3 月 28 日上午 9 时，在台湾天海旅行社董事长曾盛钰的

---

① 郭大烈、杨世光编：《东巴文化论集》，云南人民出版社，1985 年，第 464 页。
② 李霖灿：《神游玉龙山》，云南人民出版社，1994 年，第 2 页。
③ 李霖灿：《神游玉龙山》，云南人民出版社，1994 年，第 314 页。
④ 李霖灿：《麽些研究论文集·绪论》，台湾：“故宫博物院”，1984 年。
⑤ 郭大烈、杨世光编：《东巴文化论集》，云南人民出版社，1985 年，第 457 页。

带领下在台湾“故宫博物院”的中山堂将牌匾送交博物院院长代表蒋先生。蒋先生回赠我团两本李先生的专著——《麽些研究论文集》，并合影留念。这份由台湾“故宫博物院”院长代表蒋先生赠予我们的厚礼，我们十分珍惜。其中一本在玉龙纳西族自治县50周年县庆之际转赠给玉龙纳西族自治县图书馆，另一本转赠丽江东巴研究院。李先生的著作和他的“精灵魂魄”将永远和丽江纳西人民在一起！

丽江市少数民族干部情况调查

孙　懿

云南省是我国少数民族聚居的主要省份，少数民族干部队伍建设一直得到历届云南省委、省政府的重视，尤其是改革开放以来云南省先后出台的多项政策和措施，更为云南少数民族干部队伍建设提供了重要保障，而且这些政策对我国少数民族干部政策的制定也起到了重要的促进作用。笔者在2003年曾经对云南省少数民族干部队伍的现状做过调查，2009年又选择丽江市作为调查对象，希望进一步深入了解云南省少数民族干部队伍建设的情况。

一

云南省丽江市是闻名国内外的旅游城市，也是一个多民族聚居地区。丽江市位于云南省西北部云贵高原与青藏高原的连接处，北连迪庆藏族自治州维西县，南接大理白族自治州剑川、鹤庆、滨州三县及楚雄彝族自治州大姚、永仁两县，西邻怒江傈僳族自治州兰坪县，东与四川凉山彝族自治州和攀枝花市接壤。丽江市现辖古城区、玉龙纳西族自治县、永胜县、华坪县、宁蒗彝族自治县，所属69个乡（镇）、446个村民委员会。截至2008年，全市总人口约110万人，人口密度为53.6人/平方公里。丽江市历史上就是一个多民族聚居的地方，全市现有纳西族、彝族、傈僳族、白族、普米族、傣族、苗族、回族、藏族、壮族等22个少数民族成分，其中12个世居少数民族。少数民族人口近70万人，占全市总人口的58.1%，其中纳西族23.37万人，彝族20.14万人，傈僳族10.62万人。多民族聚居和民族自治地方存在的现实，决定了丽江市少数民族干部队伍建设是民族工作的重要内容。

改革开放以来，特别是“十五”期间，丽江市围绕打造“文化旅游名市、构建和谐丽江”这一主题，坚持按照“增加数量、提高质量、优化结构”的方针，在少数民族干部的培养选拔上采取了一系列切实可行的政策与措施，少数民族干部队伍建设取得了显著成绩。2008年，丽江市委、市政府79个工作部门（单位）中，有50个部门（单位）的一把手是少数民族干部，占部门总数的63.3%；“一区四县”党政班子正职中有少数民族干部7人，占70%；全市716名县（处）级干部中有少数民族干部421人，占58.8%；全市4181名科级干部中有少数民族2446名，占58.5%。基本实现了我国民族区域自治方法对于“少数民族干部比例要与少数民族人口比例相适应”的发展目标。

多年来，在不断提高少数民族干部数量的同时，努力提高少数民族干部队伍的整体素质，有关少数民族干部队伍的各项统计分析，以及通过对多次座谈会、问卷调查得到的资料分析也说明了这一点。

据统计，截止到2007年年底，丽江市干部队伍8587人，其中少数民族干部4588人，占干部总数的53%。干部队伍的构成情况可以通过以下各表充分得到反映。

表1　2007年年底丽江市干部队伍学历构成情况统计

项目	总数	女	少数民族	中共党员	学历			
					研究生	大学	专科	高中以下
人数/人	8587	2349	4588	6628	123	4372	3635	450
比例/%	100	2.9	53.0	77.2	1.4	50.9	42.3	5.2

从表1的统计数据看，丽江市干部队伍的学历构成是以大学本科为主，具有大学本科学历的干部占到了干部总数的50.9%，其次为具有专科（包括中专、大专）学历的干部，占干部总数的42.3%，具有高中以下学历的干部仅占到了5.2%，学历水平较高。其中值得特别关注的是，在干部队伍中具有研究生学历的干部占到了1.4%，虽然比例不高，但是却主要集中在县级以上领导干部岗位，这对于充分发挥领导干部的积极作用无疑是重要的，对于提高干部队伍的整体素质也具有重要的作用。

表2　2007年丽江市干部队伍年龄构成情况统计

项目	总数	35岁及以下	36—40岁	41—45岁	46—50岁	51—55岁	56岁以上
人数/人	8587	3838	1545	1709	807	493	195
比例/%	100	44.71	17.99	19.9	9.4	5.7	2.3

就年龄构成而言，丽江市各年龄段的干部比例，35岁以下占到了44.71%；36—40岁占17.99%；41—45岁占19.9%；46—50岁占9.4%；51—55岁占5.7%；56以上占2.3%。可见，45岁以下的干部占到了绝大多数，占干部总数的85.59%。可以说，丽江市的干部队伍是一支充满朝气的队伍。

在丽江市干部队伍中，少数民族干部总数占到了干部总数的53%，而丽江市少数民族总人口近70万人，占全市总人口的58.1%，少数民族干部比例虽然略小于少数民族人口比例，但大体相当，基本上达到了云南省所要求的少数民族干部比例和人口比例相当的要求（该数据是由丽江市人事部门提供，丽江市统战部提供的少数民族干部总数是4816人，二者存在一定差异。如果按照统战部的统计数据，则少数民族干部总数占到了干部总数的56.3%)。表1的统计数字显示，在丽江市的干部队伍中，少数民族干部总数达到了4588人，虽然在干部队伍中的比例刚刚过半，但也可以说少数民族干部构成了干部队伍的主体。对于多民族聚居的丽江市而言，保持一支以少数民族干部为主体的干部队伍无疑是有利于丽江市经济社会的稳定和发展的。但是，在社会主义市场经济高度发达的今天，经济社会的发展为少数民族干部队伍素质提出了更高的要求，少数民族干部队伍的现状是否符合丽江市经济社会发展的要求，是我们应给予高度关注的问题。

以下从不同角度分析丽江市少数民族干部队伍的结构情况。

表3　2007年丽江市少数民族干部民族构成情况简表①

项目	总数	纳西族	白族	彝族	回族	傈僳族	傣族	藏族	壮族	苗族	普米族	其他
总数/人	4588	2479	482	929	84	225	106	45	41	29	147	21
比例/%	100	54.03	10.5	20.25	1.8	4.9	2.3	0.98	0.89	0.63	3.2	0.46

在少数民族干部队伍的民族构成中，纳西族干部占到了54.03%，其次为彝族，占到了20.25%。纳西族、彝族干部比例较高的原因主要有两个：一是，丽江市是这两个民族的主要分布地区，其人口占总人口的比例较大；二是，丽江市辖有两个分别以纳西族、彝族为自治民族的自治县。

表4　丽江市少数民族干部（处级）年龄构成简表

项目	总数	35岁及以下	36—40	41—45	46—50	51—54	55以上
人数	287	12	34	101	63	44	33
100%	100	4.2	11.8	35.2	23.3	15.3	11.5

据表4统计数据，在少数民族处级干部中41—45岁年龄段的人最多，占到了35.2%，其次是46—50岁的，占到了23.3%。但是，如果以45岁为界看少数民族干部的年龄构成，那么年龄在45岁以下的少数民族处级干部则占到了51.2%，刚刚超过半数。也就是说，少数民族处级干部的年轻化还是一个需要进一步重视的问题。

表5　丽江市少数民族干部（处级）学历构成简表

项目	总数	研究生	大学本科	大学专科	中专	高中	初中以下
人数/人	287	23	185	63	0	3	12
比例/%	100	8.0	64.5	21.9	0	1.0	4.2

---

① 对少数民族干部总数的统计，不同部门的统计数字存在一定误差，有关少数民族干部和少数民族公务员的统计数字均来源于丽江市有关机构。

丽江市少数民族处级干部的学历构成情况基本是以大学本科为主，占到了处级干部总数的64.5%，如果将大学专科也计算在内，则占到了86.4%，占绝大多数。而其中具有研究生学历的处级干部比例也占到了8%，虽然不算多，但对于提高少数民族干部的总体素质也起到了重要的推动作用。

表6 丽江市少数民族干部（科级）年龄构成简表

项目	总数	35岁及以下	36—40	41—45	46—50	51—54	55以上
人数	440	117	125	114	45	25	14
100%	100	26.7	28.4	25.9	10.2	5.7	3.2

丽江市少数民族科级干部以36—40岁最多，占到了总数的28.4%；其次是35岁以下的，占到了总数的26.7%；而41—45岁的，也占到了总数的25.9%。这三个年龄段的干部构成了科级干部的主体，占到了81%。应该说，丽江市科级少数民族干部中45岁以下的占绝大多数，整体上看，属于较为年轻化的队伍。

表7 丽江市少数民族干部（科级）学历构成简表

项目	总数	研究生	大学本科	大学专科	中专	高中	初中以下
人数/人	440	9	247	155	13	8	8
比例/%	100	2.0	56.1	35.2	2.9	1.8	1.8

丽江市科级少数民族干部的学历构成以大学本科为主体，占到了总数的56.1%；其次是大学专科，占到了总数的35.2%；研究生学历占到了2%，而高中以下的，占到了3.6%。其构成比例基本属于合理的范围。

少数民族干部的情况如此，少数民族公务员的情况又是怎样的呢？丽江市人事局对于丽江市公务员队伍的情况，尤其是少数民族公务员的情况也做了较为详细的统计。具体情况见以下各表，统计的时间是2008年12月。

表8 丽江市公务员级别构成简表（县、市、区机关）

项目	总数	处级以上	科级	科员	办事员	其他
人数/人	5482	374	1941	1615	8	116
比例/%	100	6.8	35.4	29.5	0.1	2.1

丽江市（县、市、区机关）公务员以科级和科员为主要构成，其中科员占到了总数的35.4%；科级公务员比例次之，也占到了29.5%；而处级以上公务员的数量和比例则相对较小，只有374人，占总数的6.8%。

如果进一步详细分析丽江市公务员的构成情况，就可以看到：

在民族构成方面，少数民族公务员为3380人，占总数的61.6%，比少数民族人口在总人口中所占比例（58.1%）高出了3.5个百分点。

在性别方面，女性为954人，占总数的25.4%，以科级和科员为主体，分别为2131人、1439人，分别占总数的56.8%、38.3%。

在学历构成方面，研究生26人，占总数的0.6%；大学本科1599人，占总数的42.6%；大学专科1709人，占总数的45.5%；中专以下419人，占总数的11.2%。

在年龄构成方面，公务员中35岁以下的为1521人，占总数的40.6%；36—40岁的为742人，占总数的19.8%；41—45岁的有724人，占总数的19.3%；46—50岁的为452人，占总数的12.0%；51岁以上的有314人，占总数的8.4%。

在对丽江市公务员队伍情况做出上述分析后，我们再看少数民族公务员的情况。调查组在丽江市人事局的帮助下对有关少数民族公务员队伍的情况也做了深入了解，下面依据有关统计数据，将丽江市少数民族公务员队伍的构成情况列表进行详细分析。

表9　丽江市少数民族公务员级别构成情况

项目	总数	处级以上	科级	科员	办事员	其他
人数/人	3380	226	1926	1082	11	133
比例/%	100	6.7	56.9	32.0	0.3	3.9

就少数民族公务员的级别情况看，也是科级和科员比例占主体，分别达到了56.9%和32%，与丽江市公务员队伍的总体构成是协调的。

表10　丽江市少数民族公务员性别、党员构成情况

项目	总数	女性	中共党员
人数/	3380	884	2564
比例/%	100	26.2	75.9

在少数民族公务员队伍中，女性的比例达到了26.2%，比例虽然不低，但是级别构成却是以低级职务为主。女性公务员大都为科级以下职务。其中科级374人，占整个少数民族公务员队伍的11.1%，占女性公务员总数的42.3%；科员为439人，占整个少数民族公务员队伍的12.9%，占女性公务员总数的49.7%。

表11　丽江市少数民族公务员学历构成情况

项目	总数	硕士研究生	研究生	学士	本科	专科	中专以下
人数/人	3380	12	51	273	1650	1326	353
比例/%	100	0.4	1.5	8.1	48.8	39.2	10.4

在表示 11 的统计数字中，少数民族公务员中研究生学历人数为 51 人，占到了 1.5%，而其中只有硕士学位的人数统计，没有其他更进一步的情况介绍。与丽江市整个公务员队伍的情况大体相同，少数民族干部队伍的学历也是以本科为主，占到了 48.8%，接近一半，高于专科学历（39.2%）9.6 个百分点，中专以下的比例则仅仅占到了 10.4%，表明少数民族公务员队伍的学历水平还是较高的。

表 12　丽江市少数民族公务员年龄构成情况统计

项目	总数	35 岁以下	36—40 岁	41—45 岁	46—50 岁	51—54 岁	55 岁以上
人数/人	3380	1505	631	570	374	210	90
比例/%	100	44.5	18.7	16.9	11.1	6.2	2.7

二

构建一支适合经济社会发展需要的少数民族干部队伍，是丽江市各级党政部门多年来努力的目标。进入新世纪以来，在少数民族干部队伍建设方面，丽江市先后采取了一系列的政策和措施，以保障少数民族干部队伍的健康发展。这也是丽江市少数民族干部队伍不断健康发展的主要原因。这些政策和措施主要体现在以下方面：

一是，少数民族干部队伍建设进一步规范化。1993 年 10 月，国务院颁布实施了《国家公务员暂行条例》，成为我国干部队伍建设走向制度化的一项重大举措。这一暂行条例在实施 10 余年之后，经过修改，于 2005 年 4 月 27 日全国人大常务委员会第十五次会议审议通过，《中华人民共和国公务员法》颁布，且自 2006 年 1 月 1 日开始实施。依据国家和云南省的相关法律制度，为了规范少数民族干部队伍建设，丽江市在 2001 年制定出台了《丽江市关于进一步做好培养选拔少数民族干部的意见》；2006 年又依据云南省相关文件制定了《关于做好“十一五”期间培养选拔少数民族干部工作的意见》，对培养选拔少数民族干部的目标、任务、方法、措施及组织领导等问题做了更加具体的细化安排和要求，目的是希望通过近几年的努力，使少数民族干部与少数民族人口所占比例基本相适应。

二是，致力于不断提高少数民族干部队伍的整体素质，通过多种渠道加大少数民族干部的培训力度。丽江市在干部培训过程中，坚持少数民族干部优先的原则，多渠道、多层次、全方位地加大少数民族干部的教育培训和培养工作，为培养选拔少数民族干部工作提供了更广阔的空间，做好人选储备工作。近年来，丽江市依托云南省委党校、丽江市委党校、云南大学丽江旅游文化学院、云南民族学院等，每年都选派一定数量的少数民族干部到省委党校、云南大学、云南民族学院的民族干部大专班、本科班、研究生班进行脱产学习培训，同时积极鼓励和支持少数民族干部参加电大、函授学习和自学考试。2002年以来，据统计，全市共选派干部4000余人次到省、市党校及其他培训机构学习，其中少数民族2480多人，占62%。2004—2005年，丽江市依托云南大学丽江旅游文化学院举办了干部创新素质培训班、法律知识培训班和青年干部培训班，培训学员350人，其中少数民族干部210人，占到了60%。自2003年始，丽江市又先后建立了南开大学、上海展望学院、深港产学研基地、苏州农村干部学院等一批长期合作培训基地，截止到2008年年底，已选送了180名干部到这些培训机构进行培训。在加大培训力度的同时，挂职锻炼也是提高少数民族干部素质的重要措施。2004—2008年，共选派了16名少数民族干部到广东、上海、北京、深圳等地挂职，选派了14名少数民族干部到省直机关见习锻炼。

三是，按照“四化”方针和德才兼备原则，积极培养选拔和任用少数民族年轻干部。坚决破除论资排辈、求全责备、迁就照顾等陈旧落后观念，大力选拔优秀年轻少数民族干部。2008年，在市、县、乡三级领导班子换届和日常干部调配中，民族自治县和民族乡的领导依法配备了少数民族干部。同年，在区县人大、政府、政协换届时，由于注重配备少数民族干部，换届后区县党政班子和人大、政协班子中的少数民族干部达到了74人，占区县班子总人数的61.6%。在平时区县班子调整或职位空缺时，也会及时选拔任用少数民族干部。如2004年，宁蒗彝族自治县人大、政协班子中的两位傈僳族干部因年龄到限退休，出现了在县班子中无傈僳族干部的状况，考虑到傈僳族是宁蒗彝族自治县的世居民族，而且人口比较多的实际情况，及时提拔了1名傈僳族干部。

四是，不断深化干部人事制度改革，努力营造有利于少数民族干部脱颖而出的机制和环境。将竞争机制引入少数民族干部选拔任用中，贯彻公开、平等、竞争、择优的原则，增强少数民族干部的竞争力，促使更多的优秀少数民族干部脱颖而出。在2002年面向全市公开选拔的16名副处级领导干部中，有9名是少数民族干部；2004年以来公开招聘的市医院、市一中的8名领导中，有7名为少数民族干部。

五是，充分重视少数民族后备干部队伍建设。培养少数民族后备干部是少数民族干部队伍健康发展的基础。依据少数民族干部队伍发展的需要，丽江市在2002年采取公开选拔、组织推荐等方式，建立了一支总数为400人的县（处）级后备干部队伍，并在近几年来坚持备用结合，流动管理，跟踪培养。同时，在确定后备干部人选过程中，也充分考虑到了年龄、地域、民族结构等因素，在同等条件下优先录用少数民族干部，使少数民族比例占到了后备干部的65%。在随后的滚动管理中，我们始终保证少数民族干部的比例，为选拔少数民族干部奠定了基础。2004年全市新增加后备干部68名，其中少数民族干部46名，占68%；目前全市共有近期备用的县（处）级后备干部266名，其中少数民族干部183名，占69%。在培养后备干部的过程中，丽江市还采取了突出重点、加强分类指导的原则，对干部占本民族人口比例已接近或达到全市平均水平的少数民族，在继续保持其干部队伍增长的同时，以提高政治理论水平、改善知识专业结构、提高整体素质为重点，不断提高其解决实际问题的能力；对干部比例明显低于少数民族人口比例的少数民族，以增加数量为重点，结合届中调整、换届、机构改革和公开选拔领导干部等工作，给予一定的倾斜政策，使其尽快成长；对干部比例低于本民族人口比例、干部成长比较困难的少数民族，采取特殊政策和措施，从优秀少数民族农民、工人、复退军人、回乡青年学生中考试录用，以保证各少数民族有计划按比例增加。

值得说明的是，丽江市有关进一步培养和选拔少数民族干部一系列政策的出台，依据是云南省先后制定实施的有关政策。1989 年，云南省委认真贯彻落实 1981 年中央书记处批准的《云南民族工作汇报会纪要》精神，下发了《少数民族干部工作的意见》，对培养选拔使用少数民族干部的目标、任务及具体措施作了明确规定；1994 年云南省委办公厅转发了省委组织部、省民委《关于进一步做好培养选拔少数民族干部工作的意见》；1999 年在《中共云南省委、云南省人民政府关于进一步做好新形势下民族工作的决定》中对少数民族干部培养选拔和使用提出了具体要求；2001 年省委办公厅转发了国家民委《关于进一步做好培养选拔少数民族干部工作的意见》，省委组织部下发了《关于进一步做好 2001—2005 年培养选拔优秀年轻干部、少数民族干部、妇女干部和党外干部的贯彻意见》；2005 年中央和云南省民族工作会议后，省委制定了《中共云南省委、云南省人民政府关于进一步加强民族工作，加快少数民族和民族地区经济社会发展的决定》（云发〔2005〕14 号），明确了培养选拔少数民族干部的指导思想和目标任务；2006 年云南省委组织部和云南省民委等部门专门召开了全省培养选拔少数民族干部座谈会，云南省委办公厅下发了《关于做好“十一五”期间培养选拔少数民族干部工作的意见》（云办发〔2006〕4 号），进一步细化了“十一五”期间培养选拔少数民族干部和人才队伍的目标、任务和具体措施等。在上述政策与措施的保障下，云南省少数民族干部队伍建设取得了显著成绩，据云南省民委提供的统计数据，截至 2007 年底，全省少数民族人才总数达 29.3 万人，占全省人才总数的 28.4%，其中少数民族干部总数 8.3 万人；全省各级机关中少数民族地厅级、县处级和乡科级干部分别占全省同级干部的 33.0%、29.9% 和 32.4%。在民族自治地方的领导班子中基本形成了以少数民族干部为主体的结构；云南省专业技术人员总数 72.5 万人，其中少数民族专业技术人员 20 万人，占 27.5%；云南省国有企事业单位经营管理人员总数 11.7 万人，其中少数民族经营管理人员 2.4 万人，占 20.5%。[①]

在云南省少数民族干部队伍不断壮大的背景下，作为云南省下辖的丽江市，应该说，正是有了以上各种政策和措施的具体执行，丽江市少数民族干部队伍建设才得以快速发展，少数民族干部的比例不断增大，逐渐接近少数民族人口占总人口的

① 有关数据来源于云南省民委。

比例。从年龄结构、学历等情况看，丽江市少数民族干部队伍正在逐步实现年轻化。

三

丽江市少数民族干部队伍虽然在数量、年龄结构、学历水平等方面有了显著进步，但在发展过程中受少数民族所处的地理、环境、经济社会发展状况等因素的影响，少数民族干部的培养、选拔和使用方面还存在许多困难和问题，尤其是公务员制度下少数民族干部的培养选拔面临更大的挑战与困难。

一般而言，选拔和录用公务员以公平、公正为原则，通过考试，择优录取，这对规范政府公务员的选拔和录用，提高公务员素质具有重要的意义。然而，这些规定无形中抬高了少数民族公务员进入干部队伍的门槛。“公开考试、严格考察、平等竞争、择优录取”的规定看似公正，但于少数民族报考者而言是将他们和其他考生置于同一起跑线上，起点即有失公平。尽管《中华人民共和国公务员法》有明确的“照顾”的规定，但对于如何“照顾”、“照顾”的标准和标准制定的机构等，则没有做出进一步的规定，由此造成：一方面“公开考试、严格考察、平等竞争、择优录取的办法”的贯彻，给少数民族干部队伍的壮大带来了一定困难；另一方面这条规定在具体实施中也存在一些问题，在一定程度上甚至可以说《中华人民共和国公务员法》的贯彻，成为少数民族干部队伍壮大的瓶颈，其原因是公务员招录实行“凡进必考”，而事业单位聘用工作人员实行面向社会公开招聘，少数民族进入干部队伍“入口难”问题凸显。笔者对丽江市部分少数民族干部做了问卷调查，调查结果显示，78%被调查者认为《中华人民共和国公务员法》的实施有助于提高干部队伍素质，而53.3%的被调查者认为《中华人民共和国公务员法》的实施提高了干部素质，说明公务员制度经过十几年来的实践已经取得了一定效果。但是，对于少数民族干部队伍建设而言，虽然有56%的被调查者对《中华人民共和国公务员法》的实施有助于少数民族干部队伍建设抱有认同的态度，但持怀疑态度者也占到了36%，如果加上持否定态度者，则占到了42.7%，说明被调查者对于《中华人民共和国公务员法》对少数民族干部队伍建设的影响存在疑问。持怀疑乃至否定的人之所以有高达42.7%的比例，其中最主要的原因是认识到了少数民族和汉族在整体素质方面还存在一定差距。尽管《中华人民共和国公务员法》对少数民族报考者做出了“照顾”的规定，但少数民族报考者也并不一定在竞争中处于优势地位，其结果自然会影响到少数民族干部队伍的壮大。因此，如何从制度上保障少数民族干部队伍的壮大是应该予以关注的问题。

《中华人民共和国民族区域自治法》第十六条规定：“民族自治地方的人民代表大会常务委员会中应当由实行区域自治的民族的公民担任主任或副主任”；第十七条规定：“自治区主席、自治州州长、自治县县长由实行区域自治的民族的公民担任。自治区、自治州、自治县的人民政府的其他组成人员，要尽量配备实行区域自治的民族和其他少数民族的人员”；第十八条规定：“民族自治地方的自治机关所属工作部门的干部中，要尽量配备实行区域自治的民族和其他少数民族的人员”；第二十二条规定：“民族自治地方的自治机关根据社会主义建设的需要，采取各种措施从当地民族中大量培养各级干部、各种科学技术、经营管理等专业人才和技术工人，充分发挥他们的作用，并且注意在少数民族妇女中培养各级干部和各种专业技术人才”；第七十条规定：“上级国家机关帮助民族自治地方从当地民族中大量培养各级干部、各种专业人才和技术工人”①，等等。这些规定体现了我国对少数民族干部队伍建设所采取的特殊政策，不仅贴近我国民族地区的现实，也为少数民族干部队伍建设提供了法律保障。不过，在民族自治地方的实施过程中，《中华人民共和国公务员法》如何“变通”实施这些法律规定，是从制度上保障少数民族干部队伍不断壮大的关键问题。

首先，应该对少数民族干部的不可替代性有正确的认识，少数民族干部，尤其是少数民族基层干部是党和政府联系少数民族群众的重要桥梁，他们熟悉本民族的历史和现状，通晓本民族的语言、风俗习惯和文化等，感情上更贴近当地少数民族群众，在处理民族事务上能够发挥更大的作用，少数民族干部的这种优势无可替代。只有有了这一正确的认识，才能更好地做好少数民族干部的培养和选拔工作。

其次，在现阶段少数民族地区还很不发达的情况下，如果没有变通的统一套用公务员制度，少数民族成员与汉族“齐头并进”考公务员，那么少数民族成员明显处于劣势，少数民族成员加入公务员队伍的机遇会越来越少，与党和国家的各民族“共同团结奋斗，共同繁荣发展”的新时期民族政策也会不相符。我们在民族地区实施公务员制度时，应根据民族地区的实际情况，充分考虑少数民族因素，有所变通地实施公务员制度，采取一定的倾斜政策招考少数民族成员，切忌“一刀切”。只有这样，才能保障少数民族干部在整个干部队伍中有合适的比例。

最后，加大教育的投入力度，提高少数民族的整体素质，是培养、选拔和使用少数民族干部的基础。由于受民族地区各种条件所限，教育不发达，少数民族成员接受教育的起点低，文化水平不高，成为阻碍少数民族干部培养和使用的主要“瓶颈”。针对这一情况，应制定一定的倾斜政策和措施，采取多种渠道为各类少数民族干部的尽快成长创造条件和机会。例如，择优选拔少数民族成员到各级教育机构接受教育和培训，高等院校采取一定的照顾和优惠措施多招收少数民族考生，以定向招生方式招收培养各类少数民族干部等，应该说这些都是尽快培养少数民族干部的良好途径。

---

① 国家民委编：《中华人民共和国民族政策选编》，第38—46页。

纳系族群篇

藏传佛教在摩梭：三个文化之间的会遇与空间政治

何撒娜

藏与汉，是影响中国西南摩梭社会最大的两股外来力量。在漫长的历史进程中，摩梭社会的藏文化化，以及藏传佛教摩梭化，是摩梭地区最显著的文化现象之一；由于藏传佛教在摩梭区域的影响无所不在，因此摩梭地区常被归类为藏文化区的最东缘地带。而汉文化对于摩梭社会的影响，则是借由土司制度来施展；透过任用当地的头人为土司，来自中原的汉文化得以深入摩梭人的日常生活之中。

本文从空间象征的角度出发，探讨究竟作为藏文化核心的藏传佛教，是如何深入摩梭文化之中，影响摩梭人们日常生活的一切，以及藏传佛教如何被摩梭文化所影响，成为摩梭化的藏传佛教。然而，本文所要进一步指出的是，藏传佛教在摩梭的空间再现，是摩梭、藏及汉三种文化力量的结合，而非仅是单纯藏传佛教文化的呈现。换句话说，摩梭人接受藏文化以及来自中原的汉文化，以摩梭人自身的传统文化作为调节机制，将这三种文化融合以后，产生了具有摩梭特色的藏传佛教。因此，藏传佛教在摩梭，是三种文化之间的会遇；而藏传佛教在摩梭地区所展示出来的空间象征，则呈现了三种文化之间对话与互动的空间政治。

人类学家 Gupta 与 Ferguson 认为过去的文化概念隐含了国家与文化的独立自主性，然而，当前世界所呈现的是相互交错重叠的空间，因此这种独立而自主的文化概念已不适用（1980：8）。相似的，在藏彝走廊这个区域中，少数族群所受到的外来力量影响也是相互交错重叠在空间之中；空间不仅是社会单位的地域基础，同时也是概念与象征建构的重要场域。因此，本文将从研究摩梭的空间象征出发，分析空间背后的复杂权力过程，以及多元文化之间碰撞、对话之后所呈现出来的结果。

一、空间的人类学研究

空间以自然的地理形式（landscape）及人为所建构的环境（built environment）为基本要素及中介物，然而这两者都不是最终的目的与意义，重要的是人类依附于上、借由各种实践行为所不断建构出来的结果（Lawrence and Low 1990）。在本文中，空间的概念同时包含了自然的地理形式与人为建构的环境。

人类学关于空间（space）的研究大致上可以归纳出5种不同的取向（黄应贵1995）。首先，最常见的一种是将社会空间视为社会关系，而不管是哪一种关系，事实上都具有不同性质的阶序性不平等关系在内。其次，空间可以是一种认知架构，可以应用到其他事物上而产生共同的模拟（analogy）。再次，空间可被视为宇宙观或一种象征。再其次，空间往往是建构意识形态或政治经济的条件。建筑的象征意义不只是一种分类系统，也是意识形态的一部分。最后，空间更被视为一种文化惯习，包含了文化的分类概念与个人的实践行为；这与Bourdieu的惯习（habitus）观念有关，这个概念强调结构透过个人的实践（practice）而被再生产，而主观的惯习却是借由过去的历史之客观结构所产生。

本文从社会生产与再生产的角度出发，讨论型塑摩梭藏传佛教空间背后的社会、政治及文化力量。Foucault（1970，1975）的研究指出了权力与空间、知识之间的关系；空间是人类集体生活中、也是权力运作过程中最基本的形式（Rabinow 1984：252）。空间研究必须基于对文化的理解之上。Hirsch认为，在人类学关于地景（landscape）的研究取向中，有一种地景是我们肉眼马上可见的；另有一层地景经由在地的实践建构而成，只有当我们通过田野工作之后，经由民族志的描述与诠释才可以得知（1995：2）。除此之外，我们也必须把这些概念放在历史与文化脉络下来理解（ibid.：4）。

在中国西南少数民族的研究中，空间与社会关系的再生产是一个重要的研究主题。Charles McKhann（1989，1992）从纳西人的家屋空间，探讨家屋中社会过程（social process）的生产与再生产。纳西家屋中轴心的空间与辐射出去的空间，各自代表了与宇宙观、亲属和性别相关联的概念与意义。翁乃群（1996；Weng1993）则从摩梭人母屋空间与生命仪礼中性别的象征，讨论女性在摩梭人宇宙观中所享有的地位；从母屋中男柱与女柱在空间与时间上的象征结构分析，可以看出多数摩梭人家户中横向与纵向的基本亲属结构关系、二元对立的性别象征结构以及平等而互补的性别权力关系。

从家屋空间延伸而出的另一个重要议题，是“家屋社会”（house－based society）的理论；家屋空间关联空间的文化与社会意义，“家屋社会”则与亲属研究相关联。何翠萍（2000）用云南的景颇、载瓦、班洪佤族以及广西靖西南壮族4个民族志例子，讨论家屋与人的生命之间的相互构成关系、家屋的生命阶段、家屋孕育力量的特质及其来源，以及人的价值、声望与家屋的声望等主题，并提出4个未来值得继续探讨的相关议题，它们分别是：家屋神圣空间或宝物创造在建立家屋孕育力量上的普遍性、神圣空间或宝物与社会阶序形成上的衔接、不同文化或政治经济上的接触与家屋孕育力量内容的塑模或加强关联的重要性、仪式表演的力量与家屋孕育力量间的互动。以家屋社会理论观点来探究中国西南少数民族的人还有Elisabeth Hsu 与何撒娜。Hsu（1998a，1998b）认为，家屋社会理论比起母系亲属原则，更能解释摩梭人的亲属实践与其内在逻辑。何撒娜进一步从生命仪礼中各种亲属关系的动员以及家屋内的象征，来说明摩梭人以家屋为核心的亲属制度（何撒娜1999，2000，2003，2005）。

然而，摩梭人的家屋空间不仅仅是社会关系展现的场域，而是更大的政治与象征空间的一部分；从家屋聚集所形成的聚落空间分布，我们可以进一步知道摩梭社会与国家支配权力之间的关系（何撒娜2008）。与此相似的研究有 Eric Mueggler（1991，2001）关于聚落空间与国家支配权力之间关系的分析。Mueggler 指出，在不同的空间中，村民以不同的思维模式来进行物品、金钱的生产与交换行为。空间具有政治意涵，与市场经济和国家的支配权力之间有着密不可分的关系。

二、摩梭区域中的神圣空间

《永昌府文征》卷四十记载："摩挲为永宁府之土著，秉性温柔，崇敬喇嘛教，一切以模仿西藏为荣……及之喇嘛塔，家家户户恭敬……"摩梭人笃信藏传佛教，是藏区以外受藏传佛教影响最深的地区（杨学政2000：207）。因此，在摩梭区域的地景中，最明显的就是藏传佛教的空间象征。藏传佛教在摩梭地景中的再现（representation）同时涵盖了人为建构与自然的地理形式。人为建构的藏传佛教地景象征包含了出现在 zidu（家屋）中的 s tu、galaze（经堂）、sonta（烧香台），出现在村落公共空间中的 dobu（嘛呢堆），以及作为区域宗教中心的 kubo（寺院）。此外，山不仅是摩梭传统文化中的守护神祇，也是寓含在自然景观中的藏传佛教象征。

本文以下将说明藏传佛教是如何具体地呈现在摩梭人的神圣空间之中，小至每个家屋中的神圣空间，大到村落重要的公共空间，更进一步地形成区域政治的中心象征。在每个环节之中，我们将看到这些神圣空间如何结合摩梭传统的文化，以及中国的国家力量与象征又是如何融入这些神圣空间之中的。

三、家屋中的神圣空间

家屋是摩梭人最重要的生活空间。摩梭家屋与家屋内神圣空间的配置，反映出汉、藏、摩梭三者力量的交会与融合。

zi du 是摩梭人的基本社会单位。完整的 zi du 包含一组房屋建筑物、所有住在其中的人、所有家禽畜及所有的财物。[①] 除非环境条件不许可，摩梭人习惯将房屋

① 本文中的"家"一律指的是一户 zi du。这个家比较倾向于英文中的 household，而非 family。

与聚落建筑在靠山处。

摩梭人的传统房屋由原木盖成，一般分成母屋（zi mi）、经堂（ga la ze）、楼房（ni za ze）及畜厩（za ze ma）四个独立部分。这四个部分围着中间的院坝，形成四合院的样式，外面围着围墙与院子。[①] 最靠山边的是经堂，一般而言，它是二层楼的建筑，且一定要高于母屋的屋檐。经堂是平日请喇嘛念经的地方，供奉了藏传佛教的唐卡以及活佛照片之类的圣物；经堂的两边是母屋与楼房。楼房是家中成年女子的居处，女子只要行了成年礼之后，就可以拥有自己单独的一个房间，方便过走访生活。经堂的对面是畜厩，通常也是二层楼的建筑，但较为简陋，上层放置牧草或稻秆等，下层安置牛、马、猪、鸡等。在过去经济较为贫困的时代，有时候畜厩会直接设置在楼房的下方。所有的屋舍由木头建成，非常牢固；房门均开向中央的院坝，只留一个出口通往外面。

母屋（zi mi）是摩梭人最重要的生活起居之处，也是各个生命仪礼进行的地方；摩梭人家屋的所有建筑当中，没有比母屋更讲究规矩与禁忌且象征意义如此丰富的空间了。母屋里面又可大略分为4个部分，包括正室（zi mi）、后室（du pa）、上室（gakpa）及处理家畜饲料等家事的下室（tzuo kua）等地方。正室是最重要的空间，因为这是s tu及其他家屋神圣点所在的空间位置。正室包括上、下2个火塘，上火塘（ga kua）以木板架高，因为较高，因此称为“上”，墙角处必须摆设一个柜子，摩梭语称为s tu；下火塘（mu kua）位于正室靠山的一端，是“锅庄”（kua）及tza ba la所在地，也是每日祭祖的地方，此火塘的火终年不熄。下火塘周围的木板地铺是家人每日吃饭、闲聊的地方，也是老年成员（主要为妇女，但也可以是男性）及幼童睡觉之处。

四、s tu

有句摩梭人的谚语是这么说的：s tu zi lumi，s wo kua lumi，hua li bu cuo lumi（s tu是家屋的心，s wo[②] 是火塘的心，hua li bu[③] 是人的心）。如前所述，s tu是放置在母屋中特定角落的柜子。所有曾参与修建母屋的摩梭人都会明确地说道，s tu是母屋中最重要的部分，如果没有s tu，房屋就不会是房屋；有了s tu之后，房子才是房子。在母屋建好之后，第一个放好的物品就是s tu，因为这是房屋的心脏。为什么房屋要有心呢？摩梭人以生物现象来比喻说，房子跟人一样，人与动物有心才能活下去，家屋的“心”也是一样的道理。这个比喻，一方面显示了家屋社会

---

① 有时候也会有三幢建筑组成的家屋，视经济情况而定。

② s wo指的是放在下火塘上的锅子，火塘的心与祖先的象征有关。

③ hua li bu是早期一种用来摆放火把的柱子；重视火是本教遗留在摩梭文化中的影响。火代表着生殖力（fertility），但现在永宁大多数的屋子已经没有hua li bu的设置，年轻一辈也多半不知道其含义。

的特征，另一方面凸显了 s tu 在家屋空间中的神圣地位。

s tu 的重要性在日常生活中并不明显。s tu 摆放的位置必须讲究，一定是放在上火塘边的墙角处，面向下火塘，除此之外并无其他特别禁忌，不像摩梭人对下火塘锅庄的戒慎与恐惧。s tu 是一个用木头做的柜子，在当代其做法不若家屋中男、女柱那样地讲究规矩，平时用来存放碗、盘、餐具等杂物，没有特别的禁忌；然而在特定的仪式场合中，就能凸显 s tu 是家屋中最重要的神圣点。s tu 与藏传佛教有着密切关联；在过去，s tu 的建造方式是仿照藏传佛教 kubo（寺院）的建造方式，到后来才逐渐简化成现在的样子。[①] 不仅建造方式仿效藏传佛教寺庙，s tu 上面放置的也多是与藏传佛教有关的物品，如仪式用的法器、香炉以及做仪式时喇嘛捏制的面偶等，都会放置在 s tu 上面或其周边。在 s tu 上面通常也会放置藏传佛教的唐卡、唐卡画报，或是现在很容易买到的汉地佛教菩萨画。

除此之外，s tu 周遭也常贴有早期中国领导人的海报或照片，最常见的有毛泽东，也有周恩来、朱德、张闻天等长征中的红军领袖。被摩梭人尊称为“毛主席”的毛泽东，在某种程度上已经转变成摩梭人所敬拜的神祇之一。摩梭老人每天早晚在院子里的 sonta 烧香，有些老人口中所念诵的祭词已经演变成：

lama la jia s qiu
song ji la jia s qiu
qi la jia s qiu
gin gi la jia s qiu
毛主席 la jia s qiu

前面几句念的都是藏传佛教里的菩萨，最后一句显然是后来加上去的。出现在这里的毛泽东并不是以个人身份出现，而是以中国国家领导人的地位出现；在受摩梭人欢迎的一张画报中，毛泽东的图像出现在北京紫禁城之上。我们可以看到藏与汉两种文化，以宗教信仰的方式出现，交会在摩梭人最重要的家屋空间中的心脏之处。

五、与 s tu 有关的藏传佛教仪式

da la suo 与 na ji du 这两种仪式，表现出藏传佛教与 s tu 的密切关系。da la suo 这项仪式与摩梭人的家屋极为相关，主要在两种场合进行：一是在一幢母屋新建好之后，另一就是每年过年诵经的时候。da la suo 是一段藏传佛教经文的名称，也是

① 这一点已经很少有年轻人知道，但如果问老一辈的人或精于木工的工匠，都还是很清楚的。

这个仪式的名称。da la 是摩梭语中神灵的意思，suo 则是迎接的意思，整个意思是迎接神灵，摩梭人用汉语翻译为“迎家神”；迎了家神之后，就表示这是个真正的家，从此以后，不管家里人口有多少，都要像大家族一样独立行事。

摩梭人的房屋中，建筑母屋的过程最为盛重，格式也比其他屋子讲究。当母屋的四堵木头围墙都架好之后，就要选定好日子①把男、女柱立起，接着将屋顶的黄板盖上，就算大功告成，其他部分可以慢慢地修整。还未进行迁入仪式的房子不得生火，屋主通常只得在屋外搭建棚子作为暂时的栖身之所。迁入仪式可大略分为两个部分，第一部分是生火②，第二部分则是 da la suo。喇嘛念诵 da la suo 经的地点在母屋外的廊檐下，一面诵经，一面击鼓。在念诵 da la suo 经文时，主人家准备好一个竹编的篮子放在喇嘛前面，里面放置整个猪油③、茶、盐、谷类制品以及新衣服等日常用品，篮子中还要插上彩色旗帜。④ 喇嘛诵经到某个段落时，主人家请来帮忙的男子捧着这个篮子，后面跟着两三个男子捧着香炉、海螺等法器，一行人浩浩荡荡地在院坝中以顺时针方向绕圈子；到第三圈时，捧着篮子的男子领着队伍进入正室，将篮子放在 s tu 上面，仪式就算完成。主人家在院坝中放鞭炮，一方面是表示庆贺，另一方面则是诏告村人仪式完成。

da la suo 仪式与家屋的主体性有关，因为仪式的供品是献给 da la 并放置在 s tu 上，也就是家屋的中心处。整个仪式中，强调了日常用物资的重要性；念诵 da la suo 经文的意义，是要让此房屋“招财进宝”。⑤ 这些东西要放在 s tu 上，并持续点上酥油灯，直到过完年为止。⑥

在每年农历过年时，摩梭人家会选一天请喇嘛到家里来诵经，摩梭语叫作 ku shi ta er cuo⑦，过程非常冗长而复杂，可分为几个大段落。首先，要念诵 guo ri，目的是使家中六畜兴旺，另一个目的是超度已不在人世的祖先们；接着，念诵 na ji，迎接新年时一年一度下凡的仙女 na ji，这个过程持续一整夜直至第二天日出，随即将 na ji 送回天上；最后，喇嘛分别念诵 da la suo、ci ba mi 及 jia qia 等经，后

---

① 摩梭人依照阴历行事。他们将日子划分为十二单位，从正月初一开始，每天以不同生肖来代表，例如正月初一为鼠日，初二则为牛日，依此类推。十二生肖分别为鼠、牛、虎、兔、龙、蛇、马、羊、猴、鸡、狗与猪，不同的生肖有不同的属性，适合不同的用途，各有各的禁忌。

② 生火仪式在清晨日出前举行，主人家依着当天的生肖，考虑到主人家成员生肖，请生肖相符的亲友来帮忙；一般而言，属猴的人是最适合的生肖。主人家请一位多产的妇女背一桶水由正门进入，另请一位男子举着火把由后门而入。二人共同在火塘处点火、往锅里倒水，并请来达巴与喇嘛念经（严汝娴、宋兆麟 1983：154），生火仪式就算完成，接着进行 da la suo 仪式。

③ 摩梭人杀完猪后，将猪的脂肪整个割下，用线将脂肪外的网状组织缝起，缝成一个圆盘状。将猪油放置在阴凉处，经年不化，食用前割下一小块，是摩梭人每天做菜用的食用油。

④ 我看过最有趣的旗帜上面用汉文写着“欢迎光临”四个大字，当然，这个仪式中摩梭人所欢迎的并不是宾客，而是 da la，也就是家神。

⑤ 这是汉语的解释。

⑥ 一般而言，正月十五是过年的最后一天。

⑦ ku shi 是过年的意思，ta er 是经书或指一般书籍，cuo 有念诵之意。

两段经文主要有希望家中人畜兴旺、长命百岁等意思，da la suo 是这 3 段经文中最慎重的，也是非常重要的一段仪式，因为直接牵涉到摩梭人母屋的性质。

过年时念的 da la suo 经文与新居启用仪式时的 da la suo 有一个较大的差别，就是 ce ta 的有无，除此以外两者过程相仿。ce ta 是一种放生动物的仪式，所放生的是自己家中所饲养的家禽或家畜，如鸡或牛、马等，视家中经济情况以及引发进行这种仪式的事端的严重性而定。经由仪式所放生的 ce ta，可以被饲主喂养，死后则向着太阳出来的方向，被丢弃到树上或山上等“干净”之处。

摩梭人的 ce ta 是一种活的祭品，分为两种：一种是代表家户共同的 zi du ce ta，另一种是个人的 ce ta。摩梭人农历年时选定的是 zi du ce ta，所选的牲畜一定是公的；在喇嘛一年一度为此 zi du 诵经祈福后，喇嘛对选定的 ce ta 做洁净仪式，将彩线缚在 ce ta 身上作为记号，即可使之自由行走。每年过年时都要重新为这只 ce ta 做一次洁净的仪式；如果 ce ta 死亡，则此 zi du 可继续选择另一个 ce ta 来替代。①

摩梭人的 da la suo 仪式，是藏传佛教融合摩梭人传统文化的结果。摩梭人经由一年一度的 da la suo 仪式，将此家屋的 da la 迎回来，维续家屋的生命，使家屋有了主体性；与 da la suo 仪式有关的 zi du ce ta 代表了整个家屋。而这些重要的过程，也是在 s tu 这个重要的家屋神圣点中完成。过年时另外一个 na ji du 仪式，也显示出藏传佛教与摩梭文化之间的融合结果。有人认为 na ji 指的是传说中的仙女之一，每逢过年就会下凡，所以摩梭人要在大年初一鸡鸣时先去抢水，以得到好运。有些人则认为 na ji 是藏传佛教中的女性神祇。不管如何，摩梭文化与藏传佛教间已经紧密融合，有藏传佛教摩梭化的现象，也有摩梭文化藏化的情形。而这个融合的结果，正具体地呈现在摩梭家屋空间之中。

六、经堂（galaze）与烧香台（sonta）

在云南及四川的摩梭人区域中，家家户户都设有经堂及烧香台。在每一组摩梭家屋建筑群中，靠山的建筑一定是经堂，因为靠近山边对于摩梭人来说，是重要而崇高的一个方位，这与他们对山神的崇拜有关。

一般而言，经堂是二层楼的建筑，且高度一定要高于母屋的屋顶。经堂的二楼是平日供佛的地方，供奉了藏传佛教的唐卡、活佛的照片等。这里也是家里有事情

① 个人性的 ce ta 变异性较之 zi du ce ta 多。首先，个人 ce ta 牵涉到性别的差异，男性放公 ce ta，女性则是母的。放个人 ce ta 的原因有许多可能性，例如久病不愈、病情严重，或是发生不顺遂的事情，都可以放 ce ta 来解决。在这些时候，摩梭人通常会去找卜卦者，试着找出导致这些事件的超自然原因；由卜卦者决定解决的方法，如请喇嘛到家里来念经除厄或放 ce ta 等。若卜卦的结果是必须放 ce ta，放置的地点也会一并卜卦出来。

发生或过年进行迎家神仪式时，请喇嘛念经的地方。经堂的装饰一般都比其他屋子华丽，墙壁上绘有莲花、海螺、火焰等图像装饰。案桌上供奉清油或酥油灯，还供奉有净水碗，每日清晨添满，晚上则把净水碗里的水倒掉。

烧香台则是供人烧香拜神的专门设施，外形像个炉灶，有基座、炉膛以及烟囱3个部分，一般由泥土和石块做成。在摩梭区域中，家家户户院坝中都有一座，供人早晚烧香之用。摩梭人用柏香枝或松树枝点燃后做香料，再撒上少许青稞粒、玉米粒及粗砂，也有撒上糌粑粉的；待浓烟冲天时，再撒上几滴净水。摩梭人烧香祈祷的对象不仅有藏传佛教诸佛与菩萨，也包含了天地、日月、山川、祖先等诸神，祈祷他们保佑合家平安、六畜繁衍、谷物丰收。

"烧香"这个仪式的摩梭语叫作 so gai，so 是摩梭语香的意思，gai 则是烧的意思。进行早晚烧香的都是家中的老人或当家者，多半在清晨日出前及傍晚日落后天仍亮着的时候。祭拜者一边烧香一边念诵经文，首先会念诵之前提过的祭文：

lama la jia s qiu
song ji la jia s qiu
qi la jia s qiu
gin gi la jia s qiu
毛主席 la jia s qiu

这些大都是对藏传佛教菩萨的尊称，"毛主席"也被当成摩梭人所敬奉的神祇之一。除此之外，so gai 时还有一种必须要念诵的经文——zi ze，大致结构摘录如下：

chong ba lei	（发语词）
La ma ju du	
Song ji gan mu	（干木山）
Chi cha song ma	
Pu la da la	诸方神灵
chong ba lei	（发语词）
Wo di thi di gan mu	（干木山）
Gu ga e sing ge pu	（永宁盆地周围山名）
Jia na e u zi pu	（永宁盆地周围山名）
Pu du shua ku	（永宁盆地周围山名）
Chia na guo e	（永宁盆地周围山名）
Ang da za wo	（永宁盆地周围山名）
Wo zu pu la z	（永宁盆地周围山名）

Wo zi hi zi kua	（干木山脚下的水井名）①
Zhu di zi tsai mu	（翻过干木山哑口、竹地水井）
chong ba lei	（发语词）
A wo hi wo ru	保佑家里人
Di kuo ba wo ru	保佑坝子里的庄稼
Gu si gi wo zu	出门时保佑平安
Jia se jia wo ru	赶马帮时平安顺利
Zi bi jio lo sha	去拿时手长（想要什么都有）
Da bi jio si chua	说话时得宜②
Ru fu mu ze ga la gi jio	儿子快乐，女儿漂亮
La wo ru la wa li	请保佑平安无事、吉祥如意
chong ba lei	（结尾词）

这是干木山脚下者坡村一位70多岁摩梭老妇人所念诵的烧香祭文。我们可以看到，摩梭人烧香祈祷的对象不仅有藏传佛教诸佛与菩萨，也包含了天地、日月、山川、祖先等诸神，祈祷他们保佑合家平安、六畜繁衍、谷物丰收。但重要的是，山与井对于摩梭人的意义不仅如此，山除了是崇拜的对象之外，其实更是地域群体认同的依据。而井、特别是出水的水井，更有着特别的象征意义。井象征着藏传佛教以外的另一个文化力量，也就是中国政权的象征。在so gai的祭词中，每个祭祀者以自己所处的地理位置为中心点开始念诵；住在永宁的摩梭人都会从守护永宁盆地最大的山神干木女神山开始念诵，然后一一点明盆地周遭的群山。在上面的祭文中，主祭者还点明了所住村子附近两个较大的出水水井，这些水井都是出水量非常充沛的井，因此也是旺盛的生育力的象征。

从s tu、经堂与烧香台这3个家家户户都有的神圣点来看，藏传佛教对于摩梭人的影响已经深入家户之中，且具体地体现在摩梭人每天生活起居的家屋空间里。s tu是摩梭家屋最重要的神圣点，也是整个家屋的心脏，对于家屋来说是最重要的基础；经堂的重要性体现在其崇高地位上，因为在空间的象征中，经堂永远处于靠山边、也是最崇高的一个方位，且其建筑高度也显示出经堂的重要性；烧香台的重要性则在于每次烧香时，摩梭人在念诵的祭词中，以地景空间作为界定所处的地域群体的范围，永宁盆地的摩梭人念诵永宁盆地周遭的山地水井，住在其他区域的摩梭人则念诵他们所处环境周遭的山与水井。这样，在烧香台进行烧香仪式时，地景空间就成了最重要的内群体认同依据。

---

① 永宁干木山脚下的一口出水的水井。井是非常重要、也很复杂的神圣空间，象征着中国政权，但在此与主题无直接关联，故省略。

② 摩梭人非常担心口舌之争，因此对于说话得宜这件事情极为在意。

七、体现在村落公共空间中的地景象征：嘛呢堆（dobu）

嘛呢堆（dobu）是每个摩梭村落中最重要的公共空间。嘛呢堆是用石块垒砌而成的石堆，石块上刻画着六字真言。在藏区很多地方都能看到嘛呢堆，一般是砌在来往行人较多的山道隘口，过往信徒经过时顺手添加一块石块，越堆积越高。信奉藏传佛教者每次经过嘛呢堆时都会按着顺时针方向绕数圈，如此一方面可以累积功德，另一方面可以消灾祛病。至于信奉本教的四川前所地区也有嘛呢堆，不过人们在绕行嘛呢堆时是按照逆时针方向，恰恰与藏传佛教区相反。嘛呢堆上大都插有经幡，是印刷着六字真言或其他经文的白布或纸，系在竿子上，每当风吹动经幡时，就好像有人在念诵着经文一样，可以为人们累积功德。

嘛呢堆在摩梭人的区域不仅有积功德、解灾厄的宗教与仪式功能，同时也是摩梭村子里最重要的公共空间。每个村子至少有一个嘛呢堆，大一点的村子可能有两三个以上；嘛呢堆通常位于摩梭村子不同的入口处，标示着这是一个聚落空间的入口。另外，这些嘛呢堆通常也位于摩梭村子的中心处，是村人们无聊时聚集闲聊的地方，夏日午后常可看到一堆人挤在嘛呢堆旁乘凉，冬日午后则可看到很多人排一排或坐或蹲晒太阳。每当有外人从这些主要入口处进入摩梭村子里时，必然会经过嘛呢堆，也因此成了众人注目的焦点与茶余饭后的话题。所有的风吹草动，在这个重要的公共空间一览无余。

以者坡村为例，我们可以看到嘛呢堆在村落空间位置中的特性。者坡村位于永宁盆地干木女神山脚下，只要翻过隘口就可到达泸沽湖。者坡共分上、中、下3个村子，其中以上村规模为最大。在明代彭汝实所著的《六诏纪闻》（为《金声玉振集》第22卷）中就有者坡上、中、下3个村子的记载，因此，者坡村存在的历史最少有500年以上（严汝娴、刘尧汉 1986a：2－3）。

者坡上村只有一个嘛呢堆，就位于者坡上村的中心点，这里也是从外面进入村子主要道路的入口处。摩梭区域中唯一的萨迦寺院就位于者坡上村，建筑在干木山脚下的最高处。村子里摩梭人主要的家屋老家（a wo）都位于嘛呢堆的后方，只有后来迁入这个村子的伸家，以及近年来分家出去的家屋，才位于嘛呢堆的下方；也就是说，在更早的过去，所有的摩梭家户都位在嘛呢堆的后方。因此，嘛呢堆所在的空间位置，就象征性地隔开并标示出每个摩梭聚落的“内”与“外”。至于者坡中村则有两个嘛呢堆，一个位于聚落的正中央处，另一个则位于聚落与外界之间的主要出入口。同样地，嘛呢堆作为一个重要的神圣地景，一方面标示出摩梭聚落的公共空间的中心点，另一方面则成为标示聚落“内”、“外”空间的重要界线。

八、区域宗教中心：寺院（kubo）

藏传佛教传入永宁已有900年左右，历史久远，与元代开始建立的土司制度紧密结合，对摩梭人的影响较大。过去土司规定每个 zi du 有 3 个男子时就要有两个出家当喇嘛，有两个男子则要有一个人出家。

永宁盆地共有两座藏传佛教寺院，一是位于开坪的格鲁派札美寺，另一则是位于者坡的萨迦派大迦灵寺。格鲁派由四川木里传入，1556 年正式在开坪建立札美寺；1956 年共拥有喇嘛 500 多人，现在的规模仍然十分庞大。萨迦派由四川巴塘传入，者坡萨迦寺约建于元朝至元十三年（1353）前后，比札美寺要早 200 多年；该寺定额僧人 500 人，僧人都是摩梭人。随着格鲁派的兴起，萨迦派衰落，后萨迦寺于“文化大革命”时受到破坏被毁，直到 1997 年才开始修复，喇嘛人数远少于札美寺（《宁蒗县志》，1993）。

在永宁，现在信奉萨迦派的只有者坡上村与中村的一部分人，其他摩梭人大多信奉格鲁派。在请喇嘛举行丧葬仪式的时候，如果是信奉萨迦的人家，就以萨迦僧侣在经堂中主导，格鲁喇嘛为辅；如果信奉格鲁则反之。每当丧葬或各种仪式场合，都会看到两个派别的喇嘛出席；格鲁派喇嘛在声势上占了上风，而萨迦僧侣则强调他们创立的年代较格鲁来得早。这种暗中的较劲，使得千年如一日的单调诵经声中，总是有种互相评比的暗流。由于多数摩梭人在两派或多或少都有些亲戚朋友，因此每次请喇嘛时都需要一些智者来协调。

这种两个教派之间的竞争关系并不仅止于村落层次，在历史上更是表现为政治力量之间的斗争。元朝统一大理并管理整个藏区后，扶持萨迦派，萨迦派因此而盛行，在 11 世纪时居于主流，同样也盛行于云南藏族、摩梭人和普米族地区。明朝时代，丽江纳西族木氏土司势力强盛，并吞了康南藏地。木氏土司与噶举派的噶玛巴活佛关系密切，因而噶玛巴派在丽江纳西族地区盛行。至于清代，由于和硕特部及五世达赖对整个藏区的经营与清王朝扶持格鲁派以安蒙古的政策等原因，使格鲁派的势力日益抬头。格鲁派由宗喀巴在 15 世纪改革以后达于高峰，借由其显赫的活佛达赖与班禅，继续保有了藏传文化区的领导位置，也兴盛于云南藏族、纳西族和普米族地区。格鲁派借着与土司制度的结合，以及从摩梭人中产生的罗桑益世活佛，在永宁与其他摩梭人区域中居于主导位置。

藏传佛教除了与中央政权的兴衰更迭有关之外，更与在地方的政治势力土司制度极为相关。如总管寺院里所有大小行政事务的最高职务堪布，一定由永宁土知府、蒗蕖土知州的次弟担任。这样的制度，使得最高政治首领的土司与主要掌管宗教事务的领袖紧紧地结合在一起，互相紧密配合。过去土司规定：每家有 3 个男子时就要有 2 个出家当喇嘛，有 2 个男子则要有一个人出家。从中也可看出土司制度与藏传佛教的势力之间是彼此结合的。

除此之外，藏传佛教寺院也标示出一个土司的势力范围。在永宁与蒗蕖地区，共有永宁土司与蒗蕖土司两位世袭土司，彼此是亲戚关系，分别管辖永宁与蒗蕖两大区域。除此之外，还有一些小的分封土司，管辖比较小的区域范围。每个土司所管辖的区域中，基本上只会有一个寺院；永宁土司统辖地区稍微例外，除了格鲁派的札美寺以外，还有萨迦派的者坡大迦灵寺。这是历史上不同朝代支持不同藏传佛教派别而导致的结果。作为摩梭人最主要的政治领袖，永宁土司必须支持格鲁派寺院札美寺。蒗蕖土司辖区内则有蒗蕖萨迦寺，位于蒗蕖（现在的宁蒗县城大兴镇）；而有分封土司的左所与前所，也各有一座寺院。左所寺属于格鲁派寺院，位于今四川省盐源县的左所区，建于清光绪年间；前所寺也属于格鲁派寺院，位于今四川省盐源县前所乡，也同样建于清光绪年间。前所寺原来是前所土司的家庙，后才改建为藏传佛教寺院（杨学政 2000：188）。

九、山：摩梭人的守护神祇

在摩梭地区，山不仅是人们所信奉的神祇，更是人们借以用作地域群体认同的媒介。

在永宁盆地以及其他摩梭人的居住区域中，环绕着许多座山，每座山都是摩梭人所信奉的山神。永宁盆地中最重要、地位最崇高的山神是干木女神山，汉语称为狮子山，坐西向东，横亘于永宁盆地与泸沽湖之间。干木山摩梭语称作 talong segi kanmu，talong 是藏文经典里“涅槃之地”的意思，是藏语对于永宁盆地这个地方的称呼，segi 是狮子的意思，kanmu 则意为“高大的女子”；干木山的另一称呼为 lhidi kanmu，lhidi 是摩梭语，指的就是永宁盆地，所以 lhidi kanmu 的意思是“守护着永宁盆地这个地方的干木女神”。干木女神的形象，常是披发跣足、穿着摩梭女人的曳地百褶群、吹着长笛、骑着母鹿的样子；有时则是骑着骏马、张弓射箭的样子。干木山是永宁盆地与泸沽湖一带唯一的一座女神山，其他山神全是男性山神。同样地，在前所一带最重要的山神也是位女神 bei di la mu。在摩梭人所居住的区域中，最重要的山神是 lhidi kanmu 与 bei di la mu 这两座女神山，这是毋庸置疑的。

关于干木山的来源有许多不同的传说。有一个传说的版本是这样的（严汝娴、宋兆麟 1983：196）：

在很古很古的时候，永宁一带地势平坦，是一片肥沃的草场。周围有群山环抱，风景秀美。草场中央有一个很大的湖泊（也就是泸沽湖）。由于有山有水，气候温和，这里不仅是禽兽集中的地方，也是人们对神仙的向往之地。当时住着两个神仙，一男一女。女的叫“干木”，住在湖的北岸；男的叫“哈瓦山”，住在湖的南岸。他俩虽然是神仙，却和人类一样，也过着婚姻生活。彼此定期约会，在湖水里沐浴，在岸边叙谈，饿了吃野菜、野果，渴了饮湖水，过着穴居野处的阿肖生活。①

有一次，男神请干木到湖边游玩。他来得很早，天上布满星星、地上洒满露水，但是干木迟迟不来。等呀，等呀，天快亮了，干木还不来。男神正要转身回去，干木突然跑来了，两人正要攀谈，可惜天不作美，东方发白了，鸡也叫了。原来他俩是夜里相会，白天是不行的，这一次可暴露在光天化日之下了。日神闻讯后，勒令他们："永远留在人间，不许回到天上。"于是干木变成一座大山，挺立在泸沽湖的北岸，男神则变成了哈瓦山。

这个以神仙为主要角色的版本有另外一个变形，即同样也是干木女神与哈瓦男神相恋，夜里约好相会。无奈春宵苦短日高起，一样被日神惩罚变成大山，永远留在人间。由于变成大山之后，两人从此不能相会，只能遥相对望，因此干木女神留下了一滴滴晶莹的泪水，这些泪水就聚集成了泸沽湖。

除了这个女神版的传说，还有另一个传说版本，是以凡间女性为主角（拉木·嘎吐萨 1998：176）：

据传，在很久很久以前，永宁者坡村里有一个聪明善良、美丽迷人的姑娘，名叫干木。她不但美丽出众，还能歌善舞、能说会道；竹笛吹起来，百鸟停歌伫立；歌声响起来，百灵羞愧不已。不仅如此，她勤劳能干，织布如彩云飘飘，背水犹如风摆杨柳。她的美名不胫而走，传遍天下，所有的小伙子都来走婚，她家的门槛几乎被踏平。连天上的神仙都看中了她，有一天，神掀起一阵龙卷风把她刮上天去，当干木被风卷到半空时，整个永宁坝的人都看到了，人们手忙脚乱、齐声吆喝，男神在慌乱之中，失手把干木摔到了地上。她死后，化成了一座女神山，这就是干木山的由来。

这两个版本都同样地流传在民间。不过，干木女神的形象虽然极为女性化，却绝不是那种温婉柔顺的女性形象，而是性情好恶分明、极具自我主体意识的鲜明女性形象。这可由其他关于转山节（kanmu kuo）的由来传说中得知（拉木·嘎吐萨 1998：176－177）：

每年农历七月廿五日，天下所有出名的山神都要到西藏聚会娱乐。在众神喜欢的娱乐当中，有一项是掷骰子赌博。干木女神每年都去，而且特别喜欢赌博。如果她在赌博时赢了，芳心大悦，接下来的一年永宁盆地就会风调雨顺、五谷丰登、六畜兴旺；反之，如果她赌输了，便会大发雷霆。一旦干木女神不愉快，永宁地方就会阴云密布；她一发脾气，永宁盆地就会闪电雷鸣；如果她痛苦地流泪，永宁就会风雪弥漫，暴风裹冰雹，人畜都将遭殃。为了使女神在牌桌上赌博大胜其他男神，每到七月廿五日女神启程前往西藏这一天，摩梭人就会倾家而出，扶老携幼，到干木山麓，欢歌笑语、纵情歌舞，大声呐喊、诵经为女神助阵，祈求她大获全胜，让

① "阿肖"（a xiao）与"阿注"（a du）都是摩梭语朋友的意思，用来指走访的双方。

永宁来年能平平安安、风调雨顺、五谷丰登。

这一个关于转山节的传说，显示出干木女神个性鲜明且极具个人风格的一面。另一个关于女神走婚的传说，则显示出干木女神对于自己情欲生活的自主性（严汝娴、宋兆麟 1983：197－8）：

干木女神也过阿肖生活。值得注意的是，她的阿肖还不少呢！除了前文说过的哈瓦山以外，还有一些阿肖。忠实乡的传说是，女神的第一个阿肖是瓦如卜拉，即位于四川前所境内的一座山；第二个阿肖是则枝，位于忠实村的背后。瓦如卜拉的嫉妒心非常强。有一次，瓦如卜拉撞见干木与则枝睡在一处，瓦如卜拉大发雷霆，用刀把则枝的生殖器砍为两段。传说达坡村附近的山丘就是则枝被砍断的生殖器。另外，女神与前所那边的何底比古雪山也建立过阿肖关系。她还想跑到盐源去，被强悍、善妒的瓦如卜拉拦住了。她的几个男阿肖谁也独占不了她，只能围绕女神旁边转来转去。

摩梭人相信干木女神拥有赐予生育能力的力量。由于干木山是由石灰岩构成的，在山麓形成一道道的峡谷，排列起来，上细下粗，纹理整齐，和摩梭女人穿着的百褶裙一样；许多摩梭人认为者坡村上头那一条峡谷就是女神的生殖器，两侧的山梁就是女神的双腿（严汝娴、宋兆麟 1983：197）。在被认为女神生殖器的那一条峡谷中有一个山洞，其中有石灰岩的钟乳石结构，某些低洼处积了水，摩梭人相信不孕的妇女只要到这个洞穴里喝了水，就能怀孕。如果摩梭家里增添了小孩，就要祭祀女神。事先酿好酒，招待全村客人。仪式在野外山坡上举行，由达巴主持。达巴带领人们向女神磕头，祈求保佑子女健康，并且为女神摆设酒、肉、鸡蛋、糌粑、水果等（严汝娴、宋兆麟 1983：200）。

干木女神除了是保佑并赐予生育与生命的女神之外，更重要的是，干木女神同时是居住在永宁盆地所有摩梭人所共同敬奉的神祇；换句话说，在干木女神所管辖的范围里，所有的摩梭人都以干木女神作为信仰认同的依据。居住在永宁盆地的摩梭人借由对干木女神的敬奉，再次界定了属于同一个地域群体的认同基础。前文提到在 so gai 的仪式中，住在永宁的主祭者所念诵的祭文里面，一定先提到干木山，然后才是盆地周围的其他大山。这些山联结起来，恰好将永宁盆地围绕起来，成为一个完整的“祭祀圈”。就像前所的摩梭人，会以 bei di la mu 女神为主，然后把他们周遭的山脉联结起来，形成他们自己的祭祀圈一样。这样的“祭祀圈”，不仅是信仰，也是作为一种地域群体认同的方式。

然而，摩梭人对于山的信仰不只是大范围的区域认同的基础，每个摩梭村子都各自以他们的山神作为自己村落认同的媒介。摩梭聚落通常围绕着山边分布，因此，每个村子背后都有保护自己村子的山神。例如，干木山脚下有者坡上、中、下 3 个村子，这 3 个村子的守护山神都为干木山。特别的是，这些村落的保护山神往往与动物的图腾结合起来，如八株村，他们的守护山神是一座叫 bumi 的山，bu 是猪的意思，mi 则是心脏的意思。传说过去八株村的村民，为了宣示共同保护这座山上的草木，在杀了一头猪后，共同吃猪的心脏来起誓，因此以之命名。

山的认同与政治空间息息相关，特别是与中原政权所建立的土司制度密切关联。干木山的古名是“虎山”。在光绪《盐源县志·舆地山川》中，记载着干木山“姓剌剌，虎也，亦水也”，“剌”、“拉”或“喇”都是摩梭语里面老虎的译音；而早在元代，干木山就有“剌踏寨山”之称，就是“虎山”的意思。虎是土司家族的图腾象征，左所土司就是姓喇；过去土司特别规定不能杀老虎，不然会被处以刑罚（严汝娴、宋兆麟 1983：189，192）。从这个例子我们可以得知，最大的山神干木，与土司家的关系极为密切。另外，干木女神的祭祀圈以永宁土司与左所土司的管辖范围为主；而前所的摩梭人，则以 bei di la mu 女神为主，然后将他们周遭的山脉联结起来，形成他们自己的祭祀圈。这样的“祭祀圈”，不仅是信仰，也是作为一种地域群体认同的方式。更重要的是，这样的山神祭祀圈空间，与历史中的土司制度管辖空间有关；我们可以说，山神祭祀圈不仅是一种象征空间，也是一种政治空间，反映出真实生活中的不同制度与面貌。

干木女神的传说，再次显示出在摩梭人的文化与生活当中，如何同时结合了传统的达巴信仰与藏传佛教的文化色彩。但更重要的是，每个摩梭地域群体，小至一个村落，大到一个土司的管辖领地，都是用山这样的地景象征来作为认同的依据，以及界定“我群”的空间范围。山神祭祀圈这样的象征空间，不仅反映了 3 种文化的会遇，也呈现出摩梭文化中多重政治空间的交错。

十、结　论

在本文中，作者尝试分析藏传佛教于摩梭区域中的地景空间，其实不仅是藏传文化的呈现，更是摩梭、汉与藏三种文化的结合。藏传佛教在摩梭地景中的再现，包含了几个重要的神圣地景象征，各自有其意义。重要的是，这些地景象征都是用来界定一个“我群”的范围；而所谓的“我群”，小到一户人家、大到一个政治领袖土司所管辖的范围，借由不同的空间象征，层层界定出错综复杂的象征空间与政治空间。

出现在 zidu（家屋）建筑中的 s tu 与 galaze（经堂），表现出藏传佛教的影响已经深入到摩梭人最基本、也是最重要的社会单位 zidu 之中。藏传佛教的象征，不仅已经进入家屋的心脏之处，也展现在比母屋 zimi 崇高的建筑空间象征之中。然而这里呈现的不仅有藏传佛教的元素，也出现了中原文化藏传佛教化的情形。也就是说，摩梭家屋最关键的神圣空间，是三个文化交会与融合的再现。

家家户户院坝中必定设置的烧香台，则将藏传佛教的影响，从家屋开始，联结到外面的大世界，形成并界定出人们所属的地域群体，也就是区域“祭祀圈”之中。出现在村落公共空间中的嘛呢堆，不仅作为藏传佛教重要的宗教象征，而且被摩梭人用来作为界定一个聚落的中心处，成为聚落中最重要的公共空间，更是用以界定聚落内、外的一个重要地标。作为区域宗教中心的寺院，不只是一个区域的宗教重心，更经由与摩梭土司的结合，成为来自中原的政权在历史中借由藏传佛教来治理这个边陲山区的一个政治力量展现。而山这个地景象征，摩梭人除了借以结合传统的达巴信仰与藏传佛教之外，山的地域群体认同最大范围地与寺院的祭祀圈重叠，又再次地呈现出三种文化力量所交错形成的空间重叠。

藏传佛教在摩梭，不仅是藏传佛教摩梭化或者摩梭文化被藏传佛教影响这么简单。藏传佛教在摩梭，其实是摩梭人以自己的文化作为基础，结合了藏传文化与中原文化两者的影响，融会并调适出一种新的文化象征系统。就像 Gupta 与 Ferguson 所说的，当前的世界所呈现的是相互交错重叠的空间，因此将文化视为独立而自主的概念已不适用。我们需要重新审视不同文化力量的交会与融合，藏传佛教在摩梭的空间再现，可以提供给我们一个恰当的例证，去重新审视多元文化交汇的结果。

参考书目：

[1] 王明珂：《羌在汉藏之间：一个华夏边缘的历史人类学研究》，台北：联经出版实业有限公司，2003 年。

[2] 何翠萍：《云南景颇、载瓦人的丧葬仪礼及「竹」与「家屋」人观的形成》，《中国西南族群区域研究之一“生命仪礼与人观”小型研讨会》论文，1997 年。

[3]《人与家屋：从中国西南几个族群的例子谈起》，《“仪式、亲属与社群”小型学术研讨会》会议论文，“中央研究院”民族所与清华大学人类所主办，2000 年 7 月 3－4 日台湾新竹。

[4] 何撒娜：《聚散之间：纳人的丧葬仪式与家屋象征》，新竹：清华大学人类所硕士论文（未出版），1999 年。

[5]《麽些亲属的再思考》，发表于“中央研究院”民族学研究所“亚洲季风区高地与低地的社会与文化”主题计划/清华大学人类学研究所合办“仪式、亲属与社群小型学术研讨会”2000 年。拉他咪·达石主编：《摩梭研究论文集》，昆明：云南大学出版社，2006 年。

[6]《摩梭人，真的是女儿国吗?》，载《两性平等教育季刊》廿一期《非父系社会之性别图像》专辑，台北：教育部训育委员会；收录于拉他咪·达石主编：《摩梭研究论文集》，昆明：云南大学出版社，2006 年，第 59—69 页。

[7]《“一根根骨”抑或是“死路一条”：从丧葬仪式与家屋象征看纳人的亲属关系》，载《民族学评论》第 2 期，昆明：云南大学出版社，收录于拉他咪·达石主编：《摩梭研究论文集》，昆明：云南大学出版社，2006 年。

[8]《恶灵泉、喇嘛寺院与土司：藏彝走廊中摩梭人的文化会遇与空间政治》，新竹：清华大学人类所博士论文（未出版），2008 年。

[9] 拉木·嘎吐萨（石高峰）：《走进女儿国——摩梭母系文化实录》，昆明：云南美术出版社，1998 年。

[10] 洛桑益世：《女儿国诞生的活佛》，昆明：云南民族出版社，1995 年。

[11] 翁乃群：《女源男流：从象征意义论川滇边境纳日文化中社会性别的结构体系》，载《民族研究》第 4 期，1996 年，第 46—53 页。

[12]《纳西族简史》编写组：《纳西族简史》，云南人民出版社，1984 年。

[13] 黄应贵：《导论——空间、力与社会》，黄应贵主编：《空间、力与社会》，台北："中央研究院"民族学研究所，1995 年。

[14] 云南省宁蒗彝族自治县志编纂委员会：《宁蒗彝族自治县志》，昆明：云南民族出版社，1993 年。

[15] 杨学政：（1994）《藏族、纳西族、普米族的藏传佛教》，昆明：云南人民出版社，2000 年。

[16] 严汝娴、宋兆麟：《永宁纳西族的母系制》，昆明：云南人民出版社，1983 年。

[17] 严汝娴、刘尧汉：《永宁温泉乡纳西族母系制及领主经济调查》，《宁蒗彝族自治县纳西族社会及家庭形态调查（一）》，昆明：云南人民出版社，1986 年，第 1—135 页。

[18] 龚荫主编：《明清云南土司通纂》，昆明：云南民族出版社，1985 年。

[19]《中国土司制度》，昆明：云南民族出版社，1992 年。

[20] Bourdieu, P. 1971 "The Berber house or the world revised," In *Echanges et Communications: Melanges offers a Claude Levi - Strauss a loccasion de son 60 anniversaries*, pp. 151 - 61, 15 - 69. Hague: Mouton.

[21] 1977 *Outline of a Theory of Practice.* Transl. R. Nice. Cambridge: Cambridge Univ. Press.

[22] Foucault, M. 1970 *The Order of Things: An Archaeology of the Human Sciences.* New York: Random House.

[23] 1975 *Discipline and Punish: the Birth of the Prison.* New York: Vintage Books.

[24] Gupta, A. and J. Ferguson 1980 Beyond "Culture": Space, Identity, and the Politics of Difference, *Cultural Anthropology* 7 (1): 6 - 23.

[25] Hirsch, Eric and Michael OHanlon eds. 1995 *The Anthropology of Landscape: Perspectives on Place and Space.* New York: Oxford University Press.

[26] Hsu, Elisabeth 1998a Introduction, in *Naxi and Moso Ethnography: Kin, Rites, Pictographs.* Oppitz, Michael and Hsu, Elisabeth eds. pp. 9 - 22 Zürich: Völkerkunde - museum der Universität Zürich.

[27] 1998b Moso and Naxi: the House, in *Naxi and Moso Ethnography: Kin, Rites, Pictographs.* Oppitz, Michael and Hsu, Elisabeth eds. pp. 67 - 102 Zürich: Völkerkundemuseum der Universität Zürich. Knodel, Susanne

[28] 1998 Yongning Moso Kinship and Chinese State Power, in *Naxi and Moso Ethnography: Kin, Rites, Pictographs.* Oppitz, Michael and Hsu, Elisabeth eds. pp. 47 - 66 Zürich: Völkerkundemuseum der Universität Zürich.

[29] Lawrence, Denise and Setha Low 1990 "The built Environment and Spatial Form," in *Annual Review of Anthropology* 19: 453 - 505.

[30] Mckhann, Charles F. 1989 "Fleshing Out the Bones: The Cosmic and Social Dimentions of Space in Naxi Architecture." In Chien Chiao and Nicholas Tapp, eds., *Ethnicity and Ethnic Groups in China*, 157 - 77. Hong Kong: New Asia College, the Chinese Univ. of Hong Kong.

[31] 1992 *Fleshing Out the Bones: Kinship and Cosmology in Naxi Religion.* A Dissertation of The University of Chicago.

[32] Muggler, Erik 1991 "Money, the Moutain, and State Power in a Naxi Village", in *Modern*

China, Vol 17 (2): 188 –226.

[33] 2001 *The age of wild ghosts: memory, violence, and place in Southwest China*. Berkeley: University of California Press.

[34] Rabinow, Paul ed. 1984 "Space, Knowledge, and Power" . in *The Foucault Reader*, pp. 239 –256. New York: Pantheon Books.

[35] Weng, Naiqun 1993 *The Mother House: The Symbolism and Practice of Gender among the Naze in Southwest China*. Ph. D. Dissertation. N. Y.: University of Rochester.

纳木日和他们的巫师

林俊华

“纳木日”作为一个族群名，对于许多人都还相当陌生。即便是在“纳木日”生活的四川省甘孜藏族自治州九龙县境内，当地许多的藏族、汉族和彝族人，他们对“纳木日”这个名字及这个民族的陌生程度，也并不比外地人少。2004 年 8 月，我在四川九龙和木里两县，对生活在当地的“纳木日”人做了一些调查。虽然这些调查既不全面，也不深刻，但我相信能帮助大家对这个族群有所认识。

一、纳木日的族称

“纳木日”是居住在雅砻江流域沿岸的九龙、木里、冕宁、盐源等地区的藏族中的一个族群的自称。“纳木日”3 个汉字是我们根据九龙、木里两地的纳木日人的发音所记。在过去的一些学术著作中，将其记为“纳木依”、“那木义”或“那木依”。这些都是对同一族称的不同汉字记音。关于“纳木日”一词的含义，据纳木日人自己的解释，“纳”是黑的意思，“木日”是人的意思，“纳木日”即黑人的意思。但对纳木日为什么自称为黑人，我们目前尚不完全清楚。

同其他民族一样，纳木日不仅有自己的自称，同时也拥有许多不同的他称，如“年咪”、“西番”、“番人”、“吐番”等。

“年咪”是生活在九龙、木里一带的“普米”对纳木日的称呼”。“年咪”为何意？我们走访了许多人，得到的答案都是“‘年咪’就是一个民族的名称”。后来，在木里与九龙交界处有一户普米人告诉我们，“年咪”是黑人的意思。这一解释与纳木日的自称是完全一致的。因而我们怀疑纳木日是一个尚黑的民族，他们的崇拜物与“黑”有关。但是我们现在已很难找到直接的证据。

“西番”、“番人”、“吐番”均是当地汉族对纳木日的称呼。据查，在汉文史籍中也有“西番”这一族名。但由于历史上的西番人分布很广，支系较多，纳木日应只是其中的一支。

由于受汉语的影响，九龙、木里、冕宁的藏族和彝族也常借用“西番”一词称呼纳木日。不仅如此，纳木日自己在汉语交流环境中，也习惯于借用“西番”一词自称。

关于纳木日的族名，在《九龙县志》中称为“耳苏”。但据我们调查，九龙和木里的纳木日都否认“耳苏”是其自称。他们认为这是其他民族对自己的称呼。至于“耳苏”是哪个民族对纳木日的称呼，九龙县大河边的纳木日人说是“小西番”，而在木里县的一些纳木日人则说是“关外”（折多山以西）的藏族。

二、纳木日的族源

关于纳木日的族源，从我们目前调查的材料来看，尚不能对其做出肯定的判断，但也有一些有价值的线索可供参考。

线索之一，纳木日自称其祖先是从西藏迁入的。而且，他们对“西番”一词的解释就是“从西藏来的番族”。我们在查阅汉文史料时发现，在汉文史籍中不仅有“西番”这个族名，而且在早期的汉文史籍中将其记为“西蕃”。“蕃”是藏族的自称。将“西番”、“西蕃”、“蕃”这些族名联系在一起进行考察，也许能从一个方面说明纳木日的“从西藏来的番族”这一观点。

线索之二，纳木日送魂返祖的路线。据木里县倮波乡干海子的纳木日巫师朱尼马次介绍，他在为亡灵送魂时，首先从本民族的祖居地开始，将本民族迁徙的路线一站一站进行介绍，直到现在生活的地方。然后再逆向一站一站地将灵魂送回老家（祖籍地）。朱尼马次说，在他送魂的案子上，九龙县大河边区的烟袋乡是纳木日迁徙的最后一站，也是送魂的起点站。但是，由于现在有许多纳木日的居住地都已经超出了烟袋，走得更远。对于这些人，朱尼马次在为他们送魂时，一般是先从死者临终前的居住地开始，根据其家族迁徙的路线一一逆向相送（哪怕是在同一村子里的搬迁也不能漏掉），直到将灵魂送到烟袋乡。到了烟袋乡以后的线路则按案子上所记的纳木日祖先迁徙路线进行。朱尼马次还告诉我们，送魂案子上的送魂路线从九龙县烟袋乡开始，然后经乌拉溪、呷尔坝、汤古、鸡丑山、折多山、康定、阿坝、青海、西藏等地，最后进入印度。送魂路线往往是一个民族最珍贵的祖源记忆，对于研究一个民族、一个族群的族源具有重要意义。从这一路线我们可知：（1）纳木日人的祖先是由北而南迁徙的，其祖籍地应该是在北方。至于为什么将灵魂送到西藏后还要继续送往印度，这可能是纳木日在接受吐蕃文化的同化过程中，受藏传佛教影响的结果。（2）纳木日人的祖先由北而南迁徙到九龙烟袋乡后便停留下来。而且，以烟袋乡为中心的九龙、木里、冕宁这个三角地带，可能就是当初纳木日南徙后的大本营。至于与现在居于其他地区的纳木日，应该是纳木日先民在以九龙烟袋为中心的九龙、木里、冕宁这个三角地带定居后才逐渐移居的。

线索之三，居住在云南永宁等地的纳西族自称“纳日”。“纳日”与“纳木日”的发音相近，极有可能是因为这两个族群在早期时具有相同的祖源。这虽然是一种推测，但可能性极大。其一，今四川木里、盐源一带的纳日人自称其始祖为“纳木”，他们自己是“纳木”的后代。而据一些学者考证，“纳木日”一词的本意就是“纳木的后裔”。（值得一提的是在彝语里“日”是儿子、后代之意。“纳木日”用彝语翻译过来也是“纳木的后代”。）因而，纳日与纳木日的发音相近并不纯粹是一种偶然的巧合。其二，纳西族东巴经《创世纪》所反应的纳西人送魂线路也是往北，与纳木日的大方向相同。而且，四川木里是其中重要的一站。其三，据方国喻先生考证，“纳西族渊源于远古时期居住在我国西北黄河、湟水一带的羌人，向南迁徙至岷江上游，又西南至雅砻江流域，又西迁至金沙江上游流域地带”。其四，在纳木日语中，“纳”是黑的意思，“纳木日”即黑人之意；九龙、木里的一带的普米也称纳木日为黑人（年咪）。有意思的是，在纳西语中，“纳”也是黑之意，“西”是人的意思，也就是说纳西族与纳木日的族称是完全一致的，都是以“黑人”自称。因而，我认为纳木日极有可能是纳西族先民南下经过雅砻江流域时，停留在当地的一部分。

线索之四，我们在调查时发现，纳木日与彝族有许多相同或相近的文化现象。在纳木日的传说中，有一则传说讲的是在人类起源时，有兄弟二人，哥哥叫“什吐”，弟弟叫“什扎”。兄弟二人后来分别发展成为纳木日和彝族两支人，其中哥哥“什吐”是纳木日的祖先，弟弟“什扎”则是彝族的祖先。有意思的是，在九龙、木里的彝族中也有内容相同的传说。另外，纳木日的语言、服饰、婚俗、葬俗、巫师的宗教活动等与彝族也有许多相近之处。

鉴于许多学者考证纳西族和彝族都来源于由北而南迁徙的牦牛羌，而纳木日又与纳西族和彝族都具有密切的关联，因而我们推测，纳木日也源自牦牛羌。他们很有可能是牦牛羌中与彝族和纳西族比较相近的一支，甚至可能就是同一支人。他们在牦牛羌南下的过程中没有同纳西族和彝族的先民们一道继续南迁，而是在经过雅砻江流域时，在九龙、木里、冕宁三角带停留了一下。后来受吐蕃文化的影响，融入藏族之中。

三、纳木日文化面面观

纳木日人具有良好的语言天赋。生活在九龙、木里、冕宁三角地带的纳日人在母语（纳木日语）之外，基本上都能熟练地使用藏语、汉语和彝语。

关于纳木日语的语种，目前尚未定论。有的学者将其划为羌语支，有的学者则认为与纳西语十分接近。我对语言学缺乏研究，但通过与纳木日人的接触，我比较倾向于后者。因为，纳西语属于彝语支，而我们在九龙和木里所听到的纳木日语，其发音方式和语言节奏、语调都与彝语很相似。与我随行考察的人中有一位当地小学校的彝族教师，他告诉我彝语和纳木日语的一些单词或短语比较相近，有的甚至完全相同。

纳木日有语言，而没有记录这些语言的文字。传说，以前他们是有文字、有经书的。但他们的祖先自认为记性好，把经书记在心里比用文字记在书上更稳当，于是就把经书吃了。从此以后，他们便失去了文字，也没有用这些文字记录的历史了。

纳木日妇女缠头帕，上身穿右开襟、长袖、绣花服装，外套右开襟、绣花褂子，下着以红、黑两色为基调的百褶裙，腰系绣花围腰。仔细观察后发现，这种服饰与彝族妇女的服饰也有一些相近之处，而与其他藏族相比却有较大差异。纳木日男子服装与汉族完全相同。我们现已找不到其传统服装的特征，这可能是长期与汉族杂居的结果。

纳木日人的婚姻与彝族也有共同之处。最为典型的就是他们都曾实行买卖婚姻和娃娃婚。但在两性结合的范围上，纳木日则像彝族那样实行族内婚姻、等级婚姻和姑舅表优先婚。纳木日男人入赘则与汉族相同，即入赘男子须随岳父改姓，三代后才能“返祖”。

在丧葬方面，纳木日人过去皆行火葬，现在已开始改行土葬。其火葬方式与彝族也有惊人的相似之处。彝族火葬一般都是在野外用木柴做焚尸燃料，将木柴按井字形架设，男尸共架9层，每层放木柴9根；女尸共架7层，每层7根。木柴架好后，将尸体置于柴架上，点火焚烧。彝族的这种火葬方式，正是纳木日传统的火葬方式。

纳木日也有过火把节的传统。其节日内容与活动方式与彝族火把节基本相同。但是它与彝族火把节不是同一个节日，即两个民族火把节的时间和节日的主体是不相同的。

纳木日人还特别好客，与彝族一样，待客必“见血”。即必须要杀猪或杀羊、杀鸡来招待客人。无论是猪、羊，还是鸡，他们都喜欢煮成“砣砣肉”吃。

在宗教信仰方面，纳木日不信仰藏传佛教，他们只信仰本民族的巫师。纳木日语称他们的巫师为“帕滋”，但用汉语表述时，他们往往借用汉语名词，称之为“和尚”。

“帕滋”一般只在本族男性中采取口授传承。但我们在木里和九龙所见到的基本上都是父子相传。“帕滋”的主要职责是看风水、择吉日、请神、驱鬼和送魂。

“帕滋”作法没有经典，所念咒语全是通过师傅口授和自己记忆而得。据木里的朱尼马次介绍，他们一般只有在替人“看日子”和送魂时才用经书。“看日子”的经书叫“号克”。上面有365幅由不同动物形象所组成的图画，每幅图代表一天。根据图中所画内容确定吉凶及其根源。送魂内容是书写在一幅红布上，他们称之为“案子”。“案子”上画的是送魂时的各个站点。

“帕滋”的主要法器有法帽、鼓、摇铃、山牛角、海螺、号等。这些法器的种类和式样与彝族巫师的法器基本上是相同的。

纳木日“帕滋”作法的一个特点是“杀牲”。宰杀对象可以是猪、羊、牛、鸡等。相传，在很早很早以前，纳木日都是用人头祭祀。有一天该从一个由母子三人组成的家庭中选出一人去祭祀。但母子三人都舍不得失去对方，都愿意用自己的生命去换取另外两人的生命。在争执不下的时候，一个巫师帮他们想到了一个极好的主意，用一头猪的生命去替换人的生命。从此，纳木日就开始了杀牲祭祀的历史。

纳木日的居住一般都以村寨为单位，成聚落状态。我们在九龙和木里看到的纳木日人的住房，基本上都是由石头砌墙，用瓦或石板盖顶。以一楼一底居多，也有个别的只有一层。这种住房在当地已没有民族的界限，藏、汉、彝各族完全一致。

四、纳木日巫师的“清静”法事

我们在木里调查时，正好遇上一户纳木日人家在请巫师做法事，于是急忙前往观看。下面就是对法事基本情况的记录。

地点：倮波乡大堡子村一户纳木日人家。

法事种类：“清静”法事。

清静法事是纳木日人为家庭或村庄驱逐鬼怪、祈求平安的一种法事。这类法事可分为两种：一种是最常见、最普通的法事。这种法事一般是在某户人家有人外出远行，或家中有鬼怪作祟时所做。法事全程分 12 段，用时 4—5 个小时。笔者所见法事即为此类。另一种是在出现“凶死”现象时所做的法事。这种法事一般做 3 天 3 夜，可以是由死者家属负责请巫师作法，也可以由死者所属村庄的成员共同负责完成。

巫师：朱尼马次。

朱尼马次是木里县倮波乡干海子村人。出生于“帕滋”世家，自称为其家族第 42 代“帕滋”传人。现是九龙、木里、冕宁一带最为著名的纳木日巫师。据说，在九、木、冕三角地区，纳木日人的重大法事只有他一人能做，其“生意”十分红火。

参加人员：主人全家、亲戚朋友和左邻右舍。

据说，做清静法事时参加的人越多越好，越多越灵。因而，作法之前一般主人都会邀请亲戚朋友和左邻右舍参加。而亲戚朋友和左邻右舍知道后往往也会主动前往帮忙。也正因为如此，在我们到来时，主人和巫师都表现出极大的热情。

法事内容：法事全程共 12 段，归纳起来主要有以下内容：

（1）念咒。法事从头至尾，全程都贯穿着“帕滋”的咒语，许多时候还是边念咒语，边用右手打鼓、左手摇铃。据“帕滋”介绍，所念内容主要有：交代纳木日清静法事的缘起，今天作法的目的，杀生祭祀的由来，杀牲的理由，为什么要送毛人，为什么参加法事的人要越多越好，邀请师傅、诸神帮助驱鬼，等等。

（2）撒苦荞花。用苦荞炒制成荞花，然后由“帕滋”在其家人身上转了后，边念咒语边向屋外撒去，并招呼天地龙神、山神、土神、庙神、鬼怪等不得再招惹这家人。

（3）杀生献祭。选一数十斤重的仔猪用水洗净，杀后用水去毛，再在火塘上架柴烧焦全身，再用水洗净后破肚。将其心肝在火塘里烧熟后用来敬菩萨，将心肺放到每个毛人身上，将猪头供于神位，猪脚则放在一个送毛人时用的木制三脚架内，为送毛人时所用，猪肉被做成砣砣肉待客。

（4）扎毛人。由“帕滋”用茅草扎成。毛人形象为人和各种动物，代表要被驱走的妖魔鬼怪。将毛人扎好后用家里人的旧衣服、鞋子一套穿在毛人身上。

（5）送毛人。送毛人是在法事结束时进行，表示将所有鬼怪都送走，家中从此太平。送毛人时主人不参加，而是由3个帮忙的男人，一个人打火把，一个人拿毛人，一个人拿木制三脚架及猪脚。将毛人送上山后，由送毛人者在山上用火将猪脚烧熟吃掉后返回。

（6）回神。送完毛人后，就标志着法事已经完毕。这时，“帕滋”便来到主人的院坝里，一边敲鼓一边念咒，将请来帮忙驱鬼的师傅、诸神送回家去。至此，整个法事活动全部结束。

“纳”系群体各支系的同与异

王世英

一、引　言

在中国西南边陲滇川藏交界处，千百年来生存着自称为“纳西”、“纳日”、“纳亥”、“纳”的一个群体。这个群体因各种缘由，包括政治、历史、学界的影响，以及现在方兴的旅游业的因素，分别被称为“纳西”、“摩梭人”、“蒙族”。“纳西族”是由1949年新中国成立后，在中央政府组织的民族识别工作过程中，由纳西族学者方国瑜教授提出要“名从其主”而确认的称谓，它包括整个云南的自称中带有“纳”的人群。而现今以泸沽湖镇（原称沿海蒙古族乡）为中心的“纳日”则被识别为“蒙族”。以云南宁蒗县永宁为中心的自称为“纳日”或“纳”的人群，因为有“母系大家庭”的存在，自学界将其以“摩梭人的母系大家庭”公之于众后，备受世人关注；随着旅游业的兴起，“摩梭”成了一种旅游品牌，“摩梭人”的称谓便悄然流行起来。笔者在20世纪80年代末受东巴文化研究院的派遣，到滇川纳西族地区做语言宗教民俗方面的田野考察，在考察过程中，对各种称谓也作了关注。在永宁问一些老人，“您们是摩梭人吗?”他们的回答是“什么摩梭人，汉人叫我们是‘死摩梭’，我们是‘纳日’”。问一些年轻人，他们说：“我们是摩梭人。”我又问他们“摩梭”是什么意思，他们回答：“不知道，人家说我们是摩梭人。”“我们自己称自己是纳日。”在无量河下游冲天河边的油米村自称为“纳”，而今让他们填“摩梭人”的村民则认为他们不是“摩梭”，他们也告诉我们，“摩梭”是汉人对他们的叫法。在四川的沿海蒙古族乡，与我们交谈的一些老人对称他们为“蒙族”也感到茫然，他们说，在这个地区流传“八月十五杀挞子”的故事。当时任乡支书记的人在与我们交谈时说，我们都是“纳”人，是一家人，人死后送魂走的都是一条路，送到同一个地方。对自称中有“纳”的这个群体，出现了名称不一的现象，给对“纳”这个群体有兴趣的人带来许多困难与困惑，也给“纳”系群体的认同与团结带来许多不利的影响与障碍。本文就把自称为“纳西”、“纳日”、“纳亥”、“纳”的群体称为“纳”系群体，对这个群体各支系的同与异作一番阐述。

二、“纳”系群体现在的分布

自称“纳西”的支系绝大部分居住在以云南丽江为中心的地区，包括丽江、香格里拉、维西、德钦、永胜、西藏的盐井、四川的巴塘、里塘、木里的俄亚乡及泸沽湖边的达往村的“纳西”人。在这个支系的纳西人中，远离丽江的巴塘、里塘、盐井的纳西人的语言、服饰等都正在消失之中，大都正在变成藏族化了的“纳西人”，但他们的心中自认是“纳西人”，是明朝时期丽江木氏土司派他们到那里去的。盐井乡和俄亚乡都成立了“纳西族乡。”住在香格里拉县三坝乡而自称为“纳亥”的，也成立“三坝纳西民族乡”，与“纳西”是认同的。

自称“纳日”的支系，居住在云南宁蒗县境内的永宁镇、翠依乡、拉伯乡及泸沽湖边，现在所称的“摩梭人”就是指这一支系中的部分人群。而另一部分则居住在四川省的盐源、盐边及木里县境内，现被称为“蒙族”或“蒙古族”，并成立了“蒙族民族乡”。

自称“纳”的则散居住于“纳日”之中，如像拉伯乡的油米村人等。

当我们讨论此问题时，似乎对“摩梭”及“蒙族”之名称有交代的必要。

“纳西”、“纳日”、“纳”等是这个群体各支系的自称，我们不需要作进一步的说明。但自称“纳”的为何又产生出其他的名称呢？“摩梭”是周边民族，如汉族、白族等对“纳”系群体的称呼，这将在下文予以讨论。而“蒙”则认为是元时忽必烈率军南下“革囊渡江”征大理时曾派兵驻军于盐源等地而留下的蒙古人后裔。对于此说曾有人写过文章予以讨论，指出也许有极少量的蒙古兵的后裔，但这些后裔只融入“纳日”人中，而不是“纳日”人变成了“蒙族”。我们从丽江的《木氏宦谱》中发现，似乎元明时期以他们认识的皇帝作为自己的祖源说而感荣耀，特别在上层统治者中也许是件时髦的事。《木氏宦谱》中就有“一世考：肇其始祖，名曰爷爷……原西域蒙古人也”之说。而此位“爷爷”则是亲迎忽必烈到丽的阿琮阿良的爷爷。《木氏宦谱》中载：“空中落一天书于海（洱海），有龙悬角呈出，而得阙文，无考识。佥议麦琮圣者必识之。”大理国王请麦琮识读，麦琮据天书说：“数十年后，胡兵下大理云云。致元世祖忽必烈亲征大理，果如率验。是时摩挲各族枝分，部相长嗣，咸以感其诚服众。敦德化，合当尊之。”① 与皇帝的族群认同似在情理之中，“蒙族”或“蒙古族”名称的由来似是如此。

---

① 转引自《丽江文史资料》第5期，第7—8页。

三、“纳”系群体各支系的互称

任何一个族群对视为不是自己同族群的群体总有一个与自己不同的称谓，在纳西族东巴古籍里就有许多对其他群体的名称，如盘人、纳人、崩人、吴人、玖阿人、格罗趣人、古竹（今之藏族）、冷补（今之白族）、阿八（今之汉族）、沙斯人（据说是今之傈僳族）、鲁鲁人、纽牛人等许多名称。而对视为同族群的人则以所居住之地名而称呼。今日之“永宁”，因整个“纳”系群体都称为“吕敦”，就把永宁为中心的“纳日”人称之为“吕喜”，即“永宁地方的人”。“纳”系群体称今之“丽江”为“依古敦”，就把位于丽江周边的“纳西”称为“依古敦喜”，即“丽江人”。永宁纳日人把盐源泸沽湖镇为中心的纳日人，因“纳”系群体称泸沽湖为“拉套亥”而称“拉套喜”，即“泸沽湖边的人”。对原住在大江边的自称为“纳”的部分人称为“阮可”。这就可看出“纳”系群体各支系虽有同与异，但没有别种称谓而有认同感，即被视为同一群体的人。

四、其他族群对“纳”系各支系的称谓

“纳”系群体邻近之汉人，均称为“麽西”，丽江、永胜两县交界地带之金沙江两岸，以及维西、贡山一带之傈僳族，呼“纳”系群体为“麽西”；大理、剑川、鹤庆、丽江等地的白族，以前都称为“摩梭”。这里需加以说明的是，随“纳西”名声逐渐响亮，“纳西”称谓逐渐取代“摩些”、“摩梭”之称呼。中甸、德钦之藏族称丽江纳西为“三赕娃”，因藏族称今之丽江为“三赕”，其他藏族人称“纳”系群体的人为“姜”，因藏族称“纳”系群体居住地为“姜地”，以地名代人种名。

综上所述，“摩些”、“摩梭”等称谓是“纳”系群体周边的汉族、白族、傈僳族对这个群体的他称。

五、“纳”系群体在汉文献中的记载

对“纳”系群体，在汉文献中以“摩沙”、“摩梭”、“麽些”、“麽犛”、“摩西”等近音异字记之。最初在汉朝时多记为“旄牛羌”、“旄牛夷”、“越析羌”。晋《华阳国志》曰：“县在郡，渡泸水，宾刚徼，曰摩沙夷，有盐池，积薪以齐水，灌而后焚之，成盐。”这是“摩沙”的首次记载，在唐朝樊绰的《蛮书》中也屡屡出现，并把流经“纳”系群体所居之区域内的金沙江段称为“麽些江”。樊绰把麽些所居之地告诉我们：“昆明城在东泸之西，去龙口十六日程。正北有讳苴

川，正南至松外城，又正南至龙怯河，西南到小婆城，西北至三探览城，又西北至铁桥城。其铁桥上下及昆明、双舍至松外以东，边近泸水，并麽些种落所居之地。”① 唐朝把盐源、盐边、永胜、鹤庆、丽江、中甸、维西等整个地区内的“纳”系群体统称为“麽些”。

在唐代，似乎“纳”系群体还在以一个整体在行动，《新纂云南通志》卷34给我们提供这样一个信息：“越析诏即在今宾川地，一名麽些诏者，盖以人种称之，唐代麽些所居，以今四川盐源、盐边为根据地，后渐移植于其西部，以至丽江亦有移而南至宾川之部落，然为南诏皮罗阁所征伐，复渡泸而北也。”之所以称“越析诏”，因他们是自汉以来的古“越析”地而来。“麽些诏”显然是他称。麽些诏被南诏灭后，为削弱“纳”系群体的势力，南诏虏获万户，移至今之昆明及昆之南。而这万户看来尽为越析诏根据地的盐源、盐边的“纳日”人，使盐源、盐边的纳日人人口顿减，元气始终未能恢复。丽江的“纳西”也许因为要作为南诏对付吐蕃的力量，未遭南诏移民，至宋时反而强大起来，成为“段氏莫能有”。

自元以后，在中央集权的作用下，云南少数民族的势力开始逐渐减弱，行政区域的管理得到加强，各族群体内部的联系被割断，因时间久远，加之山川隔绝，发生各别名称，而自成一支。

“纳”系群体分置于今丽江、蒗渠（今宁蒗）、木里、盐源、盐边、香格里拉等各行政区域内，从晋到民国初在汉文献中总称为“麽西”等同音异字的、汉字记载的“纳”系群体，现在分别称为“纳西”、“摩梭”、“蒙族”。

六、“纳”系群体共有一个宗教文化

尽管“纳”系群体因历史、地理、政治、宗教等各种因素分成了不同的分支，但在伴随这一群体的形成和发展过程产生的一个宗教文化始终成为这一群体的共有标志，这一标志就是东巴文化。

东巴文化是指“纳”系群体的宗教文化。对这一宗教的称谓，也正如他们各支系自称有所差异一样，自称为“纳西”的称为“东巴”，自称为“纳日”的称为“达巴”。在这个群体内部称为“阮柯”的称为“东巴”。“东巴（达巴）”其意是“智者”；因主持“纳”系群体的各种祭祀仪式者称“东巴（达巴）”而得名。东巴们相传，这一种宗教是由名叫东巴什罗的人创立的，就把凡主持此宗教仪式的人称为“东巴”。达巴们相传，东巴和达巴一起到菩萨那里学经文，东巴把经文记在纸上，达巴则记在猪皮上，学成回来的路上肚子饿了，达巴把写经文的猪皮烧吃充饥了，说：“天菩萨，我饿得受不住了，现在把经文吃下去，用的时候我又吐出

① 转引自《丽江文史资料》第4辑，第36页。

来。”因此，达巴无文字，仪式上都用口诵经。东巴则有文字，就有了流传到现在的《东巴经》。东巴的传承是祖传父、父传子；达巴若是在父系家庭中亦是祖传父、父传子、若在母系家庭则为舅传侄。东巴和达巴所做之仪式大同而小异，仪式之过程大抵为除秽、请神、祈福或驱鬼、压鬼、送神。在众多的诵读经文中，最大同者莫过于“纳”系群体的创世史诗《人类繁衍记》，这部经文讲述了“纳”系群体对宇宙的产生、天地间日月星辰及万事万物产生的解释，讲述了人类的起源。传说人类发展到崇忍利恩（达巴称崇忍利恩）时代时，因兄妹间乱伦而产生秽，污染了天地日月，引发了洪水，毁灭了人类，只剩下心地善良的崇忍利恩。崇忍利恩在卢神（达巴称阿普董）的指点下，到天上去找新娘。崇忍利恩和女友衬恒褒白（达巴称衬恒崩崩）天女相亲相爱，共同接受天父孜劳阿普，即衬恒褒白之父的考验，克服并完成天父提出的许多难题，一同回到大地上来繁衍人类。夫妇俩生育了3个儿子，老大成了藏族，老二成了纳西（纳日、纳），老三成了白族。在这个宗教文化里都把“崇忍利恩”视为“纳”系群体的祖先。

在东巴（达巴）经里有一本名叫《寻找丧葬规仪》的书，书中记载，藏、纳、白三兄弟的母亲去世了，老大拿去母亲的头，葬于水中，藏族就有了水葬。老三白族拿了心脏葬于土中，白族就有了土葬。身子留给了老二纳西（纳日、纳），他不知该怎么办，就用麻秆来烧尸，怎么也烧不化。最后用卢神（阿普董）教给的方法火化了母亲的尸体，“纳”系群体就实行火葬。现今“纳日”、“纳”及四川的木里俄亚、达住纳西还保留了火葬习俗，而丽江一带的纳西在清雍正元年改土归流后由火葬改为了土葬。

在“纳”系群体的民俗活动中，东巴（达巴）占有不可或缺的地位，每一个人降生后取名、成丁礼、结婚、丧葬都由东巴（达巴）主持。当然在现今丽江古城周边已看不到这些活动，但在交通闭塞的俄亚纳西村中，这种东巴的活动随处可见。20世纪80年代末，我们在沿海乡观看了一个纳日葬礼，经堂上20多位喇嘛在为死者做佛事，一位达巴独自在为死者进行纳日传统的葬礼。我们问他，只有您一人做法仪，是否感到心寒？他自豪地告诉我们：“不要看他们人多，出殡时为死者开路还得靠我。”我们还看到泸沽湖边用湖水洗好的两匹马被牵到开丧者家中准备献冥马。纳西东巴经中的《献冥马》记载了马的来历，并记述：把马献给死者，让死者骑上马，把路上所需之物驮在另一匹马上，回到祖先居住的地方去与祖先团聚。在明景泰《云南图经》卷5《丽江军民府风俗》中记有：“焚骨不葬，摩些蛮死者无棺椁……当焚骨之际则以鞍辔玩好皆付诸火，其马则以斧击杀之。”[①] 在俄亚纳西人的葬礼上依然有献冥马习俗，在香格里拉三坝乡的纳西人葬礼中还可见到献冥马给死者当坐骑的祭仪。

在“纳”系群体中，在实行“男娶女嫁”的父系制群体里，婚礼都由东巴或

---

① 《丽江府志稿》（光绪），政协丽江市古城区委员会文史资料委员会印，2005年，第43页。

达巴主持，在男方家要进行“除秽”、“请素神（相似汉文化中的家神）”的仪式，要由东巴（达巴）为新郎和新娘在额头上点一点酥油和炒面，打上一个标记，以示新人到家，请素神按其标记予以庇佑。

在“纳”系群体中，以前小孩长到13岁，都要为其子女行成人礼，在除夕晚，男孩赐以新裤，女孩赐以新裙，表示子女已长大成人，可参加成人所有的社交活动了。为何在13岁举行此礼？似乎表示一个人已经经历了12个生肖的年轮周期，已经是一个真正的人了。这种习俗在俄亚“纳西”人和泸沽湖周边的“纳日人”和“纳”的群体中至今依然保存着。

总之，东巴（达巴）文化是千百年来的历史烙在“纳”系群体上的鲜明的标记。

七、“纳”系群体共有的送魂路线

地球上的人类，都有一个“灵魂不灭”的观念，人活着时灵魂与肉体共存，人死后其肉体怎样处理？其灵魂又去到何方？这些问题伴随着人类，人类在面对这些问题时，不同的群体会用不同的办法来处理这些问题。因此，世界上就有了土葬、水葬、天葬、火葬，用各种方法处理人死后的肉体。而灵魂呢？据说信仰基督教的人是到天堂里见上帝或是入地狱；佛教徒是去西方极乐世界；而“纳”系群体则是到祖先故居地与祖先团聚。据说到天堂去是有路的，到地狱却是无门的，但具体怎么走，似乎没有人知道。到西方极乐世界，似乎也无人告知我们该怎样走。“纳”系群体的祭司东巴或达巴们则可告诉“纳”系群体的人去祖先故居地该怎样走。以前，“纳”系群体的每个同血缘的家族，都有一位或几位固定的世代相传的东巴（达巴）做祭司，这个祭司记住了这家族的历史，知道此家族从何而来，曾住过什么地方。因此东巴（达巴）在丧葬仪式和每年十一月上旬把死者超度成祖先的仪式上为死者亡灵指路，从现在所居住的地名开始向北一站一站地说一些地名。据考证，这些地方都是“纳”系群体活动的历史舞台。这些地名中有些似乎还能找到确切的地点相对应，但木里境外的地名，因历史变更，已无法确认。这条路线上的地名，“纳”系群体的祭司东巴（达巴）认为都是祖先曾居住过的地方。

现将笔者在翻译整理纳西东巴古籍及田野调查中收集到的几个家族的送魂路线记录于下：

鲁甸东巴古籍《超度死者·生离死别·送死者》中记载：

家中庭院→房间门槛→大门门槛→除秽场→火葬场→鲁甸坝→坝尾→放置死者木身初柯崖上→哥洛柯→尽里坞→鲁鲁坞→拉匹各→古督坞→宝召满→埃坞→拉竹罗→补汝迪→夫柯→依故→茨科→格子→舍作→沙萨贡→撑→孟区督→拉八→吉庆罗→阿纳埔→拉市→拉刹支→告埔→茨满→绍坞→崩史→塔毕丹→沙术康→展章埔→纳妥课→牟刚孜→吉盘吉纳→盘佑达古敦→坞埃埔→兴贺乘尼埔→初古空→绒

古空→冷妥迪→肯课迪→金纳尼毕柯→尼罗治盘坞→嘎迪坞古埔→美利苏罗柯→苏罗埔古主→崩禾垛→余勒盘孜各→治刷吉古埔→里刷展埔丹→罗多本许局→精肯沈美课→恒依瓦吉河上游→恒依瓦吉河下游→埃纳尼日孜→崩姆许孜局→兴盘嘎拉埔→米鲁阿嘎埔→勒启督孜埔→拉姆拉兆埔→古姆古兆埔→美利瓜迪埔→里刷构迪埔→罗多补吉大河→精肯松妥迪→精肯沈美课（注：前已有此地名，东巴是否读错，存疑）→补本局里迪→俄美沙里迪→堆迪热孜埔→美刷庚孜埔→美利垛肯盘→美利齐果日→居那若罗山顶→居那若罗山腰→居那若罗山麓→美利苏罗柯→苏补固空俄→牟朵恩劳埔→余布嘎迪埔→余兹庚尤垛→夸展兹含柯→恩展堆律古→史展季古埔→季展尼本各→饶展多义苏→务本务余坞→余兹本吕柯→余许坞妥迪→余兹班美果。

东巴古籍《超度死者·祭将归祖的死者，由舅父给死者领路，献饭，关死门》一书中记载的送魂路线为：

绍坞古→火化场→拉明课→补罗布扭课→开美空→构季敦→班科坞→余卢坞→埃刷罗→埃刷坡→倮道敦→措蹉罗→孜堆埃纳坞→金纳尼此柯→尼罗治盘坞→甘迪坡→吕依妥可坞→吕吉河水十二条→恩恒林赤罗→美利术罗柯→崩古孜→崩禾坡→术吉术柯比→里刷尤嘎拉→尤贝敦律古→里刷吉古坡→金盘金刷坞→里刷展班丹→罗多花许山→精肯沈美课→俄佑恒吉河上游→俄佑恒吉河下游→曾尼垛土古→曾尼日盘孜→达铺尼日孜→许竹山麓→鲁盘坡→米鲁阿嘎坡→勒启督孜坡→古姆古兆坡→拉姆拉兆坡→美利哥迪坡→里刷构迪坡→拉多补吉河→精肯松妥迪→补本居里迪→俄本沙里课→美利庚孜坡→精肯惹孜坡→美利垛肯盘→美利尼齐素→居那若罗山麓→美利苏吉河→苏补固瓦空→占含尼吉素→牟朵恩劳坡→余布嘎迪坡→余孜庚尤垛→占含尼义柯→恩展敦律古→绥史季绍坡→娆展铎义苏→苏普美贺里→余孜本里柯→余许坞妥迪→佑里班美各。

四川木里俄亚乡的东巴依丹老人，我们访问他时是 1987 年，当时他已年近 80 岁，他是按照他们东巴家族的“招素神路线”讲这条路线的。“招素神路线”与“送回路线”是走向相反的同一条路。“送魂路线”纳西语称“余布日”，“招素神路线”叫“素户日”。“余”为“祖先”，纳西族在举行“超度死者”仪式后对死者灵魂的称谓；未行超度仪式者的亡灵称为“日”。“素”是指“素神”，与汉文化中的“家神”相似。“布”与“户”分别是“送”与“拦”或“招”之义。其路线如下：

若罗山顶→若罗山腰→若罗山麓→美利里齐素→乘尼垛土古→日盘孜→美刷庚孜坡→敦迪惹孜坡→被本局里迪→居本胜能瓦→孜肯松妥迪→美利嘎迪坡→里刷构迪坡→拉美拉兆坡→古美古兆坡→勒启督孜坡→米鲁阿嘎坡→许兴嘎鲁坡→陈尼朵土古→陈尼日盘孜→乘尼日饶满→恒依俄吉河上游→俄吉河中游→俄吉河下游→梅生套威盘→禾孜鲁纳坞→里刷尤嘎拉→束贝鲁勒坞→崩姆许竹山→朗妥海然坞→纳科松然坞→达栾班嘎坞→尤义付忍坞→鲁敏唉徐坞→亥石乘庚敦→里刷占班丹→阿

格鲁美迪→司补固卡瓦→阿朗古鲍垛→阿朗你孜垛→素威办补坞→丙勒唉古坞→其空重姆坞→丁敦细梨坞→妞崩松布坞→古究顿于坞→美利苏吉河水游→苏吉河中游→苏吉河下游→拉古孜崩垛→补鲁妥吉河上游→妥吉河中游→妥吉河下游→救柯米竹底→精究俄埃纳威。

东巴依丹还告诉我们，他们是从丽江迁居俄亚的，原来送魂时是从俄亚到丽江，再从丽江至俄亚后往北送的，但有位老人托梦说，往返太多，走得太累，就不送到丽江了。之后送魂路上就没有丽江了。这就进一步说明这条路线记录的是这个“纳”系群体祖先的足迹。

在永宁温泉瓦拉毕村，当时已 77 岁的阿乌达巴告诉我们的送魂路线是：

乌鲁满（瓦拉毕村尾）→安柯（温泉）→吴丹→亥敦满→攀督各→普敏坞→土楚→乘尼埔→楚柯→屋脚妥拉瓦→库罗湾拉补→木里乌林寿→竹刷木里瓦→鲁班章埃窝→孜班阿纽窝→班日安冉孜→安柯勒孜山→苏罗史孜肯→干朗明孜山→干朗明孜垛→干朗明孜坞→乘尼章班丹→乘尼占柯迪→阿卡扛纳坞→康纳坞班补→斯补阿纳坞→俄补向拉依→含尼关冉依→余孜坞勒孜→余里依冷余。

四川省盐源县泸沽镇多寿村的瓦补构若达巴讲述的送魂路线是：

依乌多寿迪→依普肯崩古（丧家门槛处）→亥史肯忍忍→束米坞鲁栋→亥史含里补→乌金尼古满→亥史瓦朗迪→亥史匹套拉→亥史瓦朗底→汝史鲁增敦→亥史舍衬满→坞柯吾里垛→金桦尼般→束尼班→胡尼班→达住尼埔古→达住路珍窝→达住路米空→金松尼崩古→埔蒙昌安中罗→吴启金古空→务依埔扎柯→朗左朗美柯→庆土里若孜→灵补柯普坞→古崩达肯课→司桑梭纽吕→替桑梭纽吕→安乌吉科肯→恒坞吉科空→石吾吉科空→松吕吴吕垛→木里吉古空→木里孜依毕→孜阿拉孜毕→木里恭巴坞→套宝干普瓦→劳朵桑阿夸→劳朵瓦里支→瓦里米孜垛→阿卡克纳窝→克纳窝补恭→乘尼惹班督→垛朗崩补窝→旺特草古崩→然特拉古崩→崩米油尤迪→巴拉督都迪→金纳加鲁窝→司补阿纳窝。

宁蒗托甸乡素迪村自称为“纳”，“纳”系群体内称为“阮可”的东巴石补布讲述的石姓家族的送魂路线是：

素迪安纳窝→足刷安本忍→色肯岩肯→足刷瓦美本→归依罗古空→归依各尽东→刷岩占本崩→拉督通迪依→抗罗乘尼恒→俄来拉抗崩→衬古寒迪→俄亚笮空迪→拉沃拉咀崩→石达咀崩→洛寺安纳窝→洛寺赤达罗→忍恩妥迪依→妥迪妥补依→岗朗坞玛义→乘兴古督依→窝朱柔哈玛→尼迪俄刷义→司依岩高崩→司依敦美迪→耳朗古构肯→古构广→古构垛→孜肯柔趣补→盘蕊纳蕊景→崩蕊吴蕊景→埃特申梨垛→司补古空窝→司补安纳窝。

我们还可以列出其他家族的送魂路线，但因篇幅有限，在这儿就只列丽江鲁甸、束河、四川木里俄亚、永宁温泉、盐源多寿、加泽素迪六个家族的送魂路线。通过这六条送魂路线，我们可看到“纳”系群体的灵魂观念的共同性，让死者灵魂沿着祖先足迹一站一站地回归到祖居地，与祖先团聚。

在这里需要指出的是，这些送魂路线不是整个“纳”系群体的送魂路线，只是其家族的送魂路线，是家族的迁徙路。但多数家族的最终点是“司补安纳窝”。“安纳窝”是地名，在许多“纳”系群体居住的地方都有这一名称，俄亚人从丽江搬到俄亚后，便把他们居住的一个山包称为“安纳窝”。达住人把他们村附近的泸沽湖内的一小岛称为“埃纳窝”；丽江拉市乡也有“安纳窝”村；宁蒗托甸乡素迪村也有“安纳窝”。整个“纳”系群体对“安纳窝”这一地名似乎有种特殊的感情，每当迁到一个新地界时总会取“安纳窝”这个地名，以示不忘祖先或与祖先居住在一起的宗教含义。

八、“纳”系群体语言的同与异

语言是区分不同人类群体的非常重要的标准之一。“纳”系群体的语言在当今的学界划入汉藏语系藏缅语族彝语支。据孙宏开先生研究，“纳”系群体的语言是彝语支和羌语支交汇点的一种语言，如果将这两个语支比成两个圆，那么“纳”系群体语言是这两个圆相交之一小部分。学界又把“纳”系群体的语言分为东部方言区与西部方言区。东部方言区即指自称为“纳”与“纳日”的支系；西部方言区指自称为“纳西”的支系的语言。

我们在比较这两种方言时先看一看对自己身体各部位的称谓与六畜及日常用具名称：

方言区	东部方言		西部方言
地域	木里利家嘴	油米	大研镇
自称	纳日	纳	纳西
头	u^{33}ly^{33}	u^{33}ly^{33}	ku^{33}ly^{33}
脸	pha^{55}pha^{33}	pha^{33}hər^{33}	phɑ^{33}或 phɑ^{33}me^{33}
耳	he^{33}piə^{33}	hə^{33}pi^{31}	he^{33}tsɿ^{31}
眼	ȵiə^{31}	ȵiə^{31}	miə^{31}、古语 ȵiə^{31}
鼻	ȵiə^{55}tər^{33}	ȵə^{55}mæ^{33}	ȵi^{55}mər^{31}
嘴	nv̩^{55}bi^{31}	nv̩^{55}bi^{31}	nv̩^{55}或 nv̩^{55}tɑ^{33}
脖	ər^{33}tər^{55}	ər^{33}li^{55}	tɕər^{33}或 tɕə ʀ33pər^{31}
身	u^{33}mu^{33}	u^{33}mu^{33}	gu^{33}mu^{33}
手	lɑ^{31}khuɑ^{33}	lɑ^{31}khuɑ^{33}	lɑ^{31}
脚	khɯ^{33}bi^{31}	khɯ^{33}bi^{31}	khɯ^{33}

续表

方言区	东部方言		西部方言
拇指	lɑ^{31}mi^{33}	lɑ^{31}mi^{33}	lɑ^{31}me^{33}
食指	lɑ^{33}ȵi^{31}	lɑ^{33}ȵi^{31}	lɑ^{33}ȵi^{31}
中指	lɑ^{31}ly^{55}gv̩^{33}	lɑ^{31}ly^{55}gv̩^{33}	lɑ^{31}ly^{55}gv̩^{33}
无名指	无称谓	无称谓	无称谓
小拇指	lɑ^{31}mi^{33}	lɑ^{31}mi^{33}	lɑ^{31}me^{33}
狗	kh̩v^{13}	khɯ^{33}	khɯ^{33}
猪	bu^{13}	bv̩^{13}	bu^{31}
牛	ɯ^{33}	i^{33}	ɯ^{33}
马	ʐuæ^{33}	ʐuɑ^{33}	ʐuɑ^{33}
鸡	ər^{13}	æ^{13}	æ^{31}
刀	si^{31}thi^{13}	i^{31}thi^{13}	zɿ^{33}the^{33}
碗	khuɑ^{13}	khuɑ^{55}	khuɑ^{55}
木桶	pv̩^{31}tɑ^{13}	pv̩^{31}tɑ^{13}	th̩v^{31}tɑ^{33}
锯子	sɿ^{31}dər^{13}	fv̩^{31}	fv̩^{33}

从上表中我们可以看出，“纳”系群体各支系的语言是大同中有小异，“纳日”方言与“纳西”方言差异性较大，而“纳”的“阮可”方言处在这两者之间。我们只以单词对比，发现有的声母脱落与声调存在差异，若构成语句，加上语调之差异，两大方言就变成不易交流的语言了。

以上所举的词汇说明，假如这些词汇不是起源于同一母语，这些词汇不可能如此相同与近似。这种相同与近似说明这些语言起源于同一种原始语，即源于“纳”系群体还未分为各支系前共同使用的原始语。

九、“纳”系群体家庭结构的同与异

在“纳”系群体中目前存在的家庭结构有多种形态，本文不对形成或产生多种形态的原因作讨论，而只对这些形态予以叙述性的介绍，从中可看出“纳”系群体家庭结构的同与异。

在以丽江为中心的“纳西”支系中，是以父系家庭为主，但在生活于崇山峻岭间的俄亚大村纳西族中存在如下多种婚姻家庭：

一夫一妻、一夫二妻、二夫一妻、二夫二妻、二夫三妻、三夫一妻、三夫二妻、四夫一妻、四夫二妻、五夫一妻与二妻一夫。

这里需要说明的是，一夫二妻与二妻一夫的区别在于，一夫二妻是一个男子娶两个女人，而二妻一夫是两姊妹同招一个男子上门为夫婿，就是说区别在于男娶女嫁的娶嫁婚和女娶男嫁的招赘婚两种。

在俄亚大村还存在一种“阿达”婚姻形态，“阿达”是“亲密朋友”或“亲密伙伴”的意思。凡已行成丁礼的男女，在婚前婚后都可以结交异性，建立“阿达”的偶居关系。“阿达”婚姻是男不娶、女不嫁，男子主动走访女子，过偶居生活。结交阿达，有的是因感情甚好而建立，有的则可强行建立“阿达”同居，即几位男朋友帮助一个小伙子，强行拉走一个女子与之过性生活。如果女子同意，则会半推半就跟他走；如果女子不同意而喊叫，就要放手让其回家。1987 年我们在俄亚时就发生 3 个小伙子强拉一女子要建立“阿达”时，因女子不同意而挣扎从梯子上摔下的事件。

顺便交代一下，事隔 17 年后，2004 年再到俄亚考察时，以上所说的这些现象逐渐在减少。

在自称“纳日”的这支系里，存在大家都熟知的“母系大家庭”及“阿注婚”，同时存在“兄娶妹不嫁”或“弟娶姐不嫁”的双系婚姻家庭结构。

在“纳”系群体中差异性最大的就是这一婚姻家庭结构。

十、“纳”系群体的服饰异同及原因

“纳”系群体的服饰，在汉文献的记载中基本上无较大的差异，特别是妇女的服饰，如明景泰《云南图经》卷 5：

“丽江军民府……境内摩些蛮独多……男子头绾二髻，傍剃其发，名为三搭头。妇女结高髻于前，衣服只用麻布。”

“永宁风俗……境内居民惟摩些为盛……妇女跣足大环高髻，女子剪发齐眉，以毛绳为裙，既嫁则易之。”

（永宁）：“居于境内者多摩些蛮……气习大抵与丽江各处所居者同。”

“妇女结高髻”似乎在唐至明都未曾改变或改变不大，在唐《南诏野史》便有“摩些……女高髻或戴黑漆尖帽”的记载。

现在，“纳”群体的服饰中男子的变化较大，丽江为中心的纳西男子服饰大致都改为汉服，只有四川俄亚的纳西男子保留了传统的古代服饰。妇女的服饰，大致可分为四类：“纳日”、“纳”为一类，可称为“大环高髻类”；俄亚、香格里拉三坝乡为一类，可称为“大环高髻加七星服饰类”；丽江宝山石头城为一类，可称为“黑布尖帽类”；以丽江古城纳西为代表的一类，可称为“满式长衫类”。

前三类的妇女服饰，是“纳”系群体的传统服饰，而丽江古城纳西妇女服饰是清朝时改良后的服饰。笔者在为原丽江县图书馆收藏的纳西东巴古籍作识别编目时，发现在一本东巴古籍的末页写有“皇帝嘉庆时改换了妇女衣服”字样，后来在阅读《光绪丽江府志》时得到印证：“又从前城乡妇女，服饰殊异，奢而非制。嘉庆二十四年，署知府王厚庆，曲为化导，簪环服饰，悉遵体制，焕然改观矣。”①这样，丽江纳西妇女服饰与其他支系妇女服饰的差别就很大了。

十一、小　结

因为丽江古诚被列为“世界文化遗产”，又因为泸沽湖周边的“母系大家庭”及“走婚”习俗，世人对居住在以这两个地点为中心的“纳”系群体特别关注，但对这个群体的历史知之甚少，只见这个群体各支系间表面上的小异而不知大同。本文特对这个群体各支系间的大同小异作一番客观的描述。当然要全面细致地分析讨论这些异同，不是一篇小文章所能做到的。认识这一群体各支系的同与异，对于加强这一群体的团结，促进这一族群的认同是很有意义的事。

---

① 《丽江府志稿》（光绪），政协丽江市古城区委员会文史资料委员会印，2005 年，第 43 页。

历史与民族关系篇

论滇西北纳西族和藏族聚居区的民族大碰撞

潘发生

今滇西北纳西族和藏族聚居区（丽江与迪庆），是历史上兵家必争之地，发生过很多重大历史事件。各民族间的强烈碰撞，又促使这一区域经济、社会和文化的发展，迸发出巨大的火花。

一

7 世纪，崛起于青藏高原的吐蕃势力开始向中国西南扩张。677 年前后，吐蕃以金沙江和澜沧江流域为通道，屯集军队于滇西北迪庆地区，并在中甸（即香格里拉）与丽江之间的金沙江上建造了一座宏伟的铁索桥，史称“吐蕃铁桥”，以济军队越过金沙江进入西洱河（洱海）区域，同时也打通了一条吐蕃通往姜域（南诏）的“茶马古道”。于是，姜域诸蛮先后臣服于吐蕃。为了长期立足于西南蛮区和控制西洱河诸蛮，吐蕃在铁桥地区设立了神川都督府和神川十六城。据敦煌吐蕃史古藏文写卷 P. T. 1287—1288 号卷载，第 36 代赞普赤都松赞以神川都督府为据点，指挥千军万马，“征白蛮之赋税，收乌蛮为属民”。龙年（704 年）冬，“赞普于赴蛮地主政期间升天”，成为历史上唯一驾崩于滇西北的吐蕃王。同年，赤德祖赞（704—754 年）继位，成为第 37 代藏王。“赞普以其高深之谋略与策略下诏，蛮王谓阁罗凤者前来称臣敬礼，赞普遂赐以‘钟’之名号”。于是，“（吐蕃）地域增长一倍”，“兵精国强为前所未有”[①]。神川都督管辖范围包括了今天的迪庆、丽江地区、兰坪县、剑川县、鹤庆县及四川盐源一带（见《唐代吐蕃神川都督府控制区域示意图》）。正如方国瑜《中国西南历史地理考释》所言：“吐蕃仍守浪穹，南诏疆理以邓川为界，设宁北节度于邓川，以其北境止于此也。”

神川都督府管辖着铁桥西城（塔城）、铁桥东城（中甸）、聿赍城（维西）、剑寻城（剑川）、牟郎共城（兰坪）、傍弥潜城（弥沙）、三探览城（丽江）、大婆城（鹤庆）、小婆城（宁蒗）、松外城（永胜）和昆明城（盐源）等。分屯于铁桥十六城的居民主要有吐蕃、乌蛮（磨些蛮、施蛮、顺蛮）、白蛮（弄栋蛮）和汉裳

① 王忠：《新唐书吐蕃传笺证》。

蛮（汉人）等古代民族，计16万人左右。其中乌蛮之磨些蛮成为后来纳西族的先民，施蛮、顺蛮成为傈僳族的先民。①

据史料记载，在吐蕃势力进入西南地区以前，滇西北金沙江流域已被磨些蛮所占据。② 唐代樊绰《云南志》载："磨（些）蛮，亦乌蛮种类也。铁桥上下及大婆、小婆、三探览、昆池等川，皆其所居之地。土多牛羊，一家即有羊群。终身不洗手面，男女皆披羊皮。俗好饮酒歌舞。此等本姚州部落百姓也。南诏既袭破铁桥及昆池等诸城，凡虏获万户，尽分隶昆川左右。"③ 说明唐贞元年间居住于神川都督辖区的磨些蛮上万户、约4万人，占此区总人口的四分之一。唐仪凤二年前后，磨些蛮开始与吐蕃潜通，并率先臣服于吐蕃。

在吐蕃与南诏交好时期，神川铁桥区域是西南地区经济、社会和文化交往最繁华的区域之一，"大羊多从西羌、铁桥接吐蕃界三千二千口将来博易。"④ 各民族频繁交往，极大地促进了本区经济文化的发展，增进了滇藏人民的友好关系。像松赞干布迎娶唐朝文成公主那样，相传藏王赤德祖赞也迎娶了一位名叫姜摩赤尊的南诏公主，并生有一子名叫姜察拉温。迪庆藏区至今还流传着美丽的"甲萨公主"经尼西、奔子栏入藏的动人故事。⑤

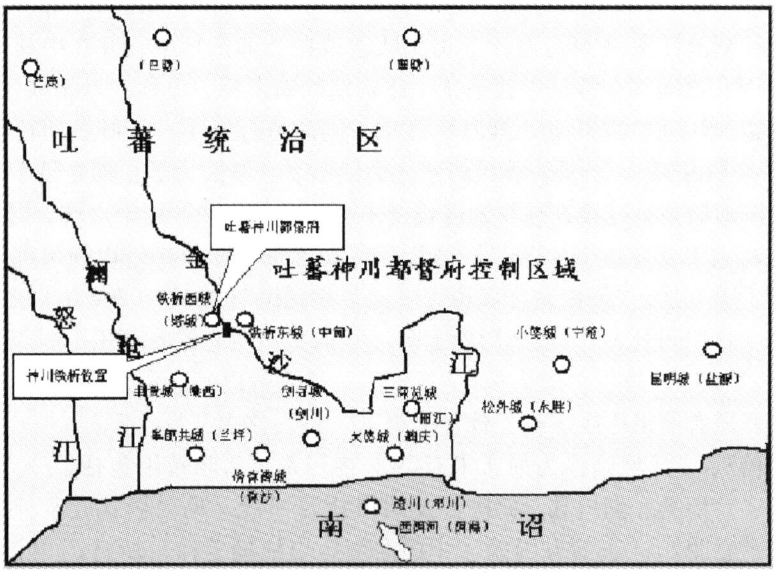

唐代吐蕃神川都督府控制区域示意图

① 尤中：《云南民族史》，云南大学出版社，2004年，第176—178页。

② 郭大烈、和志武：《纳西族史》，四川民族出版社，1999年，第1—3页。

③ 方国瑜主编：《云南史料丛刊》第二卷，云南大学出版社，1998年，第38—39页。

④ 方国瑜主编：《云南史料丛刊》第二卷，云南大学出版社，1998年，第70—71页。

⑤ 冯智：《云南藏学研究》，云南民族出版社，2007年，第48—49页。

二

常言道“合久必分”，在唐朝的支持下，794年元月，南诏王异牟寻用计捣毁了铁桥东、西两城，并斩断铁桥，以绝吐蕃通蛮之路。至3月份，神川据点十六城全部被南诏收服，并迁本区蛮蕃和汉人于云南东北诸川。如《云南志》载：“贞元十年，南诏蒙异牟寻用军破东西两城，斩断铁桥，大笼官已下投水死者以万计。今西城南诏置兵守御，东城自神川以来，半为散地。”①

《元一统志》“丽江路”条载：“南诏衰后，大理亦莫能有其地，有磨些蛮蒙醋醋为酋长袭据之，至39世孙和牒、和字、和失。”“通安州”条载：“州治三赕……其民本濮獬蛮，后磨些叶古乍（叶古年）舒匿赤侵夺其地，世袭据有三赕，至24孙麦兀。”“临西县”条载：“临西县，磨些蛮罗裒间之地。”《元史》也载：“永宁州……磨些蛮祖泥月乌逐出吐蕃遂居此赕。”这说明，进入宋代以后，滇西北磨些蛮聚居区也像吐蕃广大地区一样，种族分散，各有酋首。正如李京《云南志略》所述：“磨些蛮在大理北……依山附险，酋寨星列，不相统摄。”三赕有叶古年家族，罗波九赕（巨甸）有蒙醋醋家族，楼头赕（永宁）有泥月乌，维西有罗裒间。其中，蒙醋醋和叶古年两大家族的部落势力较大。

1253年，忽必烈率军分三路征大理，西路军由兀良合台率领从中甸济革囊渡金沙江进入云南，东路军由抄合也只烈率领从四川渡口一带入云南，中路军则由忽必烈率领从宁浪一带进入云南。如《元史·本纪》载：“九月壬寅，师次忒剌，分三道以进。中路军大将兀良合台带领西道兵，由宴当（小中甸）路；诸王抄合也只烈帅东道兵，由白蛮；帝由中道……至金沙江，乘革囊及木伐以渡。”金沙江沿线，众多的磨些蛮，有的迎降，有的抗击。叶古年家族阿良及蒙醋醋后裔和牒与和失均率众投靠蒙古军队而得到兀良合台的扶持。9年后，蒙醋醋后裔反叛，阿良在蒙古军支持下率军攻下石鼓和巨甸。

阿良任茶罕章管民官后，叶古年家族（明代起称木氏土司）势力越来越大，成为整个磨些蛮的首领。② 1285年置丽江路宣抚司，统领北胜府（永胜）及顺州、宝山州、兰州（今兰坪）、巨津州（巨甸）、永宁州、蒗蕖州（宁蒗）和通安州（丽江坝）7个州，并在罗裒间之地置临西县（今维西县），隶属巨津州。（见《元代纳西族与藏族交界区略图》）

---

① 方国瑜主编：《云南史料丛刊》第二卷，云南大学出版社，1998年，第54—55页。

② 方国瑜主编：《云南史料丛刊》第三卷，云南大学出版社，1998年，第89—91页。

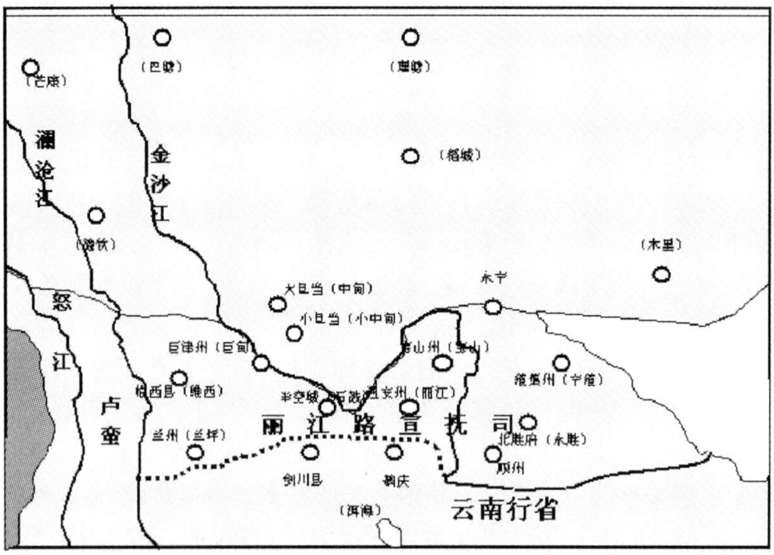

元代纳西族与藏族交界区略图

元代，忽必烈封西藏萨迦派八思巴为国师，领宣政院，“掌释教僧徒及吐蕃之境而隶治之”（见《元史》）。宣政院下设3个管辖区：一是乌思藏纳里速、古鲁孙等3路宣慰使司都元帅府；二是吐蕃等处宣慰使司都元帅府；三是吐蕃等路宣慰使司都元帅府。吐蕃等路宣慰使司都元帅府所辖之地是朵康六岗，今德钦县属于玛康岗招讨使司万户府的治辖之地，处于绷波岗的中甸藏区也置有管军的招讨使和管民的百姓达鲁花赤。①

三

明洪武十四年（1381），明朝将领傅友德率军征云南，次年春攻克大理及滇西北地区，原来受元朝册封的丽江宣抚司副使阿得率磨些蛮归顺。傅将军奏闻，钦赐阿得“木”姓，改丽江宣抚司为丽江府，管辖通安州、宝山州、兰州、巨津州和临西县等②。于是明皇帝朱元璋令木氏土司守石门以绝西域，守铁桥以断吐蕃。③随着实力的不断增大，木氏土司发动了向北部藏区扩充势力的战争，攻克并统治了你那、照可、中甸、鼠罗、巴托、香水等六大区域。（见《明代丽江木氏木土司向北扩张势力后统治区域略图》）

① 苏郎甲楚：《元代在中甸设治浅谈》，《苏郎甲楚藏学文集》，云南民族出版社，2007年，第11—13页。

② 方国瑜主编：《云南史料丛刊》第五卷，云南大学出版社，1998年，第537—538页。

③ 《明史》卷314，列传第202，《云南土司列传二·丽江列传》。

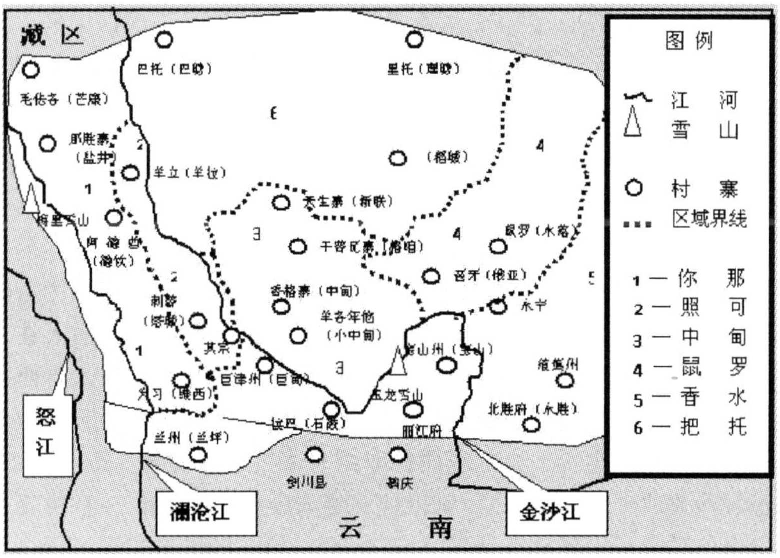

明代丽江木氏木土司向北扩张势力后统治区域略图

在统治区域，木氏土司强迫奴隶开采矿山，开荒种地，进行残酷的经济剥削。同时，又移民屯殖和修建寨堡、道路、桥梁，并凭借自己雄厚的经济资本、政治势力和与康藏噶玛巴教的亲密关系，发展滇藏的经济贸易，不仅加速了滇、康、藏交界区域生产力的发展，也极大地促进了各民族间经济、文化的交流与发展。

为了能立足于藏区，木氏土司采用了“以其俗而柔其人”的战略方针，与藏传佛教各教派结成政教联盟。1516 年，木定土司向八世黑帽系活佛表示要在其统治区建噶举派寺院寺庙百座，每年选送 500 名童子剃度为僧。至 17 世纪木增土司时期，滇、川、藏三角区已建有噶举派寺院、寺庙和静室 150 多个。1614 年木增土司又迎请噶举派大活佛到中甸县小中甸康司寺完成了丽江版大藏经《甘珠尔》的编纂、刊刻工作。次年，他让位于长子木懿，并引退为僧，专心佛事。由于木增在康区对藏传佛教的弘扬做出了很大贡献，被本区藏族农牧民尊称为姜杰布·孙诺饶丹，噶举派的高僧还专门为其写了《姜杰布·孙诺饶丹传》以传后世。明代在中甸，木氏土司下令建造的著名的建筑除了小中甸木天王府外，还修建了大批白教寺庙，诸如大宝寺、衮钦寺、百鸡寺、哈匹寺、格咱寺和纳格拉寺等，在碧塔海湖心小岛上还修建了木天王兼做避暑的噶举派寺院（寺院的边墙石脚、路面石板和琉璃碎瓦至今残留其上）①。最著名的寺院为纳帕海西北角措布拉卡山坡上的衮钦寺，也称嘉夏寺和丽江寺。寺内铸有 3 丈 6 尺高铜佛巨像一尊（传说当寺毁后为搬此铜像而动用 18 头壮犏牛去拉仍无能为力）和可容纳 12 人的铜鼎一对（其中一

① 冯智：《明至清初滇藏政教关系管窥》，东宝·仲巴主编：《云南藏学研究》，云南民族出版社，2007 年，第 169—182 页；吴自修：《新修中甸志书稿本》光绪十年。

只在“文化大革命”前摆设于松赞林寺天井)。[1] 徐霞客曾“求往中甸，观所铸三丈六铜像”，但因木氏以“路多盗，不可行”相劝而未能如愿（见《徐霞客游记·滇游日记》)。

四

清康熙十二年（1673)，云南吴三桂等起兵反清，以中甸嘉夏寺为首的迪庆藏区（包括德钦红坡寺、德钦寺和奔子栏冲冲寺等）的僧侣和木瓜头人在木氏土司支持下，借吴三桂之声势挑起战乱。康熙皇帝遣使叩见五世达赖，要西藏出兵讨伐，达赖喇嘛派蒙番兵进迪庆腹地平息了叛乱，稳定了西南藏区的政治局势。康熙十四年，达赖喇嘛报知皇上：“吴三桂曾取结打木（大中甸)、杨打木（小中甸）二城，今已发兵攻取，防守沿边。”五世达赖奏请康熙皇帝恩准，于1679年，在中甸建起了著名的噶丹·松赞林寺（又名归化寺)。如中甸藏文档案《钦命总管西藏等地方黄教喇嘛第穆胡呼图克图谕》载：“奉康熙圣主谕旨，命五代达赖喇嘛凡西藏所管各处多添设黄教，中甸地方于己未年（康熙十八年）建立归化寺，安设黄教喇嘛一千二百有零，早晚诵念万寿无疆经文，替地方百姓祈祷禳灾，求五谷丰登。”于是，木氏土司及其亲信在滇、川、藏三角区的统治历史从此结束。

雍正元年（1723)，蒙古和硕特部首领罗卜藏丹津搞分裂，在青海发动了反清叛乱，波及迪庆藏区。清政府遣兵讨伐，早已企盼着摆脱青海蒙古和硕特部沉重苛捐杂税的滇西北以藏族为主的各族百姓欢欣鼓舞，夹道迎接清军的到来，拥戴政府反分裂的行动。

雍正四年，川陕总督岳中琪上奏朝政：“巴塘系打箭炉之门户，久入川省版图；至中甸贴近滇省，久入滇省版图。附近中甸之奔杂拉、祁宗、喇普、维西等处，虽系巴塘所属之地，向归西川，而其界紧接滇省讯防，与川省之里塘、打箭炉彼此犄角，足以各收臂指，控制悉民矣。”(见《世宗实录》卷四十三)。

雍正五年，云南、四川组成委员会勘疆界，以红石崖等处为分址，中甸、维西和德钦正式列入滇省版图归云南省管辖，而巴塘、理塘、得荣、乡城、稻城等归属四川省，芒康（含盐井）归属西藏（见《滇云历年传》卷十二及《清代滇川藏交界示意略图》)。

综上所述，可知：(一）滇、川、藏交界三江并流腹地聚居民族以纳西族、藏族和傈僳族为主的丽江、迪庆地区，从唐代以来就是兵家必争之地和滇藏“茶马古道”的要塞，因此历史积淀丰厚，滇西北历史上最重大的精彩事件几乎都发生在这里。唐代吐蕃时期，这里是吐蕃、南诏和唐朝关注的焦点，吐蕃收乌蛮于治

---

① 西洛嘉初:《寻找徐霞客未能看到的大铜佛》，载《中甸县志通讯》，1987年第2期。

下，并在此建立神川都督府，建造了世界建桥史上最早的神川铁桥，与南诏通商互市，使这里成为滇西北最繁华的区域和吐蕃在中国西南地区的军政重地；宋末蒙古忽必烈西路大军经中甸在石鼓至其宗一线革囊渡金沙江入云南；明代，丽江木氏土司向北部藏区扩充势力，管辖范围直达芒康、巴塘和理塘。在这些大碰撞过程中，古代藏族、纳西族、白族、傈僳族以及汉族和蒙古族，在此区的势力范围均以神川（维西腊普河谷至长江第一湾的金沙江河谷）为中轴，呈拉锯式的动态变化。最后以“中甸、维西和德钦入滇省版图，巴塘、理塘、得荣、乡城、稻城等归属四川省，芒康（含盐井）归属西藏”的结果而告终。这说明，中华各民族能够成为今天这样团结和睦的大家庭是经历了许多艰难困苦的考验和付出了许多沉重的代价换来的。

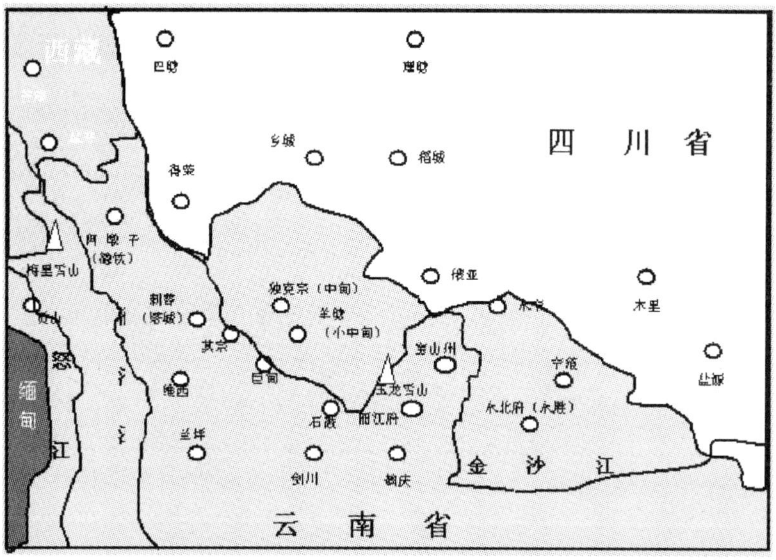

清代滇、川、藏交界示意略图

（二）被列入世界自然遗产的滇西北“三江并流”区，不仅是世界生物多样性最丰富的地区之一，也是民族文化多样性最为丰富的地区之一。这里呈南北走向的横断山和并行的三江河谷，正好为古代南北各民族进行经济文化交流和民族大碰撞提供了得天独厚的地理条件，而历史上数度往复的民族大碰撞，又极大地促使了藏族、纳西族、傈僳族、汉族和白族等各民族间的相互了解和融合，使滇、川、藏交界各民族血脉相通，我中有你，你中有我。各民族不同的文化交融，又不断为这一区域复合的多元文化增添着新的内容和色彩。

（三）千百年来，横断山的南北各民族在迁徙交流过程中，又有多种民族能留居于迪庆和丽江，还有一个重要的因素是本区的立体环境，这种垂直异质的自然条件为具有不同生活习俗、适应于不同气候带生存的各少数民族提供了不同的生存天地——藏族主要分布在这一区域的北部高寒坝区和山区，纳西族和白族主要分布在这一区域南部河谷区，傈僳和彝族多分布在南部山区和半山区，各民族的风俗习惯、宗教信仰、生活方式、语言文字和房屋建筑均存在很大的差异，因而，民族分布的立体性也导致了人文资源分配的立体性，这就使得本区成为研究少数民族多元文化最有价值的“百国之乡”。到迪庆、丽江的游客说：“在山脚尝到了纳西族和白族姐妹亲手做的丰盛的菜肴，在山腰喝到了傈僳族和彝族兄弟甘美的水酒，最令人难忘的还有居住在高寒地区藏族同胞的青稞酒和酥油茶。”这是对这一区域立体民俗风情的生动写照。这里有藏文、汉文、纳西象形文字和傈僳文，有本教、藏传佛教、东巴教、基督教、天主教、伊斯兰教、道教等多种宗教流传和共存。其中，以“天人合一”与“适度”思想为主的迪庆藏族传统文化和纳西族东巴文化大放光彩，使人们感到魅力无穷。正是这种绚丽多姿的民族文化多样性，使丽江古城登上了世界文化遗产的殿堂，使以迪庆为中心的滇、川、藏交界三江并流区成为世人向往的“香格里拉”。

明代丽江木氏土司与噶玛噶举派转生喇嘛的交流

山田敎之

一、序　言

丽江木氏土司，由于被明朝视为“藩屏”，所以受到了明朝的重视。但同时，自 15 世纪中叶以来，他们占领了邻接的藏族居住地区，将其置于自己的统治之下，自此又一直与藏传佛教噶玛派转生喇嘛保持交流，到了 17 世纪中叶，还成了丽江版甘珠尔的施主。关于木氏土司与噶玛噶举派转生喇嘛两者之间的这一关系，藏文史料中保留了很多记录，而在汉语史料中却较少涉及。作为先行研究，如习煜华先生、王晓松先生①、冯智先生②、杨福泉先生③等，也都提及木氏土司与噶玛噶举派转生喇嘛两者之间的交流④，但是大多为研究文章，都很难说是详尽地描述了两者之间的交流情况。

基于这种研究现状，本文首先根据《噶玛噶举派高僧传》和《智者喜宴》等藏文史料，详细梳理两者之间交流的情况；其次，根据《噶玛噶举派高僧传》和《大藏经序》等藏文史料，围绕至今各种论文都没有提及的“善住法会”的举行为中心，解析丽江木氏土司与噶玛噶举派转生喇嘛二者是如何为了他们之间的最大共同事业，即丽江版甘珠尔开版而进行活动的过程。最后，本文力求探明二者之间进行交流的具体地点究竟是在丽江的什么地方。

---

① 习煜华、王晓松：《木氏土司与藏传佛教噶举派法缘关系浅谈》，载《迪庆方志》，1992 年第 2 期，第 51—54 页。

② 冯智：《云南藏族研究——滇藏政教关系与清代治藏制度》，云南民族出版社，2007 年。

③ 杨福泉：《纳西族与藏族历史关西研究》，民族出版社，2005 年。

④ 噶玛降村使用藏语史料，考察纳西族和噶玛派的关系，但是，分析对象的年代是 18 世纪以后。噶玛降村：《论丽江纳西族与藏转佛教噶玛噶举派的关系》，木仕华主编：《丽江木氏土司与滇川藏交角区域历史文化研讨论文集》，中国藏学出版社，2008 年，第 57—64 页。

二、木氏土司与噶玛派的交流

首先，让我们根据下表，来概观一下木氏土司与噶玛派之间交流的大致情况。该表根据《噶玛噶举派高僧传》和《智者喜宴》制成。

通过图表，可以知道自1408年到1631年之间，即几乎时跨整个明代约220余年间，木氏土司与噶玛噶举派转生喇嘛二者之间一直都存在着交流关系。但是，记录内容从年代上来看分布不均。从1408年到1559年，只有4件记录，而在1560年以后急增。而从历代丽江木氏土司来看，记录则主要集中于木高、木东、木旺、木增4代土司的时代。从噶玛派转生喇嘛一方来看，记录中可以看到有黑帽喇嘛9世 dbang phyug rdo rje、红帽喇嘛5世 gar dbang chos kyi dbang phyug、司徒5世 chos kyi rgyal mtshan、pabo3世 gtsug lag rgya mtsho、红帽喇嘛7世 ye shes snying po、drung yig blo gros nor ldan 等人。

年份	丽江土司	佛事、交流	转生喇嘛	根据
1408年	木初	帝师	mkha'spyod dbang po	GB, Vol. 1, p. 436. n2 KPGT, 510, N. 12 – 14
1485年	木泰	供品贡纳	choe gags rgya mtsho	GB, Vol. 1, p. 551, n. 5 KPGT, 560, n. 10 – 11
1491年	木泰	丽江访问 （给予优婆塞）	choe grags rgya mtsho	KPGT, 602, n. 24 – 25
1514—1516年	木定	丽江访问	mi bskod rdo rje	GB, Vol. 2, p. 16, n. 2 – p. 17, n. 13 KPGT, 677, n. 20 – 22
1560年	木高	供品贡纳（新年）	dkon mchog yan lag	GB, Vol. 2, p. 88, n. 7 – p. 89, n. 1
1562年	木高	供品贡纳	dbang phyug rdo rje	GB, Vol. 2, p. 153, n. 5
1563年	木高	亲书	dbang phyug rdo rje	GB, Vol. 2, p. 156, n. 1
1564年	木高	供品贡纳	dbang phyug rdo rje	GB, Vol. 2, p. 156, n. 6
1571年	木东	供品贡纳	dkon mchog yan lag	GB, Vol. 2, p. 114, n. 4
1572年	木东	供品贡纳（新年）	dbang phyug rdo rje	GB, Vol. 2, p. 168, n. 4
1573年	木东	供品贡纳	dkon mchog yan lag	GB, Vol. 2, p. 115, n. 5
1573年	木东	供品贡纳 （跟 sbo bo 一起）	dkon mchog yan lag	GB, Vol. 2, p. 116, n. 5
1573年	木东	供品贡纳	dbang phyug rdo rje	GB, Vol. 2, p. 169, n. 4
1576年	木东	书信（详细不明）、供品贡纳（新年、跟 sbo bo 一起）	dkon mchog yan lag	GB, Vol. 2, p. 118, n. 4

续表

年份	丽江土司	佛事、交流	转生喇嘛	根据
1579 年	木东	书信（详细不明）	dkon mchog yan lag	GB, Vol. 2, p. 124, n. 3
1579 年	木东	供品贡纳	dbang phyug rdo rje	GB, Vol. 2, p. 176, n. 7
1580 年	木旺	供品贡纳（新年）	dkon mchog yan lag	GB, Vol. 2, p. 124, n. 2 – 3
1580 年	木旺	供品贡纳（新年）	dbang phyug rdo rje	GB, Vol. 2, p. 177, n. 7
1581 年	木旺	供品贡纳（跟 sbo bo 一起）	dbang phyug rdo rje	GB, Vol. 2, p. 179, n. 2
1582 年	木旺	丽江访问。商定甘珠尔开版	dban phyug rdo rje	GB, Vol. 2, p. 180, n. 1 – 2
1583 年	木旺	接见 'jang 的使者	dkon mchog yan lag	GB, Vol. 2, p. 134, n. 1
1584 年	木旺	书信(详细不明)、供品贡纳	dkon mchog yan lag	GB, Vol. 2, p. 141, n. 1 – 2
1584 年	木旺	供品贡纳（跟 sbo bo 一起）	dbang phyug rdo rje	GB, Vol. 2, p. 183, n. 3
1585 年	木旺	供品贡纳（新年）	dbang phyug rdo rje	GB, Vol. 2, p. 185, n. 4
1586 年	木旺	供品贡纳（跟 sbo bo 一起）	dbang phyug rdo rje	GB, Vol. 2, p. 189, n. 2
1586 年	木旺	供品贡纳（新年）	dbang phyug rdo rje	GB, Vol. 2, p. 190, n. 1 – 2
1587 年	木旺	供品贡纳	dbang phyug rdo rje	GB, Vol. 2, p. 190, n. 5 – 6
1589 年	木旺	丽江访问	chos kyirgyal mtshan	GB, Vol. 2, p. 254, n. 6
1587—1591 年	木旺	供品贡纳	dban phyug rdo rje	GB, Vol. 2, p. 197, n. 3
不明	木旺	供品贡纳	dbang phyug rdo rje	GB, Vol. 2, p. 200, n. 2
1591 年	木旺	供品贡纳	dbang phyug rdo rje	GB, Vol. 2, p. 208, n. 5
1593 年	木旺	供品贡纳（跟 sbo bo 一起）	dbang phyug rdo rje	GB, Vol. 2, p. 217, n. 2
1595 年	木旺	供品贡纳	dbang phyug rdo rje	GB, Vol. 2, p. 221, n. 4
1600 年	木增	供品贡纳（跟 sbo bo 一起）	dbang phyug rdo rje	GB, Vol. 2, pp. 229, n. 7 – p. 230, n. 1
1603 年	木增	供品贡纳（新年，跟 sbo bo 一起）	dbang phyug rdo rje	GB, Vol. 2, p. 238, n. 6
1604 年	木增	供品贡纳	gar dbang chos kyi dbang phyug	GB, Vol. 2, p. 262, n. 5

续表

年份	丽江土司	佛事、交流	转生喇嘛	根据
1609 年	木增	书信(要求借贷作为底本 shal pa 版甘珠尔)。gar dbang chos kyi dbang phyug 回信	gar dbang chos kyi dbang phyug	GB, Vol. 2, p. 266, n. 6 – 7
1609 年	木增	gar dbang chos kyi dbang phyug 送甘珠尔	gar dbang chos kyi dbang phyug	GB, Vol. 2, p. 267, n. 5
1615 年	木增	丽江访问	gtsug lag rgya mtsho	GB, Vol. 2, p. 248, n. 5
1619 年	木增	完成甘珠尔，寺院修建，一起去参拜鸡足山	gar dbang chos kyi dbang phyug	GB, Vol. 2, p. 275, n. 4 – 6 GB, Vol. 2, p. 279, n. 3
详细不明	木增	供品贡纳	gar dbang chos kyi dbang phyug	
1627 年	木增	献上甘珠尔第一刷	gar dbang chos kyi dbang phyug	GB, Vol. 2, p. 286, n. 5
详细不明	木增	寺院修建书信（招待）	drung yig blo gros nor ldan	GB, Vol. 2, p. 319, n. 5
1631 年	木增	招待喇嘛 sbo bo	ye shes snying po	GB, No. 2, p. 337n3 – 4

GB =《噶玛噶举派高僧传》，KPGT =《智者喜宴》

笔者基于 GB、KPGT 制成。

那么，木氏土司与噶玛噶举派转生喇嘛二者之间交流的具体内容是什么呢？首先，从木氏土司一方来看，在喇嘛转世时，要贡纳供品等，送上亲笔书信、甘珠尔开版印刷、建立寺院等。关于甘珠尔开版将在后文论及，以下重点阐述贡纳供品和建立寺院两个行为。

数量最多的是有关贡纳供品的记录。有时贡纳供品同送上亲笔书信或其他书信一起进行，如果算上这种事例，共有 32 件记录。例如：

〈引用 1〉作为 12 月的佛事和铁·阳·猿年（1560 年）新年的贺礼。ĵang 王君臣的礼物收到了。①

ĵang 是表示纳西族的藏语，ĵang 王指木氏土司。上述的一类有关祝贺新年的供品贡纳的记录，另外还有 7 件。此外，记录中还有和 sbo bo 人一起贡纳供品的事例。这样的记录在 1576 年以后有 8 件。sbo bo 是指从雅砻江到金沙江之间的地域，在明代是木氏土司所占领的地区。

① 《噶玛噶举派高僧传》第 2 卷，第 88—89 页。

关于建立寺院，在《智者喜宴》中有关于木氏土司在中甸建立康司寺的记载。[①] 在《噶玛噶举派高僧传》中有新建寺院的记载，但没有记载寺院名。[②]

下面，则要论述噶玛派转生喇嘛对木氏土司的行为。有关成为木氏土司帝师之外的转生喇嘛访问丽江的记录有 5 件。其中，以 1516 年 mi bskod rdo rje 访问丽江一事的记录最为详细，在此对其做部分介绍。

〈引用 2〉……尊者（mi bskod rdo rje）坐舆入宫殿，［ĵang 王］于宫殿宴请尊者师徒。王出迎至正门，进献谒见的哈达……给［mi bskod rdo rje］奉茶，献纳事先预备的贵重绢衣 100 样，举办各种宴会。并在某宫殿举办宴会。从金山、银山抓了一把金银献上。王妃 3 人献纳装饰品等，举行了发菩提愿的仪式。[③]

从以上可以看出ĵang rgyal po 丽江土司木定欢迎 mi bskod rdo rje 访问丽江的情形。据说 mi bskod rdo rje 在丽江逗留了 7 天，向木氏土司一族说法，结果使他们归依了噶玛派。

再者，木氏土司一族也有人出了家。

〈引用 3〉丽江的 lha btsun，karma rin chen 是法王 bsod names rab brtan 的末子，以俗家的身份成为出家人，放弃王政，辟静寂之地，努力实践教旨的中心，因此得到见道的智慧。[④]

法王 bsod names rab brtan 即木增，他的末子是 karma rin chen，出了家。但是，在《木氏宦谱》世系表里却没有木增子女出家的记录。[⑤] 这仅仅是在《木氏宦谱》没有记载出家的事实。还是完全就不存在这一事实呢？因为没有其他材料，所以难以判断。笔者认为，由于《噶玛噶举派高僧传》具体记载了这些人的名字，因此即使他们不是木增的真正的孩子，但木氏土司一族有过出家人却是不容改变的事实。

三、面向丽江版《甘珠尔》开版的动态
——以善住法会为中心

下面探讨有关丽江版《甘珠尔》开版的记录。1581 年，dbang phyug rdo rje 访问丽江，与当时的丽江土司木旺商定《甘珠尔》开版之事。[⑥] 1608 年，木旺之后

① 《智者喜宴》，第 723 页。
② 《噶玛噶举派高僧传》第 2 卷，第 319 页。
③ 《噶玛噶举派高僧传》第 2 卷，第 17—18 页。
④ 《噶玛噶举派高僧传》第 2 卷，第 348 页。
⑤ 《木氏宦谱》，云南美术出版社，2001 年，第 77 页。
⑥ 《噶玛噶举派高僧传》第 2 卷，第 180 页。

土司木增着手准备开版事宜[①]；1609 年木增以借贷作为底本 tshal pa 版《甘珠尔》[②]，给 gar dbang chos kyi dbang phyug 去了信[③]，同年，收到了自己要求的《甘珠尔》。[④] 1621 年，完成丽江版《甘珠尔》的印刷。[⑤] 接着，由 gar dbang chos kyi dbang phyug 主持，在康司（khang sar mgo）[⑥] 举办了《甘珠尔》开版的善住法会。木增也参加了这次善住法会。相关记录如下：

〈引用 4〉迎接甘珠尔的版本至康司的入口。sa tham 王也是精力充满地似要与帝释天一比高低而去了那里。次日，做关于《甘珠尔》版本的善住的准备。又次日跟吉祥一起进行了正式仪式。出现了白光凝集的奇瑞。[⑦]

sa tham 在藏语中是"丽江"的意思。sa tham 王跟 'jang 王一样，是指木氏土司。在《噶玛噶举派高僧传》上没有记录善住法会举行的年份。但是，笔者认为，有关举行善住法会，在此之前被记载的最后年份是 1619 年，所以应该是在其后数年内举办过。另外，同样也是没有记载年份，但是比起有关善住法会的记载相当靠后的部分里，有关于甘珠尔第一版印刷完成的记载[⑧]，这应该就是《三藏圣教序》里所记载的 1621 年《甘珠尔》完成之事。从以上可知，上述的善住法会应该是在 1619—1621 年间举行的。

同时，《大藏经序》里关于甘珠尔开版的善住法会也有如下记载：

〈引用 5〉之后不久，我们［gar dbang chos kyi dbang phyug］跟大化身 chos kyi rgyal mtshan［司徒 5 世］在大王的催促下，抵达 sa tham 国大宫殿是 sba she。［sa tham 王］希望我们能顺利地举行［甘珠尔开版的］善住法会。我以吉祥胜乐尊曼陀罗的方式，司徒暨普以金刚亥母曼陀罗的方式，和 100 余僧侣一起，完成准备、本业、拾掇以后，放入智慧进行巩固，并说了吉祥语。[⑨]

详细的年代虽然不清楚，但是从《大藏经序》记载的 1614 年[⑩]来看，笔者认为这至少是 1614 年以前的事。举办的场所不是中甸，而是丽江。由 gar dbang chos kyi dbang phyug 主持主办，并且可以知道，在噶玛派转生喇嘛中，还有司徒 5 世也

① "世尊釈迦牟尼如来金口所宣、経律論三蔵梵□繕録翻刻鳩工集材、自万暦三十六年四月成道日経始……"《三藏圣教序》，4b8 – 11。

② 抄写，补充修改了那塘手抄大藏经的《甘珠尔》，tshal pa dge baí blo gros 在 tshal gung thang 寺确立的是、tshal pa《甘珠尔》，以后的《甘珠尔》手抄、版本都是这系统（今枝由郎著，耿升译：《丽江版藏文"甘珠尔"》，《国外藏学研究译》（五），西藏人民出版社，1989 年，第 277—291 页。

③ 《噶玛噶举派高僧传》第 2 卷，第 266 页。

④ 《噶玛噶举派高僧传》第 2 卷，第 267 页。

⑤ "……天启元年九月、竟功广行印刷流通遐迩"（《三藏圣教序》4b11 – 13）。

⑥ 在今小中甸团结村有了康司寺，但 1673 年被破坏了（云南省中甸县地方编纂委员会：《中甸县志》，云南民族出版社，1997 年，第 233 页）。khang sar mgo 是康司寺建立的地方。

⑦ 《噶玛噶举派高僧传》第 2 卷，第 275 页。

⑧ 《噶玛噶举派高僧传》第 2 卷，第 286 页。

⑨ 《大藏经序》，31a4 – 6。

⑩ 《大藏经序》，35b8。

访问丽江，举办了仪式。关于版木的完成时期，《噶玛噶举派高僧传》和《大藏经序》两者都没有记载，但从《大藏经序》记载的1614年这个年份来看，笔者认为，这是比1614年稍早的事。

上述的《噶玛噶举派高僧传》和《大藏经序》，记载善住法会举办的场所不一致，年份不明确。也许是举办了两次，也许是两者中的哪个记载有错误。但是，无论何种情况，两者在善住法会由 gar dbang chos kyi dbang phyug 主持、木增参加这一点上是一致的。

再举一例：

〈引用6〉施主·福田的诸位都往丽江去了。然后，来自 gsang khog 的为数不多的师徒去鸡足山参拜了。①

这是先前描述的《甘珠尔》的善住法会结束以后的情景。“施主·福田的诸位”大概是指木氏土司（木增）、土司的臣下、噶玛派转生喇嘛及僧侣们。② 他们共赴丽江，其中有几人去了鸡足山。鸡足山是云南的汉地佛教的圣山。据《鸡足山志》，木增在鸡足山修建了悉檀寺和华严寺的藏经阁等。③ 这些寺院当然不是藏传佛教的寺院，但是笔者推测那个时候木增可能由噶玛派的僧侣伴同，在自己修建的寺院举行了法会。

因此可以看出，两者的关系非常亲密。

四、交流场所

那么，这样两者的交流是在丽江的什么地方进行的呢？

据前述的〈引用2〉部分，木定是在丽江的宫殿招待了 mi bskod rdo rje。但是根据其他资料，如〈引用5〉部分，木增是在 sba she 的宫殿招待了 gar dbang chos kyi dbang phyug 和司徒5世。关于 sba she 这个地名，在《噶玛噶举派高僧转》中也有记载：

〈引用7〉……佛教的施主，sa tham 王和臣下的邀请［chos dbyings rdo rje］来到所化之地进行了……［chos dbyings rdo rje］去了 sba shes 宫殿。［'jang］如那咤太子的吉祥那样兴盛，所以供养，赐戴深蓝色宝冠，并因有关观音菩萨的众多法，对满足希望，表示了敬意。④

---

① 《噶玛噶举派高僧传》第2卷，第275页。

② 不符合年次，但是在《徐霞客游记》之中有噶玛转生喇嘛访问鸡足山的记载。“庚戌年（1610年），二法王曾至丽江，遂至鸡足”（《徐霞客游记》，上海古籍出版社，1980年，第1137页）。

③ “麗江土知府·木增延僧釈禅建。天啓四年、勅頒蔵経、賜額祝国悉檀禅寺。崇禎巳已、建法雲閣貯之、至辛未年、其子木懿重加丹垔宏麗精整、遂為一山之冠”（《鸡足山志》卷四）。“麗江土知府·木増、建蔵経閣”（《鸡足山志》卷四）。

④ 《噶玛噶举派高僧传》第2卷，第331页。

这里所说的宫殿里究竟是指哪里呢？木氏土司执行政务的地方是在大研镇的木府。木府本身，在藏族看来，也许会被认为像宫殿般的壮观。另一面，白沙的大宝积宫和束河村的大觉宫等建筑，从现存情况来看，虽没有木府壮观，但是由于它们有来自藏传佛教的佛、菩萨、神像等的壁画[①]，所以笔者认为，这里也是一个适合招待转生喇嘛并举行佛事的场所。

可见，作为迎接转生喇嘛的宫殿，木府、大宝积宫、大觉宫等建筑都有可能成为候补地。但在这些建筑物中，究竟哪一家最有可能被藏族认为是宫殿呢？

与〈引用2〉不同，〈引用5〉和〈引用7〉史料具体地记载了 sba she 宫殿的名字。笔者认为，在候补的场所中，sba she 的发音与白沙（bai sha）相近。白沙是纳西语 boa shi 的音译[②]。因此，至少可以认为转生喇嘛等把在白沙的建筑物当作'jang 王的宫殿，而举行了佛事。

五、小　结

根据藏语史料，可以搞清木氏土司在几乎整个明代与噶玛派转生喇嘛之间的交流实态。尤其是为了开版丽江版《甘珠尔》，木氏土司邀请噶玛派转生喇嘛来到丽江，一起举行了版本的善住法会。因此，可以看出他们的关系非常亲密。明显的是，作为两者的交流场所之一，可以列举白沙这一建筑物。笔者认为，从这里我们也可以看到明代各民族之间交流的一个端倪。

---

① 除藏传佛教以外，在这样的壁画中还包括汉地佛教以及道教等元素。以此来说，这是纳西族、汉族、藏族 3 个民族的交流证据。

② J. F. Rock, *The Ancient Na – Khi Kingdom of Southwest China*. Cambride: Harvard University Press, 1947, p. 73.

姚安高氏与丽江木氏土司关系初探

余嘉华

一、情深谊厚两亲家

姚安德丰寺正殿前，立着一对大理石雕成的石狮子，高约 1 米，长约 0.7 米，宽约 0.4 米，石狮前腿伸直，后腿弯曲，狮头上扬，项上系铃铛，雄踞于石板上。头部、身上的狮毛呈螺旋形卷云状，肋骨隐然。一狮张口鸣叫，一狮闭口倾听，似有几分默契。

石狮与侧厅内安卧的高奣映有着一段不同寻常的关系。据说，这对石狮原置放在丽江府木氏土司家的门口。姚安府土同知高奣映幼年时随母亲木氏回丽江拜见外祖父，临返姚安时，木土司问高奣映要什么东西？高奣映爬到石狮子上骑着不下来，恋恋不舍，一声不吭。木土司便将这对石狮赠送给外甥高奣映，并派人运送至姚安，置放于高氏土司衙门口。其后代捐赠文庙，1955 年移至姚安县文化馆，现又存于德丰寺内。

在交通不便，只能人背马驮运输的时代，从 400 多公里外的丽江，将一对石狮完好无损地运到姚安，算是一份难得的礼品了。这对石狮 300 年来仍完好，也体现出姚安各界人士一片存护之心。为何木氏土司给高奣映送如此厚礼，高氏土司和姚安百姓又为何如此珍惜？这还得从两家的世代交往说起。

高氏与木氏均为对云南历史有过重要影响的家族。高氏在大理国时，曾为国相，权重一时，其子孙分布云南各地，也多有一定权力。宋末元初，遭受重创，地位下降至明初，高寿任姚安府知府（正统后改同知），高义任姚州（今大姚）同知，高策任北胜州（今永胜）同知，高清任通安州（今丽江）同知，高赐任鹤庆府知府（后改为土千户），等等，在滇西仍有较大的势力。

丽江木氏，其先祖唐代初年从越巂南下进入丽江，元初因迎忽必烈有功，升茶罕章丽江管民官。明初，朱元璋赐姓木，任丽江府世袭土知府。在明王朝的支持下，向北拓展，辖有大渡河以南至金沙江流域丽江一带的地区，成为云南实力较强的土知府之一。

这些土知府、土同知之间，为了政治上互相支持，经济、文化上的交流，常互相结为姻亲关系。姚安《高氏家训》婚姻条就有："婚姻当与同类相当者为之"，"宜择世职、名绅、贤商、文士之家，非此不宜轻构世缔"。高氏与木氏在明代的云南，正是地位相当的可以联姻之家。木氏与高氏的婚姻关系先是就近与鹤庆高氏、永胜高氏开始，然后与姚安高氏结亲。后者在崇祯《高氏家谱》、清《木氏宧谱》中有载：

高凤，高氏45世祖，娶丽江府本安介圣泰公次男讳钟之女。

木泰（1445—1502），高凤外公，字本安，号介圣，以军功授太中大夫，世袭知府，并赏北胜州沙阑村奉地庄。高凤娶的是木泰孙女。

高齐斗，高氏46世祖，号北山，娶木公长女木氏贞即光加，生高钦，号益封，是为高氏47世祖。

木公（1494—1553），高齐斗岳父，字恕卿，号雪山，授中宪大夫，世袭知府。雅好文学，著有《雪山始音》等诗集六种。

钦生金宸，为高氏48世祖，号天术，娶木氏文嵒之女，数年在丽，回姚方弱冠。金宸五授敕诰，赐列朝大夫。姚安知府李贽为其撰《贺世袭高金宸膺奖序》，入名宧祠。

高金宸岳父，文嵒为木东号，其字为震阳（1534—1579），授中宪大夫、世袭丽江府知府，其妻高氏娴为北胜州高知州女。

金宸长子高光裕，为高氏49代祖，号天储，袭父职，娶妻木氏姒，是玉龙木公讳旺女。

高光裕岳父木旺（1551—1596），字万春，号玉龙，袭丽江府知府，授中宪大夫。木氏姒为木旺次女，又名阿相。

光裕长子高守藩，为高世50代祖，字向葵，号玉岑，3岁而父殁，母木氏代理政务。其二叔光谦谋夺职。家遭阋墙之变，四叔光祚奉守藩避难丽江木生白公府内，"训以诗书，饴以药饵"。至天启二年（1622）始归姚安承袭。娶方伯同卿生白木公讳增女木氏淑。高守藩长大承袭后，喜诗酒，著有《龙溪小窗集》。是为高氏土司的第一本诗集。

高守藩岳父，木增（1587—1646），字长卿，号华岳，又号生白。原授中宪大夫，丽江府知府，著有《芝山云薖集》等诗文集。因捐银助饷等，天启二年升云南布政使司右参政，授中议大夫；崇祯四年升广西布政使司右布政（尊称方伯）；崇祯十三年升四川布政使司左布政；崇祯十七年加太仆寺正卿。"着于省城建坊以风励诸土司"。是为木氏土司中受荣衔最多、最高的人。

守藩故，子高泰翟，字无作，号青岳，年方9岁，妹方七月，父亡。光谦余孽又谋夺职，"理虽在我，而力难争。只得移潜丽府，承生白公一力扶持，修鳞养晦，凡立身涉世之道，无不谆谆训勉。无闻则静坐书窗，朝夕咿唔，立言奥义，靡不洞悟，迨丙子（1636，崇祯九年）春始旋姚任事。""青岳公娶方伯同乡（应为长子）、崑崙木公之女木氏荣，生一子，讳奣映。"

高泰之岳父木懿（1692—1608）字崑崙，号台美，增之嫡长，继父职，崇祯十二年授云南布政使司右参政。入清，不依附吴三桂，被囚禁于省城者7年。

还有一段不同寻常的事迹：丽江府末代土知府木钟（1687—1725），字云林，号永茂，幼时，“姚安土同知高奣映取其清雅，6岁即接去抚养攻书，见其不喜嬉游，因招为婿，视如亲生。数年后欲辞归应试，高公依恋不舍，在彼完娶”。康熙五十九年西藏军兴，胞兄血姪勤王赴前，丽江无人管理，将木钟从姚安接回丽江主持府事。康熙六十一年兄姪相继病故，众人连名保举管理土府事务。视事仅40余日，即遇改土归流。其时，木钟因事在剑川遭软困，官方从木府掌案处追缴田契资产，某些官员“复向正妻高氏索取世传玩器”，高氏称：“到丽未久，仅有妆奁，未见过木氏传留一物。”高氏颇识翰墨，危急之中“将敕书诰命及各宪功牌谕贴紧藏不认”。因而木氏土司的部分文件得以保存。木钟于雍正三年亡，高氏抚其子木德成长，以所藏案宗，向上级主管申诉，往返省城数次，准任土通判之职，得复部份田庄，起衰振靡。为木德娶姚安同知高厚德姪女高顺英。在木氏危难之秋，高氏表现出智慧与坚忍，不同寻常。

由上所述可见明代中叶至清初，姚安高氏土同知高凤、高齐斗、高金宸、高光裕、高守藩、高泰翟6代娶丽江木氏土知府的女儿或姪女为妻；清初木氏土司中木钟、木德两代，娶姚安高氏土同知的女儿或姪女为妻。两家世代姻亲，绵延久远。高氏土同知中的高齐斗、高守藩、高泰翟、高奣映4代幼时都到过丽江居住，有的还在丽江好几年，木氏土司对其关怀备至。在高氏家族内部夺职的纷争中，给予应承袭的一支强有力的支持，木氏土司成了高家的依靠。这在《高氏家训》中，曾总结为一条：“遇家庭之变，则嫡母之撑持，外祖之保全，祖宗以来，亦有成范。其至族人借职抚孤之说，皆不可轻易为之，以启衅端，为宗子知之。”嫁到姚安的木氏女，在相夫教子，理家持政方面亦多有才干。例如：50世高守藩，“三岁而孤，母（木）氏代理府事，人称女中尧舜。”（由云龙《姚郡世守高氏源流总派图》）对这位代理府事的木氏女，崇祯《高氏族谱》记有：高光裕，字云储，娶木氏妣，是玉龙木公讳旺女，木氏公幼袭父职，循循范佑，政不扰民，奉调御突，同士卒同甘苦。（新修《高氏族谱》126页）高奣映母亲木氏，当明清鼎革之际，忠于故明，曾随夫君高泰翟，于烽火弥漫之际，追随永历皇帝从昆明西走腾冲，后被族人追回，泰翟义不仕清而出家，子奣映年幼，木老夫人又代为掌印，管理府事。清初木氏土司处于多事之秋，又是高氏土司嫁到丽江木氏家的女儿苦苦撑持。两亲家患难相扶，互相支持，情深谊厚，对各自土司位置的顺利承传、家庭的发展有益，对民族之间、地区之间的经济文化交流有利，为解决家族内部纷争、维护地方的安定创造了条件。

民族是一个历史范畴，它由氏族部落发展而来，伴随社会出现阶级、国家而产生。至近代形成有共同语言、共同地域、共同经济生活以及表现于共同文化上的共同心理素质的稳定的人们共同体。从高氏这一历史久、分布广、支系多的家族看，各个历史阶段、各个支系的族属宜作具体分析。就时序讲，南诏时期与南诏首领蒙氏（彝族先民）合作；大理国时期与国主段氏（白族先民）合作；明代受封各地土官，与当地人士合作；由于任职的区域不同，所处的文化圈也不同，如在鹤庆任职者，与白族文化渊源甚深；在姚安、大姚任职者与彝族文化关系密切。仅以姚安高奣映一支来说，在明代中后期百余年中，6代土司娶木氏女儿为妻，在血缘上，与纳西族较为靠近；其辖区为彝族聚居区，身为彝区土司，与百姓有较多的共同文化及共同心理素质。因而，某一时期、某一地域、某一支系的云南高氏，出现汉、白、彝、纳西等不同民族，自在情理之中，其后裔选择何种民族都有其理由。这也是汉民族“滇化”而产生的普遍现象。

二、价值取向趋一致

高奣映曾拟定姚安《高氏家训》，其中第十二条为重点，其内容为：

> 一思君恩：祖宗以来，世受皇家爵土……故思报君恩，诚为要惟。无事则恤民劝改，恪守朝规；有事则钦命奉公，勤劳国事。如是则上苍鉴临，永享天禄矣。
>
> 一念祖德：余家历一千余年，五十二世，一脉相承，绵绵不替，皆由祖宗积德，以留余庆，勤勉以承家业。为子为孙当思木本水源，时时感报。修坟墓、葺家庙、修家谱、重祭祀，此皆所以为报祖德也，慎之慎之。

这两条的核心是“忠君孝亲”，目的是“受四品之隆位，承百代之宗祧”。为此，从家族说，要明宗支，凡应袭，初生宜报，确定人选，以免紊乱。对子女，“教训诗书是为先务”，“学不可以不乘时光。学通书史，此犹修身治家之急务”。同时，要严壶范（严格管理家眷），戒骄奢，培德行，恤夷民。为了祈求神佛的庇佑，要“奉三宝”（佛、法、僧），“戒宰杀”。

这一“家训”虽形成于高奣映（五十二世）之手，它实是高氏家族长期实践经验的总结。以高奣映的父亲高泰翟为例，他自幼饱读诗书，丙子（1636）承袭后，地方动乱，“身亲矢石，驰驱御侮”，丙申（1656），永历帝入滇，本已受居士戒的他，又装束入朝，“侍卫宿夜匪懈”。永历撤向滇西，他偕夫人木氏追随，直至永历入缅，才从腾越返回。义不仕清，以印授子奣映，即祝发为僧。建立德丰寺，“祝国祈年，不忍忘君也。立梵宫，即设宗祠，崇建家庙，纂修世谱，不忍忘先也。”（崇祯《高氏家谱》）实践了“忠孝为本”的家训。这位土司，在澜沧兵备道按察司副使何闳中眼里是“温纯粹雅，恂恂若儒生，无一毫富贵骄奢之态，且一段善气逼人”，并进而分析高氏历千余年仍然辉煌的原因是：“世守宗法，振

威武以遏遇略，厚民生而赞皇图。盛德大业，深厚悠久之所至。”（崇祯《高氏族谱》序）

与此相近，丽江木氏土司中，也有相近的家训。明代，木氏土司木公在《建木氏勋祠记》中说：

> 后之子孙，念祖宗之艰，述我所为善，内不可能耽于酒色，外不可荒于犬马，惟立身行己，克恭克敬，勿亵尔神，勿怠尔心；学书学礼，忠君至恳，孝亲至勤，爱国至专，祀神至诚，训子至要。此五者，蓄诸内而行诸外，垂诸子孙，庶几永久勿替。……凡我子孙，受朝廷世袭美官，拓边守城，不可有动摇患，以遗天子忧。

这“四勿”（勿耽酒色、勿荒犬马、勿亵尔神、勿怠尔心）、“五至”（忠君至恳、孝亲至勤、爱民至专、祀神至诚、训子至要），将木氏提倡什么及反对什么，表述得清清楚楚。它是木氏几代人思想的结晶，既是规范木氏家族行为的准则，又鲜明地体现了木氏家族思想上的价值取向。其内容丰富，包含了深沉的历史责任感，自强不息的进取精神，自觉维护国家和民族的整体利益，尊老爱幼，希望下一代成才，爱民惜物的民本思想等，但核心却是“忠君法祖”。

姚安高氏的家训“忠君孝祖”，丽江木氏的家训“忠君法祖”，提法略有不同，而精神相近。两地相距数百公里，家训形成的年代不同，木氏土司的家训是在嘉靖七年（1528）木公建木氏勋祠落成时，刻于祠中，垂诫子孙；姚安高氏的家训，由清初高奣映（1647—1707）撰，当形成于其归隐结璘山设馆办学时期，在1684—1697年间。二者相距约150年。二者看似毫无关系，却有其内在的关联，因高氏中的高齐斗、高守藩、高泰翟、高奣映四代都先后在丽江舅舅木氏土司家住过较长的时间，对木氏的宗谱、宗庙及家训都较熟悉，高氏修家谱、撰家训时，当有所借鉴取法。更重要的是，高、木二氏土司明初受封以来，每当承袭或有事，按例均要亲自或派管事到京城述职，沿途跋涉旅居都城期间，见闻甚广，所学甚多；明代云南各州县纷纷办义学、书院、学宫，汉文化渐为普及，对云南各民族的影响日渐加深，忠君爱国、孝顺父母的观念深入人心。孝，有利于家庭的和睦；忠，有利于内聚力的形成，国家政权的稳固。这种价值取向的形成，是各民族在长期的历史发展过程中，从自己切身正反两个方面的经验教训中感悟到的真知；也是官方长期倡导、培育，中原文化不断熏陶的结果，是中华民族的智慧之花。马克思说过：“在每个时代里，统治阶级的思想就是统治思想。”（马克思、恩格斯《论艺术》一，162—163页）元明清时期，在土官所辖的地区，无论府、州、县，土官的影响都较大，他们忠君爱国的思想、他们的价值取向直接影响着他们治下的成千上万的百姓的思想，对各民族、各地区的爱国思想的形成和发展起了不小的作用。

三、文化成果各放异彩

云南各土司元代多以武功称雄，至明代逐渐以文治著称。由尚武而渐趋崇文。各土司率先学习汉文化，经过几代人的积累，有的能纯熟地运用汉文写诗作文，取得了较为丰硕的成果。在民间文学、本民族文字著作之外，拓展了新的领域。丽江木氏与姚安高氏便是其中的代表。其文化上的贡献主要有：

1. 以汉文创作了一批作品。丽江木氏土司从木泰（1445—1502）开始存诗，其后有木公（1494—1553）、木高（1516—1568）、木青（1569—1597）、木增（1587—1646）、木靖（1628—1671）等，共6代有诗文存世，其中以木公、木增为著。木公曾纂修家谱、修宗祠，并撰写诗集6种，杨升庵选其精者编《雪山诗选》，张志淳、张含、李元阳等为之评点。木增亦曾撰诗文集5种，俱已刻印，但涉及明末政事甚多，雍乾之际列为禁毁书目，今完整保存者仅诗集《山中逸趣》、徐霞客帮助整理的读书笔记《云薖淡墨》。其余为残本、抄本。木增的著作，有诗、有词、有赋、有文，品种较多，在《云薖淡墨》中有“释庄义”一组，可作学术研究看。木泰、木高、木靖存诗虽少，有佳作。木氏六公的汉文作品，开了纳西族文人创作的先河，于东巴文化、民间文化之外，增添了文人文化的新内容。

姚安高氏之汉文创作，见于记录的有明末高守藩著《龙溪小窗集》，另有《悼内十咏》。高泰翟编《高氏家谱》分“谱例”、“考证录”、“源流图”、“恩纶”、“家训”各编。高氏至清存诗文的有高奣映、高厚德、高乃裕，其中以高奣映为著。相传著书81种，今存《鸡足山志》、《滇鉴》等史学著作；《妙香国草》等诗集，《金刚慧解》、《太极明辨》等宗教研究之作；《迪孙》、《训子语》等教育论著，涉及多学科、多领域，成为著名的学者、教育家，为姚安、也为彝族文化增添了新内容，谱写了姚安、特别是云南彝族学术研究的新篇章。木氏以诗文创作著称，高氏以史志、学术见长，各有建树，各呈异彩，共同为云南民族的文化发展做出了贡献。

这些诗文集的出现绝非偶然，而是木氏、高氏土司家族长期参加社会实践（政治、军事、经济）和重视自身文化学习的结果。木氏土司家门口有一重要匾额“天雨流芳”，以纳西话读，意为“读书去吧！”木氏通过各种渠道，购进大量图书，建了“万卷楼”，从鹤庆等地请了家庭教师，辅导子孙读书。仅从木增的读书笔记《云薖淡墨》看，征引图书达300余种。可知读书是增长木氏才智的重要方面。姚安高氏土司亦多勤奋好读，高奣映尤甚。他“嗜书成癖……博涉经史百家，凡宋元以来，先儒论说，与夫诗古文词，及近代制艺，皆窥其底蕴而有所得。”他于结璘山建馆“藏古今书籍于佛雪岩，编为十号，每号千数百卷”。（甘孟贤《高雪君家传》）正是其深厚的学识，使得他在学术上有所建树。

2. 推社会文明建设。由于高氏与木氏土司有较高的文化修养、较广的见识。他们在各自的辖区尽力推进社会文明建设。

木氏土司在明代中后期注意引进内地的医生、造纸、冶铜、制革等技术人才，发展经济；捐款修复鹤庆文庙，在多处架设桥梁，为百姓提供方便。高氏土司兴办教育，在教书育人上做了大量工作，培养了一批人才，促进了当地汉文化水平大幅度的提高。同时，还在兴办医疗、提倡种树、移风易俗、倡导尊老爱幼、培育社会公德等方面做了工作。

高氏与木氏还在辖区或邻近地区内兴建寺观，绘制壁画，刻印佛经，阐释教义，既使自己的精神有所寄托，又使百姓思想有所皈依。木增捐资刻印的理塘版大藏经《甘珠尔》为藏文佛经中的精品，共180函，至今在拉萨大昭寺内还有珍藏。高奣映撰写的《金刚慧解》是他对佛教经典的阐释，融汇了他对佛学的体验。高氏和木氏各自都对弘扬佛学做出了贡献。

姚安高氏在文化上取得的成就，原因是多方面的，但受丽江木氏的影响是一个重要方面，以木增和高奣映为例，两位都是少年承位：木增9岁，高奣映12岁，承位时均由母亲代政，木增母为罗氏春，高奣映的母亲为木氏荣。两位土司均在壮年即退位隐居，木增在36岁退隐芝山，高奣映37岁归隐结璘山。退隐后木增主要是读书写作，“独爱玄同契老庄”，以诗酒自娱；身在山林，却关心朝政，捐款助饷，建言十条，为朝廷献策。高奣映退隐后也主要是读书写作，兼教学，在较高的层次上，对中国传统文化进行探索，同时仍关心地方社会公益事业。二者的家庭均有较强的经济基础和实力，但他们不像有些土司那样花天酒地、过荒淫庸俗的生活，而是注意人格修养，培养高雅的情趣，舍得花巨资购买图书及刻印先祖和自己的著作，木氏的著作有的还运到苏州，请当时最负盛名的出版家“汲古阁”精印出版。这种自觉投资文化建设的眼光，已高出同辈许多。正是有这种自觉的文化意识，高氏和木氏才为后人留下了许多宝贵的精神财富。高奣映的为人、为文方面，时时可以看到其外祖父木增的影响。这些有眼光的土司互相邀约，携手并肩，共进文明之途，是社会进步的一种表现。

历代土司，是中央王朝在边疆民族地区设置的地方官吏，是汉文化向四周传播的桥梁，在特定的历史时期，相对来说，汉文化较为先进。明、清时期各地土司带头学习汉文化，必将影响各民族各地区的百姓群起仿效，从而提高了民族文化素质，推动边疆民族地区的文明进程，增进整个中华民族的内凝力。

参考文献：

[1] 余海波、余嘉华：《木氏土司与丽江》，云南民族出版社，2002年。
[2] 姚安：《高氏家训》。

浅论德格版《甘珠尔》的蓝本即丽江—理塘版《甘珠尔》

噶玛降村

相传在藏王松赞干布（629—650 年）时期，创造了藏文楷书。此后，从公元 7—9 世纪便开始了藏地的佛教典籍整理翻译汇辑编目工作，经历了松赞干布、赤松德赞（755—780，khri - srong lde - btsan）、赤德松赞（804—815，khri - lde srong btsan）、赤祖德赞（815—836，khri - gtsng - lde - btsan）四大赞普。到公元 8 世纪后期，赞普赤祖德赞兴建桑耶（bsam - yasdgon - pa）寺，剃度出家，建立僧伽，从汉地、印度等地礼请汉印僧，与吐蕃本土的译师一起组成翻译队伍，设立译经场，把散存于各地的文献加以汇集，使用当地的语言文字翻译编写，并汇集成经典，因之目前《大藏经》中有藏语体系。译师们把保存在登迦宫所有的《甘珠尔》（bkav - vgyur）和《丹珠尔》收集起来，编成《登迦目录》；把存放在钦普宫的所有《甘珠尔》和《丹珠尔》收集起来，编成《钦普目录》；此后，又将旁塘宫里的《甘珠尔》和《丹珠尔》收集起来，编成《旁塘目录》。三次编目形成了藏文早期的三大目录。这是结集藏文佛典的开始。尽管吐蕃王朝时期藏文档案和书籍的翻译整理编目是比较全面的，目录与图书分类也是很科学的，但由于条件所限还未刻印出完整的《大藏经》。

13 世纪，翻译佛教经论工作基本完成，这对西藏藏文经论的汇集起了促进作用。这时还没有专门从事印刷工艺的机构，而大量的经典和文集都以手抄本流传，其中有一些是用金汁、银汁书写的。印刷术于 14 世纪末开始形成。据相关资料记载，1285 年（元至元二十二年），元世祖忽必烈命帝师达玛巴拉、释教都总统合台萨里（维吾尔人）、都统托因、国师叶辇、佛日光教大师庆吉祥等名僧用梵文原本对勘藏汉文佛教大藏经经典。历时 3 年，撰成《至元法宝勘同总目》。当时所用的藏文经典目录，称“西蕃大教目录”，即萨迦派所编佛经目录。1312 年，元仁宗皇帝邀请那塘寺的降央到北京传教，返藏后，那塘巴降央献给其老师觉丹热白热智部分《律经》经典和从内地带来的汉地墨、纸等。此后不久，觉丹热白热智率卫巴洛萨雄秋益西、译师索朗威色、江若祥秋崩等人收集了当时卫藏地区能收集的所有佛说经典。按内容将经、续、律等分类；按编者分为两大部分：佛语部，即释迦牟尼本人的语录为《甘珠尔》；论疏部，佛家弟子对释迦牟尼教义所做的论述及注疏为《丹珠尔》，抄写成一部完整的藏文《大藏经》，存放在那塘寺，称为“那塘版《大藏经》”本。它的开印开创了藏传佛教佛学经典系统全面汇编的先河。后来，1348 年，由察巴贡嘎多杰以那塘版《甘珠尔》为母本，参照异本，用金银汁书写成一套《甘珠尔》，写成后由布顿（Bu－ston）大师担任校订并编写此《甘珠尔》目录，世称蔡巴《甘珠尔》本。1431 年，江孜法王绕丹贡松以那塘《甘珠尔》为母本，用金汁书写了又一部完整的《甘珠尔》，由土杰巴校对并编写其目录，通称为“江孜厅邦玛”本。此后，由宣粗释迦坚参、噶玛巴却扎嘉措（chos grags rayat-sho）等人，以蔡巴《甘珠尔》为母本，经过编纂、注释形成全套《甘珠尔》，通称“卫青巴当泽《甘珠尔》本”。这些《甘珠尔》虽不是刻印版，但是人们仍然习惯称之为《甘珠尔》版本，成为后世刊印版之范本。这一时期历代高僧大德和学者们互动，对藏文大藏经的整理汇集进行了不懈的努力，取得了较大的成就。木刻印刷的技术在藏区也是在这一时期开始发展起来的，迄今为止发现的由珠青·乌金巴所著《时轮注释》印本是最古老、较完美的木刻印刷版，其后《宗喀巴文集》、《萨迦五祖文集》等著作和法本也陆续刻版印刷。

藏文第一版完整的《甘珠尔》木刻印刷版，是在汉地刊印的南京永乐版和北京万历版，其版本早已毁损无存，印本也极少流传。藏族自己刻印的《甘珠尔》版本是丽江版《甘珠尔》。丽江版《甘珠尔》是南京永乐版和北京万历版藏文《甘珠尔》刻版印刷后在藏区首次刊印的藏文《甘珠尔》版本，也是至今遐迩闻名的德格版《甘珠尔》的蓝本。1603 年藏巴汗彭措朗杰应邀参加噶举派黑、红帽系两位活佛举行的噶举大法愿会，木增土司特派专人供养。此时第九世噶玛巴·旺修多杰（dbang phyug rdorje）发起要在藏区刻制藏文《甘珠尔》的倡议，不久噶玛巴圆寂。第六世红帽系活佛却吉旺修（1584—1630）奉上师遵嘱，动员丽江府土司木增（1598—1646，藏名噶玛弥旁索郎饶丹）刻制藏文《甘珠尔》。木增土司遵奉活佛指示，1609 年邀请第六世红帽系活佛却吉旺修、第五世司徒却吉坚参和噶玛伦珠到云南丽江府主持编纂、校勘《甘珠尔》。三位活佛从西藏迎请的、曾由宣粗释迦坚参、噶玛巴却扎嘉措、噶玛巴弥觉多杰（mi bskyod rdo rje）、活佛却吉扎巴以及桂译师宣鲁巴等人多次校订后收藏在西藏古堡钦巴达孜的蔡巴《甘珠尔》为主要底本，续部类与《达龙续部》相对照，而校勘时仍用未经校订的经典作参照校勘刻印，于1614 年由活佛却吉旺修编写成《甘珠尔成板作业如意宝镜》，1621 年8 月刻竣。这是藏区首次雕版印刷的藏文《甘珠尔》。因为刻版的地点在丽江，所以叫丽江版《甘珠尔》。

司徒却吉炯乃（si－tu chos－kyj vbyung－gnas）于 1729 年，依照德格土司丹巴次仁（ba－tan－pa tshe－ring）旨意，刻印了留存于今的德格版《甘珠尔》，并编写了《雪域声明引之·无数佛经刻成印版之愿·善言催开智者意悦白莲之月光少年藤》(《甘珠尔·总目录》)。据该目录记载：“在明万历三十六年（1608 年），云南丽江府丽江版《甘珠尔》请第六世噶举派红帽系和第五世司徒前来丽江主持编纂、刻印，至明泰昌元年（1620）刻竣，共用 12 年之久。丽江府刻成，故最初称为丽江版《甘珠尔》，这套甘珠尔共计有 109 帙。丽江版《甘珠尔目录佛陀喜悦之音》、丽江版《甘珠尔成板作业如意宝镜》由噶举派活佛却吉旺修编纂而成。此版《甘珠尔》，由却吉旺修活佛等通过全面的收集、整理、比勘后统一版式，在版本、文献方面的权威性和准确性较大，但编纂大藏经是一项艰巨繁重工程，寓意深奥，还存在审读力量不足，个别章节不一致，字句错漏，顺序倒置的问题。因此，我们在编纂过程中力求通过努力发掘，全面收集和整理相关文献，与洛宗《甘珠尔》等比勘，分类排列，并加以标点句读，使之成为有史以来收编佛经种类最完备、最符合藏文文法规则、最权威的《甘珠尔》。"

由此可以得知，丽江版《甘珠尔》始刻于明万历三十六年，而完成于明泰昌元年。丽江版《甘珠尔目录》中记载有"如今雪域的所有《甘珠尔》经函的多数，如一些大智者之言虽依此《甘珠尔》为标准，然一些学者亦提出异议等求庇之语，然而不能依何而解说，皆以此噶玛噶举之无上修行传承所传承之教赐作为主要标准。故今《甘珠尔》之母本虽多，然此时依写造者而命名之蔡巴《甘珠尔》更为殊胜，此版本历经宣鲁释迦坚参、噶玛红帽、黑帽历代法王及其他智者在圣土修订完善而成，系至今雪域诸版本中无与伦比的"等之说，由此可知，其母本为蔡巴《甘珠尔》写本，深受人们的重视，非同一般。

丽江版《甘珠尔》内容的分类和函数为：释迦牟尼说法时初转四谛法轮《四部律经》部 13 函，释迦牟尼说法中转无相法轮《般若经》部 26 函，释迦牟尼说法时后转分别法轮为主的其他法轮《经部》32 函，释迦牟尼说法时后转分别法轮《华严经部》6 函，释迦牟尼说法《宝积经》6 函，释迦牟尼说法称为大密咒金刚乘或持明藏《四续部》24 函，释迦牟尼说法咒集《释难无垢光》1 函，加上其目录 1 函，共 109 函，1000 多种文，33784 块印板，比德格版《甘珠尔》多几十块。各经函首以花纹装饰，书名页的插图左右两边绘有七佛、各大声闻弟子、二圣六庄严、八大如来、八大菩萨、十六尊者、护法七尊者像。续部之自啊函至案函之书名页右边为大如来等五种姓佛，左边依次为五明妃。书名页右边书眉竖刻此文藏文书名的汉译，如页的正面为"大圣信力增入印经一部第一上"，页的背面为"大圣信力增入印经一部第二上"的汉字，相当于藏汉对照书名，这在其他藏区印版中几乎没有。通过丽江版《甘珠尔》得知，在那时期，纳西族与藏族的文化已经水乳交融，而且有更广泛的学术价值。除上述特色与德格版不同外，其他内容的排列、版式、函号、经题等与德格版大体一致。

雕版印刷究竟在何处向来说法不一，有人说："1614 年木增土司迎请噶举派大活佛到中甸县小中甸康司寺完成了丽江版大藏经《甘珠尔》的编纂、刊刻工作。"相关藏文资料记载就在木氏土司衙署丽江军民府，具体地点应该是解脱林。在《徐霞客游记》中有这样一段记录：与木增"叙谈久之，茶三易，余乃起，送出外厅事门，令通事领解脱林，寓藏经阁之右厢"。可知解脱林有个藏经的场所"藏经阁”。有关资料还记载，木公时代解脱林有雕版印刷的作坊，这恰好说明了印刷生产工作需要的裁纸、印刷、晾晒、装订、磨制烟墨以及管理人员用房和库房等在解脱林。可见，从已有的资料看，仍以丽江府附近解脱林为合于事实。

如此雕版印刷大型的《甘珠尔》是一项巨大的工程。以德格版《甘珠尔》为例，1730 年 2 月 3 日，正式在德格更庆伦珠顶开始进行校对和雕刻工作。为了提高印版的质量，德格土司规定实行三级审校制度，即书法家们在纸上书写好的版文进行两校，以便及时修改错漏。然后经编审师们复审和终审后，方可交刻工雕刻。刻完后编审师们在清样上还要进行三校。版面改动较多的进行重刻，改动较少的进行补刻。规定的校次不准任意减少或改动。雕刻工作由噶玛班珠和次白总负责。经过 60 多名书写员、10 名编审师、400 余名刻工以及 100 多名杂工的艰苦劳动，浩繁的 108 函，33707 叶（叶与页不同，叶是双面的，页是单面的），1108 种文的（种指一部书内的分册）《甘珠尔》刻版工程于 1734 年完成。印版所用经费，折成茶叶共计 7622 包（每包约 20 公斤）。为此，从德格刻印《甘珠尔》工程来看，当时在丽江地区的雕版印刷业已形成较大规模，不仅具有雄厚的经济势力以及版材、磨墨、纸张制作技艺外，还有一批很好的藏文书法家和刻工等专业人才。

清顺治十一年（1654）固始汗死后，其侄喀卓罗桑丹迥担任巴塘、理塘和中甸等地方的总管时，发动了战乱。以达赖汗为首的蒙藏军队前往平息叛乱，到达丽江府，见到这一套丽江《甘珠尔》后，遂下令用骡马驮运，送至理塘寺存放。从此，这一部《甘珠尔》就名之为理塘版了，或称为“丽江—理塘版《甘珠尔》”。此印版已毁于 1908 年战乱之中。西藏拉萨大昭寺内现今还珍藏着当年木增赠送的开印本一套，每一卷都用绸缎包成一包，每两包装成一木箱，木箱外面用金线缠绕，并用银锁锁好。这部《甘珠尔》已成为大昭寺的珍本，木增也由此成为滇藏政教关系史上的重要人物。1999 年，中国藏学研究中心《大藏经》对勘局从大昭寺请了一套此印本的胶印本收藏，为藏文《大藏经》校勘使用。另外，在四川理塘县境内找到一些民间流传的零卷及一些零散刻版。

从上述丽江—理塘版《甘珠尔》雕版印刷来看，丽江当时就具有雄厚的经济实力和精通藏文化知识的人才，17 世纪前已经形成相当完善的印刊组织机构——印书院。这不仅是在纳西族文化历史上留下了辉煌的一页，而且对藏区德格印经院、那塘寺印经院、卓尼（lo ne）印经院、布达拉宫印经院及拉卜楞寺印经院的陆续创建起了积极的推动作用。纳西王木增刻印了丽江—理塘版《甘珠尔》印版以后，在藏区刻制《大藏经》之风顿起，地方豪酋挟势助长，发心劝募，礼聘高僧大德，缮刻《大藏经》以为功德。先后有卓尼土司玛索贡布（dmag - zor mgon - po）出资刻印了卓尼版《甘珠尔》、《丹珠尔》，此版本现已毁；康熙、乾隆出资刻印了北京版《甘珠尔》，版本毁于光绪二十六年庚子之役；德格土司却杰丹巴次仁出资刻印了德格版《甘珠尔》、《丹珠尔》，此是迄今为止世界上保存最为完整、雕刻质量最好的藏文《大藏经》印版，现今仍然在开印传播；第司·桑杰嘉措和颇罗鼐·琐南道杰（pho－lha－ba－bsod－nams－stobs－rgyal）出资刻印了那塘《甘珠尔》、《丹珠尔》，此版本已毁；青海拉加寺活佛出资刻制拉加版《甘珠尔》；十三世达赖喇嘛·土丹嘉措（thub－bstam－rgya－mtsho）主持刻制拉萨版《甘珠尔》；昌都雅仓·洛桑贡秋和德格女土司德庆卓玛出资刻印昌都版《甘珠尔》，此版本今无存；丹曲丹巴主持刻制瓦拉版《甘珠尔》，此版本今无存；国外版本有普拉卡版与库伦版《甘珠尔》两种，前者刻于不丹的夏都普拉卡，后者1920年在今蒙古人民共和国首都乌兰巴托刻造，此版本今无存。

新中国成立以后，把对勘藏文《中华大藏经》列入国家“七五”、“八五”课题规划。中国藏学研究中心自1986年成立之后就承担了这项课题，并于1987年在成都成立了工作机构——《大藏经》对勘局。这个宏伟工程，共投入资金4000多万元，参与此项工作的学者200多人，历经20年，对勘新编的藏文《中华大藏经》包括《丹珠尔》124部（含4部目录）、《甘珠尔》108部（含1部目录），全套232部目前已面世。这是我国历史上首次全面系统对勘藏文《中华大藏经》，这部将藏区多种版本经过逐字逐句逐行进行整理校勘加注的、制作极其精美的传世宝典，是诵读之佳品、收藏之珍品。

参考文献：

［1］《司徒却迥文集》，八帮寺藏文木刻本。
［2］《贡珠文集》，八帮寺藏文木刻本。
［3］土登彭措：《藏史纲要》（藏文），民族出版社，2006年。
［4］丽江版《甘珠尔目录佛陀喜悦之音》藏文，中国藏学《甘珠尔》对勘局。

16 世纪纳西人向康区发展始末

得荣·泽仁邓珠

一、藏纳是同源分支的渊源关系

藏族最初以氏族部落中某个成员的肤色和外貌特征分为色、木、东、冬四大原生种姓。今多康藏族先祖是藏族原生四大种姓中的冬氏部族发展而来的。英勇好强、能武善战、喜欢迁徙、游走好动的冬氏种姓部落，最早繁衍生息在今西藏山南地区的雅隆谷地。在距今 8 万—2 万年前，他们迁徙到藏北羌塘草原，在那里创造了岩画、石碑、建筑（今无存）、古塔、拥仲本教和古人类墓葬等古象雄文明后，一部分翻越当时海拔不高、水草丰盛，没有大江大河阻隔的唐古拉进入金沙江源头和黄河河曲一带，在那里积蓄力量、发展壮大后，又向东、向北、向南迁徙，开辟新的生息地，江河、湖泊成为他们迁徙的自然通道。汉文史料中，把活动在今西北、西南和中原黄河中上游广阔地区的、以血缘关系和地域关系为基础的无数藏族远古先民部落统称为与羊种有关的“羌人”，也称“西羌”、“戎羌”、“氐羌”等。又根据藏族先民的居住地域、饲养畜种和其他外貌特征，抽象地称之为西域诸羌、党项羌、武都羌、广汉羌、岩昌羌、冉駹羌、笮都羌、邛都羌、青衣羌、越嶲羌、白马羌、黄羊羌、白狼羌等。

沿金沙江、澜沧江、雅砻江、岷江、青衣江、大渡河、安宁河进入西南的冬氏种姓部族，中原汉族史家在汉文史料中记载为古羌人或氐羌人，他们既是发现、开发、建设西南大地的人类先民，又是今西南属于藏缅语系的 20 多个少数民族的先祖。

今纳西人是由迁徙到西南地区的藏族冬氏种姓 18 支中一个肤色紫黑的部落发展壮大而来的，是藏族四大原始氏族冬氏种姓中分流而来的一大成员。藏、纳西之间是同源分支的渊源关系，具体表现在人种起源说和民族共同体本质属性上的共同语言文字、共同风俗习惯、共同地域和经济、共同历史文化和共同心理素质上，这里不作细说。

“纳西”二字是藏语“nag shen”二字的音译。“nag”是冬氏 18 支中肤色紫黑显贵六族的“黑”字；“shen”是藏族原生宗教拥仲本波教创始人登巴西饶米沃齐西饶“shen - rab”二字的西字。“纳西”二字又与本波教中的“纳西 snang gshen”、“恰西 phya gshen”、“杜西 du gshen”、“楚西”四大门类派别有关。汉文史料中的磨沙、靡莫、濮蛮、磨西、么西、磨些、磨蛮等都是藏语“纳西”二字的转音异写。

藏族对兄弟民族纳西人古今如一称“vjang 姜”，意为居住在连绵迁延、峡长地带的人群，视为藏民族的一个分支。纳西的历代首领也古今如一地称“vjang sadam rgyal - po 姜甲布斯郎饶登”，意为纳西王，本文也用此称谓。1382 年（明洪武十五年），明朝皇帝朱元璋给 21 世纳西王阿甲阿得取汉姓木，纳西王自此改姓木，汉史中称木土司或木天王，但藏族一直称“姜甲布斯郎饶登”。

二、纳西人向康区发展的历史背景

1368 年朱元璋推翻元朝统治、建立明王朝后，对青藏高原上的藏族沿袭元朝的旧制，通过换颁印信，对藏族实行多封众建、僧俗并用、以俗化导的统治政策。但明朝统治阶级十分担忧英勇顽强、势力强大的藏族对他的统治地位构成威胁，特别是对西南藏区始终怀着高度防范之心。《明史·朵甘乌斯藏行都指挥司》卷 321 中说：“以西番地广人犷悍，欲分其势而杀其力，使不为边患。”并以“西陲宴然，终明之世无番寇之患”，采取“以夷攻夷，诚治边之善道”。将与藏区接壤的滇西北地区列为重要的边关要塞。处在与藏区接邻的丽江、永宁等纳西人聚居区被视为“可以筹云南”的战略要地。为了减轻藏族对明王朝的威胁，在西南少数民族中必须寻找一个忠诚于明朝的少数民族地方势力。由于纳西王斯郎饶登（木氏土司）积极投靠明王朝，取得朝廷的信任，对他给予重用和扶持，使纳西王的政治势力和军事势力逐步强大，成为明朝控制川、滇藏区的重要依靠力量。通过纳西王的势力来达到明朝对西南藏区实行“以夷攻夷”、“以藩治藩”、“以夷治夷”的政治目的，明朝统治者将纳西王视为“西北藩篱”，委以“节制吐蕃”之工具，给予“诚心报国”的抬举，以提示纳西王向康区扩张的合法性。

纳西王也想借助明朝的力量，趁机扩大自己的势力范围，特别看重明朝对他的政治封号和经济扶持，与明王朝保持密切关系。明王朝利用纳西王所处的战略地位和军事实力，将纳西王视为最理想的抗御和防范藏族的依托力量和抵抗吐蕃势力的工具，为了让纳西王为明朝统治阶级卖力，不断封官赏物、大力扶持，利用实力日益强大的纳西王来控制康区。这是纳西人向康区扩张的历史背景。

三、纳西王向康区扩张的经过

14—15 世纪，纳西王的统治势力范围局限在今丽江地区全部和四川西昌、德昌、盐源、盐边等地。明朝统治阶级利用纳西王的势力有力控制和防范藏族的威胁。一方面给纳西王加封赏物，大力扶持纳西王向康区扩张，作为“以夷治夷、可以筹云南”的战略措施；另一方面明王朝对纳西人向藏区的军事扩张明确视为“辑宁边境，诚心报国”的行为，见于文献记载的嘉奖有 28 次之多。

纳西人向康区扩张的时间从 1442 年（明正统七年）开始，纳西王将其势力伸向金沙江以北的中甸藏区。1485 年前后，纳西人征服了今大小中甸、维西、石鼓等地，藏、纳西地方王之间在这一地区争战达 30 多次，纳西人取胜后，采取步步为营、逐年推进的方式，其势力开始向今德钦、维西、得荣、乡城、稻城、巴塘、理塘、木里和西藏的昌都、芒康、盐井等地扩张。这些地区成为纳西王的统治范围长达 100 多年。

四、纳西人经营康区一百多年

纳西人在明朝皇权的全力支持下，自 1442 年开始向康区实行军事扩张，到 1639 年（明崇祯十二年）青海蒙古首领固始汗攻打康北王白日邓悦多吉，纳西人在康区的统治结束，长达 197 年。现对纳西人经营康区的情况简要叙述如下：

1. 实行军事扩张，采取步步为营。纳西人征服康区是依靠军事力量，采取一步步占领的手段完成的。由于藏、纳西是同根同源的同一共同体内的兄弟之争，双方都具有共同的英勇善战、不屈不挠的顽强性格，因此，纳西人征服康区的战争异常艰难。自 1442 年至 1553 年，长达 111 年，历经四代纳西王（木嵚、木泰、木定、木公），才将滇康地区的门户吉塘、拥塘、中甸置于纳西王的统治之下，将中甸作为进攻康区的大后方。又历经两代王（木高、木东）20 多年时间的苦战，才进入康区德钦、芒康、盐井、昌都和得荣、乡城、稻城、巴塘、理塘、木里、九龙和康北部分地区。纳西人在攻克这些地区时，双方战斗激烈，攻守势力相当，因而战争时间较长。纳西人依靠明王朝的坚强后盾和优于藏区的武器装备，采取修筑碉楼、步步为营的方式逐年推进。其步骤是每攻下一地方，就修筑一个军事碉楼堡垒，留下一些士兵坚守，然后再往前进兵。在康区各地留存至今的碉楼，有些是藏人用于抗御纳西人所建，有些是纳西人作为军事据点所筑，这些作为碉堡营垒的建筑，藏族统称为“vjang－dzong 姜宗”，意为纳西人的宗堡。“dzong”在藏语中有堡垒、居高点、城堡、碉楼、要塞等意，后来统称“县”。

2. 建立“羌本”和“米色”政权。纳西人向外扩张时，借鉴先祖吐蕃王朝的军民合一制，把大量的纳西人移民康区，在康区各地建立了许多大小不等的纳西人聚居区。纳西人口较多的地区为得荣、乡城、巴塘、理塘、木里、德钦、中甸、维西、盐井、芒康等。纳西人征服康区后，在当地建立了统治机构。

一是建立了“羌宗”。它是一种借鉴帕木竹巴政权“宗本”的地方行政机构制度，即现在的县制。“姜宗”的实质是建立在村寨中的一种军事堡垒性质。“宗”

派有“宗本”，相当于县官。但藏族统称为“姜本”，意为纳西官。他的主要职责是指挥作战和管理军事，因而又称“玛本”。在汉文史料中称“木瓜”，这是藏语“玛本”的音译加纳西语的合称。

最初担任“宗本”或“玛本”的为纳西人，后来也有效忠纳西人的藏人。

二是建立“米色”制，管理村寨行政事务。纳西人在征服康区的过程中，对投降、臣服、效忠纳西王的藏人委任为“mbe－se 米色”职衔。米色是藏语，意为纳西王授予他“特权”或“特权人物”之意。即在差役、赋税、进贡等政治经济上享有与众（指藏人）不同的优惠特殊待遇之人。其职级相当于现在的乡镇长，这个职务最初是任命制，但没有明确任期，后来成为世袭制。我的故乡得荣的“米色”很多，仅我们乡上就有两人“米色”，1958 年民主改革后被废除。米色在汉史中音译为本虽、百色、百虽等，转音多写。

得荣县（今日龙乡）有两个米色职务的富贵人家，通常称米色仓，意为授有米色官位的富贵人家。他们分别为今日龙乡龙茸村八仲米色扎西吉村、日麦村热效米色俄木次主。这两位米色何时授封、1959 年被废除时世袭了多少代，至今无人知晓。这两位米色在本乡内享有不支差、不交苛捐杂税的特权，这个特权在民众中无争议，他们既是人人皆知的特权人物，又是远近闻名的高贵之人。这两家米色仓在得荣和周边地区为享有声望的富豪之家，拥有与官寨、土地、牲畜、武器和与众不同的高级服饰。八仲仓还有来往于拉萨、印度、云南的骡马商队。热效仓管辖日龙、徐龙两个乡的 300 多个民户，是集政权、司法、军事、文化、经济大权于一身的地方王。他管辖内的一切大小事务都由他说了算。1959 年，八仲、热效两家米色仓分别被划分为地主、封建主阶级成分。

1958 年八仲仓全家人带贵重财物随藏军逃往拉萨，后逃往境外定居。米色扎西吉村有一人留在牧场放牧，当他看到家产、土地、房屋即将被没收，人也有被批斗的前兆时上吊自杀。从此八仲米色仓在当地无人了，留下的房屋、土地和带不走的家产后来分给了穷人。日麦热效仓米色俄木次主出席 1950 年 11 月在康定召开的西康省藏族自治区（今甘孜藏族自治州）第一届各族各界人民代表会议，担任得荣县第一届人民政府副县长兼民政科长，为中国共产党在当地开展建设、民主改革和平息武装叛乱等做出了重要贡献。米色本人及其 3 个儿子亲临第一线参加剿匪运动，表现十分勇敢，战功卓著。但在 1959 年，由于受极“左”路线的影响，一家人均遭受了不公正的对待，米色俄木次主及其 3 个儿子于 20 世纪 60 年代相继含冤去世。

纳西人经营藏区主要是依靠“米色”制度来管理藏区基层的税收、司法和其他行政事务。

3. 发展农业经济。纳西人经营康区时期，发展农业、牧业、手工业和商贸经济。

4. 大力扶持和信奉藏传佛教。纳西人是信奉藏族原生宗教——本波教的群体。

为了政治的需要，纳西王在经营康区的过程中，不仅本人信奉藏传佛教，而且在全民中推行藏传佛教，主动邀请藏传佛教各教派高僧到纳西地区传教、招徒、建寺，借助藏族宗教上层人物的力量来治理康区和扩大自己在藏民中的影响。

五、留居康区的纳西人融合同化到康巴藏民中

1610 年前后，信奉噶玛噶举教派的原帕竹政权首领彭措郎吉和邓久旺布父子在今西藏日喀则建立了噶玛巴宗堆王朝，即汉史中的“藏巴汗”。他们拥立噶玛巴活佛为法王，认识到此教派的崛起将会对其他教派构成威胁、取代他们而成为主流势力，格鲁派的兴起对噶举派极为不利，于是对格鲁派采取了种种抑制高压政策，其目的是消灭新兴的格鲁派势力。五世达赖喇嘛昂旺洛桑嘉措依靠蒙古军事势力拯救格鲁派。青海蒙古部落首领固始汗丁真曲吉甲布自愿帮助五世达赖喇嘛出兵排除异己。丁真曲吉甲布于 1639 年率兵进入康区，首先推翻了与纳西王结为军事和宗教联盟的白日邓悦多吉在康北的统治地位，将邓悦多吉杀死的同时，击败了纳西王在康区的军事力量。纳西王的势力从此退出康区，结束了在康区近 200 年的统治历史。

在征服康区的过程中，随军进入康区的纳西人，一部分逃离康区回到丽江，一部分留在原地。定居康区的纳西人随着时间的推移，大部分融合到藏民中，今康区的藏族中相当一部分是纳西部落的后代。例如，我的故乡得荣的居民中，以往的上层贵族家庭绝大多数为纳西人后代，称为“姜热”，意为纳西骨系。

纳西族聚居区原在巴塘、乡城、德钦、理塘和芒康、盐井等地，后来逐步融合到藏族中。今四川得荣（原属巴塘县）白松乡目前还有白松、门扎两个纳西族行政村，人口有 700 多，他们依然保留着纳西族的风俗习惯、地方语言和地域传统文化。

六、纳西人与康区宗教文化交流

一直与明王朝保持密切关系的纳西王，通过深思熟虑、审时度势，采取了一个明智的举措：要长期立足康区，必须与藏传佛教不同教派的领袖人物保持供施关系。

自远古以来，纳西人全民信奉藏族原生本土宗教——本波教。自纳西王征服康区后，出于对自身统治利益的需要，积极主动地与藏传佛教宁玛派、萨迦派、噶举派、格鲁派的领袖人物建立供施关系，邀请高僧到纳西地区传教、招徒、建寺，积极主动地吸收藏族宗教文化，加强藏、纳西之间的宗教文化交流。

（一）纳西王与噶玛噶举派建立供施关系

噶玛巴红帽系二世喀觉旺布的亲传弟子曲批益西的徒弟直麦巴登担任纳西王的

上师喇嘛，标志着纳西王信奉噶玛噶举派。紧接着纳西历代王多次邀请噶玛噶举派历世活佛到丽江传法布教。其中噶玛巴黑帽系八世活佛弥久多吉于1528年到丽江布教传法；黑帽系十世活佛却英多吉长期在丽江传法；红帽系二世活佛却吉旺秋来到丽江，主持编制《甘珠尔》佛教经典目录。

司徒曲吉坚贞和司徒丹白尼切先后来丽江主持佛事，传经布教，修建寺院。藏传佛教其他教派的高僧与纳西王保持良好的关系，促进了藏传佛教文化在丽江和云南各族中的传播。

（二）纳西王与格鲁派领袖人物建立关系

纳西王早在16世纪与藏传佛教格鲁派建立供施关系。修建康区第一座格鲁派寺院——理塘甘丹降钦曲柯林（长青春柯尔寺）时，所有费用由纳西王出资，他成为理塘寺的施主。寺院建成后，纳西王迎请正在蒙古传教的第三世达赖喇嘛斯郎嘉措为降钦曲柯林开光加持。1580年达赖喇嘛斯郎嘉措接受纳西王的邀请来康区，为理塘寺做了隆重的开光仪式。纳西王虔诚迎请斯郎嘉措到丽江传教，但因各种原因未能前往。派亲传弟子曲吉桑杰嘉措到木里传教，先后在木里建起格鲁派三大寺，作为向纳西人传教授法的根本道场。

纳西王作为修建理塘寺的施主，因虔诚邀请三世达赖喇嘛到理塘一事，名声远扬，深得藏、蒙古人民的赞扬。

纳西王曾邀请昌都降巴林帕巴拉二世帕巴桑杰和三世帕巴通瓦邓珠活佛到丽江传法，促进了昌都与丽江之间的宗教文化交往。

（三）刻印佛教经典《甘珠尔》丽江版

1593—1608年间，纳西王历时15年在拥塘（今小中甸）主持刻印了藏传佛教根本经典《甘珠尔》，共108部，史称丽江版。因后来被迎请到理塘寺，也有人称之为理塘版。这个由纳西王主持刻印，由噶玛巴红帽系第六世活佛却吉汪秋校勘并编制目录的《甘珠尔》版本，在藏区共有的12种版本中被称为质量较好的一部版本。纳西王（木增）将此《甘珠尔》的开印朱砂版用骡马驮运至拉萨，献给大昭寺保存于今，成为大昭寺的珍贵文物之一。

纳西王主持刻印《甘珠尔》，这在藏族宗教文化史上是一大壮举，对弘扬藏族文化做出较大贡献，成为藏、纳西宗教文化交流史上的佳话。

（四）修建寺院，招徒传法，弘扬佛法

纳西王在云南辖区内建有很多藏传佛教寺院。这些寺院分别属于宁玛、萨迦、噶举、格鲁等教派，其中在丽江地区就有10多座佛教寺院。这些寺院中有很多纳西人的僧侣，有些后来成为著名高僧。他们为弘扬佛法、加强藏族和纳西族的宗教文化交流做出了贡献。

结束语

纳西人在明朝的支持下，把势力扩张到康区广大地区，充当了明王朝“以夷攻夷、节制吐蕃西北藩篱、可以筹云南”的工具。在长达近 200 年的征服战争中，给藏、纳西人民带来了人为的灾难和痛苦。但由于藏、纳西是同根兄弟，他们之间的争战是类似家庭中弟兄之间的争吵，没有因此而伤感情。相反，藏、纳西两族共同发展了其本民族的社会、经济和宗教文化。尤其是纳西王把藏传佛教引入云南以后，对云南纳西族和其他民族净化人心、民族和睦、社会文明起到了一定的推动作用。

普米韩规经典研究

胡文明

导　言

本文是有关云南省宁蒗县及四川省木里县普米韩规古籍调查项目的研究结果①，重点摸清流传于川滇交界一带普米民间私人收藏的韩规古籍现状。主要内容包括：

第一，普米族是非常追求理性的民族，在生存环境异常艰难、物质财富贫乏的条件下，仍创造了奇异而极具民族精神的文化。其中，韩规文化是普米族传统文化的主要构成部分，韩规文化与韩规教密不可分，即该文化由其宗教祭司代代传承，因其宗教祭司称为韩规②，该宗教也俗称为韩规教。在民间，普米韩规向来以珍藏有丰富的经卷而著称。我们今日将韩规经书当作普米古籍文献列入严肃的学术研究之内，就不得不涉及韩规教的形成及性质问题。为了寻求这些个问题的解答，因此，在提出本文中心议题之前，我们不得不先对韩规教的性质及其形成年代问题以及传承情况作一番初步的说明。

第二，韩规古籍是应用于韩规教各种仪式上的典籍。大体上讲，普米韩规古籍由两个部分构成：一是手缮典籍，即普米人用藏文字母书写而成的韩规教经书。这

① 本研究系2005年度云南民族学会普米族研究委员会重大调研项目，随后被列入2006年度国家哲学社会科学基金西部项目——“云南少数民族古籍文献调查与研究”子课题之一。由丽江市胡文明为负责人，与普米族退休老干部胡镜明与普米韩规祭司措匹·迪基偏初、熊光祖等共同参与完成。在调研及撰写报告的过程中，课题组还得到了各级普米族干部、学者和社区居民的热情支持和大力帮助。初稿完成后又烦请云南普米族研究会会长胡忠文等同仁审阅，他们提出了很多宝贵的意见和建议，为本文增色不少。特此说明并致谢。

② 关于“韩规”一词的含义，目前有多种解释，其中较有代表性的意见有三种：一是云南省社会科学院宗教研究所所长杨学政先生做田野调查后解释：“韩”指鹦鹉，“规”为美丽，全意为美丽的鹦鹉。并分析说“韩规善于辞令，在文道场诵经说唱，恰似鹦鹉学舌；在舞蹈场披红挂绿、宛如羽翼美丽的鹦鹉。”二是近年从事韩规文化传承工作的胡镜明、马红升等对“韩规”的解读是：“韩为法术，规为高。”因此，“韩规”一词应译成“法术高超的祭司或智者”。三是毕业于西藏藏医学院（现为木里县藏医院院长）的汪扎多吉则认为，韩吉（韩规）应从藏文作解释，“韩为咒，吉为诵，韩吉即诵咒。”故，韩吉（韩规）为持咒的本教师。

一类经典中的绝大部分很可能是最原始型的本教经典，它的内容宏伟而多彩，我们若拿来进行排比研究，对本教文化的研究将会有所助益。二是口传经典，即普米韩规口头咏诵的祭辞及咒语。这一类是普米古老原始巫教的典籍，为我们提供了一份研究原始文化的珍贵资料。我们本次调查及编目的重点是韩规书面经籍，而韩规口授经典则十分罕见，需要另立一类以作整理、编目及研究。

第三，韩规古籍从内容到形式和风格，均受到藏族的深刻影响。韩规所用经书全为手抄本，其特点为用藏文书写，即书写韩规经书的文字为古藏文，通常分为“社依”（行书）和“杂依”（草书）两种书法。多用竹笔从左至右写就，除用墨汁外，也有用朱砂及金粉写成的。此外，韩规古籍采用梵夹本及线装本两种形式。或许早在吐蕃时代普米人就已经知道并运用这一类经籍。原因很简单，普米人生活的川西南及滇西北地区在地理位置上与藏区毗邻，在文化、社会生活上又与藏族有着十分亲密的关系。

第四，对韩规经书，早在20世纪60年代初宋兆麟等国内学者就有意识地进行收集和保护。目前，云南宁蒗、永胜等县境内“普米族”民间所藏韩规古籍（旧抄本）不超过100册。此外，四川木里、盐源和九龙等县境内“普米、藏族”民间私藏韩规经典则较多，仅木里依吉乡一带所见约在5000册以上。上述普米韩规古籍，经过初步整理编目，去掉重复本，约有1000余册。作为一个庞大系统，韩规古籍无疑是一份底蕴深厚、内涵丰富的文化遗产，因而也是认识和了解普米族社会历史和传统文化的重要资料。然而，各种因素，曾严重威胁这类古籍的长期保存和正常流通与利用。现在各种对韩规古籍的自然威胁和人为损坏等不利因素仍然存在。目前迫切需要做的是，对这部分韩规古籍进行全面完整的标音翻译和出版工作，使之真正应用于学术研究和文化交流。

第五，由于普米韩规古籍分散在各地，且多保存在私人手中，我们不可能亲见分散在各地的所有韩规古籍，这自然给我们描述这一古籍的全貌带来了极大的困难。事实上，要把大量的韩规经卷梳理清楚并非易事。我们接受并努力完成这一很难胜任的课题，首先必须做的工作，就是尽可能多地深入到普米地区进行田野考察，了解韩规古籍之样式、种类、卷册以及保存、使用等详情，并在此基础上，初步分析研究这一古籍中蕴藏的相关文化内容，以使文中对普米韩规古籍的介绍尽量符合实际。尽管如此，这篇调研报告仍不太成熟，其中挂一漏万和错误之处在所难免，故此竭诚期待着学界同仁的批评指正。同时，作为一位普米文化的挚爱者，我希望读者们从本文中了解到一些普米族文化中鲜为人知的韩规古籍信息，也希望更多的人对普米韩规古籍给予特别的关心，共同为弘扬优秀传统民族文化作出努力。

一、研究方法与资料收集

本项目田野调查为期4年左右，涉及云南省宁蒗县、永胜县及四川省木里县所辖的6个乡：松坪、跑马坪、新营盘、拉伯、依吉、俄亚，它们皆属于目前仍保存有韩规古籍的乡镇。项目的着眼点包括：通过对普米韩规古籍蕴存情况的实地调查，摸清韩规古籍目前在民间的流传、储存情况（包括韩规古籍流传、使用、保存环境和条件、新文献添加制作等），从而为普米韩规古籍文化遗产的抢救、保护等提供有效的情报资料。

本项目研究所采用的基本方法是集文化人类学、宗教人类学等学科为一体的基本方法，最根本的方法是进行实地田野调查。这一调查的经验部分包括两份调查表（一份为韩规名册，一份为韩规古籍名录）和一系列半标准化的采访。其中，韩规名册由5项构成，分别涉及：姓名、性别、年龄、籍贯；韩规古籍名录由7项构成，分别涉及：藏文经书名称、国际音标、汉字注音、经文页数、装帧形式、保存年代、残缺情况等，力图摸清目前所知晓的韩规人数分布及仍蕴藏在普米民间的韩规古籍文献情况。笔者所做的采访是试图揭示韩规对自己如何评价，以及韩规这一群体的成员如何使自己区分于民间雅毕或毕扎及寺庙喇嘛等群体。此外，韩规教的构成、韩规的宗教实践、近年来韩规教复苏的原因以及政府职员和当地村民对韩规仪式的看法等也是采访的目标。总共有166位新老韩规记入名册，30多位韩规接受了采访，每个乡村还有4—8位当地村干部及村民接受采访，借此获得了有关统计和书面材料。

接受采访的韩规的年龄主要在20岁至50岁之间，其中50%的韩规没有上过学，40%左右的人上过小学，10%左右的人上过中学。在从事韩规职业之前，他们的职业主要是农民或学生。几乎四分之一以上的人，其祖上为韩规，他们大多是继承祖业，且对韩规仪式从小就耳濡目染，非常熟悉。

本研究工作也涉及普米族固有的原始巫教和藏传佛教。因为韩规教与普米族的原始信仰、藏传佛教之间的比较有助于了解三者在宗教的观念与思想、感情与体验、行为与活动上的不同特点，这对研究工作至关重要。

二、韩规教概述

普米人信奉韩规教，关于它的发展源流和各种文化因素是一个需要认真探索的课题。[①] 首先值得强调的是，相当长的时期以来，人们把“韩规教”当成“封建迷信”予以批判，从根本上否定这一宗教存在的合理性，谈不上正确地、如实地反

---

① 需要指出的是，从宗教类型学的角度说，普米人信仰的宗教的确比较复杂，除固有的原始宗教——释毕（包括雅毕或毕扎）外，周边族群的其他宗教，如藏族的本教和佛教均已在金沙江以北的普米地区成功落脚。此外，如汉族的道教、纳西族的东巴教和白族的本主信仰等，也明显地存在于金沙江以南普米人的宗教生活里。因此，要把普米人宗教体系方方面面讨论完全，可能需要撰写若干文章和书。笔者仅限于对与本文中心议题有密切关系的韩规教进行简要的描述和分析。

映它。在这一领域，我国学者以往几乎未曾涉猎问津，基本上是一片空白。自20世纪80年代初以来，有关韩规文化的研究才逐渐受到国内外学术界的关注，一些宗教学、人类学的学者开始着手对韩规教进行观察和描述，有的还发表了有价值的调研文章。不过，总体说来，韩规教的研究刚刚起步，既没有坚实的理论准备，也没有充分的资料基础，真可谓是名副其实的“一穷二白”。因此，有关韩规教的性质、内容构成、形成年代及传承情况等一些最基本的问题仍未得到科学的阐释和说明。考虑到上述情况，本报告中我们首先尝试对这些问题作扼要的分析。

1. 韩规教的性质和特点

普米族有自己的原始宗教，即释毕或雅毕，它们是集多神教、萨满教、祖先崇拜和民间文学为一体的宗教。然而，由于长期与周边文化进行互动，尤其与藏族的持久交往，普米人的宗教生活在很大程度上已经被藏区传来的宗教所改变。换句话说，早在吐蕃时代，藏族中盛行的两种宗教，即本教和藏传佛教相继传入普米地区，与尚处于原始状态的普米族原始巫教（释毕或雅毕）接近、碰撞。或许在面临多种文化的选择中，普米族原始巫教吸收、融合了藏区的本教和早期佛教，掺揉发展，终于形成了一种独特的民族宗教——韩规教。

韩规教的性质问题始终是韩规文化研究中的关键点之一，自20世纪80年代以来，陆续有学者发表过一些见解，各种观点亦极不一致。如早在1983年，云南省社会科学院宗教研究所所长杨学政先生就明确指出：“普米族有本民族固有的原始宗教，但深受本教和藏传佛教的影响，他们的原始宗教中有丰富的本教和藏传佛教内容。换言之，他们的原始宗教是在本教的影响下发展形成的。”[①] 1985年，严汝娴、陈久金在《普米族》一书中进一步介绍说：“普米族的巫师过去又称‘丁巴’，故他们信奉的原始宗教称为‘丁巴教’。但后来不用‘丁巴’这个名称，而改称巫师为‘韩规’或‘师毕’。丁巴教也称之为‘韩规教’。名称虽异，内容仍同。”[②] 1987年秋末，为了完成博士论文的田野调查，攻读美国斯坦福大学人类学博士的施传刚先生第一次来到永宁地区。在21年后出版的书中，他说：明显存在于永宁地区的宗教有三种，即摩梭人的达巴教、藏族的藏传佛教和普米族的哈巴教（Hobbism）。对于哈巴教，他的记录是：哈巴教是“普米族的原始宗教，它基本上是一种萨满教，主要特点是信仰世间万物皆有灵魂（spirjits），有的灵魂善良，有的邪恶。人们所有的好运都是神或善灵（good spirits）所赐，厄运是因鬼或恶灵（eviil spirits）作祟。所有这些灵魂都只对萨满有响应。萨满被普米族称为韩规，被摩梭人称为哈巴”[③]。我们以为，有关韩规教性质的探讨，既是一个理论问题，更是涉及宗教政策的实践问题，因而本文的目标并不在于得出了哪些绝对性的结

① 杨学政：《藏族、纳西族、普米族的藏传佛教》，云南人民出版社，1994年，第214页。

② 严汝娴、陈久金：《普米族》，民族出版社，1986年，第71页。

③ ［美］施传刚著，刘永青译：《永宁摩梭》，云南大学出版社，2008年，第150页。

论，而是旨在追求一种较为合理的新解释。

的确，我们的调查结果大致证实了人类学、宗教学学者们那些鲜为人知的对普米韩规教仪式和实践的描述。那么，我们能否据此而得出韩规教是一种类似于萨满教的原始宗教的结论呢？回答显然是否定的。若以本教信仰与本土巫文化的结合而论，则普米族地区的韩规教兼有原始宗教和本教的两种形态特征。

原始宗教的特征是韩规教具有信奉万物有灵和多神崇拜，主要形态是自然崇拜、祖先崇拜，同时还有图腾崇拜、动植物崇拜、鬼魂崇拜和重占卜等氐羌族群原始宗教的内容及特征。此外，韩规教没有严密的宗教组织，也没有固定的宗教活动场所（没有专门的寺院庙宇）；韩规没有等级之分，不脱离生产劳动，没有形成严格的戒律和固定的宗教生活；其传承方式为父子或师徒相承，也就是说，韩规教的活动主要通过祭司韩规来进行，这类祭司的主要社会职能是“下方作镇压鬼怪，上方作供祀天神，中间作兴旺人家的法事”①，因而它反映的是一种人类早期的原始宗教形态。

根据上述特征，韩规教属于原始宗教范畴是不言而喻的。然而，韩规教不同于一般的原始宗教，它又有本教化的显著特征。盛行于藏区的本教一般被分为两类，即斯巴本教与雍仲本教，它们是在原始信仰基础上逐渐丰富和发展起来的一种民间信仰活动。作为一种传统的信仰文化，直到佛教传入之前，本教几乎独占了整个藏区的古老祭坛。以往不少国内学者将上述本教皆划归“原始宗教”类，但近年来，一些学者在其著作和文章中提出异议，认为在历史上，本教作为一种宗教的名称出现时，其已形成系统性的宗教体系，所以我们不能将之列为原始宗教。② 而我们又知道，本教在川、滇交界区域的普米族中间的影响也根深蒂固，甚至在佛教成为主流信仰的四川木里、盐源和云南宁蒗等县，仍可明显见到本教的遗留。事实上，从这些地区普米韩规的宗教活动来看，无论是崇拜的神，还是教义和仪式，基本与藏区早期本教相同。换句话说，统观整个韩规教的仪式和实践，其受藏族本教的影响极为深刻和广泛，集中体现在：（1）祖师源于同一人（韩规教的教祖为“颠巴辛饶”，是拥仲本教的祖师“辛饶米沃齐”，即“登巴辛饶”）；（2）神系观念受到本教的影响（韩规教和本教一样奉行多种崇拜，即非常信仰和崇敬天神、地神、山神、战神和龙神等）；（3）韩规教书面经书几乎全部属于本教经典（韩规教直接借用了古藏文）；（4）韩规教的很多神灵源于本教和藏传佛教；（5）韩规教中有大量的占卜等巫术，其中夹杂着许多本教的巫术成分；（6）韩规教保存有丰富的绘画、雕塑、舞蹈等艺术，其中融进了大量的本教及藏传佛教的文化因素；（7）韩规教所用的法衣、法帽及主要法器，也与本教相同；（8）韩规教有整套烦琐的仪式体系，不论从形式上还是内容上，都与本教的相同。

① 土观·洛桑却吉尼玛著，刘立千译注：《土观宗派源流》，西藏人民出版社，1984 年，第 194 页。

② 孙林：《试论苯教的宗教性质及与藏区民间宗教的关系》，载《西藏研究》，2006 年第 4 期。

由此不难看出，吐蕃本教对以韩规教为代表的川西南和滇西北本土宗教和文化的深远影响。事实上，唐时，随着吐蕃的崛起，其势力达金沙江雅砻江流域，本教在这一地区的传播，除了政治上西蕃附属于吐蕃的因素之外，确实还与两族在种族与文化以及地理上的亲近有关。因此，普米族的韩规教早已不是本来意义上的原始宗教。

在普米族地区，本教已经存在若干世纪了。然而，他们毕竟是外来者。在笔者看来，“本土”与“外来”无论如何都不一致，文化的涵化需要一个特定的过程。我一直留意着这个问题，并访谈过一些老韩规，值得注意的是，他们都告诉我，本教最初从“天国”传入时，普米人就接受了它。时至今日，普米族在大多数情况下并不想对真正的本土观念与受本教影响而发生改变的观念进行区分。其实，在一个已经存在了几个世纪的多元文化环境中，要区分出哪个文化习语是本土的，哪个是外来的，来自哪里，这不是件容易的事。或许我们永远也无法完全弄清楚这两种文化融合过程的详细情况。但是，考虑到各种间接证据，我们便尝试着给出一种解释，概括而言就是：本教从藏地传入普米族地区以后，其本身还具有许多原始宗教的内容，而这些内容又十分接近于普米族地区本土宗教的原始信仰和崇拜以及祭祀方式，逐渐走上了二者融合的道路。可以说，二者融合后的韩规教，其宗教属性已不再是原始宗教，而是一个由原始宗教向人文宗教过渡的宗教。

2. 韩规教的形成和发展

如前所述，韩规教并不是从天上降临人世间的，而是普米先民在本土民间信仰的基础上接受藏族本教，并受其改造而创立的。试看韩规教徒如何描述本教最初传入普米族地区的历史。

多年前，当我在家乡——金棉王家沟村进行韩规文化调查时，有一位声望颇高的韩规曾偶然告诉我，普米族韩规口授经中有一段专门讲述韩规教祖师“登巴辛绕”是如何被迎请到普米族地区的诵词：

“蒙吾依思孤儿啊，你天上行了几日？你地上走了几日？你爬过几座山？你越过几条河？/蒙吾依思孤儿啊，你天上行了三年三月，你地上走了三年三月，你爬过九十九座山，越过了九十九条河/蒙吾依思孤儿啊，你走进西边天堂，到达颠巴善喃脚下①，她不仅馈赠予你柏、竹种子，且告诉你：柏树根旁撒竹种，月亮上弦不宜来迎，月亮下弦来接时辰好/蒙吾依思孤儿啊，你却忘记了颠巴的谆谆告诫，等不到月尾，月头便去接。颠巴善喃匆忙出发，竟遗忘了虎、豹、熊皮坐垫，只携带些橄榄型柏树叶下凡人世间/蒙吾依思孤儿啊，祭羊仪式开始前，颠巴善喃叫你去砍伐小松树。你到三十三条沟壑边砍，你到九十九座山坡上伐，砍来的青松颠巴善喃却都不满意。沟边长的不要，坡上长的不要，选来择去，最终在背阴凹陷处砍倒一棵，它直又圆、翠又绿，颠巴方才接纳/蒙吾依思孤儿啊，你为父‘祭羊’超

① 这里的“颠巴善喃”，指的就是本教祖师“登巴辛绕”。

度的仪式，顺利完成。你良好的愿望也得以圆满实现。”

后来，又有一位当地的民间老艺人讲述了这一动人故事。近几年我的田野调查证明，尽管这个传说在普米族民间还有不同的版本，但整个故事的梗概大致如下：

不知哪朝哪代，有一户普米人家，为了寻找弹羊毛用的竹片，父子俩长途跋涉，来到南方热带的某地。发现那里的竹子不仅茂盛，而且很粗大，够几人合抱，它昼开夜合。同时发现那里气候炎热，以至于“骡子不长毛（疑是大象），蚊子如斑鸠一斑大”。当夜幕降临时，儿子在竹子合拢之前，钻进了竹筒躲蚊虫，父亲却不肯。深夜，儿子先期听见父亲在打蚊子的“叭叭”声响，渐渐声音唏嘘，最终消失在茫茫黑夜之中。次日凌晨，当阳光洒落在这片竹林时，所有竹筒都争先恐后地打开，儿子便从中跳出，四处张望，却见父亲在不远处被蚊子咬得只剩一具骷髅。悲伤之极，他奔赴而去。在一番撕心裂肺的痛哭之后，掩埋好父亲的尸骨，遂四处漂泊游荡。成为孤儿的他走啊走，有一天终于到达了西边的天界，碰巧赶上雍仲本教祖师“登巴辛饶”正在那里隆重地替人做“祭羊”超度仪式。可怜的孤儿置身此情此景中，不由得想起了落魄于南方的慈父，遂潸然泪下，恳请登巴辛饶下凡人间为其父主持“祭羊”超度仪式。仁厚的登巴大师当场允诺，并送其竹、柏等种子，要他好好播种、管护，待这些植物长大成林时来迎接他。这位孤儿按照登巴大师的吩咐，日夜兼程返回故乡，及时栽种柏、竹。若干年后，竹柏终于成林，他便迫不及待地前往西边天界迎请登巴大师，然后又从南方驮回父亲的骸骨，举行了三天三夜的祭羊超度仪式，以了却心愿。从此，普米族地区就开始普遍兴起了为祖先举行“祭羊”超度的仪式，信奉颠巴教（即韩规教）的人也越来越多了。①

这一传说表达了很多内容，但其中一点尤为重要，即韩规教的祖师——登巴辛饶，原居天国，即异域，是普米族人主动请来在该族群中传播教义，举行为死者送葬安魂等宗教活动的。这说明在登巴辛饶传教之前，本教在这一地区仍然不为人所知。虽然传说不能作为史据，但对普米人来说，上述的传说已经成为他们文化信仰的一部分。况且这一传说与近人考证出的唐宋以前本教向川滇普米地区传播的历史情况是相符的。因此我们推测，正是这一时期，本教的万物有灵、万物有神的朴素理论、为生者消灾招福、为死者送葬安魂和为人们祛病除邪、求得平安如意的做法，适应了普米先民对世界的认识水平和精神信仰的需求。

正如藏区本教是由两部分构成，即非佛教的原生形态的早期本教和受佛教影响后形成的次生形态的晚期本教②，同样，普米韩规教也是由“本韩规”（本教韩规）和“启韩规”（佛教韩规）两部分构成。本韩规与启韩规在经典教义及祭祀仪式等方面，均为世代一脉相承。尽管从表面上很难看出两者之间有何不同，但仔细

① 该传说故事，时至今日，仍普遍流传于川、滇普米族地区，且有不同的版本。此一份记述材料是根据宁蒗县西川、金棉、翠依等地普米老韩规的讲述，由胡文明整理而成。

② 格勒：《藏族早期历史与文化》，商务印书馆，2006 年，第 410 页。

观察，两者的区别还是明显的：一是前者崇尚咒术，呼风唤雨，杀牲献祭；后者已放弃杀牲，用象征性的模型实物代替活的生命。二是前者转经时按从右至左的逆时针方向转动，后者则按从左至右的顺时针方向转动；三是前者用“嗡嘛孜牟耶萨来哆”（ao mu dru mu ye sa le vdu）八字真言，后者则用“唵嘛呢叭咪件”的六字真言；四是两者所用“雍仲”符号的方向也相反。从以上基本的事实中，可以看到韩规文化脱胎于本民族的巫术信仰，是普米族民间文化升华和提炼的结果。毫无疑问，在其形成过程中，曾受到过藏族本教的浸润以及藏传佛教的洗礼。

可以说，本韩规与启韩规一起，成为构成古代普米宗教文化面貌的两种势力。时至今日，尽管因资料不足，我们无法具体描述普米古老的原始宗教是怎样和后来传入的本教与佛教融合成为本韩规及启韩规的，但是从韩规教的演变和发展情况来看，大体上它源于自发的普米原始巫教，隋末唐初受藏族本教的影响深刻，即普米社会中的原有巫教与藏族本教相结合，产生了“本韩规”，后来又受到藏传佛教文化的渗透而出现了“启韩规”，从而形成了一种独具特色的民族宗教——韩规教。

3. 韩规教的传承和影响

一般而言，韩规教的传承方式为父子或师徒相承。具体说来，韩规一职通常是在家户里的男子间代代相传。不过，有的韩规偶尔也会在家户外招收徒弟。我曾访谈过不少韩规，根据报告人的描述，要做韩规必须拜师学习，学期无具体年限规定，即修业期限要看每个人的勤奋程度和智慧而定，有的3—5年，有的长达10余年。事实上，修行时间很长的原因还在于，此种学习多半属于半工半读，拜师学习的弟子通常服劳役，即白天为导师家庭承担一定的体力劳动，如耕种、放牧、砍柴、做饭等，早晚攻读经书及从事绘画、雕塑、舞蹈等方面的学习。另外，韩规学习注重从实践中获取知识和本领，即当导师替人念经、祈福、消灾或超度亡灵或占卜决疑或求雨防雹等时，弟子跟随导师，充当助手，有许多知识是通过直接参与各种仪式等一系列实践活动而学到的。

我的报告人无一例外地告诉我，凡从事韩规“职业”者，必须经过严格的考试方能进行。作为“白卒”（学徒）经过长期按部就班地学习各种经典及仪式后，还须举行特定的受戒仪式——“层赠”，即相当于毕业考试。考试前，由家人邀请业师及众韩规在试期莅临，其考试方法是口试，主要为背经。考试时，考生坐于密室，在众韩规的监视下，诵读《坐床出师经》，并熟读各种仪式的经典（已学完的、未学完的经都在此时补齐），这正是对其各方面素质的检验。此外，还要进行一次占卜术的考试。方法是：杀一牛后由众韩规将牛首藏起来，由考生行线卜后指出藏匿处。倘若占卜灵验，按其所指寻找到牛首，便算圆满通过考试了。然后在场的所有村邻亲友一同向受戒者祝福，馈赠礼品，最后由司仪者训诫，仪式结束。举行过“层赠”仪式的韩规被称作“白玛”，只有取得了正式韩规的资格，方可独立从事韩规职业。

显然，普米族在当时还没有多少世俗正规学校的境况下，学韩规不能不说是学习知识的重要途径。因为在韩规教的经典里，百科全书式的条目几乎囊括了传统普米族关心的每一件事情。就其专门的术语和分类而言，这些条目所涉及的知识内容广泛、无所不包，或许在受过训练的学者看来，这些知识完全可以归入语言学、宗教学、人类学、民族学、民俗学、社会学、史学、伦理学、哲学、美学、神话学、文学、绘画、舞蹈、音乐以及天文地理、植物动物、农牧医学等领域。

如前所述，在普米族民间韩规被尊称为“白玛”，意为“导师”（相应地，称学徒为“白卒”，意为学生）。他们是集多种知识于一身的祭司，是普米族古老韩规文化的创造者、传播者和继承者。也正因为如此，历史上，韩规教在普米族历史中流行时间最长，信仰人数最多，影响也最大。特别在金沙江以北的普米族乡村社区表现得最为突出，几乎所有的社会生产生活都受到韩规教的深刻影响。

譬如在宁蒗普米族地区，韩规教早已成为一种强大势力。据20世纪50年代初的统计，全县健在的知名韩规就有60余人，约占全县普米族人口的1.5%。据称，当时居住在该县境内的普米族，村村有韩规，寨寨有经堂。通常村寨上方有集体活动场地“塔瓦”（煨桑塔），村寨下方有嘛呢堆，家家房前有“松塔”，每天早晨香烟浓浓升空，到处能听到念经声。尤其每年正月（春节）间，户户屋顶上各色各样的“甲才此木”（经幡），焕然一新，迎风飘扬。这是全民信仰韩规教的象征，也是普米族村寨的显著标志。人人尊敬韩规，保护经堂、经书和法器，即使是发生冤家复仇械斗，也不会破坏神物和法器等。在这样一个全民信教的社会里，韩规教的盛行事实上改变了社会生活的各个方面，即韩规教在普米族人民的实际生活和精神生活中到处存在，举凡个人或家庭的婚丧嫁娶、生老病死等一切大事，小到占卜、打卦，大到召集众人举行隆重的仪式，都要通过韩规来主持和操办。换句话说，一个人从生到死都离不开韩规的帮助，子女生下来要请韩规命名，子女长大结婚须请韩规择算，平时患病请韩规占卜医治，出门办事也要请韩规占卜预测，人死后更需韩规指路超度。在日常生产中求雨、防雹、祈祷丰收等更是韩规的神圣职务，至于一年四季各种各样的节庆盛典同样离不开韩规的主持。社会上的各种纠纷无法调解时也靠韩规来裁定，韩规由此得到社会的尊敬。

4. 韩规教的停滞与复苏

新中国成立后，普米族地区政治、经济、社会和教育等领域发生了变革，而韩规教对现代普米族社会的影响却日趋削弱，几乎处于停滞的状态。尤其是在“文化大革命”中韩规教几乎遭到灭顶之灾。先是进行“破除迷信”，缴毁了大量的经书和宗教文物。韩规经师受到了批判，被管制劳动，经堂无人管理而报废。接着开展“破四旧、立四新”，更把韩规当作“牛鬼蛇神”，成为被“横扫”的对象，毁尽了私人收藏的经书、神具、法器等宝贵文物，全民停止韩规教信仰活动。

韩规教的复苏，很大程度上源于1978年党的十一届三中全会上提出的宗教开放政策和1982年《宪法》修订案中对宗教信仰自由的强调。近年来的一些人类学研究充分表明，宗教在中国的复苏不局限于诸如佛教、伊斯兰教和基督教这样的世界性宗教，也涉及传统的地方信仰与实践。有意思的是，有些研究者在描述中国宗教复苏的具体个案时，将视野转向普米人的韩规教。譬如挪威奥斯陆大学中国项目研究员、人类学博士科恩·威伦斯（Koen Wellens）就在近十年里通过定期访问和数次长期的田野调查，观察到韩规仪式的稳步复苏或振兴。他说："10 多年前，在很远的深山老林的几个寨子里才能找到零星健在的、尚在行业的老韩规，现在越来越多的年轻人开始学习这些古老的仪式，成为相隔多年以后寨子里的第一个韩规。甚至在一个寨子里就有 7 个行业的韩规，在宁蒗县城附近有一所小规模的学校专门培养新的韩规。"①

正如科恩·威伦斯博士所言，在宁蒗普米族地区，近年来，各乡村的父老乡亲迫切希望恢复韩规文化活动。置此背景，我与族内有影响力的老干部胡镜明、马红升等出面倡导和实施培养新韩规的计划。并于 2000 年初，在宁蒗县籍的普米族干部与村民支持下创办了普米族韩规文化传习班。我们从滇、川交界的木里县依吉乡请来一位知名的韩规——措皮·迪吉偏初，与之商定用 6 年的时间驻扎在新营盘乡牛窝子村悉心传授韩规文化。迄今，业已招收 3 期传习班学员，共计 22 人参加培训，其中年纪最小的 15 岁，最大的 35 岁，均为普米族，且祖上多为韩规。措皮·迪吉偏初给每期学员制订了 3 年的学习计划：第一年为教藏文的识字阶段，学会拼读字母并朗诵经文；第二年学做一般的道场仪式、捏面偶、习诵经书；第三年为跳神、坐经、受戒、出师（通过七七四十九天面壁，不见天日方能出师），主持大的道场，方可毕业。迄今为止，这一计划业已初步完成。

为了描述韩规仪式的复苏，科恩·威伦斯还讨论了普米族信仰体系中佛教与韩规教共存的现象，并且分析了普米族社区中不同的宗教观念之间的差异及其原因。佛教与韩规教共存是已知的事实，至少在泸沽湖周边地区，我们今天还可以看到，韩规教和藏传佛教通常以一种互补的形式同时出现在每个普米族家户中。在民间，虽然普通百姓就他们是否佛教徒或韩规教徒分得比较清楚，可是我们在调查中也常常发现，一位自称信仰佛教的信徒和一位自称信仰韩规教的信徒其实在日常的宗教行为中都带有相似性，普通的韩规教徒在面对佛教神灵和佛像时，通常会表现出敬仰的态度，佛教徒同样如此。而且普通老百姓表现的"见山就拜，见水就敬"的行为，其隐含的内在宗教心理可以说既呈现出亦本亦佛的特性，同时又是非本非佛的，对此，我们还有必要进一步加以认真分析和研究。此外，宗教仪式的复苏也并非是回到"文化大革命"前的状态，而是与时俱进，适应社会变化的。至于说到我们之所以在宁蒗等地传承韩规文化，很大程度上只是为抢救和保护这一古老文化而采取的一种必要的手段罢了。

① ［挪威］科恩·威伦斯（koen Wellens）：《中国西南地区的宗教、社区与人类学的真实性》，载《西南民族大学学报》，2008 年第 8 期。

三、韩规古籍及其收藏

与赫赫有名的纳西东巴及彝族毕摩藏书相比，普米族韩规的藏书几乎鲜为人知。直至今日在有关普米族文化的研究文献资料中几乎没有关于韩规文化的记述与研究。实际上，与东巴、毕摩一样，韩规也有大量的藏书，规模和卷帙与东巴、毕摩相比，似乎也难分伯仲。

在普米族群内，韩规向来以珍藏有丰富的经卷而著称。但是，世人对韩规如此丰富的藏书知之甚少，主要有两个原因：一是前人对普米韩规教及其文化鲜有记载；二是古籍缺乏专门机构及人员进行整理编目，提供查阅。

正如前述，普米韩规古籍在历次劫难中损失惨重，不过，令世人欣慰的是，个别韩规世家冒着极大的风险，将部分经书要籍或藏于洞穴之中或深埋地下，这些经书终于在改革开放之后陆续重见天日。尤其与宁蒗毗邻的木里依吉、宁朗一带，由于地处偏僻，交通闭塞，历史上受外界（包括藏传佛教）的影响相应较小为我们保留了相当一部分韩规经卷，包括各种孤本。这是不幸中的万幸。本报告试就这部分韩规古籍的收藏情况、内容分类、形式与风格及保护与评估等加以记述。

（1）收藏情况

目前幸存的普米韩规古籍主要由三部分组成：

第一部分被中国历史博物馆收藏。早在20世纪60年代初，在中国历史博物馆工作的宋兆麟先生等就曾赴泸沽湖地区，搜集了大量民族文物，其中包括相当一部分韩规古籍。对此，他在《世纪之交的民族文物》一文中还谈道：“我去金沙江边托甸乡，搜集到成驮的东巴经、汉规经（普米族巫师）……最后我们雇了43头骡子，才把文物运出泸沽湖。”① 这里所谓的“汉规经”，即韩规经。历史上，金沙江边托甸乡普米韩规藏书种类丰富，宋先生算是国内学界最早、也是唯一的一位韩规古籍收集者。遗憾的是，迄今不曾闻听有人对这些文献作过分类、编目，更谈不上翻译了。宋先生本人也因种种原因，转向案头工作，虽出版了《女儿国的普米人》等书，却“只好把文物闲置起来”。当年他搜集到的成驮的韩规经，应该还藏在中国历史博物馆，但其内容一直鲜为人知。

第二部分被云南省宁蒗、永胜等县普米族韩规世家私人收藏。据我们初步调查的结果，历史上，宁蒗、永胜等地区韩规古籍的数目是甚为庞大的。由于历次劫难损失惨重，目前这一地区韩规经典所存不多，除宁蒗县新营盘乡东风村白玛（汉名为马金荣）家所珍藏的部分经书外，其余皆散布在外面。其中，一部分经由木基元、邱文发等先生收集，现藏于云南省民族博物馆（主要为宁蒗县跑马平乡二

---

① 宋兆麟：《世纪之交的民族文物》，载《云南民族学院学报》（哲学社会科学版），1995年第5期。

村及永胜县松坪乡一农户收藏的若干册谱牒类旧抄本）。此外，近年由胡镜明、马红升等进行收集复制并加以收藏了一部分。

第三部分被与宁蒗县毗邻的四川省木里、盐源等县普米韩规所私藏。与宁蒗县毗邻的木里、盐源高地是普米人的世居地。这一地区至今还分布有不少自称“Prn-vmi”的藏族，他们既保留了完整的普米母语，又保留了传统的普米文化，尤其是韩规教还保留在那些偏僻的村寨里。也就是说，在今日的云南普米族中已经濒临消失的韩规文化在四川“普米藏族”中却能找到它的完备存在。最难能可贵的是，木里县依吉乡一带的普米韩规家族不仅世传了韩规书面经典文献，而且口授经典也一代一代传承下来，使得我们可以通过对这批古籍文献的释读，了解普米韩规文化的大致面貌。目前，这批经书均私藏于当地民间，即保存在若干普米韩规私人家中，没有确切的统计数字。

（2）内容分类

韩规古籍是应用于韩规教各种仪式上的典籍。大体上讲，普米韩规古籍是由两个部分构成：一是书面经典，系普米人用藏文字母书写而成的韩规教典籍，即以“社依”（行书）和“杂依”（草书）两种书法，抄写了卷帙浩繁的本教经典。这一类经典很可能是最原始的本教经典。二是口授经典，即普米韩规口头咏诵的祭辞及咒语。这一类是普米古老原始宗教的典籍。

目前，这批珍藏在民间的韩规古籍还未被做出详细的内容分类，其主题内容亦难以用简单的篇幅加以概括，但可以肯定一点，它包括了普米族整个发展历程的政治、经济、社会、文化等诸方面的内容，可称之为“普米族的百科全书”。

（3）形式与风格

我们所接触到的韩规古籍全为手抄本，经文以竹笔从左至右横写，自上而下成篇。除用黑墨外，也有用红墨写成的。据说，过去在木里依吉、宁朗、水洛一带普米族极其诊贵的韩规经抄本中，还有用金粉汁等抄写的经卷。其字形有9世纪初第二次藏文改革前的特征。字体多为草书体，也有正楷体，以及介于上述两种书体之间的行书体。每册书的封面由长方形边框和经名两部分组成，正文为双面书写（每页为6行左右）。所用纸张一般为本色构皮纸，它质硬而坚韧，具有经久耐用的特性。形制长条（一般古籍长约30厘米、宽约10厘米）。

根据我们的初步调查与分析，韩规的写本典籍，从形制、制作、装帧等各方面均受到藏族的影响。为了对书起保护作用，韩规古籍采用梵夹本及线装本两种形式。所谓“梵夹本”，即把抄有文字的活页依次重叠起来，不进行装订，在上下加两张木板作为封面封底。[①] 据称此种横长条散页的装帧形式，是从印度梵文贝叶经形式演化而来的，故称为“梵夹装”。这种装帧形式无论是在阅读还是驮运携带上均适宜于特定的普米族地区。我的报告人称，普米韩规素有屈膝盘腿而坐于毯垫之

① 压经板用整块木板雕成，一般是长在50厘米以内，宽约30厘米，厚3—4厘米。

上的习惯，他们诵经时常将长条形散页书平放于膝上，便于翻页阅读，出门远行时将书用布包起来横背在身后也很便利。至于线装本，即每册在上端用线缝订，从下往上翻页。据说，其版本的大小是由所抄经书内容多少而定，并没有统一的标准。

在这里应该再补充说明一点：韩规古籍形成于何时，即川、滇普米族地区，何时传入用藏文书写的本教典籍并且得到应用，因缺乏翔实的资料而无法考证。不过，梵夹本是过去藏文古籍的主要特征。据专家考证，其时间可追溯到2000多年前的吐蕃王朝时代，迄今在敦煌莫高窟，还保存着用墨写在厚夹纸上的藏文佛经。或许早在吐蕃时代普米人就已经知道并运用这一类著述。

（4）保护情况评估

①背景情况

普米韩规古籍都出自韩规祭司之手，根据多年调查与分析，我们估计，云南宁蒗、永胜等县境内民间所藏韩规古籍（旧抄本）不超过100册，而在四川境内，仅木里依吉乡一带民间私藏韩规经典则在5000册以上。此外，20世纪60年代初宋兆麟等国内学者就有意识地进行收集和保护。宁蒗普米族在21世纪初举办韩规文化传习班，收集复印了300册左右。2004年后，云南民族学会普米族研究委员会及宁蒗县普米文化传习协会相继成立，两会顾问胡镜明等又收集复制近500册左右。上述普米韩规古籍，经过初步整理编目去掉重复本，约有1000余册。

②危险评估

作为一个庞大系统，韩规古籍无疑是一份底蕴深厚、内涵丰富的文化遗产。然而，各种因素曾严重威胁这类古籍的长期保存和正常流通与利用。现在一些对韩规古籍的自然威胁和人为损坏等不利因素仍然存在。

首先，对普米韩规古籍的自然威胁有地震和火灾。现收藏韩规古籍的地点为滇、川、藏交界区域。我们所见到的韩规古籍多由乡村韩规私人家庭所收藏，这一特殊地区虽地处地震频繁地带，但普米民居建筑多为木楞房，有较强的抗震性，这一点是可以减少威胁的。火灾对其威胁很大。韩规古籍属纸制古典文献，大多存放在木屋及木板制作的柜子里，又没有安装火警和灭火系统，一旦发生火灾，后果不堪设想。

其次，因年代久远而自然损坏的情况非常严重。韩规古籍原件多系旧抄本，书写在自制的构皮纸上，自然老化难以避免，导致许多经典载体残损情况非常严重，如有的经卷已破损，成为残篇；有的局部字迹模糊，无法辨认等。

再次，因保管不善而残损等情况也非常突出。因韩规们大多生活在偏僻山村，尽管在实践中摸索出一些较为有效的经书管护方法，但毕竟环境条件差，防护手段落后（如没有环境监控制度等），总体上说，对各类经籍还缺乏科学的方法加以保护。从目前民间韩规私藏古籍部分的情况来看，除了火灾、被盗等显性的损坏现象之外，因自身原因而发生变化和环境温湿度不稳定而被微生物、光线、灰尘侵蚀等隐性损害现象也很突出。此外，近年来由于学术研究和文化交流的需要，反复地翻阅和复印也将影响到古籍原件的使用寿命。

上述韩规古籍从内容到形式和风格，都具有超越一个民族文化的突出的社会、文化或精神价值。从某种意义上讲，它不仅全面展示了普米族古籍文献的风貌，而且还为我们了解当时的川、滇、藏交界区域民族文化取向、民族文化的社会需求以及各民族之间的文化交流与影响也有着重要的参考价值。有鉴于此，若再不采取有效的抢救手段与保护措施，各类韩规古籍仍然难于摆脱继续破损和亡失的危险。因此，目前迫切需要做的是，对这部分韩规古籍进行全面完整的标音翻译和出版工作，使之真正应用于学术研究和文化交流。

附录：川、滇交界区域普米韩规古籍名录

一、几点说明

在陈列韩规古籍简目之前，首先须作如下说明：

1. 川、滇交界区域的宁蒗、永胜、木里、盐源等县普米族聚居区所藏韩规经籍颇丰，卷帙浩繁。但由于这一带特殊的地理位置（滇、川、藏交界区域的万山丛中，交通闭塞，人迹罕至），不曾听闻有关机构及人员到那里做过任何形式的普查与记录，因此，这批韩规古籍的具体册数及内容一直是难以说明清楚的。近年来，为了完成韩规经典的编目，我们委托深悉韩规经典内容的迪吉偏初在他的家乡——木里县依吉乡一带做调查。由于当地的普米韩规，对于祖上世传下来的古籍，并不肯轻易示人。因此，在调查过程中，迪吉偏初首先将自己常用或重要的经典重新加以梳理和记录，再尽可能利用熟人和亲朋好友的关系先后深入机素、达杜、后所、花依、朴助等村寨，找到一些祖上有名的韩规家庭寻访。难能可贵的是，他以一个韩规经师的眼光汇集了夭基扎拉、白玛基嘎、达都折使、南卡多吉、东龙阿巴等世传韩规家族的经书，尽管记录还不甚详尽（只是其中的一部分），但这些摘抄，已经蔚为大观，足以给我们提供进一步调查思考的线索。

2. 根据韩规祭司迪吉偏初所提供的统计表，使我们大体上知道了该区域的韩规人数及藏书情况，即该区域韩规私人家庭收藏有数千卷韩规经籍，除复本外，有100多种，1000余册。显然，这个统计，只是大概数字。因为我们现在看到的经书，只是极通常而又极常用的经典。至于古老而冷僻不常用的经籍，所收来的恐怕只有原来的二分之一还不到。这些经书均系旧抄本，佚名撰。多为墨书，间有墨、朱混书。本色构皮纸。页面宽为10—12厘米。分长、中、短不同的规格。最长的有33公分左右。现在最常见的是中等长的书，即28—30厘米长的书。这部分经典均以夹板捆装。最后一种是短的，长为20厘米左右，多为线订册页装。除部分经卷略有残损（其中一小部分经页受损，已残缺不全）外，其余基本保存完整。

3. 上述秘籍是韩规世代相传下来的，到现在还分别应用于韩规教各种仪式，其真实性毋庸置疑。不过，这些经籍目前唯有少数几位大韩规能释读，由于韩规们的汉文水平较低，甚至根本不识汉字，汉语表达普遍困难，所以要把这批文献更为具体的内容搞清楚，并编制成一套详细可用的新目录是需要些时日的。目前为便于学术界对整个普米族韩规藏书的大致情况有一个了解，我们根据本次调研结果及迪吉偏初多年的走访及记录情况，拟对韩规古籍初步整理出一个简目，普米韩规经典的概况，可以从中窥见一斑。

4. 本文中对各类经典册数的统计，因实地做法应用时多寡不一而记录不全，且只录欠缺的，不记重复的。因此，删除了许许多多的重复的本子。从文献的角度看，重复的本子不但不是废物，而且正是非常有用的资料。在某种意义上，重复的本子越多，越能使我们知道经典原文的完整形式。我们相信，若时间从容，浏览仔细的话，这项工作的质量还可以提高。

5. 本报告中韩规古籍目录均作了国际音标注音（记音人系云南师大2006级文字学硕士研究生杨俊伟先生），至于所采用的汉字注音在其中只起辅助作用，因而一切注音首以国际音标为准。另外，韩规经典之藏文名称均由迪吉偏初韩规加以重新抄写过，这次付梓时，因不宜排版，只好割爱作罢了。

二、韩规经简目

为方便计，根据接触的资料与现存可见书目，按韩规修行及其仪式类别，我们将韩规古籍相应分作八类，即 A. 密法修持类，B. 坐床出师类，C. 供祀神灵类，D. 兴旺人家类，E 镇压鬼怪类，F. 送葬安魂类，G. 祛病除邪类，H. 占卜类。

A. 密法修持类—k‘ɤ^{31}tyn^{55}（克颠）

a. 习诵经：

1 k‘ɛ^{33}suɑ^{21}（开算）：修持习诵经。1 卷，5 册，55 页。

b. 通用经：

1. tɔ^{31}tɕ‘iuŋ^{53}（多穷）：洁净经：1 册，5 页。

2. sə^{31}ɕiuŋ^{53}（萨雄）：迎请松玛护法神经。1 册，5 页。

3. ji^{31}ʒɔ^{53}（日罗）：向都、增、赞诸神点灯经。1 册，4 页。

4. kɤ^{55}tɔ^{31}（嘎朵）：迎请日增、日达诸神经。1 册，5 页。

5. sə^{31}luŋ^{53}（萨隆）：迎请萨达希龙（王）神经。1 册，5 页。

6. ɕio^{55}suŋ^{31}tsɯ^{31}uɑ^{31}（消松卓瓦）：迎请本尊神降坛经。1 册，26 页。

7. kji^{31}tɚ^{53}（给得尔）：祭送退口舌是非经。1 册，4 页。

8. ts‘uŋ^{55}tɕyɛ^{31}（葱诀）：驱鬼遂魔经。1 册 –8 页。

9. tsuŋ^{31}li^{55}suŋ^{31}（综里松）：向大地诸神煨桑经。1 册，18 页。

以上各册均属于吉祥经典一类，故置于其他各经之首。

B. 坐床出师类—ts‘ɛn^{31}tsuŋ^{53}（层宗）

1. ts‘ɛn^{31}p‘rĩn^{55}tsuŋ^{53}（层普宗）：小坐床经，为七日坐床诵经。7 册，65 页。

2. ts‘ɛn^{31}tɛi^{55}tsuŋ^{53}（层代宗）：大坐床经，为 49 日坐床诵经。23 册，304 页。

3. ts‘ɛn^{31} niɛ^{31} tsuŋ^{53}（层喃宗）：黑坐床经，为半年或一年左右坐床诵经。33 册，页码不详。

C. 供祀神灵类—ja^{31}tɕio^{53}（亚脚）

a. ja^{31}tɕio^{53}ɕio^{53}（亚脚消）

1. ji^{31}ta^{53}ʒɛn^{31}ɕiəu^{53}（日达崃消）：祭日达神经。3 册，其中 1 册页数不详，余 2 册，20 页。

2. ɕĩn^{55}ʒo^{53}niɛ^{55} ta^{31}（兴罗年达）：祭献年神经。13 册，125 页。

3. kuŋ^{55}tɕio^{31}（空角）：小祭龙神经。30 册，311 页。

4. luŋ^{55}sɚ^{55}ɕio^{55}ua^{53}tɕ'iɛn^{55}pu^{31}（弄斯尔席瓦千布）：消灾经。16 册，174 页。

5. ji^{31}ta^{53} ts'ɛ^{55} t'ɚ^{53}rə^{31}（日达层塔尔）：向日达神放生（公鸡）经。2 册，页数不详。

6. ra^{55}ts'ɛ 53 t'ɚ^{53}rə^{31}（崃层特尔）：山羊放生经。1 册，5 页。

7. ya^{55}ɭo^{31}ts'ɛ^{53} t'ɚ^{53}rə^{31}（呀罗层特尔）：牦牛、绵羊放生经。1 册，5 页。

8. tɕia^{21}ji^{31} ts'ɛ^{55}t'ɚ^{53}rə^{31}（甲译层特尔）：鸡放生经。1 册，7 页。

9. sɿ^{55}ta^{55}tsɛi^{31}（斯打赠）：祭献龙神经。34 册，页数不详。

10. lu^{53}ji^{31} ts'ɛ^{55} t'ɚ^{53}（鲁移层特尔）：向龙神放生（母鸡）经。5 册，页数不详。

11. soŋ^{55}wa^{31} ti^{21}tɕiɛ^{53}（松瓦得甲）：祭献都、赞、增、直、尔紧等诸神经。29 册，页数不详。

12. kuŋ^{55}su^{55}tuŋ^{31}（公苏冬）：礼祀壹冬、松玛、日赠、鲁移甲布诸神经。1 卷，14 册，141 页。

b. kuɛ^{21}ɕio^{53}（块消）

1. ti^{21}tɕiɛ^{53}ta^{53}tɕiɛ^{53}（得甲打甲）：祭献增、赞、都诸神经。39 册，其中 6 册页数不详，余 33 册，209 页。

2. zɿ^{31}ŋa^{55}ts'ɛ^{55} t'ɚ^{53}（赞层特尔）：向赞神放生经。4 册，其中 1 册页数不详，余 3 册，19 页。

3. tsɛn^{55}tɕio^{31}（增确）：祭献增神经。13 册，其中 7 册页数不详，余 6 册，19 页。

4. ts'u^{55}ʧu^{55}ta^{31} tɕio^{31}（撑注得觉）：延寿经。5 册，其中 2 册页数不详，余 3 册，25 页。

5. tsuŋ^{21}pa^{55}la^{31} suŋ^{55}tuŋ^{31}（宗巴拉松冬）：向宗巴拉神煨桑经。4 册，30 页。

6. ts'ɛn^{33}ʧɯ^{31}（撑注）：长寿经。7 册，页数不详。

7. jiuŋ^{53}lĩn^{53}zuŋ^{31}ty^{33}（永岭宗叠）：祈福经。4 册，60 页。

8. nuŋ^{55}t'i^{55}kɤ^{31} pu^{31}（隆提嘎布）：为孕妇祈祷经。5 册，其中 2 册页数不详，余 3 册，17 页。

9. tɕĩn^{21}pa^{55}tɕ'iuŋ^{31}lɯ^{31}（吉巴穷鲁）：为婴孩祈祷经。3 册，21 页。

10. tɕĩn^{21}pa^{55}t'a^{31}ju^{31}（吉巴太约）：祈求婴孩延寿经。7 册，其中 3 册页数不详，余 4 册，19 页。

11. lɯ^{55}puŋ^{53}（绿崩）：祭献龙（王）神经。8 册十 3 册。11 册，其中 8 册页数不详，余 3 册，30 页。

12. sãŋ^{21}tɑ^{55}ɕiɛ^{31}puŋ^{31}（萨达夏崩）：祭献龙（王）神经。3 册，其中 2 册页数不详，余 1 册，14 页。

13. sɛn^{55}k‘ɚ^{53}lɑ^{31}tsɿ^{33}（森克拉咱）：迎请增神降坛经。3 册，其中 2 册页数不详，余 1 册，6 页。

D. 兴旺人家类—tiɛn^{55}ʒɔ^{53}（颠罗）

1. ʧɑ^{21}lɑ^{55}suŋ^{55}tuŋ^{31}（扎拉松冬）：向扎拉神煨桑经。5 册，51 页。。

2. t‘ɑ^{21}tsɛi^{53}（踏赠）：求子嗣经。6 册，41 页。

3. ʒɛi^{31}tsɛi^{55}ts‘o^{53}（忍载措）：祭献韩规神灵经。6 册，页数不详。

4. ʧɑ^{55}ɕi^{55}juŋ^{31}lĩn^{31}（折史永利）：祈祥求福经。7 册，32 页。。

5. ʧɑ^{31}lɑ^{55}juŋ^{31}ni^{53}（扎拉雍尼）：祭献祖灵经。51 册，，其中 10 册页数不详，余 41 册，467 页。

6. uŋ^{55}ʧĩn^{55}ts‘o^{31}（哦鉴措）：祭献莲花生大师经。2 册，页数不详。

7. ʧɑ^{21}lɑ^{55}tsɛn^{55}suɛi^{53}（扎拉增损）：祭献扎拉、增神经。9 册，33 页。。

8. ʧɑ^{21}lɑ^{55}ts‘ɛn^{55}t‘ɚ^{53}（扎拉撑特尔）：向扎拉神放生（公鸡）经。4 册，页数不详。

9. sɿ^{55}tɑ^{55}tsɛ^{31}（斯打赠）：大祭龙王经。28 册，页数不详。

10. ʧɑ^{21}lɑ^{55}jɛ^{31} puŋ^{53}（扎拉热崩）：祭祖灵经。28 册，页数不详。

11. ʒei^{31} ɕio^{53}pi^{53}（崃消匹）：祭献山神经。5 册，页数不详。

12. k‘uŋ^{55}tɕio^{31}（空脚）：祭龙王经。20 册，页数不详。

13. ʒei^{31} ɕio^{53}t‘ɑ^{31}tsɛi^{53}（崃消踏赠）：向山神求子嗣经。8 册，页数不详。

E. 镇压鬼怪类—nju^{31}ji^{21}ɕio^{31}（牛日消）

1. tu^{31}ʧ‘u^{53}ka^{55}nɛ^{55}ʧ‘a^{31}suŋ^{31}（督处甘南插松）：大祭风经。69 册，其中 29 册页数不详，余 30 册，269 页。

2. prɚ^{55}pa^{31}（普巴）：祭凶死者之魂经。51 册，408 页。

3. ʧɛ^{31}pu^{55}tɕĩn^{21}sɚ^{55}（扎布鉴思尔）：诅咒妖魔鬼怪经。17 册，其中 8 册页数不详，余 9 册，42 页。

4. prɚ^{55}k‘uŋ^{55}mi^{31}nɛ^{53}（宝空明南）：大放替身经。66 册，其中 7 册页数不详，余 59 册，358 页。

5. mi^{31}t‘iɛ^{55}tu^{53}to^{31}（木开都多）：退口舌是非经。10 册，页数不详。

6. ʧuŋ^{21}kĩn^{55}（仲肯）：迎请仲肯神镇妖经。19 册，122 页。

7. ʧɛ^{31}tɕ‘iu^{53}（折求）：小祭风经。22 册，其中 5 册页数不详，余 17 册，142 页。

8. uɛi^{55} sɛ^{55}（歪萨）：迎请壹冬歪萨神镇妖经。39 册，其中 10 册页数不详，余 29 册，216 页。

9. kjɛ^{31}k‘uɛ^{55}（给块）：驱逐鬼魔经。19 册，其中 10 册页数不详，余 9 册，112 页。

10. ti^{31}ʧiɛ^{55}ti^{53}ʧu^{53}（得甲叠注）：诅咒鬼怪经。44 册，其中10 册页数不详，余 34 册，309 页。

F. 送葬安魂类— kjɛ^{31}ua^{31} kĩn^{53}（给瓦肯）

1. kjɛ^{31}ua^{31}（给瓦）：安灵经。12 册，其中 5 册页数不详，余 7 册，48 页。

2. ɕi^{31}k‘ĩn^{213}（释肯）：大超度经。84 册，其中 12 册页数不详，余 72 册，379 页。

3. ʒɯ^{31}tɕiu^{53}（鲁久）：寄骨经。7 册，册页数不详。

4. ɕiɛ^{31}p‘ɑ^{31}k‘ɛn^{55}（释帕肯）：小超度经。51 册，页数不详。

5. ma^{31}ni^{55}tɑ^{31} tɕio^{55}（嘛呢得脚）：向亡者献插嘛呢经帆经。8 册 58 页。

6. ma^{31}ni^{55}tuŋ^{21}pu^{53}（嘛呢冬布）：向亡者献嘛呢堆经。9 册，页数不详。

7. mu^{213}ɕi^{31}k‘ɛn^{55}（木释肯）：向亡者尸体献帛经。30 册，页数不详。

8. ma^{31}ni^{55}tuŋ^{21}ku^{55}pu^{53}（嘛呢冬古布）：向祖灵献经文经。6 册，页数不详。

G. 祛病除邪类— niɛ^{55}ɕiu^{53}（拈消）

1. tɕia^{31}pu^{53}ʧĩn^{55}tuɛi^{53}（甲布降叠）：祭魔王经。32 册，其中 9 册页数不详，余 23 册，161 页。

2. piɛ^{31}t‘i^{55}tso^{31}suŋ^{31}（别提作松）：祭女妖水魔经。17 册，其中 6 册页数不详，余 11 册，67 页。

3. mi^{31}tuɛi^{31}（米吨）：给患疯病者送鬼经。6 册，页数不详。

4. zɑ^{31}tuɛi^{31}（赞吨）：给病痛者送赞神经。。4 册，页数不详。

5. ʧ‘ɤ^{53}suɛi^{53}（持损）：给食不净之物致病者洗礼经。2 册 10 页。

6. sã^{53}tɑ^{53}ɕiɛ^{31}puŋ^{31}（萨达夏崩）：为病痛者祭祀龙王经。6 册，页数不详。

7. lɑ^{53}ku^{53}（拉果）：喊（招）魂经。2 册 11 页。

8. ʧə^{31}tuɛi^{53}（直端）：送凶死鬼经。3 册，13 页。

9. tɕ‘iu^{31}kjɛ^{53}（乔干）：送走冲犯经。2 册 6 页。

10. niɛ^{55}mɯ^{31}tsuŋ^{55}lɯ^{53}（喃木宗鲁）：小替身经。2 册 8 页。

11. mĩn^{31}sɚ^{55}tuŋ^{31}（迷思尔冬）：送走野鬼孤魂经。2 册，页数不详。

12. mu^{31} ʧɛn^{55}tuɛi^{53}（木蒸端）：送难产鬼经。7 册，页数不详。

13. kɤ^{31}ni^{55}kuŋ^{55}pɑ^{31}（更尼贡巴）：送韩规、喇嘛之鬼魂经。7 册，页数不详。

14. tɑ^{31}tɕiɛ^{55} kɔ^{31}pu^{31}（打甲嘎布）：小祭增神经。15 册，其中 7 册页数不详，余 9 册，28 页。

15. lɯ^{55} suŋ^{55}tuŋ^{31}（鲁松冬）：小祭龙王经。5 册，页数不详。

16. tɑ^{31}tɕiɛ^{55}tɕiɑ^{31}pu^{53}ʧĩn^{55}tuɛi^{53}（达嘉甲布鉴叠）：祭都赠赞米神及祖灵经。60 册，页数不详。

17. ʃən^{55}ji^{55}ts‘uŋ^{31}lu^{31}（申依丛罗）：给老者求延年益寿经。50 册，页数不详。

18. tɑ^{31} tɕiɛ^{55}（得甲）：祭赞、都、增、直、仁、给尼、米、牙阴、摆阴等诸神祇经。38 册，页数不详。

19. ʧʅ^{31} tuɛi^{55} ɕio^{53}（直叠消）：镇压凶死鬼经。6 册，页数不详。

20. sɯ^{55} tɯ^{55} pɯ^{31}（思都布）：小祭龙神。19 册，页数不详。

21. prɛ^{31} pu^{55} tɕiɛ^{31} mɚ^{55}（伴注恰没尔）：送瘟神经。2 册，12 页。

22. kuŋ^{55} kɚ^{53}（公嘎尔）：驱瘟疫经。1 册，12 页。

23. jɛ^{55} lo^{55} ʒɛ^{31} suŋ^{55}（呀罗崃松）：牦牛、绵羊、山羊放生经。5 册，页数不详。

24. k'ãŋ^{21} ʧɯ^{55} lɑ^{53} ko^{53}（抗注老果）：招魂经。1 册，5 页。

H. 占卜类—pɑ^{53} ʒɔ^{31}（巴捞）

a. 星占—ɕiɛn^{31} zɛ^{55} tsɛi^{31}（夏赞赠）：

1. ʧʅ^{31} ɕiɛ^{21} zɛ^{55} u^{31} prɑ^{55} k'uŋ^{53} tɑ^{55} tɕ'io^{5} luŋ^{31} uɑ^{31} tɔ^{53}（直夏、赞、吾、摆空、打确龙瓦多）：占二十八星宿、赞、十二属相及牵引牲畜之书。1 册，20 页。

2. pro^{31} ʧɛ^{53} pro^{31} tɚ^{55} lɑ^{55} suɛi^{55}（标占标得尔 - 拉损）：测雷鸣与庄稼收割时辰及礼祀神灵的日子的书。1 册，7 页。

3. niɛ^{31} tsɛi^{31}（尼赠）：测日月食之书。1 册，2 页。

4. ʧɑ^{55} jɤ^{55} tsɛi^{31}（站热赠）：算剃头日子的书。1 册，2 页。

5. k'uɛn^{55} mɑ^{55} tsɛi^{31}（滚玛赠）：占盗贼之书。1 册。2 页。

6. tuɛn^{55} tsʅ^{55} tsɛi^{31}（突紫赠）：占精灵附物的书。1 册，6 页。

7. lɯ^{55} ti^{55} tsɛi^{31}（鲁体赠）：算祭龙神日子之书。1 册，2 页。

8. ʧuã^{21} luŋ^{55} tsɛi^{31}（壮隆赠）：占出行之书。

9. xɑ^{55} tɕ'iɛn^{55} tsɛi^{31}（哈千赠）：测方位神的书。1 册，3 页。

10. mi^{53} luŋ^{53} tsɛi^{31}（鸣隆赠）：占梦之书。

11. tuɛn^{55} tɔ^{55} tsɛi^{31}（天多赠）：测不祥之兆的书。1 册，5 页。

12. lɑ^{55} niɛ^{55} tsɛi^{31}（捞喃赠）：测人体放血日子的书。1 册，2 页。

13. luŋ^{55} tɑ^{55} tsɛi^{31}（弄打赠）：占财运之书。1 册，2 页。

b. 测运—tsɛi^{55} ʒo^{55} ʎɑ^{31} tsɛi^{31}（茨罗崃赠）：

1. tsɛi^{55} ʒo^{55} ʎɑ^{31} tsɛi^{31}（茨罗崃赠）：测一生命运的书。1 册，10 页。

2. lu^{31} kin^{55} ʧu^{31} tɕy^{55}（罗更注居）：占五行之书。1 册，12 页。

3. uŋ^{55} t'uŋ^{55} tsɛi^{31}（哦通赠）：测官运之书。1 册，8 页。

4. mi^{55} uɑ^{55} kɯ^{53} ji^{31} tsɛi^{31}（鸣瓦古依赠）：算婚嫁之书。1 册，12 页。

5. pɑ^{31} luŋ^{55} tsɛi^{31}（抱隆赠）：算娶女日子的书。1 册，8 页。

6. tɕ'iuŋ^{55} tsɛi^{31}（穷赠）：测婴孩诞生后前程命运的书。1 册，12 页。

7. lɑ^{31} mɯ^{55} tɕĩn^{55} kɚ^{55} tsɛi^{31}（拉姆接嘎尔赠）：测病期之书。1 册，4 页。

8. prɑ^{55} k'uŋ^{55} tuã^{21} zuŋ^{55} tsɛi^{31}（宝空端宗赠）：占致病方位及原因的书。1 册，4 页。

9. tɯ^{31} ts'ɯ^{55} ko^{55} nɤ^{55} tsɛi^{31}（督楚居尼端宗赠）：占得病时辰及原因的书。1 册，

4 页。

10. çi^{55}luŋ^{31}tsɛi^{31}（希隆赠）：测亡灵之路的书。1 册，12 页。

11. tso^{21}lɑ^{55}tsɛi^{31} prɛ^{53} ʎɛ^{31} tɯ^{53}（左拉茨伴良都）：测风调雨顺否的书。1 册，8 页。

12. tso^{21}lɑ^{55}tsɛi^{31} nuŋ^{55}tɕĩn^{55}sɑ^{31}tɕĩn^{55}tsɛi^{31}（左拉赠．浓鉴塞鉴赠）：测山崩地裂否的书。1 册，16 页。

13. çĩn^{55}ʒɛn^{55}tsɛi^{31}pɑ^{31}ʒɯ^{31}（见崃赠巴拐）：观音菩萨卜（占用 23 颗粒）书。1 册，16 页。

14. tso^{21}lɑ^{55}mɯ^{31}lɑ^{55}（左拉木拉）：迎请佐拉占卜神经。1 册，5 页。

15. tso^{21}lɑ^{55}çyɛ^{55}（左拉鲜）：释左拉卦书。1 册，18 页。

16. tuŋ^{21}tsɛi^{55}pɑ^{55}ʒɯ^{31}（懂层巴捞）：懂层卜（占用 13 粒）书。1 册，6 页。

民族学与人类学篇

Love and Marriage in Naxi History

Christine Mathieu

In 1939, Joseph Rock published"The Romance of Ka-ma-gyu-mi-gkyi", a ceremonial text named for the first Naxi girl and her lover who had committed yuvu, ritual love suicide. When young Naxi entered into illicit affairs, they had no option but to commit suicide. As Rock described it, young couples met in the meadows, in the mountains where boys herded their goats, and girls collected firewood. A girl was never supposed to go out alone, but her chaperone usually turned into a partner in crime. Courtship began with a tune from the *Kaguoguo*, the bamboo Jaw's harp. The boy played soft notes to entice the girl, and she played back to him, speaking sweet words to each other as they blew through their harps. ① They would meet in secret and when her pregnancy became obvious, time had come to end it all-with a rope or poison. One morning, before daybreak, the girl prepared a food hamper, and then, dressed in their best clothes, the lovers met and went off together, as though they were going on a picnic. More often than not, they met other couples in the same position, and the friends all walked up the Jade Dragon Mountain. When they found a beautiful spot, they stopped and lived there until their food supplies ran out. Then, they finally took their lives. A preferred method of dying was to hang themselves collectively.

When the lovers were discovered, their respective parents called on the Dongba priests (they were usually several) to perform the *Herlelukee*, the funeral ceremony dedicated to suicides. The *Herlelukee* always took place in the night. In the light of fires and torches, the Dongbas danced and chanted before their mesmerized audience, recalling the *Romance of Kamagumiki* from their sacred manuscripts, and they battled with the dangerous demons of suicide and at last, sent the souls of the departed to the land of their ancestors. ② And the

---

① Speech surrogate music in courtship is found among many Tibeto-Burman groups and southeast Asians who may also use the gourd reed organ. See David Bradley, "Speech through Music: The Sino-Tibetan Gourd Reed Organ", 1979, pp. 535-540.

② Although Peter Goullart is not a scholar, his documentation of the Naxi suicide rites and custom is more informative and empathetic than Rock's, but Rock translated the Dongba cermonial manuscripts. I have used both these writers' work, what I gathered myself from informants and what Naxi scholars the late He Ziwu, He Zhonghua, Lan Wei and Dongba He Jigui have told me, in order to construct this essay.

young people in the audience, all potentially illicit lovers, weeped at the sad story and envied the fate and attention of the departed lovers, convinced that they had witnessed the most romantic of spectacle and experience.

Tragic as the custom was, love suicide was a normal part of communal experience among the Naxi. As mentioned above, usually, several couples took their lives at the same time, and the custom was so attractive to young Naxi, and so many young people died that it is commonly believed that over several generations, few Naxi families would have been spared from this tragedy. What is also remarkable, is that no one who saw the lovers dressed in their festival clothes, walking towards the mountain and certain death, ever attempted to stop them. The lovers had cast their destiny, and no one was to interfere-not even their parents would have stopped them. According to Rock, lovers who failed in committing suicide may have been sent to jail, and they would have been ostracized by their community(Rock, 1937, 7). But Peter Goullart wrote that parents who found their children half-dead would have killed them off themselves. (Goulart, pp. 152-153) In conversation, Naxi scholar He Zhonghua confirmed that parents would have killed children who failed to commit suicide.

Causes of the Naxi love suicide

Scholars(Rock, Jackson, Chao, He Zhonghua and other post-1949 Naxi scholars) have identified structural and ideological causes for the Naxi love suicide. The most evident cause of love suicide among young Naxi rested with the rules of betrothal and arranged marriage. The Naxi betrothed their children at an early age, sometimes even before they were born, and their marriage rules were so strict that a betrothal promise could not be broken. Brides ought to be chaste, elopement was not entirely impossible but rare. Divorce was inexistent and therefore only death could undo the original commitment made between inlaws. This strict marriage code, however, was found in Lijiang town and the basin area where it also accompanied an unusual form of marriage: prescriptive patrilateral cross-cousin marriage. Away from the basin region, the Naxi engaged in a variety of marriage arrangements, which accommodated pre-marital sex and marriages with cross-cousins on both sides of the family.

In Lijiang, traditional marriage arrangements could be especially unattractive to Naxi youth. As we saw, betrothals were made without their consent or consultation, but in addition, Naxi custom favoured wives who were often several years older(between five and ten years) than their husbands, so that young women could be twenty years old or older before their betrothed was of marriageable age. Inheritance rules compounded these issues of age and gender asymetries. In the traditional Naxi family, although the first son inherited his father's social position, the youngest inherited the house and property, and looked after his parents in their old age. Custom also required married sons to leave the parental home, which added the cost of a new house to the expense of brideprice. Parents often delayed their middle sons' marriages for years, some middle sons may never marry at all. Evidently, illicit love affairs were a natural option for adolescent girls awaiting for their toddler husbands to grow up and for adolescent boys who felt that they may await marriage for ever.

In addition to these structural pressures, there were contradictions between moral ideals and customary practices. The Naxi upheld what seemed a strict sexual moral code, but parents did not prevent young people of opposite sex from spending time together, and in fact custom seems to have encouraged cross-sexual friendships. Rock and Goulart both commented on the dancing and flirting that took place in Lijiang in their times, and certainly, even in the late 1990s, Naxi youth, like other youth in Yunnan, could be seen in the streets of the old and new towns courting collectively, ritually cruising the street in lines of young men and young women. Today, there is modern courting in the karaoke bars and the night clubs.

Finally, a last, but not least cause of the love suicide custom could be found with the Dongba religion. Rock, Goulart and post-1949 Communist authorities all blamed the Dongba religion for enticing young people into suicide. The Dongba religion sustained the romantic appeal of the love suicide custom. Among other things, it taught that at the point of death the suicides entered into a lovers' paradise-a vision of the after-life that was in sharp contrast with the hard realities and, not least, the drudgery of everyday existence. For Naxi life was dominated by physical labour, and Naxi women did most of the most demanding work-in agriculture, construction, butchering, cooking, running shops and markets, carrying loads up and down the mountain paths were all the lot of women. The Dongba funeral rites allowed the souls of the young lovers to enter the Naxi ancestral land, and thus rehabilitated the lovers to their ancestors. In other words, the Dongba religion allowed parents to forgive their children in death what they could not have forgiven them in life.

After the Communist authorities introduced and enforced free choice marriage and banned Dongba rituals, the love suicide custom disappeared. Although there remained some incidences(several couples who committed suicide in the 1960s, and another in 1990s), love suicide was no longer part of the socio-cultural fabric of Lijiang. It retained a romantic aura in the collective memory, but it is on this count only that it remains a cultural icon.

There is little disagreement in explaining the socio-cultural and psychological dynamics of the Naxi love suicide in the terms just described. And the standard Chinese sociohistory, the *Naxizu Jian Shi*, likewise explained that love suicide resulted of the contradictions inherent in the lifestyles of the young and the moral expectations placed upon them, ot the surveillance of Naxi families under the Qing administrative system, of the difficulties involved in returning bride-price if betrothal arrangements were broken, and finally the impossibility of divorce. ① What these socio-psychological arguments fail to explain, however, is why Naxi society should have suffered from such structural and ideological contradictions in the first place.

Confucianism in Lijiang

In the absence of written evidence or documentation, almost all scholars have answered this question in the context of Han and Naxi relations. The *yuvu* was a result of the imposition of Confucian mores on the Naxi(Rock, 1939; Jackson 1979; Chao 1990; He Zhonghua, 2011) Scholars believe that prior to their Confucianization the Naxi had a custom of free love, as can still be found among the Mosuo today. Anthony Jackson and Emily Chao also posited that, prior to becoming Confucianised, the Naxi were matrilineal like their Mosuo neighbours-so that Imperial rule not only introduced arranged marriage among the Naxi but patrilineality. This argument hinges on the premise that the Naxi and the Mosuo were once part of a common society, and that the Mosuo have retained a social system which the Naxi have lost. He Zhonghua also understands the love suicide custom in this historical perspective. She points out that over the centuries, women were increasingly marginalized from the Naxi social and ritual sphere, that although Naxi women had retained a central position in the Naxi economic life, they had lost all potical and ritual authority. (He Zhonghua, 2011).

To develop her theory, Chao drew on Marshall Sahlins' concept of "structure and conjuncture"②, which explains that in contact situations, new cultural modes are only partially absorbed because they are integrated into the original order of things. Thus, Chinese values were not "merely grafted onto Naxi ritual" but absorbed within traditional categories which for their part assumed the new values. (Chao, 1990) For Chao, the introduction of Confucianism in 1723 resulted in a clash of cultural values whereby the Naxi-who were up to that time matrilineal like their Mosuo neighbours-adopted patrilineality, compulsory betrothals and chastity while they also retained aspects of their former social practices, and in particular the freedom to mix with young people of the opposite sex. The mythology and the

① *Naxizu Shehui Lishi Diaocha* Vol. 2, pp. 46 – 47.

② *M. Sahlins, Islands of History*, 1985, p. 125.

suicide rituals provided the youth with the romantic inspiration necessary to perpetuate love suicide in succeeding generations. Chao concludes that Naxi love suicides can be understood as ' acts of indigenous resistance in the face of cultural incorporation and gender transformation'. (Chao 1990)

But even when scholars blame Confucianism for the Naxi love suicide custom, they do not all blame the Chinese magistrates who ruled Lijiang after the reforms of 1723. Peter Goulart, a long term resident of pre-revolution Lijiang and a contemporary of Rock, believed that the Naxi feudal lords had introduced arranged marriages among the Naxi. Naxi scholar He Zhiwu was also adamant that the custom antedated the Qing dynasty, and he added that neither the written record nor oral history could justify this theory. For He Zhiwu, the custom would have dated from the Ming dynasty and was a result of the feudalization of Lijiang. He Zhiwu thought very much in the same vein as Goulart: the feudal lords had introduced Confucian notions of arranged marriage. However, He Zhiwu also believed that the Naxi had shifted to patrilineality in the Tang dynasty, and that the yuvu had nothing to do with the transformation of Naxi society from a matrilineal system (in the vein of Mosuo society) to a patrilineal system. ① The late Dongba He Jigui, on the other hand, objected that the love suicide custom has deep roots in Naxi culture and history, although he conceded that suicide had probably increased under the Qing administration. ②

Dongba He Jigui's position is especially interesting because it articulates the perspective of Naxi oral history. In the early 1990s, if one asked any old person in Lijiang about the origins of the yuvu, the answer was invariably that it was very old, that it was a Naxi custom and that the Confucian magistrates had nothing to do with it. Even when official records provide little or no information on local culture, oral history is not usually silent. Granted that oral history cannot be trusted to relate factual truths, it can often be trusted to speak for *essential truths*. ③ Where love suicide is concerned, Naxi oral tradition maintains that the *yuvu* was a Naxi custom. From the perspective of social history, however, the problem is that Naxi custom is syncretic and that Han culture has a long history in the region.

Sinicization and Naxi culture in historical perspective

Two thousand years ago, northern Yunnan was occupied by Qiang tribes, who were

① Conversation with He Zhiwu, Kunming, 1991.

② Fieldwork, Lijiang 1991.

③ See Mathieu, 2003 for the nature of the correspondences between "history" and "oral history".

culturally closer to the various people of Tibet than to China. During the Tang dynasty, the tribes of northern Yunnan were conquered by the Tibet Empire and then by the Sinicized Nanzhao kingdom. Tang influence on the Nanzhao, however, was a matter of degree. The Nanzhao kingdom was an independent kingdom and while its elite adapted(in fact, it also stole) Chinese technologies, knowledge, arts and aesthetic standards, it had its own particularities, and was also influenced by India and Southeast Asia. After the fall of Nanzhao, Lijiang reverted to the various Qiang tribes who had previously occupied the region and taken refuge in Tibet. It is also likely that Qiang tribes migrated south from Sichuan in the eleventh century and after them, or perhaps with them, came the Mongols. In Mathieu(2003), I explained that the Sinicization and especially the Confucianization of Lijiang really began during the Ming period, when Lijiang was ruled by the Mu family.

The Mu were vassals of the Chinese emperor, and charged with the protection of the western frontier on behalf of the Empire, a system of indirect rule that began in 1381 and endured until 1723. Under the Mu, Lijiang became a large and powerful kingdom, which at its apogée, in the seventeenth century, extended well into Tibetan territory in what is today Muli county and beyond all the way up to Litang. Among their many achievements, the Mu rulers pacified the various tribes of northern Yunnan and re-organized the old tribal society into a feudal polity, unifying and reducing the various clans into three social classes: the ruling Mu and their immediate descendants and family, the aristocratic Ah who were relatives of the Mu, and all the commoner He. Not all tribal clans, however, were absorbed as Naxi, the Lisu and the Pumi remained distinct social categories: the Lisu were the 'wild tribes' of the mountain regions, and the Pumi were basically slaves(see Mathieu, 2003, and Mathieu, 2011).

By 1418, less than four decades after the Ming empire had ousted the Mongols from Yunnan, the imperial attendant Pang Wenyou recommended that Confucian schools be opened in Lijiang, because 'the prefecture had long submitted itself to the influences of civilization' ① which implies, of course, Chinese civilization.

Yet, Confucianism made headways in Naxi elite culture with Mu Gong who ruled 1527-1553. Mu Gong was a friend of the exiled and distinguished Confucian scholar Yang Shen, and Yang Shen had such influence that, under his guidance, Mu Gong re-wrote his own official genealogy to suit Confucian expectations of patrilineal legitimacies and clan exogamy(Mathieu, 2003). Mu Gong's descendants built arches to the chastity of their mothers; they built palaces and temples in Chinese fashion; they took up calligraphy and poet-

① Reported in the Ming Shi(*Ming History*) Ch. 314. Translated into French by Chavannes in "Documents Historiques", p. 638.

ry; and they welcomed Han artists and crafstmen, and Daoist priests. In order to bolster their armies, to cultivate their land, and to populate the stockaded towns which they founded in tribal and Tibetan areas, the Naxi rulers welcomed large numbers of Han peasant-soldiers from the Chinese interior. Hence, Chinese influence in Naxi society can be attributed to the cultivation of the elite, but also to the large number of Han Chinese men who came to reside among the Naxi and brought their customs with them.

However, the Sinicization of Lijiang was not a straightforward matter. For although the Mu kings became enthusiastic Confucian, they did not entirely relinquish their former religious and ritual interests. I have argued that until the conversion of the king Mu Tseng to Karma-pa Buddhism in the seventeenth century, the Mu rulers were adherent of the Bon, of which the Dongba religion is a remnant(see Mathieu, 2013). But even after Mu Zeng's conversion, the Mu retained Dongba priests in their service and the Dongbas continued to officiate in all the territories occupied by the Naxi kings. Today in Muli, there are Dongba priests even though Lijiang lost this territory at the turn of the 18th century. The Dongba religion bears witness to the Naxi genius for syncretism, for its founder Dongba Shilo is none other than the founder of Bon, Shenrab but the religion shows the influence of Taoism, Chinese and Tibetan Buddhism, and ancient Burmese beliefs.

After the reforms of 1723, Han immigration into northern Yunnan accelerated and the Confucian magistrates who now administered the area had interest in furthering Sinicization and Confucianization among the Naxi. Certainly, they had none of the interest in the Dongba religion which the Mu rulers had shown-and which provided the funeral rites for illicit lovers. In 1736, Guan Xuexuan became the magistrate in charge of Lijiang prefecture, and seven years later, in 1743, he compiled the first and only prefectural records of Lijiang(*Lijiang Fu Zhi Lu*). In his preface, he explained that he had great reservations as to the standards of civilization of the people in his jurisdiction. (Rock, 1947, 45) This is what Guan Xuexuan wrote:

> The great enterprise of turning a frontier, barren and desolate, into a civilized country within a short pace of time, can never be accomplished by one or two subjects of our Imperial Court. In order to accomplish this arduous task, it is first necessary to appoint a reputable subject, well-experienced(sic) in governing, as magistrate of the chief city, one who, through careful management and deep study, will educate the people and correct their customs. Only then will our excellent culture of hundreds of thousands of generations, find root in that land, grow luxuriantly, and unfold its first brilliant flower. . . . He dared not say that he had established anything for these people, but that the bright future and the

hopes of Li-chiang will certainly depend upon future capable magistrates of superior quality. (Rock, 1947, 47) -my Italics.

If Guan's hopes for his civilizing mission among the Naxi were modest, by the turn of the twentieth century, Lijiang was in appearance so Sinicized that when Jacques Bacot visited the area, he thought that the Naxi had no culture of their own and were just like the Chinese(Bacot, 1913, 10). Indeed, Naxi houses in Lijiang were as Chinese houses in the interior; when the Naxi buried their dead, they called on Daoist or Buddhist priests; Naxi women wore trousers like Chinese women; and old men played Chinese chess and Dongjin music. The Dongba religion, a remnant of a uniquely Naxi culture, was largely moribund.

And yet in the 1930s, when the Chinese official Wang Tuzhui visited Lijiang, he remarked that Chinese immigration had failed to civilize the Naxi. In Lijiang, he wrote, it was the Han who had become barbarians. (Siguret, 1937, 42, 43) In other words, in the 1930s as in the mid 18th century, Chinese officials deplored the lack of civilization, ie. the lack of Confucianization, they found among the Naxi.

The un-Confucian nature of the Naxi kinship system

To understand the role that Han and Naxi relations may have played in the love suicide custom, we need to problematize what current theories mostly take for granted, and ask why if Confucianism underscored Naxi notions of chastity, the Naxi did not make the connection between chastity and freedom of association: why did the Naxi allow girls and boys to roam the streets, to dance and flirt if they expected young women to remain chaste? Certainly, no such behaviour was permitted of young people in mainstream Chinese society. In Confucian China-as in any other chastity-obsessed society-women and men were segregated.

Next, we need to examine the nature of Naxi marriage and inheritance rules. Because, again, if Confucian magistrates introduced marriage and patrilineality among the Naxi, then we should expect Naxi custom to conform, at least to some degree, to the Confucian model.

The Confucian family upholds an ideal of age asymetry-favoring oldest sons over younger sons, and an older husband over younger wives; it also upholds an ideal of the large indivisible patrilineal family whereby sons remain under the one parental roof with their wives and families; Confucianism promotes the ideal of the clan village and clan temple; and finally, Confucian marriage prescribes clan exogamy, which means that brides cannot have the same name as their husbands, and usually come from outside the clan village.

The Naxi family and inheritance system is in most respects *antithetical* to the Confucian ideal-although the Naxi grant older sons a favoured place, it is the youngest son who inherits; Naxi custom also favours older wives, between five and ten years older than their husbands, an unthinkable option in Confucian China; and it prescribes that married sons leave the paternal home. Naxi marriage rules do not necessarily breach the rule of clan exogamy, and Han peasants do marry their cross-cousins, but *exclusive* patrilateral cross-cousin marriage cannot be considered a Confucian practice.

Having said as much, ultimogeniture is of particular importance in this discussion, because it is not only a Naxi practice but a common Yunnanese practice, and it very possibly antedates the penetration of Confucianism and Han notions in Lijiang. And since Naxi inheritance rules are best fitted to the Yunnanese cultural block rather than Confucianism, it is worth considering the particularities of Naxi customs in the light of their neighbours'.

Naxi kinship in the light of Yunnanese customs

Given the significance which Mosuo society has assumed in any discussion of the Naxi love suicide custom, this is where I will begin. The Mosuo are now world famous for their matrilineal way of life, but in fact not all Mosuo are matrilineal. Matrilineality among the Mosuo is very much attached to the Yongning plain, while the people of the mountain regions, and in particular, the people who lived on the border of Mosuo and Naxi territories are patrilineal. [①] Thus, Labei people and their immediate neighbours in Fengke, who live opposite to them on the western banks of the Jinshajiang in Naxi territory, are often thought of as similar. Labei Mosuo and Fengke Naxi are considered link populations.

In actual fact, Fengke Naxi and Labei Mosuo societies are unmistakenly distinct. Beyond some relatively superficial similarities, Fengke Naxi and Labei Mosuo speak different dialects. Their dress are also easily distinguishable. Fengke houses, although quite similar to Labei houses from the exterior, are like other Naxi houses centered on a column that upholds heaven, the *Meedv*, while Labei houses are supported by two columns, in this case a "man's pole" and a "woman's pole" (*Jimi* and *Domi*). Where kinship, sexual morality and gender roles are concerned, there are significant differences. In Labei, the place of honor at the hearth is on the left hand-side, and is occupied by both parents while, in Fengke, women cannot sit near the hearth at all, and must remain in the lower levels of the house. In addition, not only women, but all relatives on the mother's side also assume this lower status.

① See Mathieu, 2003, for the details of kinship, marriage and filiation pertaining to the Mosuo people of Labei.

Yet it is true that, as Rock noted, the Fengke Naxi practice "free love". Young people may pursue love relationships without any plans or obligations to marry their partners. When a woman has children before she marries, she simply takes those with her into her husband's family. Rock wrote:

> In La-pao [Fengke] ... it is no disgrace for a woman to have illegitimate children. When a woman marries(for the first time) her illegitimate children follow her to her husband's home later on. In other districts, often twelve year old girls are given in marriage. After she has remained with her husband one or two months, the bride returns to her parents. She can only return again to her husband if she has given birth to one or two children. If she remains childless, she cannot... return to her husband. (Rock, 1939, 1)

Fengke couples may not live together for many years if their families cannot meet the expense of a wedding or the expense of building a new house. Couples then meet in the evening: men visit their "wives" and children, and return to the paternal home in the morning-just as couples do in Yongning. Such patterns of relations have inspired Chinese scholars to describe Fengke sexual practices as ' like the Mosuo'. But in actual fact, there is a significant difference between Fengke and Yongning: In Fengke, the visiting marriage is a default practice, in Yongning it is an ideal practice. At any rate, ' free love' does not imply "free choice marriage" as Rock believed. In Fengke, parents arranged marriages for their children, even though men and women remained free to take lovers before and after they married. (Ninglang Yizu Diaocha, 1987, Vol 1, p. 76)

In Labei, the Mosuo have different patterns of sexual and marriage relations. To begin with, the Labei Mosuo are somewhat less relaxed about young people's sexual affairs than people are in either Fengke or Yongning. In Labei, young people are free to enter into sexual relationships as they please(with discretion) and to choose their own spouses. Sexual relations may take place between either matrilateral or patrilateral cross-cousins but young men are obliged to marry their pregnant lovers. What is more, the marriage rituals of Labei are quite distinct from the rituals conducted in Lijiang, yet they conform to the general patterns found in other Hymalayan societies where wife-givers have higher status than wife-takers. (Mathieu 2003)

To conclude, Fengke Naxi society mixes patrilineality with sexual freedom, with arranged marriage and gender asymmetry, and with the lower status of Mother's family, that is, the lower status of wife-givers. Labei Mosuo society is gender egalitarian, yet less inclined towards sexual freedom, but allows free choice marriage. In Labei, wife givers have the higher status. In Yongning, sexual relations are free because children remain with their mothers and paternity is largely irrelevant, but even so, the Mosuo uphold rules of avoidance to third degree cousins on the maternal side, from the perspective of either a male or female ego.

Marriage, of course, specifically involves the relationship between two individuals but it also implies a much broader field of social and political action than sex. In traditional societies, marriage is a system of political, economic and biological alliance between two families. When families betroth their children, they enter into a contract of mutual aid and obligations, thus marriage articulates reciprocity. Pre-marital sexual activity, evidently, can interfere with the reproduction of social systems based on lineage affiliations, and not least with the plays of prestige and family honor inherent in these systems. For sex means children and pre-marital sex raises the question of what is done with the children born outside the system, what do those children inherit, and who can they marry?

The people of Yunnan had various strategies to deal with children born out of wedlock. Among the Bai people who were largely Sinicized, and who had stricter expectations of sexual conduct as well as rules of primogeniture, pre-marital pregnancy forced parents to accept their children's chosen partners although in other(or ideal) circumstances they may have preferred to make betrothal arrangements themselves. Among the Nuosu of Liangshan, where arranged marriages were very strict, pre-marital sexual affairs did not cancel betrothal arrangements, and children born out of wedlock were taken into the husband's family, so long as these children had been conceived within the rules of caste endogamy. The Nuosu also practiced ultimogeniture, a system in which first born children need not interfere with the serious business of marriage alliances. (Lin Yue-hua, 1961, Ch. 5) . This short review shows the complexities found in sexual behavior and rules of marriage in the Tibeto-Burman and Tibetan worlds. ①

The Naxi, like some of their Yunanese neighbours practiced ultimogeniture; like most of their neighbours, the Naxi allowed young people to mix and dance with the opposite sex; like some of their neighbours, the Naxi also had a custom of arranged marriage; and like some of their neighbours, the Naxi had adopted many Chinese customs. However, unlike all of their neighbours, the Naxi practiced prescriptive patrilateral cross-cousin marriage, and where all the people around them had found ways of managing the tensions between sex and marriage, in Lijiang, illicit lovers resorted to suicide. Thus we are lead to the conclu-

① In Mathieu 2003, I have given an extensive discussion with many examples to show the variety of practices found among the Naxi's neighbours-all of which accommodate pre-marital or extra-marital sexuality with rules of arranged marriage and various patterns of inheritance.

sion that the Naxi love suicide custom was connected in a significant way to the patrilateral cross-cousin marriage system, a non-Confucian marriage pattern. But before I begin to discuss what all of this implies, I will first explore what love suicide signified not only for individual Naxi, but in the context of Naxi society itself.

Love suicide: a matter of despair or one of honour?

Rock, Goulart, Jackson, Chao and He Zhonghua have all noted that the Mosuo who practice free love do not commit suicide-although, it would be more appropriate to say that suicide among the Mosuo is extremely rare, because the Mosuo are like all other people, they too can suffer heartbreak, loss of face, painful illness, bankruptcy, grief or simply bad luck. ① In fact, the Mosuo rarely commit suicide because suicide is negatively sanctioned among them, for people who have committed suicide do not receive funeral rites. As Durkheim wrote in *Le Suicide*, "Suicide is, by virtue of its essential element, a social phenomenon, [and] it is appropriate to seek its place among other social phenomena. The first and most important question which must be raised regarding this subject is whether suicide ought to be classed with acts which [public] morality condones, or those which it proscribes". (Durkheim, 1930, 369) ②

In Yongning, people who take their own lives cannot under any circumstance receive a funeral rite. Not even a ritual exorcism is permitted. By contrast, *all* Naxi suicides, not only love suicides, were dealt with in a ceremony that exorcised their ghosts and guided their spirits to the ancestral land. Thus, where suicide was negatively sanctioned in Mosuo society, it was positively sanctioned in Naxi society.

But if the Mosuo do not commit suicide, many of the Naxi's other neighbors do. The Lisu③, the Han and the Yi have suicide customs. Traditional Yi suicides are of particular interest to Naxi social history. Before the establishment of Communist rule, in Liangshan society, people killed themselves for all the usual reasons of despair and frustration, but also as a means to obtain revenge. Yi women were said to be especially poised to committing suicide or to threaten suicide, because their death was sure to stir their brothers and kinsmen to avenge them. According to Alain Dessaint, suicide or simply the threat of suicide

---

① These are common causes of suicide in other Asian societies, see Lee A. Headley(ed.), *Suicide in Asia and the Near-East*, 1983.

② This is my translation from French.

③ According to P. and E. Lewis, the Lisu in Thailand have higher rates of suicide than any of the other groups. They cite three examples(the last is a case example) -suicide may result from despair, but also from frustration and anger. See P. and E. Lewis, *Peoples of the Golden Triangle*, p. 270.

caused numerous blood feuds among the Nuosu. (Dessaint, 1980, 30) In fact, love suicide was not unknown among the Yi and it was required of lovers who had broken the rules of caste endogamy. (D' Ollone, 1912; Lin Yueh-hua, 1947; Pollard, 1921; Song Enchang, 1985). Lin Yueh-hua explains that where a man from a lower caste had sexual relations with a woman from a higher caste, he was to throw himself off a cliff or leap into a river, and the woman was expected to hang herself or to take poison. (Lin, 1947, 70) ① Jumping off a cliff, hanging and taking poison are all possible choices enunciated in the *Romance of Kumagumiki*.

Suicide and customary law

In many societies, suicide plays a juridical role as an alternative to execution. As Malinowski wrote, in traditional societies governed by customary law, even when suicide is not a "means of administering justice", that is even when suicide is not explicitly requested by a court of law, it can nevertheless provide "a means of keeping the native to the strict observance of the law"(Malinowski, 1932, 98). Such was the role of suicide in Lijiang. Givent that illicit lovers had no choice but to take their own lives, love suicide was in place of an execution. However, since suicide was expressed in ritual form, since its inspiration was drawn from mythical precedent and from romantic true life examples, suicide was not perceived as a punishment for a breach of custom. It was simply what one had to do. The romantic aura that surrounded love suicide and the sheer number of lovers who committed suicide attest to the normalization of"illicit love affairs"in Naxi society. The breach of betrothal promise was bought back at the ultimate price but mythical and ritual precedent made the requirements of law self-regulatory. The story of Kamagumiki goes like this: ②

Kamagumiki laments: "I have now no companion, but the house god has not yet come

① D' Ollone, *In Forbidden China*, p. 62; Lin Yueh-hua, *The Lolos of Liangshan*, p. 70; Song Enchang, "Xiao Liangshan Yizu Hunyin He Xisu Diaocha"[Research into the customs and marriages of the Yi nationality of Xiao Liangshan] in Yunnan *Minzu Minsu He Zongjiao Diaocha*, pp. 17-27, 21. Song explains that lower caste men who had sexual relations with higher caste women were burned to death. The woman was expected to commit suicide. In cases of men having sexual relations with women from lower castes, the penalty need not always apply but according to Lin Yueh-hua(p. 71), the children from such illegitimate relations were known as ' Yellow Bones' as opposed to Black or White Bones and were ostracized by the people of either caste. Pollard also recorded the suicide of a young couple in the Liangshan. See S. Pollard, *In Unknown China*, p. 187.

② This synopsis is based on Rock's"The Romance of Ka-ma-gyu-mi-gkyi". Note that not all Dongba texts are identical.

to drive me from my home; [1] happy couples have lived together as well as unhappy ones. A boy gave me a small mirror and a girl gave him a bracelet. [2] To me, Kamagumiki, he gave a load to carry in my body, I became the recipient of a bundle to fill my arms. "

Kamagumiki asks the crow to be her messenger, to send words to her parents-in-law that she has not had illicit intercourse with a boy[3], to please send the Pumi servant to come and meet her with her dowry. Her parents-in-law answer her plea: they do not believe anything she has said, they explain: You are but a bad bunch of grass, you are but a leper! I will not put your trousseau in the bridal trunk, I will not come for your dowry. You copulated with a green snake, you carry the rope to hang yourself with. Go and find your own husband! [4]

Kamagumiki has no husband to find, she has nothing else to do but to prepare herself to die. She leaves for the mountain and contemplates her imminent fate: she considers drowning herself but her heart fails at the thought. As the Dongba chants: "She did not wish to die. "She considers hanging herself on a tree, but her heart once again grows faint; she does not wish to die. She puts on her golden shoes and looks down the white cliff, but her face likewise grows pure white; for she does not wish to die.

Kamagumiki makes her way to the oak tree, and there she hangs herself.

Her lover Zhiboyulaper was herding his goats in the alpine meadows when he found her body. Her body was dead but her soul was not and she asked him: I sent you all these messages, did you not receive them? Zhiboyulaper answered that he had, but he could not come to her: in the summer, it rained too heavily, in the winter, it was too cold. . . finally, he admits that he had not wished to follow her.

Zhiboyulaper wept, he asked: if I put the breath of a goat into your mouth, will you be able to speak again? If I give you turquoise and coral eyes, will you be able to see again? If I attach the roots of the pine and the oak, will you be able to walk? If I put silver and gold teeth in your mouth will you be able to laugh again?

Kamagumiki answers that no, she will never speak, never walk, never see and never laugh again. Then she cries out: will the beasts and birds of prey devour my body? Please Zhiboyulaper, take your sword and cut down the rope, light a funeral pyre and burn my body. Burn me until my bones have turned white and my body has turned to embers and soot.

---

① This means: "I am not yet married".

② Small presents exchanged by lovers during courtship.

③ This is ritual denial.

④ The words "trousseau", "dowry", etc. are taken from Rock. The trousseau should may in fact be bride-price.

Zhiboyulaper did not dare to do as she said. He was frightened. [1] He pleaded with her to wait until the next season, but she would not hear it. Finally he asked: will you think wicked thoughts, will you liberate the demons behind the livestock and behind the grain? To which she answers that she will do nothing evil.

Zhiboyulaper believed that Kamagumiki told the truth. He drew his sword and cut off the rope. He covered her body with his white cape, [2] he lit the funeral pyre and cremated her, until her bones were white and her body turned to embers and soot. Then, Kamagumiki took the rope that she had used to hang herself and tied it around Zhiboyulaper's neck. [3]

There are two central"messages"in this ceremonial text: the first is that Kamagumiki has done something beyond repair and she has nowhere to go; the second is that the text is mostly concerned with the lovers overcoming their fear of death. This story is truly poignant: Kamagumuki does not want to die, she is terrified and so is her lover, but she has no choice. She must dominate her fear and do what she must do. If we stop to think that this text was chanted at the funeral rites, its pedagogical dimension becomes all too evident: it was during these rites that young people not only heard but also *learned* the correct behaviour, the choice they must make and the courage they must find, should they wish to follow Kamagumiki's example.

Goullart wrote of the Naxi *yuvu*: "It was only in death that the lovers were forgiven by their sorrowing families and it was usual for the Harlallu ceremony to be a joint one. "(Goullart, 1957, 157) Indeed, when the ceremony was a joint one, the *Herlelukee* achieved what forbidden love could not but that marriage does: it brought two families together. Malinowski could have been writing of the yuvu when he explained that suicide in traditional societies afforded "the accused and the oppressed. . . a means of escape *and rehabilitation.* "(Malinowski, ibid) -my Italics.

Suicide and the patrilateral cross-cousin marriage

Ritual love suicide was the legal boundary that maintained and garanteed patraliteral cross-cousin marriage among the Naxi, just as among the Nuosu, suicide was the boundary that maintained caste endogamy. The opening words of the story of Kamagumiki make this

[1] He was afraid that if he cut the rope she would harm him. Kamagumiki has committed suicide and so she is now a dangerous suicide ghost.

[2] It is interesting to compare this with Mosuo custom which expects the brothers who attend their sisters' funerals to lay their cape upon the coffin before the body is cremated.

[3] Note also that the story of Kamagumiki is told after the Dongba priests has exorcised the ghosts or demons of suicide, and that the Dongba again exorcises the suicide demons after he has finished telling the story.

plain: "If it were not for silver, there would be nothing to match gold with. If it were not for the turquoise, there would be nothing to match coral with. If it were not for the pine tree, there would be nothing to match the oak tree with. If it were not for the son of the e-ggv(father-in-law [FZH]), the daughter of the aunt could not be bought. "(Rock, 1939, 46) For here are the rules of marriage. They have been set in mythical ultimacy and they are inescapable.

So the next question is, what was so important about the patrilateral cross-cousin marriage that the Naxi should have held to it so strictly?

As we saw above, exclusive patrilateral cross-cousin marriage is not Confucian, but it is also a very rare form of marriage in tribal organization-and it is not found among any of the Naxi's tribal neighbours who practice either bilateral, ambilineal or *matrilateral* cross-cousin marriage.

Maybury-Lewis explained of neighbouring Kachin that a matrilateral cross-cousin marriage prescription may not be intended to designate obligatory partners so much as to prohibit certain types of partners. Kachin practice allows men to marry women who are not cross-cousins but it forbids them to marry women from families designated as wife-takers to ego's group. (Maybury-Lewis, 1971, 202) In tribal marriage prescriptions what matters the most is the *direction* of marriage exchange because this is how, to use Bourdieu's term, the prestige capital attaches to the wife-giving group. Bilateral and ambilineal systems will maintain egalitarian relations and give maximum flexibility in marriage alliances, while matrilateral exchange will establish a permanent prestige order for wife-givers and wife-takers.

Tribal marriage provides the opportunity to display prestige, and the display of prestige is of itself a display of political power. Expectations of reciprocity mean that tribal marriage engages in-laws in mutual obligation and support. Right up until the 1950s, before the communist state imposed its *pax Sinica* in northern Yunnan, the mountain regions were plagued by banditry, raiding and blood feuds. ① Tribal marriage is of crucial importance to the organization of warfare, but it is also often the primary cause of inter-clan feuding. The politics of inter-clan feuding give a central place to women: women are the go-betweens, they are the modality of exchange and therefore the modality of contest. The dynamic of feuds, however, rely on the fact that a married woman retains rights in their family of origin, and in the context of northern Yunnan, the persons who guarantee a woman's rights,

① For a detailed view of the horrendous violence inherent in the political conditions and inter-ethnic relations on the Sino-Tibetan borderland in the decades that preceded the revolution, see S-B Sutton, *In China's Border Provinces*, 1974.

her lifelong protectors, are her maternal uncles and brothers. The play of prestige by wife-givers and the high status position of maternal uncle are still articulated today in Labei marriages and funeral rites. These ceremonies are also articulated in ritualised opposition and mock aggression between in-laws. And in Labei, historical memory has not been lost, and anyone will confirm that"in the past, we Mosuo really liked to go to war". (Field notes, 1991)

Naxi mythology and the Chinese historical record make plain that the ancestors of present day Naxi and Mosuo, the Mo-so tribes, engaged in frequent feuding. (You Zhong, 1988, 61-65; also see Mathieu, 2003). The creation myth states that the first people before the flood committed incest because"they could not go to war and capture wives. "The historical record confirms that until the mid-16th century, the Mo-so frequently fought to the death in bloody feuds and that women played a central role in these politics, for not only could they initiate feuds, they could also end the fighting by stepping in between the warring men-between their brothers and their husbands, just as the ancient Sabines. (Sainson, 1909, 180-181; You Zhong, 1986, 61; Mathieu, 2003, 323)

Prescriptive patrilateral cross-cousin marriage is rarely found in tribal organizations because it is unsuited to tribal politics, which means that it is unsuited to the politics of feud and warfare. Lévi-Strauss explains how this type of exchange implies the closest possible tie between patrilineal kin, and the ' safest of marriage arrangements compatible with the incest prohibition. ' (Lévi-Strauss, 1967, 451) As Mckhann remarks, exclusive patrilateral cross-cousin marriage is the"next best thing to incest": that is to no marriage at all. (McKhann, 1992, 316)

There are three major political consequences inherent in the structure of prescriptive patrilateral cross-cousin marriage. The first is that it creates a virtual parallel descent system, whereby women are always projected back into their mothers' families. As the Naxi put it, ' Bone begets bone and flesh begets flesh' (Bone being the paternal side and Flesh the maternal side). In the Naxi creation story, it is also said that"As the father walks so the son follows in his footsteps, as the mother walks in the old valley, so does the daughter follows. "(Rock, 1948, 88) Thus, women no longer go between groups of men, but simply reproduce their own lines.

The second consequence is that prescriptive patrilateral cross-cousin marriage promotes a reciprocal system whereby wives are given in one generation and returned in the next, so that groups cannot assume a permanent position *vis à vis* each other. In this system, wife-givers are only repaying the debt of the previous generation.

Perhaps the third consequence has the greatest political impact: in this system a woman marries her mother's brother's son. Now, everywhere in northern Yunnan, a maternal uncle(or her brother) is a woman's life-long protector, the person who will organize the revenge party and who will preside at her wedding and her funeral, but in the Naxi patrilateral cross-cousin marriage system, a woman's maternal uncle is her father-in-law.

The restrictions which prescriptive patrilateral cross-cousin marriage imposes on tribal politics can only make sense if political restriction is what the system is aiming to achieve, if political restriction is the objective of the system. If we look to Naxi history, we find that the rationale for the existence of this marriage system lies with the transformation of Lijiang from a tribal polity to a manorial system under the rule of the Ming dynasty Mu chiefs.

In 1381, the Ming emperor granted the tribal chief Ah-jia Ah-de hereditary rule over the tribes of northern Yunnan, granting him and his descendants the surname of Mu, meaning Celestial. But if the Mu were to become kings, they needed to address tribal politics, for tribal warfare and inter-clan feuding would always threaten their rule. In fact, as noted above, the Mu spent several centuries fighting the mountain tribes as well as the Tibetans, but they did manage to curb tribal warfare and to establish a manorial system in Lijiang basin as well as to found stockaded towns in conquered tribal territories. (Rock, 1947) The Chinese emperors also had interest in curbing tribal warfare on the frontier and so we see that the first duty of the Naxi kings under Ming indirect rule was to reform the tribal system.

As I wrote above, the patrilateral cross-cousin marriage is the next best thing to no marriage at all. In nearby feudal Yongning, the Mosuo actually had a system of no-marriage, and Mosuo oral culture legitimizes matrilineality and the visiting marriage system from a striking political perspective: for any Mosuo will tell that people born of the same mother do not fight, whilst the Mosuo proverbs states that ' flesh [i. e the maternal line] against bone [i. e the paternal like] hurts' . In other words, trouble comes from in-laws, and the best way to avoid trouble is not to marry. ① Thus feudalism obtained a non-marriage system, matrilineality and free love for the Mosuo and patrilateral cross-cousin marriage, and love suicide for the Naxi.

The Mu family and the patrilateral cross-cousin marriage

As I have explained in some detail in Mathieu 2003, there is evidence that the patrilateral cross-cousin marriage originated as an elite practice in Ming dynasty Lijiang. This stands to reason, for it is the politically important clans who do politics and it is their mar-

① For more on the relationship between feud and marriage among Tibeto-Burman speakers, see Mathieu 2003, pp. 321-324.

riages that count. The data contained in the Mu genealogy strongly suggests that the patrilateral cross-cousin exchange began with the Mu family itself.

Tradition holds that the Naxi began to carry patronym at the time of the Ming conquest. The genealogy of the Mu ruling family confirms this. Up until the Song dynasty, Naxi names were formed from four syllables which indicated Mother's clan name, Father's personal name, Wife's clan name, and Ego's personal name(see Mathieu 2003):

Nanzhao period
Yang-yin Du-gu
Du-gu La-ju
La-ju Pu-meng
Pu-meng Pu-wang
Pu-wang La-wan
La-wan Xi-nei
Xi-nei Xi-ge
Xi-ge La-tu
La-tu Ngue-jun
Ngue-jun Mou-ju

The repetition of the clan name Xi thus indicates that Xi-Nei Xi-Ge had married matrilaterally, since his wife came from the same clan as his own mother. During the Song dynasty, the names of the Lijiang chiefs still consisted of four syllables, but now the clan name Mou was repeated on syllables 1 and 3.

After the fall of Nanzhao
Mou-ju Mou-xi
Mou-xi Mou-cuo
Mou-cuo Mou-luo
Mou-luo Mou-bao
Mou-bao *Ah*-cong

At this point, the name patterns indicate that the ancestors of the Mu kings married into the Mou clan exclusively. The Mu Genealogical Chronicle confirms that during this period, the tribes were no longer unified. In the Yuan period, the particle Ah replaces the Mou. As I explained in Mathieu(2003), the Ah is in actual fact a patrilineal particle, the clan name of the tribal chiefs.

Yuan period
Ah-cong *Ah*-liang
Ah-liang Ah-hu
Ah-hu *Ah* Liang
Ah-liang *Ah*-jia

Ming period
(*Ah*-jia *Ah*-de) Mu De

With Ah-jia Ah-de, the kings took the surname Mu, which means Celestial(and Tree in Chinese, and must be understood as the celestial Tree, the *axis mundi*) . In Mathieu (2003) I also explained that the name Mu was more than likely a version of the former clan name Mou. The Mongol conquerors married one of their officers(Ah) to the daughter of a local chief, who is given in the historical record as Mai Zhong and as Mou-bao Ah-cong in the genealogy-thus the Ah descendants were Mou on their maternal side(see Rock, 1947, Mathieu, 2003, and Mathieu 2013). This genealogy was compiled in 1516. It opens with the Dongba creation myth, and was modelled on the Dongba mythology. In 1545, under the influence of the Confucian scholar Yang Sheng, Mu Gong wrote a second version of his family history, where he altered the names of his ancestors to suit Confucian notions of clan exogamy and produce a purer patrilineal descent. (see Mathieu, 2003) Nevertheless, the Mu kings maintained both genealogical records until the 18th century, and the second Chronicle, with the Confucian genealogy until the 20th century. (Rock 1947) In the first Genealogical Chronicle, the Mu kings continued to indicate their names according the old pattern Ah-x Ah-y alongside their dynastic name, for the Mu evidently remained attached to their former ways.

Continuing with the genealogical list, we find that from the eighth to the fourteenth generation, or for a period of 150 years following the Ming conquest of Yunnan and the establishment of the Mu family over tribal Lijiang, the chiefs married women who were called Gao and Ah, and therefore took wives who had the same surnames as their own grandmothers in alternate generations.

Eighth Generation
Ah-de Ah-chu(1383-1426) Mu Chu
married Ah-shi-sa daughter of *Ah* Mu(Mu Xian)

Ah-chu Ah-tu(1416-1433) Mu Tu
married Zhi-fu, daughter of *Gao* Zhong

Ah-tu Ah-di(1434-1442) Mu Sen
married Li daughter of *Ah* Su

Ah-di Ah-xi(1442-1485) Mu Qin
married Shun, daughter of *Gao*

Ah-xi Ah-ya(1485-1502) Mu Tai
married Gui, daughter of *Ah*

Ah-ya Ah-Qiu(1503-1526) Mu Ding
married Xiang, daughter of *Gao*

Fourteenth Generation
Ah-Qiu Ah-Gong(1527-1553) Mu Gong
married Meng, daughter of *Feng* whose family name was *Ah* until 1488 when it was changed to Feng by imperial order(Rock, 1947, 117, note 78)

Unfortunately, we do not know whom these early Ming dynasty chiefs gave their own daughters to, but the generational correspondences that accompany the names of these wives conform to the pattern expected in a patrilateral cross-cousin marriage system. ① The patrilateral cross-cousin marriage prescription requires that three groups intermarry. Since wives are returned at each generation, a wife will always have the same clan name as her grandmother's. The three groups are the Mu, Gao and Ah, and we see that the Mu kings engaged in very restricted marriage alliances since they actually took wives from the Ah, which was their own former lineage on the paternal side.

After Mu Gong embraced Confucianism, the marriage alliances changed.
Mu Gao married into the Zuo family
Mu Dong married into the Gao family
Mu Wang married into the Luo family

---

① Note that these were first wives, that is wives whose sons were in line for succession, for the Mu were polygamous.

Mu Qing married into the Luo family

Mu Zeng married into the Lu family of Wuding①

Qing dynasty

Mu Yi married into the Lu family

Mu Jing had no heir but he married into the Tao family whose former name was Ah②

Mu Yao married into the Gao family

Mu Xing married into the Lu family

Mu Zhong(who was in fact Mu Xing's nephew) married into the Gao family

These alliances no longer conform to the generational pattern typical of patrilateral cross-cousin marriage. Mu Gong himself married Meng, daughter of Feng, although the Feng had been called Ah until 1488. (Rock, 1947, 115 note 78) The Feng were a magisterial family outside of the Mu's own domain. (Rock, 1947, 116) ③ From Mu Gong's son Mu Gao, the Mu kings never again married into families whose official name was Ah, in line with the demands of Confucian propriety and surname exogamy. In the Qing period, the genealogy shows that the Mu rulers once again contracted marriages with only two families at alternate generations, the Lu and the Gao(who were not Lijiang families) . However, these last three Naxi kings were not descended as father and son, but as uncle and nephew and this raises the possibility that patrilateral cross-cousin marriage may have been maintained outside the royal line itself.

The Naxi creation story which is at the foundation of the Mu genealogy also advocates patrilateral cross-cousin marriage. The Naxi myth relates the descent of humanity, the making of the universe and the emergence of the first people. To begin with nine brothers emerged, the ninth was Co-ssei Lee-ee, and his six older brothers could not go to war and capture wives. The six brothers committed incest by marrying their sisters. Their sin polluted the entire universe and a great flood ensued, wiping out humanity, and only Co-ssei Lee-ee escaped the disaster. After the flood, Co-ssei Lee-ee could not find a wife on the empty earth and after many misadventures and against the will and wishes of her heavenly

---

① Though according to Rock, there never was such an official family. The Wuding magistrates were called Feng, and as we saw above, they once had the name Ah. J. F. Rock, 1947, p. 135, note 124.

② Also in Rock, 1947, footnote 126.

③ The Mu also took secondary wives from families outside Lijiang. Incidentally, Mu Gong would help quash a rebellion staged by his in-laws, the Feng family in 1528, thirteen years after the birth of his first son Mu Gao. See Rock, 1947, pp. 115-116.

father, he married the heavenly princess, Coheibubami. The Tibetans, the Bai and the Naxi are descended from their union, and the Naxi are the middle sons.

Primordial incest and the deluge figure in the creation myths of all the Naxi's neighbours, but in all of those myths, incest *follows* the flood and is positively sanctioned by the gods-quite logically so, since the flood has extinguished humanity and the only people left in the world are a brother and a sister. ① That the Naxi myth inverts the usual story is significant, for the Naxi myth is all about incest and the subsequent difficulties encountered by the founder of humanity Co-ssei Lee-ee in finding a suitable wife.

First ancestors as given in the creation myth:
He-she He-gu
He-gu Mee-gu
Mee-gu Mee-re
Mee-re Ce-se
Ce-ce Ce-yu
Ce-yu Cu-jiu
Jiu-se-ji
Ji-se-co
Cosseilee' ee who survived the flood and married the heavenly princess.
Lee-ee No-o ②
No-o Na-ba-pu
Pa-pu O
O Ge-lai
Ge-la Qiu who is number six before Qiu Yang who is the seventh generation and the first historic ancestor of the Mu genealogy.

Six of the pre-flood mythic ancestors who married their sisters have four syllable names arranged showing matrilateral alliance. The last two of the pre-flood list and the post-flood ancestors' names conform to a common Yunnanese patronymic linkage pattern whereby the name of the father precedes the name of the son. (Lo Ch' ang p' ei, 1945) Marriage patterns cannot be obtained from this patronymic linkage pattern, since it only in-

---

① See for example, the Mosuo creation story told in Mathieu 2003, *Daizu Chuanshiji*[The creation myth of the Dai people], 1989; De Fleurelle, Pierre G. "La Légende du déluge chez les Lolos", pp. 400-401.

② The next five names are taken from the list given in the first Mu Chronicle. For more detail, see Mathieu, 2003 and of course Rock, 1947.

dicates father-son connections. One should also note that Co-ssei Lee-ee is the *ninth* brother because the number nine is a masculine number and signifies the patriline, but he is the *seventh* brother with a four syllable name. The number seven is usually associated with women and matrilines in Naxi symbology, but it is also associated with water and dynastic change-in other words, Co-ssei Lee-ee is the seventh because he survives the flood and begets a new generation, while the last two names in the pre-flood series do not conform to the four syllable pattern because they would upset the logic of cosmic numerology. There must be six brothers in order to bring about the seventh brother and the flood, but there must be nine brothers to signify the patriline. ① The myth, meanwhile, is clear: six brothers committed incest, and six brothers have name patterns showing matrililateral alliance. Thus, Naxi cosmology teaches that matrilateral alliance amounts to incest and spells universal castrophe.

Patrilateral cross-cousin marriage and organizational possibilities.

The Dongba manuscript tradition makes frequent references to the various tribal clans of Lijiang. Four clan names dominate these references: Ma, He, Ye and Se, all of which also figure in the historical record. In addition to these clans, the Naxi manuscript speak of White and Black tribes, which in the historical record are caste affiliations found throughout Yunnan. Black and White are prestige categories but the order of precedence varies with the tribal affiliation. Among the Nuosu, the Black caste has the highest prestige. Among the Mongols, the White did. These caste affiliations are very ancient. For the Nanzhao were also ordered as Black and White tribes, in that prestige order.

In the Naxi manuscripts the Ma and He, and Ye and Se clans go as pairs-which we can take to imply pairs who either married or did not. From the historical record, the Ma and He were White clans. The Ye clan, who appear to have led the Nanzhao conquest of Lijiang were very likely of the Black caste(see Mathieu, 2003; and Mathieu 2013) . The Dongba tradition gives precedence to White over Black, which places this caste organization after the fall of Nanzhao in the 10th century, since Lijiang was then under the control of the Black Ye. In fact, the name He does not appear in the Mu genealogies before the 14th century, after the Mongol invasion, but the historical record makes clear that the He were already in place when the Mongols actually invaded Lijiang. (Rock, 1947)

① For a detailed explanation of the numerology and other symbols contained in the Naxi creation myth, and for a complete translation of the myth, see Mathieu 2003.

Certainly, the patrilateral cross-cousin marriage prescription would have challenged the structure of a caste system based on the intermarriage of two clans, which requires bilateral exchange-for patrilateral cross-cousin exchange requires that three groups intermarry. This proposition finds some support in the Naxi creation myth:

> Before all the things of the creation and the good people appeared, the wag tail was the first to emerge, ah! The wag tail wanted to be entirely white to become the ancestor of the birds, but this he could not do. There was a black spot on his chest, and the wagtail could not be the pure white ancestor of the birds.
>
> One generation passed and the crow appeared. The black crow, ah! He wanted to be entirely black to become the ancestor of the birds, but this he could not do. There were three white feathers on his body and the crow could not become the pure black ancestor of the birds.
>
> Then another generation passed, and the white butterfly wanted to be the pure white ancestor of the insects, but the butterfly was born at the wrong time of the year, he could not live during the three months of winter. The cold wind blew and when the butterfly arrived at the top of the mountain, the wind quickly killed him. This was the time when dying by floating on the wind arose.
>
> Now, another generation passed and the black ant appeared. The black ant ah! the black ant wanted to be the pure black ancestor of the insects. But the ant was born at the wrong time of the year, he could not live in the three months of summer. His waist was thin and weak and when the ferocious waters flooded the river, the ant drowned. This was the time when dying by drowning arose. (Mathieu, 2003, 283, 284)

This part of the creation story is told between the creation of the sacred mountain Junasiluo which stabilizes heaven and earth, and the appearance of the first ancestors who committed incest. Black and White are formal oppositions in Bon cosmology, embodying the dynamic of the natural and moral order-feminine and masculine, good and evil, etc. In the creation myth, black is always associated with evil and white with good, but at the point of the story cited above, Black and White are devoid of moral significance. They represent oppositional social landscapes. Further in the myth, Co-ssei Lee-ee, the earth man who survived he flood meets his heavenly wife Coheibubami at the place where Black and White meet. ①

The passage above is concerned with descent, with the passing of the first generations before various other things are created and the first nine Naxi ancestors appear. Simply speaking, the myth states that where descent is concerned white and black purity is impossible, that a pure ancestral line, which also implies a pure line of descent, is impossible. This can be understood in structuralist terms as a general charter about marriage alliance: no lineage is pure because each must mix, because marriage is necessary to the continuity of existence-but it is hard to see why such a basic fact of political, social and biological life would merit a mention in the Naxi creation story. Should the text be taken literally, however, should it intend to say that marriage between White and Black castes is cosmically correct, then this revolutionary injunction would certainly deserve a significant place in Naxi cosmology.

Patrilateral cross-cousin marriage in post-feudal Lijiang.

In twentieth century Lijiang, the patrilateral cross-cousin marriage was not practiced by the Naxi of the peripheral regions, some of which were conquered in the late Ming period, but it was also absent from some of the older regions, as for example Fengke. ② It is possible that the practice disappeared from these parts over time. It is possible too that the prescription never did apply to the Naxi in those parts, but the low status of wife-givers in Fengke is in sharp contrast with the high status of wife-givers among neighbouring Labei Mosuo and Nuosu. The patrilateral cross-cousin marriage precription, however, was still found in Baoshan in modern times. Baoshan was a garrisoned town established during the Ming dynasty, and settled by Naxi and Han soldiers. But it is in the most Sinicized centres, in Lijiang town and in the Lijiang basin that the patrilateral cross-cousin endured into contemporary times.

That patrilateral cross-cousin marriage may originate in the detribalization of northern

---

① Or as McKhann explains, where wife-takers and wife-givers meet, between Heaven and Earth. See C. F. McKhann, *Fleshing Out the Bones*, 1992, p. 200. There is a great deal more to say about the Naxi creation myth and the various levels of significance. I am giving here only part of the fuller reading to suit my discussion of the history of love suicide and patrilateral cross cousin alliance. For more details, refer to Mathieu 2003.

② Or as McKhann explains, where wife-takers and wife-givers meet, between Heaven and Earth. See C. F. McKhann, Fleshing Out the Bones, 1992, p. 200. There is a great deal more to say about the Naxi creation myth and the various levels of significance. I am giving here only part of the fuller reading to suit my discussion of the history of love suicide and patrilateral cross cousin alliance. For more details, refer to Mathieu 2003.

Yunnan and Ming dynasty frontier politics does not explain the place of the custom in Sinicized 20th century Lijiang. In the 1990s, it was estimated that between twenty and forty percent of the population of southern Lijiang were descended from Ming dynasty Han immigrants who had married into the Naxi community. The number of Han immigrants increased after 1723, when the Qing magistrates dismantled the Mu manorial system, and set out to "civilize" the Naxi. These are sufficient contingencies to have generated a reform of the marriage system. The next questions to ask therefore are as follows: if prescriptive patrilateral cross-cousin marriage served the de-tribalization of Lijiang during the Ming dynasty, then what possible function did it serve in post-feudal Sinicized Lijiang? Why did the patrilateral cross-cousin marriage system endure in the places where the Naxi were most influenced by Han culture, where Han immigration had the most impact? Or should we say, where the Naxi were most impacted by Han immigration?

As we saw above, the Naxi elites, the Confucian magistrates and Han immigrants had thoroughly Sinicized Lijiang. So much so, that any Mosuo, Pumi or Yi will readily echo Bacot's words: the ' Naxi are just like the Han' (*Naxizu he Hanzu dou yi yang, or Naxizu, gen Hanzu yi yang, mei you shenme qubie*) . In fact, the Naxi would not contradict them. Certainly, all the Naxi I have met have taken great pride in their Sinicization. Anyone of the old generation will vouch that the Naxi are more civilized than their neighbours because"the Naxi have always followed the Han". And where the Naxi are least Sinicized as in Fengke, for example, people say that the"real Naxi"are in Lijiang-and in Lijiang, they may say that the"real Naxi"are in places like Fengke, because among their own ancestors were Han who had immigrated to Lijiang and married Naxi women.

Han colonization among peripheral peoples was based on a policy of intermarriages between Han men and ethnic women. After the annexation of northern Yunnan, in 1723, the Qing administration brought more Han migrants to Lijiang(Rock, 1947, p150): soldiers, merchants and craftsmen. Most were single men because even at the end of the 19th century, the imperial court opposed the emigration of Han women to the peripheral regions. There is no reason to believe that the mass immigration of single men into Naxi territory did not cause tensions, for immigrants needed land and they needed women, and simply speaking there were not enough women to go around. These tensions, importantly, had to be managed by the local elites.

Even in feudal times, Han immigration was more than likely a source of tension in Lijiang-as it was in many other ethnic regions. In Yongning, the Mosuo chiefs went to extremes to discourage Han peasants from settling in their territory. They forbade the Mosuo from growing rice and to fully cultivate the plain to make their land less attractive. (Rock,

1947, 388) ① The Nuosu systematically murdered Han Chinese who ventured into their territory uninvited.

In the 1990s, the Naxi commonly believed that their society was beset by a demographic imbalance in favor of males. Goulart and Rock both noted the fact that Naxi men were more numerous than Naxi women, and according to Goulart, Naxi brides fetched a high price because Naxi men outnumbered women about five to four and were thus ' lucky to find a wife at all'. (Goulart, 1957, 79) Goulart's comments are partly validated by stories told in Lijiang(and confirmed in conversation by Naxi historian Guo Dalie) which relate that ' in the past', Naxi brides were prized by Han men because they were much harder-working than Han women, and that Han men came to Lijiang from as far east as Hangzhou to marry Naxi women. They married in secret, however, because Naxi custom did not approve of Naxi-Han intermarriages.

Women are the biological means of ethnic continuity, since they are the biological means of social reproductions. (see Mathieu 1999) ② The Naxi identify themselves through their hard working, self-sacrificing wives and mothers(see White, 1993). To say that Han men came all the way from Hangzhou to buy hard-working Naxi women in secret is a way of saying that Han immigrants posed a threat to the availibility of Naxi brides. In the 1990s, I was told by informants who traced their origins to Ming dynasty Han immigrants that the first generations who had settled in Lijiang, had married Bai women from Dali and that their descendants had married Naxi women, so that over several generations, their ancestors had become Naxi. Perhaps their case was not unique. At any rate, this story confirms Wang Tuzhui's impressions: in Lijiang, the Naxi did not turn into Han, but rather the Han became Naxi. Han men not only learned to speak Naxi, they married Naxi girls according to Naxi rules; they accepted Naxi rules of inheritance; and they adapted to the gender roles which Naxi society prescribed. While Lijiang men went to trade in far away places or when they laid about town, playing chess or looking after babies, Lijiang women worked in the fields, ran the butcher shops and the markets and spent time in public places with a freedom that would have been scandalous in Confucian China.

---

① Rock explains: "The most important part of Yung-ning from an agricultural standpoint, is of course its plain, which today supports 300 families, although 1,000 families could subsist there if rice were cultivated, and all arable land were utilized. Only half of the plain is now under cultivation, and rice is prohibited from being sown for political reasons. "In personal communication Professor Wang Shuwu confirmed that the cultivation of rice was prohibited by the Yongning Tusi to discourage Han immigration. As the Mosuo proverb says"The Nari(i. e. Mosuo) depend on the caravan trail for their wealth, the Han depend on the earth". See Rock, 1947, p. 388.

② See C. Mathieu, " History and other Metaphors: Han-Mosuo relations since 1956 " in A. Finnane and A. McLaren, *Dress, Sex and Text in Chinese Culture*, 1999, pp. 81-106. esp. pp. 96-97.

No doubt, Goulart used literary license when he spoke of the high price of Naxi brides, because Naxi scholars(and this was confirmed by older people in Lijiang) explain that bride-price was usually contingent upon what the maternal uncle could afford to pay. ① Or as Rock put it: ' brides were usually bought, and, as they were cousins, they were cheaper than girls from unrelated families'. (Rock, 1939, 49) Evidently, the Naxi marriage system intended Naxi girls to marry their maternal cousins, not to be sold off to the highest bidder. That is to say, the system intended Naxi girls to marry Naxi boys.

Conclusion

The theories that expectations of premarital chastity were imposed on the Naxi by Confucian magistrates explain the high rate of Naxi love suicide as a contradiction, a clash of values between Han mores and pre-existing enduring Naxi practices. These explanations provide a socio-psychological rationale for a set of behaviours that are in turn understood as symptomatic of social disfunction. What I have attempted to show, is that there is no contradiction, that there is no clash of values, when love suicide is seen in the light of Naxi customary law. In Lijiang, social reproduction(the reproduction of the Naxi patrilines) was vested in patrilateral cross-cousin marriage. Love suicide therefore set a legal boundary that quashed sexual relations that challenged the customary marriage prescription. From this perspective, love suicide instituted Naxi marriage rules.

I have also attempted to show that love suicide has very ancient roots in Lijiang, the deepest possibly lying with incest prohibitions and breaches of caste endogamy, as was still found among the Nuosu in the mid-twentieth century. In Lijiang, in early feudal times, the patrilateral cross-cousin marriage would have begun as an elite practice meant to neutralize the power plays of tribal privilege in order to establish the Mu dynasty above the other powerful clans, and also in order to control tribal warfare. In the later Ming period, patrilateral cross-cousin marriage made it possible to assimilate large numbers of Han immigrants as Naxi. When Lijiang came under direct Qing administration in 1723, Naxi marriage conservatism more than likely hardened. For the more Han immigrants arrived in Lijiang, and the more reasons the Naxi had to cling to their feudal custom. Thus, even as the Naxi adopted Chinese rituals, they did not adopt Chinese social structures, and in this way, the Dongba religion remained central to Naxi marriage exchanges and ancestral rites.

---

① This is confirmed in the *Naxizu Shehui Lishi Diaocha* Vol. 2, p. 43. Among the Kachins bride-price is also adjusted to suit the economic situation of wife-takers. See E. R. Leach, *Political Systems of Highland Burma*, p. 151.

According to Eberhard, the apparent sexual laxity of non-Han customs in the peripheral regions allowed Han Chinese men to lay claims on local women. Han men claimed for their brides the women they impregnated, and then backed their claims with bride-price and compensatory payments that local men could not match(Eberhard, 1982, 122) There is no evidence that Han immigrants thus dispossessed Naxi men beyond the stories which tell that, in the past, Han men came to Lijiang to buy hard-working Naxi women in secret. But as recently as the 1940s, Han Chinese men were actively discouraged from "stealing" Naxi brides. According to Goulart, the Naxi were anxious to keep "Nakhi girls for the Nakhi boys and nobody else", and a Bai or Chinese who "tried to flirt with a Nakhi girl, went in danger of his life and, as a matter of fact, many were killed by the jealous Nakhi men". (Goulart, 1957, 173-174) ① The patrilateral cross-cousin marriage prescription may not have kept"Nakhi girls for Nakhi boys and nobody else", but it tried. It lowered bride-price to accommodate marriage to the paternal aunt's daughter, it favoured local patrilines by returning brides to the families from which mothers had been obtained, and it sentenced to death the daughter or the son who breached the betrothal promise.

Seen in the light of political history and Han-Naxi relations, evidently, Naxi kinship peculiarities were products of imperial politics. But if love suicide fixed Naxi sexual values in a shape that appeared Confucian to late twentieth century observers, Naxi marriage customs never looked Confucian to the Chinese officials who administered Lijiang and concluded that the Naxi had barbarised the Han. Not least, these customs never looked Chinese to the Naxi. As old people in Lijiang town put it: yuvu was a Naxi custom(*Shi Naxizu gudai wenhua*) , it was "very old"(*hen jiu, hen jiu*) , and it already existed"at least in the Ming dynasty"(*Ming dai yijing you*) and the proof of this is that the love suicide was written in the Dongba manuscripts(*Dongba jing you ah*!) .

In Qing dynasty Lijiang, love suicides were acts of indigenous resistance, but Naxi resistance rested with what the love suicide custom sanctioned: the integrity of betrothal promises-Naxi brides for Naxi boys. For the love suicide custom did not so much preserve the Naxi from cultural assimilation(the Naxi had long and proudly followed the Han) , as it preserved their patrilines from *biological* extinction. It should not come as a surprise that among the stories and songs, there are many reports of love suicides that involved Naxi girls and immigrant boys. (He Zhonghua, 2011, 106) Nor should one see in these occurences tragic irony. There was only tragedy. For romantic imagination and the belief in the afterlife ensured that love suicide not only reproduced the Naxi patrilines but itself.

---

① Goulart also tells the story of a Chinese man who was ambushed and shot in the cheek by Naxi men because he had openly flirted with a Naxi woman. See Goulart, 1957, p. 174.

Works Cited

Bacot, Jacques

Les Mo-so, Leiden, E. J. Brill, 1913.

Bourdieu, Pierre

Esquisse d' une théorie de la pratique, précédée de trois études d' éthnologie kabyle, Genève [Paris], Droz, 1972.

Bradley, David

"Speech through Music: The Sino-Tibetan Gourd Reed Organ", *Bulletin of the School of Oriental and African Studies* (12: 3) 1979, pp. 535-540.

Chao, Emily K.

"Suicide, Ritual, And Gender Transformation Among The Naxi", *Michigan Discussions in Anthropology*(9) Spring 1990, pp. 61-73.

Chavannes, Edouard

"Documents historiques et géographiques relatifs à Li-kiang", *T' oung Pao*(13) 1912, pp. 564-653.

Daizu Chuanshiji [The creation myth of the Dai people], Yunnan Renmin Chubanshe, 1989.

De Fleurelle, Pierre G.

"La Légende du déluge chez les Lolos", *Société de Géographie de l' Est*(31: 4) 1911, pp. 400-401. (Yi creation myth)

D' Ollone, Henri M. G. Vicomte

In Forbidden China, Fisher and Unwin, 1912.

Durkheim, Emile

Le Suicide, Paris, 1930.

Eberhard, Wolfram

China's Minorities: Yesterday and Today, Belmont, California, 1982.

Goulart, Peter

Forgotten Kingdom, London, John Murray, 1957.

Headley Lee A. (ed.)

Suicide in Asia and the Near-East, Berkeley, Los Angeles, University of California Press, 1983.

Jackson, Anthony

Na-khi Religion, La Hague, Mouton, 1979.

Leach, Edmund R

Political Systems of Highland Burma, London, The Athlone Press, 1981.

Lévi-Strauss, Claude

L' anthropologie structurale, Paris, Plon, 1990(1962).

Lewis, Paul and Elaine

Peoples of the Golden Triangle, London Thames and Hudson, 1984.

Lin Yueh-hua

The Lolo of Liangshan, New Haven, HRAF Press, 1961(1947).

Lisuzu Jian Shi [Brief history of the Lisu nationality], Yunnan Renmin Chubanshe, 1983.

Lo Ch' ang-p' ei

"The Genealogical Patronymic Linkage System of the Tibeto-Burman Speaking Tribes", *Harvard Journal of Asiatic Studies* (8) 1945, pp. 349-363.

McKhann, Charles F.

Fleshing Out the Bones, Ph. D. dissertation, Chicago University, 1992.

Malinowski, Bronislaw

Crime and Custom in Savage Society, London, K. Paul, Trench, Trubner and Co Ltd, 1932.

Mathieu, Christine

"Myths of Matriarchy: the Mosuo and the Kingdom of Women", in Carolyn Brewer and Anne-Marie Medcalf, *Researching the Fragments: Towards an History of Women in the Asian Context*, Manila, Newday, 2000.

A History and Anthropological Study of the Ancient Kingdoms of the Sino-Tibetan Borderland, Mellen Press, 2003.

"The Dongba religion"in Christine Mathieu and Cindy Ho(eds) *Quentin Roosevelt's China: ancestral realms of the Naxi*, Rubin Museum of Arts, New York and Arnoldsche Verlagsanstalt, Stuttgard, 2011.

"The Bon in Naxi History", in Andrea Di Castro and David Templeman(eds) *On the shoulders of giants: the Tucci legacy in modern scholarship*, Rome, IIAO, 2013.

Maybury-Lewis, David

"Prescriptive Marriage Systems", in Jack Goody(ed.), *Kinship: Selected Readings*, Harmondsworth, Penguin, 1971.

Muli Zangzu Zizhixian Gaikuang [Survey of Muli Tibetan Autonomous County], Sichuan Minzu Chubanshe, 1985.

Naxizu Jian Shi [Brief history of the Naxi nationality], Yunnan Renmin Chubanshe, 1963.

Naxizu Shehui Lishi Diaocha[Research into the social history of the Naxi nationality] Vol. 2, Yunnan Renmin Chubanshe, 1986.

Naxizu Shehui Lishi Diaocha[Research into the social history of the Naxi nationality] Vol. III, Yunnan Renmin Chubanshe, 1988.

Ninglang Yizu Zizhixian Naxizu Shehui Ji Mujia Xingtai Diaocha[Research into the society and kinship system of the Naxi Nationality of Ninglang Yi Autonomous County, Vol. 1, Kunming, Yunnan Renmin Chubanshe, 1987.

Ninglang Yizu Zizhixian Yongning Naxizu Shehui Ji Muxizhi Diaocha [Research into the social and matrilineal system of the Naxi nationality of Yongning, Ninglang Yi Autonomous County], Vol. 2, Kunming, Yunnan Renmin Chubanshe, 1988.

Pollard, Samuel

In Unknown China, London, Seeley, Service and Company, 1921.

Pumizu Jian Shi[Brief history of the Pumi nationality], Yunnan Renmin Chubanshe, 1988

Rock, Joseph F.

The Ancient Na-khi Kingdom of South-West China, Cambridge Mass. , Harvard University Press, 1947.

"The Romance of Ka-ma-gyu-mi-gkyi", *Bulletin de l' Ecole Fran?aise d' Extrême-Orient*(39), Hanoi, 1939.

Sahlins, Marshall

Islands of History, Chicago, University of Chicago Press, 1985.

Sainson, Camille(transl.)

Nan-tchao Ye-Che: Histoire particulière de Nan-tchao, Paris, Imprimerie Nationale, 1909.

Siguret, Jean(transl.)

Territoires et populations des confins du Yunnan, Beiping, Henri Vetch, 1937.

Sichuan Sheng Naxizu Shehui Lishi Diaocha[research into the social history of the Naxi Nationality of Sichuan Province] Sichuan Sheng Shehui Kexue Yuan Chubanshe, 1987.

Song Enchang

"Dali He Lijiang Daojiao Gaikuang"[A survey of Taoism in Dali and Lijiang], *in Yunnan Minzu Minsu He Zongjiao Diaocha*[An investigation into the customs and religions of the peoples of Yunnan], Yunnan Renmin Chubanshe, 1985.

Sutton, S. B.

In China's Border Provinces: The Turbulent Career of Joseph Rock Botanist Explorer, New York, Hasting House, 1974.

White, Sydney Davant

Medical Discourses, Naxi Identities, and the State: transformations in Socialist China, Ph. D. Thesis, U. C. Berkeley, 1993.

Yizu Chuanshiji[The creation story of the Yi nationality], Yunnan Renmin Chubanshe, 1990.

You Zhong

"Yuan Ming Qing Shiqi de Naxizu he Lisuzu"[Naxi and Lisu nationalities during the Yuan, Ming and Qing] *Yunnan Shehui Kexue*(3) 1986, pp. 61-65.

对纳西东巴教求寿仪式的调查

夏宇继

2003年年底至2004年年初，我有过一次沿丽江到迪庆的云南香格里拉之旅。那片平和、宁静，被誉为东方伊甸园的神奇土地深深感染了我。继1997年丽江古城申报为世界文化遗产后，2002年三江并流区域（怒江、澜沧江、金沙江）也申报为世界自然遗产，而纳西族的东巴古籍又于2003年8月成功申报为世界记忆遗产。

随处可感触到的纳西东巴文化的魅力让我心动，于是在丽江市东巴文化研究院张福龙先生的积极建议下，我们开始酝酿策划搞一次纳西东巴教祭祀仪式。经过近15个月的不断磋商、协调，包括资料的查阅、多次听取纳西族有关专家、老东巴们的意见和建议以及委派相关人员专程到举办地点考察等，我和张先生终下决心共同合作去完成一次对中断了半世纪以上的宗教仪式的调查。

我是于2005年4月1日离开日本的，当天在北京与中国社会科学院民族文学研究所的摄影专家任春生先生汇合。2日，我们一起动身去中国云南丽江，到达丽江后就由丽江市东巴文化研究院的张福龙先生带队，向目的地玉龙纳西族自治县塔城乡依陇行政村署明片第五组进发。而另一批人员已在当天上午7点由丽江市东巴文化研究院研究员兼任东巴的和力民先生带队，将所有从塔城乡署明各村以外请来的东巴送到署明作具体准备。于是从4月2日开始，我们以恢复中断了60余年的纳西族东巴教求寿仪式为目的调查正式拉开了帷幕，直至4月7日，仪式圆满结束。

一、东巴教求寿仪式

纳西族东巴教是纳西族原始宗教向人为宗教过渡的一种宗教。多达二四十种的东巴教仪式是纳西东巴文化的主要载体，即用象形文字记载在东巴经书里的内容通过各种宗教仪式表现出来，并以宗教仪式传承下去。这些仪式或安抚诸鬼，或祈求神灵助佑，力图诠释人与自然、人与社会的关系。仪式与纳西族先民生产生活息息相关，蕴藏着丰富的文化内涵。其中“祭天”、“祭风”、“祭地”、“祭星”、“祭署”、“祭丁巴什罗”等仪式相对为人所熟知，是比较具有代表性的。

东巴教求寿仪式（也称延寿仪式）是纳西族东巴教祭祀活动逐渐从单一的仪式向综合的仪式演进的产物，既要具有全面性，又要具有深刻性，成为由大中小仪式有机组合而成的综合型仪式。一个大型的求寿仪式，其中的大中小仪式起码要在十几个以上，几乎要逐个做遍东巴教的祈福仪式和驱鬼仪式；往往既要驱魔消灾，又要祈福求寿，反复加深仪式的功能性。所以在纳西族东巴教各种仪式中求寿仪式规模最大。它主要是为身为东巴者举办的仪式。该仪式还有“加威力”的独特内容，即通过盛大的仪式，给予普通的东巴以神的名分和大大增加神赋予的威力，通过求寿仪式，求佑华神，使举行仪式的东巴家族生命力旺盛、活力无穷。此外，在求寿仪式过程中还多次跳东巴舞，吸引众多观众，场面壮观，十分热闹。

该仪式的庞大复杂决定它具有三“多”的特征。一是参与人员多。仅做仪式的东巴就需要二三十个，还需要大量东巴助手及其他帮忙做各种杂事者。加上远近专程前来贺喜或看热闹者，整个仪式过程的参与人数不亚于节日期间。二是需要时间长。仅祭祀的时间一般就长达一周左右，加之前后的准备收拾，耗时近半个月。三是所需费用多。由于该仪式涉及的鬼神太多，祭献给神灵和鬼怪的牺牲供品令人咂舌。此外，每日还须提供参与者的饮食茶酒等，因耗资较大，一般人家很难负担得起，故该仪式也很少举行，即使在新中国成立前也难得看到（如上次仪式的主办东巴家为筹办那次仪式就花费了两年时间作准备，而此后又用了两年才还完借款）。新中国成立后的很长一段时间内，加之政治气候的巨变，举办这类宗教活动就愈发不可能了。

二、老东巴和秀

而擅长仪式主持、年近八旬的和秀就是丽江境内曾参与过纳西东巴求寿仪式的唯一健在的老东巴。60多年前的求寿仪式就是为他的家族举行的。一旦和秀老东巴过世，失去了这位承上启下的历史见证人，就根本无法记录恢复原生态的纳西东巴教求寿仪式。即使依据不完整的资料勉强恢复，也会因“名不正，言不顺”而很难获得认可，其意义也要大打折扣了。

我们原打算8月放假时进行这次调查。后来考虑到8月正处于丽江雨季，举行仪式不合适。特别是考虑到和秀老东巴体弱多病，山区的生活条件又十分艰苦，他到底能坚持多久谁都心中无底。所以我们毅然将这场带有抢救性质调查的时间提前到4月初。

幸运的是，知道要恢复求寿仪式的和秀老东巴一直处于兴奋之中，好似得到了无穷的支撑力量！在经过几场大家都以为不可能治愈的大病后，居然没有被疾病击倒而基本康复了。用他自己的话来说就是：“没有搞完这次仪式，我怎么能走呢！”

三、年轻东巴杨玉华成为举办对象

这次我们的求寿仪式是为家住云南省丽江市玉龙纳西族自治县塔城乡依陇行政村署明片五组的东巴杨玉华（28 岁，已婚）家举办的。选择他家是基于以下考虑：杨家是世代的东巴，到现在已有八代。现在东巴研究院进修的杨玉华是 1986 年初中毕业后，由祖父乌洛建议在和顺老东巴开办的东巴文化学校开始学习东巴的。杨玉华 9 月还应邀访问了美国。他哥哥杨玉光（32 岁，已婚）后来也当了东巴。据说，杨家第四世祖修纳东子时，曾到鲁甸乡新主的一户人家参加过加威力仪式。祭仪前修纳东子带一幅拉旨铎命神像挂在神座上。当祭仪进行到给神灵献牲时，那只准备献给胜利神的白犏绵羊就自己主动地走到拉旨铎命神像前虔诚地跪下。当时所有在场的大东巴都说，杨家只要供养好这幅威力无比的拉旨铎命神像，就不必再加威力了。但是这幅神像传到了第六世祖乌洛，时值 20 世纪 40 年代初，著名东巴文化研究学者李霖灿①把这幅神像收走了。20 世纪 50 年代以后，乌洛的两个儿子中，大儿子乌久敖学过东巴文，并主持过丧礼，但因社会变革和政治原因而中断了学习，原来学过的也遗忘了。1994 年，祖父乌洛去世。由于祖传的拉旨铎命神像已被祖父送给了李霖灿，杨玉华要成为一名有威望的东巴，就需要通过求寿仪式中的加威力仪式求得，他的整个家族也可在举行仪式后得到庇荫。我们当然也很愿意选择这样一个具有传奇色彩的、有世代东巴家庭背景的年轻人为对象，于是双方一拍即合，举行这次加威力的大型求寿仪式的时间、地点也随之确定下来。

四、被选择做此次恢复东巴求寿仪式场所的署明片概况

署明片行政上属于中国云南省丽江市玉龙塔城乡依陇行政村，其地理位置在丽江古城的西北方。从丽江古城往西，经过石鼓长江第一湾，再溯金沙江北上到塔城乡政府，共 151 公里。从塔城乡政府往西南顺依陇沟上行 15 公里到依陇行政村，从依陇行政村往南行 8 公里，越过山垭口，便到达署明片。

署明片纳西语称“初补考”，署明是汉语音译名称。“初”是一种矿泉水，因水有些异味，被当地人称为“臭水”。“初补考”的意思就是冒出这种矿泉水的地方。据说此水可治风湿等疾病，所以每年立夏时节，当地人就相邀到矿泉水塘边生

① 李霖灿，河南人（1913—1999），20 世纪 30 年代末，作为在校生，随同南迁的国立杭州艺术专科学校走进了云南，开始了他探索纳西东巴文化的生涯。寒暑十余载，写出了皇皇巨著，成为中国最知名的纳西学学者之一。40 年代末，他去了台湾，曾任台湾“故宫博物院”副院长。在丽江玉龙山脚下的玉湖村有这位中国著名的东巴文化学专家的衣冠冢。

火做饭，有饮矿泉水、用矿泉水洗身的习俗。

署明片分6个组（实际上是六个自然村），这6个组分布在方圆1公里左右范围的一片平缓山地上。南面是海拔3880.5米的阿纳拉山麓；整个村落的地势南高北低，东西向为阿纳拉山的延续山脉，形成三面环山之势。山上郁郁葱葱，林木资源丰富，加之南端山麓处还分布着几处集4条河水之源的矿泉水点，河水自南而北叮咚流入村庄，自然风光十分秀美，真是一处天色湛蓝、山青水绿之自然净地！难怪此处曾有过百岁高寿老人，也几乎无人患癌症等现代疾病。

6个自然村中，第三组海拔最高，达2770米；第六组海拔最低，达2600米。这里属于高寒山区。由于东山高，日照时间短，海拔高，四季分明，年最高温度25℃，最低温度 -14℃。冬天下雪，积雪厚达1米多。传说，鸡窝里的鸡蛋都会被冻破。常年刮西北风。土质多为黑壤土，只有第六组有一些红壤土。

据2004年5月24日统计，整个署明片共170户人家，789人。其中：一组31户，149人；二组37户，170人；三组26户，115人；四组26户，110人；五组23户，118人；六组27户，126人。

署明片6个组的住户均为纳西族，信奉东巴和东巴教。村民分和、杨两姓，其族源有二。据考证，从第一组到第五组的和、杨二姓先祖是约在250年前（清高宗乾隆二十年前后，公元1755年左右）从丽江南山和七河太安乡交界处迁来的，开辟了这块地方，也就是说，在清朝政府1723年对丽江实行改土归流之后才从南山迁到署明定居。现在的村民都是他们的后代。

而第六组叫“训古沙”村，全都是从塔城乡依陇巴甸迁来的和姓纳西族。他们主要属于露鲁支系（即傈僳族与纳西族融合的一个支系）的纳西族，主要操纳西语，然其祭天和葬礼仪有别于其他纳西族。

署明片纳西族的村民历来以畜牧业为主，据说其先祖从南山迁到这里时，就是看上这里广阔的山林牧场。如今养马者多，可户均一匹，饲养犏牛、山羊、绵羊、猪。除了畜牧业，还兼种高寒山区的青稞、苦荞、土豆农作物。1987年实行地膜覆盖方式后，玉米种植才多了起来。另外，还种植供自己食用的蔬菜、核桃和经济效益较好的白云豆。由于海拔高，不适于种水稻，村民都用其他作物去换取稻米。

这里饮用甘甜的山间泉水，燃料是自己砍伐的松木，冬天取暖使用炭盆，炭由栗木烧制而成。

村民在畜牧业、农业以外的经济来源还包括种植秦归、木香等药材，采集松茸以及竹编、铁艺等收入。但署明片的经济并不发达，加上用于农业再生产、购买各类生活用品和教育等费用的支出，村民们的生活尚不富裕。以五村为例，尽管村民能吃饱穿暖，但人均年收入仅在300元上下，属贫困地区。虽然从1982年起通上了电，90年代起也能看上电视（一半以上家庭已有大小不同的黑白、彩色电视机），但至今没有电话信号，所以不能设置电话，也无法使用手机，由于各种原因，停电也如家常便饭。

造成这里经济发展缓慢的原因之一是交通落后，从村里到塔城乡政府的那条唯一与外界联结的公路是“文化大革命”后20世纪80年代修筑的，曾为山区经济发展发挥过重要作用。因当时资金紧缺，公路质量自建成起就不理想，加上年久失修，现已陷入瘫痪和半瘫痪的状态。村民迫切希望全面维修，但向县政府申请所需的8万元维修资金并非一件易事。那是一条脱贫致富的关键路，应该使之畅通起来。

因为邮递员不直接送信到此，也没设商店，村民购物或取送信件需到十几公里以外的塔城乡依陇行政村，天气好时尚可坐手扶拖拉机（有3户已购置），而下雨时原本狭窄不平、坡陡弯急的山路更加危险泥泞，只得步行。

五组没有学校，3年级以下的学生需步行2公里去上学，3年级以上要到更远的地方。一般上到小学毕业，只少数人上中学。女孩子也能接受教育。这里共出过2个大学生，现都在昆明就职，也有个别人是中专毕业。

五、东巴教求寿仪式在署明片的历史渊源及现实原因

据说，1755年前后迁到署明片居住的和姓先祖源于丽江南山的蒙苏村，杨姓先祖源于与蒙苏村相邻的恭美村。纳西族传统东巴教认为，为死者举行开丧和超度亡灵仪式的主祭东巴，必须是外氏族（或家族）的东巴。只有这样，死者亡灵才能超度到冥界先祖聚居地。若是由自己家族的东巴祭司主祭，亡灵会因恋于族亲而不愿离开。所以，以上两村的10户人家在相约一齐迁居西北的署明片时，就各自带上了自己的东巴祭司及东巴经书、法器，相互依托地来到署明这块土地肥沃、草木茂盛、山林广大的高山牧场，他们以传统的东巴教为信仰，开垦山林，繁衍生息。

正因为署明片东巴教源于丽江南山，而丽江南山早在明代就是东巴教传播和活动比较兴盛的地区，其历史渊源可追溯到唐宋时期的丽江白沙。所以，署明片东巴教根源上与丽江东巴教一脉相承，是丽江南山派东巴教的延续。同时，署明片与丽江的塔城乡依陇和巴甸一带及鲁甸乡新主一带的纳西族地界相连，山水相依；翻过阿纳拉山，或经过塔城行政村，还与维西县纳西族、傈僳族和藏族相联系。所以，署明片东巴教文化也吸收了周边地区民族的语言、宗教、习俗等文化，带有鲜明的地域特色。但是，署明片人吸纳外民族文化是以不放弃本民族文化的传统为前提的，这就是今天纳西族东巴教在署明村还能继续存活着一个重要原因。

在署明片纳西族先祖迁到这块土地来的这200多年间，塔城鲁甸的东巴教发展到一个新的阶段，清朝道光年间，与署明一山之隔的塔城乡巴甸村出了一个名叫和永公的东巴大师。他在医术和法术上都成为近代东巴文化史上里程碑式的人物。他因治好木氏土司后裔木老爷之妻的病而受赐“医明法精”之匾。之后，与署明村一山之隔的鲁甸乡新主村又出了一位被称为东巴王的大东巴和世俊。这两位人物门徒众多、影响较大，将近现代纳西族东巴教推到一个新的高潮。

到20世纪初，署明片东巴教活动频繁，出现一大批东巴祭司，拥有一大批东巴经书、法器。20世纪40年代，东巴文化学者李霖灿到鲁甸新主学习东巴文，并为国立博物院收集东巴经书、法器。曾收去署明片东巴书写的经书和绘制的东巴画幛，包括上面提到的神像。

20世纪三四十年代，鲁甸乡新主村和塔城乡巴甸村先后举行过两次东巴教大型求寿仪式。仪式规模盛大，参加东巴盛多，社会影响很大。1941年，住在现署明片第三组的勾局坡村的和家东巴乌莎，在准备多年的基础上，曾请包括丽江塔城乡巴甸村大东巴、太安乡汝南化村大东巴、中甸县白地村大东巴等在内的四邻大东巴举行了一次规模盛大的求寿仪式。那次仪式的影响至今犹存，几位曾经参加过此次东巴仪式活动的老东巴生前谈起那时活动时均记忆犹新。

正如大家所知，东巴文化像中国其他原始文化一样，自新中国成立以来曾经被视为"精神鸦片"，首当其冲地被当成革命的对象。在频繁的政治运动，特别是在1966年开始并长达10年的"文化大革命"中，被坚决取缔。成千上万的经书文献、不计其数的法器道具被烧毁；所有祭祀仪式被禁止；不仅不允许传授东巴教、培养新东巴，已成为东巴的人也要改行，大有谈"东巴"色变之势……对东巴文化造成了毁灭性的破坏。"文化大革命"结束后，特别是改革开放以来，新的政策带来曙光，加上有老东巴和秀、和力民等一批有志者，凭着起初要顶压力、冒风险的勇气和长期艰苦不懈的努力，才使东巴文化逐渐得到抢救。毕竟付之一炬容易，而一笔一画、一句一舞地恢复，直到现在迎来越来越繁荣的局面则较难。

同其他地区一样，署明片东巴文化在20世纪50—80年代受到破坏，东巴受到歧视。到80年代中期，才得以复苏。和顺（已故）、和秀两兄弟等一代老东巴为培养传承人，做出了十分宝贵的贡献，使署明片东巴文化在中断相当长的一段时间后又得以继承，有了新一代的传人。中年东巴杨志坚、和世先与年轻东巴和秀东、杨玉华、杨玉勋就是在这种背景下培养出来的。

而我们选择署明片作为此次恢复东巴求寿仪式的场所，不仅因为此地有广泛而又深厚的东巴信仰基础，60年前的最后一次仪式就是在这里举办的，更因为至今这里原生态的自然及人文环境都保护得非常好，夜不闭户、民风淳朴，是一方难得的净土、一块纳西文化的"活化石"，以致最终能够取得比预期好的结果。

六、参加该次仪式的东巴阵容

这次仪式共邀请了包括老东巴和秀与以其成果引起国内外瞩目的研究者东巴和力民在内的28名东巴（16名来自塔城署明片，12名来自丽江附近）及其十余名助手。东巴均通过挑选，有一技之才，如有的是东巴舞大师，有的能诵读上百部东巴经书。

东巴名单如下：

<table>
<tr><td colspan="4">塔城乡署明各组或附近东巴（宗教职能者）
均为男性，共计16名</td></tr>
<tr><td>姓名</td><td>年龄</td><td>住所</td><td>备注</td></tr>
<tr><td>和秀</td><td>79岁</td><td>丽江市玉龙纳西族自治县塔城乡依陇行政村署明片4组</td><td>仪式主持东巴，是曾参与过纳西东巴延寿仪式的唯一健在的一个老东巴</td></tr>
<tr><td>和明</td><td>72岁</td><td>署明片4组</td><td>祖传，为第5代（第3、第4代未能做东巴），是东巴舞大师，1997年访问过日本，现为和秀东、杨玉华等人老师，也指教孙子和元增</td></tr>
<tr><td>和贵华</td><td>45岁</td><td>署明片4组</td><td>祖传，其父和顺与和秀为兄弟，已去世十余年。进修过3年，能诵部分经。常主持附近仪式</td></tr>
<tr><td>和世先</td><td>64岁</td><td>署明片1组</td><td>师承，老师是和顺。学了20年，擅长书写经书</td></tr>
<tr><td>和秀东</td><td>26岁</td><td>署明片4组</td><td>和顺的孙子。60多年前的延寿仪式就是为他家举行的，只上过几年小学，但熟读东巴经书，十分投入，现在东巴研究院进修，去过美国。这次是作为和秀的替身在神梯上为诸东巴“加威”的</td></tr>
<tr><td>杨玉华</td><td>28岁</td><td>署明片5组</td><td>初中毕业，世家，第8代。这次是为他家举办，现在东巴研究院进修，2005年9月应邀访问了美国（详见前面的三）</td></tr>
<tr><td>杨玉光</td><td>32岁</td><td>署明片5组</td><td>杨玉华的哥哥。小学毕业，常主持村里仪式</td></tr>
<tr><td>杨志坚</td><td>60岁</td><td>署明片1组</td><td>祖传5—6代，善诵经</td></tr>
<tr><td>杨成盛</td><td>21岁</td><td>署明片4组</td><td>12岁起学，善东巴舞，以和秀东、杨玉光等为师</td></tr>
<tr><td>杨桂耀</td><td>40岁</td><td>署明片2组</td><td>祖传，爷爷杨义祥是东巴，学了20多年，因嗓子沙哑不善诵经，善占卜和东巴舞</td></tr>
<tr><td>杨建华</td><td>31岁</td><td>署明片2组</td><td>12岁起学，善东巴舞，以和秀东、杨玉光等为师</td></tr>
<tr><td>杨新永</td><td>56岁</td><td>署明片1组</td><td>师承，学了20年，善诵经、道场布置</td></tr>
<tr><td>杨玉顺</td><td>70岁</td><td>署明片5组</td><td>当过队长，善布置道场。这次作为祭天场的族长参加</td></tr>
<tr><td>杨国耀</td><td>40岁</td><td>署明片2组</td><td>师承，学了七八年，善占卜</td></tr>
<tr><td>杨俊</td><td>23岁</td><td>塔城乡陇巴村</td><td>祖传，初中毕业，18岁起学，善诵经</td></tr>
</table>

续表

塔城乡署明各组或附近东巴（宗教职能者） 均为男性，共计16名			
和文凤	61岁	塔城乡依陇行政村巴甸2组	祖传，第九代，父亲和学智是少有的精通两种东巴文的有名东巴，本人常主持丧事仪式和负责杀生。两个儿子也在学东巴

由和力民带队从丽江赶来参加的东巴（其中有兼职者） 共计12名			
姓名	年龄	住所	备注
杨文吉	73岁	丽江市玉龙纳西族自治县白沙乡神龙三叠水公司的东巴来自丽江市玉龙纳西族自治县塔城乡依陇行政村巴甸1组	东巴世家，6岁从父学习，是11代，12代没学，第13代也是东巴。近80%的东巴经书都可以读。常主持仪式
杨玉勋	30岁	神龙三叠水公司的东巴来自丽江市玉龙纳西族自治县塔城乡依陇行政村署明片5组	是杨文吉的外孙，也是杨玉华的堂哥。东巴世家，但父辈时断代了。很大程度靠自学。能诵几十部东巴经，其中一些能背。能跳20多种东巴舞。是这次活动中很活跃的一位东巴
和学武	25岁	神龙三叠水公司的东巴	杨文吉的学生
杨学红	55岁	神龙三叠水公司的东巴	杨文吉的学生
和盛典	46岁	东巴造纸坊	祖传，从父学习，以诵经为主。现在也教18岁的儿子学东巴
木琛	32岁	丽江博物院	丽江人，十几年前开始从老东巴和学文（已82岁）为师，擅长写东巴经书、画画
和志伟	36岁	丽江博物院	1995年毕业于丽江教育学院英语专业。后师从老东巴及和力民老师。决心为弘扬本民族文化而努力
和力民	51岁	东巴研究院	为此次活动的主要指挥者之一，生于1955年，丽江市东巴文化研究院研究员。1982年毕业于云南民族大学，主要研究纳西族东巴教图画象形文字经典、纳西族地区宗教和金沙江岩画。1984年9月至1986年8月在北京大学哲学系宗教学专业班进修中外宗教学和哲学。20多年来一直从事纳西族东巴教经典和东巴教习俗的调查、翻译整理和研究。参加了《纳西东巴古籍译注全集》100卷的翻译整理工作。他完成12卷，达466万字。在国内外发表了50余篇研究论文。1998年年初应邀到西欧7国讲学

续表

由和力民带队从丽江赶来参加的东巴（其中有兼职者） 均男性，共计16名			
			1990年起致力于东巴文化的传承实践和研究。1998年创办丽江纳西文化研习馆。在云南丽江、贵峰、三元村建立东巴文化传承基地，开办东巴文化夜校。在原生地恢复过东巴祭天、祭自由神等仪式。培养年轻东巴学子20余人。1998年在中甸已举行过由习阿牛老东巴（现已90多岁）为他“加威”的仪式
和正刚	31岁	经营丽江古城内和东巴工艺店，做木雕等	和力民的学生，1998年年底起学习。能背3—5部经书，也能跳舞。夫人是来丽江旅游时与他结识的台湾人
和力川	31岁	丽江市古城区金山乡贵峰三元村农民	和力民的学生，1999年起学习。能诵经，可背6—7部，画得好，能跳东巴舞。是家族祭天仪式的主持东巴
和兆武	35岁	丽江市古城区金山乡贵峰三元村农民	和力民的学生，1999年起学习。能诵经，可背5部，已婚，有一儿一女
和强飞	36岁	丽江市古城区金山乡贵峰三元村农民	祖传，祖父是东巴。怒江初中毕业。已婚，有两个女儿。世代都到圣地“加威”

七、此次大型求寿仪式主要仪规的出发点及具体安排

每个具体的求寿仪式，都要按照东巴教祭祀活动的义理和具体家庭、具体主人的历史及现实的境况来安排祭祀仪程。通晓经书、熟悉所有仪式规程的大东巴才能掌控仪式。

求寿仪式规模的大小要根据主人的家况和具体要求而定的。而大型求寿仪式中的核心是加威力科仪和求寿科仪，其余的仪式都是为核心内容服务的。因此，主要的祭仪安排者必须精通各种科仪，把握核心内容，依据东巴教求寿仪式的公理来有条不紊地安排祭祀仪程。

考虑到杨玉华的父亲乌余（杨西）希望举办这次大型求寿仪式的目的除了为其子杨玉华加威力，并求取威力神常佑家人外，还因乌余的二伯父早年出门当兵后一直杳无音讯，杨家希望加入防止二伯父亡灵作祟的内容，将仪式做得更全面一些。为此，和秀、和力民等在反复商定后确定了如下仪式程序，既结合了这个具体情况，又是没有丝毫遗漏的周密安排，并决定在大力加强准备的前提下将仪式集中

在6天内完成。

求寿仪式在第五组举行。主场地是杨玉华家的院落、居室，其他仪式也分别穿插在特定的山顶及家族祭天场等天然场地举行。

杨玉华家建在南低北高的山坡斜面上。院落的东、南、西三面都有住房。北面土墙向上就是山坡的斜面，也形成一个天然看台。西面前方是主祭台。挂着刹利威登、丁巴什罗、恒迪窝盘等神像。院中央插有砍下后装饰得很漂亮、顶端挂有纸鹤的高高的柏树枝。

第一天（2005年4月2日）：

1. 布置主祭场，设神座，烧香。
2. 迎请来自丽江地区的东巴。

第二天（2005年4月3日）：

1. 祭瓦鬼（口舌是非鬼）附祭呆鬼（凶死鬼）仪式。
2. 祭凑鬼（秽鬼）仪式及大型除秽仪式。
3. 设署神寨、迎供署神。

第三天（2005年4月4日）：

1. 大型祭署神（自然神）仪式。
2. 迎请斯补祖先神（即杨家祖先神）仪式。
3. 祭嘎神（战神）仪式。
4. 祭星神仪式。

第四天（2005年4月5日）：

1. 祭风仪式。
2. 祭京神（雷神）仪式、本神（电神）仪式。

第五天（2005年4月6日）：

1. 请神加威力仪式。
2. 大型烧天香仪式。
3. 请华神等大神赐福、求寿仪式。
4. 祭诺神（家畜神）仪式。

第六天（2005年4月7日）：

1. 祭山神仪式。
2. 祭三朵神（地域神）仪式。
3. 祭天神仪式。
4. 送龙神。
5. 祭家神。

八、此次大型求寿仪式的具体解说

(一) 第一天 (2005 年 4 月 2 日)、龙日

这天，我和张福龙、任春生等人还在赶往署明片的路途中，据和力民说，杨家当天一早就请当地的东巴和帮人到家帮忙制作祭祀用品，在院子里设置神座，立松树塔。下午在署明片村明兆村的村头聂昂茨詹肯路口立松枝柱门，贴东巴文对联，在路北的大石坎上烧天香火，备上各种祭品。在松柱门之内摆两张桌子，撒上一些小的青松枝叶，七八个东巴早已身着东巴服、持法器在此迎候。

和力民带领的丽江依古敦东巴队一行 12 人于清晨 6 时 30 分从丽江三元村出发，乘专用大客车前往署明，到塔城依陇行政村又改乘拖拉机，于下午 4 时 30 分到达明兆村村头，下车后换上东巴服、即持法器起舞进入松技柱门，并与等候的主方署明村东巴对舞起来，以示主、客方东巴相互致意。客方东巴受请坐于摆好的桌边凳后，杨玉华、杨玉勋两兄弟向他们跪拜，献上美酒和放有 100 元的钱盘，请求做求寿祭仪并对神烧天香。和力民代表客方东巴接受酒钱后端酒吟唱。大意是："高天出繁星，今日的星宿出得好；大地长青草，今日的草儿长得绿；左边的日出温暖，今天日出很温暖；右边的月照明亮，今天的月亮最明亮。居住在上方拉萨的藏族人善于卜算年运，今年的年运好，鸡年年运好。居住在下方河下游的白族人善于卜算月运，这月的月运好。二月的月运好。居住在天地中央的纳西人善于卜算日运，今日的日运好，二月二十二日属龙这一日的日运好。在这年运、月运、日运都很好的日子里，好地方署明村的属于古徐群体的主人这一家，年岁不足求年岁，寿岁不足求寿岁，生育不足求生育，繁衍不足求繁衍的这一天，我们丽江依古敦的贤能的东巴这一伙，前来为主人家作求福求寿的仪式，来为主人向神灵作供养，来与署明村东巴协力，来共同操持祭祀仪式，在此向天上的盘神和禅神、嘎神和沃神、吾神和恒神、天神、地神和柏神、素神和诺神、署神和龙神、端格神和优麻神、注神和华神、孜神和乌神等 20 多种神作供养，向神作酒祭，愿神灵们保佑祭司们顺利完成这个仪式，并祝愿主人这一家祭祀有效，射箭着靶，求福得福，求寿得寿，求生育得生育，求繁衍得繁衍，得到神灵的赐福和保佑。"和力民边诵边用柏枝蘸酒杯里的酒洒向主人身上，以示施恩和祝福。

然后，丽江依古敦东巴们起身持手摇鼓和盘铃到天香火旁，给 20 多种大神烧天香祭献，并且祈求大神降临，以助祭司威力。当和力民诵到"天上的神灵降临下来，像鹤飞和鹰飞一样地降临下来；高山上的神灵降临下来，像豹跃和虎跃一样地降临下来；水中的神灵降临下来，像水獭和鱼儿游一样地降临下来；布谷鸟鸣叫，以助阳光明媚；神灵降临，以助祭司的威力。"两方东巴队合伙起舞，向祭祀主人家方向行进。队伍由代表主人的两个署明片东巴在前引路，丽江依古敦东巴随在其后，最后是其他署明片东巴。在从村头一直到杨家的途中鼓乐声不断，气氛很

热烈。

进到杨家院子里，东巴们先到神座前谢神、祈神，然后按顺时针方向绕着院子中间的松树神柱跳东巴舞，以镇鬼怪。最后舞蹈在一次急促的鼓乐声中顿然结束，烧天香及迎请东巴祭司的仪式就此结束。

休息片刻后，和力民代表调查组召集所有东巴在南屋开会，讲述与和秀共同决定的后5天的具体日程，交代具体祭祀任务，并鼓励双方同心协力，做好这次祭仪。

（二）第二天（2005年4月3日），蛇日

清早，我们在经历了越野车抛锚后，经3小时的急行军式的翻山越岭，赶到了第五村与和力民率领的先头部队汇合，开始了集体调查。

1. 祭瓦鬼（口舌是非鬼）附祭呆鬼（凶死鬼）仪式

瓦鬼亦称阿鬼，是由人们的口舌是非所引起的口舌是非鬼。同类的还有京鬼、季鬼、其鬼、空鬼、崩鬼等。据东巴教经典所述，人们因很小的一点矛盾会不断滋生出越来越大的矛盾，以致最后到非用战争解决不可的地步。杨家三代祖先以及主人现在的生活中，都免不了会有一些矛盾，口舌的传播和滋生会引来口舌是非鬼，作崇家人，带来灾祸。所以必祭口舌是非鬼，解除其纠缠。

东巴教经典中的呆鬼是无头鬼，纳西族传统信仰认为，人死之时，要有亲人在身旁指路，交代三代祖先名字，并把口唅放入死者口中，这样死者才可以找到自己的祖先。然后通过为死者作超度仪式，使死者成为祖先神。如在外死于非命者，其亡灵就会变为呆鬼，作为凶鬼恶鬼在世上游荡，永远无法超度，而且呆鬼会作崇其亲人甚至后代。杨玉华的二祖父估计已死于他乡。为防止其亡灵与呆鬼纠缠成伙，作崇家人，必须附祭呆鬼。

神座鬼寨的设置：

共分神座、天香火、拦鬼的门楣祭木以及京鬼、瓦鬼、仇鬼的土坑、呆鬼寨、党鬼木偶等几个部分。其中，神座设在杨家西屋走廊处，从北到南排列为拉旨铎命大神神座、五方和众大神神座、优麻等护法神神座三个。天香火在神座前，院子里松树“督”前的神座仅为供养，在此仪式中没有具体的功用。鬼寨方面，京鬼、瓦鬼的门设在院子东南方，拦季鬼的门楣祭木放在大门旁，京鬼和瓦鬼、仇鬼的土坑和呆鬼寨、党鬼木偶等分别设在大门外的路南方。

祭仪要程：

①在神座旁开坛请神。②在院子里叙述鬼的来历。③在仇鬼土坑旁招仇鬼魂。④在呆鬼寨旁招鬼魂。⑤在院子里杀山羊、杀鸡、给鬼施牺牲、血祭、烧祭等。⑥在神座前迎请卢神，向神求威力附体。⑦在京鬼门、仇鬼坑、呆鬼寨旁给鬼施食。⑧在仇鬼坑处为主人招魂。⑨驱鬼、送党鬼。⑩请神镇瓦鬼和呆鬼，跳东巴舞以摧毁京鬼、瓦鬼门寨。⑪用面偶吸附主人身上灾厄。⑫驱送呆鬼，摧毁呆鬼寨。⑬镇仇鬼，杀仇鬼，砍仇鬼祭木，用“潘督阿巴”戮之、杀之、埋之，用青刺果

技压之。⑭主人及参祭者在大门口用稻草绳跳绳 3 下，以退口舌是非鬼放下的灾厄。把拦季鬼的门楣搭在大门上。用一只小鸡做牺牲施给卡吕面偶，把卡吕面偶抛送出去，以解祭司言行之过失所引起的灾厄。⑮驱送季鬼、瓦鬼等众鬼。用竹子片抵鬼，插上琪木签阻鬼。⑯送神。

2. 祭凑鬼（秽鬼）仪式及大型除秽仪式

“凑”是秽的纳西语读音。据东巴经记载，凑最初源于两性乱伦。后来发展到凡是不符合伦理和自然规范和言行都可能产生凑鬼。凑鬼的危害一是污秽天地万物，二是作祟人间。主人家三代祖先和现实生活中，免不了有言行不当之处，这都会引起凑鬼作祟。因此，要祭凑鬼禳灾。

神坛鬼寨的设置：

神座 3 个，即拉旨铎命神座、五方大神神座、优麻神（战神）神座以及松树“督”神座依旧设置。但是此仪式中，以优麻神座中的战神佐体优麻为重要神灵。鬼寨设在院子东南方，自西面往东排列为神门、人门、凑鬼门、弯迁依冷、党鬼木偶。在第三道凑鬼门旁，用簸箕插上木牌杉枝纸旗作为凑鬼寨，称“凑周苦”。在党鬼木偶旁烧一盆除秽火。

祭祀要程：

①在神座前开坛请神。②在鬼寨旁叙述凑鬼的来历。③用面偶吸附灾祸，解除鬼之源绳。用一只公鸡及一杉枝火把除秽、扫秽。④在院子东南角给鬼施牺牲。杀一头公牛、一只山羊、一头猪、一只公鸡。⑤叙述凑鬼的来历和除秽的历史。⑥迎请优麻神等众神灵降临神坛。⑦分两个组，到村子各方水源处迎净水。在水源处烧天香，给署神献药，偿还署神署鬼之债。迎净水返回，在神座前，给神灵除秽，给主人和参与祭祀者洗秽。⑧迎请卢神（创世男神）沈神，求神赐威力附体。⑨给凑鬼施食，给党鬼施食。⑩驱送凑鬼，驱送党鬼。⑪主人及所有在场者进凑鬼门，过人门，神门 3 次洗秽、除秽。⑫迎请佐体优麻神，跳优麻神舞，摧毁凑鬼寨。⑬驱送凑鬼，把凑鬼所有的木偶祭物放在簸箕里抬出大门外，弃于河下方。⑭安神。

3. 设置署神寨，迎请署神（自然神），安署神

是日傍晚，在院子的东北面设置暑神寨、署铎寨和空岗寨。

祭祀要程：

①迎请署神，诵《署神之来历》等经书。②为众署神点油灯。③迎请督诗涅补劳端神。④关住署门，让署神安然入睡。

（三）第三天（2005 年 4 月 4 日），马日

1. 大型祭署神（自然神）仪式

署是纳西族东巴教中的自然神，同类的还有里美、刹道、聂，共计 4 种。东巴经记述，人与署原本是同父异母的兄弟。后来兄弟分家，人类获得村寨、耕地和家畜，署得到山林、水源、野生动物和矿物。人类先祖与署神之间曾因财产而有过争斗，是东巴什罗教主和大鹏神在其中裁判，让双方各得其所，矛盾才得以化解。其

中就有允许人类在生活需求的情况下，适当砍伐山林和开垦山地、引用泉水、捕鱼、狩猎，但不能过量，并且要祭献署神，偿还署债。这是祭署的祭仪来源。东巴教经典还记述，署神主宰着人类的生育繁衍，掌管着人类的年龄寿命。所以，希望生育繁衍和健康长寿，就要向署神作祭献。正是这样，在求寿仪式中，祭署仪式显得尤为重要。

神坛鬼寨设置：

祭署仪式的神坛，主要分为大神神座、众署神寨、天香火、署铎寨、空岗寨、建署塔等。其中设在杨家西房走廊处的 3 个大神座依旧，松树“督”神座依旧，在祭署仪式中只是一个陪衬，不起主要作用。天香火要移到众署神寨旁。众署神寨是祭祀的主要对象。署铎寨是为鬼类设置的。铎即傻、憨、愚、痴，是署类中危害人类者。空岗即署类中守护门槛者，与人类的关系有好有坏。所以，这两类要区分开来，分别祭祀。署塔是此次活动专门制作的，用高山柏木制成，塔内塔底都要放金银松石宝石及五谷五宝，是为安神定心的财宝。寓意在于祈愿署神等众神永驻此塔。此塔要建在主人家经常汲水、烧香祭署神龙神的那个水源边。

祭仪要程：

①唤醒署神，在众神寨前烧天香、祭署神。②在神座前诵经叙述设神座献祭粮之意义以及叙述祭署神之总程序。③给众神灵烧天香，迎请众神灵。④在署神座前诵经，叙述署神的出处来历，请署神，迎请署司沛（王）。⑤叙述人与署之间产生矛盾又和好的故事。杀猛鬼恩鬼。⑥扛着柏木署塔到杨家大门外河边的泉水源处立署塔、烧天香，给署神还债、献药。⑦迎请佐玛（藏语音译，意为司管大自然之精灵）祖先。⑧给署里施多面偶。⑨镇署铎，祭空岗。⑩解署铎放下之缠绳，为主人招魂。送空岗木牌，送署铎祭木到河水下游。⑪叙述先祖与署神之间的故事。⑫给署神龙神献药还债。⑬给署神活献母鸡以许愿，给署神献五色鸡。⑭开署神门，求福泽，求寿岁。把福泽木牌拿给主人家。⑮给五方署神分木牌、面偶、树枝，给五方署神还债。⑯送署神，把五方署神木牌及面偶、树枝拿出去插到主要水源处。⑰安神。

是日中午，所有参与祭署活动和到场的人都只能吃素，以示不冒犯署神。

2. 迎请杨家的斯补祖先

斯补祖先即三代近祖的简称。求寿仪式中，迎请三代近祖，供养三代近祖，目的是求得三代祖先的福佑和支持。三代祖先的神座设在院子的东北角。杨玉勋代表主人从坟地迎接斯补祖先到院子里祖先神座处，点香、奠酒、供饭。此后每日三餐都要更新供食祭献，一直到求寿仪式结束。

3. 祭嘎神仪式

嘎神是远古祖先中战神和胜利神之象征。东巴教认为，远古祖先中有 16 位战神是最英勇能干的，所以祭战神就要祭这 16 位战神。祭战神嘎神要在晚上进行，并不允许妇女在场。

神坛设置：

在杨家西房的北屋火塘的南边立有3节树枝之和为16枝的一棵松树为嘎神树（上节6枝、中节5枝、下节5枝。）在树前放16节松木节16片宽叶杜鹃叶，16棵石子，16份供品。立一白杨木抵杆，抵杆上放一个鸡蛋。祭司坐在火塘边朝嘎神座念经祭祀。

祭仪要程：

①迎请历代嘎神，献牲。用猪头猪肉生献。②给历代嘎神献饭。给16位嘎神献食，分别献在杜鹃叶上。这是熟献。③向嘎神索求富贵之福泽。最后把有16枝的那棵松树系在火塘边的中柱（天柱）上。把嘎神祭木祭石收好。

4. 祭星神

祭星神就是祭28位星宿神。东巴教认为，28宿主宰着人的生死、福泽、富贵。所以，星神是东巴教众多大神类中的一类。按规定，祭星是安排在夜里子时进行的。

神坛设置：

在“督”树之南，立28棵黄栗树，置28颗神石，供28碗酒茶，放28片宽杜鹃叶，立一抵灾的白杨木。置一张供桌，备一份稻谷爆花和一头小乳猪。

祭仪要程：

①迎请28位星神，用一小猪杀之祭之。②献熟食，给28位星神分别献熟食。③祈愿星神保佑，送星神。

（四）第四天（2005年4月5日），羊日、清明节

1. 祭风仪式

纳西语风的读音为“酣”，祭风读为“酣刻”。风既有自然属性，也有社会属性。风常与云并举，其自然属性就是自然界的风和云，影响着气象阴晴和万物生长、季节更替、时序变迁等自然现象。其社会属性是年轻人为憧憬美满自由的爱情婚姻，和幸福富裕的天国生活而殉情的亡灵，这些为情而自尽的情死者吊死者，其亡灵与自然之风合为一体，成为幽灵世界中的一族。东巴教信仰的风具有两重性，一方面风是神，是东巴教所信仰的20多类大神中的一类。风无处不在，无时不在，具有神秘而入世的奇异力量。东巴教信徒们敬畏风神、祭拜风神。另一方面风也是鬼，是东巴教所信仰的亡灵鬼界中的一族，是为追求爱情和幸福而自尽的亡灵，又借助风之力影响着人类社会作祟于人们的社会生活。东巴教信徒们对风鬼施祭之，攘开之。“酣刻”即攘放风鬼之意，或者可以理解为禳解风鬼放下的灾厄。所以，祭风仪式，不管是大型的还是小型的都具有双重的功能，一是祭自然之风神，二是祭社会之风鬼。只是说在具体的仪式中侧重点不一。杨家在这次求寿仪式中做此祭风仪式仍然具有双重的功能。

祭坛设置：

此次祭风仪式在具体活动过程中，分两个阶段。第一个阶段在杨家院子里进行。主要是在神座前，有西屋的3个神座。今日祭仪中，优麻神座处的考冉神为重要神。天香火、松树督神座均如常供养。第二个阶段，在杨家西面的山冈上传统的祭风场是设置考冉神座、天香火、署神寨、答冷乌莎命神座、风鬼寨、呆鬼寨等。考冉神座和天香火、署神寨在北面，答冷乌莎命神座在东面，风鬼寨和呆鬼寨在南面。在第二个阶段加入祭景神本神的内容。所以，景神本部神座设在东北角。

祭仪要程：

①在神座前迎请众神灵，叙述设神座献祭粮的意义。给神灵献祭粮。②烧天香，点油灯作供养。③在神座前叙述风鬼之来历，陈述祭风的缘由。④用面团吸附主人身上的凶灾厄运，解除鬼怪放在主人身上的缠绳。⑤持考冉神像，带着各种祭物用具，扛着祭风树，拉着山羊，抱着鸡，前往效外祭风场。⑥陈设神坛鬼寨。⑦祭坛除秽，迎请神灵。⑧烧天香，请卢神起驾降临，求神赐威力附体。⑨在风鬼寨前喊吊死鬼情死鬼、风鬼、云鬼之魂。把他们呼请到风鬼寨里来。⑩在署神寨前诵《署神来历经》《给署神献药，还债经》等经祭献署神。⑪在鬼寨前叙述山羊来历经，杀山羊，给云鬼风鬼和呆鬼等献牲。其中包括血祭，烧祭。⑫祭风神娘娘答冷乌莎命及其七姊妹，用鸡作祭献，杀鸡血祭、烧祭。煮熟后用饭、肉、汤祭献。⑬祭景神本神，先用猪肉生献，煮熟后用饭、肉、汤等祭献。⑭用煮熟的山羊肉、饭等给云鬼风鬼呆鬼等施食。⑮驱赶云鬼风鬼和呆鬼。⑯在神座前诵迎请考冉神经典，跳考冉舞，到风鬼寨，呆鬼寨镇鬼。摧毁鬼寨。⑰为主人招魂。⑱关鬼门，挡鬼抵鬼。⑲送神。⑳收拾用具回家。

2. 祭景神、本神

景神和本神是雷公、电母之神，属自然之神。祭风仪式中往往单独立神座祭之。但是其又是祭风仪式的一个组成部分，可视为附属祭仪。其祭仪在上文中与祭风仪式结合叙述。

（五）第五天（2005年4月6日），猴日

1. 请神加威力仪式。

加威力仪式，纳西语读“旨嶂”。“旨”是威力的意思，同时是威力神的名称。“嶂”即加、增加，使之承受之意。东巴教有经书《旨嶂》，分大本、小本。此书名之意是求神赐威力附体于祭司身上。而旨嶂仪式乃是指请接受过加威力仪式的加持过的东巴大师，设拉旨铎命大神神座，给神献胜利白绵羊，为未加持过的东巴弟子做专门的赐威力附体的加持仪式。从宗教的意义来说，做过此加持仪式，就表明与神有了直接的沟通，也就是通灵，身上具有神力的支持，或者说祭司的身体以及思想与神有了特殊的秘密的联系了。接受加威力仪式的加持，通常要通过主祭司向神求一法名，有了这一法名，就表示正式接受过加持了。而一些非祭司或未成年人在加威力仪式中求神赐之名，有求神赐名、祈望东巴教神灵保佑之意。

祭坛设置：

西屋走廊处的拉旨铎命神座、五方神座、优麻护法神座等依旧，只是今日仪式以拉旨铎命神座为主要神座。松树“督”神座亦重要，要在松树“督”旁朝西面架五张方桌，搭上松木梯子，扎好松枝，在桌子上方设好祭司座位，备好天香火。另外，杨家斯补祖先神处也要特别祭供。

祭仪要程：

①叙述设神座、撒祭粮的意义。给神灵神座除秽。②迎请拉旨铎命等神灵，烧天香供养神灵，诵唱十本经书。③迎接神水。④迎请嘎劳战神，镇鬼。东巴跳镇鬼舞。杨玉勋诵《迎接三代嘎劳祖先经》。⑤以献给嘎劳战神的白绵羊占卜。⑥念咒用白水黑水给绵羊洗除秽气。⑦给嘎劳神灵献绵羊、献药。杀羊，血祭、生祭。⑧杨玉勋、杨玉光给斯补嘎劳祖先等献饭。跳花舞、灯舞。⑨迎请神灵降临，景神恒迪大神开天门。⑩在松树“督”旁的五张方桌子上，象征主祭东巴的和秀东大声诵唱加威力经典，还多次向大家发问。比如，他问诸东巴大地上有无威力神居住之地方，下方诸东巴就齐声诵经回答：已为他准备了很好的地方，请威力神降临下来赐予威力。到了赐予白狮神威力时，他又问：白狮要降下来了，那么他有没有住所呀？诸东巴回答：我们这里有啊，白狮子可生活在高山上的某某地方，我们这里也有供白狮神的场所，希望神灵能帮助我们，降下白狮神的威力，由白狮神来保佑我们。而后他们还跳起白狮舞……如此这般经多次对答后，上方东巴祭司就边诵经边撒下神米，以示神之降临并赐下威力，下方东巴及求威力者争先恐后地用盘铃等各种用具接了米粒并急忙虔诚地服入口中，以求尽早得到这种威力。东巴们还按所降神名和所赐威力，跳各种神灵舞，以示获得这种威力。如此循环进行，气氛极为热烈壮观，加之和秀老东巴一直在场坐镇和几乎全村村民的参与，仪式不断掀起高潮。⑪给众求威力者赐名，受赐者献上3—5元，以示谢神。所赐之名已写在纸条上。共有50人。⑫送斯嘎劳祖先神。

2. 大型烧天香仪式

在加威力仪式还未完全结束时，就在院子中间的松树督旁，用12种树枝扎好一堆天香火。旁边放着一张四方桌，桌上放着烧天香用的酒、茶、酥油麦面和药水、面偶。

祭仪由和世先东巴主持。杨志坚东巴等协助。

祭仪要程：

①给神献祭粮，迎请神灵。②给神灵祭坛、祭品除秽。③叙述祭仪之由来。④请卢神沈神，求神赐威力。⑤给神烧天香作食物供养。⑥迎请大威力神。⑦给神灵献里朵面偶。⑧叙述梭刷火把之来历，诵大型烧天香祭献神灵经。⑨给卢神沈神献食，送卢神沈神。⑩送众大神，念六字真言送神回，绕天香火堆转圈，朝五方送神。

3. 请华神等大神赐福、求寿仪式。

此求寿仪式是整个求寿仪式的核心，整个仪式也因此而得名。求寿仪式的纳西语称为“汝仲毕”。汝即年岁、寿岁，仲即接续、延续之意，毕即念诵、祭祀。汝仲毕就是求神延续主人年岁寿岁的仪式，简称求寿仪式。仪式经典中记述："主人家年岁不足，来向神灵求年岁，主人家寿岁不足来向神灵求寿岁"，"愿求年岁能获得年岁，愿求寿岁能获得寿岁"。

神坛祭場设置：

神坛分众大神神座、长寿松柱"督"神座、华神神座、恭劳构补神座。众大神神座仍旧在杨家西屋走廊处，在此仪式中，只是个陪衬。杨家院子里的长寿松柱督神座尤为重要，是迎请长寿神之标志性道具。华神神座，立在杨家西屋北间火塘边的中柱（天柱）旁，沿中柱揭开房顶黄板，从上往下沿中柱放下红布白麻布挂彩的华神之柏木神梯、神塔，至中柱下的神座上，神座上放着各种供品祭物。恭劳构补神座在中柱上方黄板屋顶上，烧一塘天香火，用簸箕备上九节华神木、九根华树枝、九棵华神石、一饼酥油和象征九碗华神水的一小壶净水。旁边坐着上文介绍过的老东巴和明及夫人，象征男女寿星的恭劳构补和恭劳构姆，恭劳构补在房顶上要丢华物，即华水、华石、华枝、华油等。此外，还有祭司和秀东，以及儿女双全、家庭幸福、能象征神灵赐年岁寿岁的祭司和力民。

祭仪要程：

①在众神座旁诵迎清华神、立长寿松柱"督"经。②在长寿松柱"督"旁天香火处给神烧天香。③在恭劳构补神座旁诵《迎请华神・迎请恭劳构补神》。④在火塘边华神神座旁叙述华神、长寿树、华神之柏木梯子和华神石、华神水、华神木、华神酥油之来历等经典。⑤给华神献牲。⑥给华神献饭。⑦求长寿之福泽，从屋顶逐一放下华神木、华神树枝、华神石、华神酥油、华神水等，给主人一家。⑧恭劳构补、恭劳构姆给主人家人系长寿的五色线。家人向之敬酒，磕头。⑨为主人家求富贵之威力。⑩迎请玖补大神，关好富贵之门。

4. 祭诸神（家畜神）仪式

"诸"为纳西语读音，意为牲畜神，掌管家中牲畜。诸毕即祭诸神仪式。然牲畜的饲养与粮食生产也有关系，所以，在祭诸神仪式中对粮食神也有祭祀。粮食神称"萬"或"萬美恒"。祭诸神仪式的功能就是主人家祈求得到诸神和萬神的保佑，风调雨顺，五谷丰登，人畜兴旺。

神坛设置：

在杨家西屋北间火塘的东南角设立诸神之祭坛。在东面靠墙处撒上青松毛，从左到右摆上象征 18 尊诸神的 18 根长 8 寸左右的（大约 20 厘米）的削了皮的松枝杆和 18 颗神石以及 18 片杜鹃叶，并供酒、茶各一碗。点上油灯，烧上香火，是为诸神神座。在诸神神座之前，用簸箕装上粮食，安上一副粮架模型，粮架上有麦子、玉米等，还备一副如筷子大的连枷以及小型拉盘用具。另外，在一个簸箕边放上两个弧形竹篱笆作为畜厩，里面放一些松球，象征牲畜，放一小木槽，象征给牲畜喂水的槽。

祭仪要程：

该仪式由两个祭司完成，一个主祭司负责诵经，另一个助祭司负责帮助主祭司祭献神灵。并且在祭祀中穿插有戏剧情景的收粮、打粮和放牧、饲养牲畜的对答演绎活动，描述劳动场景，富有生活趣味。主要祭仪如下：

①在神座上给神灵的供品和神灵祭物除秽。②迎请18位诺神和莴美恒神。③给众神献牲，用猪腊肉等献牲。④给众诺神及莴美恒神献饭，把酒、饭、肉、汤放入每个杜鹃枝叶上，以示献饭。⑤演绎农业生产中收粮、打粮的过程。⑥演绎放牧、饲养牲畜的过程，相互对答。⑦招纳各地富足富裕之牲畜神和粮食神到祭祀主人家里来。⑧安神祈神。把诺神之祭物神木神石收入竹篓，挂在墙上。

（六）第六天（2005年4月7日），鸡日

1. 祭山神仪式

纳西语把山神叫作“市忍”。祭山神叫“市忍宋”。东巴教认为山神众多，以12尊山神为代表。所以祭山神的树以12棵为数。一般祭山神都安朝东，认为山神骑马，所以，祭供时要置斗米和盐茶。祭山神祈求的是气候风调雨顺，家人生育健康，五谷丰登和牲畜兴旺。

祭坛设置：

在杨家院子北面朝东置一张四方桌，立山神树12棵，在四方桌上撒上青松毛，从左到右置12根20厘米长的剥皮的白松木作为神木。置12片宽杜鹃叶以及12份酒碗、茶、酥油等和斗米盐茶。备一塘天香火。备一只公鸡。

祭仪要程：

①给山神神座供物除秽。②迎请山神，用猪肉、公鸡，生祭山神。杀公鸡，血祭、烧祭山神。③给山神献饭。④禳灾。⑤占卜。⑥送神。

2. 祭三朵神（地域神）仪式

“三朵”乃是纳西语读音，“三朵宋”就是祭三朵神。三朵神是丽江纳西族地区最大的地域神，也是纳西族东巴教中最重要的山神之一。纳西族东巴教认为，三朵神是纳西族的保护神，小孩出生三日就要祭三朵神取乳名。当兵或带兵出征前要祭三朵神，以求保佑。经商者若得到三朵神就财源广进。求子、求学、外出远行以及狩猎等，均求三朵神保佑。求寿仪式中祭三朵神，求三朵神保佑家人健康长寿，祭祀有效。

祭坛设置：

三朵神祭坛就设在山神神座的左边，香案设置类同山神仪式。祭供物品相同。

祭仪要程：

祭三朵神仪式全记在一本经书中，其中大概可分为：①除秽。②给三朵神上香、敬酒。③给三朵神献牲生祭。献猪肉和一只公鸡、斗米盐茶姜等，杀鸡，血祭，烧祭等。④给三朵神献熟食。⑤禳灾。⑥占卜。⑦送神。

3. 祭天仪式

纳西语把祭天叫作“姆毕”。“姆”即天、天神。即有自然之天，也有天神的意思。“毕”就上祭的意思。祭天，一是祭自然界的天、地、柏三神，二是祭纳西族女始祖衬恒褒白的父亲、母亲、舅父三神。这三位神正是纳西族始祖崇忍利恩的岳父、岳母和岳舅三祖先。所以，祭天祭的既是自然之天，也是社会之天。祭天的功能是追叙远古先祖繁衍后代之历史，祈求天神和远古祖先神保佑来年风调雨顺、儿女昌盛、健康长寿、子孙繁衍。

祭坛设置：

在杨家家族祭天场的北面高台处，中间插一柏树为舅神（舅舅在纳西族中地位是很高的），西面插立一棵黄栗树为天树，东面插立一棵主干分两丫的黄栗树为地树，在柏树背后插立一白杨抵杆，抵杆顶抵一鸡蛋，称为抵灾杆，鸡蛋代表鸡，若有灾害，鸡可将其抵挡回去。在三神树旁各插两木偶，各为主神之侍者。又在三神树旁各立一神石。神树前置神粮供品。在神座右上方备一塘天香火。在祭天场神坛之南有一火塘，为煮献食之用。

祭仪要程：

①给天父、地母、柏舅点香上香。②给祭献天、地、柏三神的黑猪点净水。③杀猪给天、地、柏三神献牲，叙述祭天之来历。④给天、地、柏三神献饭。⑤送神。

4. 送龙神仪式

此仪式纳西语称谓是“鲁布”、“鲁布督系”。“鲁”即龙，“布”即送，“督”即长寿松柱，“系”即放下、放倒。“鲁布督系”的意思就是送龙神，放下松树柱。此非一独立仪式，而是求寿仪式中的结束部分。祭司念诵龙神之经书，烧天香祭送龙神，然后众人放倒长寿松柱，争抢松柱上的花朵等饰物，得到这些东西象征得到福泽。送神毕，可撤下大神神座。

5. 祭素神（家神）仪式

“素”乃纳西语读音，东巴教中对家神的称谓。祭素神仪式有几种形式，求寿仪式结束时做的祭素神仪式，属于小型的祭素神仪式。素神乃是主宰家庭的人口、房屋、宅基、牲畜、土地、粮食、财产之神。东巴教认为，家中的所有物品都有生命灵魂，都是由家中的素神来统领的，家里凡做大的仪式活动都怕惊动家里的这些素神统领的灵魂。所以，最后都要举行此祭素神仪式，迎请素神，招回惊散的家里人口、房屋、宅基、牲畜、土地、粮食和财产之魂，祭祀之，安顿之，供养之。愿主人家人丁兴旺、健康长寿、粮食丰收、牲畜发展、财产富裕、耳悦魂安、流水满塘、四代同堂、吉祥如意。

神坛设置：

杨家西房北屋火塘东北角，神龛在北，置素神竹篓，挂素神像，香案上供酥油、腊肉、酒茶、油灯、香火等。祭素神之天香火在火塘三角灶处烧之。同时，在祭素神之时，亦祭灶神。

祭仪要程：

①叙说举行此祭仪的目的是不让家神惊逃到外面去，不让家中灵魂惊逃到鬼域里去。②立神木神石，有祭祀、除秽、献牲、献血、献粮之寓意。③给众大神之家神素神烧天香作供养。④从上方祖先聚居地的迁徙路上招回主人家失散的素神。从下方秽鬼地招回主人家惊散的素神。⑤叙神之长寿药之来历，给素神和家人献药。⑥给素神献饭。⑦给众素神神像、家中房屋、地基、牲畜、粮仓和家人抹酥油。⑧招回素神之福泽。最后把神木、神石等神物装入素神竹篓里，置于素神神龛高处。

至此祭仪全部结束。

九、对这次仪式的综述

要说明的是，以上20个左右的仪式中并未包括诸多小型仪式，而一个大的仪式要花费六七个小时。各仪式基本依次进行，但有时也兵分两路甚至几路，在院内或村落不同处同步交错举行。其中第三天举行祭风仪式的地点选在一处环境秀美的山顶；第五天的祭天仪式则在与全村祭天场比邻的以杨天顺为族长的杨玉华家族的祭天场举行。

仪式期间，东巴们的诵经也是这次仪式的重要组成部分。东巴们以一定的唱腔音调或集体吟诵，或一人独诵，或一人领诵后他人合进来。有时高亢，有时低沉。他们念得抑扬顿挫、极为投入，甚至到了如醉如痴的地步。按需要营造出喜怒哀乐等不同氛围。在吟诵过的200余册经书中，主要有：

1. 《大仪式·建神座献祭粮经》
2. 《祭口舌是非鬼仪式·铺陈祭仪陈述因由经》
3. 《祭京鬼阿鬼仪式，给卢神沈神除秽经》
4. 《大仪式·请卢神沈神起驾经》
5. 《大仪式·求神赐威力附体经》
6. 《大仪式·十八位琪神的来历经》
7. 《大祭风仪式·请优麻神伐壬鬼树》
8. 《大仪式·给神烧天香经》
9. 《大仪式·送大神经》
10. 《大型除秽鬼仪式·秽鬼的出处来历经》
11. 《大型除秽鬼仪式·秽鬼的来历经》
12. 《大型除秽鬼仪式·彬罗崇碰与鲁美猛恩的故事》
13. 《大型除秽鬼仪式·桑巴景补与桑巴景姆的故事》
14. 《大型除秽鬼仪式·崇忍局肯督鲁的的故事》
15. 《大型除秽鬼仪式·东巴什罗除秽经》
16. 《大型除秽鬼仪式·彬罗崇碰与鲁美猛恩的故事》
17. 《祭署仪式·署神的出处来历经》

18.《祭署仪式・给署神献药经》
19.《大仪式・迎请大神和送大神经》
20.《求寿仪式・祭署神仪式・建署塔经》
21.《求寿仪式・做柏木梯经》
22.《祭署仪式・招魂经》
23.《祭署仪式・给暑神献五彩鸡经》
24.《祭暑仪式・杀猛鬼恩鬼经》
25.《祭风仪式・署神的出处来历经》
26.《祭署仪式・安署神经・唤醒署神经》
27.《祭署仪式・陈述祭署神因由，铺陈祭仪经》
28.《祭署仪式・建署塔，给署神献药经》
29.《祭署仪式・署神的出处来历经》
30.《祭风仪式・用白鹇鸟偿还署神的债》
31.《祭署仪式・署神与人类争斗的故事》
32.《祭署仪式・建署塔经》
33.《祭署仪式・抛弃署铎经》
34.《祭署仪式・给署神施刹道里朵面偶经》
35.《大型仪式・大型烧天香经》
36.《祭三朵神仪式・祭三朵神经》
37.《占卜类・用海贝占卜经》
38.《祭天仪式・点香进香经》
39.《祭天仪式・除秽经》
40.《祭天仪式・迎接迁徙下来的人类祖先》
41.《祭天仪式・献祭粮，献饭经》
42.《祭风仪式・绘署神木牌的画谱》
43.《求寿仪式・弟子向祖师求威力经》上册
44.《求寿仪式・弟子向祖师求威力经》中册
45.《求寿仪式・弟子向祖师求威力经》下册

在这次求寿仪式的前 5 天，东巴们共跳了分属神舞或禽兽舞的各种东巴舞近 30 场。

4 月 2 日，仪式第一天，丽江依古敦东巴与前来迎接的主人们汇合后，就在鼓声中跳着东巴祭司来临舞前往烧天香处，然后又与主人家一方的东巴们共跳东巴舞，象征东巴祭司已经得到诸位大神的帮助，迎请诸位大神一道来主人家作祭仪。东巴祭司来临舞一直跳到主人家院内的神座前，喻示神已被请至主人家神座上。而后，又继续在院里跳了一圈，表示东巴祭司以神力镇鬼。

4 月 3 日，仪式第二天，在退送瓦鬼并附祭呆鬼仪式中跳了优麻神舞，镇瓦鬼，摧毁瓦鬼的门寨。在祭凑鬼仪式中，迎请佐体优麻，跳佐体优麻镇鬼舞，佐体优麻是护法神，该舞有较高难度的连续踢脚动作和朝四个方向做如跳牛羊类舞时一样的顶角动作。然后跳优麻磨刀伐鬼舞，该舞右手持刀，并不时用刀轮流在左右腿上做出磨刀动作。磨刀模仿的是杀鬼前的准备动作，也是杀鬼时刀被砍钝后的再磨动作，有浓厚的生活气息。而后用刀摧毁凑鬼门寨，最后众东巴呐喊着一齐砍向鬼寨门，宣告鬼寨已被除毁。

4 月 4 日，第三天，是以祭神为主，只在迎请斯补祖先时跳神女花舞。跳神女花舞时要高举 90 厘米的多杈树枝上系满五彩纸花的花束，神女指东巴教主神丁巴什罗的妻子拉姆，所以男性的东巴们要做出一些扭摆、晃动等女性的动作。该舞的队形变化较多，还有两人持花对舞等。东巴舞的娱人娱己作用在这个舞蹈中也体现得非常充分。

4 月 5 日，第四天，在村寨环境秀美的山顶举行的祭风仪式中，跳考冉战神舞。该舞以弓箭为法器道具，展示考冉战神用弓箭射杀上下前后鬼的过程。

当天正值清明，天气晴朗，祭场气氛肃穆庄重。东巴左右手分持神弓与神箭，像舞谱记载的那样：他们“向前进 7 步，转身朝后走 6 步，分别朝 4 个方向走四步，做射箭动作：先瞄准天空做一次拉弓射箭状，再瞄准地面同样做一次。原地向左自转一圈，再反向自转一圈”。自转时有时搭箭于弓，有时双手分开。先后瞄准上下前后的动作被喻为射杀在天上、地下、前方、后方之恶鬼。动作威武刚劲、雄健有力，尽显考冉战神震慑鬼的气势，同时明快舒放，在保留浓郁的原始气息的同时也保持着淳厚质朴而典雅有致的特色。该舞最后要射杀代表呆鬼的猪。最后跳的是优麻神寻刀镇鬼舞，用大刀砍伐鬼寨木牌和祭木。

4 月 6 日，第五天，在请神加威力的仪式中，跳众多东巴舞蹈。坐在上方的东巴诵经，表示东巴什罗教主给弟子赐下各种镇鬼的本领。每赐一种本领，下方的东巴就要展示一种舞蹈，表示已得到这种本领。当日以丽江坝东巴和署明村东巴两组交替展示东巴舞蹈，丽江坝东巴跳金色大蛙舞、东方祭司神格称称补舞、南方祭司神胜日明恭舞、西方祭司神纳森崇鲁舞、北方祭司神古胜考巴舞、中央祭司神梭余晋古舞、青龙舞、狮子舞、大鹏舞、优麻磨刀舞、白山羊舞、白牦牛舞等。塔城署明东巴跳刹依威德大神舞、恒迪阿盘大神舞、丁巴什罗大神舞、恒依庚空大神舞、冒米巴拉大神舞、胜生柯久大神舞、青龙斗鬼舞、赤虎镇鬼舞等。

4 月 7 日，第六天，仪式为祭神内容，未跳东巴舞。

参加这次求寿仪式的 28 名东巴分别来自丽江坝和塔城署明。于是舞风也有所差异。由和力民带队，来自丽江坝的东巴们学的是当年美籍奥地利学者约瑟夫·洛克①在介绍纳西族的书中描绘过的东巴舞蹈风格。那是从1998年起，先由老东巴和学文，后由和力民直接“口传心授”讲解，身体力行地教授、辅导而流传下来的，共有20多个舞蹈。其风格特征更为规范，从头到尾将完整的套路徐徐展开，其动作在柔细中更显刚烈，似太极八卦般发自身体的内功；而塔城地区的东巴舞蹈风格则有所不同，虽然动作相当舒展开放，但过程不太细化，套路中的段落性不如丽江风格分明。

为了达到更好的协调效果，和力民在这次仪式中事先对两队东巴做了讲解和排练。有时两队分别承担，各展风貌；有时合将起来，打造声势。加之有和力民、杨玉勋等几位通晓两边风格的东巴在场，所以几天下来，两队东巴合作得十分默契完美，也成为这次杨家大型纳西东巴教求寿仪式成功的重要因素之一。

虽然在神的力量逐渐弱化、实实在在的东巴信仰日趋淡漠的今天，东巴舞蹈已更多地变成游客的表演，但在这次格调苍古深沉的仪式中，我们看到的东巴舞依然充满了东巴教的神秘感以及东巴们内心的虔诚。这种对传承本民族珍贵文化遗产的执着，是值得我们大加赞赏的。只有这样，坚持在现代文明的冲击下不断做出调整、变革和自我完善，历经磨难、几乎濒临断代的东巴文化的内核才不会日渐消退，甚至瓦解，东巴文化的内在繁荣才能真正实现！

几天来，仪式场地终日香烟缭绕，神像前按需要摆放着各种面偶、米等谷物、酒、茶、酥油、盐、糖、香炉、油灯、蜡烛、净水碗等，还费了很多周折，寻到了一块祭署时必需的野生麂子的肉；晚上热闹依旧、灯火齐明。为给神灵和鬼怪祭献牺牲供品，6天内先后宰杀4岁黄牛（公）1头，在高原放养过3年的黑色、半黑半白色及仅蹄部为黑色的白山羊各1只（均为公）、白绵羊1只（公）、3岁黑毛色公猪2口、大公鸡近20只等。宰杀前要由东巴诵经，向它们说明情况，求得理解配合，然后由专门的东巴向颈部下刀。一般要用每个牲畜祭4次神，即活祭（活着时祭一次）、血祭（以流出的鲜血祭一次）、生祭（以切下的各主要部位祭一次）、熟祭（煮熟后再祭一次）。此外，还做了上百块画好的木牌，几十个泥、面偶，以及逼真的纸羊、带叶树枝扎成的马、跳舞用的花束、箭弓等许多其他道具，有些准备物的数目尚在核实之中，仅是砍伐下来用以烧天香的松枝，堆积起来就足以与小山等高。

由于以上程序实际是一周以上仪式的内容，所以我们每天都要挑灯夜战，最晚一次是4月4日，祭完战神已经是半夜3点半。中午有时没时间吃饭，一边抓个馍

---

① 约瑟夫·洛克（J·F·ROCK 1884—1962），美籍奥地利植学家、地理学者和人类学家。20世纪20年代以来，以美国《全国地理杂志》的探险家、撰稿人、摄影家等身份，先后在丽江生活27年。踏遍滇西北及四川木里等地区，收集了大量民族文化资料。出版了有关纳西族的专著十多部，是第一个将丽江神奇风情介绍到国外的外国学者。玉龙山下的玉湖村至今还保留着洛克当年的故居和众多遗物。

往嘴里放，一边紧张地拍摄、记录。每天的工作时间都超过十几个小时。

可以毫不夸张地说，对于这次仪式真是做到全村动员，人人参加，多次形成高潮。如“加威力”那天，远近竟然有200余人前来。到场者最小为襁褓中3个月的男婴（两个月前当地东巴为他做过烧天香的仪式。因为他家三代一直都只有女儿。按纳西习俗：如第一代是女儿，要招女婿。第二代、第三代还是女儿，仍可继续招婿。但三代以上还是女儿，就不能再招女婿而要嫁出门去。恰恰第三代生了这个儿子。所以做了上述仪式），最长者为73岁的老婆婆。人们穿上自己最好的衣服，像过节一样地前来助兴，小学生也停课到场观看。而仪式过程又丝毫不含表演成分：东巴们出于信仰虔诚地诵经、舞蹈，念得抑扬顿挫、跳得如醉如痴；观看者则欢呼跳跃，兴奋忘情地投入其中，形成少见的互动场面，令人十分感动。为了表示对神灵的敬畏，村民将做华神用的两棵柏树砍下后，不用牛驮，也不用拖拉机拉，而是从5公里之外一步步地扛了回来。我曾想讨要一块木牌留做纪念，但按照神意，用过的木牌除3块赠予固定人员外必须烧掉，我只好打消此念。据记载署神只是吃素，于是祭署那日，全村没有动荤，无一人例外。祭星仪式的开始时间要根据天上一颗最亮星星的移动位置决定，于是大家都耐心地等到半夜12点半。祭战神时要求女性避开，至于缘由，有的说战神面目丑陋狰狞，恐怕吓坏妇女；有的说战神下身裸露，不便在女性前出现，但最被认同的，还是认为女性较男性污秽等观点。于是杨玉华的母亲和妻子只能躲进厨房，而我作为活动的组织者也没有得到任何特权。在这特定的地点和特定的时间，神灵的旨意高于一切，空气都开始变得神圣起来。

十、结束语

这次由我代表神奈川大学COE①，张福龙、和力民代表丽江市东巴文化研究院，任春生代表中国社会科学院民族文学研究所，三方共同密切合作，完成了对一个不可再造的原汁原味的宗教仪式的全面调查。在中国商业大潮涌动的情况下，与为数不少的以赢利为目的的商业性表演相比，能实现这种纯文化调查更是显得难能可贵。故而坚信这次全方位调查，一定能为人类文化的多样性贡献独特的文化基因！

在这支队伍中，有的是发起策划者；有的承担了很多烦琐的组织及具体协调工作；有的作为精通理论和实践的专家侧重于仪式的组织安排；有的为整个活动留下宝贵的摄影录像资料立下汗马功劳；有的在文字总结方面颇有成绩，而且往往有人是多项兼而为之……应该说，每个人的作用都是不可取代、功不可没的。事实说

① COE（center of excellence）即高级研究中心，是日本文部科学省根据研究项目的价值在各大学或研究生院选出后建定的，并对其提供研究经费及负责监管。

明：这次的立项和选点都是正确的。专家们一致认为这是纳西族近半个世纪以来从未做过的一件意义非凡的事情，使东巴文化在当地及整个丽江地区，都得到一次更广泛深入的普及与传承。从人类学、民族学、民俗学和社会学的研究角度来看，其含金量也非常之高。我们除继续完成这次调查中得来的宝贵的文字、图像资料整理外，还要深入进行以下课题的后续研究：

1. 探讨在现代化进程及生态环境变化中东巴信仰的位置。（想象署明公路维修好后的闭塞的山村开放起来后的情景，我的心情竟然复杂起来。那时，面对大山外传来的商品经济大潮，淳朴的民风民俗、恬静的民居村落、自然如画的署明会不会受到冲击？往日的宁静会不会被打破？生态会不会恶化？东巴文化会不会变异？但愿我的忧虑是多余的！）

2. 东巴仪式与纳西族人民现实生活的关系。

3. 调查恢复这次东巴求寿仪式后各方面的反响、对各种人（如老少村民、老东巴、获神名的东巴、操办仪式的杨家等）的影响及长远意义。

4. 调查东巴队伍的现存状况及年轻东巴的培养方向。特别想对一些有代表性的东巴做跟踪调查。如前文东巴表格中列出的和秀东（老东巴和顺之孙），他这次是作为和秀的替身在神梯上为诸东巴加威的，60 多年前的延寿仪式也是他家族的祖辈举办的。他虽只上过几年的小学，但熟读东巴经书，而且诵起经来，全身心投入，亢奋无比，极具感染力。以致连美国的相关部门都邀请他去演示，取得了宣传东巴文化的良好效果。他现在东巴研究院进修，是国内外普遍看好的一位很有前途的年轻东巴。

一言以蔽之，我们的工作还要继续细化，继续深入。力求将更有价值的学术成就奉献给具有辉煌传统文化的纳西人民，献给壮美的丽江大地。在非文字资料的体系化方面，为维护人类文化生态的平衡、为人类文化研究做出更多贡献。

此次调查作为我的一个研究项目，由神奈川大学 COE 出资，提供了重要的物质保证。中国的上述两个单位也给予了人力、物力支持。另外，丽江市东巴文化研究院的李丽芬副研究员在搜集相关资料等方面给予了诸多协助；该研究院的王世英研究员同行观看，给予具体说明；对中国民俗很有研究的日本翻译家林雅子及云南大学学生赵婕也积极配合笔录和摄像工作，林雅子更是在为日本学术年报刊载本文的日译本的翻译过程中劳苦功高，在此一并致以衷心的感谢！

说明：

1. 以上调查报告写于 2005 年 5 月，并于 2006 年 3 月译成日文，发表于日本学术年报。有关仪式的具体解说部分主要参考了和力民的相关归纳。这次对该内容作了一些修改和添加，但为了保持原始记录，基本内容未变。

2. 2006 年 4 月 2 日至 5 日，4 名成员夏宇继、张福龙、和力民和任春生聚在丽江古镇及附近，出席了第六届东巴会，见到了部分参加过前一年求寿仪式的东巴，也为上一次调查的后续工作做了准备。还与戈阿干等学者探讨了在现代化进程及生态环境变化中东巴信仰的位置、东巴仪式与纳西族人民现实生活的关系等问题。

3. 2008 年 7 月下旬，夏宇继、林雅子在东京与访问日本的和力民见了面，又一起议论了后续调查和将调查的全部资料汇集出版事宜，并做出初步分工，然而由于各种原因，落实情况不理想。

4. 笔者原为中国社会科学院民族文学研究所研究人员，后作为日本庆应大学和早稻田大学的访问学者赴日本，现为日本神奈川大学瑶族研究所客座教授。

纳西族古代典籍中的社会性别观念

和　虹

纳西族的古代典籍包括用本民族古文字“东巴字”记载的经籍文献东巴经、纳西人的口诵经“达巴经”、以民间文学的诸多形式存活于纳西民众之中的各种口碑文献。在“纳西族的古代社会”这个时间概念里，纳西族所经历的社会制度有原始社会、奴隶社会和封建社会三种不同的社会制度。

纳西族的东巴经，是以纳西族的民族宗教东巴教为其生存基础，并服务于这一宗教活动的一种经籍类文献。东巴经籍是纳西族的宗教祭司“东巴”们长期以来在学习和使用过程中抄录下来的文献，它们以抄本的形式存在，因此东巴经较之达巴口诵经和其他口碑类文献具有更强的稳定性，但绝大多数经书缺乏抄写年代的记载，其创作年代更是无从谈起。加上各个不同的东巴在抄录过程中会自然或不自然地加入一些带有个人色彩，或同一地域、同一时代的东西，因此就算用于同一个仪式的同名的东巴经在内容上也有一定的差异。

东巴经的产生和形成年代，不同的学人有不同的推测与结论，但从其服务于宗教，并由宗教职业者东巴（男性）所掌握以及所记载的内容突出强调父系血缘的家族观念等多角度来看，现存的经籍应该形成于或抄写于纳西族进入父系制以后。也可以这么说，现存的纳西族的东巴典籍是男权制下形成的产物。但是，经籍产生的前提条件是要拥有丰富的宗教内容，而且文字体系已经形成。因此，尽管经籍产生的年代较晚，但内容却包含了众多史前纳西族祖先的集体记忆，它是历史的长河中纳西族祖先将自己的所见、所思、所想以及所经历的与外民族及其文化的接触、碰撞、冲突与融合等进程，用神话式或宗教般的解释融入东巴经中。我们现在所读到的经典，它们包括了纳西族祖先不同时代的思想和社会生活的方方面面，是不同时期不同文化碰撞、融合的产物，有着很大的时间跨度（原始社会—奴隶社会—封建社会），其内容具有独特性、包容性与混合性。东巴经是一种杂糅了纳西古代先民不同时期的思想、哲学、宗教、生活、民俗、生活礼仪等，并同时兼备于其中的百科全书式的典籍。

达巴教是东巴教在纳人中的称谓。达巴经与东巴经一样，是纳人的宗教祭司“达巴”做祭祀活动时以口诵的方式进行吟诵的经文。它们主要流传在纳西族无文字区域的宁蒗纳人之中。“达巴经”在内容上与东巴经有着极大的重叠性，但由于摩梭人的社会生活中至今保留有浓厚的母系社会的痕迹，加上它们不用文字记录，因此也更增加了它的独特性和随意性。

而以多种民间文学形式保存的纳西族口碑文献，其主流内容与东巴经和达巴经基本一致，但生活化程度更高。

正如大家所知，人的性别具有生物和社会的两重属性。其生物属性的性别主要指的是解剖学意义上的男女。而具有社会属性的性别，即社会性别，指的是以文化为基础、以符号为特征判断的性别，它表达了由语言、交流、符号和教育等文化因素构成的判断一个人的社会标准。它强调了性别的文化特征，是社会文化赋予男性气质与女性气质的种种意义。

在原始社会、奴隶社会和封建社会三种迥异的社会制度下，必然存在不同的性别观念，执行过不同的性别制度。其社会性别制度大致经历了原始平等的社会制度和不平等的社会性别制度。这种不同时代下的社会性别观念似乎已经成为久远的历史，然而却在不经意间影响和触动着我们的生活。要探求和溯源，只有通过以上三方面所构成的广义的典籍文献才能系统梳理出纳西族古代社会的情形，为进一步研究提供有效的资料。

一、男女平等的社会性别观念

（一）纳西族曾经有过“以母为大”、“以女为大”的女性崇拜时期和相应的社会性别观念，并执行过这样的社会性别制度

我们知道，基本词汇里的词是人们日常都在使用的，不容易起变化的，比较稳固的词，它们自古就有，具有比较强的构词能力。而语言中词汇的产生与所指事物的本质和发展密切相关。如纳西语的词汇中，母亲叫“美”，儿子和男人叫“若’。但是，在语言的实际使用中，“美”、“若”与其他词汇相结合时，除了专指“母亲”、“儿子”、“男人”以外，“美”有“大”的意思，“若”有“儿子”、“小”等的意思，也即意义发生了引申。如“几若”，意思是“小房子”，“几”指的是房子，“若”这个后缀是“小”的意思。类似组合的词汇如小石头叫“鲁若”，小树叫“泽若”，小碗叫“跨若”，等等。与“小房子”相对应的“大房子”叫“吉美”，大石头叫“鲁美”，大树叫“责美”，宽大的地基叫“挡美”。这些词组的后缀“美”是“大”的意思，与前面“若”这个词具有“小”的意思互为反义词。

纳西语中的“美”由本义“母亲”引申为“大”，可见它与语言产生和变化的历史时期有着重要的联系。因为在原始时代的母系社会时期，女性和母亲作为氏族社会生活的主要承担者，占有重要而至上的地位。因此，将形容“大”的词汇用“母亲”和“雌性”来代替是这一事实的曲折表现。相比之下，作为男性的“若”，被引申为“儿子”、“小”等的意思也亦产生于那个古老的年代。这也反过来说明原始社会时期，纳西族曾经有过“以母为大”、“以女为大”的女性崇拜时

期和相应的社会性别观念，并执行过这样的社会性别制度。

此外，东巴经中谈及的女性神众多，女性是东巴经神话中勇敢、智慧、勤劳、善良的象征，充溢着对女性的赞美和颂扬。纳西先民所创造的神，是先民对世界、对人生的看法和思考的反映，这些神有着与先民一样的生活：他们有自己的氏族、子女，有自己的情感和喜好，他们是人格化了的神。而这些神的地位，往往由创造并崇拜它们的人的社会地位来决定，随着这些人群的社会地位的更迭而互换角色。①

在原始的母系氏族社会里，女性被视为氏族繁衍的主宰者、食物的主要采集者和生产者，是巫术的掌握者，因而受到全氏族的尊重与崇敬。东巴教中的女神和女性，就具有了多重性，她们成为人类生存与死亡、创造与毁灭的象征。例如：

拿卡依端是手执长生不老药的天女，掌握着可为人间去除病痛的药草；俄佑俄都命为报杀弟之仇独闯鬼穴，成为令人钦佩的女英雄；衬恒褒白是繁衍纳西族的女始祖。

用于不同仪式的《人类迁徙记》或《远祖回归记》中写道，当崇忍利恩与衬恒褒白相遇相爱后，两人返回到天上，由崇忍利恩向衬恒褒白的父母请求，将其女儿嫁给崇忍利恩。在整个复杂的求婚过程中，衬恒褒白的父亲为达到拒绝的目的三番五次地为难崇忍利恩。在每一次的关键时刻，勇敢、善良而坚贞的衬恒褒白都在暗中协助崇忍利恩解决难题，突破了她父亲设置的重重难关，两人终成眷属。他们从天上带来了坐骑和耕牛，带来了祭司与卜师，带来了男奴与女仆，带来了九种牲畜，带来了百种粮食回到人间，开创了纳西人的新生活。

女神盘孜沙美，被视为纳西族的智慧之神，她掌管着各种经典和卜具，掌握着预知人类祸福的奥秘。《白蝙蝠取经记》是一个因人类祖先生病后不能痊愈而派蝙蝠上天庭向盘孜沙美女神求取治病之占卜经书的故事。故事曲折生动，既表现了求取经书的使者白蝙蝠的机灵乖巧，能言善辩，也反映了女神所掌握知识的广博和她所拥有的智慧对于人类生活的重要性。正是她，为人类大地带来了了解未知未来的占卜知识，使得人类寻找到了可以摆脱疾病困扰的途径。

女性又是勤劳的象征，没有她们的劳动付出，万物的兴旺发达似乎就会受到影响。如在《祭胜利神仪式·在高处祭胜利神》中说道：

远古之时，崇忍利恩搬迁到大地上的时候，带来了许多东西，却偏偏忘了带能使一切兴旺发达的圣油。衬恒褒白从天上随崇忍利恩迁徙来时，赶了许多牲畜，却没有赶来叫作柯套拉崩的神畜。天上的儿子端盘余华曾说道：天上有一个叫作康朗九授的姑娘，她不说话却整天笑哈哈。天上还有一头叫作柯套拉崩的牲畜，不会好好的叫唤，只会发出喔喔的响声，常常出现在天的上方。不是天女康朗九授姑娘，就挤不成柯套拉崩这头牲畜的奶。康朗九授姑娘，用她的银手指来挤，挤出的奶放

① 和钟华：《论东巴教的女性崇拜及其演变》，《和钟华纳西学论集》，民族出版社，2008年，第52页。

在银桶里；用她的金手指来挤，挤出的奶放在金桶里。一早上挤得 3 桶，3 天早上挤得九桶。将这九桶奶抽打，制出了九团圣油。九团又相互融合，制出了最纯最好的那团圣油。[①]

（二）男女和阴阳两性，本是客观的存在，二者在构成物质的作用中是相同、平等的

纳西族的东巴字中，“男”，为一光头人形，“女”写作“为头戴发饰人形”。从字形上看，女性与男性的区别仅在于女性的头上有一个装饰性的发型，表明了这两个文字是对当时这两类人群的直观描摹，并没有添加更多的文化含义。

文字是记录语言的符号系统。虽然纳西族的东巴字是以象形为其主要特征的文字形式，从文字的发展历程看，是一种尚处于不太成熟的早期阶段的文字。但也正是这种文字的特殊性，让我们从中发现造字者创造这两个文字时对男女这两种性别人群所持的客观态度，在造字者看来，男女两性是两类不同人群的客观存在。

此外，纳西族的典籍文献中的人类来源说各有不同，有“声与气生说”、“卵生说”、“胎生说”、“男性体液说”、“感生说”等多种。如“声与气生说”的观点认为：

“最初，上面高空有声音震荡着，下面地里有气体蒸酝着，声和气相互交合，变化出了三滴白露。这三滴白露做交合，变化出三个黄海。三滴露水落在海里，出现了赫史赫忍、赫忍拉忍，又生出了拉忍美忍、美忍茨此，然后又生出茨此楚余、楚余楚局、楚局局忍、局忍精忍、精忍崇忍、崇忍利恩。”

远古的时候，从上面出现了好声，从下面出现了好气。好声好气作变化，产生出了光明耀眼的绿光。光明耀眼的绿光作变化，产生了交界处的白光。交界处的白光作变化，产生出了会喊会叫的好声好气。会喊会叫的好声好气作变化，依谷阿格大神出世了；依谷阿格大神作变化，先产生了天上的刹依威德。刹依威德作变化，美利董主出来了。[②]

卵生说的观点认为：

很古的时候，人蛋由天下，人蛋地来孵。这人蛋渐渐形成了脑浆似的一团，这脑浆似的一团逐渐形成了暖暖的一团。这暖暖的一团变成了暖暖的气团，暖暖的气团又变成了暖暖的露团。露团化成了六滴露水。一滴露水撒天空，天高空阔，繁星满天了。一滴露水落地上，地广辽阔，茵茵绿草满地了。一滴露水落海里，从海里出来了第一代人祖赫史赫忍。以后，第二代人祖赫忍拉忍也出世了，第三代又生出了拉忍美忍，再生出了美忍茨此，第五代茨此茨余，第六代茨余茨居，第七代楚局局忍、第八代局忍精忍、第九代精忍崇忍、第十代崇忍利恩。[③]

---

① 《祭胜利神仪式 · 在高处祭胜利神》，《纳西东巴古籍译注全集》第 4 卷，第 206—208 页。
② 《祭绝后鬼 · 上卷》，《纳西东巴古籍译注全集》第 78 卷，第 66—67 页。
③ 《迎素神 · 办喜事说吉利话》，《纳西东巴古籍译注全集》第 2 卷，第 315—316 页。

依古阿格作变化，出现了一个白蛋。白蛋作变化，出现了美利董主。①

这两个来源说里提到的那10个名字，是纳西族神话传说中最早的10代人类谱系，从名字的结构上看，它们保留了古羌人父子联名的习俗。该谱系的最后一人“崇忍利恩”是纳西族的文化英雄，是现代纳西族的直接祖先。

而“美利董主”则是东巴经中很重要的一位神祇，具有人神合一的特性。

关于胎生说的来源：

崇忍利恩成长之时，很好的小伙却没有姑娘来配他。崇忍利恩男儿，为寻找伴侣去到了天上。在众神居住的天上，天女衬恒褒白，虽是好女子，却没碰到意中人，为寻知己她来到大地上。在人类生息的大地上，他俩相遇了。好的两苗长成了一树，这好的两棵结成了连理。纯白的梨花开满树，美好的两树成了一棵。……崇忍利恩和衬恒褒白两个，3年没有生儿女，为求福分与吉祥，举行了隆重的祭天仪式，又生养了3个后代。②

从上述纳西族先祖的3种来源说来看，一直到崇忍利恩那一代之前，我们能看到的人类祖先都是自然界的物质变化而来的结果。只有崇忍利恩的后代，才是男女两性结合繁衍而来。但是，引文中多处出现的“变化”二字，在纳西语里是“交合”、“交媾”之意，已经带有男女两性（阴阳）结合的意思，因此，无论上面生命来源说的哪一种，都已经表明异性交合生养后代的事实。此外，在东巴经的叙述方式中，叙述事物的来历时，都要交代“某某是某某的父亲、某某是某某的母亲，他们两个来交合，产生了某某”。因此，在纳西先民的观念里，世界万物由阴阳两性交媾而成，不论人、神，鬼怪还是动植物和无实际生命意义的石头、水流、高山还是白云等等。

可以看到，在纳西族原始的性别观念里，阴阳和男女两性是平等的，世界的构成离不开男女的共同劳作和付出，强调了男女一样重要，缺一不可的思想，反映了男女平等的社会关系和性别观念。

（三）男女平等参与社会活动

在古代的纳西社会中，原始的宗教活动无疑就是一种重要的社会活动，这些宗教活动与先民的生产生活息息相关。在绝大多数的东巴教仪式中，男女均可参加，并被作为规程确定了下来。例如，祭村寨神仪式是纳西先民以宗族为单位集体举行的仪式，对纳西先民而言是一个重要的仪式。在《祭村寨神仪式·规程》中有明确规定：“祭祀村寨神群体的人，皆是一个宗族的人，不论大大小小、男男女女，都得参加这个祭祀活动。”③ 反映了男女平等的参与权和平等的社会地位。

---

① “说出处”，《纳西东巴古籍译注全集》第100卷，云南人民出版社，2000年，第123页。

② “祭畜神仪式·追述远祖回归的故事”，《纳西东巴古籍译注全集》第4卷，云南人民出版社，1999年，第211—246页。

③ 《祭村寨神仪式·规程》，《纳西东巴古籍译注全集》第3卷，云南人民出版社，1999年，第228页。

（四）男女性爱自由，主动寻找性爱伴侣

在东巴经《董术战争》里，董神代表的白部族和术鬼代表的黑部族原先是两个互不往来的部族。术部族发现董部族里有光明耀眼的太阳和月亮后就想办法去盗取。术鬼的女儿牟道格饶纳姆用美人计主动引诱董神的儿子董若阿路与其同居，再将他捕获到术地。经书中说："当灿烂的阳光照耀到白色的海面时，牟道格饶纳姆姑娘坐在白色的海边洗头梳理，装着洗手的样子，露出胸脯上白色的乳房；装作洗脚的样子，露出白净的膝盖和大腿；嘴里不停地唱着：'所有的猎狗，请来想兽物；所有的男子，请来恋女子……'"① 这里，女性的姿色被利用于服务目的的达成。但是，如果不是在一个宽松的性爱自由的氛围里，以双方高贵的身份和地位而言，也是很难做到的。

在《都沙敖吐的故事》中，都沙敖吐的妻子都宙许玛命是一个美丽的姑娘。当都沙敖吐外出到高原放牧的时候，都宙许玛命与纽莎许罗偶遇。他俩一见钟情，便彼此寻欢。这个故事更进一步说明了男女之间有相对自由的性爱。

其实，在纳西族先民中，性爱自由不只是母系制时期的专利，到了父系制时期仍然保留了这样的风习，只有清代改土归流后汉族儒家文化进入纳西族地区，性爱自由的情况在纳西族政治经济核心区的丽江及其附近地区才被视为洪水猛兽，但在汉文化辐射较弱的山区和三坝、永宁等地，并未受到更大的影响。②

（五）男女合作，共同分担劳动的分工模式

虽然东巴经的形成年代在进入阶级社会特别是进入父权制社会的痕迹异常明显，但由于东巴教是一种尚处于原始状态的宗教，因而它仍旧保留了众多由母系制时期向父系制时期过渡的特征。比如生产劳动场面的描写一般为男女共同协作，如"男人来搭毡房，女人找来火种燃起火"③，"先祖父把灶搭到哪里，先祖母就将火在哪里点燃"④。东巴经中还可以频频看到对男女协作劳动的赞美："好男儿去找柴，不会让绳索空着回来；好女儿去背水，不会让绳断桶空着回来。"⑤

（六）男女平等的生育观

在生育观上，重男轻女，似乎是世界上绝大多数民族的观念。但在传统的纳西典籍中，在生男生女的观点上，有一个显著的特点，就是在他们看来，并不是有儿子才有福，应是有儿又有女，即强调儿子的同时，也强调了女儿的重要性。这种观念频繁地出现在东巴经的祈语里："愿生 10 个儿子，开 10 个天；愿生 10 个女儿，开 10 片地。"

而且，在纳西人看来，不能生育，是男女双方的生殖之路被堵塞了。从祈求生

① 《董术战争》，《纳西东巴古籍译注》（三），云南民族出版社，1989 年，第 55 页。
② 内容详见第二章。
③ 《纳西东巴古籍译注全集》第 4 卷，云南人民出版社，1999 年，第 228 页。
④ 《纳西东巴古籍译注全集》第 3 卷，云南人民出版社，1999 年，第 86 页。
⑤ 《祭村寨神仪式 · 规程》，《纳西东巴古籍译注全集》第 3 卷，云南人民出版社，1999 年，第 368 页。

育的仪式和内容上看，并未出现单纯指责女性的情况。

在摩梭人的观念里，更是强调了女儿的重要性。在摩梭人的家庭里，如果没有生育女儿，就认为这个家没有后代。

二、纳西族的社会性别观念由平等向不平等的转变

一般而言，进入父系制的前提条件是生产力较之前一阶段有了长足的进步，劳动工具的革新，使男女的劳动分工更加明显，财富不断增加，且财富主要掌握在男性手中。这种生产力提高，劳动工具的革新情况在《东巴经》里是这样记载的："天地 12 年，年年都要收割庄稼，但是没有收割的工具怎么办？在下边的崩人门口，有 9 对工匠，9 对工匠打白铁，白铁锻出 90 把镰刀。"[①] 劳动分工明显的情况："开美久命金坐在墨玉色的织机前，用银色综子和金色梭子在织布，用黄色的丝线和墨绿色的丝线在织布，在天穹之下绕着丝线团"。"我（孜补羽勒盘）是牧羊人，冬天赶着羊儿上了高原牧场，到了秋天才赶羊下山。秋天正是农活最忙的时候，外面的庄稼要收进来，里面的种子要撒出去，还得把粮食收藏好。"[②]

这些记载表现纳西族社会的经济得到了进一步的发展，已经具备相对发达的经济基础，性别的劳动分工逐渐明显，为进入父系制打下了坚实的经济基础。这种劳动分工也在一定程度上表明将女性劳动囿于家庭范畴，限制了她们的社会活动领域，而男性正好相反。这两种劳动分工带来的社会活动领域的变动，为父权制观念进入纳西社会打下了社会基础。这种变动在纳西族的典籍中也有相关的记载。

（一）女性地位由早期的崇高地位开始逐渐衰落

纳西语中，女性被称为"蜜"外，还有一个称谓是"蜜垮"。但是，其中的"垮"是"坏、恶、下贱"的意思，因而，将女性称为"蜜垮"已经带有歧视、蔑视的意味在其中，是"坏女人"、"糟糕的女人"、"贱女人"之意。但是，大多数山区妇女已经将"蜜垮"作为对自我性别的一种称呼。这种称谓表明了纳西女性地位的转变，反映了女性由早期的崇高地位逐渐衰落，男性逐渐占有较高地位，将女性作为异己的一方进行蔑视。长此以往，女性自己也自行放弃自身地位，由被动接受变为主动认同，不断加入到对男权制度的建设中，女性权利在父权社会丧失殆尽。

女性地位的衰落还可以在另一种人类来源说即"女性始祖来源于男性始祖体液说"中找到它的证明：

美利董主渴望有上高山草甸的牧羊伴侣，有下地劳作的伴侣，他眼里涌出了泪花，嘴里分泌出了白沫子。美利董主把一口白色的唾液啐到湖水里，对着湖水说：

---

① 《纳西东巴古籍译注全集》第 83 卷，云南人民出版社，2000 年，第 14 页。

② 《纳西东巴古籍译注全集》第 83 卷，云南人民出版社，2000 年，第 150—164 页。

过了三天两夜后，好的善的请往上浮吧，坏的恶的都往下沉烂掉吧！过了三天两夜后，从白色的湖里出来一位如绿松石般耀眼的水女。没人给她起名字，她给自己起了名，叫董的茨爪金姆。茨爪金姆她，就做了美利董主晚上谈笑的坐伴，做了美利董主白天游耍的伴侣。他们互为婚配做一家，养下 9 个儿子建了 9 个寨，养下 9 个女儿辟了 9 块地。[①]

这个女性始祖来源于男性始祖体液的说法与先前所记载的人类来源于声与前文提到的声与气交合而来或卵生而来、胎生而来相比，缺少了朴素的唯物思想与辩证法的内容，如同上帝取亚当的一根肋骨造出女人一样，其宗教气息更加浓厚。这种说法，为女性应依附于男性的说辞准备好了充足的理由，是男权观嵌入东巴教里的体现。

（二）男尊女卑观念的开始出现

随着女性地位的逐渐衰落，男性地位的提高，维护男权，以男为尊，以女为卑的观念虽然不多，但诸如“木板盖的屋顶上，不让妇女来跨越；大屋子里的火塘上，不让女人来跨越；好儿子的头上，不让女人来玷污”[②] 等的限制妇女活动，污蔑女性的语句和禁忌在经书中悄然出现，反映了男尊女卑的变动情况。

此外，在一些重大仪式中对女性参与者的限制和禁止也反映了氏族社会的演变及男女角色和地位的更迭。东巴教的祭祀活动多达近 40 种。其中，祭天是祈福类仪式中最为浓重的仪式。它是一个祭祀祖先以求后代繁衍生息，种族发达为目的的仪式。民间有“纳西祭天大”，“纳西是祭天的子民”之说。这个在 1949 年以前广大纳西族地区存活着的浓重而严洁的仪式，女性是被排在参与者之外的人群，尽管仪式中祭祀的对象就是人类的女始祖衬恒褒白的父母及舅舅，带有明显的崇拜母系的痕迹，是母系崇拜的遗存。因此，我们可以推断，祭天仪式经历了两个权利制度的更迭和转变，现存的祭天仪式是母权制逐渐衰落，强调父系血缘关系的父权制确立后的产物。由于父权制是在废除母权制的基础之上建立起来的制度，为了巩固其统治，必然颠覆女性的地位。女性已经从主宰氏族繁衍的主角退到了被禁止参与祭天活动，被男性控制和管束的对象，其社会角色和家庭角色都发生了重大的改变。性别的不平等已经开始越加显现。

（三）《鲁般鲁饶》所反映的对女性禁锢的思想

《鲁般鲁饶》是一部表现男女青年相爱后不能成婚，女方因而殉情的凄惨东巴经故事。故事的女主人公开美久命金和男青年孜补羽勒盘曾经相恋，可孜补羽勒盘的父母以开美久命金曾经失过身为理由拒绝他们成婚，孜补羽勒盘也变心并以各种理由拒绝见她。开美久命金姑娘痛苦万分，听从了风神的召唤而独自吊死在高山上。两三天后，孜补羽勒盘到山上找丢失的牛，见到了吊死在树上的开美久命金的

---

① 选自《纳西东巴古籍译注全集》第 78 卷，云南人民出版社，2000 年，第 67—68 页。

② 《祭天 · 远祖回归记》，《纳西东巴古籍译注全集》第 1 卷，云南人民出版社，1999 年，第 54 页。

尸体。美久命金的灵魂责备他负情，他用各种借口为自己开脱，开美久命金的灵魂原谅了他，并请他焚化她的尸体，让孜补羽勒盘做仪式把她的灵魂送到情死鬼生活的地方。开美久命金的灵魂还告诉他自己的一部分财物埋在地下，等到她死后的三年三月三日后可挖出来用。结果，贪财的孜补羽勒盘还不到时间就去挖取财物，附在财物上的鬼作祟致使他生病。请祭司做了祭祀之后，孜补羽勒盘才恢复了健康。①

从这个故事看，故事发生的时代背景应该是纳西族地区接受儒家文化强调妇女应保守贞操的观念后与本民族传统的性爱自由观相互发生冲突的结果。可见由于时代背景的差异，对女性的要求，其标准已经发生了很大的变化。开美久命金成为文化冲突的牺牲品，是纳西族自母系制到父系制长期保留下来的男女平等时代终结的表现。尽管故事的最后，对负心又贪财的孜补羽勒盘有了一定的惩罚，但最终还是通过仪式让他恢复了健康，强调了宗教的作用。

虽然纳西族社会从母系制向父系制再到父系权制的转变，经历了一个十分漫长的时期。这种转变首先是在自然的状况下进行的，还不意味着男性对女性的压迫和奴役。随着经济、文化和思想观念的进一步发展，加上受到外来文化的影响而发展到了质变，女性处于被男性控制、屈从于男性权力的角色和地位，如经书《禳垛鬼仪式·堵塞地缝》后卷里所说："鬼怪被东巴镇压，是非矛盾被头目排解，野兽被猎狗捕捉，女人被男人控制，锅被灶压住，祝愿压住的东西稳定牢靠。"② 从这几句话中可以看出男性将控制女性作为一件十分荣耀的事，控制的欲望暴露无遗，反映了女性角色的转变已经从最初的量变转化为质变。

纵观纳西族古代社会的典籍，我们可以看到纳西族的社会性别观念经历了由男女相对和谐，女性占有较高地位的母系制时期逐渐发展到父系制时期，但性别观念仍保留了相对平等的状况，随着强调男权的父权制度的建立，妇女地位逐渐衰落这样一个发展变化的过程。

参考文献：

[1] 佟新：《社会性别研究导论》，北京大学出版社，2005 年。
[2] 王小健：《中国古代性别结构的文化学分析》，社会科学文献出版社，2008 年。
[3] 费孝通：《生育制度》，商务印书馆，1999 年。
[4] 杨福泉：《原始生命神与生命观》，云南人民出版社，1995 年。
[5] 和钟华：《和钟华纳西学论集》，民族出版社，2008 年。

---

① 《大祭风·鲁般鲁饶》，《纳西东巴古籍译注全集》第 83 卷，云南人民出版社，2000 年，第 107—202 页。

② 《禳垛鬼仪式·堵塞地缝·后卷》，《纳西东巴古籍译注全集》第 33 卷，云南人民出版社，1999 年，第 167 页。

[6] 拉木·嘎吐沙：《拉木·嘎吐沙纳西学论集》，民族出版社，2008 年。
[7]《纳西东巴古籍译注全集》第 78 卷，云南人民出版社，2000 年。
[8]《纳西东巴古籍译注》，云南民族出版社，1989 年。

纳西族传统生态和谐观念及其实践活动探析

杨国清

纳西族是一个历史悠久、文化底蕴深厚的少数民族。东巴文化是纳西族最具代表性的优秀古代文化。用古老的图画象形文字——东巴文字记录的东巴经书，即我们平常所说的东巴古籍文献，已于2003年8月列入“世界记忆遗产名录”，成为全人类的精神遗产。纳西族自古以来就有着崇尚自然、尊重自然、善待自然，向自然不断忏悔的历史文化传统。它的古老、朴素、睿智的生态和谐观念在东巴文化中占有十分重要的地位。这一生态和谐观念在东巴古籍文献中有系统的论述，在上百卷东巴经书中有完整的记载，今天我们在阅读和研究中也感到惊奇和震憾。我们毫不夸张地说，这是中华民族传统生态文化中的珍贵遗产。

在已经翻译出版的100卷东巴古籍文献全集中，从第四卷到第九卷的52部东巴经书是专门讲人类与自然界关系这一主题的，而且系统地论述了生态和谐观念的各种观点和基本内容。有各种祭署仪式的程序、要求、具体运作、祭祠供品等方面的记载，有非常原始古朴的人与自然之间的神话故事等。千百年来这一生态和谐观念不仅形成了纳西族独特的生态文化观，同时具有很强的实践意义。在漫长的生产和生活的具体实践中，在处理人类与自然界关系和保护生态环境中发挥了极其重要的作用。

笔者认为，东巴古籍文献中关于生态和谐的思想可概括为以下几个方面：

第一，东巴古籍文献中把与人类相对应的自然界万物概括为“署类”，这个署类包括了人类赖以生存的自然界的一切万物。这个署类万物有灵，是有生命的，是自主的、平等的。它不是人类的附属品，也不能由人类随意主宰，随意处置。它们和人类一样有自主权利，它们有自己的生活方式和生存方式，它们要和人类经常对话。掌管自然界方方面面权利的是各个方面的“署”，即各个方面的自然神。

第二，东巴古籍文献即东巴经书中认为人类与署类即人类与自然界是同父异母的兄弟，一胞两手足，血脉相通连。在东巴经书《祭署·崇仁利恩·红眼仄若的故事》中说：“相传在很古很古的时候，在开天辟地的时代，在产生日、月、星、饶星的时代，人类与署类是同父异母的兄弟，勒周好父亲是一个，补勒好母亲是两个。后来兄弟分家，人类分得肥田和牲畜、分得村寨。署类分得高原、高山、石头、土地、泉水、野兽、鸟类、森林等。”① 所以，纳西族自古以来就把自然界中的万事万物视为有生命、有灵性的人类的兄弟。既然是兄弟就要讲兄弟亲情、兄弟情义，要和睦以对，和谐相处。破坏自然界的东西，损害自然界的东西，就是兄弟相残，侵害兄弟的利益，那是家庭的不幸、家人的不幸。

第三，东巴古籍文献中强调，人类要主动讨好署类，友善地对待署类，不要做损害署类的事情，要主动维护好署类的利益。这样署类就会造福于人类，给人类平安和谐的生活。在《祭署·开坛经》中说：“署是可以为祸于人、亦可至福于人的精灵。得罪署，署就降祸；讨好署，署就至福。”② 这部经书中特别讲述了作仪的人家是在安分守己地过日子，很注意同署类的关系，在他们住的寨子里，不去破坏附近的山林；住在大地上，不去破坏草坪；住在水边，不去把水搅浑。他们不去杀红虎，不去捕飞禽，更不去捕杀白鹤，不去惊动吃草的野牛，不挖石头，不去开山、不砍树木和古树，不烧山林。要用水，也是用木桶、木盆量着用，不去浪费。总之，没有去干得罪署家的事情，这样署就高兴，致福于人们。这个生动形象的故事提倡人类要致力于生态环境的保护，多做对自然界有益的事情。东巴古籍文献中，专门有一部书叫《祭署·不争斗·又和好》③，书中指出，人类和署类发生矛盾是人类引起的。本来在开天辟地的时代，人类和署类出现的时代，人类和署类是不争斗的，相安无事、和平共处，遵守共同相处的规矩，相互间很理解，了解各自的来历和情况。

第四，东巴古籍文献的多部经书中都讲述，由于人类得罪了署类，也就是伤害了自然界，破坏了自然生态环境，所以人类遭到了自然界的报复。东巴经《祭署·给署供品·给署献活鸡·放五彩鸡》中指出：“居住在若罗神山东面的头目久日杨补得罪了东面的署；居住在若罗神山南面的头目郎卡金补得罪了南面的署”④，居住在若罗神山西面的头目崇位金补得罪了西面的署；居住在若罗神山北面的头目禾普扩补得罪了北面的署；居住在若罗神山中央的头目权补得罪了中央的署，即这里成千上万的人们在大山上伐木，杀树上的蛇，把树木和石头抛进海中。住在南边的人们毁了七条沟箐的森林，烧了九座山，烧了七条沟箐的树木，蛇被火烧死，雨蛙被石头砸死了。在西方成千上万的人在雪山上挖白路、挖银子，在江中乱淘金、乱捕鱼，射树上的白鹇鸟，射杀黄猪，破坏饮水泉源……于是五方的人们遭到了五方署的报复。署生气发恨了；于是署让人受灾，带来了大的自然灾害，让人得各种疾病，让家畜得各种传染病，让庄稼得各种病虫害，粮食歉收；还让人们没有福泽，女人不能生孩子，让人类没有子嗣。

---

① 《纳西东巴古籍译注全集》第 8 卷，第 2—6 页。
② 《纳西东巴古籍译注全集》第 6 卷，第 2 页。
③ 《纳西东巴古籍译注全集》第 9 卷，第 72—86 页。
④ 《纳西东巴古籍译注全集》第 9 卷，第 194—223 页。

第五，在东巴古籍文献中指出人类是欠了署类（自然界）的债的。所以，要偿还各种欠债，要偿还开天辟地的债，偿还建村寨、开垦肥田山地的债，偿还欠箐沟、山、高原、山巅的债，还要偿还署类其他方面的欠债。人类开展祭署的活动是向自然界表示忏悔，给署类必要的补偿的行为。同时开展祭署活动，祈求自然界给予人类平安，得福泽、得子嗣、得富强、不病不痛、不冷不热、心神安宁、流水满塘。《祭署·用白山羊·白绵羊·白鸡偿还欠署的债》[①] 这部经书专门讲这个问题。

第六，东巴古籍文献中认为东巴，即纳西族古代社会中的智者、祭师、诵读吟唱东巴经书的人，是人类与署类发生矛盾纠纷后的调解人。其中，东巴的最高智者，东巴教主东巴什罗解决人类与署类之间的矛盾，要求人类与署类要和好，不相争斗，遵守订立的条约和规矩。《祭署·神鹏与署争斗的故事》[②]、《祭署·不争斗·又和好》[③] 等几部经书中论述了这个问题。

第七，东巴古籍文献中认为，人类平时要注意自己的行为，要主动营造一个和谐的氛围和环境，要主动排除导致各种矛盾争斗的祸因，做好各个方面的防范工作。《祭署·开坛经》[④] 中指出，这个地方的人们，雨未下来，毡房就事先搭好了。洪水未发，桥就先架好了。未着毒箭，九种十样的药就先找好。还没有发生病痛，东巴就做许愿仪式。祸事没有发生，祸因就排除在前面。夫妻之间未曾吵闹争斗，邻村和本村也未曾吵闹争斗，亲友间也不曾寻仇，与署龙也不曾吵闹争斗，与盘人、纳人、崩人、吴人也未曾吵闹争斗。总之，古老的东巴经书中倡导一种和谐精神，倡导人与自然、人与人之间的和谐，倡导平时做好各种预防措施，处理好各种关系。

以上 7 个方面就是古老东巴经书中所记载、阐述的一种系统的生态思想、生态意识和生态文化。这种古老、朴素的人与自然关系和谐的思想、人类与署类兄弟亲情的观念、和谐共荣的理想追求，在纳西社会漫长的历史长河中，达成了该民族的共识，并上升为民族的传统文化和哲学理念。这些千百年来在纳西族地区不断被付诸实际行动，不断加以实践和总结，逐步形成了约定俗成的行为规范。对保护纳西族地区的生态环境起到极其重要的作用。

一是千百年来在纳西族地区深入持久地开展东巴祭署的活动。这是人类向自然界表示感谢和忏悔的活动，是保护自然环境的活动，是向自然界表示补偿的活动，也是向广大纳西族群众进行生态环境教育的活动。这种活动在各地的东巴主持下进行，覆盖坝区和山区，覆盖村村寨寨，包括丽江古城及集镇，每年都要举行几次这种隆重的活动。祭署活动是纳西族地区最大最广泛的祭祀活动之一。通过这个活动

---

① 《纳西东巴古籍译注全集》第 6 卷，第 224—239 页。
② 《纳西东巴古籍译注全集》第 6 卷，第 302—332 页。
③ 《纳西东巴古籍译注全集》第 9 卷，第 72—86 页。
④ 《纳西东巴古籍译注全集》第 6 卷，第 2—48 页。

使广大纳西族地区的群众都受到教育，使生态意识深入人心，形成全民族的生态文化意识，增强了保护生态环境的自觉性。

二是结合生产生活的实践，这种生态的意识和生态和谐的理念逐步演进成约定俗成的规范，成为村规民约及相关的一些制度。比如在纳西族聚居的地区形成森林管护和护林防火的制度。村村寨寨的山林都由村寨共同管护，即使是私人的森林和林地，也纳入统一管护范围。各村寨都要专门推举护林员、巡山员，随时随地制止乱砍树木、损坏山林的行为，防范森林火灾。

保护水源和用水放水的制度。水源神圣不可侵犯，不许动一草一木，不可随意进入水源地，更不可在水源地洗澡、洗衣物、污染水源，在水沟里不能倒垃圾，丢废弃物。比如在丽江古城，晚上和上午都不能在几条河中洗衣物、洗其他东西，下午才能洗衣物和其他东西。丽江古城和大的村镇都有三眼井，即泉水源头的第一眼井是饮用水，上井之水流入的第二眼井是洗菜、洗食物用水，中井之水流入的第三眼井才能洗衣物等，而且在洗菜和洗衣物时不可污染第一眼井。自古以来在纳西族地区的村寨里都设有水管员，有水班的制度，水由水管员统一调度。按照水班放水，充分利用水资源，不浪费，而且有秩序。各村寨还有挖沙取石的制度，村民不允许随意乱挖乱采砂石，村寨都指定采石取沙的区域，按照村规民约有序地进行开采。

三是对生态环境的保护形成监督、检查、惩处的机制。各个村寨都由德高望重的老东巴和家族老人们组成权威的监督机制，评判村寨里的各种行为，监督检查各种行为。对生态环境的保护等情况进行审议和讨论，对违反规定的行为进行必要的处罚，进行严格的纠正。比如砍树，除了处罚外还要砍一补十，小孩们对水井、水源地的损坏污染都要由大人或家长承担责任，进行补偿。在纳西族社会中对自然生态环境的破坏和损害是最为可耻的事情，会受到全社会的谴责和鄙视，所以破坏生态环境的事情平时都很少发生。此外，纳西族地区还有对各种鸟类动物放生回归大自然的民俗民规传统，等等。

四是长期以来在纳西族社会中形成了建设环境、美化环境的良好风气。每年的春天，村寨里的人们都要到水源地、河边或在荒地上种植树木，在房前屋后家家户户都要种上各种各样的果树或绿化树，村寨、寺庙、宗祠等地要重点绿化，所以纳西族村寨大都处于绿树的掩映中，生态环境优美，庭院里也大都种上一些名贵的树木或花草（一般不能种植柏树、梨树、桃树）。这个好的传统不仅在丽江古城，而且在广大农村都形成了好的传统和风气。

历史上纳西族地区生态环境的状况已经证明，纳西族生态环境和谐的意识、卓有成效的实践活动以及所形成的机制和相关制度对保护生态环境产生了较大的影响和作用，使其获得了较大的生态效益和社会效益。纳西族千百年来主要居住在云贵高原和青藏高原的联结地带，即云南省的滇西北地区和川滇藏交汇区域的部分地区。这个区域被称为“植物的王国”、“动物的王国”、“生物多样性的王国”。成为中国乃至全球生态环境延续并保护得最好的地区之一。在这个区域里，至今保留着许多古老珍贵的物种，保留着几千年的古树群落，如在著名的老君山新主植物园、玉龙山中英植物园，经植物学家在20世纪80年代考证，还发现有3000年左右树龄的铁杉树。这个区域的纳西族村寨都保持着良好的生态环境，流水潺潺，绿树掩映，许多动植物得到很好的保护。在村寨、水源地附近上百年乃至上千年的古树，一直到20世纪50年代都保持得相当完好。丽江市的森林覆盖率至今仍在52%以上。

当今世界，随着工业化、城市化、现代化、全球化进程的加快，人类与自然界的关系问题、生态环境的保护问题、生态环境不断恶化问题越来越引起全世界普遍的关注和忧虑。人类与自然界之间的矛盾和冲突越来越严重，人类为了追求物质的享受和展示无穷的力量，人类中心主义、人类主宰世界一切的思潮泛滥起来，利用现代科技的一切手段，不顾一切，不顾后果，无限度地向自然界榨取，向自然界宣战，企图彻底地征服大自然。于是大片森林被滥砍滥伐，大片的湖泊、水面被污染，大批的珍稀动物被捕杀消亡，许多植物物种处于灭绝的境地。空气受到污染，大气层受到破坏，整个自然界和生态平衡受到严重影响。人类对生态环境无情的破坏，导致严重的生态危机，正在日益威胁着人类生存发展的基础。

面对日益严重的生态危机，人类正在觉醒，正在日益反省人类自己的行为。20世纪90年代以来，“保护环境、保护生物多样性、保护我们赖以生存的生物圈”已逐步成为全人类的共同认识。在这种形势下，纳西族生态和谐的思想观念和实践经验，有着宏大的历史和现实意义，彰显出它的学术研究和生态文化的重要价值。

首先，这是人类古代一个比较系统的古朴睿智、富有哲理的生态文明观，体现了对当今全人类的普遍意义和共同价值。纳西族传统的生态观念与当今人类所追求的生态意识、生态文明观念如出一辙。人们甚至可以怀疑数千年前的古人观念之超前，哲理之深刻，寓意之深远，效益之实在。这是中华民族极其宝贵的精神财富，也是全人类生态文明观念的瑰宝。它不仅是纳西族和中华民族的，又是全人类共同拥有的宝贵精神财富。这些观念虽然是古代传统的，但又极富深刻的现代精神。在当今条件下，深入挖掘研究这一宝贵的生态文化遗产，弘扬这一宝贵的优秀文化传统，对现代生态文明理论的建设和实践具有重要的意义。

其次，弘扬这一优秀传统文化，对当今生态环境的保护、处理人类与自然界之间的关系，仍然具有重要实践意义，具有很强的借鉴和指导作用。在当今社会，对保护生态环境的实际作用不可低估。纳西族聚居的滇西北地区和川滇藏交汇的区域，由于特殊的地理环境和地质地貌，拥有中国三分之一以上的高等植物和动物种数，是中国和世界物种最为丰富的地区之一，被称为世界级的生物基因库，也是世界新特有物种类群的分化演替中心。正因如此，这个区域被国家列为优先重点保护的“关键地区”之一，被多个国际组织列为全球生物多样性的25个“热点地区”之一。正如以上所述，这个地区的生态环境在历史上得到有效保护，这和纳西族传统生态和谐的观念和实践是分不开的，甚至可以说起到了主导的作用。这一传统文化在“左”的思想和政策影响下，曾经受到批评和否定，它对生态环境的保护作用也受到很大影响和弱化。今天，民族优秀传统文化得到很大的重视，许多纳西族地区正恢复这一传统文化，弘扬这一传统文化。比如在一些纳西族地区恢复祭署祭天等传统的东巴文化活动，这对于保护这一区域生态环境具有十分重要的现实意义。

最后，对这一优秀传统文化，独具特色的古代生态文明观，要进一步挖掘和研究，加强国内外广泛传播和交流，融入现代生态文明体系，更好地为全人类保护生态环境服务。1999 年 9 月《纳西东巴古籍译注全集》100 卷正式出版发行。古老的东巴经典在过去是读不懂的天书，通过一大批老东巴和专家学者 20 年的艰辛努力，出版了译注全集百卷，而且采用直观的四对照译注体例，现在可以完全读懂了，为本研究奠定了坚实的基础。体现人类与署类关系即人类与大自然关系这一重大主题的几十部东巴经书是极其珍贵的历史文献，需要系统地加以研究，并加以新的阐述，这是很有必要的事情。与国内各兄弟民族，与世界各个国家进行广泛的学术交流，使之广泛传播，对实现人与生态的和谐，实现人类之间的和谐也是有意义的事情。

纳西族祭天神木及其文化价值

陈　烈

纳西族是一个古老的民族，在其求生存发展、创造民族文化之初就与木、树木结下了幽深的渊源关系。依靠木、石创造出举世闻名的至今世界唯一活着的东巴象形文字，创造了以东巴象形文为标志的宝贵民族文化——东巴文化。东巴象形文纳西语称“森究鲁究” see jiullv jiul，“森” see 意为“木头”；“鲁” lv 意为“石头”；“究” jiul 意为“痕迹”，意即东巴象形文就是木石上刻下或留下的痕迹，此即为纳西先民在木石上创造的最原始的文字符号。木、石本是相连一体，这里着重论述木。解读、破译这些文字符号“密码”，就能探究出木的文化意蕴及其价值。木、树木，李霖灿解为“树也，泛指一切树木。画树木直含生长之形”①。“发芽也。画木之生意盎然形状，以树尖上曲折向上之线，示其生芽。”② 在我国殷商甲骨文中，为树木之形，“当为后代木字初形”③。《说文》解为：“木也，冒地而生，万物皆始于微，故曰木。”以上说明古纳西先民与古汉先民对于木、树木的感悟、认识在木质上是一致的，它象征、标志着万物生长。发芽就犹如树木细微顶尖之生意萌芽，它表示万物之生命、生机、生长，甲骨文、东巴象形文的“木”从“形”到“义”都传递了木在远古的文化信息，即所蕴含的文化深意。中国古代哲学思想赋予木更深的文化意蕴，水、火、木、金、土五行观念，构成了中国古代基本的哲学思想，而且往往与其他文化观念相结合形成更为深广的文化领域。认为木是构成世界物质的五大元素之一，它与五方顺序相配，木处东方；与大干中的甲乙相配，即称甲乙木，“甲木属森林大木，乙木属花草小木”④。在一年四季中，木表示春季，主万物复苏、“始于微”，说明木有造化万物生命之功能。在纳西族的东巴经占卜经书巴格图中，木所处的方位、作用与古汉民族的观念完全相同。《史记·封禅书》说“夏得木德，青龙止于郊，草木畅茂”，万物在春季“昌地而生”，在夏季因得木德而顺利成长、生意盎然，使大地充满勃勃生机，世间人类万物得以生存、生命得以传延。此造化之功均应归功于木德、木之功德。古人称木造化万物之

---

① 李霖灿编著：《麽些象形文字字典》，云南社会科学院东巴文化研究院，1982 年翻印。

② 李霖灿编著：《麽些象形文字字典》，云南社会科学院东巴文化研究院，1982 年翻印。

③ 赵诚编著：《甲骨文简明词典》，中华书局，1988 年。

④ 亢亮、亢羽编著：《风水与建筑》，百花文艺出版社，1999 年。

功德为“木德”，木之功德，这是先民对于木的一种感恩的哲学理念，含有深深的崇拜意识。木德天下，功莫大焉！

这种感恩的哲学理念和信仰崇拜，在纳西先民的原始宗教观念里、在其祭天坛上得到进一步升华。纳西族的祭天文化由很多部分组成，民俗事象复杂，涉及传统文化的方方面面，具有丰富、深厚的人类文化学价值。而祭祀活动中立于祭天坛的神木是祭天文化的核心组成部分，整个祭天活动均围绕着几株祭木在进行。祭天活动中，将几种特定的树木立于祭天坛，神圣化为神灵的寓体、化身而顶礼膜拜。这里的木，称为祭天神木，是纳西族祭天文化永固不变的核心，具有特定的文化含义，表现了纳西先民赋予木特有的文化价值观和哲学理念，以及宗教情感。纳西族祭天主要是在春季，在农历正月间，称为大祭天，仪式盛大隆重。正月正是木主东方、春天来临之时，暗合春季“万物始于微”而沐浴木之功德的文化心理。祭天的主要祭祀对象是天神、地神、中央神“天舅”，还有众多祖先神。天，纳西语称“美 mei”，天神名叫“遮劳阿谱”用一支黄栗树枝象征其寓体，立于祭坛左边。地，称为“达 da”，地神名叫“翠恒翠兹达”，用一支开衩的黄栗树枝象征，立于祭坛右边。中央神用一支柏木象征其寓体，位居祭坛正中，称为“许 xǔ”，民间称这位天地中央大神为“天舅”，是柏木象征的天神。祭坛里还须插上若干松树枝，象征各代祖先神。所以，可以直接称为栗木天地大神、柏木中央许神“天舅”。祭天坛上，无论念多少东巴经以陈述天地万物人类的起源、发展，也无论人与神之间发生多少矛盾纠纷、演绎多少故事，均围绕这几种祭木进行，不仅表现了祭天文化丰富的内容，更是纳西族立木祭天古俗古礼兴起的标志。

立木祭天原本是古汉民族祭天坛原初的建制，远在夏、商、周三代之前已有之，“凡建邦立社，各以其土所宜之木。”《尚书逸篇》载：“大社唯松，东社唯柏，西社唯栗，北社唯槐。”《论语八佾》记载：“哀公问社于宰我，宰我对曰，社，夏后氏以松，殷人以柏，周人以栗。”又认为三代之社“不同者，古者立社，各树其土之所宜木以为主也。”《墨子·明鬼篇》说：“昔者虞夏、商、周三代圣王……其始建国营都日……必择木之修茂者立以丛社。”就是说，三代圣王在建国营都之时必选一片长势茂盛的树林作为祭坛神社。《淮南子·齐俗训》说：“有虞氏之祀其社用土；夏后氏其社用松；殷人之社，其社用石；周人之礼，其社用栗。”对以上古汉典籍的记载，值得注意和研究的是，华夏三代立社之象征始终不变，夏之大社、殷之东社、周之西社，其“所宜之木”分别是松、柏、栗，华夏民族对这几种树木的崇拜源远流长。

纳西族的祭天坛上也是这几种祭木，尤其突出的是栗木崇拜与周人一脉相承，这种文化现象绝非巧合，二者必然有其内隐的社会历史根源和文化渊源所使然。首先与他们生活的自然环境和族源有关，先看“其土所宜之木”。据《后汉书·西羌传》所载，当时居住在甘、青、黄煌流域的羌人“少五谷，多禽兽，以射猎为事，有的甚至处于原始狩猎经济阶段，他们较之羌人发展水平要缓慢得多，是羌人中最后进部分”[①]。所谓羌人中的羌人，正是周人的女始祖姜氏之族源，与周人早有姻亲血缘关系，这部分羌人早已与周人融合，发展处于先进之势。而古纳西族正是甘、青、黄湟流域一带的羌裔，于战国秦代之时南迁至滇西北高原玉龙雪山下定居，由西北高原的游牧民族变为以农耕为主的农业民族，所以纳西文化之根在黄土高原的古羌族，后南迁至滇西北红土高原。在古代两地高原的气候、土质结构、海拔高度等自然因素相差不大，也都适宜这几种树木生长，至今的滇西北高原仍然遍布松、柏、栗等树木。纳西族东部方言区的摩梭人十月祭祖仪式中，房头上一定要压上一支朝北方的栗树枝，认为祖先发祥地是生长栗树的北方，人死后，亡灵朝着果树指引的北方而去就可以归祖，故栗木崇拜与族源和民族迁徙历史是联系在一起的。正因为古纳西族源于古羌族，有文化上的共性，又都曾共同生活在黄土高原，南迁的纳西族把古羌母体文化因素及中原立木祭天习俗带到滇西北高原继承下来，实属顺理成章之事。

对栗树的信仰崇拜古纳西族和古汉民族还有更深的渊源和文化心理。栗树对求生存的古纳西族形成之初的现实生活意义重大，它的实用价值确实赐予了纳西先民极大的恩惠，民间留有古训说“哪里有栗树，就可以在哪里活下来”。对于生存力、生产力极其低下的原始先民，栗树的果实是其活命的最佳食物。象形文东巴经记载：“它（指栗树）的果实猪儿拣食，猪儿变得体肥膘厚；它的叶子山羊嚼在嘴里，羊儿的肩呷骨上显出吉祥的好兆头；它的果实鸡儿啄进嘴里，鸡骨上显出吉庆的征兆。”至今人们也用橡栗籽喂猪、酿酒、食用等。可见，纳西族的栗木崇拜是与它的功利价值相联系的。栗树与古汉民族的关系可以追溯到有巢氏、神农氏上古传说时代，《庄子·盗跖篇》载：“古著禽兽多而人民少，于是民皆巢居以避之，昼拾橡栗，夜栖木上，故命之日有巢氏之民。”恩格斯有一段关于手的作用的著名论述，与这段古汉典籍的记载本质上极其相同，他说：“有些猿类用手在树枝中筑巢或者像黑猩猩一样在树枝间搭棚以避雨，它们用手拿着木棒抵御敌人，或者以果实和石块向敌人投掷。”[②] 说明人类在进化过程中树木的作用与我国上古远古时代有巢氏完全相同，尤其是栗树的作用意义重大。据《周书》记载：“神农之时，大天雨栗，神农遂耕而种之，作陶冶斤斧，为耒耜锄耨（为 lěi si chúnòu），以垦草莽，然后五谷兴助，百果藏实。”华夏先民的命运在文明的曙光初起之时就与栗树紧密相连，不论是在树上巢居或在地面穴居之时，都曾与栗树相依为命，在中华文化史上具有划时代的意义，它标志着有巢氏的诞生。进而可以想象，成熟的橡栗果雨点般从天而降，“天神”赐食，华夏民族有救了，以之果腹充饥，以之防禽兽、避风寒，有了生存之本、立足之地，而后神农发明耕种之术，而后有制陶之业、冶炼之术，而后有铁农具，而后垦荒辟疆开阡陌，而后有五谷兴粮满仓而百果藏食天

---

① 冉光荣、李绍明等：《羌族史》，四川人民出版社，1984 年。

② 恩格斯：《劳动在从猿到人转变过程中的作用》，人民出版社，1958 年。

下足！这段典籍记载实际上是中华民族农业文明史形象化的缩写，中华民族的农业文明在栗树下起步了，中华文明史在栗树根上发芽了。可以说，中华文明古国上万年的文明史、文化史究其肇端，竟是伟大的栗树！它被中华各民族始祖供奉于社稷神坛、作为至高无上的天地大神来顶礼膜拜当之无愧！栗树对人类有莫大的木德深恩，伴随着人类文明起步，古汉民族是如此，古纳西族也是如此，共同的文化心理和文化渊源，才使二者产生共同的信仰崇拜、行为观念，而将栗树化为神灵虔诚祭拜于祭天坛。

原始先民对祭天神木根深蒂固的宗教意识和文化价值观，进一步决定了它在人们精神领域中的神圣地位。无论我国西北黄土高原，还是滇西北红土高原，“其土所宜之木”多矣，我们的先人为什么选中栗、柏、松立社祭天地祖先？除了前文论述的原因之外，在先民万物有灵的信仰崇拜意识里，对这几种树木另有特殊的认识。首先是这几种树木本身客观所具有的特性引发人们的思考认识。这是几种高原林木，耐寒耐旱，天寒地冻、酷热难耐之时，其他草木衰败不生，它们却生意盎然、四季常青不衰、傲然而立，特别是栗树，不易腐朽死亡，木质坚硬如铁，其外观又是如此挺拔、高大、伟岸、豪气贯云天；它往往生长在高山上（一般在2500米上下）直插云霄，离天比其他树木更“近”，即更接近“天神”，所以它是天地间挑大梁、负重荷的“硬汉”。这几种树木所具有的旺盛的生命力和壮美的外形，本是属于物的特性，可是在先民原始信仰崇拜的观念里，在物我不分、人神不分的神话世界和原始审美联想中，进而赋予它们人类社会的道德属性，成为一种文化精神的、具有审美性质的品性，又将这些人类社会美好的道德品性与对天神、天体的崇拜融合为一体。天神、天界也是崇高的、伟大的、永恒的、坚不可摧的，松、柏、栗的特性正好与天神所具有的性格特征相吻合，几种祭木四季常青，寿命极长，又与人们企图长命百岁的愿望一拍即合。东巴象形文祭天经书中说松、柏的种子是天女撒在高山上的；天神为万物分配寿命时，柏树获得了“千年的寿命”，也获得了神灵之气，更显其神圣。所以，用它们象征天地大神符合人们的生存需求和宗教信仰观念，也符合原始审美要求，于是，它们就成了神的化身，进而取代天地大神的位置。

对于神木及天神、天体的信仰崇拜，实际上是先人对客观知识的渴求，这种渴求“是我们称作原始的人的思维中最易被忽略的方面之一。即使它们所关心的事实与近代科学所关心的事实很少处于同一水平，它仍然包含着与后者相类似的智力运用和观察方法”[1]。正因为如此，先民才在这种知识的渴求中“都集中一种具有社会性质的情操，而且这种情操也就自然而然地表现在民俗信仰与仪式等上面”[2]。这种“社会性质的情操”在祭天古俗古礼上使纳西先民主观思想意识进一步得到

① ［法］列维－斯特劳斯：《野性的思维》，商务印书馆，1987年。

② ［英］马林诺夫斯基：《巫术科学宗教与神话》，中国民间文艺出版社，1992年。

淋漓尽致的宣泄和展示，具体表现是：他们的主观意识中认为松、柏、栗与人类血缘相亲，与自己民族的血缘、生命之源相连相融为一体，东巴经说人类与祭天神木共同出于天神之蛋、同时诞生，又共同创造人类世界。天、地、人与祭天神木就这样以血缘纽带关系融合在一起，赋予祭天神木与人类同等的生命价值，人的生命与祭木不存在差异。“对神话的宗教感情来说，自然成了一个巨大的社会，生命的社会……生命在其最低形式和最高的形式中都具有同等的宗教尊严，人与动物与植物，全部处在同一层次上”[①]。纳西先民正是因为将自己的生命与松、柏、栗放在“同一层次上”[①]，而使之与自己具有同样的宗教尊严和同一血缘关系，所以将它们搬进宗教圣殿。这是选择松、柏、栗作为祭天神木的又一重要主观因素。既然这几种祭天神木与人类血缘相亲，便认为化为神灵的祭天神木就能够而且应该造福人类、赐恩降福给子孙后代，祈求祭木“有福分的嘴里发出让我们生儿育女的福泽之声，发出让我们繁衍后代的福泽之声”，“让子孙像天上的星群一样繁衍”，“像骏马的鬃毛一样增生，又像肯兹草（一种生命力极强的野草）一样密密麻麻”；祭木所赐的福祉“就像森林的大树一样粗壮”，“像大树把叶片纷纷洒落”，希望“一棵翠柏生千个枝杈，我们的福祉连贯百年”，“愿我们父父子子相依在一起，愿我们子子孙孙满屋满堂。愿我们求年得年，求寿得寿，身心安宁，水流满潭”[②]。这正是先民立木祭天的目的、意义及价值取向。

祭天神木与古汉民族、古纳西族真可谓血脉相通、根相连、情相依、魂相系！

通过以上分析，对于祭天神木的文化意蕴及其价值的认识，可以归纳以下几点：

第一，立木祭天是古汉民族与古纳西族传之久远的古俗古礼，是先民借祭天坛通过祭天神木发表人的宣言，告祭天地大神、祖先神，向他们抒发虔敬、笃诚的宗教感情，表达信仰崇拜和感恩的心愿，以维护人的生存权利，也求得天、神、人的自然和谐、和平与共同发展。这是古先民面对大自然共同的哲学理念，以及祭天文化的功利价值。

第二，立木祭天，通过神木信仰崇拜宣示纳西族的万物人类皆源于天神之蛋的卵生神话宇宙观，人与天地同根同源，同宗共祖，神木与人类同时诞生于天神之蛋，天、地、人“三才”共同组成世界又共同创造世界，这正是中国古代“天人合一”哲学思想的具象描述。

第三，神木折射出人类童年时代的探索精神和创造精神，它直接参与古代先民物质文化与精神文化的创造活动。特别是栗木崇拜与中国远古农业文明乃至整个中华文化的肇始、社会的进步发展根脉相连，栗树成为人类创造自然、创造自我的物质依靠和精神力量；在宗教圣殿中它是神灵，更是“民族”、“社稷”、“国家”的

① ［德］恩斯特·卡西尔：《人论》，上海译文出版社，1985 年。

② 《东巴文学集成·祭天古歌》，中国民间文艺出版社，1988 年。

象征，寄托着中华各民族共同的社会理想和文化价值观。

第四，通过祭天神木可以探寻纳西古文化和中华古文化、古羌文化的亲缘关系及其契合点，这几种文化之根均在我国西北高原，而滇西北高原由于古纳西族的南迁而成为古羌文化、中原文化遗留的重要地区之一。栗木崇拜从外显的行为模式到内隐的宗教信仰观念，证明纳西族的祭天是对远古中华民族祭天古俗古礼的继承，具有弥足珍贵的文化价值。

人类学视野中族群艺术身份的多元化表述

——以丽江洞经音乐为例

杨杰宏

一、相关概念的探讨

身份需要表述，表述离不开身份。身份与表述是一对互构的概念，在不同语境中具有复杂多元性，如同一族群内部在不同历史时期的自我身份表述、共时性中的不同层次的身份表述等。身份既为自身文化特质所型塑，同时又与“他者”的外在因素密切相关。

身份既为自身属性的内在规定性所决定，也在外在他者的认同与排斥中得以型塑。爱德华·赛义德强调指出：自我身份最终都是一种建构，牵涉到与自己相反的“他者”身份的建构。身份绝非是静止的东西，而在很大程度上是一种人为建构的历史、社会、学术和政治过程。身份的建构与每一个社会中的权力运作密切相关。①

同样，身份的表述也与不同社会话语权力的实践密切相关，产生不同话语权的社会构成是表述内容的决定性因素。语言学家斯图亚特·霍尔认为：“物自身和语言的个别使用者均不能确定语言的意义。事物并没有意义，我们构成了意义，使用的是各种表征系统，即各种概念和符号。”② 在此突出了社会意义系统对个体或群体表述的决定性作用，即语言的意义不在于表述内容本身，而是由表述系统构建、制造出来的。

本文中提到的“族群艺术”，不仅仅指向“少数民族”、“少数族裔”的概念，也包括了具有共同文化特征的地方性文化，如汉族地区中不同社区的地方文化。如

---

① 爱德华·赛义德著，王宇根译：《东方学·后记》，生活·读书·新知三联书店，1999 年，第 426—427 页。

② 斯图亚特·霍尔编著，徐亮、陆兴华译：《表征：文化表象与意指实践》，商务印书馆，2003 年，第 24—26 页。

理查德·谢默霍恩对“ethnic group”的定义，所强调的就是它的少数性及其与主流社体的文化差异。[①] 族群艺术也是与主流、中心、大传统相对应的，突出的是族群内部的共同文化特征及与外部的文化差异。

当然，本文在此不做此方面的理论探讨，只是作为文本阐释的理论视角。对本文的研究而言，“表述”视角提供了一个宏观层面的理论背景，也与族群艺术的身份构建有着内在的逻辑关系。国内族群艺术的身份在不同历史语境中不断地被改写、改述，其背后是不同权力话语实践结果的折射。这不仅仅与国家、地方的气候有关，同时与世界的大气候也有着深层关系。尤其是中国进入近现代以来，西方列强以强者身份介入到中国历史的构建过程中，西方与东方、传统与现代、中心与边缘形成中西方的话语权力关系的两极格局。在这种话语权力格局的建构过程中，中国的各阶层精英对西方殖民主义、文化霸权做出了强烈的反抗；同时在构建现代性国家的努力中，又在有意无意地迎合、俯就西方主流意识形态，并影响到国内话语权力格局的建构，形成了传统与现代、主流与非主流、民间与精英、中心与边缘另一套“格式化”的话语霸权体系，以国家意识形态来改造、解构小传统的、边缘的、民间的、村落社区的文化体系，视其为构建现代国家进程中的阻碍性因素，导致这些弱势文化的失语化、破碎化，继而其话语权也被强势话语所替代，成为被表述的对象。

族群身份的建构与表述是在历史语境中得以完成的，丽江洞经音乐与国内族群艺术一样，它的身份多元化表述也与共同经历的国内大历史密切相关。近代以来，中国经历了鸦片战争、晚清变革、辛亥革命、新中国成立、社会主义改造、“大跃进”、“文化大革命”、改革开放、社会主义市场经济转型等重大历史变迁，在这一变迁过程中，国家、文化精英、族群民众、西方等不同社会话语力量都对国内族群艺术的命运产生了深刻而广泛的影响。这些历史变迁及不同社会话语力量既是族群艺术的身份不断被建构、表述的动因，也构成了其身份表述的历史文本语境。正如麦克唐纳所强调的：“话语随着话语在其里面成型的各种制度设施和社会实践之不同而有所不同，也随着那些言说的人们的立场和那些被他们教训的人们的立场之不同而有所不同。”[②] 本文以丽江洞经音乐为个案进行阐述。

---

① 叶江：《当代西方“族群”理论探析》，载《华东师范大学学报》（哲学社会科学版），2005 年第 5 期。

② 马克．爱德蒙森著，王柏华等译：《文学反抗哲学——从柏拉图到德里达》，中央编译出版社，2000 年，第 16 页。

二、丽江洞经音乐身份的多元化表述及分析

1. 国家意识形态：一只看不见的手

丽江洞经音乐最早作为从内地传播而来的外来文化，大致在明清时期传入丽江，改土归流后得以广泛流传。早期属于儒、道结合的礼仪音乐，后逐渐演变为与民间民俗文化相结合的地方音乐形式。因主要用来谈演道教经典《玉清无极总真文昌大洞仙经》，故民间多称这种传统艺术为“洞经音乐”。因在丽江纳西族地区长时期流传，在其传统的汉族洞经音乐韵律风格上，融合了纳西族音乐中传统的审美风格，使其呈现出与其他地域的洞经音乐同中有异的艺术风格，所以当地民众又称为“丽江洞经音乐”、“丽江古乐”、“纳西古乐”。[①] 当然，在不同历史时期，它的名称也发生了诸多演变，如从不同时期其名称的不断变化中就可看出这一点：“道教音乐”、“雅集型儒乐”、“仙乐”、“文人雅乐”、“民间音乐”、“群众艺术”、“封建迷信”、“大毒草”、“活化石”、“国宝”、“非物质文化遗产” 等。

丽江洞经音乐的名称不断被时代新名词所替换，其背后有一只看不见的手在推动着这一更替与变迁进程。在不同社会话语力量中，国家意识形态成为强有力的无形力量，它像空气一样看不见、摸不着，却持续地、以无孔不入的姿态改变着其所控制领域内的时间、空间，以及不同社会力量的分层、分化，乃至价值观念、生产生活方式等。它有时通过动用所拥有的资源优势，建构起强大的话语体系，同时也在解构与之相对立的不同话语体系，对由其引起的反应实行暴力压迫或妥协调整等不同政策措施，从而形成有利于自身统治地位的意识形态体系。

丽江自元代以来纳入国家统一的版图中，国家话语体系以更直接的形式渗透、介入到丽江的地方话语体系中，从而对丽江及纳西族的历史产生了深远影响。由元世祖忽必烈扶持的木氏土司成为国家在丽江的代表者，并历经元、明、清（1723年）三代，管辖丽江及滇西北时间长达470年。国家与地方格局由此形成，在元、明两代，国家在丽江实行的是因俗施化的羁縻政策，使木氏土司成为“闭门天子”。宋明以来，儒学逐渐演进为理学，成为国家意识形态的主流话语，而在这一背景下，有明一代，木氏土司为了获得明王朝的认同，对汉文化孜孜不倦地予以吸纳，儒释道合流，以儒学为主的意识形态成为木氏土司的价值取向，木氏也获得了“知诗书，好礼守义”的美名。作为地方行政长官兼族群领袖，木氏的这种价值取向也渗透到丽江、纳西族社会中，东巴文化与仿汉文化成为并行不悖的两种文化体系，但因木氏实行“愚黔首”的官民二元制，文化教育权被木氏所垄断，民间仍

---

① 和云峰：《纳西族音乐史》，中央音乐学院出版社，2004年。

以东巴文化为主，外地移民的汉文化也受到木氏土司压制。

清朝建立后，政治形势的改变，木氏土司统治地位在“内忧外患”中终结。雍正元年丽江实行改土归流后，一方面极大地促进了丽江与内地的接轨，其社会经济也获得了长足发展，但另一方面因统治者采取了“以夏变夷”的强制性变革措施，在促进族群文化整合的同时，也对纳西族的族群文化造成了极大的内伤，把族群传统文化视为“茹毛饮血”的陋俗而实行强制性同化，由此导致作为族群主体文化的东巴文化逐渐式微，而以儒学为主的汉文化成为主流意识形态。流官在丽江实行了与国家主流话语相适应的政治、文化、经济政策，尤其在文化建设上不遗余力地推广儒学礼教，广建书院、义馆，鼓励平民子弟入学就读，参加科举应试，经过多年的“熏蒸王化”、“移风易俗”，丽江形成了一批士绅阶层。与礼乐教化相适应，原来作为道教科仪音乐的洞经音乐也改造为以儒乐为主的礼教音乐，尊崇为“雅乐”，成为地方官员、文化精英的社会地位、身份的文化象征。上层建筑的改革，社会、文化的转型，极大地促进了外来移民与纳西族的融合进程，大量汉族移民融合于纳西族的同时，纳西文化也实现了新型文化的建构，逐渐形成了汉文化为代表的雅文化与民间文化、东巴文化为代表的俗文化。

晚清以来，西方列强入侵，中国遭遇“千年未遇之大变”，维新变法失败后，资产阶级的民主、自由、共和等意识形态也传播、渗透到这一古老的东方大国，国内主流话语发生异变，留学、新式学堂、电器、西服、白话文、报纸等西方物质、精神观念混合到传统文化中，中国文化由此开始转型。与之相应，传统文化与西方代表的现代性相遇后，国人对传统文化进行了反思、解构，这种反思、解构过程在相当长的历史时期中一直伴随、影响国家意识形态的转型和形成。到了五四运动时期，这一反思、解构进程到达一个新的高潮。与“民主”、“科学”的话语相对应，“打倒孔家店”成为解构传统的话语象征。封建制度与儒学思想观念成为“革命”对象。原来作为礼乐教化工具的雅集型儒乐也被视为“封建迷信”、“陋俗”，强行进行改造，严厉禁止诵经、科仪等封建礼教仪式，只准保留音乐演奏形式，原来的“洞经会”也改称“丽江音乐会”。但因中国半殖民地半封建社会的性质决定了传统与现代之间的内在关联性，大多数革命党人，乃至国家统治阶层由封建官僚转化而来，整个社会语境也不可能与传统文化发生人为断裂，封建主义与资本主义、传统与现代、西学与国学在这一层面上达成了共识。这种国家体制影响到社会各个层面，从丽江洞经音乐来看，国家以其强有力的手段改造了这一封建礼教音乐，剔除了带有宗教性的繁文缛节，使其演变为娱乐性、休闲性的艺术形式，成为主流的文化生活方式，同时也促进了其在民间的传播、普及。抗日战争后，丽江洞经音乐的发展到达了一个高潮。“丽江古乐”、“纳西古乐”是这一时期对丽江洞经音乐的重新命名，说明了这一外来音乐与丽江、纳西文化的融合程度。在这一时期，国家意识形态对丽江洞经音乐的改造是成功的，不仅使这一传统艺术的传承、普及、创新得到有效促进，而且在国家认同、族群认同上也得到了提升。其中，丽江洞经音乐起到了国家与地方、族群间的沟通、交流作用。

新中国成立后，苏联理论范式成为建构国家意识形态的话语模板，文艺“为政治服务”、“为大众服务”成为这一时期的文艺政策方针，内容以歌颂党，歌颂新中国为主。在这种主流话语主导下，丽江洞经音乐被视为“旧社会文化”而实行“同质化改造”，以“民间艺术”、“大从艺术”身份成为文化会演工具。“文化大革命”时期，丽江洞经音乐被当作“大毒草”、“封建礼教”、“四旧”而进行批判。这一时期，国家意识形态以强有力的政治手段渗透到社会不同层面中，极大地压缩了其他不同话语的生存、发展空间，导致传统与现代的严重断裂，传统文化生态也遭到严重破坏，在这种国家话语主导一切的背景下，丽江洞经音乐的自我身份出现了“失落”，而自我表述也处于“失语”状态。

十一届三中全会后，国家实行改革开放政策，国家意识形态与社会开始转型，在全球一体化、国际政治多极化语境中，“实现四个现代化”、“建设有中国特色社会主义”、“实现中华民族伟大复兴”成为国家意识形态转型的话语背景，传统与现代性重新接轨，国家意识形态的社会控制力也呈现消减态势，从而为丽江洞经音乐的复兴提供了有利条件。进入20世纪90年代初期，随着丽江旅游业的发展，丽江洞经音乐开始与旅游经济相结合，通过旅游市场中的展演及国内外的交流演出，丽江洞经音乐也广为人知，一些专家、学者赋予其“中国古典音乐的活化石”、“国宝”、“中华魂音”等诸多美名。国家意识形态也逐渐向社会主义市场经济转型，文化产业成为地方经济发展的新模式，传统文化资源向文化资本转换的趋势加快，“纳西古乐”成为国家话语与地方话语互动共生的产物。在不同社会话语力量之间的资源与资本的争夺中，“纳西古乐”成为不同话语的争论焦点，由此导致了丽江洞经音乐的身份建构危机。

综上所述，国家意识形态作为一股看不见的力量，改变着丽江洞经音乐的命运，在其现在的艺术形态、艺术风格、艺术主体的组成等多方面都明显地烙上了不同历史时期的主流话语的痕迹。有什么样的意识形态，就有什么样的艺术，它被国家意识形态强有力地构建、表述，以自身话语标准，通过删除、补充、刷新、格式化等手段实行“合理化”改造。这种传统艺术的被改造，并不意味着对传统艺术的摧残、压迫，因为国家意识形态受时代性、当下性因素的影响和制约，也有符合历史进步潮流的合理的思想价值观，这对传统艺术的与时俱进、更新换代、实现自身的可持续发展具有积极作用；但这种“以我为主”的单向式改造活动，对传统艺术本身的内在发展规律性、生态性也造成了极大伤害与破坏，尤其是在国家意识形态未能与其他不同社会话语之间达成共识、默契的背景下，这种伤害与破坏体现得更为明显。

2. 文化精英：一只看得见的手

国家意识形态作为主流话语，有着主导性、垄断性、宏观性的特征，因社会系统是一种庞大而复杂的有机组成，国家意识形态的社会控制也存在着“心有余而力不足”的情况；同时，它也并非单独发生作用，与社会不同力量存在着相互作用、相互交织的动态关系。这些不同社会力量中，知识分子为主体的文化精英成为国家意识形态的制定、推行、完善的同谋者、执行者、监督者。但因这一文化精英群体在内部构成、社会背景、价值取向等方面存在多元性、复杂性的因素，在与国家意识形态的关系中也有矛盾性的一面，这一群体既是某一时期国家意识形态的建构者，又成为另一时期的解构者。文化精英群体内部也存在着矛盾对立性，在国家意识形态的解构与建构过程中，对立的文化精英群体之间也有对抗与合作、妥协与分离等关系。这一群体在国家的上层主流社会与下层民众社会中处于中间的、过渡的、跨间的位置。“达而兼济天下，穷则独善其身”，“为天地立心、为生民请命、为圣人继绝学”、“立功、立德、立言”成为这一群体的集体价值取向。当然，这一价值取向因个人所处社会地位、背景、立场不同，其评判标准也不同。

与国家意识形态的“隐性”特征相比，文化精英群体更多体现出“显性”特征，他们通过著书立说实现个人价值与社会价值，通过制定、颁布、执行国家及地方政策、条例、措施而成为国家主流话语的实践者，同时在理解、推广、鼓吹宣传国家意识形态话语的过程中，他们也是不可或缺的实践主体。

纵观丽江洞经音乐的发展史，可以看到这一传统族群艺术在不断被国家意识形态所左右的同时，文化精英在其间分别扮演着推手与护手的作用。在强大的国家主流话语中，有时他们成为这一主流话语的坚定同盟者而身价倍增，有时成为反对者而身心受辱，甚至以命相抵。这只看得见的手在丽江洞经音乐的历史演变进程中，扮演着极为复杂的历史角色。

木氏土司主政丽江 470 年，“唯木氏有学而百姓无学”，木氏成为统治者与文化精英的双重代表，历代木氏土司顺应历史发展潮流，不断开拓进取，广纳博取，从而奠定了纳西族的多元文化融合的发展基础，对后世影响深远；尤其是对汉文化的大量吸纳，为纳西文化的走向指明了方向。但其土司的身份又制约着纳西族文化的可持续发展，尤其是到了后期，这种制约性更为突出，在改土归流对之前，丽江纳西族地区的社会分层仍局限于官民之别，而未形成独立的文化精英阶层。改土归流后，丽江出现了本土文化精英阶层，这一阶层构成了丽江文化精英的主体。在此后很长的历史时期内，他们一直成为丽江洞经音乐的主体力量。这本身也是由洞经音乐的特点所决定的，不管是早期称为“仙乐”的道教音乐，还是后期改造后的“文人雅乐”，都有着相应的经文、科仪规定，而这些都要求参与者必须具备相应的文化知识，这样才能完成相关活动，从而跻身社会上流阶层。

从改土归流到晚清时期，洞经音乐与儒学礼教紧密相依，这些文化精英不仅成为推广、传播这一儒学礼教的坚定执行者、宣传者，而且成为身体力行的示范者。这一群体的出现，对于纳西族来说意义重大：一是使纳西文化得到整合重组；二是使族群认同与国家认同得到更为紧密的结合，客观上也促进了移民族群与纳西族群的融合。因为汉文化是由移民携带而来的文化，他们对国家的认同往往与族群认同等同、重合。而纳西族族群内的文化精英通过对汉文化的学习，也使汉文化与国家认同融合，他们成为新一代纳西族的文化代表，在某种意义上也是移民与纳西族融合的榜示者。另外，他们可以利用自己在族群内部的地位、影响力，使汉文化、国家意识形态观念以更为合理的途径传播、渗透到族群内部，从而实现族群文化的建构。在丽江洞经音乐的身份表述中，他们的这种作用也充分体现出来。在道教音乐转化为儒家雅乐的过程中，他们作为儒学的地方文化代表，义不容辞地成为这一文化转型的主动建构者。当然，在改土归流后制定的“以夏变夷”政策执行过程中，他们也成为这场文化冲突中的急先锋，与流官一同成为对纳西族群的传统文化实行改造的参与者，他们把东巴文化视为“蒙昧之俗”，而实行强制性同化政策。

晚清以后，国家话语逐渐向西方话语转型，他们的身份也从旧文人转型为新文化的代表。在当时国家积弱积贫、西学东渐的背景下，他们的眼光投向了西方，并且把西方意识形态作为改变国家命运的良方，他们通过留学、创办报纸、新式学堂、引入新的生活方式，来促进丽江文化的再次转型。丽江洞经音乐虽有官方主导下强制性改革的一面，但文化精英也起了中介者的作用。他们通过乐礼分开，增强艺术性、娱乐性、地方性，使这一传统艺术顺利实现转型，并在国家与族群、传统与现代之间形成了有机的内在联系。

值得一提的是，从晚清到民国建立，到抗日战争时期，再到新中国成立，周霖、周善甫两兄弟在丽江洞经音乐的历史发展中成为最有代表性、最为活跃的文化精英。周霖为抗日救国填配新词《到春来》，周善甫则把张炎的《白莲》成功填配到《水龙吟》曲牌中，在丽江传唱一时；在庆祝抗日战争胜利的纪念活动中，在反对国民党独裁统治的活动中，在杨超然先生创办的幼稚园表演活动中，都传播着丽江洞经音乐。这里，这种传统艺术不再是旧文人自娱自乐、孤芳自赏的雅乐，它与国家、族群的命运紧紧联系在一起，从而使它的艺术性得到了极大提高，同时也提升了这一族群艺术的社会功能。“化腐朽为神奇”，他们能够与时俱进，紧跟时代发展、进步潮流，引导整个地方、族群的发展进步，把地方利益、族群利益与国家利益统一起来，从而使族群认同提升到一个更高范畴。这是文化精英所具有的文化精神及社会使命感所决定的。而周氏兄弟的命运迥异也是值得深思的。民国时期，周善甫不顾长兄劝阻，执意参加国民党的“国大”代表竞选，周善甫也成为纳西族的第一位国大代表，而周霖却转向了共产主义思想。新中国成立初期，周霖因对新政权表现出积极态度而受到地方政府的重用，周善甫则被打成“右派”，参加劳动改造。两兄弟在政治与艺术的对话中凸显了二人的政治观念分歧。周霖对新生政权抱着极大的热情和信心，全身心地投入其中，对丽江洞经音乐做过与时代相适应的改造，在绘画、编排话剧上也全方位地转向为人民大众服务的政治创作，当他意识到艺术有被政治化、边缘化的倾向时，他也陷入了进退两难的窘境中。“文化大革命”时，他的热情、才气也受到意识形态影响。周善甫在20多年的劳动改造中形成了人生与人性的深层思考，从而转向对传统文化的梳理研究，终成一代风雅儒者。①

这里，我们看到传统艺术与文化精英之间是血脉相连的深层关系，人们改造传统文化，以适应新时代的发展要求，但传统文化因其沉淀深厚，有着坚韧的历史延续性与合理继承性，它对人的价值观念的影响是持久而强有力的。人们在改造传统的同时，往往被传统所塑造。传统的魅力与力量也在于此。这就不难理解，周善甫在“文化大革命”尚未结束时，就敢冒天下之大不韪，率先恢复丽江洞经音乐的演奏活动。族群艺术的生命力与族群的传统文化血肉相连，相辅相成，互为主体，共荣共生。

“纳西古乐”的制造及其所隐喻的文化图景则凸显了在传统与现代的接轨中，传统作为文化的力量，与作为现代性产物的市场虽有着“文化产业”、“文化资本”等方面的共性，但也存在深层的矛盾与隔阂，二者不可混为一谈。宣科通过对丽江洞经音乐这一文化资源的资本化转换，形成了丽江品牌中强有力的文化象征符号，从而实现了个人利益与地方利益、族群利益，甚至是国家利益的多赢局面。他把“纳西古乐”的资本属性无限地放大、神化，自己的个人形象也同样得到放大、神化，却忽略了丽江洞经音乐作为一种传统力量也有其内在发展逻辑，由此导致文化资本的反向转换，造成了“纳西古乐”的污名化，其间隐藏了丽江洞经音乐的身份认同危机及传承危机。

与国家意识形态相似，文化精英与族群艺术也是矛盾的统一体。他们在传统与现代的转换语境中，不断地改造、建构、表述丽江洞经音乐。在这个过程中，他们作为丽江洞经音乐的一部分，被其同化、形塑。他们是历史的记录者，其自身也作为历史的一部分而被书写。

3. 族群民众：在看见与看不见之间

“民众”是一个敏感而复杂的词汇，它既有一般意义上的大众文化与民间文化的内容重叠与复合，也有因内部结构、价值取向不同而导致的差异。在不同时期，二者既有共同的命运遭遇，也有彼此消长的不同趋势，如大众文化一般倾向于以市民为主体的通俗文化、流行文化，有着特定的经济基础与社会制度制约因素，民间文化则与乡村、乡民相联系，我们说的民俗文化也更多倾向于它，具有乡土文化、口头传统文化的文化特质。

从丽江洞经音乐的历史上看，不能简单地把“民众”定位为丽江洞经音乐的传承主体，因为它也有一个历史发展演化的过程。实际上它作为外来移民传入的汉文化载体，经历了从道教音乐到儒乐的转型，在这个过程中，上层主流文化、精英文化成为这一传统艺术的传承、转型、改造的主体。因为从传播范围、演奏主体、音乐风格、类型方面来考察，皆与主流话语意识形态、精英文化特征紧密联系。

① 汤世杰、郭大烈主编：《风雅儒者：文化名人周善甫诞辰90周纪念文集》，云南教育出版社，2006年。

丽江改土归流后，独立的文化精英阶层开始形成，与之相应，丽江古城也逐渐成为滇西北的重镇，市民文化由此滥觞。但因在相当长历史时期内，古城商业因素一直受到主流话语的压制，使古城商品经济长期在城乡之间艰难徘徊，没有形成独立的代表势力，直至抗日战争时期，依托茶马古道中重要商品集散地与中转站的区位功能而得以繁荣发展。这一时期也是丽江洞经音乐迅速向民间传播的时期，文化精英与民众力量的互动格局形成，从而使丽江洞经音乐的发展达到一个高潮。但是抗战胜利后，丽江的区位优势失落，国统区陷入经济萧条、混乱的局面，丽江古城也迅速衰落。新中国成立后，商品经济曾经作为资本主义因素而遭到批判，国家意识形态以强有力姿态渗透到社会各个阶层中，不同话语力量被实行“同质化改造”，文化精英也“改造”成为“人民群众”、“劳动者”，从而使其话语霸权失落，丽江洞经音乐的传承者角色也由民众所取代，丽江洞经音乐逐渐从精英文化转向民间文化。新中国成立初期，它也曾作为“民间文化”而被改造。

这些国家意识形态及历史的变迁严重制约着丽江城市的发展及市民阶层的形成。可以说，在历史上丽江的大众文化和精英文化与民间文化相比，仍不成气候。大众文化往往在与民间文化的融合中存在，但一直到新中国成立前仍未能从民间文化中脱离出来。而民间文化作为一种乡村语境中的文化，它一直处于多重强势话语的压迫之下。

晚清以来，国家意识形态在统治者与文化精英的共谋中，有一种较为明显的发展趋势，即西方话语越来越成为国家意识形态的主流价值取向，整个国家逐渐由传统农业社会向工业社会转型；新中国成立后，对旧制度实行“一化三改造”；改革开放以来，国家开始向市场化转型。这些社会转型大都是以西方话语作为参照体系。在这样一个传统与现代、西方与非西方、中心与边缘的时代语境中，民众文化作为传统、乡村、边缘的文化身份象征，在不同历史时期的社会政治、经济、文化的重大转型中，成为被改造、教育、强制同化的对象。改土归流时期“以夏变夷”，它是“夷”的身份象征；民国时期的“民众教育运动”，它是封建迷信、陋俗的文化象征；新中国成立后它成为被动员、改造的对象；改革开放后，在国家的市场经济转型中，也作为影响国家现代化进程的因素而被“改革”。

对民众而言，丽江洞经音乐更多的是一种玩乐、休闲、娱乐的工具，以与他们的生活紧密相关的文化生活方式而存在。当然，他们作为地方传统文化的拥有者和传承者，尤其是作为社会基础，国家意识形态与精英文化对他们的改造、利用也受时代话语情境的限制，尤其是传统文化作为国家话语、精英话语中不可或缺的因素，它与主流话语也有共谋、互构、互审的一面。国家意识形态、精英文化也并不是一味居高临下地实行僵硬化的控制，在不同时代语境中，也有妥协、俯就的策略调整。民间文化利用这些有利因素，不断地寻求生存境遇的改善，从而促进传统经验的不断丰富、传承。国家意识形态的政治化改造，以及文化精英的审美艺术改造中，对此也有基于传统生存经验的有利化选择、变通和融合。

譬如，民国时期国家意识形态对丽江洞经音乐实行宗教脱离化改造，与民众的价值取向有着契合的一面，这也是此时期丽江洞经音乐得以民间化的内在动因。文化精英从审美艺术立场对原来的礼教音乐也实行审美改造，把宗教音乐改造为文人雅乐。他们在祛除宗教音乐的神秘性、礼教性后，把新词填配其中，并在音乐形式上也进行了"雅乐化"改造，突出了文人的审美价值取向。民众则悬置了与自身生活情境相隔阂的"艺术审美"，选择了其中合理性的因素，使之趋向于民众休闲娱乐的普遍性功能。在看得见与看不见的主流话语支配中，他们处于不断被改造、建构、表述的境遇，但他们也不是被动地"逆来顺受"，而通过不断地利用主流话语的合理性因素，实现自我的更新改造，依照自身发展逻辑坚韧地延续着传统力量，构成了主流话语无法忽略的存在主体。

4. 西方：大气候决定小气候

丽江洞经音乐的身份在不同历史语境中不断地被改写、改述，其背后是不同权力话语实践结果的折射。这不仅仅是与丽江、云南小气候有关，同时与世界的大气候也着深层关系。尤其是中国进入近现代之际，西方列强强行介入到中国历史的构建过程中，西方与东方、传统与现代、中心与边缘形成中西方的话语权力关系的两极格局。在这种话语权力格局的建构过程中，中国的各阶层精英对西方殖民主义、文化霸权做出了强烈的反抗；同时在构建现代性国家的努力中，又在有意无意地迎合、俯就西方主流意识形态，并影响国内话语权力格局的建构，形成了传统与现代、主流与非主流、民间与精英、中心与边缘"格式化"的另一套话语霸权体系，以国家意识形态来改造、解构小传统的、边缘的、民间的、村落社区的文化体系，视其为构建现代国家进程中的阻碍性因素，导致这些弱势文化的失语化、破碎化，继而其话语权也被强势话语所替代，成为被表述的对象。

丽江洞经音乐不断地被主流话语赋魅与祛魅，也是不同话语权力实践的反映。除了国家主流话语的影响外，西方话语也成为强势话语的构成部分，尤其是近现代以来，国家主流话语中的"反传统"趋势是以西方现代话语为背景的。丽江洞经音乐作为传统文化艺术，与国家诸多传统文化一样遭遇了同样的命运。从民国时期的"新文化教育运动"、"新生活运动"一直延续到新中国成立以来的一系列"政治文化运动"，大都以西方话语体系作为参照标准之一。当下语境中的"文化遗产"概念同样如此，以西方话语语境中构建出来的"文化概念"来观照非西方文化，由此在这些"遗产文化"倍受尊崇的同时，其文化有机性、生态性也遭到破坏，其间隐喻着传统文化作为 种"文化资本"的交换功能。丽江洞经音乐被纳入"纳西古乐"的概念表述中，成为申报"非物质文化遗产"的文化资本，由此引发了一系列的文化反应。概言之，这也是由国内外话语权力格局的大气候所决定了的。

余 论

在当下全球化与现代的双重语境中，跨国、跨族、跨地区的交流对话趋势成为一种主流。在这样一个文化多元化语境中，传统与现代、中心与边缘、城市与乡村、国家与地方、主流与非主流的二元对立的观念已趋向于互构、互审、互动的多元化交流融合，单向度的视角也已经成为交流限制因素而逐渐呈消减态势。从边缘看中心，从民间看主流，从传统看现代，从地方看国家，也成为相互沟通、交流、理解的视角与范式。由此，“身份”概念被引入一个更为广阔的社会领域中，国内学术也把这一学术概念作为研究族群、地方与国家的关系、小传统与大传统的关系、不同社会分层之间的关系等方面的学术利器。正如国内学者指出：“由于当代社会结构的急剧调整，信息传播增多和文化参照频繁，人类关系分化重组、再构造、再确认的要求大大强化，使得‘我（们）是谁’的疑问，不仅作为抽象的哲学问题，而且作为直接关系到社会文化的中心结构和边缘成分、主流和支流的重新定位，多数和少数、群体和个人权力再分配的实际问题，而对各国的政策思维和决策过程产生越来越重大的影响。”①

高丙中认为：“近 30 年来，专业知识的符号暴力与国家机器的结合方式大致呈现一个趋势，这就是对普通人的日常生活的直接干预不断减弱。人们的日常生活的自我呈现越来越具有传统的面貌。通过我们称之为‘民俗复兴’的传统面貌的自我呈现，我们意识到中国人的生活世界‘在’那里，一直就在‘那里’。而之前中国的现代规划忽视了它，没有尊重它，致使中国的价值、中国的集体意识遭受了重大伤害和损失。我们也意识到，中国社会发展到现在的样貌，中国社会的很多奇迹和怪相以特定的方式发生，都应该从这个社会的生活世界寻找解释的原因。”②

这也是深入族群艺术的文化世界与生活世界的理想途径，毕竟那个世界一直存在着、演绎着、丰富着。

① 钱超英：《身份概念与身份意识》，载《深圳大学学报》（人文社会科学版），2000 年第 2 期。

② 高丙中：《中国人的生活世界：民俗学的路径》，载《现代人文》，2009 年第 6 期。

语言文字文献篇

纳西语言文字有没有前途？

Michael Prosser 麦克尔·普若塞尔

虽然相当多的纳西族人口还不掌握普通话，可是在丽江古城很多纳西族已经不对自己的孩子说纳西语了，就是说，从纳西语到汉语的转换已经开始了。这些无法承传母语的孩子可能还会说或者听得懂一点纳西语，因为周围还可以听到，但是他们将来的孙子很可能只会说普通话。很多想要进步的纳西族老百姓会模仿古城精英放弃母语的态度。在这种情况下推广纳西文不太理想。推广纳西文尽管有几十年的历史，但是曾经学习过纳西文的人还是相当少。

可是最近几年随着纳西文化在国际上知名度的扩大，越来越多的纳西人增强了自信心，对纳西语的态度越来越积极和肯定，再加上大家都在强调纳西语对于纳西文化的重要性。丽江古城和玉龙纳西族自治县的几所小学都开设了纳西母语课。还有一些纳西语文老师自愿给外来的汉族商人教纳西语文。另外，有不少人研究以及教授东巴文化，并且纳西人都知道纳西文化不仅很重要而且也在全世界很有名。

本文通过某些国外的实例，来探讨一些可以采取的保持和推广纳西语文的措施以及策略。该措施应该继续鼓励纳西族精英以及当地的汉族学习、使用和支持纳西语文，也应该在人民群众间激发从基础做起的普及活动。关键是针对纳西地区的人口，同时宣传均衡双语制以及双语教育的好处，并把目前少有的纳西文试验班变成普遍（影响全丽江）的、长期的、正规的均衡双语制。

序　言

几年前笔者以为，丽江成为全国内地和全世界的旅游热点之后，只会对纳西语变为汉语的转变有利。在很多偏僻的说其他民族语言的旅游地，很多外来的旅客甚至不知道当地人是讲哪一种语言的，也无法帮助当地人维持母语，只能激发人们讲普通话和英语的热情。例如，泸沽湖吸引游客的特色就是母系家族的社会现象，大多数游客既不知道也不管摩梭人是说哪一种语言（见 Bennets，2005 年）。可是丽江不一样，因为记录纳西语的东巴文对旅游业是非常关键的。就是说，纳西语成为一种吸引游客的特色事物。“随着纳西文化在国际上的知名度的扩大，越来越多的纳西人增强了自信心，对纳西语的态度越来越积极和肯定，大家都在强调纳西语对于纳西文化的重要性”（木仕华，个人通信，2009 年）。

在全世界大部分的少数民族地区，语言转变（少数民族语言向全国官方语言的转变）的过程已经开始了，普及或者已经完成了。在西欧这个过程已经完成。五十多年以来，几乎所有讲西欧少数民族语言的人都掌握本国的官方语言。不过 20 世纪之前在这些社区中，大部分人并不能掌握（或者基本上不掌握）官方语言。那个时候，政府和很多说少数民族语言的人主要关心的就是学习官方语言文字。目前在双语地区，少数民族语言受到随时被官方语言同化的威胁，在这种情况下，最大的问题就是，如何在保持官方语言占主导地位的前提下，仍然能够维护少数民族语言的使用。

比如两百年前大多数爱尔兰和苏格兰高地人都会讲盖尔语。而现在在这些地方语言转换已经非常普遍，甚至大多数本地人已经不会再说他们祖先的语言了。两百年前几乎所有的威尔士人掌握威尔士语并且大多数都不会说英语，但在今日只有五分之一的人口才会说威尔士语（主要在西部以及首都加的夫附近），而且基本上没有人不会说英语了。在西班牙加泰罗尼亚大多数人都会使用加泰兰语，可是同样已经没有不会说西班牙语的人了。

一般来说在今日全球化的压力下维护少数民族语言是非常难的。意大利北部和比利时东部的说德语的自治区都完全保护了德语，可是前者接界奥地利，受到奥地利的支持，而后者接界德国，受到了比利时、德国两国的支持。

笔者认为在不作为另一个国家的官方语言的少数民族语言中，西班牙东北部的加泰罗尼亚自治区和英国威尔士西北部采取了最有效、最成功地保卫本地语言的措施。笔者也对这两种语言的情况很熟悉，因为笔者是在威尔士长大的并且 18 年以来一直住在讲加泰兰语的地区。

在本文中的“丽江”等于丽江古城区和玉龙纳西族自治县，就是以前的“丽江纳西族自治县”。当然最理想的是，在其他纳西族聚居区（如香格里啦县的南部，宁蒗县的西部）实现保护以及推广纳西语文的措施。

一、应该推广哪一种纳西文？

有的人使用并教纳西语拼音文字，有的人使用并教东巴文，也有人同时使用并教这两种文字，甚至有人使用并教国际音标来代表东巴文。为了全面正确地推广纳西文，一定要搞清楚要推广的是哪一种文字。

对于东巴文，纳西人都比较尊敬它，认为东巴文是其民族传统的一个非常重要的部分。不过东巴文有很多同音词，这需要比较长的时间才能学得完全，再加上很多现代的概念可能还没有与之对应的规范的东巴字。

纳西语拼音文字的优点：可以比较正确地代表纳西语口语，书写速度比东巴文快，要学的字也比东巴文少几倍，还能帮助人们记住东巴字。纳西语拼音文字的主要缺点是某些讲纳西语的普通老百姓不尊重它，认为它不是地地道道的一种文字。

笔者认为应同时推广东巴文和纳西语拼音文字。学习东巴文的时候，速记时就需要拼音文字。可是不能只推广纳西拼音文字，因为很多人感觉那不是他们传统的本民族文字。如果不同时推广东巴文，推广纳西拼音文字的效果就不太好。

二、保持和推广纳西语文的措施及策略

在丽江（和其他纳西族聚居的地区）建立均衡双语制，附加双语教育以及扫盲活动。

如果在纳西语文推广的过程中只影响一些地方，或者范围以及规模很小，都不会成功，因为人们不会相信这种语言能有多大的用处。推广的范围一定要影响到丽江地区。双语制教育应该是长期的、稳定的。中国西南民族地区已经有实现双语双文的学校，并且结果通常都比汉语单语单文学校好得多。所以没有必要建立更多的试验班，必须尽快把双语制普化到所有丽江的学校。

将纳西语文作为一门课，其他课程都使用汉语文，当然比完全没有纳西语文课好多了。不过这也不算是完全的、真正的、有效的双语双文教育。西方研究双语双文教育专家达成的共识是大部分课程应该使用民族语文授课（不管学生的母语是民族语、官方语言或者另外一种语言），具体的比例看学生的语言环境而定。笔者认为至少一些重要的课程应该使用纳西语文授课。有的课程也可以用纳西、汉两种语文来授课：我并没有小看学习和掌握汉语的难度。

建立双语教育时，一定要分清孩子入学时掌握纳西语、汉语和其他语言的情况：有不掌握纳西语的，有只讲一点纳西语的，有掌握两种语言的，有只懂一点汉语的，还有只掌握纳西语的。所有学生，包括被汉化的学生在内，应该除了学习纳西语文课以外，都应该再另外使用纳西语文学习一些别的课程。对于说傈僳语、彝语等的社区，应该以使用该语言文字为主，再掌握纳西语文和汉语文。为了提高纳西、汉双语双文学校的地位，最好选择在昆明、北京等纳西人多的地方建立这种学校。

扫盲活动也应该普及，而一定得使用实用的教材和书，并不断出版这种类型的读物。

三、工作所需的资格

如果老百姓认为双语教学没有什么用处的话（不管他们的观点对不对），他们虽然还允许和鼓励他们的孩子学习本民族的语文，但是他们很可能不会支持双语教育。所以当他们找工作或者考大学的时候，对于他们纳西语文知识和资格的重视会

直接加强双语双文教学的成功可能性。

在西班牙加泰罗尼亚自治区所有的政府职员以及很多私营部门的雇员都要求必须掌握加泰兰语。比方说，如果一个外来的人要在加泰罗尼亚当老师或者行政人员，他一定要先考加泰兰语文。在威尔士西北部的大部分行政人员、老师以及所有与公众打交道的工作人员也必须掌握威尔士语文。在威尔士西北部有时候雇主给不掌握威尔士语的人一年的试用期，在这段时间内他们一定要学会并积极地使用威尔士语。

可以鼓励私营公司用纳西语文来招待顾客，招会说纳西语的雇员，在商店里使用纳西文等。

鼓励年轻的父母对孩子从小说纳西语，让他们学习纳西文，同时强调学习纳西语以及纳西文不会消极地影响学会汉语以及英语的能力。最近在丽江古城的几个纳西语文老师开始不正式地催促及鼓励会说纳西语的父母对孩子一定要说纳西语。如果要预防语言转变的话，这种措施是非常重要的。有些少数民族担心如果他们对孩子说了本民族语言，孩子就说不好普通话了。然而，研究表明，以加泰兰语为母语的小孩都会讲流利的西班牙语，以威尔士语为母语的小孩的英语水平与单说英语的小孩的水平差不多。汉语的使用范围越来越宽广，所以（除了在比较偏僻的地方以外）孩子们不管怎么样（在学校，看电视，跟汉族和游览者交谈时等）都会学会汉语。而父母一旦停止对孩子说纳西语，那么孩子掌握纳西语的可能性就会大大减少了。

推广纳西文的时候不仅强调学习纳西语以及纳西文不会消极地影响学会汉语以及英语（请看下一点）的能力，还必须强调附加双语制的好处，比如有利于学习第三种语言。

为了“推销”附加双语制以及顺利地推广纳西语文，也应该同时推广英语。

开始学外语的时候，一般有必要用学生懂的一种语言来介绍它。在少数民族地区有些人反对推广少数民族语言，宣称要是“浪费”时间学习少数民族语言，就没有时间也没有劲头学习重要的外语：好像没有可能把三种语言同时放进去脑袋！我小的时候在威尔士听很多人说学习威尔士语文会阻止学生学外语（法、德、俄语等）。其实以威尔士语为主要教学媒介的学生的外语能力跟上英语单语学校的学生的能力是一样强的。西班牙的加泰罗尼亚和巴斯克国两个自治区，其双语学校特别强调学习外语的重要性。在中国我也听人说受到双语教育的学生不应该或者没有能力同时学习本民族语文以及英语。有人坚持说少数民族一定要通过官方语言学习外语。

大部分主张“不学少数民族语文，应该学外语”的人，不鼓励他们的子女学习外语，反对学习民族语文。其实，同时学外语和民族语文不仅是没有矛盾的，而且是必不可少和有效的。

用纳西语文来介绍英语（或者其他的外语）会吸引人更好地学习纳西文，也会提高纳西语文的兴趣。

四、鼓励外族（特别是汉族）的父母让孩子学纳西语

在丽江古城开设纳西母语课的几所小学，学纳西语言文字（拼音文字和东巴文）的汉族和其他民族的学生很多。至少一所小学所有的学生，不管是属于哪一个民族，都要学。另外，也有纳西语老师给当地汉族商人教纳西语。

住在说少数民族语言地区的说其他语言的人，无论是属于什么民族的，在少数民族语言的命运中都充当着关键性的角色。如果他们学习和积极地使用该少数民族的语言文字，那么他们会对该少数民族语言的社会语言环境产生正面且有效的影响。

下面举两个西欧的例子。所有住在加泰罗尼亚自治区（西班牙东北部）的人，不管他们是出生在加泰罗尼亚、马德里、德国、中国还是秘鲁，不管在家里说什么语言，都必须把自己的子女送到用加泰兰语授课的学校。这样，几乎所有的第二代移民都能完全掌握加泰兰语，有时甚至已经把加泰兰语当作他们自己的“第二母语”了。在家中，父母只要有一方说加泰兰语，那么加泰兰语作为孩子的主要语言（或者和西班牙语一样主要）的可能性就非常大了。在威尔士西北部所有的孩子也必须上双语学校。虽然有一部英格兰人看不起威尔士语，但是在说威尔士语的社区内，也有不少英格兰人以及被英语化的威尔士人已经变成了威尔士语的最积极的使用者和赞助人。这两个地方的政府都为新来的移民提供学习加泰兰语/威尔士语的条件（教师、资料、在线的课程、电脑软件等）。另外，也有不少非政府的团体组织本地人自愿地帮助外地来的人学好和掌握本地语言，并帮助他们熟悉当地社会。

但是在同样说加泰兰语的瓦伦西亚（在加泰罗尼亚南边），情况却不一样。在被西班牙语化的地区（特别在大城市），外来的移民和他们的子女通常不选择学加泰兰语。即使父母有一方说加泰兰语，他们的子女也不会说和使用加泰兰语，因为他们没有家庭以外的“加泰兰语”环境。在中国西南，除了一些特定单位以外，不要求汉族掌握少数民族语言。为促进纳西语文在生活各方面的使用和推广。可以组织使用纳西语文的社会活动。比如运动比赛以及团体、各种协会、俱乐部活动，在夜校学习各方面的课程和爱好等。

目前人们已认识到学习普通话的重要性，不会有人不想学。我希望在推广纳西文过程中能够发展一个“影响纳西地区全人口的、普遍的、认真的、始终如一的、并得到长期贯彻的双语制”。这个任务非常艰巨，无数的国家地区失败了。我坚信如果现在积极地、坚决地、兼容并蓄动手的话，纳西语文会有非常光辉的前途。

纳西人学习普通话指南①

杨焕典

研究少数民族学习普通话，或多或少会牵涉到与此有关的两个问题：语言习得机制和双语转换。下面就此两者作简要的阐述。

一、关于语言习得机制

语言习得机制（Language acquisition device）是语言学界的一个大课题。长久以来，语言学家们都在努力，从不同的角度、通过不同的学科，希望攻克这个难关，占领这个高地。为什么呢？因为人们发现小孩子学语言要比成人快得多，幼童在一岁左右开始牙牙学语，两岁左右就基本上会说话了。而成人学起语言来却困难重重，即使花上十年八年功夫，也不见得能学好一种第二语言。如果成人也能像小孩一样，在很短时间内学会母语以外的另一种语言，即使只节省一半的时间也是对社会的巨大贡献。为此，人们希望弄清楚：人是怎样学会说话的？这就是“语言习得机制”这一命题企图解决的问题。

人们学习语言的主要方式是模仿。幼童在学语初期，脑子里还是像纯净的白纸一张，因此当他听到某个语音时，脑海里就出现一个语音形象，第一次可能还是比较模糊的，随着听到大人不断地重复这个音，孩子脑海里的语音形象以及音、义之间的联系就逐步清晰起来，以后，又经过多次的重复模仿，语音形象和词义内涵就不断被强化，形成较长久的记忆，这种储存在脑海里的信息，经过在日常生活中一次次的运用，也就逐步形成幼童的语言能力。在这个过程中，幼童没有任何理论指导，他们所靠的就是不断地模仿，不断地重复每一个语音动作，使原本就很柔软、可塑性很强的口部肌肉和神经纤维逐步形成一种相对固定的发音动作模式，同时在大脑的记忆中枢也把有关的信息保存下来，以便日后随时可以调出来应用。

在模仿方面，一般说来成人是远远不及小孩的。因为成人在成长过程中，一种固定的语言模式已经形成，一旦要改变它很不容易，加上成人随着年龄的增长，肌

---

① 普通话包括语音、词汇、语法三个方面。少数民族学习普通话的难点在语音，因此，本文所讨论的普通话学习问题也限于语音学习，至于词汇和语法的学习问题，本文暂不涉及。

肉和神经纤维的可塑性也没有那么好了。这就是成人学习语言比小孩难的主要原因。

难归难，但是成人毕竟需要学习其他民族的语言。在远古时，如果是“小国寡民”，与外界“至老死不相往来”①，那么，他们懂得本地的语言也就够了。然而，民族与民族之间需要互相交流，彼此沟通，经济上互通有无，文化上互相学习，这是社会发展的必然要求。这就是说，民族之间互相学习语言由来已久，双语之间的互相转换问题也是古已有之，不过人们对它的注意程度没有现在这么高罢了。

现在我们所处的环境已与古代大不相同，民族和国家之间的交往日益频繁，就其规模说古代与现代相比，已不可同日而语。现在许多少数民族人民都在学习普通话，这就很自然地与“语言习得机制”、“双语转换”问题有了关联。我们如何从幼童学习语言的快速、高效的实践中获得一些有益的启示呢？一个重要的启示就是：我们学习语言首先必须靠模仿。现在在某些人眼里模仿似乎是低级的东西。他们认为模仿没有什么价值，因而也就不屑一顾。

然而对学习语言特别是学习语音来说，模仿是最重要的方法。语音学习主要应该靠模仿。当你听到一个普通话的语音时，你要注意它的特点，努力使它在你的脑海里形成一个特有的语音形象，并用心模仿它，直至学得很像才可以稍停，然后，还要不断地复习，一直到能巩固下来，准确发音为止。

另外，我们还应当指出，成人学习语言也有幼童没有的长处，就是理论指导。在双语转换过程中，有正确的理论指导，往往可以提高学习效率。学习一些语音理论对学习普通话会有许多帮助。总起来说，学习普通话的方法很多，但主要有两条是必须强调的，一是模仿；二是理论指导。

下面我们以纳西族为例，探讨一下纳西人在学习汉语普通话过程中，如何实现双语转换，如何使这种转换做到省时、高效。

二、纳西人学习普通话过程中的双语转换问题

由于历史和地理因素的影响，我国少数民族人民学习汉语一般都是先学习当地的汉语方言，例如，广西的壮族人学汉语就是先学习桂林官话，因为桂林在历史上是广西的省会。由于许多人学得不太标准，就学成一种近似桂林话的所谓“桂柳官话”。云南的少数民族学汉语也是先学习昆明官话。因为昆明是省会，所以云南的少数民族学汉语，大多努力学习昆明口音，纳西族也不例外。而因为学得不地道，就学成近似昆明口音的西南官话。

① 《老子》第十八章。

纳西人学习汉语也已经有较长的历史。明、清时丽江开始设立书院，一批纳西族青少年开始读四书、五经了。不过当时学习汉语的人毕竟是少数。到了民国时期，小学、中学相继出现。那时，纳西人在学校或在社会上学习汉语，首先是学习类似昆明官话的读书音。在云南解放前，丽江的中小学里的教学用语，就是这种读书音。纳西语中的汉语借词读音系统也是类似昆明话的西南官话的语音。原来老派的纳西人的汉语借词读音里保留了一些近古的读音，如：能区分入声字，能分尖团（如："精经；清轻；兴星"不同音）等。

从20世纪50年代开始推广普通话以来，丽江的学校里也已经开始学习普通话了。改革开放以后，丽江从一个默默无闻的西南边陲小县，一跃成为世界闻名的旅游胜地。随着旅游事业的发展，积极学习普通话就成为许多纳西人的愿望，特别是那些从事与旅游有关的行业的人，例如导游等，他们的要求更为迫切，学习热情更高。当然，现在在丽江的学校里，学习和使用普通话的人也比过去多得多了。

纳西族人学习普通话，也有一个双语转换的问题，即从已习得的语言——纳西语的语言习惯转换成普通话的语言习惯。这是一个需要克服许多困难的学习过程，这种转换的关键主要有两个方面：一是掌握音系，读准字音；二是分清字音，记住字音。下面分别说明：

第一：掌握音系，读准字音。

普通话是"以北京语音为标准音"的。北京音系包括声母，韵母，声调，声、韵、调配合关系等。北京语音有21个声母，39个韵母，4个声调，407个音节（不计声调）①。掌握音系，先要作对比分析。例如，普通话和纳西语语音之间，有哪些是相同的，有哪些是不同的。区分这两者在语言学习中至为重要。因为两种语言间相同的语音就不必再学，实际上学习者已经会了。而那些不同的，也有两种情况，一是较容易学的，另一种是难学的。容易学的那种语音，学习者会很快学会，而难学的那种，学习者就要花较大的气力，才有可能学好。因为人们的语音习惯是在长期的语言环境中，通过千千万万次重复某一个语音的发音动作才形成的。所以，要改变它是不容易的。这是学习普通话必须逾越的一道难关。难虽然是难，但是许多人的实践证明，这些困难不是不可克服的。问题在于要肯花工夫，下大力气。"人一能之己百之，人十能之己千之，果能此道矣，虽愚必明，虽柔必强。"②古人的经验已经深刻地揭示出学习成功的奥秘。当然在学习过程中，要注意方法。方法对头，事半功倍；方法不对，事倍功半。例如学习辅音声母，一定要注意发音部位和发音方法，纠正一个声母，如果你的发音部位摆得不对，那么，即使你反复读很多遍，也无法学会。有时甚至会起反作用。学习韵母中的单元音，要注意舌位，唇形，开口度等等。

---

① 黄伯荣、廖序东：《现代汉语》，甘肃人民出版社，第98—99页。

② 《礼记·学记》。

从音系的对比中我们可以看到，声母方面，普通话语音有21个声母，纳西语有32个声母。普通话中的声母，纳西语中大部分都有，只有j、q、x三个声母稍有差别，纳西语的发音部位偏后，普通话的偏前而已。所以声母是纳西人学习普通话时最容易学的部分。普通话韵母有39个，而纳西语的韵母只有26个，普通话中的一些复韵母和全部鼻韵母，纳西语中都没有，所以，韵母就成为纳西人学习普通话的难点。与此有联系的另一个难点是，在普通话407个音节中，纳西人读不准、需要正音的大约有280个，这些难音也多半与韵母有关。读准了这些音节，才有可能使你的普通话达到一个较理想的水平。在这方面离开了下苦功夫，别无他法。

第二，分清字音，记住字音。

纳西人学习普通话时，有些字音常常分不清楚。例如："衣、音、英"，"该、甘、刚"，这些字音纳西人觉得要分清不容易。所以，在学习普通话过程中，走好了第一步，即把北京音系的声、韵、调、音节读准，学好，在此基础上，进入第二步就是下功夫记字表了。为了帮助大家学习，我们把纳西人在学习普通话时容易混读的字，集中起来，做成字表，放在文章的后面，供大家参考。另一些字音，虽然纳西语借词的读音与普通话读音不同，但二者之间存在着一定的对应关系，只要找出它们之间的对应规律，就可以整体转换，不必一个字一个字去记。

例如：

（1）纳西语中读［o］韵的字①，在普通话里与唇音拼的字也读o。如波、坡、摸等。与舌尖中音、舌尖前音拼的字，普通话要读成uo。如多、拖、糯、罗、左、搓、梭。与舌根音拼的字，普通话读成e、uo两个不同的韵母，如哥（ge）、锅（guo），喝（he）、火（huo）。这部分字，我们也已在字表中列出，方便大家学习。

（2）纳西语中读［y］韵的字，普通话也读ü（［y］），对应整齐，可以整体换读，只需注意纳西语中分读尖团音的字，因为普通话已不分尖团，所以读成j、q、x即可。例如，雎、居；趋、区、须、虚。这里的每一组字，纳西人读不同的音，但在普通话里却是同音字。

（3）纳西语中读［v］韵的字，整体改读成普通话的u韵即可。例如，布、铺、付、度、兔、怒、鲁、姑、枯、武。

（4）纳西语中读［ie］韵的字，普通话也读ie，只不过普通话的主要元音稍开而已。例如，别、撇、灭、蝶、铁、聂、列、结、切、邪、也等。只有少量的例外字，如密、秘，普通话读mi；行、形、型，普通话读xing。

（5）纳西语中读［iə］韵的字，普通话要读成iou。如谬、丢、留、酒、久、秋、邱、修、休。只有一些例外的字在普通话里读音不同，如有（you）、勇（yong），这部分字我们已在字表中列出。

---

① 本文标音：普通话用"汉语拼音方案"；纳西语用国际音标，在方括号［ ］中标出。在"附录"中，纳西语仍用国际音标，但已将方括号［ ］略去。

（6）纳西语中读［yɑ］韵的字，在普通话里读 üe，对应整齐，没有例外。如虐、略、爵、雀、削、觉、却、学、约。

（7）纳西语中读［uɑ］韵的字，在普通话中也读 ua，只是主要元音稍有不同，纳西语中的［ɑ］是后［ɑ］，普通话中的 a 是央［ᴀ］。如抓、瓜、咵、花、挖。

（8）纳西语中的读［uə］韵的字，普通话里读 uo 韵，没有例外。如拙、说、国、阔、或。

（9）纳西语中读［yã］韵的字，普通话里读成 üan。如娟、圈、玄、渊。只有少数例外，如肩（jian）、掀弦（xian）。

（10）纳西语中读［ye］韵的字，在普通话里入声字读成 üe。如决、阙、血、月。非入声字读 ün，如军、群、勋、晕。只有少数例外，如靴（xue）、曰（yue）。

记字表要经常翻检，而且口头不断练习，直到能熟练掌握为止。语言毕竟是口耳之学，单在理论上明白是远远不够的，一定要通过艰苦的实践，才可能把普通话学到手。当然也有一些好的方法，可以帮助我们提高学习效率，如“偏旁类推”就是一种行之有效的好方法。因为在汉字中，形声字所占的比例较高。所以，利用形声字的造字原理，即同声必同部，就是说，声符相同的字，读音也相同。例外当然是有的，但不影响大局，不会给学习造成困难。例如，学声母时，要分清卷舌和不卷舌，有一组字声符相同，诛、珠、株、茱、蛛、洙，它们的声符都是“朱”，发卷舌音，所以我们可以判断由“朱”得声的这些形声字也读卷舌音。根据查对字表或字典可知，上述的判断是正确的。这样，我们就能一下记住很多字。学韵母时，我们要分清前后鼻音，如果碰上一组字：清、请、情、晴、蜻、氰，这些字有一个共同的声符“青”，读音是 qing，后鼻音，由此我们可以做出判断：由“青”得声的形声字，也都是读后鼻音的。查字表可知，这个判断也是正确的。

三、纳西人怎样学习普通话声母

在探讨声母学习问题之前，我们需要把一些名词术语的内涵弄清楚，免得互相混淆。常听到有些人说“声母就是辅音，韵母就是元音”，这是把二者混为一谈的典型例子。其实声母、韵母和辅音、元音是两套来源不同，分析问题的角度不同的语言学术语。我国的语音学研究可谓源远流长，大约在东汉时期，我国的语言学家就已经学会分析汉语的音节结构，所以发明了用“反语”（反切）来拼读汉字字音。例如：“报、博耗切”。就是说，“报”字的读音由“博耗”两字拼读而成。方法是：取前一个字的声母，后一个字的韵母和声调。要拼出“报”字的读音，就从“博”取出声母 b（不管韵母），从“耗”取得韵母 ao 和声调：去声（不管声母）。这样，一个“报”字的正确读音就出来了。由此可见，我国在语音学研究方面不仅有悠久的历史，而且有很高的成就。古人把每个汉字的读音都用二分法分成两部分：开头的部分叫“声母”，后面的部分叫“韵母”。很明显，这是我国的语言学家分析汉语的音节结构时创造的术语。而辅音、元音则是西方语言学家使用的术语，传入我国也就是近百年的事。辅音是指气流在声腔中受到明显阻碍发出来的音，如 b、p。元音是指气流在声腔中没有受到明显的阻碍发出来的音，如 a、o。由此可见，辅音、元音是从音色的角度分析音素性质时使用的术语。声母、韵母是从分析汉字字音的音节结构时使用的术语。分析问题的角度不同，使用的术语也不同。那么二者的关系又是如何呢？以普通话为例，普通话的声母都是由辅音充当的，韵母则是由元音和元音与辅音（－n、－ng）结合起来充当的。打个比方：一个铝壳热水瓶可以从不同的角度分析，从结构分，可以把它分为两部分：水壶壳，水壶胆。从水壶的材料分析，做水壶壳的是铝片，做水壶胆的是玻璃。因此，不能把分析音节结构时用的术语（声母、韵母）与从音色的角度分析音素性质时用的术语（辅音、元音）混为一谈。

下面先让我们看看普通话和纳西语之间在声母方面有什么异同。

普通话声母表

b [p]	p [ph]	m [m]	f [f]	
d [t]	t [th]	n [n]		l [l]
g [k]	k [kh]		h [x]	
j [tɕ]	q [tɕh]		x [ɕ]	
zh [tʂ]	ch [tʂh]		sh [ʂ]	r [ʐ]
z [ts]	c [tsh]		s [s]	

纳西语声母表

[p]	[ph]	[mb]	[m]	[f]	[v]
[t]	[th]	[nd]	[n]		[l]
[k]	[kh]	[ŋg]	[ŋ]	[x]	[ɣ]
[tɕ]	[tɕh]	[ndʑ]	[ȵ]	[ɕ]	
[tʂ]	[tʂh]	[ndʐ]		[ʂ]	[ʐ]
[ts]	[tsh]	[ndz]		[s]	[z]

由上面两个语言声母的比较中，我们可以看出，无论是普通话还是纳西语，用来做声母的都是辅音。前文我们提到过，学习辅音声母要注意两个方面：发音部位；发音方法。发音部位是指发音时气流在声腔中受到阻碍的部位，发音方法是指气流突破阻碍的方式。普通话辅音声母的发音部位有以下 7 种：双唇，唇齿，舌尖中，舌根，舌面前，舌尖后，舌尖前。纳西语的辅音声母的发音部位也有 7 种：双唇，唇齿，舌尖中，舌根，舌面中，舌尖后，舌尖前。从上述的对比中不难看出，在发音部位方面，纳西语和普通话之间唯一有差别的是普通话的“舌面前”与纳西语的“舌面中”有所区别：普通话的舌面前音 j、q、x 的发音部位比纳西语的舌面中音［tɕ］［tɕh］［ɕ］稍偏前，纳西语中［tɕ］［tɕh］［ɕ］的实际音值是［tç］［tçh］［ç］，所以纳西人在发普通话的舌面前音时，要注意把发音部位稍往前挪。

普通话辅音声母的发音方法有 5 种：塞（音）（爆发音、爆破音、破裂音），擦（音）（摩擦音），鼻（音），边（音），塞擦（音）。纳西语辅音声母的发音方法也有这 5 种。学习辅音声母时，只要把发音部位找准，发音方法正确，就能发出正确的普通话声母。

普通话有 21 个声母，纳西语有 32 个声母。普通话中有的声母，纳西语中大多也都有，而且发音部位和发音方法也大致相同，所以纳西人学习普通话的声母没有许多困难。

在学习声母时，纳西人还要注意分清卷舌（翘舌）和不卷舌（即平舌音）。例如，寨、在，柴、才，山、三，这三对字，纳西人都读成不卷舌。在普通话里，前一个字都读卷舌音，后一个字读不卷舌音，这是需要分清的。在声母方面纳西人需要分清的字音，我们将在后面的字表中列出，供大家参考。

四、纳西人怎样学习普通话韵母

韵母方面，纳西语与普通话的差别较大。请看以下的对比：

普通话韵母						纳西语韵母						
a [ᴀ]	o [o]	e [ɤ]	i [i]	u [u]	ü [y]	[ɑ]	[o]	[ə]	[e]	[ɯ]	[u]	[y]
-i（前）	[ɿ]	-i（后）	[ʅ]	er [ər]	ê [ɛ]	[ər]	[ã]	[v]				
ai [ai]	ei [əi]	ao [ɑu]	ou [əu]			[i]	[i^{t}]	[ɿ]	[$ɿ^{t}$]	[ʅ]①		
ia [iᴀ]	ie [iɛ]	iao [iɑu]	iou [iəu]			[iɑ]		[iə]	[ie]	[iã]		
ua [uᴀ]	uo [uo]	uai [uai]	uei [uəi]			[uɑ]		[uə]	[ue]	[uaã]		
üe [yɛ]						[yø]			[ye]	[yaã]		
an[an]	en[ən]	ang[ɑŋ]	eng[ɤŋ]	ong[uŋ]								
ian[iɛn]	in[in]	iang[iɑŋ]	ing[iŋ]	iong[yŋ]								
uan[uan]	uen[uən]	uang[uɑŋ]	ueng[uɤŋ]									
üan[yɛn]	ün[yən]											

从上面的韵母比较中可以看出，纳西人学习普通话的难点主要在韵母。普通话的韵母有三种：单韵母，复韵母，鼻韵母。单韵母是由单个元音充当的。复韵母由两个以上的元音组成。鼻韵母由元音和鼻辅音结合而成。学习韵母先要学好单元音。单元音的发音要领有舌位、唇形、开口度三方面。舌位从竖坐标分析，分为前、央、后三种；从横坐标分析，分为高、半高、半低、低四种。唇形分为圆、不

① 纳西语中在音标的右上角加 t，表示紧元音，如 i^{t}、$ɿ^{t}$ 等。

圆两种。开口度分为开、半开、半闭、闭四种。由于开口度的开闭是与舌位的高低互相对应的，如舌位在“高”位时，开口度就处在“闭”的状态；反之，舌位在“低”位时，开口度就处在“开”位。所以，在描写语音时常把开口度略去。例如，i 是“前，高，不圆唇元音”，o 是“后，半高，圆唇元音”。学习单元音时，只要把舌位、唇形、开口度三者把握准了，那么，读出来的音肯定是正确的语音了。复韵母由两个以上的元音组成，只要把组成复韵母中的每一个单元音都读准了，掌握复韵母也就不难了。当然，在复韵母中有主要元音与韵头、韵尾等区别，但是这些方面都是不难掌握的。鼻韵母由元音和鼻尾音组成。普通话中的鼻尾音只有 -n、-ng 两个。-n 一般称为前鼻音，-ng 称为后鼻音。纳西人学习鼻韵母的难度不大，难的是要记住常用汉字中哪些字是读前鼻音的，哪些字是读后鼻音的，这就要靠学习者下功夫去记了。

下面分别说明。

1. 单韵母：

普通话的单韵母有 10 个：a、o、e、i、u、ü、-i（前）、-i（后）、er、ê。其中，a 是央元音，国际音标写成［A］，而纳西语的单韵母［ɑ］是后［ɑ］，国际音标写成［ɑ］，舌位偏后。所以，纳西人读“啊、他、大、呀、哇”等字音时应把舌位稍往前挪，就可以发成央［A］了。央［A］和后［ɑ］音色上有明显的区别，注意分辨两者之间的不同点，这个音不难学好。

普通话的 o 舌位偏后，属后列元音，而纳西语的［o］舌位偏前，二者的音色也有明显的区别，要注意分辨。

普通话的 o 与 e 舌位相同，只有唇形上的区别。o 是圆唇元音，e［ɤ］是不圆唇元音。

普通话中 i、u、ü 的舌位、唇形、开口度与纳西语中的［i］［u］［y］相同，所以，这三个韵母纳西人不用特别去学。

普通话的单韵母中有 4 个特别韵母，它们是：-i（前）、-i（后）、er、ê。其中，-i（前）是指 z、c、s 后面的舌尖前元音，国际音标写成［ɿ］；-i（后）是指 zh、ch、sh、r 后面的舌尖后元音，国际音标写成［ʅ］。这两个元音不用特别去学，把 z、c、s 读延长，后面听到的就是 -i（前）［ɿ］；把 zh、ch、sh、r 读延长，后面听到的就是 -i（后）［ʅ］。有的人把纳西语的［ts］［tsh］［s］后面的元音写成［ɯ］，这是不正确的。［ɯ］与［u］是同舌位的“舌面后高不圆唇元音”，而［ɿ］是“舌尖前高不圆唇元音”，二者之间在音色和舌位方面都有明显的区别，不能混为一谈。

由上面的分析可以看出，在汉语拼音方案中，i 这个字母分别代表 3 个不同的音：在舌尖前音声母 z、c、s 后面代表舌尖前元音［ɿ］；在舌尖后音（卷舌音）声母 zh、ch、sh、r 后面代表舌尖后元音［ʅ］；在其他声母后面代表舌面前高不圆唇元音［i］。例如，资 zi［tsɿ］，词 ci［tshɿ］，四 si［sɿ］；之 zhi［tʂʅ］，迟 chi [tʂhʅ]，使 shi [ʂʅ]，日 ri [ʐʅ]；比 bi [pi]，皮 pi [phi]，低 di [ti]，体 ti [thi]，记 ji [tɕi]，其 qi [tɕhi] 等。一个字母代表三个读音，是不是有点麻烦？会不会因此引起混乱？答案是否定的。根据语音学原理，字母 i 代表的这三个读音之间存在着互补关系，即它们不会在同一场合出现，因此，不会引起混乱。用一个字母代表三个读音，体现了拼写上的经济原则。

ê 是舌面元音，音值与第 3 号标准元音（Cardinal Vowels）[ɛ] 相当。这个音说来也不特别，不过除了在读字母表时或在象声词中用到它外，一般不单独用，只在 i、ü 后面出现，与 i、ü 组成复元音 ie、üe，同时如果 ê 前有 i、ü 的话，ê 头上的尖帽就可以略去。换句话说，i、ü 后面的 e，实际是 [ɛ]，不是单元音中的 e [ɤ]（即"格"的韵母）。从以上分析不难看出，汉语拼音方案中，字母 e 代表两个不同的音：单用及在声母后代表 [ɤ]，在 i、ü 后代表 [ɛ]。

普通话的 er，发音时舌尖翘起，而纳西语的 ər 是舌面翘起，二者音色非常相似，但发音部位是有区别的。

2. 复韵母和鼻韵母：

复韵母和鼻韵母是纳西人学习普通话时最难的难点。因为纳西语中没有前响复元音，也没有鼻音尾韵，所以纳西人在学习普通话时把很多韵母都搞混了。例如，ai、an、ang；ei、en、eng；a、ao；ia、iao；e、en、eng；i、in、ing；u、ong；iou、iong 等，本来在普通话中不同音的字，纳西人却读成了同音。举例如下：

该，甘，刚	读成	[kã]	大，到	读成	[tɑ]
开，刊，康	读成	[khã]	牙，摇，	读成	[jɑ]
衣，音，英	读成	[ji]	杯，奔，	读成	[pe]
头，同，	读成	[thə]	跟，耕，	读成	[ke]
孩，寒，航	读成	[xã]	有，勇，	读成	[jə]

要分清这些韵母，首先要把普通话的这些韵母读准。例如，ai 是从 a 开始往 i 的方向移动，到接近 i 的地方结束。可以把"啊、衣"合起来读练习这个音，但要注意，"啊"必须读成前 a，发音时，舌尖顶住下齿背，口大开，嘴角往两边咧，可以发好前 a。纳西语中的 a 是后 [ɑ]，要注意区分。

普通话中 ei 的主要元音是比第二号标准元音 [e] 稍偏后的 [e]（也有人认为是中央 [ə]，由于受尾音 i 的影响，所以使舌位稍稍提高并前移）。

普通话的 ai、ei 后面都有 i，ao、ou 后面都有 u。纳西人常把普通话的 ai 读成 [ã]，把 ei 读成 [e]，把 ao 读成 [ɑ]，把 ou 读成 [ə]，并且由于纳西语中没有鼻音尾韵，所以常常把普通话中带 -n、-ng 尾的字读成纳西语中现成的鼻化音 [ã]，或者读成没有尾音的 [ə] 或 [e]。因此，纳西人学习复韵母时，要注意把尾音 -i 和 -u 读出来。例如，ai，可以用"啊、衣"来练习，但要注意把"啊"

读成前 a，即普通话中“爱”的开头的那个音。

ao 中主要元音 a 是后［ɑ］，与纳西语中的［ɑ］相同，纳西人可以用“啊五”来练习，这个韵母中的“啊”就可以用纳西语的后［ɑ］了。

普通话的 ou 中的 o，实际音值是中央［ə］，舌位在中央，唇形自然。有的人看见 ou 中的 o，就用圆唇的 o 来读 ou，这是不正确的。Ia、ua 中的 a 是央［ᴀ］。Ie、üe 中的 e，实际音值是第三号标准元音［ɛ］。Iou、uei 与辅音拼合时，简化成 iu、ui，如 jiu、gui，这在语音上也是有根据的。在 jiu 中，主要元音 o（实际音值是［ə］）已被弱化，所以拼写成 jiu。uei 前拼声母时拼省写作 ui，如归 gui，也与主要元音已被弱化有关。这些拼写形式在一定程度上反映了语音实际。

an、en、ian、in、uan、uen、üan、ün 这 8 个韵母的韵尾都是 -n，一般称它们为前鼻音韵母。纳西语中没有这种韵母，所以纳西人学习这些韵母时，要注意要领。首先把主要元音读准，然后在主要元音后面紧接着读 n。这个 n，不能读成与声母表中的读音 n 一样，而只能读一半，即前半段。注意不要把后面的 e 带出来。纳西人可用主要元音后放个“奴”音来练习。例如，in 可以用“衣、奴”来读，应该说这些音不难学会。

ang、eng、ong、iang、ing、iong、uang、ueng 这 8 个韵母的韵尾都是 - ng，是舌根鼻音，又叫后鼻音，国际音标写作［ŋ］。纳西人读“额”字时，前半段就是这个音。ang 中的主要元音 a 是后［ɑ］，与纳西语的后［ɑ］相同。纳西人可以用“啊额”来学习这个音。eng 中的主要元音 e，实际音值是后半高不圆唇元音［ɤ］，这个音与 o 的舌位相同，只是唇形不同而已。ong 中的 o 实际音值是［ʊ］，即一般所谓“松 u”，舌位比 u 稍低，口稍开。ing 的主要元音 i 后常带有一个弱化了的中央［ə］。iong 的主要元音是 ü。纳西人学习这 8 个后鼻音韵母时，在读准了主要元音以后，紧接着读一个“额”，就可以把后鼻音学好。

五、纳西人怎样学习普通话声调

声调方面，普通话和纳西语中的汉语借词读音都只有四个声调：

普通话声调			纳西语声调		
调类	调值	例　字	调类	调值	例　字
阴平	55	高山之巅	平	11	人民才能
阳平	35	言辞平和	上	33	中都水井
上声	214	好友永久	去	55	盖半利运
去声	51	正大胜利	入	24	笔铁麦读

在声调方面，首先要把普通话的四个调读准。普通话的阴平音高特别高，南方人学普通话时阴平调常常读不高，所以要提高嗓音读，才能把北京语音的阴平调学好。纳西人在学习普通话声调时，最大的难点在于分清阴平和上声两个调。例如，诗、使；兵、丙；金、紧；灯、等；方、纺，等等。在昆明官话里，阴平和上声的调值相近（阴平 44，上声 53），所以纳西人学昆明话时，分不清它们之间的差别，于是把它们混成同一个调，用纳西语的 33 调来读。这样，在云南说这种像昆明口音的官话时问题还不大，但要是学说普通话，阴平和上声不分，就会带来麻烦，有时可能造成误会。例如，把“枯的”说成“苦的”，听话者就不能正确理解说话者的原意。把阴平和上声分开是纳西人学习普通话过程中的又一个难点。因为读阴平和读上声的字的数量相当大，要在短时间内把二者分开是不容易的。好在普通话的阴平和上声的调值差异较大（阴平读 55 调，上声读 214 调），而且上声在连读时都要变调，两个上声相连，前一个变读阳平（也有人认为变为近似阳平的 24 调）或半上（即上声的前半段 21 调）。例如，礼品、水井，前一个字变为阳平；耳朵、椅子，前一个字变为半上。但是，读阴平的字在连读中大多不变调。这样，纳西人要分清阴平和上声，除了利用书面材料之外，更重要的是利用听力，因为现在能听到普通话的机会很多，广播、电影、电视中到处都有，还有在你周围会说正确的普通话的人日益增多，从这些渠道，都可以听到阴平和上声的不同读音。只要你留心听，用这个办法也可以帮助你分清一部分字。纳西人需要分清的大部分阴平和上声字，我们在字表中已经列出，供大家参考。

附录一：纳西人学习普通话时需要区分的字

纳西语	普通话
pɑ^{33}	bā 巴疤吧芭笆粑
	bǎ 把靶
	bāo 包胞苞褒
	bǎo 宝保饱堡葆褓
pɑ^{55}	bà 霸坝罢
	bào 报抱爆暴豹刨鲍曝
pɑ^{24}	bā 八
	bá 拔跋
phɑ^{11}	pá 爬琵耙
	páo 袍庖刨炮（炮烙）
phɑ^{33}	pā 趴葩
	pāo 抛脬泡
	pǎo 跑
phɑ^{55}	pà 怕帕
	pào 泡炮
mɑ^{11}	má 麻蔴痳
	máo 毛矛茅锚旄牦蟊
mɑ^{33}	mā 妈
	mǎ 马码玛蚂犸
mɑ^{55}	mà 骂吗
	mào 帽冒貌耄袤
mɑ^{24}	mā 抹
fɑ^{24}	fā 发
	fá 伐罚阀乏筏
	fǎ 法
	fà 髮
tɑ^{33}	dǎ 打
	dāo 刀叨忉

	dǎo 岛捣倒祷
tɑ^{55}	dà 大
	dào 到道稻盗
	dǎo 蹈
tɑ^{24}	dā 搭答（答应）
	dá 达答（回答）
thɑ^{11}	tāo 涛
	táo 桃逃陶淘绹
thɑ^{33}	tā 他她它
	tāo 滔绦
	tǎo 讨
thɑ^{55}	tào 套
thɑ^{24}	tā 踏塌
	tǎ 塔獭
	tà 榻沓蹋
nɑ^{11}	ná 拿
	náo 挠铙
nɑ^{33}	nǎo 脑恼
nɑ^{55}	nà 那
	nào 闹淖
nɑ^{24}	nà 纳呐衲钠
lɑ^{11}	lāo 捞
	láo 劳牢唠
lɑ^{33}	lā 拉啦
	lǎ 喇
	lǎo 老佬姥
lɑ^{24}	là 辣蜡腊邋
tsɑ^{33}	zhā 渣喳楂
	zāo 遭糟
	zǎo 早澡枣藻蚤
	zhāo 昭招朝
	zhǎo 沼找
tsɑ^{55}	zhà 炸乍诈榨栅
	zào 灶皂燥
	zhào 赵照罩兆肇召诏笊
tsɑ^{24}	zā 扎匝咂
	zá 杂砸
	zǎ 咋
	zhā 扎
	zhá 闸铡轧札炸（油炸）
	zhǎ 眨
tshɑ^{11}	chá 茶查察搽茬
chá	朝潮巢嘲晁
	cáo 曹槽
tshɑ^{33}	chā 叉差（差别）
	chà（差不多）
	cāo 操
	cǎo 草
	chāo 超抄钞
	chǎo 吵炒
tshɑ^{55}	chà 岔诧
tshɑ^{24}	cā 擦
	chā 插
	chá 察
sɑ^{11}	sháo 韶苕
sɑ^{33}	sā 撒
	sǎ 洒
	sà 萨
	shā 沙纱砂莎鲨杉（杉木）
	shǎ 傻
	shā 厦
	sāo 骚搔
	sǎo 扫嫂
	shāo 烧稍梢捎
	shǎ 少
sɑ^{55}	shào 绍邵少
sɑ^{24}	shā 杀煞
zɑ^{11}	ráo 饶
zɑ^{33}	rǎo 扰
zɑ^{55}	rào 绕
kɑ^{33}	gāo 高膏糕皋篙羔睾

	gǎo 搞稿镐缟
kɑ^{55}	gào 告部诰
	jiào 窖
khɑ^{33}	kā 咖
	kǎ 卡
	kǎo 考烤拷
khɑ^{55}	kào 靠犒
ŋɑ^{11}	áo 熬敖鳌螯翱獒
ŋɑ^{33}	ǎo 袄；
ŋɑ^{55}	ào 奥澳懊傲拗坳
xɑ^{11}	háo 毫亳豪郝濠嚎壕
xɑ^{33}	hā 哈
	hāo 蒿
	hǎo 好
xɑ^{55}	hào 浩耗号皓昊好（爱好）
ko^{33}	gē 哥歌戈
	guō 锅
	guǒ 果裹
ko^{55}	gè 个
	guò 过
ko^{24}	gē 割鸽
	gé 阁
	gě 葛
	gè 各
	jiǎo 角
kho^{33}	kē 科颗柯棵珂苛
kho^{55}	kè 课骒
kho^{24}	ké 壳
	kě 渴
ŋo^{33}	wǒ 我
xo^{11}	hé 和荷何河禾
xo^{33}	hē 喝
	huǒ 火伙
xo^{55}	huò 货祸
	hè 贺
xo^{24}	hé 合盒颌
	hè 褐壑鹤
	huò 藿
o^{11}	é 俄鹅娥蛾
o^{33}	ē 屙婀阿（阿胶）
	wō 窝蜗涡倭莴
o^{55}	è 饿
	wò 卧
o^{24}	é 讹
	è 鳄恶鄂愕萼腭
pã^{33}	pāi 掰
	pǎi 摆
	pān 班般斑搬扳颁瘢；
	pǎn 板版坂
	pāng 帮邦梆浜
	pǎng 绑榜
pã^{55}	bài 拜败稗
	bàn 半办伴拌扮跘绊瓣
	bàng 棒谤
phã^{11}	pái 牌排徘
	pán 盘磐蟠蹒
	páng 旁彷螃滂膀庞
phã^{33}	pān 潘攀
phã^{55}	pài 派湃
	pàn 盼判畔叛拚（拚命）襻
	pàng 胖
mã^{11}	mái 埋霾
	mán 瞒蛮馒
	máng 忙芒盲氓硭茫邙
mã^{33}	mǎi 买
	mǎn 满螨
	mǎng 莽蟒
mã^{55}	mài 卖
	màn 慢曼蔓幔漫缦
fã^{11}	fān 帆

	fán 烦繁樊凡
	fáng 房防访舫坊（作坊）妨（妨碍）
fã^{33}	fān 翻番幡
	fāng 方芳坊（牌坊）
fã^{55}	fàn 饭泛范犯贩梵
	fàn 放
vã^{11}	wáng 亡
	wàng 忘
vã^{33}	wǎn 晚挽
	wǎn 网惘魍枉罔
vã^{55}	wàng 望妄
	wàn 万
tã^{33}	dāi 呆
	dǎi 歹
	dān 单丹聃眈郸担
	dǎn 胆掸
	dāng 当裆
	dǎng 党挡
tã^{55}	dài 代带待戴袋贷黛逮怠
	dàn 但旦淡蛋氮诞弹惮澹
	dàng 宕档荡砀
thã^{11}	tái 台抬薹苔枱
	tán 谈坛坛谭弹檀潭
	táng 糖唐堂棠塘膛搪
thã^{33}	tāi 胎
	tān 贪瘫摊坍
	tǎn 毯坦
	tāng 汤趟（蹚水）
	tǎng 淌躺
	tàng 趟（去一趟）
thã^{55}	tài 太泰态汰
	tàn 叹探炭碳
	tàng 烫
nã^{11}	nán 南男难楠喃腩
	náng 囊囔馕
nã^{33}	nǎi 乃奶氖
nã^{55}	nài 耐奈
	nàn 难（苦难）
lã^{11}	lái 来莱崃
	lán 兰蓝褴栏蓝篮岚拦澜婪
	láng 狼琅榔郎廊螂鎯
lã^{33}	lǎn 览揽懒缆榄
	lǎng 朗
lã^{55}	lài 赖睐籁癞
	làn 烂滥滥
	làng 浪莨阆
tsã^{33}	zāi 灾栽哉
	zhāi 斋
	zǎi 宰崽仔载
	zān 簪
	zhān 粘沾詹瞻毡
	zhǎn 展斩盏崭
	zāng 脏赃臧牂
	zhāng 张樟章彰獐蟑
	zhǎng 涨长掌
tsã^{55}	zài 在再载
	zhài 寨债
	zàn 赞暂
	zhàn 站占战蘸绽栈湛
	zàng 葬藏脏
	zhàng 帐丈仗杖账胀障幛扙瘴
tshã^{11}	cái 才财材裁
	chái 柴豺
	cán 惭残
	chán 缠馋禅蝉谗婵廛
	cáng 藏
	cháng 长尝常场肠嫦
tshã^{33}	cāi 猜

	chāi 钗差
	cǎi 彩采踩採睬
	cān 参餐掺
	cǎn 惨
	chǎn 产铲
	cāng 仓苍舱沧
	chāng 昌娼伥菖猖鲳
	chǎng 厂敞氅场
ʦhã^{55}	cài 菜蔡
	càn 忏灿
	chàng 唱倡畅怅
sã^{11}	shǎn 陕
	chán 禅蝉
sã^{33}	sāi 腮
	shāi 筛
	sān 三
	sǎn 伞散
	shān 山删珊膻杉（杉树）
	shǎn 闪
	sāng 桑丧
	sǎng 嗓搡
	shāng 商伤殇墒觞
	shǎng 赏晌
sã^{55}	sài 赛
	shài 晒
	sàn 散
	shàn 善擅膳扇赡汕缮蟮鳝单骟
	shàng 上尚绱
zã^{11}	rán 然燃
	ráng 瓤
zã^{33}	rǎn 染冉
	rǎng 嚷壤攘
zã^{55}	ràng 让
kã^{33}	gāi 该赅陔垓
	gǎi 改
	jiē 街阶皆
	jiě 解
	gān 甘干柑肝竿疳尴
	gǎn 感敢赶杆擀橄
	gāng 肛刚钢缸纲冈堽罡
	gǎng 港岗
kã^{55}	gài 盖丐
	jiè 界介届戒芥
	xiè 械
	gàn 干
	gàng 杠
khã^{11}	káng 扛
khã^{33}	kāi 开揩
	kǎi 楷凯铠恺
	kān 刊勘龛堪戡
	kǎn 砍坎侃
	kāng 康糠慷
khã^{55}	gài 概溉
	kǎi 慨
	kàn 看阚瞰
	kàng 抗亢炕伉
ŋã^{11}	āi 挨埃
	ái 癌
	yá 崖涯
	yán 岩
	áng 昂卬
ŋã^{33}	āi 哀
	ǎi 霭蔼矮
	ān 安氨庵鞍谙鹌
	āng 肮
ŋã^{55}	ài 爱艾碍暧隘嫒
	àn 暗岸按案闇
	àng 盎
xã^{11}	hái 孩还骸

xié 鞋
hán 寒含函韩晗涵颔菡
xián 衔
háng 航行杭绗桁
xã^{33} hǎi 海
xiè 蟹
hān 酣憨鼾
hǎn 喊罕
hāng 夯
xã^{55} hài 害亥氦
hàn 汗汉焊翰旱撼悍捍瀚
xiàng 项巷
pə^{33} bāo 褒
bēng 崩绷
pə^{24} běi 北
bái 白
bǎi 百柏
bó 伯帛泊
phə^{11} péng 朋鹏蓬彭篷硼
phə^{33} pěng 捧
phə^{55} pèng 碰
phə^{24} pāi 拍
pò 迫魄
mə^{24} mài 麦脉
mò 墨默陌没
méi 没
fə^{11} fú 浮孚俘
féng 逢冯缝
fə^{33} fǒu 否缶
fēng 风疯丰封峰锋枫蜂
fə^{55} fèng 凤奉奉缝俸
tə^{33} dōu 兜蔸
dǒu 斗抖陡
dōng 东冬氡
dǒng 懂董
tə^{55} dòu 豆斗逗窦荳
dòng 动洞栋冻侗峒垌硐
thə^{11} tóu 头投
tóng 同铜童瞳桐佟潼彤仝
thə^{33} tōu 偷
tōng 通
tóng 筒
tǒng 桶统捅
thə^{55} tòu 透
tòng 痛恸
nə^{11} nóng 农浓侬脓
lóng 隆
lə^{11} lóu 楼
lóng 龙笼聋胧砻
lə^{33} lǒu 搂喽篓
lǚ 缕
lǒng 陇垄垅
lə^{55} lòu 漏陋瘘
nòng 弄
tsə^{33} zhē 遮
zhě 者
zōu 邹
zhōu 周州洲
zǒu 走
zhǒu 肘帚
tsə^{55} zòu 奏揍
zhòu 咒皱昼宙胄纣籀
tsə^{24} zhé 折哲摺
zhè 浙
tshə^{11} chóu 仇筹稠酬绸俦畴
tshə^{33} chē 车
chě 扯
chōu 抽
chǒu 丑
tshə^{55} còu 凑

	chòu 臭
tshə^{24}	chè 撤澈彻坼
	zhé 辙辄
	chāi 拆
sə^{11}	shé 蛇
sə^{33}	shē 奢赊
	shě 舍
	sōu 搜艘嗖馊飕
	sǒu 叟
	shōu 收
	shǒu 手首守
sə^{55}	shè 社射舍涉赦
	sòu 嗽
	shòu 受瘦售兽寿授绶狩
zə^{33}	rě 惹
zə^{24}	rè 热
kə^{33}	gōu 沟勾钩
	gǒu 狗苟枸
kə^{55}	gòu 够购构垢诟媾彀
kə^{24}	gē 胳
	gé 格隔膈革
khə^{33}	kōu 抠
	kǒu 口
khə^{55}	kòu 扣叩蔻寇
khə^{24}	ké 咳
	kè 克客刻
ŋə^{33}	ōu 欧鸥殴讴瓯
	ǒu 偶藕耦呕
ŋə^{55}	òu 沤怄
hə^{11}	hóu 侯喉猴
hə^{33}	hǒu 吼
hə^{55}	hòu 后厚候逅鲎
hə^{24}	hēi 黑
	hé 核
	hè 赫
	hài 骇

pe^{33}	bēi 杯悲碑卑
	bì 婢
	bēn 奔犇贲锛
	běn 本苯
pe^{55}	bèi 贝被背倍蓓悖惫碚
	bèn 笨
phe^{11}	péi 陪培赔裴
	pén 盆湓
phe^{33}	pēi 胚呸醅
	pī 丕坯呸醅
	pēn 喷
	pēng 烹
phe^{55}	pèi 配佩沛霈旆
me^{11}	méi 梅眉煤枚媒霉玫莓嵋
	mén 门们
me^{33}	měi 每美
me^{55}	mèi 妹媚昧魅袂寐眛
	mèn 闷焖懑
fe^{11}	féi 肥淝腓
	fén 坟焚汾
fe^{33}	fēi 非飞菲妃啡扉
	fěi 匪诽翡斐菲（菲薄）
	fēn 分芬纷氛吩酚
fe^{55}	fèi 费废肺沸痱狒
	fèn 奋粪愤忿份
ve^{11}	wēi 微
	wéi 唯维惟薇
	wén 文闻纹蚊雯
ve^{33}	wěi 尾
	wěn 稳刎吻紊
ve^{55}	wèi 未味
	wèn 问汶
te^{33}	dēng 登灯
	děng 等戥
te^{55}	dèng 邓瞪蹬澄镫

te^{24}	dé 得德
	de 得（打得好）
the^{11}	téng 疼腾藤藤誊螣
the^{24}	tè 特
ne^{11}	néng 能
ne^{55}	nèn 嫩
le^{33}	lěng 冷
le^{55}	lèng 楞愣
le^{24}	lēi 肋
	lè 勒
	liè 猎劣
tse^{33}	zhēn 真针珍贞侦臻甄斟砧榛桢祯
	zhěn 枕诊疹缜
	zēng 曾增憎
	zhēng 争狰睁蒸徵挣征筝铮钲
	zhěng 整拯
tse^{55}	zhèn 镇阵震圳振赈朕鸩
	zèng 赠憎甑
	zhèng 正证郑症挣帧政诤
tse^{24}	zé 则责
	zè 仄
	zéi 贼
	zhé 谪
	zhāi 摘
	zhái 翟
	zhǎi 窄
tshe^{11}	chén 陈沉臣尘橙
	céng 层曾
	chéng 成城诚呈程承乘丞
	chěng 逞
tshe^{33}	chēn 琛郴抻
	chēng 称撑
tshe^{55}	chèn 衬趁谶
	chèng 秤
tshe^{24}	cè 测厕侧册策恻
	zé 泽择
	zhái 宅
se^{11}	shén 神
	chén 晨辰
se^{33}	sēn 森
	shēn 深身申伸莘参绅砷娠
	shěn 审婶沈
	sēng 僧
	shēng 生升声昇陞甥笙牲
	shěng 省
se^{55}	shén 什
	shèn 甚慎肾渗
	shèng 胜圣盛剩晟
se^{24}	sè 色瑟涩塞啬穑
ke^{33}	gēn 跟根
	gēng 耕更庚羹赓
	gěng 梗埂哽
ke^{55}	gén 哏
	gèn 艮
	gèng 更
khe^{33}	kěn 肯啃恳垦
	kēng 吭坑铿
ŋe^{33}	ēn 恩
ŋe^{55}	yìng 硬
xe^{11}	héng 衡恒
	hēng 亨
xe^{33}	hěn 很狠
	hēng 哼
xe^{55}	hèn 恨
pi^{33}	bǐ 比彼匕妣
	bīn 彬斌宾滨槟豳濒傧缤
	bīng 兵冰
	bǐng 丙饼柄炳秉禀摒

	bìng 併
pi^{55}	bì 闭避弊敝蔽蓖
	bìng 病并
pi^{24}	bī 逼
	bí 鼻
	bǐ 笔
	bì 必碧壁璧弼
phi^{11}	pí 皮疲脾琵啤蚍毗
	pín 贫蘋颦嫔频
	píng 平凭评萍坪瓶屏枰
phi^{33}	pī 批披坯丕砒
	pǐ 匹痞
	pīn 拼姘
	pǐn 品
	pìn 牝
	pīng 乒
phi^{55}	pì 屁
	pìn 聘
mi^{11}	mí 迷弥祢
	mín 民珉旻岷
	míng 名明鸣铭冥茗暝溟
mi^{33}	mī 咪眯
	mǐ 米
	mǐn 敏闽闵悯泯抿
mi^{55}	mì 觅
	mìng 命
ti^{33}	dī 低
	dǐ 抵底诋砥柢
	dīng 丁钉叮盯
	dǐng 顶鼎
	dì 的（目的）
	de 的（我的）
ti^{55}	dì 第地弟睇帝递蒂娣谛
	de 地（慢慢地走）
	dìng 定锭订碇
ti^{24}	dī 滴
	dí 敌嫡狄荻笛迪涤嘀籴
thi^{11}	dī 堤
	tí 题蹄提啼鹈
	tíng 停亭婷廷庭霆蜓
	tǐng 挺艇
thi^{33}	tī 梯锑
	tǐ 体
	tīng 厅
	tì 屉
thi^{55}	tì 替剃涕
	tīng 听
thi^{24}	tī 踢剔
	qì 泣
ni^{11}	ní 泥尼呢倪
	yí 宜疑
ni^{33}	nǐ 拟
	níng 凝
ni^{55}	nì 腻
	lìn 吝蔺赁
	nìng 佞
ni^{24}	nì 逆匿溺睨
li^{11}	lí 黎梨离厘狸犁璃漓篱罹
	lín 林琳临淋邻霖磷麟鳞粼
	líng 零玲灵凌陵铃龄菱伶绫聆羚蛉棂囹
	níng 宁
	lì 历
li^{33}	lǐ 里李礼理鲤蠡
	líng 瓴
	lǐng 领岭凛廪懔
li^{55}	lì 利例丽莉俐吏荔隶戾詈砺励唳

lìng 令另

li^{24} lì 粒栗笠

tsi^{33} jǐ 挤

jīn 津

jǐn 尽（尽管）

qīn 侵

qǐn 寝

jīng 精晶睛旌

jǐng 井

jiě 姐

tsi^{55} jì 济际剂祭

jìn 进晋浸缙尽（尽头）

jìng 静净靖

jiè 借

tsi^{24} jī 缉

jí 即集籍疾脊瘠辑嫉

jì 稷迹绩迹寂藉鲫

tshi^{11} qí 齐脐荠

qín 秦

qíng 情晴

tshi^{33} qī 妻凄

qīn 亲

qīng 青清蜻

qǐng 请

qiě 且

tshi^{55} qìn 沁

qìng 磬罄箐亲（亲家）

tshi^{24} qī 七漆缉（缉鞋口）

qì 戚

xī 膝

si^{33} xī 西犀

xǐ 洗徙玺

xiē 些

xiě 写

xīn 心辛芯新锌薪

xīng 星腥

xǐng 醒

si^{55} xì 细

xiè 谢泻卸泄

xìn 信

xìng 性姓

si^{24} xī 息熄惜锡悉昔夕析矽汐

xí 习席媳袭

tɕi^{33} jī 鸡机几肌姬基饥箕奇稽羁讥

jǐ 己

jì 纪

jīn 金今巾襟斤筋

jǐn 仅紧锦谨

jīng 经京惊荆茎鲸

jǐng 景警

jìng 境

tɕi^{55} jì 寄计记既季妓忌蓟屐系（系鞋带）

tɕi^{24} jī 激击

jí 及级极急吉汲棘

jǐ 戟

jì 髻

tɕhi^{11} qí 其奇旗琪骑棋崎祈岐歧祺麒祁芪

qín 琴芹勤禽擒衾噙

qíng 擎

qié 茄

tɕhi^{33} qī 欺期

qǐ 启起企岂杞

qīn 钦

qīng 轻卿倾

qǐng 顷

tɕhi^{55} qì 气器汽汽契憩

qìng 庆

ɕi^{33} xī 分希嘻溪奚熙稀牺

xǐ 喜曦嬉禧
xīn 欣鑫馨忻昕
xīng 兴
ɕi^{55} xì 系戏
xìng 幸兴杏
ji^{11} yí 仪移夷姨怡颐咦贻遗沂
yín 银寅吟淫夤霪
yíng 赢羸瀛迎营盈莹荧萤萦
ji^{33} yī 衣依伊医漪
yǐ 蚁矣倚椅以苡已
yě 冶
yīn 音因阴殷姻荫茵
yǐn 引尹隐瘾
yīng 英樱婴鹰莺膺鹦
yíng 蝇
yǐng 影颖缨郢
ji^{55} yì 义易意艺异翼议忆亿毅裔诣佚羿
yè 夜液
yìn 印胤洇窨
yīng 应（应该）
yìng 映应
ji^{24} yī 一
yì 逸益溢役奕邑译懿驿疫亦抑
mu^{11} móu 谋眸
méng 朦檬
měng 蒙
mu^{33} mǔ 母亩姆拇牡
mǒu 某
měng 猛懵
mu^{55} mù 幕墓慕募暮
mèng 梦孟
mu^{24} mù 木沐目沐睦苜穆
lu^{11} lú 卢炉芦庐泸鲈舻鸬
lǘ 驴
lu^{24} lù 录陆鹿麓禄渌戮碌
lǜ 绿
ʦu^{33} zōng 宗综棕鬃椶踪
zǒng 总
zhōng 中忠衷终钟锺衷螽踵
zhǒng 肿种冢
ʦu^{55} zòng 纵粽
zhòng 重中种仲众
tshu^{11} cóng 从丛
chóng 虫重崇
tshu^{33} cōng 聪葱匆囱
chōng 冲充舂憧
chǒng 宠
thu^{55} chòng 铳
su^{33} sōng 松嵩
sǒng 耸悚怂竦
su^{55} sòng 送宋颂诵讼
zu^{11} róu 柔揉
róng 绒戎
zu^{33} rǒng 冗
ku^{33} gōng 工公功攻宫弓供龚恭躬蚣
gǒng 巩汞拱
ku^{55} gòng 共贡供
khu^{33} kōng 空箜
kǒng 孔恐
khu^{55} kòng 控空
xu^{11} hú 胡湖糊葫蝴壶狐弧鹄
hóng 红宏洪鸿虹弘泓
xu^{33} hū 呼乎
hǔ 虎唬浒
hōng 轰烘
hǒng 哄

	hòng 讧
xu^{55}	hù 户护沪互扈戽瓠怙
xu^{24}	hū 忽
	hú 斛
	hù 笏
	huò 获
wu^{11}	wú 吴吾梧
wu^{33}	wū 乌污呜坞邬
	wǔ 五午伍
	wēng 翁嗡
wu^{55}	wù 误悟晤
	wù 恶（可恶）
	wèng 瓮蕹
wu^{24}	wū 屋
	wò 握沃
tsɿ^{33}	zī 资姿兹滋缁辎锱孜
	zǐ 子梓籽紫姊滓
	zū 租
	zǔ 组祖俎
	zhū 猪朱珠诸诛株茱蛛洙
	zhǔ 主煮拄渚
tsɿ^{55}	zì 字自渍恣牸
	zhù 住驻注柱蛀著铸箸助贮苎
tsɿ^{24}	zú 足卒
	zhú 竹烛逐竺术
	zhǔ 瞩嘱
	zhù 祝筑
	zhōu 粥
	zhóu 妯轴
tshɿ^{11}	cí 词祠瓷辞磁慈
	chú 除橱锄雏躇厨
	chǔ 储褚
tshɿ^{33}	cī 疵差（参差）
	cí 雌
	cǐ 此
	cū 粗
	chū 初
	chǔ 处楚础杵
	shǔ 薯鼠
tshɿ^{55}	cì 次刺赐伺
	cù 醋
	chù 处
tshɿ^{24}	cù 促簇猝蹴
	chū 出
	chù 畜
	zú 族
sɿ^{33}	sī 思斯丝私司撕蛳
	shī 师
	sū 苏酥稣
	sǐ 死
	shū 书输舒输梳蔬疏纾殊
sɿ^{55}	sì 四饲肆泗似巳嗣祀驷寺姒俟
	shì 事士仕
	sù 素诉塑愫
	shù 数树竖恕庶戍
sɿ^{24}	sú 俗
	sù 速宿夙肃溯粟谡
	shū 叔淑
	shú 熟孰塾
	xù 续
zɿ^{11}	rú 如茹儒濡孺
zɿ^{33}	rǔ 乳汝擩
zɿ^{24}	rǔ 辱
	rù 入褥
	ròu 肉
tʂʅ^{33}	zhī 之知支枝汁芝脂肢吱只
	zhǐ 指止址纸旨祗趾芷

	zhè 蔗
tʂʅ^{55}	zhì 至志制治智滞稚痣峙窒致雉彘痔
tʂʅ^{24}	zhī 织
	zhí 直值殖植职执絷侄
	zhǐ 只
	zhì 质置挚掷
	zhé 蛰
tʂhʅ^{11}	chí 池持迟驰
tʂhʅ^{33}	chī 痴嗤
	chí 匙
	chǐ 齿耻侈
tʂhʅ^{55}	chì 翅斥叱
tʂhʅ^{24}	chī 吃
	chǐ 尺
	chì 赤敕炽
ʂʅ^{11}	shí 时莳
	chǐ 豉
ʂʅ^{33}	shī 诗尸屍施
	shǐ 使史始驶屎驶矢
ʂʅ^{55}	shì 视是式市试世势饰誓氏嗜侍恃拭弑谥
	zhì 峙
ʂʅ^{24}	shī 湿失
	shí 十实石拾食识
	shì 室适释
ʐʅ^{24}	rì 日
piɑ^{33}	biāo 标彪飚镖膘骠
	biǎo 表裱婊
phiɑ^{11}	piáo 嫖瓢朴
phiɑ^{33}	piāo 飘剽漂（漂泊）缥螵
	biào 鳔
	piǎo 殍瞟
phiɑ^{55}	piào 票漂（漂亮）
miɑ^{11}	miáo 苗瞄描
	māo 猫
miɑ^{33}	miǎo 秒淼缈藐
miɑ^{55}	màio 庙妙缪
tiɑ^{33}	diāo 叼刁貂雕凋碉
tiɑ^{55}	diào 吊掉调钓
thiɑ^{11}	táio 条调（调和）笤迢
thiɑ^{33}	tiāo 挑（挑选）
	tiǎo 窕挑（挑战）
thiɑ^{55}	tàio 跳眺粜
liɑ^{11}	liāo 撩（撩起）
	liáo 聊辽缭燎疗撩（撩拨）獠寮
liɑ^{33}	liǎo 了
liɑ^{55}	liào 料瞭廖尥
tsiɑ^{33}	jiāo 焦蕉椒
	jiǎo 剿
	jiē 嗟
tshiɑ^{11}	qiáo 瞧樵
tshiɑ^{33}	qiāo 悄缲
tshiɑ^{55}	qiào 俏鞘峭
siɑ^{33}	xiāo 肖萧消销箫宵霄潇硝
	xǎio 小筱
	shāo 稍
siɑ^{55}	xiào 笑啸肖
tɕiɑ^{33}	jiā 加家佳嘉枷笳
	jiǎ 假贾
	jiāo 交郊胶浇跤蛟骄娇教（教书）
	jiǎo 缴搅绞饺狡
tɕiɑ^{55}	jià 架价嫁驾稼
	jiào 教叫较校（校对）
tɕiɑ^{24}	jiā 夹
	jiá 颊荚
	jiǎ 甲
tɕhiɑ^{11}	qiā 掐

	qiáo 桥乔侨
tɕhia^{33}	qiǎo 巧
tɕhia^{55}	qiào 窍翘
tɕhia^{24}	qià 恰洽
ȵia^{33}	niǎo 鸟
ȵia^{55}	niào 尿
ɕia^{11}	xiá 霞暇遐
	xiǎo 淆崤
	xié 斜
ɕia^{33}	xiā 虾
	xiāo 嚣枵枭
ɕia^{55}	xià 下夏
	xiào 校效孝傚哮
ɕia^{24}	xiā 瞎呷
	xiá 辖侠峡狭狎匣
ja^{11}	yá 牙蚜崖涯芽衙
	yáo 摇遥瑶谣尧窑肴姚殽
ja^{33}	yā 丫鸦呀
	yǎ 雅哑
	yāo 腰邀要幺吆妖夭
	yǎo 咬舀杳
ja^{55}	yà 亚垭氩讶
	yào 要耀曜
ja^{24}	yā 押鸭压
piã^{33}	biān 边编砭鞭
	biǎn 扁贬匾贬
piã^{55}	biàn 便变卞遍辩辨辫
phiã^{11}	pián 骈胼
phiã^{33}	piān 偏篇翩
phiã^{55}	piàn 片骗
miã^{11}	mián 棉眠
miã^{33}	miǎn 免缅勉娩冕眄丏
miã^{55}	miàn 面
tiã^{33}	diān 颠滇癫
	diǎn 点典碘
tiã^{55}	diàn 店电垫殿垫甸
thiã^{11}	tián 田填甜恬阗
thiã^{33}	tiān 天添
	tiǎn 舔殄恬
tiã^{55}	tiàn 掭
liã^{11}	lián 连莲联廉帘怜镰濂涟奁
	liáng 凉粮良梁量粱
liã^{33}	liǎn 脸敛
	liǎng 两
	liàng 辆
	liǎ 俩
liã^{55}	liàn 练恋炼楝链潋
	liàng 亮量谅晾靓
tsiã^{33}	jiān 尖煎
	jiǎn 剪
	jiāng 将浆
	jiǎng 奖蒋桨
tsiã^{55}	jiàn 箭渐溅贱践
	jiàng 将匠酱
tshiã^{11}	qián 前钱
	qiáng 墙樯蔷嫱
tshiã^{33}	qiān 千签迁钎
	jiān 歼笺
	xiān 纤
	qiǎn 浅
	qiāng 枪锵戕
	qiǎng 抢
tshiã^{55}	qiàng 呛戗炝
siã^{33}	xiān 先仙暹
	xiāng 相箱湘厢镶襄
	xiǎng 想
siã^{55}	xiàn 羡线腺
	xiàng 象相
tɕiã^{33}	jiān 兼坚监奸
	jiǎn 减检简缄碱捡茧

jiāng 姜江缰僵
jiǎng 讲
tɕiã^{55} jiàn 件见建剑
健键腱犍
涧舰谏
监（太监）
jiàng 降犟糨绛洚
tɕhiã^{11} qián 乾
qiáng 强镪襁
tɕhiã^{33} qiān 牵谦铅褰骞搴悭
qiǎn 遣谴缱
qiāng 腔羌
jiāng 疆
tɕhiã^{55} qiàn 欠嵌歉
ȵiã^{11} nián 年
niáng 娘
ȵiã^{33} niān 拈蔫
nián 粘鲇黏
niǎn 捻碾撵
yǎng 仰
ȵiã^{55} niàn 念廿
niàng 酿
ɕiã^{11} xián 闲衔贤嫌
ɕiã^{33} xuān 轩
xiǎn 险显
xiāng 香乡
xiǎng 响享饷飨
ɕiã^{55} xiàn 现县献宪陷
xiàng 向
jã^{11} yán 言严盐研沿延颜闫
檐筵
yáng 阳杨疡旸洋徉烊
jã^{33} yān 烟燕焉淹嫣腌鄢湮
yán 炎
yàn 焱
yǎn 眼演掩衍奄魇俨
偃兖
yāng 央秧殃泱鸯
yǎng 养氧痒
jã^{55} yàn 燕宴艳焰彦晏厌咽
雁酽砚谚
yàng 漾样恙
tue^{33} duī 堆
dūn 蹲墩敦惇吨
dǔn 趸盹
tue^{55} duì 对队兑碓怼
dùn 顿盾钝炖
遁沌
thue^{11} tuí 颓
tún 臀豚屯饨
thue^{33} tuī 推
tuǐ 腿
tūn 吞
thue^{55} tuì 退褪蜕
nue^{55} nèi 内
lue^{11} léi 雷
lún 轮伦仑纶论（论语）
lue^{33} lěi 垒磊儡
něi 馁
lue^{55} lèi 泪类累
lùn 论
tsue^{33} zhuī 追锥椎隹骓
zuǐ 嘴
zūn 尊遵樽
zhǔn 准
tsue^{55} zuì 最醉蕞罪
zhuì 坠缀赘
jùn 俊骏峻
tsue^{24} jué 绝
tshue^{11} chuí 垂锤捶陲槌
cún 存
tshue^{33} cuī 催崔摧

	chuī 吹炊
	cūn 村皴
	chūn 春椿
	chǔn 蠢
ʦhue^{55}	cuì 翠脆萃粹淬啐瘁悴
	suì 碎
	cùn 寸忖
sue^{11}	suí 随隋髓
	chún 纯莼醇
	xún 寻询循巡旬荀
sue^{33}	suī 虽
	shuǐ 水
	sūn 孙飧狲荪
	sǔn 笋损隼榫
sue^{55}	suì 岁遂穗隧祟邃谇燧
	ruì 瑞
	shùn 顺舜瞬
	xùn 讯迅逊汛巽殉徇驯
sue^{24}	xuē 薛
	xuě 雪
	chún 唇
zue^{33}	ruǐ 蕊
zue^{55}	ruì 锐
	rùn 润闰
kue^{33}	guī 归龟硅圭规闺皈
	guǐ 鬼轨诡晷簋
	gǔn 滚辊衮磙
kue^{55}	guī 瑰
	guǐ 癸
	guì 贵桂柜跪
	gùn 棍
khue^{11}	kuí 葵夔揆逵睽
khue^{33}	kuī 亏盔窥
	kuí 奎魁
	kuǐ 傀
	kūn 昆坤琨崑鲲堃髡
	kǔn 捆
khue^{55}	kuì 愧溃馈
	kùn 困
xue^{11}	huí 回蛔茴洄
	hún 魂浑馄溷
	héng 横
xue^{33}	huī 辉挥灰晖徽恢诙麾
	huǐ 毁悔隳
	hūn 昏婚荤
xue^{55}	huì 会汇惠绘慧蕙晦讳秽卉烩喙荟恚贿
	hùn 混溷诨
we^{11}	wēi 危
	wéi 为围违韦桅
we^{33}	wēi 威巍煨偎葳
	wěi 委萎伟纬苇
	wūn 温瘟
we^{55}	wěi 伪
	wèi 卫位魏胃谓为蔚慰尉蝟喂
tuã^{33}	duān 端
	duǎn 短
tuã^{55}	duàn 段断锻缎椴
thuã^{11}	tuán 团
thuã^{33}	tuān 湍
nuã^{33}	nuǎn 暖
luã^{11}	luán 峦鸾孪滦栾
luã^{33}	luǎn 卵
luã^{55}	luàn 乱
ʦhã^{33}	zuān 钻
	zuǎn 纂
	zhuān 专砖
	zhuǎn 转
	zhuāng 庄装桩妆
ʦuã^{55}	zuàn 钻
	zhuàn 赚转撰篆传馔啭

	zhuàng 状撞壮
tshuã^{11}	quán 全泉诠痊荃
	chuán 椽传船
	chuáng 床
tshuã^{33}	cuān 氽蹿
	chuān 川穿
	chuǎn 喘舛
	chuāng 窗疮
	chuǎng 闯
tshuã^{55}	cuàn 篡窜爨
	chuàn 串钏
	chuàng 创
suã^{11}	xuán 旋
suã^{33}	shuāi 衰摔
	shuǎi 甩
	suān 酸痠
	shuān 栓闩
	xuān 宣萱喧
	xuǎn 选
	shuāng 双霜孀
	shuǎng 爽
suã^{55}	suàn 算蒜
	shuàn 涮
	xuàn 楦旋
kuã^{33}	guāi 乖
	guǎi 拐
	guān 官倌关观冠棺鳏冠
	guǎn 管馆莞
	guāng 光
	guǎng 广犷
kuã^{55}	guài 怪
	guàn 贯惯灌罐掼盥冠
	guàng 逛桄
khuã^{11}	kuáng 狂
khuã^{33}	kuài 块
	kuān 宽
	kuǎn 款
	kuāng 匡筐
khuã^{55}	kuài 快筷侩会
	kuàng 矿况旷邝眶框
xuã^{11}	huái 怀淮槐踝徊
	huán 还环桓寰
	huáng 黄皇煌璜簧凰惶偟蝗篁
xuã^{33}	huān 欢
	huǎn 缓
	huāng 慌荒
	huǎng 幌晃谎恍
xuã^{55}	huái 坏
	huàn 焕换涣患幻奂宦浣
	huàng 晃
wã^{11}	wán 完玩丸顽
	wáng 王
wã^{33}	wāi 歪
	wān 豌弯湾
	wǎn 碗婉皖宛绾
	wāng 汪
wã^{55}	wài 外
	yuàn 院
	wnàg 旺

附录二：音标对照表

普通话（汉语拼音）	字音	纳西语	语义	国际音标
b	波	p（o）	包裹	p
P	泼	ph（u）	逃	ph

		mb（u）	猪	mb
m	摸	m（u）	穿（衣）	m
f	佛	f（v）	鼠	f
		v（le）	耍赖	v
d	德	t（ə）	打扰	t
t	特	th（ɯ）	他	th
		nd（o）	跌倒	nd
n	呢	n（ɑ）	黑	n
l	勒	l（ɑ）	手	l
g	格	k（ɑ）	疲倦	k
k	克	kh（ɑ）	苦	kh
		ŋg（ə）	茄子	ŋg
h	核	x（ɯ）	牙	x
		ɣ（ə）	捞	ɣ
j	机	ʨ（i）	酸	ʨ
q	其	ʨh（i）	卖	ʨh
		ndʑ（i）	水	ndʑ
		ȵ（i）	二	ȵ
x	希	ɕ（i）	稻	ɕ
zh	知	tʂ（ʅ）	泥土	tʂ
ch	痴	tʂh（ʅ）	嘲笑	tʂh
		ndʐ（ʅ）	时	ndʐ
sh	试	ʂ（ʅ）	肉	ʂ
r	日	ʐ（ʅ）	蛇	ʐ
z	字	ʦ（ɿ）	甜酒	ʦ
c	词	tsh（ɿ）	鬼	ʦh
		ndz（ɿ）	坐	ndz
s	思	s（ɿ）	认识	s
		z（ɿ）	草	z
a	大			A
		ɑ	鸭子	ɑ
o	波	（k）o	针	o
e	鹅		ɤ	
		ə（tsɿ）	什么	ə
		（mb）e	雪	e
		（kh）ɯ	线	ɯ

(i) e	也		ε	
i	低	(tɕ) i	小	i
u	图	l (u)	来	u
ü	雨	(p) y	蚂蟥	y
-i (前)	字	(z) ɿ	仇敌	ɿ
-i (后)	治	(ʂ) ʅ	新	ʅ
er	而	ər	绳子	ər
		(tɕ) i^{t}	颈	i^{t}
		(s) $ɿ^{t}$	柴	$ɿ^{t}$
		(x) ã	买	ã
ai	爱			ai
ei	类			əi
ao	高			ɑu
ou	欧			əu
ia	牙			iA
		(ç) iɑ	干	iɑ
		iə	给	iə
		(th) ie (铁)	ie	
ie	叶			iε
iao	要			iɑu
iou	由			iəu
		(tɕ) iã	酸腌菜	iã
ian	烟			iεn
in	因			in
iang	央			iɑŋ
ing	英			iŋ
iong	邕			yŋ
ua	瓜			uA
uo	锅			uo
uai	乖			uai
uei	归			uəi
		(k) uɑ	灶	uɑ
		(k) uə	(支) 烟	uə
		(k) ue (le)	流利	ue
uan	关			uan
uen	昆			uən

uang	汪			uɑŋ
ueng	翁			u ɤŋ
		tuã	阻拦	uã
üan	圆			yɛn
ün	云			yn
		（tɕ）yø（tɕyø）	苗条	yø
		ye	（决）	ye
		yã	（玄）	yã

参考文献：

［1］罗常培、王均：《普通语音学纲要》，北京：科学出版社，1957 年。

［2］徐世荣：《普通话正音手册》，北京：语文出版社，1997 年。

［3］王力：《广东人怎样学习普通话》，北京：文化教育出版社，1956 年。

［4］高名凯、林焘：《福州人怎样学习普通话》，北京：文化教育出版社，1965 年。

［5］普通话审音委员会编：《普通话异读词审音表》，北京：文字改革出版社，1987 年。

［6］黄伯荣、廖序东：《现代汉语》，兰州：甘肃人民出版社，1983 年。

［7］杨焕典：《纳西语研究》，北京：当代中国出版社，2004 年。

［8］Daniel Jones. An Outline of English Phonetics University Press，Cambridge，Ninth printing 1989.

《纳西语研究》八论[①]

王　璞

我初识语言学是在1997年，那时攻读民族学硕士学位，语言学是必修课，印象最深的是语言学知识太专，掌握一点皮毛就要花去大量时间。然而语言学对其他学科的补益和借鉴又是不争的事实，我对语言本就兴趣浓厚，如何找到一条合乎自己专长的捷径、进入语言学“秘境”就成了我长期的心结。10年来对文字学及一些交叉学科的学习使我想到，自己是纳西族，又有人类学根基，从纳西语入手来培育语言学素养当是极好选择。《纳西语研究》一书恰在此时问世，不啻我案头的“纳汉合时掌中珠”。

一、语言学之缘

《纳西语研究》总分语音、词汇、语法3章，下有41节，实际内容远较纲目丰富。作者杨焕典教授系纳西族著名语言学家，1931年8月生于云南丽江。1955年毕业于云南大学中文系。1958年毕业于中国社会科学院与教育部合办的语音研究班。先后任教于广西教师进修学院、广西民族学院、南宁师范学院及广西师范学院。曾任广西师范学院院长、广西师范学院语言研究所所长、中国语言学会理事、中国民族语言学会常务理事、全国汉语方言学会理事、广西语文学会会长，长期从事语言科研和教学工作。其代表作品有《现代汉语语音》、《现代汉语问答》、《桂林方言词汇》、《南宁话音档》、《广西通志——汉语方言志》、《关于上古汉语的鼻音韵尾问题》等。在教学研究之外，焕典先生还多次赴日、美、泰等国参加国际语言学会议，《纳西语研究》的大部分论文便是他参加国际汉藏语言学会议提交的作品。

说起焕典先生学语言学的因由，可谓缘分使然：“我这一辈子似乎跟语言结了不解之缘，但是，最初从文学转向语言纯属偶然。大概在大二时，有一次与一个女

① 本文在写作期间得到了杨焕典先生的悉心教正，谨致谢忱。

同学聊天，由于我的发音不准，对方说听不懂我说的某些字音，使我感到十分难受。从此我下定决心学好语言。我想，我学好了普通话，把每一个字音都读准了，到那时，你可能不再说听不懂了吧。”① 之后他开始一字一字地学普通话，翻烂了一本《同音字典》，自学国际音标，最后说得一口标准的普通话。在我接触的语言学家中，仅有焕典先生和我的藏文老师胡书津教授普通话讲得好，而胡教授是北京人。尽管按语言学原则语言学家不一定能流利地讲他所研究的语言，但从客位角度（etic view）观察，以汉语为第一语言（first language）的语言学者若普通话说不好，实难令人信服其“语言”能力。这些仅是我的一隅之见，不过我想有一点是肯定的：如果一位语言学者能用自己研究的语言和本族人顺畅地交流，他（她）对这门语言的理解和领悟便可达到较高境界。焕典先生因交际障碍而苦研汉语字音，继而对汉语及一些方言的说话规则（rules of speaking）了然于胸，现在更成为桃李满天下的对外汉语教学名师，虽已退休，登门求教者仍络绎不绝。他在普通话之外还通晓桂、粤、滇各地汉语方言，英文信也写得漂亮，用人类学的话说，他是以主位（emic）的态度来研习汉语和英语的，这无疑是跨文化自觉（cross - cultural awareness）的认知取向。尊重和吸纳本土观是学习语言和洞识文化的思想前提，这一点语言学和社会—文化人类学有共鸣之处。

语音是语言的基础，焕典先生在学普通话时不仅细心琢磨每个字音，在实际交流中也是“不顾面子”的。念及此，我耳边不由响起大学同窗吴大华的洪亮话音。大华是广西藤县人，讲白话，刚入学时普通话说得吃力，有时要半听半猜才明白他在说什么。可他没让浓浓的“广味”永远主宰自己的潜意识，而是决心发奋勤学普通话。回想起来，他常为一个读音不耻下问并反复地、大声地练习。为说准一个“是”字，开始时因卷舌音发不好而屡遭同学嘲笑，类似场面他却淡然处之。四年下来，他的普通话不仔细听已听不出任何乡音，“以后在村里看电视的时候可以给乡亲们当翻译喽”，十多年过去了，这句话我记忆犹新。

检视既往，大多非英语专业的中国人学英语的教训首先就在于不敢讲或讲时不注意发音准确与否，于是哑巴英语有之，方言英语有之，以至洋泾浜英语盛行，语用失误（pragmatic error）累累，文化冲突频发。也许有人要说，语言当地化（nativization）的问题非中国独有，君不知印度英语、新加坡英语听来如堕五里雾中。我想反问一句，当地化是一种好现象吗？如果 BBC、VOA 的播音员讲的是英美某地的方言，你会作何想？语言是交际系统，无法沟通的语言学了还有什么价值呢？学语言学可以从侧面让我们明白学语言不能爱面子，而意识到正音法（orthoepy）同样重要。

焕典先生由发音问题悟到学习语言的紧迫性，正是语言学家的潜质在发生作用。他经常为一些疑难耽思耗神，彻夜失眠；同时他又思维开阔，心智活跃，敏于

① 杨焕典：《纳西语研究·自序》，北京：当代中国出版社，2004 年，第 1 页。

学习新事物。从《纳西语研究》中读者可以深切感受到作者勤勉严谨、不拘泥旧说的治学精神。先生自幼讲汉语，不过从本族语专家（native speaker）的身份来说，最令人羡慕的还是他在纳西语方面的成就。

二、本族语专家

《纳西语研究》是焕典先生在母语学术领域的精华集，先生的故乡在丽江大研镇，大研镇又是纳西语标准点所在地，“作为一个语言工作者，研究的对象既是母语又是标准点所在地的语言，这样的条件是不可多得的。另一方面，我也看到研究纳西语的人不多，这一切使我多了一份社会责任感，因此我把一部分精力和时间匀出来用之于纳西语研究。”① 先生在丽江生活了 19 年，生于斯长于斯，童年和青少年时期除了在学校师生间讲汉语，他的日常生活都处于纳西语环境中，对丽江的风土人情自然有一份挚爱，对纳西语的语言结构也自然有一种直觉。往后的学术之路他又与纳西语相依相伴，不仅和亲戚同乡常说纳西语，亦深谙纳西语的语音、词汇、语法及社会语言学话语。至于理解和翻译纳西语的能力，如果我以“卓越”二字形容，相信读过《纳西语研究》的人都会认同。依此而论，他确是一位可遇而不可求的说纳西语标准话的本族语专家②。

后现代人类学为突破外族调查者自身文化的限制而启用本土民族志学者（n-ative ethnographer），本土学者在语言运用和文化梳理上确有优势，但总是带着局内人（insider）的意识体验生活、观察社会，难免遭遇当局者迷的困境，囿于本族人的面子观，与域外学者对话也时有不必要的阻滞和误会。在田野工作中，本地人和外地人，局内和局外，“我”和“他”的一些区别是客观存在的，可是有时候我们真有必要或真有可能把二者分得如此清楚吗③？在一些激进者看来，不论是域外的人类学者还是本土的民族志学者，现实中任何人看到的、听到的、说出的事情都只有部分真义（partial truths）蕴含其内，因此他们反对任何“权威”的文化解释。换句话说，以反思的眼光审视，昔日多么准确、客观的文化表述都要接受他人的检

① 杨焕典：《纳西语研究·自序》，北京：当代中国出版社，2004 年，第 3—4 页。

② 参见杨焕典：《纳西语研究》，北京：当代中国出版社，2004 年，第 2、第 60 页。Alan Davies，*The native speaker*：*Myth and reality*. Clevedon：Multilingual Matters Ltd. 2003. Robin Turner（2004），Who is a native speaker and what is it they speak? Retrieved August 6，2007，from http：//neptune. spaceports. com/ ~ words/native. html.

③ See Devika Chawla（December 2006）. Subjectivity and the “native” ethnographer：Researcher eligibility in an ethnographic study of urban Indian women in Hindu arranged marriages. *International Journal of Qualitative Methodology*，5（4），Article 2. Retrieved August 14，2007，from http：//www. ualberta. ca/ ~ iiqm/backissues/5_ 4/pdf/chawla. pdf.

验，有些终是过眼烟云①。那么何种描述和解释可以令人满意呢？人类学界似乎很迷惘。

一般而言，我们对自己的母语在听辨上有一种特殊的敏感，本族语专家的这种敏感就更强烈；相反，外乡人讲本地话，让本地人都竖大拇指的毕竟稀有。所以本族语专家在语言学界的地位不应出现类似人类学领域的质疑或争论，同样是田野工作，语言学的听音、辨音容不得半点马虎或折中，听不出就是听不出，听错了拒绝改正只会惑乱学界。在调查中焕典先生采访的发音人（informant）均为当地纳西族，而他自己也是纳西语发音人②。他是本土语言的表述者，自幼习得纳汉双语，既能用纳西语和老乡自由交流，又能写出清晰晓畅、雄辩有力的汉文语言学论文。综合语言关键期假说（critical period hypothesis）和结构主义的观点，他学这两门语言不但毫不费力，无意识的语言结构也早已植根于他的思维深处。这里不免引出中国人学外语的另一教训——违反语言认知规律：初学者猛灌语法，让花季少年感性的语言火焰在点燃之际就被语法冷水浇灭。细细想来，我们早先的语言焦虑（linguistic anxiety）并非由语言本身难学所致，而是本末倒置的教学法在作怪，试问我们会给自己3岁的孩子讲汉语的主、谓、宾、定、状、补吗？

三、语音辨析

梁启超先生在《中国历史研究法（补编）》中说史家的史识是“旁人所不能观察的，我可以观察得出来”，陈旭麓先生尝言史识是治史的眼睛。史识利钝当可揭示史学功力之深浅，推及语音学领域，能敏锐听出别人听不出的音，准确辨识前人所记语音的正误，我想应是衡量一位语言学者语音素养的主要标准。

《纳西语研究》将纳西语语音归纳为32个声母，26个韵母，4个声调（低平、中平、高平、半低升），开口韵母和齐齿韵母均有松紧元音，合口韵和撮口韵只有松元音③。以大研镇纳西语为代表做语音研究，是对纳西标准语科学价值的探讨。阅读语音一章给我印象最深的是作者对语音辨析之细致入微，如“在大研镇纳西语中，浊塞音、浊塞擦音前带不带鼻音都没有辨义的作用。如把 mbe^{33}（做）读成 be^{33}也不会引起误会”④，“‘四’‘五’在数词中词形不发生变化，仍用 lu^{33}、ua^{33}的形式。但在数量结构中就产生形变。如在中平调量词前就变成高平调：$lu^{33-55}ly^{33}$（四粒），ua^{33-55} ly^{33}（五粒）。在高平调量词前变成高平调，而量词则由高平调变

① James Clifford, “Introduction: Partial truths”. In James Clifford & George E. Marcus (eds.), Writing culture: *The poetics and politics of ethnography*. Berkeley: University of California Press. 1986. pp. 1-26.

② 杨焕典：《纳西语研究》，北京：当代中国出版社，2004年，第22页。

③ 杨焕典：《纳西语研究》，北京：当代中国出版社，2004年，第1—2、第11—12页。

④ 杨焕典：《纳西语研究》，北京：当代中国出版社，2004年，第3页。

成中平调，如 $lu^{33-55}kv^{55-33}$（四个），$ua^{33-55}kv^{55-33}$（五个）。”① 为使语音概念简明易懂，作者还在一些地方做了恰当的共时比较，如，“o 的舌位偏央，口半开，跟北京的 o 有明显的区别，但跟武鸣壮语的 o 十分相似。”② 这样一比较，让语言学爱好者也能体味个中三昧。对汉藏语系鼻尾韵和鼻化韵的研究则既包含共时比较，又点明历时流变（drift）③：“从纳西语等一些兄弟民族的语言事实考察，汉藏语系的鼻尾韵大概也是从无到有逐步发展来的。而鼻化韵可能是从纯元音韵朝鼻音尾韵转化的一种过渡形式。所以，纳西语的这个鼻化韵的有无是十分值得重视的问题，不可等闲视之……社会发展对语言的影响是十分明显的。新中国成立后，纳西语中的汉语借词读音发生了许多变化。现在，纳西族青年说汉语已很少用本地的‘土腔’，而是竭力模仿昆明官话，因此，他们已经不知道什么是入声，而在我读小学、初中时，入声还自成一调，并不与阳平混。此外，老一辈纳西人说汉语，不会发鼻尾音 -n、-ŋ，而现在的纳西青年说汉语，已经会用 -n、-ŋ 了。”④ 由此我的思绪回到了 2005 年 10 月，值焕典先生参加丽江一中校庆优游桑梓之际，我曾向他请教汉藏语问题，即康方言藏语中有一些字词的尾音只保留口型却不读出实际的音，我知道这是因为康话恰好处在拉萨话和安多话的中间，但不知在语音学上如何解释，先生说这在语音学上叫“作势”。只有口型不发音谓之“作势”，妙哉！

语言扩散（diffusion）和文化传播使纳西语中有了丰富的汉语借词，我统计了一下作者所列汉语借词系统的语音，竟多达 600 个⑤。话说回来，作为一个汉化较深的民族，这方面确需大量的音、调来调和、接纳这些外来语。

语音问题作者着墨最多的是紧松元音的争论。针对一些同行忽视甚至否认纳西语紧松元音对立的事实，杨焕典先生明确指出：“纳西语中以紧松元音对立作为区别词义手段的例子不是个别的，而是大量存在。”⑥ 不像浊音鼻冠音，元音紧松对立有辨识词义之用。尽管纳西语紧元音在逐步消失，但不能说它们就不存在。一些学者认为汉藏语系彝语支先有韵母舒、促之别，继有辅音韵尾脱落，再有松紧元音对立。杨焕典先生却坚持先有紧松元音对立，后有促声韵和鼻尾韵出现，汉藏语系各语言紧松元音的消长也有早晚之分，对此他从比较语言学的角度拿出了充分的证据，并引用语言学的名言“说有易，说无难”来提醒语言学者要慎重对待语音有无问题⑦。走笔至此，我不禁想起萨丕尔（E. Sapir，1884—1939）《语言论》里的

---

① 杨焕典：《纳西语研究》，北京：当代中国出版社，2004 年，第 284 页。

② 杨焕典：《纳西语研究》，北京：当代中国出版社，2004 年，第 5 页。

③ 笔者按：drift 一词或译“沿流”，或译“演变”，我觉得都不准确，综合本义和隐喻考察，译为“流变”可能更好。See Edward Sapir，Language：*An introduction to the study of speech*. Beijing：Foreign Language Teaching and Research Press. 2002.

④ 杨焕典：《纳西语研究》，北京：当代中国出版社，2004 年，第 20、第 23 页。

⑤ 杨焕典：《纳西语研究》，北京：当代中国出版社，2004 年，第 23—48 页。

⑥ 杨焕典：《纳西语研究》，北京：当代中国出版社，2004 年，第 50 页。

⑦ 杨焕典：《纳西语研究》，北京：当代中国出版社，2004 年，第 49—81 页。

一段话："许多亚洲、非洲以及美洲土著的语言里，有成套成套的音是我们绝大多数人所不知道的。它们倒也不一定比我们熟悉的音更难于发出，只是所用到的发音器官的肌肉调节我们从来不习惯罢了。可以妥当地说，人可能发出的音的总数大大超过实际用到的。一个有经验的语音学家实在不难制造出实际调查中没有遇到过的语音。我们所以难于相信可能发出的语音的范围大到无边无际，其原因之一是我们惯于把语音认作一种简单的、不能分析的感觉，而它其实是许多不同的肌肉调节同时进行的结果。只要一种调节有了些微变动，就会发生一个新的音。"[①] 这是否从另一个角度诠释了"说有易，说无难"？

焕典先生虽在学问上一贯求真，却从未将自己的学说当成"权威"见解，厚此薄彼则是他最鄙视的语言态度，他在学术之路上进取的动力不外学者的天然志趣、治学的职业操守和本族人自觉的责任感。求真需要开放的精神，从语言学演进的历程来看，我觉得本体的音、词、句的研究起先多属静态的，历时的流变学说和共时的扩散理论已显现出动态思维，社会语言学、心理语言学、应用语言学等学科又是知识交叉的产物。反之，单一的知识结构和自大的井蛙心态皆是学术大敌，狭陋陈腐的意识框框毕竟搭建不出新时代的学术体系。这一理念不是要我们否定历史语言学、结构语言学等传统学科——厚今薄古非科学的态度，浮皮潦草地秀几个时髦术语则无异于山间竹笋。谱系树理论（Stammbaumtheorie/family - tree theory）曾风靡学界，彼时学者目光多聚焦于亲属语言源头（原始语）的构拟和语言分化的描述，鲜有人关注子语言之间客观存在的共性，约翰内斯·施密特（Johannes Schmidt，1843—1901）不甘唯权威是从，独创波浪理论（Wellentheorie/wave - theory）从共时角度对谱系树加以补正，一些棘手难题遂迎刃而解，然语言学界并未就此将谱系树砍倒[②]。补充一句，施密特的导师正是谱系树的创立者奥古斯特·施莱歇（August Schleicher，1821—1868）。

四、借词断想

《纳西语研究》的词汇表为纳汉对照形式，涉及专名、术语、日常用语、词性、谚语等类[③]，即大多为本族词（native words），且每个词汇场（lexical field）的词汇都很丰富。这份精心搜集整理的词汇表是学习纳西语的入门教材，其中包含

① ［美］爱德华·萨丕尔著，陆卓元译，陆志韦校订：《语言论》，北京：商务印书馆，1985 年，第 39 页。

② 徐通锵：《历史语言学》，北京：商务印书馆，1991 年。王福祥、吴汉樱编：《文化与语言》（论文集），北京：外语教学与研究出版社，1994 年。

③ 杨焕典：《纳西语研究》，北京：当代中国出版社，2004 年，第 82—189 页。

的汉语借词颇引人注目①，反映出一定的词汇空缺（lexical gap），而借词恰是弥补词汇空缺和文化差异的有效手段。

借词是两个语言社团（language community）间文化接触的产物，在此过程中两种语言的借用本应是双向的、交互的，但实际状况往往是非对称的，如纳西语借用了很多汉语词汇，而汉语则借用纳西语的例子极少。老辈纳西人说汉语多带纳西腔，这是因为在借词意义上纳汉双语都是他们的源语（source language）。可以想象，一些汉语借词使用不久就在纳西人中间流行开来，有些词起先在当地人听来却不知所云。当然纳西人不必知道某个新词来自汉语，只要听多了、说多了，习惯成自然（conventionalization），借词就会慢慢渗入纳西人的生活而散发着纳西味。一般来说，一个借词在某种语言里待的时间越长，使用频率越高，它和本族词就越相似②，有的则在不觉间已成本族词的一部分了。

历史上英语对法语的影响不大，倒是从法语那儿借了大量词汇。两种邻近的语言可能差异很大，相隔遥远的语言间反有类似的结构。萨丕尔认为，借词的多少与语言的结构有密切关系。英语历久以来要求有完全统一的、不加分析的词，不管单音节还是多音节的。③ 德语的多音节词却要求分析成有意义的成分，因此尽管公元头几个世纪日耳曼诸部落在与罗马人的贸易活动中借用过大量拉丁语词汇，德语借用拉丁语和法语到底不像英语那么多，需要新词时毋宁靠自己的语言资源创造；相反，日耳曼语词汇很少为拉丁语吸收。④ 结构之外，文化交流及民族气质（ethos）也应是借词多寡的动因。纳西语总体是一种 SOV 语言，汉语是 SVO 语言，结构上并无多少认同张力，但自明代以来，纳西族以开放胸襟从不同层面次第接受和吸收汉文化，他文化的要素逐渐变为本文化的营养，汉语借词及其思想内蕴由此濡化了一代代纳西子民。诚如萨丕尔所言，每一种语言自身的结构都是相对封闭的，欲以别的语言入侵来瓦解它不如干脆灭了它⑤。不过语言结构的强固和执拗不一定会形成文化上的疆界，纳西文化和汉文化的沟通和交融就是最好的例子。我家中的长辈周善甫先生和赵银棠先生都是绿雪时代的丽江俊彦，大学期间我读了他们好些作品，高原硕学笔下涌动的竟是江南才子情怀，儒家哲学的遗泽和汉文诗学的性灵构

---

① 如 $mã^{11}tsu^{55}$（芒种）、$thã^{33}yã^{11}$（汤圆）、$tsha^{11}xu^{11}$（茶壶）、$tso^{24}ve^{11}$（作文）、$tsu^{55}fə^{33}$（中风）等。

② See Suzanne Kemmer（5 Sept，2004），Loanwords：Major periods of borrowing in the history of English. Retrieved August 14，2007，from http：//www. ruf. rice. edu/ ~ kemmer/Words/loanwords. html.

③ 笔者按：实际英语词法里也有趋于分析的流变现象，如另类的比较级用法 more kind、more happy 已渐取代规范形式的 kinder、happier。

④ ［美］爱德华·萨丕尔著，陆卓元译，陆志韦校订：《语言论》，北京：商务印书馆，1985 年，第 173—181 页。Suzanne Kemmer（5 Sept，2004），Loanwords：Major periods of borrowing in the history of English. Retrieved August 14，2007，from http：//www. ruf. rice. edu/ ~ kemmer/Words/loanwords. html.

⑤ ［美］爱德华·萨丕尔著，陆卓元译，陆志韦校订：《语言论》，北京：商务印书馆，1985 年，第 182—185 页。

成了滇西北特有的文化坐标。焕典先生是善甫先生的内弟，他从未刻意和我谈过儒学，但1999年夏天他教家中小辈习诵《论语》的情景令我至今难忘。

五、语法诠解

音、词之后是语法的诠解，这部分有语法例句说明，有动词时体式范畴及异根动词的讨论，还有形容词、数量词、代词、复句关联词语的研究。从言语到语言，从现象到本质，此章乃是著作者语言学功力的集中展现。

语法探究的重点是动词的时体式范畴。杨焕典先生将纳西语动词大致分为两类：第一类是表示“来”（$lɯ^{33}$）、“去”（$mbɯ^{33}$）意义的动词，数量少但变化多、用途广；第二类是普通动词，数量多却变化少，需要附加其他语法成分来表示各种语法范畴。若进一步剖析动词时体式范畴，则“相对来说，在纳西语中体是显性范畴，而时是隐性范畴。”① 表示行进状态的体（aspect）就有已行体、进行体、将行体、回复体、假定体、交互体6种。② 焕典先生举了很多生动的例子加以说明，如纳西语儿歌《月光曲》的一段即属回复体：“摆着瓜子有六碟，请送一碟给我家。等我家的成熟后，送还一碟到你家。”③

动词时体式范畴是通过附加和重叠这两种语法手段来实现的，附加成分除了助词和语缀外，也有表示“来”、“去”意义的动词。“来”、“去”意义的动词应用十分灵活，我觉得这两类异根动词在语义、语法、功能、形式等层面与英语的come、go都很相似，而纳西语的“来”有4种形式，“去”有6种形式，同时二者既无通用式，也无零形态，掌握起来更难。④ 这种无规律的曲折变化即萨丕尔所说形式和功能无一一对应的逻辑关系⑤，英语里的goose复数变为geese，sheep单复数同形也是如此。这类现象是与生俱来，还是约定俗成？无解。语法不合理现象并不限于词法，英语里“Who did you see?”的势力远胜于正经得“有点虚假”的“Whom did you see?”是什么原因呢？我们可以勉强说这是语言流变和扩散的结果，但细想之下，这简直是在敷衍读者。随着时间推移这类状况可能变成形式主义，对语言学习和文化交流都不利。当然一些语言流变有简化的趋势（如格的减少），这或许是说话人的福音。⑥

---

① 杨焕典：《纳西语研究》，北京：当代中国出版社，2004年，第228页。

② 杨焕典：《纳西语研究》，北京：当代中国出版社，2004年，第228—250页。

③ 杨焕典：《纳西语研究》，北京：当代中国出版社，2004年，第242页。

④ 杨焕典：《纳西语研究》，北京：当代中国出版社，2004年，第221—223页。

⑤ ［美］爱德华·萨丕尔著，陆卓元译，陆志韦校订：《语言论》，北京：商务印书馆，1985年，第51—53页。

⑥ ［美］爱德华·萨丕尔著，陆卓元译，陆志韦校订：《语言论》，北京：商务印书馆，1985年，第88—153页。

六、语言相对论

盖兴之教授引我入语言学之门时曾说，从小讲两种或多种语言的人每天都在做翻译。杨焕典先生从小讲汉语，纳西语则是他的母语。由于这两种语言属同一语系而历史发展阶段又自不同，他觉得可以将二者结合起来考察，以汉语之石攻纳西语之玉，互相参证，互相启益。[①] 同时杨焕典先生在发给我的电子邮件里特别强调语言无先进落后之分。我问他纳西语可否视为分析型语言？他说："纳西语归入分析型语言没错。但现在一般很少再提这种分类了，因为这种分类源自19世纪，失之简单，而且还带有某种歧视，如把屈折语看作先进的语言，而把分析语（孤立语）看作是落后的语言。这些看法是不正确的。我认为世界上没有落后的语言，每一种语言都是高度发达的。试想我要表达'打'这个意思，而分不清是现在打还是过去打，人与人之间还能实现有效交流吗？语言的出现应该在60万—100万年之间，所以哪怕是经济很落后的民族，其语言也已经是高度发达了的。几十万年的创造还不够吗！何况像英语既有屈折成分，又有黏着成分，还有分析成分，是一种杂合型的语言，归入哪一类都可以。"[②] 文化相对论的表象告诉我，上述见解不妨称之为"语言相对论"[③]。萨丕尔曾言："最落后的南非布须曼人（Bushman）用丰富的符号系统的形式来说话，实质上完全可以和有教养的法国人的言语相比……通俗的说法以为原始语言在表达方面注定是非常贫乏的，这简直是无稽之谈。"[④] 萨氏在《语言论》最后一章对该理论又有所发挥。[⑤] 不同语言或文化之所以能相互沟通，我想一个重要原因就在于她们彼此差异再大，内中仍有一些人类共通共识的社会信息和文化规则，否则本土之外的许多族群我们恐会惊为天外来客。不过就像文化相对论，语言相对论从学习到自觉在一般人绝非易事，喜说汉语而嫌纳西语"土"的论调和心态在显、隐两个层次正裹挟着一批批懵懂族民逃离纳西语社团。

---

① 杨焕典:《纳西语研究》，北京：当代中国出版社，2004年，第288—290、第323页。

② 致王璞2007年8月8日函。

③ 笔者按：语言相对论的英文对应词本应是linguistic relativity，可惜该术语因萨丕尔和沃尔夫（B. L. Whorf，1897-1941）的影响而抹上了语言决定论色彩：linguistic relativity在阐述语言差异性的同时，明确指出不同的语言衍生不同的经验和思想，每一种语言承载的世界观都各不相同。言下之意，我们的思想受制于我们的母语。既然linguistic relativity不宜作为语言相对论的能指，我们是否可用linguistic relativism一词来重新界定语言相对论的内涵？See Chris Swoyer（2003），The Linguistic Relativity Hypothesis，The Stanford Encyclopedia of Philosophy. Retrieved August 14，2007，from http：//plato. stanford. edu/entries/relativism/supplement2. html.

④ ［美］爱德华·萨丕尔著，陆卓元译，陆志韦校订：《语言论》，北京：商务印书馆，1985年，第19—20页。

⑤ ［美］爱德华·萨丕尔著，陆卓元译，陆志韦校订：《语言论》，北京：商务印书馆，1985年，第198—206页。

语言相对论的习得并不意味着我们要纵容语言流变的一些不良现象，杨焕典先生就此谈到汉语里“个化”、“搞化”的问题。① “个化”即将量词一律用“个”。“一个人”没问题，“一个菜”、“两个杯子”说得过去，“一个纸”、“三个鞋”、“七个水”、“五个电视”、“十个文章”呢？“搞化”就是把任何动作统说成“搞”。“搞关系”的说法很形象，“搞足球”呢？是指你踢足球还是当教练，或是负责足协工作？“搞文物”麻烦就更大了，你是收藏家还是盗墓贼？是做考古工作还是走私文物？在我看来，汉语量词本身就是汉语美的标志之一，“个化”、“搞化”是将汉语庸俗化、模糊化，甚至丑化的信号，足为热爱汉语者戒！

七、自出机杼

人类学家认为，无论何种文化，了解了其文法（culture grammar），其内容就不会漫无边际难以把握。②《纳西语研究》为我们考掘出纳西语的深层结构，学习、认知纳西语便不再是雾里看花。纳西语紧松元音问题、纳西语数量词研究以及音高和谐律的提出，我认为是杨焕典先生的代表性成果，学识积累之厚、理论阐发之新皆为前人所不及。

纳西语紧松元音问题前已谈及。纳西语的数量词同汉藏语系诸语言的数量词有相似之处，但也有许多自身的特点。纳西语的数词可分为基数、序数、概数、倍数、分数5类。基数词中没有零，有必要表达时就用汉语借词 li^{11}（零）。序数词则是整体借用汉语词，如 ti^{55}wu^{33}mi^{11}（第五名）。表示一到十二月的月份词又有本民族专称，如 s$\tilde{a}^{33}$me^{33}（七月）。一两粒、七八粒这类概数有两种表示法：a. 相邻数词＋量词，如 lu^{55}uɑ^{55}ly^{33}（四五粒），但这种形式仅限于表达一两粒、四五粒、五六粒、七八粒4个概数。b. 其余须用数词A＋量词＋数词B＋量词的形式来表达，如 xo^{55}ly^{33}ŋgv^{33}ly^{33}（八九粒）。倍数和分数大多也用汉语借词，如 wu^{33}pe^{55}（五倍），wu^{33}tshe^{11}（五成）。量词有物量词和动量词两大类。物量词分度量衡单位量词和区别性量词，后者包含个体单位量词、集合单位量词、临时性量词三小类，比重大、词源复杂而具特性。数量词和体词组成体词性词组，形式为顺行结构（progressive structure）的“名＋数＋量”，如“两本书”从字面上讲是“书两本”。数量词和谓词结合为谓词性词组，形式为逆行结构（regressive structure）的“数＋量＋动”，如“逛一趟”，汉语直说是“一趟逛”。两种词组的词序和汉语均相反。从句法功能看，纳西语数量词的性质介乎体词性和谓词性之间而偏重于体词性，在句中大量充当定语、主语和宾语，少量为谓语。

纳西语数量词以反响类型和形变类型最具个性。按桥本万太郎教授（1932—

① 杨焕典：《纳西语研究》，北京：当代中国出版社，2004年，第288—290页。

② 李亦园：《田野图像——我的人类学研究生涯》，济南：山东画报出版社，1999年，第68—95页。

1987）的观点，反响类型就是名词词干像回声一样在中心词后重复出现。纳西语构成反响类型的主要是物量词中的区别性量词，例如，mbɑ^{11}ndɯ^{33}mbɑ^{11}（花一花）即“一朵花”，相应的公式可表述为 NP→N_1（DEM）（NUM）N_2，NP 代表名词性词组，DEM 表示指示词，NUM 代指数词，N_1 和 N_2 形式虽同却性质不同，N_1 是名词，N_2 则变为具有区别作用的量词。① 比较而言，殷墟卜辞里有“羌百羌”的说法，金文里亦有“玉十玉”、“田十田”的记载，这“说明上古汉语里有过反响类型的量词存在，这事实说明汉藏语系量词的产生和发展受一种共同的规律支配。现在，在纳西语中，这种反响型量词还相当丰富。”② 数词的形变集中在一、二、三、十这几个数词上，四、五、六、八变化很少，七、九就没有什么变化了，前文“语音辨析”一节所举“四”、“五”的例子就属形变类型。数量词形变的研究又引出一个独具匠心的学说——音高和谐律。

在纳西语数量词中，允许两个中平调音节同时在一个数量结构里出现，但两个低平调音节或两个高平调音节却不允许这样。两个低平调音节或两个高平调音节碰到一起，其中一个（数词或量词）一定要变调。^{24}调一般不出现在结构数量中，剩下 3 个调组合只会有 9 种形式，其中$^{11\ 11}$、$^{55\ 55}$两种形式实际不存在，余下 7 种声调组合除$^{33\ 33}$式是两个音节声调相同外，其他 6 种形式（$^{11\ 33}$、$^{11\ 55}$、$^{33\ 11}$、$^{33\ 55}$、$^{55\ 11}$、$^{55\ 33}$）都是声调各异，高低互节的，如 tshe^{11}me^{33}（十只）、tshuɑ^{55}phe^{33}（六片），这一悦耳动听的读音变化规律即为音高和谐律。名词、动词、形容词的叠音形式同样服从这个规律。③

求新求变是人文社会科学的研究旨趣，但前提是研究者矜平躁释后的寒窗苦读和田野磨砺。在纳西语研究的处女地上，焕典先生正是通过数十载甘之如饴的耕耘，才收获了累累硕果。过眼繁华皆寂寞，跋涉和开拓是艰难的，然因难而见新，因难方有创，书中字里行间映现的是先生精深的语言造诣和勤谨的学术人格。由此不难理解他和桥本万太郎教授之间为何惺惺相惜，其间的纽带正是动人的研究心志和静执的求索意志。董桥先生在悼念思果先生（1918—2004）的文章中说：“我这一代人没什么了不起，了不起的是跟蔡先生那一代人离得近，学会苦读中英文，赚得下半辈子谋生的颜面。”④ 董先生实在过谦了，没有前贤筚路蓝缕的理论铺垫和思想构建，我们这些后辈想在学问的奇妙世界里神游只能是空谈。记得 1996 年春节我从上海到南宁度假，公交车上报站名用的是粤语和普通话两种言语变体（speech variety），感觉挺人性化的。一天焕典先生家请我们全家吃饭，席间回首往事，畅叙亲情，彼此沟通的媒介又是广西和云南的官话。坐出租回去时先生在前排

---

① 杨焕典：《纳西语研究》，北京：当代中国出版社，2004 年，第 276—291 页。

② 杨焕典：《纳西语研究》，北京：当代中国出版社，2004 年，第 282 页。

③ 杨焕典：《纳西语研究》，北京：当代中国出版社，2004 年，第 9—10 页。

④ 董桥：《悼念蔡思果先生》，载《新民晚报 · 夜光杯》，2007 年 7 月 27 日。

和司机一路用白话聊天，我们都很佩服他的语言能力，他后来却对我说："学一门语言是很难的"。随着阅历的增长，这句话时时敲打我的语言神经，学习未敢有丝毫懈怠。世界上没有不学就会的语言和文化，举个简单的例子，一些藏族的活佛、喇嘛天生聪颖，学藏文照样要从字母开始。曾听某人放过一句厥词："要我'整'两篇文章还是很容易的"，这种"整"出来的东西正如董先生所说，读两三行就可以扔了。

八、语言忠诚

明晓文化差异，领悟语言相对论都是以尊重的心态对待外语和他文化，在信息沟通无远弗届的今天，在相对单向的了解之外，我觉得不同文化间应多有自觉的双向交流和互动，多以平等之心鉴取他文化的精髓，本文化意识就不至于封闭，本文化机体亦不至于贫血。不过实践中有一个问题：他文化若是太强，就会威胁到本文化的存续，纳西语现正面临着这样的残酷现状。

汉文化的输入使纳西族一跃而为滇西北文明程度较高的少数民族，可是汉化也令纳西族身处弱势语言群体的尴尬境地。如今越来越多的纳西青年喜欢讲汉语，热衷现代时尚，1990 年后出生的城市纳西族，不会说、听纳西语的不在少数。语言既是文化的一部分，又是文化的载体。不错，我们倡导文化相对论和语言相对论，但对他文化的宽容和接纳不能以牺牲本文化地位为代价。有专家预测 50 年后纳西语在丽江城区会消失，再过 50 年呢？纳西语可能只是语言学家研究的对象了。

纳西语的生存危机激发了一些群体和个人的语言忠诚（language loyalty）。语言忠诚的起源和表现因族、时、地而异：土耳其语的相关问题之所以长期争执不休，即因国民思维多陷入语言标准化的怪圈。现代土耳其语的标准化以安纳托利亚中部方言（Central Anatolian vernacular）为基准，这种"新"语言既无精英语言支持，科技语言欧化倾向又很突出，难免为人诟病。当然土耳其语的认同问题尚有其特殊的历史背景，由于阿拉伯文化及波斯文化的濡染，奥斯曼帝国的宫廷和文学语言本身就是一种繁复的克里奥耳式混合语（creole），文字也是突厥文、阿拉伯文、波斯文交替使用或混用。[①] 治丝益棼，标准取向迷茫，忠诚自非易事。纳西语的语言认同远没有如此恼人，一来纳西族人口相对较少，生活地域相对集中，二来以大研镇纳西语为标准语不致有太大异议。纳西语的忠诚不是讲什么语言的问题，而在乎讲不讲。民族自尊心和民族自豪感之类的话题或许有些老生常谈，然而盱衡当今世界，无论德国、瑞典、芬兰，或是伊朗、泰国、不丹，其国民英语应用能力总体都较高，可是他们何尝丢掉母语。当前已有一些拯救纳西语的措施，我觉得不仅要鼓

---

① Robin Turner（2004），Who is a native speaker and what is it they speak? Retrieved August 6，2007，from http：//neptune. spaceports. com/ ~ words/native. html.

励纳西青年说纳西语、学东巴文，更要将语言忠诚化为热爱本乡本土文化的内在动力，这需要精英和大众持之以恒的共同努力。域外人士对纳西语言文化的研究和弘扬不失为一条反补之道，然依托本土英才实心实意的贡献才是长远之计。

其实作为优势语言的汉语亦有类似问题，语言功能退化、交际障碍、失写症、思维幼稚已成读图时代的社会顽疾。在弱势语言被优势语言压制的同时，优势语言的优势无形中也一点点被图像霸权消解。所以有朋友问我《纳西语研究》引发了你什么样的现实思考，我直言：语言的复兴，从我做起。

论纳西语语法体系的时间表达①

张雅音　崔　磊

一、引　言

语言是人类文化的表现形式；语言能直接体现出一个语言族群的思维和文化。一整套语言体系就是一种世界观的认知模式。所以当我们学到一种新的语言时，等于学到一种新的看待世界的方式。本文乃从语言学的角度，以实际语言的语法中所体现出来的空间概念做一个例证，来论证纳西民族的思维习惯是以空间维度作为坐标来描述事件的发生或事物的存在。

每个语言都有其描述事件的定位坐标，有些语言以时间维度来表达事件的发生，有些则以空间维度，这些可以从语言句式中具体的语法标记上显示出来。一般来说，语言句式中表达事件发生的时间坐落所使用的语法手段，语言学家称为时制（tense，或称时态）。时制中的时间以“当下说话时间”（现在）为基准点，据此把时间流变为一个现在、过去、未来三分时段的参考架构：现在之前成为过去，现在之后成为未来（Reichenbach 1947）。梅广先生（1996，1998，2000）曾指出：“一般语言学者认定只有三分时才是时制，之所以有这样的看法，是基于西方语言学的理论都是以印欧语言为研究基准而发展出来的……因此，西方的传统语法和当代的语法理论都顺理成章的以凸显时间维度的时制系统作为语法分析的重心，没有顾全一些像藏缅语系语言的语言事实……在这些语言里，都没有标准的现在、过去、未来‘三分时’的语法体系，若是将时制的语法概念硬套用在藏缅语言里则显得削足适履。”

---

① 本文的研究承蒙云南省教育厅科学研究课题“彝语的语言类型研究及语言地图编制”项目资助，项目批准号为6Z0073E。本文中许多关于空间维度的论点不是笔者最先提出的，而是笔者就读于台湾“清华大学”语言研究所博士研究生时，听梅广先生所开设的“时制、动貌和情态（Tense，Aspect and Modality）”书报讨论选修课及研读梅先生几篇相关论文的讨论中得到启发而后写作的。文中纳西语语料主要是依据丽江市玉龙纳西族自治县大具乡的口音，采集语料的过程中，感谢和智利、朱永强、木丽宏、和丽娟、和虎、杨顺杰、杨婷、和芳等纳西族朋友的帮忙。同时本文的写作受益于纳西族学者木仕华先生以及和万传先生的讨论和论文，在此一并致谢。

在这个思路之下，当我们仔细观察纳西语的语法表达时，发现它也是以说话者的位置为参考坐标的，是空间关系的概念。因此，在分析纳西语时，不能忽视空间架构在语言语法系统中所担任的角色，否则就会落入所谓的“印欧语偏见（an Indo-European bias）”的谬误里。

下面章节，我们首先来看看以英语为代表的印欧语系语言中时间维度的体现，三时制体系，正是“时制语言（tense language）”的特点；接下来，我们对比纳西语中时间的语法表达，发现纳西语的时间语法表达不是三时制体系，和时制语言的语法特点有明显的差异。最后，我们提出纳西语其实是以空间维度为坐标来描述事物的存在或事件发生的论点，用“弱时制、强位制”的语法体系来表达时间，称为“弱时制语言（weakly tensed language）”，或可为称“位制语言（locus language）”①。

二、西方语言的时间维度：时制的语法体系

印欧语系的语言正是典型的“时制语言”，这个时制的范畴对英语这类的印欧语言很重要，举英语做例子来简单说明，英语的时制主要是动词上所体现的一个语法标记，标示这个动词表示的动作所发生的时间或事件在动作时间里的状态。值得注意的是，英语中的过去时、现在时、现在进行、未来时等都是用构词学上屈折变化（inflection）的手段来体现。例如：

（1） a. 过去时：He walked to school（yesterday）.

b. 现在时：He walks to school（everyday）.

c. 现在进行：He is walking to school（now）.

d. 未来时：He will walk to school（tomorrow）.

对英语来说，这个时制的语法相当重要，是英语语法的核心，基本上，每一个英语句子的动词都需体现时制，否则会造成句子的不合文法，如例句（2）所示：（＊：表示不合语法）

（2） a. ＊过去时：He walk to school（yesterday）.

b. ＊现在时：He walk to school（everyday）.

c. ＊未来时：He walk to school（tomorrow）.

以上例句说明，时制在英语这类印欧语言中很重要，时间维度是构成这些语言所描述的事物对象的坐标。

① “弱时制语言”或“位制语言”的论点是梅广先生（1996，1998，2000）首先提出来的。

三、纳西语语法体系中到底有没有时制?

关于纳西语语法体系中到底有没有时制这个议题，迄今文献上没有定见。受印欧语系“三时说”的影响，傅懋勣先生（1941）将纳西语的时间表达分为进行式、完成式、将来式三类。在这个分类基础上，杨焕典先生（1985，2004）提出纳西语有体范畴，并将纳西语的体范畴分为已行体、进行体、将行体、假定体、重复体和交互体六大类。和即仁、姜竹先生（1985）则不将纳西语的“体”划为一个语法范畴，而是将其视为“情貌助词”，分为已行貌、将行貌、进行貌和完成貌。木仕华（2002）对纳西语体范畴的讨论最为详尽，他认为“已行体”、“进行体”和“将行体”是最基本的“体”的基础，在这个基础上，他将体范畴细分为已行体/完成体、进行体、将行体、瞬止体/中断体、反复体、即行体、经验体/经历体、起始体、继续体、持续体十种。

其实，纳西语并没有像英语一样标准的三时制体系，而是用情态、体、句尾助词等范畴来描述事件的发生或事物的存在。仔细探究这些范畴如情态、体、句尾助词等，都是以说话者的位置为参考基准，是空间维度的特点。前文提过，英语类型语言的时范畴主要是用动词的屈折形态变化来表现，标示这个动词所表示的动作或事件在动作或事件发生时的时间状态，如例句（3）：

（3） a. John is eating potatoes.（现在进行时）

b. John ate potatoes.（过去时）

c. John will eat potatoes.（未来时）

然而，如果用这个三分时制的概念来分析纳西语的例句（4），就会将（4）a 例句中的 ne^{33} 分析为“现在进行”的标记；例句（4）b 的 $dʑi^{33}$ 分析为“过去”的标记，而例句（4）c 中的 $bɯ^{33}$ 分析为“未来”的标记，如：

（4） a. $ŋo^{33}$ $xɑ^{33}$ $ndzɿ^{33}$ ne^{33}

我 饭 吃 （现在进行?）

我在吃饭。

b. $ŋo^{33}$ $xɑ^{33}$ $ndzɿ^{33}$ $dʑi^{33}$

我 饭 吃 （过去?）

我吃过饭。

c. $ŋo^{33}$ $xɑ^{33}$ $ndzɿ^{33}$ $bɯ^{33}$

我 饭 吃 （未来?）

我要吃饭。

这个以三分时制为中心的分析显然是不正确的，因为这样分析的结果就无法解释下面的句子（5）—（7）。如例句（5）所示，这个 ne^{33} 显然不可以分析为“现在进行”标记，因为它可以用在过去发生的时间段里——“昨天出门的时候”［如

(5a)]，也可以出现在未来发生的时间段里——“明天小王来的时候”[如（5）b]：

（5）a. ɑ^{55}ȵie^{33}　ŋə^{33}gə^{33}　pə^{33}ty^{55}　t^{h}v^{33}　tɕ^{h}ʅ^{33}k^{h}ɑ^{33}　xɯ^{33}　gɯ^{33}　ne^{33}

昨天　我们　出门　完成体 时候　雨　下　进行体

昨天我们出门的时候，天正在下雨。

b. so^{33}ȵi^{33}　ɕɑo^{33}uɑŋ^{33}　lɯ^{33}　gɯ^{33}　ɑ^{55}　tʂ^{h}ʅ^{33}k^{h}ɑ^{33}，

明天　小王　来　的　那个　时候

t^{h}ɯ^{33}　xɑ^{33}　ndzʅ^{33}　ne^{33}　tsɑ^{33}　se^{33}

他　饭　吃　进行体　会　了

明天小王来的时候，他应该在吃饭了。

又如例句（6）所显示的，dʑi^{33}也不能分析为“过去”标记，因为它可以出现在表示未来时间的句子中：

（6）so^{33}ȵi^{33}　ɕɑo^{33}uɑŋ^{33}　lɯ^{33}　gɯ^{33}　ɑ^{55}　tʂ^{h}ʅ^{33}k^{h}ɑ^{33}，

明天　小王　来　的　那个　时候

t^{h}ɯ^{33}　xɑ^{33}　ndzʅ^{33}　dʑi^{33}　tsɑ^{33}　se^{33}

他　饭　吃　完成体　会　了

明天小王来的时候，他应该会吃过饭了。

同时，纳西语也没有相对应的未来时标记，如例句（7）中的bɯ^{33}不能分析为“未来时”的标记，因为bɯ^{33}也可以出现在表示过去时间的句子中：

（7）ɑ^{55}ȵi^{33}　ŋə^{31}　xɑ^{55}　ndzʅ^{33}　bɯ^{33}　tɕ^{h}ʅ^{33}k^{h}ɑ^{33}，

昨天　我　饭　吃　要　时候

t^{h}ɯ^{33}　mbe^{33}　t^{h}ə^{33}　ne^{33}　se^{33}

他　做　完　进行体　了

昨天我要吃饭的时候，他就快做完了！

可见ne^{33}、dʑi^{33}、bɯ^{33}等标记不是时制标记，而应该是“体”的标记。① 体范畴是说话者观测某个事件或状态的角度，是以说话者所在的主观位置为基准来看待客观的事件或状态，因此，体范畴是空间的概念，时间的参照不是以当下说话的时间为基准点，而是相对性的，可以选择任何一个时间定点来做基准点。这样一来，ne^{33}应分析为“进行体”，可以同时用来描述现在或过去的时间段里所正在发生的事件，正如例句（4）a和（5）所显示的；而dʑi^{33}则应分析为“完成体”，描述的是事件的完成，因此可出现在表示过去和表示未来时间的句子中，正如例句（4）b和（6）所显示的。同样的，bɯ^{33}也应该分析为一个“将行体（prospective）”标

① 杨焕典先生（1985，2004）和木仕华先生（2002）也视ne^{33}、dʑi^{33}、bɯ^{33}为体标记，称ne^{33}为进行体，dʑi^{33}为经验体或经历体，而bɯ^{33}为将行体标记。

记①，因此，当所选择的参照时间点是“昨天”时，就可以表述“昨天”的时间段里所描述的将行事件“吃饭”，正如例句（7）所显示的。

这样一来，纳西语这种“非时制语言”②，或称为“弱时制语言”，应该要和英语这类“时制语言”做一个语言类型的划分。对英语这类的“时制语言”而言，是以当下说话的时间（现在）为基准点，是绝对的，因此，时制的语法相当重要，基本上，每一个句子的动词都需体现时制，只有体范畴不能成句。譬如，例句（8）不合法的原因正是因为它们都缺少时制：

（8） a. * He eating potatoes now. （进行体）

b. * He eaten potatoes already.（完成体）

而对纳西语这种“非时制语言”来说，时制不是必要的句法手段，换句话说，合乎语法的句子里并不一定需要在动词上体现时制的语法范畴，像例句（9）这样没有时制、只有体范畴的句子，在纳西语中是完全合乎语法的句子：

（9） a. ŋo³³ xɑ³³ ndzɿ³³ ne³³

我 饭 吃 进行体

我在吃饭。

b. ŋo³³ xɑ³³ ndzɿ³³ dʑi³³

我 饭 吃 完成体

我吃过饭。

c. ŋo³³ xɑ³³ ndzɿ³³ bɯ³³

我 饭 吃 将行体

我要吃饭。

综合上述的讨论，我们清楚地看到英语这类“时制语言”用绝对的三分时制来表现时间，是以说话时间（现在）的时间坐标为基准。纳西语显然不具有像印欧语那样的时制系统，因此，在对纳西语的时间表现进行分析时，不能以“时制”作为依据。接下来，我们要问的是，像纳西语这种语言又是用什么样的语法来表现时间的？语言是成体系的（Sapir 1921），如果纳西语不是以时制系统来表现时间，应该会有成系统的句法现象将这个特点反映出来。本文写作的目的正是探讨这个问题。

四、纳西语语法体系的时间表达

梅广先生（1996，1998，2002）提出“位制语言”的语言类型论点，论证藏

① 此处的“将行体”等同于 Comrie（1976）的“prospective aspect”，类似于英语中 to be going to，to be about to 等的表达。

② Comrie（1985）称这种没有标准时制的语言为“无时制语言（tenseless languages）”，与“时制语言（tense languages）”相对立。

缅语是种“弱时制、强位制”的语言类型，应和英语这类“时制语言”区分开来，因为时制语言是属于“强时制、弱位制”的语言类型。我们认为纳西语语法体系的时间表达，正是这种所谓的“位制语言”的语言类型，“位制语言”的特点就是“弱时制”和“强位制”。“弱时制”的语法表现就是没有标准的三分时制系统，仅有一个句尾助词作为时间参照的句法手段；而“强位制”语法的特点表现在“情态体系”中，是以“说话者所在的位置或角度”为基准来做事件的定位，以空间关系作为句法组织的原则。

下面的章节里，我们将提出语法的证据，显示像纳西语这种“位制语言”，是如何以“弱时制”和“强位制”的语法体系来代替英语这类时制体系三时语法的。

（一）弱时制的语法表现：相对的时间参照点

标准的“时制语言”是以“说话的时间点”——“现在”为基准点，据此将时间分为过去、现在、未来三分时段的参考架构，是一种绝对的概念。但“弱时制语言”所指涉的时间是相对的，不一定以现在的说话时间为基准点，可以选用一个时间参照点来表达时段的划分。纳西语虽然没有标准的三分时制系统，但是这个语言中，有个时间参照的句法成分 se^{33}，以句尾助词的形式呈现，在无标（unmarked）的情况下，它所参照的时间通常是“当下说话的时间（speech time or time of utterance）”，但和“时制语言”不一样的是，se^{33}所指涉的时间不是绝对的，是相对的概念，它也可以找语句中其他的时间成分“话题时间（topic time，Klein 1994）”作为参照。

过去的文献对 se^{33}的分析有不同的看法：和即仁、姜竹仪先生（1985）将 se^{33}分析为“肯定语气助词”，木仕华先生（2002）则将 se^{33}分析为“已行体或完成体”标记。然而，我们认为此处的 se^{33}不能分析为语气词，也不能分析为“已行体或完成体”标记。因为如果 se^{33}仅仅是个语气词，它在语句中的出现与否应该只会影响句子的语意和语用，不会影响句子的合法度（grammaticality）。但正如例句（10）—（13）所显示的，se^{33}必须在句中出现，否则会造成句子不合语法，这说明了 se^{33}确实是个句法成分：[＊（）代表括号中的成分必须出现，不可以省略]

（10）$xɯ^{31}$　$gɯ^{33}$　$^{*}(se^{33})$

雨　下　了

下雨*（了）!

（11）$ŋə^{31}$　$io^{55}go^{33}$　$t^{h}ɯ^{33}$　$^{*}(se^{33})$

我　家　到　了

我到家*（了）!

（12）$ŋə^{31}$　$xɑ^{33}$　$ndzʅ^{33}$　$gə^{33}$　$^{*}(se^{33})$

我　饭　吃　饱　了

我吃饱饭*（了）!

（13）ɑ^{33}ȵi^{33} ɕɑo^{33}uɑŋ^{33} lɯ^{33} gɯ^{33} ɑ^{55} tʂʰʅ^{33}kʰɑ^{33}，

昨天 小王 来 的 那个 时候

tʰɯ^{33} xɑ^{33} le^{33} ndzʅ^{33} *(se^{33})

他 饭 已经 吃 了

昨天小王来的那个时候，他已经吃过饭*(了)。

Smith（1997）曾指出，每个句子都必须有一个参照时间，作为事件存在的定位，这个 se^{33}的出现正是提供事件参照时间定位的句法设置。因此，（10）—（13）例句中若是不出现 se^{33}，则无法给所描述的事件提供一个时间定位，而会造成语句的不合语法。

同时，se^{33}也不能分析为“完成体或已行体”，虽然 se^{33}常常表达的是事件的实现或完成［如（14）a—（14）b］，但我们有证据显示 se^{33}不一定表示“完成或已行”的概念，因为它可以和进行体 ne^{33}一起出现，表示事件正在进行［如（14）c］，也可以和将行体 bɯ^{33}一起连用，表达事件将要发生［如（14）d］：

（14）a. xɯ^{31} gɯ^{33} se^{33}

雨 下 了

下雨了。

b. xɯ^{31} gɯ^{33} dʑi^{33} se^{33}

雨 下 完成体 了

下过雨了。

c. xɯ^{21} gɯ^{33} ne^{33} se^{33}

雨 下 进行体 了

在下雨了。

d. xɯ^{31} gɯ^{33} bɯ^{33} se^{33}

雨 下 将行体 了

要下雨了。

若是我们将 se^{33}分析为一个“时制”范畴，它在句子中所担任的其实是一个时间参照的句法成分，在这样的分析之下，例句（14）中 se^{33}的功能就很容易解释：前文提到过，se^{33}可以用“当下说话的时间”为参照点，当 se^{33}和体标记一起出现时，它的语法功用就是将所发生的事件和说话者当下所在的时间关联起来。因此，如果用 se^{33}“下雨”的事件和说话者当下的时间关联起来，就得到事件发生或所谓“实现”的语意，如（14）a；而如果事件已经完成，和说话者当下的时间关联起来，就得到“完成”语意的句子，如（14）b；如事件正在进行，和说话者当下的时间关联起来，就得到（14）c 的句子；而将还未发生的事件和当下的时间关联起来，就是（14）d 的句子。

除了可以用“当下说话的时间”为参照点，se^{33}也可以不以“当下说话的时间”为参照点。以例句（15）a 和（15）b 为例，se^{33}在（15）a 例句中是以“当下说话的时间”为参照点，说的是眼前正在发生的事件（an ongoing event）——“（小猪）生了”；而在（15）b 例句中则是以语句中所出现的“话题时间”为照应（anaphoric）的参照点，将所描述的事件“小猪生了”和相照应的话题时间“昨天我要吃饭的时候”关联起来：

（15） a. （bɚ^{31}bɚ^{33}　zo^{33}）　sɿ^{33}　se^{33}！　sɿ^{33}　se^{33}！
　　小猪　　仔　　生　了　生　了
　　（小猪仔）生了！生了！

b. ɑ^{55}ȵi^{33}　ŋə^{31}　xɑ^{55}　ndzɿ^{33}　bɯ^{33}　tɕʰɿ^{33}kʰɑ^{33}，
　　昨天　我　饭　吃　要　时候
　　bɚ^{31}bɚ^{33}　zo^{33}　sɿ^{33}　se^{33}
　　小猪　仔　生　了
　　昨天我要吃饭的时候，小猪仔生了！

因此，我们有充分的理由将 se^{33}分析为一个“时制”范畴，是所谓的“弱时”的标记，在句中担任时间参照的句法功能。接下来，我们分别仔细讨论 se^{33}的两种时间参照的用法。

1. 以“说话时间”为参照点

se^{33}的句法功能可以用“说话当下的时间”作为参照点，此时 se^{33}的功用是将所描述的事件和“当下说话的时间”关联起来，就变成了眼前正在发生的事件。如例句（16）a 所显示的，当说话的现场雨开始滴了一两滴下来，或者如例句（16）b 所显示的，在说话者的眼前生了小猪，都会用 se^{33}来表示说话当下所发生的事件，类似于汉语“了”的“起始（inchoative）”用法：

（16） a. xɯ^{31}　gɯ^{33}　se^{33}
　　雨　下　了
　　下雨了！

b. （bɚ^{31}bɚ^{33}　zo^{33}）　sɿ^{33}　se^{33}
　　小猪　仔　生　了
　　（小猪仔）生了！

前文提到过，se^{33}也可以和体标记一起出现，它的语法功用就是将所发生的事件和说话者当下所在的时间关联起来。

（17） a. ŋɔ^{31}　xɑ^{33}　ndzɿ^{33}　ne^{33}　se^{33}
　　我　饭　吃　进行体　了
　　我正在吃饭了。

b. ŋə^{31}　xɑ^{33}　ndzɿ^{33}　dʑi^{33}　se^{33}
　　我　饭　吃　完成体　了
　　我吃过饭了。

c. ŋə^{31} xɑ^{33} ndzɿ^{33} bɯ^{33} se^{33}

我 饭 吃 将行体 了

我要吃饭了。

然而，这种关联是有限制的，由于 se^{33} 的使用是以说话者所在的时空为中心，如果已发生的事件或是未发生的事件离当下说话的时间太遥远，就不能使用 se^{33}。比较下面的一组例句（18）a－c，“等一下”、“明天”离说话者所在的时空不算太远，可以用 se^{33} 将“等一下去丽江”或“明天去丽江”的事件和当下说话的时间关联起来，而分别得到（18）a 和（18）b 的句子。但是，“十年后去丽江”的事件对说话者来说过于久远①，就无法用 se^{33} 来做时间的定位，因此（19）c 的句子不能出现 se^{33}：[（＊）代表括号中的成分不能出现，必须省略]

（18）a. tʰɯ^{33} <u>dɯ^{33}hu^{33}ne^{33}</u> gu^{31}pe^{33} bɯ^{33} nɑ^{33}və^{13} se^{33}

他 等一下 丽江 去 想要 了

他等一下想要去丽江了。

b. tʰɯ^{33} <u>so^{33}ȵi^{31}</u> gu^{31}pe^{33} bɯ^{33} nɑ^{33}və^{13} se^{33}

他 明天 丽江 去 想要 了

他明天想要去丽江了。

c. tʰɯ^{33} <u>ʦʰe^{33} kʰu^{55} mɑ^{55}tʰo^{33}</u> gu^{31}pe^{33} bɯ^{33} nɑ^{33}və^{13} （＊se^{33}）

他 十 年 后 丽江 去 想要 了

他十年后想要去丽江（＊了）。

同样的，比较例句（19）a－d，“刚才”和“昨天”离说话者所在的时空不算太远，可以用 se^{33} 将“吃鱼”的事件和当下说话的时间关联起来，而分别得到（19）a 和（19）b 的句子。但是，“十年前吃鱼”的事件对说话者来说过于久远，就无法用 se33 来做时间的定位，因此（19）c 的句子不能出现 se^{33}：② [（＊）代表括号中的成分不能出现。必须省略]

（19）a. ŋə^{31} <u>ɑ^{55}so^{55}kʰɑ^{31}</u> ȵi^{33} ndzɿ^{33} dʑi^{33} se^{33}

我 刚才 鱼 吃 完成体 了

我刚才吃过鱼了。

b. ŋə^{31} <u>ɑ^{55}ȵi^{33}</u> ȵi^{33} ndzɿ^{33} dʑi^{33} se^{33}

我 昨天 鱼 吃 完成体 了

我昨天吃过鱼了。

---

① 已发生的事件或是未发生的事件离说话者当下的时间要多久才算遥远，基本上是说话者主观的认定。“十年”对一般人来说都相当遥远，所以（18）c 和（19）c 的例句都不能接受 se^{33} 的出现。

② se^{33} 也不能和“曾经”这类经验副词连用：

ŋə^{31} <u>ge^{55}ȵio^{35}</u> ȵi^{33} ndzɿ^{33} dʑi^{33} （＊se^{33}）

我 曾经 鱼 吃 完成体 了

我曾经吃过鱼（＊了）。

c. ŋə^{31} tsʰe^{33} kʰu^{55} ge^{33} ȵi^{33} ndzɿ^{33} dʑi^{33} （*se^{33}）
我 十 年 前 鱼 吃 完成体 了
我十年前吃过鱼（*了）。

当句子所描述的情况在说话的时间发生了变化（change of state）时也用 se^{33}，通常和形容词谓语或状态谓语一起使用。如例句（20）所显示的，se^{33}在句中必须出现，它的句法功能是将状态的改变和当下说话的时间关联起来：

（20）a. ŋə^{31} xɑ^{33} ndzɿ^{33} gə^{33} se^{33}
我 饭 吃 饱 了
我吃饱饭了。

b. tʰɯ^{33} ku^{55}mu^{33} gə^{31} ʂuɑ^{33} se^{33}
他 身体 长 高 了
他长高了。

c. bɑ^{55}bɑ^{33} bɑ^{13} se^{33}
花 开 了
花开了。

2. 以“话题时间”为参照点

se^{33}也可以不以“当下说话的时间”为参照点，而是以语句中所出现的“话题时间”为照应的参照点。这个时候，se^{33}常常和“在……的时候”的句式连用，将所描述的事件和相照应的“话题时间”关联起来。例如：

（21）ɑ^{33}ȵi^{33} ɕɑo^{33}uɑŋ^{33} lɯ^{33} gɯ^{33} ɑ^{55} tʂʰɿ^{33}kʰɑ^{33}，
昨天 小王 来 的 那个 时候
ŋə^{31} xɑ^{33} le^{33} ndzɿ^{33} *(se^{33})
我 饭 已经 吃 了
昨天小王来的那个时候，我已经吃过饭 *（了）。

（22）so^{33}ȵi^{33} ɕɑo^{33}uɑŋ^{33} le^{13}lɯ^{33} gɯ^{33} ɑ^{55} tʂʰɿ^{33}kʰɑ^{33}，
明天 小王 回来 的 那个 时候
ŋə^{31} xɑ^{33} le^{33} ndzɿ^{33} nər^{33} *(se^{33})
我 饭 已经 吃 应该 了
明天小王回来的那个时候，我应该已经吃过饭 *（了）。

如上述例句（21）—（22），话题时间“在……的时候”可视为一种先行语（antecedent），需要一个指称语（reference）来相照应。上述例句中的 se^{33}正是这样一个句法功能，它将所描述的事件“我吃过饭”和相照应的话题时间“昨天小王来的时候”［如例句（21）］或“明天小王回来的时候”［如例句（22）］关联起来，提供了一个事件的时间定位，也满足了先行语和指称语相照应的需求。因此，se^{33}是必要的句法成分，它必须出现，否则就会造成语句的不合语法。

和以“说话当下的时间”作为参照点的用法不同的是，这种以“话题时间”

为参照点的句子，话题时间可以离说话者所在的时空很远，如例句（23）—（24）所示，话题时间可以是“十年前我还住在家乡的时候”，也可以是“十年以后我结婚的时候”，虽然离说话者所在的时空很远，但仍能用 se^{33}将所发生的事件关联起来：

（23）ŋə^{31}　ts^{h}e^{33}k^{h}u^{33}　ge^{33}　io^{55}go^{33}　t^{h}e^{13}　ndʐi^{31}　gɯ^{33}　tʂ^{h}ʅ^{33}dʐi^{31}，
我　十年　前　家　还　住　的　时候
ŋə^{31}　ȵi^{33}　le^{33}　ndzʅ^{33}　dʐi^{33}　se^{33}
我　鱼　已经　吃　过　了
十年前我还住在家乡的时候，我已经吃过鱼了。

（24）ts^{h}e^{33}k^{h}u^{33}　ma^{33}　ŋə^{31}　bər^{33}t^{h}ɯ^{55}　gɯ^{33}　tʂ^{h}ʅ^{33}dʐi^{33}，
十年　后　我　结婚　的　时候
ɕɑo^{33}uɑŋ^{33}　gu^{33}pe^{33}　le^{13}lɯ^{33}　ne^{33}　tsɑ^{33}　se^{33}
小王　丽江　回到　进行体　应该　了
十年后我结婚的时候，小王应该回到丽江了。

（二）强位制的语法表现：二分的情态体系

强位制语言的特点表现在二分的情态体系（梅广 1996，2002）。情态范畴的类别可以根据“已实现”和“未实现”对立的界限，作为对宇宙事物模态的分类原则。这种叙述模式是以所描述的事件发生的空间坐落为基准，呈现二分的模式，也就是说，事件发生的是属于“已实现”的情态范畴，表明事件在现实世界中存在；而事件尚未发生的则是属于“未实现”的范畴，表示事件在现实世界中不存在。这个二分的情态体系的阶层关系如（25）所示：①

（25）情态二分体系

情态　（情态范畴）
3
未实现　已实现
3
（预测/猜测/假设/条件）　完成　未完成　（体范畴）
（将行体）　（完成体）　（进行体/惯常体/持续体）

在这个已实现/未实现的二分情态体系之下，事件发生的是属于“已实现”的情态范畴，表明事件在现实世界中存在，所以可推出已行、完成、进行或持续等概念；而事件尚未发生的则是属于“未实现”的范畴，表示事件在现实世界中不存在，所以可用于将行、假设、条件、意愿、否定等情况。梅广先生（1996，2002）

① 这个二分的情态体系是由梅广先生（19960，2002）最先提出的，此图是在梅先生的基础上稍作修改而成。

指出：“过去藏缅语的研究基本都将这个原本应该是二分的情态体系硬是套用在三分体系中，就成了已行、进行、将行的概念，其实是印欧语偏见的产物。”这种以事件在现实世界中存在与否来分类的语法体系中，空间维度（而不是时间维度）成了事物陈述的坐标。

我们认为纳西语在时间的语法表现上，显示的正是二分情态体系的特点。以下我们分别讨论纳西语的情态范畴和体范畴。①

1. 情态范畴

乍看之下，纳西语的动后成分似乎既属于体范畴、又属于情态范畴：

（26）a. dɯ^{33}hu^{33}ne^{33} xɯ^{21} gɯ^{33} tsɑ^{33}
等一下 雨 下 会
等一下会下雨。

b. dɯ^{33}hu^{33}ne^{33} xɯ^{31} gɯ^{33} bɯ^{33}
等一下 雨 下 要
等一下要下雨。

c. ɑ^{55}so^{55}k^{h}ɑ^{31} xɯ^{31} gɯ^{33} dʑi^{33}
刚才 雨 下 过
刚才下过雨。

d. xɯ^{31} gɯ^{33} ne^{33}
雨 下 在
在下雨。

然而，我们有充分的理由认为情态和体在句法中应该区分为不同的两个部门。首先从句法位置上，纳西语用两种不同的位置来区分体范畴和情态范畴。比较例句（27）a—（27）c，纳西语的体范畴，如 dʑi^{33}、ne^{33}、bɯ^{33} 出现在整个动词短语的后面，标记整个动作或事件发生时的状态；而情态范畴（如例句中的？ɑ33）则出现在体范畴之后：

（27）a. so^{33}ȵi^{33} ɕɑo^{33}uɑŋ^{33} lɯ^{33} gɯ^{33} ɑ^{55} tʂ^{h}ʅ^{33}k^{h}ɑ^{33}，
明天 小王 来 的 那个时候
t^{h}ɯ^{33} xɑ^{33} ndzʅ^{33} dʑi^{33} tsɑ^{33} se^{33}
他 饭 吃 完成体会/应该（预测/猜测） 了
明天小王来的时候，他应该会吃过饭了。

b. so^{33}ȵi^{33} ɕɑo^{33}uɑŋ^{33} lɯ^{33} gɯ^{33} ɑ^{55} tʂ^{h}ʅ^{33}k^{h}ɑ^{33}，
明天 小王 来 的 那个 时候

① 趋向范畴也是以“空间维度”思维的语法表现，关于纳西语趋向范畴的讨论，读者可自行参考木仕华（2003）、和万传、和红军（2008）及张雅音 Chang（2009）的讨论。

t^{h}ɯ^{33} xɑ^{33} ndzɿ^{33} ne^{33} ʦɑ^{33} se^{33}

他 饭 吃 进行体 会/应该（预测/猜测） 了

明天小王来的时候，他应该在吃饭了。

c. so^{33}ȵi^{33} ɕɑo^{33}uɑŋ^{33} lɯ^{33} gɯ^{33} ɑ^{55} tʂ^{h}ʅ^{33}k^{h}ɑ^{33}，

明天 小王 来 的 那个 时候

t^{h}ɯ^{33} xɑ^{33} ndzɿ^{33} bɯ^{33} ʦɑ^{33} se^{33}

他 饭 吃 将行体 会/应该（预测/猜测） 了

明天小王来的时候，他应该要吃饭了。

体范畴和情态范畴的次序不能颠倒，否则会造成句子不合乎语法：（＊表示句子不合语法）

（28）a. ＊so^{33}ȵi^{33} ɕɑo^{33}uɑŋ^{33} lɯ^{33} gɯ^{33} ɑ^{55} tʂ^{h}ʅ^{33}k^{h}ɑ^{33}，

明天 小王 来 的 那个 时候

t^{h}ɯ^{33} xɑ^{33} ndzɿ^{33} ʦɑ^{33} dʑi^{33} se^{33}

他 饭 吃 会 完成体 了

b. ＊so^{33}ȵi^{33} ɕɑo^{33}uɑŋ^{33} lɯ^{33} gɯ^{33} ɑ^{55} tʂ^{h}ʅ^{33}k^{h}ɑ^{33}，

明天 小王 来 的 那个 时候

t^{h}ɯ^{33} xɑ^{33} ndzɿ^{33} ʦɑ^{33} ne^{33} se^{33}

他 饭 吃 会 进行体 了

c. ＊so^{33}ȵi^{33} ɕɑo^{33}uɑŋ^{33} lɯ^{33} gɯ^{33} ɑ^{55} tʂ^{h}ʅ^{33}k^{h}ɑ^{33}，

明天 小王 来 的 那个 时候

t^{h}ɯ^{33} xɑ^{33} ndzɿ^{33} ʦɑ^{33} bɯ^{33} se^{33}

他 饭 吃 会 将行体 了

这个现象说明了情态范畴的句法阶层应高于体范畴，如（29）所示：

（29） 情态范畴（ModP）

3

体范畴（AspP） *ʦɑ^{33}*

3

动词短语（VP） *dʑi^{33}/ne^{33}/bɯ^{33}*

如果纳西语出现在动词后面的体范畴和情态范畴真属于同一个体系，二者应该会互相排斥，但事实不是如此。例句（27）显示这两组成分可以同时出现，这说明情态标记 ʦɑ^{33}和体标记 dʑi^{33}/ne^{33}/bɯ^{33}不属于同一个范畴。

就语意和句法功能来说，只有将出现在体范畴后面的这类成分分析为情态范畴，才能正确地看待例句（30）的句子。因为这些句子都属于“未实现”的情态，可以用来预测或猜测事件的发生［例句（30）］，甚至是虚拟的假设或在条件句中

[例句（31）—（32）]。若是这些都归类为所谓的“将行”范畴①，则不能说明这些状况。

（30）ɕɑo^{33}uɑŋ^{33}　le^{13}bɯ^{33}　tsɑ^{33}
小王　回家　会/可能（预测/猜测）
小王可能会回家。

（31）ŋə^{31}　tɕɿ^{33}io^{33}　dʑy^{33}　se^{33}，　ŋə^{31}　ndʐi^{33}　xa^{31}　bɯ^{33}　tsɑ^{33}
我　钱　有　如果　我　房子　买　去　会
如果我有钱的话，我会买房子。
（条件句；目前没有钱，但将来有钱的话就会买房子）

（32）ŋə^{31}　mɯ^{33}　go^{33}　se^{55}，　ŋə^{31}　ʐi^{33}tʂʰʅ^{33}　bɯ^{33}　tsɑ^{33}
我　没　生病　如果　我　昆明　去　会
如果我没有生病的话，我就会去昆明。
（假设句；事实是：我生病了，所以我没有去昆明。）

以上例证说明，tsɑ^{33}这类句尾词应属情态范畴。情态范畴的区分是“已实现”和“未实现”的对立，看的是事件的发生与否。纳西语在表达这个对立的句法范畴时，只有“未实现”的范畴有显性的标记 tsɑ^{33}，以句尾助词的形式出现在体范畴后面，而“已实现”的范畴则没有显性的标记，但二者之间的对立是存在的。纳西语直接以体范畴来表达这个“已实现”的概念，包括进行、完成、惯常、持续等，将在下一节讨论。

2. 体范畴

体范畴指的是说话者对描述事件的发生或状态的角度，是以整个句子为单位的（Smith 1997）。依据这个概念，体范畴可以说是以说话者所在位置或角度为参考坐标，是空间关系的概念。当说话者将某个事件或状态作为整体来观测，就是所谓的“完成体（perfective）”；当说话者将某个事件或状态取中间部分来做观测，则是“非完成体（imperfective）”。这种“完成体”和“未完成体”又是如何用来表达时间的概念？我们采用 Reichenbach（1947）的理论模型来定义“完成体”和“未完成体”。基本上，Reichenbach 用“事件时间（event time；E）”和“参照时间（R）”来定义“体”的类型，如（33）所示：

（33）体（Reichenbach 1947）
完成体　未完成体
E〈R　E = R
（E = 事件时间；R = 参照时间）

在这个理论模型之下，当事件发生的时间在所选用的参照时间点之后时，所表达的是完成体的概念；当事件发生的时间同时是所选用的参照时间点时，则是未完

① 木仕华先生（2002）将 tsɑ^{33}分析为将行体。

成体的概念，表达的可以是事件的进行或是持续。

由于纳西语是以说话者所在位置或角度为参考坐标，在无标记的情况下，通常会以当下说话时间（S）作为时间的参照点（R = S）。这可以说明，为何在纳西语的语言中，进行体常被用在“现在”正在发生的事件或状态，即事件时间（E）与做参照的说话时间一致（E = R = S）；而完成体则常被用来表示“过去”所发生的事件，也就是所发生的事件时间（E）在说话时间（S）之前（E〈R = S）。但是这个时间参照点不是绝对的，是相对性的，也可以不用当下说话的时间点来做参照（R≠S）。因此，“完成体”也可以用在表未来时间的句子中，而“进行体”可以用在表过去或未来的句子中。

纳西语的体范畴通常出现在动词短语后面，标记整个事件发生的状态。木仕华（2002）曾就纳西语的体范畴作过详尽的讨论，读者可自行参考。例句（34）所显示的，是纳西语三个基本的体范畴：

（34）a. ŋə^{31} xɑ^{33} ndzɿ^{33} ne^{33}
我 饭 吃 进行体
我在吃饭。

b. ŋə^{31} xɑ^{33} ndzɿ^{33} dʑi^{33}
我 饭 吃 完成体
我吃过饭了。

c. ŋə^{31} xɑ^{33} ndzɿ^{33} bɯ^{33}
我 饭 吃 将行体
我要吃饭。

五、结　语

时制在句法中之所以重要是因为时间是构成语言所描述的事物对象的坐标。从叙述的观点来看，一个事件的存在必须有个定位思考，因此一个语言系统必须提供事件定位的句法机制。很明显，纳西语中提供事件定位的句法机制和弱时范畴、情态范畴及体范畴有关。这些句法范畴的句法阶层关系如（35）所示：

（35）时制范畴（TP）
3
情态范畴（ModP） se^{33}
3
体范畴（AspP） tsɑ^{33}
3
动词短语（VP） *dʑi^{33}/ne^{33}/bɯ^{33}*

这个句法阶层反映在纳西语中，句子的语序则如（36）—（37）所示：

（36）动词短语—体范畴（dʐi^{33}/ne^{33}/bɯ^{33}）—情态范畴（ʦɑ^{33}）—弱时范畴（se^{33}）

（37）ŋə^{31} lɯ^{33} gɯ^{33} ɑ^{55} tʂ^{h}ʅ^{33}k^{h}ɑ^{33}，t^{h}ɯ^{33} xɑ^{33} ndzʅ^{33} ne^{33} ʦɑ^{33} se^{33}

我 来 的 那个 时候 他 饭 吃 进行体 应该 了

我（待会儿）来的时候，他应该在吃饭了。

由于纳西语的弱时范畴、体范畴和情态范畴都是以说话者所在的主观位置为基准点来看待客观的事件或状态，因此，这些范畴都是空间的概念。时间的参照不是以当下说话的时间为基准点，而是相对的。我们可以说，空间是构成纳西语所描述的事物对象的坐标，而纳西语的时间（三时）表达，需要以空间为坐标的弱时范畴、情态范畴以及体范畴相互配合，正是所谓“位制语言”的语法特点。现将时制语言和位制语言的语言类型差异总结如下：

（38）时间表现的语言类型

	语言类型	事件定位坐标	语法表现
英语	时制语言	时间坐标 以现在时间为基准 三分体系（过去/现在/未来）	时制范畴
纳西语	位制语言	空间坐标 以说话者角度为基准 二分体系（已实现/未实现）	弱时范畴（句尾助词） +情态范畴+体范畴

参考文献：

[1] Sapir，Edward（1921）*Language*，New York：Harcourt Brace Jovanovich.

[2] 傅懋勣：《维西麽些语研究》（第二篇，语法），华西大学中国文化研究所集刊第2卷，1941年，第72—135页。

[3] Reichenbach，Hans. *Elements of Symbolic Logic*. New York：Free Press. 1947.

[4] Comrie，Bernard. *Aspect*. Cambridge：Cambridge University Press. 1976.

[5] Comrie，Bernard. *Tense*. Cambridge：Cambridge University Press. 1985.

[6] 杨焕典：《纳西语动词的时体式范畴》，（手稿），1985。

[7] Klein，Wolfgang. *Time in Language*，London：Routledge. 1994.

[8] 梅广：《解析藏缅语的时制/动貌体系——以羌语为例》，《羌语支语言及语言学研讨会》会议论文，台北，1996年。

[9] Smith，Carlota S. *The Parameter of Aspect*. Dordrecht：Kluwer. 1997.

[10] 梅广：《阿侬怒语的趋向、情态和动貌体系》，未出版国科会报告，1998年。

[11] Mei，Kuang. *The Expression of Time in Tibeto – Burman*. GLOW in Asia，Tsing – Hua University，Taiwan. 2002.

[12] 梅广：《汉语语法有关时的表达问题》，韩国高丽大学中文系学术演讲稿，2007年。

［13］和即仁、姜竹仪：《纳西语简志》，民族出版社，1985 年。

［14］木仕华：《论纳西语动词的体范畴》，戴庆厦编：《中国民族语言文学研究论集（语言专集）》，北京：民族出版社，2002 年，第 98—114 页。

［15］木仕华：《论纳西语动词的语法化》，载《民族语文》，2003 年第 5 期。

［16］杨焕典：《纳西语研究》，当代中国出版社，2004 年。

［17］和万传、和红军：《纳西语“来”和“去”的语义价值及语法特征》，载《云南师范大学学报》（哲学社会科学版），2008 年第 40 卷第 1 期。

［18］张雅音 Chang，*Melody Ya－Yin. Postverbal Particles in Naxi.* The 20th North American Conference of Chinese Linguistics Proceedings（第二十届北美汉语语言学会议论文集）Vol. 2. pp. 539－548，Ohio State University，U. S. A. 2008.

［19］张雅音 Chang，Melody Ya－Yin. *The Category of Postverbal Particles in Naxi and Grammaticalization.* The 41st International Conference on Sino－Tibetan Languages and Linguistics（第四十一届国际汉藏语言学学术会议），London University，England. 2008.

The Animal Symbols in the Pictographic Script of the Naxi People

费安娜

Animals analysed①

The animals selected for analysis are those found in the translation from He Jigui, Naxi dongba guji yizhu (3) . There is one exception, rabbit is not used in the text from where the animals to be analysed are selected. But as all animals representing the twelve - year cycle② were used in the selected text except for the rabbit, the rabbit has been included here in order to make this group of animals complete.

The following animals are analysed: ant, bee, bird, chicken, crane, deer, black muntjac deer, muntjac deer, river deer, dog, dragon, eagle, elephant, fox, frog, goat, horse, monkey, ox, ox fly, ox louse, pheasant, silver pheasant, pig, porcupine, rabbit, rat, sheep, blue sheep, snake, tiger, unknown animal, wagtail, water buffalo, wolf, yak and half - breed yak.

Ant

Character description:③

F427. ??????????? or ????????????? . ?④ Ant. The body has a joint.

L906. Ant.

R442. The ant.

Usage in the analysed texts:

10. 1. 1

?????????? . Ant.

---

① The tone and the drawing of each animal is given in appendix 4.

② The twelve animals are: rat, ox, tiger, rabbit, dragon, snake, horse, goat, monkey, chicken, dog and pig.

③ Comment to the information given under the headlines "Character description": Pronunciation is given according to Fang Guoyu. Fang Guoyu and Li Lincan have been translated from Chinese; Rock has been cited, but the Chinese pronunciation is given in Hanyu Pinyin and Chinese characters are in simplified form.

④ 本文中用? 代替东巴文字符，请与文末附录所附相应序号字符对应核正。

E11. 3. 1

???????????? Ant.

Comment on this animal:

The whole body of the animal is drawn.

Bee

Character description:

F416. ????? or ???????? . Bee. The tail has a spine.

L888. Bee; sugar; run. Drawn as a flying insect with a spine added at its tail.

R254. A bee; a honey bee.

Usage in the analysed texts:

14. 3. 5

Ph: name ???????????? Lengmuban (the third syllable) .

Comment on this animal:

The whole body of the animal is drawn.

Bird

Character description:

F270. ????? or ??????? . Bird. General term for birds. The character looks like a flying bird. In abbreviated form a bird's head is used. The character, beautiful[①], can be added to the bird's head to indicate pronunciation of the second syllable ????? .

L686. Bird.

R472. A bird, without specifying a species. The symbol on top of the bird's head is read beautiful; it is used phonetically.

Usage in the analysed texts:

8. 2. 2, 8. 2. 3

????????? Twitter. A bird, and a line added to the bill to indicate sound. Two lines are drawn on the head; they might be a simplification of the character, beautiful. ??????? twitter is illustrated by a line from the bill in F273.

11. 1. 4

????????? Bird. The whole body is drawn here.

E3. 1. 2, E3. 1. 4

Ph: namc of a bird ??????????? . Enyuenma (the first and the third syllable) . The whole bird is drawn flying.

---

① Fang, 1995, p. 66.

E3. 2. 1

?????? Rest, F272. Illustrated by the bird Enyuenma sitting in a tree.

E3. 2. 2

???????? Hold in the mouth or eat. Illustrated by the bird Enyuenma is eating grass.

E3. 2. 3

Ph: name of a bird ??????????? . Enyuenma (the first and the third syllable) . Only the head is drawn here.

E4. 2. 3

Ph: name of a bird ??????????? . Enyuenma (the first and the third syllable) . The whole bird is drawn flying. A line is drawn from its bill to indicate sound, but this is not read here.

79Fang, 1995, p. 66.

Comment on this animal:

Usually only the head is drawn for all birds. But the whole body can also be drawn. ①

The first of the two pronunciations given by Fang can have the meaning good, that a movement is good. ②

Chicken

Character description:

F292. ???? or ????????? . Chicken, rooster, imposing comb. Chicken with the addition of a Geba – character③ indicates Tibetan pronunciation ????? .

F293 ???????? Hen. Small comb. The character F350, female, can be added.

L692. Rooster. The size of the comb indicates if it is a rooster or a hen. The word female, can be added to indicate hen. The character white or male, can be added to indicate rooster or white chicken.

R1. A chicken. To catch; become caught; arrested. To be in suspense; to be anxious. To meet.

Grains, this symbol is only rarely used for it.

R191. Chicken, a Tibetan loan word.

R4. Rooster.

---

① Fang, 1995, p. 174.

② Fang, 1995, p. 429.

③ Fang, 1995, p. 167 and p. 441.

Usage in the analysed texts:

4.1.1, E5.1.1

????? . Comb of a chicken. The head of the chicken is drawn instead of just a comb as in F287, comb. In E5.1.1 the whole body of the chicken is drawn.

3.3.3, 5.1.2, 11.2.2, 14.1.4, E7.1.3, E10.2.4

Ph:???? . Cliff. F105. A chicken is used as a part of the character to indicate the pronunciation.

6.3.3, 13.1.3, E9.1.4

?????? Chicken.

10.1.5

????????? Big chicken. A black dot, F1188, is added which here indicates big. The whole body is drawn and the posture is a sitting bird with wings hanging down. Chicken in a general sense is also read here once. (The black dot can not be clearly seen as printed in the book, but it is clearly visible on the original manuscript.)

12.2.2

?????????? Crow. A line added to the bill to indicate sound.

13.1.4, E8.2.1

????????? Black chicken. A black dot, F1188, is added to indicate black colour.

13.2.1

?????????? Clucking chicken. The whole body is drawn and a line from the bill to indicate sound.

E2.3.2

??????????? White chicken. The character F1186, white, is added. The whole body is drawn.

E5.1.2

???????? Claw. Head and claw are drawn together to indicate the claw.

Comment on this animal:

In Fang p. 175 a crowing rooster is illustrated, here the whole body is drawn.

A crowing rooster together with a river deer indicates the meaning, come back.[1] Two crowing roosters together indicate the meaning, polite.[2]

The word, ????? mother or female, can be added after a noun to indicate big. In the same way the word, ????? son, male or husband[3] can be used to indicate, small. This

---

[1] L694, L771.

[2] L695.

[3] F450.

might be a reflection from ancient matriarch society. ①

Chickens are used as sacrificial animals.

Crane

Character description:

F322. ???????????? White crane. Long neck and slender bill. The character F1118, fresh, indicate pronunciation of the second syllable.

L690. Crane.

R126. The crane. To envelop; wrap around. Between; in the middle. To scowl; frown; stare; glower. An offence; a crime.

Usage in the analysed texts:

3. 3. 3

Ph:??????? Between,? the crane is drawn with an extraordinary long bill.

13. 3. 4

Ph:????????? Between, the crane is drawn with a very long throat.

Comment on this animal:

In Fang p. 174 a white crane is illustrated, here the whole body is drawn.

The white crane can also bear the meaning of matchmaker, as the crane was matchmaker between the sky and the earth. ②

Deer

Character description:

F395. ????????? Deer, forked antlers. Doe,??????????????????? broad ears. Black deer with broken antlers,??????????????????? a black dot③ indicates pronunciation of the second syllable.

L778. Deer.

L779, hind, doe.

R49. A stag Chinese ma – lu 马鹿 (red deer) .

R49. The hind with the broad ears.

R49. Stag, black antlers broken.

Usage in the analysed texts:

11. 1. 5

??????????????? Buck. The word male is read but not written. ④

---

① He Jiren, 1985, p. 27.

② L690.

③ F1188.

④ F1186, male, this word can mean both male and white. Fang, pp. 174 – 175.

12. 1. 2

??????????????? Buck. The character F1186, male, is added. Here read a second time as ????????? deer.

Comment on this animal:

In the dongba – scriptures animals often occur in pairs, and they are also associated to certain kinds of landscapes, which they also are able to cleanse. Deer and wild ox make a pair and they are associated with forest and snow mountains. ①

Black muntjac deer②

Character description:

F397. ? lo??? Black muntjac. Broad ears.

L792. Black muntjac.

R235. Muntjac; the black deer which lives in the spruce forests at 11.000 feet. Inside. To revolve; to clean out by revolving a cup. On, as to place, the Chinese shang 上. To treat or provide for a guest. ③ Chin. To give, as food. To cross; to pass over. To present; but only used in the case of a deceased. To hang as clothes. To desire; to hope.

Usage in the analysed texts:

15. 3. 6

Ph: ? lo??? Flow.

Comment on this animal:

Hair is drawn on the head and vertical lines are drawn on the ears. Cf. rabbit and river deer.

The black muntjac deer can indicate past tense when pronounced as ? lo?? . ④

Muntjac deer⑤

Character description:

F396. ???????? Muntjac. Two hook formed antlers

L798, muntjac.

R432. Deer; the yellow deer, which lives in the pine forests of the Lijiang snow range.

---

① Li Ying, personal communication, Lijiang, 2000.

② Cihai, p. 5400. Muntiacus crinifrons.

③ F888 also indicates this meaning.

④ L793.

⑤ Cihai, p. 5394. Muntiacus.

Usage in the analysed texts:

11. 3. 2

?????????????? Muntjac buck. The word "male" is also read. The whole animal is drawn. Read a second time only as "muntjac". The antlers are drawn rather big here (mid level tone is printed but it should be read with low falling tone). ①

12. 2. 5

????????????????? The barking muntjac buck. The word "male" is also read. A line from the snout indicates sound and is read, ?????, howl, bark. ② (?????? is printed here, but it should be read ?????????) ③

Comment on this animal:

In Fang p. 193 a muntjac is illustrated, here the whole body is drawn.

River deer

Character description:

F399. ? le???? River deer. Protruding teeth.

L771. River deer.

R223. The musk deer; the Chinese she 麝. Again; then, the Chinese zai 再. Trousers. An auxiliary verb, "then" the Chinese ze 则. To make harmless. To turn yellow as leaves or grass in the autumn.

Usage in the analysed texts:

4. 1. 5, 7. 2. 4

Ph:? le???? But (in 7. 2. 4 read with low falling tone).

10. 3. 3, 10. 3. 4

Ph:? le???? Again, also. An indication of a change of the situation.

11. 2. 4

Ph:? le???? Moon.

13. 2. 5

Ph:? le???? Withered.

14. 3. 5

Ph: name ???????????? Lengmuban (the first syllable).

E2. 1. 1

The phrase ???????????????????? is read. Word by word this means: "river deer-mother-river deer-bottom-unlucky/bad". River deer is here read in high-level

① Li Ying, personal communication, Lijiang, 2000.

② F354.

③ Li Ying, personal communication, Lijiang, 2000.

tone. Translation: "the hind quarters of the river deer doe was in an unlucky condition". Three parallel lines are added here to indicate hindquarters. This is a way to express that it was the rutting season. ①

Comment on this animal:

With the pronunciation ? le?? the character for river deer can indicate: back, go back or come back. ② The river deer can be used as an indication of completed action. ③

Note that the river deer is drawn without teeth in both the manuscripts analysed. A river deer is drawn with rather big ears and no antlers. Cf. rabbit and black muntjac. In Fang p. 192 a river deer is illustrated, here the whole body is drawn.

This Naxi word, ? le??, is translated into Chinese both as river deer and musk deer. Cf. river deer Hydropotes inermis, 河獐 or 牙獐④ and musk deer Moschus moschiferus 麝, which also is called 香獐⑤ Note also that the character F400, musk, is constructed by F399, river deer and F279, egg.

Dog

Character description:

F365. ?????? or ?????????? Dog. Both ears leaning forwards.

L848. Dog. It has the neck of a hunting dog and ears leaning forwards.

R203. Dog. To leaven, as in fermenting liquor. To present. To place an object on another, as water on something. To liberate. To send; to dispatch; release. To give. To sprinkle; as medicine.

Usage in the analysed texts:

6. 3. 4, 12. 3. 4, 12. 3. 5, E9. 2. 1, E12. 3. 1

???????? Dog. In E12. 3. 3 it is read as a special kind of dog.

11. 2. 2

???????? Dog. The whole body of the animal is drawn.

12. 1. 3

??????????? Barking dog. A line is drawn from the snout to indicate sound.

13. 1. 1

????????????? White dog. The character F1186, white, is added to indicate the colour. A line is drawn from the snout to indicate sound. Here read twice.

E12. 2. 2, E12. 3. 4

---

① He Kaixiang, personal communication, Lijiang, 2000.

② Fang, 1995, p. 405.

③ L771.

④ Cihai, p. 2161.

⑤ Cihai, p. 5395.

??????????? Black dog.

E12. 2. 3

Ph:??????? The cry of an eagle. A dog with a black dot and a line above is drawn here. The barking of a dog is also pronounced ??????[1]

E12. 3. 2, E13. 1. 2

???????????? and ???????? Dog, a certain especially able kind of dog, which is able to break the bones of the wild animals and able to differentiate between village people and outsiders. The black dogs are not able to do this. [2]

E12. 3. 3

???????? Dog. Drawn as a common dog, but read as the special kind of dog.

E12. 3. 3

Ph:??????????????????? . The big village (fourth syllable) . A barking dog is drawn inside a house.

E13. 1. 3

??????????? Black dog. Drawn similar to the special kind of dog.

Comment on this animal:

The Naxi say that a good hunting dog can hear and differentiate eight directions. The good hunting dog is also said to be a dog with four eyes. [3]

Dragon

Character description:

F445. ????? or ?????????? . Dragon, the whole body can also be drawn.

L767. Dragon.

R242. Dragon; probably a loan word from the Chinese long 龙; the real name for dragon is "blue sky power" . To bark; to bay; to growl. To raise; to lift; to carry, as between two or more persons. A phonetic[4] in names. To wrap up; enclose.

Usage in the analysed texts:

14. 2. 1

Ph:??????? Beautiful (like the dragon) . The dragon is drawn with a rather long snout here.

E6. 2. 1

???????????? The green dragon. It is associated with thunder. Here a line from the

① Li Ying, personal communication, Lijiang, 2000.

② He Kaixiang, personal communication, Lijiang, 2000.

③ He Chunfang, personal communication, Lijiang, 2000.

④ phonetic element

mouth is added.

Comment on this animal:

This character can serve as phonetic loan with the meaning, nice and warm. ①

Eagle

Character description:

F326. ??????? Eagle. The bill has the form of a hook.

L722. Eagle.

Not found in Rock, ANKEED.

Usage in the analysed texts:

8. 1. 2

???????????? White eagle. The character F1186, white added. Here the whole bird is drawn.

8. 1. 3, E12. 2. 2, E12. 2. 3

?????????? Black eagle. A black dot added. Here the whole bird is drawn. Cf. F328.

11. 1. 4, 11. 3. 1

?????? or ??????? Eagle. The whole bird is drawn.

Comment on this animal:

Certain parts of an animal are used as protection from demons. These parts are those which the animal defends itself with. Claws from an eagle can be hung on the hand cymbal used by dongba in rituals. ②

Elephant

Character description:

F382. ????????? Elephant. It has long snout and protruding teeth.

L805. Elephant, the whole body is drawn.

L806. Man, only the head is drawn.

R454. Elephant. Man. Asexual man. A descendant of the pre – flood ancestor of the Naxi. In connection with the symbol jackal, it denotes the people. To dance, there is, however, a special symbol for that verb.

Usage in the analysed texts:

3. 1. 2

????????? Man, humanity. The character consists of a man with an elephant ´s

---

① L767.

② He Limin, personal communication, Lijiang, 2000.

head. The old pronunciation is ???????[1]? The old pronunciation is the same as that of the unknown animal, which sometimes is said to be jackal.

E8. 3. 1, E8. 3. 2

Ph:????????? Humanity.

E9. 3. 3, E11. 1. 1

Ph: name ?????????????????? The powerful golden elephant.[2]

Comment on this animal:

The first generation after the great flood was that of ??????????????????[3]

Fox

Character description:

F387. ??????? Fox. The tail has stripes and joints.

L787. Fox.

R305. Fox.

Usage in the analysed texts:

12. 2. 1

?????????? Foxes wailing. A line is drawn from the snout to indicate sound ????? .

Comment on this animal:

Naxi people dislike the fox and believe that places where foxes dwell have demons.[4]

Frog

Character description:

F439. ?????? or????????????? Frog. The character looks like a frog's head. It can be written in different ways.

L909. Frog.

R27. Frog, toad. To sprout, as grain. The appearance of the first teeth in a child. To change into; to produce, as by sexual intercourse. An enumerator for iron utensils, as spoon, trident, knife. A chip of wood. Infectious; infection. To place; to attach to; to put. A handle, as of a bowl or cup. To corner a wild animal; to stop a wild animal in its course and kill it. Broad; wide.

---

① F448 and L510.

② L805 and Fang, 1995, p. 511.

③ He Jigui, 1989, p. 226.

④ Li Ying, personal communication, Lijiang, 2000.

Usage in the analysed texts:

2.1.5, 2.2.1, 2.2.2

Ph: ???????? . Dark (the second syllable).

E1.2.3, E1.3.1, E1.3.3, E2.2.1, E2.2.2, E2.3.1 (twice), E2.3.2, E3.3.1, E3.3.3, E5.3.1, E8.1.2, E8.1.3, E8.2.1, E8.2.3, E12.1.1.

Ph: ???????????? Change (the second syllable).

Comment on this animal:

Just writing the frog character can indicate the three – syllable expression for change/transform, or it can be written in more complicated ways. The frog indicates the pronunciation of the second syllable. ①

The frog is a positive symbol to the Naxi as it represents plentiful offspring. It is also regarded as intelligent and the frog symbol is used within divination. ②

Goat

Character description:

F363. ???????? Hair hanging down from the chin.

L839. Goat.

R72. Goat. To pinch (a person). The Naxi word for goat.

R227. Goat. Tibetan loan word.

Usage in the analysed texts:

6.3.3

???????? . Goat. Read with a somewhat different pronunciation here.

Comment on this animal:

Drawn with straight parallel antlers leaning backwards and with vertical lines on the antlers closer to the head. It has hair on the head and under the chin, a "beard".

Goats are sometimes used as sacrificial animals.

Horse

Character description:

F367. ??????? or ????? or ??????? or ????? . Horse. Long mane. There are three different pronunciations, and a fourth one in Tibetan language. (Please note that the third pronunciation for horse is not included in the syllable inventory as given by Fang.)

L820. Horse.

R505. Horse. Used to express the superlative; in Lijiang proper and neighbouring villages.

---

① Cf. F74, the sky and the earth changed, the sky and the earth were connected.

② He Zhiwei, personal communication, Lijiang, 2000.

Very; in a high degree; the symbol is used phonetically. To relinquish; part with; also bestow.

R335. Horse. The literary term for horse.

R77. Horse. Tibetan loan word.

Usage in the analysed texts:

2. 1. 3

??????????? Fine horse. The whole animal is drawn. The phonetic character F137 ???????, pearl, used to indicate the meaning fine horse ??????????,[①] is here omitted and instead the character F959 ??????, awl, is added to indicate the pronunciation.

8. 2. 3

??????????? Yellow horse. The character F1184,?????, yellow is added into the character for horse.

E9. 2. 3

Ph: name ????????? Daoben. The Tibetan pronunciation is used here (the first syllable).

Comment on this animal:

The ritual performed when a dongba has died includes a white horse, made from paper, for him to rid on, back to the 18th level of heaven.

Monkey

Character description:

F407. ??????? Monkey. Ears similar to those of human beings.

L795. Monkey. The second syllable can be read as "ancestors" or "take".

R492. Monkey. To be born. To receive; to take anything offered; to accept. To capture.

Usage in the analysed texts:

1. 2. 5, 1. 2. 6, 4. 1. 2, 4. 1. 5

Ph:?????? Produce, give birth to, come into being. In 1. 2. 5 and 1. 2. 6 hair is drawn on the neck which makes it easy to confuse with the character for pig.

Comment on this animal:

Hair is drawn only on the head.

Ox

Character description:

F358. ?????? ????? or ????? . Ox. Hooked horns. ????????? ox, cattle.

L830. Ox.

---

① F368.

R116. Ox. A phonetic in names

Usage in the analysed texts:

1. 2. 5, 2. 1. 2, 6. 1. 1, 8. 1. 5

?????? Ox.

2. 2. 2, E7. 1. 1

???????? Ox – hide. The head of the ox and the hide is drawn. The head is simplified in E7. 1. 1, and only the second syllable is pronounced.

2. 2. 3

????????? Red hide. The head of the ox is drawn and inside the character F143, fire, is added to indicate the colour. Cf. 8. 2. 2 red ox.

4. 1. 1

??????? Domestic animal. Drawn as an ox. ①

4. 2. 2, 4. 3. 4, 5. 2. 2

Ph:?????????????????????? The single ox, which was black around its eyes. Black colour is added around the eye. ?????, sky and ??????, scissors.

4. 2. 3

????????????? The howling sound of an ox. Black colour is added around the eye and a line that indicates sound is drawn from the mouth. Cf. F354. /????? Howling ox.

4. 2. 4

As in 4. 2. 3 but the drawing is upside down. To draw an animal upside down indicates that it is dead. ②

4. 3. 1

Ph:?????????????????????? The single ox, which was black around its eyes. Black colour is added around the eye and a line that indicates sound is drawn from the mouth, read as "the howling sound of an ox".

5. 1. 2

??????? Body. Read as muscles. ③

5. 2. 4

Ph:?????????????????????? The ox, which was black around its eyes and killed by a sharp sword. Black colour is added around the eye. A sword is drawn over the ox.

8. 2. 2

????????? Red ox. The head of the ox is drawn and inside the character F143,

---

① F336 and L818.

② He Jiren, p. 121.

③ Fang, 1995, p. 421.

fire, is added to indicate the colour. Cf. 2. 2. 3 red hide.

11. 2. 1

??????????? Slaughter of domestic animals. A sword is drawn over the ox. All of this is drawn upside down.

12. 2. 4

????????????? The howling sound of an ox. Cf. F354.

E3. 1. 1

Ph: name ????????????? Enyuenma (the first and the third syllable).

E4. 3. 3

Ph: name ??????????????? Meimeixurao (third syllable). Wild animal[①]. Drawing of cattle eating grass.

E5. 3. 2, E6. 2. 1

Ph:?????? The strange creature with a head like an ox.

E6. 1. 2, E. 6. 1. 3

???????? "It", the strange creature with a head like an ox. Ox with an axe is drawn here.

E6. 2. 2

A sharp sword was used to kill the strange creature with a head like an ox, it shouted with a trembling voice. Drawing of an ox stabbed with a sword and outstretched tongue.

E6. 3. 1

The tongue shook. Drawing of an ox and tongue.

E6. 3. 3

??????? Head.

Comment on this animal:

?????? Sacrificial ox, an animal killed and used in ritual offerings. ?????? Property, oxen meaning private property. The character F246, wheat, can be added. [②]

Oxen have been used as sacrificial animals in large rituals.

Ox fly

Character description:

F425. ?????? Ox fly. The head is big.

L894. Ox fly or ox mosquito.

R292. The large horsefly, common on the high alpine meadows of West China. Dead; a refined term. Old; an old man is always called like this. A demon.

---

① F337, L760 and R176.

② F398.

Usage in the analysed texts:

1.3.6

Ph:??????? Enough.

13.2.4

Ph:??????? The Elders.

Comment on this animal:

Ox fly is often used for the words old or dead. It is a less straightforward word for dead. ①

The whole animal is drawn.

Ox louse

Character description:

F429. ?????? Ox louse.

L895. Ox insect/worm.

R230. A tick. To escape. The spirit of the hunt who assists the hunter to round up wild animals (with the help of a dog). Come; coming. Severe; grave; heavy. A final particle of an exclamatory nature,! It is the Chinese final 夫 fu. Heavy.

Usage in the analysed texts:

1.1.3

Ph:?????? The earth.

2.2.3

Ph:?????????? Wagtail (second syllable).

6.2.1, 7.2.5

Ph:?????? Come. Indicates future tense, it can also indicate possibility. ②

E5.1.1

Ph:?????? But.

Comment on this animal:

The ox louse is often used as a phonetic loan for the god of hunting and in the meaning "set free/let go". ③ The whole animal is drawn.

Pheasant

Character description:

F294. ?????? Pheasant. It has a crest.

L712. Pheasant.

① L894.

② He Jiren, 1985, p. 50.

③ L895.

R109. The stone pheasant (Phasianus colchicus elegans Elliot), common in the foothills if the Lijiang snow range at 9, 000 – 10, 000 ft. elevation. The male is called the white pheasant with horns. The female is called the female pheasant with the black throat.

Usage in the analysed texts:

11. 3. 1, 12. 2. 3

??????????????????? The cock pheasant with horns. Here drawn as the great mythical bird Dapengniao①. Read a second time only as pheasant in 11. 3. 1.

Comment on this animal:

Dapengniao is great mythical bird, which carries a kind of "jewel – hat" on its head. Within the dongba scriptures, there are only two others wearing this hat; they are the nature spirit Shu and the ancestor to the Naxi tribe, Chongrenlien, and there is a story about how this bird acquired this hat. ②

Silver pheasant

Character description:

F298. ??????? Silver pheasant. Black head with a crest.

L717. Silver pheasant.

R177. The Tibetan eared – pheasant (crossoptilon crossoptilon [Hodgson]). The male is called the white Tibetan eared – pheasant (with the) red feet. The female is called the Tibetan eared – pheasant with the broad feet.

R177. The name of the Tibetan eared – pheasant, the symbol is used phonetically. Actually the white Tibetan eared – pheasant. To change by magic. A shepherd's hut and sheep pen on an alpine meadow. A group of men; a troop; to band together; a crowd. A condition of growing grain, the stalks of which after heavy rains turn yellow and the ear will be empty.

R177. To paint; used in the sentence heaven vast juniper it paint = the spread out heavens are painted (blue) by the swaying top of the juniper.

Usage in the analysed texts:

E4. 2. 1

Ph: ??????????? Vigorous.

Comment on this animal:

Pig

Character description:

F374. ????? or ??????? Pig. The snout is turned upwards, long bristle. The second

---

① Fang, 1995, p. 175 and L710.

② He Pinzheng, personal communication, Lijiang, 2000.

is a Tibetan pronunciation.

L845. Pig.

R35. Pig; a wild pig. Power; to give a person power; to invest one with power. A flock; a multitude; a company. Wife. To congregate. A fattened pig.

Usage in the analysed texts:

9. 3. 3, E9. 2. 1

??????? Pig.

E10. 3. 2, E10. 3. 3, E10. 3. 4, E10. 3. 5, E11. 1. 1 (written twice, read three times), E11. 1. 2

Ph: ?????? Carry.

Comment on this animal:

The character is drawn with hair on the head and on the neck. To differentiate from the tame pig a wild pig is drawn with much more fur. ① Pigs are used for animal offerings.

Porcupine

Character description:

F403. ??????? Porcupine. The body has quills.

L777. Porcupine.

R33. The porcupine.

R370. The porcupine.

Usage in the analysed texts:

6. 3. 3

Hedgehog.

Comment on this animal:

In R33 the head or half of the body is drawn. In R370 the word F136, turquoise is added and read before the word for porcupine. In "The Origin of the Tiger"② where the character is drawn as F403 and L777, porcupine, but translated as hedgehog.

In Fang p. 369 there is an entry for "hedgehog" with reference to the character F403, an entry F404, quill, is also given here.

He Limin described the animal as bigger than a hedgehog and also as an aggressive animal able to defend itself. He said that the animal could shoot out its quills and then other animals could get entangled in them without being able to escape. He showed me some real quills that dongba has in his "Buddha-crown" during rituals. The quills he showed were about 18 centimetres long and about a half centimetre thick in the middle. The col-

---

① Zhao Jingxiu, 1999, p. 73.

② He Zhengcai, 1963, p. 23.

ours were black and white.

Rock mentions the habit of using quills to decorate the hat of the Dongba. ①

The words hedgehog and porcupine, which are two different words in Chinese, have the same pronunciation in Naxi and represent both of these two animals. Zhao gives this Naxi word the translation hedgehog and says that it is the popular name for porcupine. ② I guess that the Naxi people use hedgehog as a more literary word for porcupine in Chinese, maybe because the hedgehog is not aggressive.

Rabbit

F401. ?????????? Rabbit, hare. An animal with big ears. The character for pine added to indicate pronunciation.

L789. Rabbit, hare.

R446. A hare. The name is of Mongolian origin.

R176. Wild animals in contradistinction to domestic animals.

Usage in the analysed texts:

E12. 3. 2 ??????? Wild animal. Cf. F337.

Comment on the animal:

In the Naxi language no difference is made between rabbit and hare. When they talk about the year they mean the rabbit, not the year of the hare. ③ The rabbits, which can be domestic or wild, have different colours but the hares are all greyish brown. ④ Cf. river deer and black muntjac deer.

Rat

Character description:

F376. ?????? Rat. Pointed snout with whiskers and pointed ears.

L854. Rat.

R110. Rat. The Naxi have no name for mouse; they believe that mice came from foreign countries. Embers; charred remains of anything. Ear-wax. From rat droppings. When ear-wax has not been removed for a long time it resembles rat droppings.

Usage in the analysed texts:

4. 1. 6

Ph: ?????? Hair. Note that the rat is here drawn without whiskers.

10. 3. 4

---

① R370.

② Zhao Jingxiu, 1999, p. 73.

③ Li Ying, personal communication, Lijiang, 2000.

④ He Guihua, personal communication, Lijiang, 2000.

Ph. ???????? Curved, crooked, bend, flex.

Comment on the animal:

The rat can be used for the word, year ??????, as the rat represents the first year of the twelve year cycle. ①

Sheep

Character description:

F362. ????? or ????? Sheep. Forked horns.

L840. Sheep.

R18. Sheep. This is the ancient literary term for sheep; R492, although used in books, is more colloquially used.

R492. Sheep. Fleet (footed); swift. Light in weight. Cheap. To take (in the hand). To be born; birth; alive. Accept; accede. Acceptable.

Usage in the analysed texts:

6. 1. 2, 8. 1. 6

?????? Sheep.

10. 1. 3

?????????? Lamb. The word "little" added to give this meaning. ②

10. 1. 4

??????? Sheep. Also read as "stretch out their tongues". A sheep with open mouth and outstretched tongue is drawn.

E11. 3. 3

??????????? White sheep. The character F1186, white is added.

E11. 3. 3

??????? . Black sheep. The black dot F1188, added.

Comment on the animal:

??????? Abundance, then the character F136, turquoise can be added.

???????? Full or increase, which comes from sheep breeding. With this pronunciation dots to indicate multitude are added above the head of the sheep, many sheep represent the meaning full. ③

Blue sheep, Bharal

Character description:

F398. ??????? Blue sheep. The horns grow in a crooked way.

---

① F57 and L854.

② Li Ying, personal communication, Lijiang, 2000.

③ F362.

L796. Blue sheep.

R401. The goral (Naemorhedus griseus). A goat-antelope which occurs on the Lijiang Snow range. Used for the past tense at the end of a verb; also for the future perfect.

Usage in the analysed texts:

5.2.5, 7.2.3, 16.1.1

Ph:?????? Indicates past tense. ①

13.3.2

Ph:?????? Indicates finished action.

Comment on the animal:

The horns are drawn parallel, and backwards. Hair is drawn on the head.

?????? can also indicate affirmative mood to a sentence. ②

Snake

Character description:

F440. ?????? Snake. The character is drawn as a snake's head. The whole animal can be drawn.

L922. Snake.

R500. A snake.

Usage in the analysed texts:

6.1.1

Ph: name ???????????????? Pushaduori (the fourth syllable).

6.1.2

Ph: name ??????????????? Mushaoduori (the fourth syllable).

Comment on the animal:

The god of nature has a snake's tail. ③

Tiger

Character description:

F377. ?????? Tiger. Its body has stripes.

L761. Tiger.

R214. Tiger. Every; all; everybody. To strike. To divine; foretell. Old; ancient.

Usage in the analysed texts:

1.1.1, E1.1.1

Ph:?????????????????? "In ancient times", which is a fixed expression (the

① Cf. He Jiren, 1985, p. 49.

② He Jiren, 1985, p. 86.

③ F1302.

second syllable) .

6. 3. 5, E3. 3. 2, E4. 1. 2, E5. 2. 1

Ph: ??????????? God. (Usually pronounced as ???????????)①

11. 1. 5, 12. 1. 2, E9. 3. 2

??????? Tiger. In 12. 1. 2 the whole body is drawn.

13. 3. 4

Ph. name of a river /?????????????????? . Jingyoulabengji. Tiger (third syllable) stripes (fourth syllable) are drawn on the body of an ox as phonetic part of a name. See water buffalo.

15. 2. 3

Ph: place name ????????? Lagu (the first syllable) .

Comment on the animal:

The tiger exists in China, but it is very rare. ②

Unknown animal

Character description:

F78. ??????? Name of an animal. Man (phonetic loan) .

L808. ??????? Man, mankind (phonetic loan) . Unknown animal.

R101. 2dzī. A jackal; colloquially called 1pä. There is however a symbol for1pä. To offer; present. Man (asexual); people. See also elephant.

Usage in the analysed texts:

3. 1. 2

Ph. ??????? People, humanity. A sitting man with an unknown animal's head. Jing-people. The last generation before the great flood. ③ Note that no black colour is added to the snout or ears.

6. 1. 3, 6. 2. 2

Ph: name ????????????????? Mobijingru (the third syllable) . The name of a god. A body with an animal's head and a line from the mouth, which indicates sound. Note that no black colour is added to the snout or ears.

6. 2. 4

Ph: name ???????????????? Mobijingru (the third syllable) . The name of a god. A body with an animal's head and a line from the mouth, which indicates sound. An arm and a pointing hand is added to the body, this indicates the god used his hand. Note

---

① Fang, 1995, p. 375.

② He Guihua, personal communication, Lijiang, 2000.

③ L809.

that no black colour is added to the snout or ears. This time ?????, man, is read after this name.

14. 3. 2

Ph:??????????? The human world (the first syllable) . Only the head is drawn. Note that no black colour is added to the snout or ears.

E8. 3. 1, E8. 3. 2

Ph. ??????? People, humanity. Jing – people. The last generation before the great flood. Here only the head of the unknown animal is drawn.

Comment on this animal:

The unknown animal is drawn with pointed ears and black colour is added on the tips the ears only. Cf. F389. ??????? Jackal. L803. Jackal. R374. Jackal (colloquial) . Both ears and snout are painted black.

A character similar to the unknown animal and to the jackal is that of the bear,?????? F384, L781 and R147, it is drawn with round ears and some black on the centre of each ear.

Wagtail

Character description:

F308. ??????????? Wagtail. The wagtail lives where there is water. The body is white. The tail moves up and down. The character for white is added to indicate the pronunciation.

L714. Wagtail.

R72. The white and black wagtail (Motacilla alba Hodgsonii) always seen on the banks of streams.

Usage in the analysed texts:

2. 2. 4

??????????? Wagtail (different tone) . The whole bird is drawn in a standing position.

2. 2. 5

Wagtail (the word not read out loud) . The bird is drawn in a resting/sleeping position.

2. 2. 6

??????????? Wagtail (different tone) . The whole bird is drawn in a sitting position.

E11. 2. 1

???????????????? White wagtail with a black dot on its crop. The whole bird is drawn together with the character F1186, white. A black dot is drawn on the body to indicate F289, crop.

Comment on this animal:

A tail is added to the common character for bird F270. The character used for white is F1186.

Note another way to write wagtail in 2. 2. 3; the ox louse is there used phonetically.

Water buffalo①

Character description:

F359. ??????? or ?????????? Water buffalo. Flat horns with transverse lines.

L811. Ox with broad horns.

R154. Water buffalo or carabao. It is mentioned as being used by the Minjia 民家②, a tribe living to the south of the Naxi who use water buffaloes in ploughing their rice fields.

Usage in the analysed texts:

13. 3. 4

Ph: name of a river /?????????????????? . Jingyoulabengji (the first syllable). The ox indicates the pronunciation of the first syllable. Stripes like those on a tiger are drawn on the body and they probably indicate the pronunciation of the third syllable.

Comment on this animal:

The water buffalo is easier to domesticate compared to the ox and the yak. ③ When the Naxi say that a person is like a water buffalo this means that the person is stubborn. ④

Wolf

Character description:

F390. ????????? or ??????????? Wolf. The character is drawn like a dog but with black snout.

L794. Wolf, wild dog.

R196. A wolf (wild dog). The symbol juniper⑤ is attached to the dog symbol and used phonetically.

Usage in the analysed texts:

11. 3. 2

???????? Wolf. The whole body is drawn.

---

① Water buffalo, was earlier a common translation. Now it is usually translated as, ox with broad horns. Li Ying, personal communication, Lijiang, 2000.

② The Bai-people. F549 and R224.

③ He Pinzheng, 1999, p. 70.

④ Liying, personal communication, Lijiang, 2000.

⑤ F194, Cypress, is probably meant here.

Comment on this animal:

The mouth of the wolf is painted black and it is regarded as unclean.

Yak

Character description:

F360. ??????? Yak. Pointed horns that lean to the sides.

L828. Yak.

R260. The yak. Probably from the Tibetan bhrong a wild yak. Pus. To roast in ashes.

Overflowing. The bursting of a boil; pus issuing. ① This symbol also stands for the phrase popped rice and popped buckwheat.

Usage in the analysed texts:

10. 3. 3

Ph:???????? Move.

E4. 3. 2, E5. 2. 3

Ph: name /??????????????? Sibubanyu (third syllable) .

Comment on this animal:

There are two kinds of yaks; the wild yak and the domestic yak. It is not clear whether they are exactly the same kind of animal. ② A cloud is drawn above the head of the yak to indicate that it is a wild yak. ③

Half-breed yak, pian niu (The offspring of a bull and a female yak)

Character description:

F361. ??????? Pian niu. Horns pointed and leaning backwards.

L829. Pian niu.

R314. A half - breed yak. A loan word from the Tibetan word for half - breed yak. A husband.

Mid level tone: To accompany one; to take along with.

Usage in the analysed texts:

7. 2. 4, 7. 3. 1, 7. 3. 2, 7. 3. 4, 8. 1. 1, 8. 2. 4

Ph:????????????? Passage (the first syllable) .

7. 3. 1

Ph: name /?????????????? . Jiuluosongmumei (the first syllable) .

Comment on this animal:

R314, husband and wife (the characters half - breed yak and pig used together

---

① coming out.

② He Limin, personal communication, Lijiang, 2000.

③ An Annotated Collection of Naxi Dongba Manuscripts, vol. 91, p. 91.

phonetically) .[①]

Observations

Character categories

The animal characters in the analysed texts can be divided into most of the character categories, described in chapter about the script, according to the following examples. This shows that the usage of animal characters corresponds rather well to the usage of other pictographic characters.

1 Illustration as base.

Visible or knowable matters. Simple drawings, which are a direct depiction of an object. The animals are drawn with the whole body.

— Horse, wagtail, dog. . .

2 Special attributes.

Visible or knowable matters. Only the characteristic part is drawn. For the animal characters, only the head is drawn and their special characteristics are emphasized in the drawing.

—Most animals come under this category.

3 Change of the original form.

The meaning can be seen after examination of the character. The form is changed in order to describe certain things. A dead animal is drawn upside down, and without a pupil in its eye.

—The killed ox.

4 Symbol for a circumstance or a situation.

The meaning can be seen after examination of the character. Abstract and not concrete matters.

—No animal characters were represented here.

5 Addition to the original form.

The meaning can be seen from a few interrelated characters. A line added to the mouth of the animal to indicate sound.

—Howling ox, twittering birds.

6 Combined characters – one meaning.

The meaning can be seen from a few interrelated characters. The characters are combined to indicate the meaning.

—Birds were swallowed by eagles and bucks were caught by tigers.

---

① F481.

7 One character – several meanings.

A few mutually involved meanings. Except from the basic meaning of the character it can have additional meaning and different pronunciation.

—Rat has also the meaning of year, and river deer has the meaning of wild animal.

8 One meaning – several characters.

Several different characters, which have the same meaning and pronunciation.

—No animal characters were represented here.

9 Mutually reinforcing the pronunciation.

An element with the same or similar pronunciation is added to the character to emphasise and remember the pronunciation of that character.

—Cliff and chicken; a little chicken head is drawn inside the symbol for cliff.

10 The pronunciation as basis.

Objects, which are difficult to describe with a picture, is expressed with a character that has the same or similar pronunciation.

—Pig, meaning carry.

Usage of the animal characters

The analysis shows that within this group of animal characters, there are groups of characters, which have different usages. The groups observed and described here show a way to organize them according to the type of their usage, in order to search for structures of usage. Characters can belong to one or several of these groups.

Basic drawing

"Basic draw." Character categories are 1, 2, 7 and 10.

The animal character is drawn in its original form. The basic form is a small picture of the head or the whole body of an animal. This category only includes smaller variations, which do not change the meaning. The head or the whole body can be drawn, these variations in writing may depend on the space available to write on or the preference of the dongba.

—Ant, bee...

Extended drawing

"Ext. draw." Character categories are 3, 5, 6 and 9.

The animal character is drawn with a change or addition to its basic form. For example: the basic form of the character can be drawn in a different posture or a line that indicates sound can be added to the basic form or a hand can be added to a person. These are extensions, which usually add something to the meaning or change the meaning of the character.

—Bird, chicken...

Basic reading

"Basic read." Character categories are 1, 2 and 9.

The animal character is read in its basic meaning, which is that of the drawn animal. This is probably the first most ancient use of these characters. This reading can be from a basic drawing or from an extended drawing.

—Ant, bird...

Compound reading

"Comp. Read." Character categories are 3, 5 and 6.

The animal character is read within a phrase. Reading can be from a basic drawing or from an extended drawing.

—Bird, chicken...

Phonetic loan

"Ph." Character category 10.

The animal character is used as a phonetic loan and read with a word, which has the same or similar pronunciation as that of the animal. The tone can be the same or different. This is an ordinary phonetic loan.

—Bee, chicken...

Other loan

"Other loan." Character category 7.

The animal character is read as a word, which has different pronunciation. This is a loan without regard to the pronunciation.

—Chicken, monkey...

Repeated reading

"Rep. read."

The animal character, which is written once, is read more than once.

—Deer, river deer...

Not read

"Not read."

The character is written but not read out.

—Wagtail.

Grammar use

"Gram. use"

Animal characters which serve as loan for words that have grammar functions.

—River deer, ox louse...

Frequent use

"Freq. use."

These are animal characters, observed to be of particularly frequent use in the analysed texts.

The frequency must of course depend on the type of manuscript analysed.

—Chicken, dog...

Infrequent use

"Infr. use."

These are animal characters, written only once or twice in the analysed texts. The frequency must of course depend on the type of manuscript analysed.

—Ant, bee...

Observations of the usage of the animal characters in the analysed texts

Animal	Basic draw	Ext. draw	Basic read	Comp. read	Ph	Other loan	Rep. read	Not read	Gram. use	Freq. use	Infr. use
Ant	X		X								X
Bee	X				X						X
Bird	X	X	X	X	X	X					
Chicken	X	X	X	X	X	X				X	
Crane		X			X						X
Deer		X		X			X				X
Black	X				X						X
muntjac											
deer Muntjac		X		X			X				X
deer											
River deer	X	X		X	X		X		X		
Dog	X	X	X	X	X	X	X	X		X	
Dragon		X	X		X	X					X
Eagle	X	X	X	X							
Elephant	X	X			X						
Fox		X		X							X
Frog	X				X	X				X	
Goat	X		X								X
Horse	X	X		X	X						
Monkey	X					X					
Ox	X	X	X	X	X	X				X	

续表

Animal	Basic draw	Ext. draw	Basic read	Comp. read	Ph	Other loan	Rep. read	Not read	Gram. use	Freq. use	Infr. use
Ox fly	X				X						X
Ox louse	X				X	X			X		
Pheasant		X			X			X			X
Silver	X				X		X				X
pheasant											
Pig	X		X		X		X				
Porcupine	X		X								X
Rat	X				X	X					X
Sheep	X	X	X	X							
Blue sheep	X				X				X		
Snake	X				X						X
Tiger	X	X	X	X	X					X	
Unknown	X	X			X						
animal											
Wagtail	X	X	X	X				X			
Water		X			X						X
buffalo											
Wolf	X		X								X
Yak	X				X						
Half – breed yak	X				X						

Comments

The entire number of analysed animal characters is thirty – six. The spread in different groups is as seen in the table above.

Structures found in the observed group of animal characters

Most animal characters are drawn in their basic form. About half of the animal characters are drawn in extended form. There are twelve animal characters, which belong to both of these groups. About one third of the animal characters are read in their basic meaning. One third of the animal characters are read in compounds. Eight animal characters belong to both of these groups. There are four animal characters, which are read only in their basic meaning and not used in any other way. Those are all drawn in the basic form and they are infrequently used.

Two thirds of the animal characters are used as phonetic loan characters. Seven animal characters are used as loan without having similar pronunciation. Six animal characters belong to both of these groups. There are fifteen phonetic loan characters and three other loan characters, which are not used in basic or compound reading at all.

There are three animal characters which serve as loan for grammatical functions. All the animal characters with grammatical functions are also used as phonetic loan characters. They are not read in their basic meaning and they do not belong to any of the groups with frequent or infrequent characters.

There are seven animal characters where one single character is read more than once. At one occasion, there is an animal character, which is not read. The most frequently used animal characters are five, where the ox and the chicken take the lead. About half of the animal characters are used only once or twice.

Comments on the observed structures

It would be natural to expect that, as the characters are small pictures of animals, the usage of the animal characters in the basic meaning would be dominating. Without a study of the Naxi manuscripts one could believe that the contents deals with animals largely, which would be a mistake. About half of the animal characters here do not actually represent the meaning of an animal at all.

One could expect that only very rare animals were infrequently used and above that only used in the basic meaning. This is obviously not so as here the ant, goat, porcupine and wolf all come into this group.

Another characteristic is the fact that the animal characters used in basic or compound reading and those used in phonetic or other loan are to a very high degree mutually exclusive. One could assume that this is so in order to try to minimize confusion when reading. This could be expected, as to avoid misunderstanding it would be more practical to use characters not used or seldom used in other ways.

On some occasions characters are read more than once or not read at all and this is probably only a natural consequence from the fact that this script is of mnemonic character and that is why reading something from memory without written symbols can occur.

Conclusion

To start with, the state of the research within the field of Naxiology is given as a background to this work. Following that is a short introduction to the culture of the Naxi people. The Naxi language and the pictographic script are described in more detail. Then, as the main body, there are the descriptions and usages of the studied animal characters, together with observations and comments. Finally, in the appendices there are translations and their corresponding pictographic script as well as additional information.

The intention of this thesis is to study the usage of the animal characters in the Naxi pictographic script, and this work should be considered as a first step in this study. The purpose has also been to give an introduction to the pictographic script of the Naxi people. It should be clear that in many areas this work would benefit from further study and analysis, which has been impossible to undertake during the allotted time. It is my intention to continue the study of this pictographic script, to work with translations, as well as to obtain more profound knowledge about the culture of the Naxi people in order to subsequently be able to give more in - depth analyses.

The frequent usage of phonetic loans which has been observed here could be a topic for further study, as well as a broader study on animal characters including all the animals appearing in the script.

It is my hope that this thesis, at its present state of analysis, will prove useful for students and researchers alike within this important and interesting field, and that it will serve to further enhance our understanding of the theoretically interesting Naxi pictographic script. My intention is to continue my already started work on the manuscripts of the Hanna Asp collection belonging to the National Museum of Ethnography in Stockholm. The result of my continued study and research will hopefully be presented as part of my PhD thesis in the future.

A classic Naxi dongba saying is "White clouds are cranes' home, wild jungles are tigers' habitat". ① I wish the beautiful cranes to come forth from the white clouds, I wish the high mountains to give birth to the wild tigers, and that they will carry the knowledge about the Naxi people to other peoples far from Naxiland.

Bibliographies

Abbreviations

Numbers

number1. number2. number3 – For example 11. 1. 5 means page no 11 of the manuscript, line 1 of that page and box 5 of that line in He Jigui 1989, pp. 107 – 137.

E number1. number2. number3 – For example E3. 3. 2 means page no 3 of the manuscript, line 3 of that page and box 2 of that line in Manuscript 1946. 34. 12 of the Na-

① He Pinzheng, 1999, p. 4.

tional Museum of Ethnography.

F number – For example F439 means character no 439 in Fang Guoyu, 1981 or 1995.

L number – For example L1156 means character no 1156 in Li Lincan, 1961.

R number – For example R223 means character on page 223 in Rock, ANKEED.

Other abbreviations

Ph. Indicates phonetic usage. A character is used to represent a word, which has a different meaning, but the same or similar pronunciation.

Bibliography

An Annotated Collection of Naxi Dongba Manuscripts 纳西东巴古籍译注全集, vol. 1 – 100, under publication in 2000, Yunnan People's Publishing House 云南民族出版社, "Dajifeng mubanhua huagao" vol. 91, p. 91.

Asp, Hanna Stockholm: Färlaget Filadelfia, 1946.

Bacot, J., Les Mo – So, Leide: E. J. Brill, 1913.

Bai, Gengsheng 白庚胜, Dongba shenhua yanjiu 东巴神话研究, Beijing 北京: Shehui kexue wenxian chubanshe 社会科学文献出版社, 1999.

Cihai 辞海, Shanghai 上海: Shanghai Cishu Chubanshe 上海辞书出版社, 1989.

DeFrancis, John, Visible Speech the Diverse Oneness of Writing Systems, Honolulu: University of Hawaii Press, 1989.

Fang, Guoyu 方国瑜 and He, Zhiwu 和志武, Naxi xiangxing wenzi pu 纳西象形文字谱, Kunming 昆明: Yunnan Renmin Chubanshe 云南人民出版社, 1981.

——Naxi xiangxing wenzi pu 纳西象形文字谱, Kunming 昆明: Yunnan Renmin Chubanshe 云南人民出版社, 2nd ed. 1995.

Fu, Maoji 傅懋勣, "Naxizu tuhua wenzi he xiangxing wenzi de qubie" 纳西图画文字和象形文字的区别, Minzu Yuwen 民族语文, 1/1982, pp. 1 – 9.

Ge, Agan 戈阿干, Dongba shenpu 东巴神谱, Kunming 昆明: Yunnan meishu chubanshe 云南美术出版社, 2000.

Guo, Dalie 郭大烈 and He Zhiwu 和志武, Naxizushi 纳西族史, Chengdu 成都: Sichuan minzu chubanshe 四川民族出版社, 1999.

Goulart, Peter, Forgotten Kingdom, London: John Murray Publisher Ltd., 1955.

He, Jigui 和即贵, explanation and reading. Xi, Yuhua 习煜华, translation. He, Pinzheng 和品正, calligraphy, Naxi dongba guji yizhu (3) 纳西东巴古籍译注(三), Kunming 昆明: Yunnan Minzu Chubanshe 云南民族出版社, 1989, pp. 107 – 137.

He, Jiren 和即仁 and Jiang Zhuyi 姜竹仪, Naxiyu jianzhi 纳西语简志, (国家民

委民族问题五种丛书之一，中国少数民族语言简志丛书）Beijing 北京：Minzu Chubanshe 民族出版社，1985.

He，Pinzheng 和品正，Naxi dongba jingdian mingju xinshang 纳西东巴经典名句欣赏，Kunming 昆明：Yunnan Minzu Chubanshe 云南民族出版社，2000.

He，Yulun 和守伦，Lijiang lüyou fengqing 丽江旅游风情，Huhehuote 呼和浩特：Yuanfang Chubanshe 远方出版社，2000.

He，Zhengcai 和正才，Hude laili 虎的来历，Lijiang 丽江：Lijiangxian wenhuaguan 丽江县文化馆，1963.

He，Zhiwu 和志武，Naxi dongba wenhua 纳西东巴文化，Zhongguo shaoshu minzu wenku 中国少数民族文库，Jilin 吉林：Jilin Jiaoyu Chubanshe 吉林教育出版社，1989.

Jackson，Anthony，Elementary Structures of Na – Khi Ritual（PhD thesis），Gothenburg：G? teborgs Universitet，1970.

—— "Mo – so Magical Texts"，Bullentin John Rylands Library，48（1），1965，pp. 141 – 174.

——Na – khi Religion，The Hague：Mouton Publishers，1979.

Levington，Anna，Plants for people，London：The Natural History Museum，1990.

Li，Lincan 李霖灿，Moxie jingdian yizhu jiuzhong 么些经典译注九种，Taipei：China Series Publishing Committee，1967.

Li，Lincan 李霖灿 and Zhang，Kun 张琨 and He，Cai 和才，Moxie xiangxingwenzi biaoyinwenzi zidian，么些象形文字标音文字字典，Taipei：The Liberal Arts Press，1961.

Mu，Lichun 木丽春，Dongba wenhua mimi 东巴文化秘密，Kunming 昆明：Yunnan renmin Cubanshe 云南人民出版社，1995.

Oppitz，Michael and Hsu，Elisabeth Eds，Naxi and Moso Ethnography，Zürich：V? lkerkundemuseum Zürich，1998.

Oppitz，Michael，Naxi. Dinge，Mythen，Piktogramme，Zürich：V? lkerkundemuseum der Universit? t Zürich，1997.

Ramsey，S. Robert，The Languages of China，New Jersey：Princeton University Press，1987.

Rock，Johseph Francis，（abbreviations are given first）：ANKEEDA Na – Khi – English Encyclopedic Dictionary Part I，Serie Orientale Roma XVIII，Roma：Instituto Itliano Per Il Medio Ed Estremo Orientale，1963.

LCNKT The Life and Culture of The Na – Khi Tribe of the China – Tibet Borderland Verzeichnis der Orientalischen Handschriften in Deutschland im einvernehmen mit der

Deutschen Morgenl? ndischen Gesellschaft herausgegeben von Wolfgang Voigt Supplementband 2, M. Harders - Steinh? user und G. Jayme, Untersuchung des papiers acht verschiedener alter Na - Khi handschriften auf Rohstoff und Herstellungsweise), Wiesbaden: Franz Steiner Verlag GMBH, 1963.

NKM Na - Khi Manuscripts Part 1, Verzeichnis der Orientalischen Handschriften in Deutschland im Einvernehmen mit der Deutchen Morgenl? ndischen Gesellschaft herausgegeben von Wolfgang Voigt Band VII, 1, ed. Klaus L. Janert, Wiesbaden: Franz Steiner Verlag GMBH, 1965. NNCRC The Na - Khi Naga Cult and Related Ceremonies, Serie Orientale Roma IV (Part I and Part II), Roma: Istituto Italiano Per Il Medio Ed Estremo Orientale, 1952.

Williams, C. A. S, Outlines of Chinese Symbolism & Art Motives, New York: Dover publications, Inc., 1976.

Yang, Fuquan 杨福泉, Xunqing 殉情, Shenzhen 深圳: Haitian chubanshe 海天出版社, 1999.

Yunnan sheng shehui kexueyuan dongbawen yanjiushi 云南省社会科学院东巴文研究室, Naxi dongbajing zhuanyou mingci hanyi guifan 纳西东巴经专有名词汉译规范, Lijiang, 1990.

Zhao, Jingxiu 赵净修, Dongba xiangxingwen changyong zici yizhu 东巴象形文常用字词译注, Kunming: Yunnan renmin chubanshe, 1999.

Unpublished Sources

Personal communication

Asp, David, born in Tengyueh in 1931, he is the youngest son of Karl and Hanna Asp and now he lives in Eskilstuna, Sweden.

He Chunfang 和春芳, Lijiang Daju 丽江大具, cook at the Dongba Culture Research Institute 东巴文化研究所, Lijiang, Aug. - Oct. 2000.

He Guihua 和贵华, Yilongxingzheng cun Tacheng xiang Lijiang xian 丽江县塔城乡依陇行政村, son of the famous dongba He Shun 和顺, student at the Dongba Culture Research Institute 东巴文化研究所, Lijiang, Aug. - Oct. 2000.

He Kaixiang 和开祥, old dongba from Xinzhu 新主 in Lijiang County 丽江县, working as an associate of the Dongba Culture Research Institute 东巴文化研究所, Lijiang, Aug. - Oct. 2000.

He Jigui 和即贵, old dongba from Mingyin 鸣音 in Lijiang County 丽江县, working as an associate of the Dongba Culture Research Institute 东巴文化研究所, Lijiang, Aug. - Oct. 2000.

He Limin 和力民, Associate Professor, Dongba Culture Research Institute 东巴文

化研究所, Lijiang, Aug. – Oct. 2000.

He Pinzheng 和品正, Associate Professor, Dongba Culture Research Institute 东巴文化研究所, Lijiang, Aug. – Oct. 2000.

He Zhiwei 和志伟, Mr, Lijiang Naxi Dongba Cultural Museum, Lijiang, Aug. – Oct. 2000.

Li Jingsheng 李静生, Associate Professor, Dongba Culture Research Institute 东巴文化研究所, Lijiang, Aug. – Oct. 2000.

Li Lifen 李丽芬, Associate Professor, Dongba Culture Research Institute 东巴文化研究所, Lijiang, Aug. – Oct. 2000.

Li Ying 李英, Associate Professor, Dongba Culture Research Institute 东巴文化研究所, Lijiang, Aug. – Oct. 2000.

Xi Yuhua 习煜华, Associate Professor, Dongba Culture Research Institute 东巴文化研究所, Lijiang, Aug. – Oct. 2000.

Manuscripts

The National Museum of Ethnography, 1946. 34. 12, Naxi manuscript belonging to the Hanna Asp collection, Stockholm: 1946.

Translations

Fäldt, Anna, A Naxi Story of the Creation, Eskilstuna: 2001.

Fäldt, Anna and Li, Ying and He, Kaixiang, Naxi manuscript no. 1946. 34. 12, Eskilstuna: 2001.

Appendix 1 A Naxi Story of the Creation

This story belongs to the rituals, which were used to control demons. In total, this manuscript consists of 59 pages with pictographic script. The size of the original manuscript is 8 centimetres high and 27 centimetres wide. The following is a translation of the first fifteen pages, pp. 107 – 137 in Naxi dongba gujiyizhu (3), He Jigui. Reading and explanations was done by dongba He Jigui, transcription into IPA and translation into Chinese was done by Xi Yuhua and the calligraphy by He Pinzheng. The pictographic script included in this thesis is that written by He Pinzheng (the original manuscript is kept at the Dongba Culture Research Institute in Lijiang). Anna F? ldt made the translation into English.

Page 1

Line I.

(1) In ancient times trees could walk,

(2) stones could speak

(3) and the world could become furious.

(4) The Lu - god[①] and the Shen - god[②] could control all that existed.

Line II.

(1) The gods went to the upper bound to create nine skies.

(2) There were eight skies, which were not created successfully.

(3) They went down to create nine earths

(4) and seven earths were created.

(5) Just as when there were oxen in the world, there were wooden yokes

(6) and when there was flowing water, there was foam.

(7) All that existed was growing and continually changing.

Line III.

(1) The sky was so high that it could not be reached,

(2) at that time the earth was vast and without bound.

(3) The sky was so high that it was not possible to pull it down.

(4) The earth was so vast that it could not be embraced.

(5) First, a reflection of three star - constellations became visible on the sky. On the earth, three virtual images of three kinds of green grass became visible.

(6) Sky and earth were close, a sharp spear and a sharp sword could not be erected.

Page 2

Line I.

(1) The surface of the earth was so narrow and small that a suit of armour could not be placed there.

(2) There was not enough space for a single ox to plough.

(3) There was also not enough space for a fine horse to run quickly.

(4) The place where people lived was first a haze.

(5) Nothing could be seen clearly, the change continued

Line II.

(1) and it became dark.

(2) In the darkness, something appeared that looked like black ox - hide.

(3) That which looked like black ox - hide changed again and became a red wagtail.

---

① Equivalent of the Chinese Yang principle. He Jigui, 1989, p. 225.

② Equivalent of the Chinese Yin principle. He Jigui, 1989, p. 225.

(4) The red wagtail stood on the mountain slope. It shook three times. From its body it dropped white down. From its bill, it spat out white eggs. There were nine pairs of white eggs.

(5) During the night, it rested on the slope. At dawn, it let out some droppings and at the same time, a pair of eggs was laid.

(6) The red wagtail sat on the eggs in a basket.

Line III.

(1) First the Pan – god① and the Chan – god② were hatched from one pair. Then the Ga – gods and the Wu – gods were hatched from one pair. Then the Wo – gods and the Heng – gods were hatched from one pair.

(2) Then, the Lu – god and the Shen – god were hatched from one pair.

(3) Then, those in charge for ceremonies③ and those practising divination were hatched from one pair.

(4) Then, the Able and the Wise were hatched from one pair.

(5) Then, those able to measure and estimate④ were hatched from one pair.

(6) (To be continued on page 3)

Page 3

Line I.

(1) Then, chieftains and the venerable elders were hatched.

(2) Then, humankind was hatched.

(3) The gods could not place the great turquoise on the sky.

(4) The nine brothers of the sky took nine loads of turquoise and went to dye the colour of the sky. The green colour was not able to penetrate the sky; again, the nine brothers of the sky took nine loads of turquoise and placed them between nine layers of white clouds.

Line II.

(1) The Lu – god and the Shen – god could not place big yellow golden stone on the great earth.

(2) The seven sister goddesses⑤ took seven loads of gold and went to dye the colour

---

① A Tibetan god. F1286.

② A god of the Bai – people. F1287.

③ Cf. F525 and F526.

④ Other translation; "those able to measure by rod, and by step". Rock, ANKEED, p. 227. Cf. Rock, NNCRC, p. 201, note 316.

⑤ Other translation; the name Lamingshanmeiheng, however, this translation is written with other symbols than those used here. Yunnan sheng shehui kexueyuan dongbawen yanjiushi, 1990, p. 74.

of the earth. The gold was not able to penetrate the earth, so they placed the gold between seven layers of black earth.

(3) The last pair of eggs was unchanged and did not hatch.

(4) The mountain peeks sat for three days but the eggs did not hatch. The clouds sat for three days but the eggs did not hatch.

Line III.

(1) The rain sat for three days but the eggs did not hatch.

(2) The Lu – god sat for three days but the eggs did not hatch.

(3) He became angry and he used the walking stick and threw them away up on the mountain.

The eggs landed in the forest on the mountain. Lots of water washed away the eggs into the great lake. To the left blew white wind, to the right blew black wind and huge waves formed on the great lake. One wave threw the eggs right onto a rock. On the rock there shone a ray of light like thunder and lightning. The earth moved, the mountain shook and the eggs were broken up. Then there was silence.

Page 4

Line I.

(1) The race its father belonged to had no horns, but they had combs. The creature had no comb, (2) but it had horns and ears.

(3) The race its mother belonged to had no feet, they had claws.

(4) The creature had no claws,

(5) but it had hooves and cloven feet.

(6) Elder members of its family had feathers, but the creature did not have feathers, it had hair,

Line II.

(1) it had so much hair like the thick green grass of the earth.

(2) This creature was the single ox, which was black around its eyes. It could not accept to be domesticated by others.

(3) The Lu – god in the north said that he should go and kill it. The axe cut one chop and there was one howling sound.

(4) The Shen – god in the south said that she should kill it. The sharp sword cut once and there was one howling sound.

Line III.

(1) The single ox, which was black around its eyes, roared continually. The roar likened the thunder, shook the sky, and made the earth move.

(2) It shone like lightning,

(3) and it cried like rain.

(4) The head of the ox was used for sacrifice to the sky, in order to cleanse the sky. The hide was used for sacrifice to the earth, in order to cleanse the earth.

(5) The horns were used for sacrifice to the high mountain – peaks, in order to cleanse the high mountain – peaks. The ears were used for sacrifice to the slopes, in order to cleanse the slopes.

Page 5

Line I.

(1) The eyes were used for sacrifice to the stars, in order to cleanse the stars.

(2) The body was used for sacrifice to the mountains, in order to cleanse the mountains. The ribs were used for sacrifice to the cliffs, in order to cleanse the cliffs.

(3) The bones were used for sacrifice to the stones, in order to cleanse the stones. The meat was used for sacrifice to the earth, in order to cleanse the earth. The blood was used for sacrifice to the water, in order to cleanse the water. The hair was used for sacrifice to the grass, in order to cleanse the grass. The intestines were used for sacrifice to the roads, in order to cleanse the roads.

(4) The lungs were used for sacrifice to the sun, in order to cleanse the sun①. The liver was used for sacrifice to the moon, in order to cleanse the moon. The left kidney was used for sacrifice to Venus the evening star, in order to cleanse Venus the evening star. The right kidney was used for sacrifice to Venus the morning star, in order to cleanse Venus the morning star.

Line II.

(1) The tail was used for sacrifice to the trees, in order to cleanse the trees.

(2) The front quarters of the body of the single ox which was black around its eyes and which had been killed by an axe, was used for sacrifice to the sky, in order to cleanse the sky.

(3) After the sacrifice, the dirty sky had become clean.

(4) The hindquarters were used for sacrifice to the earth. They were from the ox, which was black around its eyes, and killed by a sharp sword. The dirty earth became clean.

(5) The sky and the earth had been created.

(6) So far, the Junaruoluo – mountain② had not been built.

---

① Translation should be "sun" instead of "woods". Both words can have the same pronunciation. Cf. F2 and F171. Li Ying, personal communication, Lijiang, 2000.

② The two first syllables means "great mountain". He Jigui, 1989, p. 228.

Line III.

(1) If the Ruoluo – mountain[①] were not to be built, the sky would thunder and the earth would shake.

(2) On the great earth where people lived, the chieftains discussed with each other. Men carried stones, women carried soil, and they went to build the Junaruoluo – mountain. At noon, the big Ruoluo – mountain was erected.

(3) Demons and monsters destroyed the mountain erected at noontime during the night.

Page 6

Line I.

(1) Pushaduori used physical strength like a strong ox and spent nine days working on the Junaruoluo – mountain, but the great mountain could not be erected.

(2) Moshaoduori went forth, used physical strength like a sheep[②] and spent seven days working on the Junaruoluo – mountain. The great mountain could still not be erected. It was like building a valley but still it did not become a valley.

(3) Without Mobijingru,

Line II.

(1) there was not enough power to erect the great mountain.

(2) Mobijingru descended. Mopanenhao descended.

(3) The huge rock of the Lu – god and the Shen – god was lowered from sky.

(4) Mobijingru used his hands to create the Ruoluo – mountain.

Line III.

(1) Mopanenhao used his hands to support the Ruoluo – mountain.

(2) Two sides of the Junaruoluo – mountain were built of gold and silver. The other two sides were built of turquoise and black jade. [③]

(3) The top of the Ruoluo – mountain was surrounded by mist. Half way up the mountain, cypresses were used as support. On the mountain there were goats providing support. Inside of the mountain, porcupines[④] appeared and disappeared. Chickens were used for the mountain to call back souls of the dead.

(4) Dogs were used to take away dirt from the mountain.

(5) Nine Pan – gods went to the left side of the Ruoluo – mountain to build and nine

---

① Name of a celestial mountain. He Jigui, 1989, p. 228.

② Translation should be "sheep" instead of "goat". Cf. F362.

③ This word can have several meanings. Cf. F137, "pearls".

④ "Hedgehog" given in the translation, but it should probably be "porcupine". Cf. F403, R33 and L777.

gods went to the right side to build.

Page 7

Line I.

(1) First, they built nine black stones,

(2) On the nine mountains of the Ga – gods, the nine stones of the Wu – gods were also built.

(3) On the nine mountains of the Wo – gods, the nine stones of the Heng – gods were built.

(4) The Lu – god and the Shen – god went to build the mountain.

(5) The Able and the Wise went to build the mountain. Those able to measure length with measuring rods and those able to measure distances by footsteps went to build the big Ruoluo – mountain.

Line II.

(1) Those in charge of ceremonies and those practising divination went to build the big Ruoluo – mountain.

(2) The mountain – peaks supported the sky; the sky was high and did not sway. The foot of the mountain kept the earth down, the vast areas of land did not shake.

(3) Building of the big Ruoluo – mountain was completed.

(4) If passages were not built,

(5) sacrifices offered to demons would have no effect.

(6) Up at Duokenpan,

Line III.

(1) Jiuluosongmumei built a passage for the Guchong – people.

(2) In the south, he built a passage for the Bai – people.

(3) On the foot of the Doudoulaiju – mountain, a passage for gods was built.

(4) A road was built by the Able and the Wise. A road was built by the Lu – god and the Shen – god.

Page 8

Line I.

(1) A road was built by those in charge for ceremonies and those practising divination.

(2) A passage for white eagles to fly was built to the left

(3) and a passage for black eagles to fly was built to the right.

(4) Eight paths were built on the sky.

(5) A power equivalent to nine oxen was used to build roads.

(6) A power equivalent to seven sheep was used to build roads.

(7) (To be continued on line II)

Line II.

(1) A passage was built by the Lu – god and the Shen – god at Tutuhengzhanke.

(2) A passage for red oxen was built on this side where birds twittered.

(3) A passage for yellow horses was built on that side where birds twittered.

(4) Wooden images were made to control demons, and not allow them to build passages.

Line III.

(1) Sunshine and moonlight shone on the earth.

(2) Nine white suns appeared on the sky. Very hot sunshine burnt everything.

(3) People had difficulty living because of the heat.

(4) Ten gloomy white moons also appeared. Cold rays shone on the earth; during the night, it was so cold that it was impossible to fall asleep.

Page 9

Line I.

(1) One morning, the sun shone on the Silver – mountain. The Silver – flowers on the Silver – mountain withered. The Silver – water on the Silver – mountain dried up. The nine Pan – gods did not become angry.

(2) One morning①, the sun shone on the Gold – mountain. The Gold – flowers on the Gold – mountain withered. The Gold – water on the Gold – mountain dried up. The nine Pan – gods did not mourn that the flowers had withered and they did not feel pain because the water had dried up.

(3) One morning, the sun shone on the Turquoise – mountain, The Turquoise – flowers on the Turquoise – mountain withered. The Turquoise – water on the Turquoise – mountain dried up. The nine Pan – gods did not mourn that the flowers had withered and they were did not feel pain because the water had dried up.

Line II.

(1) (Continuation from line II)

(2) One morning, the sun shone on the Gem – mountain. The Gem – flowers on the Gem – mountain withered. The Gem – water on the Gem – mountain dried up. The nine Pan – gods did not mourn that the flowers had withered and they were did not feel pain because the water had dried up.

---

① The following text about the Gold – mountain and the Turquoise – mountain is missing in the Chinese translation.

(3) One morning, the sun shone on the high[1] Pan – mountain. The Pan – flowers on the Pan – mountain withered. The Pan – water on the Pan – mountain dried up. The nine Pan – gods mourned that the flowers had withered and they felt pain because the water had dried up.

(4) (To be continued on line III)

Line III.

(1) Another day in the morning. The sun shone on the Chan – mountain. It shone so that the Chan – flowers withered and died, it baked down so that the Chan – river dried up. The seven sister goddesses mourned that the water had dried up and that the flowers had withered.

(2) The ground dried up and already had cracks. The stones were baked so they would melt. The water on the shadowy slopes also dried up.

(3) On the great earth where humankind lived there were no longer any places for pigs to roll.

Page 10

Line I.

(1) The hollow places for ants to go in and out no longer existed.

(2) The trees lost their green colour; it was no longer possible to see any shoots on the trees.

(3) The rivers were exhausted on the great earth where humankind lived. Lambs[2] could not find water to drink.

(4) They opened their mouths and stretched out their tongues. Even though green grass grew everywhere the sheep just felt sad and afraid.

(5) Big[3] chickens could not find water to drink. They moved their wings and tails with open bills. Even though there was heaps of corn, the big chickens just felt sad and worried.

Line II.

(1) The nine Pan – gods and the seven sister goddesses of the earth discussed with each other.

(2) They thought that one should go and kill the suns and the moons. Who could be sent to kill the suns and the moons?

---

① Laduo translated as "high". He Limin, handwritten notes which I read in Lijiang, 2000. Other translation; the name of a mountain, Laduopanju. Yunnan sheng shehui kexueyuan dongbawen yanjiushi, 1990, p. 75.

② Here a word, which means "small", is added to the word for "sheep", which makes the meaning "lamb". Li Ying, personal communication, Lijiang, 2000.

③ The Naxi word for "black" can also mean "big". Fang p. 401.

(3) It was said that six persons of the Shu – people were willing to go and kill the suns and the moons.

(4) Milishuzhu went to kill the suns and the moons.

(5) He trampled three times on the suns, which then lost their heat.

Line III.

(1) He trampled three times on the moons; the moons no longer had any brilliance.

(2) There were no humans, between the sky and the earth, who knew where the suns and the moons were.

(3) The suns had moved away and were no longer visible.

(4) The moons had rolled up and did not shine anymore.

(5) Day and night could not be separated.

Page 11

Line I.

(1) Venus the evening star and Venus the morning star had no possibility to separate morning and evening.

(2) Between the sky and the earth, neither suns nor moons could be seen. Day and night were inseparable. Just as growing and withered plants were indistinguishable.

(3) On the great earth where the people lived, the life of those born with hands and feet was ruined by demons,

(4) just as birds were swallowed by eagles (5) and bucks were caught by tigers.

Line II.

(1) At the place where cattle were slaughtered there were hides everywhere that had not dried.

(2) On the high mountains where dogs were used for hunting, there were blood – traces everywhere that had not dried.

(3) No greenery existed on the great earth where the people and the leaders resided.

(4) Someone had to go and invite the sun and the moon.

(5) Who was able to invite the sun and invite the moon?

Line III.

(1) It was said that there was a cock pheasant with horns in the forest and that it could invite the sun and the moon. However, the pheasant had an eagle staring at its back. The pheasant had no possibility to go and invite the sun and the moon.

(2) It was said that in the pine forest there was a Muntjac buck that could invite the sun and the moon. As the Muntjac had a violent wolf that followed him,

Page 12

Line I.

(1) it did not have enough power to invite the sun and no possibility to invite the moon.

(2) It was said that the buck of the high mountains could invite the sun and the moon, but the buck had a tiger that followed its tracks, so it could not go and invite the sun and the moon.

(3) The sound of barking dogs could not be heard on the great earth where the people lived.

(4) Where the pine – forest grew in a crooked way,

Line II.

(1) only foxes could be heard wailing.

(2) The sound of chickens crowing could not be heard.

(3) The cock pheasant with horns was in the forest – it replaced those, which could crow.

(4) No sound of oxen, which mooed, could be heard.

(5) One could only hear the Muntjac buck barking in the pine forest. ①

(6) All the people in the world got together and talked.

Line III.

(1) They thought that nevertheless it was necessary to go and invite the sun and the moon,

(2) but there were nobody who could see the sun.

(3) It was possible to see the shadow of the sun in a mirror.

(4) At first only dogs could see this shadow,

(5) that is why the Pan – gods had dogs.

(6) The Lu – god used white soil and made

Page 13

Line I.

(1) three white dogs. He asked them to go and invite the sun. The three dogs invited the sun to come. The sun appeared, and it looked like a large flat basket. ②

(2) There was nobody who could see the moon.

(3) On the high peaks of Minglu, there were only chickens that originally could see the moon.

(4) The Shen – god used black soil and made three black chickens.

---

① Translation confused "muntjac", F396 and "clouds", F11 (similar pronunciation), as well as "bark", F354 and "flower", F178 (same pronunciation). Li Ying, personal communication, Lijiang, 2000.

② A basket used for winnowing.

Line II.

(1) She asked the chickens to cluck and invite the moon. They invited the moon to come.

(2) The moon appeared, and it looked like a sickle. The bent moon sent out its light again.

(3) Between sky and earth the sun appeared and shed its rays in all directions, the moon appeared and shone bright and clear.

(4) The chieftains and the elders were the first ones that could see the things in the world on the great earth where the people lived.

(5) Day and night were clearly separated, that which grew and that which was withered were clearly distinguished.

Line III.

(1) Venus the evening star and Venus the morning star could distinguish between dawn and dusk.

(2) The sun and the moon had been invited to come.

(3) After the sun and the moon were invited, the origin of water needed to be explained. The place where water came from was unknown and it was not known how to regulate rivers and watercourses, one could not talk about that which had to do with water.

(4) At the very beginning the river, Jingyoulabengji① came from the forest.

Page 14

Line I.

(1) That kind of water was not drinkable.

(2) The gods used it to wash their hair in the water. The Lu – god and the Shen – god used it to wash their hands in.

(3) The muddy water was not clean and not drinkable. There was nothing to do but to let it flow away.

(4) Ninety beautiful women of the Pan – people went to the deep gullies in the valley. They searched for a gully that created water. Between the cliffs clear water came forth, the mountain – cliffs cut it off and only a small stream of water dripped out.

Line II.

(1) The beautiful women of the Guzhong – people went to open the gully and channel the water.

① This translation is based on Yunnan sheng shehui kexueyuan dongbawen yanjiushi, 1990, p. 155.

(2) The beautiful women from the place Adoulao[1] went to open the gully and channel the water.

(3) They carried small ladles made of white silver and went as if to fetch golden water filled in vats of gold. The water that flowed out from three crevices on the left side was channeled to the left.

(4) Water was channeled from Jingbapan.

Line III.

(1) Water was channeled from Chuluosu.

(2) In the human world, water was channeled from Yongning.

(3) Salt water was channeled from Yanyuan.

(4) The salt water of the salt – mine was channeled from the salt water well.

(5) Water was channeled from Lengmuban.

(6) Water from the three crevices on the left was channeled to the left.

Page 15

Line I.

(1) The beautiful women took small ladles made of gold in their hands and went as if they were to receive silvery water from vats of silver. Water from the three crevices on the right was channeled to the right.

(2) Water was channeled from Lijiang.

(3) Water was channeled from Lashihai.

(4) Water was channeled from Shigu. The water that flowed out from the tree crevices on the right was channeled to the right.

Line II.

(1) Water from the three crevices in the middle was channeled to the middle.

(2) Water was channeled from Suluo.

(3) Water was channeled from Lagu.

(4) Water was channeled from Ladoumu.

(5) Water was channeled from Qulachu.

(6) Water was channeled from Doudoulai.

Line III.

(1) Water was channeled from Daluhen.

(2) The three streams in the middle were channeled to the middle.

(3) These were twelve rivers:

---

① Other translation; the name of a person, Adoulaomingyi. Yunnan sheng shehui kexueyuan dongbawen yanjiushi, 1990, p. 214.

(4) three streams above the ground,

(5) three underground streams

(6) and six streams that flowed along the valley.

Page 16①

Line I

(1) The search for gullies with water was completed.

Appendix 2 Naxi Manuscript No. 1946. 34. 12

This manuscript belongs to the Hanna Asp Collection, which is kept in the National Museum of Ethnography in Stockholm. It was purchased in 1946 from Hanna Asp. Together with her husband Karl Asp, they worked as missionaries in Yunnan Province, China.

With kind permission from the museum, the translation has been done by Anna F? ldt in co – operation with He Kaixiang and Li Ying at the Dongba Culture Research Institute in Lijiang in 2000. This manuscript contains a story of the creation, and it belongs to the rituals used to control demons. In total, this manuscript consists of 50 pages. The size of the original manuscript is 9 centimetres high and 27 centimetres wide. The following is a translation of the first thirteen pages.

Page 1

Line I.

(1) In ancient times, when the sky and the earth were in primal chaos, the Lu – god and the Shen – god could arrange all matter. This time was unstable.

(2) trees could walk,

Line II.

(1) and stones could split and talk. The soil and the stones of the great earth were shaking.

(2) At that time Untrue and Unreal came forth, Truth and Reality also came forth.

(3) Truth and Reality changed into the white bright day.

Line III.

(1) Untrue and Unreal changed into the black dark night.

(2) True and Real changed into the nine creators of the sky.

(3) Untrue and Unreal changed and the earth was opened up.

---

① Note: All space was used to write on. Line I (2) to (4), line II and line III are the beginning of the following part not dealt with here.

Page 2

Line I.

(1) During the three winter months the hindquarters of the river deer doe was in an unlucky condition. The rice husked with a mortar was bad. The bad luck was thrown away at the enemy's place.

(2) The host's family threw away ashes① from the stove at the enemy's place.

(3) In the beginning, all bad luck was thrown at the place of the bitter enemy of the family.

Line II.

(1) At first there appeared a beautiful sound above, from underneath beautiful air appeared.

Those two changed and a bright sky, which looked like green turquoise, appeared.

(2) The bright sky changed.

Line III.

(1) and a beautiful voice that could shout appeared. This sound changed into the god Yiguage.

Yiguage changed.

(2) into a white dewdrop. The white dewdrop changed into a white egg. The single white egg changed into a group of white chicken.

Page 3

Line I.

(1) No man had given it a name. It took itself the name Enyuenma of the Dong – god.

(2) Enyuenma was not allowed to fly to the high places.

(3) and feathers must not be spread on the earth.

(4) After two days Enyuenma flew up to the high places and feathers were spread on the earth.

Line II.

(1) In the evening, it rested in a tree.

(2) It pecked three straws of green grass in its bill and made an egg basket.

(3) Enyuenma laid nine pair of white eggs.

(4) Thc god Panruo came forth from one pair of white eggs. Panruo had to support the sky.

Line III.

(1) A yellow egg changed into the god Chanmingchanla, and Chanming had to open

① Meaning bad luck.

up the earth.

(2) One pair of white eggs changed into gods.

(3) The Lu – god and the Shen – god came forth from one pair of white eggs.

Page 4

Line I.

(1) One pair of white eggs changed into the Able and the Wise.

(2) At that time, gods did not come forth from the nine pair of white eggs.

(3) At that time, the god Amingdabu had not yet come down.

Line II.

(1) In the morning, after three days, the burning lightning came to sit, but the egg did not hatch.

(2) The three months'summer rain sat, but it did not hatch.

(3) Enyuenma's egg was (taken and) thrown into the great lake.

(4) From the left blew white wind, from the right blew black wind and the lake arose in great waves. The waves threw the egg on a cliff; the egg was broken with a great sound and brilliant light. Something suddenly appeared.

Line III.

(1) This strange creature had eyes to see the sky and the earth, and it had ears to hear the echoes from the mountains.

(2) First Zibubanyu – sky came forth.

(3) First Meimeixurao – earth came forth.

Page 5

Line I.

(1) The group its father belonged to had red combs but this being had no comb. First, there grew out horns. The horns cleansed the sky. The sky was clean.

(2) The group its mother belonged to had claws, but this being had no claws. First, there grew out soles to its feet. The soles were broad and cleansed the grass. The grass was clean.

Line II.

(1) A pair of eggs changed and gods came forth from that.

(2) A pair of white eggs changed and the Lu – god and the Shen – god also came forth from those.

(3) The turquoise green Zibubanyu – sky was not clean.

Line III.

(1) The sky changed. The power of the hoofs was not enough to break the stones.

(2) The heavenly axe killed the strange creature with a head like an ox.

(3) The Able was behind the house. He was asked but he said that he could not do what he was asked about. The Wise was in the yard. The Wise was asked but he said that he did not know.

Page 6

Line I.

(1) The artisan Zibu was invited. Zibu came and he forged a sharp axe, which was white as silver.

(2) The sharp axe that was white as silver was used to kill the strange creature with a head like an ox, but it did not die.

(3) The sharp axe that was yellow as gold was used to kill the strange creature with a head like an ox, but it did not die.

Line II.

(1) The Lu - god of the north was asked and he said: "It was not allowed to do like this." The Lu - god used his axe and killed the strange creature with a head like an ox. It shouted three times with a trembling voice when it was killed. It sounded like the green turquoise coloured dragon which makes the sky vibrate and the earth tremble.

(2) The Shen - god of the south was asked and she said: "I do not know." The Shen - god used her sharp sword to kill the strange creature with a head like an ox. It shouted with a trembling voice, its tongue shook, it looked like the soil, and stones of the great earth were trembling.

Line III.

(1) The tail was used to cleanse the wind. The tongue shook and it looked like the yellow - green rainbow.

(2) The eyes blinked like lightning.

(3) The head was used to clean the sky.

Page 7

Line I.

(1) The hide was used to cleanse the earth.

(2) The horns were used to cleanse Venus the morning star.

(3) The ears were used to cleanse the slopes and the ribs were used to cleanse the cliffs.

(4) The lungs were used to cleanse the sun.

Line II.

(1) The liver was used to cleanse the moon and the bones were used to cleanse the stones.

(2) The meat was used to cleanse the soil, the fur was used to cleanse the grass

and the blood was used to cleanse the water.

(3) The tail was used to cleanse the trees and the breath was used to cleanse the wind.

Line III.

(1) The left kidney was used to cleanse the lucky evening and the right kidney was used to cleanse the lucky morning.

(2) The four feet were used to cleanse the centre of the sky and all around the earth.

(3) The sky and the earth had appeared, the Wo-god and the Heng-god, the Pan-god and the Chan-god, the Ga-god and the Wu-god had appeared.

Page 8

Line I.

(1) At that time the chicken black as charcoal had not appeared.

(2) The black and very brilliant turquoise changed into a dark sky. The dark sky changed.

(3) into a bad sound that could shout. The bad sound that could shout changed into the demon Yigudingna.

(4) A red egg of this demon appeared.

Line II.

(1) The egg changed into a drop of black dew. The black dewdrop changed into a black egg.

The black egg changed into a group of black chickens.

(2) Nine pairs of black eggs were laid. From one pair the Du – demon and the Ze-demon were hatched. From one pair the Ci-demon and the Niu-demon were hatched. From one pair the Meng-demon and the En-demon were hatched.

(3) Yiguage changed into

Line III.

(1) humankind.

(2) On the great earth without bound, humankind discussed.

(3) The Able and the Wise discussed.

(4) Those able to measure and estimate discussed.

Page 9

Line I.

(1) They decided they would carry some gold, silver, some black stones,

(2) turquoise and jade.

(3) One side of Junaruoluo was built of silver and gold. One side was built of tur-

quoise and black jade.

(4) Cypresses were put at the centre of the mountain and chickens were used to go against catastrophes on the mountain.

Line II.

(1) Dogs were used to cleanse the filth of the Junaruoluo-mountain, and pigs were used as sacrifice.

(2) Silver and gold were used to guard one side of the Junaruoluo-mountain, turquoise and black jade were used to guard one side.

(3) On the boundless earth, the nine Daoben-brothers

Line III.

(1) guarded the nine Daolu-stones.

(2) The five leopards and tigers were used to guard the powerful golden elephant.

(3) The powerful golden elephant was used to guard the lion white as a conch. The lion white as a conch was used to guard Jiugaonabu.

(4) (Continued on the next line)

Page 10

Line I.

(1) The Ga and the Wu-gods guarded one side of the Junaruoluo – mountain. The Wo and Heng-gods guarded one side of the Junaruoluo-mountain.

(2) When guard was arranged for there also ought to be support. The three white dewdrops in the sky supported three clumps of icicles. The three clumps of icicles

(3) supported three big trees. The three big trees supported

(4) three chestnut trees. The three chestnut trees supported

Line II.

(1) three white pine trees. The three white pine trees supported

(2) three white poplar trees. The three white poplar trees supported

(3) three green cypresses. The three green cypresses supported

(4) three cliffs. The three cliffs supported

(5) three big mountains. The three big mountains supported the Junaruoluo-mountain.

Line III.

(1) The top of Junaruoluo-mountain supported the sky. The sky did not shake. The foot of the mountain supported the earth. The earth did not sway.

(2) When there was support, there ought to be carrier. It was not allowed if there was no carrier.

(3) Ayumingyu carried Minglulaba.

(4) Gulasila.

(5) Nabenzishou, the powerful gods Lu and Shen.

Page 11

Line I.

(1) the powerful golden elephant, the lion white as a conch and Jiugaonabu were all carrying.

Jiaogaonabu carried

(2) the Junaruoluo-mountain. The top of Junaruoluo carried the big sky and the sky did not shake. The foot of the mountain carried the earth and the earth did not sway.

(3) On the top of Junaruoluo-mountain

Line II.

(1) the first white wagtail appeared. The white wagtail wanted to represent the origin of the white colour. However, on its crop there was a black spot. It did not represent the origin of the black colour and it was not able to represent the origin of the white colour.

(2) The first black crow appeared. The black crow wanted to represent the origin of the black colour. However, on the tip of its wing it had three white feathers. It did not a represent the origin of the white colour and it was not able to represent the origin of the black colour.

(3) The first white butterfly appeared. It also wanted to represent the origin of the white colour, however its wings had no power and its bones were far from being strong as iron. The winter wind blew hard and the butterfly was blown onto the Bituchuchu-slope. No one knew where the butterfly was blown by the wind. This is the origin of the butterfly being stuck onto the slope and not being able to represent the origin of the white colour.

Line III.

(1) Thereafter the first black ant appeared. The black ant also wanted to represent the origin of the black colour, however its waist was slender and weak and its bones were far from being strong as iron. The great summer rain washed away the ant down under nine layers of black soil at the lower reaches of the Ruoluodaji-river. No one knew where the ant had gone through. This is the origin of the black ant penetrating the black soil and not being able to represent the origin of the black colour.

(2) On the Junaruoluo-mountain, which was between the sky and the earth, a white egg and a black egg appeared. The eggs changed and

(3) a white egg appeared. The white egg changed and a group of white sheep appeared. The black egg changed and a group of black sheep appeared.

Page 12

Line I.

(1) The black and the white sheep fought for the glass gall and the salt water. Three white dewdrops appeared from above, and from below there appeared three puffs of black air. The dew and the air changed

(2) and three black clouds appeared on the sky.

(3) The three black clouds changed and three handfuls of black soil appeared. Lien took the soil in his hand.

Line II.

(1) At the place Zhenzenglukuaken there appeared three white dewdrops.

(2) The three white dewdrops fell into the black lake, and a black eagle and a black dog appeared.

(3) The black eagle cried under the sky and

Line III.

(1) three groups of dogs appeared.

(2) The group of white dogs were able to chase animals in the pine belt of the snow mountain.

The dogs could also break the bones of these animals.

(3) These dogs could distinguish outsiders from the people of the big village.

(4) The group of black dogs

Page 13

Line I.

(1) were not able to chase wild animals in the pine belt of the snow mountain, and they were not able to break the bones of these animals.

(2) In the big village, these dogs could not distinguish between host and guest.

(3) In the beginning, this group of black dogs belonged to the two types of Duo-demons. The dogs were used to cleanse away filth.

Line II.

(1) The origin of these dogs was like this.

Appendix 3 Syllable Inventory

	ʅ/ʅ	i	y	e	æ	a	o	u	ɤ	ɯ	ə	ər

IPA pronunciation

	ʅ/ʅ	i	y	e	æ	a	o	u	ɣ	ɯ	ə	ər
p		pi	py	pe	pæ	pa	po	pu	pɤ	pɯ	pə	pər
p^h		p^{h}i	p^{h}y	p^{h}e	p^{h}æ	p^{h}a	p^{h}o	p^{h}u	p^{h}ɤ	p^{h}ɯ	p^{h}ə	p^{h}ər
b		bi	by	be	bæ	ba	bo	bu	bɣ	bɯ	bə	bər
m		mi	my	me	mæ	ma	mo	mu	mɤ	mɯ	mə	mər
f				fe	fæ	fa			fɤ	ɯ	ə	ər
t		ti	ty	te	tæ	ta	to		tɤ	tɯ	tə	tər
t^h		t^{h}i	t^{h}y	t^{h}e	t^{h}æ	t^{h}a	t^{h}o		t^{h}ɤ	t^{h}ɯ	t^{h}ə	t^{h}ər
d		di	dy	de	dæ	da	do	du	dɤ	dɯ	də	dər
n		ni		ne	næ	na	no		nɤ	nɯ	nə	nər
l		li	ly	le	læ	la	lo	lu	lɤ	lɯ	lə	lər
ts		tsi	tsy	tse	tsæ	tsa	tso					tsər
ts^h		ts^{h}i	ts^{h}y	ts^{h}e	ts^{h}æ	ts^{h}a	ts^{h}o					ts^{h}ər
dz		dzi	dzy	dze	dzæ	dza	dzo					dzər
s		si	sy	se	sæ	sa	so					sər
z		zi	zy	ze	zæ	za	zo					zər
tʂ	tʂʅ							tʂu			tʂə	tʂər
tʂ^h	tʂ^{h}ʅ							tʂ^{h}u			tʂ^{h}ə	tʂ^{h}ər
dʐ	dʐʅ							dʐu			dʐə	dʐər
ʂ	ʂʅ							ʂu			ʂə	ʂər
ʐ	ʐʅ							ʐu		ɯ	ə	ər
tɕ		tɕi	tɕy		tɕæ	tɕa	tɕo				tɕə	tɕər
tɕ^h		tɕ^{h}i	tɕ^{h}y		tɕ^{h}æ	tɕ^{h}a	tɕ^{h}o				tɕ^{h}ə	tɕ^{h}ər
dʑ		dʑi	dʑy		dʑæ						dʑə	dʑər

续表

	ʅ/ʅ	i	y	e	æ	a	o	u	ɣ	ɯ	ə	ər
ȵ		ȵi	ȵy		ȵæ	ȵa	ȵo				ȵə	ȵər
ɕ		ɕi	ɕy		ɕæ	ɕa	ɕo				ɕə	ɕər
k					kæ	ka	ko	ku	kɤ	kɯ	kə	kər
k^{h}					k^{h}æ	k^{h}a	k^{h}o	k^{h}u	k^{h}ɤ	k^{h}ɯ	k^{h}ə	k^{h}ər
g					gæ	ga	go	gu	gɤ	gɯ	gə	gər
ŋ					ŋæ	ŋa			ŋɤ	ŋɯ	ŋə	
h			y	he	hæ	ha	ho	hu		hɯ	hə	hər
ɣ										ɣɯ	ɣə	
		i	y	e	æ	a	o	u	ɣ	ɯ	ə	ər

	iæ	iə	ia	uæ	ue	ua	uə	ye	yæ
p	piæ	piə	pia						
p^{h}	p^{h}iæ	p^{h}iə	p^{h}ia						
b		biə							
m	miæ	miə	mia						
f									
t	tiæ	tiə	tia	tuæ	tue				
t^{h}	t^{h}iæ	t^{h}iə	t^{h}ia	t^{h}uæ	t^{h}ue				
d									
n				nuæ	nue				
l	liæ	liə	lia	luæ	lue				
ts	tsiæ	tsiə	tsia		tsue				
ts^{h}	ts^{h}iæ	ts^{h}iə	ts^{h}ia		ts^{h}ue				

续表

	iæ	iə	ia	uæ	ue	ua	uə	ye	yæ
dz									
s	siæ	siə	sia		sue				
z					zue				
tʂ				tʂuæ		tʂua			
tʂʰ				tʂʰuæ		tʂʰua			
dʐ						dʐua			
ʂ				ʂuæ		ʂua			
ʐ				ʐuæ		ʐua			
tɕ								tɕye	tɕyæ
tɕʰ								tɕʰye	tɕʰyæ
dʑ									
ȵ									
ɕ								ɕye	ɕyæ
k				kuæ	kue	kua	kuə		
kʰ				kʰuæ	kʰue	kʰua	kʰuə		
g							guə		
ŋ									
h				huæ	hue	hua	huə		
ɣ									
	iæ			uæ	ue	ua	uə	ye	yæ

Appendix 4 Map of the Spread of Naxi Dialects[①]

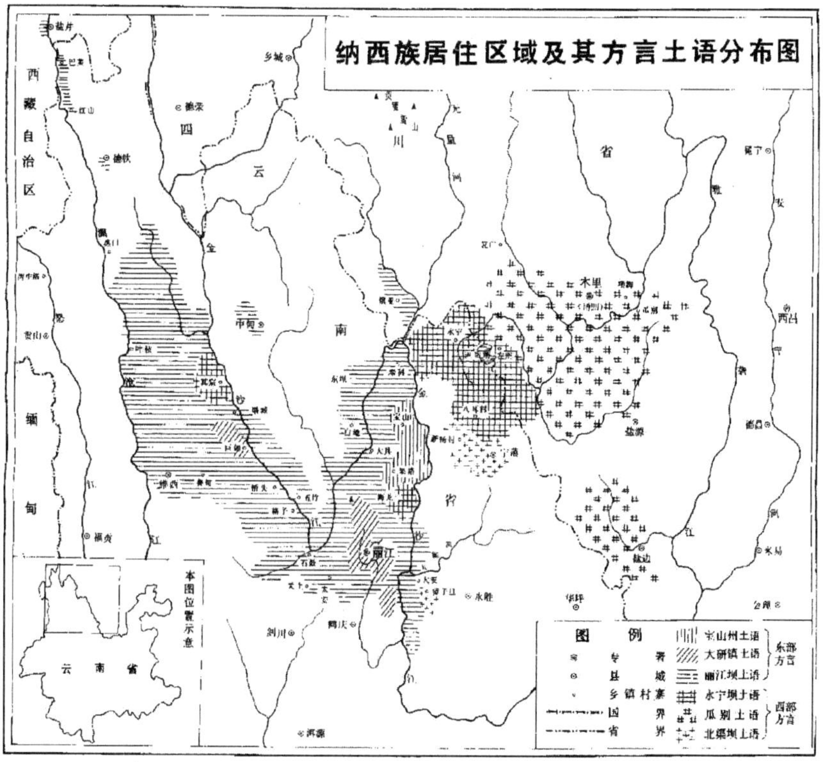

The Western dialect

Baoshanzhou local dialect

Dayanzhen local dialect

Lijiangba local dialect

The Eastern dialect

Yongningba local dialect

Guabie local dialect

Beiquba local dialect

① Guo Dalie, 1999, p. 640. Please note that the Eastern and the Western dialect groups have been confused in the Chinese legend.

Appendix 5 A Naxi Story of the Creation-Pictographic Script

1

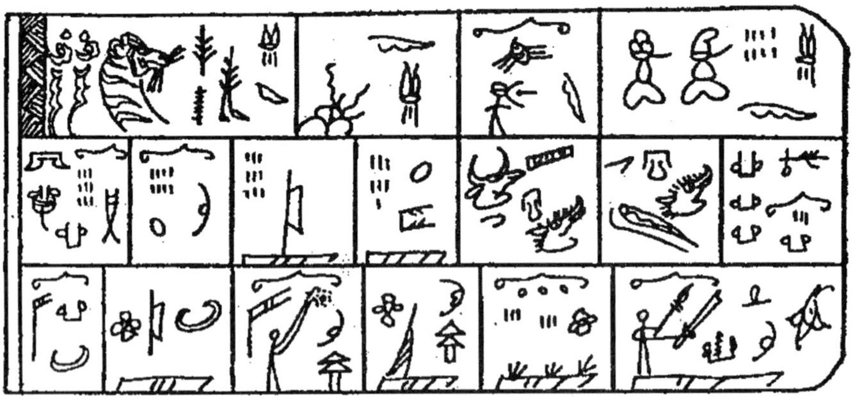

2

3

4

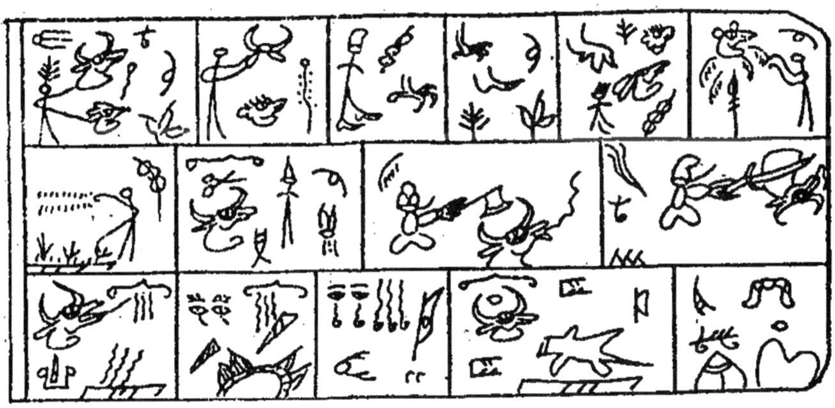

5

6

7

8

9

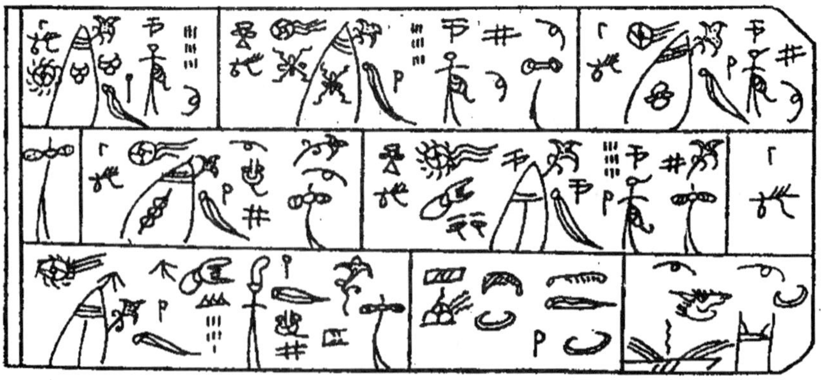

10

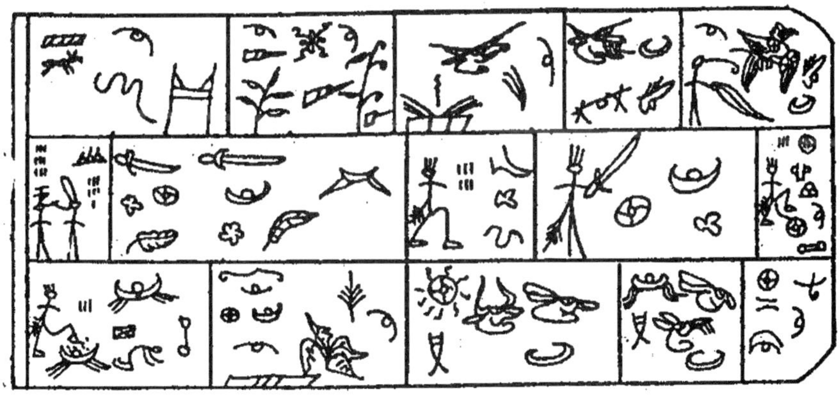

11

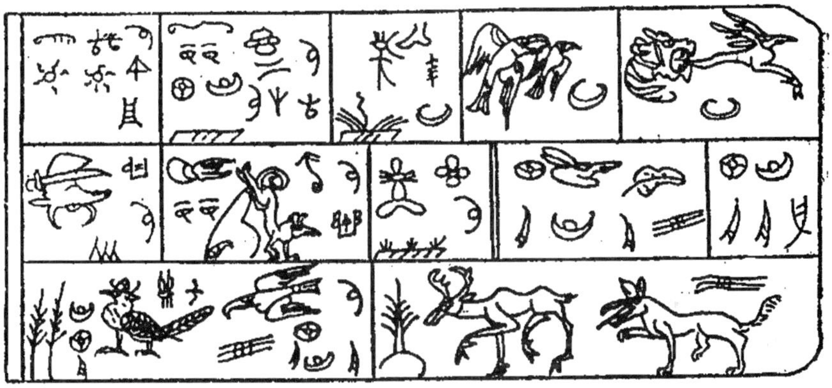

12

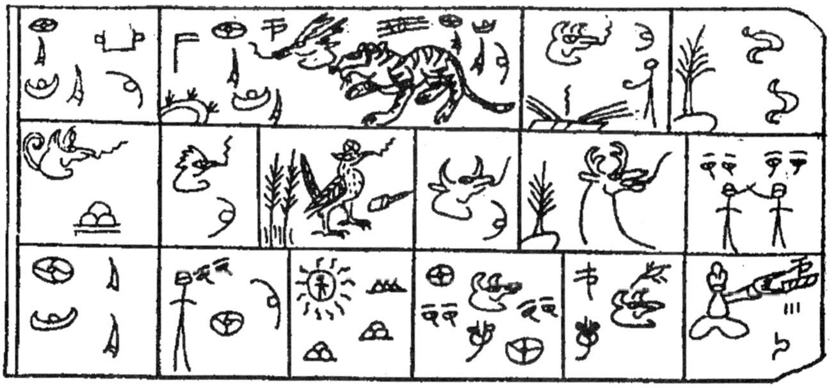

13

14

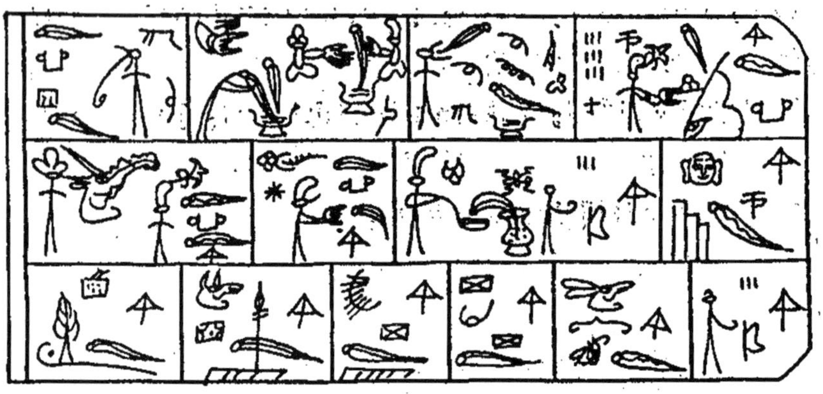

15

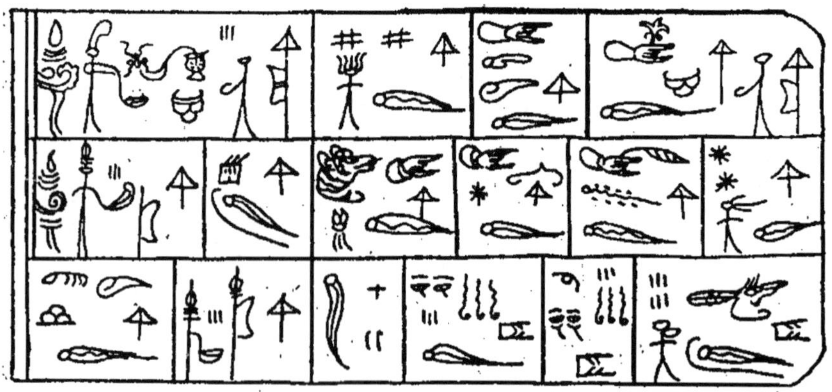

16

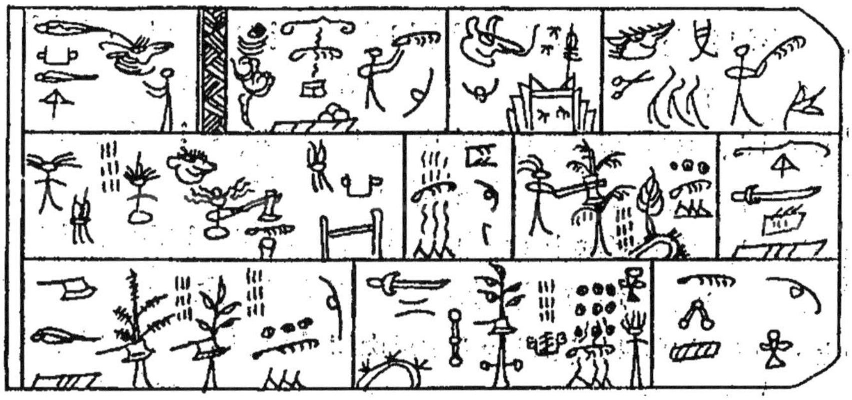

Appendix 6 Naxi Manuscript No. 1946. 34. 12-Pictographic Script

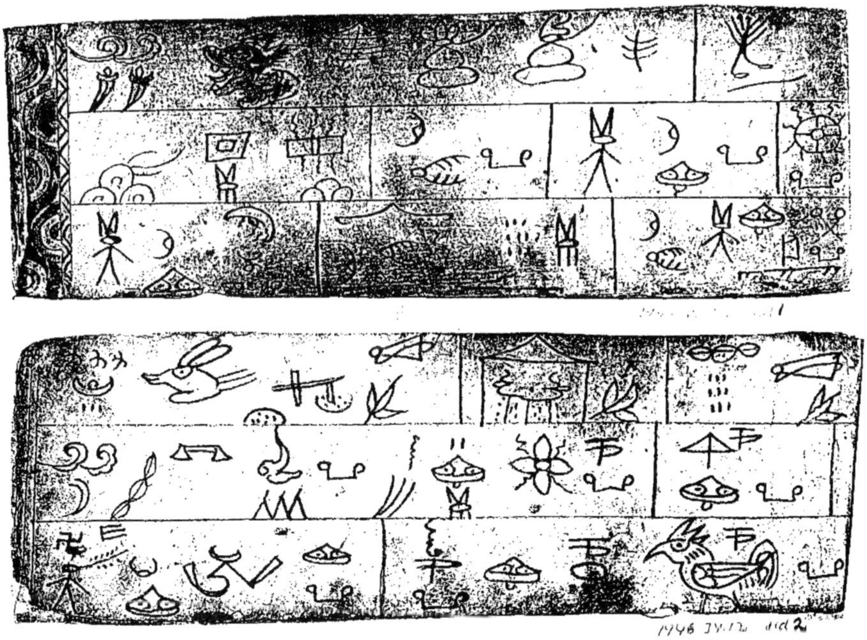

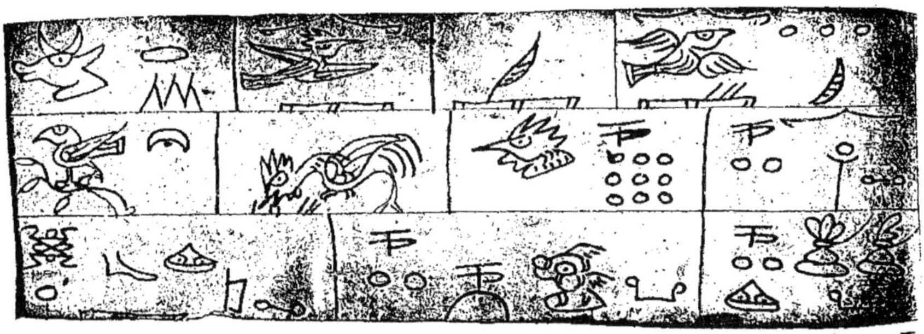

1946 34 12 s.id 3

1946 34 12 s.id 4

1946 34.12 s.id 5

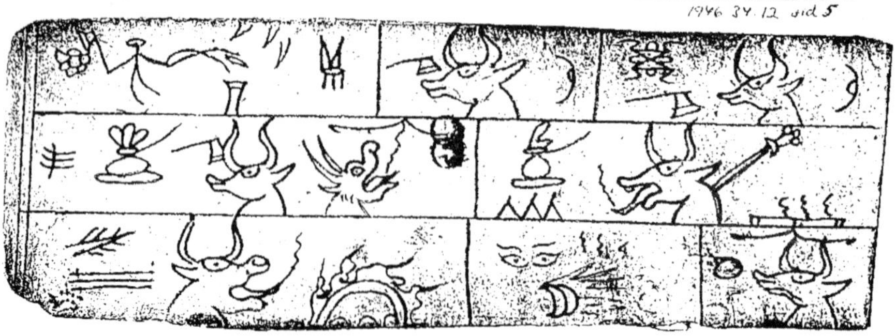

1946 34 12 s.id 6

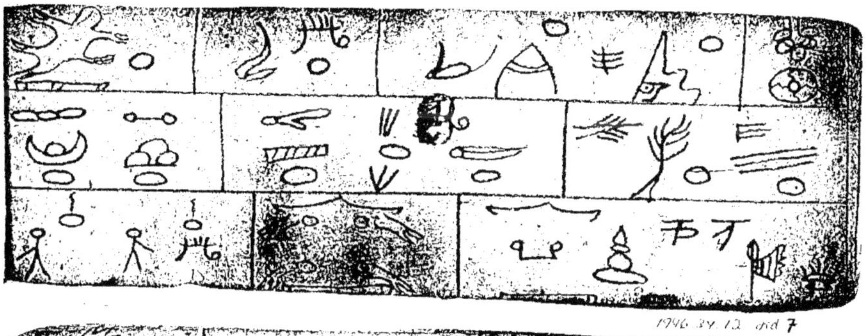

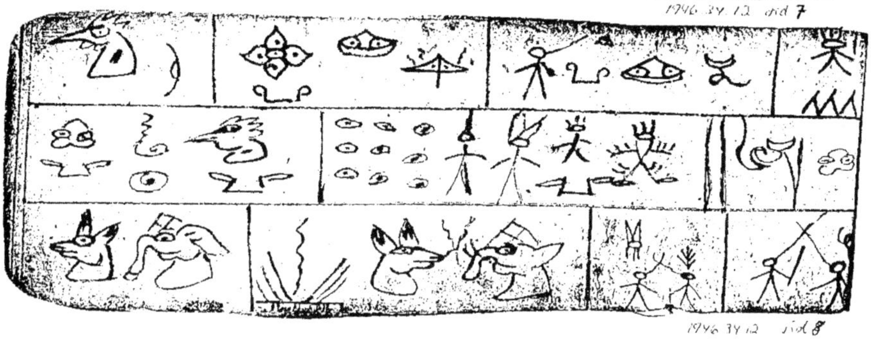

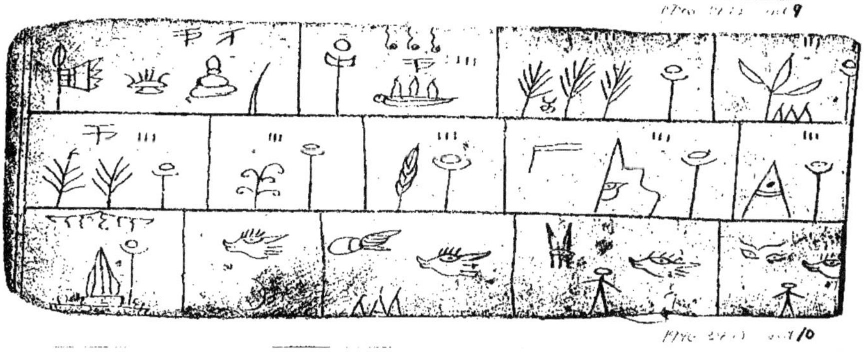

1946 [illegible] 11

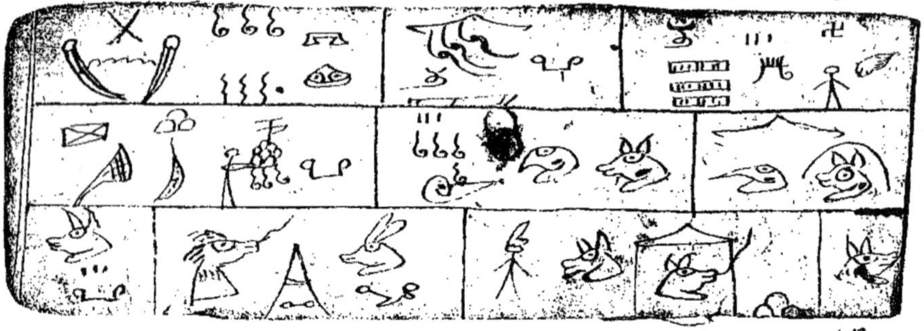

1946 [illegible] 12

1946 [illegible] 13

Appendix 7 Animal and Other Characters

Animal characters

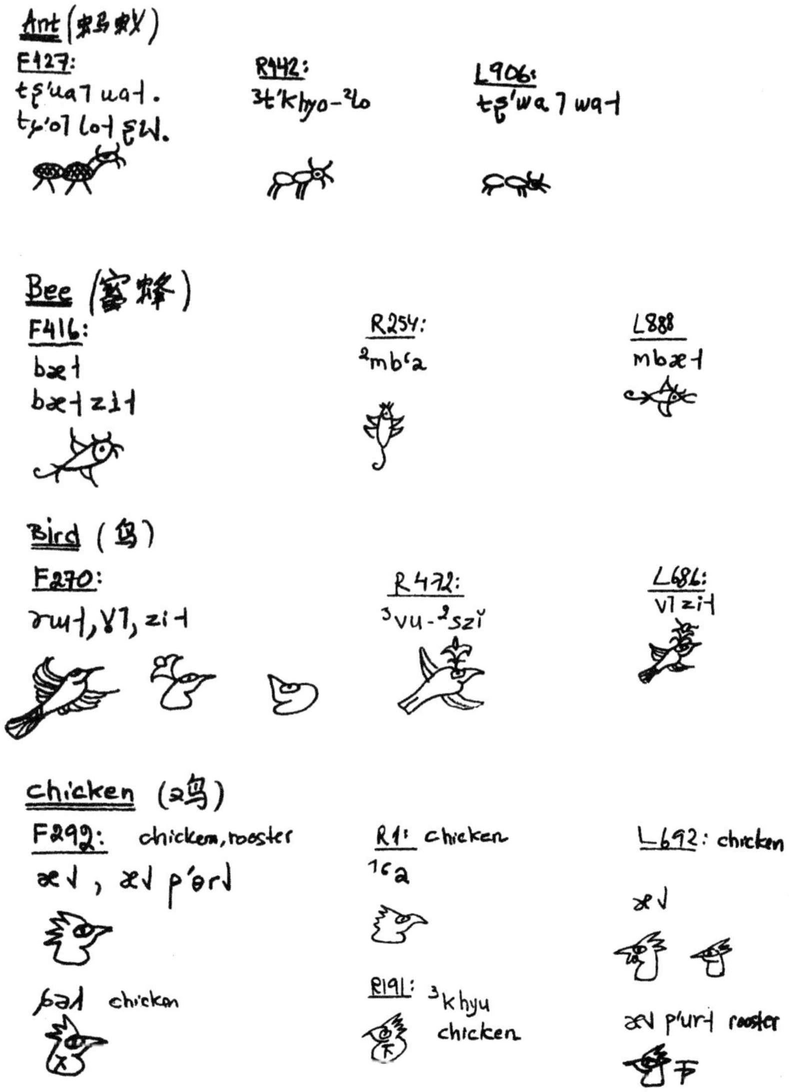

F293: hen

æ˩ me˧

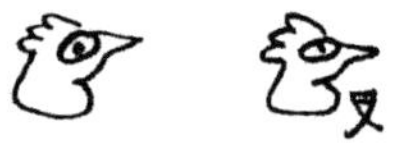

æ˩ mɛ˧ hen

Fang P.175: rooster

æ˩ p'ər˩

R4: rooster

¹ʻa-¹p'ǔer

L692: rooster

æ˩

Crane (鹤)

F322:

ko˧ p'ər˩ (白鹤鸟)

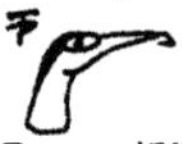

Fang p.174:

R126:

²gko

L690:

kwa˧

Deer (鹿)

F395:

tʂ'ua˥

R49 (马鹿)

³ch'wua

L778:

tʂ'wa˥

tʂ'ua˥ me˧ he˧ pa˩

doe

R49

³ch'wua-²mä-²hä-¹bpa

the hind with broad ears

L779: doe

tʂ'wa˥ mɛ˧

tʂ'ua˥ na˩ k'o˧ dy˧

black deer with broken antlers

R49:

³ch'wua ʻna ²k'o ²ndü

black stag, antlers broken

Black muntjac deer (黑麂子)

F397:
Lo˅

R235:
¹Lo

L792:
Lo˩

Muntjac deer (麂)

F396:
tɕ'i˩

Fang p. 193.
tɕ'i˩

R432: (deer; yellow deer)
¹t'khi

L798:
tɕ'i˩

River deer (獐)

F399:
lɛ˧

Fang p. 192
lɛ˧

R223:
²lä

The musk deer
麝

L771:
lɛ˧

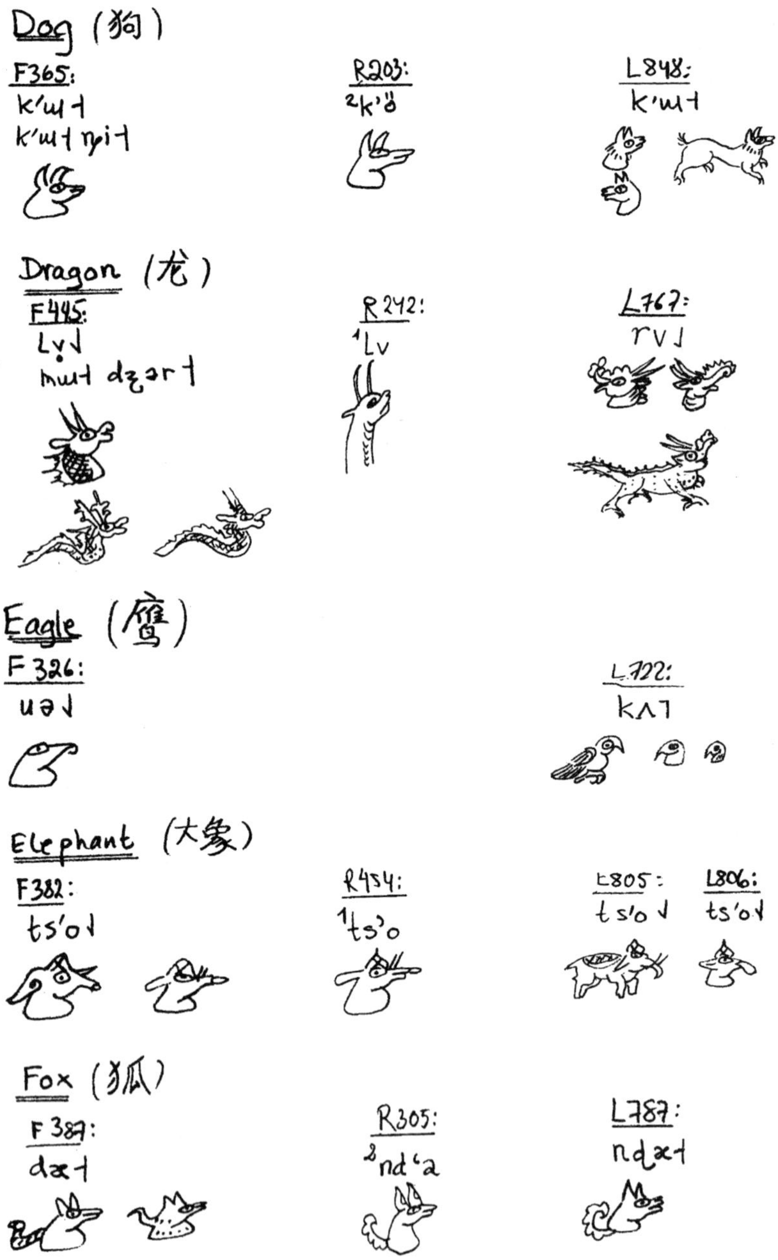
Dog (狗)
F365:
k'ɯ˧
k'ɯ˧ ŋi˧
R203:
²k'ö
L848:
k'ɯ˧
Dragon (龙)
F445:
lʏ˩
mɯ˧ dʐər˧
R242:
¹lv
L767:
rv˩
Eagle (鹰)
F326:
uə˩
L722:
kʌ˥
Elephant (大象)
F382:
ts'o˩
R454:
¹ts'o
L805:
ts'o˩
L806:
ts'o˩
Fox (狐)
F387:
dæ˧
R305:
²nd'a
L787:
ndæ˧

Frog (蛙)

F439:
pa˧
pa˧ tɕə˧

R27:
^{2}bpa

L909: pa˧.

Goat (山羊)

F363:
ts'ɿ˥

R72: **R227:**
^{3}ds'ü, ^{1}lěr

L839:
ts'ɯ˥

Horse (马)

F367:
ʐua˧, gu˩, tʂ'ɤ˧

R77: **R335:** **R505:**
^{2}dta, ^{2}zhwua, ^{1}ngu

L820:
ʐwa˧

Monkey (猴)

F407:
ə˥ y˩

R492:
^{1}yü colloquially ^{3}ä-^{1}yü

L795:
ʔɛ˥ io˩

Ox (牛)

F358:
mu˩, le˥, ɣɯ˧

R116: **R297:**
^{2}ghügh, ^{1}mun-^{3}shwua
^{1}mun

L830:
ɯ˧

L831:
mo˩

Ox fly (牛虫黾)

F425:
mu˥

R292:
³mun Large horsefly
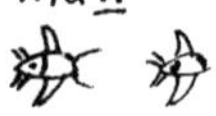

L894:
mo˥ Large horsefly

Ox louse (牛虱)

F429:
Lɯ˥

R230:
³llü tick

L895:
rɯ˥

Pheasant (野鸡)

F894:
fɤ˧

R109: the stone pheasant
²ffü

L712
fv˧

Silver pheasant (白鹇)

F298: Silver Pheasant
hua˧
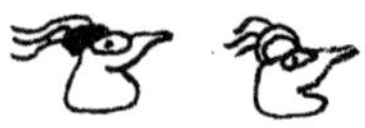

R177
²hoa

L717:
hwa˧

Pig (猪)

F374:
bu˩, p'a˥

R35:
¹bu

L845:
bo˩

Porcupine (豪猪)

F403:
py˩

R33
¹bpö-²szi

L777:
PY˩

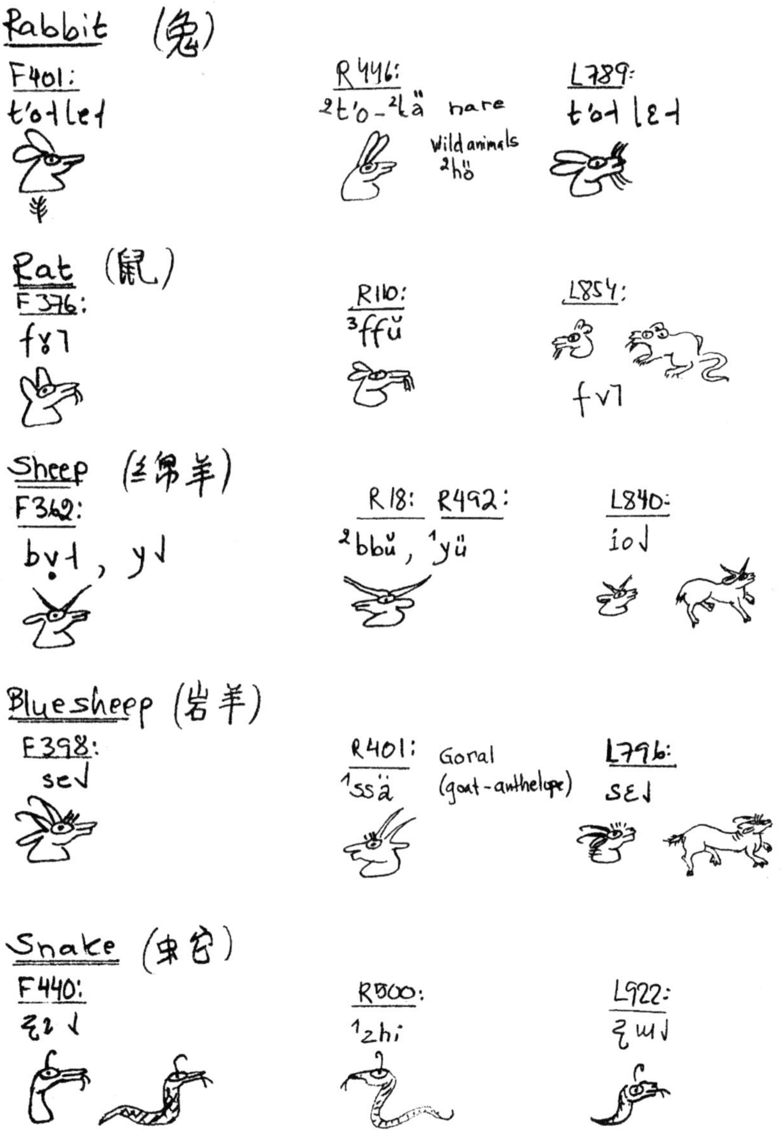
Rabbit (兔)
F401:
R446:
2t'o-2lä hare
Wild animals
2hö
L789:
Rat (鼠)
F376:
R110:
3ffü
L854:
Sheep (绵羊)
F362:
R18: R492:
2bbü, 1yü
L840:
Bluesheep (岩羊)
F398:
R401:
1ssä
Goral
(goat-anthelope)
L796:
Snake (蛇)
F440:
R500:
1zhi
L922:

Tiger (虎)

F377:
la˧

R214:
¹La

L761:
la˧

Unknown animal

F78:
dzi˧

Name of an animal

R101:
²dzī, ¹p'ā

Jackal

L808:
dzi˧

unknown animal

F389:
p'a˨

豺
Jackal

R374
¹p'a

Jackal

L803:
p'a˨

狽
Jackal

Wagtail (鹡鸰)

F308:
tsi˥ li˧
dʑi˧ mæ˧ mu˧ tsɿ˨ ty˧

R72:
³dsī-²lī

L714:
tsi˧ li˧

Water buffalo: (水牛)
F359:
tɕi˥, dʑi˩ ɣɯ˧

Water buffalo or carabao: **R51:**
¹gyi-²ghügh

Ox with broad horns:
L811:
tɕi˥ iʌ˧ k'wa˧ pa˩

(宽角牛)

Wolf (狼)

F390:
ɕy˥ k'ɯ˧
p'a˩ k'ɯ˧

R196:
³khyü-²k'ö

L791:
ɕo˥ k'ɯ˧

Yak (牦牛)

F360:
bər˩

R260:
¹mbĕr

L828:
mbɯr˩

Half breed yak (犏牛) pianniu

F361:
dzɿ˩

R314:
¹ndsu

L829:
ndzɯ˩

Rock tones:

1	low falling	IPA:	˩
2	mid level		˧
3	high level		˥
4	from low to high rising, modulated		˩˥

Other characters

F2: bi˧ ɲi˧me˧ ɲi˧ — sun

F11: tɕi˩ — cloud

F136: o˩; o˩ hər˩ — turquoise

F137: tʂ'u˩ — pearl

F143: mi˧ — fire

F171: ɕi˩; bi˧ — wood

F178: ba˩ — flower

F246: dze˧ — wheat

F276: no˧ — hair

F350: me˧ — female, mother

F354: ba˩ — howl, bark

F525: py˩ — "those in charge for ceremonies"; to˧ ba˩ — dongba

F526: p'a˩ — "those practising divination" shaman

F959: tʂ'ṿ˧ — awl

F1118: p'ər˩ — fresh

F1184: ʂɚ˩ — yellow

F1185: hər˩ — green; jade

F1186: pər˩ — white, male

F1188: na˩ — black, big

Appendix 8 Amendment[①]

Naxi manuscript no. 1946. 34. 12 kept at the National Museum of Ethnography in Stockholm.

Page **1**B

Page **1**C

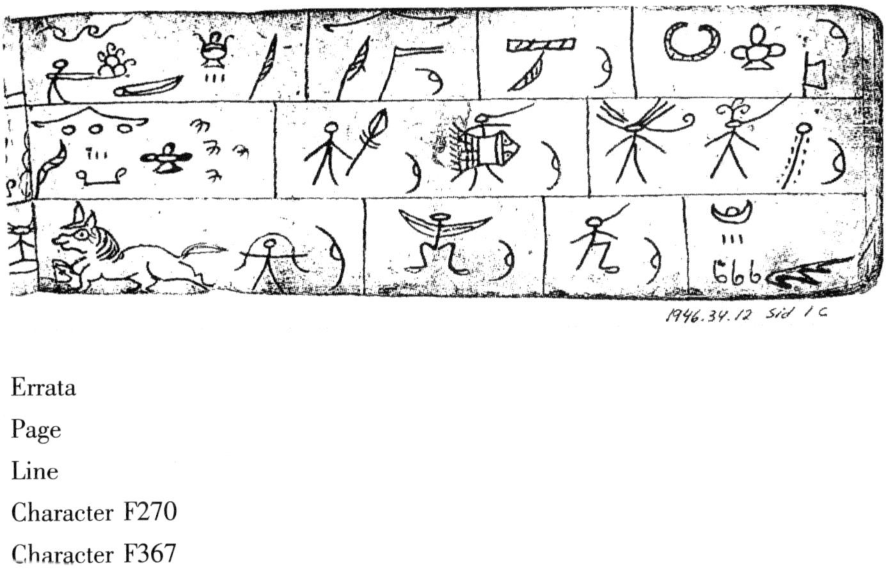

Errata

Page

Line

Character F270

Character F367

Character F959

For

Read

?????

① Just in time for the printing of this thesis, two earlier unknown pages in this manuscript appeared. However, these pages are not included in the analysis.

CL. A. U. D. I. A: Computational and Updatable Dongba Iconographic Archives

羞 龙

Introduction to the script and resume

CL. A. U. D. I. A. , acronym for Computational and Updatable Dongba Iconographic Archives.

CL. A. U. D. I. A. is an interdisciplinary project of Human Technology application focused about Dongba pictographic writing system of Naxi people of South-West China, implemented and uploaded on Web for an on-fly demo during Kunming's 16th International Congress of Anthropological and Ethnological Sciences (29 -31 July) .

This is just a short introduction page to CL. A. U. D. I. A. ; for more details and starting browsing iconographic index plates please visit dedicated page.

I wish to underline importance of Updatable features of CL. A. U. D. I. A. system-which I feel is needed-because of continuous evolution of academic scores in studying Dongba and Geba writing systems and Naxi culture... and myself.

On Your left side, You can see the two main resources of Claudia: Index Plates of Dongba Pictographs and dictionary.

Index plates consist in a tree of family and sub-family of pictographs stored and gathered by ICONOGRAPHIC features. Please visit dedicated page for correct usage. Each plates of pictographs are implemented as index archives of pictograph, labelled by capital key-letter for Family and minus keyletter for sub-Family of pictographs, then each elements has its own identification number.

CL. A. U. D. I. A. 's dictionary is then implemented with 3 main resources:

1. At first, from top, a fast free-keywords search-engine is realized, to lunch specific and fast interrogation query on pictograph database. Please, note that EACH QUERY WILL GENERATE 2 MAIN FILEDS OF DATA RETRIEVING: on the top a DIRECT MATCHING SCORE, with the output of the whole pictograph directly matched in its translation to the keyword of research; down an INDIRECT MATCHING SCORE, constituted by the group of pictographs retrieved because of their indirect matching-but existing

relation-with the keywords of the query launched. Such Information Retrieval System is yet implementing.

2. English-Dongba dictionary by keywords. Keyword queries will generate direct and indirect matching pictograph retrieving.

3. Naxi pinyin sillables search form: by clicking of Naxi syllable CL. A. U. D. I. A. s. will retrieve pictographs which latinization contains searched syllable as initial or inside the whole pinyin transcription. Syllable ortography specify IPA phonetic equivalences.

Dictionary page is alo implemented as a draft web application. ①

I am implementing such resource under PHP 〈—〉 MySql couple, that's because I feel MySql as the best database instrument I know for building digitals archives and structured databases as Dongba pictographs corpus, and PHP as the dearest and the most flexible instrument to me for managing and generating intelligent and dynamic queries targeting Dongba pictographic writing system significants corpus stored in MySql database; some hidden fields of database should work as Ontology for hierarchy relationship between family, subfamily and single pictographs.

Sources and Resources Available

Available sources and resources for the study of Dongba pictographic manuscript tradition, from CLAUDIA's point of view, should be resumed into:

- Dongba pictographs' dictionary
- Study works about Naxi culture, Naxi people and Lijiang history, Dongba tradition
- Dongba pictographic tradition documents themselves

CLAUDIA's attention is particularly focused on dictionaries, and among them expecially looks at:

- Rock Joseph Francis Charles, 1963 A 1Na-2Khi-English encyclopedic dictionary, Serie Orientate Roma, XXVIII
- Rock Joseph Francis Charles, 1972 A 1Na-2Khi-English encyclopedic dictionary. Gods, Priests, Ceremonies, Stars, Geographical Names, Serie Orientate Roma, XXVIII
- 方国瑜，和志武 - Fang Guoyu; He Zhiwu, 1995 纳西象形文字谱 - Naxi xiang

① http://www.xiulong.it/4.0/Dongba/CLAUDIA/key.php.

xing wen zi pu 云南人民出版社，Kunming Shi：Yunnan ren min chu ban she：Yunnan sheng xin hua shu dian fa xing

- 李霖灿；Li Líncàn，2001 纳西象形文字字典 – naxizu xiangxing biao yin wenzi zidian，Yúnnán Mínzú Chubanshè
- 和品正 – Hè pin zhèng，2004 东巴常用字典（汉英对照） – Naxi Dongba Pictographic Dictionary
- Janekovic Dragan，2005 Na-si：srpski recnik，Beograd：Narodna biblioteka Srbije

Each one of that works presents pictographs with relative transcriptions in Naxi language，but authors used different solutions and rules in pictographs'latinization，accents orthography and phonetic transcription.

Being available at today "中国少数民族语言简志丛书— Zhongguo Shaoshu Minzu Yuyan Jianzhi Conshu" 689 – 784. CLAUDIA means to consider it as the more recent and official Academic study of Naxi language grammar，thus to adopt that work's solutions of transcription of Naxi language for romanization of Dongba pictographs. In the same time，CLAUDIA means，once that is available such standard，to build equivalence plates for crossing references with works mentioned above.

Another characteristic of dictionaries available at today is the lacks of attestations and contexts references for pictographs. This except for Rock's work，who used to refer to manuscripts he possessed as private collection or sell to Institution like the Harward-Yenching，but Rock attestations "and references" system is just limited in quoting the manuscript page where pictographs appeared within，without appropriate samples of context，as portions of text where the pictographs was taken.

Bön religion.

^{1}Ō–^{1}hăr ^{2}mùa̱n–^{2}ndshĕr. The dragon. This is the real ^{1}Na–^{2}khi name of the dragon; another name, borrowed from the Chinese, is ^{1}lv, from the Chinese lung 龙. The meaning of the ^{1}Na–^{2}khi name is blue sky power.

^{1}ō–^{1}hăr ^{2}mùa̱n–^{2}ndshĕr ^{2}hä ^{2}k'o. The ears and horns of the celestial dragon.
See ms. 1280, ^{2}Mbbŭe ^{1}d'a ^{3}Nv, ^{2}noṉ–^{1}ō ^{3}ssaw, p. 4, rubr. 10; p. 5, rubr. 1.

¹ō–¹hăr ²ndaw–¹k'o. The hand drum or ḍamaru used by the Bön as well as lamas of the various sects. It is the Tibetan rnga-chhung རྔ་ཆུང་; ཌ་མ་རུ. The Tibetan hand drum is usually made from two craniums stretched with a skin. The ¹Na–²khi ones are made of bamboo stretched with strong paper. *See NNCRC*, p. 227, note 408. The ¹Na–²khi also call it ḍa-ma-ru which is its Tibetan name.

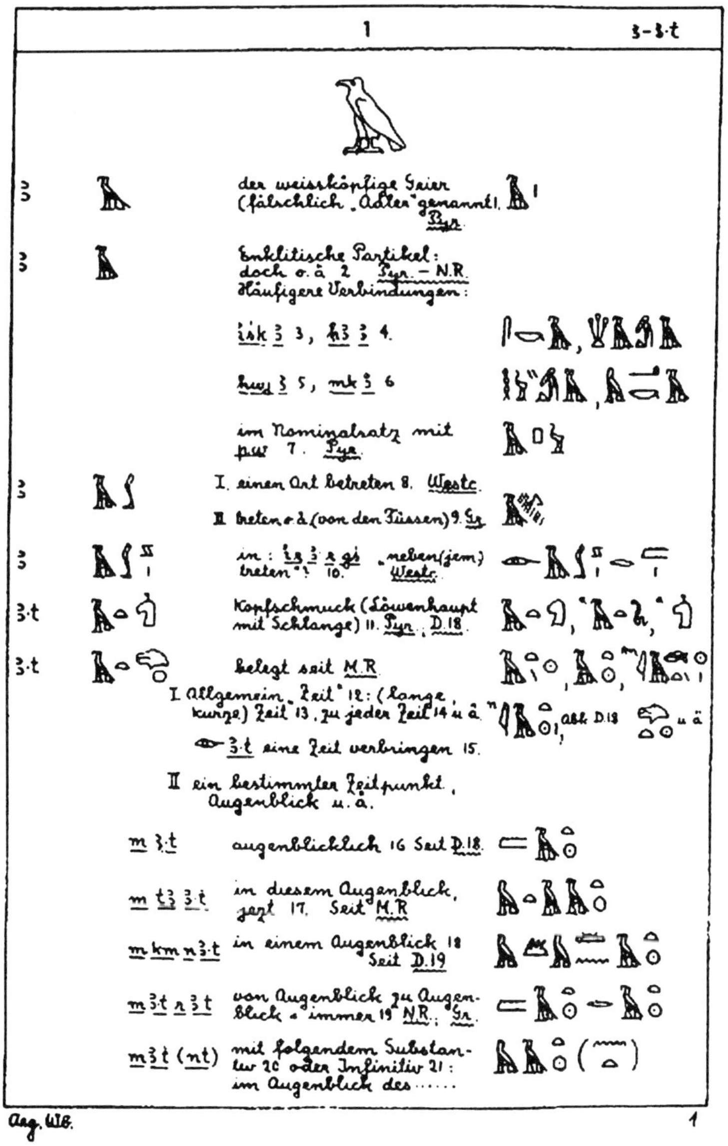

With an eye to some other similar writing system works, as A. Erman and H. Grapow, "Worterbuch der agyptischen Sprache" – landmark study for Egyptology-seems plausible to think about the possibility of making an innovative dictionary of Dongba pictographs with a complete and satisfactory system of references and contexts'quotation, especially for polysemic and poly-phonic pictographs, respectively one pictograph with more then one meaning and one pictograph with more then one reading, who could be disambiguated just by context.

In his experimental online draft-works published on www. xiulong. it the author developed a presented to Kunming's 2009 "new horizons in Naxi study" congress a system for dictionary entries adopting and calibrating the structure of Grapow Worterbuch: in the top middle the image of the pictograph selected, on the left side the most common orthography for the pictograph selected with latinization, IPA, translation and commentary.

On the right side quotation of dictionary references with relative orthography, under it available contexts and references in Dongba manuscript corpus where pictograph selected appears within.

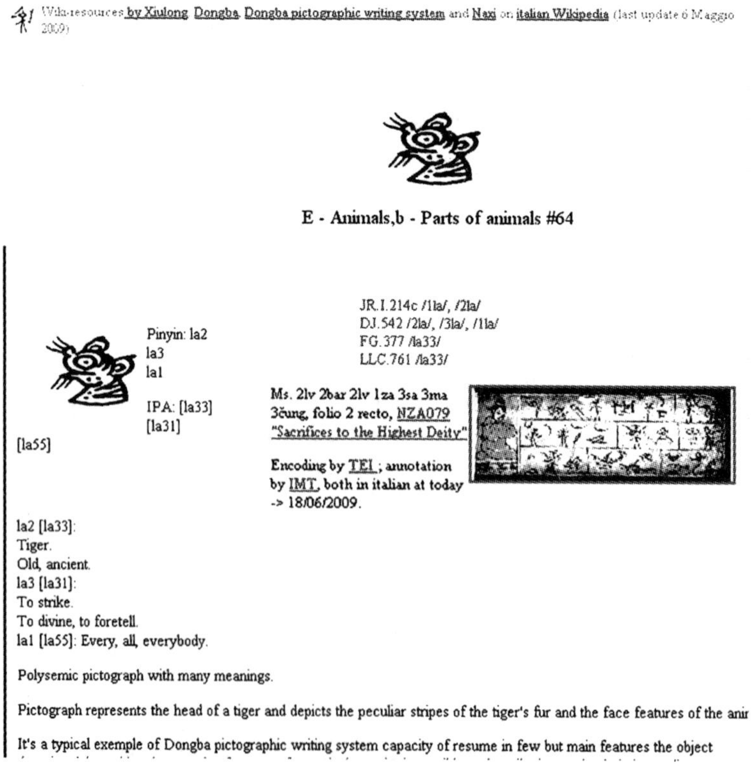

Screen-shot directly taken from CL. A. U. D. I. A. draft-works presented on Kunming 2009 congress

Today the layout of CLAUDIA dictionary entries is changing for a better, more user-friendly and interactive interface.

Another Closer Look to CL. A. U. D. I. A

As previously introduced CLAUDIA is a project focused on making of a dictionary of Dongba pictographs, founded on an iconographic classification of pictographs, a system of iconographic index plates, and a complete dictionary with of attestations, quotations and references; CLAUDIA project features should also be resumed as follow:

1) GROUNDING

1. with regard to previous dictionaries works (references, translations, quotations, etc...)

2. regarding to Dongba literature study works (commentary and notes)

3. regarding to Naxi language study literature, (standard orthography and pinyin, IPA transcription)

2) INTERDISCIPLINARITY

1. regarding to other pictograph/hieroglyph writing system study literature, as Egyptology and Mayan

2. regarding to Anna Wierzbicka reductive paraphrase methodology in N. S. M. - Natural Semantic Metalanguage theory, for a re-calibrated and innovative classification of Dongba pictographs

3. regarding to TEI standard, and digital humanities resources, for web publishing of iconographic index plates and Dongba dictionary

3) DISSEMINATION

1. aiming at diffusion and spreading knowledge of the pictographic tradition

2. making pictographs easier to be understand and enjoyed by novices

3. taking Dongba pictographs beside the other historical pictograph/hieroglyph writing system

CLAUDIA work consist in a systematic study of pictographs'iconography and structural features: pictographs have to be classified following iconographic criteria, and during the classification will be also made the creation process of iconographic index plates.

Study of Dongba manuscripts also evinced 2 mains structural features for pictographs:

- BASIC PICTOGRAPHS
- COMPOSED PICTOGRAPHS

Author also distinguish COMPOSED PICTOGRAPHS into

- COMPLEX UNITS of COMPOSED PICTOGRAPHS

• FUSION-DERIVED UNITS of COMPOSED PICTOGRAPHS (cfr. 3. b)

CLAUDIA GROUNDING

Previous dictionary works will be systematically quoted into CLAUDIA's references also reporting relative orthography.

In ex. pictograph : it is recorded in Dragan Janekovic as the 557th pictograph, transliterated with /la33/ orthography; in Fang Guoyu and He Zhiwu at pg. 409, the 2nd (a = 1st, b = 2nd, etc...) pictograph transliterated as /l? 33/; in Hè Pin Zhèng it's on pg. 43, the 6th pictograph with /l? 33/ orthography and finally in Li Lincan it's the 761st pictograph, transliterated /la33/.

In CLAUDIA online version each pictograph of iconographic plates is an hyper-link: by clicking on it user opens-in a new dedicated page-a complete pictograph schedule with translation, commentary, notes and attestation of selected sign.

In that complete page, below selected pictograph, are listed all its variants attested.

This is the author's idea for CLAUDIA as a Dongba Pictograph Dictionary, thought and implemented as wide-web enjoyable resources. References of dictionaries will be quoted by abbreviations as below: (this isn't a definitive choose of dictionaries and works to be quoted as references. CLAUDIA system is completely updatable)

1. Yúnnán Mínzú Chubanshè

• Janekovic Dragan, 2005 Na-si: srpski recnik, Beograd: Narodna biblioteka Srbije

2. 方国瑜, 和志武 - Fang Guoyu; He Zhiwu, 1995 纳西象形文字谱 - Naxi xiang xing wen zi pu

3. 和品正 - Hè pin zhèng, 2004 "东巴常用字典 (汉英对照) - Naxi Dongba Pictographic Dictionary"

4. Dragan Janekovic, 2005 "Na-si: srpski recnik" - Beograd: Narodna biblioteka Srbije

5. Joseph F. C. Rock, 1963: "A 1Na-2Khi-English encyclopedic dictionary", I volum3

6. 李霖灿 Li Líncàn, 2001 "纳西象形文字字典 - naxizu xiangxing biao yin wenzi zidian [A dictionary of Naxi pictographs]"

Claudia Interdisciplinarity

Author means to look for available resources and methodologies, not necessary focused on Dongba pictographs, suited to improve the quality of work, thus by "interdisciplinarity" here is meant to adopt and re-calibrate all methodologies and works useful for dictionary making and pictographs'study.

Firstly, it seemed plausible to look for other pictographic and hieroglyphic study literature, specially at Egyptology (author's got MA in Egyptology in Pisa University in 2004) and Mayan, looking for methodologies and patterns which could be re-calibrated and adopted in Dongba dictionary writing.

The works the author looked at during CLAUDIA implementation are:

• A. Erman and H. Grapow, 'Worterbuch der agyptischen Sprache', fundamental for introducing in CLAUDIA

• complete dictionary structure planning

• introduction of attestations, references and contexts. Those systematically quoted for each pictograph entry in complete dictionary pages

• chronological evolution and orthography variations, as contextualized study of pictographs (cfr. Appendix)

• A. Gardiner, 'Egyptian Grammar', fundamental for introducing in CLAUDIA concepts of

• innovative iconographic classification of Dongba pictographs needed

• iconographic index plates of pictographs for fast retrieving, without any user's competence needed in reading pictographs

• COE D. Michael, 2001 "reading the Maya Glyphs", fundamental for introducing in CLAUDIA concepts of

• basic pictographs and complex pictographs

• among complex pictographs distinction of composed-units and fusion-units

• syllabary, to be implemented for Geba syllable-graphic signs and to be experimented for most common basic pictographs

• Wierzbicka A., 1972, 1980b, 1992, 1996, 1997, 2001; Gottard C., 1997, 2008, fundamental for introducing and developing in CLAUDIA

• concept of ICONOGRAPHIC PRIMES which is the fundamental main theory both for classification of pictographs and for making iconographic index plates

• reductive paraphrase method for pictographs classification and identification of I-CONOGRAPHIC PRIMES

• TEI guidelines, fundamental for introducing in CLAUDIA

• web resources implementation following the standards required by TEI recommendations for digital texts encoding and web publishing

Claudia Dissemination

CLAUDIA aims to be an instrument for dissemination of Dongba tradition, for spreading and diffusing knowledge of Naxi culture, manuscript tradition and Naxi pictograph art.

Looking at the methodologies and solutions of the other writing systems'studies landmark works author also aims to improve highest qualities of Dongba dictionary itself, taking Dongba pictographic writing system and Dongba manuscript tradition as nearest as possible to Egyptian and Mayan Hieroglyphic writing systems; CLAUDIA, as a tool for dissemination is based on:

- an innovative iconographic classification of pictographs
- an iconographic index plates of pictographs
- and direct links between plates elements and dictionary entries

all sum into an useful instrument for fast consultation of dictionary without any a-priori required knowledge of reading and/or meaning of pictographs, making them easier to be understand and enjoyed also by novices.

Iconographic Classification and Index Plates

In its landmark work for Egyptology sir Alan Gardiner inserted as appendix to his Egyptian Grammar a concise dictionary of Hieroglyphs previously introduced by some index plates of the Hieroglyphs themselves.

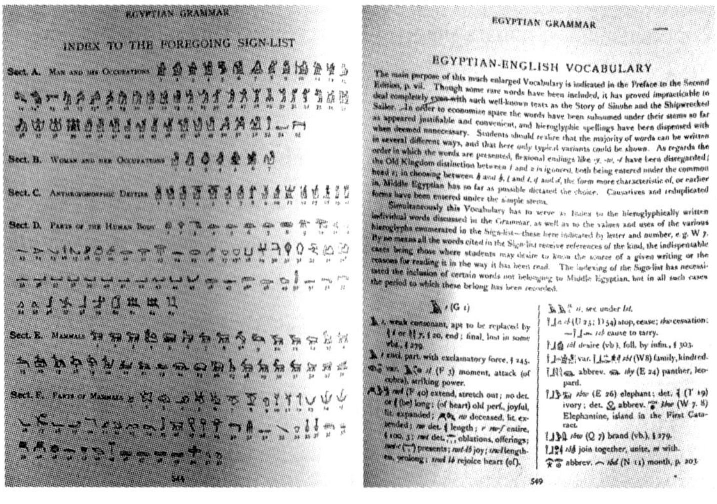
EGYPTIAN GRAMMAR

INDEX TO THE FOREGOING SIGN-LIST

Sect. A. Man and his Occupations

Sect. B. Woman and her Occupations

Sect. C. Anthropomorphic Deities

Sect. D. Parts of the Human Body

Sect. E. Mammals

Sect. F. Parts of Mammals

544

EGYPTIAN GRAMMAR

EGYPTIAN-ENGLISH VOCABULARY

The main purpose of this much enlarged Vocabulary is indicated in the Preface to the Second Edition, p. vii. Though some rare words have been included, it has proved impracticable to deal completely even with such well-known texts as the Story of Sinuhe and the Shipwrecked Sailor. In order to economize space the words have been subsumed under their stems so far as appeared justifiable and convenient, and hieroglyphic spellings have been dispensed with when deemed unnecessary. Students should realize that the majority of words can be written in several different ways, and that here only typical variants could be shown. As regards the order in which the words are presented, flexional endings like -y, -w, -t have been disregarded; the Old Kingdom distinction between *s* and *z* is ignored, both being entered under the common head *s*; in choosing between *ḥ* and *ḫ*, *t* and *ṯ*, *d* and *ḏ*, the form more characteristic of, or earlier in, Middle Egyptian has so far as possible dictated the choice. Causatives and reduplicated forms have been entered under the simple stems.

Simultaneously this Vocabulary has to serve as Index to the hieroglyphically written individual words discussed in the Grammar, as well as to the values and uses of the various hieroglyphs enumerated in the Sign-list—these here indicated by letter and number, e.g. W 7. By no means all the words cited in the Sign-list receive references of the kind, the indispensable cases being those where students may desire to know the source of a given writing or the reasons for reading it in the way it has been read. The indexing of the Sign-list has necessitated the inclusion of certain words not belonging to Middle Egyptian, but in all such cases the period to which these belong has been recorded.

549

Gardiner Hieroglyphs index plates (left) and Grapow page of dictionary (right)

A page from Gardiner's Hieroglyphs dictionary. Entries of dictionary are directly linked to index plates, thus an user could faster and easier identifies hieroglyphs without knowing its reading/s and/or meaning/s; dictionary is thus enjoyable also by novices. As Grapow did, on the top middle of the Gardiner short dictionary, the basic hieroglyphs were written, then followed all derived forms and variants which Gardiner attested in his work.

Being Dongba pictographic writing system into Dongba manuscript tradition full of poly-semic and poly-phonic phenomena, Gardiner solution of a system of index plates and related dictionary seems to be as the most useful and the easiest methodology to be re-calibrated and adopted into dictionary of Dongba pictographs, making pictographs retrievable without involving any readings and meanings required knowledge.

In ex., pictograph  attested in Folio II recto of NZA079 manuscript, library of Congress of Washington online collection: poly-phonic and poly-semic pictographs, with latinizations, [IPA] transcription and relative translations:

1. [la33]: Tiger. Old, ancient
2. la3 [la31]: To strike. To divine, foretell
3. la1 [la55]: Every, all, everybody

Is plausible to hypothesize that novices couldnt know none of the readings of the pictographs, neither the meanings, except the obvious one: tiger. It also seems obvious to hypothesize about everybody's capacity of immediate identification of pictograph with the iconography of an animal, and this just in a shot-looking. A deeper look to pictograph may could suggest to any generic user that the animal portrayed is a feline, and the portrait isnt one of a complete feline, but just a part of this animal, more exactly the head of a feline.

The author considered such observations fundamental into his project for an innovative Dongba pictograph dictionary: the latter could be structured into indexed classes as Gardiner did, and such classes have to be deduced from a classification work of Dongba pictographs.

Substantially Dongba dictionary work then would be structured as a system of index plates directly linked to dictionary entries. Each pictograph had to be included just once with a single index number into one plate, and each plate had to be labeled by one capital letter.

Users could then identify pictographs like in Gardiner dictionary by looking for them into plates, and once found, then following relative index number linking directly to full-dictionary voice; moreover such system and structure of dictionary? plates was just suited both for a printed edition and online implementation.

As Gardiner developed for Egyptian Hieroglyphs, the way that author chosen for classification of Dongba pictographs and implementation of index plates is grounded on ICONOGRAPHIC CRITERIA, a methodology of classification that the author has to do without any noises and interferences from any other pictographs'features, as semantic, phonetic, etc...

In other words, the innovative way of Dongba pictographs classification the author meant, he made by an empirical identification of iconographic and peculiar patterns recurring into Dongba pictographs whole corpus.

From the study of Dongba manuscripts and Dongba tradition literature the author hypothesized that is possible to identify a nucleus of BASIC PICTOGRAPHS (with many variants), and such BASIC PICTOGRAPHS the Dongbas used to assembled together to make COMPLEX PICTOGRAPHS. Moreover, author hypothesized that, as in Mayan hieroglyph writing system, COMPLEX PICTOGRAPHS could be obtained with 2 different techniques:

1. putting beside some graphic units making a COMPOSED UNITS of COMPLEX PICTOGRAPHS, ex.:  cow +  ax =  to look for a partner, phonetic use of pictographs. In abstract formula this instance could be resumed as: A + E = [AE]

2. melting together graphic units making a FUSION UNITS of COMPLEX PICTOGRAPHS, ex.:  young man, shepherd +  rocks +  foot =  the Lu demon of suicide descending. In abstract formula this instance could be resumed as: A * E ? [?]

In this paper FUSION PICTOGRAPHS are meant as a result in a willing technique process of the act of writing which consist in melting together two or more graphic units, (elementary, complex and/or or both) by fusion and loosing of the signs'original boundaries and contours, making a new and unique complex graphic-significant unit in which single graphics limits and order of composition of pictographs are modified, partially omitted or totally lost.

From a linguistic point of view fusion pictographs could be seen as a GENERATIVE aspect of Dongba pictographic writing system, producing hypothetical infinite new combinations from a limited number of significans; in the meantime, author's interpretation of features of FUSION PICTOGRAPHS'TECHNIQUE (lost of boundaries, lost contours of block of significans, signs that strongly influence one each other) are interpreted as one of the evidences that suggest to consider Dongba pictographic writing system into manuscript's tradition as an hypo-articulated communication system, concept derived from Phonetic and Prosody theories. (Albano & Maturi, 1995: 18 –20)

Sign  is a perfect sample of FUSION PICTOGRAPH. It means "[the] lu demon of suicide descending", (Rock J., 1939: 22) and it is the result of the fusion of more graphic units: the central anthropomorphic on  e a shepherd, or a young man, above and melted to his head the pictograph  lu rocks used both as phonetic complements for demons class'name specification, and as symbolic key to allude to ritual suicide committed by putting some heavy rocks inside the pockets of the garment, and letting oneself drown in water. (Rock, 1937)

At the end of stretched out leg the pictograph  foot melted to the central graphic unit as determinative of movement.

Dictionary has obviously to include such kind of fusion pictographs as every attested COMPLEX PICTOGRAPHS, but the dictionary's structure projected by author, inspired from Erman-Grapow and Gardiner works for Egyptian provides to make them accessible as DERIVED FORMS of a BASIC PICTOGRAPHS.

By BASIC PICTOGRAPHS the author here means the fundamental graphic units that subsume complex units, alias complex pictographs.

In  case, fundamental graphic unit should be identified with the BASIC PICTOGRAPH .

In other words, COMPLEX PICTOGRAPHS WON'T BE INCLUDED INTO INDEX PLATES but they WILL BE into complete dictionary pages listed as variants and derived forms of the BASIC PICTOGRAPH which constitutes their dominant and main graphic unit. (the latter obviously included into index plate)

In CLAUDIA online draft-work, by selecting a basic pictograph X from an index plate implemented (at today just animal prime is done, with relative and nested subgroups: complete animal and parts of animals) user will access to the complete dictionary entry page for selected pictograph, and in this page he/she will found the list of all derived pictographs having X as basic graphic unit; please cfr. sample below and try the online demo.

		Pictograph # **Ea14** selected from plate **A)** animal **e)** complete
 Pinyin and [IPA] a) ee2 [ɯ33] b) mo3 le1 [mo31 lə55]	**Translation and commentary:** a), b) Cow	**References** DJ.582 /2ruan 1mu/, /3le/ FG.409f /ɣɯ33 mu31/, /le55/ LLC.830 /ə33/, /mo31 lɛ55/ **Attestations**
	Variants and related composed or fusion pictographs	
 Pinyin and [IPA] a) gai2 ndzo1 lo2 [kæ33 ndzo55 lo33]	a) frontal part of a body.	**References** LLC.876 **Attestations**
 Pinyin and [IPA] a) ee2 hiu3 la2 bur1 zzee3 [ɯ33 hy31 la33 pur55 dzɯ31]	a) Red bull born with stripped coat of the tiger. The Chinese 生虎纹之红牛	**References** LLC.866 /ɯ33 hY31 la33 pur55 dzɯ31/ **Attestations**
 Pinyin and [IPA] a) zhei1 ngi1 kv31 [ts'e55 ŋi55 k'v31]	a) An year, or complete zodiac. The cow and the mouse as the 1st and the second animals of Naxi zodiac. Rock (1940: 54 - 56) identified and explained about iconography and iconology of pictograph. According to Dongba tradition, once upon in the time there was a battle among the 12 animals, and they fought to be the 1st of the zodiac cycle.	**References** JR.I.453a /1ts'ā 1nyi 3k'v/ **Attestations**: ms. 1517: 7. 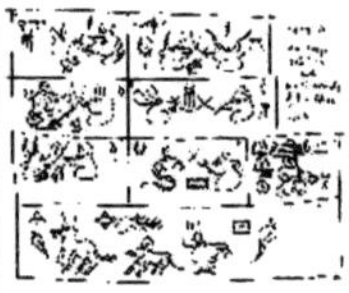 In the 1st rubric the first two symbol, upper, represents the Na-khi 1nda = sickle; with [...]

Dongba pictographs'iconographic plates and dictionary project is closely related and dependent by an innovative and functional classification of basic pictographs.

During CLAUDIA experimentation, works of classification and plates making proceeded parallels, because from iconographic classification of pictographs the author identified some recurring iconographic patterns or meta-themes into Dongba pictographs corpus, so from this patterns he build the system of classes to gather basic pictographs within.

Author names such recurring iconographic patterns are ICONOGRAPHIC PRIMES, terminology he was inspired by Anna Wierzbicka's concept of SEMANTIC PRIMES in her N. S. M. – NATURAL SEMANTIC METALANGUAGE theory.

Being identification of ICONOGRAPHIC PRIMES a process of individuation of PRIMITIVE ICONOGRAPHIC META-THEMES RECURRING into Dongba pictographs corpus, then ICONOGRAPHIC PRIMES consist in a sort of hidden ICONOGRAPHIC CORE of pictographic writing system, a concept similar to SEMANTIC CORE of N. S. M. Theory.

Each ICONOGRAPHIC PRIME has to be:

1. GENERAL: iconographic prime implies some iconographic patterns or features present in many pictographs and, once identified, each PRIME has to be used to group many basic pictographs into a general class. An ICONOGRAPHIC PRIME could contains some nested SUB-PRIMES, as in CLAUDIA demo COMPLETE ANIMALS and PARTS OF ANIMALS are nested SUB-PRIMES of the wider ANIMAL PRIME.

2. DISTINCTIVE: although each ICONOGRAPHIC PRIME must resumes peculiar and absolutely non ambiguous features.

3. PURE: each prime has not to be contaminated by any other features, as semantic, phonetic, etc...

As the concept of ICONOGRAPHIC PRIMES the author was inspired and derived by Wierzbicka N. S. M. theory, as the methodology for ICONOGRAPHIC PRIMES identification is inspired yet from Wierzbicka's work, more exactly from REDUCTIVE PARAPHRASE METHODOLOGY, obviously with re-calibration needed to make it suited to Dongba pictographs.

The way of working for ICONOGRAPHIC PRIMES identification (which coincides also to pictographs classification work) in few words could be resumed with a recursive self-posing question; with an "ICONOGRAPHIC PRIME POINT OF VIEW" the author self-posed in front of pictographs and asked himself: what is this?

In ex. , pictographs ,  and  classification methodology worked as exemplified below

- ex. 1.  what is this ?

1. a COMPLETE portrait of a TIGER
2. a FELINE
3. an ANIMAL
4. a LIVING BEING

- ex. 2.  what is this? This is no more a COMPLETE portrait of a tiger at well, but

1. the portrait of the HEAD of a TIGER.
2. Thus a PART OF a TIGER,
3. and again a FELINE,
4. an ANIMAL,
5. a LIVING BEING.

From samples 1 and 2 was possible to identify a wider general prime

- ex. 3. 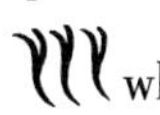 what is this? This pictograph means the tiger's striped fur, and it is reported in dictionaries listed in 1. as following:

- JR. I. 17a /3bber/
- DJ. 497 /3par/, /2lau 3par/
- FG. 339 /par55/, /la33 par55/
- LLC. 861 /k? 31/, /pur55/, /pur55 k? 31/, /pur55 w? 31/

Except for Rock, who organized 1st volume of his dictionary disposing pictographs by their reading in alphabetic order, the other authors classified and gathered this pictograph into "animal" class.

Once he was in front of ex. 3., the author asked himself if this pictograph, and moreover this kind of pictographs, really could be seen as belonging to "animal" class, without any semantic knowledge. He hypothesized that, especially for novices, it isnt immediately identifiable a sign belonging to any animals'groups, especially without having knowledge of its semantic value.

Following the previously exemplified primes'methodology ex. 3.  appeared just to be made by some STROKES, more exactly by 3 STROKES, OBLIQUES and DESCENDING FROM LEFT TO RIGHT, and absolutely NOT LIVING BEING.

Similar situation could be found in such kind of pictographs, like : it was classified in Li Lincan dictionary at page 868 among animals'signs, translated "hair or fur of animal" with orthography /fv33/. According to ICONOGRAPHIC PRIMES methodology for ex. 4. the author evinced the following primes:

- STROKES
- 4 STROKES
- OBLIQUE
- DESCENDING
- FROM RIGHT TO LEFT
- NOT A LIVING BEING

According to author´s point of view, gathering ex. 3.  and ex. 4.  into animals'group is a perfect sample of contamination of semantic features, and he hypothesized that this contamination could cause ambiguities and difficulties in retrieving signs into dictionaries.

Author classified in CLAUDIA  and  both as BASIC PICTOGRAPHS belonging to STROKES PRIME, so he gathered them into STROKES INDEX PLATE. Such plate has to be organized with many nested sub-primes as:

In this way, signs retrieval should be easier, faster and independent form Dongba pictographs'meaning and pronunciation, probably successfully also by novices.

Animal Prime: Complete and Part of Animal Sub-Primes

In the Kunming 2009 congress the author presented an experimental draft-work for CLAUDIA: the PRIME ANIMAL and relative nested two sub-primes COMPLETE and PARTS OF animals he implemented.

Index identification number of basic pictographs gathered into ANIMAL-COMPLETE plate is on top left of each element of plate.

Under image of each pictograph: its latinization, [IPA transcription], /main dictionaries references with related orthography annotations/ and finally basic translations. (n. b.: Such information arent fundamental in plates implemented, but since the project is experimental, the author needed them to be to output for further easier operations and manipulations.)

In CLAUDIA, as online edition of Dongba iconographic plates and dictionary, each base pictograph of index plate is an hyper-link, pointing directly to relative dictionary page. The latter reports:

- complete entry for selected pictograph
- complex pictographs, (composed and fusion units) having the selected basic pictograph as the main graphic unit they derived from

In author's experimental draft-work the system of dictionary entries is adopted and recalibrated to Dongba pictographic writing system form Erman-Grapow's Egyptische Wertbok.

On the top middle the image of the basic signs selected, then follow the most common orthography for the selection, its latinization, IPA, translation and commentary; quotation of dictionary references with relative orthography are reported as well.

Under, if available, contexts and references of Dongba manuscripts where pictograph appears within.

Claudia Iconographic Primes Plates of Dongba Pictographs: a closer look

Pictograph plates resources conception is derived directly from Egyptian Dictionary structure written by Sir Alan Gardiner in its landmark work "Egyptian Grammar", where he settled some indexed categories under which he collected Egyptian hieroglyphics.

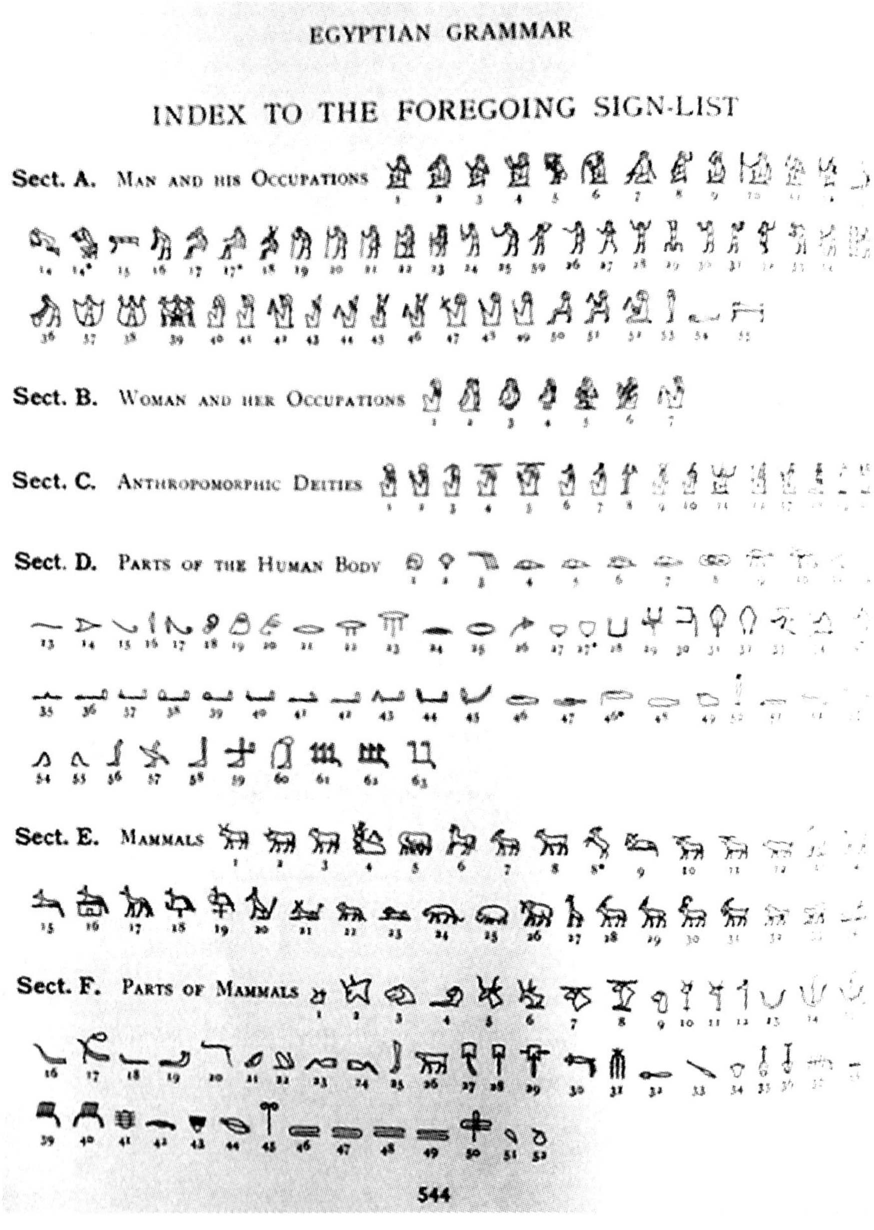
EGYPTIAN GRAMMAR

INDEX TO THE FOREGOING SIGN-LIST

Sect. A. Man and his Occupations

Sect. B. Woman and her Occupations

Sect. C. Anthropomorphic Deities

Sect. D. Parts of the Human Body

Sect. E. Mammals

Sect. F. Parts of Mammals

544

Gardiner's index lists of hieroglyphics

Each plates had a keyletter and the Hieroglyphs stored within was tagged by crescent identification number, and the same index system was structured by the following Egyptian dictionary.

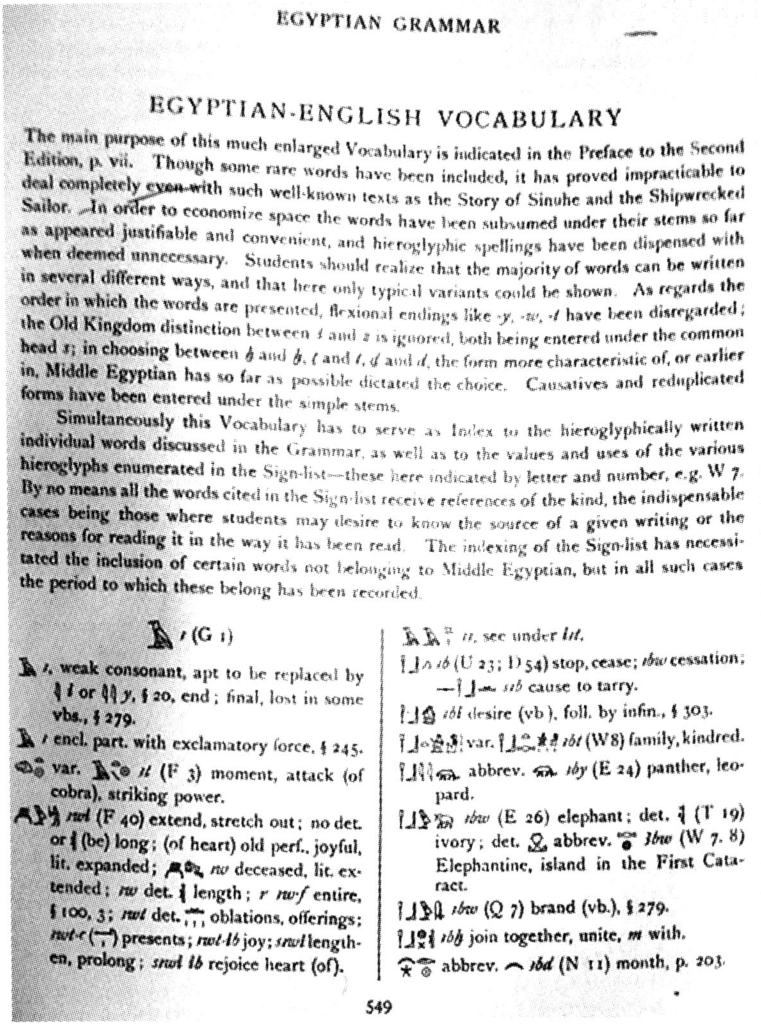
EGYPTIAN GRAMMAR

EGYPTIAN-ENGLISH VOCABULARY

The main purpose of this much enlarged Vocabulary is indicated in the Preface to the Second Edition, p. vii. Though some rare words have been included, it has proved impracticable to deal completely even with such well-known texts as the Story of Sinuhe and the Shipwrecked Sailor. In order to economize space the words have been subsumed under their stems so far as appeared justifiable and convenient, and hieroglyphic spellings have been dispensed with when deemed unnecessary. Students should realize that the majority of words can be written in several different ways, and that here only typical variants could be shown. As regards the order in which the words are presented, flexional endings like -y, -w, -t have been disregarded; the Old Kingdom distinction between s and z is ignored, both being entered under the common head s; in choosing between ḥ and ḫ, t and ṯ, d and ḏ, the form more characteristic of, or earlier in, Middle Egyptian has so far as possible dictated the choice. Causatives and reduplicated forms have been entered under the simple stems.

Simultaneously this Vocabulary has to serve as Index to the hieroglyphically written individual words discussed in the Grammar, as well as to the values and uses of the various hieroglyphs enumerated in the Sign-list—these here indicated by letter and number, e.g. W 7. By no means all the words cited in the Sign-list receive references of the kind, the indispensable cases being those where students may desire to know the source of a given writing or the reasons for reading it in the way it has been read. The indexing of the Sign-list has necessitated the inclusion of certain words not belonging to Middle Egyptian, but in all such cases the period to which these belong has been recorded.

ꜣ (G 1)

ꜣ, weak consonant, apt to be replaced by ỉ or y, § 20, end; final, lost in some vbs., § 279.

ꜣ encl. part. with exclamatory force, § 245.

var. ꜣt (F 3) moment, attack (of cobra), striking power.

ꜣwi (F 40) extend, stretch out; no det. or (be) long; (of heart) old perf., joyful, lit. expanded; ꜣw deceased, lit. extended; ꜣw det. length; r ꜣw·f entire, § 100, 3; ꜣwt det. oblations, offerings; ꜣwt-ʿ presents; ꜣwt-ib joy; sꜣwi lengthen, prolong; sꜣwi ib rejoice heart (of).

ꜣt, see under iꜣt.

ꜣb (U 23; D 54) stop, cease; ꜣbw cessation; — sꜣb cause to tarry.

ꜣbi desire (vb.), foll. by infin., § 303.

var. ꜣbt (W 8) family, kindred.

abbrev. ꜣby (E 24) panther, leopard.

ꜣbw (E 26) elephant; det. (T 19) ivory; det. abbrev. Ꜣbw (W 7, 8) Elephantine, island in the First Cataract.

ꜣbw (Q 7) brand (vb.), § 279.

ꜣbḫ join together, unite, m with.

abbrev. ꜣbd (N 11) month, p. 203.

549

Gardiner's index hieroglyphics dictionary. Such related work of index ? —? dictionary is foundamental model for CL. A. U. D. I. A.'s structure.

Iconographic and semantic indexed plates of Gardiner's Egyptian Dictionary constitute a very useful tool for faster identification of hieroglyphics, and its adoption-here fitted to the Dongba pictographic system-will systematize other researcher's efforts in documenting the Dongba written language.

I classified pictographs by their own characteristics, of which to me the most important seem to be: 1. iconography and 2. shape (for unidentified pictograph). Both will be indexed.

• Iconographic classification of pictographs should coincide with the identification of the prominent pictographical aspect of the significant operation, in other words what the analysed pictograph is depicting (in ex. the head of a bird, part of human body, a craft, etc...) must be identified

• By Grouping of unidentified pictograph by shape an operation is meant, founded on a preliminary aesthetic/geometric normalization of dubious and unidentified pictograph to fit them into a geometric standard whole, as round, vertical, horizontal, crux, elliptic, dots, etc... Such classification should be the most useful and the only efficient for attested but unidentified or uncertain pictographs.

Each entry in Pictographs plates will show, from top to bottom

• category, subcategory ID

• Pictograph reproduction (a. png image)

• latinization

• [IPA phonetic standard] transcription

• references and quotations of the main Dongba/Geba dictionaries work with local ortography In CALUDIA system each significant, will be the N th element the M th category.

For instance, pictograph  will be the Nth。 pictograph (here N = 10) of the Mth category (here M = E alias Animals) and y^{th} category (here y = a alias Complete)

Animals, Complete

Ea10

E2.png

Latin.: la2

IPA: [lɑ33]

Reff.: DJ.577 /2la/

FG.409b /la33/

HPZ.43f /lɑ33/

LLC.761 /la33/

Trad.: Tiger. Ancient, in ancient time. Old, old age. Terminal.

Thus  is the 10th entry of the E. Animals pictograph category, a. Complete pictograph subcategory. Its latinization, following Pinson and McKhann orthography is /la/ with 1st ascendant tonal accent tagged by number 2 final. It's IPA pronounce transcription is [lɑ33]. This pictograph is recorded in Dragan Janekovic as the 557th pictograph, translitered with /la33/ ortography; in Fang Guoyu He Zhiwu at pg. 409, the bth pictograph (from the top of each page a for the 1st, b for the 2nd, and so go on to the down), traslittered as /lɑ33/; in Hè Pǐn Zhèng it's on pg. 43, the fth with /lɑ33/ ortography and finally in Li Lincan it's the 761st pictograph, translitered /la33/, as the the 556th.

Each pictograph here represented in small size with pinyin [IPA], attestation and draft translation is an hyper-lynk. By clicking on it, if implemented, You open in _ blank page a complete pictograph schedule with translation, explanation, description and attestation of the specific pictograph and its variants: this is CL. A. U. D. I. A. 东巴象形文字词典 Dongba Pictographic Dictionary as I thought and implemented it as wide-web fruible resources.

E. Plate, Alias Animals Base Iconography Pictographs Plate

E. plate is about animal iconography pictographs, regardless of the meaning and/or the pronouncing, and pictographs directly gathered into E. plate are BASE-ICONOGRAPHY pictographs.

By base iconography here is meant as a fundamental graphic unit which could be iconographically brought to representation of an animal or a part of animal, excluding reptiles, birds and fishes, which are going to be study and gathering in further work, implementing separated and dedicated plates.

For more details see below Markup and tagging pictographs by STRUCTURAL criteria.

E. a. Complete, E. b. Parts of animals sub-plates

As introduced upper, animal's base pictographs are sorted and divided among 2 main sub-categories, identified and evicted from analysis of animal's iconography pictograph corpus:

- a. Complete
- b. Parts of animals

a. Complete sub-category collects the whole base pictographs having it basic graphical unit directly matching with a complete-portrait figure of animal, as , , , etc.... : each entry in Ea. Plate, as , will be presented as following.

As introduced upper, Naxi pinyin-alias latinization-is related and accorded with McKhann and Pinson ortography, also to Alexis Michaud work, expecially for Rock ortography conversion and IPA reconstruction (Michailovsky, Boyd; Michaud, Alexis, 2006); tones ortography is adopted from Janekovic (2002) because at me resulted the quickest and usefullest.

Markup and Tagging Pictographs by Iconography Criteria

Each pictograph in CL. A. U. D. I. A. System (hence CLAUDIAs) has iconographic tags, they are marked-up to each pictograph just following ICONOGRAPHIC-AESTHETIC criteria, thus pictographs were distinguished as introduced before at first among Complete and Parts of animal: i. e.,  E. a. 14 get 〈complete〉 tag, whilst  E. b. 53 gets 〈pofanimal〉, where pofanimal means parts_ of_ animal.

 E. b. 53 then got 〈headanimal〉, after that  and  both take 〈horned〉 and 〈bovine〉.

Such tags are stored in "ICONOGRAPHY" field of MySql table "animals" of Dongba pictographs database; ICONOGRAPHY filed is also used for ordering by alphabetic ascending as default option whence disposing plates list of pictographs browsing CL. A. U. D. I. A..

Some exemples of iconography markup:

-  Ea10: 〈animal〉, 〈complete〉, 〈feline〉, 〈tiger〉
-  Eb31: 〈animal〉, 〈pofanimal〉, 〈feline〉, 〈headanimal〉, 〈tiger〉
-  Z: 〈strokes〉, 〈3〉, 〈diagonal〉, 〈leftright〉 *
-  Ea14: 〈animal〉, 〈complete〉, 〈horned〉, 〈cow〉
-  Eb53: 〈animal〉, 〈pofanimal〉, 〈horned〉, 〈head〉, 〈cow〉

Z Plate: Undefined Pictographs

* According to close iconographic mark-up criteria, pictographs like  Eb72 got other tags, specifically: 〈strokes〉, 〈diagonal〉, 〈stripes〉, 'cause although Eb72 meaning is "the stripes of the tiger", is a-posteriori information which we suppose com-

mon users browsing CLAUDIA shouldn't know, thus such information is non-useful to CLAUDIA iconographic mark-up of pictographs, and Eb72 then results ICONOGRAPHIC-ALLY INCOMPATIBLE with animal group, thus it is sorted into Z plate of strokes and undefined pictographs.

Obviously Z undefined and strokes category has other kind of tags, yet iconographic-ally based to marking-up to pictographs for their iconography, but following simple geometric features, as undefined pictograph is made:

- by strokes, dots, both,
- how many units is made of,
- it is vertical, horizontal or diagonal,
- its orientation (from top to bottom)

in other words iconographic-ally undefinable pictographs are normalized and inscribed into simple geometric shapes, as exemplified below:

-  Z: 〈strokes〉, 〈3〉, 〈diagonal〉, 〈leftright〉, 〈stripes〉
-  Z: 〈strokes〉, 〈1〉, 〈diagonal〉, 〈leftright〉, 〈curve〉, 〈twirl〉
-  Z: 〈strokes〉, 〈4〉, 〈diagonal〉, 〈rightleft〉, 〈curve〉

Markup and tagging pictographs by STRUCTURAL criteria

CLAUDIAs also foresee a structural and semantic tagging of pictographs, both have to be projected and implemented according to actually L. C. requirements and W3C recommendations.

For structural markup, at today is just implemented a 〈base〉 or 〈not_ base〉 mark-up, stored in META field of animal MySql table of CLAUDIAs: such pair of values specifies for each pictograph its STRUCTURE AS A BASIC OR NOT GRAPHIC UNIT, with or without addiction of more units (other base | not base pictographs, or Geba phonetics) building up a composed and/or fusion pictographic unit (not basic anymore) .

In other words 〈base〉 mark-up identifies ATOMIC UNIT or TOKEN into iconographic-animals pictographs corpus, whilst and 〈not_ base〉 mark-up is tagged to NON-ATOMIC or COMPOSED UNITS into the same corpus.

What's peculiar in such kind of TOKENIZATION operation is ICONOGRAPHY criteria of tokenization itself: ICONOGRAPHY MARKING-UP seems not to be melted or mare with linguistic data, although somehow and somewhere LINGUISTIC and ICONOGRAPHY features may are in close relationship, iconography marking-up seemed not to be the right setting of linguistic data consideration, which could be causes of background noise, and have to be implemented apart in CL. A. U. D. I. A. s. dedicated field.

Thus  and  pictographs, both are 〈base〉 and both are attested as a basic iconographic and structural unit for a set of 〈not_ base〉 pictographs as listed below:

- For  E. a. 14 we have , , ,  and .
- For  E. b. 53 we have , , , , , , , , , ,  and .

Markup and Tagging Pictograph by Semantic Criteria

53

ee2 [ɯ33] mo3 [mo31] le1 [lə55]
JR.I. 223H /31ä/ DJ.521 /1mu/, /31e 2ru/, /2mu/ FG.358 /mu21/, /le55 γɯ33/, /na21 γɯ33/, /mu33/, /mu33 dzi33/, /o33/ HPZ.55c /nɯ33/ LLC.830 /ɯ33/, /mo31/, /lɛ55/
mo3 [mo31], le1 [lə55], ee2 [ɯ33]: Cow, cattle bovine. mo3 [mo31]: sacrificial animal. Sacrifical cattle.

A very draft semantic pictographs specifications is stored into TRANSLATION and EXPLAIN visible fields and META hidden field of animals MySql table of CLAUDIA's pictograph database.

TRANSLATION field records meaning (s) of each pictograph (〈base〉 or 〈not_ base〉) in English language; in case of polyphonic and poly-semantic pictographs (both often) various meanings are gathered below respectively reading, for instance:

Meta hidden field records other semantic specification but not directly implicated with "the meaning" or "translation" of pictographs, then in META field is possible to insert also related key-words, as hidden voices to users browsing pictographs plates, but functional for Information Retrival operation in CLAUDIAs.

I. e. :  is a poly-semantic and poly-phonic pictograph, with 3 readings attested: mo3 [mo31], le1 [l? 55] and ee2 [? 33] . All could mean a cow, or a general cattle bovine, but just mo3 [mo31] reading could mean sacrificial cattle.

TRANSLATION field contains just the voice "cow", whilst META filed contains some keywords as poly-semantic, poly-phonic, religion and ceremony, etc...

Another sample of poly-phonic and poly-semantic pictograph is : i2 [i33], i1 [i55] and i2 i2 [i33 i33] .

Reading i2 [i33] it means:

- a serow, Capricornus sumatrensis milne edwardii,
- to be capable of loving,
- to be as existing.

By i1 [i55] reading it means:

- to praise, to loud,
- to leak, as a basket or jug.

By i2 i2 [i33 i33] means:

- to entertain.

NSM Semantic Mark-up for Dongba Pictographs

The theory known as "Natural Semantic Metalanguage" has been developed by A. Wierzbicka and, later, by C. Goddard and other scholars.

The "basic idea is that we should try to describe complex meanings in terms of simpler ones. For example, to state the meaning of a semantically complex word we should try to give a paraphrase composed of words which are simpler and easier to understand than the original. This method of semantic description is called reductive paraphrase. It prevents us from getting tangled up in circular and obscure definitions, problems which bedevil conventional dictionaries and other approaches to linguistic semantics. No technical terms, neologisms, logical symbols, or abbreviations are allowed in a reductive paraphrase-only plain words from ordinary natural language." (NSM Semantics in Brief: http: //

www. une. edu. au/bcss/linguistics/nsm/semantics-in-brief. php ? 2009, June 28)

By reductive paraphrase is thus possible to proceed as method for meaning analysis, which conduces to every language's "semantic core", "a language-like structure, with a lexicon of indefinable expressions ("semantic primes") and a grammar [...] governing how the lexical elements can be combined": in other words a "mini-language" as expressive powerful as full natural language.

Semantic complex concepts thus could be explained by reductive paraphrase method, for instance a pair of samples from Wierzbicka 1996: 251-253; Goddard 1988):

- Semantic emotion terminology: feeling invidious
- X felt invidious =
- X felt something bad
- because X thought like this about someone else:
- something good happened to this person
- it didn't happened to me
- this is bad
- I want things like this happen to me
- Causative verb break, as Person-X broke Y (ex.: Pete broke the window)
- X broke Y =
- X did something to Y
- because of this, something happened to Y at this time
- because of this, after this Y wasn't one thing any more

Anna Wierzbicka aiming always to reduce the terms of the explications to the smallest and most versatile set by experimentation: she thus identified a core of 60 semantic primes. (Goddard & Wierzbicka, "Meaning and Universal Grammar", Eds 2002)

Semantic primes like I, YOU, SOMEONE, SOMETHING, THIS, HAPPEN, MOVE, etc.., identifying simples and intuitively intelligible meanings, are essential for numerous other words meaning explicating and non-circular grammatical constructions.

According to Wierzbicka, English core at today consists in:

- Substantives: I, YOU, SOMEONE, PEOPLE, SOMETHING/THING, BODY
- Relational substantives: KIND, PART
- Determiners: THIS, THE SAME, OTHER/ELSE
- Quantifiers: ONE, TWO, SOME, ALL, MUCH/MANY
- Evaluators: GOOD, BAD
- Descriptors: BIG, SMALL
- Mental predicates: THINK, KNOW, WANT, FEEL, SEE, HEAR
- Speech: SAY, WORDS, TRUE

- Actions, events, movement, contact: DO, HAPPEN, MOVE, TOUCH
- Location, existence, possession, specification: BE (SOMEWHERE), THERE IS, HAVE, BE (SOMEONE/SOMETHING)
- Life and death: LIVE, DIE
- Time: WHEN/TIME, NOW, BEFORE, AFTER, A LONG TIME, A SHORT TIME, FOR SOME TIME, MOMENT
- Space: WHERE/PLACE, HERE, ABOVE, BELOW, FAR, NEAR, SIDE, INSIDE
- "Logical" concepts: NOT, MAYBE, CAN, BECAUSE, IF
- Intensifier, augmentor: VERY, MORE
- Similarity: LIKE

Such primes are could well been implemented as Xml well-formed tree, constructing a NSM ontology skeleton, as exemplified below:

```
<NSMCORE>
        <SUBSTANTIVE>
                <I></I>
                <you/>
                <someone/>
                <people/>
                <something thing/>
                <body/>
        </SUBSTANTIVE>
        <DETERMINERS>
                <this/>
                <the_same/>
                <other/>
        </DETERMINERS>
        […]
        <TAXONOMY PARTONOMY>
                <kind of/>
                <a_part_of/>
        </TAXONOMY_PARTONOMY>
        <SIMILARITY>
                <like/>
        </SIMILARITY>
</NSMCORE>
```

Implementation of NSM Semantic Mark-up for Dongba pictographs thus consists in:

- annotations of English translation of CL. A. U. D. I. A. stored Dongba pictographs by NSM English semantic core marking-up

For instance: pictograph  Ea1 will be semantically marked-up as

```
<SUBSTANTIVE>
        <something_thing>Ea1<something_thing> <!-- tiger -->
</SUBSTANTIVE>
<TIME>
        <before>Ea1<before>                   <!-- ancient, old -->
        <a_long_time>Ea1<a_long_time>         <!-- long time ago -->
</TIME>
```

Such sample represents a very basic approach to Dongba pictographs NSM mark-up I am working over.

NSM studies have been carried out in a wide range of a languages, including English, Russian, French, Spanish, Polish, Italian, Ewe, Malay, Japanese, East Cree, Chinese, Mbula, Yankunytjatjara, Arrernte, and Maori, among others.

Considering Naxi language and Dongba pictograph writing system as close and strictly linked-but independent phenomena, my aim is to study by NSM approach Naxi and Dongba for:

- identification of Naxi metalanguage semantic core
- identification of Dongba meta-pictographs semantic core
- confronts and among Naxi and Dongba cores for patterns and relationship identification and analysis

References

CL. A. U. D. I. A. s. is implemented as an instrument for development of Dongba pictographic writing system resources, thus one of the most important score to satisfy seemed to me being a system of records and quotations of existing references for each pictograph.

Thus CL. A. U. D. I. A. Disposes for each pictograph main Dongba/Naxi dictionaries quotation to make enjoyable all source material from which CL. A. U. D. I. A. plates took origins, also giving to users source's orthography from where CL. A. U. D. I. A. 's PINYIN and IPA were reconstructed.

Works considered at today in CLAUDIAs implementation are:

1. 方国瑜；和志武 - Fang Guoyu; He Zhiwu, 1995 "纳西象形文字谱 - Naxi xiang xing wen zi pu" 云南人民出版社：云南省新华书店发行，Kunming Shi: Yunnan ren min chu ban she: Yunnan sheng xin hua shu dian fa xing, - isbn 7222017518. In CLAUDIA abbreviated in FG.

2. 和品正 - Hè pǐn zhèng, 2004 "东巴常用字典（汉英对照）- Naxi Dongba Pictographic Dictionary" 云南美术 - isbn 7806951687. In CLAUDIA abbreviated to HPZ.

3. Dragan Janekovic, 2005 "Na-si：srpski recnik" - Beograd：Narodna biblioteka Srbije. Here DJ.

4. Joseph Francis Charles Rock, 1963："A 1Na-2Khi-English encyclopedic dictionary", Serie Orientale Roma, XXVIII, 1. Abbreviated in JR. I.

5. 李霖灿；Li Líncàn, 2001 "纳西族象形标音文字字典-naxizu xiangxing biao yin wenzi zidian", 云南民族出版社 Yúnnán Mínzú Chubanshè-isbn 7 - 5367 - 2126 - 9. In CALUDIA as LLC.

Others foundamental works for reconstruction of PINYIN and IPA are：

6. Michailovsky, Boyd; Michaud, Alexis, 2006 "Syllabic inventory of a Western Naxi dialect, and correspondence with Joseph F. Rock's transcriptions" Cahiers de linguistique-Asie Orientate 35：3 - 21.

7. McKhann Charles, 1992 "e; Fleshing out the Bones：Kinship and Cosmology in Naqxi Religion".

8. Jim Goodman, Jim Goodma1997 "e; Children of the Jade Dragon：The Naxi of Lijiang and Their Mountain Neighbours the Yi".

9. F. ALBANO LEONI - P. MATURI, 〉95 "e; Manuale di fonetica", Roma.

10. IPA-the International Phonetic Association：http：//www. langsci. ucl. ac. uk/ipa/.

11. The International Phonetic Alphabet in Unicode：http：//www. phon. ucl. ac. uk/home/wells/ipa-unicode. htm.

Attestation

CLAUDIAs is ispired and derived from the most important works of history of Egyptology as：

12. Alan Gardiner, 1927 "Egyptian Grammar：Being an Introduction to the Study of Hieroglyphs".

13. Adolf Erman and Hermann Grapow, "W? rterbuch der ? gyptischen Sprache (Dictionary of the Egyptian language)".

As introduced upper, index plates structure realted to dictionary is derived form Gradiner's landmark work as appendix of "Egytpian Grammar", but complete dictionary and detailed analysys of each pictograph derived form Erman & Grapow's W? rterbuch, a complete of attestation and variants (also chronologically specified) dictionary of Egyptian hieroglyphs, as emeplified below.

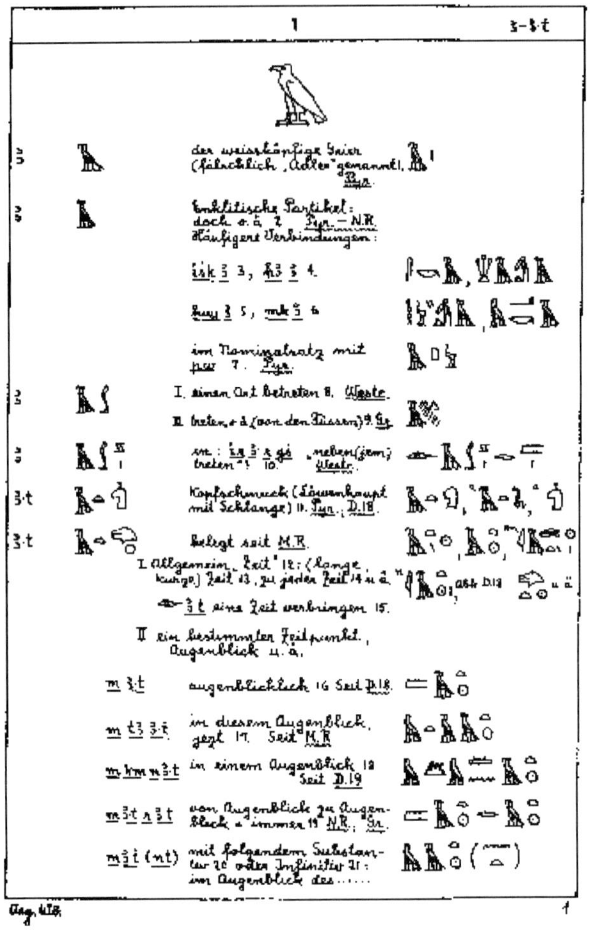

Erman & Grapow´s W? rterbuch 1st dictionary page. At the top page the common form of hieroglyph, in the middle column meanings and historical setting of each meaning; on left and right columns rispectively principal attestation and variants.

Humbly following W? rterbuch sample CLAUDIAs is implemented to record attestations relative to each pictograh: attestation research works should consist in a open field activities to be made by consulting, translating and confrontig the whole material available at today, both phisically and virtually by online corpora dedicated to Naxi´s manuscript tradition.

The most important corpora dedicated to Naxi manuscripts at today are:

• Selections from the Naxi Manuscript Collection: http: //memory. loc. gov/intldl/naxihtml/naxihome. html of the Library of Congress

• Harvard University Library OASIS project (Online Archival Search Information System): http: //oasis. lib. harvard. edu/oasis/deliver/deepLink? _ collection =

oasis&uniqueId = hyl00002

CL. A. U. D. I. A. is implemented as a resources directly related and interactive with online corpora of Dongba pictographs manuscript tradition, which from a L. C. point of view consists it PICTOGRAPHS ECOLOGICAL SETTING; for a better and deeper discussion of Dongba manuscripts corpus, please, visit Do. M. En. I. project.

Draft Digital Encoding of Dongba Manuscripts

Attestation, when available, are represented in CLAUDIA as:

• quotation of manuscript identification where pictograph are attested, for instance ms. 6080: 4 – VIII, which is Rock's collection manuscript number 6080, page 4 rubric 8. Same kind of quotations for others paper source available.

• if manuscript is somehow available by online resources (Library of Congress and/or OASIS) CLAUDIA's references field show miniature reproduction of manuscript page and, if implemented, linked to its facsimile direct source URL and/or to dedicated encoding work.

Digital Facsimiles

According to TEI recommendations, "a digital facsimile may, in the simplest case, just consist of a collection of images, with some metadata to identify them and the source materials portrayed. It may sometimes contain a variety of images of the same source pages, for example of different resolutions, or of different kinds. Such a collection may form part of any kind of document, for example a commentary of a codicological or paeleographic nature, where there is a need to align explanatory text with image data. And it may also be complemented by a transcribed or encoded version of the original source, which may be linked to the page images."

OASIS and Library of Congress Dongba manuscripts corpora are both databases of digital facsimiles of manuscript, thus CLAUDIA presents for each pictograph which is attested in OASIS and/or Library of Congress a miniature of manuscript page linked to original source.

For instance, pictograph  Eb. 31 attestations list quotes an available online manuscript digital facsimile retrieved from Library of Congress Naxi's manuscript corpus:

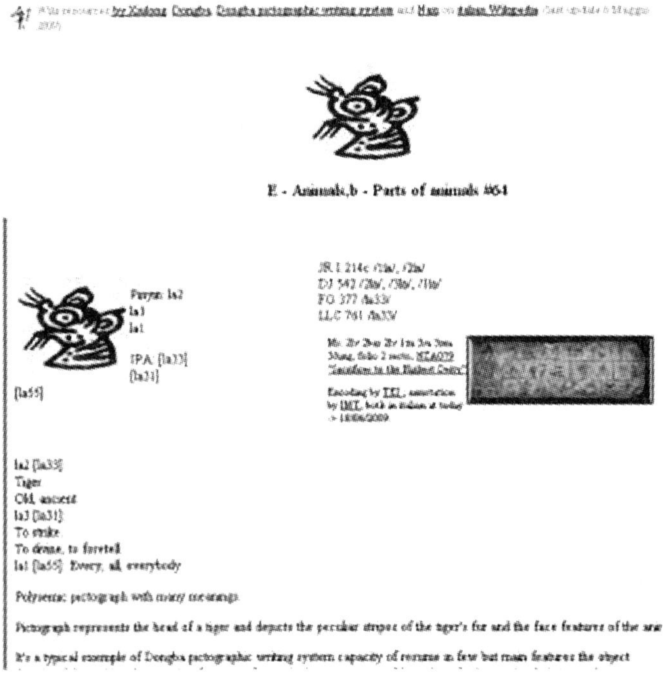

Attestations list presents a resized image of digital facsimile directly hiper-linked to the source retrieved and dislpaing local identification code record: by clicking CL. A. U. D. I. A. directly takes user to external source.

Digital Encoding of manuscripts by TEI and closer markup of manuscript pages by IMT.

Previous attestation retrieved and implemented in CL. A. U. D. I. A. takes user to relative digital fascimile of manuscript page: in previous sample from Library of Congress database.

Such kind of source and attestation, although very important for Dongba tradition and pictographic writing system scholars, from a L. C. point of view of digital text encoding is just comparable to a "0 level" of text encoding. (Lenci et al., 2005: 57)

CL. A. U. D. I. A. is implemented as an open project bounding to deeper then "0 level" of encoding initiatives about dongba manuscripts, thus beside OASIS and Library of Congress facsimiles resources CL. A. U. D. I. A. also links to a ATTESTATION RESOURCE: alias Xiulong. it TEI standard encoding project of one Dongba manuscript (in Italian language); a draft work based on TEI recommendations.

Draft works of project encoding Dongba manuscripts on Xiulong. it/Dongba presents 3 levels of text encoding:

1. digital facsimile of one manuscript,
2. encoding rubric by rubric of each page of Dongba manuscript. This level of encoding provides to explicit:
   - latinization (pinyin) of pictographs in rubric
   - transcription of EFFECTIVE reading, often different from objective latinization of pictograph
   - translation
   - comments to the rubric
3. closer encoding of each pictograph by direct mark-up on digital facsimile image by IMT-Image Markup Tool

Table of contents

1. Folio 2 recto - annotazioni IMT

Folio 2 recto presenta una bellissima miniatura sul margine sinistro raffigurante la protagonista della vicenda narrata, ^{2}Kha ^{2}me ^{1}du ^{3}mi ^{2}ki, ritratta in abito rosso e con l'acconciatura dei capelli raccolta secondo la tipica tradizione Naxi, acconciatura decorata da due fiori scarlatti.

For detailed introduction to Xiulong's Encoding Drafts of Dongba manuscripts please, visit dedicated pages (in Italian language), also with more detailed information about The Uvic Image Markup Tool Project (hence IMT) developed by Martin Holmes, used on Xiulong. it/Dongba for 3 level of encoding Dongba manuscript esemplified below:

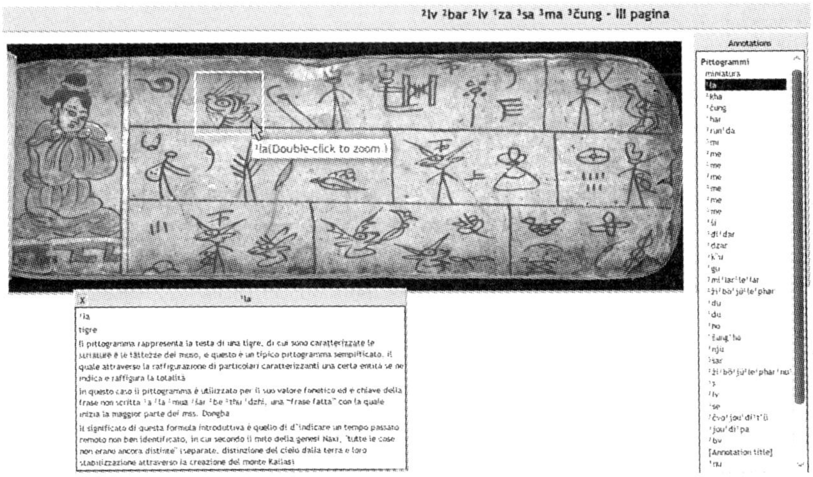

CLAUDIA is thus a hiper-bridge among digital humanities resources focused about

Dongba manuscript study available at today.

My aim is, while collecting and classify pictographs into CL. A. U. D. I. A. ´s plates, to develop a wide research project focused about creation of a international digital corpus of Dongba manuscripts-Do. M. En. I. ; please visit dedicated pages to deeper information about.

Dongba pictographs
an English draft dictionary work
limited to the first 15 pictographs

Animals-Complete

Xiulong

<table>
<tr><td></td><td></td><td></td></tr>
<tr><td>Ea1
</td><td>Latinization: la2
IPA: [la33]
Tiger
Ancient, in ancient time
Old, old age
Terminal</td><td>References:
DJ. 577; FG. 409b;
HPZ. 43f; LLC. 761</td></tr>
<tr><td colspan="3">Polise my pictograph
According to Rock used as key for 1a 2la 2mua 3? ar 2be 2thu 1dzhi, an incipit for many manuscripts, indicating a very ancient time, as translated by Rock "in the dimn past" . The meaning of such formula is a not defined past time, according to Dongba tradition about genesis of the universe, when nothing was still divided. Separation is here meant as distinction between antithetic principles, as light 〈—〉 darkness, in daily life manifesting as daylight 〈—〉 night, etc... Thus distinction and separation not just as creation pulsion, but also as stabilization of chaos (cfr. mount Kailas myth in Buddhist tradition)</td></tr>
<tr><td></td><td>Latinization: 2la 2ru (DJ)
IPA: [la33 ɯ33]
Tiger skin, a complete tiger skin</td><td>References: DJ. 495;
FG. 338; LLC. 864</td></tr>
</table>

续表

Ea**2** 	Latinization: IPA: [ndʑɯ33] A leopard. Its fur and features well represented	References: LLC. 765

Ea**3** 	Pinyin: IPA: [rv31] Dragon, Chinese dragon	References: LLC. 767
	Pinyin: IPA: [tʂv̩55 si33 na33 pv31] God animal of fortune, Chinese 神兽之名	References: LLC. 776
	Pinyin: 4na 1lv (Rock) IPA: Roaring torrent of mud and water. According to tradition it ´s caused by the Dragon 4na 1lv, that is said to command clouds and rain	References: JR. I. 302e
The Chinese Dragon 蛟龙 jiaolóng is a dragon that is said to command clouds and rain and make floods in legend I. e.: 火箭犹如蛟龙一般腾空而起 [Huojiàn yóurú jiaolóng yìban téngkong ér qi] – The rocket goes off into the sky like a flood dragon According to Naxi mythology, 4na 1lv is said to resemble a snake, but has four legs. It's perfectly according also with Visser (The Dragon in China and Japan, in Verhandelingen der Kon. Akad. v. Wetensch. Te Amsterdam, pp. 76 – 79) who said about 蛟龙 as a serpent but with 4 legs and born from egs In Dongba manuscripts it's often depicted as a dragon rushing down a valley, and it is also said to live in mountain rivulets		

续表

	Latinization: IPA: [wa33 hər31 mɯ33 ndʐur33] Dragon young green like the jade and turquoise like the heaven	References: LLC. 768
Composed pictograph: it means a young dragon; its colours green and turquoise are indicated by the jade stone and the heaven		

Ea**4** 	Latinization: IPA: [lɛ33] A musk deer. Cattle. Breed cattle	References: DJ. 578; FG. 409c; LLC. 771

Ea**15** 	IPA: [ʂɯ31] References: LLC. 774 A Chinese lion. Its features and Chinese iconography very well represented	References: LLC. 774
	Latinization: IPA: [dv33 pʻur si33 ŋgɯ33] Lion white as the conch shell, the name of a supernatural lion	References: LLC. 775

Ea**6** 	Pinyin: IPA: [tʂwa55] A stag, a masculine deer with deailed horns and features	References: DJ. 584; HPZ. 45e; LLC. 778

续表

Ea7 	Latinization: IPA: [t ʂ́wa55 mɛ33] A Hind, a female deer	References: LLC. 779

Ea8 	Pinyin: IPA: [gv31] Bear, a bear	References: LLC. 781

Ea9 	Latinization: IPA: [bo33 tɕ i33] Boar, a wild boar. Its bristly coat as distintive features here represented	References: LLC. 783

Ea10 	Latinization: IPA: [bʊ31] Pig	References: LLC. 845

续表

	Pinyin: 1bu 1ch´ĕr (JR) IPA: [bo31 tʂʌr33] Bone and meatless dried pig	References: JR. I. 36F; LLC. 846

Ea11 	Latinization: IPA: [hɯ55 lɛ31] Weasel, Mustela sibirica, yellow weasel	References: LLC. 785

Ea12 	Latinization: IPA: [lo31] Black muntjak	References: LLC. 792
	Latinization: IPA: [lo31 bY55 kv33 tv31] Muntjac black with lighting head	References: LLC. 815

Ea13 	Latinization: IPA: [sɛ31] Blue sheep. Hill goat. The Chinese 崖羊 Ya Yang	References: LLC. 796

续表

	Latinization: IPA: [ma33 ndzo55 lo33] Back part of a body	References: LLC. 877

Ea**14** 	Latinization: IPA: [tɕi31] Muntjac	References: FG. 409h; LLC. 798

Ea**115** 	Pinyin: IPA: [ʔɛ55 io31] A monkey	References: LLC. 795

CLAUDIA
Dongba Iconographic Dictionary: A Simple Draft

In this short draft sample is possible to preview how the construction of a iconographic-plates dictionary would work; an online web version of the dictionary is available on author's website dedicated section. ①

E. Animals

a. Complete

b. Parts of Animals

E. plate is about pictographs with base animal iconography, regardless of the meaning and/or the pronouncing.

---

① http: //www. xiulong. it/4. 0/Dongba/CLAUDIA/indexplates. php.

By "base" iconography here is meant as a foundamental graphic unit which could be iconographically brought to the representation of an animal or a part of animal, excluding reptiles, birds and fishes, which are gathered in further separated and dedicated plates.

Animal's base pictographs are sorted and devided among 2 main subcategories: a. Complete and b. Parts of animals.

a. Complete sub-category collects the whole base pictographs having it basic graphical unit directly matching with a complete-portrait figure of animal, as following samples, etc. . . each entry of Ea. Plate, i. e., will be presented as following:

<table>
<tr><td>16</td><td rowspan="6">Where upper number is the index number of family-subfamily plate, under a reproduction of pictograph, below it latinization and IPA transcription, then if present it attestation, and finally it's brief translation and explanation
Pinyin latinization is directly derived from McKhann and Pinson ortography, but tones accents ortography is adopted from Janekovi ć because of its simplicity and usefulness</td></tr>
<tr><td></td></tr>
<tr><td>[kɯ55]</td></tr>
<tr><td>JR. I. 132a; DJ. 572; FG. 405; HPZ. 46f; LLC. 800</td></tr>
<tr><td>JR. I. 132a; DJ. 572; FG. 405; HPZ. 46f; LLC. 800</td></tr>
<tr><td>Armadillo. To grunt, to growl. To groan. To purify. To follow example. To toast before a fire. To wear. To shake the thumb</td></tr>
</table>

E. Animals

a. Complete

b. Part of Animals

E. a. Complete

1	2	3	4	5	6	7	8	9	10	11	12

[la33]	[ndʑɯ33]	[rv31]	[lɛ33]	[ʂɯ31]	[tʂ́wa55]	[tʂ́wa55 me33]	[gv31]	[bo33 tɕi33]	[bo31]	[ha55 le31]	[lo31]
DJ. 577; FG. 409b; HPZ. 43f; LLC. 761	LLC. 765	LLC. 767	DJ. 578; FG. 409c; LLC. 771	LLC. 774	DJ. 584; HPZ. 45e; LLC. 778	LLC. 779	LLC. 781	LLC. 783	LLC. 845	LLC. 785	LLC. 792
Tiger. Ancient. Terminal	Leopard	Dragon	Cattle	Lion	Stag, masculine deer	Hind, female deer	Bear	Wild boar	Pig	Mustela sibirica, yelloweasel	Black muntjak

13	14	15	16	17	18	19	20	21	22	23	24

[sɛ31]	[tɕí31]	[ʔɛ55 io31]	[kɯ55]	1bpö 2szǐ Rock1pü Janekovic	[ʂɒ31]	[tsǒ31]	[mɯ33 io31 kʻwa33 ʂʌr31]	[tɕí55 Iʌ33 kʻwa33 pa31]	[ʂɯr55 ma31 kʻwa33 rv55]	b ỵ33 y21	[ʐwa33]
LLC. 796	FG. 409h; LLC. 798	LLC. 795	JR. I. 132a; DJ. 572; FG. 405; HPZ. 46f; LLC. 800	JR. I. 33h; DJ. I. 570	LLC. 801	DJ. 581; FG. 409e; HPZ. 44c; LLC. 805	LLC. 810	LLC. 811	LLC. 812	DJ. 579; FG. 409d	DJ. 580; FG. 409d; LLC. 820
Blue sheep. Hill goat. Chinese 崖羊	Muntjac	Monkey	Armadillo. To grunt, to growl. To groan. To purify. To follow example. To toast before a fire. To wear. To shake the thumb	Porcupine	Lutra lutra, water otter	Elephant	Sheep with long horn 长角天羊	Cattle with wide horns 阔角之牛	Cliff cattle with curved horns 弯角之崖牛	Sheep	Horse. Svp., cfr. with Tibetan ཏ rta – Horse
25	26	27	28	29	30	31	32	33	34	35	36

[ŋgo33 t? ǒ31 la33 pur55 dzɯ31]	[mbur31]	[ndzɯ31]	[kʻɯ33]	[kʻɯ33 mo33 kʌ55 t ʂɯ31 dzɯ31]	[gʌ33 mo31]	[fv55] [kv́55]	[ɯ33 hY31 la33 pur55 dzɯ31]	Ruan mu le [ɯ33]	1tsǎ 1nyi 3kv́	[tsʻɯ55]	[io31]
LLC. 824	HPZ. 53f; LLC. 828	LLC. 829	LLC. 848	LLC. 851	JR. I. 334f; DJ. 551; FG. 386; LLC. 852	DJ. 583; FG. 409g; LLC. 854	LLC. 856	DJ. 582; FG. 409f; LLC. 830	JR. I. 453e	HPZ. 55e; LLC. 839	LLC. 840
Fast horse birth with tiger strips 生虎纹之快马	Bos grunniens, Yak. Svp., cfr. Tibetan གཡག་ brong – Yak	Yak – ox cattle	Canis lupus familiaris, domestic dog	The hunting dog birth with eagle claws, Chinese 生鹰爪之猎犬	Camelus bactrianus, camel. Svp., cfr 43	Mouse, rat	The red bull born with stipped coat of the tiger, Chinese 生虎纹之红牛	Cow	An year, or complete zodiac. The cow and the mouse as the 1st and the last zodiac s signs	Goat, Chinese 山羊	Ovis aries, domestic sheep, Chinese 绵羊

37	38	42	39	40	41	43	44	45	46	228	278	279	280	281

[tʂv̩55 si33 na33 pv31]	[ɯ33 ʈɯ33]	[la33 ɯ33] 2la 2ru (Dragan)	[so55]	ɯ33 ɯ33	tsʅ55 ɯ33	2ngo 2mun	4na 1lv	1mun	3muè n 2zhwa 2ndza	2kǒ 2chi 1dtěr 1szǔ 1szěr (JR)	[wa33 hæ31 mɯ33 ndʐur33]	[dv33 púr si33 ŋgɯ33]	[lo31 bY55 kv33 tv31]	[mɯ55 fv55]
LLC. 776	JR. I. 121b; JR. I. 14a; DJ. 553; FG. 388	DJ. 495; FG. 338; LLC. 864	LLC. 866	FG. 338; HPZ. 57c	DJ. 493; FG. 338; HPZ. 57d	JR. I. 334g	JR. I. 302e	JR. I. 293e	JR. I. 291c	JR. I. 204g	LLC. 768	LLC. 775	LLC. 815	LLC. 818
God animal of fortune, Chinese 神兽之名	Eulurus fulgens, small panda, firefox, Chinese 火狐 According to Janekovic (serbian) Crvena lisica – Vulpes vulpes, red fox	Tiger skin, a complete tiger skin	Skin. Complete skin	Cow hide. Complete skin of a cow	Goat skin, complete skin of a goat	Camelus bactrianus, camel. Svp., cfr Tibetan rnga – mong	Roaring torrent of mud and water. According to tradition it's caused by the Dragon 4na 1lv, alias the Chinese 蛟龙 jiāolóng, a dragon that is said to command clouds and rain and make floods in legend	Cattle, ox. To put a Yoke on an ox	Horse toy. A bamboo hobby – horse used by chldren. Litt.: bamboo horse ride	Dog suspend 1dt? r demon enemy suppress	Young dragon green like the jade and turquoise like the heaven	Lion white as the conch – shell, the name of a supernatural lion	The black montjac with lighting head	Rat of bamboo, Rhizomys sinensis

纳西东巴文初造字仿拟机制试析

邓章应

一种文字系统按其造字时是否参照系统中已有字符可以分为初造字与新造字。初造字是指没有参照文字系统中任何已有字符造的字，而新造字则是参照文字系统中已有字符造出来的字。初造字和新造字的形成遵循不同的规律，我们曾经分析过东巴文新造字形成的参照机制。① 本文我们试分析东巴文初造字中的仿拟机制。

一、东巴文初造字仿拟机制

东巴文初造字是指不借助东巴文字系统中已有的字符而独立造出的字符。仿拟机制是指按照仿拟方式进行造字的方法和原则。采用仿拟机制造字是在对客观形象进行感受、储存的基础上，结合主观的认识和情感进行识别，并用一定的符号形式再现形象的一种造字方式。

仿拟造字总是从整体上去感受、储存、识别形象，从整体上去再现形象。如东巴文中的一些动物字：

〖270〗鸟；〖335F1〗白鹤；〖335F2〗孔雀；〖335F3〗黄鹰；〖335F4〗公雉；〖409〗壁虎；〖409f1〗虎；〖409f2〗獐；〖409f3〗羊；〖409f4〗马；〖409f5〗象；〖409f6〗牛；〖409f7〗鼠；〖409f8〗鹿。②

实际上，造字主体往往是整体、仿拟、局部上进行取舍。同时可能还会将一些原型进行糅合，突出主要特征，去掉一些非主要细节。

又如表示人体器官的字：

〖705〗身体；〖708〗头；〖710〗耳；〖711〗眼；

① 邓章应：《纳西东巴文新造字参照机制试析》，《第二届国际东巴艺术节学术研讨会会议论文集》，云南民族出版社，2005 年。

② 方国瑜、和志武：《纳西象形文字谱》，云南人民出版社，2005 年。字形前编号为该字在书中的编号，有的字作为附收字在原书中没有编号，以某号附某号如〖335F3〗的形式表示。

〖713〗口；〖715〗齿；〖716〗臼齿；〖719〗须；〖720〗毛发；〖722〗手；〖728〗足；〖731〗心；〖732〗肺；〖738〗肠；〖742〗骨；〖745〗骨架；〖746〗肋。

仿拟中有一种稍微特殊一些的是赘形仿拟，就是除了画出所像事物的整体形象，还附带画出与之相关的形象，以便于理解和识别，字形所表达的信息大于词义，但一般而言，附带部分对于表示词义是必需的。例如：日光、泡沫、烟、水缸、窗户、烟斗等。

二、东巴文初造字仿拟机制的发展

东巴文初造字仿拟机制的发展主要体现在从实体仿拟到虚体仿拟，包括两个方面：一是虚拟事物的反映；二是不可触事物的反映。

1. 虚拟事物的反映

虚拟事物，指现实生活中并不存在，只是人们观念中假想出来的事物。如东巴文鬼字，本属看不见、摸不着的事物，它是以人的三根头发竖起来为特征，属于虚拟仿拟。以此为特征，发展出多个相关字符，如“苏”鬼（突出其尾）、飞鬼（突出其翅膀）、水鬼、吊死鬼（突出其绳吊颈）、饿鬼（突出其空腹）。

东巴文中的龙、，应该是受了汉族龙观念的影响。麽767［rv˩］以角和特殊的鼻子为特征，亦可作、。麽768［wɑ˧ hæ˩ mɯ˧ ndʐur˧］为绿松石色之青龙。在此名称中，称龙为［mɯ˧ ndʐur˧］，乃“浮天之物”之意。故颇疑此为龙之本名，后受汉语影响，读为［rv˩］，因龙与［rv˩］音相近。①

例如：

麽1895［tsʻɯ˩ ɖɯ˩ wɑ˧ nɑ˩］黑骨大鬼。画一鬼王黑骨之形，麽些神鬼，常彼此对立，此黑骨大鬼即“白骨大神”之仇敌。

麽851［kʻɯ˧ mo˧ kʌ ˥tʂɯ˩］生鹰爪之猎犬。理想之动物。

麽1862［ndo˩］哑鬼。画此种鬼木牌之形状，多巴刻木牌如此。可借音作“哑巴”，作“愚笨”。此字像一块木牌，此木牌其实也是对虚拟事物的想象。

① 李霖灿等：《麽些象形文字字典》，“中央博物院”，1944年。该字典中的字形我们以麽+原书字形编号的形式引用，下同。

2. 不可触事物的反映

不可触事物，是指虽然客观存在，但是人们不能以触觉感知的事物，如声音、光线、气味等。例如东巴文中的线可表示多种意义：

表“光线”：

〖27〗光　　〖36〗光线　　〖42〗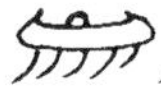月色

表“风”：

〖23〗风　　〖24y1〗旋风

表“气”：

〖25〗气　　〖114〗涌泉　　〖927y1〗汤

表“声音”：

〖110〗岩间回声　　〖1273〗东巴　　〖273〗啼

这些摸不着的东西，都用线条联系起来。把假想中的联系表示出来的方式，实际上是把非触觉形象表现成视觉形象。正如王筠《说文释例》卷一“八”字条所言：“非物而说解云象形，事必有意，意中有形，此象人意中之形，非象人目中之形也。”这其实也正是过去人们在讨论“六书”时总是分不清传统六书的象形与指事的症结所在，因为有些我们现在所谓的非象形的抽象符号实际上是具有象形的性质。高元白《汉字的起源、发展和改革》：“象形、指事、会意都不脱图画的意味——象形是简单的图画，指事是意匠的图画，亦即意匠的象形；会意是复杂的图画，亦即复杂的象形，所以这三书可总名之为‘象形’。”①

这种认识差异的根源其实是古今思维抽象度的不同，把非触觉形象转换成视觉形象来认知的方式，体现了思维的原始性，而我们今天的思维已经突破了这种限制。认识这些隐性的联系，不需通过物化转换。

三、东巴文采用仿拟机制形成的初造字的特点

东巴文中采用仿拟机制形成的初造字因为是依物画形而成，故呈现出以下一些特点。

1. 体态上的特征

东巴文符号体态往往比较繁复。细致而逼真的描摹，酷似一幅幅简单的图画。这表现在早期文字的符号书写比较注意“画成其物，随体诘诎”，对其构件的简化较少，如〖11〗云、〖178〗花、麼761虎、麼765豹、麼771獐、麼774狮、麼778鹿、麼779母鹿、麼781熊、

① 高元白：《汉字的起源、发展和改革》，五十年代出版社，1954年。

麽 783 野猪、麽 795 猴、麽 796 崖羊、麽 801 水獭、麽 805 象、麽 854 鼠、麽 976 栗树、麽 977 杨柳树、麽 980 杜鹃树、麽 981 冷杉、麽 989 楷木。同时又要区分比较细微的差别，所以画得很细致，如东巴经同一卷同一页经文中表示细微差别的动物：（J42 – 112）独角岩羊、长角天羊①，不同羊的形体差异体现在角的形状上面。

采用仿拟机制形成的初造字，除了体貌合乎事物本身外，字符的比例往往与真实事物的比例类似，如画一只虎肯定是比一只蛋要大。

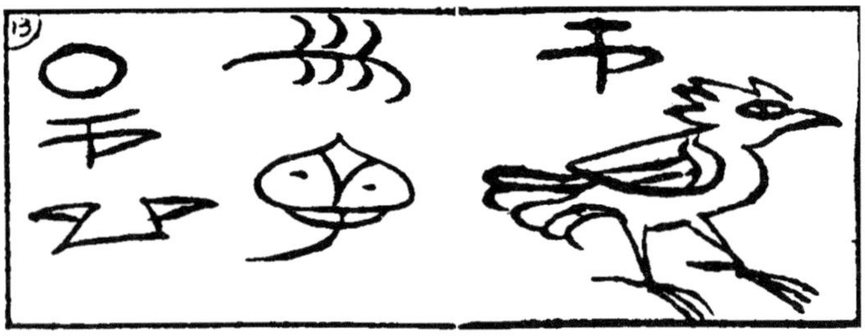

（见《古事记》第 13 节）

直译：蛋白一个出，它化育做鸡白一种出。

意译：生出一个白蛋来，白蛋又一变，生出一种白鸡来。②

鸡和蛋的字形，比例差异明显，这也体现了现实生活中的比例关系。

如东巴文中洛 298 lä^{2} – mä^{2} – tgkye^{2} shěr^{1} 长颈的雌麝③，它的颈部一定是比其他麝长。

如塔比较高大，那么它的字形也较大，麽 1727 ［t'a ˥］，塔。

还有一种情况是，当时人们观念中的大和小也反映在文字的比例上，如纳西东巴文中的神和东巴，往往画得比普通人大，东巴文中的表示“完婚”，造字取象的是一个东巴拿酥油正在往新郎、新娘额头上擦，正如纳西族婚礼的风俗。字中东巴画得大，而其他两个人形画得小。

2. 反映角度符合常见的观察角度

反映角度多数是与观察角度一致的。如东巴文中的人形多为正面立形，睡觉的、生病的、死去的人形都是躺下的。正面坐的人形一般表示受人尊崇的人。

动物都是四足着地，不管是繁体画全身，还是简体画头部，多数是侧面之形，

---

① 东巴文化研究所：《纳西东巴古籍译注全集》（第 42 卷），云南人民出版社，1999 年，第 112 页。

② 傅懋勣：《丽江麽些象形文古事记研究》，武昌华中大学，1948 年。

③ J. F. 洛克著，和匠宇译：《纳西语英语汉语语汇》，云南教育出版社，2004 年。因该书字形没有编号，我们以洛 + 字形所在页码的方式引用，下同。

只有麽 853 猫中画了一个正面的头。

3. 符号组合上的事理性

符号组合以事物的本来顺序为序。

麽 32 ［ɳi˧ mɛ˧ tɕ˩ nɯ˧ rv ˥］，云绕着太阳。云本作，在此因绕太阳遂成环形。

麽 50 ［hɛ˧ rwɑ˧ pɑ˩ dzɯ˩］，云围绕月亮。

4. 字符的相互区别度不够

东巴文采用仿拟机制造成的初造字有的区别度欠佳，主要表现在存在一些同形字、形似字。

（1）同形字指形体相同，而记词功能不同。主要特征是形同，而音、义不同者，其在来源、意义上并无联系。

洛 238  k‘a^{2} 无水的山谷或峡谷；移开，搬走。按：这两个意思可能都是本义，或者先有山谷义，后来用这个符形和读音表示搬走。

洛 242  k‘aw^{2} – k‘aw^{2} 说话；谈话；嘈杂声；吱吱叫；谈话时的嘈杂。指谈话时也可读做 shou^{3} – sho^{2}，它等同于 k‘aw^{2} – k‘aw^{2}，也叫作‘a^{2} – ‘a^{1}，表示谈话过于热烈而以争吵告终。既可以表谈话，也可以表争吵。同形异义，并且均为本义。

洛 263  k‘o^{2}（动物的）角，它代表牛角；山洞或洞。

麽 1485 ［ʂɒ ˥］修刃口。画以火烧刃之形，又可作熏也。画以火熏物之形，以斧字注其音。李霖灿批曰："此一字可作此两种解释，音义相同，字源亦可通，不知孰为原义也。"

（2）形似字指字符之间彼此分表不同的音义。形体上近似，区别度小，难以分辨：

麽 229 ［ʐur˧］方隅，角落。故画四方角落之形，此字仅见于北地以上之若喀地域，他处有时皆误之为法码，实则此二字，形、声、义皆不相同也。

麽 23 ［mbɑ˩］光芒，光亮；麽 29 ［ndɑ˩］日落之光或晚霞。如日落时内无光耀、外有斜晖之形。

麽 40 ［ɳi˧ mɛ˧ mbo˩ kv˧ t‘v˧］，"太阳由坡头出来"。注其第三音。

麽 41 ［ɳi˧ mɛ˧ mbo˩ tho˩ gv˩］，"太阳由坡后落下"。

试比较麽 54 "月亮由坡头出来"、麽 55 "月亮由坡后落下"，二者中月亮的方向有别，一是竖立，一为倒置。

四、结　论

东巴文的初造字是指没有参照已有文字系统中的字符独立造出的字符。大部分初造字在造字时的理据是画其物，采取了仿拟的机制。

东巴文初造字仿拟机制经历了一个发展的过程，即从实物仿拟到虚体仿拟的变化。虚体仿拟包括反映虚拟事物和反映不可触事物两种。

东巴文采用仿拟机制造成的初造字的特征为：符号体态比较象形，字的大小比例也与客观事物存在关系，符号的组合与客观事理相合。然而有些字符之间的区别不明显。

东巴文和纳西语“重叠”比较研究

曾小鹏　武晓丽

重叠作为一种语言现象，是语言研究的一个重要内容。朱德熙（1982）把重叠分为音节的重叠、语素的重叠和词的重叠三种类型。前两种属于构词法范畴，第三种属于构形法范畴。又有学者在此之外，发现了重叠式短语。因此，重叠实际上有三种：构词重叠、构形重叠与句法重叠。近年来，人们普遍关注的是构形重叠，因为不同类型的构形重叠往往表示复杂而微妙的语法意义，对构词重叠和句法重叠的研究相对少些。

纳西语多重叠。词汇中有很多叠音、叠语素词，而在句法层面里，则更比比皆是。前贤也做过这方面的研究，多从构词和形态中归纳重叠的类型及语法功能，如和即仁、姜竹仪编的《纳西语简志》、和志武的《纳西基础语法》等。东巴象形文字是唯一“活”着的象形文字，也是通过大量重叠字符来造字。重叠在东巴文字的造字过程中起着哪些作用？它与词法和句法重叠中的语法意义有没有关系？如果有，又是如何以具体字形体现抽象的语法意义的？本文试从造字法中重叠的现象归纳出一些典型的类别和意义，并与词法和句法重叠中的语法意义进行比较，以新的视角来考察重叠的意义。

一、对造字中重叠的界定和分类

东巴文是仍在使用的图画性很强的象形文字，前人已做过较多东巴文字的结构研究，其中也谈到了重叠。《纳西象形文字谱》共立字头1340个，另有异体字686个，附收字262个，合计2288个。因该书是以词语作为立目的标准，所以字头数并不等于单字数。喻遂生统计出书中实际所收的单字为1300个（喻遂生2003、2006），其余为字组。东巴文象形字的结构类型有独体和合体之分，在“合体象形”中有“同体重复”之小类，此类字由若干相同的形体构成，其单一形体所表达的信息已等于词义，同体重复则仅强调其群体意义。例如：［F4］① 星、

① 字形举例一般注明来源，F表示来自方国瑜《纳西象形文字谱》，L表示李霖灿《么些象形文字字典》，后加字括于［］中。引自洛克《纳西语英汉语语汇》，用［K＋页码］表示。

［F14］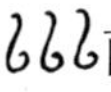雨、［F17］雪、［F144］火花。喻先生在会意字中也谈到了重叠，比如：

a. 同文会意。同文会意是会合相同的字符而成。如［F1069］（争执）、［F472］姐妹，（字符有大小之别，有的经书区别不明显）。

b. 对文会意。会合构形相同但方向相反或相对的几个字符而成。如［F557］（你我二人）、［F688］（打斗）、［F694］（踢）、［F1068］（搭箭架）。

李圃先生首先在汉字结构里提出了字素理论，字素作为形、音、义的统一体，是构成汉字的最小的结构单位。郑飞洲把这一理论扩展至东巴文字的研究（郑飞洲 2005），对《纳西象形文字谱》中 1840① 个东巴文字进行拆析，得出单素字 762 个，占总字数的 41%。归纳出 806 个字素，其中能独立造字的字素 762 个，不能独立造字的“准字素”44 个。与字素相对的“字缀”，是附着在字素上帮助表达意义的部分，不具备形、音、义的统一，认为“点、线、块”三类字缀及其丰富的变体表义特点非常突出，在协助字素造字表义上，提供了不可或缺的辅助功能。依此理论，上例［F14］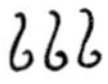（雨）就是一个基本字素；［F694］（踢）是从二人，加上方位的表意作用组合的会意字，［F688］（打斗）是从二人加上表“交互义”的字缀的“加缀复素字”。

关于汉字造字理论，一直以来就是一个学术争论的热点，东巴文也是如此。本文不作全面的造字结构上的研究，所以不便评论这方面的观点。这里所关注的重叠，指一个字体内部构件的重复。所重复的构件一般不必有读音，重在它的形和义。希望通过归类比较，揭示重叠所能代表的意义。由于一个字就是一个词，所以研究造字的重叠，就是探讨重叠在表词方式中所起到的作用。

这里有一个如何理解“构件”的问题，如［F711］（眼睛）到底应该看成是一只眼睛的重叠，还是一个独体象形字呢？逻辑上来说，只有作为一个形、义一体化单位参与了造字（而不要求一定单独成字），才能把看成是重叠。也就是说，只有当以自足的形、义结合体独立参与了造字过程，才可以被看作一个构件；否则，只能是独体象形字。依此原则，我们不认为［F903］（满）、［F554］（我们）、［L295］（乱蹦）等字属于重叠的范畴，原因是它所从的“许多的点”不能看成是“一个点的多次重复”，而应看成是一个单独的构件，表示“众多、乱”义，与单独的一个点是不同的两个

① 其所以与喻遂生所统计的 1359 个有出入，主要是在确认字和字组上的标准不同。可参阅喻遂生《纳西东巴文研究丛稿》。

构件。这个观点可以通过分析［F105］（花岗岩）来说明，此字从（岩）、（杂色、麻点）。具体的“麻点、杂色”义，还可以引申出抽象的“多”义和“乱”义，而不是通过多次重复一个或两个点来表示这些义项。

重叠可以有如下分类：

（1）按照重叠的方式，有整体重叠与部分重叠。［L1560］（纠缠）是重叠（结）而得，为整体重叠；［F599］（冷也）从人抖，两（刺 tɕhi33）声，属部分重叠。

（2）按照构件在单字结构中重复的个数，重叠可分为双重、三重和多重三类。前两类不必赘述，多重指三个以上的同一构件的重复，如［F31］（天摇），从（天）和四对表“摇动”义的曲线组成。多重重叠，多为部分重叠。

二、重叠在表词中具有的意义或功能

1. 表具体数

通过重复同一个构件，表示递增的数字意义。比如，一到九、一十到九十都是重复基本构件和完成，甲骨文数字一到四分别写作一、二、三、亖；十到四十写作丨、⋃、⋃⋃、⋃⋃⋃。世界上其他文字也有类似的方法，这被看成文字产生以前人类古老记事的遗留。

2. 表多数义

与汉族用三表示“多”义类似，东巴文在表示“多”这个意思时，有时也用重复三次构件来表示，如［F4］（星），星是个群体概念，用三个代表全体，也可与表示“一只蛋”的区别，俄亚经书中“蛋”写作。和（彗星）常连用，表“星辰”义，白地经书《创世纪》写作“”，可以与表示“一对蛋”的区别。由于有了音符的提示，（参星）、（商星）也不会造成词的误会，二字的异体字形和使用保存了星的“群体”概念义。类似的还有［F228］（草）、［F171］（林）等，其中“林”字使用了重叠形符加表“多”的义符两种手段来表词。

3. 表“形”

“形”有静态和动态之分，静态的“形”容易表达，如上例的（草），又写作，前者着眼于群体，后者着重在草的特征，“茅草”写作或，“拔”作或，从一草、二草或三草无别。与眼睛有关的字，如［F712］

（眉毛）、［F752］（一只眼）、［F753］（看，眼下的两线条表示抽象的“目光”）、［F755］（见）、［F756］（盲，无目光则盲）、［F758］（哭，眼中流出泪滴）。甲骨文（目）、（见），（徝）只用一只眼睛，通过放大与人体的比例关系来强调眼的作用。古汉字相比之下要抽象些。

然而，动态的“形”却难以用静态的字形来表现，相对于三维的静态事物，动态增加了时间因素，以平面的文字来表现四维的事物运动的现象，难度是很大的。比如，当表现一个人物被吓得哆嗦时，漫画中常把人物的腿画得弯弯曲曲，并在肢体旁加上曲线，以加深害怕的程度。纳西族的先民对动态过程的抽象概括，也采取了类似漫画中的表现手法。如［F582］（抖也），像人的身体摇动状；再添加成对的曲线于四肢旁，就得到一新字［F583］（惊，怕也），害怕的程度较前字明显加强。再如［F31］（天摇），从（天）和四对表“摇动”义的曲线组成；［K168］（树枝），又写作，以树枝被风吹得摇动之形，区别相对静止的树干，“树枝”义尽显。上例中重复的曲线，也有单独的用例，在［F273］（啼）中表示公鸡啼叫的“声音”，“声音”与“振动”都是客观的物理现象，这种动态的“形”虽然无迹可寻，但由于有动作上的“反复”现象，通过将每帧静态的影像重复表现，一个动态的行为被抽象地看作与静态的“形”有着共同的“形”象。汉字也用重叠法来解决表示运动的词，如（步），两只脚（）各迈出一次叫一步；（走，跑也），从一人甩手跑之形，下从一足；（奔，快跑），从一人甩手跑之形，下从三足，仿佛脚下长出许多条腿，表示快，这种手法也常用在漫画创作中。喻遂生和邓章应提出过一种东巴字中的“蒙太奇”式的造字现象①，即在造一个字时，像电影分镜头那样，用几个稍有变化的字形表示动作从开始到结束的过程，以此描绘动态的行为，如奔字有异体作，似乎也可归于此类。东巴文［F632］（行）和［F633］（跑）均突出足形，辅以平滑的曲线置于脚下，表示人运动的路线和方向。不同的是，“跑”突出双足，比“行”的单足用脚出力更大，“跑”也可看成对行走速度的增加。但两者字形区别不明显，所以又分别加声符成形声字（行）和（跑），古汉字在这一方面似乎显得原始许多。汉字和东巴文在发展的过程中都有不平衡性，小范围地比较某些词在不同文字中的表词方式，不能得出科学的结论。

4. 表“度”的增强

事物在程度上的变化，也是重叠表示的重要概念。上例中字等亦属此类。

① 因为尚未发表，在此不具体举例。

再看一个例子，［F1119］所从的（结）、（砧板）同音/tər^{55}/，二者可互为声符，组成两个形声字。又写作，像线或绳结，而线绳打成结，就遇到了小麻烦，需要解（［F1120］，以尖牛角解结之形）开；如果结里面再打上几个结，就有乱（［L1559］）、纠缠（［L1560］，三结重叠之形）之意，麻烦的程度加强。其中，纠缠/tər^{55} tər^{55}/是叠音双音节词，在造字法和构词上同样是重叠法。我们看到，“乱”义来源于程度较轻的意义的叠加。

5. 表相互关系

［F701］（飨）、［F695］（吵）、［F534］（交谈）、［F688］（斗）等，用相同的两个人形体现一定的关系，辅以声符或义符构字。在白地经书中，“斗”也常省去二人形，用剩下的叉形字符直接表词，见白地东巴和质本家经书《崇搬图》（第 11 页 10—11 节和 12 页 1 节）。（见下图）

、两字是情境异体字，音 dʐuɑ^{21}，争执的意思，分别表示崇仁利恩兄弟间、吉汨姐妹间为争抢配偶而相互争执；æ^{21}，争斗的意思。方国瑜先生的文字谱收入［F687］dʐuɑ^{21}（争执）和［F688］æ^{21}（斗），与我们发现的白地经书不同，我们分析认为，由于二词在语义上相似，文字字形上遂共用，而“斗”字又常减省人形，遂成 æ^{21}。在 13 页 8—9 节，出现了繁、简两种字形：

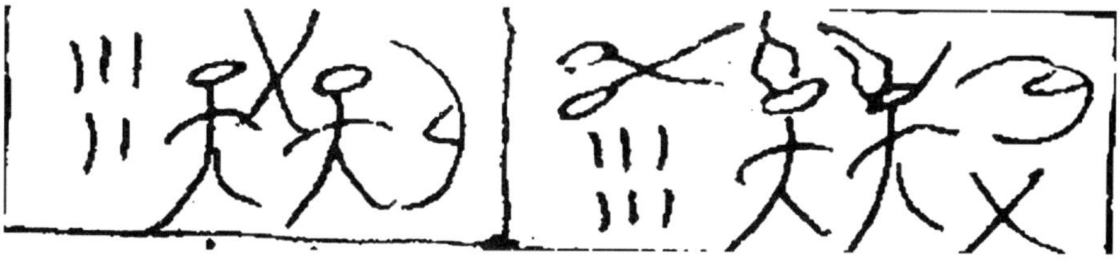

本是表“相斗之人手中所持棍棒”的象形符号，简省人形后，表义性大大减弱，符号性加强，若非还有未简省的本字的存在，我们可能会把当成一个表抽象义的字符，甚至当成指示符号。这是一个典型的因字体简化而符号化的例子。

东巴文字重叠的构件也通过彼此的大小和位置体现一定的关系，如［F472］（姐妹）、［F557］（你我二人）、［F694］（踢）、［F1068］（搭箭架），这应当看成在重叠基础之上附加了其他的表意元素。

6. 对称

也许是图画的影响，许多构件的重叠中都体现了对称的美，有的情况也只能归为对称需要来解释。［F599］（tɕhi^{55}冷也），从人抖

（刺 tɕhi^{33}）声，单音节词，本来需要一个声符就够了，但一边一个，读音也没有变成双音节，从
（刺）的外形上看不出与“冷”有何语义关系，只能认为是求得平衡的视觉效果。

此字在白地有个异体字，音 tshi^{55}，保留了尖音，与丽江的形音不同。

三、词法、句法中的重叠意义

和即仁、姜竹仪编《纳西语简志》、和志武编《纳西语基础语法》是两部迄今较全面记录纳西语的专著，我们分词汇和语法两部分简要归纳重叠的语法意义。

1. 词汇方面：

（1）“前缀＋单音节形容词的重叠”，表示程度的加深。

例如：tɕi^{55}小→ə^{33} ＋tɕi^{55}tɕi^{24}

挺 小 的

（2）四音格词是由四个有一定语音关系的音节，按照一定的格式搭配起来，共同表达一个概念，格式有 ABAB/AABB/ABAC/ABCB 等。

a. 形容词性语素的重叠，表达程度加深，并带有强烈的感情色彩。

例如：phər^{21}白→phər^{21}sa^{55}phər^{21}sa^{55}

白 生 生 的

b. 动词性语素的重叠表行为持续。

例如：ty^{33}la^{55}敲打→ty^{33}ty^{33}la^{55}la^{33}

敲 敲 打 打

c. 有的动词性语素重叠后产生了“乱”义。

例如：lər^{33}mbɑ^{21}叫吼→lər^{33}lər^{21}mbɑ^{33}mbɑ^{21}

乱 吼 乱 叫

2. 语法方面：

（1）加强语气。

a. 名词一般不重叠，部分名词重叠可加强语气。

例如：tsɯ^{55} tsɯ^{55} mbv^{21} be^{33} ndʑə^{21}→汗流浃背地苦干

汗 汗 出 地 苦

b. 动词的重叠，强调状态。例如：phɯ^{55}断→phɯ^{55} phɯ^{33}

劈 断

（2）部分动词重叠，表相互态。

例如：sy^{55}杀→sy^{55}　sy^{33}

　　　　　　打　仗

（3）部分动词的重叠，表行为的持续。

例如：phu^{21}逃 na^{33}躲 → phu^{33}　phu^{21}　na^{33}　na^{33}

　　　　　　　　　　躲　躲　藏　藏

（4）部分动词重叠，表选择疑问。

例如：bɯ^{55}　bɯ^{33}　le^{33}？→ 去不去呢？

　　　去　去　呢

（5）形容词重叠，表程度加深，还有表示亲热、愉快、可爱等感情因素。

例如：ʂu^{21}kə^{55}清洁 → ʂu^{33}　ʂu^{21}　kə^{55}　kə^{33}

　　　　　　　　　　干　干　净　净

（6）表数量的增加。

a. 数词一般不能重叠，只有百、千、万少数几个，可以组成“千千万万”，或者在民歌中重叠，带有“数、几”的意思。

例如：khuɑ^{33}　dzɯ^{21}　ɕi^{33}　ɕi^{33}　ndʐy^{21}。→ 走兽有数百只。

　　　蹄　长　百　百　有

b. 部分名词的重叠，可表示数量众多。

例如：liu^{33}粒→liu^{33}　liu^{33}

　　　　　　颗　粒

（7）“一＋量词”组成的数量短语可以重叠，表示“遍指、逐一”的意思。

例如：dɯ^{33}　ȵi^{33}　ŋgu^{21}　dɯ^{33}　ȵi^{33}→天天

　　　一　天　跟　一　天

从语言类型学角度看，汉藏语系语言中有着较多的重叠，不仅在语言形式还是所表达的意义上，都有很大的相似性。能够重叠的词类除了动词、形容词、量词、名词外，还包括数词和代词，其中形容词最明显，所表达的意义一般是程度的加强；动词分布的范围比其他小，最常见的意义是表动作的持续不断、反复出现、交替出现、节奏快、动量大或动量小、频度高、惯常出现等；名词重叠可表复数、遍指、种类繁多；量词重叠多含遍指义，也有的表复数，数量词的重叠则多表“逐一”“依次”的意思。类似的现象也出现在汉藏语以外的语言中，萨丕尔（Sapir 1921）从既无亲缘关系又无地缘关系的美洲印第安、非洲、大洋洲语言里观察到，重叠表达的意义通常包括遍指、复数、重复、惯常行为、形状的增大、强度的增加、连续性等。

认知语言学认为，语言结构在很大程度上是与人类对外在世界的感知结构相对应的，形式和意义之间有理据的关系，广泛体现在大量语言的众多词法、句法组织之中。在抽象的任意性之外，语言结构还充分地体现了类象的（iconic）性质。类象性指的是语言符号及其结构与它们所代表的概念内容、外在现实和结构之间存在着的某种相似性。美国著名符号学家皮尔士在给符号分类时，将与所指对象之间有某种类似性的符号称为“类象符”，后人将它进一步细分为“影像式类象符”、“图样式类象符”，图样式符号的本质特征在于关系和关系的相似性，而非实质和实质的相似性。体现在人类语言结构中的类象性应该是图样式的：语言里的词本身是具有任意性质的标记符，但将它们组织起来的结构方式（语法）却可以具有图样式的类象性质。认知语言学观察下的“重叠”，形式和内容的匹配，遵循着普遍的理据：更多的相同的形式（重叠）代表更多的相同的内容（名词复数、多量、动作重复、性状增强等）。我们可以更严格地将重叠共性之下的理据表达为：形式元素的重复出现以图样的方式反映了意义元素的复现（张敏1997）。这就是“数量类象性”的体现。当然，对于汉语中动词重叠表动作“短时少量、尝试”义的问题，学术界还不能得出满意的解释。

纳西语言中的重叠也在这个范围之内，形容词性成分（包括具有形容词性质的词和语素）的重叠表程度加强和加强感情色彩；名词可以表多数和加强语气；数量短语的重叠表示遍指和逐一；动词性成分的重叠表行为的持续、短时量和相互义，“叫吼”本身含有“嘈杂”性质的隐性意义，所以表层动词的重叠，实际上是具有形容词性质的隐含义的重叠，“乱”这种意义本质上属于程度的加深。

四、重叠在造字法和语法中的比较

前人鲜有把两种重叠放一起进行比较，原因有二，一是对造字过程中的重叠问题本身关注有限，造字中重叠的意义归纳也不成系统，而语法中的重叠研究比较全面，两者的发展较不平衡；二是认为文字只是记录语言的符号，任意性较强，与语言内部的语法系统相比，两者不属于一个系统，可比性不强。尽管成系统的文字的建立要落后于语言，但象形文字从萌芽到产生，不同程度地反映了远古人类对客观世界的概念认知，从认知的角度，东巴文作为一种古老而年轻的象形文字，可以为我们探知人类共有的心理提供素材；同样，本着相似的认知心理，人类在创造文字之始，会把现成的概念灌输在文字中，其中就可能包括形成语法的抽象规则。基于这些相关性，为下面的比较提供了可能。

从重叠在造字法和语法中所表达的意义来看，有以下几个方面的联系：

（1）造字中的“多数义”与语法中部分数词、名词、动词重叠，表数量众多、加强语气，如“汗流浃背地苦干”就是指干得出了“很多的汗”。

（2）造字中“度的增强”，也与语法中形容词性成分重叠表程度的加深有着同样的理据。

（3）造字中的“相互义”和语法中动词重叠表相互态有着同样的现实依据。相互关系中突出的是“等同”关系，即双方在地位、行动等方面的均等。我们认为，“等同”关系是重叠语法意义中“遍指”义、“逐一”义的基本义，“遍指”就是每一个都“一样”，“逐一”也是突出一定范围中所有成员的地位“等同”。数量短语重叠实际上是作为量词的重叠，数词“一”只是强调被比较的个体，在汉语中常省略。

（4）从上述东巴象形字和汉古文字的“蒙太奇”式造字，我们能体会到，在人类祖先的眼中，一个动态的过程，是由多个更短的动作重复连贯组成的。比如“跳舞”这一动态过程，可以看成多个跳的动作在一定节奏下的连续；“吃”饭是多次咀嚼吞咽的连续。我们看到的跳舞，是每一个舞姿，以及由许多舞姿连续串联的序列过程。只完成一个舞蹈动作，可以叫作“跳^{1}舞”，而把由这些“多次跳^1”的动作连贯完成的过程，也叫作跳^{2}舞。跳^{2}舞是一个过程，发生在一定的时间段，由多个连续的舞蹈动作组成，而跳^{1}舞比较起来，是这个时间段的某个点。东巴文中“舞”作［F602］，像人手舞足蹈之形，就是用一个具体的舞姿（跳^{1}舞）来表示跳^{2}舞过程。李霖灿书收有“蹦”字，作［L295］，释曰：“蹦也，像人乱蹦之形，画人跳跃若生翅膀之意，此字得之于鲁甸。据‘多巴’言，有规则曰跳，无规则曰蹦。”案：“多巴”又称东巴。“生翅膀之意”当不确，翅膀作，与此字相差较大，两臂下的多点，表示“乱”义，东巴文常用多点表示“多、杂”义，“乱”义由此引申，如［L407］，画人发乱蓬头之形。所以，字是以“多点”表手脚乱舞之意，突出过程中每一个舞姿无规律的连续，与有规律的“舞”形成对比。如果只比较其中某一个动作，是看不出哪个为蹦、哪个是舞的。

五、小　结

认知语言学的方法，主张语言单位不是对客观世界的直接反映，而是通过人脑中的概念结构这个中介联系着客观世界。语义是对概念结构内容的描述，它基于人对客观世界的主观理解。文字也受着同一概念结构的制约，或者说，一些语言单位中隐含的人脑对事物的概念，只有通过文字类的图像方式，才得以体现出来。因此，就重叠现象来说，比较其在造字过程和语言中的关系，有着一定的价值。

通过比较发现，重叠所含有的反复、多数、相互、程度加深等意义，在文字中也有所体现。“蒙太奇”式的造字法，反映了概念结构中的动作有过程 V^2 和分解动作 V^1 的区别，但是在语言中都用同一个语音形式表达。

参考文献：

［1］喻遂生：《纳西东巴象形字研究》，《纳西东巴文研究丛稿》，巴蜀书社，2003 年。
［2］《纳西东巴文六书概说》，《民俗典籍文字研究》第三辑，商务印书馆，2006 年。

[3] 郑飞洲:《纳西东巴文字字素研究》，民族出版社，2005 年。

[4] 和志武:《纳西语基础语法》，云南民族出版社，1987 年。

[5] 朱德熙:《语法讲义》，商务印书馆，1982 年。

[6] 和即仁、姜竹仪:《纳西语简志》，民族出版社，1985 年。

[7] 毛修敬:《动词重叠的语法性质、语法意义和造句功能》，载《语文研究》，1985 年 2 期。

[8] Sapir，E. Language：An Introduction to the Study of speech. New York；Harcourt，Brace，and World. 1921.

[9] 张敏:《从类型学和认知语法的角度看汉语重叠现象》，载《国外语言学》，1997 年 2 期。

[10] 刘宇红:《认知语言学：理论与应用》，中国社会科学出版社，2006 年。

[11] 李宇明:《论词语重叠的意义》，载《世界汉语教学》，1996 年 1 期。

从认知角度探查东巴文的性质①

谢书书　张积家

纳西族是一个拥有30余万人的民族，主要居住在丽江市。纳西族拥有独特的东巴文化，东巴文化以独特的文字和宗教被列为珍贵的世界文化遗产。从19世纪中叶外国传教士对纳西文字关注至今，国内外学者从哲学、历史学、社会学、民族学、语言学、艺术学、考古学角度对纳西文字进行了多学科研究。② 纳西文字有两种：一种叫“森究鲁究”，意为“留在木石上的印迹”，由于掌握并使用这种文字的人多为东巴教经师和祭司，便将这种文字称为“东巴文”③。另一种叫“哥巴特额”，亦称“哥巴文”，是继“森究鲁究”之后由东巴弟子创制的文字。哥巴文数量少，写法和读音尚未统一，各地东巴各创新字，且互不流通。④ 目前，影响较大的纳西文字典主要有：方国瑜的《纳西象形文字谱》，李霖灿的《纳西族象形标音文字字典》，美国学者 J. E. Rock 的《纳西英语百科辞典》。⑤ 共记载东巴文2200多个。东巴文的字形类似于原始的图画记事文字，与古埃及的圣书字、巴比伦的楔形文字和古汉字类似，都随物赋形，形肖且复杂。东巴文在造字法上与汉字相似，东巴文合体字中存在表类标音的部件。由于东巴文的字形与图画文字相似，构字法与表意文字相似，因此东巴文的性质引起学界争论，至今仍无定论。

一

语言学家根据世界各国的文字演变，把文字发展的一般规律总结为：文字画—图画文字—象形文字—表意文字（或意音文字）—拼音文字。⑥ 文字画采用简单图

---

① 教育部人文社会科学重点研究基地项目（08JJOXLX269）、广东省自然科学基金团队项目（06200524）资助。

② 木仕华：《纳西东巴文化研究国际化综论》，载《中央民族大学学报》，1999年第2期，第65—70页。

③ 木丽春：《东巴文化揭秘》，云南人民出版社，2005年，357页。

④ 李霖灿：《纳西族象形标音文字字典》，云南民族出版社，2001年。

⑤ 宋光淑：《纳西东巴文献研究》，载《云南师范大学学报》，2004年第1期，第14—19页。

⑥ 施效人：《文字的产生及其发展的一般规律（上）》，载《语文建设》，1965年第1期，第13—14页；施效人：《文字的产生及其发展的一般规律（下）》，载《语文建设》，1965年第2期，第12—14页。

画补充语言的不足，如结绳记事法、串珠记事法、符契记事法。当文字画的线条规范开始固定，某个形体约定俗成地表示某个词时，图画文字就产生了，这是一个质变过程。图画文字到象形文字的演变只是一个量变过程，图画文字不断累积最终形成象形文字。严格说来，象形文字是文字发展的第一阶段。象形文字随物赋形，只求形肖，形体复杂，不与固定语音搭配。在象形文字演变中，形体逐步简化，失去原形，变成简约符号。字义或引申，或假借，逐步失去原意，义符化并声符化，最终过渡到表意文字。由于表意文字符号学习起来较难，又难以表达词的语法形式和形态变化，所以在发展中，表意文字的形象性削弱，符号性加强，以至于义符取消，声符简化，演变成音节字母（如日语），再简化为音素字母，最终演变成拼音文字。东巴文与图画文字形似，在造字法上又与汉字这一典型的表意文字有许多相似之处。汉字造字法主要有象形、指事、会意、形声、假借、转注等，即“六书”。其中，形声字占绝大多数。东巴文亦由象形字、会意字、转意字、假借字、“形声字”等组成[①]，象形字占多数。东巴文的“形声字”是指带类别符号、带注音符号或两者都带的那一部分合体字，它们是否属于严格意义的形声字还有待考查。鉴于东巴文的独特性，学者们对其性质持有不同看法。东巴文性质之争主要经历了以下阶段：

1. 在东巴文研究早期，学者们倾向于用“象形文字”定位东巴文，对东巴文中不属于象形文字的部分不作解释或含糊解释。主要研究者有方国瑜和李霖灿等人。方国瑜根据东巴文的造字特点，把东巴文概括为10类：依类象形；显著特征；变易本形；标识事态；附益他文；比类合意；一字数义；一义数字；形声相益；依声托事。可见，东巴文除象形字（依类象形）外，还有指事字（标识事态）、转意字（附益他文）、形声字（形声相益）、假借字（依声托事）等。但方国瑜并未对东巴文中象形字以外的字做解释。他认为，“纳西象形文字处于由图画发展为文字的阶段……是以图像方法创造的文字”，这种文字，以简单的笔画描绘物体和动作表达意思，是象征性的符号，以一字像一物，或类一事，或表一意，虽用图像的方法写成，却与图画之求美感不同，而是用简单笔画初具事物的轮廓来表达思想，记录语言。[②] 李霖灿综合考虑东巴文的特点后说：“至此吾人可对纳西形字，作一概括性之综览，大约此象形字正界于图画与文字之间，故其文字有极自由之变化，经文中又每每有图画之出现。又因若干极需要之文字不易于以具体事物表现，遂又有同音假借之办法发生。至其经典中多空隙，则又为图画文字进化向正式经书之一段过程，象形字及其经典之演化即正停留于此一阶段之上也。”即东巴文处于图画向文字过渡的阶段，可以定位为“象形文字”。对东巴文中类似汉字构字法的现象解

---

① 李静生：《纳西东巴文的创制及其他》，《东巴文化研究所论文选集》，2003年，第172—194页。

② 方国瑜：《“古”之本义为“苦”说——汉字甲骨文、金文、篆文与纳西象形文字比较研究一例》，载《北京师范大学学报》，1982年第5期，第18—35页。

释为由于“若干极需要之文字不易于以具体事物表现”，所以只好采用同音假借办法。[①] 这样的解释比较含糊，未严格从文字发展规律来考查，难以解释东巴文与汉字类似的其他现象。

2. 20 世纪 80—90 年代，东巴文性质研究主要集中在对东巴文中“形声字”的讨论。东巴文中的“形声字”，指东巴文里带类别符号、带注音符号或两者都带的那部分合体字。主要有 3 种观点：（1）东巴文进入表意文字的初级阶段。王元鹿比较东巴文字与汉古文字形声字，对两者“合文”、“标声”和“标类”三条形声字的形成途径进行了分析。他指出：“因为这两种文字的记词方式中既有记意成分，又有记音成分，所以它们都属意音文字。而且，这两种文字在它们各自的创制和发展道路上是互相独立、互不影响的。”[②] 由于东巴文和汉古文字中形声字的音节数字不尽相同，东巴文中形声字使用频率大大低于甲骨文和两周金文，而且东巴文未有汉古文字以形声字为声符进一步造成新形声字的现象，因此，虽然东巴文与汉古文字都已经形成形声系统，但东巴文的形声系统还处于较为低级和不发达阶段。（2）东巴文处于象形文字靠近原始图画文字的发展阶段。和志武对比东巴文与原始图画文字和表意文字，认为东巴文虽然不完全是原始图画文字，但它以象形符号为基础，发展了标音符号，并用附加符号来代表语言，是一种独立的文字体系。与表意文字比，还具有原始性，属于一种过渡性的古文字。[③] 喻遂生比较了东巴文和甲骨文中合体字的不同，以及东巴文的异读和汉文字异读的不同后，指出东巴文中形声字被扩大了范围，有许多并不同于汉字形声字，应在准确认定形声字和非形声字的界限后，再界定东巴文的性质。[④]（3）东巴文处于象形文字靠近表意文字的发展阶段。周有光指出，东巴文字是多成分、多层次的文字。他用“六书”分析东巴文，统计出东巴文中有象形字 1076 字（47%）、会意字 761（33%）、形声字（包括假借字）437 字（19%）。东巴文在人类文字史上是晚期产品，但属于早期的“形意文字”类型。东巴文无定量，一字多形，同音多字，字形可大可小，形款不求整齐，不能完备地按照语词次序书写语言，因此是处于从“形意文字”到“意音文字”的中间阶段。[⑤]

3. 近年来，对东巴文性质的研究趋于多学科细化研究阶段。学者们从历史、艺术、考古等方面证明东巴文的图画性质，对东巴文与表意文字相似之处的研究成

---

① 李霖灿：《纳西族象形标音文字字典》，云南民族出版社，2001 年。

② 王元鹿：《纳西东巴文与汉形声字比较研究》，载《中央民族学院学报》，1987 年第 5 期，第 54—57 页。

③ 和志武：《试论纳西象形文字的特点——兼论原始图画字、象形文字和表意文字的区别》，载《云南社会科学》，1981 年第 3 期，第 67—78 页。

④ 喻遂生：《甲骨文、纳西东巴文的合文和形声字的起源》，载《中央民族学院学报》，1990 年第 1 期，第85—89 页；喻遂生：《东巴形声字的类别和性质》，载《中央民族学院学报》，1992 年第 4 期，第 62—66 页。

⑤ 周有光：《纳西文字中的“六书”》，载《民族语文》，1994 年第 6 期，第 12—19 页。

为热点。史燕君依据以形声字声符表音化程度和形符类化程度来判断形声字发展程度的原则，将东巴文“形声字”进行阶段性分类，东巴文“形声字”处于低级发展阶段的居多。因此，东巴文是一种由图画文字向象形文字过渡、语段文字向音节文字过渡的古老文字。[①] 戈阿干分析东巴文的书写规律，指出东巴文貌似烦冗神秘，其实有一种固定笔序，如对动物书写先描眼睛，再描嘴唇、犄角、耳轮、颈脖、手（翅）、脚趾。这一书写程序类似于汉字的偏旁部首。[②] 甘露归纳不同时代东巴经文中的假借字，发现早期和晚期东巴经文中的字词对应关系、假借数量和比例都有明显区别。早期经文的字词关系不对应，文字不能完整地记录语言，字的数量少，每个字代表的词多，主要表示具体意义，不记录虚词和抽象词汇；晚期经文的字词关系趋于对应，文字能够比较完整地记录语言，每个字代表的词少，假借字数量增加，记录了一些虚词和抽象词。这一趋势说明了东巴文在不同时期的发展和变化。[③]

可见，现有研究皆从文字发展史以及文字特点界定东巴文的性质。争论焦点有三：（1）东巴文合体字是否与表意文字类似？（2）东巴文的类别符号和注音符号是否已经义符化和声符化？（3）东巴文究竟与图画接近，还是与表意文字接近？这些问题单用文字特点描述和举例说明，很难解释清楚，需要采用更为科学的方法考察。认知心理学对语言认知和图画认知已经发展出成熟的行为研究范式。20 世纪 80 年代以后，从认知角度研究汉字已经取得丰硕成果。汉字是表意文字，汉字与图画的认知既有共性，也有差异。如果从认知角度比较东巴文、汉字和图画，将可以为东巴文字性质的确定提供有力证据。

二

（一）汉字认知特点

汉字认知既存在整体加工，又存在部分加工。整体和部分的关系对认知有很大影响。

1. 汉字认知存在整体加工。一些心理学家认为，汉字认知属于整体加工，整字是汉字识别的基本单元[④]。证据主要有：（1）字（词）频效应。识别高频汉字词比识别低频汉字词的反应时更短，错误率更低。（2）具体性效应。识别具体汉字词比识别抽象汉字词的反应时更短。（3）典型性效应。汉字识别反应时随着典

---

① 史燕君：《纳西东巴文形声字形成过程初论》，载《湖州师范学院学报》，2001 年第 1 期，第 32—35 页。

② 戈阿干：《亦字亦画的纳西象形文》，载《中国民族博览》，1997 年第 1 期，第 20—22 页。

③ 甘露：《纳西东巴文假借字研究述评》，载《中央民族大学学报》，2005 年第 4 期，第 104—108 页。

④ 张积家：《汉字词认知过程中整体与部分关系论》，载《自然辩证法通讯》，2002 年第 3 期，第 91—94 页。

型性增高而降低。(4) 字劣效应。命名合体汉字中部件的反应时比命名独体字长。(5) 结构对称效应。识别结构对称的汉字比识别不对称的汉字快。

2. 汉字认知存在局部加工。另一些心理学家发现，部分在汉字识别中有重要作用。汉字识别有笔画、部件和单字三个层次，它们是汉字识别的基本单元。[①] 证据主要有：(1) 笔画数效应。笔画少的汉字比笔画多的汉字识别快。(2) 笔画重复效应。笔画重复多的汉字比笔画不重复的汉字识别快。(3) 部件数效应。部件少的汉字比部件多的汉字识别快。(4) 部件频率效应。部件频率高的汉字比部件频率低的汉字识别快。(5) 义符效应。义符在汉字形声字语义提取中有重要作用，当义符与汉字类属一致时起促进作用，不一致时起干扰作用。[②] (6) 声旁规则效应。声旁与整字读音相同的汉字比声旁与整字读音不同的汉字识别快。

3. 汉字认知存在整体加工与局部加工的相互作用。汉字认知存在整体—部件混合认知方式，部件影响整字加工，整字也影响部件加工。证据有：(1) 整字频率对部件加工有影响。字频影响部件数效应，低频汉字中部件少的汉字加工快于部件多的汉字，高频汉字中部件数效应不显著。[③] (2) 整体结合力效应。整体与部分的关系影响汉字的知觉分离。在由部件组成的汉字整体中，存在整体结合力。整体结合力是整体与部分联系紧密程度的指标，决定知觉中部分与整体分离的难易。部件在整体中越重要，越难于同整体分离。[④]

（二）图画认知的特点

图画的整体感强，比汉字更服从于格式塔的图形组织原则。图画认知具有整体性特点。整体性质在认知中处于首要地位，诸多研究证实了图画认知的整体性。图画的熟悉性、具体性、典型性、视觉复杂性、规范性、视觉部件的可分解性、图名一致性、物体表象的一致性、获得年龄等都影响图画识别。例如，对一个概念的常见、典型的图形识别速度比不常见、不典型的图形识别速度快。[⑤] 短时呈现时，图形线条过于简单或过于复杂皆影响识别。[⑥] 对 235 个图形的命名一致性、熟悉性、

---

① 张积家：《汉字词认知过程中整体与部分关系论》，载《自然辩证法通讯》，2002 年第 3 期，第 91—94 页。

② 张积家、张厚粲、彭聃龄：《分类过程中汉字的语义提取（Ⅱ）》，载《心理学报》，1991 年第 2 期，第 139—144 页。

③ 彭聃龄、王春茂：《汉字加工的基本单元：来自笔画数效应和部件数效应的证据》，载《心理学报》，1997 年第 1 期，第 9—16 页。

④ 张积家、盛红岩：《整体与部分的关系对汉字的知觉分离影响的研究》，载《心理学报》，1999，31（4），第 369—375 页。

⑤ Durso F. T. , Johnson M. Facilitation in naming and categorizing repeated pictures and words. *Journal of Experimental Psychology*：*Human Learning and Memory*, 1979（5）：449—45.

⑥ Snodgrass J. G. , McClure P. Storage and retrieval propertier of dual codes for pictures and words in recognition memory. *Journal of Experimental Psychology*：*Human Learning and Memory*, 1975（1）：521—525.

表象一致性和视觉复杂性的评定发现，它们是影响图形识别的关键因素。①

（三）研究假设

图画加工和汉字词加工都存在整体加工，都有熟悉性效应、具体性效应、典型性效应；图画的知觉整体性比汉字词强，整体加工更占优势。图画加工没有出现汉字词局部加工的特点。如果采用图画和汉字认知的范式考察东巴文认知，比较东巴文认知与汉字认知、图画认知的异同，将为东巴文字性质的认定提供强有力的证据。据此，提出以下假设：

（1）如果东巴文在文字发展上处于靠近原始图画文字的阶段，东巴文认知应更接近图画认知。东巴文认知应更有整体加工的特点，表现出熟悉性效应、具体性效应、典型性效应和复杂度效应。在考查东巴文的局部认知时，应出现心理切分度低等情况。类别符号和注音符号对整字加工完全起不到义符和声符作用。在对图画、东巴文和汉字词的命名和分类比较中，东巴文的加工应与图画更接近。

（2）如果东巴文在文字发展上处于靠近表意文字的阶段，东巴文认知应更接近汉字认知，应有类似于汉字词加工中整体与部分的关系。东巴文识别不仅应具有整体加工的各种效应，还应具有局部加工的部件数效应。东巴文的类别符号和注音符号具有类似汉字的义符和声符的作用。对图画、东巴文和汉字词命名与分类比较中，东巴文的加工特点应与汉字词更接近。

三

正式实验前，先对东巴文进行评定。过程如下：将“东巴象形文字计算机处理系统简体中文学习软件”和《纳西族象形标音文字字典》② 都有记载的1000多个常用东巴文输入计算机，转换成图片；用东巴文图片库设计评定问卷，由21名东巴和2名熟练掌握东巴文的研究者采用7点量表评定东巴文的熟悉性、具体性、典型性和复杂度。在熟悉性评定中，如觉得对所测字非常熟悉，评为7分；如觉得非常不熟悉，评为1分。在具体性评定中，如觉得能够非常容易地想起所测字代表的事物形象，评为7分；如觉得很难想起所测字代表的事物形象，评为1分。在复杂度评定中，如认为所测字非常复杂，评为7分；如觉得所测字非常简单，评为1分。在典型性评定中，如觉得所测字代表的事物在同类事物中非常典型，评为7分；如觉得所测字代表的事物在同类事物中不典型，评为1分。

研究（一）考察东巴文认知中的整体加工。被试者为16名东巴，均为纳西族人，学习东巴文时间4—11年不等，平均为6.5年，均能识别1000多个常用东巴文。

---

① 舒华、程元善、张厚粲：《235个图形的命名一致性、熟悉性、表象一致性和视觉复杂性评定》，载《心理学报》，1989年第4期，第389—396页。

② 李霖灿：《纳西族象形标音文字字典》，云南民族出版社，2001年。

（一）熟悉性对东巴文认知的影响

采用真假字判断任务，真字指有意义的字，假字指根据真字编造的无意义字。材料包括60个真字和60个假字。真字由30个高熟悉东巴文和30个低熟悉东巴文组成。通过E-Prime软件编程，在计算机上做实验（下同）。过程如下：首先呈现注视点300ms，空屏300ms，然后在注视点位置出现一个东巴文真字（或假字），要求判断该目标刺激是真字还是假字。如是真字，按下F键；如是假字，按下J键。计算机记录从刺激呈现到做出反应的时间间隔及错误率。结果发现，对低熟悉东巴文的反应时明显长，错误率明显高（表1）。

（二）具体性对东巴文认知的影响

采用真假字判断任务。材料包括60个真字和60个假字。真字由30个高具体性东巴文和30个低具体性东巴文组成。结果发现，对低具体性东巴文的反应时明显长（表1）。

（三）典型性对东巴文字认知的影响

采用类别决定任务。过程如下：先呈现注视点300ms，空屏300ms，然后在注视点位置呈现东巴文，要求判断东巴文代表的事物是否属于某类别。如属于，按下F键；如不属于，按下J键。结果发现，对低典型东巴文的反应时明显长，错误率明显高（表1）。

表1　不同熟悉性、具体性和典型性东巴文的平均反应时和平均错误率统计表

反应指标	熟悉性		具体性		典型性	
	高熟悉性	低熟悉性	高具体性	低具体性	高典型性	低典型性
反应时（ms）	650（47）	725（62）	622（50）	661（59）	580（57）	630（71）
错误率（%）	7.48（5.90）	41.42（20.28）	4.05（4.10）	6.61（4.43）	5.61（3.42）	13.13（8.43）

（四）复杂度对东巴文字认知的影响

采用真假字判断任务。材料由80个真字和80个假字组成。20个高复杂度、高熟悉的真字，20个高复杂度、低熟悉的真字，20个低复杂度、高熟悉的真字，20个低复杂度、低熟悉的真字。结果发现，高、低复杂度的字反应时无明显差异，但在低熟悉时，低复杂度字的错误率显著高于高复杂度字。

表2　不同熟悉性的高、低复杂度东巴文的平均反应时和平均错误率统计表

反应指标	熟悉性	高复杂度	低复杂度
反应时（ms）	高熟悉性	620（81）	624（63）
	低熟悉性	697（74）	698（91）
错误率（%）	高熟悉性	5.00（9.84）	7.74（8.10）
	低熟悉性	30.68（17.95）	51.85（18.97）

研究（一）的结果符合预期，东巴文认知具有熟悉性效应、具体性效应、典型性效应。在低熟悉时，低复杂度字错误率明显高于高复杂度字。原因可能是，在低熟悉时，高复杂度东巴文可能提供更多的可辨线索，通过部件猜测整字意义的可能性更大。研究（一）的结果初步说明，东巴文认知具有与汉字和图画都一致的整体加工属性。

四

研究（二）考察东巴文合体字（由两个或两个以上的独体字组成）局部加工特点及与整字加工的关系，并考察类别符号和注音符号对整字加工的影响。如果东巴文较靠近图画文字，它的整体性会很强，可切分度会很低，类别符号和注音符号都不具有义符和声符效应；如果东巴文较靠近表意文字，整字加工和部分加工的关系就应与汉字类似，类别符号和注音符号应具有类似汉字的义符和声符效应。被试者与研究（一）相同。

（一）部件数对东巴文认知的影响

汉字词认知存在部件数效应。字频影响部件数效应，认知低频汉字中部件少的汉字快于认知部件多的汉字，但在高频汉字中，部件数效应不明显[①]。图画认知更符合整体优先性假设，整体性质首先被加工，然后才是局部性质的分析[②]。如果东巴文更接近汉字，东巴文认知应具有部件数效应，识别部件少的东巴文比识别部件多的东巴文更快。高熟悉东巴文整体加工趋势强，部件数效应减弱，低熟悉部件少的东巴文加工应快于部件多的东巴文；如果东巴文更接近图画，东巴文认知应具有图画加工性质，在匹配视觉复杂度基础上，不存在部件数效应。

采用命名任务。过程如下：首先在计算机屏幕上呈现注视点 300ms，空屏 300ms，然后在注视点位置呈现一个东巴文，要求被试者对着话筒又快又准确地大声读出字音。计算机记录从刺激呈现到做出反应的时间间隔。测验个别进行，主试和 1 名东巴在旁边记录错误反应。材料由 40 个单部件字、40 个双部件字和 40 个多部件东巴文组成。每种部件数的字都有 20 个高熟悉字和 20 个低熟悉字。结果发现，部件数对东巴文认知影响不明显。但当东巴文高熟悉时，对 3 种部件数的东巴文反应时有明显差异，单部件东巴文加工最快，双部件东巴文居中，多部件东巴文最慢。这可能是由于东巴文各个部件与整字都有意义联系。高熟悉时，单部件东巴文的 1 个部件代表整字意义，双部件东巴文的 2 个部件代表整字意义，多部件东巴文的多个部件代表整字意义。提取时自然是单部件字最快，双部件字次之，多部件

① 彭聃龄、王春茂：《汉字加工的基本单元：来自笔画数效应和部件数效应的证据》，载《心理学报》，1997 年第 1 期，第 9—16 页。

② 王甦、王安圣：《认知心理学》，北京大学出版社，2002 年，第 41 页。

字最慢。这一方面证明，东巴文认知与汉字认知不同，不存在部件数效应；另一方面也表明，东巴文的整体和部分的关系影响整字加工。

表 3　不同熟悉性、不同部件数东巴文的平均反应时和平均错误率统计表

反应指标	熟悉性	单部件字	双部件字	多部件字
反应时（ms）	高熟悉性	773（104）	790（109）	821（103）
	低熟悉性	876（169）	856（131）	820（181）
（%）错误率	高熟悉性	10.94（8.41）	9.19（8.36）	12.19（8.94）
	低熟悉性	11.86（8.73）	10.31（8.06）	14.69（13.84）

（二）类别符号对东巴文认知的影响

义符和声符是抽象符号的典型特征，分别表类标音，是脱离原始文字的标志。从象形文字到表意文字的最终演变是义符化和声符化。东巴文合体字中有类别符号和注音符号，这些符号是否具有类似汉字义符和声符的效应？如果东巴文的类别符号和注音符号都已经义符化和声符化，也应具有类似于汉字认知的义符效应和声符规则效应。

东巴文合体字中有很多字头一致的符号，有这些符号的字大多属于同一类别，或有相同特性。实验采用启动—真假字判断范式，探究东巴文类别符号对类符一致和类符无关字的启动效应。基本程序是：先短暂呈现启动刺激，被试者不需要对启动刺激反应。启动刺激消失后，出现目标刺激，被试者对目标刺激反应。如果启动刺激干扰或促进对目标刺激的反应，启动刺激与目标刺激肯定存在某种联系。程序如下：首先呈现注视点 300ms，然后在注视点位置呈现启动刺激 300ms，自动消失。接着，在同一位置上出现目标刺激，要求判断目标刺激是真字还是假字。如是真字，按下 F 键；如是假字，按下 J 键。材料如下：启动刺激为 5 个类别符号，分别为鸟类（）、植物（）、男性（）、女性（）、与“山”相关的事物（）。加上“×××”字符串为基线。目标刺激包括 80 个真字和 40 个假字，均为双部件字。真字包括 20 个高熟悉、类符一致字对，20 个低熟悉、类符一致字对，20 个高熟悉、类符无关字对，20 个低熟悉、类符无关字对。结果显示，对真字的反应中，在反应时上，类符对类符一致字启动效应比对类符无关字更大。在错误率上，类符对类符一致字和类符无关字的启动效应差异不明显。无论对类符一致字，还是对类符无关字，东巴文类别符号的启动效应都不明显。在对假字反应中，类符对与类符一致和与类符无关的假字启动效应差异不明显。

表 4　不同熟悉性和启动类型真字的平均反应时、平均错误率和平均启动量统计表

反应指标	熟悉性	类符一致		类符无关	
		平均数	启动量	平均数	启动量
反应时（ms）	高熟悉性	623（203）	-66（70）	656（214）	-33（70）
	低熟悉性	730（280）	-41（88）	744（252）	-28（88）
错误率（%）	高熟悉性	5.94（7.35）	-2.66（2.74）	7.19（7.06）	-1.41（2.74）
	低熟悉性	27.50（19.49）	-13.28（6.72）	30.75（21.87）	-10.03（6.72）

注：启动量 = 对目标刺激的反应时（错误率） - 对基线的反应时（错误率）。启动量为正值，表明启动刺激对目标刺激起干扰作用；启动量是负值，表明启动刺激对目标刺激起促进作用。（下同）

表 5　不同启动类型假字的平均反应时、平均错误率和平均启动量统计表

反应指标	类符一致	类符无关		
	平均数	启动量	平均数	启动量
反应时（ms）	765（214）	-13（88）	833（299）	54（88）
错误率（%）	54.71（9.82）	-5.19（4.08）	51.60（10.54）	-8.29（4.08）

上述结果表明，类符对东巴文认知有一定促进作用，但不像义符那样明显。启动效应不明显，且类符不仅启动了类符一致字，还启动了类符无关字，只不过对类符一致字的启动效应更大些。在对假字的拒绝反应中，类符未对假字识别起明显干扰作用。这表明，东巴文类符还不是类似于汉字义符的类别符号，在相当大程度上，只是图画一部分，和其他部件结合产生一个整体意义，类似于汉字会意字（如“男”），不是完全的义符化。类符对类符无关字也有启动作用，主要是因为图形知觉的启动作用。这说明，东巴文类别符号未完全义符化。从这一意义上说，东巴文更靠近图画文字。

（三）注音符号对东巴文认知的影响

在东巴文合体字中，出现了注音字，即在独体字或合体字中加注一个或多个类似声符的部件，使其与其他同类词区分。但东巴文注音符号常与整字有某种意义关联。实验采用真假字判断和命名任务，考察有、无注音符号的东巴文在基于语音和基于语义的两种任务中对整字语音和语义提取的影响。如果东巴文靠近图画，有、无注音符号的字在两种任务中就不应有明显差异；如果东巴文靠近表意文字，有、无注音符号的字在命名中应有明显差异，而在真假字判断中，由于不需要明显地激活语音，有、无注音符号的字不应有明显差异。

材料包括 25 个带注音符号的东巴文合体字和 25 个无注音符号的东巴文合体字。注音符号均与整字无意义关联。匹配材料的熟悉性和复杂度。结果表明，注音符号无论对真假字判断还是对命名都无明显影响。命名明显快于真假字判断，错误率也低。有、无注音符号在两种任务中不存在明显的交互作用，说明反应趋势一致。这表明，东巴文注音符号并未声符化，也未作为一个抽象符号影响整字识别。

表6　有注音符号字和无注音符号字的平均反应时和平均错误率统计表

	材料性质	真假字判断	命名
反应时（ms）	有注音符号 无注音符号	693（73） 698（77）	755（95） 741（104）
错误率（%）	有注音符号 无注音符号	15.25（13.87） 18.94（8.61）	9.75（6.36） 14.25（9.46）

研究（二）对东巴文局部属性加工特点的考察发现，认知高熟悉东巴文有部件数效应，类别符号未义符化，注音符号未声符化。这表明，东巴文认知与图画认知较为接近。但东巴文合体字的部分和整体的关系既与图画的图义关系不同，也与汉字的部分与整体的关系不同。

五

研究（三）直接对图画、东巴文和汉字的命名和分类进行比较。命名要求又快又准地大声读出屏幕上出现的刺激；分类要求判断屏幕中出现的刺激是否属于某一类别。材料包括50个东巴文、50个汉字词和50幅图片，东巴文、汉字词和图片意义对应，有哺乳动物、家用物品、禽类、身体器官和天文自然物5个类别。50个东巴文由40个独体字和10个合体字组成。

表7　分类和命名中4种刺激的平均反应时和平均错误率统计表

反应指标	任务	东巴文独体字	东巴文合体字	汉字	图画
反应时 （ms）	命名 分类	751（51） 597（73）	776（57） 608（97）	671（39） 617（75）	760（33） 598（78）
错误率 （%）	命名 分类	10.63（4.12） 9.64（6.85）	12.86（4.89） 10.00（8.77）	3.50（2.43） 6.00（5.20）	8.03（2.41） 8.71（4.34）

结果显示，对汉字反应最快，其次是东巴文独体字，再次是图片，东巴文合体字最慢。命名汉字的错误率明显低于命名其他3种刺激。4种刺激在分类中的反应时和错误率都无明显差异。命名东巴文独体字和合体字与命名汉字有明显差异；然而，无论是命名，还是分类，对东巴文独体字和合体字的反应都与对图画的反应无明显差异。这再次证明，东巴文认知与图画认知更接近。另外，东巴文合体字命名比独体字和图片都慢，也表明，认知由独体字组成的东巴文合体字必须经过每个部件的加工，再提取整字的意义和读音。东巴文独体字比合体字更接近图画，而合体字则更像是由多幅图画以一定关系组合在一起的整体。

六

综合本研究的结果，东巴文认知存在熟悉性效应、具体性效应和典型性效应，复杂度效应不明显；类别符号未义符化，注音符号未声符化；在语音和语义任务中，东巴文认知与图画认知无明显差异。这些结果体现出东巴文认知更接近图画认知的特点，由此可回答涉及东巴文性质的三个争论：（1）东巴文合体字是否与表意文字类似？（2）东巴文类别符号和注音符号是否已经义符化和声符化？（3）东巴文究竟是与图画更为接近，还是与表意文字更为接近？

（一）研究（一）和研究（二）可以回答第一个问题：东巴文合体字认知存在部分对整字的影响，但东巴文合体字的部分与整字的关系与汉字不同，东巴文合体字认知与汉字认知差异明显。东巴文认知具有熟悉性效应、具体性效应和典型性效应，判断高复杂度东巴文错误率明显低于判断低复杂度东巴文。这体现了东巴文合体字的整体和部分的关系十分密切，整体结合力非常强，部件可拆分程度低。研究（二）对部件数的考察证实了这一结果。综合前人和本研究发现，东巴文合体字的整字和部分主要有四种关系：（1）整字意义由部分意义会意而成，只表示一个语素。部分与整体仅有意义关联，整字读音与部分读音无关。如“（磨）”，由“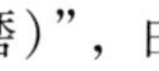（刀）”和“（石）”两个独体字组成，整字意义由“刀在石上”会意而成。读音“sl”，既不从“刀”的读音“zur”，也不从“石”的读音“rv”。[①]（2）整字意义等于部分意义之和，读音等于部分读音之和，一般有多个语素。部分与整体既有意义关联，又有语音关联。如“（高山）”，由“（高）”和“（山）”组成，整字从“高”的读音“swa”和“山”的读音“ndzo”，读作“ndzoswa”。（3）整字由表意部件和表音部件组成，表音部件不表意、只标音，表意部件既表意、又标音。整字意义大于表意部件的意义，整字读音等于表意部件和标音部件读音之和。如“（雾）”，由“（云）”和“（草）”组成，“云”表意，“草”标音，整字从“云”的读音“toi”和“草”的读音“sa”，读作“toisa”。（4）整字由表意部件和表音部件组成，表音部件只标音、不表意，表意部件只表意、不标音。整字意义大于表意部件的意义，整字读音从标音部件的读音。如“（高原）”，由“（土地）”、“（山坡）”和“（针）”组成，“土地”和“山坡”表意，“针”标音，整字从“针”的读音“ko”，读作“ko”。上述四种东巴文整字与部件的关系可归结为完全语义关系（整字语义等于部件语义之和，读音与部件无关）、不完全语音语义关系（整

① 喻遂生：《〈纳西东巴文与甲骨文比较研究〉质疑》，《东巴文化论》，1991 年，第 125—129 页。

字语义大于部件语义，整字语音也大于部件语音）和完全语音语义关系（整字的语义和语音等于部件的语音、语义之和）三类。由于三种类型的东巴文合体字中的部件与整字都有语义关联。在加工东巴文合体字时，部件加工有可能是整字识别的必经阶段。喻遂生指出，东巴文合体字多数可分可合，既可独立表示一个语素的音和义，又可组合以表一个合体字。① 这样，每个组成整字的部件都可被作为一个独体字首先被提取，再组合成整字。东巴文与图画不同，不以知觉整体的形式直接由形激活语义；也与汉字不同，不以字词方式在高熟悉时直接激活整体提取语义。

（二）研究（二）对类别符号和注音符号的考察可以回答第二个问题：东巴文类别符号不具有义符效应，注音符号不具有声符效应，未达到表意文字阶段。研究（二）对类别符号的考察发现，东巴文类别符号并未义符化。在三种类型的东巴文合体字中，整字语义由部件语义组合而成，或由部分部件语义构成。东巴文类别符号可能只充当了某一与整字形似的部件，与其他和整字无形似关系的部件并无明显区别，并未符号化到表意文字的形旁阶段。东巴文类别符号中表示类别的，只是由于物体本身就形似，象形符号才相似；表抽象类别的类别符号，多数是多语素文字，整字语义等于部件语义之和。因此，类别符号其实就是被多次用于不同合体字中的独体字。对东巴文注音符号的考察发现，东巴文注音符号尚未声符化。汉字形声字占汉字 80% 以上，多数由象形字加声符或假借字加义符组成。② 最早的形声字由象形字加声符形成，声符和义符没有象形文字各部分之间的那种意义融合关系，仅有意义配合关系，这种配合使文字有明确的标音成分。由假借字加义符形成的形声字，是能产性很强的成熟形声字，声符和义符无意义联系，声符表音化程度和义符类化程度都很高。③ 东巴文的注音字主要有两种类型：（1）注音符号本身与整字有意义关联，整字的意和音等于部件的意和音之和。在这种合体字中，注音符号是组成多语素合成字的独体字之一；（2）注音符号与整字无意义关联，注音符号的语音是整字语音或整字部分的语音。这后一种类型的注音字被看作东巴文靠近表意文字的典型。但研究（二）对这种类型的注音字考察发现，有、无注音符号的东巴文认知差异不显著，说明注音符号对整字语音的作用不像声旁对汉字形声字那么重要。因此，东巴文合体字与表意文字的形声字无论在构字特点、整体和部分关系，还是在认知上，都有明显不同。东巴文合体字是处于文字发展较低阶段的由独体字拼合的多语素字。

（三）研究（三）可以回答第三个问题：在语音和语义任务中，东巴文认知与图画认知较相似，而与汉字有差异，支持东巴文更靠近原始图画文字阶段的看法。

---

① 喻遂生：《东巴形声字的类别和性质》，载《中央民族学院学报》，1992 年第 4 期，第 62—66 期。

② 任文波：《从逻辑学角度对汉字两种构造理论之检讨》，载《徐州工程学院学报》，2006，21（5），第 70—76 页。

③ 史燕君：《纳西东巴文形声字形成过程初论》，载《湖州师范学院学报》，2001 年第 1 期，第 32—35 页。

结合研究（一）、（二）的结果，与其说东巴文合体字是一个字，不如称其为一个词。整字是多个单语素字拼合而成的多语素字。这样，东巴文独体字就类似于图画，具有整体性，东巴文合体字就相当于多个靠近图画的独体字的整合。这一看法可以统合本研究的所有结果。就整体属性对认知的影响而言，无论是东巴文独体字还是东巴文合体字，由于概念激活的原因具有共同属性；就局部属性对认知的影响而言，东巴文合体字的组合性质凸显。合体字提取必须经过独体字的加工阶段，部件越多，加工时间越长。类别符号和注音符号只被当作组成部件加工，合体字命名速度慢于独体字。总之，东巴文在性质上是处于靠近图画文字阶段的一种正在初步转型的文字，这种转型导致东巴文字在认知上既与图画相似，又有明显不同。王伯熙曾提出“语段文字”和“表词文字”的概念①，认为，“语段文字，是指记录一个语段的图形记号组合……语段文字的图形记号在反复使用中，经常和一定的事物概念结合在一起，便逐渐附着和凝固在表示一定事物概念的词语上，具有了该词语的语音和意义”。表词文字是“以独立符号记录语言的词，是有固定读音和意义的音义结合体”。东巴文处在由语段文字向表词文字发展的过渡阶段。本研究结果与这一看法相符。即，东巴文是一种靠近图画文字的正在转型的语段文字。

① 李静生：《论纳西哥巴文的性质》，《东巴文化论》，1991 年，第 131—150 页。

纳西东巴文化中的有翼神兽形象及字符考源

木仕华

纳西东巴文化艺术中吸收和留存了诸多异质文明和文化的精粹因素，历经长时段的涵化、变迁创新，如今早已成为纳西东巴文化中不可或缺的重要构成之一，较典型的如白海螺大鹏鸟、白海螺狮子、署神、优麻、曜神等神祇的形象及字符。①这些神灵鬼怪形象及其谱系在纳西东巴教艺术、纳西东巴文字中表现为数量可观的形象和字符组，成为我们追溯纳西族先民分处不同地域和历史时期与其周边多源与多元的族群文化间交流互动的重要证据，这些形象和符号是纳西文化发展史上极富典型意义的文化符号，直接关乎纳西文化与古印度—西藏文明、欧亚大草原区域文化、南亚—东南亚区域文化交流史的重建和发展轨迹的勾勒，亦为中西文化交流视野中非常有典型意义的案例。2012 年我在法国访学期间有幸多次在罗浮宫观赏由各种材质制作的古埃及狮身人面像也即斯芬克斯形象遗物，深为古代欧亚非大陆间文明和文化要素跨时空传播而产生的影响力所震慑，激发我重新审视纳西东巴文化中有翼神兽形象及字符的历史源流。

有鉴于此，本文以纳西东巴文化中的有翼神兽形象及字符为中心，探究其渊源与原型及传播轨迹，以期对中西文化交流史和藏彝走廊—喜马拉雅区域各民族间文化交流史的认识获得新知，进而拓展纳西东巴文化研究的深度和视野，阐扬和证明纳西东巴经典作为世界记忆遗产所独具的全人类意义的价值。

一、东巴文化中的有翼神兽形象及字符与古埃及斯芬克斯和欧亚草原有翼神兽之关系

早期欧亚草原游牧主体民族之一的塞人纹样被称为“斯基泰”式野兽纹，是

① 有关白海螺大鹏鸟的研究请参见拙文《纳西族东巴艺术中的白海螺大鹏鸟与印度 Garuda 和藏族 Khyung 形象比较研究》，谢继胜、沈卫荣、廖旸主编：《汉藏佛教艺术研究：第二届西藏考古与艺术国际学术研讨会论文集》，中国藏学出版社，2006 年，第 297—334 页。有关“曜神”的研究见拙文《纳西象形文经典中的曜神与印度—西藏曜神之关系》，［法］杜德兰、［法］风仪诚、邓文宽主编：《法国汉学 · 文明的记忆符号》（第十五辑），中华书局，2013 年，第 87—111 页。有关“署神”的研究见拙文《纳西东巴文考源》，《中国社会科学院民族学与人类学研究所青年学术论坛（2011）》，社会科学文献出版社，2013 年，第 295—310 页。

中亚细亚地区较为流行的民族民间图案纹饰，被称为动物风格的艺术，包括两层寓意，即表现野兽动物的造型和狩猎的造型意识。一般认为，这种造型艺术本见于公元前8—前6世纪，繁荣于公元前6—前4世纪，到公元前3—前2世纪时渐趋衰落，但影响广远且穿透力极强。自20世纪初，欧洲学者探讨古希腊和斯基泰的历史及艺术关系，注意到动物纹饰，也即所谓斯基泰人以及斯基泰风格的“Animal style”，引发举世关注①，其特点是用动物的形象来装饰各种用品。斯基泰墓葬中发现的物品几乎都有动物的雕像，其中主要有狮子、奔鹿、狮身鹰头、雪豹、熊、大角羊、马像等动物形象。这些斯基泰风格动物造型常有幻想性动物形象，不断有各地独创的主题，也有沿袭原初的形象和主体的图像。图像的源流，首先可追溯到鲁利斯坦的动物纹样，而如果意匠再进一步追溯，则发现其中含有美索不达米亚、希腊、特提凯雅、马凯德尼雅等诸种文化的技法和意匠的影响。斯基泰文化因其弹性和力度而不断获得新的载体，以其出众的速度和活力将其文化影响一直传至东方。这种文化潮流穿过了亚洲北部，最终波及了中国。② 尤其是其中的有翼神兽，诸如有翼狮子的形象，不断向东传播，形成了全新的发展格局。有翼狮子的形象根据希腊神话而来的司芬克斯（Sphinx）之谜的传说几乎举世皆知，也可知其形象亦如传说一样流传四方。③

图一　罗浮宫藏古埃及司芬克斯（Sphinx）雕像（2012年，笔者摄于巴黎罗浮宫）

① 杜正胜：《欧亚草原动物纹饰与中国古代北方民族之考察》，《历史语言研究所集刊》1993年，第六十四本第二分。

② 中野澈：《中国纹样史》，载《美术译丛》，1988年第2期。

③ 据台湾《中文大词典》中阎振瀛撰写的“司芬克斯”条目云：根据希腊神话，司芬克斯（Sphinx）是一个恐怖的妖怪，女头女胸，狗身蛇尾，鸟翼狮爪，而发人声。有关她的来历，说法不一。一说她为奥索士（Orthos）与季梅拉（Chimera）所生；一说她为太逢（Typhon）与埃季达（Echidna）所生；一说她为奥索士与埃季达所生。天帝宙斯（Zeus）之妻海拉（Hera）派她到底比斯（Thebes）附近，去惩处卡德玛斯家族（The Family of Cadmus）。司芬克斯匍匐于一块巨石之上，向过路者提出谜语，凡不能解其谜者当遭吞噬，若有人能破其谜，司芬克斯当即自毁身死。孰知历久无人能解其谜，因而形成大患。此时底比斯国王柯立昂（Creon）心极忧之，许诺若有人能解其谜，愿将王位相让，并将其妹茱克丝塔（Jocasta）许配。谜曰：“世间何种动物早上四只脚、中午两只脚、晚上三只脚?”其后，有伊底帕斯者路过，而破其谜曰：“此乃人也。盖人当孩提时代，用手脚爬行；及长，双脚步行；晚年力衰，则恃手杖助行。”谜破，司芬克斯践约而亡。除上述之希腊神话外，埃及之人面狮身像，亦称司芬克斯。埃及最大之人面狮身像，雕于一山岬之上，约有70呎高，189呎长，自额头到下巴即有30呎，被称为“伟大的纪泽司芬克斯”（The Great Sphinx of Ghizeh），约于公元前2850年完成。

在中国，徐中舒对古代狩猎图像的考证，证明在周代铜器上，已有有翼兽的刻纹，例如春秋时期的杕氏壶，壶上分明刻着有翼兽作飞奔之势，这种兽类傅翼作风绝非中国民族固有之思想。[①] 有翼兽传入中国的时间很早，汉代所盛行的有翼兽，是否前代所遗留的这也是耐人寻味的事情，波斯有有翼兽，希腊和印度也有有翼兽，以至所谓斯鸠底（Scythian 即斯基泰艺术，引者注）的艺术上，大夏的艺术上都有有翼兽。[②]

图二　法国罗浮宫藏古埃及司芬克斯雕塑（2012 年笔者摄于罗浮宫）

梁思成从建筑艺术史的视角推断云："考古艺术之以石狮为门卫者，古巴比伦及阿西利亚皆有之。然此西亚古物与中国翼狮之关系究如何。地之相去也万里，岁之相去也千余岁。然而中国六朝石兽之为波斯石狮之子孙，殆无疑义。所未晓者，则其流传之路径及程序耳。自此以后，狮子之在中国，遂自渐成一派，与其他各国不同，其形制日新月异。盖在古代中国，狮子之难得见无异麟凤，虽偶有进贡自西南夷，然不能为中土人人所见，故不得不随理想而制作，及至明清而狮子乃变成狰狞之大巴狗，其变化之程序，步步可考。"[③]

中国不产狮子，古代没有"狮"字。狮子曾分布在欧、亚、非三洲大多数地区；在亚洲，曾分布在中亚、西亚和印度。历代学者都认定中国早期的狮子多来自西域。郭璞注《尔雅》曰："（狻麑）即师子也，出西域。"中国人对狮子的亲知，始于西汉张骞之凿空西域之后，[④] 延至东汉，狮子作为贡品建于史籍，如《后汉书》卷三"章帝纪"："是岁（章和元年）……月氏国遣使献扶拔、师子"。狮子

---

① 徐中舒：《古代狩猎图像考》，《徐中舒历史论文选辑》，中华书局，1998 年，第 224—293 页。

② 滕固：《六朝陵墓石迹述略》，《六朝陵墓调查报告》，中央古物保管委员会，1935 年，第 71—91 页。

③ 梁思成：《中国雕塑史》，百花文艺出版社，1997 年，第 52 页。

④ 《尔雅》卷一〇"释兽"，中华书局《十三经注疏》本，1977 年，第 2651 页。"狻麑，如虦猫，食虎、豹。疏：即狮子也"，可能为后世附会之词。

一词是由外来语音译而来。明李时珍曰："狮子出西域诸国"。[①]

从文献上看，在中国狮子有两个称谓，即"狻猊"（"猊"同"麑"）和"师子"（后改"师"为"狮"）。美国汉学家谢弗指出，"狻猊"一词源自印度，公元前传入中国；"师子"一词源自伊朗，继"狻猊"东传数世纪后传入中国。[②]

a b

图三 a. 战国中山王墓翼兽；b. 东汉石刻的天禄、辟邪

狻猊（麑）的古音 suan-ngiei，上古音作 swan-ngieg，是古印度语 suangi 的对音。狮子梵语作 simha，巴利语作 siha。在语言学上，h、g 语音近似或相通，狻猊（麑）与狮子显然同出一脉。季羡林曾指出："东汉至南北朝译成中文的佛经，原文大半不是梵文，而是俗语。或混合梵文。当然除了俗语和混合梵文以外，还有许多经是从中亚古代语言里转译过来的。"[③] 从文献记载而言，狮子的来源有月氏、疏勒、波斯三个说法；从命名的对音来推求，西方学者中有人认为是波斯语的对音，有人认为是古代伊朗语所属某种语言的对音，有说是吐火罗语的，有说是粟特语的。[④] Simurgh、semurgre 与梵语的 simha，上古汉语"狻猊（麑）"的古音作 * suan-ngiei 从语词的词形分析，当有同源关系。

当时，中国人对狮子有两种叫法，一种是"狻猊"，见《穆天子传》卷一和《尔雅·释兽》；另一种是"luoni"，则是从新出楚简获得的知识。前者可能是西域方言的一种叫法，后者则与希腊、罗马对狮子的叫法有关。[⑤]

牛上士《狮子赋（并序）》中称狮子："共方颐暨额，隅目高眶，攫地蹲踞，腾空抑扬。簇拳毛以被颈，缕柔鑫以为裳。逢之者碎，犀象闻而顿忧值之者破。雕

① ［明］李时珍撰，刘衡如校：《本草纲目》卷五十一"兽部·兽之二·狮"，人民卫生出版社，1975年，第2815页。《本草纲目》载："狮子出西域诸国。状如虎而小，黄色。亦如神态气质金色猱狗，而头大尾长。亦有青色者，铜头铁额，钩爪锯牙，弭耳昂鼻，目光如电，声吼如雷。有髯髯，牡者尾上茸毛大如斗，日走五百里，为毛虫之长。怒则威在齿，喜则威在尾。每一吼则百兽辟易，马皆溺血。"

② ［美］谢弗著，吴玉贵译：《唐代的外来文明》，中国社会科学出版社，1995年，第191页。

③ 季羡林：《论t、d的音译》，《中印文化关系史》，台北：弥勒出版社，1984年，第58页。

④ 罗常培：《语言与文化》，北京出版社，2004年，第22—24页。

⑤ 李零：《论中国的有翼神兽》，载《中国学术》，商务印书馆，2001年第1期。

鹗不敢飞翔。哮呼奋迅，腾振，掌摧攒被，口衔霜刃。怒双睛以电射，揭一吼而雷震。似乌之摧锋，疑项千之入阵。及夫朝哺未食，鼓髯奋力，后劲双，前张阔臆。磋殊榛以傲晚，跳绝梁而翕，倏横噬而风驰，乃掉尾而雷息。口裂奔，足捎狂兕，猛虎摧于掌握，豪猪碎于牙齿。”①

清代郑绩《梦幻居画学简明·论兽畜》（卷五）中写道：“狮为百兽长，故谓之狮。毛色有黄有青，头大尾长，钩爪锯牙，弭耳昂鼻，目光闪电，巨口彨髯，蓬发冒面，尾上茸毛，斗大如球，周身毛长，松猔如狗。虞世南言其拉虎吞貔，裂犀分象，其猛悍如此，故画狮徒写其笑容，而不作其威势，非善画狮者也。”② 王直《抑庵集》卷后三十七“狮子赞”：“其性质之强毅，气势之豪壮，才力之剽捷，爪牙之坚利，皆非他物所能及。肆意横行，一日千里。虽象兕之大，熊罴虎豹之猛，猝然遇之，皆震慑摧伏，磔裂搏噬，一听其所为，而莫之能遁。”③

上述文献的词句中渲染狮子的威仪和聚积诸兽的造型要素，夸饰狮子的形象，可知中国古人对狮子这一稀有动物的推崇。

狮子是外来的稀有猛兽，在佛教经典中被尊为战神兽，狮入中华，历经神异化的神秘阶段，其独特的形象逐渐融入中国数千年的神兽文化之中。于魏晋南北朝时期以来，依傍佛教艺术的兴盛，狮子在中华文化中的地位逐步得以确立，狮子的形象在大江南北流播。狮子形象的造型风格因时代而异，同时又增益有民族化、地域性的内容，区域差异层出不穷，在保有渊源关系的同时，继承与创新成为永恒的主题，其间的流播轨迹及其演进过程，形象的变迁史与国家盛衰起伏的历史相伴相随。狮子作为外藩动物引进及其文化形象本土化过程与国家民族、历史、文化、政治、经济、时代审美风尚等内容之间的关联之密切，十分罕见。

汉魏以来，尤其是南朝及其后诸王朝的帝陵皆置有有角有翼的石兽，而规格逐渐降低的王侯墓葬，则置有无角而形体较小的石兽。因此可见，狮子无疑是王权的象征。林俊雄认为，这种传说中的猛兽，之所以被置于帝王陵寝，大约是具有防卫邪恶之物侵入的含义，因此在《旧约圣经》中的基路伯（cherub）、日本神社的狛犬以及镇墓石兽之间，可能存在着某种联系。④

---

① ［清］董诰等编：《全唐文》卷三九八，中华书局，1983 年。

② 郑绩：《梦幻居画学简明》（卷五），王伯敏、任道斌：《画学集成》（明—清），河北美术出版社，2002 年，第 247 页。

③ 《四库全书存目丛书》，影印雍正七年刊本，齐鲁书社，1995 年，第 6 页，上。

④ ［日］林俊雄：《グリフィンの飞翔——圣獣からみた文化交流》，雄山阁，2006 年，第 218 页。

图四　江苏丹阳狮子湾永安陵东侧狮子南朝梁萧景墓辟邪

图五　a. 四川芦山樊敏墓前四石狮　b. 河南洛阳孙旗屯东汉墓前石狮

六朝时期镇墓有翼神兽，其形象为昂首狞厉，张口吐长舌，仰天长啸，雄视阔步状，遒劲浑朴，形势斐然。唐代狮子体态壮硕、四足立地刚健有力，鬃须自然披散，突目隆鼻，恢弘凛然。

a　　　　　　　　b

图六　a. 唐代帝陵前石狮雕像 b. 明代丽江石狮雕像

宋明以来的狮子形象，世俗化和吉祥物化的特征渐次出现，民间舞狮造型通体圆融活泼，憨态可掬，却依然有百兽之王的威风，从异域进入中华的狮子赫然成为中国的标征。而作为展现震慑功能的狮子依旧威严雄浑，姿势为蹲踞状，成为庙堂、陵寝等纪念性建筑的入口标记。

又如在藏文化中，藏族史诗《格萨尔王传》中，格萨尔出生时，随着太阳的东升，果姆的头顶上出现了如月之日光，接着“出现了一个手持白绸结，雕头人身的白人”（mi-dkar-khyung-gi-mgo-bo-candar-mdung-dkar-po-bzung-ba-zhig-thol-gyis-byung-ste）。这位雕头白神是“白盔上面的保护神”（mgo-rmog-dkar-steng-ri-srung-ma），是“哥哥白海螺大鹏”（phu-bo-dung-khyung-dkar-po）。①

《藏汉大辞典》（第2367页）的解释称：wer-ma，名词，（1）战神（dgra-lha-vam-mtshon-lha）。（2）守舍神（vgo · bavi-lha）；从事藏族本教研究的学者都确信纳西东巴教战神优麻 ʐə^{33}mɑ^{31} 的形象当是藏族本教中的 wer-ma 战神的变体。纳西族优麻 ʐə^{33}mɑ^{31} 战神的形象以狮首人身、豺狗首人身、蝙蝠首人身为主，与藏族本教中的 wer-ma 在形象上有共同之处，但有时也有将 ʐə^{33} mɑ^{31} 战神和禽身兽首的“端格”神彼此混合的情形。同样，我们也可以从藏族本教文献②中看到这种交汇的情况。如藏文本教仪轨文献 Gzi-brjid 载曰：

Wer mavi dpav khrom gzhung bzhi yod 威尔玛　众勇神　典籍　四　有	有威尔玛的猛众的四典籍，
Sngon lha Gsas dbal gsum rdzu vphrul las 前面　神　赛　样　三个神　变　业	古昔，神、赛、白、用神变力，
nam mkhav stong pavi dbyings rum nas 天　导　师　天界　（从…）	从虚空云天宫中，
rin chen sna lngavi sgo nag cig 宝　种　五　卵　黑一	以五宝形成一卵。
rang bzhin shugs kyis brdol ba las 自然的　力（主格标记）裂开　从	卵以已力开裂。
Sgong shun skyab pavi go ru srid 蛋　壳　护　身　盔甲　变	蛋壳变成护身盔甲，

① 《格萨尔王传 · 诞生篇》（藏文版），甘肃人民出版社，1987年，第50—51页。

② 此节内容系藏文本教仪轨文献 Gzi-brjid 的节选，目前有 David Llewellyn Snellgrove 的英译文和谢继胜先生的汉译文，但两家都只刊布了意译的内容，没有逐字的解释。故笔者依据藏文本原文，并参考前述两家的译文作了直译。David Llewellyn Snellgrove 英译文刊于 *The Nine Ways of Bon*, Except from the *Gzi-brjid*, Edited and Translated, London, 1967, *London Oriental Series*, Volume 18. pp. 62-63：Snang gshen gyi thag pa. 另，谢继胜的汉译文载于其著《风马考》中（台北：唐山出版社，1996年，第15—20页）。

Bdar sha srung bavi mtshon du srid 皮 护（属格助词）武器（虚词）能成为	外皮变成御敌兵器
Sgong chu dpav bavi ngar chur srid 蛋 水 英勇 之 水 变	蛋清变成勇士威壮剂
sgon pri vkhra bavi mkhar du srid 蛋内 皮 隐匿 城 堡变	内皮变成隐匿的堡宅。
khro chu dlmu rdzong mun gyi mkhar 戳 曲 穆 宗 门 的 城	晦暗堡宅戳曲穆宗。
gsal ba nyi mavi kha vod vphrog 明亮（金黄色）太 阳 （夺）光 照耀	劫夺太阳明亮光芒。
sgo nga nang gi snying po las 蛋 中 的核（从）蛋核中的	从蛋黄之中，
rdzu vphrul mi pho cig du srid 神 变 人 男个一变成	变出一具变法神力之男子；
seng gevi mgo la dbyi yi rna 狮 子 头（处所助词）猞猁（所有格助词）耳朵	生有狮头猞猁耳，
vkhro bavi gdong la glang chen sna 愤怒相 脸（处所助词）象 大 鼻	忿怒面相大象鼻，
Chu srin①zhal la rgyal stag mche 水 獭 嘴（处所助词）王 虎 獠牙	水獭嘴巴虎獠牙，
ral grivi rkang la chu gri gshog 剑 腿 （助）水 剑 翅	长剑双腿水剑翅，
bya khyung dar mavi rva dbal la 大鹏 壮年人角 （吉祥殊胜/修饰词）	在鸟和大鹏的两角之间，
yid bzhin nor buvi dbu brgyan can 如 意 宝 贝 头 饰 者	有如意宝的头饰，
de la ming vdogs ming med pa 对（那个）名词 起 名 没 有	没人起名，因而无名，
ye gshen dbang rdzong mthu yis bsgrubs 智 慧 旺 宗 力量＝咒语（主格助词）修	益西旺宗以咒术修度之，
dpav chen werma nyi na zhes 勇 大 威尔玛 尼 那 云云	唤作大勇威尔玛尼那。
mthu ldan yongs kyi thu bopo 力量 具有 全部（定语助词）力量 人	是众具勇力者中最胜者，

① 有时也译成“摩羯”。

bon dang gshen gyi bstan bo bsrung 苯 和 辛 的 教法 护持	护持苯和辛的教法，
dgra dang bgegs kyi dpung tshogs gzhom 敌 和 魔（助词） 众 制服	击退仇敌与生障魔的部众。
dkar dang dge bavi sdong grogs mdzad 白 和 善 （助） 朋友 做	做善美之友。
de la wer ma gzhung bzhi grol 对那个 威尔玛 典籍 四 解脱	此有威尔玛的四典籍。
wer ma lha dang bsdebs ba las 威尔玛 神 和 结合 从	威尔玛与神成一体，
lha yi wer ma bdud vdul srid 神（主助）威尔玛 魔 降 变	就成降魔神威尔玛，
Wer ma gnyan dang bsdebs pa la 威尔玛 念 和 结 合 对象	威尔玛与念成一体，
gnyan gyi wer ma dgra vdul grol 念 的 威尔玛 敌人 制服 解脱	就成退敌念威尔玛
Wer ma khyung dang bsdebs pa la 威尔玛 大鹏 和 结合 于是	威尔玛与大鹏成一体，
khyung gi wer ma klu vdul grol 鹏（主语助词）威尔玛 龙 制服 修饰动词/解脱	就成驱龙鹏威尔玛；
Wer ma seng dang bsdebs pa la 威尔玛 狮子 和 结合 于是	威尔玛与狮成一体，
dpav vdul wer ma mched gsum grol 勇 制服 威尔玛 兄弟 三 解开/修饰动词	就成威尔玛勇士三兄弟；
Wer ma dpav bavi dpav khrom grol 威尔玛 勇士 勇敢 阵式 修饰动词	威尔玛勇士成猛阵
dmag tshogs dgu khvi dgu vbum grol 军 队 九 万 九 十万 修饰动词	抵兵众九十九万强[1]。
lha la grol zhing gsas la chad 神 对 解脱（助词/递进）赛 对 打断	由神来，由赛生，
dpal la vdra zhing bdul la tshig 勇者对 相同（助词） 魔 向 指向	似“白”神，摧妖魔，

① 此处谢继胜先生译为“抵兵众九万九千强”。藏文为 dgu khri dgu vbum，其中的 vbum 意为十万，故据实改译为九十九万。

gang la yang ni vphuag（vphuang）dog cing　　偏狭妒人人，
任何人 又是 嫉 妒 持 有
kun thub gang yang vjigs pa med　　凡事无惧情。
所有 能制服 任何 又 畏惧 无
Tsha dbal vjoms shing grang dbal len　　毁极热，执极冷
热 勇敢 摧毁（助词）冷 勇敢 取出
gang gis mi shig nam mkhavi mkhar　　没人毁其天界堡宅，
任何地方（主格助词）人一个 天 界 城堡
kun gyis mi vijgs wer mavi sku　　无所惧，威尔玛之躯，
所有 的 不 畏惧 威尔玛 身相
gyung drung bon gyi bstsan pavi srog　　是雍仲本教的命息，
雍 仲 苯 的 教法 命
dgra bgegs vdul bavi gnyen por byung　　降服仇敌和生障魔的对治者，
敌人 魔 制服 制服者 产生
de wer ma dpar bavi gzhung bzhi yin　　这就是威尔玛勇士的四典籍。
这威尔玛 勇士 典籍 四 是

上述本教文献中关于威尔玛（wer-ma）① 来历和缘起的传说记载与纳西族东巴经典中关于优麻（ʐə³³mɑ³¹）战神的来历的记载有类似之处，可能是同源的关系。因此，藏学研究者也认为现在我们看到的“尤（优）玛”与“威玛”是同一个神系在纳西东巴文化和西藏本教文化中的存在形式，同时可以发现这个神系比较庞杂，想做到完全相同、完全一致是非常困难的。另外，“尤玛与威玛”现象说明纳西东巴文化与西藏本教文化之间普遍存在进行互识、互证、互补研究的必要性和可能性：一方面，长期以来，西藏本教面对波斯文明、印度文明、中原文明，自身发生了巨大变化，了解、阐释、重构藏古文化迫切需要与相关兄弟民族之间的交流；另一方面，纳西东巴文化迫切需要通过藏文化，特别是通过西藏本教文化进一步推动纳西东巴文化的深度研究。②

在关涉各种主旨的东巴教仪式的东巴经典中还大量记载有优麻神诞生神话和有关其形象的诸多解释，相同或类似的记载，如纳西东巴经典《董述战争》记云：优麻神之父为萨英威登与乌纣哈姆化育，生出一对白蛋，历经孵抱却无法孵化问世。又经含英巴达树上的白海螺大鹏鸟、居那什罗神山上的白海螺狮子，神山上的

---

① 象雄语中“威尔玛”的“wer”有“王”之意，参见 Nagano, . Yasuhiko and Samten G. Karmay (eds.), . A Lexicon of Zhangzhung and Bonpo Terms, . Series Ethnological Reports 76, Osaka: National Museum of Ethnology, 2008, p. 215.

② 同美：《西藏本教文化与纳西东巴文化的比较研究：以〈十三札拉神〉中的“威玛”与〈东巴文化真籍〉中的“尤玛”为例》，载《民族学刊》，2013 年第 2 期。

巨蟒蛇，森林中的红虎、苍狼等又孵了三天三夜，也未能孵化出来。最后不得已到美利达吉神海里的大黑摩羯用其利齿撕咬和利爪扯裂才打开坚固的蛋壳，优麻神才得以问世。由于优麻历经太阴太阳的孵抱，生有太阳一般的脸庞，生有月亮一般的斑纹。生有白海螺狮子的一样的狮首，生有白海螺大鹏鸟一样的翅膀，生有巨蟒蛇一样的尾巴，生有摩羯一样的利齿，生有老虎一样的虎皮战袍。①

图七　踏“督魔”优麻神像，东巴经典《超度胜利者·迎接优麻神·擒敌仇》首页

此外，较典型的记述如《纳西东巴古籍译注全集》第12卷中《延寿仪式·寻找散失的战神·迎请优麻神摧毁九个仇寨》和《延寿仪式·供养优麻战神》所载：“那位具有大神威的优麻神在黑白交界处，住在炼铁铸犁、火花飞溅的神寨中，坐在利刀利矛利箭的床上……天上的萨依威德大神及其妻乌宙合姆交媾，生出一只闪光的巨大的白海螺色的蛋，放在白海螺色的帐篷里。由天上的萨依威德大神抱三天，孵不出雏儿。由乌宙合姆抱三天，孵不出雏儿。天上的太阳月亮抱三天，孵不出雏儿。由绿松石色的青龙抱三天，蛋儿孵不出。由白海螺色的狮子抱三天，孵不出雏儿。有白海螺色的大鹏抱三天，孵不出雏儿。由悬崖上的豹子抱三天，蛋儿孵不出。由茂密的杉林中的巨掌赤虎抱三天，孵不出雏儿。由白色的高原上的黑嘴狼抱三天，蛋儿孵不出。由美利达吉神海中的醋西那补抱三天，孵不出雏儿。短肠急性的醋西那补，具有锋利如刀的爪子，把蛋而抓破，蛋儿产生出闪电一样四射的光芒，从蛋里产生出三百六十位手持白铁利刀和白铁三叉戟的优麻战神。由于天的刹依威德抱了三天，就成为优麻神之父；因乌宙合姆抱了三天，就成为优麻之母。因天上的太阳和月亮抱了三天，就产生出生太阳脸的优麻，产生出长月亮一样亮光的长鬃的优麻。因绿松石色的青龙抱了三天，便产生出长青龙利角的优麻。因白海螺色的大鹏抱了三天，就产生出长大鹏翅的优麻。由于白海螺色的狮子抱了三天，由此便生出长狮鬃的优麻。因在居那若罗山上的乌革鲁久飞蛇抱了三天，由此产生出飞蛇尾的优麻。因为猛虎抱了三天，由此产生出虎纹的优麻。因为白脸美豹抱了三天，由此产生出豹子斑纹的优麻。因为黑嘴美狼抱了三天，由此产生出耳灵的优麻。因在美利达吉神海中的醋西那补抱了三天，由此产生出利爪的优麻，产生出白

① 和志武：《纳西东巴经典选译》，云南人民出版社，1993年，第167页。

铁利刀、白铁三叉戟和白铁带齿利刀的优麻。这样产生了生爪、生斑纹、生蹄子的千千万万尊优麻神由盘人的崩仂给其取一名，称为莹世谷补优麻，由盘人的祭司给其取一名，叫作巴乌优麻。由禅人的崩仂给其取一名，称为套金拿优麻；由禅人的祭司给其取个名，叫作纽牛优麻；有纳人祭司给其取个名，叫作土蚩优麻。一种优麻神兴有五个名的出处来历就在此。具有大神威的优麻，住在黑白交界处，住在炼铁铸犁、火花飞溅的神寨中，坐在利刀利矛利箭的床上。”①

图八　东巴经典《超度能者·迎接优麻神》首页，左侧为优麻神像

因此，在东巴绘画艺术中出现了与上述记载有关联的形象，文字字符中亦出现了摹写优麻神的系列字符组，无论是艺术造型，还是东巴文字符的构形，优麻神的构形要素中积聚了诸多神兽和巨禽的特征，诸如蹄、爪子、斑纹、利齿等。优麻神卵生孵化而出、集合了诸多神兽的特征的说法与苯教神灵威尔玛的来历明显关联，藏文化中的战神威尔玛的身上有水剑翅、头顶有如意宝珠，持剑、旗帜，骑虎，形象兼有狮子、龙、猞猁、大鹏鸟、摩羯、念神等诸多神祇的造型元素，这些特征与优麻神均十分接近。

在纳西东巴教的神轴画中对优麻神的形象的描绘和展示已经形成相对较为严谨的图像程序和叙述程式。“土蚩优麻”神为360个优麻中的第一位，其通体白色，有三只眼，右手执剑，左手执三叉戟，脚踏两个督魔，与其他所有的优麻和端格同伴一样，其背有翼，其身着虎皮，张开大口露出牙齿，其居留处由火焰纹为背屏，其头顶腾起一条龙，其头顶部中央位置为大鹏鸟、龙和狮子，龙的左边为其母弥宙化姆，狮子的右侧为其父萨依威登，在其右翼和手臂之下是金头白猴，手里提有督魔的头颅，猴子的左下方为东巴，其右侧为“戈武拉都”，制作优麻武器的铁匠。在土蚩优麻神的莲座下方跳舞的形象从左到右为：达拉密布、鹰头优麻、牦牛头优麻、有角优麻、土蚩优麻、有斑纹优麻。最下部的一行展示“土蚩优麻”领地左侧由老虎守护，右侧由牦牛守护，牦牛的右上角绘有武器：一个三叉戟，一柄剑和

① 和云章释读，王世英翻译，李静生校译：《延寿仪式·供养优麻战神》，东巴文化研究所编译：《纳西东巴古籍译注全集》第12卷，云南人民出版社，1999年，第127—130页。

箭镞。①（参见图九第二幅）

骑虎优麻神的形象与“土蚩优麻”神大同小异，其通体白色，以虎为坐骑，但身上有斑纹，右手执剑，左手执三叉戟，其背有翼，其身着豹子皮，其头顶有火焰纹，头戴珠冠，以一条巨蛇作为项链。其嘴大张，呈愤怒像，其上方呈禅思状的大神为恒丁窝盘，其右侧为萨依威登。骑虎优麻左侧从上到下分别为土蚩优麻、摩羯头优麻、牛头优麻。骑虎优麻右侧从上到下分别为虎头优麻、豹头优麻、乌鸦头优麻，法座两侧的神名未知，系非优麻类神祇。优麻所属领地的左侧由老虎守护，右侧由牦牛守护，老虎左侧为舞蹈中的东巴形象，一只手执板铃，一只手执旗帜，其右下角为戈武拉都，是制作优麻武器的铁匠。②（参见图九第一、第三幅）

图九　纳西族东巴艺术中的狮首人身“土蚩优麻”、“骑虎优麻”神卷轴画形象

纳西东巴文中既有描摹全形的狮子字符 si^{33}ŋgɯ^{33}，ʂʅ^{31}　狮子；也有只截取了头部特征的狮子 si^{33}ŋgɯ^{33}、ʂʅ^{31}，其读音音值中前一个读音与梵语、藏语中狮子的译音有关，而后一种读音则与汉语中的狮子的译音有关。纳西语中对狮子的称呼既有经藏语转借的梵语借词 si^{33}gɯ^{33}，也有由狻猊演变而来的汉语借词狮 ʂʅ^{31}，恰恰展示了纳西处在汉藏之间的文化地理格局。

但如上文所述，无论是藏语，还是其他境内各民族语言的“狮子”一词中均系外来借词。因此，共时语音形式虽有异，但就其历时来源而言，当是同一的。波斯语 šir、梵语 simha、吐火罗语 B：secake/sisäk 诸语言中的“狮子”一词，甚至完全有可能是同源关系。

除了白海螺狮子，dv^{31}p^{h}ər^{31}si^{33}ŋgɯ^{33} = singen kar-po，有翼狮子形象相关的ʐə^{33}mɑ^{31}的字符有如下几个：ʐə^{33}mɑ^{31}优麻战神、有蹄的优麻战神 k^{h}o^{33}dzʅ^{31}ʐə^{33}

① Joseph F. Rock, *The Na-khi Naga Cult and Related Ceremonies*, Parte II - serie orientale Roma 4: Instituto Italiano per il Medio ed Estremo Oriente, 1952, plate XLI.

② Joseph F. Rock, *The Na-khi Naga Cult and Related Ceremonies*, Parte II, plate XLII.

mɑ^{31}、有爪子的优麻战神 tʂə^{31} dzʅ^{31} ʐə^{33} mɑ^{31}、有斑纹的优麻战神 pər^{55} dzʅ^{31} ʐə^{33} mɑ^{31}。

在东巴经典中记载较频繁的优麻神有土蚩优麻、纽牛优麻、敬套优麻、梭恭优麻、巴乌优麻、骑青龙的优麻神、骑豹子的优麻神、骑白海螺狮子优麻神、骑豺优麻神、骑白额黑犏牛优麻神、骑蛇皮斑纹白鹿优麻、骑绿松石龙头优麻、长白海螺大鹏头的优麻神、长熊脸的优麻神、长水牛头的优麻神、长牦牛头的优麻神。①

ʐə^{33} mɑ^{31}作为纳西东巴教的战神，其居所为，位于阴阳黑白两界交界处的优麻神火焰房居所。关于优麻神的数量，有 ʐə^{33} mɑ^{31} sʅ^{31} ɕi^{33} tʂ^{h}uɑ^{55} ts^{h}ər^{31} 360 个优麻神之说。一般认为优麻有 360 个，通常与“端格”有联系，他们也被称作 ɣuə^{33} mɑ^{31}，与藏族的 wer-ma 相同，当为借词的音译，苯教也有 360 个，并不是均按名称数。纳西写本中会碰到大多数，这里按音序字母序排列。他们的来源描绘在堕纳肯仪式·消灾·优麻冲巴基的第 956 号写本中。② 因此，东巴文中有 360 个优麻神的总名字符 ʐə^{33} mɑ^{31} sʅ^{31} ɕi^{33} tʂ^{h}uɑ^{55} ts^{h}ər^{31}，意为 360 个优麻神，此为约数，喻其数量多，非确指。

优麻神字符音译对照简表

字符	音值	汉译	备注
1. 	ȵi^{33} me^{33} kv^{33} dzʅ^{31} ʐə^{33} mɑ^{31}	直译意为“生太阳头的优麻神”	此字符十分罕见，为人面，体形呈人足半蹲踞状，有翼，无手
2. 	ȵi^{33} me^{33} xe^{33} me^{33} ʐə^{33} mɑ^{31}	有太阳光和月光一样翅膀的优麻神	
3. 	ɣo^{33} xər^{31} mɯ^{33} ndʐər^{31} ndza^{31} ʐə^{33} mɑ^{31}	骑青龙的优麻神	
4. 	p^{h}e^{33} le^{31} kv^{33} dzʅ^{31} ʐə^{33} mɑ^{31}	长蝴蝶头的优麻神	其特征为在湖中咀吸水露
5. 	p^{h}e^{33} le^{31} kv^{33} dzʅ^{31} ʐə^{33} mɑ^{31}	长蝴蝶头的优麻神	其特征蝴蝶头，骑虹，吸露水状
6. 	p^{h}ər^{31} so^{33} mɯ^{55} ʂʅ^{31} ʐə^{33} mɑ^{31}	其躯体白色，有四个面庞	其旁字符标注其部分读音
7. 	p^{h}ər^{31} so^{33} mɯ^{55} ʂʅ^{31} ʐə^{33} mɑ^{31}	他有四颗红色的头颅左手执斧，右手持镜	其主要职能为镇压两类鬼怪

① Rock Joseph F, *The Na-khi Naga Cult and Related Ceremonies*, Parte II - serie orientale Roma 4: Instituto Italiano per il Medio ed Estremo Oriente, 1952, p. 184.

② Rock Joseph F, *The Na-khi Naga Cult and Related Ceremonies*, Parte II - serie orientale Roma 4: Instituto Italiano per il Medio ed Estremo Oriente, 1952, p. 135-139, note123.

续表

字符	音值	汉译	备注
8. 	sər^{33} tʂʰə^{55} ʐə^{33} mɑ^{31}	优麻神之一	
9. 	zɿ^{31} sa^{33} tʰɯ^{31}, zɿ^{31} ʂɯ^{33} ndz, zɿ^{31} ɣo^{33} kʰa^{33} ʐə^{33} ma^{31}	吸仇敌血，吃仇敌肉，咬仇敌骨头的优麻神	
10. 	tʰɑ^{55} tɕi^{33} nɑ^{55} nɑ^{31} ʐə^{33} mɑ^{31}	优麻神之一	
11. 	tʰɑ^{55} tɕi^{33} nɑ^{55} nɑ^{31} ʐə^{33} mɑ^{31}	优麻神之一	
15. 	tsʰɿ^{55} si^{33} tʂə^{31} dzɿ^{31} ʐə^{33} mɑ^{31}	长摩羯爪子的优麻神	缘起于优麻神问世时，摩羯用其爪子挠开孕育优麻的蛋壳而得
16. 	lɑ^{33} nɯ^{33} pər^{55} ndza^{33} ʐə^{33} mɑ^{31}	生猛虎斑纹的优麻神	
17. 	le^{33} ka^{31} kv^{33} dzɿ^{31} ʐə^{33} mɑ^{31}	生乌鸦头的优麻神	
18. 	lv^{31} tɕy^{55} ndv^{33} dzɿ^{31} ma^{33} dzɿ^{31} ʐə^{33} mɑ^{31}	生龙鞲翅膀和尾巴的优麻神	
19. 	mbər^{31} kv^{33} dzɿ^{31} ʐə^{33} mɑ^{31}	生牦牛头的优麻神	
20. 	mi^{31} to^{55} ʐə^{33} mɑ^{31}	弥东优麻神，优麻神之一	
21. 	mɯ^{33} ndʐər^{31} kv^{33} dzɿ^{31} ʐə^{33} mɑ^{31}	长有龙头的优麻神	
22. 	mɯ^{55} ʂʅ^{31} ŋə^{33} mɑ^{31} ʐə^{33} mɑ^{31}	孟史厄玛优麻神，优麻神之一	
23. 	mɯ^{55} ʂʅ^{31} ŋə^{33} mɑ^{31} ʐə^{33} mɑ^{31}	孟史厄玛优麻神，优麻神之一	与  pʰər^{31} so^{33} mɯ^{55} ʂʅ^{31} ʐə^{33} mɑ^{31} 等同
24. 	ndʐʅ^{33} ndza^{33} ʐə^{33} mɑ^{31}	骑豹的优麻神	
25. 	ndʐʅ^{33} nɯ^{33} kʰɯ^{33} dzɿ^{31} ʐə^{33} mɑ^{31}	长豹子腿的优麻神	
26. 	tsʰɿ^{55} si^{33} kv^{33} dzɿ^{31} ʐə^{33} mɑ^{31}	长摩羯头的优麻神	
27. 	ndzɿ^{31} kv^{33} dzɿ^{31} ʐə^{33} mɑ^{31}	长犏牛头的优麻神	
28. 	ndv^{33} dzɿ^{31} ʐə^{33} mɑ^{31}	有翅膀的优麻神	

续表

字符	音值	汉译	备注
29. 	ndv^{33} dzɿ^{31} ʐə^{33} mɑ^{31}	生鹤翅膀的优麻神	
30. 	ŋgv^{33} zɿ^{33} ʐə^{33} mɑ^{31}	九代世系的优麻神	
31. 	ȵə^{33} ȵə^{31} ʐə^{33} mɑ^{31}	纽牛的优麻神	
30. 	ȵə^{33} ȵə^{31} ʐə^{33} mɑ^{31}	骑白鹿纽牛的优麻神	
31. 	no^{31} tʂ^{h}u^{55} ʐə^{33} mɑ^{31}	弄冲的优麻神	
32. 	tɕi^{55} t^{h}ɑ^{55} ŋgv^{33} niə^{33} ʐə^{33} mɑ^{31}	吉淘古牛优麻神	
33. 	gv^{33} kv^{33} dzɿ^{31} ʐə^{33} mɑ^{31}	长熊头的优麻神	
34. 	gv^{31} nɯ^{33} k^{h}ɯ^{33} ndzɿ^{31} ʐə^{33} mɑ^{31}	长熊腿的优麻神	
35. 	xa^{31} ʐi^{33} dzi^{33} bə^{31} dv^{33} dzɿ^{31} ʐə^{33} mɑ^{31}	长蝙蝠翅的优麻神	
36. 	xa^{31} ʐi^{33} dzi^{33} bə^{31} dv^{33} dzɿ^{31} ʐə^{33} mɑ^{31}	长蝙蝠翅的优麻神	它的坐骑为大鹏鸟的妻子，同时它又是居住在火焰房中的优麻神的信使
37. 		长雉头的优麻神	为吸吊死鬼血、捣毁吊死鬼骨头，吃吊死鬼肉的优麻神
38. 	xɯ^{31} kv^{33} dzɿ^{31} ʐə^{33} mɑ^{31}	长雉头的优麻神	
39. 	tɕ^{h}y^{31} gu^{55} kv^{33} dzɿ^{31} ʐə^{33} mɑ^{31}	长雌性大鹏鸟头的优麻神	
40. 	tɕ^{h}y^{31} gu^{55} kv^{33} dzɿ^{31} ʐə^{33} mɑ^{31}	长雌性大鹏鸟头优麻神	
41. 	ɕə^{33} tɕ^{h}y^{31} kv^{33} dzɿ^{31} ʐə^{33} mɑ^{31}	长大鹏鸟头的优麻神	
42. 	k^{h}uɑ^{33} dzɿ^{31} ʐə^{33} mɑ^{31}	长牦牛角的优麻神	
43. 	k^{h}uɑ^{33} dzɿ^{31} ʐə^{33} mɑ^{31}	生牦牛头，长有蹄的优麻神	

续表

字符	音值	汉译	备注
44. 	la^{33} kv^{33} dzʅ^{31} ʐə^{33} mɑ^{31}	长老虎头的优麻神	
45. 	lɑ^{33} ndza^{33} ʐə^{33} mɑ^{31}	骑虎的优麻神	
46. 	dv^{31} pʰər^{31} si^{33} ŋgɯ^{33} ndza^{33} ʐə^{33} mɑ^{31}	骑白海螺狮子的优麻神	
47. 	tɕy^{31} ndza^{33} ʐə^{33} mɑ^{31}	骑骡的优麻神	
48. 	t ʂə^{31} ndzʅ^{31} ʐə^{33} mɑ^{31}	生爪子的优麻神	
49. 	tso^{33} tʰi^{55} ŋgɑ^{33} ʐər^{31} ʐə^{33} mɑ^{31}	佐逖嘎汝优麻神	
50. 	tso^{33} tʰv^{33} gə^{33} zʅ^{31} ʐə^{33} mɑ^{31}	佐土嘎汝优麻神	
51. 	tv^{31} sʅ^{55} ʐi^{33} tɕʰi ^{31} ʐə^{33} mɑ^{31} ɑ^{55} sʅ^{31}	优麻神之一	系 pʰər^{31} so^{33} mɯ^{55} ʂʅ^{31} ʐə^{33} mɑ^{31} 的父亲，字符中的所有字符均为标注读音的字符
52. 	dzi^{33} ɣɯ^{33} kv^{33} dzʅ^{31} ʐə^{33} mɑ^{31}	生豺头的优麻神	
53. 	dzi^{33} kv^{33} dzʅ^{31} ʐə^{33} mɑ^{31}	长老鹰头的优麻神	
54. 	ɣɯ^{33} kv^{33} dzʅ^{31} ʐə^{33} mɑ^{31}	长牛头的优麻神	其职能主要为镇压吊死鬼等鬼怪
55. 	kə^{55} kv^{33} dzʅ^{31} ʐə^{33} mɑ^{31}	长老鹰头的优麻神	
56. 	ko^{33} pʰər^{31} ndza^{33} ʐə^{33} mɑ^{31}	骑白鹤的优麻神	
57. 	kɯ^{33} kʰu^{33} ʐə^{33} mɑ^{31}	耿孔优麻神	
58. 	tɕi^{31} ne^{33} xər^{33} ndza^{33} ʐə^{33} ma^{31}	腾云御风的优麻神	

纳西族东巴教优麻神的基本特征是鹰头狮（人）身、狮头人身，背上均有双翼。一类是动物形象的写实或组合；一类是用不同的动物，主要是以鸟禽和兽类的基本形象为基础，适当加以组合、变形附会而成，成为人为想象而创生的神灵形象。王微（Françoise Wang）在研究西藏艺术表现中宝座背屏之“六拏具”中的“山羊/狮子”的关系时指出“有翼神兽”的来历，她认为这让我们联想起（“西

亚”是“伊朗”、“美索不达米亚”和波斯之间的恰当折中）艺术传统中的格里芬美（鹰头狮身的有翼怪兽）。① 可以推知纳西族东巴教优麻神（ʐə³³ mɑ³¹）的原型除了与藏族威尔玛战神的形象相关而外，其源头可以追溯至西亚、印度等地更古老的艺术传统，这需要依仗古今中外与有翼兽相关的图像资料或考古实物进行比较，方能解决是自生的形象抑或外来的影响。

图十　纳西东巴经典所记载的骑虎、骑马、骑优麻神字符

世界上最古老的狮子形象是与埃及和两河流域的太阳神崇拜密不可分的，故在古代埃及美索不达米亚和波斯的艺术作品中，狮子形象和有翼狮造型十分普遍。古埃及文明对东西方文化产生深远的影响，由此可见一斑。尤其在中世纪的动物寓言中，狮子象征复活精神；在基督教艺术中，狮子既象征“犹大部落之狮”，又代表咆哮如雷的撒旦。有翼狮，与鹰、人、牛、狮四物象征四福音使徒约翰、马太、路加、马可。《圣经》中翼狮原是福音使徒马可的坐骑，相传马可的遗骸埋葬在威尼斯，因而翼狮成了威尼斯的保护神，该城的城标是一头抱着《马可福音》的翼狮形象。

东西方艺术中，狮子无一例外是威猛雄壮的象征，其力量和凶猛为人们所敬畏。狮子图像自然被各种宗教所采纳，成为神庙、宫殿和坟墓等纪念碑性建筑的象征性守卫者，人们希望借狮子的威猛护佑人类自身。因此，较典型的造型艺术如作为古印度佛教象征的“鹿野苑四狮子柱头”，即以四只雄狮整合为一组作为柱头顶端的形象主体，面向东西南北四方的四只雄狮发出警醒世人的狮吼，象征佛教正法之鸿音传扬大千世界，以狮吼象征法力无边的释迦牟尼和佛法的力量。佛教徒则进一步将狮子象征作为从众生苦海中解脱的“力量”。以至于佛陀被描绘成“释迦狮子”，阿育王石柱上的狮子头顶部托有法轮，这些狮子有两层含义：一层含义是代表佛陀转动法轮解脱苦海中的众生；另一层含义是阿育王的象征，表示阿育王将自

① 王微：《西藏艺术表现中宝座背屏之“六拏具”》，《第二届西藏考古与艺术国际学术研讨会论文提要》（北京），2004年，第44—45页。

己的全部精力投身于传扬佛法。①

在古埃及艺术中法老的力量和权威常用狮子来代表，因而，狮身人面像就成了人与动物结合的超人权力的象征。同时，由于法老被看作人与神的结合，所以，狮身人面像也象征着崇高的神权。② 埃及吉萨的“斯芬克司”——狮身人面像，就是法老的化身，象征着法老的权力与威严。

此外，亚述的“拉马苏（lamassu）”雕像（图十一 a）是两河流域的雕像中给人印象最深的作品之一，它在整体造型上给人怪异和威慑之感，是由人的头部、鹰的翅膀、牛的身躯以及五条带蹄的腿集合成的形象，是超越人的现实经验的。而局部的雕工又极尽细腻和真实之能事，那卷曲的胡须，鹰翼上整齐的羽毛以及肌肉发达、血管清晰的腿等，又将人的感觉拉回现实之中，这种视觉效果在某种意义上较古埃及的狮身人面来得更强烈。③ 现今留存的形象为公元前 8 世纪的有翼人首公牛的雪花石膏雕像就是其典型代表。

a　　　　　　　　　　　　b

图十一　a. 亚述的人首翼兽 lamassu 雕像　b. 有翼鹿首格里芬

公元前后，集希腊、印度、罗马艺术于大成的犍陀罗艺术在五河流域兴起，成为中亚及天山南路的主要艺术潮流。月氏贵霜王朝在葱岭以东的政治军事扩张和商业活动、佛教传播，也使犍陀罗艺术于东汉开始传入现今中国新疆境内，西域艺术风格影响着中国内地艺术风格的变异与创新发展。因此，美术史家所谓战国、东汉乃至南朝时期出现的有翼类狮虎型石雕神兽形象洋溢着浓厚的中亚—希腊文化艺术

① Sen, Asis, *Animal Motifs in Ancient Indian Art*, Firma K. L. Mukhopadhyay in Calcutta, 1972, pp. 65—76.

② 李建群：《古代埃及和美索不达米亚美术》，中国人民大学出版社，2004 年，第 28 页。

③ 李建群：《古代埃及和美索不达米亚美术》，中国人民大学出版社，2004 年，第 218 页。亚述神话中“拉马苏”被视为能够去除魔怪鬼魅的神灵，因此，其雕像也被置于宫殿、陵寝、城门的入口，以彰显其威仪、震慑的功能。

色彩也就在情理之中。

又如沈福伟认为：有翼兽流行在波斯和北印度，由散居中亚、天山南北和印度河流域的塞人传播至中国。有翼兽的图像在汉代已经是一种和中国传统艺术融合在一起的艺术表现手法了。[①] 李学勤通过对中山王墓出土物的考察，认为有翼神兽可能受到了斯基泰—西伯利亚艺术中格里芬的影响。[②]

西藏艺术中最早的狮子造像，见于琼结藏王墓赤松德赞墓碑上的狮子，虽然此处的狮子形象与中亚、伊朗等地的狮子有若干相似之处，但还不足以证明其源自中亚。因为我们在藏区西部艺术风格传播区域内并没有发现狮子经由藏区西部进入卫藏的传播线索，考虑到藏王墓石碑碑顶采用了初唐流行的石碑做法，即汉式檐顶样式，所以碑前所置石狮极有可能采用的是唐人陵寝的形制。[③]

狮子和公牛一样，与作为原始形态的母亲女神的联系比狮子与男性神灵的联系要古老得多。女性神怖畏身相的本质是女性神自己变化成令人畏惧的动物，或者是陪伴她和控制她的动物。如此她可能是母狮（如埃及狮身人面像），也可能骑狮或坐于狮座。印度的这种母亲神可能是母虎，也可能是骑虎或坐于狮座。在人类心理中，动物被认为具有某种魔力，将之与女性始祖的生殖神相联系，食肉动物吞食食物往往隐喻女神的交合。但在男权发展以后，男性取代了女性神的主宰地位，一些动物神逐渐改变了性别，成了男性神。此后国王的狮座（simhasana），象征国王对"大母"的统治，此后狮子逐渐演变成国王的象征。此类女性造像突然出现在奥瑞纳文化时期（Aurignacian period）。这是最早的雕刻艺术的例证。在新石器时代，大约公元前600年，第一次看到裸体女神站在狮背上或有凶猛的狮子胁侍。两类母题在此后地中海沿岸的文明中大量出现。弗雷泽《金枝》说亚述人（Assyrian）艺术中狮座上站立神灵的方式被腓尼基人（Phoenicians）和赫梯人（Hittites）借鉴，他们用自己的动物替代狮子。非常奇怪的是，在印度河谷文化代表的封泥印章图像中，没有看到任何狮子的踪影，只有一些印章描绘了老虎。当然，对雅利安人来说，他们迁徙到印度是以印度河谷遗迹毁坏为代价的。狮子和狼似乎是最应该猎杀的猛兽，但他们不了解老虎，至少在他们的早期著作《梨俱吠陀》（Rgveda）中没有提到。老虎首先出现在《阿达婆吠陀》（Atharvaveda）中，揭开这个谜团非常困难，1500年以前移居印度的雅利安人应该与老虎有联系。虽然老虎在信德邦已经灭绝（1883年被杀绝），但它以前在这一地区和周边肯定很多。但是在哈拉帕（Harapan）的印章中没有狮子造像表明他们不熟悉这种动物。由此我们可以推断人们对狮子的恐惧来自伊朗及周边地区，这些地区也是雅利安人迁徙印度之前居住

① 沈福伟：《中西文化交流史》，上海人民出版社，1985年，第68页。

② 李学勤：《虎噬鹿器座与有翼神兽》，《比较考古学随笔》，广西师范大学出版社，1997年，第95页。

③ 谢继胜：《川青藏交界地区藏传摩崖石刻造像与题记分析——兼论吐蕃时期大日如来与八大菩萨造像渊源》，载《中国藏学》，2009年第1期。

或到达的地方。似乎是这些居民用“狮子”这样一个词汇来称呼老虎，在他们的早期著作中，这两种猛兽并没有什么区别。此后，在阿达婆吠陀时代，当雅利安人逐渐熟悉了当地的动植物物种后，他们就用老虎代替了狮子。所以，老虎和印度古代母亲神的联系是最为古老的。或许是由于印度领土上狮子的数量稀少。在印度早期宗教中任何的神灵头像与狮子都没有关联。在《梨俱吠陀》中，狮子这个名词仅仅被用作表示帝释天、火神阿耆尼活力的比喻，而比喻又来自他们以往对这种动物已有的印象。狮子象征意义的实际转移发生在孔雀王（Mauryas）统治时期，当时伊朗文化（其他西方国家的文化）和印度文化之间产生空前的触合。狮子的象征完全从最初的女性神寓意中剥离出来，属于礼仪官员或王室。①

由上述的比较和分析可以得知，纳西东巴文中的有翼狮字符与东巴艺术造像中的有翼狮战神图像基本一致，而且与其他几类有翼狮的四足落地有别，呈双足或爪子落地立像，此外其身躯亦为人的身躯，而非兽身。综合读音、字符的基本构形、图像的旁证，我们可以归纳有翼狮字符的基本构型为：狮首、人身、有翼、双足落地支撑状貌。但这些局部的创新不足以影响我们判定它的历史源头系来自欧亚草原有翼兽传入而非自源的事实。

二、东巴文化中兽首鹰身的“优麻”神和“端格”神形象及字符与格里芬（griffin）和森穆夫（senmurv）的关系

纳西东巴文中优麻（ʐə^{33}mɑ^{31}）战神的另外一种字符为狮首鹰身的构形即，以往有的学者译为“人鹰”②。

1. ts^{h}ɿ^{55}si^{33}kv^{33}dzɿ^{31}ʐə^{33}mɑ^{31}长有摩羯头的优麻神。
2. t^{h}v^{33}tʂ^{h}ʅ^{31}ʐə^{33}mɑ^{31}土蚩优麻神。
3. ʐi^{33}ndza^{33}ʐə^{33}mɑ^{31}骑山鬣的优麻神。
4. ɣuə^{33}gə^{33}lv^{31}tɕy^{55}nɯ^{33}ma^{33}dzɿ^{31}ʐə^{33}mɑ^{31}长有龙鞠尾巴的优麻神。
5. ʐi^{31}ʂʅ^{55}ŋgu^{33}mbv^{33}ʐə^{33}mɑ^{31}益什恭补优麻神。
6. ʐi^{31}ʂʅ^{55}se^{55}ŋgu^{33} ʐə^{33}mɑ^{31}等同于益什松古优麻神。
7. ʐi^{31}ʂʅ^{55}so^{33}ŋgu^{33} ʐə^{33}mɑ^{31}益什松古优麻神。
8. ʐə^{33}mɑ^{31}风和云一般迅捷的优麻神。

---

① Sen, Asis, *Animal Motifs in Ancient Indian Art*, Firma K. L. Mukhopadhyay in Calcutta. 1972, pp. 65—76.

② 戈阿干：《丝路文明与东巴文化》，中国文史出版社，2006 年，第 56 页。

9. ʐə^{33}mɑ^{31} ʂʅ^{33}dzʅ^{33}tsʰe^{31}xo^{55}kv^{33}十八个食肉的优麻神。

10. bɯ^{55} ʂɯ^{31} ʐə^{33}mɑ^{31}有关此优麻神的事迹，几乎没有见诸记载，只是提及其名。

11. ʐə^{31}ndza^{33}ʐə^{33}mɑ^{31}骑虹的优麻神。

12. ʐuɑ^{33}ndza^{33}ʐə^{33}mɑ^{31}骑马的优麻神。

13. pa^{33}ti^{33}to^{31}mi^{55}ʐə^{33}mɑ^{31}巴丁多弥优麻神。

14. pa^{33}ty^{33}to^{31}mi^{55}ʐə^{33}mɑ^{31}巴顿多弥优麻神。

15. pɑ^{33}ɣuə^{33}ʐə^{33}mɑ^{31}巴乌优麻神。

16. pɑ^{33}ɣuə^{33}ʐə^{33}mɑ^{31}巴乌优麻神。

17. pɑ^{33}ɣuə^{33}ʐə^{33}mɑ^{31}巴乌优麻神。

18. pv^{55}tʂʰʅ^{31}ɣuə^{33}ʐə^{33}mɑ^{21} 布赤乌优麻神。

19. bu^{31}ndza^{33}ʐə^{33}mɑ^{31}骑猪的优麻神。

此外，纳西东巴教神灵中还有一类称为“端格”的神灵的形象，也与有翼神兽关联密切，即 tər^{33}ko^{31}。我们通过跨文化比较，发现这一类字符的原型实际上与欧亚草原神鹰（mythological eagle）有关联，其特征特点是大耳、短额、钩喙，头戴肉冠，颈项和胸脯饰垂鳞纹。数量和类型繁杂，东巴经典中有 tər^{33}ko^{31}sʅ^{31}ɕi^{33}tʂʰuɑ^{55}tsʰər^{31}，意为360个端格神之说，仅为约数，非确指。较典型的“端格”有如下特征，仅列举10个端格神为例：

1. pv^{55} ʂʅ^{33}ɕə^{31}tɕʰy^{55}tər^{33}ko^{31}，长有大鹏鸟头的端格神。

2. do^{31}ʐy^{33}ma^{33}do^{31}，sər^{33}ʐy^{33}ma^{33}sʅ^{33}sʅ^{33}ɕy^{31}mə^{33}tɕy^{31}tər^{33}ko^{31}，遍知遍观的端格神

3. to^{31}tɕʰy^{55}kə^{55}bv^{31}tər^{33}ko^{31}，长有雄性大鹏鸟头的端格神。

4. to^{31}tɕʰy^{55}kə^{55}bv^{31}tər^{33}mu^{31}tər^{33}ko^{31}，类似长有雄性大鹏鸟头的端格神，其形象为牦牛头，在两角之间长有大鹏鸟宝珠。

5. tər^{33}ko^{31}nɑ^{31}ŋgv^{33}sy^{31}，黑色端格神九种。

6. tər^{33}ko^{31}ŋgv^{33}da^{31}zo^{33}，端格神九个勇敢的儿子。

7. tər^{33}ko^{31}ȵi^{33}mbu^{33}lɑ^{33}do^{33}，端格神尼布拉多

8. tər^{33}ko^{31}pʰər^{31}ŋgv^{33}sy^{31}，白色端格神九种。

9. tər^{33}ko^{31}zo^{33}da^{33}ŋgv^{33}kv^{55}，端格神九个勇敢的儿子。

10. kə^{55}pʰər^{31}tər^{33}ko^{31}，鹤头端格神。

一般把“端格”作为东巴教的保护神类神灵，骆克认为其与藏族本教中的thugs-dkar相同[①]，其数量也有360个之多。《纳西东巴古籍译注全集》第19卷《迎请优麻战神·优麻的出处来历》是讲述优麻战神的出处和来历的经典，它可用于一切需要迎请优麻战神的东巴祭祀仪式，也可用于祭风仪式。在东巴经中端格、优麻战神往往相提并论，实际上端格和优麻战神是两种同一类型的神。从形象上看，一个是长猛兽头、凶禽身的战神，另一个则完全是凶禽模样的战神。从表面上看，它们应该是同一类战神中的阴和阳，但又不完全是。只是东巴经往往把它们两种名字混在一起，合二为一。因此这本经书虽然只说到优麻战神，但也并不完全排除端格战神。[②]

端格神的形象有许多也与优麻神相混，共同之处为：两种神灵均以有翼为特征，类别区分主要依据鸟首或兽首，生有斑纹或爪子、蹄子，有的则与优麻神有区别，最重要的区分在于：端格神的形象无一例外是鸟首（或兽首）有翅禽身立姿正面形象；而优麻神的形象既有鸟首（或兽首）有翅禽身立姿正面形象；也有的是鸟首（或兽首）人身（或禽身）立姿正面形象。

东巴经典中关于端格神的出处与来历的记载，也表明两种神灵之间的难分彼此的关系。《纳西东巴古籍译注全集》第19卷《迎请优麻战神·优麻的出处来历》载云：最初，大神刹依威德和合乌宙姆相交合，产生了一枚白蛋。这枚白蛋由刹依威德和合乌宙姆孵了三天，孵化不了。在含依巴达神树上，由海螺般洁白的大鹏鸟孵了三天，孵不出来。在海螺般洁白的山岭上，由海螺般洁白的狮子孵了三天，孵不出来。由大森林中的巨掌红虎孵了三天，孵不出来。由居那若罗神山上的鹰一样会飞翔的鲁久孵了三天，孵不出来。在海螺般洁白的山岭上，白胸脯的黑熊孵了三天，孵不出来。在东方海螺般洁白的大山上，山崖上的凶豹孵了三天，孵不出来。最后，美利达吉神海中的醋西，用它的锋利的爪子抓，尖利的硬嘴啄，白蛋才被啄破。从白蛋中产生出了许多闪亮的光斑。就这样，端格优麻战神出世了。这就是端格优麻战神的来历和出处。[③]

《纳西东巴古籍译注全集》第54卷《驱妥罗能特鬼仪式·迎战端格战神》记云：“端格神是区分善恶、分清黑白、是非，惩恶扬善的战神”。关于其来历：名为岛宙超饶者，是端格战神的父亲，名为沙劳萨娶者，是端格战神的母亲。名为尤

---

① 骆克认为鹰头只是用来标音，这种看法值得商榷，因为作为端格神的形象和字符的构成的组合中，鹰头居于核心位置，而不是类似别的假借标音字符一样，标注在核心字符旁，以示意为标注读音，结合端格神与欧亚大陆广为分布的格里芬（griffin）和森穆夫（senmurv）形象关系的比较，则更进一步证明了骆克的用作标音符号说难以立足。

② 和即贵释读，和宝林翻译，习煜华校译：《迎请优麻战神·优麻的出处来历》，东巴文化研究所编译：《纳西东巴古籍译注全集》第19卷，云南人民出版社，1999年，第106页。

③ 和云彩释读，和宝林翻译，习煜华校译：《迎请优麻战神·优麻的出处来历》，东巴文化研究所编译：《纳西东巴古籍译注全集》第19卷，云南人民出版社，1999年，第109—111页。

拉丁端者，是端格战神的父亲，名为米宙禾姆者，是端格战神的母亲。他们六位来交媾，生育出最大的十九个端格男儿，生育出十九个端格女儿。①

图十二　纳西东巴经典《迎请端格》片段

据李零的研究，格里芬又可分为：（1）鹰首格里芬。它的特点是，其鹰首往往都是采用上述“神鹰”的形式，并且有S形的双翼，翼尖朝前（朝向头部）。这种翼形和中亚及波斯的格里芬是一样的，但值得注意的是，它还带有希腊艺术的特点。如它们的鹰首往往都是背上有鬣（mane），早期作锯齿状，晚期作鱼鳍状，这种特点就是受公元5世纪希腊艺术的影响（亚述和希腊有这种特点，波斯没有）。（2）狮首格里芬或带翼狮。它和波斯、中亚的带翼狮在总体特点上是一样的，但也有一些不同，一是因为所用材料不同（如刻画于木材、皮革或毡毯），有些只是表现其轮廓，缺乏立体感和细部描写，写实性不如前者；二是有“虎化”的趋势，很多“带翼狮”被改造，去其雄狮之鬣，如同母狮，或者干脆和老虎一样，学者常以表示猫科动物的feline一词称之，并把此类和下一类混称为feline griffin；三是多半有角（或一角，或两角），角端有结，或作圆纽状，或作圆饼状，同于中国文献描写麒麟所说的“角端有肉”。②

格里芬是西方神话中鹰首狮身的翼兽，其形象起源于上古西亚地区，在向东方传播的过程中，大概受到草原风格艺术的影响，头上长出了鹿角，羽翼也逐渐退化（仅为个人推测。国内著述一般称之为虚幻动物、怪兽）。在欧亚草原上“斯基泰文化因其弹性和力度而不断获得新的载体，以其出众的速度和活力将其文化影响一直传至东方。这种文化潮流穿过了亚洲北部，也终于波及了中国”③。因此，中国早期有翼神兽受到外来影响，产生于西亚地区的格里芬、森穆夫，对中国早期狮子形象的影响实属必然。

① 和云彩释读，李例芬翻译，习煜华校译：《驱妥罗能特鬼仪式·迎战端格战神》，东巴文化研究所编译：《纳西东巴古籍译注全集》第54卷，云南人民出版社，1999年，第346—350页。

② 李零：《论中国的有翼神兽》，载《中国学术》，2001年第1期。

③ 中野澈：《中国纹样史》，载《美术译丛》，1988年第2期。

a　　b

图十三　a. 以色列的格里芬　b. 卡拉宫墙上的格里芬装饰

Griffin，又作 Gryphon，Griffon 是一种希腊神话传说中的生物，也称之为“格芬”、“格里芬”或“鹰头狮身兽”。它拥有狮子的强壮的身体及鹰的头、喙和翅膀。因为狮子和鹰分别称雄于陆地和天空，因此，也有时被译作“狮鹫”，视为是非常厉害的动物。格里芬的形态而言，主要是由狮子和鹰（或其他猛禽）以不同的组合方式构成的。其头部既可为狮首也可为鹰首，大多数情况都有翅膀，但尾巴则时有时无，既有两条腿的，也有四条腿的。在此基础上加上蝎子、蛇或人体的某些部分就构成了多重的合成兽。林俊雄认为可根据头部的不同，将诸种格里芬大体分为两类。一种是狮首的狮子格里芬（lion griffin）；另一种则是鹰首的鹰格里芬（eagle griffin），不能断定其（头部）为鹰的时候则称为鸟头格里芬（bird griffin），但原则上这一类还是以鹰为代表的大型肉食猛禽，因此可统称为鹰格里芬。①

李零更进一步将亚述、波斯和中亚地区的格里芬分为鹰（鸟）首格里芬、狮首格里芬或带翼狮、羊首格里芬或带翼羊三种，并认为鹰（鸟）首格里芬才是本来意义上的格里芬即狭义格里芬，世界上的格里芬均以此为主。②

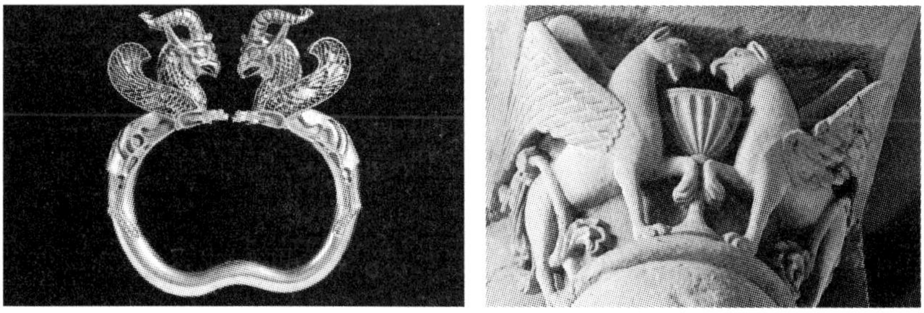

a　　b

图十四　a. 阿姆河宝藏（Oxus treasure）中的有双角的鹰首格里芬　b. 叙利亚格里芬柱础雕像

① 李零认为：“麒麟”的上古音，“麒”是群母之部字（giə），“麟”是来母真部字（lien）。我们怀疑，它也许是一种借助中国概念和中国词汇（麟）的外来译词，引入中国的年代要相对早一点，《论中国的有翼神兽》，第 108 页。按：“麒”高本汉拟的上古音为 * g'iəg；李方桂拟的上古音为 * gjəg。“麟”高本汉拟的上古音为 * lie̯n̂；李方桂拟的上古音为 * ljin，因此与 griffin 的第一个音节当有关联。

② 李零：《论中国的有翼神兽》，载《中国学术》，2001 年第 1 期。

格里芬图像的产生及其在公元前3000年之前的传播，如美索不达米亚的苏美尔、阿卡德王朝，古巴比伦时期，中期亚述和米底帝国时期；埃及的古、中、新王国时期；地中海东岸的叙利亚、巴勒斯坦和塞浦路斯；以及希腊海地区等。作者结合考古学资料，分析了“格里芬”图像在苏萨（Susiana，两河流域以东、由源出扎格罗斯山脉的河流形成的冲积平原上一处重要遗址）诞生后，向西的传播以及适应各地的文化范式而发生的变化。

图十五　来自叙利亚的格里芬印模，时代未知，
Seal impression from Syria; unknown date
（参见 Porada 1948，Plate CXLI，936E）①

格里芬艺术主题起源很早，它们的问世时代和地中海地区的司芬克斯形象几乎同时。也即公元前3000年已有，出现地域为两河流域，其形象为鹰首加狮身的合成。此后，格里芬在北非、南欧、南亚、西亚、中亚和欧亚草原广泛传播。格里芬的基本形象是鹰首狮身，后多有变种，如翼狮、带翼虎、羊首狮身、翼羊、鹰首鹿身。其中与纳西东巴文 ʑə^{33}mɑ^{31}关系最密切的是狮首鹰身的格里芬。纳西东巴文中有一系列的字符堪为证据，字符构形规则为：字符一侧为优麻神的形象，另一侧（有时位于上方或下方）为具体优麻神的名称的读音标注：

 ʑi^{31} ʂʅ^{55}so^{33}ŋgo^{33}ʑə^{33}mɑ^{31}　　 mi^{31}lɯ^{33}kə^{55}lɯ^{33}ʑə^{33}mɑ^{31}

 tso^{33}tʰi^{33}ʑə^{33}mɑ^{31}　　 kɯ^{31}kʰo^{55}dv^{31}dʐʅ^{33}ʑə^{33}mɑ^{31}

 tʰɑ^{55}tɕi^{33}nɑ^{33}nɑ^{31}ʑə^{33}mɑ^{31}　　 ȵə^{33}ȵə^{31}ʑə^{33}mɑ^{31}

 tʰv^{33}tʂʰʅ^{33}ʑə^{33}mɑ^{31}　　 pɑ^{33}ɣo^{33}ʑə^{33}mɑ^{31}

就格里芬的基本形态而言，格里芬主要是由狮子和鹰（或其他猛禽）以不同

① Jesse D. Chariton, “The Mesopotamian Origins of the Hittite Double-Headed Eagle”, *Journal of Undergraduate Research* XIV, 2011, p. 1.

的方向组合而成。其头部既可为狮首或为鹰首，大多数情况都有翅膀，因此，依旧把格里芬纳入有翼狮一类，但格里芬的尾巴部分在有的造型中被抹去，形成既有两条腿的，也有四条腿的格里芬形象。在此基础上加上蝎子、蛇或人体的某些部分就构成了多重的合成兽狮子。狮子是外来王国的贡献之物，源于两河流域的格里芬艺术母题，由西亚经中亚、欧亚草原传入中国。春秋战国一些青铜器受到一定的影响，在造型、纹饰上出现带有双翼的神兽。汉代以后逐渐变为程式化的翼狮造型。而在纳西东巴文中除了有双翼的特征，不知何故却完整地保留了格里芬的尾部造型，而且几乎所有的字符都保持了其作为鸟禽类尾羽的基本特征，堪称奇特。纳西东巴文中格里芬式 $\text{ʐə}^{33}\text{mɑ}^{31}$ 战神类型多样，其多样化主要体现在头部的变换，有的为狮首，有的为鹰首、牛首、大鹏鸟首、熊首、雉首、牦牛首、摩羯首等。

a

b

图十六　a. 罗浮宫博物馆墙角鹰格里芬造型雕塑

b. 巴黎古建筑边沿的人首格里芬造型雕塑（2012 年笔者摄于巴黎）

此外，纳西东巴文中格里芬式优麻（$\text{ʐə}^{33}\text{mɑ}^{31}$）战神类型多样化还体现在他所骑乘的兽类的变化上，有的优麻（$\text{ʐə}^{33}\text{mɑ}^{31}$）战神骑鹤，有的骑骏马，也有的骑白海螺狮子、骑猪、骑牦牛或腾云御风等不一而足。但此时，其头部一定都是狮首，而非鹰首或其他。

第三，纳西东巴文中格里芬式优麻（$\text{ʐə}^{33}\text{mɑ}^{31}$）战神类型多样还体现在他的双翅的变换方面，有时变换为蝙蝠翅；有的翅膀上持拿的武器不同；有的持刀剑；有的持旗帜等有别。此时头部有的是狮首，有的是其他动物的头部。可知纳西东巴文中格里芬式优麻战神在一定程度上保持了格里芬有翼神灵的早期造型的多样化特征，尤其是将这些内容与叙利亚等地发现的格里芬早期形象比较，我们可以推知其源远流长，在流变中，纳西东巴文成为原型模式的偏厦一隅，留存了富有典型意义的早期内容，其参证价值自不待言。

图十七 a. 狮首鸟身像，公元前2500年叙利亚国立博物馆藏；
b. 狮首鸟身纳西优麻神字符

一般认为，在两河流域，动物形态的刻画比之人物形象要成熟得更早。在第二代乌尔王安尼帕德建造的神庙门前的青铜匾上，刻着一只狮头鸟身的动物，它正展开双翅保护着一对羚羊。这个动物是伊姆杜吉德的象征。这类由不同动物的肢体构成的生物是苏美尔人自原始时代奉行的信仰的一个组成部分，他们在两河流域的艺术中经常出现。神鸟的狮头和羚羊的犄角都伸展出浮雕的长方形构图，伸出的部分已是完全的圆雕了。①

姜伯勤对青州傅家画像石图像的研究认为，画像石中可以见到多种系有绶带、饰物的吉祥鸟。青州傅家画像石第九石，画面上方一有翼神兽向左飞翔，嘴含一饰物。此种神鸟、神兽即袄教经书《阿维斯陀》、《班达希申》中的 Senmurv。袄教艺术史家 G. Azapay 指出，Senmurv 是伊朗 hvarnah 这一概念的图像符号。hvarnah 意为吉祥，意味着照耀人神的光辉。此图可视为中国画像石中出现的较早的正式赋有袄教意味 Senmurv 图像，其后，此种图像频见于山西太原虞弘墓画像石中。（Sl-namurv）或“思摩夫”（Simurgh/Senmurv）。该鸟历经天地生灭三大劫，故知过去、现在、未来一切事。其貌鸟身犬首或人面，两翼伸展可遮蔽日月群星。古波斯神话中有株“知识树”，结籽化为世间万种草木。“思摩夫”筑巢其上，每至果实成熟，将其摇下，播于大地山川。其事多见史诗《诸王书》（The Shah Nameh）中。这些有绶带的瑞鸟都是广义的吉祥鸟，亦即象征 hvamah 的瑞鸟。从这种意义上讲，波斯式吉祥鸟图像符号的引入中国，丰富了中国艺术史上的图像世界。格鲁塞指出，萨珊艺术也影响到匈奴、突厥等游牧部落“有着程式化的鸟类、‘格力芬’和怪物互斗的花纹的萨珊朝纺织品，对于第3—10世纪间中亚的织造品是有影响的”。这些图像和纹样也影响到3世纪以后的中国艺术（参见图十八）。②

① 李建群：《古代埃及和美索不达米亚美术》，中国人民大学出版社，2004年，第177页。
② 姜伯勤：《中国袄教艺术史研究》，北京：生活·读书·新知三联书店，2004年，第64、第328页。

a　　　　　　　　　　b

图十八　虞弘墓椁座浮雕

a. 人首鹰身森穆夫守卫祆教圣火坛　b. 有翼马首，马前驱蛇后身鱼尾森穆夫

（图片选自太原市文物考古研究所编《隋代虞弘墓》，文物出版社，2005 年）

格里芬向东而翔，波斯和希腊起源的格里芬形象在东方几大重要区域广泛传播，如中亚的塞人地区、阿尔泰山和中原地区等。其中除了我们已知的关于草原文化器物中常见的格里芬形象，以及被认为属于塞人文化的金饰品上的格里芬图案外，尚有不少值得关注之处。如林俊雄在俄罗斯艾米塔什博物馆所藏巴泽雷克 2 号墓出土古尸的文身中，即发现具有格里芬部分特征的混合兽形象。又如，通过比较哈萨克斯坦阿拉木图出土的鍑缘装饰，林俊雄认为在新疆维吾尔自治区博物馆展出的通常称为“铜环”或“铜圈”的器物，实际上也是具有格里芬形象的装饰品，可能是祭祀时用来覆盖在鍑上的。①

图十九　赫梯邮戳印章 Hittite stamp seal 中的

格里芬形象（von der Osten 1926: **Figure** 26）②

从欧亚草原研究的角度出发，探明传说母题自西亚、希腊向东方传播的途径和

① ［日］林俊雄：《グリフィンの飞翔——圣獣からみた文化交流》，雄山阁，2006 年，第 308 页。

② Jesse D. Chariton, “The Mesopotamian Origins of the Hittite Double-Headed Eagle”, *Journal of Undergraduate Research* XIV , 2011, p. 1.

路线，并对格里芬飞翔轨迹进行追寻。有翼兽造型及其与西亚艺术有一定的关联，古波斯王室（Sassanian Persia）的象征物也是波斯神话重要主题角色之一，与祆教经典《阿维斯塔》的神话相关。《阿维斯塔》中有“森莫夫”（Senmurv）或称为“席穆尔格”（simurgh，semurgre），在古代伊朗神话中有预言未来的功能。① 它在伊朗神话中又被称为 Saena 的神鸟，还称为赫瓦雷纳（xvarenah）的神鸟。在琐罗亚斯德教经文中，Senmurv 住在湖中岛上，栖息在 hom 圣树上，由摩羯守护，能催云化雨，减少人类的病苦。狮头变成了犬头，野兽真实的腿被省略，变成了纯粹的飞禽，鹰的尾巴成为孔雀般的尾巴标志其为天国之鸟的角色。② Senmurv 是伊朗神话中虚构神鸟 Simurgh/Simorgh 的婆罗钵语（Pahlavi，即中古波斯语）形式，其名称源出自波斯古经《阿维斯塔》（Avesta）中的 maragho saeno，意为“Saena 鸟”，原本指鹰、雕一类的猛禽。这一神鸟在伊朗艺术中被描绘成鸟形的巨型有翼动物，能够抓起大象或骆驼，类似孔雀，长着一个狗头和一副狮爪，有时候显出一张人脸。据说这鸟能在火焰中再生并成为不朽。③

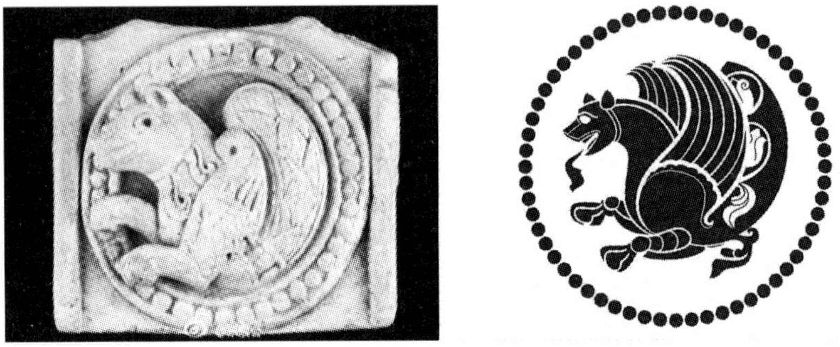

图二十　萨珊波斯的森穆夫（senmurv）
浮雕及黑白图像，其形象为前半身像犬、后半身像鸟

可知，纳西东巴文中格里芬式优麻战神和端格神形象与祆教 Senmurv 之间有着源流关系。尤其是纳西东巴文中有一个格里芬式优麻战神的字形为狮首鹰身，双翼上方分别标有月亮和太阳， $ȵi^{33}me^{33}xe^{33}me^{33}ʐə^{33}mɑ^{31}$ 意为格里芬式优麻战神，拥有日光和月光一般的双翼。这与祆教的光明黑暗二元对立观念中的天宫诸神的太阳神 Mithra 和月神 Mah 似有关联，需要专文探讨，兹从略。

① 魏庆征：《古代伊朗神话》，山西文艺出版社，1985 年，第 458 页。

② R. A. Jairazbhoy，Oriental Influences in Western Art，London，1965，p. 205.

③ 王小甫：《拜火宗教与突厥兴衰——以古代突厥斗战神研究为中心》，载《历史研究》，2007 年第 1 期。

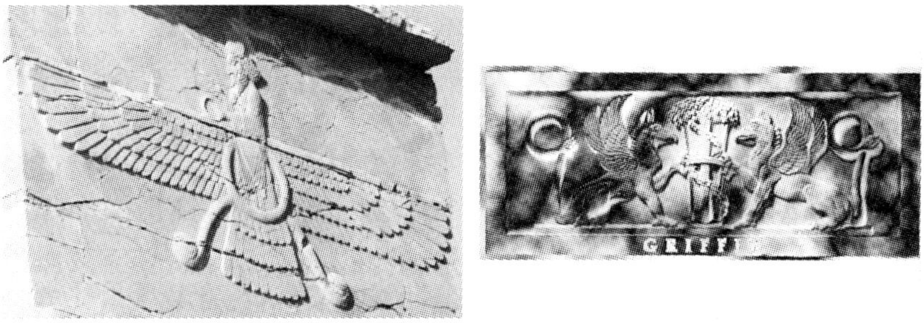

图二十一　亚述的“拉马苏”及希腊格里芬雕版

格里芬作为一种传说中的神兽，自远古以来几乎传遍世界各地，如今在美术图像、电子游戏、动漫、奇幻小说角色、体育运动（如美国篮球队的格里芬）等诸多大众文化媒介的冲击下，已越来越为普通国人所悉知，其自西向东飞翔传播的路径亦愈加清晰，其间的创新和变异，同样需要分析。与斯芬克斯一样，格里芬与森穆夫几乎同时出现并互相影响，虽历经改造，其形象也不断在流播所经地域出现诸多创新性内容，但仍保留有神秘的色彩，依旧保留在东西方各民族的文献、文化艺术中，生动地再现了上古时代欧亚草原区域中西宗教礼乐文明间的互动关联的脉络。

三、余　论

中国古人将西域流入的真狮形象、有翼狮（兽）形象与本土的传统审美观念结合起来。汉魏以降，翼狮、镇墓狮在江南区域的流播和发展，与当时的宗教信仰、思想观念、中西文化交流背景有密切的关系。狮子的传入是狮子图像和雕塑等艺术作品得以产生的重要缘起。依据信史记载，一般认为自东汉始，狮子由西域经陆上丝绸之路进入中国。狮子为番国重礼，物以稀为贵，寻常百姓无法观瞻豢养于皇家苑囿的狮子，对狮子形象的认知自然十分有限，只知其为猛兽，传言会使人产生恐惧、敬畏的心理，成为震慑人神的权威象征。帝王为了彰显其无上权威，在帝陵前置放镇墓狮，与神道两旁陈列的石像雕刻群相配。

考古证据表明汉魏六朝以来，以狮子作为神道镇墓兽盛行起来①。此后，有翼狮和有翼兽在各地方及各民族渐次传扬，在形象上出现了许多次生的亚类型。中国的有翼神兽受到外来影响，但它们与中国的艺术主题长期共存，又受后者影响，二者是互动关系。中国古代艺术，自商周以降，以龙、凤为主。战国以来，形成由青龙、白虎、朱雀、玄武构成的“四灵”，后来麒麟加入其中，也叫“五灵”，但天

① 南朝陵墓石刻翼狮为现今南京城市标志即渊源于此，此外威尼斯、日内瓦等地也以有翼狮为城市的标识。

禄、辟邪不在其中。天禄、辟邪在中国艺术中的地位很微妙，它不仅是以外来的狮子作为依托，从一开始就与外来艺术有不解之缘，而且还经常与其他表现异国情调的动物一起构成中国古代的“纪念艺术”。①

今人的研究和考古证据表明，中国有翼神兽的传播路线，除与古代丝路有关的东西通道值得重视外，还有很多南北通道也值得考虑。如：（1）从内蒙古东部、辽宁西部到河北北部，经山东，进入江、浙的路线；（2）从内蒙古草原中部，经山西到河南，走洛阳、南阳、淅川、襄樊到江汉平原的路线；（3）从内蒙古草原中西部，经宁夏、甘肃和陕西，入四川、云南的路线。汉代文化，是南北文化、中西文化大交流的结果。秦汉以来，有翼神兽逐渐成为普遍的主题。②

在探讨陆路传播的多条路径的同时，海路传入亦是不可忽略的路径，如滕固就认为双翼的风格，源于美索不达米亚的亚述帝国。亚述都城尼尼微（公元前2000年）有巨大宏丽之宫殿，以双翼牛身人首之石像列于宫门之首；其后流传至波斯，在波斯波利斯尤以石兽遗迹留存。陵墓之前的石兽作护卫和装饰的风俗，皆来自埃及的狮身人面石像（即斯芬克斯）。又认为陵墓之前此种作风即起自西亚，如何传至中国，颇成疑问。一般以为六朝之时，与南洋交通渐繁，希腊、波斯之作风，或由海道传来，先至南京；故除六朝陵墓外，汉唐陵寝，反少受其影响。否则如由中亚陆路传来，何以不在长安、洛阳，先留遗迹，而反正遥远之江左，首先传播耶？按此说不过据理臆测，未能成立。③

此外，还应加强对从西亚经伊朗—中亚至西藏及喜马拉雅—藏彝走廊区域的传播路线，也就是与“麝香之路”和“茶马古道”叠合的区域的有翼狮（兽）及其风格流变轨迹，如艺术史家相信隋唐以来的狮子卷发形象是受印度—吐蕃风格的影响使然，且延续至今。

纳西东巴文化艺术中有翼神兽是常见的主题，其形象十分繁杂，除了图像，在东巴文字符中亦有数量可观的字符群，既有兽身带翼的神兽有翼狮首、有翼虎首、有翼摩羯首、有翼牦牛首、有翼大鹏鸟首、有翼豺首、有翼犏牛首、有翼龙首、有翼熊首和人首（四头或两头），又有格里芬和森穆夫式的鸟首神兽，以及兽首鸟禽身的神物。而且对这两个大类型的有翼神兽（禽）做了十分清晰的分类，即：有翼兽首神灵、有翼鸟禽首神灵、有蹄（腿）类有翼神兽、有斑纹类有翼神兽、有兽爪的有翼神兽、有角类有翼神兽（禽）。有翼神兽（禽）的翅膀除了一般意义的水剑翅外，还有蝴蝶翅、蝙蝠翅、白鹤翅、大鹏鸟翅等区分。此外，根据优麻神所骑坐骑的差异还分为：骑青龙优麻神、骑豹子优麻神、骑白海螺狮子优麻神、骑豺优麻神、骑白额黑犏牛优麻神、骑蛇皮斑纹白鹿的优麻神、骑绿松石龙头优麻神

---

① 李零：《论中国的有翼神兽》，载《中国学术》，2001年第1期。

② 李零：《论中国的有翼神兽》，载《中国学术》，2001年第1期。

③ 滕固：《六朝陵墓石迹述略》，《六朝陵墓调查报告》，中央古物保管委员会，1935年，第71—91页。

等，不胜枚举，都是其民族性的内容。

纳西东巴文化中的有翼神兽形象，无论是兽首，还是禽首，无一例外是双翼展开，绝大多数翼尖朝上的正面立像姿势，这与欧亚各地的侧面像和四足落地为主的构型有别；禽首部分为侧面翱翔状，其翼和尾羽为如实摹写状，栩栩如生，写实特点较强。有翼神兽表现在文字字符的构形时，头部呈侧面像，而非正面立体像。除了基本的有翼狮形象外，其他绝大多数为组合型有翼神兽，而且在东巴绘画艺术中有翼神兽的躯体的"人化"风格明显，而不是欧亚草原或中原区域的龙化、虎化趋向，这也是纳西东巴文化中有翼兽的民族性风格之一。

这些分类标准的形成和完善与纳西族东巴教神灵谱系的建构密不可分，理当是在吸收以往各种有翼神兽的形象的基础上的积极创新。

本文对纳西东巴文化艺术中有翼神兽形象及字符的源流、发展轨迹的研究表明，纳西东巴文化中的有翼狮形象及字符直接渊源是从公元前 3000 年左右在美索不达米亚、印度、埃及几处分别发展起来的几种有翼兽化形象①渐次向东方传播的产物。具体而言公元前 3000 年的古埃及斯芬克斯狮身人面像（sphinx），古希腊到两河流域的格里芬鹰首有翼狮（griffin），希腊神话中有翼神兽奇美拉（winged chimera），亚述的人首翼兽拉马苏（lamassu）、兽首鸟形怪兽森穆夫（senmurv）等欧亚各民族历史上的有翼神兽形象十分奇绝地在中国西南的纳西族古典文化艺术中留存衍变，纳西人信仰世界的神灵谱系为建构基础，创设了十分驳杂的有翼神兽系统，虽然目前我们尚不能明确界定欧亚草原、印度—西藏间有翼神兽形象的年代学和风格间的复杂关系，传播路径的历史线索和年代层次的区分认知仍处于猜测和大致推断的阶段，但从其形象的基本构式中，我们依旧能够演绎出其间历史性关联以及直接或间接的传递影响嬗变关系。

参考文献：

［1］蔡鸿生：《狮在华夏》，王宾、比松：《文化双向认识的策略问题》，中山大学出版社，1993 年。

［2］龚良：《陵墓有翼神兽石刻的发展及其艺术源流》，载《华夏考古》，1994 年第 1 期。

［3］顾问、黄俊：《中国早期有翼神兽问题研究四则》，载《殷都学刊》，2005 年第 3 期。

［4］巫鸿：《礼仪中的美术——巫鸿古代美术史论丛》，北京：生活 · 读书 · 新知三联书店，2005 年。

［5］施安昌：《火坛与祭司鸣神：中国古代祆教美术考古手记》，北京：紫禁城出版社，2004 年。

［6］沈刑：《中国有翼神兽渊源问题探讨》，载《美术史研究》，2007 年第 4 期。

---

① 一般认为，有翼狮形象在公元前 500 左右于希腊初次定型。这种定型的样式，在希腊化的过程中传播到与中国各地及其毗邻的区域，与其间的固有艺术主题共存并相互融合，实现从吸收到创新并再次输出、传播的流程。

［7］林通雁：《西汉张骞墓大型石翼兽探考》，载《汉中师院学报》（社会科学版），1986年第2期。

［8］芮传明、余太山：《中两纹饰比较》，上海古籍出版社，1995年。

［9］蒲慕州：《追寻一己之福——中国古代的信仰世界》，台北：麦田出版社，2004年。

［10］蒲慕洲：《墓葬与生死——中国古代宗教之省思》，台北：联经出版社，1993年。

［11］荣新江：《中古中国与外来文明》，北京：生活·读书·新知三联书店，2001年。

［12］邵大箴：《世界美术全集：古代希腊罗马美术》，中国人民大学出版社，2004年。

［13］周一良：《魏晋南北朝史札记》，中华书局，1985年。

［14］朱希祖：《南朝陵墓雕刻艺术》，文物出版社，2006年。

［15］罗世平、李建群：《世界美术全集：古代埃及和美索不达米亚美术》，中国人民大学出版社，2004年。

［16］罗世平、齐东方：《世界美术全集：波斯和伊斯兰美术》，中国人民大学出版社，2004年。

［17］张光直：《美术、神话与祭祀》，辽宁教育出版社，2002年。

［18］张广达：《文本、图像与文化流传》，广西师范大学出版社，2008年。

［19］姜伯勤：《中国祆教艺术史研究》，北京：生活·读书·新知三联书店，2004年。

［20］Bernard Goldman, "the Development of the Lion-Griffin. American," *Journal ofArchaeology*, V01. 64.

［21］S. J. Rudenko, "the Mythological Eagle, the Gryphon, the Winged Lion, and the Wolf In the Art of Northern Nomads", *artibus Asiae*. VoI. 21, No. 2. 1958). pp. 101－122.

［22］Guitty Azarpay, "Some Classical and Near Eastern Motifs in the Art of Pazyryk". *Artibus Asiae* Vo1. 22, No. 4. 1959.

［23］O. Siren, "Winged Chimera In Early Chinese Art", *East Art*, October l928.

［24］Joseph F. Rock, *A* ^{1}*Na*-^{2}*khi-English Encyclopedic Dictionary*, Part II, Serie orientale Roma, Instituto italiano per il Medio ed Estremo Oriente, 1972.

纳西族东巴经文本的基础研究

——根据出现频率抽出“结构”[①]

黑泽直道

一、前　言

纳西族的宗教经典，大多是用被称为东巴文的独特的文字书写的，并由纳西族的祭司东巴来读写。由于东巴文字与纳西语的音位、音节、词素、单词等诸单位不能一一相对应，是一种极为不规范的文字，除了熟悉经典内容的东巴外，没法解读。基于此，纳西族宗教经典的注释和翻译的工作，是以东巴的诵读作为基础。

尽管如此，若以东巴经典的纳西语读音为主轴，并对照记述同一内容的若干经典的文本，便会发现：在这些文本中，既有几乎是在全部经典中必须书写的极为“确定的”文字，也有只是在部分经典中书写的“非确定的”文字。并且，这些“确定的”文字，往往是记有名词和专有名词的象形文字，而“非确定的”文字，则往往是利用同一发音，借用其他意义的象形文字的借音字。从东巴经典文字的排列中排除“非确定的”文字部分，剩下的“确定的”文字系列，就是所要论述的经典的“结构”。探讨某些经典的“结构”，有助于推进对未经东巴诵读和记录的、现保存于世界各地的图书馆和研究机构中的东巴经典的识读工作。基于此，本文试述其具体的方法，并对这些“结构”的意义加以考察。本文用“纳西族文字方案”来标记纳西语。

二、关于纳西族宗教经典的前人研究

纳西族宗教经典的收集和研究，始于 19 世纪后半期，是由传教士和探险者开

---

① 本研究是日本平成 18—20 年度文部科学省科学研究费项目（年轻学者研究 B）成果的一部分。

创的。迄今为止，在纳西族的研究史上，最重要的研究者首推出生于奥地利，后移居美国的学者约瑟夫·洛克（Joseph Rock，1884—1962）。洛克从1922年到1949年，以中国西南部为中心的地域进行了探险和调查，收集了超过8000册的纳西族的宗教经典，留下了许多基于此的翻译和研究成果。[①] 再有，19世纪30年代，中国的学者也开启了相关的研究，在杭州学习美术的李霖灿在云南见到了纳西族的宗教经典，在纳西族人的帮助下，完成了《麽些经典译注九种》和《麽些象形文字字典》、《麽些标音文字字典》。[②]

1949年以来，中国大陆的丽江县文化馆开始着手东巴经典的翻译工作。后来由于"文化大革命"，其研究工作被迫中断。"文化大革命"结束后，1981年东巴文化研究室作为云南省社会科学院的下属机构设置于丽江，再度开始东巴经典的翻译工作。其成果丰硕，从1999年至2000年间相继出版了共100卷的《纳西东巴古籍译注全集》。[③]

上述研究，主要是对纳西族宗教经典的读音的记录及其解释、翻译。《纳西东巴古籍译注全集》可谓集大成者。还有一部分的研究是编辑字典，是关于个别文字方面的研究。由中国学者进行的关于纳西族文字的研究，早在19世纪30年代已有著作，后来1981年出版方国瑜等著《纳西象形文字谱》。[④] 这一成果以字典为主，包括了关于文字结构的考察等。1988年，王元鹿以与汉字的比较为基础，编撰出版了《汉古文字与纳西东巴文字比较研究》。[⑤] 此外，由中国学者发表的关于纳西族文字的论文也为数不少。[⑥]

最近的研究，则有喻遂生《纳西东巴文研究丛稿》、《纳西东巴文研究丛稿（第二辑）》、周斌《东巴文异体字研究》、郑飞洲《纳西东巴文字字素研究》等成果。[⑦] 也有不少年轻学者撰写的相关硕士论文和博士论文。

在中国的这些相关研究，试用一句话来概括其显著特点，那就是深受汉字研究

---

① Joseph. F. Rock, A Na-khi English Encyclopedic Dictionary, Part I & II. Roma: Istituto Italiano per il Medio ed Estremo Oriente, 1963, 1972.

② 李霖灿、张琨、和才：《麽些经典译注九种》，台北："国立编译馆"中华丛书编审委员会，1978年；李霖灿、张琨、和才：《麽些象形文字·标音文字字典》，台北：文史哲出版社，1972年。

③ 云南省社会科学院东巴文化研究所编译：《纳西东巴古籍译注全集（1—100）》，云南人民出版社，1999—2000年。关于其概要及其相关问题，笔者已做过论述。云南省社会科学院东巴文化研究所编译：《纳西东巴古籍译注全集》（全100卷），《东洋学报》第85卷第3号（2003年12月），东京：东洋文库。

④ 方国瑜、和志武：《纳西象形文字谱》，云南人民出版社，1981年。

⑤ 王元鹿：《汉古文字与纳西东巴文字比较研究》，华东师范大学出版社，1988年。

⑥ 宋光淑：《纳西东巴文化研究总览》，云南大学出版社，2006年，第141—157页；白庚胜、荒屋丰：《纳西族文化研究关连资料目录索引》，佐野贤治编：《西南中国纳西族·彝族的民俗文化——民俗宗教的比较研究》，东京：勉诚出版，1999年，第559—560页。

⑦ 喻遂生：《纳西东巴文研究丛稿》，巴蜀书社，2003年；喻遂生：《纳西东巴文研究丛稿（第二辑）》，巴蜀书社，2008年；周斌：《东巴文异体字研究》，华东师范大学出版社，2005年；郑飞洲：《纳西东巴文字字素研究》，民族出版社，2005年。

的影响。始于方国瑜的研究，直到近年以来年轻学者的论文，可以说中国历经多年的汉字研究的相关积累，如六书的概念及其分析法的形式，深深地影响了纳西族文字的研究。因此，纳西族文字的相关研究，尤其是作为连续文字的“文本”的研究还较为罕见。基于这样的学术倾向，相对于各个文字的视角，本文试将纳西族的东巴经典视为连续文字的“文本”来加以把握和探讨。①

三、平行、复数的文本

纳西族的宗教活动中，有为数较多的礼仪。在各种各样的礼仪所采用的东巴经典中，述说同一内容的文本屡屡出现。在这些文本之间，存在读音和文字方面的差异。以下试用与纳西族创世神话《崇搬图》相平行的、复数的文本，探讨其文字的差异。详细资料如下：

A：《丽江麽些象形文“古事记”研究》②

B：《麽些族的洪水故事》③

C：《崇般崇笮》④

D：《关死门经·人类迁徙记》⑤

E：《崇搬图》⑥

F：《禳垛鬼仪式·人类起源和迁徙的来历》⑦

G：《除秽·古事记》⑧

H：《退送是非灾祸·创世纪》⑨

I：《超度死者·人类迁徙的来历·上卷》⑩

---

① 关于纳西族宗教经典的声音语言，笔者曾论述其性质。黑泽直道：《纳西族宗教经典声音语言的研究——作为口头传承的“东巴经”》，东京：雄山阁，2007 年。

② 傅懋勣：《丽江麽些象形文古事记研究》，武昌华中大学，1948 年。

③ 李霖灿、和才：《麽些族的洪水故事》，李霖灿、张琨、和才：《麽些经典译注九种》，台北：“国立编译馆”中华丛书编审委员会，1978 年，第 21—87 页。

④ 和云彩、和发源：《崇般崇笮》，云南省少数民族古籍整理出版规划办公室编：《纳西东巴古籍译注（一）》，云南民族出版社，1986 年，第 150—279 页。

⑤ 和开祥、和宝林：《关死门经·人类迁徙记》，丽江：世界宗教研究所·云南省社会科学院东巴文化研究室，出版年不详（油印本）。

⑥ 和芳、周汝诚：《崇搬图》，丽江县県文化馆，1963 年（油印本）。

⑦ 和士成、和力民：《禳垛鬼仪式·人类起源和迁徙的来历》，《纳西东巴古籍译注全集》24，云南人民出版社，1999—2000 年，第 129—195 页。

⑧ 和即贵、李英：《除秽·古事记》，《纳西东巴古籍译注全集》39，云南人民出版社，1999—2000 年，第 155—227 页。

⑨ 和云章、和品正：《退送是非灾祸·创世纪》，《纳西东巴古籍译注全集》35，云南人民出版社，1999—2000 年，第 327—402 页。

⑩ 和士成、和发源：《超度死者·人类迁徙的来历·上卷》，《纳西东巴古籍译注全集》56，云南人民出版社，1999—2000 年，第 141—172 页。

四、“确定的”文字和“非确定的”文字

以下是《崇搬图》开头的文字文本。试比较上述并列的 9 种文本，其文字方面的微妙差异依稀可辨。

A：
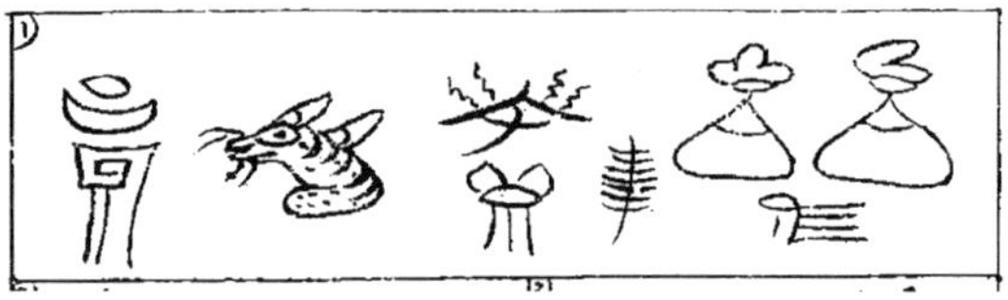

B：
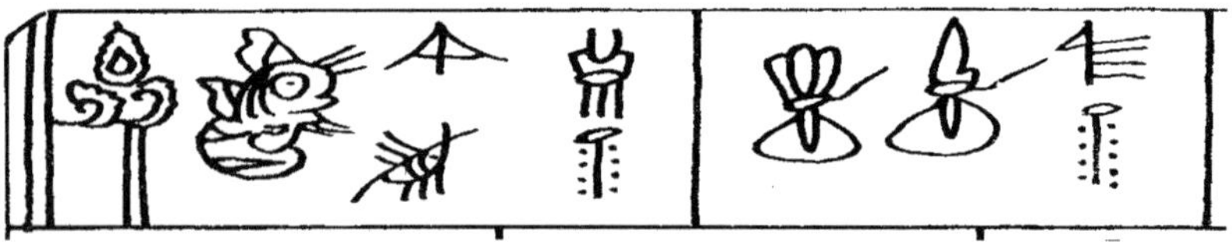

C：
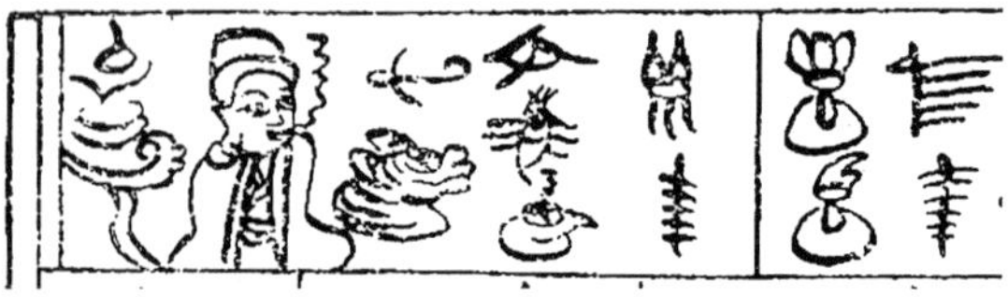

D：

E：

F：
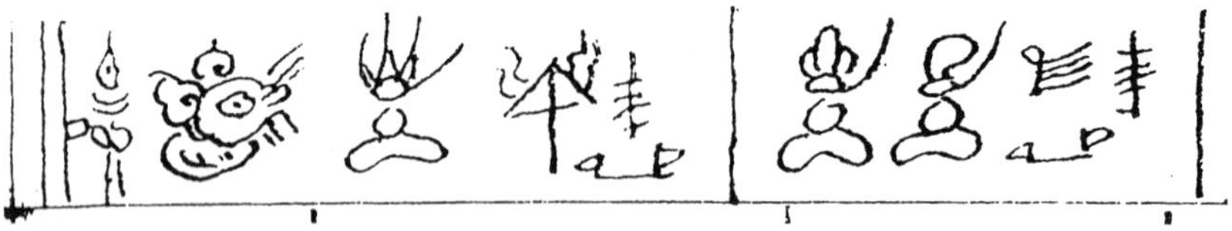

G：

H:
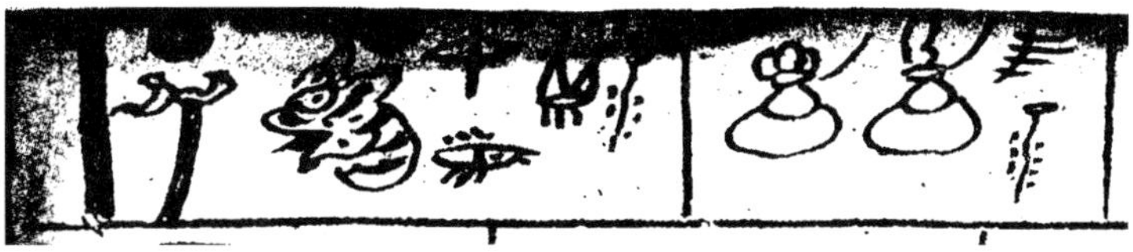

I:
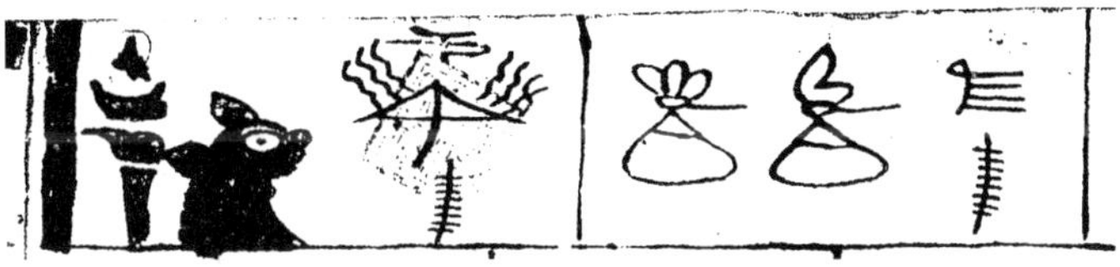

这一部分的纳西语读音，如 A 的文本是 a la me sheel bbei tee rheeq，mee leel chvl gvl ssee，ddu seiq hoq gvl ssee，其意义是“太古的时候，天体是颤动的，阳神阴神混杂未分”。但是，关于这部分的解释，各种文本之间存在着差异，如 B 的文本解释为“从前的时候，天下混沌的时候，阳神阴神会唱和的时候”①。

试将上述文字的文本进行比较，便可发现：既有几乎是全部文本中必然出现的文字，也有未必出现的文字。进而，具体到一部分的文字，却只有某一种文本出现。为了进一步明确这样的事实，试将每部分文字出现的频率数据化。

文本的开头，首先见到的是两条纵线和典籍开头的记号。这个记号，因文本的不同而有所变化，是借用藏语经典的格式。关于两条纵线的问题，也有像 G 文本那样的，对于是否画了两条纵线尚不清楚，在此，只计算明显画了两条纵线的文本。以下，试在括号［ ］中，用一句话来表示东巴文字（借音字时，也标记其发音），接着记述其文字在 9 种文本中出现的次数（［纵线］：5，［开头记号］：9）。

纳西语读音的第一句：“太古的时候”，见到的是虎的象形文字。在纳西语中，“虎”的发音是 la，而“太古的时候”是 a la me sheel bbei tee rheeq，或者 ei la me sherl ni 等，“虎”的文字是第二个音节 la 的借音字（［虎 la］：9）。此外，在 C 文本中，在“虎”的左边，有“东巴”的文字，而 F 文本在“虎”的右边，也能见到“东巴”的文字（从口中延伸出来的线条表示“语言”、“朗诵”）。但是，这一文字本身并不反映读音。进而在 C 文本中，在“虎”的上面有发出声音的口形的文字，读作 a，用于表示“太古的时候”的第一个音节（［朗诵的东巴］：2，［发话声］：1）。

在纳西语读音的第二句“天体是颤动的”或“天下混沌的时候”中，见到的是类似伞的形状的“天”的象形文字。在“天”的文字上，可能是为了表示震动，其上方还延伸出若干线条，有的没有这样的线条。在此试将“天”和“震动”分成两个部分来计算（［天］：9，［震动］：5）。在许多文本的读音中，这一部分是将天和地作为一个整体。不可思议的是，文字文本上表示“地”的文字不算多，

① 关于其解释的分歧问题，笔者曾论述过。黑泽直道：《中国少数民族宗教文本的研究——纳西族的东巴经》，《日本文化和神道》第 3 号（2006 年），东京：国学院大学。

即在B、C、H文本中见到的像虫那样的文字。这一文字本来是表示“牛的寄生虫leel”，在此，则标记为发音相似的“地lee”（［牛的寄生虫leel］：3）。在C的文本中，其下面写有“水鸟zhvl”，而E的文本中则在天的下方写有“锥zhul”，用各自的发音来标记天地“相连zhul”的发音（［水鸟zhvl］：1，［锥zhul］：1）。在G的文本中，天的文字下面有“骰子（色子）shvq”，这大概也是标记“相连zhul”的发音（［骰子shvq］：1）。

在上述文本中，句后能见到下面有三条线的“蒜gv”的象形文字，就是标记“能够”这一意义的助词gvl或者“混沌”这一词语的第二个音节的gvl（［蒜gv］：5）。

在相当于纳西语读音的第二句的最后，在A、C、E、F、G、I文本中都有“草ssee”的象形文字，这可以解释为标记同音的“时代”、“长寿”（［草ssee］：6）。在B、D、H文本中也有表示“时”的文字。作为这一文字的字源来说，是否有表示水表的文字等说法尚不清楚（［时］：3）。再有，在F的文本中，在草的文字下面还有“桶tvq”的象形文字，这是标记同音的“出现tv”。而在F的这部分文本中，读音略有不同（ssee sherq tv），其意是“长寿出现了”（［桶tvq］：1）。

相当于纳西语读音的第三句部分，在全部的文本中，阳神和阴神都出现了。这是在纳西语中发音为“董ddu”和“色seiq”的两位神，被视为男性神和女性神。在“阳神”和“阴神”的文字中，有的并没有从口中延伸出线条来。与前文列举的“东巴”的文字相同，从口中延伸出线条的表示语言或唱歌。在此，可以认为表示“阳神”和“阴神”，“一唱一和”。因此，这里也可以分开计算（［阳神］：9，［阴神］：9，［语言、唱和］：4）。写在这两位神的下面或右边的文字，本来是表示肋骨的象形文字，然而解释为“混杂”、“唱和”、“布置”、“安排”、“追赶”等，因文本的不同而有一些零乱。但是，无论表示什么意思，都不是肋骨之意，无疑这是其发音hoq的借音字（［肋骨hoq］：9）。在这一句的最后，再次出现“草ssee”和“时”的文字。在A文本中，这些文字都在一个格子里面，也可以解释为再读上面读过的“草ssee”，在此强调文字出现的次数，而再读的则不再计算（［草ssee］：5，［时］：3）。在F文本中，与前句同样能见到“桶”的文字（［桶tvq］：1）。

综上所述，根据出现的次数计算文字，试区分在几乎所有经典中出现的“确定的”的文字与未必屡屡出现的“非确定的”的文字。出现7次以上的文字视为“确定的”，显示在左边，而不满7次的则判定为“非确定的”文字，显示在右边。以下将显示相应的纳西语的读音及其翻译（以A文本和B文本为例）。

A：a la me sheel bbei tee rheeq（太古的时候）

B：ei la me sherl ni（从前的时候）

确定的	非确定的
[开头记号]：9 [虎 la]：9	[纵线]：5 [诵读东巴]：2 [发话声]：1

A：mee leel chvl gvl ssee（天体是颤动的）

B：mee leel zhvl gvl rheeq（天下混沌的时候）

确定的	非确定的
[天]：9	[震动]：5 [牛寄生虫 leel]：3 [水鸟 zhvl]：1 [锥 zhul]：1 [骰子 shvq]：1 [蒜 gv]：5 [草 ssee]：6 [时]：3 [桶 tvq]：1

A：ddu seiq hoq gvl ssee（阳神阴神混杂未分）

B：lu（ddu）seiq hoq gvl rheeq（阳神阴神会唱和的时候）

确定的	非确定的
[阳神]：9 [阴神]：9 [肋骨 hoq]：9	[语言、唱和]：4 [草 ssee]：5 [时]：3 [桶 tvq]：1

在上述3个句子中，[开头记号]、[虎 la]、[天]、[阳神]、[阴神]、[肋骨 hoq] 的文字都出现了9次，是确定性较高的文字。而在这些文字中，[天]、[阳神]、[阴神] 是一看便容易明白的象形文字。而 [虎 la] 和 [肋骨 hoq] 则是表示发音的文字，但 [虎 la] 往往在典籍开头用来表示远古的意义，并成为一种惯用文字的倾向。另外，在非确定的文字中，还使用了许多借音字。

据此，试比较记述同一内容的复数文本，计算某些文字在诸多经典中出现的情况，抽选出那些出现频率较高，几乎是所有经典中都出现的所谓确定的文字。但是，这一“确定的”意义，总是显示过高的出现频率，对于经典而言就不是绝对不可缺少的文字了。

五、《崇搬图》开头的“结构”

在此，采用与上述同样的方法，试将接续上一节《崇搬图》开头的文字区分为“确定的”文字或“非确定的”文字并加以显示。关于读音和翻译，在各自的文本中有不同的解释，在此，仅以具有代表性的解释为例（A 文本和 B 文本，原文没改）。如纳西语方言的语音差别，基本上是根据丽江古城区的发音来标记。再有，由于《崇搬图》本身的篇幅较长，在此由于文字的限制，仅显示能清楚划分内容的一部分。对于借音字，记载其原来的意义和用其发音来标记词。在经典中，还有由于纵线的画面划分不清晰，而返回到已经读完的前面的文字处再次诵读的情况。但在本文中，着眼于文字出现的频率，原则上计算过一次的文字就不再重复计算。此外在一部分经典中，也有句子顺序相反的情况，在这样的情况下，是依照与多数经典的顺序相吻合的形式来加以处理。

A：zzerq zzeeq jji gvl ssee（树木生脚会走路）

B：ser zzeeq jji gvl rheeq（树木生长起都会走路的时候）

确定的	非确定的
［长脚的树木］：9	［移动］：2 ［酒曲 jji = 走路］：1 ［蒜 gv = 能够］：2 ［草 ssee = 寿命］：1 ［村庄 zzee = 长（树木）］：1

A：lv ggee dal gvl ssee（石头咧嘴会说话）

B：lv ggee dal gvl rheeq（石头开口都会说话的那时候）

确定的	非确定的
［发出语言的岩石］：9	［箱子 dal = 说话］：4 ［破裂］：2 ［蒜 gv = 能够］：3 ［草 ssee = 寿命］：3

A：zhee leel niul gvl ssee（土壤也在摇晃着）

B：ddiuq ddeeq zheel lv niulniu tv tee rheeq（大地土石动荡出现的那时候）

确定的	非确定的
[震动的大地]：9	[震动的岩石] 和 [岩石]：5 [时]：2 [草 ssee = 寿命]：4 [桶 tvq = 出现]：2 [震动]：1

A：mee neiq ddiuq la me tv see tee rheeq（天和地还没创造出来的时候）

B：mee neiq ddiuq la me tv nee（天和地都还没有出现呢）

确定的	非确定的
[天]：8 [地]：8 [否定]：8 [桶 tvq = 出现]：7	[毛线团 see = 还（没有）]：1 [否定]：1 [门 ku = 开启]：1 [时]：2

（由于 G 文本这一部分不明了，最大的出现次数是 8 次）

A：mee oq ddiuq oq see siuq chuq gai nee tv（天的影，地的影，天地之影之影，这三样先行出现）

B：mee neiq ddiuq oq ee mei see siuq gai nee tv（就先出现了三样好的天地的影子）

确定的	非确定的
[绿松石 oq = 影子]：8 [3]：8 [锡 siuq = 种类]：6 [桶 tvq = 出现]：7	[架竿 gai = 先]：1 [心脏 neel = 在…]：1

（由于 G 文本这一部分不明了，最大的出现次数是 8 次。在此出现了 6 次以上，被视为确定的文字）

A：bbi neiq leiq la me tv see tee rheeq（太阳和月亮还没出来的时候）

B：bbi neiq leiq la me tv nee（日和月都还没有出现呢）

确定的	非确定的
[太阳]：9 [月亮]：9 [否定]：9	[桶 tvq = 出现]：6 [毛线团 see = 还（没有）]：1 [悬挂 chee = 这个]：1 [时]：1

A：bbi oq leiq oq see siuq chuq gai nee tv（太阳影，月亮影，太阳月亮之影的影，这三样先行出现）

B：bbi neiq leiq oq ee mei see siuq gai nee tv（就先出现了三样好的日和月的影子）

确定的	非确定的
[绿松石 oq = 影子]：8 [3]：9 [锡 siuq = 种类]：8	[太阳]：1 [月]：1 [宝石 chuq = 早]：1 [架竿 gai = 先]：2 [心脏 neel = 在…]：1 [桶 tvq = 出现]：6

A：geeq neiq ssaq la me tv see tee rheeq（恒星和行星还没出来的时候）

B：geeq neiq ssaq la me tv nee（恒星和行星都还没有出现呢）

确定的	非确定的
[恒星]：8 [行星]：8 [否定]：7 [桶 tvq = 出现]：6	[毛线团 see = 还（没有）]：1 [悬挂 chee = 这个]：1 [时]：1

（由于在 F 文本中没有这样的句子，最大的出现次数是 8 次。在此出现了 6 次以上，被视为确定的文字）

A：geeq oq ssaq oq see siuq chuq gai nee tv（恒星影，行星影，恒星行星之影的影，这三样先行出现）

B：geeq neiq ssaq oq ee mei see siuq gai nee tv（就先出现了三样好的恒星和行星的影子）

确定的	非确定的
[绿松石 oq = 影子]：7 [3]：7 [锡 siuq = 种类]：6 [桶 tvq = 出现]：6	[恒星]：1 [行星]：1 [架竿 gai = 先]：1

（由于在 F 文本中没有这样的句子，最大的出现次数是 8 次。在此出现了 6 次以上，被视为是确定的文字）

A：jjuq neiq loq la me tv see tee rheeq（山和谷还没出来的时候）

B：jjuq neiq loq la me tv nee（山和谷都还没有出现呢）

确定的	非确定的
[山]：9 [谷]：9 [否定]：8	[苋菜 nei = …和…]：1 [桶 tvq = 出现]：6 [毛线团 see = 还（没有）]：1 [悬挂 chee = 这个]：1 [时]：1

A：jjuq oq loq oq see siuq chuq gai nee tv（山影，谷影，山谷之影的影，这三样先行出现）

B：jjuq neiq loq oq ee mei see siuq gai nee tv（就先出现了三样好的山和谷的影子）

确定的	非确定的
[绿松石 oq = 影子]：9 [3]：9 [桶 tvq = 出现]：8	[山]：1 [谷]：1 [锡 siuq = 种类]：6 [架竿 gai = 先]：2 [心脏 neel = 在…]：1

A：jjiq neiq kai la me tv see tee rheeq（河和沟还没出来的时候）

B：jjiq neiq kai la me tv nee（水和沟都还没有出现呢）

确定的	非确定的
[水]：8 [沟]：8 [否定]：8 [桶 tvq = 出现]：6	[时]：2 [苋菜 nei = …和…]：1

（由于在 C 文本中没有这样的句子，最大的出现次数是 8 次。在此出现了 6 次以上，被视为是确定的文字）

A：jjiq oq kai oq see siuq chuq gai nee tv（河影，沟影，河沟之影的影，这三样先行出现）

B：jjiq neiq kai oq ee mei see siuq gai nee tv（先就出现了三样好的水和沟的影子）

确定的	非确定的
[绿松石 oq = 影子]：7 [3]：8 [锡 siuq = 种类]：7 [桶 tvq = 出现]：7	[架竿 gai = 先]：3 [宝石 chuq = 早]：1 [心脏 neel = 在…]：1

（由于 C 文本中没有这样的句子，最大的出现次数是 8 次）

A：ser neiq lv la me tv see tee rheeq（木和石还没出来的时候）

B：ser neiq lv la me tv nee（木同石都还没有出现呢）

确定的	非确定的
[树木]：7 [岩石]：7 [否定]：7 [桶 tvq = 出现]：5	[毛线团 see = 还（没有）]：1 [悬挂 chee = 这个]：1 [时]：1

（由于 A 文本和 C 文本中没有这样的句子，最大的出现次数是 7 次。在此出现了 5 次以上，被视为是确定的文字）

A：ser oq lv oq see siuq chuq gai nee tv（木影，石影，木石之影的影，这三样先行出现）

B：ser neiq lv oq ee mei see siuq gai nee tv（先就出现了三样好的木和石的影子）

确定的	非确定的
[绿松石 oq = 影子]：7 [3]：7 [锡 siuq = 种类]：5	[树木]：1 [岩石]：1 [架竿 gai = 先]：2 [心脏 neel = 在…]：1 [桶 tvq = 出现]：3

（由于在 A 和 C 文本中没有这样的句子，最大的出现次数是 7 次。在此出现了 5 次以上，视之为确定的文字）

从上述抽选出“确定的”文字，试做如下提示。在此，用“—”表示句子的段落。

[开头记号][虎 la]—[天]—[阳神][阴神][肋骨 hoq]—[长脚的树木]—[发出语言的岩石]—[震动的大地]—[天][地][否定][桶 tvq]—[绿松石 oq][3][锡 siuq][桶 tvq]—[太阳][月亮][否定]—[绿松石 oq][3][锡 siuq]—[恒星][行星][否定][桶 tvq]—[绿松石 oq][3][锡 siuq][桶 tvq]—[山][谷][否定]—[绿松石 oq][3][桶 tvq]—[水][沟][否定][桶 tvq]—[绿松石 oq][3][锡 siuq][桶 tvq]—[树木][岩石][否定][桶 tvq]—[绿松石 oq][3][锡 siuq]

根据出现频率而抽选出一系列的文字，可以说就是《崇搬图》开头文字文本的一种“结构”。

六、"结构"的意义

笔者在纳西族地区生活的时候，曾经有一位年轻的纳西族学者将《东巴经》放在手上，对我说："由于自己不是东巴，不能全部诵读，但多看看也能明白一部分。"若是熟练纳西语的东巴，能够详细地记忆全部纳西语的读音和文字的文本；若不是的话，往往是先记忆重要的文字和读音。因此，在本文中抽选出来的"结构"，在某种程度上也许就是东巴大脑中的记忆略图。从这样的记忆方式来考虑，便能够理解这样的事实：即在"确定的"文字中，一看就容易明白的象形文字比较多。另外，借音字是标记纳西语句子中的部分词语或音节的发音的，而具体标记句子中的哪一个词语和音节，则因文字不同而完全不同。这对于东巴而言是难以记忆的，其结果却导致文本间具有较大的差异。

笔者认为，文本间文字的差异，也是东巴在书写经典，以及在抄写经典的过程中所产生的差异。有的是将旧的经典放在身边，一边看一边书写；也有的只是凭记忆，什么也不看。在这种情况下，其"确定的"部分，由于记忆准确而极少改变，而不太"确定的"部分则往往有意无意间加以改变了。

在本文中所提出的东巴经典的"结构"，也许会让我们想到结构主义发起人之一俄国的弗拉迪米尔·普洛普（Vladimir Propp）所提到的民间故事的结构。[①]"确定的"文字系列好像是横组合（syntagmatic）的结构，而"非确定的"文字群则是纵聚合（paradigmatic）的关系。但是，在此被抽选出来的，都是基于各自文字出现的频率，而并非像普洛普的结构那样经过一定抽象化的过程。在"确定的"文字中象形文字较多，而"非确定的"文字中则是借音字较多，实际上也有例外。"确定的"文字和"非确定的"文字，根据文字本身的性质明确地加以规定，这是极为困难的。因而，这只不过是根据出现的频率而抽选的一种"结构"。

在本文中，试将"确定的"文字的出现频率最大数值9，规定为7以上，最大的数值每减去1，其频率也减去1。改变值数，如同调节音响的音量一样，其确定性的程度是可以调节的。因此，首先制作记载出现频率的数值资料，随后再调整与实际的资料相吻合的确定性数值，这也是一种办法。

但是，在本文中所采用的方法，其有效性仅限于这样的情况，属于同一内容，并且是细节略有不同的复数的经典。即使是记述同一内容，因其经典的文字文本是截然不同的，上述方法也不能适用。

---

① 弗拉迪米尔·普洛普著，北冈诚司、福田美智代译：《民间故事的形态学》，东京：水声社，1987年。

七、结 语

记述同一内容的复数的东巴经典的情况，如同本文所探讨的抽选文字文本“结构”的方法，若能够积累一定的数据的话，在碰到完全不知道的经典的时候，也能够找到较为明确的线索，并进而了解那是什么内容的经典。例如，某一经典若包括了《崇搬图》经典中特有的“确定的”文字系列的话，那么其经典就是《崇搬图》的可能性极高。在此基础上，若能一一推断不包含在“确定的”文字部分中的“非确定的”文字各自是什么意义，或者是表示什么发音的话，那么这一经典就变成疑似的“能诵读”的了。再有，由于东巴经典中包括了各种各样的故事情节，若将“确定的”文字部分按内容划分为几个段落的话，在《崇搬图》以外的经典中包括了一部分《崇搬图》故事情节的时候，也是能够适用的。

现在，记忆许多经典的、有才能的老东巴们已相继去世，作为代表性记忆工程的《纳西东巴古籍译注全集》也已经完成，对东巴经典的研究，有必要转换研究视角。在本文中，笔者试从个别文字入手，进而探讨文字文本的研究方法，尽管从某种意义说还是一种尝试，但有助于解读保存在世界各地图书馆和研究机构中的东巴经典。

笔者认为，掌握一定程度的纳西语是必要的。但本文中所探讨的研究方法，在原理上是较为简单，如学习了一定程度的纳西语，对中国或国外的研究者而言都是可行的。在东巴经典的研究中，为了开拓研究者的视角，应探究各种各样的研究方法。

丽江东巴文人情账簿译释[①]

杨亦花　钟耀萍　喻遂生

一、前　言

人情账簿是民间办理大事时亲朋好友赠送礼物的记录簿。东巴文的人情账簿，《中国少数民族古籍总目提要·纳西族卷》曾辑录了四川省木里县俄亚的三本[②]，但未见发表具体材料。2008 年 1 月，杨亦花和钟耀萍在丽江塔城进行田野调查时发现了两本东巴文人情账簿，现征得主人同意，我们将账簿及初步研究情况发表出来。这是学界首次刊布东巴文人情账簿，相信会对从事民族研究特别是从事东巴文研究的专家学者有所助益。

账簿共两本，绵纸，从左至右竖行书写，用绵纸捻从左面装订。我们按时间先后称之为甲本、乙本。甲本竖长 18 厘米，横宽 13.5 厘米，共 6 页、19 行、198 字；乙本横长 23.4 厘米，竖宽 15.5 厘米，共 5 页、27 行、225 字。

本文对照字形和辞书并参照当地东巴的释读，将账簿全文逐字标音、解释、翻译。图中各行编码为笔者所加，标音依照纳西语塔城方言音系。

二、账簿甲本字释

字释：(1)  ɕi^{21}谷子，借作 ɕi^{33}人。

 ʂʅ^{33}死。

 tʂæ^{33}画卷。大研镇读作 tsæ^{33}。

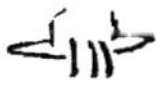 pv^{55}甑子。两字连读为汉语借词 tʂæ^{55}pv^{55}账簿。

---

① 本文的写作由杨亦花、钟耀萍、喻遂生共同讨论研究，由杨亦花、钟耀萍执笔，喻遂生审改。初稿写成后，杨亦花又到塔城进行了补充调查。在此，谨向账簿提供者和帮助我们进行田野考察和释读研究的东巴以及纳西族父老、专家学者，表示衷心的感谢。

② 参见《中国少数民族古籍总目提要·纳西族卷》，中国大百科全书出版社，2003 年，第 423 页。

o^{33}骨，借作 o^{21}是。

me^{33}雌，借作语气词 me^{55}。

（2） lv^{21}龙。

khv^{55}弯曲，借作年。

哥巴文，读作 le^{33}就。

mu^{55}牛蝇，借作老，是死的一种委婉说法。

me^{33}雌，借作语气词。

o^{33}骨，借作 o^{21}是。

（3） yo^{21}绵羊。

khv^{55}弯曲，借作年。

tʂhv^{33}硝水，当地人称为臭水，在此借作 tʂhv^{55}念经。

图一 账簿甲本第一页

be^{33}做。两字连读为tʂhv^{55}be^{33}念经做超度。

me^{33}雌，借作语气词。

o^{33}骨，借作 o^{21}是。

第一页标音：（1） ɕi^{33} ʂʅ^{33}tʂæ^{55}pv^{55}o^{21} me^{55}，（2） lv^{21}khv^{55}le^{33}mu^{55}me^{33} o^{21}，
人 死 账簿 是（语） 龙 年 就 死（语）是
（3） yo^{21}khv^{55}tʂhv^{55}be^{33}me^{33} o^{21}。
绵羊 年 念经 做（语）是

汉译：是死了人的账簿，是龙年死的，是羊年做的超度仪式。

字释：（4） mi^{33}火。

kuə^{55}划刀。两字连读借为 mi^{21}kuə^{21}民国。

ȵi^{33}tsər^{21}二十。

khv^{55}弯曲，借作年。

gə^{21}上，借作定语助词 gə^{33}的。

tshe^{21}十。

me^{33}雌。

he^{33}月。三字连读为 tshe^{21}me^{33}he^{33}十月。

ȵi^{33}tsər^{21}二十。

ʂər^{33}七。

ȵi^{33}日。

哥巴文，读作 yo^{21}，绵羊。

khv^{55}弯曲，借作年。此二字介于两行之间，可能是后来添加的。

（5）ɑ^{33}呵，应答声，借作亲属称谓的词头。

me^{33}雌。两字连读为 ɑ^{33}me^{33}阿妈。

tʂhv^{33}硝水，当地人称为臭水，在此借作 tʂhv^{55}念经。

be^{33}做。两字连读为 tʂhv^{55}be^{33}念经做超度。

ȵə^{21}眼睛，借作时候。

ɕi^{21}谷子，借作 ɕi^{33}人。

nɯ^{33}心，借作主语助词。

图二　账簿甲本第二页

（6）哥巴文，读作 lo^{55}维。纳西语把一家有红白喜事时各家拿些实用的礼物来共同办事的形式叫作 lo^{55}lo^{33}，简单地说，就是礼尚往来，当地汉语叫作维，就是维系友好关系的意思。

iə^{33}烟草，借作 iə^{55}给。

me^{33}雌，借作语气词。

gə^{21}上，借作定语助词 gə^{33}的。

tʂæ^{33}画卷。大研镇读作 tsæ^{33}。

pv^{55}甑。两字连读为汉语借词 tʂæ^{55}pv^{55}账簿。

uɑ^{21}玉石，借为是。大研镇读作 o^{21}。

me^{33}雌，借作语气词 me^{55}。

第二页标音：（4）mi^{21}kuə^{21}ȵi^{33}tsər^{21}khv^{55}gə^{33}tshe^{21}me^{33}he^{33}ȵi^{33}tsər^{21} ʂər^{33}ȵi^{33}，
民 国　二十 年 的 十月 二十 七 日
（5）?? ɑ^{33}me^{33}tʂhv^{55} be^{33}ȵə^{21}，ɕi^{33}nɯ^{33}
阿　妈　念经　做　时
（6）lo^{55}iə^{55}　me^{33} gə^{33}tʂæ^{55}pv^{55}uɑ^{21}me^{55}。
人（助）　维　给（语）的 账簿　是（语）

汉译：是民国二十年的十月二十七日为阿妈做超度时，人们送礼的账簿。

字释：（7） dʑi^{21}水。

khæ^{33}沟、渠。

ko^{21}针。三字连读为家族名 dʑi^{21} khæ^{33}kho^{334}水沟边。纳西族有把住房所在地当作家族名称来称呼的习惯，而且家名的读法常常是把最后一个音节变调，使之与地名或人名区别开来。

uə^{33}村寨，借作人名前缀 uɛ^{33}喂；

哥巴文，读作 ɕə^{21}。两字连读作人名 uɛ^{33}ɕə^{21}喂修。

ʐuɑ^{33}马。

ly^{21}看。

khuɑ^{55}碗。三字连读 ʐuɑ^{33} ly^{21} khuɑ^{55}，疑为一种超度类经书，暂时音译为“软吕夸”。待考。

tæ^{21}拉。

hæ^{21}金子。两字连读借作 tæ^{55} hæ^{21}礼物，指在做仪式时专门送东巴的礼物。

(7) (8) (9) (10)

图三　账簿甲本第三页

（8） be^{33}做。

iə^{33}烟草，借作 iə^{55}给。

me^{33}雌，借作语气词。

tʂʅ^{33}土。

iə^{33}烟草。两字连读借作 tʂʅ^{55}iə^{33}钱。大研镇读作 tɕi^{55}iə^{33}。

ho^{55}八。

tʂo^{55}锥子，借作量词 tʂo^{33}串，当为旧时方孔铜钱的钱串，一串有一百枚钱币。大研镇读 tʂu^{55}。

ʐʅ^{33}酒。

lo^{33}四。大研镇读 lu^{33}。

khuɑ^{55}碗。纳西族地区原来有用能盛半斤的碗当量器的习惯，一碗相当于半斤。

 nv^{21}黄豆。

 ȵi^{33}二。

哥巴文，读作 py^{33}，计量单位升。

（9） tʂhv^{33}硝水，当地人称为臭水。

 khur^{33}角，借作洞。大研镇读 kho^{33}。

 ndv^{21}毒草。三字连读为村名 tʂhv^{33}khur^{33}ndv^{21}楚括笃，此地有一种带锈味的泉水，故得名，当地汉语称为臭水塘。

 iə^{33}烟草。

 ko^{21}针。两字连读为家名 iə^{33}ko^{24}邀郭。iə^{33}ko^{21}的本义为家、家庭，此处变读是要表示一个家名。

 tʂʅ^{33}土。

 iə^{33}烟草。两字连读借作 tʂʅ^{55}iə^{33}钱。

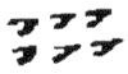 tʂhuɑ^{55}六。

 tʂo^{55}锥子，借作量词 tʂo^{33}串。

哥巴文，读作 le^{55}茶。

 tʂhv^{33}硝水，当地人称为臭水。

 tʂhæ^{55}钻子。大研镇读 tshæ^{55}。两字连读借作汉语借词 tʂhv^{55}tʂ hɑ^{21}春茶。

 dɯ^{33}一。

 lv^{33}石头，引申为量词 lv^{55}饼。

（10） tʂhv^{33}硝水，当地人称为臭水。

 khur^{33}角，借作洞。

 ndv^{21}毒草。三字连读为村名 tʂhv^{33}khur^{33}ndv^{21}楚括笃，此处变读为 tʂhv^{33}khur^{33}ndv^{24}表示所有格，译为楚括笃的。

 uə^{33}村寨，借作人名前缀 uɛ^{33}喂。

哥巴文，读作 yo^{21}。两字连读作人名 uɛ^{33}yo^{21}喂育。

 tʂʅ^{33}土。

 iə^{33}烟草。二字连读借作 tʂʅ^{55}iə^{33}钱。

 dɯ^{33}一。

 tʂo^{55}锥子，借作量词 tʂo^{33}串。

 ȵi^{33}tsər^{21}二十。

uɑ^{33}五，此处变读为uɑ^{55}。

be^{33}做，借作量词be^{21}块。

ʐʅ^{33}酒。

ȵi^{33}二。

khuɑ^{55}碗。

第三页标音：（7）ʥi^{21}khæ^{33}kho^{334}uɛ^{33}ɕə^{21}ʐuɑ^{33}ly^{21}khuɑ^{55} tæ^{55}hæ^{21} （8）be^{33}iə^{55} me^{33}ʈʂʅ^{55}iə^{33}ho^{55}ʈʂo^{33}、

水沟边　家　喂修　“软吕夸　礼物　做　给（语）　钱　八　串

ʐʅ^{33}lo^{33}khuɑ^{55}、nv^{21}ȵi^{33}py^{33}，（9）ʈʂhv^{33}khur^{33}ndv^{21}iə^{33}ko^{24}ʈʂʅ^{55}iə^{33}ʈʂhuɑ^{55}ʈʂo^{33}、le^{55}ʈʂhu^{55}ʈʂhɑ^{21}dɯ^{33}lv^{55}，

酒　四　碗　黄豆　二　升　臭水塘　邀郭家　钱　六　串　茶　春　茶　一　饼

（10）ʈʂhv^{33} khur^{33} ndv^{24} uɛ^{33} yo^{21} ʈʂʅ^{55} iə^{33} dɯ^{33} ʈʂo^{55} ȵi^{33} tsər^{21} uɑ^{55} be^{21}、ʐʅ^{33} ȵi^{33}khuɑ^{55}。

臭水塘的　喂　育　钱　一　串　二十　五　块　酒　两　碗

汉译：水沟边家喂修（在念）“软吕夸”（经时）送来钱八串、酒四碗、黄豆两升，臭水塘邀郭家送钱六串、春茶一饼，臭水塘的喂育送钱一串零二十五块、酒两碗。

字释：（11） gə^{21}上。

pho^{55}只。

哥巴文，读作lo^{24}。三字连读为家名gə^{21}pho^{55}lo^{24}格坡罗。

uə^{33}村寨，借作人名前缀uɛ^{33}喂。

mby^{33}分。

bɑ^{21}花，借作bɑ^{33}爸爸。三字连读为人名uɛ^{33}mby^{33}bɑ^{33}喂必爸，意为喂必的爸爸，纳西族有在子女名后加爸、妈表人名的习惯。

ko^{21}针。

ʂo^{21}铁。大研镇读为ʂu^{21}。

哥巴文，读作lɑ^{55}。三字连读ko^{33} ʂo^{55} lɑ^{55}果说拉，是一种超度类经书。

tæ^{21}拉。

图四　账簿甲本第四页

（12）hæ^{21}金子。两字连读借作 tæ^{55}hæ^{21}礼物。

be^{33}做。

iə^{33}烟草，借作 iə^{55}给。

me^{33}雌，借作语气词。

tʂʅ^{33}土。

iə^{33}烟草。两字连读借作 tʂʅ^{55}iə^{33}钱。

dɯ^{33}一。

æ^{21}鸡，借作 ər^{21}绳子。dɯ^{33}ər^{21}也就是一串。

tʂhuɑ^{33}米。

ɳi^{33}二。

哥巴文，读作 py^{33}，计量单位升。

zʅ^{33}酒。

lo^{33}四。

khuɑ^{55}碗。

（13）uə^{33}村寨，借作人名前缀 uɛ^{33}喂。

哥巴文，借自汉字的子，读作 tsər^{33}。

bɑ^{21}花，借作 bɑ^{33}爸爸。三字连读为人名 uɛ^{33}tsər^{33}bɑ^{33}喂子爸。

tʂʅ^{33}土。

iə^{33}烟草。两字连读借作 tʂʅ^{55}iə^{33}钱。

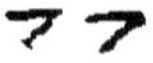ɳi^{33}二。

tʂo^{55}锥子，借作量词串。

zʅ^{33}酒。

ɳi^{33}二。

khuɑ^{55}碗。

（14）bə^{33}足底。

dy^{21}地。一般写作

。两字连读为村名 bə^{33}dy^{21}拨堆，当地汉语称为巴甸。

tʂhæ^{55}钻子。

mɯ^{33}万。两字连读为家名 tʂhæ^{21}mɯ^{554}常妹家。纳西族有用某家的大儿子

或女儿的名字代称那家家名的习惯。

 uə^{33}村寨，借作人名前缀 uɛ^{33}喂。

 uɑ^{21}玉石。两字连读为人名 uɛ^{33}uɑ^{21}喂娃。

 tʂʅ^{33}土。

 iə^{33}烟草。两字连读借作 tʂʅ^{55}iə^{33}钱。

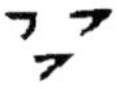 sʅ^{21}三，此处变读为 sʅ^{55}。

 tʂo^{55}锥子，借作量词串，此处变读为 tʂo^{33}。

 ʐʅ^{33}酒。

 ɳ̩i^{33}二。

 khuɑ^{55}碗。

第四页标音：（11）gə^{21}pho^{55}lo^{24} uɛ^{33}mby^{33}bɑ^{33} ko^{33} ʂo^{55}lɑ^{55}tæ^{55} （12）hæ^{21}be^{33} iə^{55}me^{33}tʂʅ^{55}iə^{33}dɯ^{33}ər^{21}、

格坡罗 喂 必 爸“果说拉”礼物 做 给（语）钱 一 串

tʂhuɑ^{33}ɳ̩i^{33}py^{33}、ʐʅ^{33}lo^{55}khuɑ^{33}，（13）uɛ^{33}tsər^{33}bɑ^{33}tʂʅ^{55}iə^{33}ɳ̩i^{33}tʂo^{55}、ʐʅ^{33}ɳ̩i^{33} khuɑ^{55}，（14）bə^{33}dy^{21}tʂhæ^{21}

米 二 升 酒 四 碗 喂 子 爸 钱 二 串、酒 二 碗 巴甸 常

mɯ^{554}uɛ^{33}uɑ^{21}tʂʅ^{33}iə^{33}sʅ^{55}tʂo^{33}、ʐʅ^{33}ɳ̩i^{33}khuɑ^{55}。

妹家 喂 娃 钱 三 串 酒 二 碗

汉译：格坡罗家喂必爸送钱一串、米两升、酒两碗，喂子爸（在念）“果说拉”（经时）送钱两串、酒两碗，巴甸常妹家喂娃送钱三串、酒两碗。

字释：（15） gə^{21}上。

 ndæ^{21}将领。两字连读借作家族名 gə^{55}ndæ^{24}搁掸。

 uə^{33}村寨，借作人名前缀 uɛ^{33}喂。

哥巴文，读作 nɑ^{55}。两字连读为人名 uɛ^{33}nɑ^{55}喂纳。

 tʂʅ^{33}土。

 iə^{33}烟草。两字连读借作 tʂʅ^{55}iə^{33}钱。

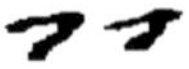 ɳ̩i^{33}二。

 tʂo^{55}锥子，借作量词串。

 ʐʅ^{33}酒。

 ɳ̩i^{33}二。

 khuɑ^{55}碗。

图五　账簿甲本第五页

（16） tʂhv^{33} 硝水，当地人称为臭水。

phər^{21}解开。

khur^{33}角，借作洞。三字连读为村名 tʂhv^{33}phər^{21}khur^{33}楚盘括，当地汉语称为署明。在此处还必须变读为 tʂhv^{33} phər^{21} khur^{334}，表示所有格，译为楚盘括的。

ɑ^{33}呵，应答声，借作名词前缀。

kv^{33} 蛋，借作 gv^{33}。两字连读为 ɑ^{33}gv^{33}舅舅。

tɕi^{55} 羊毛剪，借作小。ɑ^{33} gv^{33} tɕi^{55} 三字连读就是小舅。

tʂʅ^{33}土。

iə^{33} 烟草。两字连读借作 tʂʅ^{55}iə^{33}钱。

ȵi^{33}二。

tʂo^{55}锥子，借作量词串。

zʅ^{33}酒。

ȵi^{33}二。

khuɑ^{55}碗。

（17） lo^{21}涧，箐。

ko^{21}针。两字连读为村名 lo^{21}ko^{55}洛固，在此处还必须变读为 lo^{21}ko^{554}，表示所有格，译为洛固的。

uə^{33}村寨，借作人名前缀 uɛ^{33}喂。

哥巴文，读作 yo^{21}。

mi^{33}火，借作 mi^{55}女。三字连读为女子名 uɛ^{33}yo^{21}mi^{55}喂育咪。

tʂʅ^{33}土。

iə^{33}烟草。两字连读借作 tʂʅ^{55}iə^{33}钱。

ȵi^{33}二。

tʂo^{55}锥子，借作量词串。

zʅ^{33}酒。

ȵi^{33}二。

khuɑ^{55}碗。

第五页标音：（15）gə^{55}ndæ^{24}uɛ^{33}nɑ^{55}ʈʂʅ^{55}iə^{33}ȵi^{33}ʈʂo^{55}、ʐʅ^{33}ȵi^{33}khuɑ^{55}，（16）ʈʂhv^{33}phər^{21}khur^{334}ɑ^{33}gv^{33}ʨi^{55}

搁掸家 喂纳 钱 二 串 酒 二 碗 署明的 舅舅 小

ʈʂʅ^{55}iə^{33}ȵi^{33}ʈʂo^{55}、ʐʅ^{33}ȵi^{33}khuɑ^{55}，（17）lo^{21}ko^{554}uɛ^{33}yo^{21}mi^{55}ʈʂʅ^{55}iə^{33}ȵi^{33}ʈʂo^{55}、ʐʅ^{33}ȵi^{33}khuɑ^{55}。

钱　　二 串 酒 二 碗 洛 固 喂 育 咪 钱 二 串 酒二 碗

汉译：搁掸家喂纳送钱两串、酒两碗，署明的小舅送钱两串、酒两碗，洛固的喂育咪送钱两串、酒两碗。

图六　账簿甲本第六页

字释：(18) ʈʂʅ^{33}土。

从上下文以及当地有个 ʈʂʅ^{55}the^{55}le^{33}知泰来的村名来看，此字应当读作 the^{55}。

哥巴文，读作 le^{33}。三字连读为村名 ʈʂʅ^{55}the^{55}le^{33}知泰来，在此处还必须变读为 ʈʂʅ^{55}the^{55}le^{334}，表示所有格，译为知泰来村的。

uə^{33}村寨，借作人名前缀 uɛ^{33}喂。

哥巴文，读作 nɑ^{55}。两字连读为人名 uɛ^{33}nɑ^{55}喂纳。

i^{21}漏，借作定语助词 i^{33}的。

zʅ^{33}草，借作青稞。

uɑ^{33}五，变读为 uɑ^{55}。

哥巴文，读作 py^{33}，计量单位升。

(19) khur^{33}角，借作 khɑ^{21}王。

dze^{33}麦子。两字连读为变读为 khɑ^{21}dze^{33}苞谷，本义为皇帝的麦子，因明朝由美洲引进后由官府推广而叫御麦。

uɑ^{33}五，变读为 uɑ^{55}。

哥巴文，读作 py^{33}，计量单位升。

哥巴文，读作 le^{55}茶。

mɑ^{21}油，酥油。

ʈʂuɑ^{33}床。三字连读 le^{55}mɑ^{21}ʈʂuɑ^{55}，为一种下关产的形似倒扣的茶杯的

沱茶。

 dɯ^{33}一。

 lv^{33}石头，引申为量词 lv^{55}饼。

第六页标音：（18）tʂʅ^{55} the^{55} le^{334} uɛ^{33} nɑ^{55} i^{33} zʅ^{33} uɑ^{55} py^{33}、（19）khɑ^{21} dʑe^{33} uɑ^{55} py^{33}、le^{55} mɑ^{21} tʂuɑ^{55} dɯ^{33} lv^{55}。

知泰来村的 喂纳 的青稞五 升 苞谷 五 升 沱茶 一 饼。

汉译：知泰来村的喂纳送青稞五升、苞谷五升、沱茶一饼。

此账簿的图三、图五和图六中均有用弧线圈过的痕迹，当为还清该笔人情账后所做的标记。这种情况在乙本以及之前在丽江、白地、俄亚等地所见的账簿中亦有出现。

三、账簿乙本字释

图七 账簿乙本封面

封面字释：（1） ɕi^{21}稻，借作 ɕi^{33}人。

 ʂʅ^{33}肉，借作死。

 me^{33}雌，借作语气词。

 gə^{21}上，借作定语助词 gə^{33}的。

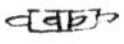 tʂæ^{33}画卷。大研镇读作 tsæ^{33}。

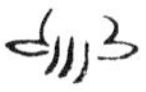 pv^{55}甑。两字连读借作汉语借词 tʂæ^{55} pv^{55}账簿。

 o^{21}谷堆，借作是。

 me^{33}雌，借作语气词 me^{55}。

封面标音：（1）ɕi^{33} ʂʅ^{33} me^{33} gə^{33} tʂæ^{55} pv^{55} o^{21} me^{55}。

人 死（语）的 账簿 是（语）

汉译：是死了人的账簿。

正文字释：第一页（2） mi^{33}火。

 kuə^{55}划刀。两字连读借为 mi^{21} kuə^{21}民国。

 sʅ^{55} tshər^{21}三十。大研镇读作 sʅ^{33} tshər^{21}。

 tʂhuɑ^{55}六。

 khv^{33}收获，借作年。

 thɯ^{21}饮酒，借作 thɯ^{33}那。

khv^{33} 收获，借作年，此处读 khv^{55}。

gə^{21}上，借作定语助词 gə^{33}的。

（3） tshe^{21}十。

me^{33}雌，借作月。

ȵi^{33}tsər^{21}二十。

ʂər^{33}七。

ȵi^{33}日。

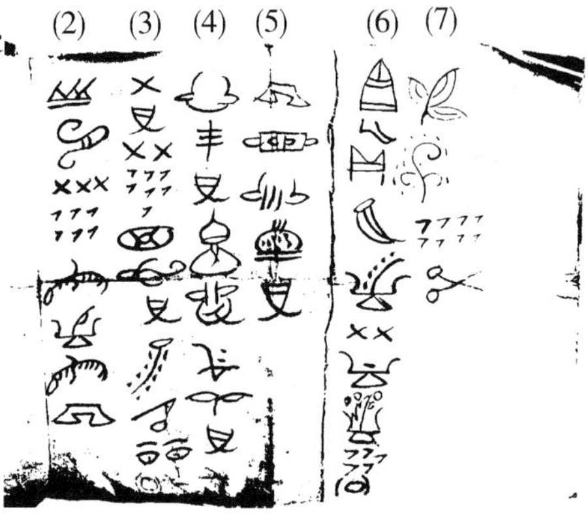

图八 账簿乙本第一页

ɑ^{33}呵，应答声，借作亲属称谓词头阿。

me^{33}雌阴。两字连读 ɑ^{33}me^{33}阿妈。

tʂhv^{33}硝水，碱水，当地人称为臭水，借作 tʂhv^{55}念经。

be^{33}做。

ȵə^{21}眼睛，借作时候。

（4） bv^{33}锅。

zɿ^{33}草。两字连读 bv^{21}zɿ^{33}兄，此处意为兄弟。

me^{33}雌。

he^{21}恒神。两字连读为 me^{55}he^{21}姐姐，此处译为姐妹。

nɯ^{33}心，借作主语助词。

哥巴文，读作 lo^{55}维。

iə^{33}烟草，借作 iə^{55}给。

（5） gə^{21}上，借作定语助词 gə^{33}的。

tʂæ^{33}画卷。大研镇读作 tsæ^{33}。

pv^{55}甑。两字连读借作汉语借词 tʂæ^{55}pv^{55}账簿。

o^{21}谷堆，借作是。

me^{33}雌，借作语气词 me^{55}。

（6） dʑy^{21}山。

khɯ^{33}脚。两字连读借作家族名 dʑy^{21}khɯ^{334}举可家，即山脚那家。

uə^{33}村寨，借作人名前缀 uɛ^{33}喂。

 dʑi^{21}水。两字连读为人名 uɛ^{33}dʑi^{21}喂吉。

 ʐʅ^{33}酒。

 ȵi^{33}tsər^{21}二十。

 khuɑ^{55}碗。

 tʂhuɑ^{33}米。

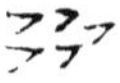 uɑ^{33}五，此处变读为 uɑ^{55}。

哥巴文，读作 py^{33}，计量单位升。

（7） nv^{21}黄豆。

 dʐv^{33}增，借作豆腐。大研镇读作 dzʅ^{33}。两字连读为 nv^{21}dʐv^{33}豆腐。

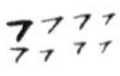 ho^{55}八。

 tɕi^{55}剪，借作 tɕi^{21}斤。

第一页标音：（2） mi^{21}kuə^{21}sʅ^{55}tshər^{21}tʂhuɑ^{55}khv^{33}thɯ^{33}khv^{55}gə^{33} （3） tshe^{21}me^{33} ȵi^{33}tsər^{21} ʂər^{33}ȵi^{33}

民 国 三十 六 年 那 年 的 十 月 二十 七 日

ɑ^{33}me^{33}tʂhv^{55}be^{33}ȵə^{21}，（4） bv^{21}zʅ^{33}me^{55}he^{21}nɯ^{33} lo^{55}iə^{55}me^{33} （5） gə^{33}tʂæ^{55}pv^{55} o^{21} me^{55}。

阿 妈 念经 做 时 兄弟 姐妹（助） 维 给 （语） 的 账簿 是 （语）

（6） dʑy^{21}khɯ^{33} uɛ^{33}dʑi^{21} ʐʅ^{33}ȵi^{33}tsər^{21}khuɑ^{55}、tʂhuɑ^{33}uɑ^{55}py^{33}、（7） nv^{21}dʐv^{33} ho^{55}tɕi^{21}。

山脚的 喂 吉 酒 二十 碗 米 五 升 豆腐 八 斤

汉译：是民国三十六年那年的十月二十七日，阿妈做法事时，兄弟姐妹来送礼的账簿。山脚那家的喂吉送酒二十碗、米五升、豆腐八斤。

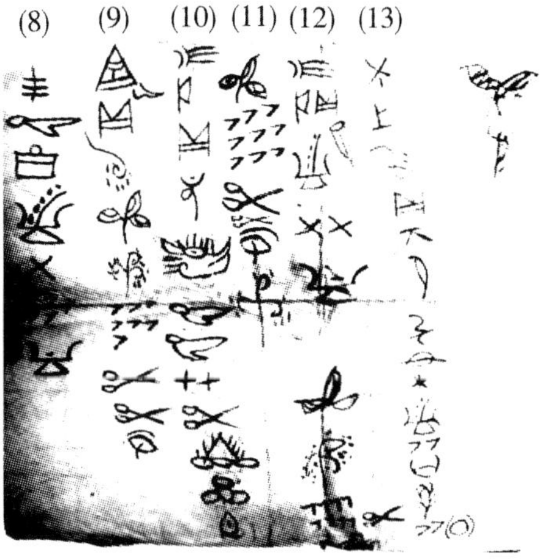

图九 账簿乙本第二页

第二页字释：（8） zʅ^{33}草。

 ʂʅ^{33}肉。

 bæ^{21}扫谷板。三字连读为家族名 zʅ^{33} ʂʅ^{55}bæ^{24}日诗摆家。

 ʐʅ^{33}酒。

 tshe^{21}十。

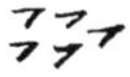 uɑ^{33}五。

 khuɑ^{55}碗。

(9)  ʥy^{21}山。

khɯ^{33}脚。两字连读借作家族名 ʥy^{21}khɯ^{334}举可家，即山脚那家。

uə^{33}村寨，借作人名前缀 uɛ^{33}喂。

 no^{33}乳。两字连读为人名 uɛ^{33}no^{55}喂诺。

nv^{21}黄豆。

 dʐv^{33}增加，借作豆腐。大研镇读作 ʥʅ^{33}。两字连读为 nv^{21}dʐv^{33}豆腐。

 ʂər^{33}七。

 tɕi^{55}剪，借作 tɕi^{21}斤。

 tɕi^{55}剪，借作 tɕi^{21}斤。

 pho^{55}只，字形为一只眼睛，引申为成双的事物的一半，如一只眼睛、一只耳朵、一只手、一只脚等都可以用 pho^{55}。两字连读 tɕi^{21}pho^{55}半斤。

(10)  sɑ^{55}气。

kho^{33}门。两字连读为家族名 sɑ^{55}kho^{334}萨科家。

uə^{33}村寨，借作人名前缀 uɛ^{33}喂。

哥巴文，读作 nɑ^{55}。两字连读为人名 uɛ^{33}nɑ^{55}喂纳。

bo^{21}猪。大研镇读作 bu^{21}。

 ʂʅ^{33}肉。

 ʂʅ^{33}肉。

 ȵi^{33}tsər^{21}二十。

 tɕi^{55}剪，借作 tɕi^{21}斤。

 sər^{55}肝。

 dɯ^{21}大，借作 dɯ^{33}一。

 kɯ^{21}胆，借作量词“个”，疑借自汉语的量词“个”，因当地汉语称一头猪的猪肝的单位为个。

(11)  nv^{21}黄豆。

 gv^{33}九。

 tɕi^{55}剪，借作 tɕi^{21}斤。

 tɕi^{55}剪，借作 tɕi^{21}斤。

 pho^{55}只。两字连读 tɕi^{21}pho^{55}半斤。

dʐv^{33}增加，借作豆腐。此账簿中多处提到，即黄豆做的豆腐。此句疑脱，后增补于句末。dʐv^{33}有增加、有之意，但置于此处文义不通。

（12）sɑ^{55}气。

kho^{33}门。两字连读为家族名 sɑ^{55}kho^{334}萨科家。

uə^{33}村寨，借作人名前缀 uɛ^{33}喂。

dʑi^{21}水。两字连读为人名 uɛ^{33}dʑi^{21}喂吉。

ʐʅ^{33}酒。

ȵi^{33}tsər^{21}二十。

khuɑ^{55}碗。

nv^{21}黄豆。

dʐv^{33}增，借作豆腐。

ho^{55}八。

tɕi^{55}剪，借作 tɕi^{21}斤。

（13）哥巴文，读作 lɑ^{33}。

哥巴文，读作 ʂər^{55}。

哥巴文，读作 lo^{24}。三字连读为村名 lɑ^{33}ʂər^{55}lo^{24}拉什罗。

uə^{33}村寨，借作人名前缀 uɛ^{33}喂。

哥巴文，读作 ɕə^{21}。两字连读为人名 uɛ^{33}ɕə^{21}喂修。

phiə^{55}叶子。

哥巴文，借自汉字的子，读作 tsʅ^{33}。两字连读为汉语借词 phiə^{55}tsʅ^{33}票子，也就是纸币。

哥巴文，读作 lo^{33}四，此处变读为 lo^{55}。

tv^{21}千。一般写作。

ʐʅ^{33}酒。

ȵi^{33}二。

khur^{33}角，这里借作半（碗）。塔城纳西语把半碗的“半”称为 khur^{33}，比如有人敬献茶或酒时，只想喝半碗酒或茶的人就会说：“khuɑ^{55}khur^{334}khɯ^{55}iə^{55}！”（请只倒半碗）。大研镇读作 kho^{33}。两个字连读 ȵi^{33}khur^{33}两个半碗，就是一碗，那为什么不写成或 dɯ^{33}khuɑ^{55}一碗呢？我们认为这是一种为贫寒者避讳的写法。家境贫寒的亲戚朋友送不起大礼，但又不得不送一点礼物，所以记账的人就把一碗写成两个半碗，数量没变，但看起来数字上就显得多一些、顺眼一些了。

 çi^{21}稻谷。

 ȵi^{33}二。

哥巴文，读作 py^{33}，计量单位升。

第二页标音：（8）zɿ^{33} ʂʅ^{55} bæ^{24} ʐʅ^{33} ʦhe^{21} uɑ^{33} khuɑ^{55}，（9）ʥy^{21} khɯ^{334} uɛ^{33} no^{55} nv^{21} dʐv^{33} ʂər^{33} ʨi^{21} ʨi^{21} pho^{55}，

日诗摆家 酒 十 五 碗 山脚那家的 喂诺 豆腐 七 斤 半斤

（10）sɑ^{55}kho^{334}uɛ^{33}nɑ^{55}bo^{21} ʂʅ^{33} ʂʅ^{33} ȵi^{33}ʦər^{21}ʨi^{21}、sər^{55}dɯ^{33}kɯ^{21}（11）nv^{21}gv^{33} ʨi^{21}ʨi^{21}pho^{55}dʐv^{33}，

萨科家 喂纳 猪 肉 肉 二十 斤 猪肝 一 个 黄豆 九 斤 半斤 豆腐

（12）sɑ^{55}kho^{334}uɛ^{33} ʥi^{21} ʐʅ^{33}ȵi^{33}ʦər^{33}khuɑ^{55}、nv^{21}dʐv^{33}ho^{55}ʨi^{21}，（13）lɑ^{33} ʂər^{55} lo^{24}uɛ^{33}çə^{21}phiə^{55}ʦɿ^{33}

萨科家 喂吉 酒 二十 碗 豆腐 八 斤 拉什罗的 喂修 票子

lo^{55}tv^{21}、ʐʅ^{33}ȵi^{33}khur^{33}、çi^{21} ȵi^{33}py^{33}。

四 千 酒 两 半碗 稻谷两 升

汉译：日诗摆家送酒十五碗，山脚那家的喂执送豆腐七斤半，萨科家喂纳送猪肉二十斤、猪肝一个、豆腐九斤半，萨科家喂吉送酒二十碗、豆腐八斤，拉什罗的喂修送票子四千、酒两个半碗（即一碗）、稻谷两升。

第三页字释：（14） tʂo^{55}锥子。此处借为自然村的单位。

 mbe^{33}雪，借为村。

哥巴文，读作 se^{33}，变读为 sy^{33}头目。三字连读 tʂo^{55}mbe^{33}sy^{334}卓摆遂，是村长之意。

 nɯ^{33}心，借为主语助词。

哥巴文，读作 lo^{55}维。

 iə^{33}烟草，借作 iə^{55}给。

 me^{33}雌，借作语气词。

 nv^{21}黄豆。

 dʐv^{33}增，借作豆腐。两字连读 nv^{21} dʐv^{33}豆腐。

lo^{33}四，此处变读为 lo^{55}。

(14) (15) (16) (17) (18) (19) (20) (21)

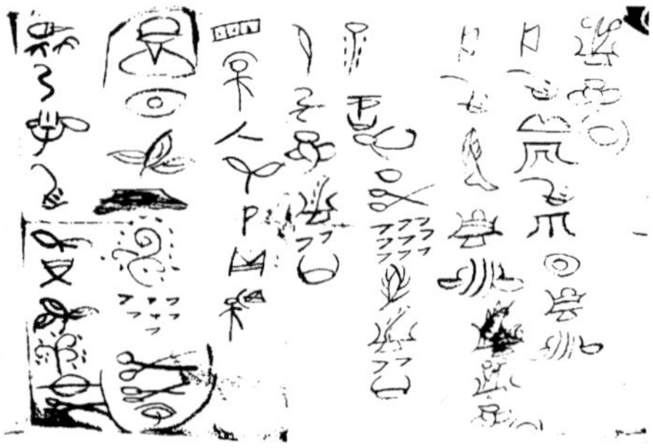

图十 账簿乙本第三页

tɕi^{55}羊毛剪，借作tɕi^{21}斤。

（15）o^{21}窝，神名。借作人名前缀uo^{33}。

ma^{21}酥油。两字连读为人名uo^{33}ma^{21}窝玛。

nv^{21}黄豆。

此字为写错划掉之字。

dʐv^{33}增，借作豆腐。两字连读nv^{21}dʐv^{33}豆腐。

ʂər^{33}七。

tɕi^{55}羊毛剪，借为tɕi^{21}斤。

tɕi^{55}羊毛剪，借为tɕi^{21}斤。

pho^{55}只。两字连读tɕi^{21}pho^{55}半斤。

（16）tʂʅ^{33}土。

thæ^{33}戴。

哥巴文，读作le^{33}。三字连读为村名tʂʅ^{55}the^{55}le^{33}知泰来。

iə^{33}烟草。

ko^{21}针。两字连读借作家族名iə^{33}ko^{24}邀郭家。

uə^{33}村寨，借作人名前缀uɛ^{33}喂。

tsha^{55}咬，两字连读为人名uɛ^{33}tshe^{21}喂才。

（17）phiə^{55}叶子。

哥巴文，借自汉字的子，读作tsɿ^{33}。两字连读phiə^{55}tsɿ^{33}票子，也就是纸币。

dɯ^{21}大，借作dɯ^{33}一。疑此字后脱
tv^{21}千。

ʐʅ^{33}酒。

ɲi^{33}二。

khur^{33}角，这里借作半（碗）。

（18）tʂhv^{33}硝水、碱水，当地人称为臭水。

phər^{21}解开。

khur^{33}角。三字连读为村名tʂhv^{33}phər^{21}khur^{33}楚盘括，汉语称为署明，此处还必须变读为tʂhv^{33}phər^{21}khur^{334}楚盘括的，类似于英语的所有格形式。

a^{33}呵，应答声。

 kv^{33}蛋，借作 gv^{33}。两字连读为 ɑ^{33}gv^{33}舅舅。

 tɕi^{55}羊毛剪，借作小。三字连读为 ɑ^{33}gv^{33}tɕi^{55}小舅舅。

 ŋgv^{33}九。九字前疑脱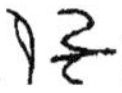票子两字。

ɕi^{21}稻谷，借作 ɕi^{33}百。

ʐʅ^{33}酒。

 ȵi^{33}二。

 khur^{33}角，这里借作半（碗）。

（19） kho^{33}门。大研镇读 khu^{33}。

哥巴文，读作 lo^{33}。两字连读为村名 kho^{33}lo^{33}科罗。

 ɕo^{55}dʑər^{21}柏树。

 khɯ^{33}脚。三字连读为家族名 ɕo^{55}dʑər^{21}khɯ^{334}柏树根的那家。

 tɕhi^{21}干粮。

 pv^{55}甑。两字连读为人名 tɕhi^{21}pv^{55}启布。

 此字为写错划掉之字。

 tʂhuɑ^{33}米。

 dɯ^{21}大，借作 dɯ^{33}一。

哥巴文，读作 py^{33}，计量单位升。

（20） kho^{33}门。

哥巴文，读作 lo^{33}。两字连读为村名 kho^{33}lo^{33}科罗。

 bo^{21}坡。大研镇读 bu^{21}。从科罗村有个叫 lv^{33}tʂuɑ^{55}lo^{24}鲁抓罗的家族来看，此字应该是

lv^{33}。

 tʂuɑ^{33}床。

哥巴文，读作 lo^{24}。三字连读为家族名 lv^{33}tʂuɑ^{55}lo^{24}鲁抓罗家。

哥巴文，kɑ^{33}好，借自藏文。

 mɑ^{21}酥油。

 tɕhi^{21}干粮。

 pv^{55}甑。四字连读为人名 kɑ^{33}mɑ^{33}tɕhi^{21}pv^{55}嘎玛启布，好像是藏族名字。塔城乡因为接近藏区，而且洛固村本来就有藏族，所以有些人本身就是藏族，而纳西族中也有因为某种原因请藏族为自己取藏族名字的人。

（21）tʂhuɑ^{33}米。

dɯ^{21}大，借作 dɯ^{33}一。

哥巴文，读作 py^{33}，计量单位升。

第三页标音：（14）tʂo^{55}mbe^{33}sy^{334}nɯ^{33}lo^{55}iə^{55}me^{33}nv^{21}dʐv^{33}lo^{55}tɕi^{21}，（15）uo^{33}mɑ^{21}nv^{21}dʐv^{33}ʐər^{33}tɕi^{21}

村长家 （助）维 给（助）豆 腐 四 斤 窝 玛 豆腐 七斤

tɕi^{21}pho^{55}，（16）tʂʅ^{55}the^{55}le^{33}iə^{33}ko^{24}uɛ^{33}tshe^{21}（17）phiə^{55}tsʅ^{33}dɯ^{33}（tv^{21}）、ʐʅ^{33}ȵi^{33}khur^{33}，（18）tʂhv^{33}

半斤 知泰来村 邀郭家 喂 才 票子 一 （千） 酒 两半碗

phər^{21}khur^{334}ɑ^{33}gv^{33}tɕi^{55}（phiə^{55}tsʅ^{33}）ŋ gv^{33}ɕi^{33}、ʐʅ^{33}ȵi^{33}khur^{33}，（19）kho^{33}lo^{33}ɕo^{55}dzər^{21}khɯ^{334} tɕhi^{21}pv^{55}

楚盘括的 舅舅 小 （票子） 九 百 酒 两半碗 科罗 柏树根那家的 启布

tʂhuɑ^{33}dɯ^{33}py^{33}，（20）kho^{33}lo^{33}lv^{33}tʂuɑ^{55}lo^{24}kɑ^{33}mɑ^{33}tɕhi^{21}pv^{55}（21）tʂhuɑ^{33}dɯ^{33}py^{33}

米 一 升 科 罗 鲁抓罗家的 嘎玛启布 米 一 升

汉译：村长家维给豆腐四斤，窝玛豆腐七斤半，知泰来村邀郭家的喂才票子一（千）、酒两半碗，楚盘括的小舅（票子）九百、酒两半碗，科罗柏树根家启布米一升，科罗鲁抓罗家嘎玛启布米一升。

图十二 账簿乙本第四页

第四页字释：

（22）bæ^{21}扫谷板。

哥巴文，读作 lo^{24}。两字连读为家族名 bæ^{21}lo^{24}板罗家。

i^{21}漏，借作定语助词 i^{33}的。

phiə^{55}叶子。

哥巴文，借自汉字的子，读 tsʅ^{33}。两字连读 phiə^{55}tsʅ^{33}票子，也就是纸币。

dɯ^{21}大，借作 dɯ^{33}一。

tv^{21}千。

 ʐʅ^{33}酒。

 ȵi^{33}二。

 khur^{33}角，借作半（碗）。

（23）哥巴文，读作 lo^{33}。

 me^{33}雌。

 lo^{21}山谷。三字连读为家族名 lo^{33}me^{33}lo^{24}洛美罗家。

 tɑ^{55}匣。

 ndɯ^{21}蕨。大研镇读 ndi^{21}。两字连读为人名 tɑ^{33}ndɯ^{33}达迪。

 bɑ^{21}花，借作 bɑ^{33}爸。三字连读为 tɑ^{33}ndɯ^{33}bɑ^{33}达迪爸。

（24） uə^{33}村寨，借作人名前缀 uɛ^{33}喂。

 thv^{55}奶渣。两字连读为人名 uɛ^{33}thv^{55}喂突，但这里还必须变读为 uɛ^{33} thv^{554}，表示所有格喂突家的。

 ȵi^{33}二。

 kv^{33}蒜，借作量词 kv^{55}个。

 dʐʅ^{21}围墙，此处借为一起之意。

 kv^{33}蒜，借作量词 kv^{55}个。

 nɯ^{33}心，借作主语助词。

（25） hɑ^{33}饭。

 phi^{21}腿，变读为 phi^{55}献。
一般写作。两字连读 hɑ^{33}phi^{55}给死者献饭。
 tshi^{21}肩骨。

 ɕi^{21}稻谷。

 ȵi^{33}二。

哥巴文，读作 py^{33}，计量单位升。

 æ^{21}鸡。

 dɯ^{21}大，借作 dɯ^{33}一。

 me^{33}雌，借作量词只。

 ʐʅ^{33}酒。

 ȵi^{33}二。

 khur^{33}角，借作半碗。

（26） tʂɿ^{33}土。

 thæ^{33}戴。

哥巴文，读作 le^{334}。三字连读为村名 tʂɿ^{55}the^{55}le^{334}知泰来。

 uə^{33}村寨，借作人名前缀 uɛ^{33}喂。

 mby^{33}分。两字连读为人名 uɛ^{33}mby^{33}喂必。

 bɑ^{21}花，借作 bɑ^{33}爸爸。三字连读为人名 uɛ^{33}mby^{33}bɑ^{33}喂必爸。

（27） phiə^{55}叶子。

哥巴文，借自汉字的子，读作 tsɿ^{33}。两字连读 phiə^{55} tsɿ^{33}票子，也就是纸币。

 dɯ^{21}大，借作 dɯ^{33}一。

 tv^{21}千。

 ʐɿ^{33}酒。

 ɳi^{33}二。

 khur^{33}角，借作半（碗）。

第四页标音：（22）bæ^{21}lo^{24} i^{33} phiə^{55}tsɿ^{33}dɯ^{33}tv^{21}、ʐɿ^{33}ɳi^{33}khur^{33}，（23）lo^{33}me^{33}lo^{24}tɑ^{33}ndɯ^{33}bɑ^{33}

板罗家 的 票子 一 千 酒 两 半碗 洛美罗的 达迪 爸

（24）uɛ^{33}thv^{554}ɳi^{33}kv^{55}dʑɿ^{21}kv^{55}nɯ^{33}（25）hɑ^{33}phi^{55}çi^{21}ɳi^{33}py^{33}、æ^{21}dɯ^{33}me^{33}、（26）ʐɿ^{33}ɳi^{33}khur^{33}，

喂突家 两 个 一起 （助） 饭 献 稻谷两 升 鸡 一 只 酒 两 半碗

tʂɿ^{55}the^{55}le^{334}uɛ^{33}mby^{33}bɑ^{33}（27）phiə^{55}tsɿ^{33}dɯ^{33}tv^{21}、ʐɿ^{33}ɳi^{33}khur^{33}。

知泰来村的 喂必 爸 票 子 一 千 酒 两 半碗

汉译：板罗家送票子一千、酒两碗，洛美罗的达迪爸和喂麻家两口子一起（来）献饭（时）送稻谷两升、鸡一只、酒两半碗。知泰来村的喂必爸送票子一千、酒两半碗。

四、账簿研究

婚丧嫁娶、起屋盖房是老百姓生活中的大事，往往是一家有事、各家帮衬。本文所录的两本账簿都是用东巴文记录的丧事收礼账（明细详附录），送礼的人是主人家的亲朋好友。两本账簿共计收礼 25 笔，其中 5 笔用圆弧线勾画，可能表示已

经还礼。从账簿的情况我们可以窥见当地纳西族互助友爱、礼尚往来的淳朴民风。

礼品共 12 类，包括办事所必需的酒、茶、米、豆腐、鸡、猪肉、猪肝等食品，还有稻谷、黄豆、青稞、玉米等农产品。此外，还有一定数量的礼金。这表明了当时当地纳西族社会占主导地位的仍是自给自足的小农经济。不过，我们从账簿甲本记录的 27 串 25 块钱到账簿乙本记录的 7900 元票子这种情况可以看出，短短 16 年的时间，币制已经从金属货币变成了纸币。

在账簿乙本中，共有 6 家人送来豆腐 44.5 斤。办事一次用到 44.5 斤豆腐，可见规模并不算小，整个仪式的花费占家庭经济支出的比例亦不会低。这从账簿甲本中也可略见一斑，给龙年去世的阿妈做超度仪式本该在当年，却等到 3 年后的羊年才举行，仪式花费较大、家庭经济状况欠佳应该是个重要的原因。

两本账簿都写明给阿妈做超度仪式，但阿妈是否为同一个人，值得研究。可能的情况有两种，一是后人为同一位母亲做两次仪式，二是后人为不同辈的两位母亲分别做仪式。经询问当地群众，当地没有为同一对象相隔多年再做第二次仪式的风俗，且从两本账簿的记录来看，送礼家族多有更替，故排除第一种可能，取第二种说法。

从书法的角度来看，两本账簿均写得工整疏朗。两本账簿相隔 16 年，如果是同一个人写的，按理说乙本应该显得更加苍劲圆润，但实际情况却是甲本显得圆转浑厚、笔画规整，乙本显得有些潦草，因此两本账簿可能是不同的人书写的。

账簿甲本共 201 个音节，用字 198 个。因有 3 个字读双音节（ ȵi³³ tsər²¹ 二十，3 次），所以实际上是记录了全部音节。其中哥巴文 8 个，共用 17 次（），占 8.5%；东巴文 181 个，占 91.5%。除去文中意义待考的 3 个字，东巴文中用本义、引申义的 70 个，占东巴文总数的 38.7%；假借字 108 个，占东巴文总数的 59.7%。假借字中同音假借 44 个，占 40.7%；音近假借 64 个，占 59.3%。

账簿乙本共 230 个音节，用字 225 个。因有 5 个字读双音节（ sɿ⁵⁵ tshər²¹ 三十，1 次； ȵi³³ tsər²¹ 二十，4 次），所以实际上也记录了全部音节。其中哥巴文 10 个，记 26 次（），占 11.6%；东巴文 199 个，占 88.4%。东巴文中用本义、引申义的 79 个，占 39.7%；假借字 120 个，占 60.3 的%。假借字中同音假借 54 个，占 45%；音近假借 66 个，占 55%。

附录：

账簿清单

礼品	账簿甲本	账簿乙本	备注
	10 笔	15 笔	
酒	18 碗	61 碗	碗为酒的计量单位，一碗相当于现在的半斤
米	2 升	7 升	
豆腐		44.5 斤	
猪肉		20 斤	
猪肝		1 个	
钱	27 串 25 块（方孔钱币）	7900 元（票子）	票子即纸币
稻谷		4 升	
鸡		1 只	
黄豆	2 升		
砖茶（或沱茶）	2 饼（1 砖茶、1 沱茶）		
青稞	5 升		
玉米	5 升		

《木氏宦谱》与木高的摩崖题诗

和宝林

明太祖洪武十五年（1382），丽江木氏祖先率众归降明王朝之后，到了木公承袭土知府，经历了七代知府140年。期间，历代木氏知府，一方面对丽江周边用兵，巩固地方政权；另方面教育子女学习汉文典籍，争取尽快地融入中央王朝的官宦体系之中。到了木公这一代，汉文造诣已经很深了，清朝乾隆年间丽江知府管学宣及教授万咸燕编纂的《丽江府志略》中说："木公，字恕卿，号雪山，世袭土知府，性嗜学。于玉龙山南十里为园，枕藉经书，哦松咏月，于永昌张禺山，蒙化左黄山相唱和，时三山之誉，尝以诗质于杨慎，慎录其诗一百十有四首，名曰《雪山诗选》。"

木公通览汉文典籍，饱读各类史书传记，自然而然地产生了为自家编写一本宗谱的想法，终于在明正德十一年（1516）木公22岁时，与其好友高生编撰了第一部《木氏宦谱》，并请进士出身的张志淳作序。到了嘉靖六年（1527），木公承袭丽江土知府之后，立即着手建造木氏勋祠，将这一部《木氏宦谱》迎进勋祠中，四时加以祭祀。木公在知府任上也大有作为，他派兵攻打寻甸和武定的造反者，以解省府之围，多次用兵肃清丽江周围的反叛者，巩固和加强了地方政权，还为祖国的统一做出了贡献。因此，明世宗亲赐卷轴一幅，上写"辑宁边境"四个字，对他进行了褒奖。在丽江的历史上，木公是一位很有作为的土知府。

关于第一部《木氏宦谱》，木公在《建木氏勋祠自记》中说："祖叶古年以上十一代，虽有俗老口传名讳，而无谱牒，不敢据信，自汉唐宋元迄今明朝，其间为诏为公为侯，为节度使为宣慰使司，为茶罕章，为宣抚司，为参政，为知府，皆出国家优典。"

木公所说的叶古年上十一代，正是纳西族东巴经《创世纪》中所载的人类生产过程中，从天羡从从各种动物（猴、驴、熊、大象）形态。它们分别是：从从从羊（楚楚楚余，猴子），从羊从交（楚余从河，驴），从交交羡（楚局局忍，驴），交羡比羡（局忍精忍，熊），比羡草羡（精忍崇忍，象），草羡里为为（崇忍利恩、始祖）①，以及父子连名四代。至于《木氏宦谱》中的第十二代祖先哥来

① 括号里的文字是《东巴经》中的音译和名字之所指的动物。

秋，《东巴经》中说，他生了四个儿子束、叶、梅、禾，或为纳西族的四大支系，木氏属于纳西族的叶支系。所以，木公自认是叶古年的后代，无疑是正确的。

叶古年之后，木公又记载了从唐武德年间（618—626 年）到南宋宝佑年间（1253—1258 年），600 多年木氏的十五代祖先，西南少数民族有父子连名并背诵自己祖先父子连名的习俗，木氏的这十五代祖先都是父子连名，他们很可能有其人。但是，他们的事迹及所担任过的职务未必是真的。

木氏十五代以后，就是《木氏宦谱》中具有传奇色彩的人物——牟保阿琮。他是前几代木氏祖先中的核心人物，《木氏宦谱》阿琮说："生七岁，不学而识文字，及长，旁通百蛮各家之书，以为神通之说，且制本方文字。"还有许多有关他的神奇故事。类似的记载也曾出现在木公的祖父木泰的条文之下。据说，有一天，阿琮从大理回来，觉得自己丧失了奇异的能力。于是，他到玉龙山去寻找使他具备各种神异功能的灵水。灵水没有找到，却发现他的竹杖中出现了十一节竹子，并且枝叶茂盛。他马上明白了神谕。果然，十一代之后，他又在木泰身上出现了转世。这个木泰就是木公的爷爷。

木公在正德十一年（1516）编纂了第一部《木氏宦谱》之后，明嘉靖十三年（1534），木公的大儿子木高在他 19 岁的时候，在白沙崖脚题了一首诗，据说崖上有其祖先麦宗（阿琮）的梵文墨迹。诗曰：

"木氏渊源越汉来，先王百代祖为魁。
金江不断流千古，雪岳尊崇接上台。
官拜五朝扶圣主，世居三甸守规恢。
扫苔梵墨分明见，七岁能文非等才。"

题款：大明嘉靖十三年龙集甲午三月十三日，三十八代仍孙应袭木高熏沐谨述。

木高写这一首诗时，已距木公编纂第一部《木氏宦谱》有 18 年的时间。在这首诗中，木高不仅称颂了他的百代祖先，肯定了先祖麦宗的神奇，更重要的是，他一经成年就适时地赞颂了其父编纂第一部《木氏宦谱》的行为。因此，木公特别高兴，两年之后，木公在木高的诗旁也题了一首自己的诗：

西园北畔石溪连，四顾林峦霭暮烟。
千载不磨岩上字，一时挥写醉中篇。
风摇凤尾猗猗竹，水接仙源活活泉。
百代祖孙文义合，天成妙语述其间。

题款：大明嘉靖十五年龙集丙申孟春十有五，孝孙三十七代木公熏沐谨述。

木公的三十七代孙和木高的三十八代孙，无疑是从叶古年以前的十一代算起的，无疑包括了纳西族东巴经《创世纪》中记载的从影子到动物各种形态的人类，他们不仅赞扬了麦宗的神奇，也紧紧地抱住了纳西族这条根。木公这首诗中的“百代祖孙文义合，天成妙语述其间”一句，充分地肯定了儿子题诗的行为是子孙相承的高尚行为。实际上，历史上的木高是一位有名的孝子。明朝世宗皇帝曾以“诚心报国，割股奉亲，化行边徼，威震北番，以德其名，忠孝两尽，因才而誉，文武兼全”之语褒奖过他，并御笔书赠“乔木世家”四个字。木高自然要维护父亲所做的一切。

到了嘉靖二十四年（1545），木公 51 岁之时，又执笔写了第二部《木氏宦谱》。第二部《木氏宦谱》的始祖是爷爷。这一部《木氏宦谱》中说：“宋徽宗年间（1101—1125 年）到雪山，原西域蒙古人也。初于昆仑山中，结一龛于岩穴，好东典佛教，终日趺坐禅定，忽起一蛟，雷雨交兴之际，乘一香树，浮入金沙江，流至北浪沧。夷人望而异之，率众远迎，遂登岸上。时有白沙羡陶阿古为野人长，见其容貌，苍古离奇，验其举止，安详镇静，心甚异之，遂以女配焉。俗兴祭兵，另择一地而祀，于从俗之中，便寓离俗之意。是时村长分五支，一曰千罗睦督，二曰甸起选，三曰阿娘挥，四曰剌宛，五曰瓦均阿乃。愿崇爷爷为五家之长。时年牟乐牟保自称为大将军，爷爷生一子，名曰阿琮（麦宗），生而奇颖过人，牟乐牟保见而异之。抚以为嗣，袭大将军之职。噫！根深叶茂，源远流长，古今世族，每考肇基，定多奇迹，于此可见也，正妻阿氏。生一子曰琮。”

纳西族有祭天（祭祖）的习俗，祭天都以一个氏族为单位，在同一地点同一天集中举行。木家也祭天，但是他们家单独地在其他氏族祭天过后的日子里举行，这也许就是木公所说的从俗和离俗之意吧。这个规矩大概是在木公写完第二部《木氏宦谱》时才开始的。在这一部《木氏宦谱》之中，木公很巧妙地从自己的祖先之中斩断了蛮夷这一条根，而且还让它斩而不断，仍然照纳西族的老传统举行祭天等仪式。

关于爷爷还附有各种传说：“据说，忽必烈率部经过云南时，在西北遇大雪，在一个村子的头人家里住了三个月，于是便和这个头人家的一个美丽女儿好上了，并答应战事稍停之后便来娶她。结果，头人家的女儿为忽必烈生了一个儿子，忽必烈却迟迟不见回来。头人家的女儿就把小孩绑在一根木头上，让他顺流而下，而自己却投江死了。这个孩子就在本勒此（北浪仓）被人捞了起来，收作了义子。”还说：“忽必烈后来赐给小孩一个称号，封他为纳西王。这样，这个小孩就成为纳西王的第一代祖先了。”① 虽然这个传说和《木氏宦谱》中所说的“宋徽宗年间”不相符，但人们还是认定这个小孩就是《木氏宦谱》中所提到的爷爷。根据这个传说，木氏的祖先有着蒙古族的血缘。当然，这样的传说是不能收进《宦谱》里边

① ［美］约瑟夫·洛克：《中国西南古纳西王国》，云南美术出版社，1999 年，第 44—45 页。

去的，但是不管怎样说，有了这样一位来历不凡的爷爷，阿琮之神异也就有了一定的基础。

木公写了第二部《木氏宦谱》之后，木高还请太史杨慎写了一篇序言。过了8年，嘉靖三十二年（1553），木公在59岁时去世。第二年，嘉靖三十三年（1554），木高的世袭权被批准，他正式成为丽江土知府，当年他到北地，曾在白水台上题了一首诗：

> 五百年前一行僧，曾居佛地守弘能。
> 云波雪浪三千垄，玉埂银丘数万塍。
> 曲曲同流尘不染，层层琼涌水常凝，
> 长江永作心田玉，羡此高人了上乘。
> 嘉靖甲寅长江主人题，释里达禅定处（题款）

此诗有人名曰："题东巴什罗修法处"，实际上，此地确有一个东巴教大师什罗修法的传说。但是，这个传说发生在北地白水台对面的山上，一个叫什罗乃柯（灵洞）的地方，与白水台相距甚远。若题名那样，这首诗应该出现在灵洞的崖壁上，而不应该出现在白水台上。而这首诗写的全是华泉的风景。可以肯定地说，此诗与北地的什罗修法的灵洞没有什么关系。

关于北地什罗修法的传说，洪卫东于2002年8月17日《丽江日报·周末版》的《阿明与五百年前一行僧》文中说："北地传说的阿明世系是：阿明生于北地水甲村，清朝中叶人，家谱世系是……从第一代阿明算起，共八代，以每代卅年计，约为清高宗乾隆年间人。"如果，明朝嘉靖年间还没有阿明修法的传说，那么更不用说无影无踪的东巴什罗了。

关于木氏的先祖阿宗和木高的北地白水台题诗的传说，对后来研究东巴文教的起源有很大的影响。现在研究东巴文化的学者，往往根据《木氏宦谱》中木氏祖先阿琮"生七岁，不学而识文字。及长旁通百蛮各家诸书，以为神通之说，且制本方文字"的说法，说东巴象形文字是牟保阿琮创制的，有的还依据《木氏宦谱》和木高的摩崖题诗，得出东巴教的产生早不过唐代、东巴象形文字的产生早不过宋代等结论。

例如，董作宾先生为李霖灿的《麽些象形文字字典》作序时说："根据李先生的断定麽些文的形字不能晚过明代，而象形文字的经典时代，又不能早过于唐，这话是可信的。但是，他同时却不相信宋理宗时代麦琮'且制本方文字'之说，因为旁证不足，现在有一个旁证就在这里边……我们现在可以说东巴字大概是麦琮创制的，不过随时补充着新字。"①

---

① 李霖灿：《纳西族象形文字标音文字字典》，云南民族出版社，2001年，第6、第8页。

方国瑜先生并不同意董先生之说，董先生之所以出错，是因为不谙纳西语和东巴文之故。方先生在《纳西象形文字的创造》一文中说："所谓'不学而识'文字，当是纳西象形文字，这种图画文字，只要精通纳西语，了解纳西族社会生活，天资聪颖的人能读音识文并不为奇。在阿琮以前已有象形文字，则谓'且制本方文字'当是标音字。"① 方先生还说："纳西象形文字创始的年代尚未难确定，而应用象形文字写经书，可能在公元十一世纪中叶，又到十二世纪初年创制标音文字。"②

和志武和郭大力两位先生在他们写的《东巴教的派系和现状》中说："小小的东巴教虽然形成于白地，但却在丽江得到了发展。白地东巴教形成的标志是，传说那里产生了东巴教主阿明，有神奇的阿明灵洞，明代丽江纳西族土司木高曾留下摩崖诗'五百年前一行僧，曾居此地守弘能'。"方先生在《纳西文字的创始》一文中也曾辑录全诗，和志武先生加按语说："此摩崖在白地，因有白水塘而闻名，景色壮丽，所说'五百年前一行僧，曾居此地守弘能'即指'释里达禅定处'，释里达即萨勒（东巴什罗）。唯用字东巴教与佛教相混耳。此说萨勒的时代在嘉靖甲寅（1554 年）之前五百年，则为公元 11 世纪中叶（为宋仁宗时），是时已有纳西文字写经书之说，可以近信。"③

释里达是否就是指东巴什罗，方先生与和志武先生并没有提供更多的证据，只是根据近音推测而已。实际上，不论在《宦谱》或摩崖题诗之中，木氏从未提到过有关东巴教的任何事情，而认为木高将东巴教和佛教相混，也缺乏根据，因此，释里达应该是另有其人。

我们知道诗并非文，诗文中提到的年代不可能十分精确。因此，11 世纪初期的宋徽宗年间（1101—1125 年）有个人物，很适合写入木高这首题诗。此人就是当时进入雪山（丽江）的，木公在第二部《木氏宦谱》中续了蒙古根，其好东典佛教，终日趺坐禅定，为木氏肇基始祖爷爷。木高在他父亲逝世后，为他父亲写进《木氏宦谱》中的神奇祖先写诗赞颂一番，是很有道理的。正如木公写第一部《木氏宦谱》之后，木高在白沙岩脚摩崖写诗赞颂阿琮一样。这位爷爷正如《木氏宦谱》中所描述的，是一个异人，他笃信佛教，但并非是一般的佛教，而是一种新的"东典佛教"，他拥有该佛教的祖师地位，佛教祖师释迦牟尼俗名叫乔达摩·悉达多，东典佛教的祖师是释里达，也就是以爷爷为名写入木公的第二部《木氏宦谱》的肇基始祖。而这位爷爷在《木氏宦谱》中是没有名字的。

如果白地木高的摩崖题诗确实就是为了颂扬木公杜撰的这位神奇爷爷的话，那么人们由此推断东巴教形成不能早于唐的说法，就缺失了一条重要的根据。那么，

---

① 方国瑜编撰，志武参订：《纳西象形文字谱》，云南人民出版社，1995 年，第 45、第 56 页。

② 方国瑜编撰，和志武参订：《纳西象形文字谱》，云南人民出版社，1995 年，第 45、第 56 页。

③ 方国瑜编撰，和志武参订：《纳西象形文字谱》，云南人民出版社，1995 年，第 41 页。

东巴教产生于何时何地呢？我们在这里可以提供一条线索，谨供大家参考。

《东巴经》中经常提到祭祀三代胜神祖先的话，在民间三代祖先指的是曾祖父、祖父和父亲这三代，这是人们有可能见到和认识的三代祖先。但是，在《东巴经》中所指的三代祖先却是人类的远祖。东巴经《迎接三代斯补胜神祖先》中说，第一代祖先是美利董孜，他和《东巴经》中的董神和沈神一样，是一个表示规矩的神灵，近似于老子所说的“道”，是自然规律，是一种支配万事万物的一种无形的东西。与之相应的是，至今还保留在纳西民众中对人的一种称谓“本勒奔楚汝”，也就是《木氏宦谱》中所列的第一代祖先“天羡从从”（美忍楚楚），我们认为他是一种有形而无实体的影子，也可以理解为一种近似于灵魂的东西。

第二代祖先，就是被纳西族尊奉为始祖的崇忍利恩。与这个始祖相对应的是“精”和“崇”。包括《木氏宦谱》中的第五、第六代祖先，他们应该是动物熊和大象。纳西族称舅父为“阿古”（古和精一样被称为动物熊），称本氏族为“崇洼”（即大象的骨头）。可见，“精”和“崇”并非是两代祖先，而应该是氏族社会互为婚姻的两个组织，也就是纳西祖先崇忍利恩时代的氏族组织，至今纳西族仍以“精”、“崇”称人。但是，这个称谓与“本勒奔楚汝”的泛指人类有所不同，它指一定范围之内的人，“精”和“崇”特别是“崇”这个称谓只指属于纳西族这个族群中的人，也可以看成纳西人的自称。

《东巴经》中纳西族祖先的第三代，就是第一部《木氏宦谱》中的第十一代祖先高勒秋，第十二代祖先叶古年，叶古年是高勒秋的四个儿子之一。因此，与高勒秋相应的是包括叶古年在内的束、尤（叶）、梅、禾四大支系。以上就是第一部《木氏宦谱》中叶古年以上十二代祖先中最重要的三个阶段的祖先，也是纳西族《东巴经》创世神话中的核心人物。我们应该从历史文献中找到他们的历史踪迹。

《史记·西南夷列传》说：“自嶲以东北，徙、筰都最大。”还说：“南越破后，及汉诛且兰、邛君，并杀筰侯，冄駹皆振恐，请臣置吏。乃以邛都为越嶲郡，筰都为沈犁郡，冄駹为汶山郡，广汉白马为都郡。乃以邛都为越嶲郡，筰都为沈犁郡……”①《汉书·西南夷列传》说：“秦时尝破（滇），秦时尝破，略通五尺道，诸此国颇置吏焉。十余岁，秦灭。及汉兴，皆弃此国而开蜀故徼。巴蜀民或窃出商贾，取其筰马、僰僮、髦牛，以此巴蜀殷富。”②

常璩说：“筰，筰夷也。汶山曰夷，南中曰昆明，汉嘉、越嶲曰筰，蜀曰邛，皆夷种也。”③

《元和志》说：“凡言筰者，夷人于大江上置藤桥，谓之筰，定筰，大筰皆是

① 方国瑜主编：《云南史料丛刊》第一卷，云南人民出版社，1990 年，第 203 页。
② 方国瑜主编：《云南史料丛刊》第一卷，云南人民出版社，1990 年，第 52 页。
③ 方国瑜主编：《云南史料丛刊》第一卷，云南人民出版社，1990 年，第 7、第 9 页。

近水置藤桥处。”[①] 在秦汉时期以筰为名的地方有筰都、定筰、筰秦、大筰等，但不会因桥而命名这么多地方。这是写史的人不明就里的缘故，实际上这些以筰为名的地方都有一个共同的特点，就是古代摩沙或摩（磨）西（些）世居该地，他们都是纳西族的先民。当时的筰都在泸定附近。任乃强先生在《西康图经·民俗篇》中说：“今泸定县南之摩西面，实称摩西面，谓摩西古境。”[②] 定筰在今盐源、盐边、宁蒗等县。《华阳国志》卷三中说：“越嶲郡，定筰县亦载之，且谓定筰为摩沙夷所居。”筰秦在越西、冕宁一带，大筰在米易、会无、青岭附近。方国瑜先生说：“《冕宁县志》载清康熙年间，还有麽西族的土木和土民，这是很长时期住在大河的麽些族。”[③]《元史·地理志》记载建昌路邛部州（越西）说：“昔麽些蛮居之，后仲由蒙之裔夺其地。”至于米易、会无、青岭三县是大筰的故地，也是东泸（雅砻江）入金沙江之处，从这一带往上的金沙江都被称作麽些江，也应该是纳西族的世居之地。

既然这样，我们有充分的理由认为，秦汉时期的“筰”并非指有藤桥的地方，而是指纳西族创世神话中的崇忍利恩，即与崇忍利恩这一代祖先相对应的“精”、“崇”的崇。“筰”和“崇”只是同音异写的字。因此，《盐源县志》也说：“筰为夷之自名，今夷谓九所（九所之土司）曰筰，丽江人至今自称筰。”

这个称谓也为我们探究东巴《创世神话》提供了一个主要线索，这个《创世神话》与《木氏宦谱》中所提到的叶古年以上十二代祖先是早已有之的。

① 方国瑜主编：《云南史料丛刊》第一卷，云南人民出版社，1990年，第203页。
② 方国瑜、和志武：《纳西象形文字谱》，第9页。
③ 方国瑜主编：《云南史料丛刊》，云南人民出版社，1990年，第145页。

云南少数民族的语言和文化对颜色认知的影响

张启睿　谢书书　张积家

对语言、文化和思维的关系，一直存在两种不同观点：（1）语言普遍论（Linguistic Universalism）：认为思维是普遍的、同一的，人们可以跨越语言和文化的障碍进行交流。思维先于语言产生，语言是思维的输出/输入系统，语言差异并不影响思维的一致性。（2）语言相对论（Linguistic Relativism）：认为文化通过语言影响思维，影响人们对经验的分类，语言差异将会导致思维的差异。① 语言相对论以Sapir - Whorf假设为代表，这一假设被区分为三个层次：（1）强式：语言决定思维；（2）弱式：语言影响知觉；（3）最弱式：语言影响记忆。② 虽然语言相对论在提出时得到一些证据支持，但由于不符合行为主义的传统和Chomsky理性主义的时代精神，在早期一直遭到质疑。直到20世纪80年代以后，Sapir - Whorf假设得到大量的认知心理学和认知神经科学的研究成果支持。语言与认知的关系再次成为研究热点。人们发现，不同语言和文化的人在典型性判断、时间表达、数的表达、语法性、亲属词认知、社会知觉等方面存在差异。讲不同语言的人有不同的脑皮层表征和结构。这些证据证明，语言对认知有重要影响。在众多研究领域中，对不同语言和文化的人进行颜色认知比较研究为语言相对论提供了强有力的证据。

一

20世纪50—60年代，Brown等人发现，英语颜色词的编码能力与颜色的再认能力呈正相关，从而支持Sapir - Whorf假设。但这一结果遭到了其他学者质疑。Berlin和Kay发现，每种语言都有少量的基本颜色词，它们由一个词素组成，不可能被包含在另一种颜色内。不同语言的颜色词数目不同，但每种语言都从黑、白、红、黄、绿、蓝、棕、粉红、紫、橙、灰11个颜色名称中抽取基本颜色词，因此，

---

① Gumperz J J, Levinson S. C. *Rethinking linguistic relativity*. Cambridge：CUP，1996.

② 张积家、刘丽虹、谭力海：《语言关联性假设的研究进展——新的证据与看法》，载《语言科学》，2005年第3期，第42—56页。

存在一种普遍的结构。① Heider 等人发现，新几内亚的 Dani 人语言只有 mili（黑）和 mola（白）两个颜色词，但对颜色认知和英语讲话者没有显著差异。② 此后，支持语言相对论与支持语言普遍论的学者在语言与颜色认知的关系上展开了大量研究。分歧主要体现在三个基本问题上：

（一）对颜色的分类。不同语言中有不同的基本颜色词，颜色词有类别之分，颜色本身也有类别之分。前者属于语言中的颜色类别，后者属于知觉中的颜色类别。语言中的颜色类别与知觉中的颜色类别究竟是何关系？曾引起了许多争论。语言相对论认为，语言类别建构知觉类别，二者是同形的。语言普遍论认为，语言类别和知觉类别很少有交叉，知觉类别先于语言类别存在，而且并非所有的语言都标识所有的知觉类别。③ 如果语言普遍论的观点成立，无论语言类别如何，颜色类别的知觉分布应是普遍的，即无论不同语言中基本颜色词如何不同，人们对颜色的分类应具有同一性；如果语言相对论的观点成立，颜色类别知觉的空间分布就应与语言类别的分布一致，即语言中颜色词的使用不同，会影响人们对颜色的分类。多数研究者采用颜色分类实验对这个问题进行研究，得出不同的结果。Berlin 和 Kay 让不同文化的被试者将颜色片分组，发现组间的边界有很大变异，这可能由文化差异造成；但如果让被试者在颜色片组中找出最好的样例，基本颜色词的原型又有普遍性。④ Davies 等人让英语、俄语和 Setswana 语被试者按照相似性将 65 种颜色分类。三组被试者的分类既相似，又有差异。Setswana 语被试者比英语、俄语被试更多地将蓝色和绿色分在一起。Setswana 语被试者在分类一致性、分类数目上也与俄语、英语被试者不同。⑤

（二）对蓝、绿颜色的认知。由于蓝色和绿色的词汇在多种语言中有特异性表达，对蓝、绿颜色认知的研究就成为语言表达是否影响颜色认知的热点。在 Berinmo 语中，“蓝”和“绿”用同一个颜色词表达。Davidoff 等人发现，Berinmo 语被试者倾向于把蓝色卡片和绿色卡片归为同一类，英语被试者却把它们分为两类。这说明，Berinmo 语被试者比英语被试者更难区分出蓝和绿的边界，Berinmo 语被试者和英语被试者的颜色认知差异与他们语言表达差异一致。⑥ Davies 比较了英语、俄语和 Setswana 语（南非博茨瓦纳共和国的语言）被试者的颜色分类差异。

---

① *Berlin B.*, *Kay P.*, *Basic color terms*: Their universality and evolution. Berkeley: University of California Press, 1969.

② Heider E. R, Olivier D. The structure of the color space in naming and memory for two languages. *Cognitive Psychology*, 1972, 3: 337 –354.

③ Pilling M., Davies I. Linguistic relativism and color cognition. *British Journal of Psychology*, 2004, 95: 429 –455.

④ 同①。

⑤ Davies I. R., Corbett G. Across – culture study of color – grouping: Evidence for weak linguistic relativity. *British Journal of Psychology*, 1997, 88(3): 338 –360.

⑥ Davidoff J. Language and perceptual categorization. *Trends in Cognitive Sciences*, 2001, 5: 382 –387.

Setswana 语用“botala”一个词来表达蓝和绿，英语则用“blue”和“green”两个词，俄语中有“sinij”、“goluboj”和“zelenyj”三个词，不但表达蓝和绿，还区分了暗蓝和亮蓝。Davies 发现，Setswana 语被试者倾向于把蓝色和绿色分在同一组，俄语被试者倾向于把暗蓝色和亮蓝色分成两组。① 为了反驳语言相对论在蓝、绿颜色类别的一系列实验证据，主张语言普遍论的学者把婴儿和其他灵长类动物作为被试者，来证明颜色知觉是灵长类动物先天存在的普遍能力。Franklin 等人让 4 个月大的婴儿习惯绿色刺激后，同时呈现蓝、绿刺激。结果发现，婴儿对蓝色刺激表现出了去习惯化。② Matsuno 等人在学习阶段训练一只猩猩，将“绿色”类别标签贴在墨绿色卡片上，在实验阶段，给猩猩呈现淡绿色和淡黄色的卡片。结果发现，猩猩选择给淡绿色卡片贴上“绿色”标签，而不给淡黄色卡片贴上“绿色”标签。③

（三）语言与文化对颜色认知产生的是直接效应还是间接效应？即语言与文化是否只是作为策略影响颜色记忆，而非影响颜色知觉空间？Pilling 等人指出，在识记颜色阶段，被试者有可能先将颜色转换为颜色词进行识记，在再认阶段再通过匹配这些保留在记忆里的颜色词和目标颜色名称来完成任务。当目标颜色大量可命名时，这种效应会更加显著，这被称为直接语言效应（direct language effects）。如果直接语言效应是语言影响颜色认知的唯一途径，颜色类别知觉与语言之间应是相互独立的，语言不过是作为一种策略来帮助被试者完成任务而已，影响力是暂时的，并未从根本上改变颜色知觉。④ 但 zgen 等人却认为，语言和文化可以塑造颜色的知觉表征，从而形成了一个曲形的颜色知觉空间，将人们引向语言和文化所定义的颜色类别分界。即使没有语言策略参与，类别效应也应出现在各种任务中，即语言效应是间接的。⑤ 为了证实这种间接语言效应（indirect language effects），Özgen 设计了一系列实验，如让颜色目标刺激和干扰刺激同时呈现，减少被试者运用语言策略进行识记的可能。结果发现，颜色认知的类别效应仍然存在。⑥ 但是，Özgen 的实验仍然无法完全摆脱语言策略问题。只要实验中的颜色块可以命名，就很难说明语言从根本上影响了颜色知觉。

---

① Davies I. A study of color grouping in three language: A test of the linguistic relativity hypothesis. *British Journal of Psychology*, 1998, 89: 433 - 452.

② Franklin A., Davies I. New evidence for infant color categories. *British Journal of Development Psychology*, 2004, 22: 349 - 377.

③ Matsuno T., Kawai N, Matsuzawa. Color classification by chimpanzees (Pan troglodytes) in a matching - to - sample task. *Behavioral Brain Research*, 2004, 148: 157 - 165.

④ Pilling M., Davies I. Linguistic relativism and color cognition. *British Journal of Psychology*, 2004, 95: 429 - 455.

⑤ Özgen E., Davies I. Acquisition of categorical color perception: A perceptual learning approach to the linguistic relativity hypothesis. *Journal of Experimental Psychology: General*, 2002, 131: 477 - 493.

⑥ Özgen E., Davies I. *Acquisition of categorical color perception: New evidence suggests perceptual change.* In: Paper presented at the Ⅷ Conference of the European Society of Cognitive Psychology, 2003.

在我国云南省，居住着众多少数民族，每个少数民族都有自己独特的颜色文化和颜色词。如果语言普遍论的观点成立，无论这些民族的颜色词和颜色文化如何不同，他们的颜色认知应具有同一性；如果语言相对论的观点成立，持有不同颜色词和颜色文化的不同民族之间，将会存在颜色认知差异。围绕着语言普遍论与语言相对论在颜色认知领域争论的三大焦点问题，我们进行了一系列研究。

二

纳西族、彝族和白族是云南少数民族中颇具有语言和文化特色的三个民族。三个民族的颜色文化具有鲜明的差异。研究（一）针对语言普遍论与语言相对论争论的第一个问题，即不同民族的基本颜色分类是否与颜色词的表达和颜色文化相符？

研究（一）以238名大学生为被试者。其中，彝族学生85名，白族学生93名，纳西族学生60名。研究采用颜色词分类任务，要求被试者在调查表上按照自己的想法将11个基本颜色词分类，将同类的颜色词写成一行。问卷收回后，通过自编程序将每个被试者的分类结果转换成17×17的相异矩阵。相异矩阵的建构遵循以下原则：如果分类中两个词被分在一类，就在这两个词的交叉点上记作0，否则就记作1。把所有被试者的分类矩阵叠加后，用SPSS10.0中的多维标度法统计分析，得出三个民族颜色词概念结构不同维度的解、压力值以及各个颜色词在不同维度中的坐标值。[①] 分类结果如图1、图2、图3所示。比较彝、白、纳西三个民族大学生的分类结果，再与已有研究中汉族大学生的基本颜色词分类结果（图4）[②]比较。

结果显示，四个民族的大学生对11种基本颜色词的分类有一致之处，也有文化差异。主要表现在：（1）基本颜色词的分类数目不同。纳西族大学生将11个基本颜色词分为5类，彝族和白族大学生分为4类，汉族大学生分为3类；（2）基本颜色词的类别不同。纳西族大学生所分的5类颜色分别为：暗色（黑、灰），杂色（粉红、橙、棕），尊贵色（红、紫），双义色（绿、黄、蓝），白色；彝族大学生所分的4类颜色分别为：暗色（黑、灰、棕），冷色（绿、蓝、紫），暖色（红、橙、黄、粉红），白色；白族大学生所分的4类颜色分别为：暗色（黑、灰、棕），冷色（绿、蓝），暖色（红、橙、黄），民族偏爱色（白、紫、粉红）；汉族大学生所分的3类颜色分别为：非彩色（黑、白、灰、棕），暖色（红、橙、黄、粉红）和冷色（绿、蓝、紫）；（3）基本颜色词的语义空间的维度不完全相同。汉

① 张启睿、和秀梅、张积家：《彝族、白族和纳西族大学生的基本颜色词分类》，载《心理学报》，2007年第1期，第18—26页。

② 张积家、林新英：《大学生颜色词分类的研究》，载《心理科学》，2005年第1期，第19—22页。

族、彝族和白族颜色词的语义空间中都有“彩色/非彩色”和“暖色/冷色”维度，纳西族颜色词语义空间的维度则为“彩色/非彩色”和“单色/杂色”；（4）每一类别中包含的颜色词及颜色词的数目不同。

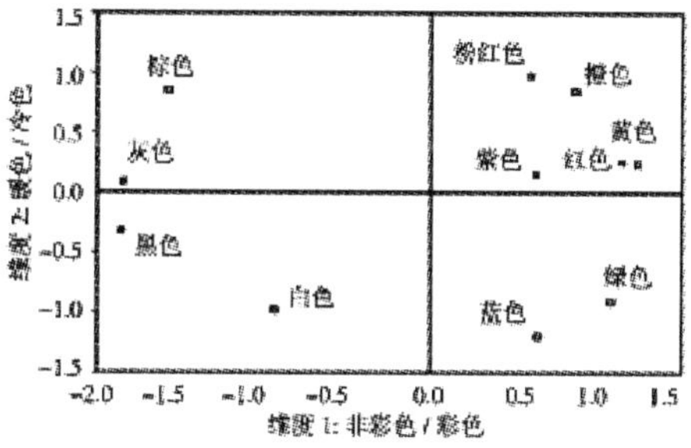

图1　85 名彝族大学生对 11 种基本颜色词的分类

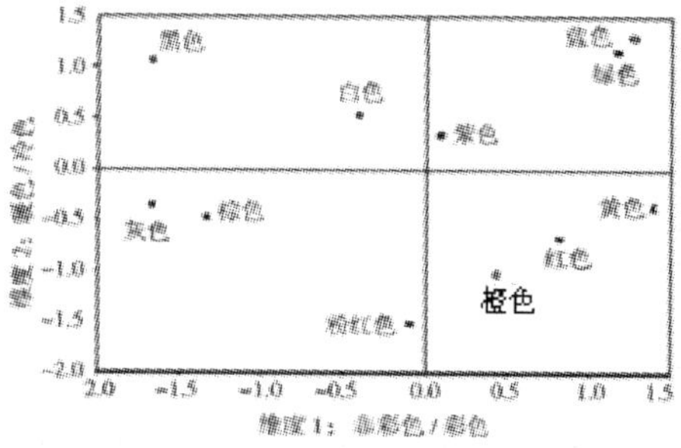

图2　93 名白族大学生对 11 种基本颜色词的分类

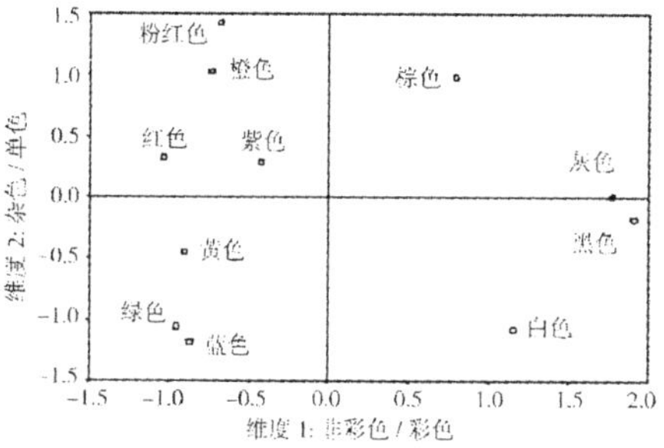

图3　60 名纳西族大学生对 11 种基本颜色词的分类

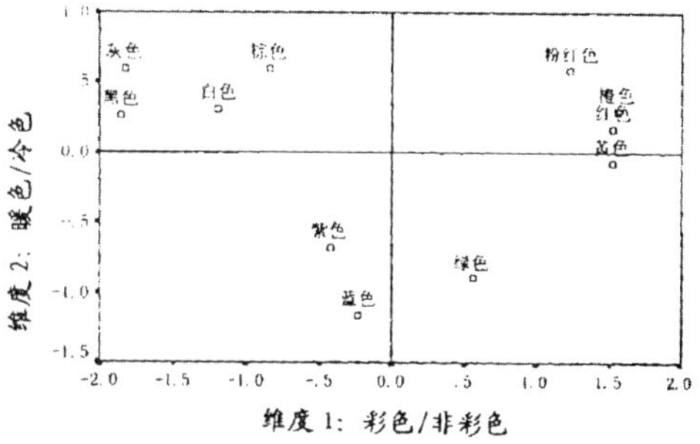

图4　279 名汉族大学生对 11 种基本颜色词的分类

四个民族的大学生对 11 个基本颜色词的分类有类似之处，基本颜色词语义空间的相关坐标值都很高。这说明，四个民族对基本颜色词的认知有一定的相似性。分类结果反映的差异，恰好体现了民族文化和语言对颜色认知的影响。彝族和纳西族将白色单独分类，与其文化中对黑色的崇尚相关；白族的民族偏爱色反映了白族文化中对白色、紫色和粉红色的崇尚；纳西族与其他民族不同的“单色/杂色”维度就是受其语言中“杂色”色名的影响。在纳西语中，“杂色”指多种色彩的混合体，尤其是指黑、白、红、黄、绿五色的混合体。① 纳西族学生的黄、蓝和绿的语义空间十分接近，与纳西语中黄、蓝、绿的两义性质相关。在纳西语中，“黄”具有两义性，既与“黄金”同义，属于褒义词；又与“死亡”、“下流”同义，属于贬义词。“绿”也具有两义性，既是生命的代表色，也是无赖色。而“蓝”在纳西语中，常与“绿”混用，所以也被“绿”拉进了两义色中。这为研究（二）提供了线索。

---

① 白庚胜：《色彩与纳西族民俗》，社会科学文献出版社，2001 年，第 44 页。

总之，研究（一）初步证实了语言对颜色认知的影响。彝、白、纳西和汉族这四个使用不同颜色词汇、具有不同颜色文化的民族，在颜色词分类中，显示了与其语言和文化相匹配的颜色认知倾向。在语言普遍论和语言相对论争论的第一个问题中，我们的结果倾向于支持语言相对论，即不同民族的基本颜色分类与其颜色词的表达和颜色文化相一致。

三

研究（一）发现，纳西族大学生与其他三个民族的大学生不同，“蓝”、“绿”两种颜色词在语义空间中的位置十分接近。文献表明，在纳西族的语言中，虽然已经存在“绿”与“蓝”的区别性概念，但在语言运用中，“绿”与“蓝”混用的现象十分普遍。[①] 例如，“蓝天”在纳西语中称“木含”，意为“绿天”，而不称“木波”，即“蓝天”。不仅“蓝”与“绿”混用，“青色”、“碧色”与“蓝色”更是同指一色，难以区分，造成“绿色”与“青色”、“蓝色”混用，如“青天”与“绿天”相同，故“青天”以“绿天”称之，“青山”以“绿山”称之，“清水”以“绿水”称之。[②] 这恰好为语言普遍论和语言相对论争论的第二个问题——蓝、绿颜色认知问题，提供了很好的研究素材。因此，研究（二）针对第二个分歧：纳西族语言中“蓝”、“绿”混用是否影响纳西族对蓝色和绿色两种色块的辨识？如果语言普遍论的观点成立，无论词汇如何混用，纳西族对蓝色和绿色的认知应该与汉族相同，不会出现显著差异；如果语言相对论的观点成立，纳西族语言中“蓝”、“绿”两个词语混用，将会导致纳西族对蓝色和绿色的辨识比汉族困难。

研究（三）包含三个实验。实验1，以34名纳西族成人和30名汉族成人为被试者。采用颜色相似性判断任务，要求被试者判断在计算机屏幕上呈现的三个颜色块中，哪两个看起来更相像。在做出按键选择时，还需要报告对所作判断的确信程度。确信程度分为5个等级，等级越高，确信度越大。选择等级1则记1分，选择等级2则记2分，以此类推。实验材料为8组颜色块，每组3个。每组颜色刺激都分布在光谱上蓝—绿边界的周围。颜色块的呈现、被试者的反应时和正确率的收集都通过E－prime编程软件来实现（下同）。结果如表1所示，汉族被试者和纳西族被试者在颜色相似性判断任务中，行为表现在不同统计指标上都有明显差异。汉族被试者的反应时、正确率和确信程度都明显地高于纳西族被试者。

---

① 白庚胜：《色彩与纳西族民俗》，社会科学文献出版社，2001年，第44页。

② 张积家、刘丽虹等：《纳西语颜色认知关系研究》，载《民族语文》，2008年第2期，第49—54页。

表 1 汉族和纳西族被试者颜色相似性判断统计表

反应	汉族被试者		纳西族被试者	
	M	SD	M	SD
反应时（ms）	1116	419	1182	573
确信程度	4. 42	0. 89	4. 2	1. 21
正确率（%）	66. 25	0. 94	61. 37	0. 97

实验 2，以 31 个纳西族成人和 31 个汉族成人为被试者。采用颜色分类学习任务。为了减少语言的标识作用，分类前在屏幕中呈现给被试者两个色块：一个为蓝色的标准色块，将其定义为“左边的类别”；一个为绿色的标准色块，将其定义为“右边的类别”。要求被试者对接下来呈现的颜色块分类，即判断其属于左边的类别，还是属于右边的类别。材料包括 10 个蓝色刺激和 10 个绿色刺激。对纳西族被试者和汉族被试者的反应时和正确率进行统计分析。结果如表 2 所示。汉族被试者和纳西族被试者在蓝、绿两种颜色的分类学习中表现出明显差异。汉族被试者的反应明显快于纳西族被试者，正确率也明显高于纳西族被试者。

表 2 汉族被试者和纳西族被试者颜色分类学习统计表

反应	汉族被试者		纳西族被试者	
	M	SD	M	SD
反应时（ms）	548. 9	264. 8	719. 3	454. 3
正确率（%）	94. 37	0. 94	83. 52	0. 70

实验 3，以 30 个纳西族成人和 30 个汉族成人为被试。采用再认任务，即先呈现一个色块（目标刺激），5 秒后消失，间隔 30 秒，再呈现 A、B 两个色块，要求被试者尽快选择与前面呈现的色块相匹配的色块。在蓝色范畴和绿色范畴中选取 4 对范畴内刺激和 4 对跨范畴刺激，共 8 对刺激作为实验材料。对纳西族被试者和汉族被试者反应时和正确率进行分析。结果如表 3 所示。汉族被试者和纳西族被试者对蓝、绿两种颜色的记忆效果出现了明显差异。汉族被试者的反应明显快于纳西族被试者，正确率也明显高于纳西族被试者。

表 3 汉族被试者和纳西族被试者颜色再认统计表

反应	汉族被试者		纳西族被试者	
	M	SD	M	SD
反应时（ms）	812	260	969	375
正确率（%）	64. 26	0. 95	60. 35	0. 97

从上面三个实验结果可以看出，在相似性判断、颜色分类学习和颜色再认中，

两组被试者在反应时、正确率以及确信程度上都存在明显差异。这说明，汉族被试者与纳西族被试者在对蓝色和绿色的辨别能力上的确存在显著差异。汉族被试者因为颜色词中存在蓝、绿区分，能够更好地对两者进行辨别。而在纳西语中，由于“蓝”、“绿”两个词语混用，导致他们对这两种颜色的辨别能力较差。这一结果支持了语言相对论。

四

虽然研究（一）和研究（二）都证明了语言影响颜色认知，在争论的前两个问题上支持了语言相对论，但由于实验都包含记忆成分，因此仍然无法回答第三个分歧：语言和文化对颜色认知产生的效应是直接的还是间接的？或许颜色词只是被作为一种策略，辅助被试者完成任务而已，并非从根本上改变了人们的颜色知觉空间。只要实验中的颜色块可以命名，就很难说明语言从根本上影响了颜色知觉。如果能从文化差异入手，选择无法从命名上进行区分的颜色块为材料，如果仍然能够发现颜色认知的差异，就可以成为语言相对论的强有力证据。

前文提及，彝族自古尚黑，自称“黑族”、“黑人”，民族服装多为黑色，至今还保留许多以黑为贵的风俗。① 彝族在历史上有“黑彝”、“白彝”之分，黑彝是贵族，白彝是平民和奴隶，有明显的黑尊白卑的意义。② 与彝族相反，白族尚白，自称为“白子白女”，称自己的语言为“白无”，民族服装喜用白色。③ 白色对于白族来说，象征着纯洁、美好、忠贞、善良，说一个人“白心白肝”，意为这个人心地善良，有美好的品德。④ 在纳西族文化中，从字面上解释，“纳”即“黑”，“西”即“人”，这似乎透露出纳西族曾经有过尚黑的历史。但是，在纳西族的东巴经典《黑白之战》中，讲述了“白”部族战胜“黑”部族、正义战胜邪恶的神话故事，明确表达出“白”象征光明、“黑”象征黑暗之意。⑤ 这种复杂的文化使纳西族对“黑”和“白”的态度混沌不明。在汉文化当中，“白”常被引申为光明和正义，而“黑”常被作为“白”的对立面，象征着邪恶。但是，白色也是死亡和凶兆的象征，而“黑”也象征着刚毅、正直、庄重、典雅。四个民族如此特别的“黑”、“白”文化是否会影响他们对于“黑”、“白”颜色的认知？按照语言普遍论的观点，四个民族的颜色认知不应该有显著差异。如果存在显著差异，就说

---

① 赵寅松主编：《白族文化研究》，民族出版社，2003 年。

② 杨福泉：《东巴经中的黑白观念探讨》，郭大烈，杨世光主编：《东巴文化论》，云南人民出版社，1991 年。

③ 白庚胜：《色彩与纳西族民俗》，社会科学文献出版社，2001 年。

④ 陈萍：《尚白的民族，绚丽的服饰》，载《中国民族博览》，1999 年第 4 期，第 47—48 页。

⑤ 李例芬：《“黑”“白”词汇及其文化背景》，郭大烈、杨世光主编：《东巴文化论》，云南人民出版社，1991 年。

明颜色认知确实具有可塑性，语言和文化影响颜色认知，并且这种影响不是暂时的，并非是由语言的直接效应引起的。

研究（三）① 包含两个实验。实验1，被试者包括彝族、白族、纳西族、汉族大学生各22名。采用颜色相似性判断任务，要求被试者判断计算机屏幕上呈现的三个颜色块中，哪两个看起来更相像。实验材料为：不同光亮度的白色色块7个，组成了8组刺激；不同光亮度的黑色色块7个，组成了8组刺激。每组刺激随机呈现4次，每个被试者要做64次判断。对四个民族被试者的反应时和错误率进行分析。结果如表4所示，彝族大学生对不同光亮度的黑色色块的区分速度明显快于对不同光亮度的白色色块的区分速度，错误率也低；白族大学生对不同光亮度的白色色的块区分速度快于对不同光亮度的黑色色块的区分速度，错误率也低。纳西族大学生和汉族大学生对不同光亮度的黑色色块和白色色块的区分速度和错误率差异都不明显。

表4　四个民族被试者对不同光亮度的黑色和白色区分度的平均反应时和错误率

反应	颜色	彝族	白族	纳西族	汉族
反应时（ms）	黑色	895（256）	851（178）	888（208）	1041（209）
	白色	924（205）	763（167）	891（179）	1000（177）
错误率（%）	黑色	31.70（7.07）	35.84（3.81）	34.07（3.76）	37.75（4.57）
	白色	39.54（7.15）	30.55（4.22）	34.02（6.48）	36.71（5.90）

注：括号内的数据为标准差，下同。

实验2，被试者与实验1相同。采用再认任务，即先呈现一个色块（目标刺激）5秒后消失，间隔30秒，插入计算任务。再呈现A、B两个色块，要求被试者尽快选择与前面呈现的色块相匹配的色块。以实验1的5个黑色色块和5个白色色块为目标刺激，以目标刺激的相邻色块为干扰刺激，组成20组刺激作为实验材料。对四个民族被试者的反应时和错误率进行分析。结果如表5所示。实验2的结果和实验1的结果趋势一致，但差异量有所扩大。

表5　四个民族被试者对不同光亮度的黑色和白色再认的平均反应时和平均错误率

反应	颜色	彝族	白族	纳西族	汉族
反应时（ms）	黑色	1288（205）	1406（314）	1396（186）	1527（257）
	白色	1445（249）	1233（253）	1434（198）	1409（260）
错误率（%）	黑色	30.42（7.94）	38.64（10.43）	32.22（8.92）	36.83（9.52）
	白色	41.01（10.52）	28.86（8.06）	34.99（12.55）	31.79（10.14）

实验2表明，彝族大学生对不同光亮度的黑色色块的再认速度明显快于不同光

① 谢书书、张积家、和秀梅、林娜、肖二平：《文化差异影响彝、白、纳西和汉族大学生对黑白的认知》，载《心理学报》，2008年第8期，第890—901页。

亮度的白色色块，错误率也比对白色色块低；白族大学生对不同光亮度的白色色块的再认速度快于不同光亮度的黑色色块，错误率也比对黑色色块低；纳西族对不同光亮度的黑色色块和白色色块的再认速度和正确率差异都不明显；汉族大学生对不同光亮度的白色色块的再认速度快于对不同光亮度的黑色色块的再认速度，但错误率差异不明显。

研究（三）表明，四个民族的被试者对不同光亮度的黑、白色块的区分、再认差异与四个民族间的黑、白文化差异相匹配。由于实验采用的白色色块之间、黑色色块之间不可能有不同的命名，因此，四个民族的被试者在颜色认知上出现的差异并非由于借助了语言作为临时策略。因此，研究（三）在语言普遍论与语言相对论的第三个分歧上得出了支持语言相对论的结论。即语言和文化对颜色认知的影响既有直接效应，也有间接效应，不同的语言和文化从根本上影响了颜色知觉，塑造了不同的颜色认知空间，进而造成颜色认知的差异。

五

三项研究分别从基本颜色词分类、蓝绿颜色认知和黑白颜色认知入手，得出了支持语言相对论的结论。研究表明，具有不同颜色词汇和颜色文化的彝族、白族、纳西族和汉族对 11 个基本颜色词的分类既有共性，也有差异，差异与他们的语言和文化相一致；“蓝”、“绿”词汇混用的纳西族对蓝、绿颜色的辨识明显比汉族难；尚黑的彝族辨识不同光亮度的黑色明显快于其他民族，尚白的白族辨识不同光亮度的白色明显快于其他民族。显然，语言和文化对颜色认知有重要影响，并且这种影响不仅仅是短暂的直接效应，而是从根本上发生的间接效应。通过上述三项研究，结合前人研究，可以将语言影响颜色认知的过程总结如下：

（一）不同语言和文化的人群的颜色认知具有共同的生理基础。从视网膜感受区域的生化基因研究，到早期神经元加工研究，都曾经提及颜色认知的生理基础。[①] De Valois 等人在 1968 年报告，在人的视觉系统中存在对红、绿、黄和蓝进行反应的独立细胞。[②] 这一发现似乎为语言普遍论提供了确凿证据。Kay 等人指出，红、绿、黄、蓝是 4 个基本色，这 4 个纯色调起着类别原型的作用。而次于基本色的颜色（如橙色），则是由 2 个基本颜色（红和黄）组成。[③] 但是，De Valois 等人在之后的研究中又对四原色独立细胞的发现进行了修正。他们认为，那些细胞应该是对二阶颜色（如红紫色和蓝绿色）进行编码，而不是对基本色（如红色和绿色）

---

① Mollon J. D. Pokorny J. etc. *Normal and defective colour vision*. Oxford：Oxford University Press，2003

② De Valois R. L. ，Jacobs G. H. Peimate color vision. *Science*，1968，162，533 －540.

③ Kay P. ，McDaniel C. K. The linguistic significance of the meanings of basic color terms. *Language*，1978，54，610 －646.

进行编码。[①] 随着这一修正报告的出现，基本颜色的生理基础便进入了争论的时代，至今无法确定。但是，大脑皮层的枕叶距状裂两侧（Brodmann 第 17 区）已经被确定是视觉代表区。一些颜色视觉科学家认为，V1 区脑细胞决定颜色分类的结果。在不同波长和亮度的颜色条件下，V1 区脑细胞活动比 V4 区频繁，而且敏感度明显高。[②] 也有学者认为，导致色盲和其他知觉分类加工紊乱的颞下皮层才是颜色分类的执行脑区。[③] 虽然颜色知觉的生理基础究竟处于大脑皮层的哪个区域，是否存在独立细胞，至今未有定论，但灵长类动物具有相似的颜色认知的神经生理基础已是不争的事实。[④] 这也能够解释为何研究（一）中四个民族对 11 个基本颜色词的分类结果具有共性。然而，共同的颜色知觉生理基础只为颜色知觉发展提供了一个前提，并非颜色认知结果的决定性因素。

（二）语言和文化塑造了颜色知觉空间，造成不同语言和文化的人群出现颜色认知差异。在共同神经生理基础的前提下，人们的颜色认知在出生时并未出现明显的差异。例如，4 个月的婴儿和猩猩都能区分蓝、绿边界。但这并不能排除颜色认知被后天经验改变的可能性。颜色类别可能因为语言和文化类别的相同而被强化，也可能因为语言和文化类别的不同而被削弱。[⑤] 这种强化或削弱一方面来自人们对某些颜色感受性的提高或降低。为了接纳本民族的文化、使用颜色词，学习者会不自觉地关注与本民族文化和语言相关的颜色。而对颜色的关注，会提高对颜色的敏感度。因此，受到本民族语言和文化高度关注的颜色，人们对它的感受性或敏感度自然会比其他颜色高。研究表明，劳动可以提高人的视觉感受性。专门从事印染劳动的工人，能够分辨出 40 多种深浅不同的黑色，而一般人只能分辨 3—4 种黑色。[⑥] Fahle 发现，基础视觉维度的敏感性可以经过练习而提高。[⑦] 另一方面，颜色类别的学习亦属于类别学习的一种。语言和文化对颜色知觉的影响也反映了知觉的类别效应。Goldstone 认为，人们在获得类别以后，会有意无意地缩小或忽略类别

---

① De Valois R. L. , De Valois K. K. A multistage color model. *Vision Research*, 1993, 33, 1053 - 1065.

② Hanazawa A. , Komatsu H. etc. Neural selectivity for hue and saturation of color in the primary visual cortex of the monkey. *European Journal of Neuroscience*, 2000, 12, 1753 - 1763; Okajima K, Robertson A R. etc. A quantitative network model for color categorization. Color Research and Application, 2002, 27, 225 - 232.

③ Cowey A. , Heywood C. A. etc. The regional cortical basis of achromatopsia: A study on macaque monkeys and an achromatopsic patient. *Europran Journal of Neuroscience*, 2001, 14, 1555—1566.

④ Fagot J. , Goldstein J. , Davidoff J et al. Cross - species differences in color categorization. *Psychonomic Bulletin&Review*, 2006, 13 (2): 275 - 280.

⑤ Werker J. E. , Tee R. C. Cross - language speech perception: Evidence for perceptual reorganization during the first year of life. *Infant Behavior and Development*, 1984, 7: 49 - 63.

⑥ 张德:《心理学》，东北师范大学出版社，1987 年，第 105 页。

⑦ Fahle M. , Edelman S. Long - term learning in vernier acuity: Effects of stimulus orientation, range and of feedback. *Vision Research*, 1993, 33: 397 - 412.

内成员间的差异，同时又扩大类别间成员的差异。这被称为知觉的类别效应。[1] Harnad 指出，不同的事物被贴上相同标签，人们随后便会同等地对待它们。[2] Roberson 等人发现，反复告知被试者波长不断改变的颜色为“红色”，被试者会似是而非地将本来为蓝色的色块知觉为“红色”。由此，Roberson 等人认为，颜色分类根据的是“规则—支配”（order - govern）的程序，不同语言和文化提供了不同“规则”，从而引起不同的颜色分类。[3]。反映到本研究中，颜色词和颜色文化为颜色提供了外在的标签，这一标签类似于一种“规则”。人们在生活中不断地使用这种“规则”。根据知觉的类别效应，人们在获得类别以后，会有意无意地缩小或忽略类别内成员间的差异，同时又扩大类别间成员的差异。这样，“规则”中所制定的类别界限势必会不断地被强化，进而形成了与标签相符的颜色知觉空间。不同的民族具有不同的颜色词和颜色文化，即具有不同“规则”。这些规则便使不同的民族形成了不同的颜色知觉空间，进而导致颜色认知的差异。这就是研究中发现不同民族在基本颜色词分类、蓝绿颜色认知和黑白颜色认知中出现差异的原因。

综上所述，不同的语言和文化的人群有共同的颜色认知的生理基础。但是，在后天的生活过程中，语言和文化作为一种标签和规则，提高了人们对某些颜色的感受性，塑造了不同的颜色知觉空间，从而导致不同人群的颜色认知差异。因此，我们对云南少数民族的颜色认知的系列研究结果支持语言相对论。

---

① Goldstone R. Influences of categorization on perceptual discrimination. *Journal of Experimental Psychology: General*, 1994, 123 (2): 178 - 200.

② Harnad S. Psychophysical and cognitive aspects of Categorical Perception: A critical overview. In S. Harnad (ed.) *Categorical Perception: The groundwork of cognition. Cambridge*: Cambridge University Press, 1987.

③ Roberson D., Davidoff J, Braisby N. Similarity and categorization: Neuropsychological evidence for dissociation in explicit categorization tasks. *Cognition*, 1999, 71: 1 - 42.

纳西童谣的特征、类型及作用

和冬梅

纳西童谣，纳西语称其为“Ssiul ssiuf jiu jiuq bbee”或“Ssiul ssiuf zzer bbee”，是历代纳西人中口耳相传的儿童歌谣。在较早的时期（八九十年以前）人们曾把它和民间故事统称为“dal bee”①，是纳西族悠久历史文化的重要组成部分，是产生较早的纳西族民间文学和纳西族民间音乐有机融合的儿童文学重要样式。它篇幅短小、内容单一、用语简洁，以反映儿童生活为主要内容，是纳西族儿童最早接触的文学样式。

由于诸多原因，近几十年来人们对纳西族的传统童谣没有做好传承和保护工作，甚至出现“纳西族流传下来的儿歌并不多”② 的认识。从2003年起，本人进行了搜集、整理、传承纳西族童谣的工作。根据7年来对纳西族童谣的不断认识和理解，现对其特点、类型和作用做简单的分析。

一、纳西童谣的特点

纳西童谣与其他民族的童谣一样具有符合儿童的心理特征、简洁生动、朗朗上口等特点。除此之外，还具有以下特点：

1. 歌词比喻形象，语言风趣、生动并富于幻想。如“太阳的光芒向我来，要是向着我，公猪当锣打，母猪当鼓敲，小鸡当钉钉，宰只小猪崽”，“……我追着黄老鼠打三下屁股，把那山楂果抢了回来……”，“雾叔叔呀雾叔叔，断角母牛要顶你，你快跑！瞎眼母马要踏你，你快跑”，“你爸去砍柴，会带柴糖来。你妈去砍竹，会带竹糖来”，等等，充满童趣的歌词使孩子们更容易学会、更容易传唱。

2. 典型的纳西民歌特点

①借字谐音

纳西童谣的借字谐音有两种现象。

一是为了使童谣合辙押韵，借用同音或近音不同意的字。如“Naf bba la bbaf

① 根据和泽海老人讲述。

② 杨世光、和钟华主编：《纳西族文学史》，四川民族出版社，1992年，第486页。

heq，nei mei lei meil heq，neif bbv bbv haif heq”。（你爸去石鼓，你妈去讨茶，你哥去买锅）。Bba（爸）——la bbaq（石鼓）、mei（妈）——meil（讨）、bbv（哥）——bbv（锅）。

二是后一句的开头借用前一句中的一个或两个音节。例如："Al piel la piel lal，La piel mee gv lal，Mee gv mee zzei yuq，Zzei yuq zzei seel liu，Seel liu seel mie perq，Mie perq al sa goq……（阿品打阔叶，阔叶飞向天，天上长大麦，麦芽麦三颗，三颗三白眼，白眼瞪阿萨……）" "A pv mee heeq a zzee lal，A zzee mee heeq lv bbv lal，Lv bbv meee heeq ail zerq lal，Ail zerq mee heeq bberq lerl kvl，Bberq lerl mee heeq ku nieq hal，Ku nee mee heeq jji nieq do……（爷爷生气打奶奶，奶奶生气打孙子，孙子生气打小鸡，小鸡生气啄苍蝇，苍蝇生气叮门板，门板生气搭水面……）"

②句末叠字

如"阿勒采阔叶叶，阔叶做什么么？阔叶裹腊油油……"，"月亮嫫嫫，嫫嫫糖糖，香糖摆摆……"

③句末衬词，衬词一般为"da ddee"或"zeel"和"shel"等。如"雪山高又高 da ddee，高得入云霄 da ddee，乌云压山顶 da ddee……"，"阿雀小云雀 sheel，云雀唱云儿 sheel，云雀唱得好 sheel……"

④相互呼应 相互呼应也有两种现象。

对答演唱型

例如："小小野斑鸠，昨晚睡哪儿了？""睡在刺蓬里。""你吃什么了？""拣吃救兵粮。""你喝什么了？""枯沟浑浊水。"又如："……你家的狗会咬人，不敢上你家。""拴狗用铁链，狗儿拴得牢。""你家的鸡会啄人，不敢上你家。""关鸡用竹笼，鸡儿关得严。""你家的牛会顶人……"再如："……豆子架上掏得鸟。""鸟呢？""鸟儿买走了。""钱呢？""买了粑粑。""粑粑呢？……"

一领众和型

例如："Yaiq lal ko seeq lal，dda dvf dvq！打油打桩子（领）！木椎竖（和）！"

3. 大部分纳西童谣类似有节奏的数板儿歌，但由于纳西语的特殊乐音特点使其成了由613个音组成的三音列歌曲。①

4. 朴素纯真的幻想，给大自然中的万物赋予人的情感并与之对话。对话的对象从遥远天际的太阳、月亮、云朵等，到地上的昆虫、飞鸟、家禽、植物，以及自然界中的风、雨、雾、彩虹等现象都被赋予了人的思想、人的情感，使童谣具有很强的人文思想。例如："乌云乌云靠边散，太阳太阳现出来，给你杀只瘸小鸡，请你尝只小猪崽"，"月亮嫫嫫，瓜果摆六盘，筷子摆六双，请我尝一盘。等我的成熟后，我又请你尝"，"阿卟阿萝，阿卟阿萝，阿萝等等我，煮三碗米饭，先给你

① 寇邦平主编：《中国纳西族民间歌曲集成》，云南民族出版社，1995年，第12页。

一碗……”（阿萝为一种草根食用植物）这些童谣都把遥远的天际、自然界比拟为与自己可以往来的朋友。

5. 一首童谣中往往兼顾了娱乐性、教育性、审美性和趣味性的统一，又注意了内容、形式与游戏的整合。最典型的有游戏童谣“拔萝卜”和“抓石子”，教诲童谣“放牧娃”、“阿勒采树叶”，催眠曲“小小月儿亮”等。使孩子们通过童谣得到认识自然、认识社会生活，并在游戏娱乐中得到文学的熏陶。

二、纳西族童谣的基本类型

从搜集到的童谣来看，纳西族童谣的内容十分丰富，涉及社会、生活、自然、伦理等各个方面。

按演唱童谣的对象可将纳西童谣分为两类：一类是儿童间传唱的。如“Ni mei lerq”（喊太阳）、“Al ka baq leil”（荞面粑粑）等，这类童谣类似数板歌谣，一般在孩子们一起游戏的时候传唱。另一类是大人唱给儿童的。如“Al leif la piel shuq”（阿勒采叶子）、“Jerl berl lerl gu diu”（金八两咕嘀）、“Al bbuf hei mei bbu”（小小月儿亮）等，这类童谣的旋律性较前一类更突出一些，一般在哄孩子、教说话和催孩子入睡的时候演唱。演唱的大人主要为女性，即母亲或祖母，应该属于女性文学的范畴。当然也有许多的父亲和祖父也能唱这些童谣给孙辈听。

如果按童谣的内容来分，纳西童谣可分为以下几种：

1. 游戏童谣。这是一种随着孩子们的游戏动作，由他们口头吟唱或伴奏的歌谣。一般在玩泥巴、抓石子、玩手指、捉迷藏等游戏时唱。大体有以下内容：向孩子们讲解动植物常识的、向孩子们讲述生活常识的、让孩子们进行体育锻炼或肢体训练的。

例如，曾流行于丽江坝的“Bbal bbaf miaiq hua luf”（团团结棉花），是一首具有代表性的游戏童谣。

“Bbal bbaf miaiq hua luf，Ssei ddef ggv see lei?”

（团团结棉花，结成啥样了?）

“Ddil lif ddil lif neiq mel see.”

（才在打骨朵。）

“Bbal bbaf miaiq hua luf，ssei ddef ggv see lei?”

（团团结棉花，结成啥样了?）

“Leil jer dde ggv seiq.”

（已有茶盅大。）

……

这样不断地问答使“棉花”“越来越大”，从小小的花苞到结成有天大，孩子们也从手牵手拢成一团，随着歌词的变化逐渐向外扩展成众人的两臂都要伸直的大圆圈。从结构上看，这是由小到大的阶梯式结构游戏童谣。[①] 从童谣的内容上看，能让孩子在游戏的过程中了解植物开花的一般规律，同时也能让孩子们熟悉一系列日常用品茶盅、小碗、大碗、筛子、小簸箕、大簸箕等的名称。

向孩子们讲述生活常识的，如“Zzaiq ba ba”（泥粑粑）：“Al bu bu，Haiq bu bu，Al mil see？Me mil see，Mil hol neeq dal ggv mel see. Mil seiq.”（阿粑粑，金粑粑，熟了吗？还没熟，再过一会儿就熟了。熟了。）这是模仿大人蒸粑粑而进行的游戏。

让孩子们进行体育锻炼的，如单脚跳“Ceel kee jjer”（瘸山羊）、支撑训练“Al ka baq leil”（苦荞粑粑）等。

几句简单通俗的童谣，总能使孩子们的游戏更富有童趣和情趣，并通过这些游戏表现儿童眼中的社会、生活。从已搜集到的资料中能够看到，有些游戏童谣也渗透了东巴文化的痕迹。例如，有模仿个别用语（Huq yi yil mu kuaq mei bbiu lei pvl，Nil yi see ddv kuaq mei bbiuq lei pvl. “Hee shu ggu lee”）的，有模仿占卜的，有模仿摆动板铃和手鼓等内容的。不少童谣的句式也类似于东巴经中的句式。可以说纳西族童谣的内容涉及了纳西人生活的方方面面。

2. 教诲童谣。这是一种直接以丰富儿童知识、启发儿童智慧和想象力、培养儿童高尚的道德品质和陶冶儿童性情为内容的歌谣。如各地唱法不同的“Rua ruaq bee”（数数歌），以借字谐音的用词方式，使孩子们饶有兴趣地按顺序数数。又如“Al leif la piel shuq”（阿勒采树叶），有多种地域性的异文，但都以层层递进的连环式结构，唱出劳动的过程及成果的运用。虽然它是一首篇幅较长、逻辑性较强的童谣，但由于前后句之间无论从用语上还是逻辑上都有紧密的联系，孩子们都能顺理成章地将它唱好，并能在理解这首童谣的过程中明白各种事物间存在的联系，懂得有劳动才能有收获的道理。从笔者搜集整理的纳西童谣来看，教诲童谣的篇目较多，所涉及的教诲内容也较广，有教孩子们做人的，有教孩子们数数的，有教孩子们说话（如绕口令）的，有教育孩子要尊老爱幼、保护小动物的，也有让孩子们明白生活的艰辛的，等等。

3. 催眠曲。催眠曲节奏舒缓、旋律优美，多数是大人们哄小孩睡觉时唱的童谣。它比游戏童谣和教诲童谣更富有乐音效果，感染力较强。如“Al bbuf hei mei bbu”（宝宝像月亮）、“Ai zerf yil ngvq laq”（小小鸡快睡觉）、“Jil ji yil ngvq laq”（宝贝快睡觉）等。

在纳西童谣中除以上三种类型外，还应该存在其他类型。如“催产曲”，节奏和旋律与催眠曲相似，是在孕妇临产或难产时唱给未出世的宝宝的童谣。目前仅搜集到一首。又如“数羊调”，其旋律性更强，是在牧童放羊时唱的歌谣。对这些童谣该如何分类，还有待于有关专家和学者的商榷。

---

① 杨世光、和钟华主编：《纳西族文学史》，四川民族出版社，1992 年，第 486 页。

三、纳西童谣的作用

1. 有利于儿童的情感交流

纳西族传统童谣的旋律基本都与纳西族的语音特点有着紧密的联系，音韵和谐、节奏鲜明、感情真挚，能给人带来审美感受和情感熏陶。

襁褓中的婴儿听母亲唱优美的童谣，能够感受到亲人的爱抚，也会做出“咿咿呀呀”的情感回应。在母亲的摇篮曲中安然入睡，是母亲的歌谣给了孩子一个情感的依托，在歌声中找到踏实的母爱和安全感。

此外，童谣对儿童来讲，也是加深同伴间的友情、促进情感交流的重要纽带。通过童谣和游戏，可以使孩子找到共同的志趣，找到能一起玩耍的伙伴，增进他们的友谊。

2. 有利于开发儿童的智力

不少纳西童谣的内容涉及有关自然、生活方面的一般常识，能够形象、生动地帮助孩子认识社会生活和自然现象。童谣的用语又有明显的逻辑性和关联性，有助于孩子们想象力、思维力的发展，开发他们的智力。

在旧社会，丽江有两大纳西族特有的女性文化景观，即“shee gaiq（女屠户）”和“zzaiq rhee jji（走商）”，是纳西妇女杀猪卖肉和到鹤庆走商的行当。据说这些妇女大多都没进过学校的大门，但个个都能看秤算钱，将生意做得顺顺溜溜。据笔者多方走访得知，这在很大程度上是得益于她们小时玩石子时念的童谣①。三四岁时玩“Aiq mei deef dee 、Aiq mei qer yiq”（捡石子），五六岁玩“Lv rheq lv gul”（抓石子）、七八岁玩“Ceel ko yuq ko jji”（串羊窝），手上玩着，口中念着，三五颗、七八颗不起眼的小石子游戏让纳西人了解了数的组成、数的大小，学会计算，同时循序渐进地训练了手指的灵活性。

3. 有利于发展儿童的母语

纳西童谣以生动活泼、朗朗上口的语言形式，适合孩子们吟唱，是促进纳西族儿童学习纳西母语的有力途径。通过吟唱童谣，可以帮助孩子们积累纳西语词汇、纠正发音，促进运用母语能力的提高。

如游戏童谣“拔萝卜”，使孩子们在做游戏的过程中学会了给、浇、施、拔、咬、顶、踢、啄、洗、漂、晒、叼、吹等动词；明白牛会顶、马会踢、狗会咬、鸡会啄、鹰会叼、水会漂、风会吹等；学会连贯的对话；知道植物生长需要浇水、施肥，了解萝卜的生长规律，同时也逐步懂得了只有劳动才会有收获的道理等。

① 根据黄香香老人等的口述。

4. 有利于培养儿童的人文思想

纳西童谣的最大特征是将万物拟人化，赋予自然界中的万物以人的情感、人的生命，视万物为孩子们的朋友，并与他们对话。因此，纳西童谣是培养纳西儿童人文思想，树立"人与自然和谐相处"意识的最有力的教材。在不少叙事性较强的童谣中，还体现了尊老爱幼等"小我"精神。得到好东西，总是先想到别人，如爷爷奶奶、爸爸妈妈、弟弟妹妹。如"……Ser shuq ser me ddee，See bbvq sseel liu ddee，Ddee liu a bba yel，Ddee liu a mei yel，Ddee liu nge yi bbei，Nge gge mei chee liu，Ggee ssee ggu mei lei dal juq bbee zeel，A sher bvl dv lvq lo teiq keel mei……（找柴找不着，得三个山楂。一个给爸爸，一个给妈妈，一个给自己。自己的那个，要去哄弟弟，要去哄妹妹，放在筷子篓……）"，"Eq pv lei yel keel，Eq zzee lei yel keel.（又去给爷爷，又去给奶奶）"，"Suif goq lei bul keel，Suif nee mei ni zeel，Kaf goq lei bul keel，Kaf nee mei ni zeel.（送到官家去，官家不要它，送到皇家去，皇家不要它）"。

5. 有助于了解纳西族的发展历史和文化变迁

任何一种民间文学都承载着民族发展和历史变迁的踪迹，纳西族童谣也不例外。从已有的童谣材料分析，纳西童谣也是随着民族的发展而不断变化、不断发展的。流传于纳西族各聚居地的"阿勒采树叶"的多种异文现象就是最好的例证。前半段歌词在各地都基本相同，即"阿勒采树叶，树叶裹猪油，猪油要擦手，手要拿砍刀，砍刀砍竹子"，但后半段就有了明显的地域习俗差异。在丽江海拔较高的山区或农村流传的是："竹子编篮子，篮子背石头，石头起房子，房子关牦牛，牦牛杀吃，牛头当灶台，牛眼当盅子，牛耳当筲箕，牛舌当草鞋……四肢当柴烧。"在大研镇流传的是"竹子编篮子，篮子背石头，石头铺院子，院子娶媳妇，媳妇搓粉丝，粉丝喂肥猪，杀猪街上卖，拿钱做生意。"在四川木里流传的是："砍竹编竹篓，竹篓装茶饼，煨茶请朋友，朋友帮开荒，开荒撒大麦，大麦甄白酒，白酒办喜事，喜事请东巴，东巴请素神。"① 从中我们可以看到纳西族从游牧、耕作到经商的历史线索。通过这些现象我们可以断定：一些从远古流传下来的传统童谣也随着民族的发展、生活环境的变化发生着相应的变化。在这些童谣中可以了解一些纳西族的发展历史和文化变迁。在一次"东南亚山地国家传统知识大会"上，我意外发现泰国阿卡儿童演唱的童谣与纳西族童谣无论从节奏上还是在音律上都有着惊人的相似。于是学了一首阿卡童谣"恰掐恰"，没想到居然与纳西童谣"Al qer ssil"（小小指）如出一辙，从童谣的字数（每句三字）、节奏、动作指向、对应体位（小指、无名指、中指、食指、拇指、手心、手腕、小臂、大臂、脖子、下巴、牙齿、舌头、鼻子、眼睛、耳朵、头发）到某些名词的发音，都相似得令人惊叹。

① 根据南卡杜基提供的童谣整理。

传统童谣中应该存在一些同源民族的文化渊源和一些我们所不知的民族源流问题。在已有的童谣材料中有些十分动听的童谣，我们不知其意，只知道老人就是这样传唱下来的。在传承过程中，我们只好暂时将这类童谣当作绕口令进行教学。特别期待有识之士予以指教。另外，在所搜集到的纳西童谣中，有一部分已经十分明显地受到汉文化影响。这类童谣应该是在改土归流后随着汉文化在丽江的兴起发展起来的。可能原本是汉族童谣，由汉族官员或随从家眷随意带来并流传，传来传去，就成了“汉非汉，纳非纳”的童谣。如“点点逗逗，木儿新官，假日教官，富美木呢欠己过（大老鼠拉稀屎）……”，“点点斑斑，脚投南山，南山么秘……每人缩只脚”。也可能是纳西人初学汉语时编的童谣。但不管怎样，从童谣中的确可以看出不同时期民族发展的历史痕迹，有助于了解纳西族的文化变迁，从而加深对民族文化的理解与认同。

纳西族母语教学初探

——以纳西童谣教学为例

和顺林

语言是人类最重要的交际工具，语言记载着人类社会历史发展的进程，蕴含着丰富的文化信息。文化是语言的属性，语言是文化最重要的载体。2003 年，联合国教科文组织濒危语言问题特别专家组发出预警信号：“尽管目前世界上仍存在约 6000 种语言，但其中的许多语言都面临着灭绝的危险，因此对这些语言进行记录，制定新的主动型政策，以及采取新的措施来增强这些语言的活力，已是当务之急。”文字方面也如此，纳西族东巴象形文也面临濒危险境。

纳西语是纳西族文化的载体，东巴文是纳西族东巴文化的依存形式。一个民族的灵魂、民族的精神、民族的风俗、智慧型成果都在语言里边得到体现，同样也能在文字中得到记录。纳西人在历史发展进程中创造了绚丽多彩的文化，纳西文化已成为中华民族大家庭文化宝库中的一朵奇葩，为我们留下了宝贵的精神财富，我们有责任和义务继承它、发展它。纳西族实施母语教育，提高纳西族学生运用纳西语文能力，既能增强纳西语言的活力，也是传承民族文化、抢救东巴象形文字的一条重要途径。

一、母语教学的背景

纳西族有着悠久的历史和灿烂的文化，东巴文字是目前世界上唯一“活着”的象形文字，是古文字研究的宝贵资料。但是，随着丽江社会经济的发展，纳西族传统文化的传承面临着危机。其中有着历史的和现实的深刻原因。纳西族有上千年的历史，历代地方政府都推引汉文教育，学习汉语文。没有纳西母语授课的学校，无法学习纳西语和东巴文。东巴文学习多为家传，由东巴父传子、子传孙，世代相传。因此，东巴文只应用于东巴宗教人员的范围，没有推广到社会，客观上限制了东巴文字的传播和发展。21 世纪初丽江古城已形成纳西语、汉语并用的双语社会，居民中约有 80% 人通晓汉语。但在古城区外围，如玉龙纳西族自治县境内，无论是坝区还是山区，都主要使用纳西语。20 世纪末，由于丽江旅游业的发展，外地商人大量移入，汉语口语已成了古城中心街市的主要语言，汉语功能大大提高。有些纳西族双语家庭错误地认为，学习使用纳西母语，会影响汉语、英语的学习，自动放弃对孩子的纳西母语教育，造成这些儿童在幼儿园、学校单一使用汉语，放弃了纳西母语，在古城形成了一个个转用汉语的学生群体。尽管这个群体人数不多，如果缺乏宏观控制，不采取具体教育措施，势必向周围蔓延，影响丽江双语社会的健康发展。2000 年原丽江县教育局对古城区作了纳西族使用纳西语、汉语的人口调查，结果显示的：按区域划分，以古城为中心，离中心越近，会讲纳西话的人越少；以年龄划分，年龄越小，会说纳西话的人越少。根据 2005 学年统计，白龙潭小学三年级学生中 50% 是纳西族学生，但会说纳西话的学生不到二分之一。

东巴文是东巴文化的体现，它凝聚着纳西族的经验和智慧，具有丰富的文化价值。东巴文只应用于东巴教的教事活动，很少使用于生活方面，没能在社会上广泛传播。东巴文是语段文字，记录经文时普遍存在字和词单位上不对应的现象，字少词多，不能精确地记录和再现纳西语言。语段中空缺的词需由东巴经师在诵经、解经时补出。因此，离开了东巴经师很难确了解东巴典籍的意义。目前，东巴经师屈指可数，且年事已高，后继乏人。解读东巴经书、阐释东巴文化的人越来越少，与语言相比，东巴文已是亟待抢救的濒危文字。

有鉴于此，一大批纳西族有识之士正致力于抢救纳西语言和东巴文。2003 年 7 月，由古城区教育局组织开办了纳西文化传承班，对各小学部分教师进行了培训；9 月开设了纳西语言文字课，每周安排学习东巴文和纳西语，让学生从小学习使用本民族语言，认识东巴象形字。当前国家实施教育体制改革，推进素质教育，鼓励开发地方课程，这既符合课改要求，又能有效地传承民族文化。2005 年古城区白龙潭小学申报的云南省“十一五”规划课题“纳西童谣和游戏在小学教育中的作用”被批准。经过两年多的试验与研究，初步总结出了“以童谣为载体，纳西语拼音，东巴象形字、汉字相结合”的母语童谣教学方法，证明在转用汉语的小学生中实施母语教育、恢复纳西语言能力的教学是成功的。

二、纳西童谣及其特点

童谣是流行于儿童中间的有韵短歌，它用简洁、生动的音乐形式来反映儿童的生活内容，极富童趣，深受小朋友的喜爱。纳西童谣是纳西文化的重要组成部分，它来自民间，流传民间，有悠久的传统。它短小、单纯，形象生动，朗朗上口，充满情趣。能活跃孩子的思维，训练语言能力，充分体现母语的无穷魅力。内容贴近孩子的生活，有的是为了传授生产生活知识，有的是为了训练儿童的语言能力、思维能力、判断是非能力，不少童谣包含了对社会及人生的评价，具有娱乐性、教育性和审美性，使孩子们通过这些童谣，学会语言、学会生活、学会做人。

三、以纳西童谣为载体，纳西语拼音、东巴象形字、汉字相结合的教学案例

学习一种语言文字的关键是学好口语，只有学好了口语，才能把文字学好，纳西母语教学的目标是：让学生感知母语，产生兴趣，会说一口流利的纳西话，初步认识象形字。童谣的诸多特点符合孩子的口语学习。象形字有实物依托，并且多数字符可以望文识音，望文会意，容易把口语、书写结合使用，激发学生的学习兴趣。

案例一：教学《小斑鸠》

出示板书

fai	yil	zzee	teeq
去	睡	吃	喝

让学生猜猜这是什么字，画一画。由于东巴文字本身是象形文字，部分学生能很快地说出来，再利用汉字对应写出，在与学生讨论如何用纳西拼音拼读中，可以激发学生的学习欲望。但是小学生正处于成长时期，他们对某些活动或某些事物的兴趣往往是短暂的、模糊的，对纳西拼音、象形字的学习也是如此。怎样才能用单个的词说一句话，并牢固识记象形字，达到教学的最优化呢？

出示童谣

小朋友： To lif guq gul gu gu，
斑 鸠“咕 咕 咕”，
A huq sseif gv yil yil？
（你）昨 晚 睡 哪 儿 了？

小斑鸠： Ceel mee zzerq gv yil yil。
（我）睡 在 楸 木 树 上。

小朋友： Nee ha a zee zzee zzee？
你 吃 什 么 了？

小斑鸠： SHeq lv sheq mal zzee zzee.
（我）吃 了 细 沙 粒。

小朋友： Nee jjiq a zee teeq teeq？
你 喝 什 么 了？

小斑鸠： Ke gol jji dderq teeq teeq.
（我）喝 了 浑 浊 水。

学生在学会了纳西拼音的声母、韵母、声调后，看着板书就能慢慢拼读出歌谣来。老师轻声范唱，引导学生问句和答句都唱4拍，先慢后快地进行练习。看着象形字，先由男生扮演小朋友唱问句，女生扮演惹人怜爱的小斑鸠唱答句，同时配合动作，在轻松愉快的对唱练习中，学生自然学会了“你去哪儿了”、“你吃什么了”、“你喝什么了”等交际语，牢固地掌握了“去、睡、吃、喝”等象形字。也增强了纳西母语的语感和语调。学生越唱越想唱，并自主搜集了许多这首童谣的不同唱法。原来，由于地域不同，同是一首童谣，唱词都不一样。如丽江坝南部楸木树多，唱的是小斑鸠晚上睡在楸木树上，而丽江坝北部刺蓬多，就唱小斑鸠睡在刺蓬里。根据学生搜集来的材料，师生们共同续编了三个不同的唱段。

案例二：

教学《唱云雀》这首童谣时，先从学习云、风、雨、冰雹等自然现象的拼音文字和象形文字入手。先猜一猜：没有脚能上天的是什么？学生猜出是“火烟”，老师就问：火烟会变成什么？（云）云会变成什么？（雨）雨会变成什么？（冰雹）……根据学生的回答，老师依次出示板书：

Jiq her heeq zzo

云 风 雨 冰雹

教师指着板书轻声范唱：

Bbuq lvl sso sso， meel keeq tvl me niq niq，

放 猪 娃 娃， 不 要 烧 火 烟 烟，

Meel keeq jiq bie gvl gvl， jiq nee her bie

火 烟 会 变 云 云， 云 来 会 变

gvl gvl，

风 风，

Her nee heeq bie gvl gvl， heeq nee zzo bie

风 来 会 变 雨 雨， 雨 会 变 冰

gvl gvl，

雹 雹，

Zzo nee ngaf sso lal lal， ngaf sso mai hail

冰 雹 打 我 儿 儿， 我 儿 多 可

seiq seiq.

怜 怜。

……

引导学生看板书，按顺序体会这些变化过程，让学生看着板书，边听歌边用纳西拼音把童谣记录下来。这样，学生既巩固了纳西拼音，又学会了云、风、雨、冰

雹等纳西象形文字，并懂得了玩火的危害，认识了人与自然和谐相处的道理。

案例三：游戏童谣《花儿多大了》（Ssei ddef ggv see lei ）教学设计

教学目标：

1. 让学生学会这首纳西传统童谣《花儿多大了》，体会童谣中蕴涵的人文情怀，从小认识和热爱本民族文化。

2. 认识、、、、5个东巴象形字，并分别用这些字进行会话练习，学习口语。

教学过程：

1. 复习旧知，导入新课。

（1）复习纳西族摇篮曲《小小月儿明》。

（2）揭示课题《花儿多大了》。

（3）出示“花”的东巴象形字来解释题意。

2. 我会学。

（1）借助纳西拼音读准童谣字音。

（2）借助课后的翻译初步理解大意。

（3）质疑问难。（向同学、老师询问自己不理解的内容）

（4）自学反馈。

a. 指名读重点句，检查读音。

b. 解答疑难，提示朗读的难点。

c. 教师范读，引导学生读出节奏，理解花朵的成长过程。

3. 我会唱。

创设情境，理解内容，学唱童谣。

（1）思考：这首童谣在语句上有什么特点？（一问一答的形式，有8个相同的问句，8个答句回答了花朵慢慢成长、变化的过程）

（2）师生对唱，边唱边用板书描绘花朵变大的过程。

（3）小组同学对唱，一人唱问句，另一人答唱一句。

（4）男女生对唱，并进行简单的肢体表演。

（5）唱出你最喜欢的一句，并说明原因。

4. 我能写，我会说。

（1）由“花儿有天大”一句引出花、天、地、大、小5个象形字

（2）出示5个象形字，认识东巴字“象形”的特点。

（3）小组合作：

a. 每人在学习卡片上写出一个象形字，并涂上自己喜欢的颜色。

b. 纳西拼音和象形字“找朋友”。

c. 用5个象形字进行会话练习。

4. 展示合作成果，进行评价。

5. 我会玩。

老师指导游戏规则，学生唱童谣、做游戏。

6. 小结

老师：这节课大家学习了游戏童谣《花儿多大了》，知道了花朵由小变大、慢慢开放的过程，从中你体会到了什么？（我们像花儿一样地成长，知识也需要慢慢积累、积少成多……）

四、几点体会

1. 童谣教学有利于激发学生学习纳西母语、认识东巴象形字的兴趣。

童谣教学最大限度地激发了学生自主学习的兴趣，使不会说纳西语的学生在学说纳西童谣的过程中，产生了强烈的学习语言的欲望；使会说纳西语的学生越学越有兴趣，从课堂走向课外，自主学习、交流，使学习母语真正成为一种自觉行为。除了课堂上坚持“以童谣为主的三结合教学”外，课余指导学生阅读纳西族民间故事、纳西族谚语，观看纳西族民间歌舞并自编纳西族歌舞，自制东巴象形字卡片，办纳西语小报，猜谜语……不仅培养了学生的审美情操和动口、动手、动脑的各种能力，更激发了学生学说纳西语、学写东巴象形字的兴趣。原三年级三个班共159人，纳西族学生有77人，而会说纳西语的只有42人。经过两年的学习，认识了100多个象形字，会唱20多首童谣。

2. 童谣教学开发了孩子的智力，培养语感。

多一种语言就多一种思维方式。学习童谣后，在自制纳西语小报和作业中，学生大胆想象，能创作出结合童谣内涵的插图，图文并茂。在美术方面，学生能大胆地创作出有东巴象形文字的想象画。由于童谣具有童趣，学生在玩中学、乐中学，掌握了纳西童谣的吟唱规律，增强了节奏感和乐感，进一步培养了学生的语感；同时自编顺口溜、自编新童谣的能力也逐步提高。

3. 童谣有利于弘扬民族文化，激发民族自豪感。

在学生的成长过程中，了解本土的社会知识、传统文化是学生健康成长的重要因素。比如，学生在学习《唱云雀》、《小斑鸠》、《小鸡快睡觉》中，体会到纳西族不仅善待山川河流，善待虫鱼鸟兽，而且把动物拟人化。了解纳西族祖先的生态观和人生智慧。

4. 童谣教学丰富了校园文化。

纳西童谣给校园文化带来了勃勃生机，校园里充满了欢声笑语，母语凝聚了孩子的心。校园里回荡着孩子们稚嫩的童谣，对于一个从小听着奶奶的童谣长大，对老人口耳相传有着特殊感情的我，拥有了一颗充满童趣的心灵。享受着童谣，好像回到了童年。如今，让美丽的童谣走近孩子，走进学校，发挥她原有的生命力，使灿烂的民族文化得以传承，是多么有意义的事啊！

在纳西族地区的小学教育中，纳西母语教学是一项长期而艰巨的任务，我们决心在今后的教学实践中不断探索，积累经验，集思广益，在纳西文化这片土壤中使纳西语真正显出高效来。“我说着我喜爱的语言，因为那就是我自己，我们向孩子传授我们喜爱的语言，因为要让孩子们知道自己是谁。”（2003 年联合国关于濒危语言问题的报告）让纳西语和东巴文化持久充满的活力自立于中华文化之林。

纳西拼音文应用情况调查①

赵庆莲

引　言

纳西拼音文是20世纪50年代新中国成立后党和政府为纳西族新创制的文字，自创制以来，在纳西语言文化记录、社会扫盲、学校双语教育、科普知识推广、新闻媒体宣传等领域开展了推行应用工作，取得了一定的成效。纳西拼音文方案在20世纪80年代初曾做过一次修订，并根据中央的政策继续试验推行，到现在已过去三十多年。在这段漫长的时间里，纳西拼音文的推行和应用情况是怎么样的呢?因笔者从90年代初开始一直从事民族语文工作，觉得很有必要对纳西拼音文的应用情况做一个梳理。结合最近的调查和以往在工作中对纳西拼音文应用情况的了解，对纳西拼音文的推行工作做一个回顾，期望能对今后的工作有一些促进。

一、纳西拼音文的创制

20世纪50年代，我国开展了大规模的少数民族语言调查。中国科学院少数民族语言调查第三工作队对纳西语进行了系统调查。在对调查收集的35个点的纳西语材料进行分析研究后，将纳西语划分为西部方言和东部方言。根据1951年2月5日政务院公布的《关于民族事务的几项决定》第五条“帮助尚无文字的民族创立文字，帮助文字不完备的民族逐步充实其文字”的规定，并依据国务院通过的《关于少数民族文字方案中设计字母的五项原则》和1958年全国人民代表大会正式批准公布的《汉语拼音方案》，选定西部方言为基础方言，以大研镇土语为标准音，设计了《纳西文字方案（草案）》。该草案在1957年3月于昆明召开的云南省少数民族语文科学讨论会上获得通过，并报中央民族事务委员会批准试行。

---

① 调查过程中得到丽江市教育局、丽江市文化广电新闻出版局、古城区教育局、玉龙纳西自治县县委宣传部、玉龙纳西自治县县教育局等部门的支持，玉龙纳西自治县民族宗教事务局和洁珍对调查给予大力协助，和文、和继军、习惠渊、石春、杨国新、和灿等老师为调查提供了很多情况，在此一并致谢。

新设计的纳西文是拉丁字母形式的拼音文字（纳西族历史上曾使用多种文字，如东巴象形文、哥巴文、玛丽玛莎文、阮可文等，为避免与其他文字相混淆，在本文中除特指方案的地方外，将新设计的纳西文字称为“纳西拼音文字”）。纳西拼音文字的设计参照汉语拼音方案，原则上纳西语和汉语相同或相近的音，尽可能地用与汉语拼音相当的字母表示；纳西语有而汉语里没有的音用其他拉丁字母表示，包括双字母或字母重叠；纳西语的声调用字母表示，放在音节后面。从下面的纳西拼音和汉语拼音对照表可看出二者的区别和对应关系（汉语拼音栏为空表示纳西语里的音汉语里没有）：

纳西拼音和汉语拼音对照表

声母	纳西拼音	b	p	bb	m	f	d	t	dd	n	l
	汉语拼音	b	p		m	f	d	t		n	l
	纳西拼音	g	k	gg	ng	h	j	q	jj	ni	x
	汉语拼音	g	k			h	j	q			x
	纳西拼音	z	c	zz	s	ss	zh	ch	rh	sh	r
	汉语拼音	z	c		s		zh	ch		sh	r
韵母	纳西拼音	a	o	e	ee	i	u	iu	v		
	汉语拼音	a	o	e		i	u	ü			
	纳西拼音	ai	ei	er	ua	ue	ui	uai			
	汉语拼音	ai	ei	er	ua	uo	ui	uai			
	纳西拼音	ia	iai	ie	iei						
	汉语拼音	iɑ	ian	iu/iou	ie						
声调	纳西拼音			f	q	l	注：纳西语的中平调用零字母表示				
	汉语拼音		-	ˊ	ˇ	ˋ					

二、纳西拼音文的推行

据《纳西语简志》介绍，“纳西拼音文曾经在部分纳西族小学教师和干部中试验推行，取得了一定的成绩。1958 年以后停止试验推行工作”。“文化大革命”期间，民族语文工作机构被撤销，专业人员被解散，民族语文工作有近 20 年的时间处于停滞状态，纳西拼音文字推行工作也受到影响。进入 20 世纪 80 年代，改革开放为民族语文工作带来了新的机遇，云南民族语文工作得以恢复和发展。1980 年，国家民委在第三次全国民族语文讨论会上重申“国务院、民委批准的文字方案一律有效，应该继续试行或推行”。1981 年，云南省民委、省民语委召开扩大会议。期间，在和万宝、沙阿嘎、虎映山等丽江领导同志的倡议下，在昆纳西族学者和即仁、和志武等同志参加修订了《纳西族文字方案》（草案）。该方案经丽江县人民政府审核，报丽江县人大批准，重新开始试行。为适应新形势下的民族语文工作，一些民族地区成立了民族语文工作指导部门，丽江纳西族自治县也成立了少数民族语文指导工作委员会（前身为丽江县民委民族语文编译室），开展纳西语、彝语、傈僳语和白语的相关工作。

在云南省民语委、丽江县民语委和丽江县文教局的支持下，从 1985 年开始，在塔城乡依陇行政村巴甸完小和白沙乡玉龙完小开展了纳汉双语教学试验。为配合双语教学的开展，编译了 6 册小学语文课本和 4 册小学数学课本。纳西拼音文在社会上开展了扫盲工作，编译出版了纳西拼音文《扫盲课本》，举办了纳西语文培训班，在塔城、白沙、金山、鲁甸、龙蟠、太安等地开办了扫盲夜校，玉龙等 9 个村还被授予青少年无盲村的称号。通过这些工作的开展，培养了一批能够熟练应用纳西拼音文的双语教师，民族文化工作者则用纳西拼音文收集、记录、整理民间文学、民歌、东巴经等，出版了纳西拼音文字的东巴经典故事和民间故事《创世纪》、《牧象女》、《黑白争战》、《牧奴迁徙记》、《猎歌》、《纳西歌曲选》、《相会调》、《祝福》、《新民歌》、《纳西谚语》等。为了巩固纳西拼音文的推广成果，创办了纳西拼音文报《丽江报》（1990 年起该报的全国统一刊号无偿转让给现《丽江报》使用）。1987—1989 年间，丽江县文化局、丽江县民委和丽江地区电影公司合作，译制了国产电影故事片《喜盈门》、《咱们的退伍兵》和印度电影《复仇的火焰》。这些译制片在纳西族地区放映后深受群众的好评。

纳西拼音文在宣传党的方针政策、推广科普知识方面也发挥了特有的作用。和元庆、和民达改编的《一家团圆》以纳西快板的形式反映了 20 世纪 80 年代初纳西族地区的农村社会生活。1991 年，丽江县开始大面积种植烤烟，丽江县民语委配合县烤烟生产办公室，编译了纳西拼音文技术指导材料《烟叶采摘与烧烤》，并配制了纳西语录音带，并举办了纳西拼音文烤烟生产培训班。之后又录制了纳西语磁带《烤烟栽培知识》和录像片《烤烟栽培与调制》，这些工作对烤烟生产起到了积极的推动作用，同时促进了纳西文的推广。此后，先后出版了纳西拼音文版的《丽江纳西族自治县自治条例》、《民族知识简明读本》、《江泽民“三个代表”重要思想》、《中华人民共和国民族区域自治法》、《十六大文件汇编》、《十七大文件汇编》、《十八大文件汇编》、《宪法》、《毛泽东　邓小平　江泽民论科学发展》、《科学发展观重要论述》、《农村法律知识读本》、《农村实用知识读本》等读物，用民族文字宣传党的理论和政策。

随着纳西语拼音文字推行工作的恢复和发展，纳西语言研究的两本重要著作，由和即仁和姜竹仪编著的《纳西语简志》与由和志武编著的《纳西语基础语法》，也于 1985—1986 年间相继出版。其中，《纳西语基础语法》中的语言材料全部用纳西拼音文字标注，便于不懂国际音标的学习者使用。这两本著作直至现在仍是学习、研究纳西语的重要参考文献。

三、纳西拼音文应用现状

纳西拼音文的推行自20世纪80年代民族语文工作恢复以来，一直在艰难地开展工作，在不同时期经历了起起落落，如机构改革后，丽江的民族语文工作机构由“丽江县民语委”到现在的玉龙纳西族自治县民族宗教事务局民族语文编译室；《纳西文报》曾经是有国家统一刊号正式发行的民文报纸，到后来内刊号都被取消。在经历了20世纪90年代的低谷后，进入21世纪，民族语文工作有了新的转机。国际上，从20世纪90年代开始，语言学者们就对少数民族语言的迅速消失引起重视，并开始了抢救记录濒危语言的工作。2000年，联合国确定每年的2月21日为国际母语日。2003年，联合国教科文组织召开了国际濒危语言会议，发布了相关文件。在国际思潮的影响下，国内语言学界也开始关注我国少数民族语言的现状，如教育部提出了少数民族语言是国家的语言资源的理念，支持少数民族语言资源库的建设，支持民族地区开展双语教学。少数民族语言的研究得到国内外学者的关注。

纳西语文工作在迎来机遇的同时，也面临挑战。随着丽江的对外开放，特别是旅游业的发展，纳西传统文化的传承面临挑战，作为纳西文化载体的纳西语受到的冲击更为强烈。在丽江古城，纳西族小孩已普遍不说纳西语。在笔者对丽江古城纳西族双语情况所做的一个调查中发现，25岁以下的丽江古城纳西族青年即便是会说纳西语的，能流利使用的很少。据王耀芬、和跃等调查，从纳西语的使用现状看，纳西语还不能界定为学术概念上的濒危语言，但存在潜在的危险。在这样的情况下，社会上对纳西拼音文使用的需求却有所增强，这里面有政府相关部门的参与和倡导，也有民间的自发行为。

1. 政府部门参与的纳西语文工作

（1）开展双语教学，培养双语人才

在纳西族聚居区的乡村学校，教学语言为汉语，而纳西族学生在入学时普遍不会说汉语，因此教师在上课时需要用纳西语给学生作讲解，这是一种形式的双语教学。本文所指的双语教学，是指双语双文教学，即同时使用两种语言和文字：汉语文和纳西语文。上文提到20世纪80—90年代，曾在纳西村寨的小学中开展双语教学试验。从2003年开始，在云南省教育厅的支持下，纳汉双语教学得到发展，开展了小学语文新课标教材的纳西拼音文对译，已完成小学一至六年级语文教材的翻译，并编写了《纳西拼音入门课本》（和学光编）、《纳西语学前课本》（和洁珍编）；组织双语教师到昆明培训，让双语教师掌握纳西拼音文并学习双语教材教法。从2010年开始，云南省教育厅将古城区東河完小和玉龙县白沙完小确定为纳汉双语教学实验学校，在经费上给予一定的支持，由省民语委办公室在业务上给予指导。

为了培养纳西文化的专门人才，从2002年开始，丽江市政府与云南民族大学民族文化学院签订合作办学协议，共同开设纳西语言文学专业。该专业定向招收纳西族学生，并在大学入学考试前先进行纳西语口语的考试。学生在校期间要学习纳西文化相关课程，特别是纳西语言和东巴文化方面的课程。该专业学生都能熟练运用纳西拼音文字，有的毕业后就从事民族语文翻译工作。

（2）开展纳西母语传承教学

针对纳西族儿童不学纳西语、不会说纳西语的现象，2003年，丽江县政府出台文件（〔2003〕10号），要求在全县范围内贯彻执行《丽江县人大常委会关于在全县中小学教育中开设纳西语言课程，加强对青少年纳西语言传承和普及教育的决议》精神。同年丽江县行政区划调整，调整后的玉龙县和古城区教育局联合举办了母语教师培训班，以纳西母语为标志的传统知识和艺术教育在多数中小学校推开。此后玉龙县和古城区教育局每年都组织开展母语教师培训，培训内容除纳西拼音文外，还有东巴文化等纳西族传统文化知识。目前，多数学校开设了纳西母语课，课时安排为一周一节。此外，还有纳西母语兴趣班，学生在课后也可以参与母语学习活动。据教育部门调查，黄山小学、白马龙潭小学、兴仁小学、大研中心校、福慧小学、大东中心校、七河中心校等学校的纳西母语教学开展较好，积累了一些经验。

在开展纳西母语传承教学的学校中，母语教师还开展教学教研，撰写了教案、教学心得、论文等并公开发表（参见《纳西母语和东巴文化传承与实践》）。古城区白龙潭小学母语教师和冬梅，利用课余和假期收集整理纳西童谣，把童谣与纳西母语传承教学相结合，取得了很好的效果。由和冬梅编撰的《纳西童谣》正式出版并作为校本教材使用。

（3）举办培训班

除教育系统外，其他政府部门也举办了纳西母语相关培训班。如2005年，丽江人民广播电台组织纳西语广播剧配音演员纳西文培训班。2007年，玉龙纳西族自治县政协结合创建学习型机关活动，举办了纳西文化及纳西语文培训班。2008年丽江市政府委托丽江师专继续教育学院举办东巴文化保护传承强化培训班，来自玉龙纳西族自治县、古城区、宁蒗县、木里县、香格里拉县的70名学员参加了培训，学员中有东巴传人、母语教师和文化从业人员。

（4）利用新闻媒体平台传播纳西语言文化，宣传党的方针和政策

随着人们生活水平的提高，广播电视等新闻媒体也越来越普及。2001年，丽江人民广播电台开播纳西语正点新闻节目；丽江纳西族自治县电视台开设了纳西语一周要闻回顾，这一节目在区县分设后一直在玉龙电视台保留。2004年玉龙纳西族自治县电视台开设了纳西语《玉龙情话》栏目，介绍纳西族优秀传统文化，如

纳西语传统大调《鱼水相会》、《蜂花相会》、《文考》等曾在栏目播出（该栏目在2006年停播）。2011年，丽江人民广播电台联合玉水寨开设《跟我学纳西语》栏目。2012年，玉龙电视台开播纳西语脱口秀节目《可喜可乐秀》（Ko'lvq Kosheel Sel），由丽江电视台播音员和继军主持。节目内容博古通今，结合现代社会现象和纳西文化传统，用精彩生动的纳西语，打动了观众的心，深受喜爱。节目中使用了纳西拼音文字幕，起到了推广纳西拼音文的作用。

2004—2006年，联合国教科文组织开展湄公河次区域山地民族关于吸毒、拐卖人口和艾滋病的少数民族语广播剧项目，制作了纳西语广播剧《雪山在叹息》，并制作成光碟在丽江市、古城区、玉龙纳西族自治县发行。项目开展期间，还举办了纳西拼音文培训班。

开展党员先进性教育活动期间，古城区直属党委组织录制了由和继元编写的纳西语共产党员先进性教育光碟，并在党员中宣发学习，加强了学习教育效果。

在云南省委宣传部、云南省民委等部门的支持下，云南省民语委组织相关人员，为党的十六大、十七大和十八大报告进行了少数民族语录音配制，并制成VCD光碟，由云南民族音像出版社出版。纳西族民族音乐艺术家和民达、云南省委党校退休教授和学光、丽江玉龙电视台纳西语播音员和善武、丽江古城区政协和继元等为纳西语版报告配音。

纳西拼音文报纸《丽江纳西文报》曾在2000年复刊，因为是内刊号，根据玉龙县情和云南省报刊管理规定，于2003年停刊。目前纳西拼音文在报纸杂志上的唯一栏目为玉龙县委宣传部主办《玉龙宣传》杂志上开辟的“纳西语文园地”栏目。

（5）译制电影电视剧

纳西语电影译制工作曾在20世纪80年代开展，翻译了两部国产片和一部印度片。由于机构改革等原因，这项工作在很长一段时期没有再开展。从2005年开始，丽江市文化广电新闻出版局农村电影管理站开始组织译制纳西语爱国主义题材影片，先后翻译制作了《黄河绝恋》、《暖春》、《张思得》、《平原枪声》、《英雄》、《无极》、《功夫》、《霍元甲》、《无影剑》、《情颠大圣》、《宝贝计划》和《鬼城碟电》。玉龙纳西族自治县文化广电新闻出版局组织译制了36集电视连续剧《狼毒花》。电视连续剧《木府风云》在中央电视台播出后，好评如潮。丽江市文化广电新闻出版局组织人员快马加鞭译制了纳西语版。

除故事片外，丽江市文化广电新闻出版局农村电影管理站还译制了科教片《防治艾滋病》和《实用光转农膜》，时事片《十七大新闻联播》，以及法制片《丽江古城管理条例》。

（6）组织国际母语日庆祝活动

“母语既是一种文化的载体，也是一种文化的灵魂”，“纳西语是我的母语，它对我来说，有一种魂牵意系的魔力。我觉得它是世上所有的语言中与我的精神和心灵世界关系最为密切的语言”。杨福泉教授虽然精通汉语和英语，但是他觉得不讲母语将是人生的一大缺憾。联合国教科文组织也将每年的2月21日定为国际母语日，提倡使用母语。云南省委党校退休教授、云南民族大学民族文化学院纳西语班特聘教授和学光老师说，按纳西族的传统，参加祭天仪式的人是只能说纳西语的，可以说，这一天就是纳西族的母语日。纳西族祖先把纳西母语和纳西族东巴教最大的“祭天”仪式联系起来，体现了纳西母语在纳西人心目中的神圣地位。从2008年开始，玉龙纳西族自治县和古城区开始组织国际母语日庆祝活动，通过举办座谈会、游园、文艺表演、签名、纳西少年儿童成年礼、纳西拼音文征文比赛等各种形式的活动，宣传纳西母语，推广纳西拼音文，提高纳西群众对纳西母语的认同感。

古城区委常委、区委宣传部部长李润兰在出席2012年国际母语日庆祝活动时在讲话中指出：“丽江纳西族母语保护的意识和传承的责任感越来越深入人心，母语的文化价值也越来越彰显它的魅力……纳西母语是纳西族的根，是纳西族精神的纽带。”李润兰呼吁各部门“要进一步强化全社会保护和传承优秀民族文化的意识和自觉性，呵护好纳西母语，说好纳西母语，让纳西母语世代传承下去，为丽江的文化大发展和繁荣注入新的活力”。

（7）编撰纳西语工具书

纳西语是纳西族日常生活的主要交际用语，是纳西族之间情感交流的纽带，也是纳西族自我认同的一个重要表征。纳西语作为纳西文化的一个重要组成部分，承载了纳西族的历史、社会、文化和传统知识的许多重要信息。近年来，丽江开展了纳西语言学习、研究、保护、传承等一系列活动，但是由于各种原因，纳西族只有东巴文字字典，没有任何形式的纳西口语学习工具书，远远适应不了族内外人士对纳西语言文字和文化的学习需求。直到2012年，《纳西语常用词汇》和《纳西汉英词典》的出版，改变了这一现状。

《纳西语常用词汇》由和即仁、赵庆莲、和洁珍编撰，收录纳西语常用词汇6000多条，以纳西拼音文、国际音标、汉语释义和例词的形式排列，书后附有汉纳索引，是一本较为实用的纳西语学习工具书。《纳西汉英词典》是云南省少数民族语文指导工作委员会办公室与世界少数民族语文研究院（SIL International）的合作项目成果，由美籍语言学者孙堂茂（Thomas M. Pinson）编著。该书词条用纳西拼音文排列，用国际音标注音，其后加注词性、汉义和英语释义，词条下的例句也是纳西拼音文、汉语、英语三种语言对照。《纳西汉英词典》是迄今最为详尽的纳西语口语词典，有极高的实用价值和学术价值。

字典、辞书是语言学习必不可少的工具书，也是语言文字标准化和规范化建设的一个重要内容。《纳西语常用词汇》和《纳西汉英词典》的出版，将有利于纳西拼音文字的推广，加强纳西语文的规范使用，促进纳西语的保护和传承。

2. 民间传承使用纳西语文的实践

旅游业的发展，一方面给丽江带来了空前的开放，来自世界各地的游客纷至沓来，也带来了各种文化的交融。纳西族在历史上素来有学习先进的外来文化的传统，对其他民族的优秀文化兼收并蓄，从而不断发展本民族的传统文化。然而在以旅游业为表现的全球化的冲击下，传统文化显得如此脆弱，其中少数民族语言所受的冲击最为直接。在丽江古城，以前能随时听到纳西语，现在听到的都是各种外语和汉语方言。纳西语的使用正在不断减少。另一方面，全球化特别是旅游发展也使少数民族文化得到宣传，激发少数民族的文化自觉，并重新审视本民族传统文化，少数民族语言往往也因此而得到重振，如新西兰土著毛利人的语言和夏威夷土著人的语言就是很好的例子。丽江纳西族传统语言文化保护传承的实践也是对这一观点的有力佐证。近年来，丽江出现了一批保护传承纳西族文化的民间组织、企业和个人，自发地、自觉地开展了一系列活动。

（1）民间组织开展纳西语传承保护、使用纳西拼音文情况

在纳西文化保护传承的民间组织中，东巴文化传习院、纳西文化传习中心、玉龙纳西族自治县民族文化与社会性别研究会，以及由旅游文化企业玉水寨支持举办的东巴文化传承学校等在纳西语言保护和传承、拼音文字应用推广等方面开展了一系列活动。这些组织的一个特点，是有一批从事民族文化工作并在这一领域享有盛誉的纳西族学者组织或参与开展工作，因而有一定的社会影响。

东巴文化传习院由郭大烈先生于1999年创办，历经10多年，致力于纳西母语和东巴文化的传承教育。传习院依托黄山小学和兴仁小学举办纳西母语和东巴文化的教学班，纳西语文是教学内容之一。在教学实践的基础上，编写出版了东巴文、纳西拼音、汉语对照的《纳西文化诵读本》（郭大烈、杨一红主编），其后又组织录制和出版了《纳西文化诵读本》配套语音光碟。传习院还举办短期培训班和接待海内外民族文化专家学者，讲授纳西拼音、东巴文化知识等，还针对暑期回家的大学生开办民族传统文化培训班。

纳西文化传习协会由云南省委党校退休教授和学光老师创办。和学光老师一直以来身体力行纳西民族传统文化的保护传承实践，在任丽江县委书记期间，曾组织领导干部学习纳西拼音文。在云南省委党校工作时，促成省委党校继续教育学院在丽江县委党校开办1999级丽江民族文化方向旅游经济管理校外大专班，把纳西语文列为主要课程之一。纳西文化传习中心积极开展纳西语言文字培训工作，免费为来自国内外的纳西语爱好者提供培训。同时，协会还组织大型民间文化传习活动“纳西乐舞大赛”，在每年春节期间举办，吸引了一大批民间文艺爱好者参赛队伍，有时多达120支。自2000年成立以来，已举办大赛12期。

2008年，玉龙纳西族自治县民族文化与社会性别研究会得到香港陈一心基金会的资助，在古城区幼儿园和黄山幼儿园开展纳西母语传承项目。项目人员深入纳西乡村，收集了一批纳西儿歌，用纳西拼音文整理后编辑成册，并翻译成汉语。纳西儿歌内容生动有趣，朗朗上口，很适合幼儿母语启蒙教育。研究会在国际农业发展中心的资助下，把现代多媒体科技应用到母语传承项目中，制作了纳西儿歌

DVD 光盘《儿歌伴我们成长》，让纳西少年儿童不仅可以听到儿歌，还可看到画面，这种可视化手段加强了母语传承效果。研究会向玉龙纳西族自治县、古城区教育文化系统和丽江及周边的纳西族社区赠送了 6000 套 DVD 光盘。

丽江玉水寨是国家 4A 级风景区，同时也是纳西传统文化的传承基地。东巴文化传承学校是玉水寨为培养年轻东巴而成立的，也是玉水寨建设企业文化的一个举措。学校建于 2010 年，目前有 8 个小东巴在校学习，有 4 个教师。杨国新是特聘的纳西语教师，他认为学习东巴文前先学纳西拼音文，可以辅助东巴文的学习。在教学实践中，他用纳西拼音文标注东巴经文，这样学生们就不用完全死记硬背经文，对东巴经的学习有很大的促进作用。

此外，由丽江东巴文化研究院研究员和力民创办的丽江纳西文化研习馆，扎根纳西社区，开展纳西族传统东巴文化的原生态传承活动，纳西拼音文也是研习馆的一项培训内容。在调查中了解到，玉龙纳西族自治县老干部书画协会应大家的要求，也举办了纳西拼音文培训班，参加培训的学员有 30 多人，年龄最大的为 80 多岁，该县老干局局长也参加了培训。据参加培训的老干部和灿介绍，培训班很受欢迎，计划再举办一个纳西拼音文强化班（据玉龙县民宗局和洁珍反馈，协会已举办了第二次培训）。

（2）个人使用纳西拼音文情况

丽江旅游业的发展，带动了文化产业的发展，使纳西文化得到发扬光大，也增强了纳西族对本民族文化保护的意识和自觉性。一些民族文化爱好者以满腔的热情，投入到民族文化保护工作中，有的利用工作之余，有的拿出自己一生的积蓄，他们的执着精神令人敬佩。这一群体中，有些不是民族语文专业工作者，只是出于对纳西语言的热爱，让他们在不同的岗位上，努力用不同的形式展现纳西语文的魅力。

古城区政协的和继元是纳西语文爱好者，他自学了纳西拼音文，喜欢用纳西拼音文创作。2010 年，他创作录制的《纳西快板》光碟公开发行。

古城区寨后上村的和学贤在退休回乡后，自己创作编印了纳西拼音文和汉语对照的快板《纳西花华色》。

白沙的和爱月是个民间歌手，没有学会纳西拼音文之前，没有办法准确记录歌词。学会纳西拼音文后，记录歌词的问题迎刃而解。在没有经费的情况下，她多方奔走，并动员子女拿出积蓄，出版了 DVD《纳西纳花华》。多个民间文艺表演队在专辑中出演，也带动了一批民间文艺爱好者。和爱月说，是纳西拼音文帮了她大忙。

纳西族本土学者和文光，出生于纳西东巴世家、民歌世家，是一位集歌唱、作词、作曲、书法于一身的多元型民族艺术家。2013 年 5 月 18 日，由和文光创作的 700 米东巴象形文长卷《千禧天歌》在北京钓鱼台国宾馆展出。该长卷用东巴象形文、纳西拼音文和汉语文三种文字组合撰成。

在从事东巴文化研究、传承的学者当中，逐渐达成了一种共识，即用纳西拼音文辅助学习东巴文。近年来出版的东巴象形文字丛书中也增加了纳西拼音文，如和宝林著的《纳西象形文字实用注解》及和成伟、和宝林编著的《纳西象形文字对联鉴赏》，都是东巴象形文、纳西拼音文、汉文对照本。

和洁珍编译的《纳西谚语集》，用纳西拼音文记录、整理，是作者致力于纳西语言文化遗产保护的一个成果。根据云南民族民间文学丽江调查队于20世纪80年代搜集整理的汉文版《相会调》，徐嘉瑞、和鸿春将其翻译成纳西语出版。目前，玉龙纳西族自治县民族宗教事务局民文编译室正在进行纳西族语言遗产系列图书抢救出版项目工作。首期计划整理出版《纳西语台词选》、《纳西语对联》、《纳西族劳作歌曲》等系列丛书。

四、纳西拼音文推行使用中存在的问题

纳西拼音文自20世纪50年代创制、80年代修订推广以来，在开展双语教学、推广生产生活科普知识、宣传党的方针政策和法律法规、抢救保护民族文化遗产、传承纳西母语及优秀民族文化，以及广播电视宣传、电影译制、新闻出版、民间应用等方面都起到了积极的推动作用，在纳西族地区经济和文化建设、纳西族社会生活等领域越来越突显了不可替代的作用。但是也应该看到，纳西拼音文在推行和使用过程中存在的问题。

1. 纳西拼音文推行工作受政策环境的影响较大

从纳西拼音文创制以来在不同时期的推行情况，可以看出推行工作受民族语文政策环境的影响很大。在20世纪50年代末纳西拼音文创制之初，曾开展推行工作，由于受“左”的错误干扰（郭大烈，《纳西族史》，527页）和“文化大革命”的影响，推行工作停滞了二十多年，直到80年代初才又恢复。80年代的改革开放为纳西拼音文的推行工作创造了良好的环境，这一时期开展了扫盲、双语教学、编译民文读物、创办纳西文报纸、译制纳西语电影等一系列的推行工作，取得了可喜的成绩。90年代后，由于国家的工作重心转移到经济建设上，民族语文工作落入低谷，纳西拼音文推行工作也受影响，如工作机构缩编、工作人员减少、报纸停办、双语教学实验停止等。进入21世纪，在国际上重视少数民族语言文化保护的大环境下，国内的少数民族语言文字抢救保护工作也得到加强，纳西拼音文在语言文化遗产抢救保护、双语教育、影视和新闻媒体、宣传等领域得到一定的推广。

2. 纳西语文工作缺少相应的政策支持

一些民族语文政策的制定不合理，存在“一刀切”的情况。纳西族是云南特有的少数民族，主要聚居在丽江市古城区和玉龙纳西族自治县。玉龙是全国唯一的纳西族自治县，而正是这样的实际情况，使纳西族无法享受到一些民族语文政策。据丽江市文化广电新闻出版局领导介绍，虽然文化广电新闻出版局近年来组织译制

了一批优秀电影电视剧，但由于丽江没有民族语电影译制中心，没有专职从事这项工作的人员，译制导演、配音演员等都是临时组织的。民族地区设立民族语电影译制中心的条件是州级民族自治区，纳西族自治县达不到这个条件，自然也就享受不了这项民族政策。因此，即使纳西族地区有这个需求，也没法设立民族语电影译制中心。

3. 某些纳西族群体对纳西拼音文的认识和态度影响推行工作

纳西族在历史上受汉文化影响较大，加上纳西族历来有重视教育的传统，整体的汉文化水平普遍较高。历史上，纳西族有自己的语言文字，但因东巴象形文的各种局限性，不为全民所通用。虽然纳西语仍是纳西族社会生活中很重要的交际工具，但汉语文成为主要书面文字。由于这些现实因素，一些纳西族领导干部认为纳西族没有必要推广使用纳西拼音文，甚至认为使用纳西拼音文是一种倒退。在开展双语教学的地区，一些纳西族学生家长对自己的孩子学习纳西拼音文也持有疑义，认为会增加孩子的学习负担。在丽江古城，因为家长认识上的误区，认为孩子说纳西语会影响汉语的学习，为孩子选择了汉语为他们的第一语言。在母语都被放弃了的时候，更不用提学习纳西拼音文了。

由于纳西拼音文推行的范围很小，许多纳西族都不知道有纳西拼音文字。一些纳西族民间艺人用汉字记录纳西语歌曲，但是汉语的音系和纳西语不同，纳西语的有些语音没法用汉语准确记录，结果记录人自己都不知道写的是什么。近年来比较流行的纳西语歌曲，也是用汉语标注歌词，如果不懂纳西语，单看汉字让人不知所云!

4. 纳西拼音文使用不规范

《纳西文字方案》（草案）对拼写规则做了说明，但近年来在实际应用中存在一些使用不规范的问题，有些用法与方案不一致，有些用法是方案中没有具体说明的而导致不统一。主要涉及以下几个方面：

（1）鼻冠浊音问题

纳西语西部方言语音系统的一个重要特点，是辅音分清浊，即清辅音和浊辅音在音位上是对立的。浊辅音在一些地区还区分纯浊和鼻冠浊。如大研镇土语只有一套浊辅音，而大研镇外的一些西部方言区则分为纯浊辅音和鼻冠浊辅音。方案选定西部方言为基础方言，以大研镇土语为标准音点，这与当时选定基础方言和标准音点的三个条件是相吻合的，即该方言所在地是该民族的政治、经济和文化中心；该方言的共同性大，通行范围广；最能代表整个语言的发展趋势。虽然标准音点是大研镇土语，但方案在设计浊辅音时，考虑了字母使用的经济原则，没有体现出大研镇土语的鼻冠浊辅音的特点，只设计了一套与浊辅音对应的拼音文。也就是说，在实际发音中不管是纯浊音还是鼻冠浊音，纳西拼音都用相同的字母表示。有些学者认为纯浊辅音和鼻冠浊辅音的纳西拼音文应该分别设计，于是用拼音方案原有的字母表示纯浊音，新创增加了一套字母表示鼻冠浊辅音。这样就相当于有两套纳西拼音文在使用，对使用者来说造成一定的混乱。美国语言学者孙堂茂（Thomas M. Pinson）则认为，纯浊音和鼻冠浊音在纳西语中并没有很好的对比功能，没有必要区别对待。

（2）词汇连写问题

《纳西文字方案》的拼写规则说明中，规定词汇的拼写原则为连写，如果音节界限发生混淆，则用隔音符号（’）隔开。在一些近年来出版的纳西拼音文读物中，词汇没有连写，而是每个音节单独拼写。如果从应用的角度看，按词汇拼写和按音节拼写各有优势。按词汇拼写，词汇界限清楚，有利于在阅读时按意群理解，对熟练者来说可以加快阅读速度，但对初学者来说有时会有一定的拼读困难，特别是词汇包含多个音节的情况下。按音节拼写，对初学者来说比较容易认读，但有时会出现多音节词不能很快识别，而把它当作不同的词对待，导致不能正确理解句意，从而需要重读的情况，造成阅读速度较慢。虽然各有利弊，从文字应用规范的角度，应该参照方案的规定。纳西语工具书《纳西语常用词汇》和《纳西汉英词典》的词条也是按方案的拼写规则编排的，工具书是一种文字规范使用的典范，是语言文字标准化和规范化的重要手段，应作为文字使用的参照标准。

（3）标点符号使用问题

《纳西文字方案》中除隔音符号外，对其他标点符号的使用方法没有作具体说明。在纳西拼音文应用中，存在中文标点符号和英文标点符号混用的情况。纳西拼音文为罗马拼音文字系统，电脑处理时一般在西文输入状态下使用，标点符号相应地也使用西文系统，但书名号和顿号用的是中文状态下的标点。这样输入者就要在两种输入状态间不停地切换，且造成标点符号使用不统一。

五、对纳西拼音文推行工作的思考

纳西拼音文虽然在不同时期推行工作开展情况有所不同，但通过长期的应用实践，在民族文化保护、政策和法律法规宣传、科普知识普及等方面发挥了积极的作用，特别体现出在纳西民族文化传承保护中不可替代的作用。现阶段的纳西拼音文推广工作，应根据目前纳西族地区的社会文化环境和纳西语的现状，有针对性地开展各项工作。

1. 加大政府的支持力度

纳西拼音文的推广是少数民族语言保护工作的一部分，应从机构建设、人才培养、资金投入等方面加大政府的支持力度。在纳西族群众中宣传拼音文字，加强培训工作，让本民族群众认识纳西拼音文在民族文化传承中的作用，扩大该文字在相关领域的应用。

2. 加强纳西拼音文在双语教学和母语传承教育中的推广应用

开展纳西、汉双语教学和纳西母语传承教育，是推广纳西拼音文的一个有效途径。目前已有根据小学语文教材翻译的纳西语课本，还应编译开发结合纳西文化和当地实际的乡土教材，特别是学前课本。在学前或幼儿园阶段教授纳西拼音，这样可以避免学生学习汉语拼音和纳西拼音存在混淆的情况，有利于小学阶段学习汉语拼音。教师要积极开展教学科研，探讨纳西族学生学习纳西拼音和汉语拼音的有效方法。

3. 加强纳西语方言研究

纳西拼音方案是和即仁、和志武等老一辈语言学者在广泛调查各地纳西语的基础上设计的。方案以西部方言为基础方言，以大研镇土语为标准音点。纳西语西部方言内部各土语之间，在语音方面是存在明显的差异的。例如，法国语言学者米可对丽江市古城区文化乡的纳西语音位系统进行了调查研究，发现了一些独特的语音现象。不同方言区的纳西族在使用纳西拼音文时，可以根据具体发音来记录，但有时有些实际发音不能很好地在纳西拼音文中体现。应加强对各地纳西语方言土语的研究，尤其应认真归纳各地的语音系统，找出差异，以更好地指导文字的应用。

4. 规范纳西拼音文字方案

《纳西文字方案》在20世纪80年代初修订后，已过了三十多年，在长期使用过程中，出现了使用不规范的情况，也有学者对方案本身提出了不同的意见。应在开展深入调查研究的基础上，举行纳西拼音文科学讨论会，由专家学者与纳西族群体的文字使用者进行交流对话，对存在问题进行讨论，统一思想，完善方案，以促进纳西拼音文的规范使用和推广。

参考文献：

[1] David Crystal. Language Death. United Kingdom: Cambridge University Press, 2000.

[2] 何炳坤：《云南民族语言调查》，彝学网（网聚彝学）http://222.210.17.136/mzwz/news/8/z_ 8_ 416.html 2007－1。

[3] 和即仁：《纳西语简志》，民族出版社，1985年。

[4] 和洁珍：《纳西语文大事记》，未发表资料。

[5] 米可（Alexis Michaud）、和学光：《丽江市古城区文化乡纳西语音位系统研究》[*The phonemic system of A－sher*（*Wenhua*）*Naxi*]，《茶马古道研究集刊》，2010年第1期。

[6] 孙堂茂（Thomas M. Pinson）：《纳西汉英词典》，云南民族出版社，2012年。

[7] 王法：《东巴象形文、纳西拼音文、汉语为一体700米东巴长卷亮相钓鱼台》，载《春城晚报》，2013－5－21（A2/09）。

[8] 王耀芬、和跃：《纳西语使用现状及维护》，载《科技创新导报》，2008（20）。

[9] 徐忆、和即仁：《民族语言研究及学术思想探析》，载《暨南学报》（哲学社会科学版），2013年第3期。

[10] 杨福泉：《母语和我》，载《今日民族》，2005年第7期。

[11] 赵庆莲：《纳西拼音文》，和丽峰：《云南少数民族文字概要》，云南民族出版社，1999年。

[12] 赵庆莲：《丽江古城纳西族双语状况研究》，见《母语的消失与存留》，民族出版社，2011 年。

[13] 赵庆莲：Globalization and Language Preservation – A case study of Naxi（《全球化与语言保护——以纳西语为例》），徐世璇、[荷] 郭天德、[英] 廖乔婧：Issues of Language Endangerment（《濒危语言》），知识产权出版社，2012 年。

文化旅游与文化传承篇

丽江束河：发展促保护的成功模式

张 信

提起云南丽江，人们总会想到山水、建筑、古乐、美誉世界的丽江古城；如今，一个束河古镇的发现、保护与发展成为云南新的名片。

人类社会发展到今天，对祖先给我们留下来的珍贵文化遗产如何保护好，如何发展好？成为一道不可回避的难题。丽江拥有“世界文化遗产、世界自然遗产、世界记忆遗产”三项世界级桂冠。作为丽江三项世界遗产重要组成部分的束河古镇在近5年的保护与发展的建设中，创造了宝贵的“束河经验”，以保护资源来保障发展，注重保护，合理开发，实现了资源的永续利用，追求人与自然景观的完美结合，实现了对东巴文化、纳西古乐等民族文化的有效保护和传承，促进了束河经济社会的快速和谐发展，成为社会主义新农村建设的典范。

“以保护求发展，以发展促保护”的思路，以“遗产经济”促进“旅游经济”发展，被誉为“束河经验”。“束河经验”不仅为困惑的中国世界遗产保护事业探出了路子，也为中国西部欠发达地区如何依托自身资源优势加快发展起到了示范作用。丽江“旅游经济”的发展，是以丽江古城大研镇的发展为起点，因束河古镇的保护与开发掀起新的高潮。丽江人把以旅游发展促进古城保护的成功实践“丽江现象”扩展到束河。束河的保护与发展是在前人的基础上迈上了一个新的历史台阶。

一、束河古镇 活着的世界文化遗产

玉龙大雪山下的束河，纳西语叫“绍坞”，可译为“高峰之下的村寨”。

束河古镇，其古泉、古潭、古寺、古渠、古树、古桥、古道、古街、古商、古壁画、古建筑中蕴藏着丰富的民族文化底蕴。1638年，徐霞客来到丽江，走进束河，他在此流连忘返，写下：“西瞻中海，柳岩波潆，有大聚落临其上，是为十和院。”1922年至1949年，美国《国家地理》杂志的专栏作家、摄影家洛克，在丽江白沙、束河、大研居住了27年，并写下了《中国西南的古纳西王国》，这是一部有关纳西族自然地理与人文地理的著作。1940年至1949年，在丽江生活了9年的俄罗斯人顾彼得，在1955年出版的《被遗忘的王国》一书中写道：“我们必须记住纳西是简朴的民族，对他们来说这些质朴的生活达到了生活的顶点。从这个角度来看，必须承认，总的说来，纳西族的确已经达到了人生的目的。周围几百英里之内没有一个地方像丽江坝这样繁荣幸福。”

1986年，美国著名专栏作家布鲁斯·查德维，因为读了洛克介绍丽江的几部专著，也慕名来到了丽江，回国后在《纽约时报》发表了《在中国：洛克的王国》一文，再次将丽江及纳西族的魅力推向全世界。从此，来丽江朝圣的外国游人一年比一年多。

据《木氏宦谱》记载，木氏祖先：“秋阳，于公元674年至676年为三甸（即今丽江）总管。”至唐德宗贞元年（785），木氏祖刺具普蒙任丽水（即丽江）节度使。唐朝末年木氏先祖叶古年定居丽江坝的白沙，一直到明洪武年间封木世为世袭土知府，木氏在丽江坝统治了六七百年。木氏首先在白沙、束河一带苦心经营，在白沙初步形成了以“岩脚院”为政治中心，“白沙院”为文化中心，“十和（束河）院”为经济中心的“三院”鼎定之势。“十和院”是从外地外族聘请和引进的能工巧匠的聚居之地。“十和院”的建立是木氏开明开放政策实施的结果，是大力引进人才、引进先进生产力、引进先进文化的开端，也是丽江崛起、大发展的开端。人是文化的载体，引进了掌握先进文化的人才，也就引进了先进生产力。束河是一个著名的杂姓之乡，方圆不到一里之内，就有张、王、李、赵、陈、乔、武、杨、白、木、解、姚等30多个姓氏，他们来自不同时期（主要是明、清两朝）。他们将中原、成都平原以及汉族、白族、藏族的先进文化带进了束河，他们友爱如兄弟，很快与当地纳西族融为一家，互通婚姻，共同创业，开山修渠、靠山建屋、临水筑街，创造了具有江南汉族水乡风韵、藏族蛮楼宏大风格、白族民居精细工艺的属于丽江的纳西民居建筑，创造了民族团结的历史佳绩。

束河古镇的设计布局，与丽江古城类似。古镇以青山为屏，大河为带，坐西面东，背风向阳。整个古镇西靠聚宝、龙泉、莲花三山，村前环绕着九鼎河、青龙河、疏河三条河，处处体现着尊重自然、崇尚自然之意，创造了山、水、人和谐相处相生的美丽胜境。古街东西中轴线从聚宝山脚九鼎河上的石板桥开始，穿过青龙桥，经过四方街中心，通向大研古城。以青龙河为南北中轴线，北行300米从九鼎龙潭流出的九鼎河、青龙河、疏河“三河并流”穿街过村，使束河既有田野风光的自然美，又有江南小镇的水乡风韵。整个古镇依托山水，追求人与山、水的亲和，靠山筑屋，房屋错落有致，层次丰富；村前清泉汩汩，巷头渠水荡荡，院中溪水流，门前清泉淌，一巷头一桥，一户门一桥，处处小桥流水人家。五花石板路通向四面八方，路旁、河边，杨柳依依，蔷薇盖堤。

四方街是整个古镇的心脏，街面东西长50米，南北宽40米，四周铺面林立。四方街有五条道通向四面八方，水流环绕，日中为市，是丽江坝子最古老的集市之一。这里是“茶马古道”上保存最完整的古老集镇，今天的束河依然古韵犹存、古貌依旧。正如专家描述的：“束河古村，袖珍小巧；城中轴线，四方为街；茶马古道，对视峙之；街巷尺度，亲切宜人；大小院落，且疏且密；民居古建，自然淳朴；依山傍水，钟灵毓秀。”

既有田野之秀、又有古镇之风的束河“营建了一种可居可游可赏的田园居住环境”。镇中名胜众多，景点丰富，束河古人将各处名胜风景归为“束河八景”。

1. 夜市萤火。据传明万历年间木氏在束河设集市，藏族的牦牛、酥油，彝族的羊、洋芋，纳西族的马、皮革，白族的铜、银器都在这里交易。特别是一年一度的正月二十日，白沙“护法堂”开放之日，各地新婚夫妇都邀男女伙伴到“护法堂”烧香，回来必逛束河街，附近地区鹤庆、剑川、大理、中甸的商贩必来束河买卖，客商如织，热闹非凡。从明代开始，束河定期兴办夜市，六天一次，松柴火把照明，人声鼎沸，散市时各执火把回家，远去的火把如夏夜流萤。

2. 烟柳平桥。青龙桥位于四方街之西，是横跨在青龙河上的一座独孔桥，跨度22米、离水面高8米，桥身长28米，是丽江最古老的石拱桥。桥面经过400多年风雨的洗刷，人踩马踏，虽已斑驳苍老，却也厚重庄严。桥两岸绿柳成行，风乍起，柳枝摇曳，轻抚桥栏，称为“烟柳平桥”。

3. 鱼水亲人。穿过四方街、行过青龙桥、走完仁里村小巷，沿龙泉水溯流而上300米，只见绿柳垂岸，翠柏指天，环绕着十余亩的一潭清泉，潭水清澈，水草青青，游鱼可数。众人造访，鱼不惊，水不扬。此乃“九鼎龙潭”。

4. 断碑敲音。龙泉山山石千奇百态，古树参天，老藤缠树，树根盘石，生机盎然，石间树下，随处涌出汩汩泉水，流入九鼎龙潭。龙泉山攀凉亭背面的岩石间立有一块一人高的石碑，断去三分之一，相传是诗碑，又说是梵文碑，如今仔细察看只识得“入地”二字。用手敲打，发出金石之声，悦耳动听，长时不绝。有人称为神石。

5. 石莲夜读。莲花山悬崖峭壁上有洞如猛虎张口，正对着东开、荣华两村。相传，有仙人路过此地，观之曰：“猛禽之下，岂有完卵？虎口之下，岂有余生？上村穷、下村穷，村前村后多寡妇。若建一寺桤住虎口？村子会由穷变富。”上下两村齐心合力，在绝壁上凿成台阶，立柱于悬岩上，用铁链将柱子固定，建成寺庙，命名“石莲寺”。后人在寺里办私塾，其时先生治学严厉，学生悬梁刺股，深夜里仍书声琅琅，培养出很多人才，谓之“石莲夜读”。

6. 龙门望月。九鼎龙潭背后建有龙泉寺，寺为四合院，系明代建筑。寺大门四面滴水，八角高翘，蔚为壮观，门有楹联：“龙兴九鼎渊，云雨重时生意满。泉涌一轮月，光明照处法缘通。”此联用“龙、泉”二字起头，别出心裁，而龙泉寺之门称为“龙门”，也十分巧合。在此观月，月落龙门，龙门拱月，看到的月亮似乎比任何地方的都大、都明亮，被誉为“龙门望月”。

7. 大觉宫。此庙建于明万历年间，坐落于束河四方街东北角的一座四合院。北面主殿，建筑结构匀称和谐，四角房檐高挑，斗拱、额枋、梁柱雕有鸟兽图案，重层镂空，生动传神，门窗饰有花卉、流云图，色彩鲜艳。殿内正中，塑一尊如来佛坐像。东、西两面墙壁上绘有佛教人物故事，用金粉勾线，用各种矿物颜料绘出栩栩如生的神仙群像。地面及走廊以青石板铺地，亮如明镜。东西两边为平房，是僧人静室。院正中有一精致花坛，汉白玉砌成，花坛中的明代古梅和桂花长得根深叶茂。大觉宫乃“省级文物保护单位”。

8. 千年银杏。在束河完小的足球场边，有一棵罕见的古银杏树，高入云天，树银盘绕错结，从四面扎入地的深处，树干苍劲挺拔，两人牵手方合围，枝叶茂盛，叶片如小扇。此树是“云南名木古树”中的一员。

束河自古被誉为“丹凤含书”之地，它孕育了很多杰出人才。至清末，先后登科及第的文秀才、举人 13 人，另有武举人 1 人，武秀才 2 人。曾诞生了海军少将木全忠和陆军少将木翠华。20 世纪 40 年代前，大学毕业生 13 人，其中陈可轩先生是丽江纳西族的第一个大学生，在北京参加了“五四运动”。束河“和氏三兄弟”和志敏、和志钧、和志坚，毕业于北平政法大学等高等学府。和志钧辞官回乡后，于 20 世纪 40 年代创办了“束河中心小学”。新中国成立后，先后有 9 人担任过县长以上官员，20 世纪 90 年代，曾任云南省两任省长的和志强，也是土生土长的束河人。

束河的特色是：路、水、桥、房、山、水、田、村有机结合，是“三水环三山”的“清泉之乡”。

二、发展促保护　一座古镇的复活

束河古镇的纳西文化是一条历史长河，从远古流到现在，毫无疑问还要从现在流向未来。束河古镇的发展在历史上创造了辉煌，才有今天的世界文化遗产，而我们今天把束河古镇保护好、发展好，经过我们这一代人的努力，又将束河古镇推向一个新的历史辉煌。

和丽江古城一样，束河古镇曾是“茶马古道”上重要的商品集散地。由于近半个多世纪的政治变革不断，再加上丽江的政治、经济、文化中心转移到了大研古城，束河退出了丽江的重要舞台，似被人们遗忘了。在极“左”的年代束河破坏较小，较为完好地保存了纳西文化、茶马文化、农耕文化和生态文化。1997 年 12 月，束河古镇作为丽江古城的一个重要组成部分被列入世界文化遗产。

1996 年以来，丽江以大研古城为起点创造出民族文化与经济对接、世界遗产保护与旅游业协调发展的“丽江模式”。丽江的旅游经济欣欣向荣，大研古城人民的生活也日新月异。但是，到了 2002 年，在与丽江古城仅 4 公里之隔的束河古镇，地方经济和社会事业发展滞后，人民群众一直处于依靠种田养家糊口，人均年纯收入不到 800 元，端着金饭碗讨饭吃的状态。由于道路交通、街道设施、经济工作等处于落后的状态。加快发展、美化家园、实现小康成为每个束河人的迫切愿望。

当时的丽江地区、丽江纳西族自治县、白沙乡领导都把改变束河面貌、加快束河发展作为未来发展战略上的一个重要棋子，一个重要突破口。丽江地县领导和自兴、杨廷仁、和良辉、周鸿等人对束河的保护与发展提出了“整体规划，精心保护、精心设计、精心开发”的战略思路，让一家开发实力强、保护水平高、信誉好的企业来做束河项目。

2000 年开始，昆明鼎业集团的董事长刘加纯、总经理何劲、总工程师孔繁雁，将企业的发展方向、投资方向转向了地（州、市）。他们多次到滇西、滇南 10 多个地州调查，选择投资项目。2001 年春，他们来到束河，这里的山、水，这里的纳西建筑让他们流连忘返。几次请翟辉教授等一批专家到束河考察，并于 2002 年初拿出了“束河保护与开发的设计方案”。此外，还请丽江的一些纳西专家提意见。鼎业聘请的顾问（纳西族学者）给鼎业集团提供了《保护、建设、开发丽江束河茶马古镇的建议》，论述了“丽江束河简史”、“丽江古城的建筑特点”，提出了“打造世界品牌束河的建议”，指出“对束河的保护与开发，要让山水、园林、地景都要有灵魂、有精神、有激情、有历史、有文化”。鼎业集团的一班年轻领导，反复修改“保护发展束河的设计方案”。2002 年春，又几次到丽江，向地区领导，原丽江县五套班子、丽江地区建筑行业的专家们汇报方案，征求意见。

通过反复磋商，古城区与鼎业集团达成“丽江束河茶马古镇保护与发展”合作协议，制定了束河古镇“统一规划、整体推进、分步实施”的保护与开发方案。束河的开发分为古城历史文化和生态环境保护、文化开发及旅游配套设施建设三部分组成。由鼎业集团投资 5 亿元，对世界文化遗产丽江古城的重要组成部分——白沙乡束河 13 平方千米的地域进行保护和开发，以建设“田园里的城市，城市中的田园”为理念，打造新的世界品牌。

这次对束河古镇的保护与开发，将再现束河古镇的人文历史风貌，恢复茶马文化，整合旅游资源，保护古迹、民居，合理利用水资源，升华产业结构。引入全新的旅游投资理念，为丽江旅游从观光型向休闲型、度假型转变创建必要的条件和舒适的环境。在“保护为主，抢救第一，合理利用，加强管理”的方针指导下，坚持依法保护和科学保护相结合，全力做好文化遗产保护工作。在保护好古镇原貌和自然环境的前提下，走可持续发展之路，通过保护与开发建立起一个具有纳西族特色的城镇化模式，在保护农业生态、农耕文化、田园风光的基础上完成农业向第三产业转型，改善和提升纳西农民的生活质量，从整体上发展丽江的“遗产经济”，使束河古镇成为丽江古城之后的又一新亮点。

2003 年 5 月 12 日，“丽江束河——茶马古镇保护与发展”项目在人们的关心和企盼中正式启动了。丽江政府与昆明鼎业集团共同制定了《丽江束河茶马古镇保护与发展修建性详细规划》及《丽江束河旅游规划》。

丽江市政府与昆明鼎业集团达成共识，首先确定了两条原则：第一，束河古镇是祖先遗留下的宝贵财富，整个古镇是一座大文物馆，要认真保护，古镇内不仅不搞拆迁和新建，而且要保护古镇完整的格局和生态环境。第二，古镇要发展，居民的生活要改善，但不在古镇内搞新的建设，保护好古镇，才好开发旅游业。在保护和发展上，为适应城市化发展的需要，古镇近代才建的排污管、电话线、电力线、自来水管等影响古镇风貌的设施全部被埋入地下。要开辟新区，增加服务设施，新区的建筑风格与老区古建筑风格基本一致。在保护措施上，划定了各级保护范围，制定了保护要求，采取了保护措施。

把古镇保护区划分为三类保护区。一类区域：范围包括青龙桥、大觉宫、三圣宫、四方街、九鼎龙潭、疏河龙潭、青龙河等特色景观，文物古迹及挂牌保护的重点传统民居，地方传统特色的街巷及周围一定地段。保护要求：严格保护传统建筑的群体布局、空间形态、色彩和材料等，在维护和修复中，必须按原有风格或在详细规划指导下进行。二类区域：范围包括除一类保护区外的传统民居较为集中、村落环境较好的地区。保护要求：严格保护现存建筑的肌理布局、风貌特色，在维护和修复中，尊重原有风貌。保护区之内，山体增植树木，保护、恢复和提升原有生态环境。三类区域：范围包括传统民居较分散、传统风貌景观较一般的区域。保护要求：保存现存建筑的布局，新建和改建按照村落原有肌理格局进行，使之与村落整体风貌协调。

由于年久失修，束河的道路凸凹不平，尘土飞扬；电灯线、电话线、高压线像蜘蛛网一样破坏了束河的景观，等等。对束河的保护首先从改善基础设施开始。首先修通连接束河至丽江新城的主干道雪山中路，修成长 1 公里、宽 35 米的 4 车道水泥路；接着对束河镇主要街道、巷道的石条路进行修补。在修复四方街至九鼎河、仁里村至九鼎龙潭段的老街道时，坚持修旧如旧，把每一块石条都进行编号，在把水管、排污管及三线埋入地下后，再把老石条铺回原位。在保护古镇老区的建设中，共修复街巷青花石路 7.5 公里。道路改造工程（电力电信、给水、排污、三级入地）总里程约为 10 公里，建筑面积 40000 平方米。

水是古镇的灵魂。对九鼎龙潭水源片区，采取租用和征用两种办法，其中九鼎龙潭租用 30 年，一次付清租金 60 万元，使村民得到实惠的同时，又保护了龙潭的完整性。为保持景区内的水流常年清澈，对九鼎龙潭河堤加固，道路铺平，清理水源。同时在九鼎龙潭对面的疏河源头新建了一个生态公园，扩建环套水潭三个，扩大水面积三倍，使“雪山倒映”、“鱼水亲人”等景观更美丽，又使龙潭水源面积扩大，储水量倍增。

为了排除每年夏季洪水冲击九鼎龙潭水源的水患，在九鼎龙潭和疏河源头上游筑防洪堤，修泄洪渠 600 多米，使洪水绕过水源区，解决了千年来困扰束河人民的水患。源头水清了，水流量增加了。为弘扬和扩大束河水文化，在老区和旅游服务配套区新修水系水网 5 公里，新建“飞花触水”、“信马由缰”、“放水冲街”等 10 多个景点。

环境保护是束河的生机。鼎业集团将河道、古道、古村落周边的菜地、树木全部租用和买下，与农民签订保护协议后，又返还农民种植和管理。共租用菜地 29

亩，保护楸木、核桃、香椿等树木2600多棵。水源和厕所最能显示一个地方的文明程度。在束河的保护与建设中，在这方面作了精心规划，精心施工。2003年前，束河只有一个公共卫生间，如今在束河的老街和新区投入650多万元已建有高档卫生间13个。为保护水源和美化环境，修建纳西风格“三眼井”水井10座。使饮水、洗菜、洗衣用水分开。

文物古迹是束河历史文化的象征。保护文物是保护工作的重中之重。鼎业集团和古城区束河办事处对束河的文物保护单位大觉宫和三圣宫及12院古民居作重点保护。还对普查认定的一、二类建筑511幢制定保护措施。束河完小的校舍是一座明代建筑，校内大觉宫是省级文化保护单位。鼎业集团租下了束河完小校舍。投资200多万元，为束河完小新建教学楼、教师宿舍、食堂餐厅。于2003年9月，束河完小全部从原老建筑中迁出，搬进了窗明几净的新校舍。鼎业集团又投资200多万元，对明代建筑进行保护性修缮，修旧如旧，并将老校舍建成中国第一个“茶马博物馆”。搜集茶马文物1000多件，展示纳西文化、茶马文化、农耕文化和古镇的历史文化，既保护了历史文化古镇，又增添了束河文化新设施。

中国的古建筑，大多数是土木结构，经不起风雨的长期侵蚀，常年有瓦破墙垮情况发生，每过三五年都得修缮，添瓦补墙，修椽换砖。束河八景中的龙泉寺、石莲寺都是土木结构。石莲寺在“文化大革命”中被毁于一旦，龙泉寺年久失修。束河保护工程才启动，首先修复石莲寺，在旧地址、按旧模样重建了石莲寺。又对龙泉寺进行了修缮。恢复了“龙门望月”和“石莲夜读”。

鼎业集团在束河古镇保护与开发建设6年多，未砍一棵树，未拆一幢房。今天的束河，树绿草青，花红果香，满目生机。山水、园林、建筑仍然古貌依旧，古韵犹存，使世界文化遗产得到了有效保护。

三、分区模式　激活遗产经济

如何有效保护束河这份世界遗产，让“遗产经济”繁荣发展，让束河人民早日脱离贫困？如何给游客提供更好的服务，给来束河观光游览、休闲度假的客人提供高品质的生活享受，让游客住得舒服、吃得满意、玩得开心，让游客来到束河不想走，走了还要再来？经多方共同精心规划，束河的发展新区和老区分开保护建设，在束河老区的东面建设旅游服务配套区。在330亩的面积内，新区的茶马驿栈建设与老区纳西建筑风格一致，修缮室内设备和装修现代化的酒店、客栈、商铺、茶室、娱乐室1000多间，75000多平方米。束河路（三线入地）长1.1公里，景区道路（三线入地）约25公里。新建三个停车场，共2万平方米。景区新种植桂花、垂柳、银杏树等5000多棵。主街道和巷道都是沿袭束河古镇的青花石条铺筑，街头巷尾都有清泉汩汩流淌。旅游服务配套区是束河古镇建设的自然延伸和发展，是对纳西历史文化的弘扬和继承。

“四方听音”广场是旅游服务配套区的中心。“四方听音”大楼辉煌壮观，充分体现了纳西族、白族、藏族古建筑的特点，与丽江古城中的木府建筑相似。大楼坐西面东，楼前广场东西长65米，南北宽55米，广场和街道都用纳西族常用的五花石条铺筑，粗犷厚重。广场四周水流环绕，垂柳依依，桂花飘香。东、南、北三方，均是纳西建筑风格的二层木楼。东边的木楼吸收了藏族蛮楼的宏大。南北边的两楼体现了白族和苏杭地区木楼建筑的精细。整个“四方听音”广场既庄严宏伟，又秀美富丽，突出纳西建筑特色，兼有明清丽江地区的建筑风格。

在束河的历史长河中，唐、宋、元、明时期，陆续有来自四川、南京、苏杭、西藏、大理、迪庆等地的木匠、铁匠、皮匠、银匠、教师等各族技术人才来到束河安家发展。有30多个姓氏的各族儿女与当地纳西族共同创造了束河的历史和辉煌。

今天，21世纪之初，来自全省、全国乃至世界的各族优秀儿女又聚集到束河，一起创造束河美丽的今天，并共同走向灿烂的明天。

“飞花触水”区的建筑群与古镇老民居十分和谐地联结在一起。九鼎龙潭和疏河的泉水从老四方街由北往南伴随街道流到这里，街道曲径通幽，转向东进入服务区。这里有一个形如葫芦的小湖，湖四周建有纳西建筑风格的院落、商铺、酒吧、客栈。富有诗意的地名“飞花触水”，非此地莫属。流水、小桥、垂柳、红花，石道、古屋、古乐、人家的意境，令多少游人流连忘返。

以玉龙雪山海拔高度5596米命名的“5596”客栈，在“飞花触水”畔，由一位东北女孩经营。她和她的亲人独具慧眼，是第一家投重金购买客栈的外省客商。她们家的房屋、装修、店名、对联、字画处处体现了纳西文化。一流的装修、一流的服务，吸引了最早到束河休闲、度假的人。3年来，生意一天比一天红火。她说，这里的山水、这里的纳西文化、纳西人的真情，使客栈有了像玉龙雪山一样的知名度。

位于“飞花触水”北岸的酒吧“小巴黎”的主人：法国人乐家生（joel LE CAVORSIN）先生和夫人薛瑞清女士，2000年来到丽江古城投资。乐家生先生在挪威、俄罗斯、日本任过化工专家，1992年来到中国，先后在大庆石油化工公司、上海和南京的几家大公司工作过，并与内蒙古的薛女士结为良缘。他们先在大研古城的四方街扎下根，并把“小巴黎”酒吧做成了古城的一个亮点、一个品牌。

世界各地很多民族精英在束河相聚，各民族的文化在这里交流融合，发扬光大。香格里拉县的企业家也选中了束河，在服务区建设了藏族味十足的“古道藏家”大院，有客栈、藏族文化展示、藏族歌舞演艺。身处其中，体会藏式建筑的宏伟富丽、藏族歌舞的热情奔放、迪庆藏家风情的美轮美奂。

昌隆园的鱼产业在全省有8家分店，束河分店的历史不长，才3年，却发展最快，酒店由一院扩成两院，但仍满足不了火爆的生意。管理束河分店的杨春经理说，比在昆明、玉溪担任经理时忙多了，但生意越做越红火，自己的人生价值也提升了。

2003 年前，束河没有一间称得上标准间的住房。仅仅过去 3 年，束河已有了与纳西建筑风格统一的五星、四星、三星级酒店和星级客栈，有了 850 多间二星以上标准间。

2006 年春开业的“悦榕酒店”，是新加坡客商投资的，建筑外观也保持了纳西民居的特点，内装是国际一流的，一幢房一天 500 美金，得提前一个月预约。这种温泉酒店是对束河古镇度假物业品质的提升，向国际一流水平发展。

束河街道委员会负责人介绍：对束河的保护与开发，拂去束河的尘土，使千年的束河古镇恢复了生机，束河依靠绚烂多彩的民族文化、神奇的自然风光、人与自然和谐的生态文明吸引了游客。近两年，鼎业集团在束河举办了“中国情人节”、“雪山音乐节”等大型活动，让束河从默默无闻的边陲小镇成为迅速蜚声中外的名镇。

束河老区古迹的精心保护，新建服务区的精心规划、精心建设，使“束河遗产经济”锦上添花，旅游业欣欣向荣。

四、三方共赢　新农村建设的“束河模式”

保护束河是为了发展束河，发展束河就是要束河的人民富裕起来，就是要让束河的经济社会科学发展，和谐进步。

古建筑、古寺院、古民居是纳西文化的载体，扩建的旅游服务区，是束河百姓、丽江市各级政府新绘出的美好蓝图，使“遗产经济”和“旅游经济”完美结合，科学地、创造性地推进束河经济发展，构建束河和谐社会。

鼎业在束河的投资建设引发了核爆炸似的效应。2003 年至 2006 年，鼎业集团在束河保护与发展一期工程建设中投资 3.5 亿元。2008 年至 2009 年二期建设中，又将投资 2.5 亿元。受鼎业集团的影响，近几年，国内外社会各界投入到束河建设的资金已超过 8 亿多元。整个束河的建设进入了一个快速发展的阶段。

在束河古镇核心区文明、仁里、松云、中合、街尾、中康几个村社，300 多户农民直接参与了旅游服务业，其中从事餐饮、酒吧的 60 户。服务区开辟了纳西风味小吃一条街，束河农民有 30 间铺子开业，每户平均每天收入 200 元，高的达 500 元。交通运输业也形成了一项产业，农民购买出租车 63 辆，每辆车平均每天纯收入 100 多元；购买马 220 匹用于旅游服务，在景区内统一游线、统一价格，平均每匹马收入 300 元。据统计，2002 年束河劳动力 2041 人，从事农业劳力 1918 人，占 94%，其他产业 123 人，占 6%；2006 年，劳动力 2269 人，从事农业的 929 人，占 41%，从事建筑和旅游的 1340 人，占 59%。居民人均年收入从 2002 年的 800 元，上升到 2008 年的 4450 多元，每年递增一倍左右。

对束河的快速发展，束河有些干部群众准备不足，不知怎样配合和迎接挑战。束河街道办事处加强了引导和管理。街道工委先后印发了《爱我古镇，爱我家园倡议书》和《束河古镇居民公约》，发放到每个居民户和经营户手中。与经营户和居民签订了《租赁房屋治安管理责任状》、《消防安全责任书》、《门前五包责任书》。聘请9名古镇居民协管员参与古镇管理工作。工委书记和堂先后8次给村干部、党员讲课，要求骨干带头参与古镇的管理、建设，使束河持续健康发展。

曾任《人民日报》驻湖南记者的彭民先生，2005年初定居束河仁里村。他说："1999年我来到云南，寻找我心中的香格里拉。我到过西双版纳、腾冲，感觉太热。后来又到大理，1999年底来到丽江，我深深感受到，中国最好的地方在丽江，丽江最好的地方在束河。"

彭民先生以束河为大本营，徒步到玉龙雪山上的牦牛坪，拍摄了"牦牛坪摄影纪实"。他拍摄的《纳西老人》，获2004年秋全国摄影大赛二等奖。他和村里人亲如一家，村里的一切活动都请他参加，节日忙得不亦乐乎。他认为，束河发展前景广阔，很有潜力。他要在束河扎根，开展民俗摄影和婚纱摄影。

冯红英，在中国旅行社工作。她和在北京工作的女同事于2003年来到束河，考察产品，推销旅游景点。她们在束河住了一个月，又到周边的泸沽湖、四川的大嘴、德钦梅里雪山，对滇、川、藏毗邻旅游市场考察，觉得束河这个地方有任何其他地方没有的韵味和特质，这里民风古朴、田园风光、十分清静，包容性很强。她们决定建一个旅游基地在束河，辐射到四川稻城，西藏芒康，云南怒江、迪庆、泸沽湖。

仁里村"田汉阁"，屋后聚宝山，门前九鼎河，坐西面东的"风水宝地"。下午3时，开酒店的女主人白云安，忙里偷闲接受了20分钟的采访。她先爽朗地一笑，甩出一句话："日子一天比一天好过了！""自己家的小饭馆，过去只是星期天、节日时有朋友或亲戚聚会来包席。2002年前平均每天收入100元。2003年后，客人一天比一天增多。将院子内部进行了装修，桌子增加至6张，仍经常有人排队。"

龙泉社街尾村和润祥是一位残疾妇女，父亲双目失明，母亲也是残疾。她说，前些年日子比较难过，一年只有卖2头猪的收入，不到900元。粮食不够吃，钱不够用，房子烂了修缮不起。逢年过节，都羞于出门。她抬起头、提高嗓音说："如今变了！"2003年开始出租房屋，年收入5万多元。门口小食摊，年收入万把元。令和润祥最幸福的是，不但有了新楼房，还有了积蓄。

束河完小教务主任李老师，话不多，但每一句都有分量。他说，政府的指导，鼎业集团的开发很得民心。鼎业集团投资200多万元，给我们学校建了窗明几净的新教学楼、教师宿舍，学校从古建筑中搬出，不仅保护了文物，也改缮了教学条件。更难能可贵的是，鼎业集团为回报社会，打造丽江束河旅游卓越品牌，设立了"丽江束河古镇英才奖助学金"。从2005年8月8日开始，每年在束河举行颁奖仪式，奖励全省16个地州市考入重点大学的70名优秀贫困生，每人奖励5000元。其中对束河格外关照，奖励每年考入大学的前5名。

李老师还说，过去我们只是在报纸上、广播电视里听到、看到的名人，近几年，经常在束河碰到。假日和节庆活动时，“四方听音”广场经常会聚集成百上千精英。我们的束河百姓、我们的学生在家门口见了世面。2005 年大年初一，央视国际频道向全球华人现场直播了束河和谐欢乐的过节盛况，束河的名字一下子为世人所知。

束河的开发模式也受到各级领导和省内外媒体的高度评价，保护与开发在束河完美结合，被列为“2004 年中国经验（云南篇）”。

2005 年 6 月，国土资源部部长孙文盛一行到丽江调研。他指出，来到丽江，这里给了我很深的印象，一个偏远的地方，通过十几年的发展，能够把旅游业搞得红红火火，经济社会获得全面迅猛发展，这在全国也不多见。更为高兴的是，结合新农村建设，创造出一种“束河模式”，使农民成为当地旅游的最大受益者。中央的土地政策在这里能够很好地领会和贯彻执行，推进城市化进程和合理利用土地结合得很好。

在束河访问，你会被束河人写在脸上的幸福表情时时感染，当地开出租车、赶马车、牵马的农民都是一脸自信、自尊、喜悦的笑容。演奏古乐的人是纳西农民，踏歌起舞的也是纳西农民，建酒店、开餐馆的纳西农民也整天挂着灿烂的微笑。束河人，包括生活在束河的中国人和外国人，纳西族和中外的 30 多个民族共同生活在一种踏实、自信，充分享受着阳光、蓝天、雪山、古树、清泉、百花、音乐、歌舞、悠闲、和谐的幸福中，这里的幸福指数非常高。

在束河调查访问，一次次被感动，我心里涌起一股热流，或者说是兴奋、激动、骄傲、自豪……最让我难忘的是，和润祥和白云安这些普普通通的纳西妇女的变化，不是一户一家，而是 1000 多户纳西族和各民族家庭的日子一天天好起来，人均年纯收入超过 4450 多元。“束河模式”带来更为深刻的经济观念和思想意识的变化，明天的束河，在中国社会主义新农村建设中将会更美好！

束河新农村建设的经验，主要有三点：（1）保护与发展相互依存，但是“发展才是硬道理”，只有发展了才能有更好的保护；（2）保护好“世界文化遗产和自然遗产”，要先保护好生活在遗产中的原住居民的长远利益；（3）长远规划，精心设计、精心施工，看准一项建设一项，一步一个脚印分期发展，为人类的长远发展留下更多的文化遗产，而不是文化垃圾。

浅议泸沽湖母系文化的“申遗”和保护问题

李达珠

泸沽湖母系文化是人类极其珍贵的文化遗产。这一珍稀奇特的人文资源，在全球具有唯一性和不可替代性。不仅在人类学、历史学、考古学、民族学、民俗学和社会学等方面具有较高的学术研究价值，而且因特色鲜明、内涵丰富、原生态的文化表现而极具旅游价值。认真做好泸沽湖母系文化的“申遗”工作，保护好人类这一文化遗产，对于研究、开发利用和繁荣民族文化，实现资源可持续利用，促进民族文化产业和旅游产业发展，都有着深远的意义。

一、母系文化资源及其分布

母系文化资源是摩梭文化的核心部分，包括摩梭人的母系大家庭和“阿肖”走婚习俗。泸沽湖摩梭人母系大家庭，指家庭世系按母系计算，家庭成员无父系血缘亲属关系，家庭由一位称为“达布”的能干的女性任家长，通常是“舅掌礼仪、母掌财”，以母系血缘实行家庭成员分工。“阿肖”走婚习俗，指男不娶，女不嫁，弟兄姊妹共处一家；夜间，男子外出走访有情爱基础而建立走婚关系的女“阿肖”，次晨回自己家中，女方在家中接纳自己的男“阿肖”，是由男子的“走”而实现的婚。有走婚关系的男女彼此互称“阿肖”，意为亲密的情侣，虽有走婚关系，但不共同组织家庭，双方都不是对方家庭的成员。走婚所生子女，随母居，从母姓，由母系家庭成员共同抚养，老年人也由母系家庭成员共同赡养。生父对子女、子女对生父虽然都没有法定义务抚养和赡养，但都尽其所能，给予必要的支持，是走婚习俗促成了母系大家庭。

走婚男女婚姻自主，结交自由，离异自愿。走婚的母系大家庭，文明和睦和谐，并非人们想象中的群婚、乱婚，更不是某些所谓的专家和媒体为了达到某些目的而进行肆意歪曲、渲染的那种“无父无夫”的社会，也不是某些道貌岸然的政客想象的有伤风化的东西，而是有其自身严密的规则和伦理道德。

目前全国共有摩梭人口 5 万余人，分布于川西南的盐源、木里、攀枝花、冕宁县和滇西北的宁蒗、华坪、永胜、维西等县。而以川滇交界的泸沽湖地区，即四川盐源泸沽湖镇、前所乡、木里乌脚乡和云南永宁乡交界形成的三角区域为主要聚居区，有3万余人，较为完整地保留了以母系文化为核心的摩梭文化。四川泸沽湖镇目前有17个母系文化自然村落。

20世纪60年代，有关专家对该地区云南永宁乡的走婚和母系家庭状况进行了统计，90年代笔者与华西医科大学也对四川泸沽湖进行了统计，结果没有多大差异，即当地摩梭人中，有92%的男女实行走婚，有60%的家庭为母系大家庭，32%的家庭为母系父系并存家庭，纯父系家庭不足10%。从当时的情况看，原生态的母系文化保存良好。奇异的婚姻家庭形态和各种风俗，泸沽湖因而被称为“东方女儿国”、“人类最后的母系氏族领地”。

二、资源的濒危状况和“申遗”面临的问题

随着历史的不断变迁、主流文化的不断冲击，作为人类原始文明遗存的泸沽湖母系文化一直处于弱势地位且十分脆弱，正面临着前所未有的严重威胁，已经处于岌岌可危、朝不保夕、濒于灭绝的境地。

（一）自古至今不断的民族融合、同化、异化使摩梭人口锐减，母系文化传承人口越来越少，传承人族称尚未统一

摩梭人是古氐羌人的后裔，自称“纳”或“纳日”，史称摩梭，远在殷商时期便从青海、甘肃等地不断南迁至川西南、川西北、滇西北等古定笮大地及周边地区，迁徙沿途也留下许多古摩梭人，并在当地繁衍生息，至汉代人口繁盛。据史料分析，当时摩梭人口不下数百万之众，是一支强大的族群。但在历史的不断变迁中，摩梭人也在不断受到融合、同化和异化，仅在唐朝就因在盐源懂制盐技术而被当局一次性迁移1万余户、近10万摩梭人到昆明滇池周围开发盐业，他们演化成了什么人已无从考起。此外，“民族走廊”沿途居住的摩梭人都成了说摩梭语的藏人，另一些则成为纳西人，有的成了其他民族，民族人口极度锐减。新中国成立后，由于民族识别等原因，加之本民族内部意见不统一，同一民族，如四川盐源、木里、冕宁的摩梭人归入蒙古族和藏族，云南宁蒗等县的则归为纳西族，盐边的先归为蒙古族、后又改为纳西族等，出现人为的分化。泸沽湖处于两省三县的交界，因行政区划的不同，同一民族的称谓也不一样，族称问题至今尚未统一。

“文化大革命”中实行婚改政策，更使母系文化受到重创，传承人口更加减少。

（二）主流文化、商品经济等的冲击使走婚人数骤减，母系家庭纷纷瓦解

随着对外开放和旅游活动的扩大，汹涌而来的主流文化、商品经济等无孔不入，升学、工作、外出打工等，越来越多的年轻人已融入主流社会，观念的变化势不可挡，即使留守当地，依然过走婚母系家庭生活的摩梭人，也越来越受到外来观念的影响，走婚人数和母系家庭户数都在急剧减少。虽然笔者未作过详尽的统计，但近来通过多次实地考察，许多当年在统计之列的母系家庭已经消失，过去母系家

庭人数大多在十几、二十人以上，目前这种家庭已经并不多见，而更多年轻人纷纷走出母系家庭，与自己走婚的阿肖另立门户，过起了小家庭生活，甚至独具民族特色的服饰也越来越时尚化，异化相当严重。在短短的十多年间，母系文化的消亡速度如此惊人，实难想象。毋庸讳言，母系文化已经到了历史的尾声，即将成为落日的辉煌。

（三）母系文化“申遗”面临的问题

经四川凉山彝族自治州和盐源县两级政府的努力，泸沽湖母系文化中的“泸沽湖摩梭人的走婚及其母系大家庭”和“摩梭人的原始甲搓舞”两个项目的“申遗”已逐级上报，并先后被列入州、省两级非物质文化遗产名录，其中“摩梭人的原始甲搓舞”项目被列入国家级名录，但同时申报的母系文化遗产未被列入，还需努力。目前，“申遗”工作面临以下几方面的问题：

1. 缺少这方面工作的高级人才，经验不足。

2. “申遗”中在技术规范和操作方面有不少差距，申报材料的质量、内涵的表现力以及文字的精练度都远远不够，要实现母系文化“申遗”工作的更高目标，直至实现被列入世界非物质文化遗产名录，还须做出很大努力。

3. 时间紧、任务重，每次开展这项工作，都是在仓促中进行。

4. 母系文化“申遗”范围需要进一步扩大，更多的摩梭文化需要“申遗”，任务艰巨，时间紧迫。

泸沽湖的母系文化几乎涵盖了摩梭文化，体现在日常生活习俗、节庆、艺术、神话传统、民间故事、宗教等诸多方面，其中不少有价值的内容如转山转海节、格姆女神庆典、原始艺术、民间文学和传统工艺等，应当在深入发掘、抢救的同时，抓紧“遗”工作。尤其是摩梭人达巴口诵经，堪称古代摩梭人的百科全书，达巴经典囊括了摩梭文化的许多内容，上至天文，下至地理，包括了摩梭的历史、宗教、哲学、天文、历法、社会、伦理道德、经济、医学、文学、艺术等领域内容。历史上，摩梭人依靠达巴计算岁时历法，记叙历史，祭祀布道。而传统礼仪、人的思维观念、行为规则等，无不牵制于达巴文化。达巴经典中有大量富有哲理的诗歌，也有原始图画文字及其所表达的含意和用其书写的卜书等。此外，还有达巴祭师在巫祝、祭祀和葬礼活动中大量的原始宗教舞蹈。达巴口诵经是人类口承文化的活化石；达巴原始图画文字和法棍的纹图符号是人类原始文字的活化石；达巴教是原始宗教的活化石；达巴艺术是原始艺术的活化石；而达巴医药、天文是人类原始医药、天文的活化石。这些极为珍贵的原始文明遗存和丰富的内容，不仅反映了摩梭先民的远古文化，有着重要的学术价值，同时也为我们“申遗”保护和开发利用提供了材料。

相传达巴经典共有160余部，除了用原始图画文字写出的卜书外，全凭口传心记，属于口承文化，但自从藏传佛教传入当地后，摩梭人的这一原始宗教及其达巴文化便受到极大冲击，“文化大革命”中又受到毁灭性打击，而今主流文化等现代文明正以迅猛之势长驱直入，残存的达巴文化也和当地民族的其他文化一样受到冲击，现幸存下来的达巴经只有60余篇（章），而能够念诵并解释口诵经的达巴也仅剩下三人，且年岁已高，随时都有可能给达巴文化画上句号，令人惋惜。同时，多年来，虽有众多的专家学者在研究摩梭文化，但都是从摩梭人的婚姻家庭研究入手，恰恰忽略了这一能够开启摩梭文化密码，探索摩梭人母系家庭和走婚习俗何以在此保留的这把钥匙——达巴文化，研究成果因而不那么令人信服，大多停留在陈述性的或猎奇性的水平上，很难从本质上深层次地探究出它的根由。

达巴文化已濒临灭绝，一旦消失，即使考古也无从做起，将造成无可挽回的损失。达巴文化的申遗、发掘、抢救和保护，到了刻不容缓、迫在眉睫的时候。

三、保护工作存在的主要问题

母系文化遗产保存至今实属不易，这项工作十分重要。然而，在做的时候很多问题都难以得到有效落实：一是缺乏有效的保护机制；二是没有专门的保护机构、保护人员和保护经费；三是缺乏有效的保护措施；四是没有保护规划；五是缺乏保护法规和政策，虽然凉山彝族自治州已制定泸沽湖景区保护条例，但也只是作了对自然景观的保护规定，对人文资源的保护则没有任何规定；六是对泸沽湖母系文化的发掘、抢救、研究工作薄弱。

四、保护的对策和建议

面对汹涌而来的外来文化对泸沽湖母系文化猛烈冲击，针对上述存在的问题，处于濒危状态的母系文化的保护工作紧迫性可想而知。保护好那些在人类文明发展过程中产生并保留至今的濒危的文化遗存，为它们提供生存、发展和保护空间，是我们神圣的使命。保护工作必须有法规、政策、制度、措施、机制、人才、经费七个方面的保障，为此，笔者提出以下几点意见，仅供参考。

（一）加快制定地方性保护法规和政策

制定地方性法规，依法对珍贵人文遗产实行保护，既是研究、发掘、抢救的需要，也是实现文化大发展大繁荣、合理开发人文遗产、发展文化旅游产业、构建和谐社会的需要。只有通过立法保护，才能达到最有效的保护目的。因此，应尽快制定这方面的保护法规，通过对泸沽湖母系文化包括系统的摩梭文化制定专门的保护法规，保障保护工作有法可依。在制定法规的同时，还应当根据《国务院关于加强文化遗产保护的通知》和《国务院办公厅关于加强我国非物质文化遗产保护工作的意见》精神，结合自身实际，配套制定相应的保护政策。

（二）建立良好的保护机制，完善保护体系

有效的保护工作离不开良好的保护机制和健全的保护体系。为此，笔者认为，

对于泸沽湖母系文化遗产的保护，应从以下几方面着手进行：

1. 层层建立保护责任制。为把各项保护工作落到实处，需要建立一套严格的保护责任制，川滇泸沽湖管理部门、泸沽湖乡镇、当地村组织都应当按各自的职责，承担保护工作，行使保护责任，并按责任制的要求进行定期或不定期的考核。

2. 各级单位应按各自的要求制定一系列较为完备而行之有效的保护制度和保护措施，配套保护法规和政策，形成完备的保护制度体系，使保护工作能够有制度约束，有措施保障。

3. 构建正确的保护模式。

对泸沽湖母系文化的保护需要建立正确的保护模式。应该吸取美洲印第安人保留的模式中只谈保留、不谈保护、只谈开放、不谈保护、任其自生自灭的教训。

泸沽湖母系文化的保护应当把政府主导行为与当地居民主动参与相结合，形成保护、开发、发展三者结合的模式。政府应在基础建设、投入等方面承担主要职责，并正确引导开发，使当地居民通过科学、合理地开发利用他们自身的资源并充分认识到保护这一资源的重要价值，进而增强保护的意识，使他们从被动的参与走向主动的保护行动。

（三）制定全面科学、严格的保护规划和保护计划

保护工作应当规划先行，没有科学的保护规划和相应的保护计划，保护工作将是盲目的。重要的是在规划上，川滇两省三县应打破行政区划及各行其是的局面，共同请相关专家对摩梭文化进行全面统一的规划，双边按统一的保护规划开展保护工作，进而形成统一的保护局面。

（四）设立文化保护区或文化特区

笔者赞同吕一飞教授等人提出的对泸沽湖摩梭文化应建立保护区的观点，这是因为：

1. 母系文化资源分属两省三县，需要整合资源，整体保护，整合利用，这样更有利于传承。

2. 为了保护大自然，防治污染，人类在全世界范围内提出了“保护大自然”和“环境保护”原则，我国实行了“自然保护区”制度，已经建立自然保护区926个，取得了良好效果，并通过各种保护措施使被破坏的大自然得到一定程度的恢复和再生；而文化一旦遭到破坏，则很难恢复和再生，因而从某种意义上讲，文化更需要保护。既然对濒危的自然资源设立了自然保护区，并通过保护取得了良好的效果，为了发展经济，也设立了相应的经济特区，对于濒危的文化资源同样应当设立“文化保护区”或“文化特区”，减少人为的破坏。

3. 不同的珍贵文化遗存，是代表人类多元文明的典范，非常珍稀而脆弱，因此，为这些人类文化遗存建立保护区是十分重要的。

4. 建立文化保护区并非为保护而保护，而是通过积极保护去开发利用，进而实现发展，构建一个正确的保护模式。

5. 泸沽湖人文地域有利于建立文化保护区。

地处川滇两省三县交界的泸沽湖地区是摩梭人的聚居区，是全球唯一的以母系文化为核心的摩梭文化保留区，并处在川滇藏香格里拉旅游大环线上的重要地理位置。而母系文化这一人类宝贵遗产和人文旅游资源，只有泸沽湖某一边的保护是远远不够的。为了使这一文化遗存能够整体上得到更多更好的保护，有必要打破行政区划，设立川滇两省三县合作共管的“摩梭文化保护区”或“摩梭文化特区”，形成保护区域，为其生存和发展提供一个适宜的空间。

（五）建立合作保护机制，加强合作保护

前已述及，泸沽湖母系文化保留地涉及两省三县，资源日益稀少，而且濒临灭绝，对其保护工作不能各自为政，各行其是，只要有一方的保护工作削弱，都会给母系文化整体保护带来不可挽回的影响，因此需要与木里县和云南宁蒗县加强合作，共同保护。一方面，在可能的情况下，积极磋商共同建立母系文化保护区或保护特区的问题，建立共同的保护组织，制定统一的保护规划、政策、措施，共同解决保护工作中的种种问题，达到统一管理、统一保护的目的；另一方面，在没有建立保护区的情况下，加强联系，建立联系制度。定期或不定期地开展联系工作，每一年至少召开一次两省三县母系文化保护联系会，商讨保护对策，达成保护共识，解决保护问题，形成纵横交叉、统一有序、齐抓共管的保护局面。

（六）加快对泸沽湖以母系文化为核心的摩梭文化的抢救研究工作

对泸沽湖摩梭文化的搜集、发掘、抢救、整理和研究是保护工作中应当抓紧的一项十分重要的工作。随着许多历史老人的作古和即将作古，大量未被发掘的母系文化史料以及各种反映母系文化的传说故事、民间文学、艺术、达巴文化等原生态的文化将无从搜集，造成不可挽回的损失，因此，抢救工作是摆在我们面前的重大课题。

做好这项工作，一要时间上抓紧，只争朝夕；二要积极组织人才，落实经费；三要积极发挥相关研究机构及其人员，无论是国家研究机构还是民间研究机构，只要是能在这方面开展工作，在政策上一视同仁，让民间研究组织也承担一定的职能和任务，特别是在抢救、研究方面的经费上享受同等待遇；三要与相关研究单位和专家学者合作联系，聘请他们协作参与抢救和研究；四要在调研普查的基础上制订抢救研究计划，建立抢救研究课题或项目库，广泛组织相关人员进行深入而系统的抢救研究工作，形成完整的文字、图片、影像、实物等资料库，为申遗、保护、开发打下重要基础。

（七）落实人员，保障投入

1. 无论是申遗、保护工作，还是搜集、发掘、抢救、研究母系文化工作，都离不开高素质的专业人员，否则无从谈起。保护工作和抢救研究工作是两项重大系统工程，人少了不行，没有专业知识或专业知识不高，必然影响工作质量，因此必须造就一支庞大的高素质的专业队伍。从现状来看，若要解决好这个问题，在人才渠道上，一要广泛招贤纳才，根据需要择优聘用；二要开展必要的培训工作，主要是通过聘请高级专家加以培训；三要有针对性地从大专院校、科研单位引进一些高级人才，采用传帮带的方式带出一支队伍；四要充分发挥已经退休或民间研究组织中有相应专长特别是研究中有成果的兼职学者、研究人员，请他们从事这方面的工作，以解决燃眉之急。

2. 在经费投入方面，母系文化的保护和抢救研究工作是一项浩繁的工程，需要足够的资金投入来支撑，应当加大这些方面的投入力度，建立有效的投入机制，制订投入方案，安排专门的投入经费并纳入财政预算，争取川、滇两省和国家在经费方面的倾斜扶持力度。

五、正确处理好保护与开发的关系

保护与开发是辩证的统一，只讲保护不进行开发，既不可能也不现实。当地居民如果只讲保护而得不到回报，既不能摆脱贫困，也不可能自觉参与保护，只会任其自生自灭，结果对保护不利。泸沽湖母系文化遗产属群体性传承，保护工作需要当地广大居民广泛积极参与，实现群体参与的保护局面，因而，科学合理地对自然、文化遗产加以开发，对遗产的保护具有促进作用。

在保护基础上合理的旅游开发，通过增加展示力度，扩大展示范围，促进文化内涵等的科学利用。（1）可以解决保护资金不足问题，只要开发得好就能筹集更多资金来进行保护；（2）有利于树立保护意识，当地居民通过旅游开发中获得的利益，体会到资源的价值和保护的意义，认识到保护资源就是保护自己的利益，通过这一经济杠杆的作用，进而对本民族的文化产生自豪感，并转化为保护的责任心和使命感，保护的意识不断增强，保护的自觉性就会长期坚持下去；（3）通过保护和开发得来的不仅仅是经济上的发展，更会带来民族文化的繁荣和发展；（4）通过开发促保护，通过保护促发展，形成保护、开发、发展的良性循环。

加强纳西文化主体性保护
夯实丽江文化旅游基础

王志云

今天的丽江因获批“三项世界遗产”（丽江古城、“三江并流”和东巴文献古籍先后列为世界文化遗产、世界自然遗产和世界记忆遗产）而被世界关注，人们纷至沓来尽情品尝纳西祖先留下的、已被后人继承和发展的文化大餐。游客来丽江旅游除了享受自然风光以外，更多的是被神秘的纳西文化所吸引，因而，丽江只有保护好“纳人”[①] 这个文化载体和文化本源，把“救人”当作重中之重，不让“纳人”这个群体逐渐消亡，用厚重的纳西文化使丽江的旅游永葆青春，才能促进丽江经济、社会和文化的可持续发展。就此问题笔者谈以下看法：

一、统一族称，壮大纳文化人群

现在，要让游客把丽江和纳西族严格地分开很难，丽江的每个旅游项目无不与纳西族文化相关。丽江是纳西族的政治、经济、文化中心，是世界各地纳西族向往的地方，是世代纳西人共同留下的文化遗产，每个纳西人都应该为丽江今天的繁荣而感到骄傲，每个纳西人都应该是纳文化开发建设的主人。

纳西人，不管是当今还是在历史上，作为纳西文化的创造和传承者，除了居住在现丽江市、迪庆藏族自治州行政区划内的纳西人被确认为“纳西族”外，还有散居于其他地方的“纳”、“纳日”、“纳恒”、“纳罕”、“纳汝”、“马里马沙”、“摩梭”、“摩些”等，有些人对“纳西族”的族称持不同意见。有一种观点认为，“纳西”一词是纳西族自称的汉语对音，而不是汉语的称呼。在纳语中，“纳恒”、“纳罕”、“纳汝”、“纳西”中的“恒”、“罕”、“汝”、“日”、“西”等都是人、某种人、族的意思。如果把“纳西族”翻译成汉语就成了“纳人族”，多了一个“族”字，是一个族称上的错误。另一种观点认为，任何一个民族的族称都应该有一个历史的承继性，据相关历史的记载，古代有“牦牛夷”，晋代有“摩沙夷”，

---

① 本文所称“纳人”是指所有现在被中国政府确认为纳西族的各个支系。

唐代有“磨些（suo）蛮”，元代有“摩沙夷”等，就没有过“纳西族”的记录。“解放以前，自称为‘纳’、‘纳日’人与‘纳西’的人均被称为‘摩梭’”①。所以，他们认为“纳西族”应该称为“摩梭族”，把摩梭人定位为纳西族的支系是错误的。综上所述，由于对“纳西族”的族称分歧，导致现在“纳日”、“纳”、“摩梭人”、“纳木依”、“蒙族”等自称同时存在。当前，族称的不统一已成了各地纳西人沟通和交流的障碍，也成了纳西文化继续开源的阻力。稍知道或了解以上纳西人历史的人都知道，大家有共同的祖先、相同的文化，因过去交通不便、地域分治、交流不畅等原因导致今天语音、服饰、习俗等方面的差异，这应该是民族文化包容性的见证和文化发展的历史佐证，不能作为分化民族或削弱民族的理由。现在，有些学者为了标新立异，挖空心思在“纳西”和“摩梭”之间苦苦寻找不同点，但对相同点却置若罔闻，在被搞乱了的纳西人文化上制造新乱；也有个别纳西族学者，由于生活体验和文化研究的局限，紧紧抓住自己生活体验过的村落传统文化，并有推广普遍使用之嫌，就像东巴经认为“三朵”是纳西的保护神，而达巴经却只承认“格姆女神”一样，但从历史时空来看，这些都只不过是纳西祖先自然崇拜思想的地方化而已。新中国成立后，为了尊重少数民族人民的意愿，我国对广大群众提出更改族称或更改族称译写所用汉字，本着“名从主人”的原则作了更改。如1963年4月改“佧佤族”为佤族，1965年10月改“僮族”为壮族，1985年9月改“崩龙族”为德昂族，1986年6月改“毛难族”为毛南族。也就是说，只要纳西人愿意，族称是可以改的。

至于用一个什么族称，可以在尊重历史、符合现实、利于发展的原则下，各支系纳人学者和专家共同商讨。主要问题有三个方面，一方面，1954年民族识别以前，纳人均被他称为“摩梭”，这是历史事实；第二方面，“纳西族”和“摩梭”作为纳人他称已经成为世界知名的文化旅游品牌，这是现实事实；第三方面，纳人分化成几个族登记是不应该的，理由也不充分。现在唯一比较通行的办法就是不用他称，而用自称进行统一，笔者认为定为“纳族”比较适宜。它既没有否定纳人各支系的历史，又没有否定今天的“纳西”，再者“纳”这个自称是任何一个纳人支系共同认可的，比较可行。

二、保留纳人聚居特色，保持纳文化氛围

保留纳西人聚居特色，保持纳西文化氛围，是纳西文化传承和开发的基础。一个民族有了共同语言、共同地域、共同的经济生活、共同的心理素质等特点，才能谈民族文化的发展。目前丽江的12个世居民族之间，已形成互相信任、互相尊重、

① 李星星：《川滇边“纳日”人族称问题的由来与现状》，杨尚孔、白郎主编：《四川纳西族与纳文化研究》，中国文联出版社，2006年，第20页。

互相学习、互相支持、互相谅解的风气，形成了平等、团结、互助、和谐的社会主义民族关系，“纳西人会说傈僳话，他留人会说普米话，彝族人会说藏族话”[①]，促进了民族大融合和地方发展。但是，“随着现代化进程的不断推进，各少数民族语言和文字正在随着汉语的广泛运用而逐步淡化，许多年轻一代的少数民族，已经不认识自己民族的文字，有的甚至已经不会说自己民族的语言。”[②] 纳西族的后代同样面临着这个问题，长期离开本民族的集居地，且语言和经济生活都已被其他民族所同化，纳西文化的传承和发展面临枯竭的危险。“一个民族的文化有两条最重要的底线，一条是以信仰为轴心的传统内核，另一条是母语”[③]。笔者认为，保持纳西族人聚居习俗，才能保持纳西人的信仰传统和母语。丽江古城集中体现了地方历史文化和纳西人风格风情，是具有重要意义的少数民族聚居地。东巴文、古乐和纳西语都是因为纳西人的聚居才得以流传至今，所以说聚居有利于文化的传承。当前，少数民族文化开发的历史机遇史无前例，同时，被同化的压力也与日俱增。面对科学的进步和世界经济文化一体化的趋势，很多少数民族的文化面临被搬进博物馆的危险。只有聚居，继续使用自己的语言文字，保留自己的信仰和习俗，保持民族文化的个性特征，才能不被同化。应采取以下措施：

（一）在现有聚居基础上各地纳西人按习俗分片区集中居住

任何一个民俗的形成都是在一定地域内的社会历史发展阶段的产物，并具有较深的社会根源、历史根源和地理根源。丽江有 20 多万纳西人，由于地理环境和周边杂居民族的不同，各地习俗具有差异性。他们总是以一定的血缘为基础，组成一定的村落，在宗教祭祀、生产生活等方面保持着一些集体活动，容易形成不同的习俗。比如，丽江古城的纳西人和丽江宝山石头城的纳西人在饮食和建筑习俗上有所不同，宁蒗瓦开和沿口坝的纳西人与宁蒗永宁镇和拉伯乡纳西人在语言和习俗上有差异……根据各地纳西人的特点分为多类，进行分片集中居住，保留各地的特点，有效促进纳西母语的使用和优秀传统文化的传承，这应当是可取、可行的。

（二）建筑上统一规划，突出“一村一品”

政府根据各地的具体情况，结合新农村建设政策，统一规划地盘和建筑风格，对建筑材料和建筑风格提出要求，保留具有传统特色的设计，改进不符合现实要求的传统设施。如山区摩梭人的木楞子房和大火塘对木头和柴火的浪费大，在林木资源和柴火紧缺的现实条件下，会加重生活成本，可改用土木或砖混结构，也可以改小火塘。政府应当对村落中具有历史文化价值和文化特色的民居进行挂牌保护；推出适合当地传统生活习俗的民宅样板房，各户按照自己的具体情况和需要进行建设，发挥群众的积极性，使村容村貌突出“一村一品”，既满足纳西人生产生活的

---

① 和自兴：《探寻现代化进程中民族文化保护的丽江之路》，载《学习时报》，第 439 期 10 版。

② 和自兴：《探寻现代化进程中民族文化保护的丽江之路》，载《学习时报》，第 439 期 10 版。

③ 白郎：《纳西族历史文化研究》序二（赵心愚著）。

需要，又满足当地民情风俗传承的需要，并且符合丽江市及其生存地区旅游发展的需要。

（三）突出各村各寨的特色，救活传统民间工艺

民间文化，是一个民族或一个社会群体在长期的生产实践和社会生活中逐渐形成并世代相传、较为稳定的文化事项，可以简单概括为民间流行的风尚、习俗。不同区域的纳西族的服饰、饮食、居住、生产、婚姻、丧葬、文娱活动、节庆、礼仪等都有所不同，这也是文化旅游发展和开发的基础。在纳西族聚居的地方应因地制宜，突出生产生活特色，使纳人生活的方方面面都有自己独特的群众基础。通过文化引领，各显特色，打造品牌，刺激纳西族内部对传统手工艺和日用消费品的需求及供给，把旅游产品和纳人日常消费品融为一体，救活民间手工艺，保留纳西族传统文化。

三、鼓励和扶持乡村文化人，保留非物质文化遗产

鼓励和扶持乡村文化人，多保留一些非物质文化遗产，是纳西文化保持活力的基础。每个国家、地区和民族的文化，都有具体的承载和传承、发展所依托的社区，乡村就是最基本的文化传承和发展的社区，纳西文化也是如此。现在，很多乡村在主流文化、外来文化的冲击下发生着变迁，村寨民俗、歌舞艺术、节庆、传统民宅等有形和无形的民族文化、风采卓然的村寨特点正在逐渐消失。乡村的物质和非物质文化遗产资源，既有浓郁的“土著文化”的特点，又有浓郁的多民族多元文化的历史积淀。它们一方面传承着历史文化信息，另一方面与当地的文物古迹、区域环境风貌相辅相成，构建出乡村文化的深厚底蕴。因此，乡村文化的保护不仅仅是对文物古迹、传统建筑，还包括蕴含其中丰富多彩的非物质文化遗产的保护。其中，非物质文化遗产大多是靠乡村文化人的传承，如各种民间宗教专家、工艺师、歌手、民间草医等，他们是从村落成长和培养出来的，在历史文化的传承和创新发展中起到了关键的作用，保护了这些乡村文化，就留下了纳西文化的种子。

清朝张潮说：“著得一部新书，便是千秋大业；著得一部古书，允为万世宏功。”今天著新书的纳西人很多，注解纳西古书的纳人很少，很少有人能从古人民族语言、民族习惯、民族心理等角度理解或注解纳西文化，无法把更多纳西历史上的灿烂文化开发和展现出来，这个工作需要大量乡村文化人的合作。但是，由于利益的驱使、生活的需要，许多民间文化优秀的传承者都到城区的旅游景区做商业性演出或到研究单位做学术研究，基本上很难挤出时间培养后人，原来许多民族民间传统文化保护和传承比较好的村寨已后继无人。另外，少数留在农村的乡村文化人大都处于贫困偏远山区，也造成了无力传承优秀民族传统文化的现状。纳西人的非物质文化是纳西人创造的文化，也是全社会的财富，对它的保护是全社会的责任，只有得全社会的支持和帮助，民间的非物质文化才得以延续和发展。

笔者建议对纳西族民间文化人采取以下保护：

（一）市财政部门提供文化补贴，尽力挽救老一代乡村纳文化人

乡村纳西文化是纳西族在长期的生产实践和社会生活中逐渐形成并世代相传、较为稳定的文化事项，具体反映在各支系的服饰、饮食、居住、生产、婚姻、丧葬、文娱活动、节庆、礼仪、禁忌等方面，它有较强的地域性和群众性，只有民间的一些老人还保留着较为完整的民俗习惯，但这些老人长期在农村生活，需要提供生活和医疗上的保障来维持身体健康。如宁蒗县拉伯著名纳西族达巴阿布·高若有志于摩梭文化的研究和传承，曾协助作家拉木嘎吐萨整理了《摩梭达巴文化》一书，为达巴文化的整理做出了重大贡献，但如今身体状况差，急需社会的帮助。丽江提出“文化立市，旅游强市”战略，就应该有保护民间文化的财政预算。我们把文化资源转变为文化资本后，必须继续保护文化资源，文化资源才不至于枯竭。如浙江省杭州市从2008年起对重要的非物质文化遗产代表性传承人（民间老艺人）实施补贴制度。杭州市文化行政部门命名的65周岁以上的“民族民间艺术家”和其他在民族民间艺术传承、发展中有突出贡献且生活困难的民间老艺人，按照年龄层次每人每年都可领到1500元或2000元不等的经济补助，以此鼓励和支持开展传习活动，对传统文化的传承起到促进作用。

（二）提供平台，让民间纳西人展现才艺

中国文联副主席、中国民间文艺家协会主席冯骥才先生曾说：“民间文化的生命力就在于个性化，我们需要提供平台，让那些民间艺人、民间文化走上前台，但我们需要的是交流，而不是相互学习。”丽江的文化产业，大部分借助于旅游这一平台，因此文化产业开发和经营状况较好的企业，基本上集中在古城区和泸沽湖周边地区，其他地方则相对滞后，绝大部分优秀民族民间文化得不到更深层次的挖掘和充分的开发利用，更谈不上发展。如一些古老音乐曲调和舞蹈、民族传统饮食、工艺品等都需要更多的展示空间，让更多的民间人才参与展现，让更多的文化个性表现出来，从而发现和培养更多的纳西文化人才。

（三）配合乡村纳西族文化人深挖整理，用时尚媒介展现纳西思想

纳西族有资料可查的历史已有几千年，在这漫漫的历史长河中，纳西族在认识和改造自然与社会的同时，总结了自己的思想成果，贯穿于纳西族的语言、诗歌、经文、传说等，需要我们去收集、整理、挖掘和研究。纳西族的“崇拜自然，人与自然和谐相处”等重要思想被今人所认同，以后还会有更多的纳西族思想理念被世人所接受。各种不同的婚姻形式同时并存现象、不同区域因地制宜的安葬形式等，也需要专家学者来破译，通过影视、文学、网络等时尚媒介展现，让世人共享纳西族的文化成果。2008年10月底，四川省甘孜藏族自治州“岭·格萨尔王文化发展有限公司”与沈阳四维数码科技有限公司正式签约，投资5000万元拍摄立体电影《格萨尔王传》，这是对千百年来“口口相传”的这一国家非物质文化遗产的一次全新保护，成为传播与保护纳西族非物质文化遗产的一种很好的方法。

（四）合理利用，传承发展纳人文化

民间文化，是一个民族精神世界的写照，是这个民族所创造的物质和精神文化两者的结晶。民间文化应该成为一个促进社会和谐、经济发展，改善人民生活，陶冶人们情操的重要动力。但是，由于过分迎合游客，也引发一些扭曲的或误导性的宣传。著名纳西族学者杨福泉说："不倨傲而又自重自尊，是每一种卓有魅力的文化所应有的风度……不仅自己不能做有损于云南文化魅力和风度的事，更不能容忍一些利欲熏心的人猖狂地以歪曲、扭曲的手段肆无忌惮地利用云南的民族文化赚昧心钱。只有这样，云南的文化才会持续地闪烁着那一片动人心魄的美丽之光，云南的民间文化产业也才能持续地繁荣发展。"乡村文化尽管有"土"的成分，却不一定是落后的东西，今天读不懂的文明未必明天就没有用或不需要传承，我们应该合理开发利用，传承各种文明。

在科学技术飞速发展的今天，各个层面的乡村纳西族文化人是纳西族文化的传播者，是他们把纳西族文化延续到今天，保持着活性，是他们让我们还能寻找得到纳西族的根，所有纳人都应该怀着崇敬和感恩的心情去关注他们的生活现状，协助他们挖掘和整理更多的文化产品，丰富纳西族文化生活，促进丽江旅游发展。

参考文献：

［1］杨国清：《丽江旅游生态文化随笔》，云南人民出版社，2007 年。

［2］郭大烈、和志武：《纳西族史》，四川民族出版社，1994 年。

［3］赵心愚：《纳西族历史文化研究》，民族出版社，2007 年。

［4］杨尚孔、白郎编：《四川纳西族与纳文化研究》，中国文联出版社，2006 年。

［5］［美］约瑟夫·洛克著，刘宗兵等译：《中国西南古纳西王国》，云南美术出版社，2006 年。

论丽江纳西族东巴文化的保护传承和开发利用

和力民

2003年8月28日—30日，在波兰共和国格但斯克市，经联合国教科文组织记忆遗产项目国际顾问委员会第六次会议推荐批准，纳西东巴古籍文献被列入“世界记忆遗产名录”。2007年8月丽江市政府成立“丽江市世界遗产保护传承行动计划”项目研究小组，分世界文化遗产丽江古城、世界记忆遗产东巴古籍文献、世界自然遗产三江并流及泸沽湖摩梭母系家庭四个分项开展研究。笔者参加世界记忆遗产东巴古籍文献的保护传承与开发利用分项的调研工作，本文是在这次调研的基础上撰写的。① 本文主要探讨的是丽江纳西族东巴文化的现状。

一、纳西族东巴文化的历史价值

东巴文化是纳西族在长期的人类社会实践中不断创造、积累和传承下来的自然科学和社会科学的总和，是以东巴教为载体的纳西族古代文化的知识体系，是千百年来纳西族知识和智慧的结晶，是中华文明和东方文明的一部分，是一份具有鲜明的民族特色和地域特色的人类文化遗产。东巴文化具有以下四个方面的特点和价值。

1. 古老性。东巴文化的创造者和传承者是纳西族。纳西族是古代羌人、夷人融合而成的民族。纳西族东巴文化源远流长。据史书记载，自两汉以来，纳西族就从川西往南迁徙到金沙江流域居住，在金沙江流域生活了两千多年，创造并传承了东巴文化。所以，我们说东巴文化是纳西族在这两千多年社会实践中创造和发明出来的一份文化遗产。它具有重要的历史研究价值和文化认识价值。

2. 独特性。东巴文化的独特性的首要特征是东巴图画象形文字东巴文和格巴标音文字格巴文。东巴文以象形为造字的基本方法，每一个字以具象实物特征为造字的基本。所以，每一个象形字都具有像其实物特征的特点，在此基础上，又有指事、会意、形声、假借、转义等方法，通过这些造字方法创造出一整套象形文字体

① 在“丽江市世界遗产保护传承行动计划”项目的研究小组中，笔者负责世界记忆遗产东巴古籍文献的保护传承与开发利用分项的研究工作。此文写作于2007年12月22日，2008年3月又作修改。

系。东巴文造字原始，是人类早期文字起源的活化石，也是世界上至今唯一存活着的图画象形文字。有学者研究认为，“东巴文是自源的民族文字”、“人类文字史的研究重视找寻从‘形意文字’到‘意音文字’的发展过程。东巴文正好就是这一发展过程的稀有例证”。[①] 此外，大约在元明时期，纳西族在东巴图画象形文字基础上又创造了格巴文。格巴文是以象形为基础、以抽象为原则，或对东巴文抽象改造，或另造新字，或借用和改造汉字和藏文符号而形成的又一种纳西族古文字。有文字学家说：“中国纳西族的东巴文，本身正在从形意文字变为音节文字，同时又有从它本身脱胎出来的哥巴音节字。这些活着的文字化石，使我们能够看到原始文字的演变过程。”[②] 东巴文化的独特性的第二个特征就是用原始图画象形文字和格巴（哥巴）标音文字书写的东巴经古籍。这些经典文献以宗教经典的形式，记录了大量的纳西族社会历史文化和自然科学知识，是纳西族古代社会的“百科全书”。目前世界上存世的东巴经书有 3 万册左右。这是一份十分宝贵的人类文化遗产。东巴文和东巴经这种独特的文字起源和社会历史记录，具有十分重要的研究人类文明起源的科学价值。

3. 丰富性。东巴文化的丰富性特征，一是表现在它包容了纳西族两千多年来社会历史知识和文化的总和。二是表现在它包容了纳西族早期原始宗教、藏族本波教、藏传佛教、汉地佛教、道教及周边民族宗教文化的内容，甚至包括印度教等内容。这些内容融合在一个东巴文化体系中，又以东巴文化的独立文化体系呈现和传承下来，形成一个包括东巴、东巴文、东巴经、东巴画、东巴工艺美术、东巴音乐、东巴舞蹈和东巴祭祀仪式等在内的立体、多元且丰富多彩、自成一格的民族文化体系。正是这种文化的多样化、体系化的特征，使它具有多元文化研究价值和多向开发利用价值。

4. 活态性。东巴文化的活态性是东巴文化的生命。东巴文化历经几千年沧桑风雨，至今仍以鲜活的文化形态存在世上，使我们今天能真切地认识人类创造文明之初的思维和形态，认识原始文化发展变迁的历史过程，认识远古文明传续的机制，感受原始文化的精神和艺术魅力。东巴文化的这种活态性，使它具有任何远古文明所不及的科学价值。

二、纳西族东巴文化的抢救、保护和开发利用

在千百年的纳西族社会历史发展中，东巴文化一直是以信念为基础、依托原始东巴教的形态自然地传承下来的。20 世纪 50 年代初到 80 年代初的 30 年里，由于各种政治运动和“文化大革命”的原因，东巴文化的保护和传承曾一度被中断。

---

① 周有光：《世界文字发展史》，上海教育出版社，1997 年，第 57 页。

② 周有光：《世界文字发展史》，上海教育出版社，1997 年，第 5 页。

20世纪80年代初以来，东巴文化的保护和传承，走过了一段从政府文化抢救到民间自发传承，从政府学术关照到政府制定法律保护条例并申报世界遗产的过程；走过了从消极到积极，从被动到主动的过程。取得了显著成就。

1. 1981年4月28日，经云南省人民政府批准，在丽江成立了云南省社会科学院东巴文化研究室。东巴文化研究室先后聘请了11位东巴大师，调配十余位纳西族青年学子，进行纳西族东巴象形文字经典的汉译和东巴文化资料的抢救工作。1990年11月16日东巴文化研究室更名为东巴文化研究所，2004年2月9日东巴文化研究所更名为东巴文化研究院。1999年东巴文化研究所完成了举世瞩目的《纳西东巴古籍译注全集》100卷的记录、汉译、注释和出版工作。它为纳西族东巴文化的传承、保护和研究，奠定了坚实的基础。

2. 1984年7月，丽江纳西族自治县博物馆成立，对外宣称丽江纳西族自治县东巴文化博物馆，1999年7月正名。博物馆成立以来，积极收集纳西族历史文物；承办东巴文化展馆；对外进行东巴文化宣传介绍工作；1995年2月创办东巴文化学校，至2002年4月，先后办了5期短训班，共培训100人次；策划申报建立东巴文化原始生态保护区；支持民间东巴文化传承活动，对东巴文化的传承和保护起到积极的推动作用。

3. 自1983年以来，党和政府积极支持东巴文化的学术研讨活动。1983年3月29日—4月9日召开“东巴达巴座谈会”；1988年3月25—29日召开“纳西族东巴语言文字学术讨论会”；1989年10月26—30日召开“纳西族原始宗教及社会思想学术讨论会”；1999年10月24日—28日召开首届“中国丽江国际东巴文化艺术节”；2003年9月25—27日召开“第二届国际东巴文化艺术节”。通过这些活动，加强了东巴文化在社会上的影响，推进了东巴文化的学术研究，增强了对东巴文化的科学认识，为东巴文化的保护提供了学术依据。

4. 自1996年丽江大地震以来，在纳西族地区，民间自发地组建一批东巴文化传承组织，自觉地开展东巴文化传承活动，在纳西族地区掀起东巴文化传承的热潮。据统计，从1996年到2006年，民间有14个传承组织在开展东巴文化传承活动，还有许多以纳西族母语、纳西族传统民歌、白沙细乐、仁美歌舞、洞经音乐和勒巴舞为内容进行传承保护活动的民间组织。这些组织的出现，表现了纳西族民众的一种文化自觉，说明东巴文化已经从认识、研究理论转为直接、自觉的社会行动。这是党和政府在丽江纳西族地区进行社会主义文化建设的一个巨大成就。

5. 丽江政府于2001年6月28日出台《云南省丽江纳西族自治县东巴文化保护条例》，2005年12月2日，云南省第十届人民代表大会常务委员会第十九次会议通过了《云南省纳西族东巴文化保护条例》。这两个保护条例的颁布，丰富和具体化了《宪法》关于少数民族拥有使用和学习本民族语言文字权利的条款，使东巴文化的保护和传承走上法制化的道路，为纳西族东巴文化的保护和传承提供了法律保障。

6. 2003 年 8 月 28 日至 30 日，纳西族东巴古籍文献被列入“世界记忆遗产名录”，这使东巴文化的保护走向国际性的平台。一方面，东巴文化在人类社会历史文化中的地位得以认定；另一方面，有利于国际社会对东巴文化的生存环境和文化传承保护进行监督和参与。

7. 自 1998 年以来，随着丽江旅游业的逐渐兴起，东巴文化作为地域文化和民族文化的标志，逐渐被用于丽江旅游文化的产品开发、艺术装饰、舞台展示、书写问答、景点陈列、仪式展演等方面。以东巴象形文字为主要内容的东巴文化已经成为丽江旅游的一个品牌。以东巴文化为内容的书籍、纸张、雕刻、印染、绘画、书写、工艺及音乐、舞蹈乃至演艺、景点企业等，已经成为丽江旅游文化中的重要产业。东巴文化的开发利用，使东巴文化打破了几千年的宗教桎梏，走向社会，走向市场，走向生活，走向大众，被国内外游客所学习、参与、掌握和享用，成为当今大众先进精神文化的一部分，成为我国社会主义时期文化遗产抢救和开发利用的一个成功的典型范例。

8. 自 1999 年以来，逐渐在纳西族地区的小学、初中、高中作试点，进行东巴文化的知识传承。东巴文化首次成为学校文化传承教育的一部分。黄山完小、方国瑜小学、玉龙县一中、丽江市一中等一批学校先后进行东巴文化进课堂的实践。自 2002 起，由丽江纳西族自治县出资，委托云南民族大学民族文化学院招收培养纳西语本科专业学生，近几年所培养出来的学生已相继到社会科学研究单位和政府文化部门工作。

三、纳西族东巴文化抢救、保护和开发利用中存在的问题

在东巴文化的历史文化价值和开发利用价值被人们逐渐认识并接受的今天，东巴文化的传承危机也严峻地摆在我们面前。主要问题阐如下：

1. 大多数纳西族社区成为无东巴、无东巴经、无东巴教祭祀活动的“三盲区”。由于长时期东巴文化传承活动的中断，许多地方的纳西族村落已经没有东巴、没有东巴经书、没有东巴教祭祀活动，东巴文化渐渐在纳西族社区消亡。除了四川省木里县、云南省香格里拉县、宁蒗县等外，只有在古城区的大东、金山、玉龙县的宝山、鸣音、大具、鲁甸、塔城等乡还有个别社区村落有少数东巴在主持祭天、祭署、开丧等仪式。

2. 现在丽江纳西族民众的东巴教信仰强度普遍较弱。经过近半个世纪的文化传续的中断和政治运动的洗刷，相当一部分纳西族不信仰本民族的东巴教，或者对东巴教信仰淡薄，缺乏宗教情感，有的还把东巴教祭祀活动视为“封建迷信”，把东巴视为“迷信职业者”。

3. 传统意义上的东巴人数锐减，大师级东巴寥若晨星，一般东巴的知识水平较低。在1983年东巴达巴座谈会期间，和志武、郭大烈撰写《东巴教的派系和现状》一文，认为“据粗略估计，解放前东巴活动最盛时，人数为1000人左右，占当时纳西族总人口的0.8%，目前健在的东巴不到过去的五分之一”。1983年，“据不太全面的了解，东巴约有217人，占人口总数的0.08%”，1999年国际东巴文化艺术节期间，我们还邀请了92位东巴到丽江参加会议，但是这些年，随着年长东巴相继过世，整个纳西族地区的东巴，特别是传统意义上的东巴越来越少。就笔者的调查，整个纳西族地区，现今有300个左右的东巴。我们调查组这次统计到丽江市古城区和玉龙纳西族自治县的东巴包括以东巴名义从事服务业的东巴共105人。其中，曾受过系统学习和训练的能独立主持仪式（即使是简单仪式）的东巴只有40个。现今东巴的知识和素养与历史上东巴相比，已经有了很大的差距。自20世纪50年代以来，由于社会和政治原因，东巴文化的传承已经中断了近半个世纪。现今在丽江市古城区和玉龙纳西族自治县的东巴多数是近十年才学习和从事东巴文化工作的。

4. 现在丽江纳西族的一些东巴，信仰强度较低。某些东巴从事东巴文化活动只是为了在旅游市场上谋生，缺乏东巴教经典仪式知识和技能，不能满足信众的要求，不能得到民众的信任。

5. 在民间的东巴，生活上仅靠为别人做祭仪而得的酬劳不足以养家糊口。年轻体壮的东巴，都争取到丽江打工。2008年1月26日我们在宁蒗县拉伯乡加泽村树枝自然村召开了一个东巴座谈会，会上油米村东巴杨扎史说：“到人家家里念一天的经，做一天的法事，只得到10元人民币，至多也就是15元，我们真的只是在信仰支持下为人民服务了。”

6. 在丽江民间现有近十个东巴文化传承组织，由于政府的专门管理机构的支持和监督管理力度不够，缺少传承经费支持，所以处于瘫痪和半瘫痪状态。

7. 政府文化部门对纳西族东巴文化保护传承的工作职责不明确。虽然2005年12月2日云南省第十届人大常委会第十九次会议通过了《云南省纳西族东巴文化保护条例》，但颁布后由于没有具体的实施部门和实施方案，所以东巴文化的保护有时较难落在实处。

8. 由于缺少东巴文化保护专项经费，所以政府各个文化事业部门对于东巴文化的具体调查指导和扶持帮助做得不够。一些原来认定的东巴文化保护区连一份详细的调研报告都没有，以至不能及时往上反映纳西族东巴文化的具体实际情况。

9. 由于没有一个专门的保护传承机构，国家及世界的非物质文化遗产的申报工作缺乏系统性、规划性和持续性。

10. 政府在丽江旅游市场上的执法和监控作用，由于缺乏一个专门的专家委员会支持，所以缺乏科学性、可操作性、条理性。

11. 学校东巴文化知识传承，缺乏稳定的能胜任的教师队伍，教师培训仍需加强，培训时间和内容根据需要而定。目前学校中的东巴文化传承最大的问题就是没有教学科研经费。

四、纳西族东巴文化的保护、传承与开发利用的对策

为了保持东巴文化的活态性，为了使东巴文化可持续生存发展下去，为了建设社会主义新农村及和谐安康的社会，为了保护这份珍贵的人类文化遗产，我们提出以下几点东巴文化保护、传承和开发利用对策：

1. 建立市、区、县级东巴文化保护管理委员会，由市、区、县级的一位常委专管，全面、直接地管理东巴文化的传承、保护和开发利用的各项事务。

2. 建立丽江东巴文化传承保护基金。基金筹集来自古城维护费、财政拨款、丽江旅游企业和商铺提成和国内外单位个人的资助。保护基金直接用于东巴文化传承和保护的具体活动。

3. 政府文化事业和研究部门，应配合东巴文化保护区的建设，对东巴文化保护区进行跟踪调查，提出建议。

4. 政府有关部门应对东巴传承人和民间艺人和进行详细调查，归档保管，并且推荐申报市、省、部级非物质文化遗产传承人和民间艺人保护人选。

5. 丽江古城和旅游景点，政府要保护本土本民族东巴文化商家，在租房和税收上给予优惠，鼓励他们在旅游市场中创新出有民族和地域特色的旅游产品。

6. 在旅游企事业和商铺里的东巴，要求用人单位与东巴签订劳动用工合同，保障东巴的合法权益。

7. 所有在旅游市场上的东巴和从事东巴文化商业活动的人员都要经过正规的岗前培训和岗后再培训，提高他们的专业知识和文化水平。

东巴文化是千百年来的纳西民族之根，是纳西民族文化之源。我们要站在人类文明发展的高度来认识东巴文化，保护东巴文化，传承东巴文化，开发利用东巴文化，使古老的东巴文化以活态的形式继续为人类社会的文明进步服务。

以历史视角审视东巴文化传承

和　锐

东巴文化实质上是纳西族本土宗教——东巴教的祭祀礼仪文化。它在纳西族历史长河中，作为一种起源于远古社会的宗教文化，留下了由盛而衰的演变轨迹。以历史视角审视东巴教，就不难认清其自身所隐含的发展不足。正是这种缺憾构成了东巴文化面临传承危机的内在原因。为了让这份纳西族的传统文化得以延续，我们必须激发民族自省意识，发扬民族自觉精神，主动地全面认识东巴文化，以创新思维设计东巴文化传承保护的内容和方式，建立起一套适应于新时代的传承机制。

一、纳西族社会的历史演变与东巴教

纳西族定居川西南至滇西北以前的历史尚无定论，本文谨依郭大烈、和志武所著《纳西族史》之说："秦汉至唐宋是中国封建社会由形成到极盛时期……对纳西族来说，也是一个动荡、分化和形成时期。"① 并以此为线条，简要地叙述纳西族社会和东巴教的历史演变过程。

民族形成时期：纳西先民从远古社会到定居以前（即秦汉以前）是民族形成时期。这一时期的基本特征是部落社会，由各部落的军事首领治理，并为生存而不断征战和迁徙。《东埃术埃》等很多神话故事，就产生在这一时期。王勇在《中国世界图腾文化》一书中说："世界上的任何一个民族都曾经历过非常相似的'人类童年时期'……任何一个民族都有自己的神话故事，这些故事就是他们对整个社会和大自然的认识和理解。也就是在这些神话的基础上，又相继产生了祖先崇拜、神灵崇拜、自然崇拜、鬼魂崇拜等思想意识。"② 纳西族东巴教就是这样产生的，它形成于民族形成时期的中晚期，是由部落首领主导的政教合一的全民宗教。这可以从《东埃术埃》的记载中得到证明：东族和术族交战前夕，美令东主指使快足童奴，去请东巴巫师英什布左，布置道场做法事，镇压美令术主的灵魂。得知术族布下严密的防线后，美令东主又同东族东巴英什布左商议，请天将优玛、东格下凡

① 郭大烈、和志武：《纳西族史》，四川民族出版社，1999 年，第 78 页。

② 王勇：《中国世界图腾文化》，时事出版社，2007 年，第 2 页。

帮忙，然后才带领东族队伍向术族发起攻击。[①] 汉斯·昆（孔汉思）在《世界宗教寻踪》中论述中国宗教的政教合一情况时指出："在古代中国，并不存在着政教分离……祭祀礼仪与占卜渗透在生活的细节中：帝王和贵族只有在经过占卜祭祖和敬神活动后才会就国事或个人生活做出重大决定。"[②] 纳西族形成时期的东巴教状况正是这样。

民族发展时期：这一时期包括从民族定居到清朝雍正元年改土归流，可分为两个阶段，前一阶段以梅、禾、束、尤四大支系并存为基本标志，先后建立过唐朝时的姜国[③]、"越析诏"[④]、宋朝时的"摩挲大酋长"[⑤] 等古代民族国家。因纳西族最终定居于中央王朝、吐蕃王朝、南诏大理国三大势力角逐的中间地带，战乱频繁，遭遇过"万户麽些迁滇中"惨祸，经历了同周边民族磨合的艰难过程。这一阶段，东巴教吸收了藏族本教等外民族宗教的一些内容而获得发展，东巴经由口传变为书传，祭祀礼仪逐步规范化，特别是产生了"恩溥三朵"这位融玉龙山神和民族英雄祖先为一体的纳西民族保护神，出现了周边民族认同的北岳庙。《东巴经》中有关藏族、纳西族和白族是三兄弟以及人类与自然界是同父异母亲兄弟的记载，就是这一阶段的纳西族痛定思痛后产生的宗教信条和生存智慧的体现，为本民族后来的发展奠定了思想根基。后一阶段主要以木氏土司背靠中央王朝统一治理纳西族地区为基本标志。木氏土司在文化上保持本民族宗教传统的同时采取兼收并蓄的方针，引进了藏传佛教、汉地道教等外民族宗教，使纳西族地区形成了多教并存的状况。东巴教因吸收了外来宗教的一些内容而获得充实性发展。在这一时期的后一阶段，东巴教从政教合一的上层社会地位，退居到从属于土司政权的地位，木氏土司出于向藏区扩张的政治需要，在把东巴祭司置于从属地位的同时，更热衷于帮助藏传佛教在丽江及其周边区域的传播。这使东巴教在全民族中的主导地位受到了削弱，民间特别是大研镇从单一信仰东巴教，逐步向信仰多元化演变。

民族融合时期：以改土归流为标志，纳西族社会开始全面融入中华一统，象征纳西族政治权力中心的民族政权已不复存在，流官治理及汉文化教育的推行，导致汉文化主导地位的确立，纳西文化中出现了仿汉文化，并获得迅速发展，使本土的东巴文化日益相形见绌。由于清政府采取"教化"措施，东巴教一方面失去了政权支持，另一方面失去纳西族仿汉文化人的支持，生存空间日益缩小，演变成纯粹的民间宗教。到20世纪上半叶，东巴文化受到国内外学术界的关注，在客观上鼓励了民间东巴教的发展，因而一度出现过办协会、筹建庙宇、办法会、印刷经书等

---

① 和志武：《东巴经典选译》，云南人民出版社，1994年，第16—18页。

② 汉斯·昆（孔汉思）：《世界宗教寻踪》，生活·读书·新知三联书店，2007年4月第一版，第132页。

③ 郭大烈、和志武：《纳西族史》，四川民族出版社，1999年，第116—138页。

④ 郭大烈、和志武：《纳西族史》，四川民族出版社，1999年，第116—138页。

⑤ 郭大烈、和志武：《纳西族史》，四川民族出版社，1999年，第116—138页。

宗教文化创新活动，出现了一批学识高深的大东巴。[①]“文化大革命”中，民间东巴受到冲击，东巴经书被收缴焚烧，民间东巴教活动濒临消亡。

党的十一届三中全会以来，民族文化重新受到重视，东巴文化学术研究逐步出现热潮，《纳西东巴古籍译注全集》100卷出版，并被列为世界记忆遗产，云南省人大常委会先后两次颁布了《纳西族东巴文化保护条例》。但在民间，除一些边远地区仍有东巴教活动外，纳西族大部分人口居住的区域，已基本没有东巴教活动。现在的纳西族社会，除了多数普通民众仍在沿袭民族语言、服饰等一些特征以外，已全面融入祖国大家庭中。东巴教作为民族宗教已进入消衰期。至于近十年来旅游企业中出现的东巴文化现象，是传统东巴教文化在新形势下的变异或创新，是宗教文化世俗化的结果。

东巴教从民族形成时期处于政教合一的社会上层地位，到民族发展时期处于民族政权的从属地位，再到民族融合时期处于被边缘化的民间自发地位。这一粗略的演变轨迹，揭示出东巴教是随着纳西族社会政治历史条件的变化而趋于消衰的，纳西族社会逐步融入中华一统、东巴教失去政权支持的历史过程，造成了东巴教由盛而衰的外部条件。但是，东巴教的趋衰却促进了纳西仿汉文化的发展。因此民族融合对于弱小的纳西族而言，是加快了社会发展的步伐，好处良多。

二、东巴教由盛而衰的内在原因

“唯物辩证法认为外因是变化的条件，内因是变化的根据，外因通过内因而起作用。”[②] 这对于我们认识东巴教的演变同样有指导意义。我们周边的藏族社会，同样经历了与纳西族社会近似的历史演变，但藏传佛教却长盛不衰，这说明东巴教的消衰不能完全归咎于外部条件。因此，我们还应该从东巴教自身所具有的基本特征中去加以分析，才能认清东巴教由盛而衰的内在原因。

民族性。纳西族在历史上曾经是全民信奉东巴教的民族，“传统宗教的泛世性导致如下后果：公开背弃敬天法祖信条者固然罕有，虔诚而狂热的信徒也在少数”[③]。现在东巴文化保存较完整的民间开展东巴祭祀活动，看到的就是这样的情形：东巴祭司在诵读经文，其他民众往往表现出漠不关心的样子。虔诚的信众少，使东巴教失去了深厚的群众基础。

宗法性。宗法是以家族为中心，按血统远近区别亲疏的法则。各个时期纳西族社会的政治结构都有明显的宗法性。“在漫漫历史长河中，中国一脉相承的专制制度和带有某种血缘温情的宗法制度相结合，形成一种家国同构的社会政治结构。这

---

① 2008年中国丽江第二届国际东巴文化艺术节学术会议组委会编《论文提要》，第189—256页。

② 《毛主席的五篇哲学著作》，人民出版社，1970年，第41页。

③ 王晓朝：《宗教学基础十五讲》，北京大学出版社，2003年，第63页。

种社会政治结构深刻地影响着中国的文化，包括占主导地位的意识形态……”① 在纳西族社会有本民族政权的时期，社会上层东巴教的神权或者同政权合一，或者依附于政权，民间东巴教的神权则一直与族权合为一体，或者相辅相成。例如，祭天、婚丧等宗教礼仪一般是由家族的族长组织全家族进行的，因此，东巴教的宗法性是明显的。“宗法性传统宗教没有独立的教团体系，它的宗教祭祀功能由各层次的宗教组织兼任，这可视为该宗教的特点。”② 没有独立的宗教组织及其宗教活动场所，是东巴教具有宗法性的表现。改土归流时，代表纳西族社会上层宗法性政治结构的土司政权瓦解；新中国成立后，代表纳西族社会下层宗法性政治结构的族权瓦解，纳西族社会相对独立的宗法制度彻底崩溃，东巴教便失去了强有力的倡导者和保护者。

原始性。由于受到纳西族先民物质生活条件和抽象思维能力的制约，东巴教具有明显的原始性，主要体现在：

其一，崇拜对象众多，李国文在《东巴文化辞典》中收录的重要神灵鬼怪达124 个；白庚胜在《东巴神话研究》中指出：“东巴教以信奉众多神灵而著称，仅收录于《纳西东巴经专有名词汉译规范》中的有名字可考的神灵便多达一千五百多个。当然，这里的神灵是一个广义性的概念，已经包括严格意义上的神灵与鬼怪在内。”③

其二，祭祀道场直观复杂，收录在李国文《东巴文化辞典》中的东巴教道场、祭仪达 43 种。

其三，祭祀仪式的程序烦琐，而且少有文字记载，主要凭东巴口传心授。

其四，祭神供品多献牲，大型综合性祭仪（如汝仲崩）一般要杀牛、猪、羊、鸡。东巴教的这一原始性，一方面要求东巴祭司具备多方面的知识、技艺和经验，因而增加了培养传承人的难度；另一方面要求信众在举办东巴法事中需要耗费较多的时间、精力和财物，因而弱化了广大信众的认同感。

淳朴性。纳西先民信仰东巴教的目的是为了现实生活，因此在宗教活动中所体现的思想非常淳朴，正如恩格斯所指出的，它“没有欺骗的成分”④。如“署古”（祭自然神）表达的是敬畏自然神、偿还欠债、避免受惩罚的思想；“美崩”（祭天）表达的是对英雄祖先的崇敬，为族群树立榜样，同时宣示藏族、纳西族、白族是兄弟，以便搞好同周边民族的关系；“素注”（祭家庭生命神）是为了巩固婚姻家庭，以便全家人同心协力开垦田地、起房盖屋和培养子女；丧葬中行“含殓”、“指路”（送魂礼仪），送死者回祖先故地，是为了表达对死者及其家属的人

---

① 张岱年、方克立主编：《中国文化概论》，北京师范大学出版社，1994 年，第 55 页。

② 王晓朝：《宗教学基础十五讲》，北京大学出版社，2003 年，第 57 页。

③ 白庚胜：《东巴神话研究》，社会科学文献出版社，2002 年，第 52 页。

④ 王晓朝：《宗教学基础十五讲》，北京大学出版社，2003 年，第 36 页。

文关怀，避免绝望情绪的消极影响等。东巴教经典及祭祀活动中所蕴含的这些思想观念，在孕育纳西民族独特的精神品格和民族凝聚力方面，发挥过难以估量的社会教化作用，已深深植根于民族基因之中，至今依然熠熠生辉。但是，"宗教的一个重要功能就是对社会个体和群体进行心理调节，借助于超人间的力量，为社会成员提供心理上的慰藉和安全感。"① 而东巴教的这种淳朴性，不足以调适信众的心理状态，不足以为信众（特别是充满焦虑、迷惘、失望的现代人）提供精神寄托，因而大大弱化了对广大信众的吸引力。

东巴教所具有的民族性，导致虔诚的信众少；宗法性导致没有固定的宗教组织及其活动场所；原始性弱化了广大信众的认同感；淳朴性因缺少心理调适功能而减少了对民众的吸引力。这些特点共同构成了东巴教由盛而衰的内在原因。这也是东巴教发展不足、缺少因时应变能力的表现。正如王晓朝所指出的："宗教是社会历史的产物，它也必须随着人类社会在经济、政治和文化方面的变化而变化，否则他们也会被社会历史所淘汰。为了避免这一命运，许多宗教都不断改变自身，其中就包括改变他们各自的神学理论。世界三大宗教之所以能长期地一直保持到现在，除了其有稳定不变的宗教经典和圣书外，还在于它们有解释这些经典和圣书的教义。这些教义可以根据时代的要求并以新的含义来解释各自的经典和圣书，以便适应时代的要求，能为不同时代的人们所接受，从而使自己的功能得以较好发挥。"② 显然，东巴教没有发展到随着社会的变化而变化的程度，这使它面临"被社会历史所淘汰"的危机之中。

三、创新是传承保护的必由之路

"山重水复疑无路"，在国际上伴随世界经济全球化而形成的欧美强势文化冲击下，在国内走向民族融合、文化趋同的历史进程中，要传承保护一个弱小民族自身发展不足的东巴文化，确实是一大难题。若是在半个世纪前，提出这样的问题，那简直是痴人说梦。然而，当历史演进到世纪之交，人们开始关注文化趋同对人类社会发展带来的消极影响。联合国教科文组织于 2001 年 11 月 2 日第 20 次全体会议根据第Ⅳ委员会的报告通过了《世界文化多样性宣言》的决议，在决议的第一条中明确指出："文化多样性是交流、革新和创作的源泉，对人类来讲就像生物多样性对维持生物平衡那样必不可少。从这个意义上讲，文化多样性是人类的共同遗产，应当从当代人和子孙后代的利益考虑予以承认和肯定。"我国作为联合国常任理事国，对执行上述决议早已做出了表率，除了在宪法和法律层面上做到保护民族文化有法可依外，在国家政体上早已实现民族区域自治，保障了各民族的政治、经

① 王晓朝：《宗教学基础十五讲》，北京大学出版社，2003 年，第 226 页。

② 王晓朝：《宗教学基础十五讲》，北京大学出版社，2003 年，第 189 页。

济和文化权利。为了使保护民族文化的工作进一步落到实处，国务院于2005年12月22日发出了《关于加强文化遗产保护的通知》。云南省人大常委会也于2005年12月2日颁布了《云南省纳西族东巴文化保护条例》。中央人民政府和省级国家机关的强力倡导，是抢救民族文化于危机之中的可靠保证。这样清明的政治环境，给濒临灭绝的东巴文化，迎来了柳暗花明的春天。

胡锦涛在党的十七大报告中指出："中华文化是中华民族生生不息、团结奋进的不竭动力，要全面认识祖国传统文化，取其精华，去其糟粕，使之与当代社会相适应，与现代文明相协调。"这是做民族文化传承保护工作的指导方针，纳西东巴文化作为中华传统文化的有机组成部分，在传承保护中也必须遵循这个指导方针。只有在全面认识东巴文化的基础上，"取其精华、去其糟粕"，创新发展，才能"与当代社会相适应，与现代文明相协调"。鉴于现在的纳西族社会在政治、经济和文化上都已全面融入中华一统，在城镇和绝大多数乡村传统的东巴教祭祀活动已基本消失，因此我们讲传承保护东巴文化，并不是在纳西族民间全面恢复"原汁原味"的东巴教祭祀活动，而是要按照适应社会主义价值体系、社会主义民主政治和社会主义市场经济的总要求，继承和发扬蕴含在东巴文化深层次的民族自省意识和自觉精神，认真分析东巴文化中的精华与糟粕，量力而行、实事求是地重新设计传承保护的内容和形式，坚持以创新思维指导传承，在传承中求发展的思路，坚持边实践边总结边提高边发展，最终实现东巴文化既保持民族性又体现时代性的目标。当前，笔者以为可以从以下方面付诸实践：

1. 增加民族节日，保存民族记忆。由于时代变迁，要在纳西族民间全面恢复东巴教祭祀活动是不可能的，但是通过民族节日，保存东巴文化的一些精神元素，是可能的，也是必要的。因此，可以在现有"三朵节"的基础上，通过地方人大立法，恢复春节祭天节，统一民间祭祖节，新立"署古"（祭自然神）节。这四大祭祀习俗蕴含着纳西先民非常淳朴的生存发展智慧，代表了东巴教祭祀文化的精华，并与时代精神相吻合，属于健康的民间传统习俗。有必要以民族节日的形式，永久保存在民族记忆之中。

2. 保护东巴传人，办好合法的民间信仰社团——东巴协会。据笔者于2007年8月参加丽江市东巴文化调研时初步统计，原丽江县境内现有东巴（含学员）约114人，其中金山乡11人，大东乡3人，白沙乡4人，太安乡10人，九河乡3人，龙蟠乡2人，巨甸镇3人，塔城乡42人，鲁甸乡6人，大具乡15人，鸣音乡4人，宝山乡8人，奉科乡3人。这批人是纳西族本土传统宗教的信仰者，国家宪法赋予他们信仰自由的权利。在114名东巴中，约60%以上的东巴已离乡打工，其中在旅游景区有相对固定岗位的38人，在古城商铺从事旅游纪念品销售岗位的15人，还有部分在城里打工，无固定岗位。现仍在家乡的年轻东巴一般都有进城打工的经历，据调查了解，凡是身体状况允许的东巴，一般都向往城市。东巴不愿意在民间，这是东巴文化在民间传承所面临的最严峻的问题。人往高处走是天经地义的事。我们只能因势利导地组织进城东巴投入到旅游等新兴产业的开发建设中。为了给这批民族文化传人搭建一个互相学习交流、共同提高的平台，也为了维护他们的合法权益，应该把参与旅游服务的东巴组织起来，同时吸收仍坚持在山区农村开展传承活动的东巴，共同成立合法的民间社团——东巴协会，并纳入政府宗教事务管理部门的管理。也可以把现有的丽江市纳西东巴文化传承协会通过改组变更登记为东巴协会。让协会发挥政府主管部门同广大东巴传人联系的桥梁作用，促进东巴文化传承和服务工作的规范化，促进东巴文化创新。政府文化部门应当扶持东巴协会建设固定的活动场所，资助基本的活动经费，做到东巴有组织、有场所、有经费保障。

3. 设立原生态东巴文化保护区。现在仍遗存在纳西族部分村落的原生态的东巴教祭祀活动，是一份纳西族传统文化遗产，是人类童年文化的活化石，具有学术研究、文化旅游等多方面的价值，有必要认真加以保护。原丽江县人民政府于1998年公布塔城、鲁甸、太安、大具、大东、鸣音六个乡为东巴文化生态保护区，但因措施不到位，成效不明显。前几年市级政府文化部门也先后在塔城乡依陇村委会署明和宝山乡梧木村委会挂了“东巴文化传承点”的牌子。但传承点的传承机制有待于建立完善。丽江玉水寨生态文化旅游公司于2006年6月经玉龙县委、县政府支持，开始在署明实施原生态东巴文化保护工程，近两年来，累计投资30多万元，通过组建保护区管理委员会，制定以生态保护与东巴文化保护为内容的村规民约，在玉水寨脱产培养东巴传人11名，全面恢复祭天等习俗，组织开展修路养路、改善小学教学条件、制止偷砍盗伐林木，实行对村民家庭和自然村干部考核奖励办法等一系列措施，积极探索原生态东巴文化保护区的运行机制。笔者直接参与了玉水寨生态文化旅游公司在署明实施原生态东巴文化保护工程的探索实践。回顾总结近两年的实践，已获得了一些感性认识，即：（1）署明保存有相对完整的原生态东巴文化，并有优良的生态环境，因而是设立原生态东巴文化保护区的理想之地。但同时是地处高寒地带的贫困山区，因而年轻人（包括东巴）只要有条件都想离乡进城，而制止偷砍盗伐林木也是一个老大难问题。（2）在贫困山区设立原生态东巴文化保护区，必须采取扶贫攻坚、生态保护、新农村建设同原生态东巴文化保护相结合的整体推进综合配套的措施，切实帮助当地群众改善生产条件、改善物质生活，实现传统文化与现代文明的有机结合。（3）设立原生态东巴文化保护区是抢救文化遗产的重要工作，应作为政府工程，由政府首脑亲自挂帅，扶贫、交通、水电、林业、农业等相关部门各司其职，并吸收有社会责任感的企业参与，通力合作，把保护区办成经济繁荣、社会稳定、民族文化昌盛的综合示范区。（4）可以选择坝区内经济条件好、人文基础好的纳西族村设立原生态东巴文化保护区，作探索实践。

4. 设立东巴文化传承基金会。从现实情况看，东巴文化传承需要解决的基本问题是资金。为了解决这一问题，可以设立东巴文化传承基金会，作为筹措资金的组织机构，重点扶持民间东巴沿袭东巴祭祀活动，保护纳西族的传统文化遗产。设立基金会至少需要400万元的注册资金，按政府投入与社会募捐相结合的方式筹集。基金会应置于政府的有效监管之下，以确保基金的合法使用。

5. 因势利导，鼓励东巴文化创新。自20世纪末以来，随着丽江旅游业的兴起，在民间濒临消亡的东巴教文化，走出乡村重返城镇，以开发建设东巴文化旅游景区、开办民族歌舞演艺团体、开发东巴文化旅游纪念品等多种形式，与现代旅游经济相结合，形成了丽江旅游业中独具魅力的民族文化旅游品牌。这是传统的东巴教文化能适应现代新经济体制，因而具有生机与活力的表现。毋庸置疑，在东巴文化与旅游结合中，出现了很多鱼目混珠的情况，确实有一些人假东巴之名骗取游客的钱财，严重败坏着东巴文化的声誉。但是我们应该清醒地认识到：东巴文化与旅游结合的主流是好的，之所以好是因为旅游产业中的东巴文化是传统的东巴文化的一种创新，是源于民间传统东巴教这一母体的流文化。这种流文化与传统的源文化，既有紧密的联系，又有明显区别，前者体现在以东巴文化为内涵的旅游景区、演艺业和旅游纪念品中都或多或少包含着东巴文化的元素；而后者则主要体现在传统的东巴文化属于宗教信仰领域，而旅游行业中的东巴文化是直接为旅游经济服务的。令人欣慰的是，东巴文化为经济发展服务给自身的创新发展开拓了广阔的空间，展现了美好的前景。我们应该因势利导，认真总结在旅游行业中传承展示东巴文化的好方式、好经验，并加以推广，使之发扬光大，同时通过东巴服务行业自律规范以及文化市场执法等手段，纠正那些违背东巴文化优良传统的“假东巴”现象，维护东巴文化的声誉，使东巴文化旅游成为丽江旅游业中长盛不衰的品牌。

从旅游资源的角度讲，东巴文化是与丽江自然风光交相辉映的一大资源。当前，丽江旅游业对东巴文化旅游资源的开发利用还处在起始阶段，主要的开发利用方式是对东巴文化的解释性、符号性展现。对种类繁多的东巴经神话故事的开发利用，对东巴音乐、舞蹈、绘画、雕刻等艺术形式的开发利用都还远远不够。这需要政府采取鼓励政策，吸引有识之士投入对东巴文化的深度开发和艺术创新之中。市场经济的驱动，加上政府的引导和鼓励，东巴文化一定会迎来绚丽多彩的明天。

传统文化的传承是文化旅游的基石

——以三坝白水台为例

和树荣

一个民族的传统文化是本民族在漫长的历史长河中创造和发展起来的比较稳定的文化形态，是本民族历史上不同时期的不同地域上形成的，具有高度浓缩、典型代表意义的思想文化、观念形态的表征，同时也是民族精神与气质的反映。旅游具有更高层次的满足人们发展需要的功效，其为人们的发展提供更加广阔的前景和后续空间，而旅游者是通过身临其境来感受异地的文化，增长自己见识，提高、发展自己。旅游突出“异域风情”，毕竟旅游者更加注重旅游的异文化体验，也就是我们所说的好奇感、新鲜感，所以旅游也是人们接受、了解外来文化的一种载体，同时外来文化也通过旅游者带来，从而达到了不同文化的交流、融合。从这个意义上看，旅游也是一种文化活动。《中国大百科全书·人文地理学》（84 版）中指出：“旅游与文化有着不可分割的关系，而旅游本身就是一种大规模的文化交流，从原始文化到现代文化都可以成为吸引游客的因素；游客不仅汲取游览地文化，同时也把所在国的文化带到游览地，使地区间的文化差别日益缩小。绘画、雕刻、摄影、工艺作品，是游人乐于观赏的项目；戏曲、舞蹈、音乐、电影又是安排旅游者夜晚生活的节目；诗词、散文、游记、神话、传说、故事，又可将旅游景物描绘得栩栩如生。”① 可见，旅游活动在本质上也是一种文化活动，旅游业的发展在遵循经济规律、生态规律的同时，还必须遵循文化规律。

笔者也是多年从事纳西文化保护、传承的文化工作者，有些肤浅的实际经验，期望得到方家指正。

一、三坝在大香格里拉旅游圈中的地位

2004 年 10 月 12—18 日在四川召开的第三届川滇藏中国香格里拉生态旅游协

① 《中国大百科全书·人文地理学》，中国大百科全书出版社，1984 年，第 76 页。

调会上，三方达成了共识，并划出了一个大香格里拉的范围，意欲改变人们心目中对香格里拉模糊不清的概念，并带动大香格里拉地区经济的发展。在三省区发表的《旅游合作宣言》上，对“大香格里拉”地区概念进行认定：“‘中国香格里拉生态旅游区’大范围涵盖川西南、滇西北、藏东南9个地州市82个县（区），即四川省甘孜州、凉山州、攀枝花市的40个县（区），云南省迪庆州、大理州、怒江州、丽江市的24个县（市、区），西藏自治区昌都地区、林芝地区的18个县。”[①]

在历史上丽江与迪庆政治、经济、民族、文化方面来往密切，同属滇西北旅游圈，更大层次上又是同为三江并流、大香格里区域，也是另一个旅游的品牌，历来是山水相连、民族相亲相和、共荣共生的关系。同时，二地旅游业的崛起与民族文化的保护、传承、创新有着内在的关系。

丽江旅游业的兴起也与以东巴文化为标志的纳西文化的保护、传承、创新不无关系，30年改革开放中，我们也可以看到丽江文化的发展与旅游业的发展是一脉相承的，是相辅相成、并行不悖的，这也是“丽江模式”的典型经验。纳西族只是个30万人口的小民族，但与其他民族一道拥有了世界文化遗产、世界记忆遗产、世界自然遗产等桂冠，这既然与纳西族的博大精深的历史文化有着内在的关系，也与这30年来的旅游业发展有着紧密的联系。文化成为丽江旅游的灵魂，通过文化突出了丽江旅游的特色，也促进了丽江旅游的可持续发展，文化通过旅游得以彰显其博大精深的气质，并且在不断与外来文化的交流、融合中得到强大的发展动力，这也是丽江旅游成功的深层次原因所在，同时也是弘扬纳西文化成功的典范。

“没有文化的旅游是没有品位的旅游，没有旅游的文化是没有效益的文化”。这是迪庆藏族自治州领导的共同认识，迪庆藏族自治州正整合州内以及周边地区的旅游资源，共同打造香格里拉世界级品牌。现在建设的“大香格里拉”国家公园群包括普达措、梅里雪山、虎跳峡、香格里拉大峡谷、塔城滇金丝猴五个国家公园等，还包括独克宗古城、松赞林寺、纳帕海、千湖山、蓝月山谷等旅游景点。目前，全州已成为中国香格里拉生态旅游区的核心区和优先发展区，旅游总收入在云南省及全国十个藏族自治州均名列前茅。2006年共接待游客超过330万人，其中，海外游客超过了30万人。迪庆正在建设成为中国著名的旅游胜地，多民族、多文化、多宗教和睦共处的“香格里拉”圣境。

迪庆藏族自治州三坝纳西族乡，唐属吐蕃神川都督府，宋为麽些大酋所据。元代，白地、瓦刷、哈巴和江边属宝山州。明成化二十三年后，由木氏土司占领。清雍正二年后属江边境。民国初属第三区，民国二十七年（1938），设三坝乡，仍属第三区。1950年改为三坝区，1968年复改为三坝公社。1977年划出洛吉及安南九龙归洛吉公社。1984年改为三坝区，1988年改为三坝乡，1977年改为三坝纳西族乡。辖江边、哈巴、瓦刷、白地、东坝、安南6个行政村，74个农业社，75个自

① 三省区发表的《旅游合作宣言》文件，http://www.newft.com/bbs。

然村，2768户，15665人。其中纳西族9794人，占62.52%，汉族2215人，彝族1981人，藏族639人，回族709人，傈僳族299人，其他民族28人。三坝是纳西族东巴文化的发祥地，至今仍保存着象形文字——纳西东巴象形文。其东巴画、东巴舞、纳西服饰、吟唱调、民情风俗等都独具一格，有极高的研究价值。三坝乡境内闻名遐迩的“仙人遗田”泉华奇观白水台、渣日岩画，被誉为“世界花园之母”、“天然动物园”的哈巴雪山，举世闻名的虎跳峡（下虎跳峡在境内），东巴祖师阿明修行成道的灵洞阿明阿卡等奇观，都有极大的旅游开发价值。

纳西文化从时间、空间上来说，不只是丽江范围，它的时间跨度可追溯到汉朝，空间范围也从河湟流域一直分布到雅砻江、大渡河，直至金沙江流域。现在，在滇川藏交角区仍分布着不少以“纳”自称的纳系族群，他们都是纳西（麽些）的支系，是构成纳西文化的主体。三坝白水台在行政上隶属迪庆藏族自治州，在文化圈上又属于纳西文化圈，从历史到现在，一直声气往来，交流融合。在“没有到过三坝白地，就不能算大东巴”的语句中仍可看出这种文化渊源的深远，前年列入国家非物质文化遗产的东巴造纸，也是纳西文化的共同荣誉。同时，三坝白水台不仅以“东巴圣地”久负盛名，同时也是一个重要的旅游景区，在地理上看，它处于迪庆与丽江的中间，既是以后丽江、迪庆两个旅游大区的交合点，也是纳西文化与藏文化的交汇点，同时也是大香格里拉旅游圈的重要战略要点。保护、传承三坝纳西族传统文化，对两州市的旅游发展意义重大。文化的兴衰与三坝的命运息息相关。文化是三坝发展的命根子，如何保护、传承三坝的传统文化，是摆在三坝父老乡亲面前的一个时代课题，也需要各方有识之士的重视。

二、开办纳西汝卡东巴文化学校的思路

云南省迪庆藏族自治州香格里拉县白地是纳西族东巴教的发祥地，是全体纳西族东巴的朝拜圣地，至今仍有不少传说，如创造东巴象形文字的圣人劳迪班独、东巴教教祖丁巴什罗在这里设坛传教等。“没到过白地，不算真东巴”，也是三坝传统文化源远流长的一种折射。这个传统沿袭至今，前来这里朝拜学习的学徒，有的来自本州境内的德钦、维西、中甸三县，有的来自丽江、鲁甸、永宁等地，有的来自俄亚、木里、盐源、永胜等地，还有的不远万里来自西藏、青海等地。白地自明代以来就成为纳西宗教的圣地和东巴教的传播中心。国内汉族学者陶云逵、李霖灿、喻遂生，纳西族学者和志武、白庚胜、郭大烈、杨福泉、和少英、戈阿干，外国学者洛克等不仅亲临白地考察，而且写下名篇巨著宣传白地东巴文化。

近年来，云南省委、省政府提出了把云南省建成民族文化大省的宏伟规划，迪庆藏族自治州州委、州政府制定了保护和发展民族优秀文化的一系列有关政策。香格里拉县委、县政府和各有关部门为东巴文化的传承和发展做了卓有成效的工作，报纸、杂志和影视媒介，也做了许多宣传报道。

但是白地一带的著名东巴大师先后年迈过世，其所存经书、法器和珍贵文物也不断流失。而现今很多农村中的年轻人对东巴文化兴趣不大，不知道本民族还有这份极其宝贵的文化遗产。1997 年白地八大纯纳西村中只有三位东巴大师，即吴树湾村和占元大师，古都村和志本大师、波湾村树银甲大师、白地八大纯纳西村中水甲村、恩水湾村、布主湾村、阿鲁湾村、恩土湾村没有一个能正规掌法事的东巴。白地的历史地位与现今事实极不相称，白地东巴和汝卡东巴面临着消亡的危险。

笔者只是一名农村小学教师，1997 年 3 月开始在“迪庆纳西族文化生态村”、“歌舞之村”白地吴树湾村宣传动员、说服汝卡东巴大师帮助年轻人学习东巴文化，几经周折，于 1998 年 3 月终于开办了迪庆藏族自治州第一所东巴学校——白地吴树湾村汝卡东巴文化夜校，请吴树湾村汝卡东巴大师和占元任教师，借用一所民房为教室，学员共有 22 人，学员中年龄最大的 68 岁，最小的 13 岁。先请东巴大师讲东巴故事及纳西族民间故事，吸引青年人学习东巴文化。通过学习，学员们对东巴文化产生了兴趣，夜校已满足不了学员们的学习欲望。2000 年春吴树湾村等村委会提供地址，笔者捐赠二座木楞房（一所为快班教室，一所为慢班教室）及照明设施、教学用具等把夜校扩办成全日制学校，取名为“白水台汝卡东巴学校”。学员共有 24 人。学员中年龄最大的 41 岁，最小的 18 岁。在全村村民的支持下，经东巴大师及东巴学员们的共同努力，按照东巴学校的规章制度，用古老的传授方式，在东巴文化传承路上克服重重困难，迈开了艰辛的步伐。白水台汝卡东巴学校的纳西东巴文化传承与保护、阿卡巴拉艺术团对民间文化的传承与保护得到迪庆文化局、民政局领导的认可，2009 年 10 月提升为迪庆藏族自治州东巴文化传习馆。2010 年 3 月 22 日白水台汝卡东巴学校建校 12 周年庆典上迪庆藏族自治州文化局局长浦江参加挂牌仪式并做了重要的讲话。现在是一班人马两块牌子，学员共有 24 人。迪庆东巴文化传习馆在白地波湾村成立了一个分馆，成员有一个 70 多岁的老东巴和 3 个东巴学员。

三、传承方式及传承总结

白水台汝卡东巴学校组建了以和树荣同志为校长，杨玉春同志为副校长，和树昆同志为班长，和占元大师为顾问的领导班子。和树昆、和贵武、杨秀光、杨玉春、和根利白天轮流向老东巴大师学习，晚上又轮流传授给白天没有时间学习的其他学员，东巴学校白天黑夜经声朗朗，做到师傅教徒弟、徒弟教徒弟，能者为师，互教互学，勤学苦练。通过 12 年的坚持和努力，和树昆已基本掌握 168 本传统东巴经书：

1.《习布》2.《级拿花》3.《毛米之》4.《冷怒记》5.《希车斤》6.《课母劳刀》7.《只布》8.《头火批》9.《思布困得土》10.《阿气》11.《车对》12.《好识》13.《暖而三》14.《认书而肯》15.《古作斤作》16.《而九巴答批》

17.《高俄高作》18.《古认古好呀》19.《作书土古》20.《东巴喊公社》21.《日拿松土古》22.《母之公社》23《只战》24.《母气》25.《识我》26.《白争》27.《母土争》28.《能能书》29.《古不恩》30.《知志多多》31.《千古土》32.《阮给》33.《古不开》34.《命肯普》35.《普腊布》36.《把毛把公社》37.《素哭》38.《不给来车只》39.《母恩谁》40.《汝卡习布》41.《汝卡斤拿花》42.《毛土古》43.《散土古》44.《日色》45.《汝卡毛米之》46.《汝卡冷怒斤》47.《汝卡课母劳刀》48.《汝卡同花批》49.《和火肯》50.《母争米》51.《尔争米》52.《汝卡车对》53.《汝卡好十》54.《汝卡母恩谁》55.《汝卡暖而日》56.《汝卡命肯普》57.《认书而肯》58.《半书公社》59.《高俄高作.60.《共认共好呀》61.《布走土》62.《拉处土古》63.《阿古中》64.《母土阿吕中》65.《只战》66.《汝卡能能书》67.《古种古多》68.《工劳打》69.《马蹄献》70.《日高》71.《布满打》72.《革本而》73.《上郎布》74.《上郎毛米志》75.《上郎斤课冲》76.《格本公社》77.《上郎公社》78.《洛多古母》79.《上郎点益》80.《很认评骨中》81.《很认评论中》82.《很认评满中》83.《高俄高作》84.《高论空》85.《肯作》86.《种只》87.《古争阿上》88.《上郎三》89.《好色红》90.《斤土古》91.《母入母润哭》92.《母猪都》93.《车土请》94.《不满主》95.《古争阿土斤》96.《不肯作》97.《斤如三》98.《布排考刷》99.《抓狗三》100.《不只三》101.《创世经》102.《请鬼要鬼战》103.《土不要不》104.《争每普吃》105.《鲁班鲁绕》106.《俄高拉阿滴》107.《拉线5本》108.《从不三》109.《土只普》110.《高车肯》111.《每布谷母》112.《每布考》113.《答母斤》114.《每亩斤》115.《开公》116.《考处请》117.《每好十》118.《把毛土古》119.《属毒属而》120.《你高对伟只作》121.《都普小雀书眉拿不而》122.《属土属布》123.《考土考布》124.《拿早狗土》125.《吃土》126.《布普的独土》127.《属中阮》128.《属空普》129.《努美阿美》130.《属处土》131.《很考水》132.《很的水》133.《斤考很水》134.《土水》135.《争古红》136.《旺中半满多》137.《你中半满多》138.《处册的三次深片》139.《使伟处册古片》140.《布同处册》141.《希工木》142.《命为多》143.《论早多》144.《库斤》145.《很鲁早》146.《命鲁早》147.《茸习命习资》148.《布同串词的多》149.《拉布》150.《考参》151.《作拉》152.《小孩取名》153.《命为斤》154.《算星座》155.《解梦》156.《解眼皮跳》157.《解火笑》158.《解乌鸦叫》159.《解听》160.《解见》161.《解狗叫》162.《解打雷》163.《解地震》164.《算起房盖屋》165.《算结婚》166.《算修路》167.《算搭桥》168.《咒语66种》。

杨玉春、和贵武、杨秀光已掌握传统的经书80本，和根利已掌握传统的东巴经书33本。和树昆、杨玉春、和贵武、和根利、杨秀光已出师能单独做东巴法事。

抢救和传承20种原史、原汁、原貌的东巴舞。

2003年第二届国际东巴艺术节对东巴文化提出了“三化”，即学术国际化、传承民间化、机构产业化。其中传承最为重要。没有传承，东巴文化就会从断代走向消亡。没有传承，经书就没人读、没人翻译。没有传承，更谈不上学术国际化。为此我们不但重视东巴经书的传承，而且更重视东巴祭祀活动的恢复和传承，在老东巴导师的精心辅导、全体东巴学员的共同努力、村民们的支持下，白水台汝卡东巴学校已于2001年正月初一恢复了“很水”，初三恢复了“祭祖”；2002年正月初九恢复了“祭天”，正月第一个猴日恢复了“祭东巴什罗和阿明什罗”；2003年正月十九日恢复了“祭牲畜神”，4月恢复了“很美”；2004年5月恢复了“压口吞”；2005年7月恢复了“堵不”“祭属”；2006年12月恢复了“车拿水”；2007年7月恢复了“东巴内郎布”，9月恢复了“考肯足”；2008年9月恢复了“冷误葱”等20来种东巴祭祀。12年来主持了46场正规的丧葬等。

为全面抢救汝卡纳西歌舞文化，2002年春组建了“白水台汝卡东巴学校阿卡巴拉艺术团”，共有62人，分青年队、中青年队、中老年队，中青年队全面抢救将要失传的歌舞文化20种，青年队外出演出，中老年队抢救撕麻、理麻、纺麻、织麻布等工艺文化。人们称这支艺术团为“白水台下一枝花”。

2005年6月白水台汝卡东巴学校艺术团代表三坝纳西族乡18000多人民参加迪庆藏族自治州首次歌、舞、乐大赛，参赛节目“东巴孔雀舞”荣获二等奖。2009年3月14日上海摄影组拍摄新中国成立60周年纪录片，东巴学校代表迪庆藏族自治州纳西族表演了东巴舞、祭属仪式。

节假日前来本校学术交流的有：西南大学博士钟耀萍、武小丽、曾小鹏，硕士杨亦花、梁静、张扬；清华大学博士张丽明；上海真龙电影工作室主任张凯文，副主任张金辉；云南省社会科学院和渊、和红灿；丽江师范专科学校教师杨杰宏、杨林军、和春云、曹斌；美国学者曼肯思；韩国教授丁一；日本学者冈晋；北京大学许丽华、曹国中、冯香远、攀虹谷、王韬、华航来、盛洁、谢宇、杨桂超、裴度、段建辉、葛旭；浙江大学文化中国人才计划班颜晓蓉、黄啸、于航、李照、傅辉、李婉婷、徐舒；北京舞蹈学院民族民间舞系苏雪冰、李侠、李丽勤、杨文涛、张玉芳、李倩等。

2003年3月已恢复和抢救了东巴造纸，现白水台汝卡东巴学校东巴纸自给有余。

白水台汝卡东巴学校通过12年孜孜不倦的努力，得到全体村民的支持以及上级各有关部门的肯定和鼓励，使奄奄一息的纳西族东巴文化得到了有效的抢救和传承，并发扬光大，后继有人。如今白水台汝卡东巴学校和东巴艺术团，在纳西族地区成为文化“含金量”最高的一个团体。白地吴树湾村在所有纳西族地区村落中已成为文化“含金量”最高的一个村落。因为该村纳西东巴文化、汝卡东巴文化、民族民间歌舞、东巴舞、东巴造纸、东巴各种大小祭祀活动、东巴吟唱调等都是独树一帜的。吴树湾村的东巴文化传承辐射到三坝、洛吉乡、金江三个乡、上江乡、开发区、维西，近年来吴树湾村学习东巴文化的有洛吉乡中村和七斤、金江乡和文清、维西教师和玉文、上江乡杨文明、开发区和文光，东坝日树湾习绍合、墨虎、与册、瓦刷，母支村和成志、中支恩村和永太、白地阿鲁湾杨自清、恩水湾和桂全，水甲杨树开、杨桂红，古都杨文景、杨润发等。11 年来我们实实在在一步一个脚印地进行传承抢救工作，每一步运作都考虑其长期性、真实性，在知识上精益求精，与农村生活、生产融为一体，与三坝乡党委、政府融为一体，取得当地干部群众的好评，传承东巴文化的路越走越广阔，目标越来越明确，成绩越来越显著，经得住考验。

四、遇到的困难和存在的问题

在漫长而又艰辛的 12 年中，白水台汝卡东巴学校如一个新生的婴儿，遇到了许多难以预料的困难，一是这所学校是由一个小学教师创办，由于多种原因，很难得到政府的重视；二是传承经费不足，但是每笔经费都清清楚楚、有透明度，分文不差。取得东巴大师和学员们的认可。

作为白水台汝卡东巴学校的创办者，12 年来，笔者没有半分的经济收入，只有付出，但是心甘情愿，因为已断代快要失传的纳西族汝卡之系东巴文、东巴舞、东巴画、东巴吟唱调、东巴造纸术及理麻、纺麻线、穿麻线、织麻布等手工艺，20 多种东巴祭祀的活动，汝卡纳西族民歌及舞蹈等完整、有效地得到抢救和传承。

创办东巴学校的前 5 年，我们由于经费紧张，遇到许多困难。在关键时刻，得到了三坝乡政府、香格里拉县委宣传部、迪庆藏族自治州民委、迪庆藏族自治州城建局、迪庆藏族自治国投公司、迪庆藏族自治州文产办、丽江市委市政府、云南省文化厅中央舞蹈学院、上海真龙电影工作室、西南大学文献所、台湾育宏文化制作中心、迪庆藏族自治州宣传部、迪庆藏族自治州文化局、香格里拉县文化局、云南省人民政府等单位的资助、扶持，受到国际纳西学会、中国文艺家协会、云南纳西学会、丽江文化研究会、云南省社会科学院、香格里拉县文化局等单位的肯定和鼓励。

我们衷心感谢以上单位对我们的支持与鼓励。

五、今后努力的方向及发展思路

开办白水台汝卡东巴学校的目的和方向是培养一批年青东巴大师。培养学员懂东巴文，会做各种法事，会唱纳西歌，会跳纳西各种舞，会讲纳西族各种故事，成为东巴全才型人才。

白水台汝卡东巴学校做了12年的抢救和传承工作。以白地吴树湾村为传承基地，辐射三坝乡、洛吉乡、金江乡、上江乡、开发区、维西县，共培养了50多名东巴学员，其中10名已出师。

民族传统文化的传承是旅游业的基石，也是旅游业发展的内在动力。三坝白水台以其独特的自然地质地貌吸引了国内外不少游客，但更重要的是这里多姿多彩的纳西文化仍在顽强地传承、生存着。

作为三坝多年从事基层传统文化传承的一名工作者，我有一些不成熟的想法：一是希望各方力量能够重视三坝的旅游发展，从带动全局的战略高度来认识三坝的文化与旅游发展，制定出科学合理、行之有效的发展计划纲要和政策措施，在宏观上指导三坝旅游与文化的可持续发展；二是整合三坝的文化、旅游资源，多方论证，求同存异，优势互补，强强联合，形成拳头产品，在国内外打响“东巴圣地”的文化旅游品牌；三是在现有基础上，实现旅游与文化两条腿走路，形成互为一体、相辅相成的互动格局。具体说来，在开发白水台景区的旅游发展中，也要兼顾到东巴文化的保护、传承，可以规划一些民族文化生态村，开辟一些文化旅游路线；有必要打造一台具有三坝民族文化特色的原生态歌舞表演；结合民俗节庆，举行“当一天三坝人”、“感受东巴文化之旅”等民俗文化旅游活动，让游客充分体验到三坝积淀深厚的东巴文化。

民族文化，薪火相传。我们相信，三坝白地的东巴文化这朵纳西文化的奇葩，必将开出更加艳丽的花朵。

旅游开发进程中纳西族村落文化的保护与传承

——以丽江市玉龙纳西族自治县玉湖村为例

和红媛　和少英

旅游开发进程中纳西族村落文化的保护与传承问题，是一项新的课题。对民族优秀传统文化实行有效的保护和传承，与民族地区旅游业和其他产业的发展之间有着十分密切的联系，处理好它们间的关系便能互相促进、相得益彰。[①] 20 世纪 60 年代以来，旅游业对社会文化的影响一直都是人类学与民族学家们关注和探讨的话题。人们越来越注意到，旅游业不仅仅给当地带来经济上的变化，也带来了许多社会文化上的变化，这些变化既有积极的，也有消极的。

"白沙乡玉湖村纳西族传统文化保护区"[②] 作为云南省第一批非物质文化遗产，全部的生机活力存在于生它、养它的纳西族民众之中——在精神和情感上二者是融为一体的。纳西村落文化在新的历史时期就像一朵逐渐开放的奇葩，吸引着无数人的目光。本文以处于丽江旅游大潮中的玉湖村作为田野调查点，对旅游开发进程中纳西族村落文化的现状进行调查和分析，探寻文化保护、传承的一些途径。

一、玉湖村村落文化概述

玉湖村位于玉龙雪山脚下，分为玉湖上村、玉湖下村和文华村三个自然村，9 个村民小组，357 户，1386 人，纳西族人口占 98%。距白沙乡政府所在地 8 公里，距丽江市中心 18 公里，距丽江市玉龙纳西族自治县县委、县政府所在地 22 公里，占地面积 46.66 平方公里。其历史悠久，元时，忽必烈征大理到达丽江，设茶罕章管民官，后改丽江路宣抚司。明朝改为丽江土知府。相传此时，木氏土司在玉湖筑避暑夏宫、玉龙书院，建养鹿场；并因当地的湖泊"玉湖"而得名。"玉湖"位于

---

① 和少英：《纳西族文化史》，云南民族出版社，2001 年。

② 云南省人民政府：《关于公布云南省第一批非物质文化遗产保护名录的通知》，云政发〔2006〕75 号，2006 年 5 月 8 日。

村子的东北方向，相传是明代木氏土司开挖的一个人工湖。而关于玉湖村的形成，还有这样的说法：明代木氏土司要在玉龙雪山脚下修筑玉湖和别墅，和家的祖辈就来此给木氏土司搬瓦盖房子，后来就永居此地了。村里的吕、赵、李姓是木氏土司到各地招募的匠工，后留居此处而形成玉湖村。①

村民们在保留了坝区纳西民居建筑风格的基础上，创造了自己独有的建筑特色，用当地的石头砌成，房屋坚固、耐风霜，冬暖夏凉，加上居处集中，户数较多，形成规模，构成了一个独具特色的少数民族居住建筑群。而社会公德、生活起居、心理素质、节庆活动、文艺体育等方面的纳西族传统文化也得到了较为完整的保留。村子左邻清雍正二年（1724）第一任丽江流官知府杨香必题字的“玉柱擎天”景观，右接著名的“玉湖”景观。除此之外，曾研究纳西学的美籍奥地利人约瑟夫·洛克（Joseph F. Rock，1884—1962 年）的旧居就坐落在村庄中央。与玉龙雪山融为一体的自然风光、独特的民居建筑和深厚的历史文化为玉湖村的旅游发展提供了广阔的发展空间。早在 2000 年，玉湖村就与旅游有了联系，直到 2004 年成立玉湖旅游开发合作社，才真正使玉湖村走上了发展旅游业的道路。

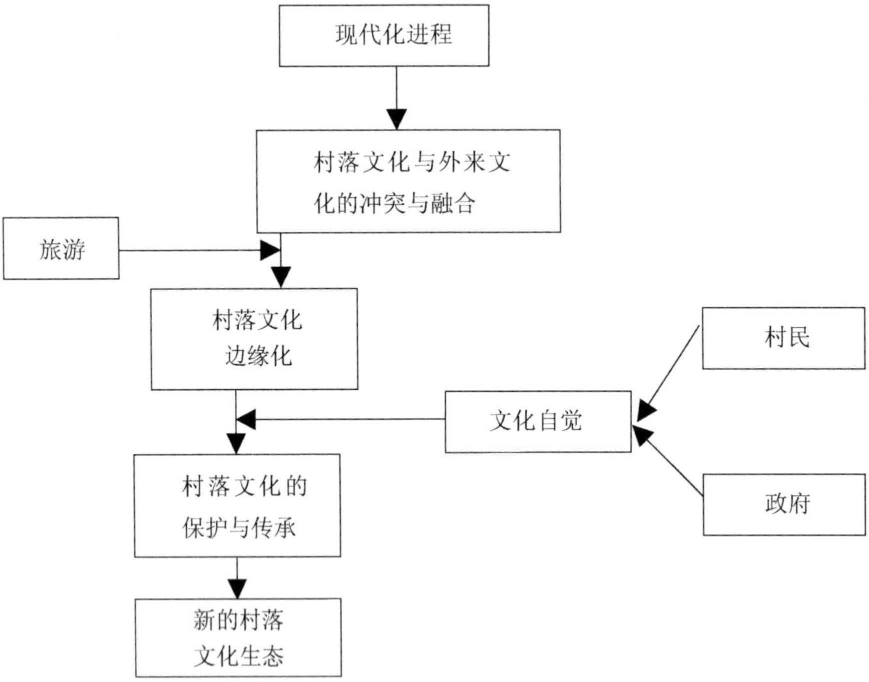

旅游会给当地带来文化冲突，而外来文化与村落文化又会相互融合，形成一种新的文化类型。作为村落文化，如果没有受到外来文化的冲击，在一个封闭的文化圈内会自然地传承下去。然而在旅游产业发展与旅游经济利益的诱导下，将会形成

① 据玉湖村老人讲述。

对村落文化根基的侵蚀。文化冲突必然导致村落文化日渐边缘化。由此，要通过有意识的文化自觉行为，积极化解文化冲突的消极影响，在自觉主动地推动本民族文化传承与保护的过程中，兼容并收不同文化的优点，努力构造适应现代社会发展与经济利益需求的村落文化生态模式。对于被列入非物质文化遗产保护名录的玉湖村来说，在旅游的开发进程中，其纳西族文化的保护和利用是有效的。

二、玉湖村旅游开发的历程及其现状

玉湖村的旅游发展可分为两个阶段：

第一阶段：2000 年，玉湖村一些人开始做骑马游雪山的旅游业务，但由于各家各户自己经营，存在着较大的隐患，如抢客。所以，村民们都希望由书记和村主任牵头规范市场，让村民得益。

第二阶段：2003 年 5 月 23 日，丽江地委、玉龙纳西族自治县县委、县政府及相关部门来到白沙乡玉湖村委会，收集关于玉龙雪山周边景区、景点开发的群众意见和建议后，结合村子实际情况，提出了依托资源、开发旅游、切实调整产业结构的基本思路。玉湖村第二届村民委员会选举换届后，在玉龙纳西族自治县旅游局和白沙乡党委、乡政府的大力支持和指导下，玉湖村村委及村社干部经采访、调查研究，认真分析了玉湖村发展旅游的前景。那时，大多数村民强烈要求由村委会进行统一管理，让群众参与旅游，全民受益。看到这样的情况，面对玉湖村的地域和资源优势，第二届村民委员会组织召开了两次会议，听取群众意见，于 2004 年 5 月 23 日组建玉湖村旅游开发合作社，体现“资源共有，利益共享，人人参与，户户受益”的十六字方针，规定个人和私户不得乱经营，由村委会组织广大群众统一管理，引导群众自发参与旅游。全村 357 户，村民作为本地导游并自筹马匹，根据户口册，设立马号为工作号，一户一马一号，马匹按号参与旅游，做到规范化管理、合理化经营、标准化服务。为此，玉湖村全部荒山、荒坡、山林归村委会统一管理、支配、使用。前 8 个字“资源共有，利益共享”体现了资源共有，后 8 个字“人人参与，户户受益”体现的是参与性、收益性。

玉湖村的旅游开发极大地促进了当地经济的发展，不仅使村委会能有更多的资金投入到村里的基础设施和各项建设，而且由于村民参与旅游接待，使家家户户逐步改变了经济状况，生活越来越好。据村委会公布的数据，2003 年，玉湖村人均纯收入只有 957 元，村民的经济收入主要靠农业和畜牧业，土地差，气候不好，副业也只是从事竹编，外来经济收入很少。2004 年人均纯收入为 1499 元，2005 年人均纯收入达 1800 元，农民的经济水平提高了，生活状况也大有改善。[①] 到 2005 年

---

① 数据来源于玉湖村村委会。

3月31日止，村民参与旅游服务一共收入160多万元；村集体经济总收入达40多万元，对全村基础设施建设投入20万元左右。玉湖村的经济发展呈现出前所未有的良好态势。

对此，笔者认为，在非物质文化遗产的保护和传承中，关注和尊重民众的现实需要，完全符合“以人为本”的原则。因为非物质文化遗产的保护，首先就是对创造、传承这一文化者的保护。以下是笔者对几位村民的采访：

个案1：

“2004年成立合作社以前，家里的经济收入刚刚只够家庭生活，田地只能自足，基本没有什么收入，就靠着家里养两头肥猪卖一卖。而成立合作社之后，家里的生活条件比以前好了。牵马就可以每年拿到8000元，再加上每年的分红：每人120元，每户100元，养养猪，生活是好了。”

个案2：

“马队组织前，没有什么收入，只靠割竹子、编扫把卖到古城，一年养两头猪，一年收入合计就只有1500元。以前这儿气候差，庄稼亩产相对比坝子少，所以收入少，生活比较困难。每年的收入只够生活用，只够买盐巴、茶叶、生活用品，很困难。合作社组织后，马队人人参与，人人有份，都有收入。现在马队收入8000元，生活好多了。”

的确，自从村里成立旅游开发合作社以来，玉湖村村民老老少少都感到满意，那些七八十岁的老人们都没有想到自己还会过上这么好的日子。就连嫁到玉湖村的纳西族妇女也说：“原来真不喜欢这个村子，太苦，只有一点上山割竹扎扫把卖的收入。现在搞旅游，收入多了，所以也喜欢了。”

其实，造成民族村落旅游诸多不良后果的一个关键问题是村民不能全面而有效地参与到旅游开发中来。村民作为民族文化的享有者、传承者，村落作为民族文化的载体，只有实现利益共享，才能实现责任分担，村民才会为文化着想。民族文化需要村民去展示和传承，环境需要村民建设和保护，村民对旅游业的态度对村落旅游发展是至关重要的，绝不可忽视。民族村落旅游开发要从旅游可持续发展的战略高度出发，尊重民意，促进当地民众的全面参与，并通过参与获得自我发展的机会和能力，不仅要参与决策、规划，还要参与项目经营、管理，参与利益分配。从玉湖村可以看出，其有效性在于：有利于生态环境与民族文化保护；有利于自我意识的重新唤醒；减少旅游业发展给村落带来的消极作用；取得村民对旅游业的支持。玉湖村在旅游经济大潮中是一个生态旅游和文化旅游的典范，一是确认了当地民众对旅游地的所有权，二是重视文化生态和自然生态，从传统文化本身来开展工作，自己来保护自己。

三、旅游开发对村落文化的影响

旅游业的开发极大地促进了经济的发展，对村落文化的变迁也起到很大的推动作用，村落文化的许多重要成分正在悄然的变化着。一般说来，文化变迁是指文化内容和形式、功能与结构乃至于任何文化事象或文化特质，因内部发展或外部刺激所发生的一切改变。[①] 旅游作为现代化意识形态的渗入，加速了当地社会的发展、变迁。然而，社会的发展和变迁，往往是一个动态调适的过程，文化之变与不变，其本质取决于民族主体的深层文化内涵。[②]

在玉湖村的旅游开发进程中，不同的阶段对文化的影响是不同的。

（一）表层文化的嬗变

第一阶段：在这一阶段中，玉湖村村民的参与不大，但村民们从旅游中也得到一定的经济利益，从而使自己的生活方式和传统文化都发生了一些变化。在众多的变化中，最突出的就是民居。由于洛克的缘故，许多外国人来到了玉湖村，再加上旅游的开发，也吸引了不少的游客，所以在 2000 年，村里开始有了零星的几家客栈。有一家客栈主要是接待外国朋友，提供饮食和住宿。在村子里，还有一些村民由于善于经营，在旅游发展中取得了经济效益，他们思想观念有了些许的变化。传统的石屋建筑文化发生了变化，产生了极少部分现代化的钢筋混凝土建筑，有些村民还在局部使用了空心砖。

而旅游的开发和外来文化的影响，使当地村民的审美倾向发生了很大的变化，作为民族独特文化、审美意识重要产物之一的传统民族服饰，正在日益汉化。除了少数年龄较大的妇女还穿着本民族服装外，年轻人已极少穿民族服装。

第二阶段：在这个阶段的旅游开发进程中，村民们以各种不同的方式全面参与到旅游中，收到良好的经济效益，也使自己的生活方式和传统文化都发生了更多的变化。

店铺。由于越来越多的游客来到玉湖村，促使村民们开始有了商品经济的意识，店铺也随之增多。到目前，村里的店铺有 7 家，同时为村民和游客服务。其中，设在玉湖旅游开发合作社里的两家店铺主要为游客服务，主营纳西小吃。

运输。旅游开发后，为了方便游客，村里有 6 家开车往返于玉湖村与丽江城之间。跑运输的多是村里的年轻人，他们都有现代的经营理念和价值观。

客栈。村里的客栈有所增加。村里能干的人家都开设了客栈，接待游客，为他们提供饮食和住宿。虽然村里的客栈到目前为止只有 5 家，为数不多，但现在村里的许多人家都想把自家的房屋开成客栈，接待游客。

---

① 克莱德·伍兹著，施维达译：《文化变迁》，云南大学出版社，1989 年。

② 杨慧、陈志明、张展鸿主编：《旅游、人类学与中国社会》，云南大学出版社，2001 年。

当然，由于独特的地理环境和气候条件，玉湖村形成了自己独特的传统农业。祖祖辈辈生活在这片土地上的村民们对从事了一辈子的农业依然保持着深厚的感情，农业依然是其生活的一部分，由于作为主体形式的传统生活方式没有完全改变，使他们得以自由地穿梭于传统与现代之间。对此，村里的老人们都认为，农业是基础，光靠旅游是不行的，所以无论在什么时候，农业和畜牧业都不能丢。

随着旅游开发进程的加快，会有越来越多的村民参与到旅游业当中去，这势必会使他们改变自己长期以来固守的生计方式，打破宁静的乡村生活。这也是在旅游开发进程中村落文化发生变化的一个重要方面。我们也不能不注意到村民们的生活正受到旅游所带来的潜移默化的影响，使他们生活的方方面面和一些传统文化发生着缓慢的变化。

（二）深层文化的撞击

第一阶段：玉湖村村民在参与旅游中，由于没有规范化的管理和经营，从而导致抢客的现象。有些村民，甚至是邻居、亲戚，也为了抢客而发生争执，影响了村子里的邻里关系、亲戚关系。这也说明玉湖村人在参与旅游时，在与外界的接触中，他们学会了经营，有了市场意识，渐渐失去了原本的羞涩。在这个阶段中，村民们还没有意识到本民族文化的重要性，他们只是单纯地希望改变自己的生活状态，希望多赚一点钱。

第二阶段：随着2004年玉湖旅游开发合作社的成立，玉湖村的旅游开发得到了迅速发展。在这一阶段，旅游业的开展必然也会更加加剧不同文化之间的融合和交往，同时经济的发展也在无意识中激发了村民的“文化自觉”，促使玉湖村人的思想观念发生了根本性的转变。什么是文化自觉？简单地说，就是每个文明中的人对自己的文明进行反省，做到“自知之明”。①

一方面，人们希望旅游开发能提高生活水平，过上舒适的生活；另一方面，旅游业开阔了村民的眼界，他们在与外来游客的接触中渐渐适应外来者带来的思想观念，也因此村民们比以前更加精明强干。简单地说，村民们意识到，他们可以把自己的传统文化及生态资源呈现给游客，然后从游客身上获取经济上的回报。同时村民们发现了自己传统文化的价值，增加了民族自豪感和自信心，村民们在发展旅游的同时也积极地保护自己的文化。村民们都知道，没有了民族文化，还怎么谈旅游发展呢。可以说，村民的价值取向、现实行为最终决定了文化发展变化的方向。

事实上，文化和传统从来都是在不断变化的，处于变动的过程中，因此当我们谈传统文化的保护时，并不意味着传统文化不能变化。所以，一切现存的非物质文化事象，需要在与自然、现实、历史的互动中，不断生发、变异和创新，处于永不停息的运动变化之中。作为旅游对象的村落文化也处在一个不断变迁的过程中。旅游的开发和民众的思维、活动构成促使文化发生变迁的另一种推力，影响着它的变

① 费孝通：《费孝通论文化与文化自觉》，群言出版社，2007年。

迁方向。

通常情况下，文化变迁多是缓慢积累以至临界质发的，但在特定背景下，也可能会发生剧烈、迅速的变动。[①] 旅游开发会引发文化冲突，成为村落文化变迁的加速器。虽然玉湖村的文化变迁在第二阶段有了良性发展，但如果不注意文化在旅游开发中突发性的变异，势必会造成文化的消失，使旅游失去发展的源泉和基础。因此，在旅游开发中，要充分认识旅游可能带来的文化变迁的影响力，采取必要措施保持其传统的民族特色，减少和避免旅游带来的负面影响；同时又要看到文化的发展性，通过旅游业的开展加强民众对本民族传统文化的认同，并通过对文化的合理利用来促进民族文化的发展和现代化，实现民族文化旅游开发的社会文化效益和经济效益，使文化的变迁成为一个良性的、平稳的变迁。

四、旅游开发促进村落文化的保护与传承

随着旅游业的不断发展，人们越来越注意到，旅游业不仅仅给当地带来经济上的变化，同时也引起了许多社会和文化的变化，这些变化既有积极的，也有消极的。随着旅游业的发展，必然会产生一些问题，如文化汉化就是一个例子。而这一问题的出现势必会引发旅游与文化传统的矛盾关系问题、旅游与文化的保护与传承问题等。同时，也有人类学家认识到了旅游的正面作用。道尔（Dower 1974）的阐述体现了这一观点："旅游应该可以与保护相互作用、共同得益……旅游和保护是互相领带的，双方都能从紧密、有效的合作中得益。"[②] 在某种程度上，旅游业有利于民族传统文化的传承与保护；旅游业的到来，可以使当地人意识到自己文化的价值，使他们增加民族自信心。这是一种传统文化加强的过程。

开发文化旅游资源有利于该地的经济发展，经济发展又促进民族文化的保护。文化的开发与保护、传承是一项系统工程，在这个过程中，玉湖村在旅游中保护文化、在保护中传承文化的形式为我们提供了一个典范。

（一）建筑风格的恢复

玉湖村所具有的特色和魅力就体现在深厚的纳西族历史文化和石头民居建筑风格上。村里独具特色的，用石头所砌的木结构房屋建筑占99%左右，到现在村民们还是喜欢住在这样从小就住惯的，冬暖夏凉、牢固的石屋房里。但随着社会的发展以及外来新鲜事物的不断进入，玉湖村少数村民的思想观念有了变化。因此，部分村民在修房盖屋时，为了使大门的门面看起来漂亮，在局部使用了空心砖。不过，由于玉湖旅游开发合作社的成立，村民们渐渐意识到了保留古朴民居建筑本色的重要性，就像他们说的，"村里的房屋全是石头砌墙，跟别的村子相比，很有特

① 克莱德·伍兹著，施维达译：《文化变迁》，云南大学出版社，1989年。

② 张晓萍主编：《民族旅游的人类学透视》，云南大学出版社，2005年。

色，所以不能盖成钢筋混凝土的，要保持古老的传统，否则乱七八糟的，游客看着也不会再来了”。其实现在在玉湖村，不仅老人有这样的看法，村里的年轻人也达成共识，即保持传统，并一代一代延续下去。

玉湖村村民对保护本村的传统文化有了如此高的觉悟，其实与旅游开发有着息息相关的联系。在有效开展旅游之前，由于没有集体经济，农民收入少，所以很难保护。现在成立了玉湖旅游开发合作社，农民已经认识到发展旅游的重要性，知道如何保护自己的文化。村里设立了《村规民约》，并着重规定两条，一是不准破坏一草一木、一石一沙，不能做对玉湖村不利的事，如果谁做了不利于村子的事，就会收取20—500元的破坏资源补偿费，如果情节严重者，上报。二是若在村里新建、翻修房屋，必须经过村委会审批。对于不协调的建筑，逐年逐户清除，把古朴建筑展示给世人。不是开发地体现价值，而是在保护中体现价值；在开发中保护，在保护中适当开发。

民居恢复工程由玉湖村村委会组织实施，所有不符合传统建筑风格的都要修缮为原本风貌，如不能用铁门，必须换成木门；不能用空心砖，必须是石头砌墙；不用瓷砖，地面要用石片磨出来的石砖；同时在空地上恢复村里以前曾经有过的水磨房等。村支部书记说：“原来比较贫困，随着旅游业和集体经济的发展，我们现在正摸索一个社会主义新农村建设的模式。自身条件要提高，村民生活水平要提高，要享受现代化，同时也与旅游相结合，打造成一个小的景点。但我们是以保护为前提，按自己原有模式去修缮，让游客回归自然，感觉像回到自己家里一样。目前，以五户示范户为点，让群众眼见为实，以后在全村各处选点，通过3—5年的努力，最终的结果是保持其古朴风貌，将其推向世界，让人们体验玉湖的农村生活、自然风光和民风民俗，以及人与自然的和谐。”通过建设，起到宣传玉湖村、展示“纳西古村落”的目的，为玉湖村的特色旅游服务。

（二）生态保护意识的提高

玉湖村背靠玉龙雪山，林地面积广，植物品种和水资源丰富，拥有极好的生态资源。在开展骑马徒步游雪山的旅游项目中，村民们不忘生态文化保护，在玉湖村《村规民约》中严格规定：自觉保护生态和环境，管理资源是每个村民的义务和职责。每个村民要自觉遵守，禁止引领外境的亲属、朋友采集破坏本村的资源。这条村规民约是经过全村村民共同协商制定下来的，可见玉湖村村民对生态文化保护的认识是全面深刻的。

2004年5月23日成立玉湖旅游开发合作社之后，开始设立生态环境保护岗，由专人长年专职从事森林环保工作，负责玉龙雪山一线的生态保护和环境卫生。更为重要的是，他们也乐意这样辛苦地干，因为这是村里的重要事情，用村里人的话说就是：“假如玉龙雪山上烧起来了，那么就不能搞旅游了，为了保证村里的旅游，我们也乐意干。”开发旅游间接地提高了村民的环保意识和积极性，从而使玉湖村的生态文化保护能够得以顺利进行下去，而生态文化保护得好，又能吸引更多的游客，促进旅游业的发展和村民生活水平的更大提高。这就是旅游开发和玉湖村传统文化互动的一个有效例证。

（三）民族体育的发展

自2004年5月23日成立合作社之后，全村经济得到很大提高，每年投入1万元用在老体协的活动经费上。可见，玉湖旅游开发合作社的成立，不仅能够改善人们的生活条件、完善玉湖村的公共娱乐设施建设，还能使玉湖人更快、更好地参与到体育健身活动中来，充实玉湖村的社会精神文明建设，使全村村民的民风更和谐。在玉湖村，不仅老年人，而且连年轻人也参与到体育活动中来。

村里的年轻人最酷爱的是足球运动。每天下午5点以后，村子里的男孩子便自发组织足球比赛。在成立玉湖旅游开发合作社之后，由于村民生活水平的提高，玉湖村的足球运动也呈现出日新月异的景象。在2006年8月2日下午6：00，玉湖村举行了有史以来的第一场女子足球比赛。这场比赛是玉湖下村七社、八社妇女利用空闲时间互相联系、自己组织举行的，以前从未举办过女子足球比赛。笔者[①]在现场看到，平素踢球的男人们和玉湖村的男女老少都驻足观望这场女子足球比赛，叫好声不断，而场上的女队员们有的还系着围腰。她们中年龄最小的有25岁，最大的则有48岁。

此外，村里的男女老少也喜欢在吃过晚饭后举行打跳，手挽手、肩并肩，随着曲调欢快的"阿丽丽"或变化万千的"喂蒙达"边跳边围成一圈，热闹地度过愉快的晚上。特别是在节日时，村里人穿上漂亮的纳西服饰，在打跳场跺脚跳舞，气氛热烈。

从这里，笔者体会到，只有村民的物质生活水平提高了，他们的精神生活才有保障，人们才能得到更大的满足。试想一下，如果人们生活贫困，哪还有过多的精力谈精神文明活动呢？在玉湖村，由于旅游开发合作社的成立，"资源共有，利益共享，人人参与，户户受益"，使玉湖村村民的生活水平大大提高，村民生活改善了，心情舒畅了，这不能不说是人民群众文化生活的一大进步，同时也间接地促进了人与人之间的和睦关系。而这正是玉湖旅游开发合作社的人人参与、户户受益的原则所带来的巨大效果，并日益影响着玉湖村民的生产生活和精神面貌。

（四）学校教育的飞跃发展

2004年5月23日成立玉湖旅游开发合作社后，玉湖明光第一小学的变化很大。首先，村委会每个学期拿出5000元作为奖励学生和教师的资金，对每个班前3名的优秀学生给予200元、150元、100元的奖励，同时设立教学质量奖，对教得好的老师进行表彰；其次，加大资金投入，进行学校基础设施建设，并结合新农村建设，对学校的大门进行了改造，建造了水塘、栽种了大树，下一步还计划进行校园绿化工程，使玉湖小学的校园更加美观怡人。不仅如此，村委会还对玉湖村考

---

① 笔者亲临现场观看玉湖村女子足球比赛。

上大学的年轻人发奖金以资鼓励。

玉湖小学的老师都认为村委会这样做表现了尊师重教的作风，“搞合作社之后，学校的变化很大。以前是简陋的，现在是一年比一年好。如果像这样发展下去，家庭经济状况好了，家长会重视教育，学生也会安心读书。得奖的学生和家长很高兴，其他的家长也会以此来教育自己的小孩，从而有了学习的动力。所以，村民的生活水平不断提高，家长也才会不断重视教育，考上大学的人数会一年比一年多”。在改善经济状况的前提下，玉湖村全体村民和老师们日益注重教育这一领域。

五、结　语

通过对丽江市玉龙纳西族县白沙乡玉湖村纳西族文化的保护和传承进行分析，可以得出：现代化过程中，每个人、每一个村落都将不可避免地被裹挟在其中，并引发文化冲突，以致文化变迁。旅游经济成为纳西族村落实现经济利益的契机，旅游行为既带来了村落文化市场价值的提升，又带来了强势文化压力模式下无法避免的民族文化边缘化。村民面临着两难困境。摆脱困境的选择是通过主动的文化自觉行为实现对传统文化的保护与传承，并在积极吸收、融合现代文化的基础上，构架起新的村落文化生态系统。

因此，加强和保护文化遗产刻不容缓。那么要使民族文化的保护和传承继续下去，我们应有相应的措施。笔者认为，非物质文化遗产只有植根于所属社会及环境中，植根于原生地的土壤之中，才可能有效地保护和传承下去，才能够开花结果，只有始终坚持保护和传承的原则，把保护和传承工作做好，才谈得上开发和利用。最后，对旅游开发背景下村落文化的保护与传承谈三点体会：第一，保护与传承村落文化是旅游开发的前提；第二，关注参与式发展理念，是旅游开发的关键；第三，实现经济、生态、文化的有机接合是旅游开发的目标。

参考文献：

［1］克莱德·伍兹著，施维达译：《文化变迁》，云南大学出版社，1989 年。

［2］张晓萍主编：《民族旅游的人类学透视》，云南大学出版社，2005 年。

［3］和少英：《纳西族文化史》，云南民族出版社，2001 年。

［4］杨慧、陈志明、张展鸿主编：《旅游、人类学与中国社会》，云南大学出版社，2001 年。

［5］费孝通：《费孝通论文化与文化自觉》，群言出版社，2007 年。

艺术与民俗篇

纳西族纪日法与汉藏文化对纳西族的影响

赵心愚　和文戬

纳西族聚居在中国的西南地区，是一个具有悠久历史的民族，其先民在历代汉文史志中被称作“摩沙”、“磨些”及“麽些”。[①] 在长期的生产、生活实践及与周围民族的交往中，纳西族先民不仅创造了富有特色的民族文化，而且不断吸收其他民族的文化以推动本民族文化的发展。天文历法是纳西族文化的一个重要组成部分，在用古老文字写成的《东巴经》中，就有不少这方面的重要记载，在纳西族民间，也一直在传承。本文对纳西族传统文化中的天文历法知识不作全面探讨，仅根据有关研究成果及调查材料对纳西族历史上使用的几种纪日法作一粗浅的分析，并结合与之相关的问题，谈谈汉藏文化在这方面对纳西族的影响。

所谓纪日法，是记录时间的方法之一，除纪日法外，还有纪时、纪月、纪年法等。历法，就是以年、月、日等时间单位依一定法则组合而成的用以计算较长时间的系统。根据《东巴经》的记载和相关调查材料，纳西先民早已有自己的历法，并在历史上先后使用了三种纪日法。而且这三种纪日法都长期存在。

第一种是二十八宿纪日法。纳西族的二十八宿纪日法，即以宿纪日，每日一宿，逐日相配，28 日为一周期，不断循环。纳西先民在生产、生活实践中，很早就有了二十八宿的认识，除了口头传承外，还将其记载于《东巴经》中。中外学者早在纳西文化研究的初期，就已注意到《东巴经》中有不少二十八宿的记载，著名学者 J. F. 洛克和李霖灿等均在其著作中谈到纳西族的二十八宿，内容涉及其价值与应用，还对部分星宿名称作了翻译。如李霖灿先生的《麽些象形文字字典》，第一部分即“天文类”，收有一百多个东巴字，其中就有二十八宿的名称，在注出每一宿东巴文名称的同时，还分别写出文字说明。如纳西二十八宿之首宿，李霖灿先生根据《东巴经》做出的有趣说明是：“昴星也。象昴宿六星三形，意为六十，传云此星原为六十颗，后为北斗七星所偷吃，遂只剩下今日之六颗。”在记二十八宿最后一宿时，他先标出此宿的两种读音，然后加以文字说明：“纳西人二十八宿之一，在胃宿一带”，“此星为纳西人二十八宿最末一颗，所谓星尾是也”。

---

① 常璩《华阳国志・蜀志》定筰县条中已有摩沙夷分布及活动的材料。这是纳西族先民首次见于汉文史志记载。

最后又称，由首宿“至此，共二十八宿，占卜算命时用之”[①]。从这些说明可看出，李霖灿先生是参照汉族二十八宿来研究纳西族二十八宿的。需要指出的是，在对最后一宿所作说明结束时，李霖灿先生十分明确地表明了他对纳西族二十八宿价值及用途的看法，即“占卜算命时用之”。从早期的研究成果来看，这一看法非常具有代表性。李霖灿先生是研究纳西文化的著名学者，其学术成就和所做出的贡献是得到公认的。但他的这一看法反映出，他当时可能还没有全面认识和理解纳西族二十八宿的价值与用途。之后，随着纳西文化研究的推进，又有一些学者对《东巴经》中纳西族二十八宿材料进行了分析研究，但关注重点多在名称、意义、位置及与汉族二十八宿的对应关系等问题上，对其价值及用途则无新的认识。

纳西族二十八宿虽然很早就引起中外学者的注意，但对其价值与用途的认识却长期停留在“占卜算命时用之”上，这显然存在问题。有学者认为，影响对纳西二十八宿进行深入研究的原因有多个，首先是“宗教的怪诞色彩掩盖了它的合理成分，使人忽视了它真正价值的意义”[②]。这一看法很有针对性，也是正确的。除这一原因外，一些学者关于纳西族二十八宿只是汉族二十八宿影响结果的看法，也影响了对其价值用途的深入探讨。

近 30 年来，纳西文化研究逐渐出现高潮，不仅研究者增多，研究队伍增强，而且有影响的研究成果也不断出现。在这样的大背景下，纳西二十八宿的研究也取得了令人瞩目的新进展。有学者在进一步分析纳西族二十八宿名称、位置、排列顺序等问题的同时，根据新发现的材料，从天文历法角度，对其价值与用途也进行了深入探讨，发现了纳西族二十八宿纪日法。

朱宝田、陈久金两位学者在一篇重要论文中说：“纳西族二十八宿也用来纪日。据说过去都有这类专门的经书记载，可惜现在已无法找到。目前，从群众提供的口头材料得知，纳西族在历史上曾使用过二十八宿的纪日办法，它的顺序与十二生肖纪日的排列方法相同。”[③] 这段话明确指出了纳西族有二十八宿纪日法，纳西先民不仅用二十八宿占卜，也用其纪日。并表明，他们是根据调查材料发现这一纪日法的。而且，他们还得知，这一纪日法的排列方法与十二生肖纪日相同，并了解到，纳西族有这方面的《东巴经》，只是他们当时未能找到。两位学者的这一发现十分重要，是纳西族二十八宿研究的一个重要成果。

在这篇重要论文中，两位学者根据四川木里俄亚发现的完整记载纳西族二十八

---

① 李霖灿：《纳西族象形标音文字字典》，云南民族出版社，2001 年，第 14、第 19 页。此字典在上世纪 40 年代出版时分为《麽些象形文字字典》、《麽些标音文字字典》两种，云南民族出版社再版时合为一卷，并易名为《纳西族象形标音文字字典》。

② 李例芬：《纳西族的天文知识与历法》，万辅彬、巴莫尔哈主编：《弘扬民族科技，促进西部开发——第五届中国少数民族科技史国际研究会论文集》，广西民族出版社，2002 年。

③ 朱宝田、陈久金：《纳西族的二十八宿与占星术》，郭大烈、杨世光编：《东巴文化论集》，云南人民出版社，1985 年。

宿名称、顺序、意义的东巴经书材料，结合李霖灿、周汝诚等学者的有关研究成果，先重点分析纳西族二十八宿的排列，在对每宿名称及排列顺序进行考证后提出了纳西族二十八宿的排列顺序；然后，按这一顺序和已得知的二十八宿纪日法，每日一宿，逐日相配，在论文中以1981年元月（旧历）为例，完整排列各日：元月一日，织女脚掌星，二十八宿序号21；元月二日，豪猪星，二十八宿序号22；元月三日，马星，二十八宿序号23；元月四日，蛙嘴星，二十八宿序号24；元月五日，蛙肢星，二十八宿序号25……元月八日，时尾，二十八宿序号28；元月九日，六星角星，二十八宿序号1；元月十日，六星身星，二十八宿序号2……元月二十八日，织女阴星，二十八宿序号20；元月二十九日，织女脚掌星，二十八宿序号21。从两位作者这一完整排列的例子中可看出，纳西族二十八宿纪日法以二十八日为一周期，如元月一日配织女脚掌星，一周期后，元月二十九日又配织女脚掌星，新的一个周期便又开始了。根据《东巴经》的记载，两位作者指出，纳西历法中一年分12个月，单月月小为29天，双月月大为30天，全年共354天。但是，单月实际上只有29天，按纳西族二十八宿纪日法，不存在的第30天仍要用一宿相配。如两位作者所举元月为单月，虽然月小无30日，但织女脚掌星之后的豪猪星仍要与不存在的30日配，二月一日则与豪猪星之后的马星相配，这样，每个月均成30天，全年也就成了360天，与二十八宿逐日相配，不断循环，7年之后元月一日又与同样的星宿相配。这种排列方法与十二生肖纪日法相同，最大的特点是有规律可循，也反映出纳西族可能最初使用过太阴历，之后仍一直使用，以便于推算和记忆。①

朱宝田、陈久金两位先生的研究成果公开发表后，引起了有关学者和纳西文化研究者的注意，事实上推动了纳西族二十八宿的研究。中国科学院自然科学史研究所的赵慧芝先生在研究了这两位学者的研究成果后指出，二十八宿纪日法“是十分方便的，且误差也不大，这种推算日历的方法是比较简单实用的”②。著名纳西族学者和志武先生分析了两位学者整理的纳西族二十八宿名称、读音、顺序材料，并根据维西东巴经《星轮》一书中的记载，也发表了对纳西族二十八宿名称、读音及顺序的看法，并强调纳西族历史上使用过二十八宿纪日法。应强调的是，和志武先生书中介绍的《星轮》一书，不仅证实朱宝田、陈久金两位学者根据调查材料发现的二十八宿纪日法的确存在，也证明的确有专门记载纳西二十八宿纪日法的

---

① 朱宝田、陈久金两位学者在以上论文中说，二十八宿与日期逐日相配的根本目的是为了预报月亮方位，而预报月亮方位目的则是要“判断日子的好坏”。笔者不完全赞同此看法，判断日子好坏应不是最初的目的。

② 赵慧芝：《纳西象形文字中科学知识初探》，《第二届中国少数民族科技史国际学术讨论会文集》，社会科学文献出版社，1996年。

《东巴经》。[1] 除《星轮》外，纳西族学者杨福泉在丽江塔城乡依陇村署明四村调查时，也发现一本《占星择日经》。这本东巴经的内容是以纳西族二十八宿择日行事，通俗的说法就是以日子的好坏，来决定干什么事或不干某种事，实际讲到的只有二十二宿。[2] 尽管这本《占星择日经》中所记不如《星轮》完整，但一日一宿，逐日相配，仍可证实纳西族二十八宿的确存在，也证实了有专门记载二十八宿纪日法东巴经的存在。

大量材料证明，纳西族二十八宿纪日法的确使用过，但这一纪日法何时出现的呢？由于缺乏明确的记载，没有确切的材料，具体时间不可详考。不过，从纳西族历史和文化的发展来看，纳西先民很早就结合生产、生活有天文观察活动，很早就对恒星有了认识，因而出现的时间应较早。可以认为，在纳西族历史上使用的三种纪日法中，二十八宿纪日法出现的时间应最早，而且也应是纳西先民所创造的。[3]

第二种是十二生肖纪日法。纳西族十二生肖纪日法，即以十二生肖（也称十二属相）纪日，每日与一生肖配合，逐日相配，十二日为一周期，不断循环。在纳西族东巴经中，有不少经书都谈到十二生肖，有的是谈生肖顺序的来历，更多的谈生肖的相生相克。纳西先民以十二生肖纪年、纪月，也用以纪日，这成为纳西历法的一个特点。李霖灿先生在《麽些族的故事》一文中，举了 8 篇他认为很有意义的纳西族故事，其中第四篇为《十二生肖的故事》，主要讲生肖顺序为何这样排列。其主要内容是：当十二生肖管理岁月排列次序的时候，虎、兔等十生肖都规规矩矩地排在那里，只有鼠与牛为排列争执不休，都想排第一，后请青蛙来调解。青蛙提出的解决方案是让二者过一小河，谁先到达对岸谁就排第一。鼠与牛都接受了这一方案。牛身高力大，下河后便一步步向对岸走去。老鼠身小，赶紧跟上，并抓住牛尾巴。快到河对岸时，老鼠用力咬牛尾，牛痛得将尾巴一甩，就把老鼠甩到河对岸了。结果，老鼠就这样排在生肖之首，牛只好居第二。其他生肖也依次过河，猪动作最慢，只能排在十二生肖之末。[4] 东巴经中的这一故事，实际上具有文化传承的意义，新的一代人听了这个故事，便对十二生肖及顺序有了深刻印象。而这种

① 和志武先生根据《星轮》的记载排列二十八宿，星名、顺序都与朱宝田、陈久金论文中所举有所不同。和志武先生所引《星轮》记载，正月一日与豪猪尾相配，二十八宿序号 23；三十日与马星相配，二十八宿序号 24。尽管这样，但排序方法应是一致的。见和志武：《纳西东巴文化》，吉林教育出版社，1989 年，第 145—148 页。

② 杨福泉：《纳西族民族志田野调查实录》，中国书籍出版社，2008 年，第 93—95 页。

③ 彝族也有二十八宿纪日方法，纳西族二十八宿中，有的名称与彝族二十八宿存在相似之处。但从总的比较来看，纳西族二十八宿纪日法应为纳西先民所创，但可能相互有影响。彝族二十八宿纪日见马长寿《凉山罗彝考察报告》，巴蜀书社，2006 年，第 646—649 页。

④ 详见李霖灿：《麽些族的故事》，《麽些研究论文集》，台湾："故宫博物院"，1984 年。李霖灿先生应是根据某部东巴经的记载写这一故事的。在东巴经《库苟汝冉（十二支属的来历）》中，提出渡河调解办法是天神里布本玛，而且争当岁首者不仅是牛与鼠。参见和志武译：《库苟汝冉》，《东巴经典选译》，云南人民出版社，1994 年。

深刻印象又为十二生肖纪日法的使用打下了基础。李霖灿先生在这一有趣故事的“跋”中称，这一故事不仅常见于东巴经典中，而且在民间也“流传甚广”。在民间“流传甚广”，正说明十二生肖及十二生肖纪日方法在纳西族民间得到了广泛使用。

尽管可以肯定纳西族民间过去曾广泛使用十二生肖纪日法，在纳西族文化的研究中，不少学者也在论著中提到纳西族十二生肖纪年，但对十二生肖纪日法却没有作过较深入的探讨。有些学者还将其与干支纪日混为一谈。就连李霖灿先生在他的《麽些人干支纪时》一文中，也将十二生肖纪时与干支纪时完全等同。① 这样的结果，必然影响对十二生肖纪日法的研究。事实上，纳西族十二生肖纪日法具有自己的特点，不能与干支纪日法等同。朱宝田、陈久金两位学者在《纳西族的二十八宿与占星术》一文中，不仅探讨了纳西族的二十八宿纪日法，同时对纳西族十二生肖纪日法也进行了探讨和研究。他们的研究成果，明确强调了纳西族曾使用过十二生肖纪日法，对这一纪日法的研究有着十分重要的意义。

根据东巴经的记载及调查资料，朱宝田、陈久金先生在这篇论文中以列表形式，对纳西族十二生肖纪日法作了具体说明。单月生肖与每个日子按顺序的搭配是：一日，猴；二日，鸡；三日，狗；四日，猪；五日，鼠；六日，牛……十三日，猴；十四日，鸡；十五日，狗……二十五日，猴；二十六日，鸡；二十七日，狗；二十八日，猪；二十九日，鼠；（三十日，牛）。双月一日所配生肖接单月最后一日所配生肖，一日配虎。前已言及，纳西历法中，单月月小，双月月大。在纳西族十二生肖纪日法中，不论月小月大，均按 30 天配生肖，单月虽只有 29 天，但并不存在的 30 日也要与一生肖相配，这就使单月一日均为猴日，双月一日均为虎日。单月不存在的 30 日也要与一生肖相配，这一点与纳西族二十八宿纪日法的规则是相同的，与干支纪日法则明显有了区别，所以不能将十二生肖纪日法与干支纪日法等同。与二十八宿纪日法一样，这种纪日法的最大特点是其规律性，因而便于记忆和推算。在这里还应指出的是，由于生肖只有 12 个，每月又均按 30 天计，这就使每月每日所配属相都固定下来。因此，与纳西族二十八宿纪日法相比，这一纪日法更方便，所以民间过去能广泛使用。朱宝田、陈久金两位先生的这一研究成果发表后，也引起相关研究者的注意。和志武先生在《纳西东巴文化》一书中，便根据这一研究成果，强调了纳西族有十二生肖（属相）纪日法。②

纳西族有十二生肖纪日法是完全可以肯定的，东巴经《碧疱卦松》关于 12 月的记载，也反映了纳西先民用十二生肖纪日。但这一纪日法是如何出现的呢？在前文已提到的《麽些人的干支纪时》中，李霖灿先生明确说：“麽些人的干支纪时虽然是抄袭汉人的……但他们也同样赋予一些花花草草的描写……也可以说是一种创

① 李霖灿：《麽些人的干支纪时》，《麽些研究文集》，台湾：“故宫博物院”，1984 年。

② 和志武：《纳西东巴文化》，吉林教育出版社，1989 年，第 149—150 页。

造性的增添。”从全文内容来看，他所说的纪时，也包括了纪日。李霖灿先生的这一说法十分笼统，不过从其意来看，他将纳西族与十二生肖有关的一切都视为汉文化影响下出现的。分析相关的材料，可知这一看法是存在问题的。

根据有关学者的研究，藏历中有不同于汉历六十干支纪日法的十二属肖纪日方法，其特点是：“每月初一固定为虎日或猴日，单月为虎日，双月为猴日，以下照推。也就是说，每两个月循环一次……三、四两月再循环，以下类推。”这种算法“每月固定为30天，没有大月小月。”① 这位学者所说的，就是藏族的十二生肖纪日法，其鲜明的特点与本文前面所谈到的纳西族十二生肖纪日法显然基本相同。不同的是藏族十二生肖纪日法单月初一为虎日，双月初一为猴日，而纳西族十二生肖纪日法在这点上与之正好相反。除了这位学者所说的外，在川西南地区的一些调查材料中，也可以看到与之相同的一些十二生肖纪日法材料。如四川凉山彝族自治州冕宁等地的藏族支系——尔苏人有一种用象形文写成的历书，民间称“母虎历书”。在这种历书中，一年360天，每年12个月，每月30天，以虎为岁首。重要的是，以十二兽纪日，单月初一为虎日，双月初一为猴日。② 在四川石棉县的蟹螺乡，有自称“鲁苏”的藏族支系，他们有名叫“嘎希补”的十分古老的算日子书，实际上就是历书。在“嘎希补”中，以虎日为正月初一，全年12个月，每月30天，按十二生肖循环纪日，单月初一都以虎日开始，双月初一都以猴日开始。“所以当地人有个说法，说一年只有两个月，即虎月和猴月。”③ 值得注意的是，调查者在分析了获得的材料后认为，这种每月30天，单月初一固定为虎日，双月初一固定为猴日，按十二生肖顺序反复循环的纪日法，与藏族本族文化的深刻影响有关。笔者认为，指出这一点具有十分重要的意义。通过比较可以看出，尔苏人与鲁苏人的纪日法，都是藏文化影响的反映和结果。

分析各方面的材料，可以认为，纳西族在历法方面虽然受汉文化的影响较大，也很明显，但十二生肖纪日法应该是在藏文化影响下出现的。纳西族学习了藏历中的十二生肖纪日法后，又结合自己的实际需要有所改变，使之成为本民族文化的一部分。关于纳西族十二生肖纪日法出现的时间，虽因缺乏记载不可详考，但可以肯定是在唐代吐蕃南下控制滇西北、川西南麽些人分布区之后。从这一时期的史志记载来看，随着吐蕃势力的南下，本教文化对这些地区有着巨大影响。在这样的历史背景下，纳西先民在文化上尤其在历法上受其影响是十分必然的。④ 由于纳西族十

① 黄明信：《藏历漫谈》，中国藏学出版社，1994年，第55—56页。藏历中有特有的“重日”、“缺日”，此书作者在谈生肖纪日法时虽提到，但未具体说明。据笔者了解，出现缺日时，不像纳西族生肖纪日法那样仍配一生肖；但出现重日时，必须要配一生肖，总体上仍然保证单月初一为虎日，双月初一为猴日。

② 刘尧汉、宋兆麟、严汝娴、杨光才：《一部罕见的象形文历书——耳苏人的原始文字》，李绍明、刘俊波编：《尔苏藏族研究》，民族出版社，2007年。

③ 李星星：《蟹螺藏族》，民族出版社，2007年，第388页。

④ 赵心愚：《纳西族与藏族关系史》，第三章第四节，四川人民出版社，2004年。

二生肖纪日法出现在唐代或稍后，其出现时间也就晚于二十八宿纪日法。

第三种是干支纪日法。纳西族使用干支纪日法有两种情况：一种与汉族干支纪日法完全相同，并用于纪汉历日期，出现时间稍晚；另一种则有一些差异，用纳西文字书写纪日，但出现时间较早。干支纪日法是以天干甲、乙、丙、丁、戊、己、庚、辛、壬、癸和地支子、丑、寅、卯、辰、巳、午、未、申、酉、戌、亥相配合，按顺序逐日纪日，六十为一周期。这种纪日法出现时间很早，除汉族使用外，对其他一些民族也有影响。接受汉文化教育或受汉文化影响较深的纳西族，其使用的干支纪日法就是这种纪日法，也就是前文已提及的第一种情况。纳西族东巴在使用干支纪日法时，以十二生肖代替地支，以五行加阴阳代替天干。这种纪日法最终源头仍是汉族使用的干支纪日法，也可称作干支纪日法，但至少在形式上仍是存在差别的。①

在纳西族东巴经的记载中，有具有民族文化特色的“巴格图”。从相关记载来看，“巴格图”的推算即以十二生肖代替地支，以五行加阴阳代替天干，逐一配合，组成六十序数。比如，前十二序数为：一、阳木鼠；二、阴木牛；三、阳火虎；四、阴火兔；五、阳土龙；六、阴土蛇；七、阳铁马；八、阴铁羊；九、阳火猴；十、阴火鸡；十一、阳木狗；十二、阴木猪。以下再依生肖、五行及阴阳顺序循环。“巴格图”推算的六十序数，有些学者将其称为六十甲子，实际上与干支纪日理虽相通，但形式却有差异。分析相关资料后可以认为，“巴格图”六十序数这一形式应是直接受藏历影响的结果。藏历采用了汉历的六十周期，但以十二生肖代替地支，以五行加阴阳代替天干，二者逐一相配，亦成六十序数。“巴格图”推算六十序数的最终源头是汉历，这是可以肯定的，但由于与藏历饶迥完全相同，所以应是在藏历影响下出现的，这也是应指出的。“巴格图”推算六十序数一般用来纪年，但实际上又可用来纪日。当然，在广泛使用汉历之前，这种推算应用于纳西历法纪日。

纳西族使用干支纪日是完全可以肯定的，但何时开始使用这一纪日法呢？从受藏历影响，以十二生肖代替地支，以五行加阴阳代替天干的“巴格图”推算六十序数来看，可能也在唐代或稍后，当然是用于纳西历法纪日。② 从目前发现的可靠材料来看，纳西族至少在明代已使用汉族干支纪日法并用于纪汉历日期。1934 年，方国瑜先生在丽江五区上桥头村古吊桥北半里路旁发现一摩崖，是用纳西哥巴文、藏文和汉文合写的题铭。其汉文纪年为“万历四十七己未，四月十四日”，其后为哥巴文纪年，中间杂有“皇帝”、“兔日”几个汉字，这是哥巴文的一个特点。③

---

① 笔者认为，这种差异虽只是形式层面上的，但很有必要指出。因为这种差异实际上是民族文化相互影响的反映。

② 有学者认为，“巴格图”六十序数推算出现于后期，非原始“巴格图”所固有，可能受藏文化影响而形成。见戈阿干：《东巴骨卜文化》，云南人民出版社，1999 年，第 156 页。

③ 方国瑜：《纳西象形文字谱·绪论》，云南人民出版社，1981 年。

明万历四十七年为公元1619年四月甲寅朔，十四日为丁卯，合哥巴文中之“兔日”。这说明，这一哥巴文纪日使用的是干支纪日法。应指出的是，哥巴文纪日中的“兔日”不是纳西族生肖纪日法中的“兔日”，而是干支纪日法中的“卯日”，此处只是巧合，与汉文所记对应便可证明这一点。除这一摩崖外，在《木氏官谱》中，明代部分各传亦使用汉历，可在一定程度上反映汉族干支纪日法已在使用，但这属于纳西族使用干支纪日法的第一种情况，本文不作具体的探讨。

在纳西族使用干支纪日法的研究中，李霖灿先生在有关论文中介绍的材料值得重视。1955年，李霖灿先生应邀到美国国会图书馆整理研究其收藏的东巴经。在这一图书馆工作的3个月时间中，他通过编号登记，整理了3000多部东巴经，并在这样的基础上进行分类和研究，最后根据这些材料撰写了此文。[①] 在他整理的3000多部东巴经中，他发现有61部注有年、月、日，其中最早的一部为清康熙七年，最晚的一部为1938年。东巴经很多都没有注明时间，就是有明确时间，一般的研究者也不太注意。李霖灿的这一成果对于东巴经的研究来讲，的确具有十分重要的意义。在论文中，他不仅谈到了这一情况，而且将这些注有时间的东巴经依年代先后列表介绍。从其列表可以看出，这些东巴经标注时间有的用汉文，有的用东巴文或哥巴文，还有的用哥巴文或东巴文与汉文混合的方式。这三种注时间的方式，虽然看起来不太一样，但都反映出写经的纳西族东巴已能熟练地使用干支纪日法用于纪汉历日期。正因为如此，李霖灿先生在论文中认为，写经东巴对干支纪日法已经完全掌握，而且“学得很到家、很可靠”。在这一论文中，李霖灿先生还提到了他在确定一部东巴经的时间时出的错。由于他先将一部东巴经的年代误为康熙元年，但年代之后的“六月二十二日，属土的一个牛日”就与当年的干支纪日不合，因康熙元年六月二十二日应为癸亥。纳西象形文中，“登位”与“在位”写法相同。发现错误后，他逐年核对，终于发现康熙七年六月二十二日为己丑，这也是康熙在位61年中唯一属己丑的六月二十二日。李霖灿先生的这一错误及纠错依据，反映出纳西族东巴干支纪日的准确性。这一纠错结果也说明，东巴写经时注明的“牛日”不是十二生肖纪日法的“牛日”，而是干支纪日法的“丑日”，因为如接十二生肖纪日法，六月为双月，“牛日”应是二十四日。从李霖灿先生的这一论文中介绍的材料来看，如果说纳西族在明代已使用干支纪日法记汉历日期，那么到了清代，用干支纪日法纪汉历日期就更为普遍了。

纳西族历史上使用的3种纪日法，有的是自己的创造，有的是学自其他民族。纪日法的这一情况，反映出纳西族是个善于学习、吸收的民族，这是其能在激烈竞争中生存发展的重要原因。笔者在一篇论文中曾说，造纸术虽然是汉族的一大发

① 李霖灿：《美国国会图书馆所藏的麽些经典》，《麽些研究论文集》，台湾：“故宫博物院”，1984年。

明，但从造纸原料和具体方法来看，纳西族造纸技术最初并不是直接向汉族学的。[①] 同样，在天文历法方面，大量的材料说明，纳西族在这方面受藏历的影响相当大。进入明代以后，尤其是在清代，随着汉文化影响的扩大，干支纪日法纪汉历日期才广泛出现。

① 赵心愚：《从巴东经书物质形式看藏文化对纳西族的影响》，载《中国藏学》，2002 年第 1 期。

纳西族民间传统医药、医术与迷信[①]

李国文

小　引

医药、医术乃至医学，都是人类在漫长的历史发展长河中，为了保全生命，解除各种伤害和痛苦，求得生存和发展，而与自然界做斗争，特别是与伤害、疾病做斗争的实践过程中逐渐创造、发现、发明而形成和发展起来的。中国幅员辽阔，民族众多，历史久远，各民族先民在与大自然和疾病做斗争的漫长历史中，都创造过与自己历史发展和社会生产生活环境、背景、条件相适应，并具有自己民族特点的传统医药、医术乃至医学，诸如今天已被人们挖掘、总结出来的蒙古族的“蒙医学”，藏族的“藏医学”，彝族的“彝医学”，傣族的“傣医学”……

纳西族属中国远古游牧族群古羌人的后裔，亦属自古居住在青藏高原南端的古老民族之一。在漫长的历史发展长河中，其先民同其他民族先民一样，都在与自然和疾病做斗争的实践中积累了与自己社会历史、生产、生活相适应的医药、医术、医学的经验和知识，可以统称为“纳西医药、医学”。今天可以提供我们系统考察纳西族传统医药、医学历史的，大约有以下一些重要方面。

一是有关汉文献记录。翻查史书，《明一统志》称：“摩挲……病不医药，延其巫曰？多巴’禳祝，……”又，《天下郡国利病书》宁番卫引《上南志》称：“麽些人……病不服药，杀猪羊祭鬼求安”；《维西县志》卷二谓：“摩挲……又信巫，凡疾病不服药。”史籍记录的“摩挲”、“麽些”、“麽沙”等，是纳西族的先民族的古称；“多巴”即主持纳西族民间原始宗教信仰的人，如今常称、记为“东巴”。从这些资料记录中反映出，旧时人们观察纳西族先民在社会生活中与自然界、疾病抗争时，有的只注意到消极的一面，以为他们凡生患疾病时，没有医，也没有药，唯信巫鬼而已。这说明古代民族社会的医药医学发展确实存在过重巫不重医，或巫、医、药并存的时代。但透过这个现象进一步观察时，又说明纳西族古代

---

① 本文研究受“民族药资源化学国家民族事务委员会——教育部共建重点实验室（云南民族大学）”资助。

先民社会中，凡人遇疾病时，并非完全信巫。事实上，今天重新考察有关古籍文献记录，恰恰说明，他们很早便有自己的传统医药、医术的创造发明。很多文献记录中透露出这个历史。诸如《蜀中广记》卷三四《盐井卫》有录："盐井卫……古定筰县也。《华阳国志》曰："筰，筰夷也。汶山曰夷，南中曰昆明，汉嘉、越嶲曰筰，蜀曰邛，皆夷种也。县在越嶲郡西，渡泸水宾刚徼曰摩沙夷。志谓摩挲，人病则刺肉取血……"此录"泸水"、"摩沙夷"、"摩挲"，就是东汉时期生活在雅砻江之西，即今四川省盐源、盐边一带纳西族的古老先民。其中记录"人病则刺肉取血"，讲的是一种原始治病方法，即人患病时，用针刺手指尖而放出瘀血以治病，民间叫作"放血疗法"，它说明纳西族先民早就积累有原始治病（疾）的方法。吴大勋《滇国闻见录》中也记录了不少关于纳西族先民传统医药、医术的信息。其中有录："丽郡夷人有九种……至郡城左右，则摩沙也。"在"绿松石"项中则述："绿松产于藏中，淡绿色，有铁线痕，大者难得。丽江与藏毗连，往年间有估客携至者……闻小儿佩之可免惊风之患……"讲的是用矿物"绿松石"驱邪治疾。纳西族原始象形文字东巴经书中常提到绿松石和其他矿物，并视为神奇，亦可入药[①]，这些记录恰好可与汉文史籍记录和当时传承于民间的用药、治病方法相应证。此外，还有其他用药，如"鹿茸"项中记录："山多产鹿……鹿茸有长尺余者，通身皆血透，以酥油治之，真良药也。"还记录有"虫草"、"藏香"之类，称"冬虫夏草……和鸡鸭猪肉煮食之脆嫩可口，竟能已怯症，培植精神……""延寿果"，"可和腥物煮食……当亦温补之物也"；"藏香"，"出痘者点之则起发，颇有明效"。这些都涉及医药和人体医术。余庆远《维西见闻记》则录有："乐矢，弩所用也，矢及镞皆削竹而成，扎篦为翎，矢及镞沾水裹乐，乐采乌头，曝而磁末者，猎中禽兽，入皮肤，飞者昏而坠，走者麻木而僵。"讲的是当时的原始狩猎，但它涉及当时原始弩、弓、箭、镞、药物（毒物）的运用。时至民国时期，文献涉及纳西族民间医药、医术的记录也不少。如《丽江县志》有录："（丽江）发生病症及治疗：牛有水血病，用吴蘖石火，调酒治之。马有疝气病，以山葫椒调酒治……"讲的是兽医、兽药，说明纳西族传承其游牧先民所创造的畜牧兽医传统。迄今约200多年前，纳西族民间曾编绘过包括300余种药种的医药书，如《玉龙本草》。凡上所述，都是我们今天挖掘、研究纳西族医药、医学历史的重要信息。

二是东巴古籍文献记录。纳西族信仰原始宗教——东巴教。东巴教信仰自然万物有灵，辅之以信仰活动的是庞大的行为方式，如祭仪、原始预测即占卜、绘画艺术和舞蹈武术，信仰活动中有的反映社会历史以及生产生活过程，有的反映人类抗争自然和改造、利用自然，有的反映精神寄托或心里诉求，等等。在这些信仰活动的若干领域中，包含着纳西族祖先对人类自身的认知以及对人类自身生命周期发展

---

① 李国文：《纳西族"东巴医学"》，《玉振金声探东巴——国际东巴文化艺术学术研讨会论文集》，社会科学文献出版社，2002年，第341—360页。

过程、伤痛、疾病的来源和处理方法的认识，只不过这些认识同其他一切民族早期原始医药、医学的起源一样，是在原始宗教迷雾的笼罩下发生发展的，即宗教—医药—医术一体，是巫和医不分。此外，还有纳西族的象形文字和东巴经。纳西族象形文字是见物画物的文字，依物、像而画成字，见到字就等于见到当时造字时而依据的物或事，因此在这些字里，我们可见到诸如反映人体器官的“心”、“肝”、“肠”、“肺”、“病”等字，以及与疾病有关的“麻风”、“大脖子”、“心痛肝痛”的字，或“药”、“毒草毒花”、“毒水药水”等字，或与治疗疾病相关的“火罐”、“拔火罐”、“灸疗”等字。这些反映的都是古代纳西族的医药、医术。而用象形文字书写记录的东巴经书，其书卷帙浩繁。在这些经典古籍中，记录着大量关于早期人类对药（包括植物药、动物药、矿物药等）的发现、加工制作和疾病产生及原始治病方法的内容。凡此，无论是笼罩在原始宗教迷雾下的巫与医，还是记载于东巴古籍文献里的传统医药、医术，都是我们今天需要去做出系统挖掘和研究的内容。

三是民间流传。纳西族先民在漫长的社会生产生活实践过程中所创造的关于医药、医学的知识，至今仍以它适用、简便等方式传流于社会实际生活中，人们习惯称之为“土医”、“土药”、“老草医”、“土医生”。这也是我们今天需要去做出系统调查、挖掘与研究的重要领域。

有关东巴教、东巴象形文字乃至东巴经中记录的关于医药、医术乃至医学的内容，笔者曾在《纳西族“东巴医学”》[①] 一文中做过研究。近年更有学者出版《中国纳西东巴医药学》一书。这说明纳西族是一个传承有丰富医药医学知识的古老民族，这些传统医药医学值得我们系统挖掘和研究。但本文的重点在于，把笔者在长期文化人类学、宗教学田野调查中所访问、收集到的部分有关医药、医术与迷信相杂的记录整理出来，以便为纳西族医药、医学的历史研究增添一些信息和内容。

一、中甸县[②]三坝白地纳西族民间流传的医药与病理

中甸三坝白地纳西族中流传有不少医药和土法诊断疾病法。在疾病诊断方面，有观察病者排泄物颜色、气味来辨别病情寒、热、虚、实的，有观察人的某个体表部位的颜色变化而定病情的，如观察人的面、目、身、指、发等颜色而定病情。以下是对一些疾病的外表观察法：

---

① 李国文：《纳西族“东巴医学”》，白庚胜、和自兴主编：《玉振金声探东巴——国际东巴文化艺术学术研讨会论文集》，社会科学文献出版社，2002 年。又见《中国西南地区与东南亚大陆跨境民族文化动态》一书（英文版）。

② 中甸县，现改设为香格里拉县。本文有关内容的调查记录时间属 20 世纪 80 年代中期，故有关行政设置名称、地名仍沿用原称。

小孩生病，可以观看左、右手食指颜色定病情。其法是：伸开手掌，观看阳面，看其食指的血管颜色变化，如食指的第一关节和第二关节之间血管呈青绿色，即证明小孩患惊风病。治疗方法是，取细针于火苗上烧燎，然后用针尖轻轻排破青绿色血管部位，放出青绿色血，疾病即愈。如食指从第一关节至指尖呈紫黑色，说明病情严重，治疗方法同样是用针排破紫黑血。

小孩肚子痛，且大便带有沫状，说明肚子里有风。治疗方法是：取带有汗液毛巾一块，小瓶一个，打破一个鸡蛋，将蛋液盛入瓶内，用毛巾蒙住瓶口，然后用被蒙住的瓶口在小孩肚脐周围来回滚动，此时可见肚脐周围有沫状物溢出，经过约30分钟的滚动，疾病可愈。又有一种疗法，取黄草纸一张，铺平，将蜡液分距离滴于纸上，于每点蜡液上粘麝香少许，之后，将草纸搓卷成筒点燃，将纸筒另一端顶在肚脐上，使草纸慢慢燃尽，如此反复做两三日，疾病即可治愈。

小孩大便见稀、见红和见沫状，且有隐痛，是患痢疾。治法是：取木耳少许，洗净，蒸肉吃。或将木耳煮烂，用醋水做引子，食后即愈。

小孩泻肚，有一种称作管壁的虫类可以治疗。其法是：将管壁烤干，研磨成粉，用开水吞服，服用五六次即愈。

小孩心口痛，且有胸闷，是饮食复杂之故。治法：除服消食药外，可取生香油滴于碗内，用硬币沾香油少许，刮第二、第三手指背和左、右手腕背，待所刮之处呈紫黑色即愈。

平日头痛、头昏，可取少许麝香，搓卷于黄草纸内，点燃，用燃纸于头部太阳穴处来回点燎，此法可治各种头痛、头昏。

平日腹痛、腹胀，可观看手指甲颜色诊断病情。如手指甲尖部呈灰白色，说明胃脏有病。用手指压住指甲中端，甲壳顿时呈白色，放手后，甲壳慢慢呈淡红色，说明胃脏有重病，但如淡红色呈现较快，说明病轻。此种病状，可先食泻肚药或呕吐药，如吐、泻之物呈稀液、淡黄色，说明疾病将愈。

观头发颜色可以诊断疾病。拔出一根头发，如发根部带一团乳白色物，说明此人血气旺盛，体质较好；如发根部无乳白色状物，说明此人气血不足，体质虚弱。

从手指甲壳也可以观察人的气血，如指甲壳呈白色状或灰白色状，说明贫血。指甲壳凸凹不平，或有白点、裂纹和节状，说明气、血两虚。

看左、右耳轮可以诊断内脏疾病。正常人的左右耳轮呈血红色，此色说明体内无病。但如耳轮上生黑灰色，说明肾脏有病；黑灰色出现在耳轮上端，说明病轻，整个耳轮呈黑色并干枯状，说明肾脏病重。

看眼皮可以诊断肾脏疾病。早晨起床，眼皮浮肿，说明肾脏有病；浮肿持续至下午才消去，说明肾脏病重。

看鼻尖可以诊断肾脏疾病。鼻尖呈黑灰色，说明肾脏有病且重。但此种方法一般只用于观察男性。

看口痰可以诊断肺部疾病。人咳嗽不止，痰浓且黄，或痰中带血丝，说明肺部有病。

二、巴甸村纳西族中流传的医药与病理

巴甸村属丽江纳西族自治县①塔城乡，该地纳西族民间有草药医生。过去，民间草医、巫术和主持宗教生活的东巴是合而为一的。东巴往往既能给人切脉、算命，也能施人以巫术和草药。村中世代相传，清光绪年间，名称东翁（现和贵生的祖父）就是一个兼武术、巫术和草药于一身的大东巴。他曾于光绪六年（1880）仲冬月到丽江参加藏族、傈僳族、白族的念经、武术、法术和医术比赛大会，并医治了木氏土司妻子的疾病，获得法术、医术比赛第一名。木氏土司为感谢和表彰东翁东巴，曾赐予刻匾一副，其横匾至今犹存。

现巴甸村有民间草医和原增，其祖父是个高明的草医。他承袭祖父的一套医术，给人施敷草药治病，并能通过观看人身体表部位的变化诊病。以下是他所掌握和贯施的诊病法：

看眼睛。眼球发黄，头发渐渐脱落，然后眼皮浮肿，肿了又消，消了又肿，接着便是脸色发黄，此种症状，说明胆道有疾病。小孩眼球发黄，眼皮不浮肿，脖颈骨发硬，弯腰困难，此种现象是患脑膜炎的征兆。上下眼皮内充血发红，说明患重感冒。眼角常有白色分泌物，眼皮发红，肚腹内不舒服，说明体内燥热火重。眼球或眼皮上出现白泡点，是患眼球或角膜溃疡，纳西语称“瞄突过”。若患此种眼病，即认为是犯土皇，要请东巴经师占卜择凶吉。东巴（或医生）占卜，先在观念上将眼球划分成东、南、西、北、东南、西南、东北、西北八方，然后根据眼球发病方位择凶吉。如眼球犯病点在东南角，迷信认为病者平时有事冲犯了东南角，或说明家里东南角上有什么东西放置不当，或是因为在平日烧香祭神的地方放置了不该放的东西，只要将占卜所卜定的东西拿走，眼病方可好转。眼皮上生有小白点，痛而痒，说明此人平日爱以谎话哄骗别人。患此眼病，只需将拇指指甲于火上烘烤片刻，然后用热指甲轻轻按抹痛点，反复几次便可治愈。老人眼球发灰发白，说明视力衰退。早晨起床后眼睛有分泌物，并且干涩疼痛，睁眼困难，平时眼圈、眼球发红，便是患火眼病，此种眼病能传染，过去村子里有患火眼病者，家人和其他人要用一枚针穿上线挂于帽檐下，或用一张纸剪成一个小人或小青蛙，反挂于火炕上，据说此法可以避邪，并可预防火眼病传染。小孩平日眼睛流泪、怕见光，是因为体内热重，服消热草药即可治愈。大人平日眼睛流泪、怕光，说明有眼风湿病。凡遇眼睛患病，用药时（特别是汤药）不能直接施于眼睛，只能用药水熏蒸耳朵。

---

① 丽江纳西族自治县，现分设古城区和玉龙纳西族自治县。

看鼻孔。小孩经常用手揉鼻子，说明体内肝积，或有蛔虫，要服解热药或驱虫药。鼻流清涕是患伤风感冒。鼻流黄脓鼻涕是患热感冒，且感冒较重。鼻涕和唾液带血，咳嗽短促，两胸微痛，不思饮食，说明肺部有病。观念认为，双鼻孔洞里生红白点，痒而痛，是家里放置筷子的筷笼不干净，是神灵作怪，取下筷笼在火烟上熏燎除秽，疾病即可治愈。

看舌苔。正常人舌苔红而润，无沟槽。如舌苔黄而厚，且有沟槽，说明体内湿热太重，要服用清凉药。

看嘴唇。正常人嘴唇红而润，如嘴唇淡黄或发白而无血色，说明身体虚弱或体内有病。如久病老人嘴唇发白，眼圈发黑，眼球深陷，是无治的征兆。

看牙齿。健康人牙根肉饱满而带肉红色，如牙根肉干瘪而发白，说明身体虚弱或贫血。久病之人牙齿突然变黑，说明病情非常严重。

看耳朵。晚上肚子微痛，早晨贪睡，肛门部位里急、后重，想大便但解不出来，纳西语称此症作“比吕根”，大意即肾脏有病或膀胱有病。此病可观察耳朵做验证，如耳轮上端颜色发灰并带枯状，耳朵背面呈紫黑色，即说明患有“比吕根”病。患此病，可以用磁片或玻璃片轻轻划破耳朵背面，放出紫血后疾病即可治愈。或早晨起床后，到大河里用冷水洗脸，搓揉耳朵，坚持数月，疾病即可治愈。过去，患有此种疾病即认为是水妖作祟，患病者早晨起床之后，要从火塘边捡上一根烧过的柴棍，将之拖于屁股后面，直拖到大河边，到大河边，站成八字形，眼观河水上游，背朝下游，弯下腰，手持柴火棍于胯下来回插放三次，口中咒念：杀死水妖，杀死水怪！咒毕，将柴棍扔进河里，返回家中，迷信此法亦可治好“比吕根”病。

看脸。健康人脸色红而润，或黑里润红。如男子脸色灰白而无血色，说明消化不好，营养不足，气血有亏。年轻妇女脸呈灰白，面带淡黄色，说明患严重的妇科病。遇有天将下雨时，脸盘稍带浮肿，或雨天将晴，脸盘又开始浮肿，说明有风湿病。脸色寡白，说明肺部有病。脸色呈乌黑色，且带有枯象，说明肾脏或肝脏有重病。已婚女子在脸色正常的情况下突然出现孕斑，说明有喜。男子脸上出现紫黑癍，说明内脏有病；脸色淡黄，说明肝、胆有病。

看指甲。正常人指甲呈淡红色。如指甲发黄，说明胆道有病。指甲上有横裂纹，说明内脏有病，或是生过一次重病后，长出的指甲也会生横纹。指甲灰白无血色，说明气血不足。

看汗液。身上出虚汗，几个时辰后又消失，然后四肢麻木、疼痛，说明酒后受凉，或是走远路时在途中喝凉水，使体内受寒。手掌纹路上经常出汗，说明肾虚或体虚。

看大便。大便如有细如发丝的白虫，说明肛门四至五寸内有虫，此病不宜口服药，只能肛门给药。大便外部带血，说明有痔疮。大便带脓血，说明患痢疾。大便带沫液，说明腹内有风。

看小便。看小便明堂很多。家人有病，起床后取病人第一次小便中段一大半碗，端至草医家查看。医生查看小便，取山区种植的长约三尺的麻秆一根，先于尿碗内画一个米字形，然后搅拌，视其搅拌之后的尿水沉淀、颜色等诊断疾病。如小便呈淡粉红色，且有沉淀物，说明患感冒病；再经搅拌之后，呈灰色，且有浊状，说明感冒很重。小便呈清水状，搅拌时浮起很多泡沫，说明病者到山中喝了死水塘里的水，或是喝了蛇洗过澡、乌鸦洗过澡的不干净水，此种病症一般表现为睡不着觉，腹部隐痛，眼皮浮肿，胸口部位浮肿。又，小便呈淡黄色，说明受凉。小便呈乳白色，说明膀胱有病，其症状为肚脐周围疼痛；或是大、小肠有病，其症为肚腹经常疼痛。小便呈淡绿色，说明有风湿病。用长麻秆搅拌小便后，小便立即浮出很多小泡沫，再于小便碗里撒上五六节约一寸长的麻秆碎片，接着用长麻秆粘点小碎片，此时，如有三节以上小碎片互相连接并能粘在长麻秆顶端，说明病者肚子里有虫，按照过去巴甸村一带的民间说法，即遇着养蛊（或养毒虫）人家所放的蛊。已婚女子的小便经过麻秆搅拌后，如浮出很多细泡沫，但泡沫即刻破裂，说明怀孕已有两个月左右。据称，从小便里还可以看出许多鬼神邪恶。其法是：看病者先向医生讲明生辰属相，然后医生便根据病者的生辰年月推算其所占的“巴格”或“青蛙八卦”方位①，推定所占“巴格”方位后，将所推定的方位划记在小便碗里，同时用长麻秆于小便碗内画一米字形，以示划定八方。接着搅拌小便，此时小便会呈现出无数泡状，有的泡状自然破去，有的泡状积于碗中央，医生便根据小便泡沫大小、形状、聚集方位等定凶吉。如经过搅拌的小便没有浮起小泡沫，则说明病者的灵魂已不附体，家人要为之举行喊魂仪式，如此方能治好疾病。

听说话。老人久病卧床不起，说话声音与往日明显有别，或断或续，声音传的不远，说明老人即将病逝。

诊脉。巴甸村的民间医生传有简单的诊脉法。其法为：把人体分为三段：第一段为脖子以上；第二段为肩膀以下至肚脐以上；第三段为肚脐以下至脚。人的手腕部位脉搏也可以分为三段，靠手掌方向的脉为第一段，主管着人体第一段；中间一段脉主管第二段；第三段脉主管第三段身体。医生切脉用食指、中指和无名指。食指主管第一段脉，亦即主管上段身体；中指主管第二段脉，亦即主管中段身体；无名指主管第三段脉，亦即主管第三段身体。其脉象反映一般解释为：正常人的食指脉反复“嗒，嗒”连跳两下，如果只跳一下，第二下却没有感觉，此脉象说明头上有病。正常人的中指脉“嗒，嗒”连连跳动，但如跳了一下，第二下却无感觉，间隔稍长时间又跳一下，此脉象说明心脏或肺部有病；如脉跳间隔短而促，说明心脏跳动不正常，或是患被惊吓的急病。正常人的无名指脉跳动均匀，但如跳动间隔太慢或不均匀，说明肚脐以下某个部位有病。

---

① “巴格”称“巴格图”，又称“青蛙八卦图”等，是纳西族东巴经师用于占卜的一幅图，它以一只青蛙的形体模式勾画而成，图中布有空间方位和五行、十二属相等内容。

结　语

纳西族是一个保存了丰富传统文化的民族。新中国成立以来，众多学者包括国外学者、国内汉族学者和纳西族学者以及其他民族学者对纳西族文化做了广泛调查和多方面的研究，取得了不少成果。蕴藏于纳西族社会的很多文化内容，仍有待于做系统的、更深层次的调查研究。本文就是抱着这一目的，对部分偏僻山区纳西族民间所传承的，与宗教、民俗信仰有关的医药、医术进行考察与研究。

实际上，早期人类的医药、病理、医术，都是人们在长期社会生产生活实践中的发现，从而又是人们用于拯救、维持、改善自身生命的武器。但人类早期社会中的医药、病理、医学，都与巫有着不解之缘。《山海经·海内西经》谓："开明东，有巫影、巫抵、巫阳、巫履、巫凡、巫相……皆操不死之药以拒之。"《吕氏春秋·勿躬》谓"巫彭从医"。《国语·越语上》谓"将免者以告，公令医守之"。这些说的就是古时的巫、医一体。云南彝族古传毕摩巫师有《采药种药经》、《献牲献药经》；哈尼族巫师魔匹一边为人占卜、送鬼、请神，一边给病人煮服草药，反映的也是原始巫师、宗教巫术、医药一体的现象。我们考察纳西族的民间医药，涉及民间东巴经师和草药医生对病人进行神药两医（解）的情况也不少。首先，东巴象形文字经书中有《找药经》，有给病人除难消灾的《解（除）秽经》，有占卜问人疾病原因的《病因卜》经，还有不少关于药名、病名乃至有关药物效用和药物发现的记载。此外，今传民间草药医生给人治病、诊病往往都实行神、药两诊治，如前文所述今巴甸村草药医生就以占卜择病、除秽治病。凡此，说明宗教经书里有医药、医疗知识，而宗教巫师、草医一边从事宗教活动，一边为人治病。这些情况，既为我们研究、发掘纳西族民间医药传统提供了丰富内容，也为我们研究古代巫、医不分提供了活的素材。

寻找纳西古乐的未来

宗婷婷

一、与纳西古乐的相遇

本文从三个“寻找”开始来介绍我的研究题目，对于每一个研究者来说，最开始研究的动机一定是从很多个单纯的为什么开始的。而作为无形文化的音乐研究来说，最开始的聆听以及最开始观看的第一印象往往是最单纯而又真实的。所以我想从这里开始阐述我对纳西古乐研究的一点见解。

1. 寻找被遗失的古代音乐

我是2000年以去丽江旅游为契机开始本项研究的。从6岁开始学习琵琶的我，从中国的朋友那儿听说“云南省的深山里现在还遗留并继承着中国古代汉族的礼仪音乐”的传闻。于是想证实这件事的冲动让我在大学3年级的时候开始了一个人的旅行。后来在丽江我和很多观光客一样有幸听到丽江大研纳西古乐的演奏，平常喜欢鉴赏少数民族音乐的我，第一次听到“纳西古乐”时所带来的感动和震惊至今还难以忘怀。在舞台上演奏的大多数都是年长的演奏者，虽然是非常淳朴的音乐，但早已被宏伟而又优雅的旋律而带到了另一个世界。年长的演奏者们闭着眼睛，弹奏着舒缓的古代音乐。他们在音乐上深厚的造诣与谦虚的姿态，让我这个从小就受科班音乐教育的人也敬佩不已。这种演奏情绪与风格不就是中国传统古典音乐的原点吗?

2. 寻找西安古乐与纳西古乐的溯源

我出生并生长于西安（也就是唐代的首都“长安”），6岁的时候开始学习中国的民族乐器——琵琶。在练习的曲子中，以陕西省仅存的古代音乐文献为基础，被音乐研究家们复原的“仿唐乐舞（模仿唐代音乐）”的乐曲有很多。通过上述经验，我对掌握一些关于唐代音乐的特征与旋律的知识还是有一定的把握的。可是在与长安相隔遥远的丽江，听到与“仿唐乐舞”极为相似的乐曲时，那种惊讶的心情真是无法用语言来形容。那时在我的脑海里出现了很多疑问。

(1) 在唐代所做的乐曲中，除了一些打击乐的乐曲之外，为什么在唐朝的都城西安没有留下来一套完整体系的雅乐演奏呢？而却在距离遥远的大山深处的小镇——丽江而被大家口传心授地继承了呢？

（2）在敦煌莫高窟的第220窟，初唐时画的名叫“乐队”的壁画（※1）上所有的古代乐器，为什么现在在丽江且还在被使用？

（3）演奏者当中特别是年长的人（一大半是70岁到90岁）为什么有如此优秀的音乐素养？这些老人为什么学习古乐，又是跟谁学的呢？

（4）这么明显的汉族宫廷雅乐是如何在纳西族人生活的地方被继承到现在的呢？

在我心中产生了各种各样的疑问。抱着这些疑问，2001年我开始了对纳西古乐的调查。

3. 从寻找到作为乐团团员的实地调查

为了解开这些谜，我以琵琶演奏者与人类学研究者的双重身份开始了我对纳西古乐的实地调查。所幸的是，我得到了大研纳西团团长宣科老师的同意，以名誉团员的身份加入了代表纳西古乐的“丽江中国大研纳西古乐会”（以下略称大研纳西古乐会）。在从2001年到2009年之间我共计17次来到丽江，每次来到这里都会参加演出，从而与古乐会的每一位演奏者都有机会可以促膝相谈。在这8年的调查里，我体验了很多外部人员所体会不到的事，但让人心痛的是，在这8年里送走了一个又一个有着丰富人生阅历的善良的老演奏家。比起去世的老先生来说，却没有迎来更多真正来继承纳西古乐的年轻人。关于这一点在第四节我会详细地阐述。音乐是时代的产物，它又会随着时代而改变，纳西古乐之所以能保留到现在和它的历史背景是分不开的。接下来，我先来介绍一下纳西古乐与时代的变迁。

二、关于纳西古乐

1. 源于中原

“纳西古乐”，又称为“洞经音乐”，是纳西族音乐的主要构成部分。这个古老的中原地区音乐——“洞经音乐”至今还流传于整个丽江。一个重要的原因是，纳西族自古以来就有重视汉族文化的风潮，大多数民众积极地学习汉族文化并吸收到自己的文化当中。

从元代到清代初期，统治了纳西族341年的“土司”木氏，积极模仿汉族的诗歌、音乐等文化风俗，据说与中原首都的皇族、有名的学者诗人等有很深的交情。持此关系的木氏，从中原的首都“长安”（现在的西安）、明代的首都南京等将明朝宫廷音乐引入纳西地区并发展起来。（关于纳西古乐的由来，说法很多，笔者认为这是最有力的一种）但是，此音乐被认为自1723年木氏失去政权以后，不是作为宫廷音乐，而是作为道教礼仪音乐（道教诵经时演奏的音乐）被纳西族的文人及富裕阶层的人保护了起来。这个音乐被称为“纳西古乐”或“丽江洞经音乐”。

2. 作为道教礼仪音乐的纳西古乐

所谓的道教礼仪音乐，就是诵读道教经书《玉清无极总真文昌大洞仙经》（简称《洞经》）或《关帝觉世真经》时弹奏的音乐。在道教《洞经》中的“文昌帝”是文科科举考试中掌管升级的神仙，《关帝觉世真经》中的“关胜帝君”是掌管武科的神仙。纳西族的文人都非常崇拜这两位神仙，特别是重视科举考试的文人们经常去祭拜“文昌帝”。即使现在，在“洞经会”上演奏古乐时，舞台的后面也会摆放“文昌帝”的神像。此外，在布置会场时，装饰上道教色彩浓郁，边诵经边弹奏古乐时的气氛是非常庄严的。

纳西族古乐的演奏形态、目的随着时代的发展而变化，其“工尺谱”是只传于男性的一种世袭制独特乐谱，在乐师们的努力下，现在所弹奏的纳西族古乐与以前的旋律没有太大的变化。

三、从衰退到复兴的纳西古乐

1. “文化大革命”的十年衰退

纳西古乐在1949年新中国成立以后，渐渐脱离了宗教活动，成为以娱乐形式存在的一般性单独音乐。而且演奏的范围也有所扩大，延伸到老人的寿筵、新居的祝贺、葬礼等各种场合。可以说，把古代贵族音乐大众化了。

在此之后，1966—1976年，纳西古乐被认定为属于“四旧”的范围。结果使许多的演奏者遭到迫害，乐器、乐谱等被破坏、焚烧。例如，有名的纳西古乐演奏者杨德润，作为“牛鬼蛇神”受到公开批判，心爱的乐器被毁坏。乐师们在精神上受到了很大的打击，杨德润去了深山隐居。对纳西族的文化和教育等做出巨大贡献的皇经会会长周霖被认定是“反动学术权威”、“当权派”，因受到严重的迫害而死。大研纳西古乐会的现任会长宣科先生在当时也受到了迫害。在“文化大革命”的十年中，纳西古乐的演奏完全停止，1976年“文化大革命”结束时，古乐的演奏环境已被完全破坏。

2. “文化大革命”结束后的复兴

1978年末开始的改革开放政策对于纳西古乐来说，有如遇到严冬后的春天。生活在丽江古城及其周边的村镇的原洞经会、乐团的成员们，开始从各地收集丢失了的乐器及乐谱，召集很久没有演奏的老演奏家和会弹乐器的年轻人，终于重新开始了演奏。人们在丽江地区又听到了纳西古乐的声音。

但是，由于长时间演奏活动的停止，古乐的年轻后继者很少，受到迫害残留下来的演奏者们也都进入了高龄。下表是1987—1988年在丽江古城及其周边以7个乐团成员年龄为对象所进行的调查结果。（这7个乐团是：大研乐团、拉市乐团、

金山乐团、白沙乐团、长水乐团、石鼓乐团、白华乐团。Rees2000. p. 145)

7 个纳西古乐乐团演奏者年龄构成调查表

年龄	人数	百分比
80 岁以上	8 人	6.5%
70—79 岁	41 人	33%
60—69 岁	24 人	19.4%
50—59 岁	19 人	15.3%
40—49 岁	13 人	10.5%
30—39 岁	15 人	12.1%
20—29 岁	4 人	3.2%
20 岁以下	0 人	0

源自 Rees 2000. p. 145。

四、观光型演奏会的开始

1. 丽江观光的开始

1978 年的改革开放政策实施以来，丽江开始接待从海内外来访的观光客。1985 年 6 月，丽江纳西族自治县被指定为“对外国人开放地区”，开始正式接待外国观光客。由此，在 1985 年的一年当中，当时的丽江纳西族自治县（现在的古城区和玉龙纳西族自治县），接待了 688 人的海外观光客（杨 2005，2—3 页。）。

这个时期的外国游客以研究者为主，还有因受到美国探险家约瑟夫 · 洛克的影响而从欧洲来的观光客。研究者的主要目的是探险、学术调查（文化研究、收集民谣）等。

2. 定期面向观光客的收费演奏会

在此情况下，应游客的要求，在众多的古乐会中被认为历史最久的大研纳西古乐会，自 1986 年开始面向游客进行无偿演奏。在丽江古城的玉龙家园、幸福院等传统民居的院里，进行每周一次的非正式演出。这个古乐的演奏会，在宣科会长的轻松有趣的主持解说下，得到了外国游客的好评。

由于在外国游客中反响强烈，便有了定期开办演奏会的想法。经过当地政府有关部门的许可，1987 年 6 月 2 日开始定期收费演出。每周两次公演，门票为 4 元。这使大研纳西古乐会成员通过演出初次获得了收入。

至年末为止的门票总收入大约为 15000 元。这从当时的消费水平看来是非常高的收入。演奏者的报酬为每人公演一次 5 元，其余收入作为购买、修理乐器、舞台装饰、演出服装的资金。

3. 北京公演

自1987年举行定期收费演出开始，得到了游客的好评，通过游客的口头宣传，大研纳西古乐会的名声传播到海内外；与此同时，乐团也获得了去丽江以外地区公演旅行的机会。特别是在1993年北京举办的公演取得了巨大的成功。从北京公演的准备阶段开始，宣科氏就积极筹备。5月，在北京的中国音乐学院、中央音乐学院、中央乐团，宣科氏以纳西古乐为题进行了演讲。以此次演奏会为契机，全国的音乐界知晓了纳西古乐的名字。

4. 新的演奏会会场

进入20世纪90年代后，丽江的观光产业得到了快速的发展。根据这种情况，大研纳西古乐会的观光型演奏会改为每晚举行，因为从那时开始纳西古乐已成为纳西文化的代表之一。一直作为演奏会会场的古城内“牛家大院”，已经变得狭窄起来。为了解决容纳人数不足的问题，在1996年2月3日地震后，古乐会从当地银行贷款，以50万元购买了房屋，也就是现在的新会场。

五、登录世界遗产及海外公演

1. 登录世界文化遗产以后

1997年12月4日，丽江古城被选入世界遗产名录。与第一章介绍的一样，作为世界文化遗产的“丽江古城”，登录了大研古城、白沙古镇、束河古镇三个有着悠久历史的地区，这三个地区也是历史上古乐繁盛的地区。登录世界遗产以后，不仅是古城大研纳西古乐会，而且其他地区古乐的观光演奏活动也活跃了起来。

在此之后，通过1999年在云南昆明举办的“世界园艺博览会”和同年在丽江举办的第一次“国际东巴文化艺术节”，丽江的名字和继承丽江的民族音乐的纳西古乐的名字，被海内外所知晓，“纳西古乐”作为观光资源的一个重要组成部分确立了自己不可动摇的地位。

从1998年到1999年，被列入世界遗产名录以后，海内外的重要人物都先后访问丽江。英语流利的大研纳西古乐会会长宣科先生，借此机会对来访的重要人物展示纳西古乐，向海内外积极宣传纳西古乐。

大研纳西古乐会陆陆续续接到了去海外公演的邀请。以1995年的英国公演为开端，1995年到2002年的7年间，在14个国家进行了公演。

2. 剧增的观光客

被列为世界遗产以后，丽江古城成为世界性的观光地。为了接纳每年增加的观光客，古城内的建筑进行了增改，客栈（家庭旅店）、西餐馆的数量激增。以前安静的古路变成了繁华的街道，每到半夜都能听到观光客的声音。

我最初去丽江是在2000年夏天。当时古城因观光客而变得热闹起来，其中一大半都是中国学生或单独的游客。对于当地人来说这比以前热闹了许多，但是对于我这样初次到访的游客来说，当时的印象还是一个非常安静的古城。据当地居民说，到2002年为止，每逢2—3月淡季的时候，古城还像以前那样非常安静。可是随着每年观光客的持续增加，古城变得越来越嘈杂。记得2004年8月去当地访问时，古城的气氛和4年前已经发生了很大的变化，一天当中在街道上到处都能看到从国内其他地方来的举着旗子的旅行团。古乐会的成员告诉我，不仅是8月，现在几乎已经没有了淡季，一年到头都挤满了人。事实上，从大研纳西古乐会2004—2006年的入场人数上也反映了这一点，3年中我调查了1月、5月、6月、7月、8月、12月的演出情况，差不多每晚都是满座。单从2004年大研纳西古乐会的观光型演奏会的入场人数来看，当年就迎来大约19万人的观光客（根据2006年调查数据）。

3. 观光地和新纳西古乐的诞生

如前章所提到的，随着观光产业的繁荣，丽江古城失去了以前的安静和淳朴。现在，来自四川省和福建省等地的人在此经营的土特产及工艺品店都聚集在狭窄的古城街道上，大多数经营者的店铺和住所都是从当地居民那里租借来的。

随着外来人口的增加，以前住在大研镇的居民已经渐渐地搬出了古城，他们把古城里的房子租借给外地来的商人，自己住进了丽江新建的住宅区。在大研纳西古乐会的演奏者中，以这种形式离开古城的人也有很多。特别是随着年轻一代的迁出，老人们也随之而迁走。其中，儿女不在身边，只有夫妻二人在古城居住的情况也有不少。

另外，年轻一代的古乐会员们不仅仅靠演奏古乐为生。在白天服务于观光产业的人也很多。比如，导游或翻译、旅馆经营等。

在2005年笔者进行调查的时候，出现了一个很有意思的现象，由于纳西古乐的名气较大，每晚纳西古乐会的演出结束后，在古城口的观光客酒吧里，大研纳西古乐会的4名年轻演奏者会与现代电声乐器的乐队成员一起演奏被改编的“现代纳西古乐”。

六、在木子酒吧的“现代纳西古乐”的演奏

“现代纳西古乐”演奏对从来不允许改编的纳西古乐来说是一个突破，也是一个挑战。当时对这种演出形式有着很大的争议，尤其是古城里年纪较大的人持反对意见，但我觉着这是一种音乐发展的必然。年轻的古乐演奏家们通过这种形式的演出感觉到了纳西古乐无限大的可能性和古乐的音乐魅力，这种改革是符合时代要求的。所以，我个人认为传统音乐如果不在某种程度上跟上时代浪潮的话，只能被年轻人所遗忘，从而被时代所淘汰。这种演奏形式没有改编古乐的旋律，而是合着现代电声乐器的伴奏声而愈加通俗易懂，所以对纳西古乐的传承来说，这样的方法也是可以采纳的。

这种演出形式的变化说明了观光地对古乐的演出形态产生了很大的影响。这使古老的乐曲避免不了改变，如何使观光产业的发展与文化的保存、继承相协调，对于纳西古乐来说也是今后重要的课题。

以下笔者主要是以自己的体验为基础，阐述在观光业产业急速发展的丽江，作为无形文化遗产保留下来的纳西古乐的变化，以及大研纳西古乐会面临的一些问题。

1. 从自我娱乐到商业演出

观光型演奏会开始于20世纪80年代，在此之前的纳西古乐的演奏没有采取过营业式的演出形式。除了受到邀请的时候收到一些薄礼之外，纳西古乐的演出通常是演奏者自娱自乐。但是自观光型演奏会开始以后，演奏者的意识中有了听众，由此导致他们的演出形态以及对音乐本质的影响从80年代以后发生了本质的变化。

特别是1997年丽江登录世界文化遗产以后，随着大研古乐会在国内外演出次数的增加，演奏纳西古乐成为很多人眼中的一个很好的职业。据2009年调查，现今退休之后60岁开始热心于学习纳西古乐的年长者增加了很多，这种情况虽然弥补了60—70岁继承人断层的现象，可是因为学习时间有限，对于纳西古乐的演奏质量不能不打一个问号。和笔者2001年第一次听到的纳西古乐相比，2009年的演奏水平可以说下降了许多。

2. 从古乐会到有限公司

音乐演奏形式的变化和环境是不可分的。大研纳西古乐会这个团体也进行了各种各样的改革。随着观众的增加，古乐会经济方面的收入每年急剧增加。由此，从以兴趣、娱乐团体为主的“大研纳西古乐会”，变为“宣科纳西古乐文化有限公司”，其组织运营体制也发生了巨大的变化。据此，包括从80年代初期开始与宣科一起重建的古乐会会员在内，几乎所有成员都变成了工资体制的雇佣者。“元老”当中持有少量股份的人也有几位，可是他们每年得到的收益却不多。

观光演出带来的后果如果只从经济方面来看，或许可以认为是成功的，但是从纳西古乐演奏的整体文化背景来看，可以说传统音乐正在面临一次史无前例的挑战。

3. 各种各样的变化

除了前文所讲的音乐本身的变化之外，与7年前笔者开始实地调查时相比，大研纳西古乐会发生了以下的变化（根据2000年至2007年的现地调查）：

（1）入场费涨了一倍。

（2）随着会长宣科成为名人后，他作为主持人在演奏会上主持的时间也长了很多。

（3）通常在每晚90分钟的演奏时间中演奏9—10首曲子，为了迎合听众的喜好，每晚的节目里包含三首歌曲、一首笛子的独奏（白沙细乐)、一首由老演奏者朗诵的古诗文等节目，本来应演奏的纳西古乐的曲目则每晚只演奏4首（以2005年实地调查为准)。为此，年轻的演奏者学不到除了在会场上演奏的传统曲目以外的纳西古乐。

（4）为了赢得观众的喜爱，纳西古乐会加入了三名民谣歌手。藏族、傈僳族女性歌手各一名，来自于塔城的男性歌手一名。而且增加了更多的女性演奏者。

（5）因为纳西古乐会变成了一个企业，人事变动也较大。特别是中年女歌手和中青年演奏者的替换相当频繁。2000年，大研纳西古乐会的演奏者总数为32名，现在减至27名左右。最少的时候只有24人左右。其主要原因是老演奏者高龄化，或相继去世，因人际关系等发生矛盾而辞职的年轻人也有不少。

（6）在传统纳西古乐的演奏位置里，演奏者坐的位置是有讲究的，但由于人员的变化，演奏位置也经常会发生变化，流动性较强。

（7）乐会的消亡。每月举办的乐会是传统纳西古乐中一个重要的环节。在2000年以前这种以乐结友的聚会几乎每个月都要轮班在乐师家里举办，自带干粮，自娱自乐地演奏一整天。乐会上初学者也可以来参加，向老人请教学习。频繁举办的乐会促进了演奏人员之间的交流，并且可以得到进一步学习的机会。可是自从有了每晚的商业演出之后这种集会越来越少，现在几乎已经没有了。只有在乐师去世的祭礼上才能看到类似的聚会，乐会的减少导致了继承古乐人员的减少，而乐师之间的交流也变得越来越少，这样会直接影响到音乐本身的性质。

（8）大研纳西古乐会传习班的停止。众所周知，纳西古乐之所以可以流传到今天主要靠师徒、父子的口传心授。现在纳西古乐会的绝大部分演奏人员都有这样的经验，可是频繁的商业演出让很多演奏者们已经失去了对纳西古乐教育的热情，只有部分老人在自己家里零零散散地教一些学生。如住在福慧村的和宏章老先生，他教的一位学生现在也在大研古乐会里演奏。在大研纳西古乐会里有很多演奏得很好的老演奏家，在他们的有生之年我建议传习班继续开办起来，这是大研纳西古乐会一个很主要的任务。

从上述各种变化中我们看到，纳西古乐随着时代的变迁而发生变化，（1）—（6）的变化最终是导致传统音乐的崩溃，还是成为新的形式的发展根基，根据现在的情况看还非常难以判断，但是（7)、（8）的变化对于纳西古乐今后的发展却将带来危机。

七、观光型演奏会的运营形态及其问题

1. 演奏环境

演奏会从每晚8点到9点30分，时长大约90分钟，在丽江古城明代的建筑物的院里举行。演奏会会场所在建筑的一楼是有550个座位的大厅，二楼被作为旅馆的客房来使用。一楼的客席从前排开始分为A、B、C席，观赏费A席为140元、B席为120元、C席为100元（2006年8月当时）。如果在二楼的客房住宿的话，可以每晚免费欣赏古乐。

2. 关于工资的规章

如何合理地分配收入，是古乐会眼下的主要问题。2000年大研纳西古乐会变为企业，对于报酬也制定了严格的制度。到2008年末为止管理大研纳西古乐会的工资、出勤情况的是纳西古乐会和凌汉先生（2009年去世）。关于经营管理和演奏时的规定，他对我讲：

“乐团成员的基本工资，是根据演出的天数和演奏的乐器来定的。月基本工资为1200元到1600元，年末所有成员都可以拿到1000元到2000元的奖金。决定工资高低最重要的一点是出勤率。乐会规定演奏会每晚8点开始，7点30分演奏者必须到会场。若迟到的话，扣除当天一半的工资。比起年轻演奏员来说，老演奏家们7点左右都能到达会场。如因有事而缺勤，必须提前交休假申请书。如果擅自缺勤的话，缺勤一天扣除三天的工资。所以，如果休息3天的话就会被扣除半个月的工资，休息5天，这个月的工资差不多就没有了。和氏强调了多次，制定如此严格的规定是为了彻底防止迟到现象，保证演出质量。”①

3. 年轻人对于规定的不满

笔者在当地调查时发现，大研纳西古乐会里20—50岁比较年轻的演奏者中不能肯定今后是否能够继续坚持古乐演奏的人有很多。严格管理规定，对于退休后白天没有工作的老演奏者来说没有什么问题，但是对于50岁以下的年轻演奏者来说，因为白天要从事别的工作，所以容易产生不满情绪。例如每晚担当演唱的一位歌手和氏，他在丽江市文化馆工作，也是当地非常有名的歌手。当问到他“你打算今后一直演奏纳西古乐吗?”时，他如此说道：“我非常喜欢纳西古乐。演奏时使心情变得平静，很舒服。如果可以的话，每晚都想去。但是因为工作的原因，最近丽江市政府为了增加更多的观光客，要把丽江向全国宣传，其中之一就是现正计划集合我们这种归属于文化团体的纳西族民谣歌手、舞蹈演员，参加表现丽江纳西族文化的音乐演出。为了在北京人民大会堂演出，最近每天都彩排，而且去北京演出需

---

① 据2006年1月所调查。

要将近一个星期。那样的话，古乐会的演出怎么样都要休息5天以上。剩下的时间就算是在古乐会演奏，工资也拿不到了……”

当问到其他的演奏者“你打算以后一直继续演奏吗?”时，有5人回答说：“为了工作，不知道以后能不能坚持下去。”在一个月的20天中，即便是在古乐会上演奏但是仍拿不到或者只拿到一半工资的情况在年轻演奏员身上会经常发生。①

他们一方面想保护家族世袭的古老传统音乐，同时在另一方面受到现代思想的影响，想从事自己的工作。要把这种有着良好音乐素质的年轻继承者留下来，如果不改变现在这种状况的话，将来想要继续纳西古乐的演奏，我认为也是相当困难的。

八、作为纳西族及整个人类财富的“纳西古乐”的危机与今后的去向

1. 日益增多的商业乐团

20世纪90年代初期，大研纳西古乐会的团员们，对把自己的音乐向外国人展示引以为豪。但是实际上在丽江当地人中，对纳西古乐十分热爱的人却没有想象的多。而纳西古乐在商业化上取得的成功对于很多想要求职的人来说是一种强刺激。居住在远离古城的乐团成员们，要走很远的路来此演奏，因为在演奏传统音乐的同时也能带来经济效益。丽江地区各镇、村的纳西古乐团们，也以成为丽江大研纳西古乐乐团为目标，重建乐团，为游客演奏。在束河、白沙、白马、巨甸、石鼓等地都有对外演出的纳西古乐团，从这一点来看，丽江大研纳西古乐团的成功对整个纳西古乐的发展和继承起到了非常好的引导和刺激作用。

2. 纳西古乐商业演出的危机

包括大研纳西古乐会在内，现在的演出活动看起来很顺利，其中却有很多潜在的危机。在2006年1月召开的大研纳西古乐会的例会中，会长宣科氏说：

“我们这个古乐会，从1986年第一次对外公演以来，接受了大量的观光客，成为现在年收入100万元以上的大团体。但是，我们的乐团现在正面对各种各样的危机也是事实。大家一定要有这种危机感……”

在丽江大研纳西古乐乐团，已经把纳西古乐当作一种商品，在潜在的意识中每晚的演出已经和个人的利益分不开。

3. 堆积如山的课题

与1986年以前相比，古乐会由单纯的娱乐团体变为了商业性企业，一方面因为有着丰厚的收入而带来了稳定的经营基础，另一方面也给古乐会带来一些矛盾。

---

① 根据2006年调查记录。

以下是笔者这些年来观察到的一些问题及建议：

（1）为了把纳西古乐建设成有力的观光品牌，成立了许多没有实力的商业乐团。纳西古乐的品质和水平在日渐退化，年轻一代虽然有着一定的技术，可是演奏的韵味及感觉是远远不及老演奏者的。

（2）大研纳西古乐会企业化后，本来是纳西族文化人演奏的纳西古乐的印象随之也发生了变化。

（3）包括宣科会长在内，年老的演奏家都已在80多岁高龄，现在做乐团支柱的是55岁到65岁的中年演奏员和35以下的年轻演奏员，65岁到80岁的演奏员和35岁到50岁演奏员不足的断层情况需及早解决。由于演奏员的生长环境和年代不同，中青年演奏员对于很多传统纳西古乐的文化背景的了解和学习不够深入，年轻人的演奏韵味和对纳西古乐的理解比起老人来说是完全不一样的。为了弥补这个不足，现存的年长演奏家们应该对年轻演奏者实行进一步扎实的教育，这是有必要的，而年轻的演奏者也要有虚心向这些老前辈请教的姿态。

（4）每晚举行观光型演奏会的形式基本上不变，演奏曲目少、等待时间长。这种墨守成规的商业演出对于年轻的演奏者来说，能坚持到多久？

（5）原只有男性的纳西古乐会因为后继者的不足和商业演出的需要，增加了许多年轻女性演奏员。那么以后是否有可能成立女性纳西古乐会呢？

（6）由于大研纳西古乐会中高龄人员相继去世，为了维持经营，大研纳西古乐会不断地在古城周边的村落召集演奏员。为此，古乐会经常会出现人员更换现象，演奏水平也参差不齐，从而导致演奏水平下降，因此乐会的召开，相应的，日常排练次数的增加也是目前解决这一问题的一个办法。

（7）演奏活动以观光型演奏会为主，加上乐会的减少，现在除了在舞台上演奏的曲目之外想要听到全套纳西古乐的演奏已经很难，不常被演奏的纳西古乐乐曲将会被人们渐渐地遗忘而消亡。

（8）纳西古乐的旋律和演奏法也许可以继承，可是只教演奏技法而不了解纳西古乐的传统文化背景是远远不够的。现在原有服务于宗教的演奏形态已经很难看到，为了让年轻的演奏员们更加理解纳西古乐，笔者认为关于纳西古乐的历史及沿革这一类的文化讲座课的开展也是不容忽视的。

4. 关于如何保护纳西古乐的一些建议

现今中国，包括大研纳西古乐会在内的很多民俗、民间艺术在商品化的大潮中受到冲击。有些传统艺术被轻视，为了迎合大众的口味，沉迷于舞台演出或展示豪华的装饰。当然，这种倾向不能一口断定是好还是坏。

在这种情况下，政府应该出台一些更有力的、符合当地情况的政策来保护人类流传下来的无形文化遗产，使之得以很好地传承。在丽江地区乡村古乐会里演奏的古乐，有些因为没有得到重视，没有很好的继承人，没有专业音乐人士的详细记录，其曲目和演唱曲调随着老人的逝去而正在快速消亡。在2004年对巨甸的江边古乐做调查时看到，能完整演唱下来的只有一位年近70岁的老人，而作为记录的曲谱也非常潦草、简单。更多的专业音乐工作者或者政府单位对丽江地区及周边地区依存的古乐进行认真的採谱和录制音源的抢救工作，以实际行动保护我们全人类的文化遗产。在拯救的过程中我们应该及时地发现它在商品经济中所出现的问题并积极地想办法解决。另外，应该采取宽容的态度来看待它，允许它有部分的改变，允许它在一定程度上创新，只有这样纳西古乐才会融入新的血液，符合时代要求，更好地传承下去。为了在50年后丽江古城里还能听到纳西古乐的优美旋律，让我们真正地用实际行动来关爱它吧！

参考文献：

[1] Rees, Helen. Echoes of History INAXI Music in Modern China, Oxford University Press, 2002.

[2] 敦煌研究院接待部编：《敦煌石窟》，敦煌研究所，1998年。

[3] 杨福泉：《策划丽江》，民族出版社，2005年。

[4] 和云峰：《纳西族音乐史》，中央音乐大学出版社，2004年。

[5] 杨曾烈：《丽江洞经音乐调查》，丽江纳西古乐展演团，1998年。

[6] 杨曾烈：《丽江文史资料》第10辑，丽江县政协文史资料委员会，1991年。

[7] 杨曾烈：《丽江文史资料——丽江洞经音乐调查》，丽江县政协文史资料委员会，1991年。

[8] 全国历史教育研究协议会：《世界史用语集》，山川出版社，1989年。

漫话纳西情歌三部曲

和文光

纳西族，古称“麽些”，属由北向南迁移的氐羌族群，现有人口30余万人，分东、西两个方言区，4个支系，分布在滇、川、藏三省交汇处，云南丽江市（今古城区和玉龙纳西族自治县）为主要聚居区。纳西语属汉藏语系藏缅语族彝语支。纳西族信仰东巴教和藏传佛教。在漫长的历史发展与民族交往中，创造了自己灿烂的历史文化。其中，具有研究价值的纳西族情爱文化别具一格。

纳西族是一个充满着烂漫色彩且感情十分丰富的民族。历史上，为了一个“情”字，他们把生命置之度外，弹（唱）着情歌，双双走进他们梦中的天堂去殉情。许多作家、艺术家都创作了以纳西族殉情为素材的文艺作品，深受广大读者及观众的欢迎。虽然，纳西族的“殉情故事”已经闻名中外，但是，到目前为止，纳西族情爱文化中的“情歌对唱”全过程和真正的内涵底蕴却鲜为人知。

“众所周知，纳西族的社会发展史是一部文明的发展史，它包括社会思维、社会知识和社会活动等一切领域知识，体现了纳西族历来是一个向往开明、进取向上的民族，是一个愿与各民族平等互利、和睦相处、共同进步的民族。而纳西族的恋爱文化又是单向性的民族内部发展文化的一种独特文化，它的核心内容就是以实现自由婚姻为目的”。过去，一对青年男女在“从不相识到相识、相识到相知、相知到相爱”的恋爱过程中，都用“情歌对唱”这种特殊的方式来交流彼此的思想感情。首先是“时授”或“谷气”，其次是“娥姆达”，最后是“弹口弦”，我们称为“纳西情歌三部曲”。

笔者通过对流传在丽江一带的纳西族原生态情歌“谷气”、“时授”、“娥姆达”、“口弦调”等进行多次深入细致的调查和研究后。发现在纳西族音乐文化中，情歌的文化内涵深厚，底蕴丰富，涵盖了整个纳西族的情爱文化。是歌声让他们走到一起的；是歌声让他们成为永不分离的情侣；是歌声让他们双双走进“玉龙第三国”去殉情。因此，笔者认为，纳西族原生态民歌的“谷气”、“时授”、“娥姆达”、“口弦调”已贯穿了青年男女所经历的“相识、相知、相爱”的恋爱过程，包括了“纳西情歌三部曲”的文化内涵。

既然纳西族情爱文化中的整个恋爱过程被称为“纳西情歌三部曲”，那么何谓“情歌”呢？“情歌”在《辞海》中的解释是“表现爱情主题的歌曲”，也指青年男女谈情说爱时唱的歌曲。纳西情歌就是纳西族青年男女谈情说爱中演唱的歌曲。

“三部曲”又是指哪些呢？纳西族的恋爱过程也和人生的“成长、壮大、衰老”一样，都要经历“相识、相知、相爱”的过程，它包含了一对情侣从不认识到认识，相互了解后结为伴侣，最后发展成恋人或走到一起组成幸福美满家庭的整个过程，以“时授”、“谷气”、“娥姆达”、“弹口弦”等“情歌”为载体去表达彼此的思想感情。这个过程就是情歌“三部曲”。

以下是对“纳西情歌三部曲”的简要介绍：

第一部曲：只闻其声不见人，未见人影知人心

过去，纳西族青年男女谈情说爱，不像现在的年轻人那样直截了当。而是把恋爱作为一种智力竞赛的场所，相互出题答对，意寄于调、心寓于词，拟物中有你、模景中有我，相辅相成，周而复始。形成了一部不朽的恋爱文化史，给纳西文化增添了内容。

在纳西族情爱文化中，最关键、最重要的就是“第一部曲”，它是人生进入成熟期后，必须繁衍生息、传承文明的第一步。如何走好这一步，对一个人的成长将会起到决定性的作用。这时每个青年男女都从一个不懂事的少年进入了生理上的成熟期，每个人都有了明显的生理变化。如男孩子嗓音变粗，长出胡子；女孩子的乳房开始长大，会腼腆羞涩。说明他们已经进入具有生育能力的青春期。这时无论是男孩子还是女孩子都要离开父母，走出家门，到社会上进行交际活动，同时结交一些异性朋友，也就有了一种想认识异性朋友的欲望。怎样才能达成这种欲望呢？纳西族有规定：到了十七八岁的青年男女，父母都会支持他们到野外去耍朋友。耍朋友，纳西语叫“达括仔”，又叫“命若获”，意为“到野外去找朋友”。于是在野外有了年轻人聚会的场所，称为“相会台”，必须在离村寨较远的地方。

夜幕降临，相邻的几个男孩子就一起到野外“相会台”去对歌、耍朋友。这个时候是不会见到异性朋友的。“当纳西族青年男女恋爱时，二者中间始终应隔着一条河或一座山坡，且阴阳是不能在初恋中相碰的。在初恋期间，男女双方谁也不会草率地表达出‘爱你’的意思，它要经过多次对山水田园、风土人情以及对动物雌雄的暗喻，让对方产生感觉。只有在爱情关系发展到较深层次时，才会以‘爱神王国’的意境遐想来刺探对方是半心半意还是一心一意的，最后才会露出真情”。

在“第一部曲”中，纳西族最常用的情歌有两种形式：第一种为群体性的，用“时授”来对歌。“时授”是纳西语，它是一首较为原始的带有吟诵的纳西情歌，也是青年男女初恋时必唱的一首情歌。初次相会时，大伙都来到预定的地方后，用“阿伙伙”的吆喝声引起对面山岭或草坪里女孩子们的注意，如果对面女孩子也同样传来“阿伙伙”的回音，说明双方人员都到齐了。此时此刻才算真正走进了情歌“三部曲”中的“第一部曲”——“只闻其声不见人，未见人影知人心”。这时男方先主动用纳西族古老的吟诵调“时授”去对歌：“阿哥来磨剑，磨剑要磨利，剑磨不锋利，阿哥不转回。”男的唱完，女的马上答道：“阿妹来洗麻，洗麻要洗白，麻洗不雪白，阿妹不回家。”大家都用比拟、比喻等手法暗示对方。只要找不到意中人，双方都不会随便回家。你一句我一句地对起来，热闹极了。一时整座山岭都沉浸在情歌的海洋之中。从情歌声中可以了解到对方有多少才华和水平，也可以了解到对方的人品等。有时双方才对了几句，由于对方不会说一些相亲相爱的话，反而说一些伤害对方自尊心的话，这类情侣就会马上停止对歌了。此时此刻，整个山岭都会静了下来。男女双方只得扫兴回家，再重新去邀约新的伙伴。

在对歌场上，有的年轻人尽说一些让对方高兴的话，这样的情侣会越对越有劲，越对越有情。始终保持在相互尊重、相互爱慕之中，甚至在歌中还能听到暗示对方想见一面的欲望。这类青年男女的对歌就精彩极了，整个山岭中只听到对歌的声音。时而是小伙子那狙犷豪放的声音，时而又是姑娘们那清脆明亮的声音。即使是在深冬的长夜里，也不知不觉就熬过了通宵。这时双方只得依依不舍地暂且回家。离别时还约好下次对歌的时间和地点。

第二天在劳动休息时，各自都回味着昨晚对歌的情景，那是青春年华中，最有乐趣的事了。每当谈到这些时，小伙子或姑娘的脸上都会红通通的。虽然还没有见到过对方的相貌，但从他（她）们的歌声中已经感觉到了彼此的心。

一旦有了第一次，就会有第二次。有了一定经验的青年男女们，吃过晚饭后，从各自家里出发，来到“相会台”，开始了富有诗情画意的对歌。经过这种模式的多次交往，相互之间有了一定的了解后，彼此产生一种相见的欲望。于是在对歌中，把这种欲望用歌声形式传递给对方，得到对方同意后，约定一个见面的时间和地点。一般选在离村寨较远且双方都较近的一块草坪作为正式幽会的场所。

除群体式的对歌外，还有一种个体式的“情歌”对唱，即被称为“谷气”的纳西情歌。“谷气”是纳西语，是一首山歌。在野外劳动中，年轻人独自上山砍柴或割叶子的时候，由于没有伙伴，感到十分寂寞和孤独，因而想起了异性朋友，想起了压抑在内心世界的难言之情。于是唱起了如诉如泣的纳西族山歌“谷气”来抒发自己的思想感情。如果另一座山坡上有异性青年的话，同样也会用“谷气”调来与这边对歌。

“谷气调”是纳西族青年男女以对唱为主的一种吟咏形式。相互传达心声，倾吐心中的爱情。它用优美的曲调和生动的内容与和谐的吟唱来吸引和感染听众，引起共鸣。“谷气调”中优美动听的诗句，像泉水一样喷涌出来。他们从清晨唱到黄昏。“谷气调”大多是歌手们即兴创作的，是歌手们灵感迸发出来的思想火花，是通过激情创作的语言艺术。这也算是纳西族青年男女谈情说爱中非常独特的一种形式了。“谷气调”中年轻人之间最喜欢唱是这首民歌：“白鹤飞云间，只听白鹤鸣，白云遮白鹤，不见白鹤影。”至此，所谓的情歌“第一部曲”也就结束了。

从纳西情歌“第一部曲”中可以看出，纳西族青年男女的初恋是非常独特的，对一个情侣的了解，其他民族是先从外表开始的，然而文明智慧的纳西族则先从内心世界去了解对方，这样的谈情说爱方式是十分高雅而文明的。它演唱的曲调也是纳西族原始音乐中的基本旋律——吟诵。它具有非常深厚的研究价值。在内容上，它要求严谨的逻辑顺序，表达出有感而发、有意而求的因果关系；在形式上，要以一对一或小群体对歌对词，并且做到灵活多样，语言优美；在艺术上，要体现出以物拟人，以事拟人，含蓄委婉，隐喻比兴。

第二部曲：载歌载舞月色中，真情真意找恋人。

经过了“时授”、“谷庆”等用传递声音信息方式认识了某村某寨的异性朋友的大致情况后，按约定，他们会穿上靓丽的服装，打扮得非常漂亮。天一黑就打着手电筒来到事先约好的地方，参加面对面的情歌对唱。一路上大家激动万分，“阿伙伙”、“阿伙伙”的呼唤声不时飘荡在野外山谷里，是那么的清新。因为，过去纳西族都有规定：在村里、家里或大人面前是不准随便唱情歌的，且男女青年谈情说爱都要到野外去。所以刚从家里出来的青年男女就像脱缰的野马那样嬉闹在山间的小路上。不一会儿，双方的人员都到齐了。这时草坪上燃起了一堆熊熊的篝火，火焰把年轻人的脸庞都照得通红，相互间都看得一清二楚了。这时聪明人就借助火光，开始寻找自己喜欢的异性朋友。围着熊熊的篝火，大家把左手搭在前边这个人的肩膀上，右手叉腰，按顺时针方向，边歌边跳纳西族古老的情歌《娥姆达》。

为什么把这首情歌叫作《娥姆达》呢？其含义又是什么呢？《娥姆达》是纳西语民歌调名，是“可怜啊！多么可怜”的意思。它是以富裕人家养在家中的那只黄鹰，来比喻青年男女在旧社会包办婚姻制度的统治下失去了自由恋爱。歌中唱道：“可怜啊可怜，可怜算黄鹰。丝线缝眼睛，不让看远方。铃铛拴尾巴，不让高处飞。皮线栓脚杆，不让远处飞。”暗喻了许多青年男女就像这只黄鹰一样天天被关在笼里，不让自由飞翔。实际上就是对封建社会的包办婚姻制度的不满。在纳西族传统民歌中，《娥姆达》应当算是一首精典的情歌了。

《娥姆达》和其他纳西民歌一样，有它自己的特点和风格。从它的表现手法来看，可以说兼备诗、歌、舞的特点，三者又互相渗透、互相补充、相得益彰，形成了一个完美的艺术整体效果。

大家用《娥姆达》的音调旋律，踏着轻快的舞步，抒发着压抑在心中的情感。特别是这种含蓄委婉的群体性的谈情说爱方式，与现代社会的都市文明生活中的男女青年谈情说爱相比是非常高雅和文明的。

静静的夜晚，除了篝火和天上的星星，就是他们如痴如醉的情歌对唱了，真是让人难依难舍啊！特别是对歌时遇到双方实力相当的情况，跳到通宵都不会有胜负，彼此只会埋怨时间走得太快了。在歌声里，内容都是含蓄委婉的。如男方首先演唱的第一首情歌一般是：“姆达喂姆达，姆达唱三句。莫说唱三句，也要唱一调。三月布谷叫，百花遍地开。阿哥和阿妹，都来唱一曲。宝剑闪金光，如果不常用，也会起生锈，到时来不及。”意为“阳春三月是百鸟争鸣、百花盛开的时节，也是青年男女寻找意中人的好时节。如果不会利用这个好时光，大家都会后悔的”。可见在情歌中，包含了许多人生哲理性的内容。此时具有一定纳西文化知识的姑娘们也会对上一曲对方满意的情歌。

如此进行了几番相聚或相会后，双方走进了从“不相识到相识，相识到相知、相知到相爱”的过渡阶段。这个时候是真正寻找自己心爱的意中人的好时节。在这种场合，一般都是男方主动，一旦男孩子喜欢上一个姑娘的时候，会走过去故意把女方的帽子或围巾抢走。这时，女方就装着不知道似地追过去：“不要这样，我的东西拿回来!”实际上她心里是非常清楚并高兴的，因为她知道这位男孩子已经喜欢上她了。最后来到别人看不到的地方，男方把抢来的东西还给女方后，邀约她在什么时候、在什么地方幽会并告知用手电筒为暗号。届时只要看到男方向女方家照三下电筒光，女方就可以出来了。一对对青年男女就这样找到了自己喜欢的异性朋友。到这里，纳西情歌中的“第二部曲”也告一段落了。

从第一部曲“只闻其声不见人，未见人影知人心”到第二部曲“载歌载舞月色中，真情真意找恋人”，这是对青年男女恋爱过程的巩固和发展。情歌对唱，已从原始的“吟诵”发展到了“歌唱”，并依托“舞蹈”这种特殊的方式，加深了彼此的印象。但它只是一种群体性的社交活动，如果要真正找到知己，找到自己心中的恋人，还须努力，还要往前走，走到“第三部曲”的时候，才会找到自己的恋人并达成意愿。

第三部曲：悠悠口弦诉衷情，依依难舍在情中

在纳西族青年男女谈情说爱中，从第一部曲“只闻其声不见人，未见人影知人心”到第二部曲“载歌载舞月色中，真情真意找恋人”，再到第三部曲“悠悠口弦诉衷情，依依难舍在情中”，才能进入情爱世界最有魅力和价值的时刻，那就是成双成对的青年男女彼此表达真正的爱慕之情，互赠礼物并结为终身伴侣。这一过程在谈情说爱中是较为复杂的，因为一对情侣从“不相识到相识、相识到相知、相知到相爱”中，必须走过一条较为艰辛的路，必须通过多次的各种方式的接触，才会走到一起。

到了“第三部曲”的阶段，彼此相爱的人就不会再用歌声去对歌了，而是用一种叫“口弦”的乐器去弹奏一曲曲情歌。这种“口弦”是我国西南少数民族常用的一种特色乐器。有一片的，也有三片的，有用竹片制作的，也有用铜片制作的。纳西族常用的“口弦”用竹片者较多。“口弦”在纳西族的情爱文化中是不可缺少的，也是情歌演唱中的一个载体。

在银色的月光下，夜深人静的时候，情投意合的情侣坐在田埂边，用“口弦”这种古老而独特的乐器，弹起了优美动听的“口弦调”，倾诉着彼此间的心里话。纳西族先民在设计发明这种“口弦”时，声音特别小，只有耳朵贴近弹奏者的口边才能听到弹奏的曲调。是否意味着不让第三者听到二人世界里的秘密？一般的“口弦调”都和对歌一样，先由男方开始弹奏，弹奏时要用气流随着弹出的音乐节奏而唱：“金竹做口弦，口弦有三片。一片出三音，三片出三音。三音奏一曲，悠悠动人心。今夜风光好，阿哥持竹片。手儿不灵巧，心想弹一曲。悠悠口弦情，献给意中人。”男方刚弹完，女方就接着弹。一旦遇到“口弦”高手时，双方都会沉浸在情爱音乐的海洋里。实际上一副小小的“口弦”已经包含了“弹、奏、唱、诵、打击”等交响乐的基本技能了。所以“口弦调”应当是世界上最小的一部“交响乐”。其内容比群体性的对歌更细腻、优美，更富有诗情画意。如“鱼水相会不分离，海枯石烂不变心”等，男女双方要达到这一步是不容易的。这时有的情侣不会珍惜彼此建立起来的这份情感，相处不到几天就会分散。原因大多很简单，就是还没有真正建立起恋爱关系，男方就粗鲁地动手动脚，引起对方的不满或反感后，不欢而散。

真正相亲相爱的情侣是可以回家过夜的，去哪家都行。但是许多情侣都非常自重，同床时都不会脱去外衣且在俩人之间要保持一定的距离，不会随便动手动脚。如果无意间碰到对方，彼此都会不安宁。到了这种境界的青年男女才会成为永不分离的情侣。

白天，他们回到各自的家中去劳动，一到夜晚就会在一起，用优美动听的“口弦调”倾吐着彼此间的爱慕之情。通过多次的相处或相聚，双方真正成为知己后就可以相互赠送“戒指”、“口弦”、“鞋垫”、“针线包”等礼物而订婚了。

通过“不相识到相识、相识到相知、相知到相爱”这一“情歌三部曲”后，应当是“有情人终成眷侣”。但是，过去纳西族地区由于盛行“姑表结婚”等包办婚姻制度，很多情侣因有缘无分而离散了。纳西族传统有规定：只要喝了“定亲酒”订了婚的人是不能随便改嫁的。所以，喝“定亲酒”被称为“喝毒酒”。包办婚姻中，一旦女方家喝了男方家送来的“定亲酒”，意味着这个姑娘已经失去了自由，终生只能嫁给对方。

过去，纳西族地区青年男女的这类婚姻现象就较为突出，许多情投意合的青年男女在无法获得婚姻自由的时候，为了反抗千百年来封建社会这一包办婚姻制度，产生了“生不同眠，死时共穴”的想法，为了推翻这杯“毒酒”而双双弹（唱）着“情歌”到“玉龙第三国”去殉情。

“玉龙第三国”就是像陶渊明笔下的“世外桃源”一样令人向往的地方。“殉情”，纳西语叫“游无游史”，意为在歌声的陶醉下去情死，也就是双双唱（弹）着情歌相约至风景优美的地方去自杀。他们认为只有用这种办法才能双双走入理想的境界之中。所以，过去纳西族青年男女中有一方已经出现俩人不能在一起的情况时，另一方就开始弹奏“游悲”，“游悲”就是用在“殉情”中的情歌。内容是：“人类居住的地方，有一个神奇的乐园，饮水用乳汁，肉类当饭吃。锦鸡当晨鸡，狐狸当猎狗。白鹿当耕牛，老虎当骏马。那就是人们向往的地方；那就是天堂般的‘玉龙第三国’”。这时，另一方已经明白了对方的意思。一旦开始弹奏“游悲”这部魅力十足的情歌，情侣们就难以返回了，因为彼此都已经陶醉在梦幻般的意境之中。因而纳西族地区都禁止弹（唱）“游悲”。认为：只要是弹（唱）“游悲”的情侣都无法返回人间，而去殉情了。

当然在纳西族情爱文化史上，已经发展到殉情的毕竟还是少数人。但是许多有情人都不能成为伴侣而痛苦一辈子，也有一部分人是真正的从“不相识到相识，相识到相知，相知到相爱”走到最后组成一个幸福家庭而白头偕老的。但是，这类青年男女的组合也是经过很多磨难才会走到一起的。与“第一部曲”、“第二部曲”相比，“第三部曲”是整个情爱文化中最有魅力和文化内涵的一部分。它给纳西族情爱史增添了光辉的一页。它的音乐也不再是吵吵闹闹的“吟诵”或“歌唱”，而是用一种富有诗意而高雅的，借助一种小小的乐器来抒发一对男女情侣彼此间情感的“口弦调”，用这种古老而神秘的独特的恋爱方式把“难成眷侣”的知己带进爱情世界里，那是一种无法用语言来表达的。

纵观“纳西情歌三部曲”中的“时授”、“谷气”、“娥姆达”、“口弦调”等情歌对唱及青年男女谈情说爱从“相识、相知、相爱”的整个恋爱过程，深刻认识到，纳西族的情爱文化不仅具有丰厚的文化底蕴，而且是一部富有戏剧性色彩的神圣而悲壮的历史文化史卷。它自始至终渲染了“生命诚可贵，爱情价更高”的深层次的理念，歌颂和赞美了纳西族情爱世界中真诚而美好的心灵，批判了几千年来的封建社会的包办婚姻制度。

综上所述，笔者认为一个民族是否文明，是否有智慧，从这个民族的情爱文化史中可以窥见一斑。别具一格的“纳西情歌三部曲”这一情爱文化，是任何一个民族都无法比拟的。

参考文献：

［1］田联韬：《中国少数民族传统音乐》，中央民族大学出版社，2001 年。

［2］和湛主编：《纳西文化荟萃》，宗教出版社，1999 年。

从文化地理学角度探讨纳西族传统音乐的保护问题①

王玉琴　吴庆畅　孙明跃

纳西族传统音乐是纳西族人民运用本民族固有艺术方法，采用本民族固有艺术形式创造的，具有本民族固有艺术形态特征的音乐，其中包括历史上产生、世代相传至今的古代音乐作品，也包括当代纳西族固有艺术形式创作的作品，具有民族固有形态的音乐作品。② 而纳西族传统音乐主要为民间音乐与宗教音乐两类（丽江洞经音乐，有人根据其阶段性传播特点而列为文人音乐）。纳西族传统音乐内容丰富多样，旋律古朴多变，有独特的艺术风格。20 世纪 50 年代，政府曾组织音乐工作组进行纳西古乐等调查及乐谱的整理。经禾雨、寇邦平、和鼎正、宣科、杨德鋆、杨增烈、桑德诺瓦等音乐前辈的考察、收集、研究及一些东巴艺人的传承与弘扬，纳西族传统音乐在乐谱采录、整理研究方面可谓成绩显赫，但这些大多注重于音乐本体方面的研究。随着全球经济一体化与丽江旅游业的发展，人们传统的生活方式、价值观念都发生急剧变迁。纳西族传统音乐文化遭受前所未有的冲击。传统音乐传承人的结构在迅速地发生变化，传统音乐的生存空间越来越小。许多承载着纳西传统民族文化和民族精神的优秀音乐品种将随着时间的流逝而损失殆尽，并且传统文化的失真现象越来越突出，音乐表演艺术服务于旅游经济，为迎合旅游需要而置其深层文化背景于不顾，把民族传统音乐生硬地抽离其音乐环境，或表演内容与文化实质貌合神离，这些对传统音乐文化的生存及可持续发展都极为不利。“白沙细乐”等纳西传统音乐，作为云南省非物质文化遗产，其中蕴含了深邃而厚重的文化底蕴，尚有较大的挖掘余地。现在迫切需要把保护研究工作上升到文化价值的层面上来。

文化地理学的研究对象是文化现象在时间上的发展演化过程与在空间上的地域布局结合，研究文化的差异变化与地理环境间的关系和表现。我们可借鉴文化地理学关于文化区域多样、文化景观变化发展、文化生态、文化综合因素影响等的观点，从广阔的音乐时空上来认识和理解纳西族传统民族音乐，探讨其传统音乐内

---

① 本文是云南民族大学青年基金项目“网络环境下非物质文化的版权保护研究”的阶段性成果之一。

② 杜亚雄：《探索的脚步——中国民族音乐文集》，上海音乐出版社，2005 年，第 219 页。

涵，以此引发对其保护方法的思考。

一、听觉世界的地理景观：纳西族传统音乐之地理印迹

文化与环境本身就是一条互通的双行道，从各少数民族传统音乐文化中可窥探出其人文环境的痕迹。纳西族传统音乐语言朴实、自然、清新，与纳西族人民生活密切相关，同时也离不开孕育它的人文地理环境。我们从这些流动的旋律中，可以看到土地的轮廓，绚丽多彩的山野，闻到温馨土地的芬芳，感受到纳西族独特的精神风貌。音乐及其文化背景的关系是民族音乐学研究的重点。音乐文化也是一定历史时空的存在。我们从纳西族传统音乐的唱腔、音乐形式及歌词中均可窥见其时空背景，发现隐秘在乐律中的玄机。

（一）东巴唱腔道破其原始音律源头

东巴经书是提醒式图画文字，为辅助记忆，便于流畅地表达经文内容，东巴们在诵经时必伴有唱调。有学者采录了具有代表性的丽江、中甸、宁蒗、盐源等地东巴唱腔，在进行记谱归类时发现，东巴唱调中含有许多古老、朴素的音乐结构现象。东巴诵经的曲体结构基本上仍处在初级音乐的发展阶段，其中显露一些不断发展的因素。并且，在这些曲调中，有的调式主音和音阶（音列）已经确立，而有的仍处在不确定的游离状态。而成熟的五音阶曲调各地域所占比例差别也很大，显示其地域特性，这为研究东巴音乐流传、分布、发展提供规律性启示。如丽江地区五音阶比例较大，二、三音阶几乎没有。鸣音乡的四声曲调比例较大，没有二、三音阶曲调，四声、五声只有四种调式，而没有 re（2）调式，这与三坝的四声音阶情况相同。而作为东巴胜地的香格里拉县三坝乡和泸沽湖地区，唱腔、调式、音阶（音列）的结构形态更显简单、古朴、原始。从地域上看，东巴教的传播从三坝向东越过金沙江，再经过大具渡口至鸣音中转，继续南下传播到丽江各地。因此，鸣音乡曲调音列的结构仍保留有三坝的原始特点，这与民间所说东巴教是从三坝传入丽江相印证。① 结合这些信息、历史资料与东巴经书中的超度亡灵回归祖地路线，对于考证纳西族民族迁徙历史也具有重要参考价值。

（二）丽江洞经音乐显露音乐扩散与传播

洞经音乐，原属于宗教音乐，是在云南普遍流传的道教音乐的地方性分支。洞经音乐作为道教传播教义的辅助方式，最早起源于四川，发祥于梓潼，是专为祭祀

① 吴学源：《东巴唱调的音乐结构形态浅析》，白庚胜、和自兴主编：《玉振金声探东巴——国际东巴文化艺术学术研讨会论文集》，社会科学文献出版社，2002 年，第 735—743 页。

文昌帝君和谈演文昌大洞仙经的道教科仪音乐或法事音乐。[①] 明末清初，洞经音乐在纳西族地区得到普及与传播。从音乐形态上看，洞经音乐的源流部分是中原的丝竹音乐，其风格清淡脱俗，是我国典型的文人雅士型音乐，后与天师道的经腔结合，成为有奏有唱的道教洞经音乐；但传入丽江后却只奏不唱，并带有纳西地域音乐风韵，已融合成其民族精神的一种音乐艺术。尤其在乐器声管中突现为一个下回式大幅度慢波音，受古老的“谷凄”曲调影响，略带鼻腔颤音的“哭腔”，婉转伤感而略显悲哀，充分融入纳西人的情感和气质。除此之外，纳西乐队中擦弦乐器采用的独特运弓方法，使其有机地辅助并夸张了旋律中的颤音，构成奇特的音响效果。另外，利用特色乐器苏古笃的演奏方法和曲项琵琶、芦管、丝弦小调及钹、铙等打击乐器的演奏组合，具有独特的情趣效果，加之其音乐配器音高及音层厚度也较和谐，使听众充满虔诚、肃穆、缥缈、脱俗之神秘感。

通过纳西传统音乐在时空中的回荡，我们探知在历史时空中，以人为核心的变迁带动音乐的发展与传播，并融合地方人文因素，因地制宜，变异生存与发展的空间。

二、地域性差异：纳西族传统音乐文化区

文化分布于一定的范围，形成文化区。文化区是指某种文化特征或具有某种特殊文化的人在地球表面所占据的空间。每一个文化区，其主要的文化现象具有一致性和相似性。文化区主要是根据文化区内的语言、宗教信仰、艺术形式、生活习惯、道德观念、社会组织、经济特色等来加以划分。文化区是一个动态的概念，随着社会发展和文化传播，文化区不断发生变化。[②] 同样，音乐也有区域特征，某一音乐文化区也有一致性和相似性质。纳西族由于分布地区、地理环境和社会历史、经济发展及语言方面的差异，其音乐中的旋律和音节调式也不同，从而使纳西族音乐分为东、西两部，音乐风格上明显不同。东部以玉龙山的东、北地区为主，包括维西县五区塔城的木里摩梭地区。东部民歌多为徵调式、宫调式及羽调式，民歌中有偏音、变音出现，造成调式转换交替，旋律起伏较大，旋律线呈下弧形，以重复型旋律和曲折旋律居多，乐曲一般在中音区结束，因此歌曲较明朗热情、粗犷奔放。如中甸三坝的“马鹿欢跳的草场”、宁蒗的“晚上走路山歌”，以及摩梭地区的“犁牛调”、“阿伙比哩”、“啊哟哟”等。而西部以玉龙山的西、南地区为主，包括维西县拉哈村、则那等地。民歌旋律多具有五声音阶的旋法特点，由羽调式、角调式构成，采用装饰性变奏手法居多，旋律线多从高到低，乐曲多结束在低音区

---

① 雷宏安：《略论纳西古乐的文化内涵及其价值评价》，赵嘉文主编：《民族发展与社会变迁》，民族出版社，2001 年，第 268 页。

② 韩永学、王妍：《论文化地理学研究的主题》，载《哈尔滨学院学报》，2002 年第 3 期。

或最低音，并常用短音符下方大、小二度的慢速下波音和长音符下方大二度的连续慢速下复波音作为润腔装饰。① 音色优美含蓄、委婉纤细，如“纳西小调”等，与东部音乐风格明显不同。在东巴的唱曲中，丽江的唱腔中有纳西民谣的风味，而中甸地区却杂有藏调及喇嘛经腔的味道，明显受到生活环境中乡土民群文化的影响。

这种因为区域差异而造成的音乐形式文化区，说明了纳西传统音乐不拘泥于大一统的唯一标准，因地而异的传承模式，具有地域多样性的发展特点。同时也显明了区域地理对音乐发展的影响。

三、音乐图像：纳西族传统音乐文化景观之再现

文化景观是文化集团在某居住区所创造的人为景观，是采用自然界所提供的材料塑造的。文化景观包括建筑、道路和耕地等，也包括一些如气氛等无形的事物。这里讨论的是人们的想象、感觉和印象的音乐文化景观，是由音乐文化特征集合在一起所构成的，是对一地区音乐文化的各种印象和感觉的综合。

音乐图像主要是以音乐为题材的美术作品。纳西族拥有丰富的音乐图像，无论是从东巴舞谱还是祭仪乐舞中都可解读出丰富的社会文化环境、民族观念等内容。通过东巴象形文字对舞姿、动律、场位、路线、技巧、乐器及用法的详尽描述，我们既可直观，也可联想到其表演内容的丰富内涵。音乐图像“神路图”，结合东巴们在祭仪中的表演更是淋漓尽致地向我们展示了整个祭祀场面，那袅袅燃烧的天香，扑朔迷离的灯烛，东巴们的念念有词，仿佛把观众迎入那上达天堂、下至地狱的神秘空间。另外，至今仍活跃于大研古镇及丽江山区的纳西古乐演奏，乐队人数以 8 为基数或 8 的倍数，表演时严格的程序和分工以及古老的乐器、曲调，虔诚、肃穆的场面，年过八旬的表演者，笛箫、钟磬齐鸣的演奏环境，加之扣人心弦的演奏，让听众融入其中，体会音乐魅力。东巴音乐和洞经音乐的演奏离不开宗教仪式的表演场地——寺庙、道观和祭祀场所等，这些都就是其音乐的音声环境。这些宗教音乐使人们产生严肃、神秘、超脱的感受，同样也为这些文化景观营造特殊的气氛。这些音声环境、表演和听众环境，以及乐器、乐舞无不再现纳西传统之音乐文化景观，是其音乐历史的凝固与再现。无形的音乐依托有形的器乐、表演场地、祭祀空间、寺院殿堂等表现出来。所以，非物质文化的保护需要与物质文化相结合，音乐的保护依赖于其音乐景观及有形的音乐附着物的保护。

① 田联韬：《中国少数民族传统音乐》，中央民族大学出版社，2001 年，第 1131—1132 页。

四、音乐与环境：纳西族传统音乐文化生态及综合

这里讨论的音乐文化生态，主要是指音乐与其环境的关系。纳西传统音乐东部、西部分野，音乐风格的变化显示了区域特点，这在前文音乐文化区和音乐空间已经论述。这里主要讲述音乐文化的综合。一种文化要素的空间分布，除受环境中的各自然要素的影响外，还受其他文化要素的影响。文化同经济、社会环境方面诸因素的关系，就是文化综合，是每种文化之间及其与整体文化之间的相互影响。① 纳西族传统音乐中蕴含有丰富的社会环境信息。如“夕独热”、“我仔”等代表农耕兴起的劳动歌曲，音调粗犷健美，节奏单一而沉重。20 世纪初产生的“纳西小调”、“三月和风吹”、“黄鹰与耕牛”以及用“谷凄”调演唱的“抓丁苦”等歌，倾诉了农民的痛苦及抗争，反映了当时的社会矛盾内容。随着商业经济的兴起，产生了“氆氇褂子”、“买寿岁”等商业印记民歌。宁蒗、木里、盐源等地流行的“阿哈比哩”调所唱“妈妈的歌”，内容多以歌颂母亲为主，这也反映了母系氏族家庭的社会背景。西部方言区婚俗歌曲内容表现了封建包办婚姻制度在纳西族中普遍存在，如“山盟海誓，双双去殉情”、“千万莫逼儿女上殉情路”、“死也不愿嫁舅家”等，反映了当时人们对不合理婚姻制度的控诉。东部则多反映具有个性的阿夏、阿注走婚内容的情歌。而“万朵山茶美”及流行于丽江大东一带的“窝热热”，表现了热情、剽悍骁勇的情调，反映了纳西先民以畜牧、狩猎为生的游牧生活场景等。

五、纳西族传统音乐之魂：宗教信仰、风俗习惯

纳西族传统音乐有较强的民俗特征，并与民间宗教信仰紧密相连，从而构成了其音乐特定的文化内涵。

一是宗教信仰。宗教是一种客观的历史文化现象，大部分少数民族都有民间信仰，是各民族历史文化的反映。我国少数民族宗教丰富多彩，各种宗教祭祀仪式表演，也多离不开宗教音乐来渲染其特殊气氛。宗教成为很多民族传统音乐的载体和存在的理由。纳西族地区至今保留着许多传统的民间信仰，而依此滋生的信仰仪式几乎皆有相对固定的音乐、舞蹈规程，并且这些也是其仪式内容的重要载体和表达方式。纳西族原始宗教东巴教的仪式音乐，由东巴调与东巴器乐两部分组成，东巴调音阶、调式、旋律及润腔方式与纳西古老民歌有很大渊源关系。而东巴器乐没有独立的演奏曲目，主要用于东巴仪式舞蹈的伴奏，为舞蹈动作烘托宗教仪式气氛。

---

① 韩永学、王妍：《论文化地理学研究的主题》，载《哈尔滨学院学报》，2002 年第 3 期。

东巴音乐包含唱腔音乐、器乐音乐、舞蹈音乐三部分。如东巴经中的“超荐死者”、“鲁般鲁饶”等。而丽江洞经音乐作为道教传播教义的辅助方式，是专为祭祀文昌帝君和谈演文昌大洞仙经的道教法事音乐。洞经音乐因道教而产生，而道教也利用洞经音乐渲染宗教肃穆、神秘的气氛。如洞经谈演仪式的“浪淘沙”等曲目，皇经谈演仪式的“甘洲歌”等曲目，另外汉地佛教“菜斋吱”（素食祭）仪式中“菜斋吱”等曲目；藏传佛教“勒巴蹉”（跳勒巴）仪式中“尼玛拉”等曲目。这些把音乐融入固定的信仰体系和外在形式的宗教活动之中，并且音乐又与其精神信仰杂糅在一起，使音乐文化具有多重文化属性，显示民众生活中精神环境内容。这些宗教音乐依存于宗教而存在，而宗教信仰则是此类音乐存在的内在精神。

二是风俗习惯。“风俗”指在不同的自然条件下和社会环境中历史上沿袭的、积久形成的习俗和风尚。纳西族歌曲中反映习俗类歌曲主要分喜歌和挽歌两类。喜歌用于恋爱、媒约、婚嫁等场合，如“时授”情歌及反映纳西族婚姻仪式等民风民俗的“聘礼调”、“送亲歌”、“开门歌”、“姑娘哭”、“祝婚歌”、“阿夏初恋”、“走访阿夏”、“心中的阿夏”等；挽歌主要是“牲开”之类用于丧葬的歌曲。如“窝热”、“幕布热”、“热尺”、“核拉勒扣”等曲调，情绪压抑低缓，给人以哀伤、沉重之感。源远流长的纳西乐组曲“白沙细乐”也是传承于纳西族民间用于丧葬仪式的器乐、歌舞组曲。纳西族传统音乐中随处可以窥见其习俗的影子，风俗习惯也为其民间音乐提供了传承的环境条件。

六、对纳西族传统音乐保护的思考

联合国教科文组织2003年通过的保护非物质文化遗产公约中，“保护”是指确保非物质文化遗产生命力的各种措施，包括这种遗产各方面的确认、立档、研究、保存、宣传、弘扬、传承（特别是通过正规和非正规教育）和振兴。对于全球经济一体化及网络环境下，作为非物质文化遗产的纳西族传统音乐面临失真、传承等危机，因此，保护方法上亟待深层次的研究。依照文化地理学生态观、区域多样性及文化景观有形与无形依托发展、变化的观点，保护纳西传统音乐可试从以下几点考虑：

（一）生态的保护方法

就是要从整体上系统地考虑音乐文化生态，取缔以往“文化搭台、经济唱戏”的杀鸡取卵式方法。纳西族传统音乐是在漫长的历史发展过程中不断累积而成的，孕育于纳西民众所处的自然、社会环境和精神环境之中，是原生形态的民间文化，因存在于民间才具有生命力，并有它自己的传承轨道。纳西传统音乐的保护应当是原汁原味，不能失去原来的生存土壤，不可把音乐抽离其生存文化环境，这样易造成文化层的断裂和文化失真。借鉴文化生态村、生态博物馆及民族社区传承等经验并结合音乐文化生态及文化综合因素，把纳西族传统音乐的保护置于其自然、社会及人文互育的音乐文化环境之中，使音乐能够综合并完整地表述其涵盖的历史人文信息及价值，以音乐文化试点从总体上阐释其生存之态，使纳西族传统音乐能在其文化生态环境中得到有效的保护。

（二）原真性保护方法

音乐的原真性就是音乐的原生性、真实性和可靠性。基于市场经济造成的文化失真现象对民族文化造成的巨大危害，音乐原真性的保护刻不容缓。鉴于本文剖析的纳西传统音乐文化涵盖的音乐时空等内容，音乐原真性保护，首先要考虑到纳西族社会环境、精神价值等方面影响因素，并结合音乐所依附的有形的、外在的音乐景观，如寺院、音乐器物、声乐环境等，注意有形与无形，动态与静态相结合的保护方法，利用文物与其精神文化内涵的整体性来展示音乐功能。例如，纳西族生命周期中的出生礼、成年礼、葬礼等仪式中都伴有特定的音乐，这些民俗活动都是音乐文化的载体。演奏音乐必须借助乐器、宗教建筑等营造声音环境等。要恢复传统音乐文化活动中的祭祀活动、传统节日等民俗，保护现今活态的音乐表演及其维持至今的原始功能，有效地保护民俗音乐文化景观。

此外，是技术上的原真性。利用现代完备的科学手段，用全真性代替过去全息性的保存方法。运用文字、录音、录像、数字化等多媒体现代科技，进行真实、系统和全面的记录，建立民族音乐档案和数据库。充分利用现代技术，记录传统艺人的讲述和表演，有计划、分步骤地调查、记录、拍摄一些民间礼仪、仪式、舞蹈、工艺、技艺等，结合有形的物质文化遗产进行保护，并科学地备档、保存，建立地级音乐文化遗产代表作名录体系。要借鉴国内外保护民族文化遗产的成功经验，用法律的手段规范和保证民族文化的保护和传承，利用法制手段保护音乐音像制品，防止盗版、侵权等违法行为。注重科研成果和现代技术的应用，积极鼓励对传统音乐保护技术的开发和研究，比如利用数字水印技术等信息手段对版权的保护研究等，为纳西族传统音乐的传承和发展营造良性循环的环境。

（三）发展的保护方法

发展的保护方法，也就是动态的、可持续发展的保护方法。要结合生活方式、风俗习惯等音乐环境，注意现代新发展的保护区的历史格局及风貌，保护、开发、利用要统一协调发展。音乐文化在历史时空中被人们不断地传播与发展，融合地方因素，因地制宜，变异生存与发展的特点，运用灵活方法，使音乐文化区域因地而异，显示不同发展特点，不拘泥于大一统的标准版。利用文物展示及现场表演、音声环境及内容讲解，使音乐文化在旅游中被欣赏、保护、诠释及至传承延续。鼓励和扶持民间自然传承，利用音乐传承及传播特点，以人为本，创造民众参与的动态传承活动，鼓励民间文化活态创造、发展及传承的过程。

纳西族传统音乐是一种流动的、无形的民族之声。那具有史诗韵味的祭天古歌和东巴乐舞，那余音绕梁的长调及沉郁顿挫的“谷凄”悲歌，无不蕴藏着丰富的深层文化内涵。通过纳西族传统音乐这一扇洞开之窗可以发掘很多宝贵的民族资料。而在传承和保护方法上综合利用文化地理学观点所解析的纳西族传统音乐文化内涵，我们可以把音乐的保护与广阔的时空环境、历史区域发展相联系，声乐与器乐、静态文物与动态表演相结合，物质文化景观与非物质文化内涵合一，利用音乐文化传播及扩散的特点来利用、传承和发展。把语言、风俗、历史以及人们的信仰、文化生态、音乐文化景观等相结合，进行系统的保护，保护其音乐载体，创造音乐环境，使蕴含丰富民族历史和精神内涵的纳西族传统音乐得到传承和良性发展。

参考文献:

[1] 王恩涌:《文化地理学导论》，高等教育出版社，1989 年。

[2] 郭大烈主编:《东巴文化论》，云南人民出版社，1999 年。

[3] [英] 迈克·克朗著，杨淑华、宋慧敏译:《文化地理学》，南京大学出版社，2003 年。

[4] 和云峰:《纳西族音乐史》，中央音乐学院出版社，2004 年。

[5] 李丽芳、杨海涛:《凝固的旋律——纳西族音乐图像学的构架与审美阐释》，云南人民出版社，2002 年。

[6] 周显宝:《人文地理学与皖南民间表演艺术的保护》，载《文艺研究》，2006 年第 2 期。

[7] 桑德诺瓦:《中国少数民族音乐文化》，中央民族大学出版社，2004 年。

[8] 云南省丽江地区文教局编:《云南纳西族普米族民间音乐》，云南人民出版社，1985 年。

[9] 中国民族民间文化保护工程国家中心编:《中国民族民间文化保护工程普查工作手册》，文化艺术出版社，2005 年。

[10] 徐嵩龄主编:《文化遗产的保护与经营——中国实践与理论进展》，社会科学文献出版社，2003 年。

在民俗文化遗产和民俗文化资源之间

——东巴文化的保存与活用

佐野贤治

前　言

或许是受非物质文化遗产的选定的影响，世界上的各个国家、民族都开始重新认识占其绝大多数的庶民、“常民”的普通平凡的生活方式及生活文化，并逐渐去承认其价值。传承下来的民俗文化，不是作为民俗文化遗产，而是作为民俗文化资源，从保护到活用，逐步开始进行探讨。尤其是旅游资源化的应有方式成为关键问题。以水稻梯田为例，菲律宾吕宋岛科迪勒拉的依富高人相信梯田是神灵所赐予的宝物并保存至今，但是由于后继乏人导致田埂坍塌，以至被指定为危机遗产。另一方面，中国云南省元阳县的哈尼族的水稻梯田则存活在当地人的生产活动之中。中国影片也曾在日本放映，影片将梯田和哈尼族的生活变化一起进行了象征性的处理。

现在，原本为了得到现金收入而去都市的伊富高的年轻人，正逐渐返回有水稻梯田的村落。在日本，由于食物自给率的下降、食品安全性等原因，农业也得到了重新的评价，开始出现了从都市到农村的人口逆向流动的动态。在纳西族的民族宗教东巴教里，将水流比喻为龙神，人们是绝对不会把水弄脏的。丽江市是由玉龙雪山底的流水培育出来的世界遗产之地。但是，听说过度的旅游开发也开始打乱了那里的和谐。

在人类社会的不断变化之中，民俗文化在现代社会中应该被赋予怎样的意义，其理论本身正受到考问。

一、“民”的发现——传统和现代相克

所谓“常民”是日本民俗学的用语，一般是指保持着民间传承的人们。相当

于英语的 folk，德语的 volk。最先使用这一词是柳田国男，当时是用来指相对于住在山里的山人而言的，有从事种稻农耕的里人、农民之意。涉泽敬三将之作为与“庶民”一词语感相近的 common people 的译词来使用。也有人将常民不是作为实际存在的人，而是作为体现“民之常”的文化概念来看。

传统和现代，在某种意义上来说是在生活的连续性和非连续性之中，对于连续性的坚定的信赖就是“民”的发现，“现在”是连接“过去”和“未来”的桥梁。将从祖先那里继承下来的事物经过改良传承给子孙，是活在“现在”的我们的职责。

以“民具”为例，粉体工程学者明确地指出，即使使用最新的粉体技术，也无法超越用石臼来磨粉之法。在发热量少、对成分的保持以及引起味觉欲望的粒子的均匀程度等方面，最新锐的制粉机也无法与石臼匹敌。实际上，荞麦或咖啡豆中被视为顶级品的，都是用石臼磨制、木炭焙煎等民俗工艺而制成的。经过先人孜孜不倦地积累起来的传统，并没有被现代的种种工艺所超越。

二、两个“知”——生活“智慧”和科学“知识”的融合

现在人们对于民具或是民居等民俗文化的关注，正是因为认识到其中凝聚了由常民长年的经验而产生的“生活的智慧”。但是近代以来，“科学知识”的普及，却导致了“知”的差距，使（依靠在民俗社会中传承下来的经验上的规则的）古老的智慧越来越不被尊重。

将教育作为一种文化的传播体系来思考的时候，传统教育和现代教育的对此，可以从身体、语言、头脑、文字的教育等指标来进行。但是，现在的学历主义等的不均衡性是明显的。

在这种情况下，日本中小学校于 2002 年度，高中于 2003 年，根据地域和学校及孩子们的实际情况，将可以实行有特色的教育活动的综合学习时间，以“生活能力”的培养为目的来开设课程，与福利、国际、情报学习并列，致力于学习传承于当地的民俗艺能、乡土等等。但是，仅仅实行了 5 年左右，其势头就在“这样做会导致学力下降”的声音之中而停滞了。

在乡土学习中，也通过各种方式对学校与博物馆的协作进行了尝试。可以这么说，学校是通过课程来获取知识，而博物馆是从当地的社会生活中学习生活的方法、智慧。地方博物馆不仅是通过展览品或展览解说，还通过体验学习等，成为科学知识和生活智慧这两种“知”相交会的地方。

东巴经典、东巴仪式之中，凝聚着经纳西族长年的经验而验证了的生活智慧和民俗智慧。应结合在学校教育中获得的科学知识，提高现代社会中纳西族的生存能力。

三、从乡土研究到世界常民学——在现代社会中民俗文化的意义

民俗文化和民俗学中的“民间传承”是相重叠的。围绕民间传承的特性、内容，有着各种各样的说法，日本的柳田国男将其对象大致分为：

（1）有形文化——通过旅人的眼睛可以观察的衣、食、住等；

（2）语言艺术——经过长时间的寄宿，学会了语言之后，可以用耳朵去听的民间故事、传说等；

（3）心意现象——生长在乡土的人在心里产生的共同幻想等。

通过分类，强调由乡土人（地域居民）来进行乡土研究的必要性。

关于“传承”一词也进行了很多讨论，但如果只单纯地把“传承”看作空间横轴上的文化“传播”与时间纵轴上的文化“继承”的合成词来看的话，在信息化社会的今天，相对于传播会旋即超越地域的情况，从上一代到下一代的文化继承线变细了，随着社会的发展，父亲向儿子学习电脑的操作、母亲模仿女儿的时尚等这种继承线的逆转现象也出现了。把新的文化带回家里的主角现在已经不是父亲，而成了小孩和母亲。作为传承的场所，家和村落、地域的共同体曾经发挥了作用，但是由于产业结构的变化，在地域社会，其现状也是文化的继承线条逐年变细。

民俗文化是因其连续性而有意义的，如果不再在地域的社会生活之中传承的话，要么就衰亡，要么就在作为民俗文化遗产的时候，成为以固定下来的形式来保存的对象。换而言之，也可以说是对于民俗文化的、有关地域居民的意志的问题，与民俗研究者、民俗文化行政相关人员的应对的方式之间的差别。民间传承是不断适应时代而变化的。放到民俗文化遗产上来，也是应该首先尊重居住在那里的居民的传承意志，这在某种意义上会丢失民俗文化的最根本的特质，但是可以将之看作是在以往的传承之中注入了新的意义，而且应当把民俗文化遗产也始终放在连续性之中来考量。

例如，在日本福岛县南会津郡只见町，居民自发地致力于民具的整理，不久，通过町史编纂讲座或文化节，对民具的讲解在居民中间扩大开来。在学校教育的第一线，在综合学习的时间里，也开始进行民具的利用。町民中的有志之士组成“讲述民具之会”，并将这个会的指南列举为以下三点：

（1）自己的民具要通过自己的双手去留存→让使用民具的人自己去做整理。

（2）编写民具史→为了把自己的经验和智慧传授给子孙而做记录。

（3）开展民具保持活用运动→行政和町民团结一致推进保存和活用。

这些努力取得了成效，2003 年作为“会津只见的生产用具和工作服收藏品”，有 2333 件被选定为国家的物质民俗文化遗产。只见町的民具保存活用运动可以说是地域居民参与型的成功例子。其背景是运动的执行人（居民）、支援的人（行

政）、引进的人（有学识有经验的人士）密切配合。

四、结语——生态博物馆运动的推进

关于地域的民俗文化的文化资源化，这里主要是指旅游资源化，笔者采用法国的里维埃（G. H. Riviere）在1960年后半期所提倡的生态博物馆（Ecomuseum）的提法。生态博物馆，是Ecology（生态学）和Museum（博物馆）的合成词，是把地域居民当成主体，包含了在这一地域里继承下来的自然及文化、生活的环境，用持续可能的方法来研究、保存、展览、活用的理念。是通过资料在当地的保存以及居民参与型的运作方法重新认识地域，并以地域的发展为目标的新型博物馆运作，而不是作为建筑物的博物馆来建设、运作。里维埃认为生态博物馆应当成为：（1）地域居民的学校；（2）自然和文化的保护中心；（3）寻求地域发展之路的研究所。

居民通过自身去审视真实的当地生活，了解当地的实际情况，会更加关注当地的自然和文化，其结果是谋取如何激活地域，思考地域的振兴，可以说这一连串的地域居民的意志的整体就是生态博物馆运动。如果以往的博物馆，是在封闭的空间里面，提供给非特定的多数的参观者的建筑物，是社会教育的设施的话，那么生态博物馆的主人公则是地域居民，是他们用过去、现在、未来的视角来审视、思考地域社会本身的开放的场所和空间。生态博物馆在民居和民具的保护和继承方面做出了很大的实绩。与1891年开设的瑞典的斯坎森以及韩国的民俗村等野外民居博物馆在性质上是不同的。但可以说与开始于1982年的法国的“美丽乡村”运动，以及中国现在正在推进的“民俗生态村”的运动是相连接的。生态博物馆引发我们去思考在生活中的民具或民居的本来的特性。

在对民俗文化遗产进行民俗资源化之际，笔者提出以下4个要点：

（1）不要简单地将自然、文化资源与旅游资源化相联系。

（2）在“自然”—“神”—“人”三者的关系中思考地域的振兴。

（3）把现在放到祖先—我们—子孙的三位一体的连续性之中去定位。

（4）生活的“智慧”和科学的知识，要用心去使二者达到“知平衡”。

参考文献：

［1］三輪茂雄『臼』1978、『粉』2005 法政大学出版局。

［2］佐野賢治「地域社会と民俗学 -「郷土研究」と総合的学習をつなぐもの -」『民俗学論叢』18，2003。

［3］柳田國男『民間伝承論』1934（柳田國男全集8所収）。

［4］佐野賢治「地域研究と情報学の連携 - 只見町インターネット？エコミュージアムの可能性」『地域情報学の構築』神奈川大学21世紀COEプログラム推進会議2008。

丽江古城篇

关于世界遗产保护方面丽江古城居民自主行动的重要性

高仓健一

1997 年，丽江古城登录世界遗产以来，其旅游业迅速发展，游客逐年增加，外地商人也纷纷流入这里进行投资，将原来的建筑物改造成经营饮食或礼品的场所。其结果是，自古继承丽江古城文化的原住民多数离开已经观光化了的丽江古城，迁移到现代化了的新城镇，导致原住民人口的减少以及以营商为目的流入古城的人口的增加，形成了难以把握的新的社会群体。

由于丽江古城的知名度的提高以及旅游业的发展，带动了当地经济的发展，登录世界遗产所带来的经济效益是不可否认的，能防止很多山间地区所面临的人口减少问题。为了保护这一文化遗产，需要对至今为止继承这些文化的主体原住民采取保护措施，提高他们的生活水平。这样，有利于原住民继承或保护被列为世界遗产的文化。

丽江古城，是位于中国云南省丽江市古城区的一个旧市街区。[①] 离云南省昆明市约 600 公里，是一个周围由高山环绕的盆地。由于周围有山环绕，即便是旱季也没有缺水的现象，是一座富有水源的城市。丽江古城约有 800 年的历史，是中国少数民族纳西族的中心都市，也是商品交易的重要中继地。漫长的历史中所建造的房屋和街道在 1997 年被列入世界遗产名录（登录基准是文化遗产 ii，iv，v[②]）后，旅游业发展，经济发达。但是由于游客的增加，古城内的生活环境在一定程度上被破坏，原住民向新城镇等地移居，而从外部流入了大量的以经商为目的的人们。

从 2004 年 1 月开始丽江市政府实施将原住民召回丽江古城的“惠民政策”，并且从 2005 年 12 月起禁止颁发旅馆、咖啡、酒吧、餐厅等营业许可证。

关于保护世界遗产的房屋及街道等的法律，1997 年，“丽江大研古城保护详细

---

① 确切地说，应该是大研古城、白沙古镇、束河古镇这 3 个地区被指定为登录对象，一般情况下，人们说丽江古城时常指大研古城。

② ii 能在一定时期或世界某一文化区域内，对建筑艺术、纪念物艺术、城镇规划或景观设计方面的发展产生过大影响。iv 可作为一种建筑或建筑群或景观的杰出范例，展示人类历史上一个（或几个）重要阶段。v 可作为传统的人类居住地或使用地的杰出范例，代表一种（或几种）文化，尤其在不可逆转之变化的影响下变得易于损坏。

规划‘规定’外表以恢复原状为目标，建筑内部可为满足现代生活的需求而改造”。因此，当地居民将建筑内部改造成便于居住的现代式（图1），在登录世界遗产之前混凝土建筑物的屋顶上增建瓦顶，保护原有的景观措施等（图2），既维持原有的景观，又保证居民生活环境的提高。这就是规划中的“结合建筑外表的保护与居民对合理及现代化建筑的利用，才能更好地保全旧市街道，实现可持续发展”。笔者2004年在丽江古城进行调查，采访了当地的老人，他说：“由于建筑内部改造成方便的现代式环境，儿子、儿媳妇和孙子就与我一起生活了，感到很高兴。”这个事例表明，以上规划的实施取得了对居民生活环境的提高以及防止当地居民向其他地区迁移的效果。但也出现了利用这个规划大幅度地改造室内装饰及庭院、经营客栈或餐厅等现象。这些经营者大多数是从外地来的商人。①

图1

图2

丽江古城由于被列为世界遗产，经济虽然得到了发展，但是也出现了当地居民大量流出、外来的商人大量流入等现象。作为世界遗产的民居因商业目的而大幅度地被改造，从世界遗产保护方面来看也存在着一些问题。为了解决这些问题，今后丽江古城的文化继承，应该由至今为止继承这个文化的原居民来担负，并作为主体来参与提高生活环境及保护的活动，而不是依靠盈利后就迁往别处的外地商人。今后，与忽略居民而优先提倡文化保护的研究相比，应将居民的生活放在首位，居民作为主体在推进文化保护方面的研究会得以提倡。

① 山村高淑他编：《世界遺産と地域振興—中国雲南省麗江にくらす》，世界思想社，2007年，第31—32页。

为什么居民要从世界遗产城市迁出

——丽江成为世界遗产后的社会变迁考察

山村高淑　张天新

前　言

（一）什么是TBD?

迄今为止，在地理学、休闲旅游和城市形态学等领域，对作为旅游地的历史城市的旅游特征及其影响、旅游产业相关的规划战略、开发政策和法规体系等问题，大多是从城市形态和功能方面进行论述（Getz，1993）。在相关研究中经常提到一个概念，即“Tourism Business District”（简写为“TBD”，旅游商务地区），是指面向游客的景点和服务业集中的地区。这样的地区和中心商务区（CBD）的功能密切相关。在一般的历史城市中，TBD、CBD和居住区这三类地区常常构成遗产地区的主要内容。

正如Getz所指出的，伴随着国际旅游的兴起，城市旅游的重要性日益提高，很多地方政府的规划行政部门和公共机构都在努力进行TBD的规划（1993：587）。Getz认为，历史城市旅游中最有吸引力的，是“得到保存的遗产”和“休闲游憩的气氛”。比如，把历史建筑作为服务场所或住宿设施加以利用，就是TBD规划中有效的手法之一（Getz，1993：598）。

中国的历史城市也面临同样的挑战，中央和地方政府都在积极推进以历史建筑保存及其观光商业利用为核心的TBD规划整治。本文所探讨的丽江古城就是一个典型事例。在古城登录为世界遗产的同时，政府也在大力推进旅游发展。古城中心的遗产地区，同时也是历史上居住的与CBD相重合的区域，现在又进一步加入了TBD的功能。

（二）历史城市的TBD所面临的问题

一个现实的情况是，历史城市的CBD、TBD、居住区和遗产地区在空间上相互重叠形成的空间和功能上的特征，以及以旅游发展为目标的TBD的整治，引起了很多方面的矛盾和问题。比如，近年来很多城市在列入世界遗产名录[①]后游客大幅增加，所造成的社会和文化影响令当地社会很难应对，这已经成为一个普遍的现象（如 Martin，2000 等）。特别是历史建筑的商业利用，作为把遗产经过现代形式的改造加以持续利用的方法受到重视[②]，但是如果当地社会的主体性得不到发挥，外部资本流入、原住民被迫离开历史地区的现象就会较为严重（如 Office of the UNESCO Regional Advisor for Culture in Asia Pacific，2000a）。在这种情况下，UNESCO（联合国教科文组织的英文缩写）指出不仅要保存物理形态，与之相关的地域社会和文化环境、一定程度的文化遗产完整性也是要保存的重要内容。为此，保持地域社会的主体性非常重要（Office of the UNESCO Regional Advisor for Culture in Asia Pacific，2000b）。

TBD 中发生的这种情况能够引起社会构造的变化，发展成为严重的社会问题。尤其是丽江古城这样少数民族聚居的城市，社会构造的变化不容忽视。1997 年丽江古城成为世界遗产以来，游客数量激增，宾馆和主题公园等旅游项目得到大规模建设。对此，2007 年第 31 次世界遗产委员会对中国政府提出了改善现行保护政策的要求，希望旅游商业化不会对历史城市景观的保存和少数民族传统文化的继承造成负面影响。[③]

中国的历史城市保存以"历史文化名城保护制度"为基础，积累了一定的成果。但是，因为住宅市场的调整和户籍制度的松动造成了居住条件的变化，再加上旅游的发展，丽江和其他许多历史街区一样，面临着历史保护建筑的出租和商业利用、外部人口流入等社会环境的急速变化，各地政府对于如何把这些旅游发展带来的问题与城市保护结合起来进行着艰难的探索。这种情况下，迫在眉睫的问题是如何迅速地抓住现行保护制度中存在的问题，寻求改善的方法。本文希望在这一方面进行有益的探索。

（三）本文的目标

城市形态学对 TBD 的研究主要集中在空间模式、功能分析等方面，而针对文化、社会要素的变化所进行的分析，以及对于作为遗产的历史城市如何实现整体保护等方面的考察相对匮乏。如前所述，在很多历史城市中，历史建筑的再利用成为导致社会构造发生变化的要因，产生了较大的问题。面对这些问题，从城市空间和功能出发的城市形态学视角表现出一定的局限性。为此，笔者在进行城市形态学研究时，加入了社会结构分析的内容，对 TBD 和生活领域、遗产领域相互重叠引起的社会问题进行了调查。本文试图通过针对社会变化内容的考察，对丽江古城所面

---

① 丽江古城于 1997 年登录世界遗产。

② 2002 年以前的数字是进入丽江纳西族自治县的游客数，2003 年以后的是进入丽江市古城区的游客数。因行政区划造成的变化，参照注③。

③ 2002 年 12 月 26 日，国务院决定废止"丽江地区"，分设"古城区"和"玉龙纳西族自治县"（原来的丽江地区改为丽江市）。2003 年 4 月 1 日正式采用。

临的问题进行深层的探讨。

一、丽江古城登录世界遗产和旅游发展的过程

（一）历史文化名城——丽江

丽江位于中国云南省西北部高原、四周群山环抱的丽江盆地中部，海拔2416米。丽江古城是纳西族历史上的中心聚居地，同时也是世界遗产登录的对象，面积3.8平方公里，人口14477人（4156户）（2000年3月数据）。

丽江古城在历史上是纳西族的政治、经济、文化中心，所在地早在秦汉时期就是“南方丝绸之路”和“茶马古道”的要冲，特别是对于云南与西藏的贸易而言处于尤为重要的位置。这样的交易，既促进了汉族、白族、藏族、纳西族等多民族的交流，也为丽江带来了商业和文化的繁荣。同时，通过与其他民族的交流，纳西族的祖先在广泛吸收外来文化的同时，保持和发展了自身独有的文化，一直延续至今。丽江保留着完整而独特的住宅建筑、东巴文化、音乐、服饰、祭典、手工业、民间艺术、传统习俗。丽江如此丰富的人文资源，尤其是历史街区建筑群的价值受到我国政府和国际社会的高度评价，1986年国务院批准其为历史文化名城。

（二）旅游大省——丽江所在云南省的旅游开发政策

中国拥有56个民族，地域辽阔、文化多样。但是一个不容忽视的问题是，很多少数民族都聚居在内陆地区。1978年开始的改革开放政策，虽然让沿海城市获得了较大的经济发展，但是与内陆地区之间的经济差距也日趋明显，地区发展不平衡成为中央政府迫切想要解决的问题。由于旅游业能够充分利用这些地区丰富的文化资源，初期投资需求较少，并能提高相关联的第三产业就业机会，因此受到政府重视，被视为“少数民族地区经济振兴的突破口”。

在这样的背景下，1994年11月云南省政府在丽江召开了“滇西北旅游规划会议”，制定了“旅游大省规划”。规划中，把以丽江为中心的滇西北地区作为重点旅游开发地区，并把丽江定位为东南亚、亚太地区的国际旅游城市进行重点开发。会议上提出：（1）丽江古城申报世界遗产；（2）为了申报世界遗产和发展旅游业，加强对古城传统建筑的保护，同时加强旅游服务基础设施的整治等。在此，原本分别提出的“遗产保护”和“旅游开发”两方面内容成了统一的方向。也就是说，“古城”等于“旅游资源”的认识得以确立，“文化遗产保护”也就等同于“旅游资源的开发和整治”，古城保护成为旅游发展的手段和条件，而后者才是真正追求的最终目标。

（三）世界遗产城市——丽江古城

1997年12月4日，在UNESCO的世界遗产委员会上，丽江的历史城市景观以及作为其构成要素的建筑群、地理和历史背景得到高度评价，成功地登录为世界文化遗产。

丽江作为一个少数民族聚居城市，一方面在文化遗产保护和旅游开发两方面同时并行，另一方面成功地被列为世界遗产，无论从先驱性还是政策上来说，都堪称中国城市中独特的事例。

二、为什么原住民要迁离古城

丽江列为世界遗产，在国际上的知名度大大提高了，可是现场调研中的一个发现是，古城中的很多居民却想搬家。如今登录世界遗产已经10多年了，古城内居民继续居住下去的愿望却越来越低。这是对于一直追踪调查的研究者来说是一个值得深思的现象。

"大家都想搬家。生活不方便。成了世界遗产，私家车和运货车都不能用，买个米都很困难，饮食习惯都改变了。建筑审查也很麻烦。我如果有了钱就想早点搬。有钱的人早就搬了，我们还住在这里就是因为没钱。"

住在古城里的一个40多岁的妇女如是说。

不愿意在受到保护的城市中居住，这个问题并非丽江所独有，而是许多历史城市共有的现象，反映了建筑保护与旅游发展之间的结构性矛盾。丽江只不过是引入世界遗产的城市中，上述现象表现得最为突出的一个。

以下，对此问题从新城建设和房地产市场的自由化、住宅租赁市场的状况、居民对旧房出租的反应这三点进行概括考察，希望能为今后的历史城市保护和旅游开发提供借鉴。

（一）新城建设和房地产市场的自由化

1. 国家住宅供给的不足

从新中国成立到执行改革开放政策已经走入正轨的20世纪80年代末期，一直都是国家和国有企业把住宅作为职工的福利进行分配，用极为便宜的价格出租给职工。这种方式在最初住宅大量短缺的阶段起到了较大作用。但是随着人口的增加，政府部门资金不足，低房租难以维持成本，造成再投资下降，导致住宅供给不足、建筑质量降低、建筑老化、人口密度上升等问题逐渐突出（刘，1998）。

这种情况在丽江也有所反映。2000年，笔者对丽江古城现文巷街区居民数量进行的调查表明，人口密度是260人/6720平方米，也就是38690人/平方公里。这个数字是东京都区部人口密度（13663人/平方公里）的三倍，可见丽江古城区中心地带的人口密度之高。

2. 改革开放政策下住宅租赁市场的形成

1980年后，中国政府推行了经济体制改革，实行改革开放政策，对房地产市场的治理也同时进行。1983年国务院发布的《城市私有房屋管理条例》中，明确规定私有住宅拥有所有权和租赁权。其后，出台了《中华人民共和国城市房地产管理法》（1994年公布，1995年施行）、《城市房屋租赁管理办法》（1995年建设部公布）等，与住宅租赁相关的法规制度逐步完善。

这种情况下，丽江的住宅政策也有所调整。作为解决上述住宅问题的一个环节，1985 年开始在古城西北方向的相邻地区进行新城开发。这个新城的总体规划涉及 15 平方公里的区域，地方政府和房地产公司采用不同的开发形式，如进行住宅的建造和出售，或者在购入土地使用权后出售给购买者建房。如此发展起来的新城，与旧城之间的交通非常便利，现在已经成为丽江古城居民最理想的迁居场所。1986 年，丽江被指定为国家历史文化名城，让新城建设有了另一大重要理由，就是有利于降低建筑密度，促进古城保护。

3. 古城世界遗产登录和新城建设的加速

丽江古城自 1997 年登录世界遗产以后，成为名副其实的一大旅游热点。同时，大规模的新城建设也在这一时期加速进行。其中代表性的有“香格里拉大道”建设，以及 1998 年 1 月 18 日云南省第一个五星级酒店——丽江官方大酒店在新城的开张营业。

旧城改造和新城建设的结果，是在实现了旅游资源保护的同时改善了游客的住宿游憩环境。1999 年，到访丽江的国内外游客数就突破了 200 万人次，丽江县旅游总收入达到 109300 万元。江泽民等党和国家领导在这个时期先后来丽江视察，表示对旅游业发展的支持。国外多个国家的国王、议长、总统、总理等贵宾也曾在此下榻。此外，1999 年昆明世界园艺博览会丽江分会场的设置，吸引了大批游客。所有这些，让丽江成功地迅速发展成为中国“旅游强县”之一。

（二）世界遗产区域内的租赁住宅市场

1. 世界遗产中心地带的建筑所有权状况

1997 年丽江登录世界遗产、1999 年昆明世界园艺博览会之后，丽江处于旅游的快速发展时期。2000 年 5—6 月期间，笔者对古城中心地带沿街 322 幢建筑进行了所有权关系的调查。

调查结果显示，322 幢建筑中的 7 成，即 224 幢都是外租户。其中，有 124 幢（约占 55%）是向外来人口出租，有 94 幢是作为土特产礼品店等旅游相关商店进行经营，还有面向一般居民生活的商店 28 幢、专用住宅 2 幢。在出租的 224 幢房屋中，140 幢的房屋所有权是纳西族原住民，占 6 成以上。其他房屋包括公有住宅 61 幢、企业所属 14 幢、不明来源的 7 幢。这些数据清楚地表明，出租住宅市场的存在，让外来人口开店经营旅游成为可能。

如前所述，外租屋的 6 成以上都是纳西族原住民的房屋。进一步追踪调查显示，这些纳西族房主中，有三分之一迁居到了新城。也就是说，一部分原住民把古城内的房屋出租给外来人口，而自己则保留所有权、迁居到了新城。

当时的大研镇副镇长对此做了如下表示：

“古城与新城比起来基础设施还不够完善，居住生活不方便。同时，很多居民认为游客增加了，带来了无限商机。因此，一部分古城居民从追求现代化的大面积住宅和商业利益两方面的目的出发，在新城购买了土地使用权建设住宅，或者购买商品房。而他们搬出古城以后，老房子大多被外来人口租去了。”

2. 租金收入状况

根据2000年5—6月的调查，沿街322幢建筑中，民房和公房一共有203幢，其中作为专用住宅的仅有5幢（2.5%），其余188幢都是商业店铺，租金大约1036元/月。

由于当地的很多背景资料难以掌握，对于这些租金与住宅面积、家居环境品质、所处位置等的关系很难进行分析，也无法与过去的租金进行对比，因此以上数字仅可作为参考。但是考虑到这些数字是个人租店的租金，当时云南省人均GDP为4355元，可以看出这些租金作为个人支付的金额还是较高的。

根据笔者多年调查，在房地产自由化发展过程中，当丽江古城成为世界遗产后，土地和建筑的旅游商业利用价值都大大提高，受市场杠杆作用的推动，建筑租金必然高涨。在这样的背景下，原住民保留古城内房屋的所有权，同时将其出租给外来人口、收取高额租金的状况屡有发生。

（三）修缮古城住宅，还是购买新城住宅？

1. 世界遗产建筑保护制度的制定

1997年，作为申报世界遗产的必备材料之一，关于古城保护的《丽江大研古城保护详细规划》（下文统称《保护规划》）出台。根据这个《保护规划》，古城建筑的保护制度框架和法律依据得以明确，控制、引导的内容和标准也基本确定，特别是针对住宅和店铺建筑的外观变化开始进行严格的限制。

此外，根据《保护规划》的规定，作为对居民在改建时的政策支持，丽江县政府于2000年5月设立了“古城保护基金”，经费来源包括由国家建设部和云南省建设厅下拨的补助金，还有丽江县内星级酒店征收的“古城维护费”。当时的适用范围主要是古城内基础设施的整治和112幢重点保护民居以及保护民居的修缮，除此之外的其他建筑不在补助范围之列。基金使用的程序是，在有建筑修缮改建的申请时，由丽江县政府设立的遗产保护委员会进行审查，对符合标准的项目提供重点保护民居最高8000元、保护民居最高5000元的补助（无须偿还）。

2. 比老房改修更便宜的新建房屋

但是这里面有个很大的难题，就是木材价格昂贵，修缮费也大幅提升。结果是对于老旧建筑，在严格按照规则修缮的情况下，仅材料费和用工费就达每100平方米9万元，也就是说一个面积150平方米的老房，修缮价格最少也要13.5万元。而当时新城内160—400平方米的公建住宅（包括土地使用权在内）价格为13万元、30万元、50万几种级别。相比之下，在新城买新房成为更为合理的选择。而如果仅仅在新城购入土地使用权（70年），120平方米的土地仅需1万元。

3. 木材价格高涨的背景

木材价格之所以涨得很快，与1998年长江流域发生的大洪水有关。洪水发生以后，中央政府采取了保护天然林的政策，原则上禁止森林砍伐，必要的建材砍伐必须得到许可。传统上丽江的建材都是在地域社会共同体的互助制度下无偿地从周边山林伐得，或者以很便宜的价格从周边农村购置。禁止砍伐的政策出台以后，从市场上购入已经不再可能，严格的保护造成了木材价格飞涨，如云南松的价格就提高了1.5倍。云南松可供采伐的年龄段是植树后50年，一棵树仅能够生产1.5—2平方米的木材。实行许可制度后，伐木的成本为200—300元/平方米，卖出价为1000元/平方米。

4. 古城居民的苦恼

这种状况下，修复费用变得非常昂贵，而当时的补助金额相对来说少得可怜。笔者针对这个问题听取了当地居民的意见，以下记录了几种说法：

> “领取的2000元补助，仅够改修墙面和入口的。要按照规定完全原状修复，自己家里压根没有那个钱，根本做不到。对于改修，政府的规定过于严格，手续烦琐。层高加高也不行。干脆，就打消了修复的念头，到新城去建房。很快就要搬家了。这里还有所有权，先租出去。纳西族的想法是，借钱修缮不划算，还是等有钱了再说。”
>
> （A，男，60岁，保护民居居民）
>
> “修缮用的2000元补助是拿到了。现在，自己家和兄弟家，还有6户租房的，一共8户住在这里，补助金大家分了，一家250元，什么也买不了，所以什么都没动。租房的人又转租，使用权混乱，根本找不到谁是最终的租房人，没办法。在庭院里想盖个现代点的房子，可是规则上不允许。厕所也不方便。所以，还是打算去新城买房。”
>
> （B，男，49岁，重点保护民居居民）
>
> “建筑许可制度太烦琐了，审查起来很麻烦，大家都很想搬家。生活也不方便，成了世界遗产，私家车和运货车都不能用了，买个米都很困难，饮食习惯也改变了。我如果有了钱就想早点搬。有钱的人早就搬了，我们还住在这里就是因为没钱。”
>
> （C，43岁，重点保护民居居民）

以上只是古城列入世界遗产以来给当地居民带来的问题的一个侧面。保护民居得到的补助，与《保护规划》上的改修要求所需费用相比不成比例。此外，手续繁杂，也是让很多居民放弃修缮的理由之一。如此一来，各家各户既没有充裕的经费，也没有积极保留传统文化的意识，通过改修实现保护的目的也就不可能实现。再加上实行古城保护措施后带来的生活上的不便，向新城迁居成为很多人的选择。

而新城的房屋和土地价格相对便宜，也促进了这样的流动。

还有一点需要注意的，就是原住民的迁出对旅游业造成了一定的影响。如前文所述，现在中国的人口流动在一定程度上是自由的，房地产市场也已经形成。在这种情况下，根据市场原理，那些有能力对历史建筑进行有效利用的人开始流入。从旅游经营来看，有资金开店、有提高利润本领的人入驻古城，比缺乏资金和经验的原住民经营要有利得多。在这样的背景下，原住民大量迁出、房屋出租的倾向当然在所难免。

在列为世界遗产后，丽江古城内由外来人口经营的旅游产业迅速发展。但是随之而来的问题是，他们大多对纳西文化缺乏了解，经营的土特产等商品也与纳西文化没有深层次的关联。而且他们并没有长期居住的意向，大都想在最短的时间内获得最大的利润，挣钱后再转移到其他更容易赚钱的地方去。而本来作为文化继承者的纳西族大多缺乏旅游经营管理的知识和经验，不仅不能发挥旅游产业的主体性，而且越有资金的人越倾向于搬出古城去新城居住。

这样的结果是，古城内的店铺内摆满了与地域文化无关的商品，传统的居民生活也销声匿迹，只有建筑物像主题公园博物馆一样被保存下来。从主—客交流的角度来看，旅游经营的主体不能代表传统的社会结构，旅游商品也未能传达本地特有的文化内涵。

当初地方政府提出申报世界遗产，是让古城保护和旅游发展能够双赢。可是成功登录后，因以上问题的出现，让外来人口大量涌入，加重了古城旅游商业化的现象，而纳西族原住民本来的生活却难以维持。

当然，外来人口是经过正式手续入住丽江的，其经营也是合法的，在经济自由化发展进程中，其权利必须得到应有的保障。相比之下，更值得深入探讨的，是原住民为什么会丧失在古城中继续居住的意愿？

总　结

（一）持续居住的难处

从上述分析可以看出，正因为丽江古城成为世界遗产，在建筑景观的保护体系得到完善的同时，人们的生活却面临许多困难。通过这个现象，可以看出作为“房地产”的世界遗产制度的局限性，以及利用世界遗产制度为旅游打广告的政策的局限性。我们需要思考的是：这样的制度和政策，为什么没能成功地帮助当地居民形成对地域的感情，没能激发他们持续居住的热情呢？

文化景观（1992）、无形文化遗产（2003），“综合保护有形文化遗产和无形文化遗产的大和宣言”（2004），这些不断更新的概念和行动代表了 UNESCO 近年来的动向，说明国际社会对人们的生活和遗产之间不可分割的事实日益重视。而丽江的事例更告诉我们，当地居民的意识和情感才是最关键的要素。

迄今为止对文化遗产的讨论，大多集中在保护和利用的技术性问题上，而以"人"为中心的讨论不占主流。即使有关于"人"的讨论，也是以"业主"为对象，集中在行政和居民、遗产保护利用的主体论和系统论上，而很少从居民生活如何保持的视点出发进行研究。作为一己之私见，世界遗产制度也好、旅游发展也好，必需首先从经济、社会、文化等方面丰富居民的生活，这是解决一切问题的起点。

丽江市政府从2004年1月开始，为了让居民继续在古城居住，或者鼓励已经迁走的居民回迁，开始施行"惠民政策"，即对于从世界遗产登录以前到现在一直居住在古城的居民，或者是回迁的居民，每月发放10元作为鼓励。但是，与房屋出租所得收入相比，这点钱实在微不足道。因此，这个政策还不足以提高居民继续居住的意识，不能解决根本的问题。

解决问题真正的希望在于居民自身，让他们能够深刻地理解这个问题的严重性，有意识地居住下去。这种人很少，但不是没有。以下就是一个居民的意见：

> "接受了2000元的补助，用在房屋的修理上了。以后再随时修补。如果使用纳西族的建筑样式、纳西族的工匠，仅仅修个门就要15000元。但是，自己的家要靠自己来保护，纳西文化还是要传下去，按照规则做是理所当然的，别人要买也不能卖。有些人要搬走，这是时代的潮流，没办法。"
>
> （D，男，58岁，重点保护民居居民）

今后，在保护旧城空间形态的同时，要让原原本本的生活和城市一起能够持久地保存下去，希望D这样的意识能够深入人心。笔者连续10多年在丽江考察所感受到的，是保护制度和补助金等最多不过是"补助"的手段，仅仅停留在表层。文化遗产和旅游相关的问题的本质，最终还在于居民对自己生活场所的情感和责任感上。

（二）新居民对本地区持有爱心的重要性

另一个重要课题，是如何让外来人口理解地域文化、融入当地居民的生活。从旅游发展的过程来看，今后还是要利用他们的资本和知识，作为旅游活动的主体，宣传地区的魅力。在房地产市场自由化的状况下，不能拒绝合法流入的人口，也无法限制其对职业的选择和居住地的选择。但是，外来人口中经营旅游的很多店主都缺乏长期居住的意向，这样的情况也需要改变。

追求遗产地区保护和TBD开发的双赢，不仅仅是世界遗产城市的目标，任何追求持续发展的旅游城市、历史城市都面临同样的抉择。一般来说，城市、特别是CBD，作为人口、产业、艺术、文化集中的地域经济中心，经济文化活动越活跃，居住人口流动就越明显。从保存地域固有文化的视点来看，这对于城市特性的保持具有负面作用。但是，经济活动的活跃和新文化产业的创立，也是由人口流动造成的。丽江古城正是旅游经济活动活跃、TBD 和 CBD 相互重叠的典型实例。这样的地区要发展可持续的文化旅游，所要考虑的不是如何把居民固定下来，而是要理解人口流动和混合居住正是城市社会环境的本质，必须充分认识其有利和不利的方面，有效地反映在规划和政策的制定中。

具体而言，从地域开发的视点看，要让城市依靠旅游实现可持续发展，首要的条件是对地域固有文化资源的保存和以传统地域社会为主体的旅游开发。但是这些还不够，必须根据城市社会环境的实际情况，把人口流动的要素考虑在内。要对外来人口在经济和文化开发上的贡献给予积极的评价，创造一种行政体系，能够让他们尊重当地的历史和文化资源，积极地与当地居民共同参与文化旅游产业的发展。如此，才可望把城市的社会环境向有利方向转化。

在丽江这样的世界遗产城市，一个倾向是过于偏重其文物的价值和真实性、居民的民族性，而忘记了混住、共生社会等城市生活的特征。在强调城市中固有的民族文化如何保存和继承、并在旅游产业发展中加以利用的同时，也不要忘记多重属性构成的地域社会才是继承地域文化遗产的主体，遗产保护和旅游发展必须与这样的社会结构相适应。现实的城市生活主体，是拥有多种文化背景的城市居民，必须考虑如何让这些多样的人群共同形成对地域的爱心和责任。

（三）人类学/社会学为基础的研究

以上是笔者在丽江古城长年考察和生活的真实感受。本文的主旨，并不是要把“爱心”、“责任感”等概念理论化，因此本文并不能称为具有高深理论意义的学术研究。但是，正因为过去的各种学术研讨常常局限于讨论抽象的理论和系统，而没有接触到丽江古城的生活实际，才让事态一步步发展到了今天的程度。当过去的学术局限性已经显露出来的时候，应该认识到文物、遗产、旅游、工程、经济等各类学问的基础都在人间、生活之中。为什么做学问，为什么保护遗产，为什么发展旅游？所有这一切，都需要我们重新严肃地进行思考。

参考文献：

［1］山村高淑、张天新、藤木庸介：《世界遺産と地域振興（世界遗产和地域振兴）》，世界思想社，2007 年，第 17—40 页。

［2］中国国家统计局编：《中国统计年鉴 1999 年版》，中国统计出版社，1999 年。

［3］段松廷：《丽江古城保护与旅游业》，《丽江古城保护与旅游业发展研究报告书》，大研镇人民政府，2000 年。

［4］Getz，D. （1993） Planning for tourism business districts. Annals of Tourism Research 20 (3)，583 – 600.

［5］Getz，D.，D. Joncas，and M. Kelly. （1994）. Tourist shopping villages in the Calgary region. Journal of Tourism Studies 5 （1），2 – 15.

［6］何光主编：《新世纪、新产业、新增长》，中国旅游出版社，1999 年。

［7］ Martin, A. L. （2000） Making Tourism Sustainable. Source No. 120, February 2000, UNESCO, 10－11.

［8］ Office of the UNESCO Regional Advisor for Culture in Asia Pacific （2000a） Action Plan for Lijiang. Report of A UNESCO conference/workshop for the enhancement of stakeholder cooperation in tourism development and heritage preservation in Asia and Pacific, Bhaktapur, Nepal, 8－16 April 2000. Bangkok, UNESCO Asia and Pacific Regional Bureau.

［9］ Office of the UNESCO Regional Advisor for Culture in Asia Pacific （2000b） A Heritage Protection and Tourism Development: Case Study of Lijiang Ancient Town China. Paper for A UNESCO conference/workshop for the enhancement of stakeholder cooperation in tourism development and heritage preservation in Asia and Pacific, Bhaktapur, Nepal, 8－16 April 2000. Bangkok, UNESCO Asia and Pacific Regional Bureau.

［10］ 刘家敏（1998）:《中国都市部の住宅投资と今後の見通し》，载《第一勧銀総研レビュー》，1998 年 4 号。

［11］ 周鸿、段松廷:《把丽江建设成为国际旅游城市》，载《云南城市规划》，1996 年第 4 期，第 32—33 页。

［12］ 新编云南省情编委会:《新编云南省情 1996》，云南人民出版社，1996 年。

［13］ 曾士才:《中国のエスニック・ツーリズム》,《中国 21》vol. 3，爱知大学现代中国学会，1998 年，第 43—68 页。

［14］ 云南省城乡规划设计研究院、丽江县城乡建设环境保护局:《丽江城市总体规划修编》，1995 年。

［15］ 云南省城乡规划设计研究院:《丽江古城中心地段震后恢复重建详细计划》，1996 年。

［16］ 云南省城乡规划设计研究院、丽江县城建局:《丽江大研古城保护详细规划》，1997 年。

［17］ 云南省城乡规划设计研究院、丽江县城建局:《丽江历史文化名城保护规划》，1988 年 3 月，1995 年云南省政府批准。

［18］ 云南省丽江地区行政公署、云南省丽江地区地方志办公室:《丽江年鉴》1997 年版，云南科技出版社，1997 年。

［19］ The World Bank （1998） Culture and Development at the Millennium － the Challenge and the Response －. the World Bank.

［20］ 山村高淑:《麗江古城における歴史的空間の保存と整備に関する研究》，2. 3 "地震後の空間整備計画の実施とその課題について"《日本建築学会大会学術講演梗概集》（建築経済住宅問題: 2000 年度大会） F－1, pp. 1055－1056。

［21］ 山村高淑:《中国の歴史的市街地における居住形態と観光商業化の実態に関する調查、分析: 麗江旧市街地の事例》,《日本建築学会技術報告集》第 13 号，2001，pp. 191－194。

［22］ 山村高淑・城所哲夫・大西隆:《世界遺産を観光資源とした観光産業の実態とその課題に関する研究: 中国麗江旧市街地における観光関連店舗の経営実態分析》,《都市計画. 別冊，都市計画論文集》36，2001，pp. 247－252。

［23］ Yamamura, Takayoshi （2003） Indigenous society and immigrants: tourism and retailing in Lijiang, China, a World Heritage city. TOURISM: An International Interdisciplinary Journal Vol. 51/

No. 2, pp. 215 – 235.

[24] Yamamura, T. , Zhang, T. X. and Fujiki, Y. (2006) The Social and Cultural Impact of Tourism Development on World Heritage Sites: A Case of the Old Town of Lijiang, China, 2000 – 2004. In C. A. BREBBIA and F. D. PINEDA (eds) Sustainable Tourism II (Transaction: Ecology and the Environment volume 97), pp. 117 – 126. Southampton: WIT Press.

[25] 山村高淑:《はじめに》,山村高淑・張天新・藤木庸介(2007):《世界遺産と地域振興(世界遗产和地域振兴)》,世界思想社,2007, pp. 1 – 16。

[26] 葉華、浅野聡、戸沼幸市:《中国における歴史的環境保全のための歴史文化名城保護制度に関する研究》,《日本建築学会計画系論文集》第494号,1997. 4,195 – 203。

[27] 全国人民代表大会常务委员会:《中华人民共和国文物保护法》,1982年。

[28] 全国人民代表大会常务委员会:《中华人民共和国城市规划法》,1989年。

遗产城市旅游中的“金苹果效应”

——对丽江古城保护民居功能转换的讨论

张天新　山村高淑

一、什么是“金苹果效应”

在本文中，我们把既好看又好吃、特别珍贵的苹果形容为“金苹果”。所谓“金苹果效应”，是指这样一种现象，即越是好看好吃的苹果，越容易受到人们的关注和喜爱，但也正因如此而面临被更早更快地采摘和吃掉的危险。如果单从个体生命延续的角度来说，这是一种不利的局面。但是，这类苹果能卖出较好的价钱，获得较高的经济收益，因而得到大量的种植和销售，从而显示出群体延续的优势。可是问题又会接踵而生，即可能因种植过于泛滥而产生供大于求、货品积压的现象，进而被迫压低价格；或因长期大量同种繁殖而导致种的退化，逐渐丧失市场竞争力。总之，在这个复杂的价值转换过程中，金苹果并不因其珍贵就可以高枕无忧、坐享其成，而是优势和劣势并存、成功与危险共在，无论在个体还是群体的层面上都是如此。优势突出之处，也正是其弱点之所在。

在建筑、城市和遗产保护、风景旅游领域，也有类似的现象。价值越高的遗产城市、历史街区、传统民居，越得到大家喜爱。而一旦这些作为“金苹果”的遗产城市和民居建筑成为旅游的热点，就往往同时面临保护的要求和开发的压力，这两方面的作用往往是不可调和的。当它们受到政府的关注、专家的喜爱，就有可能享受到各种政策的保护和资金的支持，但同时也面临因大量投资修缮而改变原有风格、成为“假古董”、丧失历史真实性的危险。当它们吸引了大量游客涌入而享受到较大经济效益，相伴而生的往往是人满为患、容量饱和，丧失应有的体验氛围，甚至让遗产不堪环境压力而遭到损坏。而当它们引起了开发商的关注，虽然可能会因此获取高额的收购费用或租金，但是可能因此而承受被大规模改造甚至拆迁的压力，遭到“建设性破坏”。由于价值越高的遗产地、保存越完好的民居，与其他一般地区相比越具有吸引力，因此往往导致其首当其冲地遭到破坏。其结果，是价值最高的文化遗产反而最快、最严重地遭到侵蚀和破坏，最终导致文化价值的整体质量和旅游的综合吸引力降低。这种现象，可以称为遗产城市旅游中的“金苹果效应”。

之所以“金苹果效应”会与人们对遗产城市、民居建筑的期待和预期大相径庭，一个不容忽视的原因是，遗产城市和民居建筑的价值和“味道”，在很大程度上取决于其内在的生活内容，而不是外在的建筑形式。因此，遗产城市保护中面临的问题及其发生发展和变化的规律，都与一般的非遗产城市大不相同，甚至在很多情况下正好相反。比如，对于一般城市来说，游客越多、开发商越是踊跃，对于城市发展越是有利，而这些对于遗产城市来说却可能变成了威胁；越是处于好的区位，对一般的城市开发来说越是占尽优势，而对于历史街区来说则越可能遭到开发的建设性破坏。遗产城市和传统民居虽然价值最为突出、旅游吸引力也最高，但是作为一种与一般的城市开发不完全同调同步的特殊的空间和社会现象，具有独特的文化生态机理，需要特殊的生存发展环境。这样的遗产，正因为保存了较高的历史原真性和文化稀有性，也必然比一般旅游地更为敏感和脆弱。而其一旦遭到干扰和破坏，价值就会迅速降低，陷入不可逆的蜕化过程，导致个体和群体的价值、种群的延续遭到严重威胁。归根结底，对于以生活为基本内容的遗产来说，生活空间、生活方式、生活氛围才是最核心的内容，其最原初、最根本的形态就是居住。其他的要素，如建筑的维护、社会结构的生成、民俗传统的发展等，都是在此基础上应运而生的。只有以上的生活内容完整，才能称得上是一只完整的、色香味俱全的“金苹果”。而当外来的旅游者或开发商大量侵入，其自我维持的动力机制受到干扰，传统生活方式的发展空间就会受到挤压和侵占。外来者过度的关注和窥视，必然破坏原有的生活氛围，造成正常的生活秩序难以维系，让民居建筑面临因为“喜欢”而被“吃掉”的尴尬处境。

二、金苹果的构造

作为一只“金苹果”，遗产城市和保护民居可以分为“皮”、“肉”、“核”等几个构造成分。“皮”，是建筑、庭院、街道、门楼等有形的外部空间形态；“肉”，是居住和生活于建筑和城市中的居民、家庭、邻里社会，构成了富有历史和地域特色的生活内容、气息和氛围；“核”，是当地固有的技艺、信仰、习俗和传统，是可以流传、继承和发展的内容。

以上三项内容相互承接、互为依托、互为表里。皮关乎是否好看好用，肉关乎营养和味道，核关乎种的传承。“皮之不存，毛将焉附?”对于遗产城市和民居建筑来说，外部建筑形态的“皮”固然重要，内部生活者的“肉”、民俗传统的“核”也同样重要，甚至更为重要。尤其对于以日常生活为内容、又依靠民间智慧和传统技艺而得以维持的传统民居来说，三者更是不可分割。

总之，“皮”、“肉”、“核”，只有完整无暇地合成一个整体，才是真正意义上的苹果。任何一个要素的缺失和剥离，都是“苹果”被“吃”掉的过程。然而，在实际的遗产城市发展过程中，“金苹果”往往很难完整地保存下来，经常在不知不觉中被“吃”掉。或者因为“皮”没有受到应有的重视，被轻易地拆除或随意地改造；或者是建筑外观虽然被保留下来了，里面的居民却搬走了，“肉”丧失了，也就没有了味道；或者是虽然居民还住在里面，传统的习俗却被抛弃了，“种子”丢失了，历史上的传承被割裂，民居也就丧失了生生不息的活力，因为适应环境、构成文化的基因丢掉了。

三、金苹果的“品尝”过程

好的苹果，不仅好看，而且好吃。人们都既想观赏、品尝，又想占有。品尝苹果的过程，可以分为“观”、“品”、“留”三个步骤：观外形、品果肉、留种子。遗产城市和民居建筑的外部形态是供人“观”的，内部的原汁原味的居民生活是供人“品”的，传统的生活习俗和生活方式是需要“留”的。遗产城市旅游应该以“观”为基础，以“品”为主体，以“留”为限度。正确引导和合理发展的遗产城市旅游，是游客对遗产进行观赏、体验、学习的过程，是对苹果的“观”和“品”，也就是与建筑和居民融合互动的过程。与此同时，帮助或参与“留”下其中的民俗和传统，使之能够生生不息地传承下去。以上三个环节，缺一不可。

在游客对遗产地进行旅游观赏的过程中，要欣赏的除了建筑、装饰等外在的形式，还有其中饮食起居的生活内容、与环境和传统密切相关的生活方式。而所有这一切的核心，是其中的使用者——秉承着传统文化和地域智慧的居民。如果拥有传统生活情趣、掌握传统习俗的人不在了，那么再漂亮的民居建筑也不过是僵死的躯壳。人们去访问古镇古巷，很大程度上是为了体验一种迥异的生活，那里面含有文化多样性所带来的丰富启示。

不当的旅游开发，会导致金苹果效应的发生，即上述三个环节之间相互脱离，导致遗产城市被“吃”掉：皮的剥离、肉的丢失、籽的不存。建筑被肆意修改、拆除，居民不在、生活方式改变，传统风俗丢失。一般城市或许可以被“吃”，而遗产城市一旦被“吃”，虽然会满足一时的经济发展需求，但是否符合当地社会的长期利益，是否符合整个社会的集体利益，则需要打上个大大的问号。

四、“金苹果效应”的三个尺度

在建筑、城市和遗产保护领域，“金苹果效应”发生在宏观、中观和微观等三个层面。宏观的金苹果效应发生在城市的尺度上，中观层面发生于城市的街区，微观层面发生在单体建筑上。

从宏观层面上看，遗产城市作为全国乃至世界范围内各类城市中历史文化价值最高、保存最完整、遗产最集中的特殊区域，往往是游客最为看重的旅游目的地，同时也是开发商首选的开发目标。然而，大批游客和投资者蜂拥而至的结果，却往往是造成传统文化价值的整体下降，让这些地方陷入旅游生命周期的怪圈，沦入旅游难以持续发展的困境，造成宏观尺度上的“金苹果现象”。云南的西双版纳、大理等地的旅游发展就经历过这种曲折的发展阶段。

在中观层面上，历史街区、重要历史地段，往往是一个城市中最有历史价值的部分，构成第二层次的“金苹果”。和宏观层面的问题类似，越是这类区域，越是面临游客容量大、旅游开发过度的危险。虽然国家有相关法律法规进行保护，但是其巨大的经济效益仍然让很多开发商想方设法挤进来。而在巨大经济效益的驱动下，居民的居住生活常常被排挤出局。

微观层面上，重要的文物建筑、特色民居构成了散布在城市中的“金苹果”。这类建筑因为价值高、吸引力大、效益显著，而更多地被改造为博物馆，或者被商家收购用作商铺店面，而居民的生活往往难以维持下去。

如果以上三个层面相互叠加在一起，也就是位于著名遗产城市的核心历史街区中的重要民居建筑，则会产生多重“金苹果效应”相互叠加的效应，产生的后果尤为明显和严重。下面重点介绍的丽江古城的保护民居，就是“金苹果效应”表现最为突出的例子之一。这座著名的世界遗产城市，有许多重要的、价值极高的民居建筑坐落其中。这些保护建筑和历史街区、遗产城市的范围相互重叠，形成了多重的“金苹果效应”。

五、丽江的“金苹果效应”

（一）丽江古城——宏观层面

丽江1986年被列为国家第二批历史文化名城，1997年被联合国教科文组织列为世界文化遗产。世界遗产的范围由大研镇、白沙、束河三个部分组成，核心区域是大研镇的丽江古城。作为世界文化遗产，丽江古城的突出价值主要表现在三方面：（1）拥有以纳西族为主体、多民族融合的文化传统，文学、音乐、宗教、文字等文化遗产内容极为丰富；（2）有以传统纳西族民居为主体构成的历史价值极高的民居建筑群，以复杂的水系构成的街巷空间、基础设施和景观系统；（3）周边有雪山、湿地、神湖等大量的具有西南高原风情的旅游点。

丽江古城的旅游业在登录世界遗产后发展迅速。1996—2006年10年间，旅游人数从112万人增长到460.09万人，其中，海外游客从10.2万人次增加到30.87万人次，国内游客从104.7万人次增加到429.22万人次；旅游收入从2.35亿元增长到46.29亿元，其中，旅游外汇收入从965.94万美元增长到8821.21万美元，国内旅游收入从1.55亿元人民币增长到38.94亿元人民币。

旅游业迅速发展以后，丽江虽然名气越来越大，但是也陷入旅游生命周期怪圈：容量饱和，民族情调和生活气息大打折扣，高原古城的神秘感和民俗体验的真实度下降，旅游市场上的吸引力发生一定程度的萎缩。特别是在遗产保护的真实性方面产生问题，已经引起包括联合国教科文组织在内的各方人士、文化组织和研究机构的关注。

（二）丽江的街区——中观层面

在丽江古城内部，有6个主要的社区，分别是新义街、新华街、光义街、义尚街、五一街、七一街。虽然古城结构非常紧凑，每个社区都是遗产城市不可分割的重要组成部分，但是其中某些社区还是显示出区位上的特殊优势。比如，新义社区可以称为各个社区中的“金苹果”，因为其不仅位于古城入口地带，给游客以强烈的第一印象，而且范围从入口沿主要商贸街道一直延伸到古城中心的四方街周边，是在丽江古城内位置最重要、受旅游影响最直接的区域，其所反映出来的变化情况具有较强的代表性。

根据2005年对新义街保护民居的调查，新义街共有注册居民507户（1578人），然而其中实际居住的只有169户（约600人），不及注册居民总数的三分之一。向新城等地移居的共计338户，而进入这一社区的临时流动人口则达400户（1200人）之多。也就是说，向外迁出的本地居民比继续居住的多一倍，而迁入的流动人口比迁出的人口还要多。这就是说，社区内的居民构成已经发生了颠覆式的变化，外来人口已经大大超出了实际居住的原住民人口。可见，居民生活的社会构成基础发生了较大变化。而这种变化，又具体地表现在保护民居使用状况的变化上。

（三）丽江的保护民居

丽江的传统民居具有较强的地域民族特征，是我国民居体系中优秀的一个分支。在遗产城市旅游中，这些民居构成了联系传统与现代、沟通居民与游客的媒介，具有重要的双重意义：一方面表现在内部，是当地居民真实的生活世界；另一方面表现在外部，是吸引旅游者的重要目标。为了加强对民居的保护，1997年，在数千座民居建筑中，丽江县政府指定了140个作为“保护民居”进行重点保护，按照价值和状态分为52个“重点保护民居”和88个“（一般）保护民居”，分别坐落在古城中心区、白沙村、束河村。其中，古城中心区是民居及其他遗产最为集中的地区。具体分布情况见表1。

表1　丽江不同社区的保护民居分布　　单位：个

地区	社区名称（数量）	重点保护民居	一般保护民居	合计
古城	新义街	7	15	22
	新华街	12	10	22
	光义街	10	10	20
	义尚街	2	2	4
	五一街	5	20	25
	七一街	10	9	19
	小计	46	66	112
白沙	3	9	12	
束河	3	13	16	
总计	52	88	140	

在所有民居中，这些“保护民居”和“重点保护民居”保存状况之完好、格局之完整、典型性之高自不言而喻，可以说是保存最完整、最具代表性、最有价值的“金苹果”。其变化过程和使用状态，能够典型地反映丽江古城受旅游影响的方式和程度，足以成为反映丽江这座遗产城市历史保护和旅游发展状况的“晴雨表”。

六、丽江古城新义社区保护民居使用状况的调查

（一）调查内容与对象

为了考察“金苹果现象”的发生情况，我们确定以丽江新义街的保护民居为调查对象，并把调查的时段确定在1997—2005年之间。1997年既是保护民居被指定的时间，也是整个城市被指定为世界遗产的时间，旅游业也自此开始急速发展。通过1997年与2005年的状况对比，能够清晰地反映丽江经过数年的快速发展所产生的变化。

通过实地调查和访谈，我们取得了1997年新义社区保护民居的房屋结构特点、描述、房主、使用性质等数据资料，进而在2005年对这些保护民居的现状进行重点调研。通过实地勘查和对房主或使用者进行访谈调查，确认其存在与否、准确位置、保护状况、现在的房主、格局、使用方式等内容，查明变迁的过程和原因。

（二）保护民居在新义街的分布

经过调查发现，1997年确定的、坐落于新义街内的保护民居总数为22个。在保护级别上，其中7个为重点保护民居、15个为一般保护民居。功能上，17户为住宅，其余5户为公共设施。从位置上看，位于北部入口地带的有4个，中部临广

场或沿河主要商业街周边的有6个，其余12个分布在相对比较隔绝的区域。其分布如图1所示。

图1 新义街保护民居的分布

七、新义街保护民居的现状

通过2005年对新义街保护民居的调查，发现最明显的变化是上述22个保护民居中，7个已经被拆除，其中包括1个重点保护民居、6个保护民居。功能上变化最大的是，17个原来作为住宅的保护民居中，仅有2个仍然作为居住使用，其余15个，除了被拆毁的6个以外，9个被改造成为各种类型的公共服务或旅游商业设施，其中以旅游设施占绝大多数。

表 2 新义街保护民居的用途变化情况表

类型	地址（#）	时间	1997 年的用途	2005 年的用途
重点保护民居	吉士巷 21#	1949 年以前	住宅	客栈
	吉士巷 34#	1900 年以前	住宅	客栈
	密士巷 47#	1949 年以前	住宅	拆毁
	密士巷 53#	1949 年以前	住宅	酒吧茶楼
	密士巷 14	200 年以前	住宅	客栈
	四方街 1#	1949 年以前	住宅	饭馆
	四方街 17#	1949 年以前	住宅	饭馆
一般保护民居	吉士巷 106#	20 世纪 30 年代	住宅	拆毁
	吉士巷 105#	20 世纪 30 年代	住宅	拆毁
	吉士巷 101#	50 年以前	住宅	拆毁
	吉士巷 85#	1949 年以前	住宅	拆毁
	吉士巷 63#	未知	住宅	办公
	吉士巷 4#	1949 年以前	旅店	旅店
	吉士巷 25#	1949 年以前	住宅	拆毁
	密士巷 48#	1949 年以前	旅店	拆毁
	密士巷 43#	1949 年以前	办公	旅店
	密士巷 74#	20 世纪 30 年代	音乐厅	医院
	密士巷 78#	20 世纪初	住宅	客栈
	百岁坊 33#	1949 年以前	照相馆	办公
	百岁坊 35#	20 世纪 30 年代	住宅	住宅
	百岁坊 56#	1949 年以前	住宅	展览
	百岁坊 50#	1949 年以前	住宅	住宅

进一步把 2005 年的用途分为公用、私用、旅游服务设施等类型，发现旅游设施共 10 个，所占比例最大，包括 4 个客栈、1 个酒吧、3 个饭馆、1 个展览、2 个旅店。在 3 个公用设施中，2 个是办公场所，1 个是医院。在仅存的 2 个私人住宅中，1 个是出租使用，有 1 个由当地居民自己使用，而且是多个家庭共同居住在一个院落内的情况。也就是说，传统的一个大家庭单独居住在一个民居院落里的居住模式在这些保护民居中已经难以看到。

表 3 保护民居的用途统计表

类型	用途	重点保护民居	一般保护民居	合计
私有	自用	0	1	1
	出租	0	1	1
	小计	0	2	2
公有	办公	0	2	2
	医院	0	1	1
	小计	0	3	3

续表

类型	用途	重点保护民居	一般保护民居	合计
旅游设施	客栈	3	1	4
	酒吧茶楼	1	0	1
	饭馆	2	0	2
	展览	0	1	1
	旅店	0	2	2
	小计	6	4	10
拆毁		1	6	7
总计		7	15	22

以上调查结果显示，丽江古城新义街内的保护民居表现出明显的“金苹果效应”。具体反映在：

（1）被拆迁而遭受毁灭性破坏的有 6 个。这 6 座民居的拆除，发生在 1997 年已经成功地申请世界遗产之后。

（2）“旧瓶装新酒”的 13 个，民居建筑的内部功能被置换了，仅仅保持了民居的外壳，这种形式所占比例最高。其中尤以旅游设施为多，占 10 个。

（3）还由居民居住，基本保持生活功能，可以认为保持原汁原味的有 2 个，所占比例最小。

重点保护民居和保护民居从内到外被利用改造、功能置换的结果，是民居从外观到功能都产生了较大的改变，生活世界的真实性和邻里社会网络的结构水平全面降低，民居的价值等级退化，从而让民居的构成体系从价值突出、特点鲜明的“金字塔形”结构向相对均匀的“梯形”结构滑坡，显示出民居建筑价值整体滑向平庸的趋势。

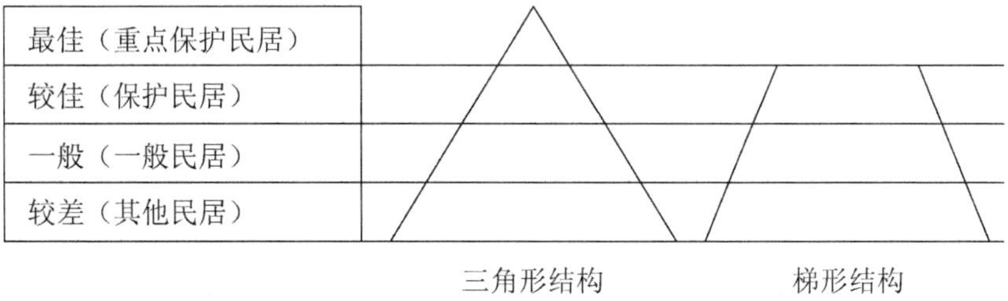

八、保护民居变化影响因素的分析

影响民居发生上述变化的要素，包括空间区位、价值和级别、所有权和使用者、使用方式和用途等。下面对这几个要素在丽江保护民居变化中的作用逐一进行说明。

（一）空间区位的影响

调查显示，传统民居在空间区位上显示出“金苹果效应”，即越是处于入口、中心、沿街等地段的，越容易受到冲击。

新义街消失的7幢保护民居中，有4幢处于北部入口地带，均伴随大型宾馆建设、停车场整治等旅游服务设施的开发而被拆除。从规划布局上看，旅游入口地的设置过于靠近古城，入口地带的过度建设，停车场等基础设施与古城之间缓冲空间的缺乏，也都是导致出现这个局面的重要原因。从保护政策上看，出入口地带的巨大商业诱惑使得开发商穿透了民居保护的政策缺口。从开发规模上看，大规模旅游设施的开发建设对于城市肌理和形态造成的负面影响不容忽视，对于遗产保护更是产生了难以挽回的破坏作用。

除了入口地带以外，城市中心的区位也显示出类似的问题。功能转换最为强烈的是位于古城中心广场——四方街周边的民居，几乎全被改造成各种形式的旅游服务设施。这里是古城历史文化的中心，同时也是游客活动中心和旅游服务中心。三个中心的重合，尤其是游客活动中心与旅游服务中心的重合，导致处于这一区域的民居遭受巨大的开发压力。虽然游、居一体化是丽江古城旅游的魅力所在，但是这一地区表现最为明显的过快、过强的功能混合和功能转换也正是造成民居文化和生活氛围丧失的根源。

相比之下，两个仅有的仍然作为住宅使用的民居都处于深远偏僻的地带，说明对于一般住宅而言似乎不佳的空间区位，反而有可能对民居保护产生有利的作用。

（二）价值等级的影响

不仅保护民居所受到的威胁整体上比较大，而且在保护民居体系中，“重点保护民居”受到了尤其严重的影响。这些重点保护民居是古城民居保护的主要对象，其建筑工程质量、艺术质量、保留状态在1997年是最好的。而2005年的调查结果显示，多数客栈、茶楼、饭馆正是从重点保护民居改造而成的。这说明民居自身的价值水平越高，就越容易受到开发商等经济利益者的青睐，从而成为以经济效益为驱动力的旅游开发的重点挖掘目标和改造对象。而其高利润也使得居民难以抵抗高租金的诱惑。这一切，让保护民居虽然被列为重点保护对象，但是因为保护措施仅限于针对民居建筑物质形态的内容，包括生活形态在内的完整的保护几乎无法实现。

图2　分别作为居住和茶楼的保护民居，表现出不同的社会邻里关系

（三）所有权和使用者的影响

对于保护民居来说，所有者和使用者的归属，在很大程度上影响了其使用的状态和受到保护的程度。

从调查的情况看，如果民居的使用权仍然属于当地居民，则有两种可能：一种可能是保护相对来说更为容易，因为本地居民更有可能按照传统生活方式使用建筑空间；另一种可能是居民因为缺乏资金而使修缮捉襟见肘，造成民居破败简陋，而逐步丧失一些重要的细节特征。民居的维修是一个需要大量资金和知识、技术积累与投入的事业。由于缺乏修缮资金，在改造、修缮的过程中，他们往往不得不采取简易维修的方式，而这难以保证形态原真性的保持，因此，在现有政策和经济技术条件下，仅仅靠当地居民已经不能保证民居的合理维护。

当民居所有权属于政府时，由于资金和政策有保证，建筑本身一般会得到较好的保护。但是也会有少数极端的状况出现，即正因为属于政府，反而更容易被开发和拆毁。如现已被拆毁的保护民居中就有一个是原政府的招待所，因大规模开发而首当其冲。政府通过这个过程满足了招商引资的需求，实现了短期的经济利益，但是未能考虑更长远的文化效益。

当民居被出租给外地的商户或住户时，租户往往会对民居进行较大的改造。一些外来的租户可能把外地的、现代的艺术风格带进来，造成与传统民居格格不入的局面。这突出地表现在被改造为商业设施的民居中。在民居装修方面，那些被大公司购得的民居显示了优势，可以有大量的资金用于维修。但是这种情况下仍然存在以下问题：第一，维修中为了追求华丽效果而丧失了民居的本味；第二，许多改装后的民居成为专用的旅游设施，与当地社区的关系变得淡漠。

（1）

（2）

图3　改作客栈的民居内院：（1）在走廊设置前台；
（2）院内设置楼梯等，不符合传统院落格局

（四）功能用途的影响

在列为世界遗产的城市中，民居的功能转换会让苹果在不知不觉中变了味。不同的使用方式直接导致保护民居不同的保护状态。

继续供当地居民生活使用的民居，最大的优势在于保存了“生活世界”的真实性。在生子、分家等家庭关系重构的过程中，民居的原始格局也会发生相应的变化。在当前人口减少的情况下，原有的建筑空间规模在很大程度上已经不适应当前居住形态的要求。尽管如此，即使其物理环境可能会发生一些变化，从“有机发展的延续景观”这个角度来看，这类使用所构成的状态仍然最完整、最真实，反应了居民生活的实际状况。相比之下，外来居民租户的使用方式将发生较大的改变，从而进一步导致内部功能布局、装饰装修等的较大变化，让遗产的真实性难以得到保持。

从居住向饭店、旅馆等商业功能的转换，会在短期内给居民带来租金收入的增加，给城市带来旅游税收的增加，为原本捉襟见肘的古建筑修缮带来一定的资金。不仅如此，这种利用方式还会体现出历史感与时代感的融合，深得游客、居民和政府喜爱，成为众多遗产城市改造中经常采用的模式。但是，从遗产真实性、完整性的要求来看，从居住向商业功能的转换会带来很多问题。如在形式、布局等方面丧失原真性，原有的邻里社区关系纽带断裂，商业服务所要求的大量能源使用与大规模基础设施的建设造成原有的居住空间不敷使用，并对周边环境造成生态负荷、环境压力的增加等。可以说，从长远来看，功能转换是造成遗产价值降低的重要因素之一。

作为公共设施使用的保护民居中很多被重新装修，以适应新的功能。例如，作为医院使用的，其内院装修中门柱、栏杆等被涂成了白色，而这种颜色从未在民居

上使用过。这样，就同时丧失了生活环境的真实性和形态环境的真实性，其作为旅游资源的价值也相应降低。而原本作为民居的格局也不完全符合作为公共设施的功能要求，因而在改造这类设施时，难免会遭遇大规模的改造装修，从而在形式、门脸、格局等方面发生较大改变。对于饭店来说，其厨房、储藏间等更是对建筑的通透性、院落的使用等提出了不同的要求。这种模式的民居往往在格局上改动较大，甚至可能完全丧失原来民居的特点。

作为酒吧的民居往往倾向于在传统民居风格的基础上，赋予其更具有猎奇特点的设计风格，如采用原木、毛石等材料，表现原始、粗犷的感觉。虽然可能在设计上别出心裁，但是往往与纳西族传统民居的风格并不相称，与遗产城市本身的历史环境更是大相径庭。

作为客栈的民居大多由户主在居住的同时进行经营，相对而言具有和谐过度的性质，内部和外观的改动一般都不大。但是为了接纳客人住宿，内部房间大多经过重新改装，特别是为了满足游客的需求而增添通信设备、加设浴室及厕所等，造成民居内部格局和装饰材料的改变。图 4 显示的是一个民居被改装成客栈后，业主在院内装上了楼梯，以方便楼上客房上下楼，而在内院直接设室外楼梯是丽江民居中从未有过的格局。

(1)　　　　　　　　(2)

图 4　作为（1）客栈和（2）医院使用的保护民居，在内外装饰上展现了不同的特征

九、应对“金苹果效应”的对策

（一）政策

针对民居建筑价值蜕化的现象，各方人士从形态格局、风貌文脉、人文社会、环境生态等多方面进行阐释。然而在所有的原因之中，蜕化的真正根源很大程度上还是在于使用者的改变和功能的转换。当旅游发展成为大势所趋时，“旧瓶装新酒”一般被认为是面对新的形势，加强旅游和经济发展，同时保护遗产的有效策略。而通过本文的调查发现，在以居住为主体的世界遗产城市中，这种方式虽然保留了建筑的外形，却可能是造成遗产城市社会功能整体失控的重要因素。

保护民居的现状与当地政府的相关政策与管理措施直接相关。事实上，丽江市政府早已经认识到居民参与保护民居的重要性。2000 年提出了“丽江模式”的概念，即在旅游发展中，结合政府、企业、当地居民，共同促进旅游与遗产保护。多年来，当地政府展开了多项促进旅游开发、文化遗产保护、居民社区生活改善的工作，取得了显著的成绩。具体包括基础设施的改善、古城管理维护费的征收、惠民费的发放等工作，设置了古城管理公司负责古城的建设管理和维护，2006 年还出台了古城建筑保护条例和维修手册。

但是，这些仍然难以避免大部分民居被出租转让的事态发生。造成这种局面的原因很多。比如，民居修缮一般是由政府和国际组织、外国财团共同资助，一幢房屋平均约可获得 2 万元人民币，前提条件是其维修方案获得政府部门的批准。但是这个数额明显与实际需要相差甚远，而居民往往必须支付其他部分，这对收入微薄的他们来说往往并非易事。此外，2003 年，政府进一步认识到不仅要保护民居建筑，还要保护民居内居民的生活，因而出台了对当地居民发放补助金的“本地居民优惠政策”，对在古城内居住了 10 年以上的居民发放 10 元/月的补助费，以表达对居民在原地生活的期待和鼓励。然而，这个金额与出租房屋获得的 2000 元/月的租金相比还是不成比例，因此很难阻止居民把房屋出租后搬出古城居住的趋势。如此下去，当地社区难以维系，而越来越多的外来者也很难融入传统的纳西族社会体系，遗产城市和地方社会的归属感、自我意识、自我尊重等都将日趋薄弱乃至逐步丧失。

（二）保护体系与法律地位

在我国现行体制下，对于任何一个民居建筑单体来说，最有法律地位的仍然是国家文物。丽江虽然先后被列为历史文化名城、世界文化遗产，处于整体保护的框架之下，但是这些保护民居却仍然没有一个明确的地位，基本上未被列入任何层次的文物范畴，因而在保护和维修上缺乏具有法律地位的依据和标准。当地对于“保护民居”的制定，只是地方政府的行为，更多地属于政策性的倾斜对象和荣誉，而并不属于任何级别的文物。虽然这些民居是世界遗产整体保存的对象，但是在实际操作中，建筑与城市、部分与整体之间的关系如何把握、管理和整治的火候与尺度，却是一个见仁见智的问题，很难一刀切地确定一种固定的操作标尺，这就为民居遗产的保护带来较大的难度。同时，政府有关部门为了不把古城变成一座冻结保存的对象，对民居的维修和使用也采取了比较宽松的态度。所有这些模糊的区域，都需要有更明确的法律法规来更好地填补。

（三）软硬两方面的对策

遗产城市中，大片拆除旧房、新建旅游设施等破坏性的建设方式已经受到严格监督和控制。然而，传统建筑外壳内的功能转化，即从传统居住功能向各类旅游商业设施的转变，却正在以一种悄无声息的方式、难以控制的速度蔓延。涉及功能转换，包括用途、使用者、使用强度、使用方式等变量。与此相关联的是所有权、使用权、社会关系、使用方式、装修方式、布局、形式等从软环境到硬环境的全方位的变化。毫无疑问，民居建筑个体的变化会随时间推移带来整个城市在空间实体与社会结构两个方面的变化：首先，个体变化的累积会引发城镇格局和景观构成的集合变化，这是“硬环境”的变化；而由此造成的居民流失则加速了遗产地场所感的丧失，居住者、生活方式、社区联系等“软环境”也在不可避免地发生深刻的改变，造成地方生活方式和传统社会关系的丧失。总的趋势是：一方面旅游设施大量增加；另一方面传统的生活方式、历史街区、传统建筑逐步减少，当地社区文化被表层化、商业化、庸俗化，进而整体上丧失文化的特性和竞争的优势。在追求经济利益的过程中，很多著名的旅游地都普遍遵循这种模式。针对这两方面的趋势，必须综合采用政策、技术等多种手段加以解决。

十、结　语

在旅游开发过程中，传统民居在形式、功能和文化意义上都在不断改变。它们既是居民的生活世界，同时又是吸引游客的手段。但是当他们被改造以迎合游客的喜好时，很可能造成民居价值的降低，进而影响到遗产保护和旅游发展的长远利益。其中一个现象是，价值越高、越是值得重点保护的民居，越易成为旅游开发的目标而遭到破坏，形成“金苹果效应”，这成为遗产城市保护中的一个悖论。

通过对“金苹果效应”发生要素的分析，我们发现，虽然金苹果效应很难完全杜绝，但是可以从诱因、控因、主因、结果等几方面入手进行防治：

1. 房屋的拥有者、使用者，是金苹果效应的主因要素，必须加以更大的重视。必须施行切实可行的引导和控制，设定用途区域，严格执行，避免商业化、旅游化的过度发展。

2. 质量、形态、区位、价值等是金苹果效应发生的诱因要素，必须采取合理规划、有效的政策引导来进行控制，否则将陷入无节制的开发行为。

3. 政府的政策导向是控因，必须从多个侧面进一步加强、完善。

4. 作为结果层面，必须兼顾形体环境、社区环境和生态环境二个方面，不可偏颇。

在遗产城市旅游的过程中，游客经历了“观”、“品”、“吃”的过程。正确引导和合理控制的遗产城市旅游，是让游客对遗产进行观赏、体验、学习的过程，是对苹果的“观赏”和“品尝”；而不当的旅游开发，则会导致这个苹果被“吃”

掉。遗产城市和民居建筑的外观是供人“观”的，内部的原汁原味的居民生活是供人“品”的，而当其被拆掉或者改变，就是被“吃”了。城市旅游应该以“观”为基础，以“品”为目标，是否“吃”则要极为慎重。对于遗产城市和民居建筑来说，外部的形态“皮”固然重要，内在的“肉”，以及其伴随的“汁”、“味”同样重要，甚至更为重要。然而，在遗产城市中，“金苹果”往往很难完整地保存下来。或者因为“皮”没有受到应有的重视，被拆掉、改变；或者是建筑外观虽然被保留下来了，里面的居民却搬走了，“肉”被吃掉了，“汁”、“味”丧失了，“核”也没留下来，那么剩下的建筑外形也不过是一个无用的躯壳。丽江这座遗产城市就是这样一个“金苹果”，其中的保护民居更是众多民居中的“金苹果”。这些价值最高的遗产，很多虽然保住了建筑形态的“皮”，却被抽走了居住人口的“肉”，丧失了生活气息的“汁”，而传统生活方式的“核”更是岌岌可危。

如何保存遗产城市中的居民生活，是一个争议很大的问题。理想的状态是所有民居都继续由当地居民居住和使用，营造其带有文化延续性的现代生活，进而营造城市的各类空间和景观，从而避免当地居民生长的物理空间、社会网络发生丧失和断裂。这并不是天方夜谭，需要符合实际的政策和资金扶持，也只有通过政府和居民更紧密、多渠道、多层面的合作才能实现。否则，在极端的情况下，整个旅游地可能会变成游客主导的城市，而当地居民则完全丧失主导权。丧失了当地居民和传统生活方式的遗产旅游地必将丧失其真实性，进而丧失其吸引力，难以逃避旅游地生命周期循环的怪圈。而当旅游一旦减缓或停滞，真正的输家还是当地的居民，他们必须担负起所损失的一切。

总之，遗产地的可持续旅游不仅仅需要物质空间，还需要生活方式、价值观、信仰、习俗的完整保全。为了实现这个综合、全方位的要求，不仅需要当地居民更多的主动参与和积极投入，还需要政府的充足的经济和政策支持。实现建筑所有权、使用者、功能用途的历史一贯性，是遗产地传统民居的保护中重要的手段，只有这样才能既保持当地生活方式，又能够实现旅游的持续发展。

参考文献：

［1］China Tourism，http：//www. cnta. gov. cn/.

［2］Jiang，G.，（ed.）. Lijiang：the Beautiful Naxi Homeland，China Architecture & Building Press：Beijing，1997.

［3］Zhang T. X. Yamamura T.，Fujiki Y. Conserving the Comprehensive Image of Natural Settings for World Heritage Sites，15th General Assembly and Scientific Symposium of ICOMOS. Xi´an，China，2005.

［4］Zhang T. X. Yamamura T.，The Spatial Structure of Urban Spaces in Lijiang City，Acta Scientiarum Naturalium Universitatis Pekinensis，Vol. 39，No. 4，467 – 473，2003.

云南丽江古城逐渐消失的纳西族社会

朱安新

一、纳西族人建造的水城

从20世纪80年代中期开始，地处中国西南内地的丽江加快对外开放步伐，以飞机航运为主的交通网络日臻完善，旅游业及相关产业得到不断发展。

图1　丽江古城（从客机上拍摄。照片拍摄方位为上西下东，上部树木葱茏处为狮子山）

在丽江当地，人们习惯以狮子山为界，将其东、西部分别称为古城和新城（图1）。纳西族聚居的丽江古城是一座列入世界文化遗产的中国古城。这座古城地处云南省西北部、青藏高原东南边缘，海拔2400多米。在行政区划上，现隶属于云南省丽江市古城区。古城坐落在丽江盆地中部，面积3.8平方公里，其开发建设可以追溯到南宋末期，至今已经有800多年历史。历史上，纳西族首领（土司）的地方自治权受到元、明、清代中央政权认可，其统治延续22代、470余年。期间，丽江古城作为纳西族的统治中心得以不断建设发展。几个世纪以来，中原和边陲的多种文化要素经过不断融合后在古城形成了厚重的历史积淀。汇聚了纳西族先人的智慧而创造出的极具巧妙构思的供水设施至今被完好地继承使用。1996 年丽江地区发生大地震，古城内建筑物大量倒塌。随后，以地震修复工程为契机，古城得到全面整饬而重获新生，使得丽江古城的历史风貌至今犹存。为此，1997 年丽江古城被联合国教科文组织正式批准列入世界文化遗产名录。丽江古城是水乡。流经古城的玉泉河源于城北象山之麓的黑龙潭（图 2），而黑龙潭水来自山脚下的涌泉。玉泉河自北流入丽江古城，并在古城北端分东、中、西三股向南流淌。玉泉河的三股支流入城后，又各自分支形成无数流水沟渠。城里主要街道都与大的支流相接，小的街道也毗邻沟渠，正所谓“主街傍水、小巷临渠”。古城中，住家与河道的距离大多不超过 50 米。而被河道分隔开的古城街区又由 300 多座各种规模的桥相连接。这些特点令古城被誉为“高原姑苏”。

图 2　黑龙潭（后方远处为玉龙雪山）

而丽江新城则位于古城西北部，始建于 20 世纪 50 年代。1958 年，在第一次编制的“丽江县城市总体规划”中，政府确立了“保存古城，发展新城”的方针，随后，政府、军队等机构设施逐渐迁出古城。时至今日，新城已经成为政府机构、宾馆、文化娱乐设施等大型建筑的所在地。

二、纳西族人建立的商业、手工业重镇

丽江古城因得天独厚的气候条件和地理条件历史上商业繁荣。古城北依象山、玉龙雪山，西边与狮子山及群山相连，南面是开阔的平地。这样的地形有利于阻挡来自西北的寒冷空气，并接受来自南面的阳光及暖空气，古城的一年四季无须冷暖

空调设备，温度适中。

此外，古城地处云南、四川、西藏的交界处。自古以来，对于汉族、藏族、白族、纳西族人而言，古城便是“南方丝绸之路”和“茶马古道”的重镇。这里曾是云南西北部最大的商品集散地和工艺品生产地。在纳西话里，古城就被称为“工本”，意为仓库集散之地。在古城的中心地四方街及其周边道路两侧曾经设有贩卖各种商品的铺面，商品涉及生活的各个方面，如蛋、禽、豆、陶瓷品、布、蔬菜、皮革制品、麻绳、钉子等。古城中有很多桥得名于曾经在那里出售的商品，由此，古城各处都可以寻觅到那些商业活动的痕迹。

古城的商业是以世代生活在古城的纳西人为中心而发展起来的。纳西人中很多都曾经在古城中拥有商铺。当地人告诉我们：“古城中的店铺曾经是一家连一家，店铺里摆满了铜器、毛皮制品、纺织品等手工制品，而商铺的经营者几乎都是纳西族女性。纳西族女性为人热情且能说会道。商铺前，经常会有顾客和店主用纳西话来讨价还价，其中很多对话令人忍俊不禁。古城真的非常有趣。”除了商业，古城的纳西人还曾经发展了手工业，涉及皮料加工、布匹染色、纺织、铜铁器制作、毛毯编织等。据说，历史上古城的独立手工业者一度曾经超过2500户，仅纺织业就曾有约700台木制纺织器具。在20世纪50年代，古城居住者几乎全是纳西人，其中80%以上的古城居民是靠手工业或商业为生。

虽然古城四方街等处的商铺和民居可以转让、租赁，但原则上是代代相传。纳西人便是这样以商业和手工业传承，代代定居在丽江古城里。在长久的居住历史中，在古城纳西族独特风格的住宅和街区中，曾孕育产生了纳西人共同生活、共同处理本地区问题的独特文化，形成了纳西族的地域社会。

三、古城旅游业发展与纳西人的迁出

丽江以其美丽的自然风光和独特的纳西族文化，很早便成了旅行者的向往之地。然而直到20世纪90年代，由于受地理及交通条件所限，丽江并不为外界所关注。但是，随着现代交通网络的不断建设和完善，特别是1997年丽江被列为世界文化遗产以来，造访丽江的游客人数逐年增加。据统计，在1997年之后的10年间，仅通过航空方式前往丽江的游客就从先前的每年不到2万人增加到110万人。

历史上的丽江古城曾经作为商业和手工业的重镇而繁荣。近年来，在丽江呈现出一片全新的由旅游热而带来的热闹光景。如前所述，无论是1958年确立的“保存古城”方针，还是1996年大地震之后的古城整修，都有效地限制了破坏传统景观的水泥建筑物的新建，并拆除了不合标准的建筑。如此一来，古城中的居民住宅风格统一成灰瓦、土墙、一层或两层的木制住宅（图3）。古城内虽然房屋排列紧密集中，但由于统一规划成低层建筑，并不会给人带来空间和视觉上的压迫感。而风车的设置（图 4）、水边风景的绿化整饬（图 5）更使得古城增添了许多盎然的情趣。古城的街道由天然五花石铺成，主要道路的路宽也只有 3—5 米，小径宽度则为 1—2 米，不能行车。这为步行者构建了舒适的步行环境，古城故而成为游客的“步行天国”。如今，古城内每日都有游客徜徉其中，俨然一幅“热闹的旅游城市”景象。

图 3　古城中的居民住宅风格

图 4　古城入口处的分水渠和水车

图5　古城内的水边景观

构成古城热闹景象的另一个因素是完善的商业设施。在游客大量涌入的同时，善于把握商机的商人们也纷至沓来，云集于古城。与以前相比，古城中的商业设施不再是与生活必需品相关的店铺，而更多的是以游客为生意对象的零售业、饮食业和旅馆业。据研究统计，3.8 平方公里的古城里有 1600 余家商铺，其中 70% 的经营者是外来商人，而不是本地纳西族人。从事零售业、饮食业、旅游业的外地经营者从纳西族居民手里借来民居，把房子转用为商铺和旅馆，其中古城民居转用为旅馆的有 130 余家。而依靠出租房子收取租金的纳西族本地居民则迁往能够更便利地享受各种现代生活的丽江新城。历史上，一贯善于商业经营的古城纳西人为何没有成为当下古城观光业的直接经营者，而该现象给古城社会发展带来的利弊如何？这是一个值得后续探讨的课题。

随着古城的民居从纳西人定居的住宅不断变成旅游住宿和商铺设施，古城也从纳西人定居的小城变成外地观光客和外来资本短暂停留的空间。现在，每年造访古城的游客人数上升到 300 多万人，今后还有继续增加的趋势。受旅游业长足发展的恩惠，一方面，古城经济总量迅猛增长，古城区的生产总值在 2002 年达到 10 亿 5460 万元，其中包括旅游业在内的第三产业为 6 亿 3929 万元，占 60.6%；另一方面，1990 年，古城总人口为 16083 人，其中纳西族占到 14697 人，超过 90%，但是到 1997 年，古城总人口增加到 25300 人，其中纳西族为 16900 人，减少到不足 70%。近年来，这种纳西族本地人在总人口中的比例降低的情况呈现每况愈下的趋势。比如 2005 年 8 月，古城中的纳西族已经减少到 6000 人，其中多为老龄人（图 6）。

图6　古城中的当地纳西族老人

古城中纳西族人口的减少意味着纳西族生活习惯的传承逐渐变得困难。丽江古城之所以被列为世界文化遗产，正是因为这里有“鲜活的文化”，是纳西人的生活方式充盈其间的地域空间。但是时至今日，纳西人已经开始担心：或许什么时候，丽江纳西族的文化将会从古城消失。

四、从丽江古城逐渐消失的水文化

一直到十几年前，对于古城的纳西族而言，流经古城的水都既是自然之水，又是生活之水，更是信仰之水。长期以来，古城的水环境由纳西人亲手呵护保全。

比如在生活用水方面，古城中形成用水的规矩，其中最为典型的是以下三种：(1) 饮用水。上午10点之前是提取饮用水的时间，严格禁止除饮用之外的用水方式（如洗菜、洗衣服）。(2) 洗衣用水。河里禁止洗衣服，从河里取水到河岸洗衣服，衣服洗完后的脏水不能倒入河里，而是撒在路面上。以前，洗衣剂不是现在的工业合成洗剂，多为天然的皂角。(3) 三眼井泉水。古城里有很多泉眼，人们活用泉水顺着倾斜地面流动的特性，开掘上、中、下三口井，上泉是饮用水，中泉用来淘米、洗菜，下泉用来洗衣服（图7）。这些都是纳西人的日常习惯。纳西族从很久以前就在生活中出于对水的珍惜和敬畏，形成并传承下来许多有关水的规矩。比如，不可以往水里扔垃圾，小孩子不能在水边玩耍，不能在上游的水中洗衣服和鞋子，等等。

图7　古城中三眼井用水公约

（以上图片均由笔者于2005年拍摄）

在当地，我们了解到曾经普遍存在于纳西族居住区的独特的水管理措施。据古城当地的纳西族老人介绍，纳西族的居住区均设有一个被称作“水管员”的职位来担任相关的公共（共同）事务。水管员由当地居民选出，主要的工作是每年组织地区居民清扫河道。清扫河道的时候，先把水源截断，接着把水从河道全部放出，在彻底清扫河道和路面之后再放开水源。曾经担任过水管员的人这样说：“丽江人世世代代靠水生活，只有水干净，身体才能健康。”水管员在纳西族居住区占有重要地位，因为他们的努力，丽江的水才得以常年保持清洁。由此可见，在纳西族生息的古城中，人们的生活智慧使其在日常生活中曾经积蓄了保持水环境的地域性机制，而这个机制本身是由本地区的居民和居民组织支撑的。

纳西族珍惜水（环境）的生活态度反映着纳西族特有的人与自然的共生思想。纳西族所信奉的东巴教经书里写道：“人和自然是兄弟。”保持人与自然之间的和谐关系是纳西族文化中的重要内容。在这种信仰下，古城的纳西人珍惜自然之水，而且相信泉水源头栖居有自然之神。他们保护泉水源头的植被，甚至将在泉水源头附近的大声喧哗视为一种禁忌。

可是，现在紧紧贴近生活的水（意识）却逐渐从古城的日常生活中淡出。住在古城中的一位30多岁的纳西族妇女告诉我们：“我小的时候，自来水管道开始普及，我家里也装了自来水管道，自那以后，饮用水直接从自来水管流出。而在以前，从大河里打水是家里的重体力劳动，特别在当时，我们住在狮子山腰，至今我都难以忘记奶奶每天很辛苦地从河里取水的身影，一个来回需要30分钟以上的时间，但自从有了自来水管道，取水变得很轻松了。”

现在，丽江古城的自来水管道普及率达到100%。自来水管道的普及固然使得生活更加方便，但从另一方面来看，曾被视为生命之水的河流在人们日常生活中的作用和重要程度却由此降低，并逐渐淡出人们的意识。与此同时，随着有关河水河道管理的行政规范的确立，当地居民进行的河道清扫活动也逐渐消失。

五、丽江古城与水将走向何方

如今丽江已经成为世界闻名的旅游城市，这是古城经济繁荣的一个重要推动力。游客最多时，四方街甚至出现平均1.4平方米就站有一名游客的拥挤状况。历史上对应于万人规模而形成的古城供水和排水系统显然无法满足由于游客增加而带来的需求。包括增加新的水源地在内，虽然古城不断进行改善，但依然无法从容以对。而水资源保全意识薄弱的外来游客的涌入，带来的是对古城水环境的破坏。有纳西人说："随着大量游客涌入丽江，不好的习惯也被带了进来。有往河里扔垃圾的、倒污水的、吐痰的。外来的饮食店经营者和旅馆经营者中，有些人到了晚上趁人不注意的时候还会向河里倾倒垃圾和脏水，甚至还有人向河里小便。这简直就是无法使人相信的犯罪行为。"

如此一来，保全水资源的纳西族文化，以及支撑这种文化的纳西族的地域社会正逐渐从丽江古城退隐，这也是近年来古城的河水变得污浊的原因之一。留在古城的纳西人说："现在河水虽然看起来还算清澈，但是已经不能直接饮用，甚至都不能用来洗菜。"而且他们还担心：清水从丽江古城消失的时候，或许就是丽江城市魅力消失的时候。

纳西族居住区在丽江古城文化多样性中担负了重要作用。那里在悠久的历史中形成了地域社会，水资源一直被珍惜地加以利用和保护。但是近年来，随着旅游业的发展，丽江古城逐渐丧失其地域社会的以上特性。对丽江古城而言，失去纳西族将意味着失去在历史长河中费时费事形成的地域传统（如适合当地的各种智慧、文化，以及地域社会、人们的意识和行为）的传承者。近年来，随着地方行政部门建成的水利用和管理方面制度的完善，古城中水利用变得更为便捷。但是我们不得不意识到，古城的水已从居民亲自管理的"亲近之水"变成居民逐渐"够"不到，也不愿意主动去"够"的"疏远之水"。如此一来，丽江正在逐渐丧失经过历史积淀形成的适应当地独特水环境（自然）的社会保护机制。同时，我们也很难基于当下现状做判断：能够取代正在逐渐消失的传统智慧的新的地域性智慧已经产生。

最近，在许多先进国家的城市中，我们可以看到人们尝试着努力克服过度经济化和行政化带来的弊端，并且基于那些努力寻求多种版本的"城市再生"。今后，丽江古城的城市建设将如何发展，并走向何处？我们会继续予以关注。

参考文献：

[1] 杜国庆，観光開発に伴う世界遺産「麗江古城」の変容，『アジア遊学』第83号，

2006 年。

［2］椺根勇、宫泽哲男、朱安新，麗江丽江古城の水と社会，『水利科学』291 号，2006 年。

［3］杨福泉：《丽江古城的地域社会及用水民俗》，载《云南民族大学学报（哲学社会科学版）》，2009 年第 3 期。

［4］朱安新，雲南麗江地区の水環境に関する社会学的考察，2005 年度愛知大学 21 世紀 COEプログラムICCS『中国が進める循環経済と環境政策』，2006 年。

［5］朱安新，雲南麗江古城の消えつつあるナシ族社会，秋道智彌编『水と世界遺産』，小学馆，2007 年。

关于丽江古城传统民居外观结构的研究

藤木庸介　北山惠

一、研究的背景与目的

迄今为止，关于丽江古城传统民居外观结构的研究已有不少①，而在最近的2006年，世界文化遗产丽江古城保护管理局与昆明本土建筑设计研究所又出版发行了《丽江古城传统民居保护维修手册》（以下简称《维修手册》）②。维修手册是为了维持和保护丽江古城的传统民居和历史景观而编纂的一本手册，其中特别引人注目的是它在每一页中除了列举传统民居的具体实例外，还以“正确示例”和“错误示例”的形式详细说明传统民居的建筑特征。这是管辖丽江古城的世界文化遗产丽江古城保护管理局明确给出的关于什么是真正的传统民居建筑要素的定义，应该说，这一定义具有划时代的意义。

另外，丽江古城的传统民居也是在“茶马古道”贸易中不断吸收外来文化而逐步形成的，其自身就融合了多种建筑特征。因此，今天我们看见的传统民居的建筑要素很难归入某一单一的定义范畴。然而，《维修手册》并未提示传统民居外观结构的变化。为了更好地维护和保存丽江古城的传统民居和历史景观，需要尽快对这一动态的变化加以界定。

基于以上背景，本研究将围绕丽江古城传统民居的建筑结构要素，着眼于其外观结构的变化，给予明确界定。

二、研究框架

由于丽江古城的传统民居是在贸易中吸收外来文化逐步形成的，因此，要明晰丽江古城传统民居外观结构特征，其与周边村落和城市传统民居外观结构的对比成

---

① 关于丽江古城传统民居的主要研究见参考文献1—8；关于大理古城等邻近城市传统民居的研究见参考文献9和文献10。

② 见参考文献11。

为一个重要的考察手段。

在本研究中，笔者将考察包括丽江古城在内的古贸易通道沿线[①]的16个村落和城市传统民居的外观结构，并在此基础上，综合丽江古城的地理、历史因素，研究丽江古城民居的外观结构特征变化。

本文所使用的数据资料为2005年以前笔者在当地进行实地调研时搜集的数据，以及2005年7月、2006年8月和2007年8月多次实地考察时搜集的资料。

本次调研的对象为从丽江古城至大理古城古贸易通道沿线的16个城市和村落（图1），这些地区的居民主要为纳西族和白族。本文中各城市和村落的主要民族分布为笔者现场实地调研访谈时所了解的数据（表1）。另外，为方便起见，本文中“城市”与“村落”的定义是，以中长途运输公共汽车的起点端和终点端的居住区域为“城市”，将分布其间的居住区域作为“村落”。即将“丽江古城”、“大理古城”、“金华镇（剑川县城）”定义为城市，而将除此之外的地区全部称为“村落”。在考察对象城市和村落的选择上，笔者以市面销售的比例尺1∶4000000的地图为基础，选取现在公路主干道沿线标注地名的居住区域为主要考察地区，并辅之以现场考察时实际目测的适当追加部分地区。

在调查方法上，笔者对各居住区所有可以确认的民居进行了目视调查[②]，并就房屋布局结构、外墙建构方法、外墙形态、屋顶形状、硬山装饰、正立面结构、山墙立面（侧立面）结构、其他创意特征等项目内容进行了整理和分类。尤其针对山墙立面的创意特征，笔者对考察对象民居的照片加以分析，从中提取显著的特征制作成图并进行分类。

表1　调查对象城市·村落概要表

	白沙	束河	丽江	[illegible]	拉市	太安	石鼓	石头	[illegible]	九河	金华	沙溪	江尾	人?村	喜洲	大理
行政区划	玉龙县	玉龙县	古城区	玉龙县	玉龙县	玉龙县	玉龙县	玉龙县	玉龙县	玉龙县	剑川县	剑川县	洱源县	大理市	大理市	大理市
主要民族	纳西	纳西	纳西	纳西	纳西	纳西	纳西、白	白・纳西	白	白	白	白	白	白	白	白
主要产业	农/旅	农/旅	商业	农业	农业	农业	农/旅	农业	农业	农业	商业	农/旅	农业	农/渔	商业	商业

注：（1）“纳西”指纳西族，“白”指白族；

（2）各城市、村落概要根据笔者的访谈制作。

① 主要为“茶马古道”的一部分。

② 在本调查中，笔者重在提取调查对象民居的外观创意特性，因此调查对象民居的总数不是本次调查的重点。

图 1 调查对象城市 · 村落所在位置图

三、调查结果

（一）房屋布局结构

当地民居大多以由三开间构成的一栋房屋为最小单位，以 1 栋或数栋房屋面向庭院布局。房屋大多为两层建构，其次为单层建构。在当地民居中笔者从未见过三层以上的建构。从调查情况来看，对象地区的房屋布局大致分为①四合五天井、②三坊一照壁、③两房模式、④一房模式、⑤各种复合形式（以下简称“复合形式”）五类，其中，尤其以①和②为当地民居的传统房屋布局结构。[①] 尽管存在一定数量的混合分布，但大致来看，①和②多分布在城市以及喜洲等茶马古道沿线的古贸易地区，③和④则更多见于农村村落。其主要特征为：①主要分布于丽江古城；②多见于大理古城和喜洲。在城市的集市地带，由于民居鳞次栉比，布局具有不规则的倾向，且混杂有多种房屋布局。此外，在农村村落中，作为主屋的一栋房屋为居住区，其他房屋多用于储藏杂物或蓄养家畜牲口。在庭院的使用上，城市民居多将其作为生活区的一部分，种植盆栽，兼晾晒衣物，而农村村落中则常被当作做农活的场地使用。

---

① 参见文献 1。

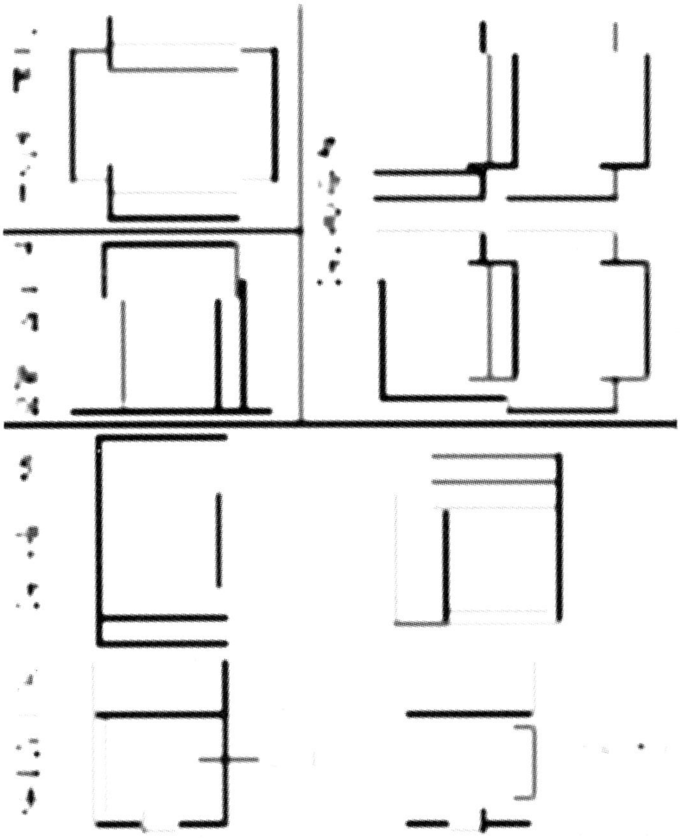

图2　房屋布局分类

（二）外墙建构方法

当地民居以木架构为主构造，外壁墙体主要使用①土坯砖、②版筑、③石块、④校仓、⑤水泥预制板、⑥烧制的红砖等6种材料中的某一种，或者是混合搭配使用。[①] 其主要特点为：纳西族民居大多使用①，而白族民居则多使用②。不过，相对于在所有地区都可以看到使用①的民居而言，在不少使用②的民居中，也有一些在对承压力没有很高要求的墙体上部混合使用①。另外，④主要见于农村村落中储放杂物或饲养家畜的房屋。[②] 在丽江古城、江尾和太安等城市和农村村落较新的民居中，笔者也看到有些地方使用了⑤和⑥等当今的新式工业建材（见表3）。

① 在丽江古城笔者也看到有RC制式的民居，在此将其作为地区特殊案例，并不一起列举。对此笔者将在其他论文中单独阐述。

② 该模式为丽江古城周边民居最初的原始建筑模式。

表 3　外墙建构方法

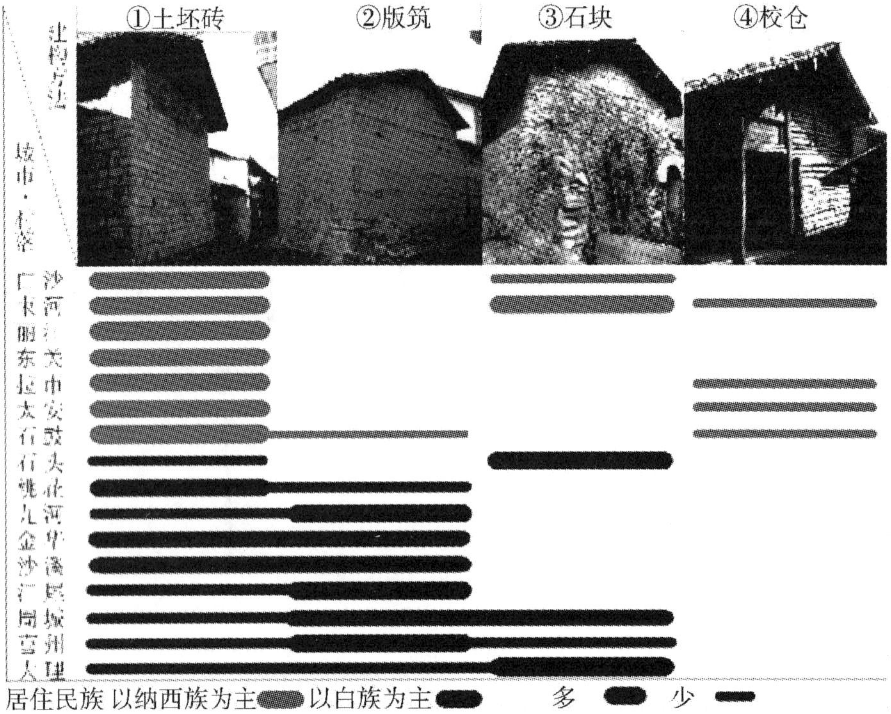

（三）外墙形态

外墙的形态主要包括①通体材料外露型、②涂抹白灰浆型、③在②的周边贴上烧制的红砖型（照片 1）[①]、④涂抹灰浆型。①和②在所有的地区都能看到，③只见于“茶马古道”沿线的交易集市，④则主要为丽江古城中的部分建筑。[②] 此外，在丽江古城及其周边村落还可以看到在②和④的基础上，模仿③的形式在外墙涂漆的建筑，并且在丽江古城和束河，还可以看到混合使用碎石和木材砌成的外墙。

---

① 据说这种结构具有防雨水、防火和装饰三大功能。

② 丽江古城一带在 1996 年 2 月 3 日发生了震级为 7.0 级的大地震，当地民居受到很大损害。④的建筑形式可能是当地居民在灾后重建中修缮的模式。

①通体材料外露型　　②涂抹白灰浆型　　③贴以烧制的红砖型

照片 1　外墙形态

（2005 年 · 笔者摄）

（四）屋顶形状

屋顶的形状原则上为双坡顶，但当房屋建在不规则的地形上或正好位于十字交叉路口时，偶尔也可见类似庑殿顶或歇山顶的形状。另外，在屋顶的斜面上，既有反翘屋檐①，也有呈笔直状的屋檐，但在考察对象中，笔者并未看到“起拱”类型。此外，从屋顶顶部的创意特征来看，不同地区不同民族之间也存在差别。大体来说可以分为“直线山型”和“凸型”（图 3），其中，“直线山型”屋顶在所有地区都可见，但“凸型”屋顶则只见于白族居住的民居。② 由此可见，“直线山型”是纳西族和白族民居的共同特点，但“凸型”屋顶（照片 2）则可以说是白族民居独有的特点。

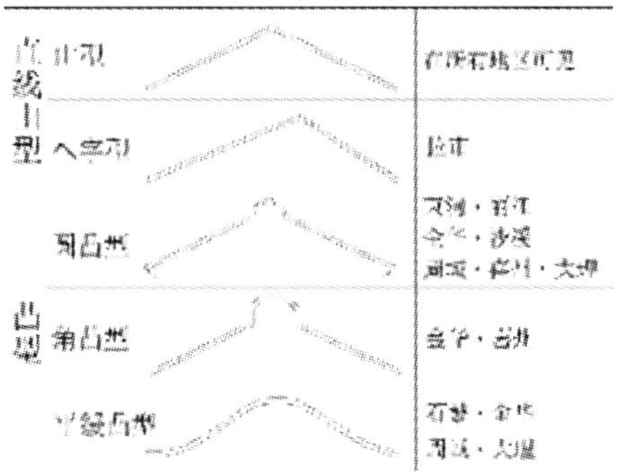

图 3　屋顶形状分类

照片 2　凸形屋顶 · 喜洲

（2005 年，笔者摄）

① 参考文献 11，认为“反翘”是当地的传统建筑形式。

② 本文将地处纳西族居住的地区由白族居住的民居称为“白族民居”。“纳西族民居”的意思与此相同。

（五）硬山装饰

山墙屋檐下既有屋脊和檩头直接暴露在外的，也有以破风板或类似破风状的装饰物[①]加以防护的。硬山装饰大致可以分为①檩头遮挡物体（以下简称为檩头遮挡）、②破风板、③破风板＋悬鱼、④瓦片·石棉瓦几种类型（表4）。屋顶的屋脊和檩头直接暴露在外的民居，以及①和②的民居样式属于比较简单的建筑，在很多城市和村落都可以看到，尤为常见于农村村落。③在九河、石头等白族主要居住地也可以看到，但在纳西族居住的民居中更为普遍。④主要为白族居住地区的民居特色，不过在丽江和石鼓等纳西族居住地区的白族民居中也可以看到。如上所述，硬山装饰部分可以说是最难按照纳西族和白族居住地区进行分类的部分。[②]

表4　硬山装饰

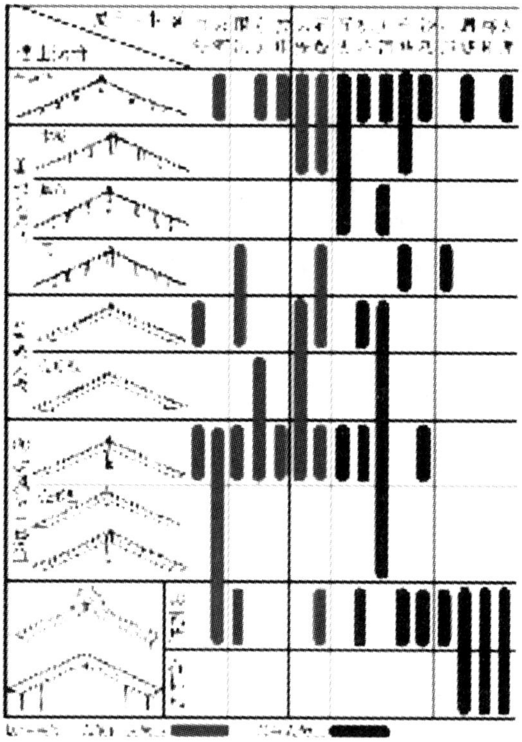

（六）正立面结构

正立面主要分为两类：一类是以六合门的形式面向街面开口的立面，即开放式民居；另一类是面向街面砌墙的封闭式结构，即封闭式民居（图4）。开放式民居

---

① 该装饰物的功能与破风相同。

② 其原因可能为在纳西族或白族各自居住的地区内有一定的异民族居住、异民族间民居特性的融合以及各地的经济、地理因素。

大多面朝交易街道，由于兼具店铺功能，其目的在于向街面开放建筑物的内部；相反，封闭式民居是不具店铺功能的居住专用民居。这两类结构在笔者考察的所有城市和村落中都能观察到，但在城市中由于面向街面的地段过去曾是交易繁荣地段，因此以开放型民居为主，而在农村村落则以封闭式的居住专用结构为主。

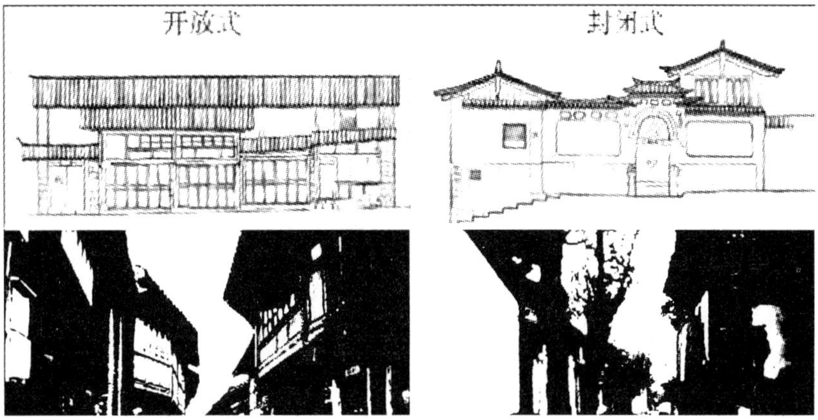

图4　正立面结构

（七）山墙立面结构

山墙由于具有承重功能，一般很少开口，大多数的山墙通体为墙面。不过，在合掌部位与梁之间所构成的三角形部分（以下简称“硬山下壁面”）多有开口，而且该部位是最能显著体现当地民居特点的部位。

硬山下壁面大体可以分为：①硬山下壁面比山墙壁面往里缩进的样式（以下简称“悬山式”）；②硬山下壁面与山墙壁面为同一平面样式（以下简称“硬山式”）（照片3）。另外，通常人们认为纳西族民居以悬山式为主，白族民居以硬山式为主，两者各自特点鲜明[①]，但在笔者的调研中，并未能得出相同的结论，相反，呈现出一定程度的混合性。

硬山下壁面的建筑方法如表5所示，分为18种类型，其主要特征为，对于悬山式而言，“纯木建构”是最为简便的建造方法，在农村尤为常见。由于农村村落民居的二层大多为存储杂物的仓库，因此也可以考虑是房主认为这一部位无须过于修饰而省略对其的装饰。城市中常常可以看到一些民居在此部位的材料为马口铁皮，可以推测这应该是房主简单修缮的结果。此外，还有呈“梯型”建构的，但这类民居笔者只在东关见过。一般硬山式民居在此部位的特征为墙面画有花纹图案，笔者在丽江古城和束河等观光地也看到在一些悬山式民居上模仿硬山式的这一特点增加了装饰的房屋，由此笔者推测这应该是由民居观光地化所导致。

---

① 该名称及详细内容请参照文献1。

①悬山式　　②硬山式

照片 3　山墙立面结构

（2006 年，笔者摄）

表 5　硬山下壁面形态

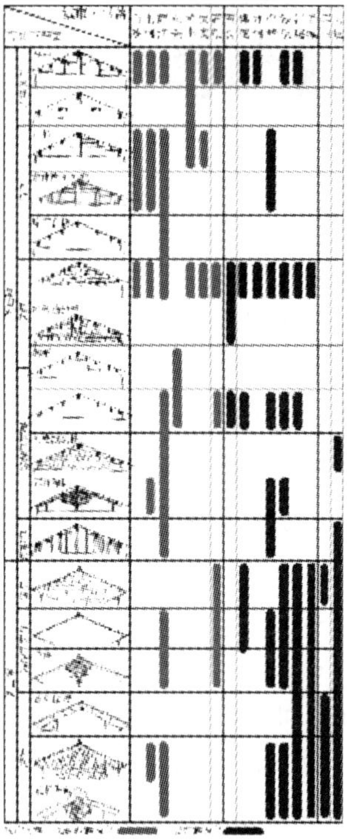

（八）其他建筑特征

1. 防火墙

在考察时，笔者还看到有的民居在二楼转角的地方有防火墙（照片 4）。它主要出现在白族民居中，纳西族的民居中从未看到。虽然当地居民认为该建筑形式兼具防火和装饰功能[①]，但从在城市和农村村落都能看到这类建筑模式来看，在建筑物并不密集的农村村落，应该说，它的防火功能较小，更多的是装饰性要素。

城市	农村
大理·喜洲·周城·金华·石鼓	江尾·九河·石头·桃花

照片4　防火墙
（2006年，笔者摄）

2. 屋檐下部

屋檐下部的形态主要分为两种：一种是檩条暴露在外的；另一种是以砖或石棉瓦从墙体一直平砌到屋檐且做过处理的模式（照片5，图5）。此外，有的檩条直接外露的民居并不用木板铺垫而将瓦直接叠放在檩条上。檩条直接外露的以纳西族民居为主，而做了处理的则多为白族民居。

照片5　处理过的屋檐下部·喜洲

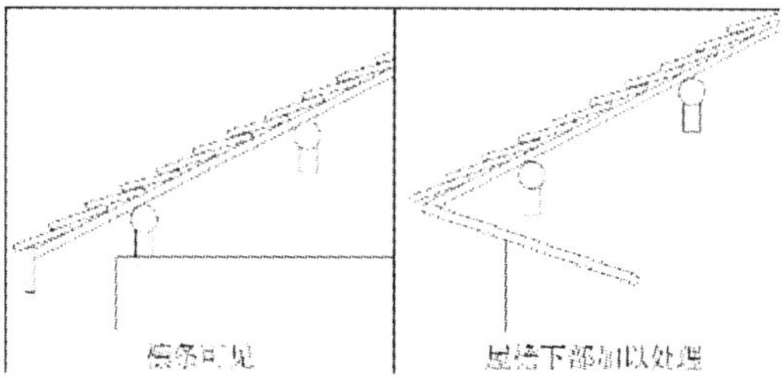

图5　屋檐下部的处理

（2005年，笔者摄）

四、调查结果分析

本研究从厘清当地民居固有特征的观点出发，对当地民居就以下三方面的现状进行了考察分析：（1）地区间特征比较；（2）民族间特征比较；（3）观光地化带

① 根据2005年和2006年笔者对当地居民进行的访谈资料。

来的影响。具体分析结果如下：

（1）关于地区间的特征比较，通过对城市和农村村落的比较，笔者认为两者主要在平面结构和外墙的形态上存在显著差异。从考察的全部地区来看，丽江古城和大理古城各自在平面结构和硬山下壁面方面的特性较为突出，而且可以看到，这些特性以这两个中心城市为核心，逐步影响了周围的地区。但是，除此之外的其他建筑要素特性在地区间呈现出混杂的状态，因此无法认定也存在地理分布上的规律性。

（2）纳西族和白族民居尤其在外墙的建构方法和硬山下壁面上呈现出各自突出的特点。白族民居建有防火墙，而纳西族民居则挂有悬鱼。由此来看，这两个民族的民居各自具有一定的规律性，但在硬山装饰等方面两者的差异却并不明显，对此需要留意。

（3）在观光地化所带来的影响方面，作为硬山式民居中典型特色的硬山下壁面花纹图案在丽江古城和束河等观光地悬山式民居中也有所出现。此外，在观光客聚集的咖啡店和餐厅还有一些其他模仿痕迹明显的现象。

可以说，当地民居建筑样式尽管在不同的地区之间呈现出一定的地域建筑特征，但不同民族的民居之间的差异性更为明显。而且，由于观光地化的影响，以及马口铁皮等现代建材的使用，民居的特征也变得更为错综复杂。

五、真正的传统民居及其解释

（一）丽江古城真正的传统民居

正如前文所得出的结论，丽江古城周边城市和村落的民居呈现出建筑样式和建构的多样性。而且在丽江古城，既有纳西族典型特色民居，也有融合了由贸易带来的周边地区的建筑要素而发展形成的民居，这两类民居都应该属于丽江古城的传统民居。因此，如果仅仅抽取纳西族民居独有的建筑特征，将其定义为丽江古城真正意义上的传统民居，从该地区历史形成发展过程来看，显然有失全面。由此来看，《丽江古城传统民居保护维修手册》中对传统民居所做的定义，作为一个方向性指针的确立的确具有重要意义，但另一方面，应该说这一定义难免过于局限于丽江古城传统民居这一非常限定性的要素。

模仿其他地区的建筑特点，或是重现该地区曾经有过的建筑特征并将其建设为面向观光客的店铺，为招揽和吸引观光客进行演出，这一点则显然与丽江古城传统民居的真正特性相背离。从这一点来说，《丽江古城传统民居保护维修手册》的定义的确是行之有效的指针。

对于在外墙涂漆等并不一定由于观光地化所导致的墙面建构改变，以及水泥预制板或马口铁皮等现代建筑材料的使用，假如从更广的历史视角出发，将其作为在一系列历史背景下发生的行为，也未尝不能将其纳入反映丽江古城传统民居的要素。在本文中，关于此类建筑模式，笔者认为它们只不过是对传统要素的模仿，或是对原本应该有的建筑模式的一种替代，因此并不将其作为构成民居的要素，在这一点上，本文遵照《丽江古城传统民居保护维修手册》中的定义。

综上所述，关于丽江古城传统民居的解释，笔者认为应当从多个角度灵活把握，而不能仅靠列举某些建筑结构来断定。《丽江古城传统民居保护维修手册》中所给出的限定性定义，可能引起对当地真正传统民居的误解和误认，对此需要谨慎验证。

基于以上论述，本文对丽江古城的传统民居提出以下两个观点：

（1）不应拘泥于各民族和各地区民居的独特建筑结构，应在综合考虑这些建筑结构的基础上，将融合了不同民族和不同地区结构特性的建筑也视为当地的传统民居。

（2）对于观光地化所导致的改变了的建筑结构，以及使用现代建筑材料作为替代品的建筑，应该遵照《丽江古城传统民居保护维修手册》中的定义，不认定为传统民居，并对此加以纠正。

（五）关于传统民居价值的解释

本研究的目的并不仅仅在于保存传统民居的外观建筑特性。传统民居的价值存在的前提在于原先居住在传统民居中的居民今后也依然能在该民居继续维持自己的生活。

按照以上观点，传统民居内基础生活设施的建设以及生活环境的改善行为，满足了民居内居民现今的生活需求，然而为了继续维持民居内的生活所发生的必要改变并不意味着该传统民居的价值下降或者消失。也就是说，本研究在传统民居价值的解释上，优先考虑居民能够在该民居内继续维持生活，并接受民居为维持生活所做出的必要的改变。

六、总　结

以下将对前文所阐述的事项加以归纳，并提出笔者对于传统民居的思考：

（1）尽管丽江古城及其周边城市、村落的民居在建筑的外观特征上存在多样性，但显然纳西族和白族民居具有各自鲜明的特征。由于这些特征在不同的民族和不同地区间也呈现出相互融合的现象，因此不能简单地以某种限定性的定义对其加以区分，应当综合考虑其历史背景并灵活把握。

（2）对丁什么是丽江古城真正的传统民居这一点，并不能以某种特定的建筑特征对其加以定义，而需要在综合考虑历史背景的基础上灵活把握。另外，对因受到观光地化的影响以及使用当今建筑材料而导致民居外观发生改变的情况，应该遵照《丽江古城传统民居保护维修手册》加以对待。也就是说，为维持和保护丽江古城的传统民居，应当既“综合考虑历史背景，灵活对待”，又摒除“观光地化和当今建材的影响”，并对其加以纠正。

（3）对丽江古城传统民居的定义应当以民居中的原住居民能够在该民居继续维持自己的生活为前提。因此，不应以存续该民居建筑创意特征为优先，而应当以该民居的原住居民是否能够在该民居继续维持自己的生活的“保全”作为传统居住文化的真正价值，唯有如此，才能够使传统民居的“维持”成为可能。

参考文献：

[1] 云南省建筑设计院编：《云南民居》，中国建筑工业出版社，1986年。

[2] 蒋高宸编著：《丽江—美丽的纳西家园》，中国建筑工业出版社，1997年。

[3] FUJIKI Yosuke「A Study on the Method for Extraction of Tourism – Impact on a Historical Townscape：A Case of the Old Town of Lijiang，Yunnan Province，China」European Commission Office of the President of the Czech Republic『Proceedings of 7th European Conference Safeguarded Cultural Heritage』pp. 335 – 344、2007.

[4] 藤木庸介・柏原誉・山村高淑「観光地化が伝統的民家の使用に及ぼす影響について—世界遺産都市・中国雲南省麗江旧市街地を事例として—」日本建筑学会规划系论文集 第73卷 第629号，pp. 1499 – 1506，2008年。

[5] 藤木庸介「観光開発が歴史的市街地の居住文化に及ぼした具現的影響に関する研究—世界遺産都市・雲南省麗江市旧市街地を事例として—」和歌山大学大学院系统工学研究专业、博士（工学）学位申请论文，2009年。

[6] 藤木庸介・北山惠「交易と町並み」山村高淑・张天新・藤木庸介编『世界遺産と地域振興—中国雲南省麗江にくらす』世界思想社，pp. 41 – 73，2007年。

[7] 藤木庸介・柏原誉・张天新「伝統民家とくらし」山村高淑・张天新・藤木庸介编『世界遺産と地域振興—中国雲南省・麗江にくらす』世界思想社，pp. 75 – 108，2007。

[8] 河原洋子「街尾村白沙街沿い民家の分析・中国世界遺産麗江旧市街地白沙集落において」日本建筑学会规划系论文集 第619号，pp. 251 – 256，2007年。

[9] 大理白族自治州建设局、云南工学院建筑系编著：《云南大理白族建筑》，云南大学出版社，1994年。

[10] 杨惠铭：《沙溪寺登街—茶马古道上唯一幸存的古集市》，云南民族出版社，2003年。

[11] 世界文化遗产丽江古城保护局、昆明本土建筑研究所：《丽江古城传统民居保护维修手册》，云南科学技术出版社，2006年。

丽江“酒吧一条街”

——族际交往和多元文化符号汇聚的特殊空间

马　骅

酒吧并非中国土生，酒吧走向大众化是改革开放的新事物，也是经济全球化促动下人类社会文化交往的结果之一。在中国社会，最初酒吧被认为是青年人追求情调的空间，后来渐渐成为城市大众闲暇消费的活动空间和一种欣欣向荣的文化新景观。有人指出：“酒吧是文化的产物，‘吧’让中国人能够认识外面的东西，也和外面的世界融合在了一起。”①

丽江古城的新华街是一条古街，但被认为是今日丽江最洋气的地方，也有人称之为“洋人街”，实为日益规模化的“酒吧一条街”。细细观察这条街，你会发现玉河仍在哗哗地流淌着，老屋依旧，可是由于酒吧的兴起，这里成为多元文化符号竞相展示的特殊空间，风格各异的文化符号在这里各表其表、各演其演，又似乎融在一起，表现出极大的相融性。人们以最新的代名词来称谓和表达对丽江酒吧一条街的追棒和热爱，甚至有人已经计算出丽江酒吧的“艳遇”指数。有人称到丽江找人，不是在酒吧就是在去酒吧的路上。酒吧在丽江被提升到生活的极重要地位。的确，到了丽江你才可能领会丽江酒吧的特别之处，在顺流而建的一条古老的小街两旁，密密匝匝的酒吧，一派灯红酒绿，地方的、民族的、国际的各种文化元素一股脑地拥挤在一起，重构了经济全球化情境下丽江古城文化的新现象。

一、研究的缘起和方法

一般而言，人们认为在中国少数民族地区的经济发展较东南沿海地区落后，少数民族群众的市场观念、族际意识和国际视野也较为保守。酒吧作为一个更为现代性的符号，在一般人的想象中似乎与民族地区少有联系，但是一些民族地区的热点旅游区突破常规，在一些看似偶然的契机中为酒吧落户民族地区创造了条件，事实

① 郑渊：《中西酒吧文化比较》，载《消费导刊》，2007年第9期。

上似乎也用民族文化和地方文化的力量改造了酒吧。丽江酒吧街的出现源于一桩跨国婚姻的浪漫故事，而一个浪漫故事通过出版物、电视、网络等先进的媒体不断传播，吸引了无数年轻驿动的心。在旅游热点区域人口高速流动的条件下，酒吧的相对静止特点无疑成为观察族际交往的特殊空间。

交往是人类社会的常态行为，跨越国家、地域、文化的大规模的族际交往是全球经济一体化的重要表征。交往总是要借助一定的空间得以实现，在人口的全球流动情况下，人们之间的交往常常被浓缩和片断化，如同适应人们快节奏生活和追求新式生活需要而在中国大中城市风行的麦当劳、肯德基，在中国著名的城市或一些旅游热点特定街区，酒吧也以其特有的功能得以立身于民族地区并扬名海内外。酒吧文化、跨国婚姻、外语，显示出民族地区少数民族群体在追求经济发展过程中的包容性，为深入研究相关问题，丽江酒吧街成为民族地区旅游热点区酒吧街的个案之一。

研究方法：

1. 观察法

参与观察是人类学常用的方法，我们也和普通游客一样，花了几天时间“串吧”，通过“串吧”，观察和研究丽江酒吧街各酒吧中的族际交往。

2. 问卷调查

问卷调查是本次调查的一个重要研究手段。在问卷设计中，考虑到酒吧这个特殊空间直接涉及经营者、服务员和消费者三个群体，其中经营者和服务员最具影响意义，因为就消费者而言，酒吧只是他们到丽江古城众多的落脚点之一，他们的流动性、身份特征的潜在性降低了他们对族际关系影响的直接意义，因此本次调研的重点放在经营者、服务员两个群体上。到丽江之前，搜集酒吧街资料，粗略统计那里有酒吧 26 家左右，因此印制经营者问卷 30 份，实际发放 8 份，收回 7 份；印制服务员问卷 80 份，发放 80 份，回收 75 份。

经营者问卷除被访者基本资料外，分三大类，有 35 个问题，三大类问题包括：(1) 关于丽江的一般信息，考察经营者对丽江本地基本信息的关注程度；(2) 关于酒吧经营和族际交往的问题；(3) 关于中国认同和族际关系认知问题。听说丽江酒吧街有外籍人士，但是在实际调查中发现，由于注册便利等方面的原因，两位外籍人士均未作为酒吧的注册人，而且最终未有机会访到他们，因此观察和了解外籍人士对此问题的认知目标未能达到。

酒吧服务员问卷除了被访者基本资料外，亦涉及三大类，有 34 个问题，其中第一、第三类与酒吧经营者问卷的问题基本相同，第二类则不同，涉及服务员和族际交往问题。从观察来看，各间酒吧的服务员大多有较强的组织意识，最初我们试图一对一地发放问卷，以提高问卷的回收率，但他们没人愿意接受我们的问卷，而是通过店长或店面的其他负责人批准才接受问卷。因此，我们选定几间酒吧并主要通过各店店长发放问卷。我们面见店长并说明来意后，他们对我们的问卷发放和回收给予了极大的支持。

3. 访谈

访谈是本次调研的另一重要方式，对我们了解丽江酒吧街的兴起、现在的运转情况、规模不同的酒吧经营者对酒吧街管理等的不同想法有极大的帮助。我们的访谈分为单位访谈和个体访谈，其中个体访谈分为两种方式，一是特定访谈，一是随机访谈。

（1）单位访谈

单位访谈安排在调查的第一天，主要访问世界文化遗产古城保护管理局相关负责人，了解酒吧街在酒吧管理方面的信息以及管理部门对酒吧的基本态度。

（2）个体访谈

特定的个体访谈对象主要是酒吧街上最有名的几个店面的店长。我们有幸访到樱花屋的主人牟先生，如同在其他媒体上见到的那样，他是一个非常有思想、有个性的人，对纳西文化保护和酒吧业发展有独到的见解。此外，还走访了小吧黎、桃花岛、丽仙居、白海螺等店的店长，为了融洽与被访者之间的关系，我们采用了半结构访谈方式，了解他们对于酒吧街、族际交往等的态度。随机访谈对象则包括客栈服务员、出租车司机、古城经营其他服务项目的店面服务员等。

二、丽江和丽江“酒吧街”

丽江历史上曾是一个以马帮行商与坐商交易为经济基础，以民间手工艺和大宗外来商品相结合为经营特色，吸收外来商号或商人开展大规模贸易的商品贸易重镇，是一个集高度商品贸易集市功能，包含汉、纳西、白、藏、彝等多元民族文化积淀的商业文化古城。丽江由商而起，因商而兴，已有800多年的历史。1986年丽江被列为国家历史文化名城，1997年登入《世界遗产名录》，古城总面积3.8平方公里、蜿蜒流淌的水系，三千余幢独具特色的民居，300多座大小桥梁，五彩石铺成的街巷，纳西人的文化，使丽江独具风韵。因商贸而兴起的丽江古城在今日商业化和全球化背景下的再选择与再适应中兴起酒吧业，似乎也顺理成章。

源于西方文化中的酒吧有不同的种类，每一类酒吧又有不同的特点和功能，但是无论那一类酒吧都是为客人提供服务的场所，经营者在这个场所营造特定的气氛以满足进入酒吧的每个人的社交、消遣、娱乐、休闲等需求。丽江的酒吧街是古城别样的去处，由于特定的自然环境和文化氛围，酒吧街娱乐、休闲的功能更强、更突出，社交功能则相对较弱。

丽江古城酒吧街位于古城新华街，北起大水车，南至四方街，沿街分布着风格各异、规模大小不一的酒吧，丽江古城其他街区也分布着一些酒吧，沿新华街南行到五一街，还有一些俗称“静吧”的地方，据称是民谣音乐爱好者和玩家扎堆的场所，或称为“主题酒吧”，但大多不属酒吧街范围。有人称丽江本身已成为“世界大酒吧"，而"酒吧一条街"也被称为"丽江酒吧大集合"。

丽江酒吧街现在已非初时的小酒吧林立时期。2009 年夏，这条街上规模较大、名气较响的酒吧主要有樱花屋·金及其属下的东巴宫，小吧黎，千里走单骑属下的雪水园、2418、演艺吧、好梦丽江，一米阳光总店及其属下的交友吧、纳西概念酒吧、红酒雪茄坊、精品店，后街 5 号，驴友酒吧等。其中规模较大的酒吧都是在打通了原有小间民居基础上重新装饰后开张的。

从沿革上来说，现今"丽江酒吧街第一人"当为牟先生，据介绍，丽江酒吧给了这个成功商人第一桶金，他艰难创业的故事流传较广，酒吧的成功开设不仅与他的跨国婚姻相关，还与他自身的开拓性格相关，一个浪漫跨国婚姻故事，加上酒吧这样一个需要浪漫氛围的特殊空间，以及丽江古城这样一个有着特殊人文自然环境的特定地方，给了许许多多人无限的怀想。事实上，稍微注意一下，这条街的每一个酒吧里都有故事，借助于影视、互联网、游客等媒体，这些故事被传播到全国及世界，而且来来往往的酒吧客们似乎还在不断地制造着更多的浪漫故事，丽江酒吧街已成为一个易于生产故事的地方，这些故事也已成为丽江文化的一个部分。

丽江酒吧街源于一些小餐饮店，现在的樱花屋·金最初也只是一个由牟先生夫妻二人经营的小餐饮店，营业面积不到 50 平方米，其主要服务对象是那些被称为背包客的旅人，他们在这间小店中不仅可以获得基本的餐饮需求，而且店主还会为他们提供一些当地的基本信息。后来，随着丽江旅游业的兴起，一间又一间这样的小店开张，由此催生了这条街上几家最早的酒吧，后街 5 号、一米阳光、千里走单骑、小吧黎等，形成了在环境、风格、经营方式、消费者群体方面独具特色的酒吧一条街。各个酒吧都有自己的故事和独特的经营理念和经营手段，但是从外部文化符号来看，除小吧黎更强调西洋文化特色外，各间酒吧都有浓厚的地方特色和少数民族文化特色，无论是从实际功能还是象征意义上来说，在某种程度上"酒吧一条街"成为中西文化交流、族际交往的特殊空间，丽江文化也从古老的火塘走出来，面向世界。当然，关于丽江的变化可谓仁者见仁、智者见智，有人称丽江古城本身就是世界游客的"大酒吧"，也有人质疑：丽江还是丽江人的吗？

三、调查分析与研究

在调查中我们主要关注酒吧经营者、酒吧服务者和地方行政事务管理对酒吧在族际交往中作用的评价，我们也关注了当地居民、消费者对酒吧街上酒吧的态度和评价，以及在酒吧这个特殊空间里人们的交际行为特点。

1. 酒吧经营群体的特点

从丽江古城管理委员会已发放准营证的酒吧经营者背景来看，酒吧街上的酒吧经营者主要是中国人，而且可以细分为以下几种不同情况：

第一，有跨国婚姻背景的酒吧创业经营人。称酒吧一条街为"洋人街"实际上有点夸张，因为在酒吧经营群体中外国人很少，只有小吧黎酒吧的乐先生是法国人，这间酒吧注册的老板却是他的夫人薛女士。此外，樱花屋的主人牟先生为韩国人，而这间酒吧注册的老板也是中国人，跨国婚姻的背景和外国人在酒吧经营中的角色十分重要，对于丽江酒吧街的形成产生了积极的影响。

第二，有族际婚背景的酒吧创业经营人。酒吧街经营群体中还有一部分从外地来的人，他们中间有四川人、东北人，如一米阳光的刘先生，其夫人为纳西族。

第三，外地来的酒吧经营者。外地人是酒吧街最主要的经营群体，如后街 5 号、千里走单骑、九天乐的经营者。

第四，当地纳西族酒吧创业者。酒吧街上有 2 家由当地纳西人开的小酒吧。

可见，从丽江酒吧经营群体族际背景结构来看，具有跨国家、跨文化和跨民族的特性，这些特性在丽江酒吧街这个狭小的空间被高度浓缩，成为一个特别吸引人们目光的地方。

2. “酒吧一条街” 上的酒吧分类

“酒吧一条街” 上的酒吧多属餐饮式酒吧，白天游客在此饮茶、休闲、就餐，晚上主要为游客娱乐场所。

目前酒吧街上的酒吧从规模上看可分为两类，较大规模的酒吧的经营方式大多较接近，但是在内部装饰装修、营造氛围、经营理念方面各有不同，而且各酒吧已呈现出规模化经营的态势。

酒吧街上最早的酒吧樱花屋 · 金已由最初 50 多平方米的无名餐饮店扩展为樱花屋金餐饮有限公司，以丽江樱花屋 · 金为总店，分 A、B、C 三区，据称可容纳 2000 人；在丽江古城还经营龙抄手、野菌园、阿拉丁户外旅游等，在北京、大理、平遥、老挝开有分店，公司员工已达 3000 多人，管理团队也已形成。

酒吧街上的小吧黎于 2001 年开业，如今已从初期的八九张桌，发展到楼上、楼下分区经营，其在“酒吧一条街”的店面可容纳数百人，并且在离古城不远的束河古镇还开设了分店。“小吧黎”的整体装修风格为“中西合璧”，以“西方的浪漫风情和丽江的纳西文化”的有机交融为底蕴，别具一格。从其提供的菜品来看，也是中、西餐均有，以满足多方游客需求。

千里走单骑是一家 2005 年建立的文化旅游发展有限公司，旗下共管理 4 家酒吧——木帮仓酒吧、雪水园酒吧、好梦丽江酒吧、2418 酒吧，其中在酒吧街上有 3 家，即雪水园酒吧、好梦丽江酒吧、2418 酒吧。此外，千里走单骑文化旅游发展有限公司在酒吧街上还开有餐吧和鱼府。

一米阳光餐饮娱乐有限公司旗下也有不同的店面，借助了同名电视剧而闻名全国。在酒吧街上一米阳光有 4 个店，几百张桌子，每个店有不同的主题，位于新华街黄山下段的是一米阳光交友吧，位于新华街最北的红酒雪茄坊是一个高端消费的场所，号称“古城最具品位的地方”，酒吧街中段则为一米阳光总店和二分店。

3. 酒吧街上族际交往的主体、环境和媒介

（1）游客与酒吧消费者

消费者是酒吧街上人们交往的核心要素，在经济全球化和中国改革开放环境下，来自全国各地、世界各国的游客不断涌入丽江。据当地旅游部门统计，1997年，丽江接待中外游客173.32万人次，2000年达290.37万人次，2004年为360.18万人次，2006年为460.09万人次。与其他城市的酒吧消费者不同，丽江酒吧街的消费者主要来自游客。通过访谈可知，当地人较少到酒吧街消费，他们认为酒吧街的消费水平太高，我们随机访谈了出租车司机、复印社的员工、客栈员工，都表达了同样的意见。

通过观察我们发现，酒吧街中的消费者肤色、语言各异，但绝大多数还是国内消费者。白天有的游客到酒吧闲坐，或饮茶，或饮酒，或聊天，或打牌，有些酒吧内还可以上网，酒吧是到古城一游的人们的最佳休闲娱乐场所。据酒吧经营者提供的信息，丽江酒吧街的各间酒吧都有一些常客，他们大多是来自全国各地的商人，有的人每月多次来酒吧街，认为这里是他们释放压力的理想场所。很多来过丽江的人，一为逛古城，二为泡酒吧。游客的年龄虽然老少均有，可是真正泡酒吧特别是晚上泡酒吧的主要是年轻人，因此酒吧常常被视为青年人寻找情调的地方。丽江酒吧街中的酒吧情调与其他城市酒吧不同，民族的和世界的元素在这里交汇，形成其独特的酒吧文化。

（2）特定的环境和氛围

环境和氛围是酒吧街中族际交往的空间要素。丽江酒吧街上的所有酒吧都是依据古宅房间打通改建，朴素的老屋，穿街而过的玉水河，婀娜的绿柳，店家门前串串鲜艳的红灯笼，加上酒香、歌舞、红烛，便有了一份格外的情调。红灯笼与黑木头是整条街的底色，在流水与绿柳间时时可见店家点缀的黄玉米、红辣椒、葵花盘、猪槽船、晒谷架、破斗笠、旧蓑衣等，看上去简单随意，但是给人以自然、淳朴的印象。酒吧的内部环境也十分独特，从装饰风格上看，大多数店面都显得古朴而原始，原木的条桌、条凳，原木的柱子，原木的地板，原木的墙壁，如“一米阳光”的桌子就是在猪槽船上盖一块玻璃板，古老而现代，与古城的整体气氛完全契合。樱花屋酒吧的内柱或墙壁上挂着标语，如“泡吧是一场革命”、“一切美女都是纸老虎”等。很多酒吧的内饰也极具当地民族特色，虎皮、羊皮、木雕及东巴文化风格的壁画，纳西族、白族、藏族等民族的传统文化符号集中分布在酒吧这样一个特定的空间，并借助一些民族文化符号，营造出一个更具民族文化特色的酒吧氛围。樱花屋·金就认为自己的装修风格是纳西族和土家族文化的结合，而酒吧客的评价则是后现代装饰风格。出现这种认识上的不一致，主要是因为酒吧客中不会有更多的人追究细节，他们大多只是依据自身的情趣、爱好来享受一个有特色的空间而已。

各酒吧都有纳西、藏、彝、傣、白、汉等民族的青年男女表演的民族歌舞，最

让游客称道的是酒吧对歌，那里的热烈气氛是其他地区的酒吧很难达到的，有作者称：“当你在丽江原始而华丽的喧嚣夜晚走过时，你会不由自主地驻足，被那里莫名的热烈气氛感染。”① 这并非是一个人的感觉，在酒吧街的访谈、网友提供的信息及一些作者发表的文章中都可以看出，人们对这样一个令人感动、新奇和放松的酒吧十分感兴趣，每年都有一些人慕名而来。正如有研究者指出：在酒吧里“所有不同身份的饮酒者差别渐渐地缩小，成为一种隐饰物。统一的环境，像一个情感场，包围了他们，使他们彼此平等，相互认同往往是在乐曲中或是歌手的即席发挥中相认同的，他们鼓掌或者响应，只有待到午夜散场的一刻，他们的情感才会随着音乐的停止、烛光的将灭而骤然冷却——他们起身归家，差异终又回到他们身边，被酒吧一度剥夺了的情感恢复了现实的面貌。”② 所以，音乐、歌舞是酒吧特有的媒介，音乐、歌舞不仅影响了氛围，也直接影响了客人的情绪，在酒水饮料的作用下，客人会放松下来，融入一个无身份的场景中。

（3）有特色的酒水饮料和食品

在世界上大多数民族中，酒都是一种很好的交际媒介，在迎宾送客、聚朋会友、彼此沟通、传递友情中，酒发挥着独特的作用。中国古代就有“酒以成礼”、“酒以合欢”之说。在人们聚谈中，适量的酒水饮料为人际交往发挥着刺激食欲、使人兴奋，从而达到助兴添欢、烘托氛围的特定作用。酒水饮料在酒吧中承担的主要角色亦应如此，在一定程度上可以说，酒吧这个空间突显了酒水饮料的作用。丽江酒吧街中各酒吧提供的酒水饮料有着广泛的选择性，国际知名的洋酒、中国名酒、地方名酒均有供应，也有被称为“软软”的饮料和中国各地的名茶。比如，小吧黎就供应法国茴香酒、苹果白兰地、金万利酒、法国香槟酒、法国红酒等，酒水饮料的品种及风格决定于酒吧主人对酒吧的定位，也与酒吧经营者的文化背景相关。

（4）浪漫的爱情故事

酒吧与爱情故事似乎没有什么必然的联系，但是出入酒吧在中国社会一定意义上具有现代、浪漫、时尚等隐喻性特点，所以酒吧与爱情故事的结合便顺理成章。丽江酒吧街有自己的浪漫故事，差不多每一个酒吧都有自己广泛流传的浪漫故事，曾经进入酒吧街或将要进入酒吧街的人或多或少都会受到这些故事的感染，爱情故事也成为一种跨族际交往中的重要媒介，为人们跨文化的想象提供了广泛的空间。

关于樱花屋·金男女主人公之间的浪漫爱情故事在出版物、电视媒体、网络上都可以查到，而且有很多不同的版本。来自湖北的小伙子牟鑫，在丽江出游途中遇到韩国留学生金明爱，当时一次临时组合的出游引发了这段温暖无数人、传播很广的爱情故事。跨国婚姻给他们的生活带来很多困难，也见证和考验了他们的爱情。

① 商国婵：《幸福像花儿绽放》，新疆美术摄影出版社，2006年，第51页。

② 吴亮：《酒吧类型学》，载《文艺评论》，1992年第4期。

酒吧是当年他们爱情滋长的物质基础，也是他们创业的起点。他们没有强大的物质支持，也没有可供依赖的社会背景，就是丽江这样一个特定的环境给他们提供了一个平台，他们起步于丽江，也融入了丽江。

小吧黎的女主人叫薛瑞清（又称玛丽），据酒吧前台主管介绍，她是中国内蒙古人，而小吧黎的男主人则是法国人，名叫乐家生，来自法国布列塔尼亚省，两人相识于大庆，曾在上海打拼，2000 年他们到丽江的一次旅游活动使他们“因为喜欢而留下”。他们曾经想得到一个丽江的院子，但是未能如愿，而是在 2001 年得到一家转让的酒吧，由此他们的酒吧就在丽江诞生了。乐先生是曾在美国、日本、俄罗斯等国家工作过的化工领域高级工程师，乐先生与薛女士亲力亲为，从酒吧装饰、酒水价位、酒吧音乐等入手，在丽江酒吧中打造了一种可以自然轻松、纵情狂欢的氛围。

一米阳光也有其故事背景，这个爱情故事虽然与经营者没什么直接关系，但是由于同名电视剧在全国热播，也就有了广为人知的故事。一方面，电视剧本身编创的复杂故事中有一个感人的爱情故事；另一方面，这个故事被安置在丽江发生，很多场景在丽江古城拍摄。于是，一米阳光的故事也成为游客，特别是一些年轻游客到一米阳光坐一坐的重要原因。实际上，一米阳光不仅在丽江酒吧街经营总店、二分店和红酒雪茄坊酒吧，而且在古城的街巷深处还开有土酒馆、客栈等。

4. 酒吧街中族际交往的结构和特点

人们的基本需求是酒吧族际交往得以形成和维持的深层原因。相比于全国各地、世界各国的游客来说，丽江酒吧街上的每一间酒吧在族际交往结构中都具有主体性，商业价值是各间酒吧主动参与交往的利益驱动，酒吧为游客提供了驻足、休闲、放松和娱乐的特殊空间，酒吧这个交往主体事实上与来酒吧消费的顾客之间的关系是一个复杂的互动过程。酒水饮料的提供，音乐的设置，民族歌舞的呈现，甚至装饰风格的选择等，都是基于顾客需求，而不是依据酒吧经营者的意愿。

酒吧作为族际交往的主体，其内含的元素具有族际深度交往的特性。族际婚无疑是考察族际交往关系的一个重要变量，从酒吧经营者群体的特点而言，族际婚是他们最为鲜明的特色，其中最知名的是小吧黎和樱花屋主人的两桩跨国婚姻，其次是几个汉族酒吧主人与当地纳西族的婚姻。工作关系则是观察族际交往的另一个重要变量，这里的每间酒吧都是族际合作的结果，涉及汉族、纳西族、藏族、土家族、傈僳族、普米族等，不同民族的服务员、歌手等为酒吧正常运转提供了根本保障，这也是丽江酒吧民族文化特色浓郁的根本原因。

虽然顾客在酒吧族际交往中具有非主体性，但是进入酒吧的顾客希望放松自己的身心，因而顾客的交往向度以消遣交往为主。在酒吧里顾客之间的交往又具有暂时性，人们往往往隐没真实身份，或者说身份在酒吧的交往中被有意忽略。个体在酒吧中的交往更多地取决于主动者的自我需求和行动，不关心常态社会交往中有关他或她是“谁”以及他或她的文化规范等因素。当然，人们从行为方式、体态特征上会获得一些基本判断，但是这些判断多是基于主观的推断。可以说，顾客间的交往是一种族际间隐没真实身份的交往。具有反叛精神的一位作者曾这样描述酒吧中的交往：“音乐，美女，各种怪异青年，气氛迷离，或者还不失浪漫，但总觉得这种表面的轻松之下，在烛光掩映之下，各种利欲熏心的交易在紧张中进行。”① 在某种程度上该作者可能点出了酒吧的极端状态下个体交往的实情。

在我们的调查中还发现，总有相当多的各年龄段的丽江游客，他们并不进入酒吧，而是如同看一个旅游景点一样驻足观看酒吧街上的各间酒吧，无疑他们看到的是与经验中或想象中完全不同的酒吧，或者说一些人大约也很少见到酒吧，有时观看酒吧的人比进入酒吧消费的人还多，酒吧内外的旅人形成有趣的相互观察状态。坐在酒吧里，从敞开的窗口看到来来往往的人们如潮水一般从窗前涌过，如果你在人流之中，你会看到各间酒吧中形形色色的人们在气定神闲地享受美味和闲适的时光。酒吧内外的人们并没有直接交往，但是在酒吧街，他们在一个短暂的空间里互相成为对方的一道风景线，他们本身在那一时刻已融入丽江古城的生活之中。

四、问卷分析与研究

1. 酒吧经营者的问卷分析与研究

（1）经营者祥本分析

经营者问卷共发放 8 份，收回 7 份，其中 6 位为男性，只有 1 位女性。被调查者年龄最小的 20 岁，最大的 49 岁，30—40 岁之间者占绝大多数。其中受教育程度为小学 1 人，初中 3 人，大学以上 1 人，高中 1 人；1 人在北京商学院读过 MBA，2 人为本地纳西族，3 人有过国外旅行经历。人们最早来丽江经营的时间为 1996 年，最晚的则为 2008 年。其中最早开设酒吧的是在 1997 年，也就是说人们在酒吧街上的经营已达 12 年之久，最晚的为 2008 年。

（2）问卷分析

问卷的第一类问题主要是考察酒吧经营者对丽江和丽江古城的关心和认知程度，被访酒吧经营者中绝大多数人了解古城的基本情况，即 7 位中有 4 位知道古城建于何时，4 位知道古城区的面积，5 位清楚地了解丽江古城内的桥梁数。他们全都了解古城原居民主要是纳西族，只有 1 位称自己很了解纳西文化，4 位称了解一些纳西文化，1 位称不了解纳西文化，从其他相关信息来看，不了解纳西文化的被访者不是本地人。从统计数据看，绝大多数酒吧经营者很关注丽江的基本信息，对纳西族文化有一定的了解。

问卷的第二类问题是关于酒吧经营和族际交往的问题，其中也包括了经营者的

① 狗子：《一个寄生虫的愤怒》，中国社会科学出版社，2000 年，第 71 页。

民族身份信息，问卷中有2位是丽江的纳西族，2位是丽江人，但不是纳西族。2位纳西族被访者均不清楚第五次全国人口普查中纳西族人口总数等基本信息。3位外地经营者中2位有长期居留丽江的打算。大多数经营者对当地政府提供的服务表示满意，具体情况是：4位为基本满意者，2位为满意，1位为很不满意，总体满意率可达84%。整个古城似乎遍布酒吧，一些被称为餐吧，其功能往往与酒吧较难区分，所以当问及古城有多少家酒吧时，只有一位经营者肯定地回答说大型的有10家，管理局提供的数据与此答案不符，而且与实际情况也有差异，似乎当地管理部门对于古城的酒吧底数不十分清楚。经营者中有5人认为自己的酒吧具有纳西族文化特色，有2人认为自己的酒吧具有一些纳西族文化特色；有2人会讲纳西话，其他人称自己会一些纳西话；有4家酒吧服务员上岗前经过英语培训，占被访者的66%。但在酒吧中最常用的服务语言仍然是汉语，只有一家酒吧经营者同时还选择了纳西语、英语、韩语、日语。当被问及酒吧中的国外客人情况时，各间酒吧的回答也大为不同，有2家称很少，2家称很多，其他3家则称有一些。这一结果大约与各间酒吧的知名度相关，也可能与游客的选择相关。酒吧经营者的经营活动是否与当地人发生冲突会影响其与当地人的关系，从问卷来看，4家酒吧称没有冲突，2家称很少有冲突，可见，酒吧的经营活动未直接危害到当地人的利益，酒吧经营者与当地人关系良好。对问卷中“中外客人间是否有冲突”这一问题，4家酒吧称从来没有过，3家称很少有，也就是说，进入酒吧后，中外客人之间关系平和，没有冲突关系。有6人称自己喜欢与其他民族交朋友，1人未回答此问题。有4位被访者称自己在酒吧里结交过外国朋友，他们的朋友来自美国、英国、法国、德国、加拿大、韩国、老挝、泰国、南非等国，2位称没有交过外国朋友，1位属无效回答。所有的被访者都有很多当地朋友，其中5个被访者还参加过当地朋友的婚礼。在这部分问卷中，我们设置了一个开放性问题，即“您认为政府管理部门需要帮助您解决的最紧迫问题是什么”，6位被访者均未回答此问题，只有1位填写“态度问题”。

问卷的第三类问题是关于国家认同和族际关系认知方面的问题，共有10个问题。所有被访者都是中国人，他们都知道中国的国旗是五星红旗，会唱国歌。有4人认为中国民族关系非常好，1人认为中国民族关系总体是好的，还有一些矛盾和问题，2人不知如何评价。有4人对自己的工作环境很满意，3人认为自己的工作环境还可以。有6人完全支持跨国和跨族际的婚姻，1人称不反对这类婚姻。在此问卷设计中提供了16个词汇，请被访者选出对酒吧街上国外同行的评价，除2位放弃回答外，其他5位均选择了正面、积极的词汇，包括勇于进取、诚实、热情、乐观、乐于助人、守法、有同情心、勤劳等。

2. 酒吧服务员的问卷分析与研究

（1）酒吧服务员问卷样本分析

酒吧服务员问卷发放80份，收回问卷75份，收回率93.75%。在被调查者中，男性占50%，女性占46%，4%为无效回答，与观察的实际情况相符。被访者的57.89%来自云南省内，包括丽江及其周边地区，如宁蒗、迪庆、玉龙等。此外，也有来自四川、吉林两省的。

表1　样本的年龄分布表

年龄/岁	18	19	20	21	22	23	24	25	26	27	28	备注
样本数/份	7	11	18	13	7	6	3	2	3	3	1	无效回答1
所占比重/%	9.33	14.67	24.00	17.33	9.33	8.00	4.00	2.67	4.00	4.00	1.33	1.33

从表1可知，被访酒吧的服务员中最大的28岁，最小的18岁，年龄层集中于18—23岁之间，这一年龄段占到被访服务员总数的82.66%，24岁以上的服务员较少，仅占被访服务员总数的16%。92%以上的被访服务员没有国外生活的经历。

表2　样本的受教育情况分布表

学历	小学	初中	高中	大学及以上	备注
样本数/份	0	47	20	6	无效回答2
所占比重/%	0	62.67	26.67	8.00	2.66

从表2的统计可知，被访酒吧服务员受教育背景绝大多数来自于中学教育，而且主要是初中教育，大学及以上受教育者较少，小学教育背景者为零，这一统计结果符合我国教育发展水平的大体状况。在这些服务员中有的还接受过一定的职业教育培训，如歌舞、厨师、电子、财务、洗涤、工业化验、服务、护理、美术、新闻、英语教育等，这类样本占总样本量的26.31%。由于正值暑期，有的酒吧聘有临时性服务人员，因此，影响到总样本中大学及以上受教育者的总数和比例。

最初设计问卷时由于考虑到外籍人士的因素，在样本基本信息中未加入民族身份信息，从而缺少依据样本基本信息分析民族身份这一部分，然而在后续的问题中，统计出纳西族的情况，而且访谈中我们也了解了云南其他少数民族在酒吧中做服务员的情况，在酒吧服务员中云南当地少数民族的比例较高。

（2）问卷分析

——关于丽江的一般信息

56%的被访者知道大研古城初建于何时，40%的被访者不了解这一信息，4%的被访者属无效回答；81.33%的被访者能准确说出古城的面积，只有2.66%的人不了解这一信息；44%的被访者能准确答出古城内有多少桥梁，24%的被访者不了解这一数字；86.67%的被访者了解古城原居民主体是纳西族，对此问题的无效回答占被访者的24%，而且有62.66%的被访者称自己了解一些东巴文化，其中8%

的被访者称自己很了解东巴文化，只有25.33%的人称自己不了解东巴文化；被访者中获得丽江酒吧信息的主要渠道是朋友，占被访者的70.66%，通过旅游信息知道丽江酒吧的占21.33%，9.33%的被访者则是从媒体上获得丽江酒吧的信息。

总之，从问卷统计分析来看，人们对丽江的历史信息的关注和了解程度不是很高，但是对丽江现状的了解和关注程度较高，绝大多数人对丽江的基本信息有相当多的了解，其中有些人可能了解的更多一些。

——关于酒吧工作人员和族际交往

实际上，丽江酒吧社会交往的功能由于客人的高度流动性而减弱，但是酒吧工作人员是相对固定的，他们的状况和对族际交往的态度则是基础的。与此问题相关的问题有17个，通过统计我们发现，被访者中60%是丽江人，38.66%不是丽江人，30.66%为纳西族，而且大多是丽江纳西族，只有6.66%的人能够准确说出第五次全国人口普查中纳西族人口总数，这说明人们对纳西族的基本情况还不是特别了解。

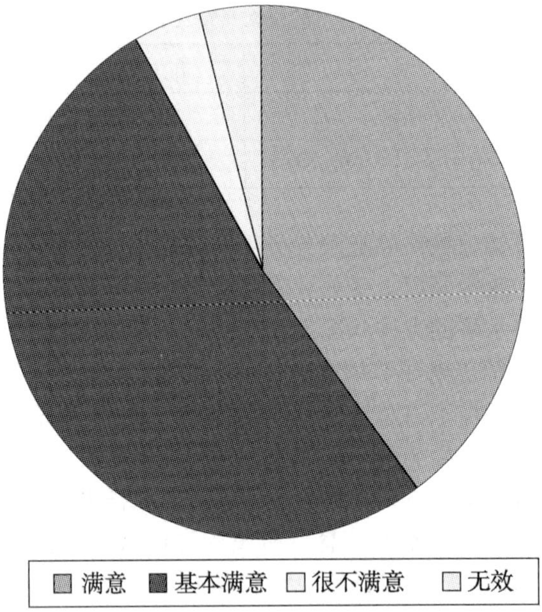

被访者对工作环境满意状况统计示意图

被访者对自己的工作环境满意度较高，其中满意者占40%，基本满意者占52%，4%的人对自己的工作环境很不满意，4%属无效回答。尽管我们从有关部门了解到没有一家酒吧的负责人注册为外国人，可是问卷显示，被访者中36%的人称他们的老板是外国人，这大约与跨国婚姻中外籍人士在经营中的实际地位相关。由于酒吧服务员对工作环境基本满意度较高，说明服务员与他们的外国老板有着融洽的关系。

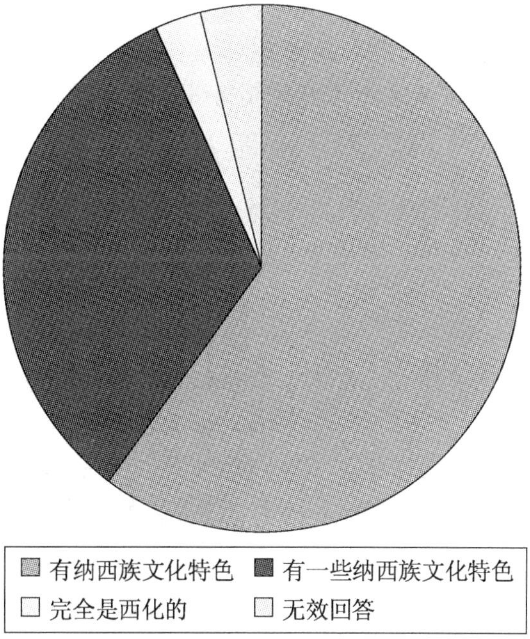

被访者对所在酒吧是否有纳西族文化特色统计示意图

如上图所示，60%的被访者认为自己的酒吧有纳西族文化特色，33.33%的被访者认为他们的酒吧有一些纳西族文化特色，认为自己所在的酒吧完全是西化的只占被访者的2.66%。被访者的评价与我们观察所得的感知相符，丽江酒吧街上的每家酒吧都或多或少地带有纳西族文化符号，各间酒吧只是在规模和程度上有差别。

丽江酒吧常常需要接待国外游客，语言交流显示十分重要，因此，我们调查了酒吧对员工进行英语培训的情况，36%的被访者称上岗前接受过英语培训，62.66%的被访者称上岗前未接受过英语培训。虽然从统计数据来看，丽江街的酒吧对员工英语培训的强度不够高，但是，一般而言，现在的初中毕业生在校期间大多接触过英语教学，如果有机会学习，英语水平会提高较快。英语学习实际上给员工们打开了国际交往的窗口，尽管这种交往可能不会太深入，但是对这些年轻人来说仍然很有意义。

被访者中有33.33%的人会讲纳西语，略高于纳西族在样本中所占的比例，也就是说还有一小部分其他民族的人会讲纳西语。其中，自称会一些纳西语的比例较高，达到46.66%，完全不会的只有18.66%，说明不同民族成员之间有着密切的交往，人们之间的语言障碍比较小，纳西语在当地人的交往中具有较重要的作用。在酒吧中最常用的语言是汉语，97.33%的被访者首选汉语，同时18.66%的被访者选择了纳西语，14.66%的被访者选择了英语。

问卷中也关注了酒吧服务员与外国客人的交往情况，30.66%的酒吧服务者称到他们的酒吧消费的外国客人很多，68%的被访者称有一些到他们酒吧消费的外国客人，问卷提供的选项还有“很少有外国客人到酒吧消费”，没有被访者选择此项，这说明丽江酒吧街的酒吧会经常性地接待外国游客。

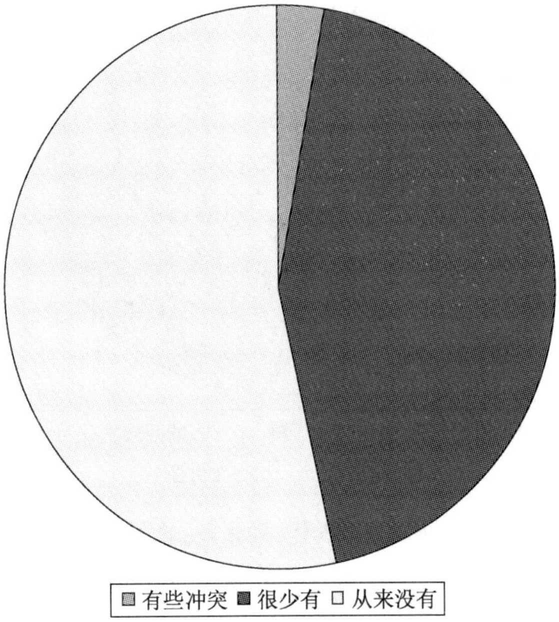

被访者与客人关系评价统计示意图

如上图所示，问卷关注了酒吧服务者与客人的关系，其中53.33%的被访者称从未与客人发生过冲突，有44%的被访者称很少有与客人冲突的情况，只有2.66%的被访者称有些冲突。在访谈中我们也随机问过几位经营者，他们严格禁止服务员与客人发生冲突，而服务员也明确自己的工作任务，会想办法避免此类情况的发生。

被访者都喜欢与其他民族的人交朋友，这个比例占总样本的97.33%，只有1.33%的被访者不喜欢与其他民族的人交朋友，有60%的被访者在酒吧结交过外国朋友。

被访者的本地朋友圈范围广泛，其中62.66%的被访者称自己在本地有很多朋友，33.33%的被访者称自己在当地的朋友不多，1.33%的被访者称在当地没有朋友。婚礼一般是关系较为密切者才可能参加的活动，虽然只有62.66%的被访者称自己在当地有很多朋友，可是有77.33%的被访者称其参加过当地朋友的结婚典礼，21.33%的被访者没参加过本地人的婚礼，无效回答占1.33%。

总体上说，从被访者的情况来看，酒吧服务员绝大多数基本满意自己的工作环境，26.66%被访者很喜欢自己的工作，68%的被访者喜欢酒吧工作，两项合计94.66%，只有1.33%的被访者不喜欢酒吧工作，4%的被访者称无所谓。对工作的态度影响着服务的质量，从相关信息可知，丽江酒吧服务员虽然工作强度较大，但是与客人之间的关系融洽，内部关系也较为密切，不同民族成员之间关系和谐，与丽江所呈现的整体氛围非常一致。

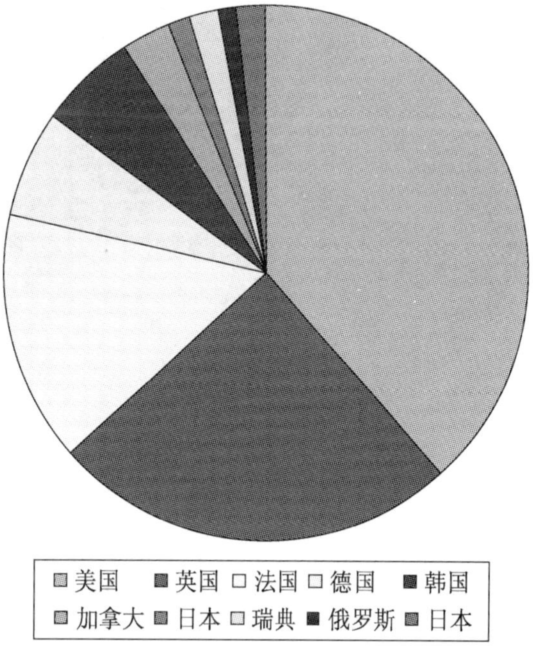

被访者所结识国外朋友的国家分布统计示意图

——关于国家认同和族际关系认知

在国家认同方面，我们设计了三个基本问题，100%被访者称自己是中国人，100%的被访者知道国旗是五星红旗，98.66%的被访者会唱国歌。

对他人的评价，一般而言可以测度人们的包容度，我们设计了16个褒贬不一的词汇供被访者选择，用来描述到酒吧来的国外客人的特点。其中被选择频度最高的是“有礼貌”，68%的被访者选择过此词，其次是“热情”，52%的被访者选用此词，42.66%的被访者选择用“诚实”、“尊重他人”来描述国外客人，36%的被访者选择“守法”，29.33%被访者选择“爱国”，20%的被访者选择“自由”，30.66%选择“乐观”，17.33%的被访者选择“温文尔雅”。褒义词的选择率较高，相对来说贬义词的选择率较低，只有2.66%的被访者选用“好胜”、“自私”来描述国外客人，1.33%选择“好战”，6.66%选择“自大”，4%选择“挑剔”、“守旧”等。

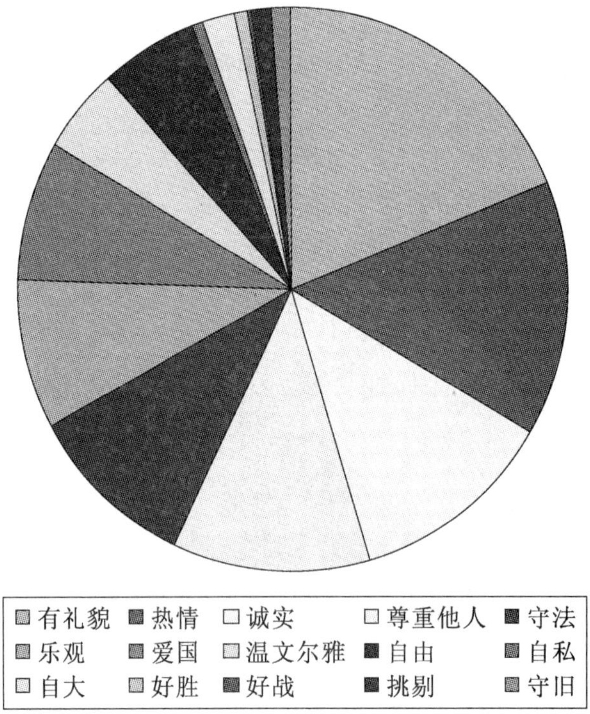

被访者描述国外客人的用词统计示意图

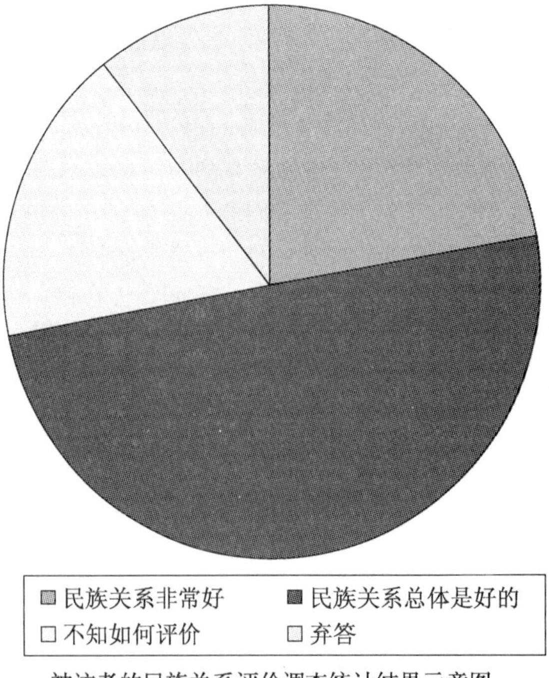

被访者的民族关系评价调查统计结果示意图

被访者对中国民族构成情况也十分了解，97.33%的被访者了解中国有56个民族，只有2.67%的被访者称不知道中国有多少个民族。被访者对中国民族关系状况的评价也非常积极，其中22.67%的被访者认为中国民族关系非常好，有49.33%的被访者认为民族关系总体上是好的，还有一些矛盾和问题，17.33%的被访者不知如何评价中国民族关系状况，10.67%的被访者未答此问题，积极评价中国民族关系的被访者占总样本的72%，没有人选择“民族关系非常差”这一选项，这说明被访者对中国民族关系状况基本满意。此外，由于被访者多是20岁左右的青年，他们大多涉世未深，对民族关系的关注度也会影响到答案的选择。

一个人对外部社会的评价，事实上与其个体的生活状态相关，我们在问卷中也设置了相关问题，62.67%的被访者认为自己的生活状态还可以，28%的被访者认为自己的生活状态很好，认为自己生活状态不好的占总样本量的6.67%，2.66%的被访者认为自己的生活状态非常差。具体情况见下图：

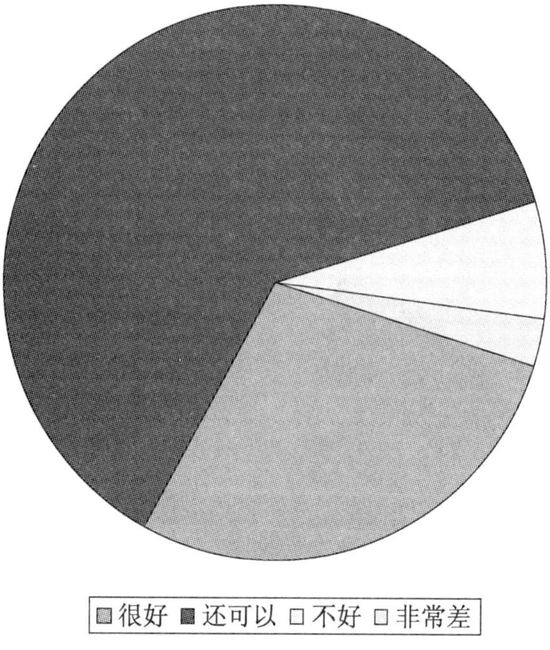

被访者对自己生活状态的评价调查统计结果示意图

大约与被访者的年龄相关，当被问及是否打算一直在丽江工作下去时，38.66%的被访者称还没想过，42.67%的被访者打算一直在丽江工作下去，也有18.67%的被访称没打算一直在丽江工作下去。打算一直在丽江工作下去的被访者超过了丽江本地人在样本中的比例，也就是说丽江的工作环境还是十分吸引人的，如果条件允许的话，一些人会一直在丽江工作。

族际婚往往被视为影响民族关系的重要因素，因此，我们也设计了相关问题来测度人们对于族际婚的态度，对族际婚持完全支持态度的被访者占样本的

93.33%，态度不是十分坚定者则选择了不太支持的态度，占样本的5.33%，完全反对者只占1.33%，反映了丽江这个多民族杂居区民族关系较为融洽的情况。

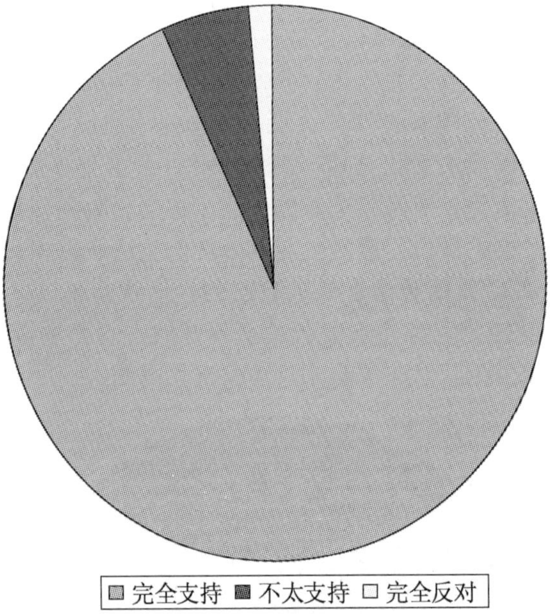

对族际婚的态度调查统计示意图

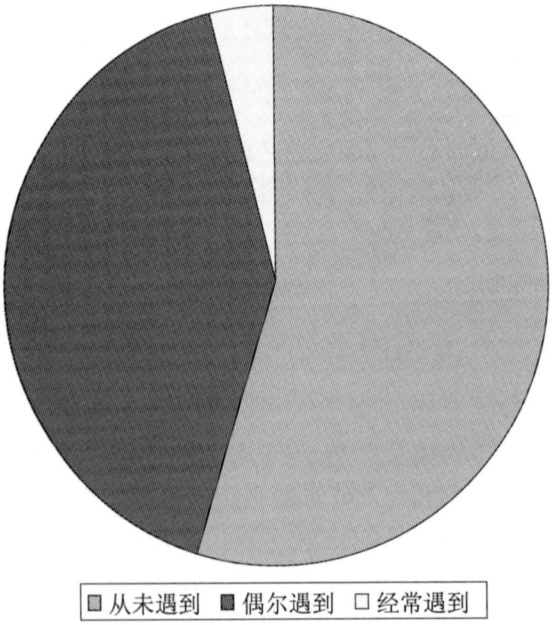

在丽江是否遇到民族歧视调查统计示意图

当然，没有一个社会的民族关系是完美无缺的，人们在日常生活中遇到民族歧视的情况也可以从一个侧面反应民族关系的状况，因此，我们也进行了这方面的提问。其中54.67%的被访者从未遇到过民族歧视，41.33%的被访者称偶尔遇到过民族歧视，只有4%的人称经常遇到民族歧视。

通过分析可知，丽江是一个族际交往频繁、族际关系融洽之区。酒吧在获得商业利益的同时，为多样性文化提供了一个开放的舞台，这个舞台由于特殊的利益链的原因，将多样性的文化符号化，以适应商业或经济全球化这个大环境，这就是丽江的生活现实。

五、访谈个案分析

——2009年7月21日下午　访丽江酒吧街1号酒吧

访谈对象：店长（一个性格开朗的东北小伙子，2000年来丽江工作）

问：演艺人员是专门在这个酒吧演，固定吗？还是到各间酒吧串着演？

店长：以前我在这条街上某酒吧工作，那时一共才20多个人，演艺的有10多人。每个店里的演员都是相对固定的，他们的风格不一样。风格变了的人会流动的。演艺人员在一个固定的店里待长了就没什么意思啦。

问：来你们店消费的人都是什么年龄段的？

店长：什么层次的都有，有的20多岁，也30多到40多岁的。我们店以演艺为主，喝酒、蹦迪都可以，只是不搞到很晚。有的人会跑到火塘去，这条街没有火塘就做不起来。火塘只有十几平方米，喝点儿啤酒，聊聊天，弹弹吉他，自娱自乐。就像过去的某酒吧，人很少，现在它转向了，更商业化了。火塘很少有游客来，除非有人介绍。来火塘的人不一定都是搞音乐的，来这里就是展示一下。在特定的时间、地点唱得有味，这就是音乐。

问：你们店里本地的员工多吗？

店长：大多数是丽江本地的人，他们中有纳西族、彝族、藏族。有小凉山的、宁蒗的。

问：员工之间有民族冲突吗？

店长：少数民族有自己的习惯，在工作中会出现这样或那样的问题。他们自己有自己的群体，比如彝族、纳西族、藏族，这几年关系处得不错。外来的新鲜事物和游客对他们的影响还是很深的。他们也会主动去适应。我刚来的时候让他们主动和客人聊聊天，向客人介绍自己，也介绍我们自己的酒吧，这是介绍文化，也是一种宣传模式，但是他们不会去说。如果有什么事需要他做，他就去做，做完就拉倒了。现在他们已经会主动去跟客人聊天，把自己是什么民族、有什么文化特色跟客人说一说。

问：这是经过培训还是磨合的结果？

店长：有培训的原因，也有社会发展快的原因。

问：火塘将来对酒吧的冲击大吗？

店长：不大，火塘只是圈内的活动，聊聊天，说说话，大都是在酒吧喝完酒后再到火塘，没有音乐的嘈杂声。

问：您觉得丽江酒吧将来的发展前景如何？

店长：今年和去年比，金融危机的冲击较大，游客的消费比较理智。酒吧必须保持一些文化的东西。本来丽江就有文化的底子。客人来此就是要放松的，丽江是很好的放松地方。旅游团的人都是走马观花，真正对丽江能了解多少？

问：政府对丽江酒吧的态度如何，出台了什么政策？扶持还是支持你们？

店长：酒吧街是丽江的支柱产业，来丽江的人白天旅游、购物、逛古城，晚上去哪里？只能来酒吧街，没有别的地方去。对政府的政策我也不太了解，我只管把店面经营好。

问：您的酒吧的主打风格是什么？

店长：我们现在多半以演艺为主，演艺和服务都有人情味，目的就是客人掏钱、我服务，不要太多的商业的东西，那是很干巴巴的风格。我希望客人来了能跟服务员聊天，成为朋友。我认为酒吧街太有商业气息的话，就会没有人情味，人太紧张了，也就没法放松了。我有很多朋友，都是过去在店里聊天成为朋友的。现在我见到客人，如果过去敬酒，说我是这里的经理，他们都用怪异的眼光看着我，好像防贼似的。过去我们会跟客人聊天，介绍酒吧、丽江、民族文化，现在不一样了。太商业化了，人情味不浓了。现在来酒吧有点儿小资的意味。

问：您认为丽江酒吧与北京、上海那些大城市的酒吧有什么差别？

店长：主要是人的差别。一个是经营者的理念差别，再一个就是客人差别。他们是应付客人，去北京、上海玩的人跟到丽江玩的人心理上是不一样的。到丽江玩的人是来放松的，来找一种感觉，看看这里到底是什么样，看看丽江的文化是什么样。在城市的酒吧里人们不敢放纵，到丽江就敢放纵。去城市酒吧玩的大都是一个单位的同事、朋友，你要放纵，大家会用不一样的眼光看你。城市酒吧的社交功能较强。到丽江酒吧玩，聊天、狂喊、大叫，第二天谁也不认识谁了。回去后，把所有的压力都扔在丽江了。客人有时对我倾诉，我好像成了心理医生了。我们不对客人承诺什么，只是帮助他们在丽江彻底放松。最好的放松方式就是找一个特别清净的地方待上几天。我原来在房地产公司工作，后来到丽江工作。我现在回到大城市，非常厌倦城市的嘈杂，第一想的不是回家，而是来丽江。这里安静，有人情味，特别惬意。2000 年我来的时候，这里商业味还不浓。不是说我融入了丽江，而是丽江融入了社会。我认同这个地方的文化，也认同我自己内心的快乐。

问：酒吧老板之间有聚会、业务交流吗？

店长：有一个酒吧协会。酒吧协会是各家老板参加的。每家酒吧的发展途径不同，单个酒吧面积最大的是东巴宫。丽江酒吧没有特定的消费层，区别于城市酒吧。来丽江的游客有几种类型：旅游的，疗伤的，找艳遇的，约会的。丽江酒吧是西方传统酒吧形式与丽江本地文化的结合，形成了丽江特色酒吧文化，是一种丽江模式。在丽江酒吧里，几拨不认识的人喝着喝着就凑到一块了，人与人的距离就拉近了，这与城市酒吧有很大区别。

分析：这位店长给我们描绘了酒吧街的一般场景，但是他提供的信息说明，不同民族的员工之间关系是较为和谐的，丽江酒吧有着自己的特点。从员工队伍构成来说，由于需要有民族文化特色的演艺活动，就会需要很多当地少数民族成员，他们之间关系的协调需要管理层的多方疏导，而到这里消费的客人有着不同的文化背景，情况比较复杂，少数民族员工与他们之间关系的处理也是一个不容忽视的重要方面。酒吧管理者在这方面做得如何，不仅影响到服务质量，也关系到整体关系的和谐。

——2009 年 7 月 22 日下午　酒吧街 2 号酒吧

访谈对象：某酒吧老板，本地纳西族

问：您是什么时候开的这间酒吧？

老板：1997 年我就在这儿搞木雕，2003 年开始开酒吧，因为房租太高了。这条街更有商业价值。

问：酒吧比雕刻收入要高一些吧？

老板：怎么说呢，酒吧收入比雕刻来得更容易些，而且也不用自己太辛苦啦。我自己也在搞雕刻。

问：您的雕刻作品是在丽江卖还是到外地卖？

老板：现在丽江的游客越来越多，一年比一年多，如果能攒下一些好的，就到外地参加展览、展销，如果有人订货就给他发点儿过去。我还参加了好几届北京民族艺术展，在北京展览馆、国贸中心、民族文化宫、农业展览馆。我和夫人都是纳西族。她是白沙的，我是古城里的。从小喜欢绘画、艺术，就跟老师学，对民族文化比较了解。

问：作为当地的纳西族，您认为酒吧街对纳西族文化和经济发展有什么样的作用？

老板：以前这条街上没有酒吧，只有火塘，纳西族的火塘文化，在一起喝茶、喝酒。这么大的场合没有这样的经历。现在纳西族文化、摩梭人的文化都在这条街上体现出来了，吸引游客，在宣传丽江方面作用较大。我们从中受益了。我的店是酒吧街上最小的店。楼下一张大桌子，楼上一张小桌子。要发展很难，我们纳西族不擅长经营。这条街上纳西族开的酒吧不超过三家。隔壁这家是大理的白族开的。很多人是从外边过来开店的。

问：您觉得酒吧文化对纳西传统文化有什么负面影响？关系如何处理？您怎么看？

老板：我觉得对丽江来说，管理得再完善一点就好了。负面影响就是古城里的音乐噪音问题，古城管理局已经强调了好几次。如果没有音乐气氛的话，就没有了客人。这条街上如果没有酒吧，晚上一定很清静，可是开店的话，又很少有游客在

这里逛。有了酒吧这条街后，很多游客想在这坐一坐，喝一杯茶。这里是古城里唯一可以坐一坐的地方。其他3.8平方公里的地方，走累了没地方歇脚。虽然其他地方有公共设施，但不适合休闲。酒吧文化和古城的气氛结合得比较好。传统的和现代的在一起，虽然感觉有很大的反差，但照顾了很多游客。

问：古城的老人们对酒吧街的态度如何？

老板：老人一般都不来这条街上，白天散步时会路过。纳西族老人晚上9点后就不出门了。

问：酒吧噪声对他们有影响吧？

老板：现在控制得比较好，11点半以前可以放音乐，11点半必须关闭。古城管理局（在酒吧里）都有提示。客人来了，我们会提示11点半停音乐，不管你消费到几点。白天古城还算安静，如果把酒吧的音乐规范得好一些，音量分贝小一点，也不至于影响太大。这条街上的居民比较少。

问：国外来的客人多吗？

老板：各个店都有。白皮肤、黑皮肤的都见到了，如果不发展，可能就见不到了。1998年开店的时候，店很少，这条街上不超过十家，酒吧就更少。古城最早的酒吧在四方街，还有一个好像叫纳西格的。最早的酒吧在1991—1992年开，经营酒水、茶，放点儿音乐。不是火塘的性质，就像现在一样，规模很小。在四方街小桥下面、桥咖啡对面。1998年以前酒吧这条街上的店主要是杂货店、副食店，不是对游客，而是对居民。1998年以前这里是很清静的，1998年以后才见到这么多人。但是旅游确实给古城的居民带来了很多好处。丽江的居民大都把临街的店面租给别人做生意，增加了一些收入。以前收入低，大都是一两百元的收入。

问：旅游红火前古城的人靠什么收入生活？

老板：主要是打工啊，或者在单位上班，老人就在家里。

问：古城里的人是城镇户口还是农村户口？

老板：都有，有农村户口，也有城镇户口。

问：农村户口的人家有自己的地吗？

老板：古城有一些耕地，但不多，人均分配，收入不高，一年也就几百块钱。只有几分地，不可能做出很多事情。我们家祖上就是种菜的。这些年随着古城的发展慢慢有了改善。

问：你们家的房子租出去了？

老板：没有，自己住着。我在这边租房子住。

问：你家老人为什么不到新城去？

老板：还是觉得古城舒服吧。古城的气候条件比新城好，特别适合老人休闲。我们家也是纳西庭院，父母养花养草。现在家里搞了几间客房，一边经营一边自住，经营有收入。他们住在这儿是喜欢古城的环境。新城的环境也好，生活节奏却变了。我父亲说住惯了木头房子，住像笼子一样的房子不习惯。我们自己有十几间房子，自己留了六间。

问：政府管理部门对酒吧有什么鼓励政策吗？

老板：没听到有什么。古城管理局不是有一个准运证吗？2003 年以前办的还可以，这条街上没有新增加的酒吧，早就控制了。主要是怕古城变成一个很吵的地方。主要是规范这条街，其他街卖别的，不至于太吵。他们天天来检查，有一个专门的执法队。如果违反经营规定，晚上噪声分贝过高、延时播放音乐，他们就贴封条，停业整顿，很严格。还检查有没有宰客、欺骗游客的行为。所有的酒吧都要明码标价。如客人遇到相应问题，可以投诉到管理局和工商、物价部门，他们联合执法。我雇的服务员是本地人，我们四个都是纳西族。

问：有人说丽江是艳遇之地，您对“艳遇”怎么看？

老板：本地人很少发生。他们都是在网络上认识的，到丽江来约会。丽江老人听到这些会吐口水的，年轻人一般不介意。

问：外地来的老板与当地人相处好吗？

老板：相处得很和谐，相互之间请吃饭，红白喜事也有来往。可自愿参加酒吧协会，维护权益，与有关部门直接沟通。

分析：对这位老板的访谈很有意义，他是丽江酒吧街发展的见证人，也是参与者，对于酒吧发展的态度很有代表性。他的店虽然规模很小，但是由于兼营木雕艺术，使他的店独具特色。在调研的几天里，每次路过此店都会注意一下客人的构成，其中不少是外国客人，这是一个小店，但是对于老板自身的生活和艺术来说是一个重要的店。

——2009 年 7 月 21 日下午　丽江 3 号酒吧

访谈对象：某酒吧总经理（一位有湖北民族大学教育背景的职业经理人）

问：作为经营企业，公司给当地做了很多事吧？

总经理：的确，我们搞过很多活动。汶川大地震的第二天我们组织了捐款活动，全公司 680 多人都捐款了。员工捐款的最低数是 50 元，那天加上当晚的营业额共捐出 18 万元。这次活动得到了丽江市委、市政府的肯定，直接把我们吸收为红十字会的会员。我们还参加了迎奥运圣火的活动，参加的员工有 300 多人。平时我们还配合政府做一些环境保护工作，环境保护日当天有 300 多员工参加。

问：你们的员工都要经过英语培训吗？

总经理：是的，每月有三次培训。我们酒吧接待外国人的概率较大，有来自韩国的、日本的、美国的、英国的、非洲的，等等。英语、日语、韩语我们都要培训。培训是免费的。整个酒吧街对员工的培训要求比较高，也给他们提供了一个宽松的环境。东巴宫不单纯是一个酒吧，而是以民族文化推广为目的。东巴宫的投入和产出基本持平，没有多大利润。这是我们董事长一贯提倡的一个理念，以前是丽江的环境成就了某某酒吧，现在是把我们能够回报社会的都奉献出来。东巴宫是 6 月 1 日开业的。现在仍是原班人马，经营由我们负责。东巴宫原来房屋陈旧，存在安全隐患，我们筹集了1000万元重新整修。

问：东巴宫纳西文化人的情况如何？

总经理：学者型的老人平均年龄都在60岁以上，80岁以上的有6个。他们主要从事纳西文化、东巴文字的研究与整理。我们收编了他们整个团队。原来属郎热民间艺术团，在丽江以舞台剧的形式展示其文化成果，已经有10多年的历史了。我们每个月工资投入在5万元以上。对外的交流演出和配套费用，如服装、音乐支出，一个月将近1万元。演出时与过去一样收门票。这个团队有它的特殊性，单纯靠这些老人赚钱的困难是很大的。他们的客人群体规模较小，主要来自英国、韩国、非洲，国内游客比较少。国内游客对这些地方的特色在了解上有差异。东巴宫这台节目在很多地方演出过，起到了传播东巴文化的作用。我们还承担着一些外事接待任务，接待过韩国的领事、德国总理等。服务员服装是仿宋代的。

问：您觉得酒吧方面和政府管理协调通畅吗？

总经理：基本上畅通。我们有一个行业协会，经常以协会的名义与政府对接。我们有相应的行业自律规章制度，很多时候都是由行业协会自己管理酒吧，一般情况下政府没有过多地参与，所有的酒吧都加入了行业协会。我们的协会上面还有一个总会——丽江纳西文化产业协会。总会下面有八大分会，涵盖了丽江的所有产业，如酒吧茶吧行业分会。

问：丽江的酒吧在酒水的提供上与其他地方相比有什么特点吗？

总经理：丽江酒吧街上的酒水价格与阳朔等酒吧相比还是有其特点的。我们意识到，樱花屋、小吧黎、一米阳光、千里走单骑开到今天已经不是我们自己的了，我们已经有社会责任了。我们所有的店不仅仅代表我们自己的利益，也代表一种社会责任，代表对外宣传的整体形象。丽江古城最响的城市名片就是酒吧街。它已与经济文化完全地融为一体了。在行业自律方面我们还会做得更细、更规范，让所有的游客走进酒吧街后会感觉到酒吧街是一个整体，是和谐的。第一，所有的服务一定是统一的；第二，从所有装修、装饰风格方面要有定位，而且菜品的价格要规范，营业时间、音响设备也要跟古城的相关保护条例有连贯、相对接，不能自由散漫，这样才能形成丽江的和谐。其他地方的酒吧街是较自由的。我们的酒吧协会由会长（樱花屋负责人）、副会长（一米阳光、千里走单骑任负责人）、秘书长（小吧黎负责人）组成。协会是有组织、有纪律的。每月都要召开经营管理等方面的会议，会后以文件的形式上报。

问：酒吧协会是什么时候完善到目前这种地步的？

总经理：是从5年前开始，由文广局牵头做的。

问：员工的流动性是不是很大？

总经理：普通员工的流动性不是很大，5年以上的老员工很多。

问：云南当地少数民族员工的比例高吗？

总经理：整个酒吧街的员工大多数是少数民族，从外面引进的很少，高管基本都从外面引进。员工有傣族、普米族、摩梭人、彝族、藏族。酒吧街的员工共有2000多人。酒吧街在对政府的社会保障方面是做出了突出贡献的。招聘的少数民族员工中农村的多，农民工占50%，30%的人拥有大理、香格里拉等地的城市户口，10%的名额提供给云南大学旅游学院等学校的实习学生，他们上班的时间是有规定的，晚上11：30后才可以离开，实习时间三个月，还有10%完全是外来的。一般员工的工资在周边来讲属中高档，1000元以上。刚进店的员工有最低保障，是700—800元，管吃管住。有集体保险、意外伤害险，在这方面酒吧街投入较大。少数民族做到店长这一级的基本没有，主要是外地汉族。一方面说明这个地方过去发展得还不够快；另一方面说明这个地方有很大的包容性，是开放的，能够接纳外面的东西。

问：请过外面的高管吗？

总经理：请过，存在水土不服的问题。

对总经理的访谈信息印证了管理局所说的丽江酒吧街是城市名片的说法，其实无论从调查还是访谈信息来看，酒吧街不仅仅是个“名片”，在当地经济发展中起到促进族际交往的作用。

分析：这位经理是几家酒吧中少有的少壮派。

——2009年7月24日下午

访谈对象：牟某（樱花屋董事长）

对牟某先生的访谈是一个开放式的访谈，他是一位有思想、善于和敢于思考的人，他不是一个一般的逐利商人，他有把商业文化化的妙招，他的商业标语有：“你已进入三不管地区（不管年龄，不管性别，不管身份），让全世界泡吧的人联合起来”，“此店是我开，此树是他栽，要想从此过，留下笑声来”。牟先生对艳遇的看法：艳遇不是洪水猛兽，它是溪流中的小拐弯，它是动物园偶尔逃跑的小麋鹿……他把一个传播得沸沸扬扬的暧昧词汇化解成对缘分的浪漫解读。“某些同志对艳遇有偏见，在我们看来，艳是主观的，遇才是客观和不可强求的！”人类社会不就是一个关系的世界吗？偌大的世界，人与人的相识也的确需要缘分，这里被客人称为丽江之行最值得回忆的地方。正在进行的《樱花屋之恋》大约也是其商业文化化的杰作之一。在两个多小时的访谈中，这位先生几乎不需要我们提问，他滔滔不绝、口若悬河地给我们上了一堂酒吧文化课。

牟某：要正确认识酒吧文化。我们的酒吧文化跟国外在某些方面有区别，但大致是一样的。它是休闲、娱乐、交流、沟通、散心、谈事的一个平台。宣科的文化是音乐方面的，我们的酒吧文化是生活方面的。他的文化属于传统文化、精神文化，而我们这种是休闲文化。在中国有些地方的酒吧变味了，一说起来人们就有一些抵触心理，真正的休闲文化是健康的、和谐的、向上的，与我们国家的科学发展观、与人性相吻合。（他指着酒吧陈设说）我们的酒吧这么多年从来都不改造，因为我想保留丽江最传统的一种建筑，我们的酒吧不是孤立的，与丽江的大环境、语言、文化等，包括很多建筑融合在一起。像我们店里的服装，就体现了一种服饰文化。为什么很多人愿意来丽江？因为丽江的建筑是平民化的建筑，有平民化的街道，不像平遥的建筑令人不好接近。我们的房屋是矮屋檐，很低矮的，对人有一种亲和力，有一种返璞归真的感觉。现在我们的时代发展比较快，周围都是高楼大厦，来到这个地方会感到亲切，接近自然。第一，这是一个平民化的古城；第二，有石板路、小桥、流水、阳光、雪山、老人。我们店里的锅，代表着一种语言，火代表着一种形体，建筑代表着丽江的一些传统的东西，游客从中会看到丽江原来居住的环境，寻求一种差异。其他酒吧会利用很多商业模式，但我们樱花屋从来没这样做。

酒吧的文化跟老板的文化有关系。我们的酒吧经艰苦创业，白手起家。我认为单纯才可爱。我强调的是，赚钱是必要的，但不能完全去追求金钱。你如果真正去赚钱，把传统的、文化的丢了，就像人没有了灵魂一样。我们的酒吧在丽江能得到认可，就是因为酒吧文化。物以类聚，人以群分，酒吧有文化，就会聚集一些会享受、有文化的人。铜臭味少一点，让正面的东西表现得更多一点。有些人打着文化的牌子，实际上是在糟蹋东巴文化。

我认为保持原始的、传统的东西是必要的，但社会在进步，我们也要顺势而下，不能逆势而上。把商业文化降低一点，民族文化提高一些。有人说丽江商业味太浓了，我认为专家也好，学者也好，我们不能违背人的本性。丽江的少数民族在此生活了这么多年，希望发展，也需要进步，不能说你在大城市里用着电脑、开着汽车、住着洋房、听着音乐、喝着咖啡，跑到丽江就说我们现代化、商业化了，这是矛盾。每个人都有向往积极的、健康的、美好的生活的权利。

真正的文化保护还要在商业的运作中进行，要有物质保障，也要有能力进行维护、修葺。丽江自古以来就有包容性，现在很多事都是顺理成章的，关键是要有一个契机，酒吧街就是一个契机。这条街展现的是民间文化、民俗文化，我担心这条街将来变得商业化，我希望将来民俗文化压倒商业文化，商业文化的平衡点应该是民俗文化在前、商业文化在后。若商业文化在前，民俗文化就不好保护了。只有找到平衡点，才是老百姓真正需要的。酒吧中人们的相聚过程是短暂的，但后期影响是长远的。休闲是一个方向，交流是一个平台。现在人们之间交流少了，丽江提供了一个交流平台。民族文化的保护应该从更长远的发展角度去做，首先要解决生存问题，让文化生活在人们中间，然后才能保护。不能将之放进博物馆，这种文化是没有前途的。文化要保护，商业要运作。

分析：本次访谈并不是与牟先生事先约好的，我们所有的访谈都以不影响商家的工作为原则，原本也没奢望能够采访到他，可是调查组还是很有运气，我们在访樱花屋的总经理时牟先生出现在我们面前。在两个多小时的访谈中，牟先生事实上在说的是酒吧文化作为俗文化有自己的价值，而对于任何一种民族文化的发展来说都不可能是在一个封闭的系统中进行，丽江纳西族的传统文化和古城传统文化也是一样的，酒吧和其商业活动都对丽江纳西传统文化和古城文化产生直接影响，如果商业手段运用得当，是可能增加推动和保护传统的能力的，活的文化才有生命力。而管理不当和过度商业化则会破坏丽江形成的富有人情味的文化氛围。无论世界如何发展，人与人之间仍然需要情感的交流，爱情、友情、亲情少了哪一样，生活都不能完美。

六、相关问题讨论与研究结论

酒吧在民族地区的发展原本是一种商业行为，商人为了生存而逐利，为了满足市场需求而发展了酒吧。可是，从族际关系的视角来看，酒吧确实是一个族际交流的特殊空间，高度流动的酒吧消费群体使我们难以观察，但是相对固定的酒吧经营群体和酒吧服务员群体却给了我们机会。我们看到在商业利益驱动下民族传统文化的符号化在丽江是一个现实，那些酒吧的店名，多以中文、英文、丽江东巴文三种文字雕刻而成，店内更是到处充满了符号化的纳西族传统饰品，很难用好或坏来评价这一现象，一方面这是商业潮流，另一方面也是人们的生存之需。在酒吧中经营、就业的群体，就是在商业利益的驱动下使用这些不同文化符号的，对于其后的文化效果事实上不是他们关心的中心问题。从调查来看，这一群体亦并非捞一把就走的无良商人，正如访谈中他们所说的，他们已经意识到：没有文化的底蕴，他们的酒吧就缺少持久的魅力。因此，他们应当行动起来，为保护和发展丽江文化做出贡献，牟先生应是他们中的杰出代表。也就是说，酒吧街要持久地发展下去，就要以丽江纳西文化为底蕴，承继丽江古城的包容特性，使丽江纳西文化在现代化过程中不至于发生全面断层，成为一个表演的文化、博物馆的文化。这当然不是“酒吧一条街”自己可以完成的，但是他们在此中间会起到重要作用，正如樱花屋·金收购东巴宫一样，对于纳西传统文化的研究、发掘不能不说是一种重要投入，也是对传统文化生命力的重要促进。

在酒吧的商业化经营中，很多少数民族员工被纳入服务员群体，他们除了在酒吧中获得一份在当地称得上是中等以上的收入外，还在这个空间里学会与其他民族成员和谐相处。虽然没有相应的统计数据，但是从访谈来看，大型酒吧管理层的确没有当地少数民族，当地人开的酒吧大多规模较小，经济实力、经济策略是影响当地人获利的重要原因。在酒吧这样一个特定空间里，不同民族成员虽然位置不同，但他们有共同利益——保持基本收入的稳定，也正是在这一利益之下，不同民族个体之间通过共同工作关系发生联系。无论是从访谈、问卷还是观察来看，员工之间的关系是和谐、稳定的常态关系。他们大多身着本民族服装，在酒吧的舞台上唱着本民族的山歌，而那些驻演的演员也会表演具有其民族特色的节目，赢得了客人的好评。总之，丽江酒吧街已经成为展示人类文化多样性的一个窗口。

商业社会有其自身的运转轨迹，但是无法独自运转，因此商业原则并非是独立原则，而商业活动亦属社会管理范畴，它们的边界在哪里呢？对于一个行进在市场经济体制转型中的社会来说，社会对商业活动的管理仍然是一条探索之路。从丽江古城酒吧业的管理来看，这条路还相当漫长，虽然我们更多地关注了族际交往和族际关系这样的问题，但是事实上，管理对于未来丽江的发展有着直接的影响。

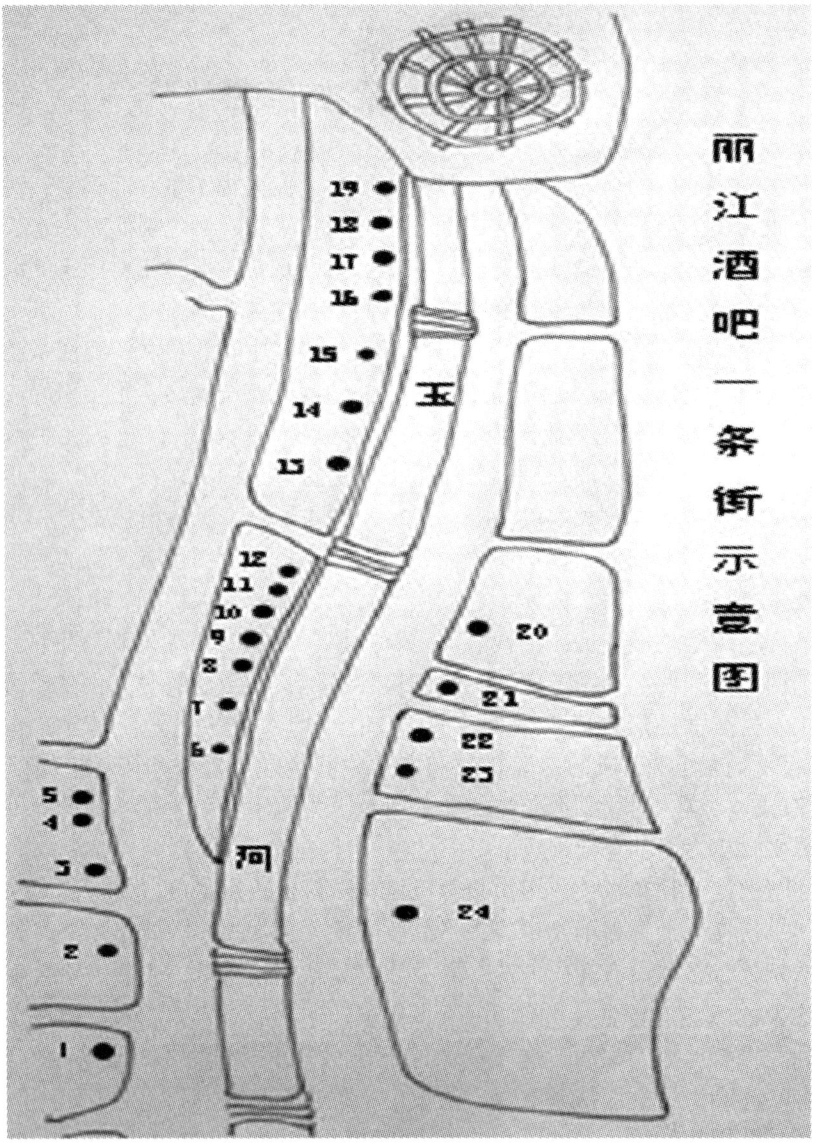

1. 一米阳光交友吧　2. 后街 5 号　3. 驴友酒吧
4. 千里走单骑 · 2418　5. 达达娃　6. 九天乐酒吧
7. 白海螺酒吧　8. 高原酒吧　9. 薄荷蓝酒吧
10. 玉水居酒吧　11. 千里走单骑 · 好梦丽江酒吧　12. 一米阳光 · 精品吧
13. 一米阳光 · 纳西概念酒吧　14. 千里走单骑 · 雪水园　15. 一米阳光总店
16. 丽仙居　17. 古城火鸟　18. 桃花岛
19. 一米阳光 · 红酒雪茄坊　20. 千里走单骑 · 演艺吧　21. 樱花屋 · 金东巴演艺宫
22. 小吧黎　23. 杰力酒吧　24. 樱花屋 · 金

文化遗产保护与传承篇

一宗不该漠视的记忆遗产

——“东巴音库”创建情况及其价值概说

戈阿干

一

民族文化要抢救和保存在活人身上。1986 年夏天，在丽江东巴文化研究室译注东巴文学集成《祭天古歌》一书期间，根据老东巴们的意愿，也遵照时任丽江纳西族自治县委书记和学武的提示，笔者曾撰写一份题为《把东巴文化抢救在活人身上的建议》的报告提交他。在报告中，明确提出抢救东巴文化不该只停留在“纸上的抢救，重要的是进行活的抢救，趁尚有几位资深东巴存活在世，及时采取具体的诸如办学这样一些可行措施，先带出一批能直接书写和诵读象形文典籍并操持一些仪式的纳西后生出来”。从 20 世纪 80 年代初开始，本人尽己所能，着手筹措资金并付诸实施以下几项纳西传统文化“声像化抢救”课题：

1984 年，促成云南省民间文学集成编辑办公室拨专款，邀请和锡典、和成典等十几位纳西族民间艺人于丽江古城新华旅社，历时 3 个月，录下送葬、鱼水相会、蜂花相会、赶马、伐筝、游本、猎歌、烧香、养蚕织锦等所有几近失传的纳西族传统口传唱本的唱词和原声唱腔，交丽江纳西族自治县民委、文化局保存。丽江市黄山乡长水人和锡典为“白沙细乐”传人，20 世纪 50 年代已被写入《纳西族文学史》（初稿）；和成典为丽江纳西族自治县（今玉龙县）鲁南乡人，是“文化大革命”结束后由白庚胜先生发现并推荐给我的“纳西歌王”。他们传承下来的传统唱本和原生态唱腔，无疑是民族民间文化的珍贵遗产。20 世纪 50 年代末，为撰写《纳西族文学史》，云南民族文艺调查组曾对纳西族民间文学包括“东巴文学”做过一次普查，记录并翻译整理出一批作品。遗憾的是，这些作品后来仅留下一份汉语译文。这次在新华旅社开展的抢救行动，补救了这一缺陷。这套由和锡典、和成典等人传下的唱本，后由李即善、和学才等人整理出若干本纳西母语读物，由云南民族出版社出版；另有由李秀香、和冬月等民间歌手演唱的《牧象姑娘》、《蜂花相会》等盒式磁带发行，深受纳西族民众欢迎。

1995 年，争取台湾友人、著名舞蹈艺术家郭惠良女士财力支持，趁资深东巴和开祥、和士诚等人尚健在，参与筹划撰写并录制《东巴舞谱与舞蹈》（按谱起跳 45 种“蹉蒙”，即舞蹈套路）以及《祭天》、《祭风》、《祭丁巴什罗》等可保存 100 年的东巴教仪式专题片金属毛带，交丽江纳西族自治县东巴博物馆（今丽江市东巴博物院）作永久性保存。海内外一些学术机构收藏了这套资料，在东巴博物院展厅里作为真实可信的影视图像，时下每天都在向来自世界各地的参观者进行展播。

东巴教仪式书卷众多，不可能在影视资料片中逐一诵读，从 1986 年翻译《祭天古歌》时起，开始系统录制由资深东巴诵读、吟诵和讲述的各类仪式书及相关民俗事象。经过 20 年多年的潜心采录、制作、积累，完成一套包括 20 余种仪式的用书，地域涵盖云南丽江、香格里拉、维西、四川俄亚等不同方言区东巴诵腔（“吟腔”、“唱腔”）的时长 60 分钟的磁带 200 余盒。这套资料，暂且称为东巴音库（东巴教音响资料库），由笔者保存。本文结合笔者 30 年来的切身体验，概述当初创建此音库工程的初衷，付诸实施后的艰辛历程，所辑录和珍存的具体仪式和书目、内容，目前的“库存”方式和保护现状，对它的特殊价值及资源共享前景的思考。

二

史学家把 25—30 年视作一代人的生存年限，由于种种人为的原因，主要靠父传子、子传孙或师徒言传身教而赖以存活的东巴文化，从 20 世纪 50 年代后整整停顿了一代多人的学习继承，致使后来绝大多数纳西族乡村没有东巴。笔者曾踏访西藏芒康县盐井纳西民族乡，那里有三个纳西祭天坛，至 1959 年西藏实施“和平协商改革”前还曾进行祭祀活动，但到 1985 年笔者赴该民族乡考察时，该乡已没有一位东巴。四川省甘孜藏族自治州巴塘县白松乡，云南维西县塔城乡（里塔城）和德钦县茨中、巴美等地的情况也同盐井一样，20 年前已找不到一位在世东巴。坐落在澜沧江边的德钦县茨中村，为一多教共存之地。1959 年秋天笔者首次赴该地考察时，该村纳西人还在举行祭天活动，村民能用纳西母语与我们进行交谈。26 年后的 1985 年，发现村上仅有少数人尚能操纳西母语。2003 年又赴该村访问，发现村上“老纳西”全部改报藏族，问其缘由，说他们之中已没有人能操纳西语。目击这个村在这半个世纪里的嬗变，令笔者十分寒心。像这样的地方，不只东巴教信仰，就连最起码的民族意识也荡然无存。玉龙纳西族自治县鲁甸乡旧时出现过和世俊、和文质等大东巴，但 10 年前杨学才、和成典、杨继轩相继去世后，已没有一位在乡东巴。太安乡汝纳化村旧时有“东巴村”之称，20 世纪 40 年代末，全村 50 多户纳西人中，曾出现 32 位东巴，有句俗语迄今还留在后人记忆中，即“勒达贝止瓦，勒布东巴瓦”（拿起斧子是木匠，捧上经书是东巴）。大东巴和东元远近知名，在太安、拉市等地培养了一大批弟子，还带领村上东巴赴外乡外县从事仪式活动，曾名重一时。但20世纪50年代初这位大东巴因受迫害自杀后，东巴村人再无人问津东巴文化。90年代中期，和东元之子，已70多岁的和学文老人被请进丽江纳西族自治县东巴博物馆，近年他谢世后，汝纳化东巴村再没有一位东巴。原丽江纳西族自治县龙蟠乡新民村旧时也有“东巴灿”（东巴寨）之名，但10年前已没有一位东巴。东巴文化的形貌与内涵需通过一幕幕活的仪式体现出来，但眼下要复活一个较为隆重的仪式（祭典）已十分艰难。东巴教仪式大小达三四十种，而在10多年前，有些仪式仅有个别东巴尚能操持。1995年初夏，笔者在参与拍摄《祭天》、《祭风》、《祭丁巴什罗》等仪式专题片期间，和开祥老师曾面告我，需吟诵《董岩木岩》（黑白战争）经书的“垛肯”（消灾类仪式），当时仅和士诚东巴吟得下来，他已86岁，8年后的2003年，他以94岁高龄谢世，这样，诸如“垛肯”的有复杂程序的仪式也不可能真实再现了。

多年来笔者曾经想：一个仅有30多万人口的民族，看起来已没有自我拯救的活力，至少在保存和发展自己的民族传统文化方面是如此。但是，在笔者接触过的纳西人中，最具人类学或民族学学者所说的民族自识性、民族责任感和民族忧患意识的仍是纳西东巴。淳厚的民族文化把他们塑造成为独具灵性的“纳西什罗”——诗人、哲人、智者。正因为如此，他们所承受的心理负荷、精神压力也最沉重。他们之中的幸存者，自然已不用担心被诬为“牛鬼蛇神”，但即使唯有他们方能破解的东巴真籍成了世界遗产，他们自己的身价也没有因此而发生变化。

三

1984年，中华人民共和国文化部和中国文联联手启动旨在抢救保护民族民间传统文化的文艺集成工程。次年，纳西族东巴文学集成《祭天古歌》在云南省争取到立项课题（1985年夏秋之际，笔者赴滇川藏交角地区做纳西文化考察，“祭天”一俗为纳西民族最为神圣的全民族统一祭典）。在学习和翻译祭天经书的过程中，笔者有很多感触。在学生时代，笔者读过《诗经》、《楚辞》，也浏览过歌德、拜伦、雪莱和普希金的诗作。后来才知道，纳西人原来也有自己不朽的经典诗章。笔者意识到，由纳西东巴吟诵的古老诗句是很难翻译成另外一种语言文字的。先前接触过的一些译品，把本来具备浓郁神韵的经文，翻译成了索然寡味的“打油诗”。实际上，诗是不能翻译的。基于这样一种认识，笔者认为对古老而神秘的东巴经书，仅仅记录成国际音标和译成汉文（或英文、日文）是远远不够的。于是开始对每卷祭天经书进行完整录音，并录下不同东巴的诵读和吟诵行腔，同时录下经书之外的全部传统口诵祭词。对由纳西古语构建而成的经典语言，无论是直译还是意译，都很难与原意相对等，何况对同一段经文，往往不同地域、不同东巴的诵读尚存在差异。从20世纪始的"四对照"译本（含象形文、音质、直译、意译），较之单一的汉文或其他语种译本，固然有较高的科学价值，但若能配上音像资料变成"五对照"，那就相当完美了。基于这种认识，1986年笔者完成《祭天古歌》一书的译注工作之时，亦同步录下与全书相配套的《蒙增·查班绍》（生献牺牲篇·人类繁衍篇）、《共许》（放生篇）、《吉本布》（祭雷神电神篇）、《考赤绍》（索取长生不老药篇）、《哈适》（熟献牺牲篇）和《祭天口诵篇章》，并制作成三盒总长180分钟的音像磁带。该书于1988年由中国民间文艺出版社出版（北京），后被评为第二届中国民间文艺优秀作品一等奖，钟敬文教授评价它为"当之无愧将在中华文化史上占一席地位"。遗憾的是，当时由于受出版条件限制，未能附上由东巴和开祥、和即贵等人诵读的磁盘。

这套首次制作的祭天仪式的音像磁带，在复苏和保护民族传统文化活动中起了一定作用。云南省迪庆藏族自治州维西县塔城乡腊普纳西村，是笔者祖母的母亲的出生地，因为地处偏僻，尚保留有较为古老的民俗民风，如用于东巴祭祖仪式上用新米舂制的"各贝"，时至20世纪80年代，老百姓仍普遍用来做食品使用；附近有一棵相传有千年树龄的银杏树，树下有一个古祭天坛，尚保存完好，在村民中仍传有"纳西美布若"（纳西人是祭天的子民）、"纳西美布迪"（祭天为纳西人头等大事）等古训，只是村上已没有能担任祭司的东巴。发现村民尚有恢复民族传统祭典——祭天仪式的愿望，笔者回到昆明后，特别托人捎去一套有祭天内容的磁带，替代东巴吟诵，在古银杏树下复活神圣祭礼。后来，笔者赴玉龙纳西族县塔城乡，提议在楚明创办东巴文化传承点，把祭天磁带、仪式录像带连同由笔者抄写的祭天经书一起交该传承点，使该地的祭天活动得以复活。当时年仅15岁的传承班学员杨某某（后被请进丽江东巴文化研究院，曾随同杨福泉先生赴美国进行文化交流）迄今还珍藏着笔者于20多年前手抄的东巴祭天仪式用书。

四

东巴教仪式的大类套小类，门类名目繁多，大小达40多种。祭天仪式仅是其中的一个门类。完成《祭天古歌》一书的翻译、注释和制作录音后，笔者有一个强烈的愿望，趁东巴和士诚、和开祥、和云彩、和即贵等人尚健在，对全部东巴仪式用书进行抢救性录音。这自然是一项艰巨的工程，但在老东巴和开祥（东亨）等人的积极支持和原丽江纳西族自治县图书馆的鼎力协助下，这项工程如愿开展。笔者记录、翻译《祭天古歌》期间遭人诬告而险获牢狱之灾，在行动中始终保持某种密闭状态。在欧美和中国北京、南京、台北、昆明等地都有东巴经书藏存，但藏书量最多的还是在丽江。原属于丽江纳西族自治县文化馆的东巴经藏量达4000余卷，门类也较为齐全，20世纪中期，经周汝诚、周耀华等人之手，在东巴和芳、和正才、牛恒、和云彩等人的参与下，已编写出一份仪式分类书目。对该馆所藏经书门类的录音，主要依据这个编目顺序进行。此外，对各地在乡东巴，只要有机会、有条件，也一一进行采录。历经20多年潜心积累及初步整理制作，终于完成一套包括“美布”（祭天）、“羽布”（祭祖）、“素库”（迎家神）、“厘布”（祭猎神）、“诺布”（祭畜神）、“滋温布”（祭村寨社）、“庚布”（祭星）、“戛布”（祭战神、胜利神）、“罕拉厘肯”（祭风）、“署古”（祭署、龙神）、“什罗务”（祭丁巴什罗）、“拉姆务”（祭神女拉姆）、“班吉”（祭牧人）、“汝仲布”（祭长寿者）、“米鲁兹务”（夫妇同坛共祭）、“爪丹务”（祭男性圣贤者）、“本丹务”（祭女性圣贤者）、“米克普”（替生道场）、“垛肯”（消灾道场）、“溱固”（除秽道场）等仪式的用书。对一些重要的仪式书，笔者保留了不同地方不同东巴的完整诵读和吟腔，由不同地方的东巴提供相关民俗访谈资料，认真保存。东巴教经书厚薄不一，有的书需读上个把小时，而要录成吟腔，则需要几百分钟。为便于保存，笔者请求东巴先用正常语速进行诵读，但对每一仪式又都保存下一小段吟腔（唱腔）。对原丽江纳西族自治县图书馆所录经书，笔者还一一进行编码拍照（黑白胶卷）。后期，对收藏的经书，择其主要典籍也单独作了录音。对目前所保存的总计长12000分钟的音库资料，除了东巴教发祥地——白地的东巴牛恒（20世纪60年代曾由丽江纳西族自治县文化馆聘来与和芳、和正才等人一起译述东巴经）所诵部分经书，还请当地纳西人和尚礼先生代录，其余皆为笔者亲自采录并整理制作。

东巴经典籍可划分为“布特恩”（用于吟诵的经典）和“吕特恩”（用于查阅的典籍）两类。前一类经书里，出现大量意符，只写上少量提示性的象形字。这同古埃及象形文十分近似。埃及象形文的特点，除了其具体的特定文化内容（如鹰和荷鲁斯神）外，“还在于它的象形符号（即意符——戈）经固定以后就不再向字符发展，即使日后有新增字符，原有象形符号仍原封不动。虽然后来埃及文字又有简体、草书体的发展，这种象形体却始终是最正规、最重要的，一切宫廷、官府和神庙的文献、铭刻必须用它，因而西方称之为‘圣书体文字’”[①]。东巴经中的“布特恩”，正是这样一种状态。对这类典籍，资深东巴全凭记忆把它们读出一句句、一段段完整的经文。没有这个底子的新手，哪怕看得懂书页上的全部象形字，仍读不成句子。半个多世纪以来，海内外学者编写了若干部东巴文辞典。这类辞书对学习象形文单词固然有所裨益，但单凭它们是工具书，想读通东巴经书是万万做不到的。单从这一点来看，也促使我产生及时对东巴教经典进行抢救性录音，建立一个活的音库的使命感。目前现存的音库中，绝大部分内容为这一类被东巴称为“布特恩”的仪式用书。用于查阅的“吕特恩”大都书写成一字、一形、一音。读者阅读这类书时，借助于现有的字典，大致能够读懂。对此类典籍之中的“蹉蒙”（舞谱）、“皮庚特恩”（骨卜书）和各类仪式书的“董蒙”（仪式规程）书，也一一采录保存。

---

① 朱龙华：《世界历史·上古部分》，北京大学出版社，1991年，第82页。

五

1981年，笔者赴泸沽湖考察摩梭文化，从云南到四川做一次环湖步行采访，每到一个村子常住下来访问录音。近10天内绕完一次湖，也录下10盒磁带。当时，沿湖各村尚有不少摩梭达巴健在，采录对象多是这部分人。回昆明后，把录音资料全部交给云南社会科学院民族文学研究所资料室。若干年后，《摩梭人民间文学集成》也列入云南省集成办课题。但几年前录制的磁带因保管不当而全部报废。吸取这个沉痛教训，后来的音库资料全部由笔者自己保护珍藏，因为保护方法得当，迄今全部音像磁带尚完好如初。

这套东巴音库，主要为按东巴仪式顺序录制的经书诵读和吟诵原声。有些东巴教仪式用书很多。例如，原丽江纳西族自治县文化馆保存的东巴经书目中，《署古》、《什罗务》等仪式用书多近百卷。但每一仪式上，都有一部分是必诵之书。经由东巴择定，对上述仪式类只录了这部分必用之书。例如《什罗务》仪式书，我录下《什罗固蒙土贝》（丁巴什罗延辰经）、《可露土》（吉祥对轮出处经）等27本（卷）；《署古》仪式书录下《署土署贝》（署神来历经）、《休曲署岩》（署鹏争斗）等24本（卷）。经东巴认定，这些书属于必诵之经。

经书诵读部分变成本音库的主体内容，但内中也有不少反映各地相关民俗的资料。特别是一些仪式“董蒙”，除录下书面典籍外，笔者请和开祥老师等人把旧时他们参与过的仪式程序、动作做翔实回忆描述，并制作成音库资料加以珍存。依据这些真实而立体的音像资料，有些荒废了半个多世纪的古老仪式有望被复活。例如“庚布”（祭星）一俗，有经书，书后附有简要的“董蒙”程序，再录下开祥老师早年操持过的完整动作，便不难把它再现为一个个活的场景。2007年6月5日，由本人担任祭司，在丽江古城南郊祖屋中搭建祭坛，为在中国南京召开的第二届国际木文化会议代表举行纳西祭天仪式（曾撰写出版《纳西祭天文化》和《中国祭天文化》的陈烈应邀出席该学术会，会后她率各国代表赴丽江进行民俗考察活动）。这是我第一次扮演祭司角色，也算得益于自己所精心保存的这套真实可靠的东巴音像资料库。近20年来，依靠这个资料库，先后完成《东巴神系与东巴舞谱》、《东巴骨卜文化》、《丝路文明与东巴文化》、《吉祥时轮与香格里拉》等学术著作。这套立体的音库资料，其功能自然是多方面的。凭借它，笔者现在已有把握把“祭星”、“祭猎神”、“祭畜神”……乃至于“垛肯”（消灾）等有难度的仪式重新复活。

六

为创立本音库做出重要贡献的资深东巴和云彩、和开祥、和即贵、和士诚已相继谢世，而和云章、牛恒、杨学才、杨继轩等老东巴也已全部离世。东巴教文化被禁止传承近两代人后，他们是最后几位尚有能力传承东巴文化遗产的人，他们在世时，经在一起商酌，尚能复原各类东巴教仪式的原生形貌，并凭借经书和口颂形式诵读相关仪式书和口诵词。他们之后，在丽江市范围内，已没有一位有此资质者。由于种种人为因素，半个世纪以来，东巴文化一再面临断代危机，音库毫无疑问已变成一个不可再生却可传之久远的活的东巴文化珍贵遗产。

古希腊哲学家柏拉图有句名言：知识就是回忆。值得由全人类回忆和记忆的知识自然是指今天我们所说的具备世界价值的人类文化遗产。东巴经典籍近年来被联合国教科文组织列入人类记忆遗产名录，这正是对这个纳西文化“硪增”——瑰宝的权威价值认定。然而，何谓记忆遗产？怎么才能让它真正变成人类能永恒记忆的知识——智慧？仍是一个从理论认识和实践体验（操作）两个侧面需要加以探究的课题。

近年来，笔者常住丽江老家，创办一个以传播纳西文化为宗旨的名为“鲁鲁巴巴”的讲习点，曾给来自欧美的学者和大学师生举办多期东巴文化讲座，并具体操持一些仪式。期间，也曾把创建东巴音库的情况向来访者介绍，大家听了一致称赞，认为这是一个对于抢救和保存传统文化具有特殊意义的举措。但是，目前笔者也为此担忧。由于个人条件有限，虽已积累了20多年的珍贵资料，但还只能用盒式磁带的方式保存。长此以往，势必影响音质，以至有被报废掉的危险。目前，需要借用更科学的方法、更先进的技术与材料，将其转换成可保存更长时间，同时也更为安全妥当的新型音像资料库。只有做到这一步，方才便于交流，以供文化学术部门或学者进行收藏，也便于学习与研究，使热心者实现资源共享的愿望。这一思考也正是笔者向“2008年第16届世界人类学与民族学大会‘纳西学研究新视野’分论坛”提交本文的一个初衷。世界上著名的图书馆，如美国华盛顿国会图书馆，便有专门的音库。笔者期盼在各国与会者中结识热心人或合作者，在东巴音库更科学、稳妥的保存以及共同享用资源等方面，聆听各位专家学者的意见或建议。

从旅游的角度审视分析东巴文化及其艺术内涵

谢 征

一、背景介绍

在过去的近两个世纪，东巴文化吸引了众多东西方学者的注意力。尽管很多文章已经对东巴文化进行了各种研究，但是很少有专业文章对东巴文化在旅游方面的特征和现状作全面地分析。丽江的旅游业虽然取得了令人瞩目的经济成就，但是旅游业的影响绝不仅仅局限在经济和环境方面。传统文化的变异，贫富差距的加大，家庭结构的改变，道德水准及生活方式的变迁，以及人们意识形态的转变中都可以看到旅游的影子。民族地区的旅游业发展提供了一个研究民族地区的社会发展和一系列相关问题的契机。

本文着力探讨纳西族东巴文化及其传统工艺品在维持民族特征方面的作用，以及在经济发展中的社会适应能力。一个民族在其漫长的发展过程中始终面对着各种挑战。在与周边民族的交往当中，民族之间的同化与反同化是贯穿始终的。旅游业是一种最能体现跨民族文化交流的行业。不同民族的文化，社会时代的变迁，都通过旅游业的发展得到充分的展现。中国将在 2020 年前后成为世界主要旅游目的地之一，旅游所引发的现代化和全球化将极大地影响我们的生活和工作。

二、研究方法

民族学研究不是对所调查的民族从调查者的角度去进行简单的描述和汇报，而是如实地将该民族的整体情况，如他们对生活、社会和周围世界变化的基本看法进行理论上的构建。民族学是一条理论通道，将该民族的社会结构及民族特征通过研究者的经验、知识和思想体系完整地展现给人们。本文除了对中外的各种文献进行了大量的文案研究，还使用多重个案研究法、参与观察法和深度调查法等民族学的研究方法，进行了大约 7 个月的田野考察。近年来，多重个案研究法被广泛地应用于田野考察。它的优势是数据更加多样，引人注目，从而使得总体的研究变得更加充满活力。各种相似或相反的数据强化了对研究命题的评估。从多角度的研究所得出的结论显然比单一个案的结果更加具有说服力。相比较而言，深度调查法是一种很有效的途径，便于探知被调查者的思想情感和态度，从而使研究的方向更加贴近真实的生活，而参与观察法则会使我们对少数民族的认识更深入。总体上看，纳西族绝大多数是生活在贫困地区的农民，所以旅游的首要目的是如何尽快地使当地人摆脱贫困。因此本文研究的重点是大研镇及以外的农村地区。本研究共采访了67位纳西族的干部、学者、艺术家、老东巴、东巴学员、普通农民、手工业者、个体商户等。

三、总体研究成果

（一）丽江市纳西族地区的旅游业发展现状

总体上讲，丽江地区的旅游业是在当地各级政府的大力推动下发展起来的，当地政府的领导作用是无可替代的。同时，旅游业的迅猛发展也离不开广大当地群众的积极参与。旅游业的主要贡献不仅在于带来了很多的就业机会，而且在于有力地推动了丽江当地的社会均衡发展。例如，在大研镇周边地区的农村，很多农民已经处于半城市化状态。他们在子女上学、就医、工作等方面已经非常接近附近城市居民的水平。

首先，旅游业最先带动的是交通的改变。这一点在丽江地区尤其明显。交通的极大改变不仅方便了来丽江旅游的游客，也使得丽江当地群众更方便与外界沟通。同时，便利的交通也促进了商品的流通，各项服务业都离不开交通的支持。交通条件的改善使得当地群众的观念有了极大的改变。丽江市的旅游业发展吸引了大批外地人来丽江工作、度假、经商等。与外界的沟通不再是仅仅依靠电话、电视等形式，而是与各地来的群众进行直接的沟通。从某种角度来讲，丽江的旅游业发展彻底颠覆了“云南是祖国的边陲”的概念，它成为现代中国休闲文化的中心。

其次，旅游业发展所带来的强大的市场需求，极大地改善了当地的通讯等方面的基础建设。大约30%的国内游客是以散客的形式来丽江的。手机、网络的使用给当地人的生活、工作、经商带来了极大的改变。很多旅店的客源中50%是来自于网络。这一特征使得丽江的网络发展速度远远高于国内其他同级地区，是国内少数几个优先开放网络办公的城市。同时，游客和外来经商者的流动性对传统的管理模式提出了挑战。如何通过网络服务为广大的当地群众及游客提供更好、更方便的服务将是未来丽江旅游业发展的一个主要课题。例如，网络和手机的使用可以使游客在偏远的山区得到有效的技术及信息支援，延长游客游览时间。

最后，从社会均衡发展的角度来讲，旅游业的发展也推动了资金向农村地区倾斜。随着“生态旅游”、“回归自然”、“保护传统文化”等概念的推广，更多的投入将会集中在农村地区，这将使得农村与城市的发展更加均衡。反过来，对农村地区的旅游资金投入也将带动相关基础设施建设，从而使旅游发展、资金投入、基础设施的建设及社会的和谐发展进入一个良性循环的状态。从这一点来看，丽江的旅游业发展，不仅使其成为中国旅游休闲文化的窗口，而且将为中国国内旅游业在农村地区的扩展提供一个独特的典范。

（二）东巴文化艺术及工艺品等民族文化遗产在旅游发展中的商业化倾向

不可否认，旅游业的发展极大地推动了东巴文化的知名度。很多受访的群众表示，如果没有旅游的介入，他们可能还不知道东巴文化的存在。他们承认恰恰是从与游客的沟通当中，使得他们对东巴文化的认识被唤醒。同时，很多受访的年轻东巴表示，因为东巴文化，他们的文化自豪感得到了提高。东巴文化不再是一种在乡村的“土”的风俗，而变成城里人也深感好奇的文化奇葩。在采访的几个山村里，农民们自豪地谈论他们家谱中已故东巴的传奇经历，以此来拉近他们与东巴文化的距离。写东巴字、请东巴举行传统仪式在很多村落中已变得很“时髦”。这对东巴文化的持久发展而言是重要的群众基础。

但是，旅游业的过快发展也带来了一定的负面影响。例如，有的东巴本应该留在农村为邻里服务，却跑到城里工作，大多数受雇于旅游景区单位或旅游商店，成为一些公司商业包装的宣传手段。一些仅仅会写东巴字的普通农民也加入到这一行业中，使得东巴的“质量”变得参差不齐，严重影响了这一职业的严肃性。这种商业化的倾向不仅表现在部分年轻东巴身上，也扩大到相关的东巴文化产品上。东巴文字成了当地旅游工艺品的标志，被任意地涂、刻在各种手工艺品上。很多外地来的商贩也穿着纳西族的服装，刻着东巴文，坐在大研镇的店铺里销售“纯手工制造的东巴工艺品”。从某种角度来讲，当地政府的一些相关政策急需改进。例如，大研镇政府要求所有在古镇当中的商户，无论是否纳西族都至少要有一人身穿纳西族服饰。这一要求助长了很多非纳西族商人冒充本土手工艺从业者之风。如何管理，如何杜绝各种有害的商业化，使东巴文化艺术长期健康发展是极为关键的。

（三）东巴文化在纳西族民族特征建设中的角色

通过对东巴文化的深入了解可以发现，东巴文化绝不仅仅是一种纳西族可有可无的乡土风俗，而是一个蕴含着丰富的纳西族历史、神话传说、亲属关系、天文地理、民族迁徙、社会变迁等知识的该民族文化宝库。东巴文化的历史就是一部生动的纳西族的文化历史，受到藏族本教、汉族儒学的影响并经其不同社会阶层的塑造而形成，充分体现了纳西族那种强大的生命力和战斗力。在采访的山区农村及部分城镇地区的纳西族群众中，东巴文化已经成为其民族特征的一个特有体现形式。

自改革开放以来，社会各阶层的“优越感”、“自豪感”已经过多地与经济实力的变化联系到一起。一个社会群体的“现代”与“传统”，乃至于“先进”与“落后”、“正确”与“错误”等，更多的是以“经济”的尺度来衡量，而不是从本民族的社会发展的具体情况、历史特征方面去审视。因此，我们已经习惯了将社会按“发达”和“欠发达”的带有经济色彩的概念来划分。经济手段成为解决很多社会问题的“良药”与“秘方”。以此来看，在丽江发展旅游业之前，丽江的人均收入位列云南省倒数第二，属于“落后”地区。而经过短短十年的发展，丽江的人均收入呈几何倍数的增长，丽江也成为云南省经济发展的典范。

旅游业发展所带来的巨大的经济利益极大地改善了纳西族的生活条件。很多受访的群众反复强调旅游所带来的社会经济方面的改变。同时，对东巴文化的追捧使得很多尚处于经济上“落后”的农民也有了文化方面的“优越感”。从某种程度来看，旅游业带来的东巴文化“热”，一夜之间将很多经济上还处于“劣势”的农民送上了“文化”的“先进”行列。旅游业所带来的经济方面的改变，又使得一些人对“文化”的需求变得极为迫切。而东巴文化在旅游业中的“热销”恰恰迎合了这种需求。东巴文化被旅游业放大到了“民族自豪感”、“优越感”的水平。“土”的变成了“洋”的，“冷”的变成了“热”的，东巴文被认为更应当称作“纳西文”，等等。这些巨大的转变中，有多少“经济”的因素，又有多少“文化”的成分呢？东巴文化旅游热让我们得以从一个新的窗口去审视“文化”与“经济”。

（四）旅游与东巴文化的可持续性发展

在东巴文化漫长的发展过程中，东巴的作用是不可替代的。对东巴文化的保护绝不能仅仅停留在对东巴文的翻译和注释上。而东巴文在宗教礼仪中的应用也不应当与东巴文在社会上的普及画等号。换言之，如果不对农村当中的普通东巴的基础技能、知识和礼仪方面的实际应用能力进行提升和促进，而仅仅把东巴文当作民族文字在当地中小学普及，东巴文化的可持续发展仍然不能得到保障。

保障东巴文化的长期可持续发展，最关键的一点是保障东巴与村民的及时联系与沟通。东巴在城市中打工所带来的与当地农户的分割是应当优先解决的实际问题。但是，将普通东巴限制在农村里是一厢情愿或不切实际的。首先，东巴的身份是农民，在广大农村社会中仅仅是一种类似于“兼职”的半专业的宗教工作，除极少数的大东巴外，历史上很少有东巴能完全脱离农业劳动。这一点提醒我们，除非将东巴纳入我们现代社会的固定职业体系中去，发工资，提供社会保障，东巴在城镇地区的旅游企业打工与我国每年近两亿的外出务工的农民工现象一样是很难阻止的。其次，将东巴固定在农村中，等于是隔绝了他们与外界的联系，长此以往，将丧失他们对社会发展中各种变化的应有理解与关注。

笔者通过在丽江地区的实地考察，认为比较可行的办法应当是通过一定的经济手段，将东巴（需要外出打工）引导到离村镇较近的城区工作，以便于他们及时回村；同时在交通和住宿等方面提供一定的帮助或支持。这样，既满足了他们经济方面的基本需求，也能最大限度地缩短他们与当地农户的距离，使得东巴与村民的联系达到一种动态的稳定。此外，对于那些在旅游企业中工作的东巴，政府应当积极说服企业负责人主动配合，对于需要及时回村的东巴给予大力支持和理解。

从长远来看，总体而言，单向进步的发展观所给出的未来，是一个虚幻的未来。

一、工业文明语境下，传统地区的困境

虽然工业文明自身的问题已经全面显现，但依然有强大的惯性。工业文明的意识形态依然是整个社会的主流话语。出于对全球共同进步的美好预期，传统社会仍然在努力加入全球化和现代化的链条。然而，全球共同富裕是不可能的，实际上，全球化和现代化的链条是一个竞争链条，是一个食物链。

全球范围内，所有的现代化地区的现代化，建立在两个前提之上：一是需要非现代化和次现代化地区源源不断地输入能源和物资；二是要把垃圾源源不断地输出到那些地方。

作为非现代化或次现代化地区，传统社会要加入这个食物链，只能从全球化和现代化食物链的下游进入。这就意味着，一方面要为上游提供资源和能源，另一方面要接受上游的垃圾。对于前者人们早已熟知，但对于后者，大多数人还没有明确的意识。

从2080年代初期开始，中国社会开始以经济建设为中心。GDP成了各级政府所追求的重要指标。以丽江为中心的纳西地区也不例外。传统地区加入现代化链条，最直接的方式就是出售资源。很多地方把砍树开山作为致富途径，其实是竭泽而渔、杀鸡取卵。资源迅速枯竭，环境严重污染。20世纪80年代，很多纳西族地区也都自发或者自觉地兴起过砍树风潮。

20世纪90年代之后，环境保护在主流话语中慢慢地有了位置，并且重要起来。一方面要经济建设，另一方面要环境保护，这其实是一对矛盾。人们期望有一种既能发展经济，又不污染环境的两全之策。旅游（或生态旅游）就被认为是这样的好事儿。整个云南都把发展旅游作为重要的经济政策。自从被列入世界文化遗产之后，丽江旅游成为全球热点，并带动了整个滇西北和纳西族其他地区。纳西与东巴的符号传遍中国及世界各地。现在，在全国的旅游区都能买到用东巴文字装饰的旅游纪念品。毫无疑问，丽江和纳西族地区也获得了巨大的经济效益。

但是，旅游并非人们所想象的那样有利无害。把旅游业说成（绿色）工业，意味着，人们在按照工业的方式操作旅游业。然而，只要是工业，就会耗费资源，产生污染。

二、生态旅游的悖论

所谓生态旅游中，用来吸引游客的“资源”可以概括为两个方面：一是本地

的人文生态——传统文化；二是本地的自然生态——自然风光。而问题在于，一旦把传统文化和自然风光当作赚取利润的资源，就必然会导致资源枯竭。

以传统文化作为旅游资源，存在内在的悖论。

开发旅游的目的是致富。以传统文化作为资源，吸引游客，通过服务游客，获得经济上的好处。但是问题在于，获得了好处之后，会怎么样？自然要过“好的生活”。按照现在的主流意识形态，所谓好生活就是现代化的生活，就是来自所谓发达地区的游客的生活。然而，传统地区一旦过上了现代化生活，就失去了吸引游客的人文资源。于是导致客源减少，经济收入减少，刚刚获得的现代化生活又将无以为继。但是，又不可能要求传统地区不过现代化的生活，因为这就是最初的目的。这是生态旅游的内在悖论。

传统文化不可能是被动地被欣赏，游客与主人之间并没有隔着一层厚厚的玻璃，而是相互作用着。游客来自发达地区，主人则属于落后地区。游客在面对主人的文化时，常常不由自主地会表现出居高临下的优势态度。即使那些为自己的文化而自豪的主人，也难免会受这种意识形态的影响。主人接待游客，需要在一定程度上调整自己的生活方式。主人自身的文化就开始蜕变。最后，当传统文化已经丧失，又要以传统的名义吸引游客时，主人就开始表演自己的传统。传统的生活就变成了主人白天里的工作，传统服饰变成了工作服，过着现代化生活的主人，依靠表演过去为生。

在丽江表面上喧闹的旅游业背后，存在着较大的隐患。笔者参观过几次祭天和祭署的仪式，在传统社会中极为庄重的仪式，成为专门安排的表演，场面喧闹、混乱，毫无神圣感可言。这既不能让外来者对纳西族有发自内心的尊重，也不能让参加仪式的纳西后人对自己的传统心怀敬畏。

丽江旅游对纳西传统人文的破坏已经引起了很多学者的注意。

> 2006年的春节，中国社会科学院民族学与人类学研究所的博士木仕华在云南丽江古城的街上调查了38家店铺：“没有一家是当地人开的。”①
>
> “文字风行，母语堪忧”，木仕华说。东巴文风行的背后，是大部分纳西族孩子不再有习得纳西母语的机会；这些年数量正在增加的年轻东巴，多半被分配到了各个旅游点去侍奉旅游者而不是传承与接续文化；当古城的大部分纳西人离开了老城区，将自家的老屋作为商铺租赁给外来商人，纳西古城便失去了千百年来其文化支撑者的命运；少数留在古城的人们，其所恪守的古老的道德律令也正与外来人口发生着冲突；而那些搬迁到新城区住进楼房的纳西人，则再也不会感受到浓郁的、以往像空气一样

---

① 郑茜：《没有了雪的玉龙雪山》，载《中国民族报》，2006年5月26日。

飘扬在他们周围的纳西文化了，他们在新城区创造不出这样的文化氛围。①

传统的东巴文化是落后的，是需要改造的。地方政府对于东巴文化的支持，其中一个原因是东巴文化可以作为旅游业资源。一旦把传统文化本身作为“资源”，则文化本身的价值就附属于其经济价值，“资源”注定流失。东巴文化的各种符号在丽江处处可见，但是纳西人心灵中的传统，则日渐消退。

三、玉龙雪山：纳西母亲憔悴的容颜②

旅游对人文生态的破坏属于精神层面的资源流失，在物质层面，“生态”旅游同样会对自然生态造成破坏，导致环境问题、污染问题和垃圾问题。

大规模的游客仅仅是从山中走过，他们的呼吸、说话的声音，也会对本地自然生态构成干扰。当这种干扰成为常态，必然会使小动物的栖息地发生转移，从而发生连锁反应。

为了接待大量的游客，必须有相应的硬件。需要修建饭店、宾馆；修建通向旅游点的公路，以及旅游区内的小路——石阶、水泥路、木栈道；修建观景台，休息区和餐饮区，垃圾箱、垃圾填埋场或者堆放场，等等。这些设施的修建，事实上已经对本地的自然生态系统构成了破坏。越是强有力的现代化旅游设施，对自然生态的破坏越严重。

玉龙雪山是丽江的象征。但是近20年来，雪线逐渐上移，到了2006年，竟然出现了雪山无雪的严重现象。据《中国旅游报》报道：

2006年的春节，初一到初五，每天有1.5万人乘坐索道爬上玉龙雪山。也就是说，160元一张的门票，5天卖出去7.5万张。用另一种方法计算，也就是说，每天有1.5万个37度的肉体烘烤着玉龙雪山。但纵然如此，旅游公司只会考虑前一个乘法算式，而绝不会考虑后面一个。

但是，人们终于看见了：以往在晨曦中站在古城身后、泛着神一般橙色光辉守护着纳西人的玉龙雪山，真的没有雪了！③

没有了雪的玉龙雪山让纳西人震惊，但是当地政府的解释是由于全球升温的影

① 郑茜：《没有了雪的玉龙雪山》，载《中国民族报》，2006年5月26日。

② 本节内容改编自拙著《神灵世界的余韵——纳西族，一个古老民族的变迁》，上海交通大学出版社，2008年，第四章中的一节。

③ 郑茜：《没有了雪的玉龙雪山》，载《中国民族报》，2006年5月26日。

响。据《中国青年报》报道：

资料显示，丽江于1993年正式启动玉龙雪山开发项目，当年，雪山接待游客4700人，产值不到25万元，上缴税款2万多元；2005年，雪山全年接待游客190万人，产值飙升至3.5亿元，上缴税款3000余万元。①

据介绍，玉龙雪山有3条索道，全部延伸到自然保护区的核心区。其中，长近3000米的玉龙雪山索道，延伸到海拔4506米的雪山上，每小时单向运量达426人。②

有专家指出，这些索道的建设和运营，给保护区带来了生态灾难：大量游人的涌入，使亘古冰川遭到破坏，部分冰川开始融化；高山植被和野生花卉被游客践踏、破坏；野生动物的生存环境受到影响，数量急剧减少，以往规划时还存在的珍稀动物，现在已难觅踪迹。③

在此之前，已经出现了玉河缺水，古城水系面临干枯威胁的征兆。

事实上，著名的黑龙潭已经在实施人工调水了；水是从不远处的拉市引来的；而政府绝对不会允许玉水干枯这样的情形出现，因为，无论距离有多远，水也可以调到丽江来，冒充以往从雪山上流下来的水——要解决这件事情，比较简单。④

丽江籍学者、云南省社会科学院副院长杨福泉博士伤感地说："玉龙雪山原本在天边独守着寂静安详，呵护着纳西子民。然而现在，她却成了无休止地供人们游乐玩赏、探奇寻胜的场所，创造着源源不断的财富。""雪山仍然在故乡，只是雪少得令人心忧、心碎。看着雪山，常有一种目睹母亲因过度操劳而容颜憔悴苍老的痛感。"⑤

雪山无雪，是生态问题的一个明显的例子。除此之外，还有污染问题，垃圾问题，都在纳西地区相继发生。

四、现代化食物链的延伸

现代化是一个食物链，当传统地区加入这个食物链之后，从整体上说，会成为

① 张文凌：《玉龙雪山旅游期待减负》，载《中国青年报》，2006年12月15日。
② 张文凌：《玉龙雪山旅游期待减负》，载《中国青年报》，2006年12月15日。
③ 张文凌：《玉龙雪山旅游期待减负》，载《中国青年报》，2006年12月15日。
④ 张文凌：《玉龙雪山旅游期待减负》，载《中国青年报》，2006年12月15日。
⑤ 张文凌：《玉龙雪山旅游期待减负》，载《中国青年报》，2006年12月15日。

全球食物链的下游，但是在传统地区这个下游之中，还有上下游之分。《中国民族报》记者发现了一件“奇怪的”事情：

> 丽江旅游白热化到如此程度——据说已经成为世界级的旅游热点——我们想当然地会认为丽江的老百姓都会富到流油。至少，我们相信丽江的纳西族人会在旅游业的带动下，过上欣欣向荣的好日子。但事情不是这样。如果我们知道：以年均收入825元以下来定义贫困，那么直到2005年，丽江市人口仍有55%处于贫困线以下；如果我们了解不久前一位省级领导视察丽江后，指出：“丽江的扶贫任务还很重。”——我们会是多么惊讶！①

这位记者所感到奇怪的，从食物链的角度正可以做出解释。传统地区以人文生态和自然生态为资源加入了食物链，资源耗散转化出来的利益并没有平均分配，没有使传统地区共同富裕，而是在原本的下游，形成了新的食物链——处于上游的大公司等获利最多，处于下游的原住民获利最少，甚至原来的利益也会受损。这一点在水电开发中，也表现得非常明显。

在传统地区的资源耗尽之后，从上游来的大公司会将资本转移出去，寻找新的下游；在这个过程中获利的一部分新贵，也有可能加入全球化的资本链条，向外谋求“发展”；真正留下来承担人文生态和自然生态破坏后果的，则是本地百姓。

在所有的生态问题中，最为普遍的是垃圾问题。这是传统与现代接轨的必然结果。一方面，游人会带来大量的现代垃圾；另一方面，传统地区自身要提高生活水平，要过现代化的生活，也会产生越来越多的垃圾。2000年，笔者在纳西族地区考察时，特别关注了垃圾问题。

传统生活几乎不产生垃圾。即使偶有垃圾，也会自然降解。一切来于尘土，归于尘土。现代社会的垃圾不仅产出量大，还有质的差异。现代垃圾中包含的物质，相当大一部分是现代化学工业的产物，诸如塑料、化纤、尼龙，无法回到自然中去。但是，传统社会对于这些垃圾并没有清楚的认识，仍然把它们当作传统垃圾来处理，堆放在山谷中，以为过一段时间就会自动消失。这些垃圾一方面产生二次污染，污染地下水，污染河流、湖泊，另一方面还占地。现今在山里行走，经常可以看到游客丢下的袋子、盒子、瓶子，不知道已经丢了多少年。而这些东西只会越来越多。

2000年的时候，笔者专门看了几个纳西村寨的垃圾堆放处，在一些旅游热点地区，比如泸沽湖，问题已经开始严重了。现在十年过去了，相信更多村寨在被垃圾问题所困扰。

---

① 郑茜：《没有了雪的玉龙雪山》，载《中国民族报》，2006年5月26日。

垃圾问题是现代化自身的问题，不是官员是否勤政的问题，也不是技术是否先进的问题。也就是说，只要与工业文明接轨，无论多么勤政的官员，无论多么先进的技术，都不能解决垃圾问题。因为，传统地区位于全球食物链的最下游。

当丽江失去传统的人文生态和自然生态，再想回到传统的生活方式，已经不可能了。而由这个资源所支持的现代化，同样也将无以为继。事实上，很多试图与现代化接轨的传统社会，已经遇到了这样的困境。

五、微弱的希望

与传统文明相比，工业文明有两个重大的改变：一是改变了理想社会的方向，把对人与人之间的和谐、精神境界的提升，转化为对物质的追求；二是改变了全球范围内物质和能量的转化方式，使之由“来与尘土，归于尘土”的准循环变成了“从资源到垃圾”的开放链条。这两个方面是相辅相成的。由前者必然导致后者，生态问题（垃圾问题）是工业文明的痼疾。所以生态问题的解决，也必须建立在解决前一个问题的基础上。

每个民族都有对理想社会的向往，传统社会所强调的是精神层面，并没有把物质生活作为最高的需求。物质永远是有限的，人类永远要在有限的物质条件下生存。而传统文化却能够构建出使人在有限物质条件下获得幸福的社会生活。云南很多少数民族“会走路就会跳舞，会说话就会唱歌”，把唱歌、跳舞作为日常生活的一部分，尽管按照现代的标准，这些民族的物质生活都相对贫困。

在现代社会，“好生活”都是和物质生活相联系的，如电视、冰箱、手机、电脑、大笔存款、大房子、小汽车、平稳的工作；而传统社会的好生活则意味着：父母健在、儿女双全、家庭和睦、善良、仗义、有很多朋友，对于物质生活的要求则相对较低，而且在传统社会中，物质不是为了个人的占有，而是与大家分享才有价值。东巴经的结尾常常以这样的词语表示祝愿：“流水满塘，星光灿烂”。有流水，有星光，就足以获得幸福。

> 杨福泉回忆道：“读大学时我曾和几个同学靠向导引路登过雪山，登到相当的高度。山上的冰川很壮观，白雪皑皑，雾涌云飞，林莽苍苍，雪莲花、雪茶等多得令我至今难忘。”然而现在，“每天游雪山的人熙熙攘攘，雪山上大呼小叫像赶集似的，那种过分的热闹和喧哗，使人反感。我们的神山少了一份庄严和宁静，少了一份圣山独有的让人感到宁静和肃然起敬的氛围”。①

---

① 张文凌：《玉龙雪山旅游期待减负》，载《中国青年报》，2006 年 12 月 15 日。

物质的追求永远是没有穷尽的。如果继续沿着工业文明的道路前进，对于传统社会来说，终将会资源（人文资源与自然资源）耗尽，无以为继。传统社会如果想要继续存在，必须选择自己的道路。

对于传统地区来说，最重要的不是发展，不是 GDP，而是守住尚存的传统。从长远来看，真正的问题不是怎么发展，而是怎么停下来。

人类如果不停止工业文明的步伐，走向生态文明，人类文明将会终结。未来的生态文明必然能够保证人与人之间的和谐，保证人与自然之间的和谐。

建设未来的生态文明，需要对工业文明进行彻底的批判，需要从传统中汲取营养。在我们称之为原始、落后，乃至于荒谬、迷信的传统文化中，存在着先民的生存智慧。一个传统能够传下来，必然有能力解决生存问题，并获得幸福。可以说，传统社会是曾经存在过的生态文明。

如果我们把生态文明作为预期的未来，则我们需要调整我们当下的理论。

1. 重新确立文化自尊，重新确立传统的价值体系，确立自己关于“好生活”的定义。只有发自内心的对自己文化的热爱，才能保住自己的文化，也才能保住自己的自然环境。

（1）在制度化教育中，加入传统文化的内容，编写专门的地方性知识课本，请东巴进入课堂。

（2）重视母语，在中小学的课程中，添加母语文学，将母语考试列入本地就业考核的项目。

（3）重视东巴在传统社区中的地位和作用，重视传统的村寨自治体系。在原生态的传统文化尚存的地方，延续传统尤为重要。

2. 建设面向生态文明的生态旅游。

（1）调整旅游业中的主客体关系。在旅游业中，主人是主，游客是客。主人不是为了客人的钱包而努力吸引客人，也不把自己的生活建立在客流上；而是首先的文化内涵过好自己的生活，为自己的生活而自豪，并请客人来欣赏自己的生活。

（2）在具体的旅游实践中，不为迁就客人而改变主人的生活，尤其是不为迁就客人而放弃文化尊严。比如在祭祀活动中，捍卫祭祀活动的文化内涵，保护祭祀活动的原貌。本土文化中的圣地，应有条件地向游人开放，比如分时间、分场合，并要求游客遵守相应的规则。

（3）控制旅游业的发展速度，把本地的人文生态和自然生态放到第一位，而不是把 GDP 放到第一位。

3. 尽可能地保障和恢复自然的生态体系。

（1）由工业化农业转向生态农业。建立在农药、化肥和大规模灌溉之上的工业化农业虽然可以暂时提高粮食产量，但是从长远来看，导致土地板结、肥力下降、河流与地下水污染，得不偿失；相反，传统农业经历了历史的考验。东巴文化在其独特的自然景观下，发展出来一整套与自然和谐相处的办法。

（2）谨慎从事工业文明的相关活动，如开矿山、修水电站、建工厂等。拒绝破坏生态的企业的诱惑。

2005 年前后，我曾参与了云南普洱生态旅游战略研究的一个课题。期间，刘华杰教授提出一个想法：假设我们现在不开发、不修路，就这么守着，守 10 年、20 年、50 年，会怎么样？那时候也许整个云南都被开发得差不多了，也被污染得差不多了，而只有这个地方还是净土。

在满足基本的物质生存的前提下，更多的物质并不能使人生活得更幸福。关键的问题在于，什么样的生活是好的生活。

金沙江岩画的发现及其价值

——兼论丽江金沙江岩画申报世界遗产的前景

杨志坚

一、金沙江岩画的发现及价值评估

（一）金沙江岩画的发现

金沙江岩画主要分布在云南省丽江市和迪庆藏族自治州境内的金沙江两岸，在云南大理白族自治州、楚雄彝族自治州及四川省攀枝花市、凉山彝族自治州等地的金沙江流域也有零星发现。

20世纪80年代末，迪庆藏族自治州中甸渣日首先发现岩画，当时的中甸县文化局、县志办、三坝文化站的有关人员对此进行了调查，并在《迪庆报》和《中甸县志通讯》上做了报道。1990年，虎跳峡丽江一侧发现了岩画；同年，中甸县洛吉乡发现岩画。1992年，丽江花依发现多处岩画，丽江东巴文化研究所和丽江东巴文化博物馆都对此进行了调查，并在《中国文物报》、《云南日报》和《丽江报》上做了报道。之后，两地州及有关县的文化文物、地方志、东巴文化研究等单位分别组织人员对金沙江岩画进行了考察，确认流经两地州的金沙江流域有大量的古岩画遗存。

随着金沙江岩画的不断发现，在国内外岩画研究界引起了极大的反响。20多年来，已经调查核实了52处岩画点，并有了10多处新岩画点的线索，目前金沙江岩画还不断有新的发现。

（二）金沙江岩画所处的历史和地理环境

金沙江流域远古文化遗存和遗物是比较丰富的，它们之间的发展序列及衔接关系也是比较清楚的。早在10万年前，就已有旧石器晚期智人“丽江人”在这里活动，金沙江河谷岩画的发现和众多的新石器、青铜器、铁器的出土证明，滇西北这片热土是中国西南古人类活动的重要地区之一。

金沙江岩画绝大多数绘制在金沙江及支流两岸的崖壁上，这里山高谷深，地势险峻。岩画点一般离江面的直线距离在 20 米至 2000 米之间。几乎所有的岩画点都可下到金沙江边取水，而且岩画点附近应该是野兽频繁出没的地方，或是狩猎要道口。岩画点大都朝向江面方向，多绘在岩阴处或岩洞内壁及洞内的岩石上，岩画点前一般有能容二三十人站立的平台，这可能与方便举行对岩画的集体祭祀活动有关，个别地点还发现了灰烬层。作画者似乎只注重作画的环境，而不太讲究作画的岩壁面，有的绘在坚硬平整的岩壁上，也有的绘在凸凹不平的沙砾面上，还有的绘在崖脚或洞内的岩石上，有些岩画已被后来流淌的岩浆侵蚀或覆盖，形成了钟乳石。

（三）金沙江岩画的内容和特色

金沙江岩画的内容主要为野生动物和狩猎场景。岩画中动物图像主要有野牛、鹿、野猪、麂子、獐子、刺猬、羚羊、盘羊、岩羊、猴等，少数岩画点还出现了类似野马、野驴、熊等动物形象。这些动物大者身长两三米，小者身长只有三四厘米，它们有的成群结队，有的独行孤处，内容丰富，形象准确、生动，构成了一幅幅活生生的群兽行居图。

金沙江岩画中还有一些抽象的符号和图案，其中主要有正反的三角形、空心圆、内有十字的圆圈、小密点群、涂绘和勾勒的手掌印、太阳和植物、箭头、交叉的直线、似水流或道路的曲线等，其中多数为不知含义的符号和图案。

金沙江岩画中人物占的比例很小，目前只有丽江花依 1 号点等几个岩画点发现有人物形象，在这些岩画中人物均处于次要的位置，而且形象很小。金沙江岩画中现今能初步确定的工具有弓箭、石器、木棍以及似网或栅栏的器物。

金沙江岩画作画的技法有描绘、涂绘、凿刻三种，其中使用最多的是描绘法。大多数图像是用 0.5—1 厘米的线条勾勒的，几乎每个形象都是线条流畅、一气呵成。有些较大的形象则用 3—8 条不等的线条勾勒，由此推断绘画工具为手指，而一些小动物的线条只有 0.1 厘米左右，其绘画工具可能是用竹、木加工的硬笔。

金沙江岩画的颜色有红、黄、黑、白、蓝 5 种，其中用得最多的是红色，红色又分为土红和褐红。红颜料可能是金沙江两岸随处可见的红土和赤铁矿，用动物血和胶或者植物树脂调和作画。有不少岩画点的动物形象重重叠叠，颜色深浅不一，可能是不同时间的不同作者在同一场面上作画所致。

目前，金沙江岩画已经调查核实了 52 个岩画点，岩画的面积据不完全统计已达 1500 平方米（仅丽江玉龙纳西族自治县境内岩画面积已超过 1000 平方米）。面积最大的岩画点有 200 平方米，最小的不到 1 平方米。岩画最大的图像有 10.64 平方米，最小的图像 0.89 平方厘米。由于受作画条件的限制，加上年代久远，很多岩画经过长期的日晒雨淋，岩浆的浸漫和岩洞坍塌，加之野生动物以及人类的破坏，目前已有相当一部分图像模糊不清，只有一些绘于背阴避雨、未经岩浆侵蚀、通风干燥、位置较高处的岩画尚能保留较完整、清晰的画面。

（四）金沙江岩画的保护和研究现状

金沙江岩画自发现以来，相关部门和有识之士做了大量努力进行保护和研究。其中，丽江市玉龙纳西族自治县境内的 11 个金沙岩画点已于 1993 年 2 月被原丽江纳西族自治县人民政府公布为第五批县级文物保护单位。迪庆的“渣日岩画”被公布为迪庆藏族自治州州级文物保护单位。目前，两地州文物部门正联合把金沙江岩画申报为国家级重点文物保护单位。

但是，金沙江岩画的保存现状令人担忧。金沙江岩画虽然大多数处在人迹罕至的高山峡谷间，但是近年来遭受破坏的情况越来越严重。除了自然的风化和腐蚀外，随着金沙江岩画知名度的提高，前来考察拍摄岩画的人越来越多，其中有些素质较差者随意对岩画进行添描、涂画和刻写。另外，不少岩画点原来是野生动物住所，现多为当地村民的畜厩，动物的蹭擦已使得一些岩画面目全非。同时，金沙江岩画多数位于金沙江水电开发工程和丽香铁路工程的范围内，这些大型工程前期的勘测已经对部分岩画点造成了影响，随着工程的上马，很多岩画点将不可避免地遭到破坏，甚至被淹没。

基本研究情况：1989 年春，中甸县文化局潘舜生、章作良，县志办段志诚、徐涌涛，三坝文化站和尚礼 5 人，对渣日岩画的 4 处点进行了调查。1991 年 4 月，中甸县志办段志诚、徐涌涛调查了木圣土岩画的 3 处点。1991—1992 年，丽江东巴文化研究所和力民等对虎跳峡岩画、宝山岩画进行调查。1992—1993 年，丽江东巴博物馆王志泓、杨志坚等同志在向导王福宝的指引下先后调查了丽江宝山等地的岩画点。1995 年，和力民到丽江市鸣音乡和宁蒗县金棉乡考察岩画。1995 年，迪庆藏族自治州文化局和玉铨、文物管理所和桂华对渣日的 3 处岩画点进行调查。1997 年，丽江东巴文化研究所鲍江、和品正同志对洛吉岩画进行了 10 余天的调查，并在《云南民族学院学报》（1999 年第 1 期）等杂志上发表了调查报告。2001 年，和力民对玉龙县宝山乡金沙江畔的岩画进行了 4 天的调查。2004 年，云南省考古所何金龙，丽江市博物馆陈登宇等在进行金沙江金安电站淹没区考古调查时，对宁蒗县翠玉乡的 6 个岩画点进行了考察。2005 年，迪庆藏族自治州开展第二次文物普查，对境内的金沙江岩画进行了较全面的调查。从 2008 年 4 月下旬开始，玉龙纳西族自治县第三次全国文物普查队对玉龙纳西族自治县境内的金沙江岩画进行了全面的调查，基本摸清了境内的岩画分布情况。

虽然金沙江岩画的保护和研究，取得了一些成果，但也面临着巨大的挑战和压力。为此，我们建议在认真完成金沙江岩画全面、系统、科学考察的基础上，召开“金沙江岩画学术研讨会”，编辑出版《金沙江岩画》研究文集和画册。同时，丽江和迪庆两地要携起手来，加快金沙江岩画申报省级、国家级文物保护单位的工作，并积极创造条件，适时启动申报世界文化遗产工作。目前，要及早建立金沙江岩画专门管理机构，配备必要的设备、人员，加强对岩画的保护工作，并适时建设一个岩画博物馆，以推动金沙江岩画的保护管理和研究工作的不断深入。

（五）金沙江岩画的价值评估

金沙江岩画自发现以来，以其丰富而独具一格的内容和表现形式，在我国岩画类型中独树一帜，引起了国内不少岩画研究、美术史研究、生态学研究等相关专业专家学者的高度关注，并对金沙江岩画的地位和价值给予了极高的评价。

我国著名的岩画学专家、国际岩画团体联合会执行委员陈兆复教授指出："金沙江崖画因其内容丰富，艺术手法独特，为我国一个重要的岩画点。"他认为："金沙江岩画是云南境内目前发现的最为古老的岩画。岩画表现的几乎都是野生动物，很少有人类的形象。这些作品很可能是云南艺术的创作原型。"他还在2000年银川召开的国际岩画研讨会上，把金沙江崖画的照片给国际岩画委员会前主席克洛蒂斯看。克洛蒂斯认为，这样的岩画如发现在西欧，会被认为是旧石器时代的作品。为此，陈兆复教授认为，"它具有旧石器时代崖壁画动物种类及造型方法上的诸多一致性"。

云南大学教授李昆声等学者认为金沙江岩画是新石器时代的遗存，云南省艺术考古专家杨天佑则认为："这些岩画与法国等西欧发现的岩画相似，可能是迄今中国境内发现年代较早的岩画之一。"

诗人田勇说："我认为金沙江岩画是中国历史上最具冲击力的史前文明，也许有人不承认这些作品，更不会通过诗人的视觉去解读它们。但我坚定自己的理解，这也是我所见到的人类最伟大的作品之一，这些线条终有一天会惊醒世界、艺术的世界。"

毋庸置疑，金沙江岩画为中国乃至世界岩画的研究提供了新的范本。这些岩画可能是迄今中国境内发现年代较早的岩画之一，为云南省原始艺术史和金沙江流域远古时期生态环境的研究提供了难得的实物资料，在这份形象化的图式文本中积淀着滇西北远古历史以及先民们丰富的文化信息，是一份十分珍贵的文化遗产。

二、丽江金沙江岩画申报世界遗产的前景

（一）世界遗产中的岩画

岩画产生于文字之前，岩画犹如文字记载，是人类历史上非常重要的资料，提供了人类数千年前的记录。迄今为止，超过10万件史前的艺术作品已被发现并记录下来。它们包括世界各地博物馆、画廊和私人收藏的小雕像，以及雕刻过的石头和骨头与带有装饰的角和木头。然而最大量的艺术品分散在五大洲，70万个岩画点，估计约有两千万个或更多的形象和符号。到现在为止，我们所知的史前艺术品99%是岩画，其全部数量可能远远超过上面所估计的。

岩画，作为早期人类遗存应得到全人类的保护。联合国教科文组织将具有代表性的岩画列入世界文化遗产。迄今22个有文化和文化与自然混合特色的岩画点已被列入世界遗产名录。目前，亚洲仅有一项列入。

（二）国内岩画申报世界遗产的基本情况

中国岩画的分布区域极广，目前，全国已有20个省（自治区）的100个以上的县（旗）发现了岩画。按其地域分布，可划分为北方地区岩画和南方地区岩画。南方系岩画包括广西、四川、云南、贵州、福建等地。南方系岩画大都以红色涂绘，颜料是以赤铁矿粉调和牛血等而成。北方系岩画以阴山、黑山、阿尔泰山、贺兰山等为主，绵延数千里，气势宏阔。北方系岩画大都是刻制的，刻制又包括磨制、敲凿与线刻。国内岩画目前正在申报世界遗产的有：宁夏贺兰山岩画，内蒙古阴山岩画，广西花山岩画。

1997年，贺兰山岩画被联合国教科文组织——国际岩画委员会列入非正式的世界文化遗产名录；2004年4月，正式启动贺兰山岩画申报世界文化遗产名录工作。2006年广西文化厅与宁明县人民政府将宁明花山岩画申报世界文化遗产项目资料上报国家文物局。2010年5月，内蒙古巴彦淖尔市成立专门工作机构，正式启动了阴山岩画申报世界文化遗产工作。

（三）丽江金沙江岩画的特色和申报世界遗产的可行性

目前，经过认真调查，金沙江岩画已经确认52处岩画点。这些岩画点大都分布在大具虎跳峡至鸣音洪门口150公里的金沙江两岸，其中70%的岩画点分布在大具下虎跳峡渡口到长江第二湾（三江口）70公里的金沙江及支流两岸。最精彩的岩画点集中分布在大具下虎跳峡到梨园50公里的金沙江两岸。

丽江金沙江岩画主要分布在玉龙纳西族自治县大具乡虎跳峡、宝山乡住古和花依、鸣音乡江旺和妥良初等地。范围在东经99 °23′—100°32′，北纬26°—27°64′的区域内。这一地带的最高海拔为5596米，最低海拔为1342米。金沙江岩画被发现20年来，已经调查核实了26处岩画点，并了解到多处新岩画点的线索，目前调查工作还在继续。另在丽江宁蒗县、永胜县和古城区也有少量分布。

丽江境内岩画多涂绘于悬崖峭壁间的洞穴中或崖壁上，图式为动物、人物、手印及几何图形，动物有野牛、岩羊、盘羊、野鹿、猴等，还有不知名的庞大动物。人物图式为狩猎场面中的猎人，可辨性别。岩画中的最大图像为10.64平方米，最小图像为0.89平方厘米，主要用红色涂料绘制，有的用勾线，有的用平涂，以线代面、线面结合，无三度空间，平面均为剪草形式，整体风格为写真，也有少量的夸张手法，与云南省内的沧源岩画有较大差别，与北方贺兰山岩画、阴山岩画也有较大的差异。从类型上看，与欧洲西班牙、法国岩画有类似之处。

中国岩画研究的泰斗、著名专家陈兆复教授认为：金沙江岩画中“野牛的崖壁画是特别值得重视的。在几个岩画点都可以找到野牛的形象，而且往往是被画在岩壁的中心位置上。野牛画得很大，很醒目。夯桑柯柯明洞中（丽江花依岩画4号点）的野牛长达2.3米，而在娄布敖空岩洞中（丽江妥良初岩画1号点）的野牛竟长达3.8米，笔画线条粗达8厘米。在这些洞窟中，其他动物或画在大野牛的旁边，或画在大野牛的身上，看来，在这里大野牛是作为图腾崇拜物而被绘制上去的。这些巨型的野牛图像，形体很大，造型准确，单线勾勒，使人想起欧洲旧石器时代洞窟崖壁画中的动物形象”。陈兆复教授指出：“人们认为，法国的拉斯科、西班牙的阿尔塔米拉以及东南非洲岩画中的那些大型动物图像，是属于旧石器时代的佳作；甚至在意大利的梵尔卡莫尼卡发现的大型动物岩刻，也距今约有一万年的历史。在墨西哥的巴雅，早期猎人风格的岩画群，就以巨大动物、手印以及符号标记为其特征。目前世界各地的发现表明，早期猎人风格的岩画，以大型动物为其代表作，并有反复出现的各种符号。在我国北方岩刻中的大型动物图像，虽非产生于同一时期，也并不一定具有相同的文化背景，但其中有的可以认为是属于早期猎人时期的作品。而目前，在我国南方岩画中发现大型动物图像的还只有金沙江一处，其绘制年代，我以为应上溯到早期的猎人时代。”①

由此，我们可以认定金沙江岩画是中国南方系岩画群中最古老的岩画，与中国北方系岩画正在申报世界遗产的贺兰山岩画、阴山岩画一样，具有申报世界遗产的实力和价值。加之丽江的知名度和影响力，与迪庆藏族自治州一起把金沙江岩画共同申报为世界遗产是可行的和现实的，对促进丽江可持续发展也有非常现实的意义。

参考文献：

［1］李淼、刘方：《世界岩画资料图集》，中国工人出版社，1992 年。

［2］盖山林：《中国岩画》，广东旅游出版社，2003 年。

［3］陈兆复、苏胜：《中国岩画点总目》。

［4］陈兆复：《中国古代岩画概说》，载陈兆复主编：《中国岩画》，浙江摄影出版社，1989 年。

［5］陈兆复：《中国岩画札记》，载《中国文化杂说三》，北京燕山出版社，1997 年。

［6］李钢：《金沙江岩画的考察和保护初探》，载《中华文化论坛》，2007 年第 1 期。

［7］陈树珍：《追寻原始艺术的足迹——迪庆金沙江流域岩画调查手记》，载《今日民族》，2006 年第 8 期。

［8］和力民：《探寻金沙江岩画》，载《山茶（人文地理杂志）》，1998 年第 6 期。

① 陈兆复：《中国岩画札记》，载《中国文化杂说三》，北京燕山出版社，1997 年，第 38 页。

金沙江流域渣日岩画调查报告

陈树珍

金沙江流域渣日岩画的发现始于20世纪80年代末，1988年年底，金沙江流域的迪庆藏族自治州中甸县（现为香格里拉县）三坝乡渣日村的猎人和树宝首次在渣日发现了岩画，并将情况报告给乡政府文化站，翻开了金沙江流域岩画的第一页。1990年在金沙江流域的中甸县洛吉乡发现岩画，1992年在金沙江流域的丽江纳西族自治县保山乡发现了岩画。之后，两地州及有关县的文物、地方志、东巴文化研究所等单位分别组织人员对岩画进行了考察，确认丽江、迪庆两地的金沙江流域有大量的岩画遗存。近10年来，国内外的专家学者先后对金沙江流域岩画进行了10多次考察，又陆续发现了一大批岩画点，同时了解到大量的新岩画点线索，并在有关报刊上作了报道。我们这次的渣日岩画调查工作源于2005年7月的迪庆藏族自治州文物普查工作。2006年3月7日，迪庆藏族自治州岩画调查工作组一行5人抵达香格里拉县渣日村，开始了15天的渣日岩画调查工作。

一、岩画周围的自然环境

从北向南的金沙江、澜沧江、怒江在沙鲁里山、云岭山脉、高黎贡山等山脉的夹持下形成了“三江并流”的自然奇观。金沙江在流经“长江第一湾”的石鼓后，突然调头北去，穿越虎跳峡，通过古称“鸡鸣三省五县闻”的丽江、香格里拉、木里、宁浪交接处的三江口，从三江口又转折180度向南流去，在这一北一南的转折中，金沙江形成了“A”字形大弯。渣日岩画就集中分布在这个大拐弯的金沙江西岸。这一片的金沙江流域万山重叠，雪岭对峙，深谷中陷，山耸峡窄，平均岭谷高差为2000米左右，河流两岸地质构造复杂，江面狭窄，江水落差大。两岸多为陡峭的崖壁，形成“上面一线天，

下面一条江”的窄谷区，极少平地，人烟稀少，植被稀薄，到处岩石裸露，只生长有少量的山竹、灌木和茅草等，山谷间有岩羊、麂子、獐子、猴子、野猪等野生动物。这一带属亚热带河谷气候，年平均气温约18℃，周围虽有大具河、哈巴河、白水河、花依河、洛吉河、冲天河、宝山河、腊汝河等金沙江支流，但因年降雨量少，山间水源奇缺，形成了在山上“眼望金沙江，没有煨茶水”的情况。

渣日历史上是滇、川、藏三省区民族交往的重要通道，是纳西族迁徙路线的必经之地。目前当地的主要居民有纳西、傈僳、普米、彝、藏、汉等族。主要农作物有玉米、麦子、青稞、荞麦等。饲养山羊、黄牛、牦牛、骡、马等家畜，个别地方还保留着较原始的野牧传统。在国家禁猎以前，当地的纳西族、傈僳族男子喜狩猎，多数人家备有猎枪、弩弓、猎网等狩猎工具，养猎狗，并有供奉猎神的习俗，个别家庭以狩猎收入为主要经济来源。

人的视觉产生错觉，似为凿刻的技法。通体涂绘则用颜色将动物图像平涂成剪影。大多数动物可能使用羽毛或其他比较尖细的工具绘制，线条简单流畅，某些较大的图形也可能是用手指蘸着颜料绘制的。岩画表现手法古拙独特，画动物亦仅重点刻画角、尾、耳等特征部位，却可辨认出是何种动物。

在造型上采用平面的造型方法，许多岩画往往是一些相互不关联的个别图像，即使是组成一幅画面的，也经常是一个个图形的重叠，而没有近大远小的透视关系。画面采用垂直投影画法，视线与对象最富有特征的面保持垂直，追求物体的正面显示。在塑造平面图形时，善于抓住动物的基本形态，物体的结构被简化到不能再简的程度。没有细节刻画，不画五官。在这些粗制的动物图形中，却能描绘出生活的真实，显示出活跃的生命力。这种原始形态的艺术特征，应该是将生活敏锐的观察力和艺术上粗犷的手法浑然一体地结合在一起，这或许是岩画至今仍有其生命力的原因。

渣日岩画的颜色有红、黄、白三种，其中大多数为红色。南方岩画的制作大都用红色颜料涂绘，颜料经取样化验，证明内含较多的铁质，应以赤铁矿粉调和动物血等成料，色彩稳定，经久不变。渣日岩画中 90% 以上的颜色为红色，应为当地的红土和赤铁矿加动物血和胶等配制而成。在 20 世纪 40 年代，当地纳西族还用这种颜料混合动物血配制成颜料，用于书写东巴教祭祀所用的木牌。红色颜料涂绘在洞穴内岩壁上的则保持比较鲜艳的色彩，如花吉足 2 号点的部分岩画；绘在崖阴或旷野崖壁处的则色彩氧化得比较严重，多呈褐色，渣日岩画中的红色多已呈褐色。在花吉足 1 号点、尼可见岩画点、白云湾岩画点中出现了少量的黄色线条，在尼可见岩画中出现了极少

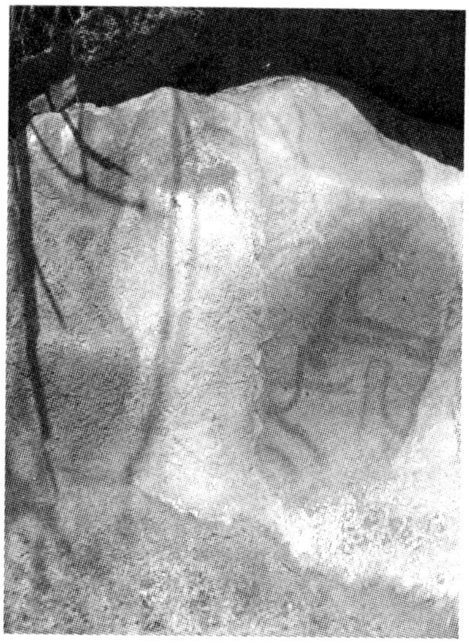

的白色线条。颜料中的黄色可能来自于铁氧化物，白色则可能由上乘的黏土制成，然后用蛋白、植物液体、血液或尿混合这些颜料配制而成，白色和黄色颜料的成分还有待于进一步的研究。

四、岩画的内容

目前渣日发现的13个岩画点中还没有发现人物像，所有岩画以描绘当地远古时的野生动物为主，以野牛、马鹿、獭羊、岩羊、山驴、野猪、熊、猴、麂子为主要内容，其中还有少量的似水流或道路的曲线和一些不明含义的符号图案。但是有不少岩画因年代久远和自然破坏而剥离脱落，有的被岩浆覆盖，这些已剥落或被岩浆覆盖的岩画中是否有人物像还是个疑问，但在花吉足2号点、尼可见、白云湾等保存得比较完好的岩画点中，均没有人物像出现。

五、岩画的年代及族属

岩画的考古断代，在世界范围内都是一件尚未解决的难题。露天旷野中刻画在崖壁上的岩画属于地上的文物遗存，在漫长的历史过程中受到风化或人为的破坏，它的断代不可能像考古遗迹、出土文物一样用碳十四等科学的手段获得比较准确的年代。渣日岩画目前尚未进行科学的年代测定，但从岩画点的分布情况来看，岩画的分布基本与纳西族在渣日的迁徙路线一致，有几个点还与纳西族的迁徙路线和送魂路线中的站基本在一个范围，如函作洛在纳西族的迁徙路线和送魂路线中都出现过（白溜槽的岩卡纳和岩拉巴吉岩画就在函作洛）。所以岩画的年代与纳西族迁徙到渣日的年代应该基本一致。我们在下渣日村收集到两件有使用痕迹的磨制石器（石凿、石斧），据收藏者说是在村子附近的田地里捡到的，故渣日岩画的作者可能与使用石器的主人有关系，年代可能在新石器时代中晚期。另将渣日岩画与云南的沧源岩画、广西的左江岩画和西藏岩画作比较，沧源岩画、左江岩画和西藏岩画中均有人物像出现，并有狩猎、祭祀和歌舞的场面，但渣日岩画中均为野牛动物，没有发现人物，他们的生活应以狩猎为主。沧源岩画的年代为距今约3000年，左江岩画距今约为2000年，西藏岩画为距今3000—1000年，渣日岩画的年代比上述岩画的年代早，应为新石器中晚期至青铜器早期。我国不少岩画研究、美术史研究的学者对金沙江流域岩画的地位和价值给予了极高的评价。我国著名的岩画专家陈兆复认为："金沙江岩画是云南境内目前发现的最为古老的岩画。岩画表现的几乎为野生动物，很少有人类的形象（渣日岩画的对面丽江境内的岩画点中有人物发现）。这些作品很可能是云南艺术的创作原形。""它具有旧石器时代崖壁画动物种类及造型方法上的诸多一致性。"云南大学的李昆声教授等学者认为，金沙江流域的岩画是新石器时代的遗存。云南省艺术考古专家杨天佑认为："这些岩画与法国等西欧发现的岩画相似，可能是迄今为止中国境内发现年代较早的岩画之一。"渣日岩画作为金沙江流域岩画的重点，它的发现不仅为中国乃至世界岩画的研究提供了新的资料和范本，而且为原始艺术史的研究提供了难得的实物资料。无疑这份形象化的有插图的书本中积淀着滇西北的远古历史以及先民们丰富的文化信息。

渣日岩画的族属目前尚无定论，但从岩画的推测年代、分布范围及现在周围的居住民看，岩画的作者可能是先秦时期从西北南迁，活动在金沙江流域及其支流的现在纳西族先民。纳西族东巴文化的文字区是以无量河注入金沙江的三江口为分界线，金沙江在丽江石鼓镇大转弯后，其流向从北往南流改为从南往北流，到三江口后又大转弯改为从北往南流，金沙江流域的岩画基本分布在从南往北流的这一区域，而正是在三江口从北往南流的这一段金沙江，把纳西族文字区一分为二：东边为以永宁和泸沽湖为中心的东部方言区和无文字区；西边为以丽江为中心的西部方言区和有文字区。从而从北向南流的这一段金沙江，也就成为纳西族两个方言区以及无文字的与有文字的两个地区的分界线。这条分界线的北端——三江口又是纳西族先民迁徙路线所经之地，于是三江口成为纳西族迁徙路线与纳西族有无文字的"交会点"，具有了双重意义。而渣日岩画分布在金沙江从南往北流至三江口的这一段流域，因而岩画的作者可能是纳西族的先民，纳西族东巴文的产生可能与岩画有直接的联系。也有的学者认为，"崖画是东巴象形文字的母体，东巴象形文字从母体中脱胎而出，成为东巴文化的载体并流传至今"。

参考文献：

[1] 郭大烈、和志武：《纳西族史》，四川民族出版社，1994 年。
[2] 李霖灿：《麽些研究论文集》，台湾："故宫博物院"，1984 年。
[3] 陈兆复：《中国古代岩画》，文物出版社，2002 年。
[4] 李昆声等：《文山岩画》，云南人民出版社，2005 年。
[5] 杨正文：《从崖画到东巴象形字》，载《思想战线》，1998 年第 10 期。

2000—2012 年丽江暨纳西学大事记

2000 年

1 月 7—8 日，中共中央政治局常委、书记处书记、中央政法委书记罗干视察丽江。

4 月 8—9 日，马里、几内亚、蒙古国、白俄罗斯、奥地利、巴勒斯坦、罗马尼亚、肯尼亚、韩国、英国等 49 个国家驻华大使馆武官及夫人近百人来丽江访问。

4 月 8—16 日，联合国教科文组织、挪威政府、尼泊尔政府联合召开的“文化遗产管理与旅游业”国际会议在尼泊尔古城巴克特普举行，丽江古城派代表出席本次会议。

4 月 11—12 日，日本、英国、德国 3 国的 21 名驻华使节，以及由日本广播协会、日本《朝日新闻》、富士电视台、日本共同社、德国广播协会、英国《卫报》等 13 个国际知名新闻机构 21 名记者组成的记者团访问丽江。

4 月 12—14 日，诺贝尔物理学奖获得者、著名美籍华裔物理学家杨振宁教授到丽江考察。

5 月 1 日，丽江国际东巴文化旅游节在玉龙雪山甘海子开幕。

5 月 15—16 日，中共中央政治局委员、中国社会科学院院长李铁映视察丽江。

6 月 1 日，泰国最高司令蒙坤上将率团 18 人访问丽江。

6 月 30 日，中共中央政治局、书记处书记、国务院副总理吴邦国再次到丽江视察工作。

8 月 12—14 日，全国人大常委会原副委员长、民盟六届中央主席、著名社会学家费孝通视察丽江。

8 月 15—16 日，老挝副总理兼外交部部长宋沙瓦·凌沙瓦及印度尼西亚、菲律宾、新加坡、韩国、泰国、缅甸等东盟国家使节一行访问丽江。

8 月 21—22 日，全国政协副主席、中共中央统战部部长王兆国在丽江视察。

8 月 21—23 日，日本岐阜市前议长住吉人率领的高山市议员及日本佳速航空公司代表团 16 人访问丽江，与丽江地区领导人就双方开展各方面交流合作、建立友好城市关系的事宜交换意见。

10 月 13 日，诺贝尔物理学奖获得者、著名美籍华裔物理学家杨振宁教授本年度第二次到丽江考察。

11 月 1 日，2000 年七星国际越野挑战赛在丽江古城拉开战幕。

11 月 17—19 日，云南省人民政府在丽江召开现场办公会议，会议提出要把丽江建设成世界级精品旅游胜地和省内独具特色的生物资源开发创新基地和中国重要的水能基地。

2001 年

1 月 1 日，丽江纳西族自治县开征古城维护费。

1 月 11 日，玉龙山旅游度假区被评为全国 AAAA 级景区。

3 月 3 日，和积彩东巴象形文书法展在中国美术馆开幕。

4 月 11—12 日，中央政治局委员、全国人大常委会副委员长田纪云视察丽江。

4 月 15 日，由著名学者季羡林、任继愈担任顾问，历时 20 年完成的《纳西东巴古籍译注全集》在北京举行首发仪式，任继愈先生亲临现场。

4 月，中国乃至东南亚最大的天文台——中国云南丽江天文台，在丽江纳西族自治县太安乡高美古正式开工。

5 月 13—21 日，纳西古乐代表团赴日本演出。

8 月 10 日—11 日，中国科学院院长路甬祥视察丽江。

9 月 13 日，丽江古城入选全国十大文明风景旅游区示范点之一。

10 月 8—18 日，联合国教科文组织亚太地区文化遗产管理第五届年会在丽江召开。

11 月 8 日，玉龙雪山与瑞士马特宏峰结为友好山峰签字仪式在昆明国际贸易中心举行。全国政协副主席胡启立在云南省政协副主席和占钧的陪同下视察了丽江。《丽江纳西族自治县东巴文化保护条例》颁布实施。

12 月 13 日，中央军委副主席、国务委员兼国防部长迟浩田视察丽江。

12 月，丽江与日本高山市缔结为友好城市。

2002 年

2 月 1 日，为加强对纳西古乐的保护和管理，继承和弘扬纳西古乐，丽江纳西族自治县人民政府制定出台《丽江县纳西古乐保护办法》。

2 月 5 日，丽江纳西族自治县第十届人民代表大会常务委员会第 26 次会议审议批准县人民政府的提请，决定将丽江大雪素兰花作为丽江纳西族自治县县花。

2 月 16 日，中国丽江名兰精品博览会在丽江古城博物院（木府）举行。

3 月 15 日，纳西东巴经典正式入选“中国档案文献遗产工程”，成为国家级 48 项中国档案文献之一。

4 月 23—24 日，以中国驻法大使吴建民为团长、驻罗马尼亚大使陈德来为副团长、涵盖五大洲 21 个国家和地区的中华人民共和国外交部驻外使节团一行 38 人来丽江视察。

4 月 25 日，由丽江雪山旅游演艺有限责任公司创作的大型民族舞蹈诗画《丽水金沙》在丽江（国际）民族文化交流中心预演。

5 月 1 日，中国丽江国际东巴文化旅游艺术节开幕式暨《丽江古城》邮票首发仪式，在丽江国际民族文化中心广场举行。

5 月 23 日，最高人民法院院长、首席大法官肖扬到丽江视察。

5 月 23—24 日，世界银行行长沃尔芬森一行到丽江视察世行贷款项目实施情况。

7 月 19 日，投资 2.4 亿元，亚洲唯一的雪山高尔夫球场——玉龙雪山高尔夫俱乐部开业。

7 月 22 日，北京、昆明、丽江三方在丽江召开座谈会，洽商开发金安桥电站合作事宜。正式拉开了丽江境内金沙江金安桥水电站开发前期工作的序幕。

7 月，东巴文化研究所联合云南民族学院民语系开设的纳西语言东巴文化方向本科班正式向社会招生。由此，纳西语言东巴文化专业正式进入高等教育系统。

8 月 17—18 日，丽江雪山音乐节在甘海子举行。

8 月 22 日，中国社会科学院民族研究所、北京大学世界文化遗产研究中心、丽江地区行署驻京联络处、丽江纳西族自治县大研镇人民政府等单位联合主办的“茶马古道与丽江古城历史文化研讨会”在北京民族文化宫举行，著名学者费孝通、任继愈等参会。

10 月 16—18 日，全国天然林保护工程现场会在丽江召开。

12 月 26 日，经国务院批准，丽江地区撤地设市。新设立的丽江市辖 1 区 4 县，即古城区、玉龙纳西族自治县、宁蒗彝族自治县、永胜县、华坪县。

瑞士联邦议会国民院外委会主席克劳德·费来为团长的代表团，在瑞士驻华大使周锋勉的陪同下参观丽江。

2003 年

丽江行政建制变化，丽江地区升级为丽江市，原丽江纳西族自治县被划分为古城区和玉龙纳西族自治县两部分。

1 月 28 日，丽江古城画院成立。

3 月 2—3 日，奥地利、芬兰、葡萄牙、瑞典、英国和欧盟驻华大使访问团访问丽江。

3 月 7 日，纳西族学者、著名历史学家方国瑜教授百年诞辰纪念大会在云南大学举行。

3 月 20 日，丽江古城入选全国十大水乡古镇。

4 月 1 日，丽江撤地设市，丽江纳西族自治县分设的古城区、玉龙纳西族自治县分别召开党员干部会议，宣告区县机关开始全面正常运转，分设工作基本完成。

4 月 1—12 日，中共中央政治局常委李长春视察丽江，建议文化部将丽江列入全国文化体制改革试点地区之一。

5 月 20 日，纳西族著名作家王丕震追悼会在丽江举行。

6 月 13—14 日，中共中央政治局常委、全国政协主席贾庆林视察丽江。

7 月 2 日，联合国教科文组织世界遗产委员会一致决定，将中国云南省的“三江并流”区列入该组织的《世界自然遗产清单名录》。丽江的老君山、黎明等地区有举世罕见的地理奇观、珍稀动植物宝库，被称为“三江并流”区最壮美的地方。

8月1—7日，美国惠特曼学院举办“纳西文化年”和“纳西东巴文化艺术及其再创造”展览，纳西族学者杨福泉、纳西族画家张云岭应邀参加活动。

8月8日，由北京华睿集团投资建设的金安桥电站工程正式进场施工。工程总投资为120亿元左右，坝高156米，总装机容量250万千瓦时，2005年实现大江截流，2009年实现第一台机组发电。由此，开发金沙江巨大水能资源的梦想变为现实。

8月28—30日，在波兰格但斯克召开的联合国教科文组织世界记忆工程咨询委员会第六次会议（评审会）上，由世界记忆工程中国国家委员会申报的东巴古籍文献，经评委会审议表决列入《世界记忆遗产名录》。至此丽江获得了三个世界遗产殊荣，成为名副其实的世界遗产富集之地。

9月25—27日，举办第二届“中国丽江国际东巴文化艺术节”。联合国教科文组织亚太地区总顾问白海思宣布东巴古籍文献被列入世界记忆遗产名录。本届国际东巴文化艺术节以“和谐、共融、发展”为主题。期间，还举办了第二届中国丽江国际东巴文化学术研讨会；《东巴文化百年成就展》在丽江东巴文化博物馆隆重开馆。

11月11日，《中国少数民族古籍目录提要·纳西族卷》由中国大百科全书出版社出版。

11月2—24日，新加坡总理吴作栋率新加坡政府代表团一行29人访问丽江。

11月27日，纳西族无臂口书书法家和志刚当选为第十四届“中国十大杰出青年”。

11月30—12月6日，由丽江市政府、云南省博物馆、云南省社会科学院、云南省文史馆等6家机构举办的纳西族学者“文化名人周善甫诞辰90周年纪念活动”在昆明举行。《大道之行——周善甫国学论集》、《风雅儒者——周善甫纪念文集》出版问世并举行首发式。

2004年

2月25日，丽江东巴宫民间艺术团赴香港访问。

3月19日，云南玉龙黎明—老君山景区被列入第三批国家地质公园名单。

4月13日，丽江徐霞客研究会成立暨首次会员大会在丽江古城博物院（木府）举行。

5月1—3日，首届中国丽江“世界遗产论坛”在丽江举行，会议主题为“世界遗产的保护管理与可持续发展”。

5月，玉龙纳西族自治县被云南省政府批准为省级扶贫开发工作重点县。

6月10日，丽江东巴文化研究所更名为云南省社会科学院东巴文化研究分院。东巴文化研究院挂牌暨东巴古籍世界记忆遗产证揭幕仪式在丽江举行。

6月16—17日，中共中央政治局委员、中央书记处书记、国务委员兼公安部长周永康在丽江视察。

7月13日，玉龙纳西族自治县人民政府网站“玉龙雪山信息网”正式开通。

8月25日，丽江玉龙旅游股份有限公司股票在深圳证券交易所正式发行上市。

8月26—28日，日本高山市云南丽江友好协会代表团一行到丽江访问。

9月12日，应丽江纳西族的邀请，西藏自治区芒康县盐井纳西族乡29名纳西族同胞在乡长旺秋的带领下，回到祖籍地丽江，进行为期五天的访问活动。这是继首批德钦巴美村的纳西族同胞访问祖居地后，第二批云南省外纳西族同胞到祖居地丽江访问。

9月18日，宣科先生率领纳西古乐队第四次进京演出，在北京21世纪剧院举行多场演出。

11月26日，纳西族著名革命家、当代著名汉字书法家、云南省书法家协会主席李群杰书法展暨作品捐献仪式在云南省民族博物馆举行。

本年度，丽江东巴文化博物馆更名为东巴文化博物院。属综合性博物馆，收藏有石器、青铜器、陶器、瓷器、书画、刺绣、竹木雕刻、碑刻拓片、东巴文物、东巴文化、近现代名人字画等几十个门类近4000余件藏品。负责管理国家级文物保护单位1个，省级文物保护单位7个，县级文物保护单位26个。

2005年

1月16日，东巴谷生态文化村开业。

1月25日，世界海拔最高的植物园——丽江高山植物园在玉龙雪山正式挂牌。

3月4—6日，亚洲最大的天文望远镜（直径2.4米）落户丽江高美古天文台。该台是国家科技部、中国科学院和云南省人民政府共同投资的天文观测站，首期投资7000万元，除光学镜片外，所有设备从英国TTL公司进口。

5月24日，纳西族学者、云南省民族学会会长郭大烈研究员获得日本经济新闻社颁发的“亚洲文化奖”，表彰其为弘扬纳西文化所做的贡献，是中国人文社会科学界获此殊荣的第一人。

5月27日，云南省人大常委会第十六次会议审议批准了《云南省玉龙纳西族自治县自治条例》。

6月13—16日，联合国世界记忆工程国际咨询委员会第七次会议在丽江举行。

7月6日，老挝总理本杨·沃拉吉在丽江访问。

8月，丽江市第一届人民代表大会第十四次会议通过《关于开展“丽江世界遗产日”活动议案研究办理情况的报告》，决定每年12月4日为“丽江世界遗产日”。

8月8日，东巴谷生态旅游区获2005年度“中国最佳生态旅游区”称号。

9月9—10日，中共中央政治局常委、国务院副总理黄菊在丽江视察。

9 月 25 日，丽江荣获“全球人居环境优秀城市”。

11 月 18 日，大丽铁路丽江段举行开工典礼。

为了纪念纳西东巴经典被列入世界记忆遗产这一伟大盛事，丽江市政府和丽江神龙三叠水生态旅游有限公司于 2005 年 6 月在玉龙大雪山麓玉水寨景区投资建成“世界记忆遗产东巴古籍纪念碑”。

12 月 2 日，云南省第十届人大常委会第十九次会议审议批准了《云南省丽江古城保护管理条例》和《云南省纳西族东巴文化保护条例》、《云南省丽江古城保护条例》，自 2006 年起施行。

12 月 16 日，著名导演张艺谋执导、日本著名影星高仓健主演的《千里走单骑》在丽江古城举行首映式。

2006 年

1 月 4 日，丽江市泸沽湖摩梭文化研究会成立，是由支持摩梭文化保护与发展的摩梭人以及非摩梭人的自然人、法人和其他社会组织自愿组成的学术性、联合性、专业性、非营利性的民间社会组织。本研究会的业务主管部门为丽江市泸沽湖旅游管理委员会，接受丽江市社团登记管理机关的业务指导和监督管理。

1 月 8 日，在云南省红色旅游工作会议上，万里长江第一湾——石鼓红军渡口被列入《全国红色经典景区名录》。

1 月 14 日，玉龙纳西族自治县在黎明乡隆重举行云南玉龙黎明—老君山国家地质公园揭碑开园庆典。国土资源部地质环境司司长姜建军、云南省国土资源厅副厅长李连举，市、县领导及市、县相关部门和玉龙纳西族自治县部分乡镇负责人参加了庆典。

1 月 19 日，丽江古城荣获“全国文明旅游风景区”称号。

1 月，纳西东巴绘画入选第一批国家级非物质文化遗产名录。

2 月 24 日，云南省政府滇西北旅游现场办公会议在丽江举行，会议提出可持续发展、名牌精品、大旅游开发三大战略，全面提升滇西北地区的旅游竞争力，把滇西北建成精品荟萃、精彩纷呈的中国一流、世界著名的旅游胜地。

2 月 24 日，中共中央政治局委员、书记处书记、中组部部长贺国强在丽江视察。

3 月 10 日，云南纳西学会第三次会员代表大会在昆明举行，会议选举杨福泉、和少英为新一届会长。

4 月 4—5 日，中共中央政治局委员、书记处书记、中宣部部长刘云山在丽江视察。

4 月，《大东巴的女儿》获三项国际大奖。

5 月 20 日，国务院颁布首批国家级非物质文化遗产保护名录，纳西东巴画、纳西族手工造纸入选。

5 月 25 日，纳西族地区的文物古迹遗址中，维西寿国寺、德钦茨中教堂、丽江黑龙潭明清古建筑群、金龙桥宝山石头城被国务院列为第六批国家重点文物保护单位。

5 月 25—26 日，第十一世班禅额尔德尼·确吉杰布到丽江访问并举行法事活动，受到纳西族人民的热烈欢迎。

7 月 23 日，由张艺谋、王潮歌、樊跃导演的《印象丽江? 雪山篇》大型实景演出正式对外公演。

7 月 28 日，云南省第十届人大常委会第二十二次会议审议批准了《云南省玉龙纳西族自治县玉龙雪山保护管理条例》。

9 月 1 日，《云南省玉龙纳西族自治县玉龙雪山保护管理条例》颁布实施。

9 月 18 日，丽江雪桃开发有限公司在丽江国际民族文化交流中心举行丽江雪桃上市新闻发布会，宣布争创国际级鲜桃品牌建设全面启动。

10 月 6—8 日，国民党荣誉主席连战在丽江访问。

10 月 15—17 日，第二届欧亚世界遗产城市国际会议在丽江举行。

12 月 29 日，玉龙纳西族自治县举行新县城主体工程竣工典礼。玉龙雪山旅游景区被评为全国 5A 级景区。

本年度，纳西族学者杨福泉、和少英入选“云南省有突出贡献的哲学社会科学专家”。

2007 年

2 月 15 日，丽江文化发展促进会暨丽江文化研究会、纳西文化研究会成立大会在丽江举行，杨国清担任研究会会长。

3 月 21 日，云南省原省长和志强因病医治无效，在北京逝世，享年 73 岁。和志强是中共第十三届中央候补委员、第十四届中央委员，第九届全国政协常务委员会委员，第七届全国人大代表。

5 月 12 日，坐落于玉龙纳西族自治县太安乡境内的高美古天文观测站暨 2.4 米天文光学望远镜落成暨“丽江之星”命名仪式举行。

5 月 13 日，丽江市委、市政府举行纳西族著名学者方国瑜故居开光仪式庆典。

5 月 16 日，第四批全国农业标准化示范区——玉龙纳西族自治县丽江照水梅种植示范项目验收会议在丽江得一食品公司召开，该项目顺利通过考核验收。

5 月 22 日，玉龙雪山入选国家首批 5A 级旅游景区。

6 月 19 日，玉龙纳西族自治县等 15 个县（区）被国家旅游局确定为首批“中国旅游强县”试点县。

8 月 10 日，国际奥委会主席雅克·罗格访问丽江。

8 月 16 日，玉龙纳西族自治县拉市海调蓄水工程开工典礼在拉市海畔举行。

9 月 10 日，位于玉龙新县城的玉龙中学举行落成典礼。学校占地面积 63.7

亩，是一所高规格、高标准、现代化的九年一贯制学校。

9 月 14 日，玉龙纳西族自治县职业高级中学挂牌暨开班仪式在市民族中等专业学校校园内举行。这标着玉龙纳西族自治县的职业教育迈出了第一步。

11 月 2—4 日，中国社会科学院民族学与人类学研究所、丽江古城博物院（木府）共同举办“丽江木氏土司与滇川藏交角区域历史文化研讨会”，全国多个省份的学者参会，共同研讨木氏土司的历史文化。

12 月，丽江市委、市政府主持的“丽江古城保护发展动员大会”胜利召开。

2008 年

1 月 1 日，“大玉龙”景区正式开始运营。“大玉龙”旅游区包含 5A 景区玉龙雪山、4A 级景区玉水寨、3A 级景区东巴谷，以及 2A 级景区玉柱擎天、东巴万神园、东巴王国、玉峰寺、玉水寨、东巴谷、玉柱擎天、玉峰寺、东巴万神园、东巴王国，均为独立经营的景区。

1 月 3—6 日，中央政策研究室副主任郑新立率领调查组与丽江各界人士座谈，调查组认为，改革开放以来丽江抢抓机遇，特别是抓住了地震后恢复重建的机遇，发展旅游业和文化产业，取得了很大的成就，旅游与农业互动发展成为建设和谐丽江的一大亮点。

1 月 10 日，世界上第一个研究纳西族摩梭人（纳人）的文化机构——东方摩梭文化研究中心在昆明成立，纳人干部和绍全任研究中心主任。

1 月 25 日，在云南省第十一届人民代表大会第一次会议上，云南省发改委主任和段琪（纳西族）当选为云南省人民政府副省长。

2 月 20—21 日，云南省滇西北生物多样性保护工作会议在丽江举行。会议通过了《滇西北生物多样性保护丽江宣言》。

4 月 1 日，应丽江政府及纳西族民众的要求，将中共云南省省委副书记、云南省人民政府原省长和志强的骨灰运回至其故乡云南丽江黑龙潭公园，建墓园安葬。

4 月 27 日，纳西姐妹组合荣获“CCTV 第十三届全国青年歌手大奖赛”原生态组银奖。

5 月 16 日，国务院公布第三批国家级非物质文化遗产保护名录，“纳西热美蹉”被列入名录中。

5 月 30 日，纳西族革命者、原中共云南特委、工委书记、云南省书法家协会主席、名誉主席、云南省文史研究馆名誉馆长李群杰病逝，享年 96 岁。

6 月 10 日，北京奥运火炬接力丽江站传递到玉龙纳西族自治县行政中心玉龙广场，玉龙纳西族自治县各族干部群众身着节日盛装，载歌载舞，欢迎火炬的到来。

8 月 6 日，丽江国家气候观象台玉龙纳西族自治县气象局揭牌。中国移动云南公司决定玉龙纳西族自治县作为云南省“农政通”信息平台的唯一试点县，开展以手机作为终端平台，以语音、短信为主要手段的“农政通”信息系统建设工作。

10 月 7 日，丽江入选改革开放 30 年全国十八个典型地区之一。中央调研组认为，丽江市利用当地优势特色资源，做大、做强、做精旅游产业，以旅游业带动经济社会发展，从名不见经传的西南边陲小镇发展成为富裕、繁荣、文明、和谐的旅游文化名城。

12 月 9 日，玉龙纳西族自治县与广东惠州市龙门县正式签约，缔结为友好县，双方将在经济、社会、文化发展等方面开展互利双赢的合作。

12 月 27 日，丽江市委、市政府在北京金茂威斯汀饭店举办“科学发展在丽江的探索与实践”论坛。

12 月 29 日，丽江市纪念改革开放 30 周年大型音乐舞蹈史诗《玉龙腾飞》在丽江市人民广场演出，全市各族各界热烈庆祝丽江荣列全国改革开放十八个典型地区之一。

本年度，丽江市古城管理局出资的“纳西学文集丛书”由民族出版社出版，收入 50 岁以上、已故纳西学研究者的论文集 28 册，以及日本、欧美纳西学研究译文集两册，共计 30 册，基本上代表了 20 世纪末叶以前的国内纳西学研究的基本水平。

2009 年

1 月 26 日，在北京举办的“改革 30 年，旅游新篇章”高峰论坛上，云南丽江古城、四川九寨沟、湖南张家界三个旅游风景区被授予“改革 30 年——中国最佳旅游目的地”荣誉称号。世界文化遗产管理局局长和仕勇被评为“改革开放 30 年——感动中国十大旅游领军人物”。

1 月，玉龙纳西族自治县林权主体改革全部结束，实现了“还山于民，还权于民，还利于民”、“山有其主，主有其权，权有其责，责有其利”的目标。

3 月 4 日，纳西族著名音乐民族学家、丽江中国大研纳西古乐会会长宣科先生八十华诞庆典隆重举办，表彰宣科先生为纳西古乐走向世界所做的贡献。

3 月 31 日，玉龙纳西族自治县召开深入学习实践科学发展观活动动员大会，全面动员和精心部署了全县的学习实践活动，拉开了全县深入学习实践科学发展观活动的序幕。

4 月 20—22 日，由丽江市委、市政府主办，丽江文化研究会、纳西文化研究会承办的“丽江文化旅游研讨会暨纳藏民族关系研讨会”在丽江举行，西藏自治区政协原主席、四川省藏学会会长杨岭多吉率领的四川藏学家代表团亲临会议，就加强纳藏兄弟情义达成诸多共识。会议期间，还举办了“旅昆纳西三人行”（即周家模、和亮光、和积彩）书画展。

4 月 23—24 日，玉龙纳西族自治县文学艺术界联合会召开第一次代表大会。会议号召，文学艺术工作者要满怀对事业的热情、对生活的热爱、对人民的深情，沿着先进文化的前进方向，同心同德，共创玉龙文艺事业的新辉煌。

6 月 11 日，云南通往藏区的第一条铁路，丽江至香格里拉的铁路建设启动。

丽江市博物院筹办的“和志强省长生平陈列展”成功开馆。

7 月 27—31 日，国际人类学与民族学联合会第十六届大会在云南大学举行，由纳西族学者郭大烈、木仕华主持的“纳西学研究的新视野”作为独立专场，有来自 12 个国家的 154 名学者参会，备受国际学界关注；为配合这一专题的研讨，云南省文化厅、丽江市政府、丽江市博物院在云南省博物馆成功举办了为期一周的“纳西学研究的新视野——纳西文化与多彩丽江”大型展览，深受国内外各界好评，成为丽江市自新中国成立以来在省城举办的面向国际学术界的最大的一次展览展示活动。

7 月 28 日，中国民间文化杰出传承人、纳西族著名大东巴习阿牛逝世，享年 95 岁。

7 月 29 日，“滇川藏交角区域纳系族群历史文化研究恳谈会”在云南昆明连云宾馆成功举行，来自滇川藏三省区的纳系族群代表，就纳系族群的认同、追本溯源、同源异流、共有文化、协调互助、经济文化建设、历史文化研究等方面问题进行了恳切的座谈，达成诸多共识，有力地促进了民族团结和纳系族群关系的健康发展。

7 月，纳西族三多节、纳西族传统防麻技艺、纳西族服饰、纳西族摩梭人转山节等列入云南省省级文化遗产名录。

8 月，2009 年世界文化旅游论坛组委会在西安授予丽江市“世界著名文化旅游城市”称号。

9 月 28 日，云南丽江至大理的铁路正式通车运营。

11 月 8 日，纳西族姑娘和振星在印度举行的 18 周岁以下世界残疾人游泳锦标赛中，获得 6 个游泳项目的个人金牌。

12 月 22 日，大理至丽江的高速公路在大理开工建设。

2010 年

1 月 13 日，在海地地震中，纳西族人民的优秀儿女、中国驻海地维和警察防暴队联络官武警和志虹少校不幸遇难，成为首位在联合国维和事业中捐躯的纳西人。

2 月 8 日，《本土视野》摩梭文化系列丛书出版。《本土视野》摩梭文化丛书，是泸沽湖景区重点支持的一项重点文化建设工程，是由摩梭文化研究会策划和指导、汇聚一批本土作家和编辑出版人员共同编写而成的。丛书共分五卷：《天堂之爱》（拉木·嘎土萨），《藏着的摩梭史》（杨建国）、《格庄》（拉木·古萨）、《受伤的沉默者》（杨丽芬）、《灵性的香格里拉》（拉木·嘎土萨），是世界上第一套由纳人讲述纳人故事的纳人文化丛书。

4 月 6—7 日，泰国公主诗琳通率领泰国政府代表团到丽江访问。

7 月 6—8 日，中国丽江首届茶马古道文化研讨会暨生态绿色名优博览会在丽江举行。

10 月 5 日，冰岛总统奥拉维尔·格里姆松到丽江访问。

11 月 29 日，中国丽江、韩国清州首届书画展在丽江开幕。

12 月 30 日，国家文物局局长单霁翔到丽江视察文物文化遗产保护工作。

本年度，玉龙纳西族自治县遭遇百年不遇的严重旱灾，抗旱形势异常严峻。

本年度，纳西族学者杨福泉著《纳西族与藏族历史关系研究》、和少英著《纳西族文化史》、周智生著《商人与近代中国西南边疆社会》等入选“当代云南社会科学百人百部优秀著作丛书”。

2011 年

1 月 16 日，国家民委授予东巴文化研究院“全国少数民族古籍工作先进集体”;《中国少数民族古籍总目提要·纳西族卷》获得云南省第八届社会科学成果一等奖。

1 月 16 日，云南师范大学纳西族学者周智生教授获“第十二届霍英东全国高校青年教师奖”。

1 月 21 日，丽江市泸沽湖摩梭文化研究会依法举行了换届选举大会，会议通过了新的理事会成员名单，曹建平当选会长，何宁庆、石高峰、和学成、熊继武、王勇、曹丽英、尔青、张友昌当选副会长，多吉当选秘书长。

3 月 31 日，建设丽江国际精品旅游胜地会议在丽江举行。

4 月 5 日，丽江佛教协会名誉会长罗桑益世活佛（摩梭人）圆寂，往生前为西藏哲蚌寺甘丹赤巴第五世活佛。

4 月 10 日，玉龙纳西族自治县举行隆重庆典和大型群众演出活动。

5 月 1 日，丽江市被评为全国文化体制改革先进地区。

5 月 13 日，美国纽约鲁宾博物馆举办纳西东巴文化艺术展和纳西学会议，纳西族学者杨福泉、和力民参会。

5 月 23 日，国务院公布第三批国家级非物质文化遗产名录 191 项，纳西族“白沙细乐”列入名录。

5 月 31 日，西南民族大学举行成立“纳西历史文化研究所”和“民族博览中心纳西文化博物馆”揭牌仪式。

8 月 17 日，丽江火车站投入使用，成为滇西最大的火车站，也是云南第二大客运站。

10 月 20 日，纳西族学者杨福泉的《东巴教通论》入选国家哲学社会科学成果文库。

10 月 21 日，凌晨 3 点半，著名旅美纳西族太阳能物理学家、波士顿大学教授方宝贤（Paul Fang）在美国波士顿家中去世，享年 90 岁。

10 月，由纳西族民族音乐学家宣科口述、纳西族作家蔡晓龄撰写的《公民宣科》出版问世。

12 月 20 日，纳西族学者杨福泉入选第三届中国杰出人文社会科学家名单。

12 月 26 日，丽江红太阳广场修缮工程完工，在毛泽东诞辰纪念日全面开放。

12 月，和仕勇主编的《世界文化遗产——丽江古城志》出版问世。

2012 年

2 月 22 日，住房和城乡建设部命名丽江为“国家园林城市”，丽江成为在云南省内继昆明、玉溪后第 3 个进入国家园林城市的州市级行政区。

3 月 6 日，丽江机场航空口岸对外开放，正式通过国家验收。

5 月 16 日，“全国文明单位”丽江古城保护管理局揭牌。

5 月 31 日，丽江—香港通航。

6 月 3 日，由云南省民族学会纳西学研究委员会、云南东方摩梭文化研究中心联合主办的“首届国际摩梭文化论坛”在昆明举行。

6 月 20 日—7 月 30 日，《木府风云》央视热播。由中央电视台、云南省委宣传部、云南电视台、海润影视制作有限公司、云南润视荣光影视制作有限公司联合出品，40 集民族历史题材的电视连续剧《木府风云》亮相中央电视台电视剧频道黄金档，每晚三集连播。该剧是本年下半年中央电视台电视剧频道的重点剧目，蒋晓荣担任总制片人，由著名演员于荣光监制、导演并主演，秋瓷炫、潘虹、吕良伟、朱晓渔、苏倩薇、多布杰等国内外知名演员领衔主演。该剧以明代丽江木氏土司家族的风云变化为主线，讲述了木府内外盘根错节、复杂多变的恩怨情仇。少数民族的风土人情、中韩群星的演技比拼、民族大团结的宏大主题，以及著名歌手孙楠演唱的主题曲《净土》，将为观众带来丰富看点。《木府风云》将中国悠久、绚丽的少数民族文化展现给广大观众，打造一个属于国人的世界文化品牌。

6 月 23 日，由省级旅游区泸沽湖管理委员会和永宁乡人民政府主办，泸沽湖旅游开发公司、丽江纳邦文化有限公司和泸沽湖落水村承办，丽江市泸沽湖摩梭文化研究会协办，共同组织了一场传统和现代结合的端午节活动。

6 月 25 日，15 时 59 分，云南省丽江市宁蒗彝族自治县、四川省凉山彝族自治州盐源县交界的纳人分布区（北纬 27.7°，东经 100.7°）发生 5.7 级地震，震源深度 11 公里。

6 月，第 36 届世界遗产大会通过决议，丽江古城面积由 3.8 平方公里调整为 7.279 平方公里。

7 月 16 日，2012 东巴文化保护传承考察暨交流研讨活动在云南省丽江市开幕，来自省内外的 170 多位东巴文化专家、学者深入第一线，对东巴文化保护传承基地及相关部门进行了为期两天的实地考察，并对考察成果进行了交流和总结。

7 月 26 日，丽江机场高速公路举行通车典礼。高速路全长 26. 63 公里。辅道长 10. 69 公里，填补了滇西北地区没有高速公路的空白。

7 月 26—30 日，2012 年中国丽江茶马文化商品交易会暨第三届绿色名茶博览会在丽江古城举行。

8 月 29 日，摩梭家园暨摩梭文化建设与保护国际学术论坛座谈会在四川西昌举行。会议传达了四川省省委书记、省人大常委会主任刘奇葆，省委副书记、省长蒋巨峰的重要批示，宣读了省政府《关于建立摩梭人家园建设与摩梭文化保护联席会议的通知》。四川省民委、社会科学院、住房和城乡建设厅、林业厅、环境保护厅、畜牧食品局、扶贫和移民局、水利厅、交通运输厅、文明办创建处、财政厅、民族研究所、民委办公室、省委宣传部新闻处的相关负责人，来自中国社会科学院民族学与人类学所、四川省民族研究院、美国佛罗里达大学人类学系、加拿大渥太华大学的 32 位中外专家，多家新闻媒体的记者，地州级相关部门，以及盐源县负责人参加了会议。

9 月 8 日，丽江—曼谷通航，丽江通往国内外的航线增至 22 条。

10 月 1 日，丽江藏传佛教文化旅游景区——金塔寺公园建成开光后对游客开放。

11 月 22 日，泸沽湖民用机场开工建设，由玉龙雪域飞鹰航空俱乐部公司组织的“空中游漓江”飞行首航成功。

12 月 5 日，丽江市政府与昆钢控股公司、云南圣乙投资公司签署建设丽江航空旅游基地的战略合作框架协议。

12 月 20 日，住房和城乡建设部、文化部、财政部公布第一批“中国传统文化名村名录”。全国 646 个村寨列入名录，丽江市入选的有：古城区大东村、七河西关村、金山漾西村、贵峰村、宁蒗县永宁乡落水村，玉龙纳西族自治县白沙村、宝山石头村、石头乡桃园村。

12 月 27 日，在世界遗产丽江古城新华街翠文段 71 号举行了纳西族作家王丕震先生纪念馆开馆仪式。

（木仕华辑）

后　记

2009 年 7 月 27—31 日，国际人类学与民族学联合会第十六届大会在云南大学举行，“纳西学研究的新视野”作为独立专场，有来自法国、美国、墨西哥、意大利、日本、澳大利亚、西班牙、韩国、英国、德国、加拿大、印度 12 个国家的 154 名学者参会，并有瑞士、瑞典、波兰、挪威的学者（因故未能到会）提交了论文，备受国际学界关注，成为纳西学史上参会学者最多、会期持续时间最长、与会国外学者最多的一次会议。配合本次研讨会，云南省文化厅、丽江市政府、世界文化遗产丽江古城保护管理局、丽江市博物院在云南省博物馆成功举办了为期一周的“纳西学研究的新视野——纳西文化与多彩丽江”大型展览，深受国内外各界好评，该展览成为丽江市自新中国成立以来在省城举办的面向国际学术界的最大的一次展览展示活动。

在论坛的筹备和举办过程中得到国际人类学与民族学联合会第十六届大会组委会的支持，尤其是得到秘书处张继焦先生、张小敏女士的支持。丽江市委、市政府的大力支持，促使本次活动顺利推进。云南省博物馆还专门为展览慷慨提供馆藏的纳西族各类珍贵文物，使展览的内容丰富，品位得到全面提升。在丽江市博物院、丽江东巴文化研究院、玉龙纳西族自治县人民政府、古城区人民政府、黄山小学、旅昆丽江同乡合唱团、云南省民族学会纳西学研究委员会、丽江市驻昆办、玉龙纳西族自治县驻昆办、古城区驻昆办、丽江文化研究会、纳西文化研究会、四川成都纳西文化学会、西南大学文献研究所、迪庆藏族自治州纳西学会的协助和积极参与下，本次论坛和展览得以成功举办，得到大会组委会的表扬和嘉奖。

和永昌先生、冯魄先生、杨国清先生、和少英先生、郭大烈先生全家、杨福泉先生、和长虹先生、和鸿昌先生、汪宁生先生，以及旅昆丽江籍同乡给予积极协助与支持。展览会的内容形式多样、丰富多彩，既有开幕式上精彩的东巴仪式、东巴舞蹈、纳西歌舞表演等展演，也有纳西族故乡丽江地区美绝人寰的自然和人文景观的展示；同时推出了纳西学研究的最新成果及历代纳西先贤俊杰的作品，包括雕塑、书法、绘画作品，以及纳西族文化为主体的旅游纪念品。此外，意大利学者羞龙、波兰学者梅西亚专门在各自的网站上刊载了本次会议的消息，呼吁全球纳西学研究者积极参与本次会议，令人铭感。

本次学术会议和展览会期间，各路学人交汇，老学者与新生代年轻学者间热络的交锋与沟通，畅快淋漓，旧雨新知欢聚一堂，实属难得；学界老友、师友间分别多年后相聚重逢的盛况，旧雨新知；中外学界友人的谈聚，直抒己见，展示了纳西学作为“显学”的当下盛况。

学术会议只是中外学者学习交流的一个平台，各家的学术话题、研究心得、全新的收获、奇绝的视角、精邃深刻的见解，诸家的立场、思路与方法论虽各不相同，但无一不是以纳西学研究领域中各自心仪的一点或一片入手，调查研究、认知理解、见解升华，环环相扣，精彩纷呈。

丽江市世界遗产丽江古城保护管理局局长和仕勇、副局长和红阳，丽江市博物院李锡、李共久、牛增裕等先生为本次会议和展览的成功举办，精心策划与布置，调动了有关职能部门积极参与的热情与主动性；东巴文化研究院的领导和各位学者也积极参加本次活动。旅昆丽江同乡合唱团为本次展览会倾情演唱，讴歌家乡与纳西族，令人感动，至今记忆犹新。

本论文集系2009年第十六届人类学大会纳西学研究的新视野分论坛的论文选辑，较为全面地反映了21世纪初叶国际纳西学的基本格局与发展趋势。部分参会学者的论文已经先期在有关专著和刊物上发表，本论文集不再重复收录，请相关作者明鉴周知。和品正、和力民两位先生的东巴文书法也为本次会议的展览及文集增色不少。本论文集由木仕华负责全书的编辑和审校。上述各方诸多助益，理当铭记心碑，谨此一并致谢！

木仕华　谨识

2014年2月27日

子京西畏兀儿村